北京朝阳年鉴

2016

北京市朝阳区地方志编纂委员会　编

中　华　书　局

图书在版编目（CIP）数据

北京朝阳年鉴. 2016 / 北京市朝阳区地方志编纂委员会编.
– 北京：中华书局，2017.1
ISBN 978 – 7 – 101 – 12339 – 5

Ⅰ. 北… Ⅱ. 北… Ⅲ. 朝阳区 – 2016 – 年鉴
Ⅳ. Z521.3

中国版本图书馆 CIP 数据核字（2016）第 292966 号

责任编辑：许旭虹

北京朝阳年鉴 2016

北京市朝阳区地方志编纂委员会编

*

中 华 书 局 出 版

（北京市丰台区太平桥西里 38 号 100073）

http://www.zhbc.com.cn

E-mail:zhbc@zhbc.com.cn

廊坊市金虹宇印务有限公司印刷

*

889 × 1194 1/16 32 印张 38 插页 1 086 千字

2016 年 12 月第 1 版 2016 年 12 月第 1 次印刷

印数：1–2000 册 定价：200.00 元

ISBN 978 – 7 – 101 – 12339 – 5

编 辑 说 明

一、《北京朝阳年鉴》是一部综合性资料工具书和史料文献。在北京市朝阳区人民政府的领导下，由朝阳区地方志编纂委员会主管，朝阳区地方志编纂委员会办公室组织编纂。

二、本年鉴以马克思列宁主义、毛泽东思想、邓小平理论、“三个代表”重要思想和科学发展观为指导，深入贯彻习近平总书记系列重要讲话精神，遵循实事求是的原则，科学、客观地反映实际情况。

三、本年鉴采用文章体和条目体两种体裁，以条目体为主，用规范的语体文、记述体，直陈其事，文字力求简洁、朴实。

四、本年鉴从 2005 年开始逐年编纂。当年出版的年鉴，记述上一年度本行政区域自然、政治、经济、文化、社会等方面的新情况和重大事件，为领导决策提供可资参考的依据，为各行各业提供有价值的资料，为各方面人士了解朝阳、研究朝阳提供信息。

五、本年鉴以记述朝阳区属各系统、各单位情况为主，适当记述辖域内中央、市属单位情况，突出主体又兼顾全貌。

六、本年鉴文字内容，设有特载、专文、大事记、政党团体、政权政协、政法军事、产业商贸旅游、农业水务气象、功能区建设、综合经济管理、财政税务金融、城乡建设、城乡管理、科技教育、文化体育卫生、社会生活、地域、人物、统计资料、附录、索引、勘误等 22 个一级栏目，一级栏目下设二级栏目，二级栏目下设分目，分目下设条目。除大事记、特载、专文、人物、统计资料、附录、索引和勘误外，其余均为条目体。

七、本年鉴所用文章和条目，均由区属各部门、各单位和驻区有关单位专人撰写或提供，并经主要负责人审核。统计数字由朝阳区统计局提供。图片由各有关单位提供。

八、本年鉴反映2015年1月1日至12月31日期间的情况，文内一般直书“月”“日”“年内”等，不再书写年份。

九、为方便读者使用，本年鉴一级栏目“地域”内容，依据各街道、地区（乡）名称第一个字汉语拼音的英文字母顺序排列，第一个字相同的，按第二个字排列，以此类推。

十一、本年鉴在编纂过程中，得到全区各单位的大力支持，在此一并表示感谢。年鉴中存在的不足和疏漏之处，恳请读者批评指正。

《北京朝阳年鉴》编辑部联系电话：010-65094147　010-65094347
地址：北京市朝阳区日坛北街33号朝阳区档案馆5层
邮编：100020　邮箱：cyqzb@bjchy.gov

4月3日，国家主席习近平到孙河地区参加首都义务植树活动

4月3日，国务院总理李克强到孙河地区参加首都义务植树活动

3月31日，区委书记程连元（左一）到垡头街道调研基层服务型党组织建设情况

5月21日，区人大常委会主任佟克克（左三）到劲松街道调研大郊亭中街断头路改造情况

8月22日，区长吴桂英（右二）到奥林匹克公园慰问世锦赛治安志愿者和环卫工人

9月29日，区政协主席谢莹（右三）到双井街道检查节日安全工作

中共北京市朝阳区委十一届十一次全体（扩大）会议

北京市朝阳区第十五届人民代表大会第七次会议

政协北京市朝阳区第十二届委员会第五次会议

区人大代表视察食品安全工作

区政协常委到秦皇岛市中粮酿酒集团考察

区政协主席班子到握奇数据公司调研

区国际高端商务人才认定仪式

澳大利亚国民银行北京分行落户朝阳

北京 CBD 商务节活动之北京 CBD 圆桌会

北京 CBD 商学院联盟成立

北京银行国家文化产业创新实验区金融服务中心授牌仪式

区不动产登记事务中心挂牌成立

北京国际旅游博览会朝阳展厅

区第六批“凤凰计划”人才认定仪式

区国税局联合第三直属分局举行“北京秀水街市场离境退税商店启动仪式”

区海外学人创新创业空间联盟成立

豆各庄乡社会组织孵化园成立

将台乡国际文化硅谷项目奠基

金盏金融服务园区民航清算中心项目开工

副市长程红（右二）参观京澳会朝阳区展位

区举办2015中加贸易洽谈会

区举办第八届国际跨国公司领袖圆桌会议

中国出版创意产业基地A区开工奠基仪式

中信国安创客平台启动仪式

区选派家庭队获第十二届北京百万家庭数字生活技能大赛家庭赛一等奖

和平街街道中心小学艺术节暨读书月汇演

京筑“6+4”教育合作项目学校授牌仪式

区气象局举办世界气象日科普宣传活动

共青团朝阳区委举办2015年朝阳区青年就业创业见习基地项目工作会暨“青令营”活动

“漂亮的兵马俑灯”亮相悉尼中国农历新年庆典

2015“牵手国寿　孝善为先”——第五届国寿小画家活动

北京 798 艺术中心 · 贵阳站揭牌仪式暨首展开幕式

世界首枚最大冰雕羊年生肖邮票亮相工人体育场

第九届春分 · 朝阳文化节开幕式

崔各庄地区“弘扬主旋律　颂歌献给党”红歌大赛

孙河地区第三届民俗文化体育节

常营地区第四届群众文化节

东坝地区群生文化大院挂牌

东风地区庆七一百名共产党员朗诵活动

豆各庄地区 2015 年体育文化节

垡头地区首届“五乡一街”文化艺术节文艺团队展演

管庄地区第九届惠河文化节开幕式

黑庄户地区“促进全民健康 弘扬人口文化”慰问演出

建外街道社区教育系列活动之青少年茶艺体验

来广营地区第二十一届军警民金秋艺术节

将台地区廉政清风社区活动展演

中华民族博物院民族团结日活动

麦子店老年模特队获首届中国艺术模特邀请赛金奖

亚运村街道“廉洁颂　中国梦”廉歌齐唱活动

潘家园街道第十二届全国红色收藏展览交易会

十八里店乡男子群舞“有我有平安”获市第二十五届农民艺术节总决赛三等奖

首届“悦动高雄”京味文化交流活动

望京街道2015年“书香望京”全民阅读活动

区巧娘手工艺协会会员培训班

香河园街道“凝聚党旗下　服务惠民生”庆七一表彰大会

区档案馆开放日活动

小红门地区“大手拉小手，涂涂画画描描写写绘家园”活动

崔各庄地区第二十四届奶子房庙会

麦子店街道第二届残疾人嘉年华活动

奥林匹克塔内故宫精品文物馆“金碧辉煌”展

纪念建党 94 周年活动

区道德模范、榜样人物基层巡演

冬奥申委考察北京冬奥会筹办情况

奥运功能区发展联盟助力申冬奥

全国百城千村气功大赛朝阳区分站赛

常营地区全民运动会抖空竹表演

东湖街道代表队获 2015 年“SOTX 索牌”杯北京市民羽毛球挑战赛冠军

南磨房地区第十四届登山节

“三严三实”专题党课活动

左家庄街道抗战胜利70周年文艺汇演活动

酒仙桥街道“五月鲜花”红歌演唱会暨纪念抗日战争胜利70周年活动

垡头街道老干部到焦庄户参观学习

区委统战部参观古北口长城抗战纪念馆并重温入党誓词

民进朝阳区委第一期新会员培训

民盟朝阳区委“美丽乡村 筑梦有我”法律服务公益行活动

区青联组织中韩青少年友好访问团到韩国首尔江南区访问

农工党朝阳区委到大兴区少数民族村礼贤二村开展义诊咨询活动

区农村系统“弘扬社会主义核心价值观”展示活动

区纪委举办“学党纪、知党规、促廉洁”廉政法规知识竞赛

建外街道区域化党建工作协调委员会成立

区侨联一行到南京考察学习

致公党朝阳区委获致公党中央扶贫开发工作先进集体

王四营地区《中国共产党廉洁自律准则》学习培训会

CBD 全景图

奥林匹克公园城管执法大队成立

常营公园文化广场建成

朝阳公园西门遥感监测车路查机动车尾气排放

第四届奥林匹克森林公园向日葵展

首都绿化美化花园式街道（东湖街道）

区环卫中心工作人员除雪作业

区农业执法大队集中整治农用运输车辆交通违法行为

东湖街道建成地标建筑“彩虹桥”

团结湖文化活动中心建成

建设中的区生活垃圾综合处理厂焚烧中心项目主厂区

元大都城垣遗址公园立体花坛建成

八里庄街道“开墙打洞”治理前后

崔各庄地区京旺东路口改造前后

安贞、奥运村街道49幢楼房屋面瓦平改坡更新工程

安贞街道智慧养老自助售餐机启用

高碑店地区北花园定向安置房

“弘朝”便民蔬菜直送车

幸福呼家楼金婚典礼

姚家园村等社区“五新家园”成果展示

区“一道绿隔”试点乡——将台回迁安置房项目奠基仪式

平房村集体土地公租房项目封顶

区救助站开放日宣传

双井街道社区卡启动

双井街道党政群共商共治项目——回收改造地区废旧自行车用于公共自行车租赁

亚运村街道华西社区发放老年卡

十八里店村、周庄村村民回迁新居

大屯街道首届社区提案大赛启动暨校外实践基地挂牌

奥运村街道美丽家园文化墙

垡头街道平安示范小区挂牌

香河园街道柳芳南里社区廉政文化墙

社区第九届居委会换届选举

麦子店街道朝阳公园社区孝亲敬老园

左家庄街道科普廉政文化公园

朝阳区北京中医健康乡村（社区）建设工作启动

六里屯街道关爱健康进社区活动

三里屯街道“家庭药箱送关爱 健康养生进社区”活动

区疫控中心在春防期间对牛血样开展布鲁氏菌病诊断筛查

区社区学院《家庭教育指导手册》出版发行

区残联到街乡举办康复知识讲座

义诊活动

区领导慰问抗战将领刘雨卿遗属

奥运村街道召开企业公益联盟交流座谈会

区慈善协会开展大病救助慰问活动

“星耀安贞　贞爱益起来”志愿者回馈活动

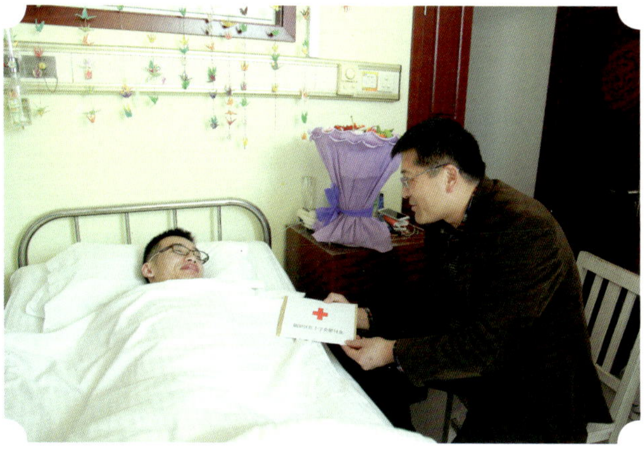

区红十字会慰问造血干细胞捐赠志愿者

区工商联开展“光彩助学阿坝行”活动

安贞街道食药所“两项重大任务”服务保障期间检查食药安全

区质监局“两项重大任务”服务保障期间检查电梯安全

首都机场街道“两项重大任务”服务保障食品安全工作部署会

志愿者在“9·3”阅兵期间执勤

区供电公司检修人员在第十五届世锦赛开幕前检查电路

东风地区“平安北京”宣传

区家庭燃气知识竞赛

金盏地区防灾减灾宣传周系列活动

崔各庄地区何各庄村老兵志愿队巡逻

烟花爆竹安全燃放宣传

区食品药品监管局专项检查鲜肉及肉制品

左家庄街道治安巡逻队

区民防局举办人防工程基础知识及违法界定培训

区法院首次利用“中国法院手机电视 APP”开展庭审视频直播

工商朝阳分局稽查大队成立

九三学社北京市朝阳法律支社成立

区检察院首次逮捕公开审查会

重阳节法律援助咨询宣传日活动

区武装部欢送新兵

双拥慰问活动

北京·莫斯科结为友城20周年植树纪念活动

丹麦霍尔拜克市行政市长汉斯·索埃一行到麦子店街道参观交流

在奥林匹克森林公园举办第十七届北京国际旅游节

区直机关工委举办“学党纪、知党规、讲党性、守纪律”知识竞赛

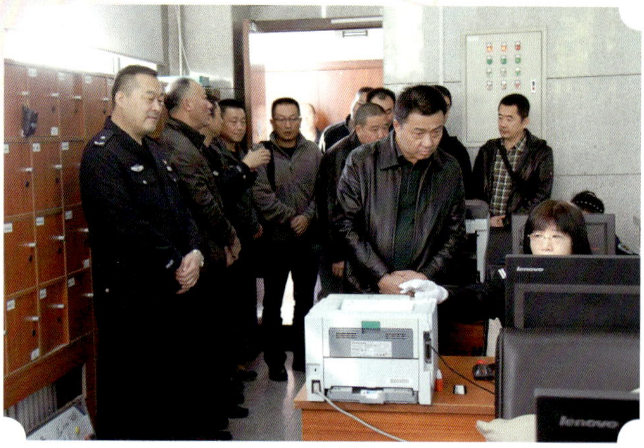

昆明交警支队到区消防支队考察

农行东区支行开展“小小银行家”活动

蓝岛大厦“年中庆”开节庆典

国家粮食局领导到区京客隆超市考察春节市场供应情况

区国资委开展纪委书记述职

区人力社保局城市精细化管理研修班开班

区保密局与北京交通大学签订战略合作协议

财政资金管理使用专项治理工作培训会

区地税局第三税务所获评世锦赛“最佳支持单位”

区发改委举办“我为十三五建言献策”演讲比赛

区副食品总公司6名职工被区服务业工会评为“服务明星”和“优秀外来建设者”

新任特约监察员聘任仪式

区统计局举办首届统计开放日活动

区中青年干部培训

区质监局春节期间专项检查超市计量器具

工商银行亚运村支行业务技能提升竞赛

区总工会举办税务代收新流程上机培训

目　　录

特　载

专　文

大事记

政党　团体

政权　政协

政法　军事

产业　商贸　旅游

农业 水务 气象

功能区建设

综合经济管理

财政　税务　金融

城乡建设

城乡管理

科技　教育

文化　体育　卫生

社会生活

地　域

人　物

统计资料

附　录

索 引

勘 误

BEIJING CHAOYANG YEARBOOK CONTENTS

AUTHORITIES POLITICAL CONSULTATION

POLITICS AND LAW MILITARY AFFAIRS

INDUSTRY TRADE TOURISM

AGRICULTURE WATER AFFAIRS METEOROLOGY

CONSTRUCTION OF FUNCTIONAL DISTRICTS

COMPREHENSIVE MANAGEMENT OF ECONOMIES

FISCAL TAXATION FINANCE

URBAN AND RURAL CONSTRUCTION

URBAN AND RURAL MANAGEMENT

SCIENCE AND TECHNOLOGY EDUCATION

CULTURE SPORTS HEALTH CARE

SOCIAL LIFE

REGION

PEOPLE

STATISTICAL DATA

APPENDIX

INDEX

ERRATUM

特　　载

在区委十一届十一次全体（扩大）会议上的报告

中共朝阳区委书记　吴桂英

（2015 年 12 月 22 日）

各位委员、同志们：

我受区委常委会委托，向全委会报告工作。

2015 年工作回顾

2015 年是“十二五”规划的收官之年，是贯彻落实《京津冀协同发展规划纲要》的开局之年。一年来，在市委的坚强领导下，区委团结带领全区各级党组织和广大党员干部群众，深入贯彻落实中央、市委各项决策部署，总揽全局、协调各方，稳中求进、奋发有为，实现了全年各项任务目标，确保了“十二五”规划圆满完成，经济社会发展迈上了新台阶。回顾全年工作，有以下四个特点：

一、深入落实首都城市战略定位，统筹推动区域转型发展。常委会把学习贯彻《京津冀协同发展规划纲要》和北京市《贯彻意见》作为首要政治任务，带领全区一手抓疏解、一手抓提升，服务大局、补齐短板、促进发展。坚持先“舍”后“得”，坚决守住新增产业禁止和限制底线，坚决舍弃不符合首都战略定位的城市功能，打出一系列政策组合拳，“收、调、拆、建、管”并举，全年共清退有形市场 53 家，拆除废品回收场站 23 家，拆除出租大院 96 家，退出工业污染企业 41 家，拆除腾退面积286.4万平方米，西直河石材市场拆除腾退经验在全市推广，疏解非首都功能取得积极进展。通过综合施策，调减流动人口 22.4 万人。坚持稳中求进，主动适应经济发展新常态，着力构建“高精尖”经济结构，稳定存量、引进增量，经济发展质量和效益不断提高。商务、金融、文化创意、高新技术等重点产业的支撑和引领作用更加凸显，金融和商务服务业在区级财政收入中的比重达到 35.6%，同比提高 6.7 个百分点。CBD、奥运、中关村朝阳园等功能区发展品质进一步提升，国家文化产业创新实验区建设加速推进，示范作用不断增强。区属国有企业分类监管稳步推进。重点领域改革不断深化。坚持“六位一体”，积极破解城乡结合部发展难题，基本完成“一绿”6 个试点乡年度“851”建设任务，其他 13 个乡的城市化建设方案初步制定，基本完成 9 个重点村剩余拆迁和绿化任务，村级预算管理实现全覆盖，完成了来广营、东坝、黑庄户 3 个乡的 29 个村的产权制度改革，确定了“一绿”六个试点乡产权制度改革实施路径和操作方式。预计全年全区实现地区生产总值 4632 亿元，同比增长 6.8%；完成一般公共预算收入 445.5 亿元，同比增长 8.2%；城乡居民收入同比增长 8%；万元 GDP 能耗完成市级下达任务。

二、准确把握未来发展形势，科学谋划“十三五”发展。常委会坚持把方向、抓大事、谋全局，把“十三五”规划的研究编制作为今年工作的重中之重。聚焦“十二五”规划目标，严格落实责任，加强督办检查，全力推进“双十工程”建设，确保“十二五”规划各项任务的全面完成，为“十三五”发展创造了良好条件。加强区级统筹，成立四套班子一把手任组长的规划编制领导小组，紧紧围绕首都“四个中心”战略定位和建设国际一流的和谐宜居之都目标，主动融入京津冀协同发展大局，深入研究功能疏解、“大城市病”治理、民生改善等重点问题，提出一系列指导性的思路和意见。坚持开门编规划，通过集中研讨、专家座谈、网上建言献策、问卷调查等多种方式，广泛听取意见，凝聚各方智慧，深刻认识未来五年形势的新变化、发展的新定位、工作的新要求，研究起草了区委《关于制定朝阳区国民经济和社会发展第十三个五年规划的建议（审议稿）》（以下简称《建议》），科学指导规划纲要编制工作。

三、以服务保障“两项重大任务”为契机，促进和谐宜居建设。常委会传承奥运经验、坚持首善标准、落实属地责任，带领全区高水平完成了中国人民抗日战争暨世界反法西斯战争胜利 70 周年纪念活动和第十五届世界田径锦标赛服务保障任务。聚焦“两区、两环、四线、多点”，深化环境建设分区域管理，加快广渠路二期等市政基础设施建设，加强市容市貌、空气污染、水环境治理，提升绿化美化品质，区域环境质量持续改善。保持拆违控违高压态势，对新增违法建设“零容忍、零增长”，对存量违法建设加大整治力度，拆除违法建设 380 万平方米。坚持重统筹、保基本、促均衡，下大力气解决公共服务领域群众关心的热点难点问题，促进教育卫生优质均衡发展，创新就业和养老服务，加大老旧小区综合整治和棚户区改造力度，社会民生持续改善。顺利通过“全国双拥模范城”考评检查。公共文化服务体系和文明城区常态化建设迈上新台阶。深化党政群共商共治，推进全国社区治理和服务创新实验区建设，探索城市管理网、社会服务管理网、社会治安网“三网”融合发展，提升基层治理水平和服务能力，全力为群众解难题、办实事。坚持从维稳向创稳转变，强化“底线”“红线”意识，建设全范围覆盖的立体化防控体系，深化社会动员、点面结合、专群结合的工作模式，加大信访调解力度，加强安全隐患排查整治，全力维护了社会和谐稳定。

四、全面落实管党治党责任，提高党建科学化水平。坚持把抓好党的建设作为最大政绩，从严从实抓好全区党建各项工作。常委会高度重视自身建设，扎实组织推进“三严三实”专题教育，带头严肃政治生活、讲专题党课、抓学习研讨，引导党员领导干部深化认识、坚定信念，自觉践行“三严三实”要求。强化责任落实、思想引领、作风建设、问题导向，把开展“三严三实”专题教育与群众路线教育实践活动整改落实、巡视整改工作结合起来，围绕“三个着力解决”，边学边改、立行立改、联动整改，确保取得看得见、摸得着的实效。支持区人大、区政府、区政协开展工作、发挥作用，形成围绕中心、服务大局、共谋发展的良好局面。召开人大、群团和统战工作会议，出台区委《关于进一步加强和改进全区人大工作的若干意见》《关于加强和改进党的群团工作的意见》，凝聚强大的发展合力。

常委会狠抓党建工作责任制落实。建立区委党建工作例会制度，促进谋党建、抓党建、管党建常态化、制度化。加强以领导班子为重点的思想政治建设，强化党委意识形态工作责任。加强区级统筹、顶层设计，开展区域化党建工作试点，构建“一轴四网”工作体系，重点推进“两新”组织党建工作。完善基层党建考核评价机制，实现区—街乡—社区（村）三级基层党建工作联述联评联考。390个社区、154个村党组织完成换届，50%的基层党组织基本建成服务型党组织，62个软弱涣散基层党组织实现整顿提升。基层党组织经费保障标准全面提高，组织运转能力进一步增强。统筹干部队伍的整体发展和均衡储备，配齐配强二级班子党政正职，面向全区选拔57名优秀年轻干部到街乡、企业担任助理，推进干部交流轮岗，整体优化各级领导班子结构。全年共讨论决定干部任免365人次。加大选人用人监督力度，健全带病提拔倒查机制。严格落实谈心谈话、诫勉和函询制度，完善干部问责制度，问责并组织调整5名处级干部。加强新形势下发展党员和党员管理服务工作，实施党员意识提升行动和教育培训支持计划，组织处置党员19名。加强京津冀区域间人才交流合作，成立CBD商学院联盟和商务人才俱乐部，高层次人才集聚态势进一步凸显。

常委会始终把党风廉政建设当成头等大事扛在肩上、抓在手上，坚守主阵地，深耕责任田。以制度约束、责任追究为重点落实党委主体责任，以守纪律、讲规矩为重点加强纪律建设，以防止“四风”问题反弹为重点正风肃纪，以严格纪律审查为重点惩治腐败，以组织制度创新为重点强化党内监督，以深化“三转”为重点加强纪检监察机关自身建设，坚定不移地推进党风廉政建设和反腐败斗争。完善基层党风廉政建设“1+6”制度体系，明确“一清单三规定两办法”，构建了以专题述廉为载体的纪委全委会监督机制、以问题线索为载体的函询机制、以廉情分析为载体的预警机制。开展财政资金使用、农村经济活动、工程建设和招投标、“为官不为、为官乱为”等专项治理行动。运用新媒体手段，畅通监督渠道，深化“四风”问题整治。加强纪律审查，全区共立案160件，给予党政纪处分140人，移送司法机关4人，“两规”4人，努力营造良好的政治生态，促进党风、政风、社会风气持续好转。

各位委员、同志们，过去的一年，区四套班子同心同德、凝心聚力，发挥了示范引领、以上率下作用；各街乡、各部门主动担当、攻坚克难，展现了敢打敢拼、主动作为的精神面貌；各民主党派、工商联、各人民团体、驻区单位、各界人士和全区人民齐心协力、奉献参与，为朝阳的发展进步做出了重要贡献。在此，我代表区委向大家表示衷心的感谢和崇高的敬意！

当前面临的形势和要求

2016年是全力推进京津冀协同发展的关键之年，也是全面落实“十三五”规划的开局之年。党的十八届五中全会审议通过的《中共中央关于制定国民经济和社会发展第十三个五年规划的建议》，是未来全面建成小康社会，实现第一个百年奋斗目标的指导性文件。市委十一届八次全会审议通过了《中共北京市委关于制定北京市国民经济和社会发展第十三个五年规划的建议》。区委根据中央和市委精神，结合朝阳实际，制订了“十三五”规划建议，提出了今后五年朝阳发展的指导思想和目标。全区各级党组织要把学习贯彻中央、市委和区委精神作为重要政治任务，引导广大党员干部群众把思想和行动统一到中央、市委、区委的部署要求上来，努力在率先全面建成小康社会中干在实处、走在前列，在国际一流的和谐宜居之都建设中履职尽责、不辱使命。

当前，世界多极化、经济全球化、文化多样化、社会信息化深入发展，我国加快实施“一带一路”、京津冀协同发展、长江经济带三大战略，发展方式进一步转变，改革开放不断释放新的活力，北京在全球资源配置中的地位和作用进一步提升，将进一步凸显朝阳的区位优势和特色功能，为全区发展提供了更加有力的支撑。站在新的发展起点，我们必须准确把握战略机遇期内涵的深刻变化，准确把握朝阳未来发展面临的阶段性特征。这个阶段性特征，突出体现在“新”“转”“疏”“补”“稳”五个方面。

从“新”字来说。一是新常态。当前经济发展进入新常态，速度变化、结构优化、动力转换，增长速度正在从高速转向中高速，发展方式从规模速度型转向质量效率型，经济结构调整从增量扩张为主转向调整存量、做优增量并举，发展动力从主要依靠资源和低成本劳动力等要素投入转向创新驱动。二是新目标。围绕市委提出的奋斗目标，区委结合区域发展实际，提出要“高水平建设国际商务中心区、文化创新实验区、和谐宜居模范区，率先全面建成小康社会”的发展目标。三是新功能。北京城市总体规划修改和市行政副中心建设赋予了朝阳新的功能，朝阳作为连接首都功能核心区与市行政副中心的廊道所在地，要积极适应区域功能的调整，切实服务保障好首都功能核心区与市行政副中心建设。四是新作为。引领新常态、实现新目标、强化新功能，要求我们必须在调整中抓机遇，在挑战中求突破，需要全区广大党员干部保持昂扬斗志，发扬进取精神，敢于担当、勇于作为，推动朝阳抢占发展先机，在新的起点上实现朝阳更高层次发展。

从“转”字来说。一是经济转型。当前，经济发展模式、发展要素、发展路径发生深刻变化，我区经济结构正在向“高精尖”转型。城市开发由注重规模扩张转向注重内涵集约、品质提升。二是社会转型。随着农村城市化、城市现代化、区域国际化的推进，社会结构转换、机制转轨、利益调整、观念转变，社会管理面临新的调整，城市管理由被动治标转向标本兼治。三是发展理念转变。党的十八届五中全会提出了坚持创新发展、协调发展、绿色发展、开放发展、共享发展，贯彻落实这五大发展理念，是关系发展全局的一场深刻变革，将深刻改变我们的发展方式、发展格局和发展力量，深刻影响全社会的价值取向、目标追求和生活方式。要求我们在发展思路、发展方式、工作方法上深度调整，让发展更有活力、更有质量、更有效益、更有后劲。

从“疏”字来说。落实城市战略定位、解决北京“大城市病”，必须以疏解非首都功能为先导和突破。下一阶段，“疏”重点体现在：一是疏解产业。总体来说，我区的产业结构向高端化迈进，但是仍然存在产业“大而全”问题，高端产业优势还不够明显，在农村地区特别是城乡结合部聚集了大量低端产业，加剧了人口资源环境矛盾，到了迫切需要转型升级的阶段。要坚决克服舍不得的思想，着眼长远发展，制定有效的疏解措施，坚决退出高耗能、高耗水、聚人多的产业。二是疏解人口。随着城市规模不断扩张，带来了人口的无序增长，带来了大量公共服务、公共管理问题，也给城市运行、安全稳定造成诸多隐患。人口调控的目标是硬任务，我们必须把调整疏解、创新发展等各项任务与人口调控目标挂起钩来。三是疏解交通。交通问题是社会关注的城市管理难点。交通拥堵压力日益加大，情况更加复杂，必须综合施策、标本兼治。疏解非首都功能是一项系统工程，涉及面广、情况复杂，难度非常大，必须将严控增量与疏解存量相结合、疏解与提升相结合、整体疏解与重点突破相结合，分阶段、分步骤推进。

从“补”字来说。就是要坚持问题导向，补齐发展短板。一是基础设施要补。一方面，朝阳区各类市政基础设施欠账多、缺口大。道路建设分布不均衡，偏重于快速路和主干路，微循环系统不畅，规划道路建成率低。特别是城乡结合部、农村地区的基础设施相对薄弱，水、气、热、污水等市政基础设施没有实现全面覆盖。电力设施不足问题比较突出，电网建设滞后于城市建设。另一方面，随着首都城市战略定位的落实，必将对基础设施的承载能力提出更高的标准和要求。特别是东南部基础薄弱地区将面临更大的供给压力。二是生态环境要补。大气污染、水污染、绿地不足、垃圾分类和清运处理任务重等问题，在很大程度上影响了区域发展环境和群众的获得感、满意度。特别是我区地下水连年超采，地表水质污染严重，区域内大部分河道水体为劣 V 类，垃圾处理能力相对不足。三是文化底蕴要补。近年来，朝阳文化文明建设取得了多方面突破，但是文化发展仍处在品质提升阶段，还没有有效发挥对城市内在品质的提升作用，文化与经济、城市建设管理、社会建设等领域的融合度还不够高，市民素质和社会文明程度还有较大提升空间。四是治理能力要补。朝阳国际化、市场化、信息化、社会化趋势并进，区域间发展不均衡，城乡结合部治理难度大，教育、卫生等公共服务设施、服务水平离群众期盼还有差距，社会结构、人口结构复杂，传统的服务管理体系已经难以适应现代社会发展需要，多元参与的社会治理机制亟待完善。

从“稳”字来说。一是经济运行要稳。新常态下，经济增长进入增速换挡的敏感期。从朝阳来看，无论是落实全市经济发展的要求，还是满足广大市民日益增长的物质文化需要，解决城市发展中的突出问题，都必须有一定的发展速度作支撑，确保经济运行保持在合理区间。二是城市运行要稳。城市运行安全事关百姓切身利益。必须保持水、电、气、热、交通、通信的安全平稳运行，完善长效管理体系和运行机制，努力创造良好的人居环境，保障和服务好市民生活。三是社会运行要稳。维护社会安全稳定是我们第一位的政治职责，也是最大的工作压力所在。要把压力转化为动力，下先手棋、打主动仗，树立底线思维，加强源头治理，努力保持社会和谐稳定。四是发展定力要稳。今后五年是实现朝阳转型发展的关键期，越是在这样一个发展的关键时刻，就越要保持战略定力，增强发展自信，以“咬定青山不放松”的精神落实既定目标任务，稳中求进、稳中提质、稳中突破。

总的来看，今后一个时期，朝阳发展仍然处于可以大有作为的重要战略机遇期。一是国家重大战略实施机遇。国家“一带一路”、京津冀协同发展、长江经济带的深入落实和首都国际一流的和谐宜居之都建设，为朝阳发展提供了更加广阔的发展空间，为我们推进功能疏解、人口调控、环境改善、交通治理等提供了良好环境和政策支持。二是市行政副中心建设机遇。朝阳区作为连接首都功能核心区与市行政副中心的重要廊道，市行政副中心的建设，将进一步推动我区东部、东南部地区发展进程，加快对基础设施等薄弱环节的补充完善。三是经济提质增效升级机遇。“十三五”时期是转方式、调结构的重要窗口期，以首都为核心的世界级城市群建设、北京服务业扩大开放综合试点，有利于朝阳发挥优势，提升产业发展能级，培育经济新动力。四是国家文化产业创新实验区建设机遇。实验区的落户，为朝阳文化产业、文化事业的发展提供了有力抓手，有助于推动文化体制机制创新，促进文化产业与文化事业深度融合，有助于提升区域发展的软实力和区域发展品质。五是城乡发展一体化机遇。朝阳区作为全市“一绿”城市化建设试点，有利于我们争取市级规划、政策、机制等方面的支持，加快解决农村地区产业转型升级、农民转工转居、社会管理、配套设施不足等问题，进一步激发农村地区发展潜力，加速农村城市化进程，提升区域整体发展质量。

今后一个时期，我们也面临矛盾叠加、风险增多的严峻挑战。一是功能疏解与经济发展平衡性的矛盾。也就是稳增长与疏功能、调结构、转方式之间的平衡问题。当前，我区经济内生动力仍有不足，优先发展的“高精尖”产业实际贡献还较低，城乡用地投入产出比差距较大，高端发展资源难以向农村地区聚集，经济增长仍然面临较大的下行压力。如何在结构调整与保持经济中高速增长上做好衔接、寻求平衡点，深刻理解当前构建“高精尖”产业结构的特定内涵，是我们要重点关注解决的问题。二是人口规模与资源环境承载能力的矛盾。朝阳区人口资源环境矛盾突出，全区有 3/4 的街乡人口处于密度过高状态，带来土地、能源等资源持续从紧，公共服务供需结构矛盾突出，生态环境压力持续加大，环境秩序管理任务十分艰巨。三是农村城市化与城市建设减量化的矛盾。过去我们大多依靠土地开发、新增建设规模等方式来推动城市化，土地粗放低效利用，城市发展“摊大饼”。然而，首都城市增长边界的划定，新的城市开发建设模式的建立，对我们提出了用地减量的要求。从现实情况看，我区农村城市化成本仍然较高、对建设用地等资源依赖性较大，新的农村城市化路径还需要探索形成。四是区域发展短板与首都功能新要求的矛盾。市委要求从京津冀协同发展的大背景出发，高水平建设市行政副中心，按照交通便捷、生态宜居的要求，把基础设施、水生态廊道和大尺度生态空间摆在优先位置，展示国际一流和谐宜居之都新形象。对照这样的要求和目标，朝阳基础设施薄弱、公共服务水平整体不高、生态建设相对滞后、城乡结合部整治任务重、环境秩序有待改善等问题将更加凸显。五是维护安全稳定与社会治理、城市管理能力的矛盾。高发展带来的高风险仍处于消化阶段，安全稳定形势依然严峻。出租大院、群租房、“三合一、多合一”场所数量多、隐患大，违法建设、违法施工、违章作业屡有发生。社会利益诉求多元，矛盾纠纷复杂交织，信访总量高位运行。相形之下，安全发展、依规发展的观念还不够强，社会治理和城市管理的长效机制尚未完全建立，有效的手段和方法还不多，做新形势下群众工作的能力有待提升，守好安全底线的压力仍然较大。

同时，新机遇、新挑战、新目标，对党员干部队伍提出了更高要求，我们必须进一步增强紧迫感、责任感和使命感，坚定朝阳发展信心，坚持五大发展理念，破解发展难题，厚植发展优势，不断开创发展新境界。要强化全局意识，突出国际化视野和战略思维，自觉把区域发展融入京津冀和首都发展大局之中，加强区域合作联动，切实服务好首都“四个中心”建设。要强化首善意识，用一流的标准、一流的工作，创造一流的业绩，精益求精、追求卓越，始终在首都各项事业发展中示范引领、走在前列。要强化机遇意识，抢抓机遇、顺势而为、乘势而上，牢牢掌握发展的主动权。要强化忧患意识，善于借鉴学习、总结提升，将挑战转化为机遇，将矛盾转化为动力，自加压力、迎难而上。要强化担当意识，坚持讲政治、顾大局，提升敢于担当的能力、彰显敢于担当的胸怀、夯实敢于担当的底气，奋发有为、再立新功。

2016 年工作重点

2016 年全区工作的总体思路是：深入学习贯彻党的十八届五中全会、习近平总书记系列重要讲话和市委十一届七次、八次全会精神，牢固树立五大发展理念，深入落实首都“四个中心”城市战略定位，全力疏解非首都功能，全力提升经济发展质量和效益，全力推进生态环境建设，全力保障和改善民生，全力提升党建科学化水平，加快国际商务中心区、文化创新实验区、和谐宜居模范区建设进程，确保“十三五”发展开好局、起好步。

一、扎实做好规划编制和实施工作

将贯彻落实区委《建议》作为全区当前的中心工作，统一思想、凝心聚力，突出重点、协同推进，确保各项决策部署和工作要求落到实处。

*一是科学编制规划纲要。*要按照《建议》要求，对接市“十三五”规划纲要和市级专项规划，把握好“十三五”时期时代背景的重大变化，集思广益、群策群力，科学制定朝阳“十三五”规划纲要。结合各街乡、各部门实际，细化重点任务和政策举措，高水平编制各专项规划。要加强各专项规划与总体规划的衔接，加强各专项规划之间的协调，形成系统完整的规划体系，增强规划的系统性、指导性和可操作性。

*二是抓好规划组织实施。*制定规划实施方案，细致做好任务分解，明确牵头领导、主责单位，突出实施重点、进度安排、保障机制和政策措施等关键环节，明确具体任务和措施。按照规划纲要确定的重点任务，编制分年度实施计划和专项行动计划，合理设置量化考核指标，并对约束性指标和重大项目推进设置年度目标。健全重点项目储备库，完善重大项目推进机制。抓好各项目标任务完成情况的督查督办和综合评价考核，确保各项举措有效落实。

*三是广泛凝聚社会共识。*面向社会和市民群众，通过多种渠道，借助多种媒介，采取多种形式，深入宣传解读规划，及时公开规划落实情况，提高人民群众对制定和落实“十三五”规划的知晓率、参与度、支持度。激发广大干部群众的创业热情，凝聚各方面力量积极参与规划实施，营造全社会关心规划、参与实施和共同监督的良好氛围。

二、坚决推动非首都功能疏解

主动融入京津冀发展大局，推动服务保障能力与首都城市战略定位相适应、人口资源环境与战略定位相协调、区域功能布局与战略定位相一致，在服务首都大局中实现朝阳自身发展。

*一是全力打好疏解非首都功能攻坚战。*制定实施疏解非首都功能五年工作方案，细化年度任务，完善政策机制，加快非首都功能疏解进程。全面落实中央《严控北京非首都功能若干政策意见》《北京市新增产业的禁止和限制目录》，把牢产业准入关。坚持综合施策、多措并举，控制增量、调减存量，下大力气推动区域性物流基地、批发市场、一般性制造业、废品回收场站的疏解腾退，各类指标完成五年疏解任务量的 20%以上，雅宝路市场集群的疏解和业态升级取得实质进展。统筹利用疏解腾退空间，做好产业升级、城市发展、绿化美化、环境保护工作。

*二是严格控制人口规模。*坚持疏堵结合、因地制宜、分类施策，健全属地街乡和职能部门“双调控”机制，确保常住人口总量完成市级下达的人口调减目标，力争减少流动人口 25 万人。加强环境综合治理，加大群租房、地下空间、农村出租大院整治力度，从源头促进人口规模递减、结构优化与合理分布。继续保持拆违控违高压态势，对新增违法建设“零容忍”“零增长”，对存量违法建设加大拆除力度，全年拆除违法建设面积不少于 355 万平方米。建立健全新上项目的人口评估机制，以人口布局倒推发展布局。突出用地减量提质，通过适量或减量置换、异地安置等方式，优化产业空间和居住空间，促进集约发展。

*三是有效缓解交通拥堵。*坚持城乡统筹，制定“十三五”时期道路建设五年滚动实施计划，优化城乡交通体系和市政基础设施布局。加快以东部、东南部地区为重点的道路建设，配合推动广渠路二期通车，加紧推进化工路、姚家园路、龙爪树路等主次干路建设。配合做好地铁 3 号线、7 号线东延、12 号线、17 号线等轨道交通建设，启动京沈客专征地拆迁工作。打通断堵头路，畅通微循环。加快停车设施建设，持续改造拥堵节点。完善人行步道、自行车道等慢行系统，鼓励绿色出行。从严加强交通管理，规范停车秩序，培育交通文明。加强道路巡查监管，提升道路完好率，改善群众出行条件。

*四是落实区域功能布局。*通过专项规划，细化“一廊两带三区”功能布局的工作任务，明确工作重点，加快形成主体功能清晰、发展导向明确、城市布局优化、建设秩序规范的发展格局。要聚焦加快“一廊”建设，制定基础设施、环境建设、产业发展、公共服务、社会治理“五大提升工程”实施方案，年内在环境整治和景观建设上取得明显成效。聚焦“三区”中的疏解提升区，明确功能疏解的重点区域，制定分年度实施计划，落实责任分工。健全完善与周边区域的协同发展机制，为市行政副中心提供有力的服务保障。坚持资源共享、功能互补，积极参与京津冀区域协作。

三、全力推动经济提质增效

坚持把创新作为引领发展的第一动力，把文化软实力作为核心竞争力的关键构成，把城乡统筹作为可持续发展的内在要求，转变经济发展方式，构建“高精尖”经济结构，提高经济发展质量和效益。

一是保持经济中高速增长。坚持稳增长、调结构、惠民生、防风险，着力推进结构性改革，在扩大需求的同时，提高投资有效性，加快培育新的发展动能，保持经济运行在合理区间。深化重点领域改革，推进简政放权、放管结合、优化服务，增强区域发展活力。进一步壮大商务服务、金融、文化创意、高新技术等重点产业，落实“互联网+”行动计划，研究出台推动科技服务业发展的政策措施，培育体育休闲、健康养老、科技服务等新兴产业，鼓励信息服务、大数据、物联网、云计算等新兴业态发展。积极承接服务业扩大开放综合试点，提升总部经济能级，发展国际金融、国际传媒、国际商务等高端产业。突出转型、绿色、低碳、智慧、创新，提高 CBD、奥运、中关村朝阳园等重点区域的发展品质，提升国际交往承载和综合服务保障能力。加快金盏金融商务园区建设。实施创新驱动战略，推动大众创业、万众创新。促进非公有制经济健康发展。深化区属国资国企改革，统筹利用国有企业资源，服务区域发展。

二是增强文化创新动力。出台《关于加快国家文化产业创新实验区建设发展的若干意见》，在体制机制、政策环境、市场体系、金融服务、人才培养、发展模式等方面积极改革创新。提升文化产业高端集约水平，培育一批具有国际影响力的文化企业。促进文化产业与文化事业融合发展。健全常态化思想理论教育引导机制、精神文明建设和文明城区建设长效机制，推动培育和践行社会主义核心价值观落细落小落实。完善四级公共文化服务网络，建设好地区级文化中心，构建文化朝阳云平台，推进公共文化服务均等化、标准化、社会化、数字化发展，提升公共文化服务效能。按照全市统一部署，积极做好冬奥会筹办各项服务保障工作。

三是提高农村地区发展层级。加强区级统筹，坚持“六位一体”，加快“一绿”6个试点乡建设。协调落实成本和收益统筹政策，保障资金渠道，加快项目审批，年内试点乡“拆、转、绿”三项任务分别完成 93%、100%、70%。力争再启动 5 个乡的“一绿”城市化建设试点工作。以金盏乡集体经营性建设用地统筹使用试点为契机，积极探索“二绿”地区城乡一体化建设路径。加强规划区域统筹，开展规划指标和土地资源的统筹利用试点，提高单位土地资源利用效率。坚持作为 CBD 拓展区、配套区、服务区的功能定位，严格落实农村产业准入管理，坚决清理腾退低级次产业，推动集体收入由主要依靠土地收益向依靠集体资产经营收入转变。按照“资产变股权、农民变股东”的工作思路，加快推进豆各庄等地区的产权制度改革。加强农村集体“三资”监管，进一步规范农村合同管理和集体土地流转行为，推进村级财务管理规范化建设。

四、着力增进民生福祉

按照坚守底线、突出重点、完善制度、引导预期的基本思路，围绕群众关心关注的热点难点问题，提升宜居环境，保障和改善民生，创新社会治理，让城乡居民共享发展成果，增强获得感。

一是启动实施城乡发展“六个一百”工程。围绕《建议》部署要求，细化分工、落实责任，高标准制定建设计划，明确分年度实施方案。建立资金投入和政策支持的保障机制、建立“时间倒排、任务倒逼、责任倒追”的工作机制，力争年内六方面任务均完成五年总任务量的 25%。要精心设计、精心组织、精心建设、精心管理，打造精品工程，形成一批城市建设和改善民生的新亮点，确保发展有实效，群众得实惠。

二是营造良好生态环境。千方百计增绿补绿，提升全区绿化品质。高水平编制温榆河森林公园、黑庄户农业公园建设规划，加快建设沙子营湿地公园。按照城市公园标准和 3A 景区要求，提升改造一批特色鲜明、主题突出、功能完善的郊野公园。抓好老旧小区、边角地、小微绿地的绿化美化，让绿色更加贴近群众、走近群众、服务群众。全年新建公园绿地 24 公顷、绿道 28 公里。严格水资源“三条红线”管理，深入推进清河、坝河、通惠河水系治理，开展萧太后河流域水质还清工程。加快推进黑臭水体治理，加强入河污染源监管，着力解决支流沟渠“脏乱臭”问题，实现小场沟等 11 个出境断面水质基本达标。深入落实新《环保法》和清洁空气行动计划，在四环路内加速建设高污染燃料禁燃区，加快农村地区燃煤压减进程，确保 $PM_{2.5}$ 浓度下降比例达到市级考核指标。

三是促进百姓宜居生活。加速推进棚户区改造，争取完成永安里、东八间房棚户区改造项目的征收（拆迁）工作，启动酒仙桥旧城区改建工程的征收工作，力争 2016 年棚户区改造任务量不低于 2015 年目标任务。加强区级统筹，进一步深化环境建设分区域管理，提高城市精细化管理水平。以“三区、四环、三道、八线”为重点，深化城市公共空间设施治理和环境综合整治。扎实推进生活垃圾分类处理。扩大优质民生资源供给，提高城乡基本公共服务均等化水平。推进义务教育学区化综合改革，启动新一轮“双名工程”筹备工作。继续深化医联体内部分工协作，健全社区首诊、分级就诊、双向转诊机制，增强基层医疗卫生服务能力。高标准完成养老服务业综合改革试点区建设，加快在制度、设施、产业、政府托底等方面实现新突破。

四是加强和创新社会治理。深化社会治理体制改革，推动政府、社会、企业互动。出台加强社区民主协商的意见，发挥社区居民议事厅作用，提升党政群共商共治水平。加快社区公共服务综合信息平台建设，逐步实现社区公共服务事项的一站式受理、全人群覆盖、全口径集成和全区域通办。完善“三网融合、二级闭环、一格统筹”全模式社会服务管理体系。加大政府购买社会组织服务力度，打造基层社区服务和基层社会组织参与服务品牌。推动“社区创享”计划，扩大家园文化建设覆盖面。巩固军政军民团结，加强国防动员体系和能力建设，连续争创新一轮双拥模范城。严格落实安全生产责任制，完善食品药品安全共治体系。全面落实重大决策社会稳定风险评估，健全矛盾排查预警和调处化解综合机制，有效预防和化解矛盾纠纷。深化反恐防暴体系建设。完善立体化社会治安防控体系，提高物技防工作水平。建立健全常态化、规范化的专群结合、以专带群工作机制，深化民警驻区制、街面巡逻警务工作站建设，提升“朝阳群众”品牌，建设平安朝阳。推进公安和检察官办案责任制、审判委员会工作机制改革试点，保障严格执法、公正司法。

五、全面加强党的建设

坚持党要管党、从严治党，把握新时期党的建设规律，全面推进党的思想、组织、作风、制度和反腐倡廉建设，为各项事业发展提供根本保证。

一是围绕责任拓展格局，发挥党建统领作用。完善“大党建”工作格局，健全区委党建工作例会制度，充分发挥区委党

建工作领导小组统筹、协调和推动作用，加强对党建工作的系统谋划，推动党建引领保障发展、发展促进提升党建。始终绷紧意识形态工作这根弦，深入落实意识形态工作责任制，健全工作机制，扩大阵地覆盖，牢牢把握意识形态主动权。加强以领导班子为重点的思想政治建设，将区委中心组“四个一”集中学习模式拓展至基层，形成理论学习常态化、长效化机制，打牢共同奋斗的思想基础。

二是围绕能力建强队伍，提高领导发展的能力和水平。深化“三严三实”专题教育，深入查摆和解决“不严不实”问题，组织开好专题民主生活会和组织生活会，抓好立规执纪，及时督导督查，上下联动整改，推动践行“三严三实”要求制度化、常态化、长效化。坚持正确用人导向，完善选人用人机制，培养有追求、有能力、有担当、有干劲、有规矩的“五有”干部。切实抓好区、乡两级换届和街道任期调整，确保换届之年思想不散、秩序不乱；并以此为契机，探索人岗匹配分析机制，科学配备关键岗位领导干部，优化班子年龄和专业结构。抓好后备干部和年轻干部培养，开展干部定向挂职。发挥党校主阵地作用，严格落实组织调训和脱产学习制度，加强党的理论教育和党性教育。健全干部监督工作体系，形成配套监督制度。深入实施人才优先发展战略，推进区域人才国际化发展、高端创新人才集群化发展、京津冀人才一体化发展。

三是围绕服务夯实基础，提高基层党组织建设水平。整体布局、科学统筹、补齐短板，加快构建具有朝阳特色的区域化党建工作格局。完善“一轴四网”的区域化党建基本框架，搭建以区域性党组织为核心，由组织体系、工作体系、服务体系和保障体系组成的党建网络。完善区级党建工作联席、沟通机制，建立各级党委定期研究社会领域党建工作制度，加强市级党群服务中心建设，推进商务楼宇党建社会化。加强基层服务型党组织建设，整顿提升软弱涣散基层党组织。优化党员教育管理制度体系，全面从严管理党员，严格党内组织生活，加强党员理想信念教育，不断提升党员意识、发挥党员作用。

四是围绕凝聚发扬民主，增强发展合力。充分发挥党委总揽全局、协调各方的领导核心作用，把团结各界人士、凝聚发展合力作为工作的根本基调，推动区委的各项决策部署在全区深入落实。支持区人大以“制度规范建设年”为主题，为推动“十三五”规划、推动京津冀协同发展提供民主法治保障。支持区政府进一步转变职能、创新思路、落实职责，建设法治政府。召开朝阳区政协工作会议，研究制定区委《关于进一步加强政协协商民主建设的实施意见》，支持政协广泛开展协商活动。深入落实《中国共产党统一战线工作条例（试行）》，完善“大统战”工作格局，巩固和扩大统战工作覆盖面，健全与民主党派的政党协商机制，建设高素质的党外代表人士队伍。加强党委对群团组织的统一领导，推动群团组织加强组织联建、工作联动、队伍联合、服务联办、保障联享，提高组织动员、联系服务、教育引导群众的能力。完善民族宗教工作领导体制和工作机制，促进民族团结进步，提升宗教工作法治化水平。

五是围绕作风强化纪律，深化党风廉政建设和反腐败斗争。深入学习贯彻《中国共产党廉洁自律准则》《中国共产党纪律处分条例》，坚决把纪律和规矩挺在前面。严格落实党风廉政建设责任制，强化党委主体责任和纪委监督责任，健全下级党组织书记每年向上级党委、纪委报告落实主体责任情况制度，做到责任传导压紧压实、制度落实见响见效、强化问责真查真究。落实“1+6”制度体系，强化《朝阳区落实党风廉政建设党委主体责任纪委监督责任追究办法（试行）》的约束与问责实效。健全改进作风长效机制，加大依纪监督、执纪问责、公开曝光的力度，将违反中央八项规定及“四风”类违纪问题一抓到底，坚决惩治和查处侵害群众利益的不正之风和腐败问题，以严格的标准、措施和纪律，把作风建设不断引向深入。健全惩治和预防腐败体系，探索推行权力清单制度有效路径，加大巡察力度，严格处置问题线索，用最坚决的态度减少腐败存量，用最果断的措施遏制腐败增量，做到利剑高悬、震慑常在，以反腐倡廉的新成效保障发展、取信于民。

各位委员、同志们，“十三五”翻开了朝阳发展的新篇章，做好明年工作，开好局、起好步，至关重要。让我们以更加坚定的信心、更加昂扬的斗志，真抓实干、锐意进取，为率先全面建成小康社会、为北京建设国际一流和谐宜居之都而努力奋斗！

朝阳区政府工作报告

——2016年1月12日在朝阳区第十五届人民代表大会第七次会议上

朝阳区人民政府代区长　王　灏

各位代表：

我代表朝阳区人民政府向大会报告工作，请予审议，并请各位政协委员提出意见。

2015年工作回顾

2015年，是全面完成“十二五”规划的收官之年，是贯彻落实《京津冀协同发展规划纲要》的开局之年。在市委、市政府和区委的坚强领导下，在区人大、区政协的监督支持下，我们紧紧依靠全区人民，凝心聚力，求真务实，攻坚克难，开拓创新，较好完成了全年各项任务，保持了经济社会持续健康发展的良好局面。预计实现地区生产总值4632亿元、增长6.8%，居民人均可支配收入增长8%。城镇登记失业率控制在1%以内。完成一般公共预算收入448亿元、增长8.8%。

（一）着力推进转型升级，发展质量和效益实现新提升

积极适应经济发展新常态，坚持稳中求进，加快深度转型，做好“退”的文章，下足“进”的功夫，有效应对了经济下行压力，结构优化、提质增效成效显现。

疏解非首都功能实现重要突破。坚决贯彻落实《京津冀协同发展规划纲要》，主动担当、迎难而上，全面打响疏解非首都功能攻坚战。坚持“控”与“疏”双管齐下，全面落实《北京市新增产业的禁止和限制目录》，严格控制增量；制定实施一系列配套政策，“收、调、拆、建、管”并举，大力疏解存量，全年清退有形市场53家，清理废品回收场站24个，拆除出租大院96个，关停工业污染企业41家，减少从业人员11.4万人。坚持以点带面、重点突破，拆除华北地区最大的石材市场——西直河石材市场，疏解腾退经验在全市得到推广。雅宝路市场集群的疏解工作正式启动，未来将为高端产业发展提供重要空间。不断加强与天津、河北的产业对接协作，中关村朝阳园西青科技产业园、北齿生产基地等一批合作项目正在加快实施。

结构调整升级迈出坚实步伐。金融、商务服务、文化创意和高新技术产业支撑和引领作用更加凸显。金融和商务服务业实现财政收入占全区32.6%，对全区增收的贡献达到82.5%。文化创意产业实现营业收入占全市四分之一，新增注册资本金过亿元企业75家。互联网消费增长154%，阿里巴巴北方运营中心、58同城等一批创新型企业入驻，“互联网+”产业氛围正在加快形成。CBD建设与发展齐头并进，中国尊、三星中国总部等7个项目正在加快建设，税收过亿元楼宇超过50座，辐射带动能力持续增强。奥林匹克公园服务首都国际交往中心作用更加突出，国际会展、文化体育活动加速聚集，北京奥林匹克塔投入试运行。中关村朝阳园建设全面提速，绿地中心、浦项中心、保利国际广场等项目相继交付使用，新增产业空间76万平方米，新的经济增长极正在加快形成。国家文化产业创新实验区纳入北京市服务业扩大开放综合试点范围，实验区管委会正式成立，规划设计和政策研究全面启动。

农村地区转型发展取得明显成效。加大“三倾斜”力度，投向农村地区的财政资金连续两年增长15%以上，《农村地区产业准入标准的指导意见》等多项促进政策相继实施。一绿6个试点乡城市化建设“851”任务基本完成，累计拆迁352万平方米、调减流动人口7万人、实施绿化3500亩、整建制转居1.6万人，4个安置房、11个产业项目陆续开工建设。剩余13个乡城市化建设方案初步形成。奶东、白墙子等村拆迁腾退加快推进，9个重点村剩余拆迁和绿化任务基本完成。加快退出小、散、低产业，设立全市首支城乡结合部产业引导基金，引入社会资本建设高端产业项目，推进产业升级。深化农村集体“三资”管理，来广营、东坝、黑庄户3个乡、29个村的产权制度改革全部完成。

重点领域改革释放发展活力。打好放权、松绑、减负、惠民的改革“组合拳”。深化行政审批制度改革，进一步优化投资项目审批流程。落实“先照后证”制度改革，推行“三证合一”“一照一码”，开展就近工商登记业务试点，促进登记注册便利化。14.7万家“营改增”试点企业税负下降44.9%。推进预算管理制度改革，编制政府全口径预算，将一般公共预算、政府性基金、国有资本经营预算、社会保险基金纳入年度预算草案，全部街乡纳入国库集中支付改革。优化创新创业环境，加大对科技企业的扶持力度，专利授权量增长23%，我区成为全国直辖市中首个“国家知识产权示范城市”。

（二）着力推进“大城市病”治理，城市建设和服务管理水平实现新提升

聚焦人口、交通、环境，创新治理方法，破解城市发展难题，生态宜居城市建设取得了积极成效。

人口调控力度持续加大。综合运用经济、法律、行政等多种手段，以业控人、以房管人、以证管人，完成常住人口年度调控任务，减少流动人口22.4万人。狠抓拆违控违工作，依法拆除违法建设480处、380万平方米。加强房地产经纪行业规范管理，加大违法出租行为整治力度，治理群租房1900余户，清理散租住人人防工程670余处。

生态环境建设扎实推进。严格执行新环保法，全面实施压减燃煤、控车减油、治污减排、清洁降尘等综合措施，淘汰老旧机动车5.7万辆，压减燃煤156.6万吨，减排挥发性有机物260吨，全区在册燃煤锅炉改造全部完成，PM2.5年均浓度下降5.8%。加快推进亮马河等5条河道防洪治理，清河北岸等6条再生水厂配套管线地上物拆迁完成。做好南水北调通水和用水保障工作，28个居民小区和公建单位实现自备井置换。建成望京外环、四得公园健康绿道和11处小微绿地，新增、改造绿化面积200公顷，平原造林3000亩。

道路建设和交通缓堵深入开展。协调推动主次干路拆迁建设，加快续建道路、断堵头路改造建设，广渠路二期五环外段、东坝南二街实现开工。配合开展地铁7号线、14号线、15号线一期拆迁工作。新增居住区停车位1755个。新增公共租赁自行车服务站点100个、自行车3000辆。加强交通秩序综合整治，改造10条道路慢行系统，建成来广营交通管理示范区，百子湾路、欢乐谷、草房地铁站等区域交通秩序明显改善。

城市环境管理取得实效。传承奥运经验、坚持首善标准、落实属地责任，高水平完成了中国人民抗日战争暨世界反法西斯战争胜利70周年纪念活动和第十五届世界田径锦标赛服务保障任务。聚焦“两区、两环、四线、多点”，推进分区域管理、分重点突破，完成CBD西南区域、奥林匹克园区周边环境提升工程，全区共查处露天烧烤、违法停车、违规广告牌匾、黑摩的等违法行为21万起，清理环境脏乱点2800余处，朝阳路、朝阳北路等28条道路沿线近700处“开墙打洞”整治完成。深入推进垃圾分类处理，在8个街道试点推行餐厨垃圾规范收运管理，加快推进19座农村地区生活垃圾中转站升级改造，生活垃圾综合处理厂焚烧中心项目投入试运行。

（三）着力推进和谐社会建设，民生保障水平实现新提升

坚持重统筹、保基本、促均衡，创新机制、强化治理，社会民生持续改善。

基本公共服务水平持续提高。深化教育领域综合改革，大力推进素质教育，持续扩大优质教育资源覆盖面，优质校（址）比例达到83.6%。新增入园学位4100余个。八十中南校区主体工程完工，北京二中朝阳学校实现开工。我区中考综合优秀率和高考本科上线率分别达到60.6%和92%。垂杨柳医院改扩建工程完成征收拆迁工作，全面实现动工。北京市第一中西医结合医院升级为三级甲等医院。推行分级诊疗模式，新建中医和肿瘤专科医联体，建成3个社区卫生服务中心、43个社区急救站。健全就业服务机制，加大创业人员和就业困难人员帮扶力度，新增就业岗位10万个，城乡登记失业人员实现就业2.2万人。坚持养老服务“27字”工作思路，加强三级养老服务体系

建设，新建10家街乡养老照料中心，我区成为北京市养老服务社会化示范区。新建135套全民健身设施和53个体育生活化社区。街乡文化中心、社区（村）文化活动室实现全覆盖。棚户区改造8个项目启动，完成拆迁改造9000余户，六公主坟、酒仙桥旧城区改建项目对接安置房开工建设。完成老旧小区综合整治296万平方米。开工建设保障房8140套、竣工8044套。大力培育和践行社会主义核心价值观，加强思想道德建设，深入开展普法教育和群众性法治文化活动。我区顺利通过“全国双拥模范城”考评检查。

社会服务管理持续加强。深化全国社区治理和服务创新实验区建设，初步形成商品房小区、保障房小区、老旧小区、农村地区社区分类治理的有效机制。大力培育居民议事厅，构建协商共治平台。建成32个街乡社会组织服务平台和135个街乡社区公益空间，购买社会组织服务项目近300个。创建六型社区36个、智慧社区97个。圆满完成第九届社区居委会选举工作。深化全模式社会服务管理系统建设，开展二级闭环系统试点，提高街乡、社区（村）自我发现问题、解决问题的能力。全力为群众解难题，办理区、街乡、社区（村）三级实事近1800件。

平安建设持续深化。严格落实新安全生产法，深化安全发展示范城市和安全生产标准化示范区建设，开展危险化学品、油气输送管道等重点领域专项整治，加大食品药品执法监管力度，强化城市安全运行监测和应急管理，安全生产死亡事故数、死亡人数分别下降8.9%和11.5%。健全多元调解平台，市区信访重点矛盾结案率达到100%。完善立体化社会治安防控体系，加强群防群治，“朝阳群众”在平安建设中的突出作用受到社会好评。

各位代表，一年来，区政府以开展“三严三实”专题教育为契机，深入推进依法行政、从严治政、高效理政。认真执行区人大及其常委会决议和决定，自觉接受人大法律监督、工作监督和政协民主监督，认真听取各民主党派、工商联、无党派人士和人民团体意见，坚持定期向人大报告、向政协通报工作。认真开展人大议案和政协建议案办理工作，全年办复全国、市、区人大代表建议、政协提案500余件。持续加强和改进政府作风。推行权力清单制度，公布区级行政审批事项、投资项目审批事项和行政处罚事项清单。在政府部门和街乡普遍建立重大行政决策合法性审查机制、风险评估机制和法律顾问制度。开展“为官不为”“为官乱为”专项治理，在窗口单位推行政务服务标准化、规范化建设。严控政府行政成本，稳步推进公务车改革，“三公”经费下降14.9%。加大对行政权力运行的监督检查力度，防止权力滥用。完善政府绩效管理考评体系，强化督查督办和效能监察，确保了各项工作扎实有序推进。

各位代表，在“十二五”圆满收官之际，朝阳区经济社会发展呈现出新的历史性进步。过去的五年，我们坚决贯彻落实市委、市政府和区委的决策部署，深入落实京津冀协同发展战略、首都“四个中心”城市战略定位和朝阳“新四区”建设目标，以“双十工程”为载体，稳增长、疏功能、转方式、调结构、惠民生，经济社会发展迈上了新台阶。五年来，我们坚持稳中求进、调整转型，全力疏解功能，推进“瘦身健体”，优化产业结构，经济实现高起点上的持续增长，地区生产总值五年累计增长65.2%，财政收入在全市率先跨越二百亿元和四百亿元大关，年均增长13.8%，发展质量和效益显著提升。五年来，我们坚持全域统筹、城乡联动，“六位一体”破解农村发展瓶颈，土地储备、重点村整治、城乡结合部治理深入实施，一绿试点乡城市化建设取得积极成效，全区50%的行政村完成整体搬迁或改造，6万名农民实现转居，8.3万人搬迁上楼，农村地区发展潜力不断释放，农村城市化水平显著提升。五年来，我们坚持标本兼治、综合施策，全面开展“大城市病”治理，坚决遏制人口过快增长势头，下大力气治霾、治污、治堵、建绿，促进人口资源环境协调发展，城市环境质量显著提升。五年来，我们坚持优质均衡、特色统筹，立足补短板，抓创新、促改革，多层次、系统化推进民生工作，教育事业发展实现新跨越，文化、医疗、养老服务特色更加鲜明、体系日趋完善，社会治理和服务水平显著提升。与此同时，精神文明、双拥共建、“六五”普法等工作深入开展，民族宗教、妇女儿童、侨务对台、人民武装、人防地震、档案区志等各项事业全面进步。我区先后获得全国文明城区、国家公共文化服务体系示范区、国家文化产业创新实验区、全国社区治理和服务创新实验区、全国养老服务业综合改革试点区等众多荣誉。

实践证明，过去的五年，是紧抓机遇、应对挑战、经济社会全面发展的五年，是大胆探索、创造优势、奠定未来长远基础的五年，是同心同德、奋力拼搏、共创美好幸福生活的五年。我们在继承中创新、发展中突破，谱写了朝阳科学发展、民生幸福的新篇章。这些成绩的取得，得益于市委、市政府的坚强领导和历届区委、区政府带领朝阳人民打下的坚实基础，得益于区人大、区政协的有力监督和鼎力支持，得益于全区广大干部群众的辛勤劳动和无私奉献。在此，我代表区政府，向各位人大代表、政协委员、各民主党派和无党派人士、各人民团体、社会各界人士，向大力支持我们工作的驻区中央、市属单位和人民解放军、武警部队，向全区人民，表示衷心的感谢和崇高的敬意！

在总结成绩的同时，我们也清醒地认识到，朝阳区经济社会发展还存在一些困难和问题。一是实现非首都功能疏解的同时提升朝阳发展品质，需要加倍努力。未来几年，我区面临功能疏解任务重、人口调控难度大的复杂局面。既要坚定不移疏解非首都功能，全面完成人口调控目标；又要推动区域平稳健康发展，走出一条更高质量、更有效率、更加公平、更可持续的发展新路，对我们提出了更高要求。二是实现新常态下的经济提质增效升级，需要加倍努力。新常态下，经济增长进入增速换挡期，经济发展面临的不确定因素较多、下行压力明显。既要以一定的发展速度作支撑，又要加快实现经济结构向“高精尖”转型，从根本上解决质量、结构和效率的深层次问题，需要我们进一步转变理念、创新机制，推动经济集约高效内涵式发展。三是提升生态文明建设和环境治理水平，需要加倍努力。大气雾霾防治难度大，治理效果有待提升。地表水质污染问题久治不愈，大部分河道水体为劣V类，污水直排及垃圾污染河道等问题依然突出，污水处理设施缺口较大。城乡结合部环境治理仍显滞后，痼疾顽症仍未根除，城市管理的科学化、精细化和智能化水平有待进一步提高。四是促进城乡基本公共服务均等化，需要加倍努力。我区教育、医疗、养老等公共服务供给不足与资源配置不均的问题依然存在，安全生产、食品安全等方面还有不少隐患，保障和改善民生任务繁重。五是持续提升政府行政效率和为民服务能力，需要加倍努力。个别政府部门和少数工作人员不作为、乱作为的现象仍然存在，面对新形势不适应、不会为、不善为的问题还比较突出，政府自身建设需要进一步加强。我们将正视这些问题，不以事艰而不为，不以任重而畏惧，积极采取措施，切实加以解决，用实实在在的工作成效，回应群众期待、赢得群众信任。

2016年工作任务

2016年是全力推进京津冀协同发展的关键之年，也是全面落实“十三五”规划的开局之年。朝阳的发展正站在一个新的历史起点上。国家发展战略提出新要求。我国加快实施“一带一路”、京津冀协同发展、长江经济带三大战略，为朝阳发展提供了重要战略机遇，要求我们必须主动融入大局，更好地发挥区位优势和特色功能，稳中求进、进中求变、变中求突破，厚植发展优势、提升发展品质。北京发展蓝图赋予新使命。“十三五”时期，北京市提出“率先全面建成小康社会、在建设国际一流的和谐宜居之都上取得重大进展”的总体目标，作出一系列重要部署，要求我们切实担当起承载大区、发展强区的职责和使命，抓住以首都为核心的世界级城市群建设、市行政副中心建设等重要契机，以敢于争先、时不我待的进取精神，争创一流、作出示范。朝阳转型发展期待新作为。区委十一届十一次全会分析了朝阳未来五年面临的“新、转、疏、补、稳”五个方面阶段性特征，总的来看，朝阳区仍然处于可以大有作为的重要战略机遇期，同时也面临矛盾叠加、风险增多的严峻挑战。保持好疏功能、调结构与经济中高速增长之间的平衡，实现好人口规模与资源环境承载力的协调，统筹好农村城市化与城市建设减量化的关系，解决好区域发展短板与首都功能新要求的差距，处理好维护安全稳定与社会治理和城市管理能力的矛盾，要求我们在发展思路、发展方式、工作方法上进行深度调整，牢牢把握发展大势，坚定发展信心决心，保持战略定力，保持历史耐心，保持昂扬斗志，精准发力，久久为功，一步一个脚印，在攻坚克难中赢得主动，赢得未来。

2016年政府工作的总体要求是：深入学习贯彻党的十八大、十八届三中、四中、五中全会、习近平总书记系列重要讲话和市委十一届七次、八次、九次全会、区委十一届十一次全会精神，牢固树立五大发展理念，深入落实首都“四个中心”城市战略定位，全力疏解非首都功能，全力提升经济发展质量和效益，全力推进生态环境建设，全力保障和改善民生，加快国际商务中心区、文化创新实验区、和谐宜居模范区建设进程，确保“十三五”发展开好头、起好步。经济社会发展主要预期目标是：地区生产总值增长6.5%以上，居民人均可支配收入增长6.5%以上，城镇登记失业率控制在2.5%以内，一般公共预算收入增长6.5%。

实现上述目标，必须牢固树立“一盘棋”思想，进一步强化全局意识、首善意识、机遇意识、忧患意识、担当意识，围绕功能疏解动起来、人口调控严起来、发展质量提起来、城市化进程快起来、生态环境好起来、朝阳人民幸福起来，积极调动各方面主动性和创造性，注重开放创新，突出国际视野、战略思维，增强区域竞争力，打造发展新引擎；注重统筹协调，突出均衡配置、布局优化，增强发展整体性，构建城乡新格局；注重生态先行，突出资源节约、多方治理，增强环境承载力，拓展绿色新空间；注重发展惠民，突出共谋共建、共治共享，增强群众获得感，实现民生新改善。

2016年，我们将重点抓好以下六个方面工作：

（一）牢牢把握京津冀协同发展机遇，提高朝阳建设和管理水平

深入落实《京津冀协同发展规划纲要》，坚持一手抓疏解，一手抓提升，积极构建主体功能清晰、发展导向明确、城市布局优化、建设秩序规范的发展格局。

着力疏解非首都功能。制定实施疏解非首都功能五年工作方案，细化年度任务，加强资金引导，多措并举，协同发力，确保实效。围绕“控增”下功夫，严格执行《北京市新增产业的禁止和限制目录》，对产业项目依法审批，把牢准入关。围绕“减存”做文章，大力推动区域性物流基地、批发市场、一般性制造业、废品回收场站的疏解腾退，确保各类指标完成五年疏解任务的20%以上，雅宝路市场集群的疏解和业态升级取得实质进展。按照全市统一部署，配合推进部分公共服务机构向京外发展。与此同时，统筹利用疏解腾退空间，加强绿化和景观建设，增加公共服务设施。围绕产业发展、公共服务、协同创新等领域，深化与天津、河北的对接合作，促进资源共享、功能互补。

着力控制人口规模。疏堵结合，分类施策，严格落实调控责任制，坚决把人口总量控制在市下达的目标以内，实现常住人口从“减增速”向“减总量”转变，力争减少流动人口25万人。从产业疏解入手，聚焦人口聚集多、安全隐患多、产业层级低的重点区域，加大拆迁腾退力度，压缩低级次产业次生经济圈，积极引导人随业走。从规范管理入手，全面落实北京市居住证制度，完善人口综合监测体系，加强流动人口信息管理平台建设，提高人口调控预警能力。建立健全新上项目的人口评估机制，以人口布局倒推发展布局。探索推进农村地区用水收费等措施。从综合整治入手，对新增违法建设“零容忍、零增长”，确保全年拆除违法建设不少于355万平方米。持续加大“开墙打洞”、群租房和地下空间整治力度，不断巩固治理成果，扩大整治成效。

着力优化城市功能布局。围绕“一廊两带三区”，突出区域功能优化和承载要求，明确年度建设发展任务，一项一项抓好落实。聚焦加快“一廊”建设，启动基础设施、环境建设、产业发展、公共服务、社会治理“五大提升工程”，带动东部、东南部地区发展升级，确保年内在环境整治和景观建设上取得明显成效，为市行政副中心提供有力的服务保障。聚焦“两带”建设，明确建设和发展重点，利用和挖掘现有资源，在生态景观建设和产业发展上实现新突破。聚焦“三区”建设，在建成区进一步提升发展品质；在集中建设区统筹土地资源，推进土地价值最大化；在疏解提升区明确重点疏解区域和疏解对象，明确时间进度，加快推动落实。把“六个一百”工程作为“十三五”时期提高朝阳建设管理水平、促进城乡均衡协调的重要抓手和载体，高标准制定建设计划和各项保障政策，明确建设区域和重点，把点位标明、把任务落地，并建立时间倒排、任务倒逼、责任倒推的工作机制，力争年内六方面任务均完成五年总任务量的25%，形成一批城市建设和改善民生的新亮点。

着力缓解交通拥堵。围绕北京市缓解交通拥堵总体方案，制定我区“十三五”时期道路建设五年滚动实施计划，探索通过PPP等模式吸引社会资本参与，全面加大建设推进力度，提升规划道路实现率。加快推进主次干路建设，启动化工路、化二东侧路等道路拆迁，协调推动姚家园路、京密高速路前期工

作，建成平房新村北街、关庄西路等10条次支路。加快实施疏堵工程，启动安贞、大屯缓解交通拥堵示范区建设，完成安立路与北苑路交叉口等10项拥堵节点改造。开展停车资源数据普查，强化资源统筹，建设5处社会公共停车设施，增加机动车停车位5000个。积极倡导绿色出行，新增公共租赁自行车服务站点70个、自行车2000辆，优化调整公交线路和站点设置，方便群众出行。配合3号线、7号线东延、12号线、17号线进场施工，启动京沈客专征地拆迁工作。结合广渠路二期通车，重点开展道路周边环境整治，使环境面貌实现质的突破。

着力提升城市管理水平。推进城市管理重心下移、力量下沉、资源下放，完善体系，创新机制，积极构建权责清晰、多方参与、共同治理的城市管理格局。加快信息基础设施建设，拓展云计算、大数据在城市服务管理领域的应用，打造“智慧城市”升级版。探索构建全区物业管理数据库，加强楼宇监管，打造“朝阳物业”品牌。在街道地区试点建设环境精品街区。围绕“三区、三道、四环、八线”，实施景观环境提升工程，重拳治理环境秩序突出问题，做到整治一处、管住一处、带动一片，精心打理好城市。

（二）全力以赴推动调整转型，提高经济发展质量和效益

坚持稳增长、调结构、惠民生、防风险，着力推进结构性改革，做好提质增效升级的“大文章”，构建“高精尖”经济结构。

保持经济中高速增长。充分挖掘内需增长潜力，着力优化消费环境，推进供给创新，增强经济持续发展动力，保持经济运行在合理区间。消费要突出结构升级，加快旅游、信息、绿色等服务消费发展，支持传统商业企业发展体验消费、主题概念店等新型消费模式，推进跨境电子商务发展。投资要突出有效性和精准性，抓好棚户区改造、生态环境建设和民生项目，保持适当强度。放大资源、资产、资金的“乘数效应”，积极引入社会资本参与基础设施和公共服务领域项目建设。推进土地储备，加快拆迁和土地入市。集中精力引入符合区域功能定位的领军型、骨干型企业，加快形成新的经济增长点。探索运用互联网管理互联网的方法，加强监测和预警，积极防范和化解金融风险。

加快推动产业优化升级。做优、做强、做实朝阳支柱和特色产业。制定实施新一轮产业发展三年行动计划，进一步壮大金融、文化创意、商务服务、高新技术等重点产业。落实“互联网+”行动计划，出台推动科技服务业发展政策措施，加快培育体育休闲、健康养老、科技服务等新兴产业，鼓励信息服务、大数据、物联网、云计算等业态发展。开展国家工业电子商务区域试点工作。支持物流配送终端及智慧物流平台建设。承接好北京市服务业扩大开放综合试点，推进中医药服务、文化娱乐业开放，争取新一轮试点，带动服务业加快发展。

加快提升国际商务中心功能。坚持全域CBD理念，推动多渠道国际交流合作和双向深度国际化，加快建设具有世界影响力的国际商务中心区。大力发展国际金融、国际传媒、国际商务等高端产业，提升总部经济能级，聚集国际组织和机构、国际高端人才。CBD着眼于巩固和提升品牌优势，做强产业、做优服务，在建设上全面提速、环境上加速提质、功能上加快完善。奥林匹克公园着眼于提升国际交流和窗口功能，以重大项目入驻为契机，积极引入配套产业和服务设施，吸引具有国际影响力的体育赛事和文化品牌活动。中关村朝阳园着眼于提升发展新动能，加快推进北扩区规划建设，充分利用产业空间资源，加快聚集战略性新兴产业，积极推动大望京公共空间建设。金盏金融商务园区着眼于提升核心优势，有序推进规划研究和项目建设。

加快提高农村地区发展层级。按照控人、减地、提质、增效的思路，创新政策，突破瓶颈，推动农村地区转型发展。分区域、分路径推进城市化，加快实施一绿地区6个试点乡建设，协调落实成本和收益统筹政策，保障资金渠道，加快项目审批，确保拆、转、绿任务完成93%、100%和70%，力争再启动5个乡的一绿试点工作；加快推进二绿地区金盏乡集体经营性建设用地统筹使用试点，积极探索城乡一体化新模式。加强规划区域统筹，开展规划指标和土地资源的统筹利用试点，提高单位土地资源利用效率。严格产业准入管理，加速农村地区产业“腾笼换鸟”，推动集体收入由主要依靠土地收益向依靠集体资产经营收入转变。综合运用棚户区改造、新农村建设等政策，加快城乡结合部治理。提高集体“三资”监管水平。开展第三次农业普查。对标先进理念和服务管理模式，提高农村地区社区管理和公共服务水平。

（三）坚定不移推进改革创新，提高区域发展活力和动力

坚持问题导向和结果导向，用实力、出实招，以改革促发展、以创新添活力，大力营造大众创业、万众创新的良好环境。

深入推进重点领域改革。持续做好“放管服”工作。深化行政审批制度改革，继续精简审批事项，全面完成非行政许可审批事项清理工作。深化商事制度改革，优化“三证合一”“一照一码”登记流程，加快推进工商登记全程电子化服务。推进财税制度改革，完善区级财政管理体制，落实好地方政府债务管理要求。调整街道管理体制，理顺区、街、社区三级关系。深化国有企业改革，统筹利用国有企业资源，服务区域发展。

深入推进文化创新发展。出台《关于加快国家文化产业创新实验区发展的若干意见》，在体制机制、政策环境、市场体系、人才培养、发展模式等方面积极改革创新，加快推动规划落地、政策落地、项目落地。提升产业空间使用效益，推动老旧工业厂房升级改造，积极引入艺术品拍卖会、设计创意交易会、国际品牌发布会。推动文化资源、创意、生产、技术、消费等各个环节的垂直融合，促进文化产业与科技、金融、商务、旅游等行业的纵深跨界融合，加快形成文化领域创意、创新、创业的活力氛围。

深入推进科技领域创新。实施创新驱动发展战略，强化企业技术创新主体地位，鼓励企业建设研发机构和加大研发投入。深化校地共建、院地联合，发挥朝阳区—高校发展合作联盟作用，鼓励和支持高校、科研院所与企业建立协同创新平台，促进科技成果产业化。畅通科技创新人才引进绿色通道，激发创新创业活力。深化国家知识产权示范城市建设，加强知识产权运用和保护。

（四）坚持不懈抓好生态建设，提高城市环境质量和品质

生态宜居不仅是群众的热切期盼，也是城市生命力所在。必须牢固树立绿色发展理念，态度坚决，措施果断，持续发力，不断提升城市绿色“颜值”，切实增加群众绿色福利。

下大力气治理大气污染。深入实施清洁空气行动计划，强化污染物总量控制和源头治理，确保PM2.5年均浓度下降比例达到市级考核要求。大力推行“智能环保”，加大对建筑工地、拆迁现场等重点区域信息化监控，运用新型环保技术治理扬尘污染。推动电动汽车公用充电桩建设，淘汰老旧机动车3.65万

辆。支持企业实施环保技改工程，开展燃气锅炉提标改造。在四环路内加速建设高污染燃料禁燃区，完成3000户以上平房居民煤改清洁能源。推进农村地区用能结构调整，实现农村地区无劣质燃煤。

下大力气治理水环境。严格“三条红线”管理，努力把地下水管起来、再生水用起来、雨洪水蓄起来。采取管线截流、湿地净化等多种方式，加大清河、坝河、通惠河水系治理力度，开展萧太后河水质还清工程，全力推进黑臭水体治理。着力解决支流沟渠“脏乱臭”问题，严格入河污染源监管，实现小场沟等11个出境断面水质基本达标。坚持污水集中和分散处理相结合，定福庄等3个再生水厂投入使用，加快建设小区污水处理设施。大力推进节水型城区建设，加大特殊行业用水监管，实现建成区社会单位用水指标全覆盖。

下大力气增加绿色生态容量。围绕构建大尺度、高水平、多功能的绿化生态系统，以森林公园、绿色家园“两园”建设为抓手，努力让绿地成片、绿网相连。高水平编制温榆河森林公园、黑庄户农业公园建设规划，加快推进沙子营湿地公园建设。加大老旧小区绿化改造，做好老百姓身边的口袋公园、小微公园。按照城市公园标准和3A景区要求，提升改造一批特色鲜明、功能完善、内涵丰富的郊野公园。全年新增、改造绿化面积300公顷，新建绿道28公里。

下大力气促进资源节约利用。落实能源消费总量和能耗强度双控措施，切实抓好建筑、公共设施等领域的节能工作，促进资源减量化、集约化，确保万元GDP能耗和水耗完成市下达任务。鼓励商务楼宇使用节能新技术，推广能源智能化管理模式。推进循环经济产业园生物处理中心和建筑垃圾资源化项目建设，加快餐厨垃圾处理厂升级改造。完成4处垃圾填埋场治理，创建30个垃圾分类示范小区。

（五）千方百计增进民生福祉，提高社会治理和服务水平

坚持普惠性、可持续、均等化，着力解决好群众关心的热点、难点问题，努力与群众话说到一起、事想到一起、心连到一起，让群众享有更多更直接的获得感。

切实提高公共服务供给水平。牢牢把握教育均衡和优质两大主题，加快在建校、新建校的建设进度，多种方式扩大学位供给，实施第二期学前教育三年行动计划；深入实施素质教育工程，加强课程改革和创新人才培养；启动新一轮“双名工程”筹备工作，健全政策和激励机制，努力吸引和留住教育人才。围绕构建“大健康”格局，推动优质医疗资源继续向薄弱地区倾斜，加快垂杨柳医院改扩建工程，协调推进常营等地区大医院建设，区疾控中心二期投入使用；完善分级诊疗服务体系，深化医联体内部分工协作，增强基层医疗服务能力。健全充分就业的工作机制，加强对灵活就业、新就业形态的扶持，确保就业形势稳定。进一步完善养老服务体系，推进街乡养老照料中心全覆盖，高标准完成全国养老服务业综合改革试点区建设。实施公共文化设施和服务提升工程，加快香河园、常营、奥运村地区文化中心建设，鼓励民办博物馆、美术馆开展公益性文化服务。广泛开展全民健身运动，培育竞技体育优势项目。加强思想道德和社会诚信建设，弘扬中华传统美德，提升城市文明程度和市民文明素质。

切实改善群众居住条件。着力抓好保障性住房建设、分配和使用管理，积极落实市场化租金补贴新政策，加快保障房周边道路等配套设施建设，提高物业等后期运营管理水平，确保功能全、环境美、质量优。加大老旧小区综合整治力度。加快实施棚户区改造，推进主体创新、模式创新，启动酒仙桥、化石营等项目征收拆迁，完成7000户改造任务。

切实加强和创新社会治理。深入推进全国社区治理和服务创新实验区建设工作。进一步优化社会治理格局，建设区社会动员中心，大力培育公益慈善类社会组织，加大政府购买服务力度，打造一批志愿服务项目和星级带头人。进一步深化社区自治，推进居民议事厅建设，开展“社区创享”计划和社区提案工作，扩大民主议事协商范围。进一步优化社区服务，完善“三网融合、二级闭环、一格统筹”的全模式社会服务管理体系，加快公共服务综合信息平台建设，逐步实现社区公共服务事项的一站式受理、全人群覆盖、全口径集成和全区域通办。

切实维护区域安全稳定。树立安全发展理念，强化安全底线思维，严格落实党政同责、一岗双责、失职追责的安全生产责任制。全面加强生产安全、消防安全、交通安全、公共安全等各领域安全隐患排查整治，建立台账，挂账督办，有患必查、有险必除，坚决遏制重特大事故发生。持续加大食品药品监管力度，努力保障“舌尖上的安全”。加强信访和调解衔接，健全排查预警机制，有效预防和化解矛盾纠纷。完善立体化社会治安防控体系，发挥“朝阳群众”品牌作用，推进平安街乡、平安单位、平安示范小区创建，进一步提高群众安全感。

（六）全面加强政府自身建设，提高政府公信力和执行力

坚持依法行政、为民务实、廉洁高效，全面正确履行政府职能，切实改进工作作风，努力建设群众满意的服务型政府。

强化法治政府建设。坚决执行区人大及其常委会的决议和决定，坚持重大事项报告制度，密切与政协委员、民主党派、无党派人士和人民团体的民主协商，认真办理人大代表建议和政协提案。完善权力清单制度，依法编制并公开行政征收、行政检查等权力事项清单。完善行政决策机制，发挥政府法律顾问、智库和专业研究机构在推行依法行政、制定重大决策中的重要作用，提高决策科学化水平。进一步加大政府信息公开力度。全面启动“七五”普法工作，增强全社会特别是公职人员尊法学法守法用法观念。健全公共法律服务体系，完善法律援助制度，保障群众获得及时有效的法律帮助。

强化行政效能建设。完善区行政服务大厅功能，推进全区服务窗口标准化建设，切实提高服务效率和质量。持续优化“督考合一”工作机制，全面提升督查工作实效，实施目标设定、过程管控、绩效考评的全过程管理，切实提高政府履职实效。以信息化技术、互联网思维创新政府服务管理，充分利用门户网站、政务微博、朝阳服务公众账号，进一步畅通服务群众的“最后一公里”，让数据“多走路”、群众“少跑腿”。

强化政府作风建设。认真学习贯彻《中国共产党廉洁自律准则》和《中国共产党纪律处分条例》，深入践行“三严三实”，切实加强公务员队伍建设，树立“坚定、坚持、坚强、坚守”的“四坚”精神，争做有追求、有能力、有担当、有干劲、有规矩的“五有”干部。紧盯“四风”问题开展明察暗访，发挥政府特约工作人员和特约监察员的监督作用，持续改进政风行风。严格落实“两个责任”，加大对权力的制约和监督，聚焦公共资金、国有资产、工程建设招投标等，健全廉政风险防控机制，严格审计监督和追责问责，实现干部清正、政府清廉。

关于“十三五”规划纲要（草案）的说明

区委十一届十一次全会通过的《关于制定朝阳区国民经济和社会发展第十三个五年规划的建议》，提出了未来五年朝阳经济社会发展的指导思想、主要目标和重要任务。根据《建议》精神，区政府制定了《朝阳区国民经济和社会发展第十三个五年规划纲要（草案）》，已提请大会审议。下面，我简要说明几个问题。

（一）《纲要（草案）》的编制过程和主要特点

区委、区政府高度重视规划编制工作。成立了四套班子一把手任组长的领导小组，组建了由各领域专家组成的规划编制专家顾问组，历经一年多时间研究相关工作。全区有关部门、研究机构开展了 39 个前期课题研究，并同步编制 31 个专项规划。规划编制期间，我们积极听取各方意见，汇聚各方智慧，召开专家座谈会，开展人大代表、政协委员问卷调查，面向社会各界开通网上建言献策平台，共征集各类意见建议达 1000 余条。区人大常委会研究制定了规划编制工作监督方案，将规划编制作为重大项目进行监督管理，有力促进了各项工作开展。《纲要（草案）》初稿形成后，区委、区政府多次组织召开专题会，对一系列重大问题进行研究决策。《纲要（草案）》还广泛征求了各街乡、各部门和重点企业的意见，听取了人大代表、政协委员、各民主党派、工商联负责人、无党派人士以及专家学者的意见，吸纳了市民大量的建议。《纲要（草案）》的编制过程，是发扬民主、集思广益、科学决策的过程，也是统一认识、形成全区共识的过程。

在规划编制过程中，为了增强《纲要（草案）》的科学性、前瞻性、针对性，重点把握了以下三条原则：一是坚持贯彻上级精神、把握发展要求，认真领会党的十八大、十八届三中、四中、五中全会和市委十一届七次、八次、九次全会精神，将创新、协调、绿色、开放、共享的发展理念贯穿始终，把落实京津冀协同发展战略、服务保障首都核心功能、建设国际一流的和谐宜居之都要求作为一条主线，围绕功能疏解、转型升级、人口调控等方面，进行全面细致安排，确保中央和北京市的要求在朝阳得到全面贯彻落实。二是坚持在继承中发展、在发展中创新，深入分析“十二五”奠定的发展基础，深刻把握“十三五”时期时代背景的重大变化，保持发展思路和工作思路的连续性，继续强化国际商务、文化创新等方面的功能特色，提高站位、拓宽思路，努力在新的起点上不断开创发展新境界。三是坚持问题导向、需求导向，将关系群众切身利益的基本公共服务均等化、基础设施建设、生态文明建设、城乡环境治理等作为工作着力点，力求在补齐短板中增进民生福祉、提升发展品质。

（二）关于“十三五”时期的总体发展思路和目标

“十三五”时期是朝阳区转型发展、再创优势的重要阶段。《纲要（草案）》从实际出发，立足于首都发展大局，立足于朝阳发展实际，立足于未来五年的新形势、新任务，在指导思想中提出了“提高发展质量效益，提升区域环境品质，增强服务保障能力，增进全区人民福祉，高水平建设国际商务中心区、文化创新实验区、和谐宜居模范区，率先全面建成小康社会，为北京建设国际一流的和谐宜居之都而努力奋斗”的要求，这是“十三五”时期朝阳发展的总体目标和美好蓝图，是我们肩负的历史使命和重大责任，更是对朝阳人民的庄严宣誓和郑重承诺。

为实现“建设‘三区’、建成小康”的目标，《纲要（草案）》提出了更加注重开放协同、更加注重创新驱动、更加注重绿色发展、更加注重文化引领、更加注重城乡统筹、更加注重共治共享“六个更加注重”的基本原则，制定了 26 个量化考核指标，其中预期性指标 11 个，约束性指标 15 个。力求通过全区上下共同努力，到“十三五”末，实现疏解非首都功能成效显著提升、经济发展质量效益显著提升、生态宜居环境显著提升、农村城市化水平显著提升、市民素质和社会文明程度显著提升、民生服务保障水平显著提升“六个显著提升”。

（三）关于“十三五”时期的主要任务

《纲要（草案）》共 10 篇、35 章。包括九大发展任务：

一是合理布局，优化提升区域功能。按照《京津冀协同发展规划纲要》和首都“四个中心”城市战略定位的要求，《纲要（草案）》把优化提升区域功能作为首要任务进行布置。“十三五”时期，朝阳区将加快推进非首都功能疏解，加强人口调控与服务管理，加快构建“一廊两带三区”的功能布局。

二是扩大开放，持续提升国际化发展水平。“十三五”时期，国际化仍然是朝阳最突出的特征、最显著的优势。我们将围绕服务国家对外开放战略和首都国际交往中心功能，加快建设具有世界影响力的国际商务中心。首先是提升开放型经济水平，提升 CBD 国际商务中心影响力，积极承接北京市服务业扩大开放综合试点。其次是推进国际交流合作，打造国际活动主承载区，强化奥运功能区国际交往功能。第三是全面优化国际服务环境。

三是创新驱动，加快经济提质增效升级。实施创新驱动是适应和引领经济新常态的战略选择和根本动力。重点是全面提升科技创新能力，发挥中关村朝阳园示范引领作用，聚集创新要素，营造创新环境；加快构建“4+2+3”的“高精尖”产业体系，提高农村产业发展层级；提升集约高效发展水平。

四是文化引领，提升区域文化软实力。围绕首都建设全国文化中心，进一步发挥文化资源优势、产业优势、品牌优势，开创文化引领发展新局面。主要任务包括：全面推进国家文化产业创新实验区建设，构建文化产业创新体系，打造全国文化产业创新发展高地，优化实验区产业空间布局；提高公共文化服务能力，构建现代公共文化服务体系，丰富文化产品和服务，加强传统文化传承；提升区域文明程度；促进文化国际交流。

五是城乡协调，提升建设管理水平。“十三五”时期，按照城乡一体化发展思路，既要积极稳妥推进农村城市化，更要大力推进农村现代化。首先是实施城乡发展“六个一百”工程，新建及改扩建百条主次干路、支路和断堵头路，建设提升百条环境优美大街，新建和改造百个大中小微型公园，新升级百个“高精尖”功能性产业项目，打造百个绿色智慧平安社区，创建百个基层文化品牌。其次是全力推动第一道绿隔地区城市化建设，推进第二道绿隔地区城乡一体化建设。第三是提高城乡基础设施承载能力。第四是全面提升城市管理水平。

六是绿色发展，着力建设生态宜居家园。把生态环境建设放在突出的战略位置，着力建设绿色家园、常清碧水、美丽蓝天。重点是提升绿化建设水平，高水平完成绿隔地区绿化建设，完善绿化空间布局；全面推进水生态文明建设，强化水污染治理；持续改善空气质量；树立生态文明风尚。

七是以人为本，推进民生服务优质均衡发展。根据社会建言献策活动和人大代表、政协委员征集意见活动汇总的情况，我们将群众关心的教育、健康、就业、社会保障等问题，作为规划的重要内容。主要任务包括：大力推进教育强区建设，促进基础教育优质均衡发展，完善多元化教育体系，加强教育人才队伍建设。全面提高健康服务水平，增强医疗卫生服务能力，促进养老服务发展，提升体育发展水平。完善就业和社会保障体系。

八是共建共享，提高社会治理能力和水平。推进社会治理体系和治理能力现代化，实现人民安居乐业、社会安定有序。重点是深化社会治理体制机制改革，提升社区治理和服务水平，加大社会动员力度，深化平安朝阳建设。

九是深化改革，强化体制机制保障。激发社会活力，凝聚社会合力，以体制机制创新提升发展软环境。重点是全面深化审批制度、经济体制、社会民生、农村体制机制等各领域改革创新；强化民主法治建设；完善规划实施机制，促进各项任务全面落实。

以上是关于“十三五”规划纲要（草案）的说明。

各位代表，展望五年后，一个高端集约、环境优美、开放包容、宜居和谐、民生幸福的魅力朝阳将呈现在我们面前！时代赋予重任，拼搏铸就辉煌。让我们在市委、市政府和区委的坚强领导下，在“建设‘三区’、建成小康”的征程中，坚定信心，开拓进取，昂首阔步，砥砺奋进，全面开创朝阳发展新局面，为北京建设国际一流的和谐宜居之都而努力奋斗！

朝阳区人民代表大会常务委员会工作报告

——2016 年 1 月 13 日在朝阳区第十五届人民代表大会第七次会议上

朝阳区人大常委会主任　佟克克

各位代表：

我受朝阳区第十五届人民代表大会常务委员会委托，向大会报告工作，请予审议。

2015 年的主要工作

2015 年是朝阳区全面推进依法治区的开局之年，是全面完成“十二五”规划任务、科学编制“十三五”规划纲要的重要一年，也是本届人大常委会确定的“代表议案建议落实年”。一年来，在中共朝阳区委的领导下，区人大常委会深入贯彻党的十八届三中、四中全会，中央 18 号文件，以及市、区人大工作会议精神，按照“四个坚持、四个服务”的总体要求，有效行使宪法和法律赋予的各项职权，为推进朝阳科学发展、民生幸福提供民主法治保障。

全年共召开常委会会议 9 次、主任会议 9 次；审议议题 35 项，作出决议、决定 36 项。依法任免国家机关工作人员 131 人次；接受吴桂英辞去区人民政府区长，张立新辞去区人民政府副区长，王向明辞去区人民检察院检察长，董万立、杨立亭辞去区人大常委会委员职务的请求，并向大会报告备案。本届人大五次会议确定的各项任务圆满完成。

一、围绕落实市区人大工作会议精神，加强和改进人大工作

去年，中央 18 号文件就加强县乡人大工作和建设作出重要部署，将基层民主政治建设提升到新的高度。市委、区委先后召开人大工作会议，对在新的历史起点上坚持和完善人民代表大会制度、加强和改进人大工作，提出了新要求。区人大常委会认真贯彻落实会议精神，坚持以法治思维和改革精神，推动基层人大工作与时俱进。

（一）努力提高人民代表大会会议实效。常委会把保障人民代表大会依法有效行使职权作为首要任务，总结、继承以往成功经验，不断探索创新，着力提高大会效能。

优化会议组织形式。抓住会前、会中、会后三个环节，完善分专题视察、提前召开预备会议等会前活动机制，建立大会发言、专题审议、电子表决等会议组织机制，健全代表审议意见反馈、大会决议持续督办等会后跟踪机制，形成了具有朝阳特色的会议组织形式。

健全预算审查机制。按照全口径预算编制的要求，将政府全部收支纳入预算审查，维护预算的完整性。丰富“预算日”活动内容，重点解读预算编制指导文件和管理制度，提高代表预算审查水平，并将代表意见提前纳入预算编制过程。完善预算初步审查机制，常委会各工作委员会、各专业代表小组全面参与预算初审，扩大代表对预算编制的参与。主任会议、常委会会议分别听取区政府预算审查意见研究处理方案和落实情况报告，督促预算依法有效执行。

探索每年举行两次人民代表大会会议制度。去年 7 月 28—30 日，朝阳区举行了年度内第二次人代会，在大会上征求代表对编制“十三五”规划纲要的意见建议，使规划纲要具有更加坚实的民意基础；首次听取讨论审计工作报告和财政决算报告，保障法律赋予代表的合法权力；首次在全体会议上通报代表讨论意见，促进政府吸纳整改。年中举行人代会的探索，进一步增强了人民代表大会讨论重大事项的功能，为今后每年举行两次人代会积累了经验。

（二）完善人大工作机制。立足人大职能定位，把握人大工作规律，勇于尝试，积极探索，推进人大工作迈上新台阶。

健全监督工作机制。完善监督方式，实现询问环节常态化，增强审议的针对性。拓宽监督范围，将市属垂直管理部门纳入监督视野，消除监督“空白点”。提高调研意见质量，主任会议重点审查把关，实现调研意见规范化。

完善代表建议督办机制。修订代表建议办理工作办法，规范代表建议提出、交办、办理、监督等程序。全面落实代表建议科学分类制度，从源头解决建议办理责任不明、结果认定标准不清的问题。完善全程督办模式，坚持重点督办、统筹督办、分类督办和跟踪督办相结合，年初听取承办方案、年中检查办理进度、年底审议办理情况，促进各环节紧密衔接。落实常委会领导“四三二一”督办、难点建议持续督办、办理情况向全体代表通报、代表建议公开、提前征集建议等机制，努力增强建议督办效果。

强化区人大常委会党组在人大工作中的领导核心作用，通过法定程序将区委的意图转化为全区人民的共同意志，使人大工作始终保持正确的政治方向。

（三）推进组织体系建设。按照区委工作部署，健全区、乡（街道）人大组织体系，夯实人大工作基础。

优化常委会组成人员结构。适应常委会工作需要，打破席位制，坚持向基层倾斜，增加基层社区、乡人大以及民营中医医疗和有专业特长的委员，使常委会组成人员结构更趋合理。

完善常委会组织机构。协调落实 2 名行政编制，用于加强财政预算审查工作力量。强化人大理论研究体系，支持各工作机构围绕重点难点问题开展专题调研，促进人大工作实践创新和制度创新。

充实街乡人大工作队伍。为各街乡配备 1 名人大代表专职事务助理，协助代表做好选民意见收集、整理、分类、反馈等工作。高度重视乡人大组织建设，推进乡人大主席专职化，促进乡人大办公室主任专岗专责，探索乡人大工作机构常设化。

二、围绕“代表议案建议落实年”主题，深化议案建议督办

围绕解决实际问题、增强办理实效的目标，常委会加大议案建议督办力度，提高议案建议办理效率和水平。

（一）认真督办本年度议案。本届人大五次会议确立了“落实法定责任，加强‘城市病’治理，全面提高城市管理执法水平”“加快第一道绿化隔离地区城市化试点乡建设，推进农村城市化”“发挥功能疏解、产业疏解带动作用，科学有序调控人口规模”三项议案。常委会成立三个督办工作组，制定督办方案，明确督办重点，确保议案督办效果。一是注重联合督办。坚持委室协同配合，市、区、乡三级代表联动，形成工作合力，增强督办的系统性。二是突出问题导向。将群众反映强烈、代表关心关注的整治“开墙打洞”、一绿项目审批、推进功能疏解等问题作为切入点，深入调查研究，全面了解情况，增强督办的针对性。三是把握关键环节。抓住政策支持、资金配套、机制保障等关键，督促政府在更深层次上形成有利于推进工作的长效机制，增强督办的持续性。

在区政府及相关部门共同努力下，议案办理工作取得了实实在在的成效。在提高城市管理执法水平方面，区政府公开权力清单、细化管控措施、强化部门协作、加强源头治理，城市管理长效机制更加完善，城市环境质量明显提升，特别是近 700 处“开墙打洞”得到有效整治，长期难以治理的顽疾取得突破性进展。

在加快一绿试点乡建设方面，区政府认真落实“851”年度任务，累计实施绿化 2560 亩，整建制转居 1.6 万人，重点项目加快建设，产权改革稳步推进，城市化试点工作取得积极进展。

在调控人口规模方面，区政府坚持功能带动，强化政策引导，加大资金支持，综合运用“以证管人”“以房管人”“以业控人”等措施，圆满完成了常住人口年度调控任务。

（二）跟踪督办跨年度议案。为确保议案任务事事有着落、件件有回音，连续第四年督办本届人大一次会议确立的医疗卫生事业发展议案，并围绕农村医疗服务、全科医生培养等问题开展专项调研。区政府统筹现有资源，着力提升社区医疗卫生服务能力，增加区域资源供给总量，优化中医药事业发展环境，朝阳区卫生工作各项指标始终保持在全市各区前列。

抓住审批手续缓慢、困难乡村发展等难点，连续第三年督办本届人大三次会议确立的农村产业发展议案。区政府加大农村发展支持力度，完善“腾笼换鸟”长效机制，建成一批国家级产业基地和重点功能性项目，农村产业结构不断优化，发展质量不断提升。

（三）系统督办代表建议。系统梳理本届人大以来各年度代表建议，分阶段、分类型对五次会议代表建议、四次会议跨年度建议以及本届以来重点难点建议实施统筹督办。区政府及相关部门把办理代表建议作为改进工作、为民办实事的重要途径，加强组织领导，健全工作机制，推动问题解决。区卫计委、市政市容委、教委、交通委等建议承办大户，明确办理责任，加强与代表沟通，狠抓建议落实，代表满意度不断提高。截至去年底，本届人大五次会议期间代表提出的 203 件建议中，区属权限的 153 件已全部办复，超出本区权限的 50 件由市代表向市有关部门反映。闭会期间代表提出的 18 件建议，已办复 16 件。四次会议期间的 88 件跨年度建议，32 件已经落实，6 件取得积极进展。一次会议以来的 15 件重点难点建议，部分建议列入审议议题或提交市有关部门研究处理。

代表多年来一直积极呼吁的天福园社区一号楼旧楼维修、修建北花园南路、大郊亭中街断头路改造等一批群众反映强烈的问题得到有效解决。特别是 2014 年提前征集、并纳入 2015 年预算的 10 件建议，办理工作取得实质性进展，其中加快小营路北延长线交通工程建设、加强社区居民信报箱维护管理等 6 件建议落实到位，加快广渠路辅路施工工程、完善劲松百环家园小区路灯设施等 4 件建议正在积极推进。

三、围绕推进经济社会科学发展，依法履行监督职责

抓住关系全区经济发展和民生改善的热点难点问题，综合运用多种监督方式，努力提高监督实效。

（一）深化计划和预算监督。落实本届人大六次会议决议，充分吸纳代表意见建议，优化法定议题监督程序，依法审议审计工作报告、计划执行情况报告，审查批准财政决算报告，初步审查财政预算草案报告。

加强“十二五”规划完成情况和“十三五”规划编制情况的监督，促进“十二五”规划各项目标任务落实，推进“十三五”规划科学编制。组织委员和代表提前介入“十三五”规划研究，通过调查问卷和网络征集等方式，广泛征集人大代表和社会公众对“十三五”规划编制的意见建议。

加强重大资金使用情况监督。常委会首次听取政府性债务管理情况的汇报，督促区政府完善债务管理机制、提高风险防控能力。深化事前绩效评估监督，组织代表对沙子营地区环境整治项目绩效评估情况进行监督，区政府充分吸纳代表意见，核减项目金额 1000 余万元。开展为民办实事资金使用情况专项监督，提出科学梳理项目、加强后期维护、提高资金使用效率等建议。跟踪监督文化创意产业专项资金使用情况，促进文化创意产业健康发展。

（二）促进热点难点问题的解决。食品药品安全事关人民群众身体健康和生命安全。常委会在2014年的基础上，继续听取审议区政府关于食品药品监管情况的报告，提出意见建议。区政府认真落实审议意见，完善工作体系，加大经费投入，提高监管水平，严厉打击违法行为，保障食品药品安全。去年是义务教育入学政策调整的第二年，社会关注度很高。常委会对此开展专项监督，提出了完善工作流程、加大政策宣传等建议。区政府出台专门文件，增加“教育助理”，规范划片入学，基本实现免试就近入学目标。

农村城市化一直是常委会关注的重点。针对基层反映强烈的重点项目规划审批、农村社区建设等问题，常委会开展专题调研，督促区政府优化审批流程，落实联审联责制度，努力破解农村发展瓶颈问题；理顺社区管理体制、加大支持力度，按照城乡一体的要求，加快推进农村社区建设。

城市建设管理是广大代表关注的焦点。根据市、区代表建议，主任会议听取区政府关于推进断堵头路、道路微循环建设情况的汇报，督促区政府建立联动机制、拓宽资金渠道，保障微循环道路畅通。听取区政府关于保障性住房建设情况的汇报，督促区政府加强组织领导和监督管理，多渠道筹集房源，加快解决中低收入群体住房困难问题。

（三）推进“一府两院”依法行政、公正司法。适应党风廉政建设和反腐败斗争的大形势，常委会把握人大监督与纪检监督共识、共性、共需的基础，针对行政不作为、乱作为，司法不公等现象，积极探索人大监督与纪检监督信息互通、结果共享等新机制。

去年是“六五”普法规划验收之年，常委会全程参与区依法治区领导小组检查验收工作，并听取审议区政府关于开展“六五”普法工作情况的报告，提出注重培育法治意识、完善普法工作格局等建议，督促区政府深化普法成果，引导社会公众信仰法律、遵守法律。

加强法律法规实施情况监督。常委会以责任制度落实、监管机制运行为重点，开展《土地管理法》实施情况执法检查，提出坚守土地管理红线、加强违法用地执法等建议，区政府加强管理，强化执法，切实管好、用好有限的土地资源。同时，常委会还开展了道路交通安全法、居家养老服务条例、少数民族权益保障条例等法律法规实施情况调研。

围绕群众反映强烈的法院“执行难”问题，常委会听取审议区法院执行工作情况的报告，提出提高执行效率、加大执行力度等建议，督促区法院克服执行案件增长较快、人员不足等困难，保障执行工作顺利进行。听取审议区检察院关于查办和预防职务犯罪工作情况的报告，督促区检察院加大查办职务犯罪力度，完善预防工作机制，促进朝阳区反腐倡廉工作。

认真做好人大信访工作。坚持服务群众，畅通信访渠道，着力化解涉法涉诉信访积案，推动“案结事了”。一年来，常委会共受理人民群众来信来访389件，办结率达到97%。

四、围绕发挥代表主体作用，服务保障代表依法履职

把充分发挥代表主体作用作为推进基层民主政治建设、加强和改进人大工作的重要抓手，牢固树立为代表服务的意识，改进服务方法，完善保障措施，促进代表依法履职。

（一）密切代表与人民群众的联系。继续以推进代表工作室建设为重点，完善代表联系选民制度，强化选民意见处理机制，充分发挥代表工作室平台阵地作用。各街乡组织代表深入听取民声、反映民意，在实践中探索出很多好的经验和做法。亚运村街道实行选民意见“三级”（社区、街道、区）处理机制，分层分类解决群众反映的问题；麦子店街道建立班子成员与代表结对接待选民机制，提高问题解决效率；来广营乡提前策划代表接待选民活动主题，确保活动内容充实、务实高效。经过三年多的建设，代表工作室不断发展完善，累计3589人次代表走进工作室，接待选民近22300人次，解决问题1899件。代表工作室已经成为开展代表活动的重要场所、代表联系选民的重要桥梁和履行代表职责的重要平台。

（二）完善服务保障体系。以闭会期间代表活动为载体，丰富活动内容形式，拓展代表履职途径。围绕践行“四个全面”、贯彻市区人大工作会议精神、提高代表建议撰写质量等主题，开展专题培训，努力增强代表履职能力。扩大代表对常委会活动和全区重大工作的参与，邀请577人次市区代表参加常委会视察调研、执法检查等活动，30余名代表列席区人大常委会会议、区政府常务会议，108人次代表参加全区党政群共商共治、CBD商务节等重要活动，113名代表就全面深化改革、依法治区、行风评议等工作提出意见建议。专业代表小组充分发挥作用，广大代表集思广益、积极建言，提高了监督工作的专业化水平。坚持代表履职登记反馈、代表向选民述职等机制，增强代表履职的积极性。

（三）完善三级代表联动机制。配合市人大常委会做好闭会期间市人大朝阳团代表活动的组织工作，促进市代表依法履职。坚持市代表向区代表述职制度，推进市代表接受原选举单位的监督。三级代表联系网络全面运转，市代表参加区人大活动，市、区代表参加街乡代表活动成为常态。健全区、乡代表与市代表之间的建议转交工作机制，市代表积极呼吁，督促市有关部门加快解决“黑摩的”违法运营、违法建设拆除难、征地安置和超转人员待遇低等法规政策不完善问题。

五、围绕提高履职能力和水平，加强常委会自身建设

常委会始终把能力建设摆在自身建设的首位，改进工作作风，完善工作方式，夯实常委会履职的基础。

（一）提高履职水平。坚持常委会组成人员读书班、定期学法等制度，引导组成人员增强坚持和完善国家根本政治制度的坚定性和自觉性。建立常委会委员履职情况通报制度，并在本届人大五次会议上首次向全体代表公开，接受代表的监督。坚持常委会委员列席区人大常委会主任会议、区政府常务会议制度，保障委员知情知政。加强对外交流，围绕提升产业发展质量、提高城市管理水平、创新人大工作方式三方面内容，组织常委会组成人员赴上海浦东新区、浙江温岭市进行学习考察，并形成调研报告。

（二）加强机关建设。巩固党的群众路线教育实践活动成果，完善20项工作制度，落实61项整改措施，推进机关工作和作风改进。深入开展“三严三实”专题教育，认真组织集中学习、研讨交流，研究解决“不严不实”问题，打造重学习、重思考、重规范、重奉献的人大机关。建立重大节假日举行升旗仪式制度，增强机关人员的国家意识。认真落实党风廉政建设“两个责任”，建立主体责任清单，开展“为官不为、为官乱为”和财政资金专项治理，强化党风廉政建设。加强人大信息宣传工作，为朝阳区民主法治建设营造良好氛围。

（三）加强对街乡人大工作的指导。坚持常委会主任、副主任和委员联系人大街道工委、地区代表小组制度，进一步密切与街乡的联系。完善街乡人大工作考核制度，提高街乡服务保障代表履职的水平。坚持业务指导、工作联系、法律监督相结合，推进乡人大规范化建设。各乡人大创新工作方式，依法行使职权。来广营、豆各庄、常营等乡举行两次以上人代会，发挥人大讨论决定重大事项的作用；孙河乡通过督办 4 件大会议案，推进重点难点工作的解决；崔各庄、管庄等乡完善监督方式，广泛开展民主评议，树立人大工作威信。

此外，常委会还完成了 5 名区人大代表补选工作；协助市人大常委会开展了水污染治理、老年人权益保障等执法检查，以及院前医疗急救服务条例立法征求意见等工作；圆满完成日本东京都大田区议会友好访问团和日本自民党青年议员访华团接待任务，接待了浙江杭州市、河北乐亭县等地考察团，并与云南昆明市人大签订了友好协议。

各位代表，一年来，常委会深入贯彻落实市委、区委人大工作会议精神，围绕“代表议案建议落实年”的工作主题，锐意进取、探索创新，在坚持和完善人民代表大会制度的进程中取得了新进展。去年 10 月，区委书记吴桂英同志专程调研人大工作，作出重要指示，要求区人大常委会深化思想认识、认真履职尽责、加强自身建设，充分体现了区委主要领导对人大工作的高度重视。一年来，我们真切地感受到，这些成绩的取得，离不开区委的坚强领导，全体常委会组成人员和人大代表的共同努力；离不开“一府两院”的积极配合，区人大各街道工委、地区代表小组的辛勤工作，广大人民群众的关心、帮助、支持和监督，在此，向所有关心、支持人大工作的同志们、朋友们，表示衷心的感谢！

在总结工作的同时，我们也清醒地认识到，面对新形势、新任务，人大工作还存在不少薄弱环节，主要是：对新时期人大及其常委会工作特点及规律还需要进一步把握，实践工作中形成的好做法、好经验需要进一步总结提炼，形成长效机制；监督工作力度需要进一步加大，监督实效有待进一步增强；服务保障代表履职工作还需要进一步加强，保证代表建议落实的渠道还需要进一步拓宽；党的群众路线教育实践活动和“三严三实”专题教育成果有待进一步巩固和深化，街乡人大工作需要进一步探索创新。我们将更加自觉地接受人民群众监督，听取人大代表和社会各界的意见，不断改进工作。

2016 年的主要任务

2016 年是朝阳区全面实施“十三五”规划的开局之年，也是本届人大常委会确定的“制度规范建设年”。区人大常委会要在中共朝阳区委的领导下，深入贯彻党的十八届五中全会和中央 18 号文件，以及市、区人大工作会议，区委十一届十一次全会精神，依法履行职责，做好人大工作，为朝阳区加快建设国际商务中心区、文化创新实验区、和谐宜居模范区，率先全面建成小康社会做出积极贡献。今年，常委会将重点做好以下工作。

*一是进一步依法有效履行职权。*巩固人大工作好经验、好做法，以制度建设为载体，建立有利于保障人大依法行使职权的长效机制。完善人代会内容和程序，优化组织机制，突出会议实效，保证人民代表大会依法行使职权。探索人大讨论决定重大事项机制，推进科学决策、民主决策、依法决策。强化人事任免权，严格履行法律知识考试、工作实绩考察等程序，推行宪法宣誓制度，加强对被任命人员的任后监督。

*二是进一步深化监督工作。*坚持围绕中心、服务大局，立足加快非首都功能疏解、融入京津冀协同发展大局的重点任务，依法履行监督职责，促进“十三五”规划良好开局。加强预算监督，推进人大代表参与预算，增强预算审查监督实效。探索预算绩效全过程监督，推动政府健全预决算绩效监管制度。制定人大代表参与预算编制工作办法，适时修订《朝阳区预算监督办法》，进一步规范预算监督工作。充分运用审计成果，扩大重点部门、重大项目监督范围，跟踪监督审计整改落实情况。

为贯彻落实国务院“水十条”精神，全面推进“清水朝阳”建设，听取审议区政府关于污水处理工作情况的报告。为保障群众身体健康和生命安全，继续听取审议区政府关于食品药品监管情况的报告。结合贯彻实施法治宣传教育“七五”规划，听取审议区政府关于开展法治宣传教育工作第七个五年规划制定情况的报告。为促进城乡统筹发展，推动“健康朝阳”建设，继续跟踪督办一绿试点乡建设和医疗卫生事业发展议案。听取公安朝阳分局工作情况及发展改革思路的汇报，推进全区公共安全建设。围绕促进公正司法目标，听取区法院关于推进司法改革工作、区检察院关于规范司法行为的汇报。此外，开展社会服务、农村地区功能疏解、东部地区基础设施建设、河道水质整治、国家公共文化服务体系示范区后续建设情况等专题调研，推进政府相关工作。

*三是进一步加强代表工作。*丰富代表活动内容，提高活动质量，更好地支持、规范和保障代表依法履职、发挥作用。完善人大街道工委服务保障代表履职工作机制，探索区人大常委会授权人大街道工委开展监督工作、人大街道工委向区人大常委会报告工作的方式方法，促进人大街道工委更好地发挥作用。完善代表履职评价机制，增强代表履职的责任感。强化代表工作室建设，完善工作机制，丰富活动形式，发挥好代表事务助理的作用。继续做好市人大朝阳团代表履职的服务保障工作。

*四是进一步加强常委会自身建设。*围绕作风和能力建设，不断提高常委会履职水平。按照“制度规范建设年”主题，认真梳理本届人大以来的成功经验，推进制度化、法制化。深化“三严三实”专题教育成果，抓好机关干部队伍建设，营造良好工作氛围。加强对乡人大的工作指导，深化乡人代会季会制试点工作，切实发挥乡人大作用。

*五是做好区、乡人大代表换届选举工作。*紧紧围绕坚持党的领导、充分发扬民主、严格依法办事的基本原则，认真抓好换届选举各项工作。区人大常委会要履行选举工作组织责任，确保各环节严格依法按程序进行。把好代表“入口关”，做好代表提名相关工作，推荐履职优秀的代表参加连选；探索解决代表候选人与选民或选举单位沟通了解难的问题，试行代表候选人“履职承诺制”；为增强代表宪法意识，试行新当选代表向宪法宣誓制度，为新一届人大开展工作打好基础。

各位代表，过去的一年，成绩来之不易；新的一年，任务光荣艰巨。我们要在区委的领导下，认真履行人民赋予的权力，继续保持良好的精神状态，锐意进取，奋发有为，圆满完成换届之年的各项任务，为朝阳区实现“建设‘三区’、建成小康”的战略目标而努力奋斗！

名词解释

1. *中央 18 号文件：*即中共中央转发《中共全国人大常委会党组关于加强县乡人大工作和建设的若干意见》的通知（中发〔2015〕18 号）。

2. “四个坚持、四个服务”：区十五届人大常委会的总体工作目标要求，即：坚持正确的政治方向，坚持依法有效履行职责，坚持充分发挥代表的主体作用，坚持民主务实的工作作风；更好地为推进科学发展服务，更好地为推进民生幸福服务，更好地为推进民主法治建设服务，更好地为代表依法履职服务。

3. 代表建议“四三二一”督办机制：为做好本届人大以来代表建议的跟踪督办，区人大常委会对代表提出的建议进行深入分析，确定4件A类建议、3件B类建议、2件C类建议、1件D类建议，由区人大常委会主任、副主任牵头重点督办。

4. “一绿”试点乡年度“851”建设任务：2015年全年实现拆迁腾退、人口调减、转居转工3项任务完成80%，绿化建设和产业开工2项任务实现50%，回迁安置房开工实现100%。

5. “水十条”：2015年4月2日国务院发布的《水污染防治行动计划》，简称“水十条”，其中提出：按照国家新型城镇化规划要求，到2020年，全国所有县城和重点镇具备污水收集处理能力，县城、城市污水处理率分别达到85%、95%左右。

中国人民政治协商会议 北京市朝阳区第十二届委员会常务委员会工作报告

——2016年1月11日在政协北京市朝阳区第十二届委员会第五次会议上

朝阳区政协主席 谢 莹

各位委员：

我受政协北京市朝阳区第十二届委员会常务委员会委托，向大会报告工作，请予审议。

2015年工作回顾

2015年，是朝阳区全面完成“十二五”规划任务、为“十三五”时期区域经济社会发展打好基础的关键一年，也是十二届区政协工作深入推进之年。常委会在中共朝阳区委领导和上级政协的指导下，认真学习贯彻中共中央大政方针和习近平总书记系列重要讲话精神，按照中共朝阳区委总体部署，团结和依靠各界委员，牢牢把握团结民主两大主题，着力发挥人民政协作为协商民主重要渠道和专门协商机构作用，认真履行政协三大职能，为推进朝阳区经济社会发展做出积极贡献。

一、加强学习与研究工作，履职能力全面提升

常委会重点围绕京津冀协同发展、朝阳区“十三五”规划编制和政协协商民主建设等方面，加强学习与研究工作，广泛凝聚共识，全面推进履职能力建设。

常委会组织领导作用得到有效发挥。常委会深入学习中共十八大、十八届三中、四中、五中全会精神和全国“两会”精神，学习贯彻市委、区委全会精神，对接区委工作部署和全区重点工作，形成常委会工作要点。学习贯彻中共中央《关于加强社会主义协商民主建设的意见》和习近平总书记在庆祝人民政协成立65周年大会上的重要讲话精神，将推进政协协商民主建设作为全年工作主线，广泛征求意见，提出协商议题，协同区委、区政府制定《2015年协商工作计划》。深入学习《京津冀协同发展规划纲要》和北京市《贯彻意见》，以及区委相关会议精神，邀请专家学者作京津冀协同发展专题报告，拟定“对接京津冀，建言‘十三五’”活动方案，组织常委赴津冀等地学习考察，广泛动员和组织政协委员和党派团体开展建言献策活动。贯彻落实区委主要领导调研政协工作时的讲话精神，加强对政协工作的研究，进一步强化了常委会组织领导作用。

委员知情议政能力得到不断提升。顺应委员开阔视野、提升履职能力的迫切需求，重视办好政协报告厅，围绕国际国内形势、京津冀协同发展、依法治国、协商民主等主题，邀请专家学者作“掌门人的外交思路”“协商民主与人民政协”“京津冀城市总体规划思路介绍”等专题报告，帮助委员及时掌握改革发展动态。举办本届政协第四期委员读书班，邀请专家学者作“以文化力促进政协委员履职能力不断提升”“京津冀协同发展的战略思考”等专题讲座，组织委员参观考察，部署“对接京津冀、建言‘十三五’”主题活动，开展工作体会交流，为政协委员知情明政、建言献策创造了良好条件。

政协理论与实践研究成果得到有效转化。围绕人民政协理论创新、制度创新、工作创新的要求，以区人民政协理论与实践研究会为平台，举办协商民主专题辅导讲座，召开研究会年会，广泛开展征文活动，创办《理论研究》会刊，合力推进人民政协理论与实践研究工作。全年共征集论文51篇，其中《政协协商民主与基层协商民主制度衔接》在市政协理论与实践研究会上进行了经验交流，《搭建基层协商新平台》等一批有价值的理论研究论文被《中国政协》、市政协《理论研究》等刊物选用，有效地促进了政协实践工作经验向理论研究成果转化。

二、积极探索与实践，政协协商民主建设深入推进

常委会把政协协商民主建设作为全年工作的重要载体，充分发挥协商民主重要渠道和专门协商机构作用，积极搭建协商平台，创新协商形式，扎实推进政协协商民主实践与创新。

进一步加大专题协商力度。常委会按照区委《2015年协商工作计划》，确定30多个协商议题，作出《区政协2015年度协商工作安排》，明确了各项协商任务。常委会议和主席会议重点围绕“一绿”试点建设、“十三五”规划编制、农村城市化实现路径、金融驱动朝阳区文化创意产业发展等议题，召开6次议政性常委会议、主席会议进行专题协商，先后有16名常委作重点发言，对相关工作提出意见和建议。主席班子注重与调研活动相结合，与委员进社区相结合，与提案办理相结合，积极搭建协商平台，联同相关部门围绕社区养老、街乡共商共治等方面召开专题协商座谈会20余次，直接参与委员200余人次，协助区相关部门推进基层协商民主建设。

进一步增强对口协商和界别协商实效。各专委会围绕30多个协商议题，开展不同形式的对口协商、界别协商、提案办理协商90多次，委员参与1800余人次。重点就北京城市总体规划修改、"城市病"治理、依法治区、生态环境建设，以及节能节水节地、现代职业教育发展、农村地区产业升级、文化产业发展等方面与区相关部门开展对口协商，提出意见和建议；就环境整治、全模式社会服务管理体系双循环机制工作、促进互联网金融健康发展、发挥归国留学人才优势等方面，与区相关部门联合举办专题座谈活动，直接参与和促进相关工作的开展。注重发挥界别优势，与区相关部门联合举办"丝绸之路经济带"国家投资环境与项目讲解会、朝阳区国际高端商务人才暨凤凰计划评选政策宣讲会和聚焦商业模式、创新推动企业转型专题讲座，帮助驻区企业了解区情、把握政策、沟通信息。

进一步推进提案办理协商工作。提案委员会对立案的373件提案进行分析、梳理、分类，形成提案分析报告，编发提案摘报报区委区政府，使具有前瞻性和特殊意义的提案摘要直接发挥决策参考作用。区委高度重视党派提案办理工作，专门对党派提案作出批示，专题召开党派（团体）提案交办会。重视交办前就交办方案协商、办理中与承办单位协商、办理后对办理结果协商，保证了党派提案的办理。区政府以常务会形式强化提案接件、分类和认领工作，注重领导统筹，强化部门联动，重视提案办理与区政府为民办实事相结合，分类办理与集中办理相结合，抓热点、破难点，推动提案办理。区政协建立提案月跟踪月汇报制度，提案办理协商流程进一步完善。首次实施重点提案带动相关提案的办理方式，通过召开现场协商调度会，有效推进了一批提案办理。首次以务虚会形式就前瞻性的委员提案与相关部门进行集中协商办理，开拓了工作思路。重视经验体会交流，在市政协提案工作会上，代表16区政协作经验介绍。主席班子专题调研、专委会视察调研注重对接提案工作，先后就养老类、社区卫生类、商务物流类提案进行集中督办，扩大了委员参与提案活动的覆盖面，加大了办理力度。从全年提案情况看，委员撰写提案参与率达70%，参加办理活动率达87%，提案办复率达到100%。

三、服务改革发展大局，议政监督工作富有实效

常委会坚持围绕中心、服务大局原则，注重组织委员开展多种形式的议政监督活动，着力增强履职成效。

合力开展对接京津冀建言"十三五"主题活动。与区委统战部一起，学习贯彻《京津冀协同发展规划纲要》，主动落实市委、区委全会精神，拟定"对接京津冀，建言'十三五'"主题活动方案，成立领导小组和专家咨询委员会，合力开展对接京津冀，建言"十三五"主题活动。常委会带领全体政协委员，充分发挥政协整体优势，调动各方力量，广泛开展"三个100"的建言活动。各界委员和各党派团体增进共识，积极参与，谋良策、出实招。活动历时两个多月，采访了近百名中共委员形成《访谈录》，征集了近400份党派团体和委员建言形成《建言汇编》，以常委会名义提出12个方面的建议，提交区委、区政府决策参考。组织常委赴天津滨海新区和河北唐山市、秦皇岛市实地考察，形成常委会学习考察报告。召开对接京津冀，建言朝阳"十三五"专题座谈会，与会的专家学者、津冀有关市区政协领导和部分区政协委员作主题报告和专题发言，分别就宏观战略问题、重大规划问题、深层次前瞻性问题，以及三地协同发展、公共安全突发事件应对和朝阳文化产业创新等方面提出意见和建议。其中，主席班子《关于朝阳区"十三五"发展的建议》所提出的"五个一百"等意见和建议，被吸纳到区"十三五"规划的建议之中，体现出建言的前瞻性、引领性、实效性。相关专委会先后召开经济科技、社会事业、城市建设与治理三个专题座谈会，45名委员作会议发言，就产业转型升级、功能疏解、文化引领、生态文明、城市化难题等方面提出了200多条意见和建议，相关建议得到了区有关部门的重视和采纳。

多方位开展视察调研活动。主席班子注重视察调研与解决问题相结合，围绕社会事业发展、税源建设、互联网+新经济形态等方面，与相关部门一道，深入社区、深入企业开展调研活动。通过搭建协商平台，促进相关问题的解决，使企业受惠于朝阳政策。各专委会围绕社区交通"微循环"、老旧居民楼改造、社区议事厅、开墙打洞环境治理、阳光100"优客工场"、养老事业发展、清真寺周边环境整治开展专项视察活动，听取群众呼声，反映群众意愿，促进民生改善。围绕农村地区产业升级、构建"高精尖"产业体系、法治朝阳、"城市病"治理、促进农村地区就业、现代职业教育发展、保障妇女儿童权益等调研课题，深入开展相关调研工作，形成9份调研报告，经常委会议审议，《关于朝阳区低级次产业转型升级的研究报告》和《关于促进朝阳区农村地区就业的建议研究》形成常委会议建议案，报送区委、区政府决策参考。去年年底，组织全体委员围绕城市管理、经济发展、社会事业发展三个专题开展集中视察活动，听取区情通报，实地考察经济社会发展情况，进行座谈交流，感受朝阳改革发展成果，增强了共谋朝阳发展的向心力。

多形式推进民主监督工作。常委会听取区政府落实区政协常委会《关于朝阳区农村城市化实现路径的建议》、《关于金融驱动朝阳区文化创意产业发展的建议》两份建议案情况通报。主席会议对《关于完善区政府法律顾问制度、推进法治政府建设的建议》等3件提案进行了重点督办。围绕财政预算、农村生态宜居环境建设、新闻舆论建立监督咨议小组，召开系列座谈会，开展议政监督活动。推荐15名委员担任特约监督员，召开特约监督员座谈会，围绕行政审批、公共服务、政风行风开展民主评议，参与对全区重点行业系统和街乡"六五"普法检查验收，有效地促进了相关工作的开展。召开社情民意信息工作会议，加强信息员培训，及时通过信息渠道反映调研视察、协商座谈成果。全年共编报《社情民意》信息160期，政协信息的决策咨询和参考作用得到进一步体现。

四、凝聚发展合力，团结民主氛围日益深厚

常委会把握团结和民主两大主题，加强同党政部门和社会各界的联系与合作，广泛凝聚智慧和力量。

做好凝心聚力工作。重视做好富有政协特色的工作，倾力打造团结和联系社会各界的平台。主席班子走访委员和委员单位，调研区各民主党派、工商联和侨联工作，加强与党派团体的联系与沟通。与区各民主党派和区相关部门联合举办庆"三八"妇女节活动，纪念"五一口号"发布67周年健身长走，组织港澳台侨委员和驻区台商开展文化交流活动，组织在京台商、台湾学生参加2015两岸话剧艺术节活动，开展以"大手捧小手，用心塑爱"为主题的关爱特殊儿童公益活动，举办教师节庆祝活动和港澳台侨委员会庆中秋参观联谊活动，增进了社会各界热爱朝阳、共创文明、共谋发展的凝聚力。

积极开展友好往来。重视发挥人民政协对外友好交往的独特优势，着力营造协同发展的良好环境。全年共接待全国政协、市政协相关专委会以及外省市（区）政协来朝阳区参观考察 26 次，广泛开展工作研讨和交流。主席班子与区各民主党派主委、部分委员赴贵阳市进行考察交流，开展对口支援活动，再次签订协议，继续捐助当地卫生院医护人员教育培训、医疗专家聘请、引进等软实力建设项目，产生了良好的社会反响。

加强宣传扩大影响。常委会重视把宣传工作同履行职能的各项活动紧密结合，进一步加强政协文史和宣传工作。配合市政协文史委员会完成《北京抗战史料选编》朝阳部分的征编工作，完成朝阳区传统村落保护情况调查，出版发行《朝阳文史》第 15 辑，全年刊发《朝阳政协》4 期，编印《学习文选》6 期，印发《政协简报》25 期。人民政协报在第一版就朝阳区政协开展的对接京津冀、建言“十三五”主题活动进行了全面报道。系列的宣传报道工作，传播了政协理论，宣传了政协履职成果，展示了委员风采，扩大了政协社会影响力。

推进委员进社区工作。注重政协协商与基层协商相结合，邀请街乡主管领导和联络员参加“协商民主与人民政协”报告会、召开工作协调会，协同制定委员进社区年度工作计划，共同推进委员进社区工作的开展。委员们带着资源、带着责任、带着热情深入社区，注重提好合理化建议、反映好有价值的社情民意、发现有效的提案线索、参与好有意义的活动、为社区办好实事。各委员活动组注重参与基层党政群共商共治工作，服务基层群众、破解群众难题，打造了人民政协协商民主向基层延伸的新平台，加强了政协协商与党委、政府工作的有效衔接，丰富了基层协商民主的有效形式。一年来，共组织委员参与基层共商共治议政会、视察调研等活动 127 次。

五、加强政协自身建设，履行职能基础不断巩固

常委会以“三严三实”专题教育活动为契机，持续促进工作作风改进，加强促进党派合作、突出界别特色、发挥委员主体作用和专委会基础作用、政协机关建设等“五位一体”的自身建设，不断巩固履职基础。

加强领导班子建设，工作作风深入改进。严格按照区委要求，着力抓好“三严三实”专题教育。成立领导小组，制定工作方案，作“三严三实”党课报告，编印《“三严三实”学习手册》，观看系列教育片，参加区委电视电话会议，组织党员领导干部深入学习习近平总书记系列重要讲话精神，深化党章和党纪党规学习，打牢践行“三严三实”的思想基础。强化问题导向，围绕“严以修身”“严以律己”和“严以用权”三个专题开展交流研讨，召开组织生活会和民主生活会，认真查找不严不实问题，落实整改措施，进一步把领导班子建设成信仰坚定、作风扎实、凝聚力强的战斗集体。

重视促进党派合作，界别特色突出体现。重视发挥人民政协作为中国共产党领导的多党合作和政治协商重要机构的作用，坚持与各民主党派、工商联联席会议制度，听取区情通报、研究工作要点、确定专题座谈会课题。区各民主党派、工商联充分发挥自身优势，在政协提出集体提案 25 件，形成调研报告和相关建言 132 份，反映社情民意信息 120 多条，营造了区政协各参加单位、各界委员团结奋进的工作氛围。先后组织界别座谈会、界别视察调研活动 30 多次，发挥了政协界别在扩大社会各阶层有序政治参与中的重要作用。

强化专委会工作，委员主体作用有效发挥。各专委会通过召开全体会议，对接常委会工作要点，研究专委会年度工作计划，加强与区委、区政府 20 多个职能部门的对口联系，听取情况通报，开展了系列的专题协商。注重专委会与界别工作的有机结合，处理好界别与委员的关系，界别与委员派出单位、对口部门的关系，重视资源整合，充分发挥委员主体作用。全年共召开常委会议、主席会议、秘书长会议 26 次，组织政协报告厅、委员读书班、协商恳谈、调查研究、视察考察、座谈研讨等各类履职活动 160 多次，出席委员达 4300 多人次，政协工作呈现守正出新、扎实有序、充满活力的良好局面。

抓好政协机关建设，政务性服务能力不断提升。通过“三严三实”专题教育，全面落实各项整改措施，政协机关工作作风全面加强。倡导“三心、四给、五力、六重”的机关文化，增强机关干部的事业心、责任心和包容心，提高学习力、思考力、转化力、表达力和沟通力，营造给人希望、给人自信、给人快乐、给人方便的良好机关氛围，切实把政协机关打造成重学习、重调研、重团结、重规范、重时效、重奉献的集体。积极适应信息化时代的要求，注重探索网络议政、远程协商等履职新形式，努力使之成为资源共享、凝聚委员的活动平台。

一年来，区政协取得的各项工作成绩来之不易。这是中共朝阳区委坚强领导、市政协有力指导和区人大、区政府大力支持的结果，是区政协各参加单位和全体委员认真履职、团结奋斗的结果。在此，我代表常委会向为政协工作付出智慧心血、作出无私贡献的各界委员，向所有关心、支持政协工作的各级领导、各界人士，表示崇高的敬意和衷心的感谢！

在看到成绩的同时，我们也清醒地认识到，与推进政协协商民主建设新形势、新任务的要求相比，我们的工作在很多方面还存在差距和不足。主要是：政协协商机制和流程还不够规范，富有成效的民主监督工作还有待加强，委员主体作用发挥还不到位，机关政务性服务能力和统筹协调能力还有待提升。对于这些问题和不足，常委会将在今后的工作中加以改进。

2016 年工作安排

2016 年，中共十八届五中全会绘就了未来五年的宏伟蓝图，中共北京市委十一届八次全会和中共朝阳区委十一届十一次全会对未来五年规划和做好全年工作作出总体部署，北京市第四次政协工作会议对推进政协协商民主提出全面要求，做好今年的工作，意义重大。区政协要认真学习中共中央大政方针，贯彻落实北京市第四次政协工作会议精神，按照中共朝阳区委总体部署，团结和依靠各界委员，围绕中心服务大局，发挥人民政协作为协商民主重要渠道和专门协商机构作用，强化政治引领，明确使命担当，力求精准发力，扎实履行三大职能，为推进朝阳区经济、政治、文化、社会和生态文明建设作出贡献。

一、贯彻市委、区委相关会议精神，推动政协协商深入开展

要把学习贯彻北京市第四次政协工作会议精神、中共朝阳区委十一届十一次全会精神放在首要位置，协助区委制定并落实好年度协商计划，协助区委筹备召开政协工作会议。与常委会议、委员读书班、专委会活动相结合，认真组织委员深入学习领会市、区相关会议精神实质，着力提升协商议政的能力和水平。要把政协协商民主建设作为带动全年工作的重要抓手，根据区委年度协商计划提出的协商议题，细化实施方案，有针对性的召开议政性常委会议，开展主席调研和专委会调研活动，更加活跃有序地组织专题协商、对口协商、界别协商、提案办理协商。通过加强提案协商制度化、规范化建设，把协商贯穿于提案审查、交办、办理、答复、督查和考核的全过程，全面提高提案质量、办理质量和服务质量。完善协商成果的采纳、落实和反馈机制，抓好协商成果的整理报送工作，增强协商议政的实效。发挥朝阳区人民政协理论与实践研究会作用，研究探讨政治协商的新领域、民主监督的新机制、参政议政的新途径，重点就政协协商的制度化、规范化、程序化搞好专题研讨，规范协商程序，拓展协商形式，不断丰富协商民主实践。

二、增强议政建言实效，促进“十三五”良好开局

要紧紧围绕学习贯彻中共朝阳区委十一届十一次全会精神，对接区“十三五”规划的目标任务，把握创新、协调、绿色、开放、共享发展理念，找准履行职能与服务大局的结合点，增强建言的前瞻性、针对性和实效性，为促进“十三五”开好局，推进朝阳转型发展出新招、谋良策。围绕重点产业、新兴产业、高端产业发展和文化产业促进、承接服务业扩大开放试点等方面献计出力，激发经济增长的良性潜力，推动经济提质增效。围绕对接京津冀协同发展，重点就转型升级、疏解提升、人口调控、文化引领、生态文明建设、城乡环境治理和城市化难题等方面建睿智之言、献务实之策。围绕群众关心关注的热点难点问题，就“六个一百”工程启动实施，“一绿”建设“拆、转、绿”，区域生态环境及水环境治理，市政道路和公用设施建设，食品药品安全共治，以及教育、文化、卫生、城市公共安全等多方面开展视察调研活动，多行惠民之举。继续发挥财政预算、新闻舆论、城市管理等民主监督咨议小组的作用，开展富有成效的监督活动。完善特约监督工作，加强与聘用单位的沟通与联系，全力支持担任特约监督员的政协委员开展民主评议。听取区政府办理区政协常委会建议案情况和提案办理情况通报。探索推动提案公开，让社会公众广泛了解、参与、监督政协提案工作。把参与基层共商共治与关注民生民意、征集提案线索、开展特色活动紧密结合，合力推进委员进社区工作。做好政协基础性、特色性工作，坚持利用提案、社情民意信息等民主监督载体，多方面开展建言献策活动。

三、深化联谊交流工作，积极营造和谐向上政治氛围

要充分发挥政协的团结民主功能，把团结各界凝聚人心摆在政协工作更加突出位置，多做协调关系，理顺情绪，化解矛盾，增进团结的工作。加强与各党派团体和社会各界人士的联系、联谊，完善工作机制，为民主党派和无党派人士在政协更好地发挥作用创造条件。加强同民族宗教界代表人士的联系，发挥民族宗教界委员的作用，召开专题座谈会，协助解决问题，促进民族团结和宗教和睦。发挥港澳台侨委员会的作用，加强与港澳台侨界委员的联系，通过传统节日举办专题讲座、开展联谊交流和视察活动等形式，增进同港澳台侨同胞的大团结。举办庆祝中国共产党成立95周年专题活动，回顾建党95年光辉历程和爱国统一战线优良传统。重视做好文史资料工作，筹备编辑出版《朝阳文史》第16辑，发挥政协文史资料存史、资政、团结、育人作用。做好换届调研工作，召开总结表彰大会，全面展示履职成果和委员风采，系统总结本届政协工作，圆满完成本届政协的工作任务。

四、提升政协自身建设水平，不断激发政协工作活力

选准常委会议、主席会议的主要议题，精心策划各项活动。加强对专门委员会的领导，支持和引导各专委会科学安排工作，组织好界别委员活动。重视发挥民主党派、无党派人士的作用，加强政协内部重要事务的协商。重视邀请各党派团体负责人和无党派人士参加政协的重要会议和活动。认真办理党派、团体提出的提案。把界别工作纳入专委会年度计划，组织开展丰富多彩的界别活动。坚持和加强委员联络制度，深入开展走访委员活动，做好委员履职服务和评价。继续办好委员读书班和政协报告厅，完善委员履职服务工作，搭建委员活动平台，依托专委会积极开展座谈、调研、考察、讲座、联谊等多种形式的特色活动，激发委员履职活力，让每位委员在政协干事有舞台，建言有渠道，工作有实效。巩固“三严三实”专题教育成果，深化“三心、四给、五力、六重”的机关文化建设，努力打造一支有追求、有能力、有担当、有干劲、有规矩的政协机关干部队伍，着力增强政务性服务能力和统筹协调能力。重视《朝阳政协》、《政协年鉴》编印工作，加强与人民政协报、朝阳有线、朝阳报等区内外媒体合作，宣传履职成效，展示委员风采。完善区政协网站，健全提案管理系统、信息平台系统，不断提高机关信息化水平。

着力加强政协协商民主建设

各位委员，去年年底，北京市召开了第四次政协工作会议，对推进政协协商工作进行了全面部署。今年年初，中共朝阳区委将召开全区政协工作会议，并将印发中共朝阳区委《关于进一步加强政协协商民主建设的实施意见》，这是对朝阳区人民政协事业发展的高度重视和有力推动。区政协常委会要把贯彻落实会议精神放在重要位置，着力加强政协协商民主建设，保障和推进区政协常委会全年工作任务的完成。

一、要准确把握人民政协协商民主的定位。人民政协协商民主是社会主义协商民主体系中一个重要方面，是在中国共产党领导下，参加人民政协的各党派团体、各族各界人士履行政治协商、民主监督、参政议政职能，围绕改革发展稳定重大问题和涉及群众切身利益的实际问题，在决策之前和决策实施之中广泛协商、凝聚共识的重要民主形式。人民政协不是权力机关，也不是决策机构，而是各党派团体和各族各界人士发扬民主、参与国是、团结合作的重要平台。人民政协是社会主义协商民主的重要渠道，而不是唯一渠道。党委政府到政协来，是和参加政协的各党派团体和各族各界人士协商，是在政协协商，而不是和政协协商。作为专门的协商机构，人民政协本身不是协商主体，而是一个协商平台，协商载体。在这个平台上进行政治协商、民主监督和参政议政，就政治经济社会发展重大问题、关系人民群众切身利益实际问题、统一战线内部共同性问题等充分发表意见、坦诚深入交流，有助于广纳群言、广谋良策、广聚共识，有助于促进党和政府科学民主决策，有助于增进民生福祉。准确把握政协协商的定位，是做好政协工作的关键所在，也是推进政协协商民主的根本遵循。

二、要着力提高政协协商组织能力。人民政协以宪法、政协章程和相关政策为依据，以多党合作和政治协商制度为保障，集协商、监督、参与、合作于一体，是社会主义协商民主的重要渠道和专门协商机构。作为重要渠道和专门机构，我们要在中共朝阳区委领导下，抓好《关于进一步加强政协协商民主建设的实施意见》的落实，认真落实好年度协商工作计划。要针对各项协商议题，加强对学习、调研、视察、协商等履职活动的统筹谋划、合理安排。要搭建好机制化、常态化的协商参与平台，坚持和完善全体会议、常委会议、主席会议、秘书长会议、专题协商座谈会等制度，富有成效地开展专题协商、对口协商、界别协商、提案办理协商，积极探索网络议政和远程协商等新形式，不断扩展协商渠道、丰富协商形式、提高协商能力，使政协协商更加广泛多层地展开、更为灵活经常地进行。要完善协商成果采纳和反馈机制，通过专题报告、政协信息、新闻报道、大会发言等多种途径，及时宣传委员建言，归纳、梳理和反映委员意见，推动协商成果转化应用。

三、要切实增强协商建言能力。全区政协工作会议召开后，要充分运用报告会、座谈会、研讨会等多种形式，组织政协委员、专家学者和政协机关干部，学习领会会议精神，进一步提高政治把握能力、调查研究能力、联系群众能力、合作共事能力和协商议政能力，真正做到懂政协、会协商、善议政。要尊重和保障委员民主权利，在深入研究的基础上，鼓励委员讲真话、建诤言，努力做到言之有据，言之有理，言之有度，言之有物。要善于应用协商民主的理论、方式和制度，指导、规范履行政治协商、民主监督、参政议政职能的实践。要牢牢把握科学选题是前提，调查研究是基础，互动交流是关键，提出建议是重点。要积极拓展社会各界有序参与政协协商渠道，坚持协商于民、协商为民，充分发挥政协委员联系群众、团结各界的重要作用，创新政协界别工作和群众工作，提高联系群众能力，使协商更好地反映各界群众意见，努力让群众感到政协离自己很近。要注重营造协商讨论的民主氛围，坚持商以求同、协以成事，努力营造既畅所欲言、各抒己见，又理性有度、合法依章的良好协商氛围。

四、要注重政协协商与党委政府工作的有效衔接。人民政协协商民主是社会主义协商民主的重要组成部分，要坚持正确方向，增强政治定力，保证中央和市委、区委的意图在政协工作中得以实现。同时，政协协商民主建设离不开党委的领导和政府的支持，离不开各种协商渠道的密切配合，加强政协协商民主建设，需要抓住政协协商与党委和政府工作的有效衔接这个关键环节，进一步规范协商议题提出机制，广泛征求党政部门、党派团体和政协委员等各方面意见，积极参与制定协商工作年度计划。实施过程中，要主动把政协协商民主融入党委政府工作中，多听取区情介绍、多了解朝阳发展进程，通过议政性常委会议、议政性主席会议和专题座谈会等形式对综合性、全局性、前瞻性问题开展专题协商，提出前瞻性、引领性和实效性的意见和建议。要坚持问题导向，对切口小、专业性强的具体问题，要灵活运用对口协商、界别协商、提案办理协商等平台开展协商议政，提出真知灼见。

五、进一步加强政协协商民主制度和机制建设。要根据区委《关于进一步加强政协协商民主建设的实施意见》精神，进一步明确政协协商内容、协商形式、协商程序、成果运用以及加强与党政工作衔接等，推动政协协商民主更加规范有序地开展。要根据北京市第四次会议精神和全区政协工作会议精神，研究制定规范政治协商、民主监督、参政议政的相关意见，修订完善政协委员履职服务管理实施办法，修订政协专门委员会通则，健全提案办理协商、视察调研、大会发言、反映社情民意信息等规章制度，全面推进政协制度建设和机制创新，不断提高工作科学化水平。要搭建总结交流平台，充分发挥政协作为专门协商机构的作用，把政协协商与党政群共商共治等协商民主形式紧密结合，将协商的重心下移到基层一线和民生事业上来，推进协商民主广泛多层制度化发展。

各位委员，目标催人奋进，使命与责任并存。让我们紧密团结在以习近平同志为总书记的中共中央周围，高举中国特色社会主义伟大旗帜，在中共朝阳区委领导和上级政协的指导下，同心同德、求真务实，开拓创新，奋力谱写人民政协事业发展新篇章，为“十三五”良好开局，为高水平推进朝阳转型发展、率先全面建成小康社会作出新的更大的贡献！

朝阳区人民检察院工作报告

——2016年1月13日在朝阳区第十五届人民代表大会第七次会议上

朝阳区人民检察院代检察长　张玉鲲

各位代表：

我代表朝阳区人民检察院，向大会报告工作，请予审议。

2015年工作回顾

2015年，我院在区委和市检察院领导下，在区人大及其常委会监督下，深入学习贯彻党的十八大、十八届三中、四中、五中全会和习近平总书记系列重要讲话精神，严格公正执法办案，积极稳妥推进改革，大力加强队伍建设，认真履行宪法和法律赋予的各项职责。

一、服务平安朝阳建设，保障经济社会发展

坚持服务大局，认真履行审查逮捕、审查起诉、惩治和预防职务犯罪职能，切实服务保障区域经济社会发展。

全力维护社会稳定。保持对严重暴力犯罪和多发性侵财犯罪的打击力度，确保国家政权安全和社会和谐稳定。全年受理审查逮捕案件2837件3662人，批准逮捕1991件2418人；受理审查起诉案件3260件3988人，提起公诉2927件3479人；案件受理数居全市第一，人均办案量居全市首位，案件审结率居全市前列。依法打击危害国家安全犯罪，先后办理色依提江·艾尔肯煽动民族仇恨案等6件涉暴恐犯罪案件。妥善办理“大屯飙车案”、许启哲等五人使馆区寻衅滋事案等一批具有较高社会关注度的案件。审查批捕涉众型经济犯罪案件107件210人、审查起诉231件591人，其中包括涉案金额55亿元的“华融普银”案、涉案金额14亿元的“易胜百”案在内的重特大案件7件。在妥善办理该类案件的同时，积极做好释法说理工作，共接待相关来访群众3000余人次，全力维护社会稳定。制定《涉众型经济犯罪案件办案指南》，举办“涉众型非法集资类犯罪问题研讨会”，积极构建涉众型经济犯罪打击治理体系。坚持宽严相济刑事政策，因犯罪情节轻微，依法决定不起诉145件216人；稳步推进轻微刑事案件速裁试点改革，全年适用刑事速裁程序办理案件370件386人，提升案件办理效率；办理羁押必要性审查案件34件36人，对12人建议变更强制措施；对涉罪未成年人不批准逮捕21件26人、附条件不起诉7件11人；确保执法办案法律效果与社会效果的统一。

大力推进反腐倡廉。坚决贯彻中央反腐败工作总体部署，有腐必反、有贪必肃，加大对职务犯罪案件的打击力度。立案侦查贪污贿赂案件33件34人，全部为大案、要案，其中百万元以上案件14件，涉案副局级以上5人、正处级以上3人。承接上级交办的原市人大财经委副主任乔瑞（正局级）、原中国移动北京公司副总经理李大川（副局级）和原华电置业有限公司总经理王栋（副局级）涉嫌受贿案等一批大案要案，圆满完成工作任务。在区纪委的协调指导下，立案侦查辖区内涉嫌贪污贿赂案件27件28人，办理原区妇联主席李洁（正处级）涉嫌贪污案，区地税局六所徐晓等人与社会人员勾结涉嫌贿赂渎职窝案，安贞街道社区服务中心周晓、周爱武涉嫌贪污案等一批发生在群众身边的职务犯罪案件。全年共立案侦查渎职、侵权职务犯罪案件4件4人，成功劝返全市首例海外追逃的渎职侵权案件犯罪嫌疑人1人。

深化职务犯罪预防。坚持惩防并举、注重预防的工作方针，加强廉政体系建设。畅通行贿犯罪档案查询渠道，为招投标单位、企业办理查询22352次。与区纪委、预防腐败局配合，共同加强廉政警示教育，深入党政机关和国有企业开展廉政教育和反腐警示展览521次。注重预防调查，撰写的《惩治和预防职务犯罪年度报告》和《朝阳区土储拆迁领域犯罪问题的研究报告》，引起区委高度关注，为全区惩治和预防腐败工作提供了重要参考。加大重点行业和领域职务犯罪预防工作力度，与辖区内能源、卫生、传媒等行业通过信息通报共享、开展市场廉洁准入等方式，提升职务犯罪预防效果。

切实加强法律监督。加强对刑事案件的全程动态和同步监督，确保在每一起案件中体现公平正义。深化立案、侦查活动监督，采用全过程审查机制，办理立案监督案件15件，追捕26人，纠正遗漏同案犯36人。更新抗诉理念、完善抗诉机制、加强与上级院联动协作，提升抗诉水平，提请抗诉并获得上级院支持案件5件，目前已有2件获法院改判。积极履行刑事执行监督职能，对刑罚执行中的职务犯罪案件予以立案侦查；针对减刑、假释、暂予监外执行等刑罚执行活动中存在的问题发出检察建议书7份、纠正违法通知书13份；受理并办结在押人员反映的举报控告线索18件，依法保障在押人员合法权益。深化民事行政检察监督，受理各类民事行政申请监督案件128件，向法院发出检察建议书4份，监督改判1件，有效维护了法律权威和当事人合法权益。

二、严格规范司法行为，完善检察管理制度

通过建立执法规范化体系，严格规范检察机关司法行为，加强检察管理，促进执法办案更加公平、公正、高效。

严格法律适用标准。适应以审判为中心的诉讼制度改革，注重全面审查证据，严格执行证据标准，仔细研判瑕疵证据，坚决排除非法证据，形成以客观性、直接性证据为主的证据审查体系，严防发生冤错案件。全年因证据不足不批准逮捕624件943人，因证据不足不起诉103件182人。与公安、法院建立良性互动和有效沟通机制，定期召开联席会，加强对法律适用及证据标准的交流和研讨，统一证据认定标准、刑事政策运用和法律适用方面的认识，确保案件质量。

扎实推进专项整治。始终以问题为导向，坚持立行立改，认真完成规范司法行为专项整治活动各阶段工作。在深入自查的基础上，通过多种方式，向区人大、政协、公安、法院等40多家单位广泛征求意见和建议，认真梳理查找出的司法不规范问题，突出重点整治领域，出台侦查人员讯问同步录音录像工作规范、听取律师意见工作规定等19项规范性文件，固化监督成效。

完善检察管理体制。发挥精神激励、目标引领和制度规范的作用，探索检察管理新模式，完善《内部协同发展制度》以及检察业务、综合管理和机关党建工作三大目标评价体系，发挥制度体系在推动科学管理中的作用，从目标预设、效果评估、调研整改和修正完善四个环节进行全过程督察，确保检察工作目标的顺利实现。

三、加大检务公开力度，自觉主动接受监督

切实践行阳光司法理念，不断加大检务公开力度，自觉主动接受人大代表、人民群众和社会各界的监督。

主动接受人大监督。建立健全代表联络机制，向人大常委会专项汇报职务犯罪侦查与预防工作，邀请人大代表参与案件公开听证，旁听职务犯罪案件庭审。打造“一报两刊、一网多联”平台，每月开展一次代表联络活动，每周向代表报送《动态专报》，每月报送《检情通报》，丰富监督方式，拓宽监督范围，方便代表监督。认真办理代表提案，及时反馈代表意见、建议，切实保障人大代表监督权。

加大检务公开力度。不断完善检务公开工作机制，拓展检务公开范围。及时公开案件程序性信息，建立终局性法律文书统一上网和公开查询制度，全年公开法律文书1908份、程序性案件信息7511件，数量位居全市各院之首。探索案件公开办理机制，制定《逮捕公开审查工作实施办法》，开展逮捕案件公开审查听证，提升办案质量。完善控告申诉案件公开答复机制，邀请人大代表、政协委员参加公开答复会。发布《北京市朝阳区人民检察院职务犯罪侦查与预防工作（2012—2014）》白皮书，宣传职务犯罪惩治实效，积极回应人民群众对反腐工作的新期待。

探索专业监督机制。建立外部监督委员会制度，聘请人大代表、政协委员、律师和专家学者组成外部监督委员会，通过参与公开审查或听证、书面审查报告、旁听案件庭审、列席有关会议等方式发表意见建议，对执法办案进行监督和指导。出台《引入律师监督规范检察行为的实施办法》，制作“规范检察行为监督卡”向律师发放，全年共发放监督卡1200余份，无一反映我院执法不规范问题，收到改进工作的意见建议46条，进一步促进严格规范公正文明司法。

四、积极稳妥推进改革，优化检察权力运行

严格落实司法责任制，稳步推进检察改革，构建突出检察官主体地位的权责清晰、制约有力、运行高效的检察权运行机制。

明确办案主体责任。在原有权力清单基础上，出台检察官办案职责规定，对检察长、部门负责人、检察官的职责权限予以明确，对办案数量和标准提出具体要求。出台《重大疑难复杂案件办理规定》等制度，规范检委会议案范围，明确各办案主体在重大、疑难、复杂案件决策中的权责关系。自实施检察官办案责任制改革至今，检委会研究决定案件同比减少四分之一，检察官办案主体地位更加突出。

建立相关配套制度。建立健全检察官履职规范，完善《检察官考核办法》、《任职管理办法》和《案件管理实施办法》，从检察工作实绩、思想品德、检察业务水平、工作态度和工作作风等五个方面，全面考核检察官履职情况。制定《检察官联席会议实施细则》，对联席会议的职能、启动、议事规则等内容做出具体规定。出台《检察官研修管理办法》和《素能培训实施方案》，全面提升检察官履职能力。

建立内部监督机制。依托统一业务应用系统，改进和完善案件管理机制，发挥案件管理部门对办案流程的全程监督作用，严格程序约束。建立案件质量监控、办案动态研判机制，对检察权行使的各个环节均以书面清晰记载，确保全程留痕。建立专项督察制度，对检察官办案情况进行季度公示，认真分析办案过程中出现的各类问题，形成《执法规范化督察报告》。建立专项复查制度，对捕后不诉、国家赔偿、刑事申诉等案件开展复查，分析原因，明确责任。

五、加强过硬队伍建设，提升检察形象和司法公信力

坚持全面从严治党、依规治党，提高检察人员思想政治素质、职业道德水平和业务工作能力。

不断加强党建工作。扎实开展“三严三实”专题教育，巩固党的群众路线教育实践活动成果。开展专题调研，认真查找问题，建立“不严不实”问题清单，逐项整改落实。出台《加强和改进机关党建工作意见》，坚决落实从严治党要求。制定“党风廉政建设责任清单”，明确责任主体，支持纪检监察部门执纪监督问责，真正将“两个责任”落到实处。加强政治理论学习，开展检察人员思想状况分析，定期召开干部集体谈话会，引导广大干警积极应对检察改革带来的挑战，扎实做好知识储备、业绩积累和形象提升等方面工作，被市委评为“北京市第十二届思想政治工作优秀单位”。

稳步提升专业素能。建立健全素能培训机制，推动队伍履职能力提升。制定《检察官履职能力标准》，针对重点需求，开展案件审查、法律文书制作等方面的培训12次，举办中层干部培训班2期、青年干警培训班1期，切实提高检察人员综合素能和履职能力。引入在线考试系统，实现干警对检察业务知识的随时自学自测、培训部门在系统后台的实时监督检查，增强培训灵活性，克服了工学矛盾。积极鼓励干警参加全国和北京市检察业务专家评审，目前全院有1名全国检察业务专家、2名北京市检察业务专家、3名北京市检察业务提名专家，高层次人才队伍初现规模。

提升检察形象和司法公信力。加强选题挖掘策划，完善典型类案和大要案新闻发布机制，做好全媒体时代下的检察宣传，提升舆情引导能力。积极回应民众关切，专题报道检察官办案责任制改革试点工作，对热点案件进行微博直播，增强检察机关的社会认知度。借助官方网站、微博、微信等平台，创作多个新媒体作品，其中《神奇五侠“反贪之战”》荣获全国首届检察新媒体创意大赛金奖。

各位代表，2015年我院荣获“全国检察宣传先进单位”、“首都文明单位”、“北京市先进基层检察院”等市级以上集体荣誉17项，荣获“北京市先进工作者”、“北京青年五四奖章”等市级以上个人荣誉17项，全院上下始终坚持依法履职、锐意进取、敢于担当，各项检察工作取得新进步。上述成绩的取得，离不开区委的正确领导，离不开区人大及其常委会的有力监督，离不开区政府、政协及社会各界的关心帮助。在此，我谨代表全院同志，向关心、支持检察事业的各位代表及社会各界人士表示崇高的敬意和衷心的感谢！

我们也清醒地认识到，面对新形势、新任务对司法机关提出的新要求，我院的检察工作还存在一些问题和不足：**一是**执法办案方式与以审判为中心的诉讼制度改革还存在一定程度的不适应，亟待改进和完善；**二是**部分检察官法律监督意识不够强，与人民群众对公正司法的期待还存在一定差距；**三是**我院全年办理案件数占全市检察机关办案总数的近1/6，人均办案量是全市的2倍以上，工作强度高、压力大，部分检察人员思想上产生波动，教育引导工作增多、难度加大；**四是**涉众型经济犯罪案件等新型案件易发高发，如何在公正办案的同时妥善处理多元诉求，是当前和今后较长一段时期内需要破解的难题。对此，我院将高度重视，在今后工作中认真研究、加以改进，也恳请各位代表关心关注，对我们的工作提出批评、意见和建议，一如既往地给予我们监督、支持和帮助。

2016年工作思路

2016年是“十三五”的开局之年，全面依法治国步伐加快，司法改革向纵深推进，严格规范司法持续进行，我院将在区委领导下，在区人大及其常委会监督下，重点从以下四个方面做好工作，推动朝阳检察事业再上新台阶。

一是坚持党的领导，确保检察工作始终围绕中心、服务大局。紧紧围绕区委十一届十一次全会精神，找准检察工作服务保障全区工作大局的切入点和着力点，依法惩治在功能疏解、经济转型、产业升级和生态治理过程中的刑事犯罪，重点查办和预防发生在群众身边的职务犯罪，加强矛盾纠纷排查化解，提升服务区域经济社会发展大局的能力，为朝阳区“十三五”规划取得良好开局提供坚强的法治保障。

二是主动接受监督，确保阳光司法理念全面贯彻落实。主动接受人大监督，进一步拓展人大代表监督检察工作的方式和途径，将人大监督转化为提升检察工作的强大动力。进一步深化检务公开，自觉接受政协和社会各界的监督，保障人民群众参与司法，构建开放、动态、透明、便民的阳光检察机制。

三是严格规范司法，确保各项检察改革稳步推进。持续加强严格规范司法行为专项整治工作，不断纠正司法不规范问题。深入贯彻落实上级各项改革部署，确保各项改革措施落实到位，为严格执法、公正执法、文明执法提供有力保障。

四是加强队伍建设，确保队伍作风优良、素质过硬。进一步推进机关党建和队伍建设，加强党风廉政建设，坚决落实“两个责任”，确保检察队伍风清气正。加强检察队伍正规化、专业化、职业化建设，提高检察工作的科学化、规范化水平。增强检察素能培训实效，发挥高层次人才的引领带动作用，促进队伍整体执法办案能力和履职效能的提升。

各位代表，在新的一年里，我院将继续秉持“永争一流”的工作目标，立足朝阳、服务朝阳，发扬传统、开拓创新，抓住机遇、迎难而上，争做建设法治中国首善之区的排头兵，以更加奋发有为的精神状态和求真务实的工作作风，为朝阳区率先全面建成小康社会、为北京建设国际一流和谐宜居之都做出新的贡献！

名词解释

1. 检察改革：十八大报告提出要进一步深化司法体制改革以来，检察制度的改革在各方面推进，包括检察权的依法独立行使、检察权内部运行机制、检察权行使的制约机制、检察官办案责任制、检察职能分立、检察职能司法化、检察官职业化、职务犯罪侦查一体化、以审判为中心的诉讼制度改革等等。

2. 审查逮捕：指人民检察院对于公安机关提请批准逮捕的案件进行审查，根据情况分别作出批准逮捕或者不批准逮捕的决定。

3. 审查起诉：指人民检察院对公安机关侦查终结移送起诉的案件和自行侦查终结的案件进行审查，依法决定是否对犯罪嫌疑人提起公诉或不起诉的诉讼活动。

4. 提起公诉：指人民检察院对侦查机关侦查终结、移送起诉的案件，进行全面审查，对应当追究刑事责任的犯罪嫌疑人提交人民法院进行审判的一项诉讼活动。

5. 涉众型经济犯罪：指涉及众多投资人，特别是涉及众多不特定群体的经济犯罪。主要包括非法吸收公众存款、集资诈骗、传销、非法销售未上市公司股票等经济犯罪活动，该类犯罪涉案金额巨大、犯罪类型集中、涉案人数众多、案件隐蔽性强，潜伏期长，社会危害性大，极易酿成恶性群体事件，严重影响社会治安稳定。

6. 非法吸收公众存款：指违反国家金融管理法规非法吸收公众存款或变相吸收公众存款，扰乱金融秩序的行为。一般包括两种情况，一是没有吸收公众存款资质的个人或法人吸收公众存款，另一种是具有吸收公众存款资质的法人采用违法的方法吸收存款。

7. 非法集资：指公司、企业、个人或其他组织未经批准，违反法律、法规，通过不正当的渠道，向社会公众或者集体募集资金的行为。

8. 《涉众型经济犯罪案件办案指南》：为规范涉众型经济犯罪案件办理，统一执法标准，我院联合朝阳区公安分局、朝阳区法院、朝阳区金融服务办公室，牵头制定了《涉众型经济犯罪案件办案指南》，成为全市首个全面涵盖行政执法、刑事司法和行刑衔接等环节各流程、专门用于指导涉众型经济犯罪案件办理的指南手册。该指南明晰创新金融行为与金融犯罪的界限，贯彻宽严相济形势政策，对犯罪嫌疑人进行有区别的打击处理；在各个办案环节明确追赃挽损工作的主要内容，为挽回经济损失提供制度保障；建立办案风险评估和风险防控联动机制，做到“一案一评”，突出强调舆情、信访风险防控。

9. 羁押必要性审查：羁押是在逮捕、拘留决定以后的，依附于拘留、逮捕的剥夺公民人身自由的当然状态，不是一种独立的强制措施。羁押必要性审查是指法定主体在羁押适用过程中，对被羁押人有无持续羁押的必要进行审查，并作出相应处理结论的诉讼活动。

10. 附条件不起诉：指对于未成年人涉嫌刑法分则第四章（侵犯公民人身权利、民主权利罪）、第五章（侵犯财产罪）、第六章（妨害社会管理秩序罪）规定的犯罪，可能判处一年有期徒刑以下刑罚，符合起诉条件，但有悔罪表现的，人民检察院可以作出附条件不起诉的决定，并附加 6 个月到 1 年的考验期，对其监督考察，最终根据考验状况做出起诉或者不起诉决定的制度。

11. 渎职、侵权职务犯罪：职务犯罪主要是指掌握一定管理、支配公共财产、人事关系等多种实权的国家公务人员滥用职权、谋取私利、侵犯公共利益的犯罪，其本质特征是以权谋私、权钱交易。其中渎职罪包括滥用职权、玩忽职守、枉法追诉裁判罪、私放在押人员罪等，侵权罪包括国家机关工作人员利用职权实施的非法拘禁罪、非法搜查罪、刑讯逼供罪、暴力取证罪等。

12. 行贿犯罪档案查询：该系统以所有北京市查办审结的1997年以来行贿犯罪案件及2006年以来的受贿犯罪案件和行贿行为案件为基础，为社会单位和个人提供信息查询服务，在行政审批、招标投标、资金拨付、组织人事、行政执法、司法处罚等环节均可为相关单位和部门提供详实可靠的实证，以加大贿赂犯罪成本，发挥更强的警示和震慑犯罪的作用，进一步促进市场经济秩序规范有序和社会信用体系建设。

13. 惩治和预防职务犯罪年度报告：指各级检察机关针对本地区全年职务犯罪总体情况、特点规律、演变趋势等进行深度综合考量和实证分析，着重从完善体制、机制、制度角度提出防控措施和预防对策，供党委、人大、政府决策参考的一种书面文书。

14. 法律监督：指我国宪法和法律赋予检察机关的一种专门的权力，是检察机关依照法定程序，采用诉讼手段及其他监督手段，对执法、司法、守法活动实施检察以及督促纠正违法的专门性国家活动，包括职务犯罪侦查权、刑事案件批准和决定逮捕权、公诉权、立案监督和侦查监督权、刑事审判监督权、刑罚的执行和监管机关的活动是否合法的监督权、民事审判监督权、行政诉讼监督权等。

15. 侦查监督：指人民检察院依法对侦查机关（包括公安机关以及在某种情况下行使着侦查权的国家安全机关、监狱、军队保卫部门、人民检察院的侦查部门）的侦查活动是否合法进行的监督。

16. 立案监督：指人民检察院依法对公安机关的刑事案件立案活动进行的专门监督。人民检察院认为公安机关应当立案侦查的案件而不立案侦查的，或者被害人认为公安机关对应当立案侦查的案件而不立案侦查，向人民检察院提出的，人民检察院应当要求公安机关说明不立案的理由。人民检察院认为公安机关不立案理由不能成立的，应当通知公安机关立案，公安机关接到通知后应当立案。

17. 审判监督：指对人民法院审判工作的监督，人民检察院是国家法律监督机关，承担着对法院审判活动的监督职责。我国法律规定人民检察院对人民法院的诉讼活动是否合法、审理结果是否公正、有无贪腐或滥用职权等违法行为予以全面监督。

18. 刑事执行监督：指人民检察院对刑罚执行和监管活动等刑事执行活动实行监督，保障刑事执行活动依法进行所应当具有的发现违法、纠正违法、建立预防机制的功能。

19. 检察建议书：指人民检察院为促进法律正确实施、促进社会和谐稳定，在履行法律监督职能过程中，结合执法办案，建议有关单位完善制度，加强内部制约、监督，正确实施法律法规，完善社会管理、服务，预防和减少违法犯罪的一种重要方式。

20. 纠正违法通知书：指人民检察院在办理检察业务过程中，发现侦查机关的侦查活动、执行机关的执行活动或审判机关的审判活动有严重的违法情形依法予以纠正而制作的法律文书。被纠正违法的侦查机关、执行机关和审判机关必须在规定的时间内纠正违法，并将纠正情况在纠正后的规定时间内向检察机关通报。

21. 民事行政检察监督：指人民检察院依法对人民法院办理的民事、行政案件实施的专门监督种类，监督方式主要包括抗诉、检察建议书、纠正违法通知书等。

22. 以审判为中心的诉讼制度改革：指在刑事诉讼各阶段之间的关系上，审判是中心，侦查和审查起诉都是围绕着审判这一中心而开展的，审判对侦查和审查起诉具有制约和引导作用，侦查和审查起诉需要接受审判的检验。只有在审判阶段才能最终确定被告人的罪责，侦查阶段和审查起诉阶段对于犯罪嫌疑人罪责的认定仅具有程序意义，不产生有罪的法律效果，对审判阶段确定被告人的罪责也没有预决性。与审判中心主义相对应的概念是侦查中心主义。

23. 瑕疵证据：指不符合法定程序所收集的、在取证程序上存有瑕疵的物证、书证，也包括在取证程序上存有瑕疵的证人证言、讯问笔录等言词证据。

24. 非法证据：指采取刑讯逼供等非法方法收集的犯罪嫌疑人、被告人供述和采用暴力、威胁等非法方法收集的证人证言、被害人陈述等言词证据。

25. 规范司法行为专项整治工作：为进一步深化检察机关执法规范化建设，提高严格规范公正文明司法能力，增强检察机关司法公信力，最高人民检察院从 2014 年 12 月开始，在全国检察机关开展为期一年的规范司法行为专项整治工作。我院开展的规范司法行为专项整治工作包括成立规范司法行为专项整治工作领导小组、定期发布规范司法行为专项整治专刊（2015 年已发布 80 余期）、规范使用统一业务应用系统、规范法律文书制作、保障律师执业权利、深入推进检察官办案责任制改革、积极适应以审判为中心的诉讼制度改革等。

26. 逮捕案件公开审查听证：人民检察院检务公开的形式之一，是指检察机关在办理公安机关提请批准逮捕案件过程中，根据办案工作需要，对部分案件采取公开听证形式，充分听取侦查机关、犯罪嫌疑人及相关利害关系人等各方意见，并进行综合评判，依法作出批准逮捕或不(予) 批准逮捕决定。

27. 控告申诉案件公开答复机制：为进一步拓展检务公开的形式和范围，确保人民群众的控告、申诉线索都能够依法得到公正、公平的处理，保障控告、申诉人的合法权益，我院于 2015 年探索开展对控告、申诉案件处理结果予以公开答复，并邀请人大代表、律师等参与我院公开告知处理结果和释法说理的活动，引入外部监督力量规范我院控告申诉检察工作。

28. 职务犯罪侦查与预防工作（2012–2014）》白皮书：我院在 2015 年 8 月制定《检察工作白皮书发布制度（试行）》，规定每年确定一个发布主题，就本院某一特定检察工作事项以及重大问题进行系统描述并向社会进行权威发布。创刊号《北京市朝阳区人民检察院职务犯罪侦查与预防工作（2012–2014）》白皮书，内容包括职务犯罪惩治与预防、研究把握职务犯罪特点规律情况、深化改革、探索侦防工作新模式情况，以及侦防队伍建设情况等内容，运用大量数字、实例，全面准确通报了我院职务犯罪侦查与预防工作进展，阐释相关理论难点，针对重点领域、重点问题进行警示宣传，明确下一步工作动向，增加工作透明度和影响力。

29.“一报两刊，一网多联”：为进一步加强代表联络工作，拓宽检务公开渠道，我院每年都为人大代表订阅一报两刊即《检察日报》、《人民监督》暨《方圆杂志》以及《朝阳检察》刊物，并积极完善朝阳检察网络建设，通过官方微博、微信、短信平台等新媒介推送工作动态信息，使代表能够及时、全面了解和监督检察工作。

30. 规范检察行为监督卡：律师在执业过程中如发现检察人员存在不规范司法情形，可填写该卡寄回检察机关纪检监察部门。

31. 外部监督委员会制度：2015 年 9 月 17 日，为进一步推进执法规范化建设、积极探索引进外部力量监督检察机关司法行为，我院举行了执法办案外部监督委员会委员聘任仪式，正式聘请人大代表、政协委员、律师和专家学者 9 人为我院执法办案外部监督委员会委员。通过建立由检察机关以外的人士组成的专门监督委员会制度，确保检察权依法正确行使，保证检察官公正执法办案。

32. 检察官办案责任制改革：2013 年 12 月 26 日，最高人民检察院召开检察官办案责任制改革试点工作部署会，决定在全国 7 个省份的 17 个检察院，试点开展检察官办案责任制改革。我院是全国 17 家、北京市 3 家试点单位之一，2014 年以来开展了检察官办案责任制改革试点工作。改革以保障检察机关依法独立公正行使检察权为目标，以突出检察官办案主体地位为核心，以建立权责明确、协作紧密、制约有力、运行高效的办案组织模式为基础，以落实和强化检察官执法责任为重点，科学划分检察机关内部执法办案权限，建立健全检察机关执法办案组织，改革完善检察机关执法办案责任体系，优化人力资源配置，形成符合检察工作规律、检察职业特点、检察队伍管理和法律监督运行要求的组织结构、责任体制和运行机制，提高办案质量、效率和执法公信力。

33. 刑事案件速裁程序：指对案件事实清楚，证据充分，被告人承认自己所犯罪行，对指控的犯罪事实没有异议，并且当事人对适用法律没有争议，被告人同意人民检察院提出的量刑建议的危险驾驶、交通肇事、盗窃、诈骗、抢夺、伤害、寻衅滋事、非法拘禁、毒品犯罪、行贿犯罪、在公共场所实施的扰乱公共秩序犯罪等情节较轻，依法可能判处一年以下有期徒刑、拘役、管制的案件，或者依法单处罚金的案件，进一步简化刑事诉讼法规定的相关诉讼程序，以此来达到繁简分流，优化司法资源配置，及时惩罚犯罪的目的。

34.“十字双程”帮教机制：在横向上，强调进入刑事诉讼程序的涉罪未成年人从开始到结束以社会调查报告为主线的一脉相承，社会调查员是考察帮教活动的带教老师；在纵向上，形成线上、线下双重帮教园地：线下是指重新规划“中途之家”、“朝阳家园”两个帮教基地的功能定位；线上是指同时依托大学生公益社团的组织优势，利用互联网资源广泛征寻帮教项目，同时利用微信、微博等平台时时对涉案未成年人进行监督和帮教。

35. 三大目标评价体系：指检察机关内部管理的检察业务、综合管理和机关党建工作三大目标评价体系。旨在以目标为引领，加强检察工作管理。机关党建工作树立“逢标必夺、创先争优”的目标，坚决落实从严治党责任，以首善标准全面提高党建工作水平，引领带动检察工作和队伍建设取得新成绩；综合管理工作以更好服务业务部门、抓好队建及检务保障为导向开展队伍管理和检务保障；业务工作以规范司法行为和提高案件质量为导向，实现办案数量、质量、效率、效果、安全全面提升。

36. 案件信息公开的范围包括：一是案件程序性信息。二是重要案件信息：（1）有较大社会影响的职务犯罪案件的立案侦查、决定逮捕、提起公诉等情况；（2）有较大社会影响的刑事案件的批准逮捕、提起公诉等情况；（3）重大、专项业务工作的进展和结果信息；（4）社会关注的已经办结的典型案例；（5）其他重要案件信息。三是终结性法律文书：（1）人民法院所做判决、裁定已生效的刑事案件起诉书、抗诉书；（2）不起诉决定书；（3）刑事申诉复查决定书；（4）最高人民检察院认为应当在该系统发布的其他法律文书。

37. 检察官联席会议制度：是检察官办案责任制改革试点中的一项重要探索，规定当检察官办案组遇有争议或者重大、疑难、复杂案件时，可以提请联席会议予以讨论、研究，联席会讨论意见作为办案参考，会议记录须随卷归档。经过试运行，我院将联席会打造成为研讨疑难复杂案件、优化检察官管理、加强教育培训的重要平台。

朝阳区人民法院工作报告

——2016年1月13日在朝阳区第十五届人民代表大会第七次会议上

朝阳区人民法院院长　李瑞翔

各位代表：

我代表朝阳区人民法院向大会报告工作，请予审议。

2015年是全面深化改革的关键之年，是全面推进依法治国的开局之年，也是我院历史上案件增幅最大、审判任务最为繁重的一年。一年来，在区委的领导，区人大的监督，区政府、区政协的支持和上级法院的指导下，我院坚持以邓小平理论、“三个代表”重要思想、科学发展观为指导，认真贯彻落实习近平总书记系列重要讲话精神，不断强化审判职能，切实践行为民宗旨，着力打造过硬队伍，努力为推动朝阳科学发展、民生幸福提供司法保障。

坚持公正司法，为区域经济社会发展营造良好法治环境

2015年，随着立案登记制的实施，我院受理案件数量进一步大幅增长。一年来，新收案件96251件，增幅为36.8%；结案76696件，增幅为16.5%，再加上2014年旧存的1.2万件未结案件，全年的案件量在首都法院历史上首次突破10万件，法官人均结案数是全市法院平均值的1.8倍。在执法办案过程中，我院始终将公正司法作为第一责任，充分发挥审判职能作用，确保法律正确实施，维护社会公平正义。

依法严惩刑事犯罪，全力维护社会稳定。严厉打击抢劫、故意伤害等危害社会治安犯罪，共判处五年以上有期徒刑犯罪分子323人，不断增强人民群众的安全感；积极参与非法集资问题专项整治行动，成立非法集资类案件专案组，审结该类案件25件，涉案金额6.1亿元，进一步净化了金融行业秩序；加大对贪污贿赂等犯罪的打击力度，依法审理北京市公安局警用技术与重大项目管理处处长受贿案、中国移动北京公司副总经理李大川受贿案等职务犯罪案件15件，组织辖区580余名党员干部旁听案件审理，促进反腐败斗争持续深入开展；始终保持对涉毒犯罪的高压态势，依法审理涉毒案件306件，并对歌手尹相杰非法持有毒品、演员张林容留王学兵吸毒等案件庭审进行网络直播，用鲜活的案例引导公众防范毒品侵蚀；着力打击以非法手段删除网络信息的行为，努力维护网络安全和秩序，审结的“口碑公司非法经营案”被评为2015年度人民法院十大刑事案件；扎实开展刑事速裁改革试点工作，在充分保障被告人权利的前提下，积极探索更为简化的办案模式，共适用刑事速裁程序审结案件332件，案件平均审理时间为6个工作日，取得了服判息诉率高、无抗诉案件的良好效果。

平等保护市场主体，促进经济健康发展。成立金融审判庭，深入把握经济发展新常态下金融领域存在的突出问题，审结金融借款、委托理财等金融类案件4474件，妥善处理了涉及场外配资的证券交易纠纷，努力防范并化解潜在的区域金融风险；依法审理全市首例涉微店经营纠纷，明确了“互联网+”时代新型经营模式的交易规则。助力国家文化产业创新实验区建设，审结涉及文化市场纠纷案件1898件，引导文化创意行业进一步完善商业规则；以服务创新发展为理念，加大对智力成果的司法保护，审结“中国体育赛事转播著作权第一案”，有力地推进了互联网体育赛事正版化进程；着力规制不正当竞争行为，“马爱农”“五八同城”等案件分别入选北京法院知识产权十大案例和十大创新性案例，积极推动形成有序规范、充满活力的竞争环境。

提高失信行为成本，弘扬诚实守信风气。始终将维护诚信作为司法审判的重要目标，积极推进社会诚信体系建设。依法制裁虚假宣传、消费欺诈等失信行为，适用3倍以上惩罚性赔偿规定审结案件567件，着力扭转守约者吃亏、失信者获利的不良风气；大力加强执行威慑机制建设，发布失信被执行人信息9823条，依法对761名拒不执行判决、裁定人员采取罚款、拘留、限制出境等强制措施，移送追究刑事责任3人，促进债权人合法权益的及时兑现；不断拓宽视野，促进互联网企业与失信被执行人的信息对接，在我院的积极推动下，奇虎360公司改进了“好搜”搜索引擎功能，在检索中同步置顶显示被搜索企业失信情况，携程网、淘宝芝麻信用网等将逐步降低失信被执行人的信用消费级别，让“老赖”承受更大的社会压力和失信成本。

积极促进依法行政，提升法治政府水平。支持和监督行政机关依法行政，全年共审结行政案件694件，审查行政非诉执行案件76件；追求行政矛盾的实质化解，通过协调方式解决行政纠纷182件，取得了良好的法律效果和社会效果；制作并发送《行政机关负责人出庭应诉通知书》，着力推进行政机关负责人出庭应诉制度，市、区级行政机关负责人出庭应诉14人次；推进行政司法互动的制度化建设，与区政府法制办联合建立法律顾问制度，为行政机关举办法律课程20期，培训行政机关工作人员1500余人次，《行政案件司法审查年度报告》受到区领导批示肯定。一年来，全区行政机关败诉率同比下降1.2个百分点，依法行政水平稳步提升。

坚持为民司法，为群众依法维权创造更多便利条件

准确把握人民群众对法院工作的新需求与新期待，不断完善工作方法，切实维护群众利益，努力实现司法工作服务人民、依靠人民、造福人民、保护人民的根本宗旨。

妥善处理民事纠纷，保障群众合法权益。不断深化涉民生案件审判工作机制，优先选择简便高效的审判方式方法，适用简易程序和小额诉讼程序审结医疗、劳动争议、婚姻家庭等案件7730件，60%的案件在45天内审结，使当事人的诉求得到更加快捷的保护；充分考虑诉讼群众的现实困难，全年到行动不便当事人家中、医院就审76次，对当事人缓、减、免交诉讼费79万元，向立案当事人发放诉前调查函158份，通过规范法官释明权加大对弱势群体的诉讼指导力度，努力让审判工作更加适应群众的诉讼能力；妥善处理西直河石材市场疏解中的解除商铺租赁等纠纷195件，平稳执结涉垂杨柳医院和解放军总医院用地的腾退交付案件，为京津冀协同发展和非首都功能疏解提供司法保障。

不断强化诉讼服务，努力减轻群众诉累。成立诉讼服务办公室，进一步整合诉讼服务职能，打造统一、规范的诉讼服务平台。坚决落实立案登记制改革精神，通过增设立案窗口、增派立案人员及时处理群众诉求，全年共接待来访13万余人次，窗口立案85661件，同比分别提高17.5%和29.6%，真正做到了“有案必立、有诉必理”；大力推进远程立案工作，全年办理邮寄立案807件、网上预约立案9784件，让群众切实减少了奔波之苦、更加方便地参与诉讼；努力打造“现场诉服窗口、12368热线、审判信息网”三位一体的当事人接待模式，诉讼服务窗口接待、导诉群众20余万人次，回复网络、电话热线等渠道的群众留言1.2万余条，让当事人在诉讼全程的各种需求都能得到接待处理；完善人民法庭诉讼服务二级平台建设，统一配备诉讼服务自助查询系统，实现法律咨询、诉讼引导、案件查询、法官沟通等功能的一站式服务。

努力延伸审判职能，回应群众更多期盼。主动参与社会综合治理，为“朝阳中途之家”社区服刑人员举办教育培训22次，对刑事案件中的未成年人开展心理抚慰16次，与有关部门共同推进特殊人群帮教管理；注重通过司法智慧发现社会问题、弥补管理漏洞，根据我院司法建议，国家旅游局出台了关于规范出境游保证金托管的规范性文件，北京市交通委出台了出租车营运资质的查询防伪制度，中国保监会北京监管局完善了交通事故“小额快赔”工作流程，进一步保障了群众的出行安全；不断加强法制宣传教育，开展“法律六进”活动148次，召开专题新闻通报会8次，在中央和省级以上报刊上刊发法制宣传文章8628篇，官方网站、微博以及客户端等新媒体阅读量突破1200万人次，充分发挥了司法引领社会价值、弘扬法治精神的重要作用。年内，我院新闻宣传和司法理论宣传工作受到最高人民法院通报表扬。

坚持廉洁司法，为审判事业发展提供政治保证和纪律保障

严格按照习近平总书记提出的“政治过硬、业务过硬、责任过硬、纪律过硬、作风过硬”的工作要求，努力建设一支信念坚定、执法为民、敢于担当、清正廉洁的法院队伍，为审判事业发展进步提供坚强保证。

着力加强思想政治建设。抓住领导干部这个“关键少数”，推动“三严三实”专题教育扎实开展，通过党组书记讲授专题党课、组织集中学习、专题讨论等多种形式，深入对照、查摆、整改“不严不实”问题，进一步强化了领导干部的规矩意识、宗旨意识和责任意识；找准与审判中心工作的结合点，推动院庭长办案的常态化，全年院庭长办结案件15813件，占全院结案总数的五分之一。在“三引领四融合”党建工作模式基础上，积极推进“聚合力工程”建设，将党员群众的智慧和力量凝聚到党组织周围，该项目被市高院评为“基层党建创新标兵项目”；开展首届“青年之星”学习展示活动，举办“五四青年月”系列文化活动和“彩虹杯”系列体育赛事，进一步激发全体干警的昂扬斗志和工作热情；深入开展学习“全国模范法官”、一等功获得者刘黎同志先进事迹专题活动，用其扎根基层、司法为民的生动实践，引导队伍进一步站稳群众立场、增进群众感情，我院法官远赴河北为白血病患儿捐献血小板的事迹，在社会上引起强烈反响。

着力加强司法能力建设。全面推进“四个规范”建设，从法官释明、审判流程、文书制作、庭审行为四个方面细化工作标准、狠抓制度落实，审判队伍的规范意识和质量意识进一步强化，全年上诉案件发改率同比下降1.1个百分点。树立分类施教的培养理念，建立特色学习研讨平台，搭建学术研讨、专家论证等平台，提升法官的理论研讨能力，一篇论文获得全国法院学术研讨总分第一名的优异成绩，《北京审判》和《审判前沿》的文章用稿量均居全市基层法院首位；举办优秀执行案例评比、裁判文书评比、经典案例讲评等活动，提高法官业务能

力，打造专家型的法官队伍。2015年，我院被评为“全国法院信息工作先进集体”和“北京市法院教育培训和人才工作先进单位”；8名法官获得“北京市审判业务标兵”称号，7篇裁判文书获评“北京法院优秀裁判文书百佳奖”。

着力加强监督机制建设。加大内部监督力度。集中整治“关系案、人情案、金钱案”，通过讲授廉政主题党课、签订领导干部责任清单、开展“廉洁司法”专项教育活动、加大审务督查力度等途径，始终督促党员干部绷紧政治纪律和政治规矩这根弦，确保党风廉政建设党组主体责任和纪检监督责任落到实处；建立非案件承办人过问案件登记制度，排除裁判活动中的不当干扰，进一步健全防范司法腐败的风险监控机制。主动接受外部监督。向人大常委会汇报执行工作情况，邀请人大代表、政协委员、特邀监督员200余人次参与旁听案件、视察座谈等联络活动，公开生效裁判文书31539份，发放廉政监督卡70424张，让人民群众更加直接、便捷地监督司法；积极配合检察机关履行法律监督职能，全年与区检察院联合召开审判执行监督工作座谈会4次，对检察机关发送的检察建议均予以认真回馈并妥善办结；不断加强对律师在司法活动中重要作用的认识，强化尊重律师的理念，加强对律师执业权利的保障，与区司法局、律师协会共同搭建“法眼视界工作室”平台，参与培训交流人员达到480人次，努力构建彼此尊重、平等相待、相互支持、相互监督的新型职业共同体关系，共同维护司法公正。

各位代表，过去的一年里，随着立案登记制的实施，我院经历了前所未有的案件增幅，审判队伍承受着前所未有的工作压力和精神压力。在这样的背景下，全院干警始终怀着对公平正义的不懈追求，始终怀着对人民群众的深厚感情，始终怀着对司法事业的坚定信心，坚守岗位、勇于担当、加班加点、扎实工作，努力确保每一起案件都得到依法、及时、公正处理。2015年，我院被授予“全国文明单位”荣誉称号，先进典型代表刘黎再获“全国先进工作者”和“2015年度十大法治人物”两项殊荣。我们深知，荣誉和成绩的取得，离不开区委的坚强领导，离不开区政府、区政协和社会各界的大力支持，更离不开区人大及其常委会特别是各位人大代表，多年来为解决法院实际困难而做出的不懈努力。在此，我代表区法院，向一直以来支持、理解和关爱法院工作的人大代表和各级领导表示衷心的感谢！

各位代表，党的十八大以来，特别是随着“四个全面”战略布局的确立，司法在加快建设社会主义法治国家进程中承载的使命更加重大。与党和国家对法治建设的要求相比，法院工作还存在着一些不足：一是司法能力有待进一步提高。随着改革的全面深化和利益的深刻调整，案件背后的矛盾成因更为复杂，个案的审理难度越来越大，审判队伍的能力素质仍不能完全满足社会的期待，文书说理不充分、执法尺度不统一、部分案件审理周期长等问题仍在一定程度上存在。二是司法作风尚需进一步改进。虽然我院始终坚持狠抓司法作风建设，但是工作作风不扎实的现象仍然存在，少数审判人员缺乏群众观念和群众感情，对待当事人缺乏耐心、态度生硬。同时，随着形势的发展变化，我院工作面临着一些亟待解决的问题和困难：一是随着立案登记制的实施，更多的纠纷集中涌入法院，“案多人少”的矛盾愈发突出。虽然我们采取了繁简分流、加强小额诉讼程序适用、推进信息化建设、综合部门干警支援一线等举措，一线法官更是从年初就进入加班状态，但由于案件的增长速度超过了审判队伍消化案件的能力，出现了部分案件审理周期延长乃至积压的现象，确保审判质量和效率、保持审判工作良性循环的压力越来越大。二是在工作、生活、精神等多种压力综合作用下，部分干警思想波动较大，稳定队伍、留住人才的难度越来越大。对于以上问题和困难，我们将始终以法治的思维、改革的勇气寻求更为有效的解决方法，始终以担当的精神、不懈的努力捍卫首善之区的法治沃土。在此，诚恳地希望各位代表对法院工作中存在的问题继续予以监督、指导和帮助，也真挚地希望各位代表对我们面临的突出困难予以关心、理解和呼吁。

2016年是全力推进京津冀协同发展的关键之年，也是全面落实“十三五”规划的开局之年。我院将深入贯彻党的十八届三中、四中、五中全会精神，紧紧围绕区委十一届十一次全会精神以及市、区关于“十三五”期间的总体目标，继续沿着司法为民、公正司法的主线推进各项工作：一是更加注重发挥审判职能作用。树立创新、协调、绿色、开放、共享的发展理念，依法妥善审理经济提质增效、疏解非首都功能、加强和创新社会治理过程中出现的各类纠纷，为辖区经济社会发展提供司法保障。二是更加注重践行司法为民宗旨。努力消除群众诉讼障碍，不断提升诉讼服务水平，真正做到把方便留给群众，把困难留给自己；加强司法公开平台建设，不断提高审判执行工作的透明度、开放度和参与度，努力让阳光真正照进司法的每一个角落。三是更加注重推进司法改革。按照中央部署，积极稳妥推进以完善司法责任制为核心的司法体制改革，坚决落实“十三五”规划建议提出的“司法公信力明显提高”等目标要求，让人民群众在司法改革中有更多的获得感；驰而不息深化司法规范化建设，着力构建更为科学、完善的审判管理和监督机制，不断提高案件质量；继续积极探索各种快速审理、有效化解矛盾的新机制，合理调配审判资源，努力提高办案效率。四是更加注重加强队伍建设。不断加强党组织建设，增强党组织的战斗力和凝聚力，引导干警坚定法治信仰、热爱司法事业；加大专家型法官的培养力度，不断提高法官认定事实、适用法律、判决说理的能力；坚持从严治院、从严治党，加强司法廉洁机制建设，增强审判队伍自我净化、自我完善、自我提高的能力。

各位代表，随着“四个全面”战略布局的持续推进，人民法院履行审判职能的职责更加重要、任务更加光荣。在新的一年里，我们将在区委的坚强领导下，在区人大及其常委会的有力监督下，始终将维护公平正义作为神圣使命，始终将人民群众满意作为第一标准，始终将积极推进改革作为应有担当，勇于迎接挑战，忠诚履行职责，用司法为民、公正司法的实际行动，为朝阳率先全面建成小康社会提供更加有力的司法保障！

名词解释

1. 立案登记制：2015年4月1日，中央全面深化改革领导小组第十一次会议审议通过了《关于人民法院推行立案登记制改革的意见》。为充分保障当事人诉权，切实解决人民群众反映的“立案难”问题，该意见要求改革法院案件受理制度，变立案审查制为立案登记制。2015年4月13日，最高人民法院审判委员会第1647次会议通过了《最高人民法院关于人民法院登记立案若干问题的规定》。该规定自2015年5月1日起施行。

2. 2015年是我院历史上案件增幅最大的一年，新收案件

96251件，增幅为36.8%；结案76696件，增幅为16.5%：2005年，我院全年累计收案48138件，十年间的案件年平均增长率为7.2%。2015年，我院刑事案件收案3279件，结案3232件；民事案件收案47781件，结案38234件；商事案件收案18495件，结案14926件；行政案件收案970件，结案770件；知识产权案件收案2784件，结案2242件；执行案件收案22429件，结案16781件；申诉再审案件收案104件，结案101件；其他案件收案409件，结案410件。其中，全院审限内结案率为99.99%。

3. 非法集资类案件：自2015年4月全市开展打击非法集资专项整治行动以来，我院受理该类案件36余件，同比增幅达150%。上述案件的卷宗共有2700余册，平均每案卷宗在90册左右，其中市委政法委督办的华融普银一案卷宗达1200余册；案件总金额在160亿元左右，单件案件涉案金额千万元以上案件占比60%以上，单件案件涉案金额亿元以上案件占比20%以上，其中单件案件最大涉案金额高达55亿余元；共涉及被告人126人、投资人2.6万人，单件案件投资人人数均在百人以上，其中人数最多的案件高达1万余名投资人。

4. 北京市公安局警用技术与重大项目管理处处长受贿案：2011年至2012年间，被告人谢某某利用职务上的便利，在北京市公安局招投标及建设过程中向北京电信通电信工程有限公司透露施工工期等项目要求，后该公司顺利中标该项目。被告人多次收受该公司工作人员吴某给予的好处费共计29.97万元。目前，该案正在审理之中。

5. 中国移动北京公司副总经理李大川受贿案：被告人李大川于担任中国移动通信集团公司市场经营部营销处副经理期间，在华扬联众广告公司参加中国移动互联网广告代理业务招投标过程中，向其透露招投标的重点和评标原则，并收取好处费150万元。后被告人在纪委审查期间主动交待事实，并退还全部赃款。目前，该案正在审理之中。

6. 歌手尹相杰非法持有毒品案：被告人尹相杰于2014年12月25日14时许，在其北京市朝阳区的居住地内被民警查获。民警当场起获毒品15份，经鉴定，上述毒品中有净重13.93g的甲基苯丙胺、净重0.04g的氯胺酮及净重1.02g的大麻。我院以非法持有毒品罪，判处尹相杰有期徒刑七个月，罚金2000元。

7. 演员张林容留王学兵吸毒案：被告人张林于2010年至2015年1月间，在其租住的北京市朝阳区住所内，分别多次容留王学兵、杨涛、赵捷吸食毒品。经鉴定，从张林租住地起获的可疑物品包括甲基苯丙胺（冰毒）9.33克、大麻1.13克、硝甲西泮1.06克。张林于2015年3月9日被民警抓获。我院以容留他人吸毒罪判处被告人张林有期徒刑十个月，罚金2000元。

8. 口碑公司非法经营案：被告单位北京口碑互动营销策划有限公司自2012年至2013年间多次通过信息网络提供有偿删除信息服务，经营数额共计人民币21万余元。其中，被告人杨飞、李金福负责公司的经营，并在共同商议、决策后指派公司员工从事犯罪活动；被告人杨雪萍及其主管的公关部员工具体实施有偿删除信息活动。我院以非法经营罪判处被告公司罚金20万元，分别判处被告人杨飞、李金福有期徒刑一年零六个月，判处被告人杨雪萍有期徒刑一年零四个月。

9. 刑事速裁程序：为进一步完善刑事诉讼程序，提高审理刑事案件的质量与效率，维护当事人的合法权益，第十二届全国人民代表大会常务委员会第九次会议决定：授权最高人民法院、最高人民检察院在北京、天津、上海等地方开展刑事案件速裁程序试点工作。对事实清楚，证据充分，被告人自愿认罪，当事人对适用法律没有争议的危险驾驶、交通肇事、盗窃、诈骗、抢夺、伤害、寻衅滋事等情节较轻，依法可能判处一年以下有期徒刑、拘役、管制的案件，或者依法单处罚金的案件，进一步简化刑事诉讼法规定的相关诉讼程序。

10. 涉及场外配资的证券交易纠纷案件：2015年下半年，我院受理了全市首例因提供场外配资并使用恒生电子HOMS系统交易引发的商事案件。原告桂某起诉称：因其投资股票需要配资，被告叶某及被告北京鼎金世纪投资管理有限公司承诺为其提供三至四倍配资，并提供3个开立在恒生电子HOMS系统的交易账户以供进行股票交易。桂某先后转给二被告共计118.95万元的保证金，二被告随后提供了三至四倍的配资。因股市大跌，桂某在股票交易账户上的保证金缩水至13万元左右。桂某要求撤回剩余金额，但其账户遭到被告屏蔽。因此，原告诉至法院，要求二被告返还其投资股票剩余款项13万元。最终，经我院主持调解，原告撤回了起诉。

11. 全市首例涉微店经营纠纷案件：原告尹某某诉被告北京口袋时尚科技有限公司合同纠纷一案。原告尹某某诉称：其在被告提供的“微店”APP平台上注册店铺，并向注册名为“叶敬合”的买家出售、发送了6件“支付宝充值信用快捷大家支付千分之五收费”商品；“叶敬合”通过徐某的储蓄卡将2.8万元支付至被告经营的平台。被告因收到快钱支付清算信息有限公司发出关于银行卡持卡人徐某否认交易的通知而将上述款项冻结。因此，原告诉至法院，要求被告解除账户冻结状态并将账户内的2.8万元予以支付。目前，该案正在审理之中。

12. 中国体育赛事转播著作权第一案：原告北京新浪互联信息服务有限公司诉被告北京天盈九州网络技术有限公司（凤凰网经营商）著作权侵权及不正当竞争纠纷一案。原告北京新浪互联信息服务有限公司诉称：经中国足球协会、中超联赛有限责任公司合法授权，原告享有在门户网站领域独占转播、传播、播放中超联赛及其所有视频，包括但不限于比赛直播、录播、点播、延播。原告发现被告在其经营的凤凰网上设置中超频道，并在每轮中超赛事直播时，于首页设置显著文字标题及专门网页，明确表示凤凰体育将在何时直播何场中超比赛；并通过在凤凰网上与第三方进行“体育视频直播室”合作的方式达到在门户网站直播中超赛事视频的效果。因此，原告诉至法院，要求被告停止侵权；停止对体育赛事转播权及其授权领域正当公平竞争秩序和商业模式的破坏；停止以“体育视频直播室”合作形式的不正当竞争行为；停止易引人误解的虚假表示；赔偿经济损失及合理费用400万元并公开发表声明消除影响。最终，我院判决被告停止播放涉案体育赛事视频，赔礼道歉、消除影响，并赔偿经济损失50万元。该判决书直接引用国际足联章程、中国足协章程等文件确认了体育赛事的相关权利确认问题，在业界引起广泛关注和探讨。此外，该案是我国首例认定体育赛事为受著作权保护作品的判决，对加强体育节目的保护具有重要意义，并且可能影响整个中国互联网领域的体育赛事网络直播市场。

13. 马爱农案件：原告马爱农诉被告新世界出版社有限责任公司、被告北京当当网信息技术有限公司、被告北京世纪卓越信息技术有限公司不正当竞争纠纷一案。原告马爱农诉称：其是知名翻译家，先后翻译有《绿山墙的安妮》《绿叶仙踪》《地海巫师》《哈利·波特》系列（合译）等文学作品。其发现当当网公司、世纪卓越公司等均在销售新世界出版社出版的署名“马爱侬 编译”的十余本外国文学名著。原告认为新世界出版社为谋取不正当利益，仿冒姓名并出版发行上述图书，误导消费者，构成了不正当竞争。因此，原告诉至法院，要求新世界出版社有限责任公司停止出版发行上述署名“马爱侬 编译”的十三本图书；北京当当网信息技术有限公司、北京世纪卓越信息技术有限公司停止销售上述署名“马爱侬 编译”的十三本图书；新世界出版社有限责任公司赔偿经济损失50万元等。最终，我院判决被告新世界出版社有限责任公司停止出版发行署名“马爱侬 编译”的涉案图书；被告北京当当网信息技术有限公司和被告北京世纪卓越信息技术有限公司停止销售署名“马爱侬 编译”的涉案图书；被告新世界出版社有限责任公司赔偿原告马爱农经济损失10万元和合理费用1.5万元。

14. 五八同城案件：原告北京五八信息技术有限公司与被告五八同城（北京）房地产经纪有限责任公司擅自使用知名商品特有名称、包装、装潢纠纷一案。原告北京五八信息技术有限公司诉称：该公司是58同城网（网址：www.58.com）的所有权人及实际运营人。“58同城”是网站名称，以提供生活服务平台为内容，涵盖房产在内的多项服务，并且已构成知名服务的特有名称。被告使用“五八同城”字样，导致了相关公众误认为两公司存在关联关系，构成了擅自使用知名商品特有名称的不正当竞争行为。因此，原告诉至法院，要求被告立即停止使用“五八同城”字样，在《北京晚报》、《新京报》上公开赔礼道歉30天，并赔偿经济损失100万元及公证费用。最终，我院判决被告停止在其企业名称中使用“五八同城”字样，并赔偿原告经济损失20万元和合理费用0.6万元。

15. 3倍以上惩罚性赔偿规定：新修订的《中华人民共和国食品安全法》自2015年10月1日起施行。该法规定，生产不符合食品安全标准的食品或者经营明知是不符合食品安全标准的食品，消费者除要求赔偿损失外，还可以向生产者或者经营者要求支付价款十倍或者损失三倍的赔偿金。此外，《中华人民共和国消费者权益保护法》规定，经营者提供商品或者服务有欺诈行为的，应当按照消费者的要求增加赔偿其受到的损失，增加赔偿的金额为消费者购买商品的价款或者接受服务的费用的三倍。该项制度的价值集中体现在两方面：一是充分保障消费者的权益；二是更好地净化市场环境。

16. 奇虎360公司改进“好搜”搜索引擎功能：为进一步加大失信被执行人名单的公开力度，我院建议奇虎360公司将大型搜索引擎“好搜”与失信被执行人名单库对接，推动失信被执行人名单的公开与社会诚信体系的构建，促进执行案件的有效执结。根据我院的建议，该公司改进了“好搜”搜索引擎的网络功能，即输入任一公司名称，如有失信被执行人信息即可在搜索页面进行置顶提示，并且可实现一键链接最高人民法院失信被执行人名单库、显示被执行人详细失信信息。该网络功能的实现，一方面扩大了失信被执行人信息的公开范围，让“老赖”承受更大的社会压力，促进执行案件的执结；另一方面有利于提高普通民众的法治意识和诚信意识，进一步完善社会诚信体系建设。

17. 携程网、淘宝芝麻信用网等将逐步降低失信被执行人的信用消费级别：在向重点被执行人发送限制消费令的基础上，我院向携程旅游网、去哪儿网、途牛旅游网等多家互联网旅游服务公司发送协助执行通知书，要求上述公司限制特定人员的酒店预订、机（车）票购买、旅游项目参团等消费行为，最大限度地压缩被执行人生活的舒适空间；同时，建议淘宝旗下蚂蚁金融服务集团在制作信用评价体系中优先纳入失信被执行人数据，与最高人民法院失信被执行人数据库链接，扣减失信被执行人在支付宝、天猫、淘宝等多方面的信用记录评分，以达到对失信被执行人进行信用惩戒的目的。上述企业均表示愿意立足于企业社会责任，促进失信被执行人主动履行义务。

18. 法律顾问制度：中国共产党第十八届中央委员会第四次全体会议通过了《中共中央关于全面推进依法治国若干重大问题的决定》，该决定要求积极推进政府法律顾问制度，建立政府法制机构人员为主体、吸收专家和律师参加的法律顾问队伍，保障法律顾问在制定重大行政决策、推进依法行政中发挥积极作用。

19. 《行政案件司法审查年度报告》：《北京市朝阳区人民法院行政案件司法审判年度报告（2014年度）》由四个部分组成。第一部分总结了2014年度行政案件基本情况，具体包括行政机关涉诉案件数量和审判质效、近三年来行政案件收结案情况、诉讼案件和非诉讼案件的特点等内容。第二部分通报了2014年度行政机关涉诉情况，具体包括各机关涉诉案件数量、非诉行政执行案件审理情况、行政机关败诉案件情况、行政机关应诉情况等内容。第三部分分析了涉诉行政机关在行政执法中存在的问题。具体包括行政机关在事实认定、收集证据、履行程序、适用法律、裁量权行使等方面存在的问题。第四部分提出了依法行政的工作建议，具体包括进一步加强法制、应诉工作、全面依法规范行政复议工作、将证据意识贯彻行政执法的始终、遵循法定程序、尊重正当程序等内容。

20. 小额诉讼程序：《中华人民共和国民事诉讼法》规定，基层人民法院和它派出的法庭审理符合第一百五十七条第一款规定的简单的民事案件，标的额为各省、自治区、直辖市上年度就业人员年平均工资百分之三十以下的，实行一审终审。该项制度的价值集中体现在两方面：一是节约法院的司法资源；二是降低当事人的诉讼成本。

21. 诉前调查函：诉前调查函是指当事人在立案审查阶段因客观原因无法取得诉讼所需要的证据，经申请并获法院批准，由法院签发给当事人的诉讼代理律师，由其向有关单位和个人收集所需证据的格式性法律文书。诉前调查工作的开展，有利于方便当事人依法行使收集证据的权利，有利于人民法院在立案之前明确案件的被告、涉诉标的以及其他必须明确的信息。

22. 邮寄立案：当事人通过邮寄方式向法院递交立案材料的，立案庭应进行登记备案、材料审查和立案指导工作；当事人向法院邮寄立案材料的，自信件寄出之日起，视为当事人向法院提起诉讼。对于材料齐全，符合登记立案条件的，应将审查结果告知当事人，并告知其到法院进行身份审核，办理登记立案手续；对于材料有欠缺或有其他需要补正的情形，经补正后符合登记立案条件的，应当一次性告知当事人在指定期限内补正，补正齐全后到法院进行身份审核，办理登记立案手续；对于明显不符合登记立案条件的，应告知当事人不予受理或不予立案的结果和理由。

23. 诉讼服务自助终端一体机：自2015年9月1日开始，我院配备的10台“诉讼服务自助终端一体机”统一启用。目前，终端一体机分别被设置在院本部（立案大厅导诉台）、各法庭以及执行局；设置“诉讼服务自助终端一体机”的部门还设置专人负责指导当事人使用一体机，由此保障当事人及时、准确地查询案件信息。

24. “聚合力工程”建设：我院认真贯彻“抓党建带队建促审判”的工作思路，在“三引领四融合”党建工作模式基础上，积极推进以“强基工程”“素质工程”“暖心工程”“民生工程”四项工程为主要内容的“聚合力工程”建设。在北京市法院基层党建创新项目评比表彰会上，我院就该项工作做了经验介绍。

25. 首届“青年之星”学习展示活动：在“五四”青年节之际，我院开展“青年之星”评选活动。“青年之星”下设“敬业之星”“学习之星”“创新之星”“道德之星”“生活之星”，用以表彰爱岗敬业、刻苦学习、勇于创新、孝老爱亲、助人为乐、热爱生活的青年干警。在本次评选活动中，32 名干警被授予“青年之星”称号。

26. 我院法官远赴河北为白血病患儿捐献血小板的事迹：2015 年 5 月，我院法官李伊雯在互联网上注意到重庆渝北区法院一名书记员发出的求助帖。该书记员称她不到 3 岁的儿子阳阳被确诊为急性淋巴细胞白血病，急需 AB 型的血小板，希望好心人能够捐献血小板，帮助她的孩子和受尽病痛折磨的家庭。看到求助帖后，李伊雯立即联系阳阳的妈妈，并迅速前往廊坊市血站为阳阳捐献了一个治疗单位的血小板。该事迹引起媒体积极关注，朝阳报社记者张天一采写的《85 后商事法官李伊雯为白血病患儿献血　呼吁更多人帮助这个孩子》一文，在《朝阳报》及中国文明网率先刊载，并且该文的网络阅读量达到了几十万人次。

27. “四个规范”建设：为主动适应法院工作面临的新形势和新要求，进一步提高审判质效、提升司法能力、转变工作作风，我院在全面梳理民商事审判中存在的不规范、不统一现象的基础上，出台了《关于在民商事审判中规范法官释明行为的规定（试行）》《关于规范民商事案件审判重点流程管理的规定（试行）》《关于规范民事裁判文书制作的规定（试行）》《关于规范民商事审判庭审行为的规定（试行）》四个文件，从法官释明、审判流程、文书制作、庭审行为四个方面为审判人员提供办案指南和行为标准，以进一步夯实审判基础、提升办案水平。

28. “法眼视界工作室”平台：为进一步推进法律职业共同体建设，我院与司法局、朝阳区律协以“法眼视界工作室”为平台，建立了业务交流沟通机制，并确立由我院法官向朝阳律师群体进行业务培训的沟通模式。“法眼视界工作室”平台的搭建，是探索法治工作队伍良性沟通新模式与新机制的具体体现，对推进法律职业共同体建设具有积极意义。

29. 2015 年度十大法治人物：CCTV 年度法治人物从 2001 年起已评选 14 届，由专家学者、媒介精英以及各界代表共同组成的推选委员会推选产生。我院法官刘黎当选 2015 年度十大法治人物，且系全国法院系统唯一的受表彰对象。在由司法部、全国普法办与中央电视台共同主办的《宪法的精神　法治的力量》——CCTV 2015 年度法治人物颁奖礼上，最高法院党组成员、政治部主任徐家新为刘黎颁发奖杯和证书。

关于朝阳区 2015 年国民经济和社会发展计划执行情况与 2016 年国民经济和社会发展计划草案的报告

——2016 年 1 月 12 日在朝阳区第十五届人民代表大会第七次会议上

朝阳区发展和改革委员会主任　刘　野

各位代表：

受朝阳区人民政府委托，向大会提交朝阳区 2015 年国民经济和社会发展计划执行情况与 2016 年国民经济和社会发展计划草案，请予审议。

2015 年国民经济和社会发展计划执行情况

2015 年，是“十二五”规划的收官之年，是全面深化改革的关键之年，也是贯彻落实《京津冀协同发展规划纲要》的开局之年。年初以来，在市委、市政府和区委的坚强领导下，在区人大、区政协的监督支持下，以习近平总书记系列讲话精神为指引，坚决贯彻十八届四中、五中全会精神，紧紧围绕北京市“四个中心”定位和建设国际一流和谐宜居之都的总要求，全力推进“稳增长、促改革、调结构、惠民生”各项工作，确保完成“十二五”规划各项任务，圆满完成“两项重大任务”服务保障。主要经济社会指标基本达到年初计划。预计全年 GDP 完成 4632 亿元，同比增长 6.8%；一般公共预算收入完成 448 亿元，同比增长 8.8%；全社会固定资产投资完成 1222 亿元，完成市级下达任务；社会消费品零售总额完成 2508 亿元，同比增长 5.5%；居民人均可支配收入达到 55283 元，同比增长 8%；万元 GDP 能耗同比下降 5%，完成市级下达任务。

（一）功能疏解逐步深化，协同发展有序推进

非首都功能疏解深入开展。把功能疏解作为协同发展的关键环节和人口调控的重要抓手，结合环境整治、产业升级等工作，综合运用经济、法律、行政等手段统筹推进。加快疏解存量，共清退有形市场 53 家，关停工业污染企业 41 家，清理再

生资源回收站24家，拆除出租大院96个，全面完成年初制定的任务。实现腾退建筑面积286万平方米，涉及从业人员11.4万人。突出重点区域，西直河石材市场率先清退，雅宝路6栋市场业态楼宇转型取得实质性进展，东五环市场实现整体拆除，孙河地区砂石生产、废品回收等低级次产业彻底清退。严格控制增量，全面落实《北京市新增产业的禁止和限制目录（2015年版）》，积极发挥工商注册、投资审批等环节作用，不予办理涉及新增产业禁限目录的工商登记业务累计890项。加强统筹谋划，制定了功能疏解五年工作方案，确定了年度工作目标，建立了定期跟踪和监督的工作机制，保障全年任务有序完成。

人口调控效果明显。积极落实"发挥功能疏解、产业疏解带动作用，科学有序调控人口规模"的人大议案，综合施策，完成了市级人口调控任务，截至9月底，全区常住人口控制在396.8万人，增速控制在1.17%。深入开展"以房控人"，清理群租房5000余间、人防工程670余处、普通地下室3000余间，累计疏解租住人员4.2万人。加大农村地区流动人口疏解力度，结合"一绿"试点乡建设、环境整治、低级次产业清退和产业调整升级，农村地区调减流动人口17.1万人。全面加强规范管理，严格审核随迁子女入学，严肃查处无照经营行为，推进出租房屋组织化管理，加强规范用工管理，推行"以资源控人"试点，压缩流动人口无序聚集空间，全区调减流动人口22.4万人。建立人口调控长效机制，强化政策支撑，安排5000万元人口调控引导专项资金，对新增项目开展人口影响评估，实行人口数据动态监控，建立流动人口数据库并投入试运行，对人口聚集的空间资源、产业承载等要素进行深入调研，开展未来五年人口调减目标分析和方案研究，提出了下一阶段人口调控工作的基本对策和路径。

协同发展稳步推进。落实京津冀协同发展要求，主动作为、全面谋划，在区域合作中开展了有益探索。加强政府间沟通交流，先后与河北保定市、天津武清区等13个地区进行了近40次对接。召开了京津冀协同发展座谈会，与5个地区就产业协作等领域开展研讨。与河北唐山召开京津冀合作项目招商推介会，共签署了3个框架合作项目和4个意向性合作协议。支持制造业企业向具有承接优势的地区转移，北京齿轮厂等3家大中型工业企业已将生产基地落户河北。开展公共服务领域协作，劲松职业高中与河北省张家口市职业教育中心签署合作办学协议，朝阳医院与河北燕达国际医院合作深入推进。

（二）经济发展稳中有进，转型提质成效明显

经济增长稳中提质。发挥投资带动效应，投资规模保持稳定。努力调整投资结构，注重提升城市承载力和改善运行软环境，引导投资向城乡结合部、棚户区等重点区域布局，加大生态环境、基础设施及公共服务等重点领域投入力度，农村地区投资增长40.4%。不断强化投资管理，着力加快项目进度，68个重大项目进入市级绿色审批通道，49个项目列为市级重点工程，争取市级补助资金19.7亿元。引导消费结构升级，新兴领域贡献进一步提高。大力发展电子商务，引进6家电商企业，引导存量电商企业提高消费贡献，互联网消费对社会消费品零售额增长贡献率达到116%。积极落实市级促消费政策，引导17家企业成功申报离境退税试点，支持传统商业零售企业开展互联网营销，适应消费方式变化。促进经济内涵式发展，质量效益不断提升。科技创新能力进一步增强，国内专利累计申请量2.4万件，同比增长13.8%；国际专利申请量达到1519件，同比增长11.7%，技术合同交易额突破630亿元。资源利用更加高效，开展国贸中心等7家节能示范单位试点，万元GDP能耗预计下降5%左右。建立健全用水总量控制指标体系，加大水资源保护力度，万元GDP水耗下降7%。CBD中心区、电子城功能区地均产出分别较同期提高了6.3和2.4亿元/平方公里。

产业结构持续优化。围绕构建"高精尖"经济结构，深入落实经济发展六项工作机制，强化空间楼宇与产业项目对接，充分发挥产业引导资金作用，努力引进和培育新增长点。服务业高端化发展优势显著，积极争取首都服务业扩大开放政策先行先试，新增20家重点功能型企业，商务服务业利润总额同比增长20.6%。金融业经济贡献明显提升，财政收入同比增长45.7%，引进50家重点金融机构。文化创意产业集聚效应进一步增强，新增注册资本5000万元以上企业241家，内部结构更加优化，软件、网络及计算机服务业，旅游、休闲娱乐业和广播、电视、电影业三个行业形成营业收入占文化创意产业比重达到51.6%，同比提高6个百分点。科技创新行业活力显现，信息技术服务业发展迅速，新增企业数同比增长74.7%，科学研究和技术服务业增加值拉动GDP增长1.6个百分点。科技融合型、原创型、高附加值的新兴业态增长较快，数字文化、数字出版、移动新媒体等领域企业营业收入增速超过40%。

国际化水平不断提升。引导国际化高端要素聚集，鼓励引导跨国公司地区总部向规模化、实体化发展，加大重点外资项目帮扶力度，加速吸引外资机构，引进了50个国际高端展会，新设外资企业1025户，同比增长16%。积极搭建国际经贸合作平台，推动"法兰克福中国文化之家"文化贸易平台建设，开展中罗、中捷、中德等多国别商品分销对接会，国际经贸交往活动更加丰富活跃。外资利用水平提高，注重引导外资流向信贷消费、融资租赁等新兴行业，合同外资千万美元以上项目93个，实际利用外资93.4亿美元，同比增长1.8倍，占全市总量的73.6%。

功能区建设有序推进。CBD区域新增注册资本过亿企业209家，总注册资本461.2亿元。核心区中信等4个项目已进行地上施工，地下公共空间可施工区域结构施工全部完成，东扩区智能电网中心项目已启动建设。中关村朝阳园新落户注册资本过亿元企业43家。电子城西区项目陆续竣工，爱立信二期、默沙东、时代凌宇项目交付使用，望京生命科学国际创新园开园；东区改造提升步伐加快，国际电子总部4号地、京东方等重点项目有序推进；大望京科技商务创新区产业氛围加快形成，以"互联网+"为特色的90余家企业签约入驻；北扩区完成142.8公顷征地手续，为重点项目落地奠定基础。奥运功能区中国国学中心即将投入使用，北京奥林匹克塔已正式对外开放。国家文化产业创新实验区集聚效应进一步凸现，已集中了54个文化创意产业园区（基地），新增规模企业占全区新增总量的40%以上。其他功能区重点项目加快推进。东坝第四使馆区项目基本完成住宅拆除，金盏中信集团金融后台综合基地已开工，国际金融中心二期项目合作洽谈取得进展，温榆河孙河商贸中心项目已完成拆迁腾退。

（三）协调发展有序推进，农村城市化取得新成效

城市化路径创新深入推进。"一绿"试点地区建设稳步开展，6个"一绿"试点乡共腾退352万平方米，累计完成绿化3500亩，整建制转居1.6万人。4个安置房项目和11个产业升级项目陆续启动。积极编制其余13个乡"一乡一策"城市化建设方案。

棚户区改造和环境整治项目深入推进，十八里店饮马井等13个项目完成规划调整，豆各庄京津高速南等4个项目取得前期手续，将台东八间房等5个项目腾退面积84万平方米。

环境和基础设施建设投入不断加大。着力改善农村地区环境，针对重点地区、重点道路两侧，整治了50个脏乱点位。全年投入2亿元环境建设资金，实施17个环境建设项目，涉及道路翻建、沟渠改造、绿化美化等一批民生工程。9个乡11个村的基础设施工程建设取得成效，300户抗震节能改造工作进入收尾阶段。2处清洁能源替代项目全部完成，3处太阳能光伏电站进入收尾阶段。

农村地区经济发展水平逐步提升。推进产业升级，研究《农村地区产业准入标准的指导意见》，严把产业准入关口。加快重点项目建设，来广营乡朝来科技园二期等项目建成，崔各庄乡大望京商务中心项目启动建设。提高招商引资质量，建成农村地区产业用地及招商管理信息系统，统筹部门招商资源，对接高端产业项目落户农村地区。引导低级次产业加快退出，创新工作方法，探索出十八里店“12345”工作模式和将台乡“租金奖励、自行拆除”模式，加快低端产业空间腾退。强化集体三资管理。扎实推进合同规范清理，崔各庄、孙河等10个乡共解除合同172份，收回集体土地2717亩。稳步推进产权制度改革，健全十八里店等4个乡27个村社员代表大会制度，东风乡原麦子店村资产处置工作稳步实施，来广营、东坝、黑庄户3个乡、29个村的产权制度改革全部完成。

（四）城市病治理扎实推进，城市管理水平不断提升

大城市病得到进一步治理。清洁空气行动计划深入开展。国华北京热电厂燃煤机组全面停机，完成年度压减燃煤156.6万吨任务，改造燃煤锅炉87蒸吨。淘汰老旧机动车5.7万辆。严查施工工地，采用清扫道路新工艺，降低扬尘污染。$PM_{2.5}$年均浓度同比下降5.8%。水资源保护力度不断加大。定福庄等3座再生水厂已完成总体形象进度的90%，萧太后河等6条再生水厂配套管线地上物拆迁完成。通惠河入河污水治理方案已获批，坝河南岸截污工程主体完工。城市交通拥堵进一步缓解。广渠路二期、东坝南二街、龙爪树路正抓紧施工，化工路、化二东侧路前期手续加快办理，打通百子湾南路等5条断堵头路。新增居住区停车位1755个，落实错时停车位440个，完善九龙山路等91条道路停车交通设施。完成来广营交通管理示范区建设，改造10条道路慢行系统。新开通公交、微循环公交、商务班车等9条线路，新增公共租赁自行车服务站点100个、自行车3000辆，群众出行“最后一公里”问题得到进一步解决。

宜居环境建设扎实开展。聚焦“两区、两环、四线、多点”，集中力量开展城乡环境整治。完成CBD西南区域、奥运村京藏高速西侧环境提升工程，实施京沪高速等进京主要通道、地铁沿线以及校园周边、老旧小区等环境整治工程，封闭开墙打洞近700处，治理暴露垃圾、无照游商等环境乱点2800余处，清理重点路段涂鸦2600余起，环境景观水平逐步提升。违法建设得到有效控制。对新增违法建设实行“零容忍、零增长”，全年拆除各类违法建设380万平方米。城乡垃圾处理能力不断提升。做好垃圾分类减量工作，新创建垃圾分类小区110个，建成区垃圾分类小区已达80%，农村地区90%的行政村生活垃圾得到有效处理，生物处理试验项目完成前期手续，垃圾焚烧中心建成投入试运行。绿化美化水平不断提高。提升改造8条重点道路绿化，新建小微绿地11处，新创建花园式单位、社区21个，全年新增、改造绿化面积约200公顷，完成平原造林3000亩。

城市运行保障能力进一步提高。深化全模式网格化体系建设。优化提升12个试点街乡二级闭环系统运行，探索开展朝阳区城市管理网、社会服务管理网、社会治安网三网融合发展。食品药品监督管理不断加强。建立了5万余家食品药品生产经营单位基础台账，加大对农副产品市场等重点单位执法检查力度，全年共处理案件2673件，确保了群众饮食用药安全。着力做好安全生产工作。全年检查企业9.8万家，及时排查和消除安全隐患6.6万起，危险化学品企业实现100%备案，安全生产事故起数和死亡人数同比实现“双下降”，高水平完成安全发展示范城市创建工作。城市应急管理体系不断完善。组织开展突发事件区级应急演练10次、防汛演习65次、地震演习4次，109处市级挂账燃气管道占压重大隐患全部整改，及时妥善处置各类城市公用设施应急突发事件140余起，亮马河等5条河道防洪治理工程已开工，金家村铁路桥等6项防汛应急工程完成建设。社区建设水平不断提升。稳步推进全国社区治理与服务创新实验区建设，深入实施“社区营造计划”和“三社一体化”社区治理工作，新创建36个六型社区、97个智慧社区，全年培训社区工作者1.2万余人次。

（五）切实保障和改善民生，公共服务水平不断提高

公共服务体系进一步完善。新型社会养老服务体系加快构建。建立三级养老服务体系，区养老服务指导中心全面建成，新增街乡养老照料中心10家，机构床位1900张。深化“医养结合”，新增养老机构医保定点单位15家。创新养老服务模式，发展电商化服务，推进养老服务网、热线、APP“三网合一”。医疗资源配置进一步均衡。区疾控中心二期建成并实施内部装修，垂杨柳医院改扩建工程已完成房屋征收工作并开工建设，朝阳医院常营院区启动前期手续办理，完成和平街等3个社区卫生服务中心标准化建设。教育优质均衡发展水平稳步提升。全区优质资源学校校址数达到224个，占比达到83.6%。启动北京中学东坝南校区前期选址工作，新开办九年一贯制学校2所、幼儿园9所。公共文化服务能力有效提高。劲松地区文化中心建设竣工，香河园、常营地区文化中心抓紧实施装修改造，实现社区（村）公共文化设施100%全覆盖。举办了“社区一家亲”“潮流音乐节”等系列品牌活动，开展基层文化活动4108场，服务人群近240万。

社会保障水平进一步提高。群众居住条件不断改善，全年开工保障性住房8140套、竣工8044套，年底可全部解决符合资格的轮候家庭的住房困难。分类推进棚户区改造和环境整治项目工作，完成拆迁改造9000余户，酒仙桥、六公主坟旧城区改建项目对接安置房已开工建设。完成296万平方米老旧小区抗震加固和节能改造任务，181个老旧小区实现准物业管理，30个老旧小区环境改造项目全面完成。强化公共就业服务。加大对大学生、农村劳动力等群体的帮扶，出台《朝阳区社会公益性就业组织建设试点工作方案》，组织各类招聘会35场，实现困难人员就业1.2万人，完善对转居转工人员的就业服务，多渠道开发就业岗位10万余个，城镇登记失业人员实现就业2.2万人，登记失业率控制在1%以内。社会保险政策深入落实。五项社会保险累计征缴额404.2亿元，同比增长11.3%，新农合筹资标准由1205元增至1385元，农民参合率达到99.7%。扩大社保覆盖面，重点加强农民工集中的行业、高风险企业和小微企业

参保工作。

（六）改革举措深入落实，体制机制活力加快释放

行政审批制度改革不断深化。编制完成2015年行政审批事项清单和行政审批取消事项清单，清理非行政许可审批事项115项，取消涉及16个部门的行政审批事项47项，精简审批事项的同时压缩了审批时限。落实“先照后证”制度改革，在工商所试点开展就近受理登记业务，完成换发载有统一社会信用代码的营业执照1.6万份，办理“先照后证”业务1.7万件，登记注册便利化进一步推进。创新投资项目审批管理手段，建立审批监管网络平台，实现市区两级审批纵向贯通，加快筹备部门联审横向贯通。升级外资企业在线受理服务系统，对鼓励类的外商投资项目采取备案管理。

经济领域改革措施深入落实。创新投融资模式，在全市率先设立城乡结合部产业引导基金，确定一道绿隔地区三个产业项目为首批投资项目。加强政府债务管理，第一批地方政府专项债券38亿元已于公开招标方式发行，有效降低债务成本。推进预决算制度改革，实现108家单位部门全口径预算及“三公”经费公开。稳步推进国资国企改革，《朝阳区全面深化区属国资国企改革指导意见》加快研究出台。经济发展服务手段不断创新，正式启动北京市中小企业服务平台朝阳区窗口平台，成功服务135家中小企业申请北京市中小企业发展专项资金创新融资项目。加快推动科技孵化体系建设，支持生物医药公共实验研发平台等4家重点孵化器建设，9家新型孵化器入选北京市“众创空间”，区域“大众创业、万众创新”环境进一步优化。

社会重点领域改革深入推进。引导民间资本进入医疗、养老等公共服务领域，安贞医院东坝院区已签订社会资本办医合作协议，双桥恭和养老院等项目年底前实现开工，新增签约养老服务商900余家，区第二福利中心实行公建民营运营模式。启动肿瘤防治、中医2个专科医联体，研究医联体专全结合工作方案，初步搭建了医联体框架下的基层首诊、双向转诊、急慢分治、上下联动的分级诊疗模式。深化义务教育学区化综合改革，出台《朝阳区中小学义务教育学区化管理实施意见》，转型升级53所学校，实现了优质教育资源在全区15个学区的全覆盖。探索现代公共文化服务体系下公益类事业单位管理体制改革，区文化馆、区图书馆及北京民俗博物馆尝试建立法人治理结构，激发文化发展活力。

经过一年来的紧张调度和研究起草，朝阳区国民经济和社会发展第十三个五年规划纲要初稿已完成，23个专项规划加快编写，为下一个阶段的发展制定了新目标，谋划了新思路。

2015年工作取得了良好成效，但当前各项工作面临着更高的要求和更复杂的宏观形势，需要深入研究和把握。一是平衡好稳增长与调结构面临更大考验。外部经济环境依然存在诸多风险和不确定因素，国内经济步入新常态，新增产业禁限制约加大，我区稳增长难度持续增加，产业结构升级需要进一步加速，要求我们保持经济运行在合理区间的同时，把结构调整和提质增效放到更加重要的位置。二是协同发展和功能疏解面临更高要求。京津冀协同发展规划出台，对功能疏解提出了更高的要求，我们面临着短期利益和长远利益平衡难度大、疏解路径和支持政策亟待创新、腾退空间如何统筹利用等问题，人口调控从“控增”转变为“调减”，工作压力巨大，需要加强全区工作的战略统筹和机制创新，在更大范围、更大尺度和更深层次上谋划发展。三是体制改革和机制创新面临更多挑战。多年快速发展积累的一些深层次矛盾和问题开始显现，人口资源环境约束趋紧，“城市病”治理压力加大，城市治理能力与区域功能定位尚不匹配。区域发展不均衡问题依然突出，农村城市化任务重、成本高，城市化路径亟待调整。

2016年经济社会发展计划总体考虑和初步安排

2016年是“十三五”规划实施的启动之年，是京津冀协同发展规划纲要落实的关键之年，也是全面深化改革的攻坚之年，做好各项经济社会发展工作既有困难也有机遇。一是中央实施供给侧结构性改革，通过简政放权、金融改革、促进创新创业等手段，增强市场活力，为我们挖掘新兴增长点提供了政策环境和动力来源。二是京津冀协同发展纲要落地实施，三地交通、通信等基础设施互通互联，资金、人才、信息等要素将在更大范围内有效配置，为我们更好地发挥区位优势、提升核心功能、实现经济转型发展带来历史性机遇。三是国家文化产业创新实验区建设正在深入推进，北京市服务业扩大开放综合试点加快实施，2022年北京冬奥会申办成功，将为我区重点区域、重点行业发展带来重要机遇。四是“十三五”规划的制定，将进一步明确未来发展的目标和路径，有利于凝聚力量，推动区域科学发展。

2016年，机遇大于挑战，我们将全面贯彻党的十八大、十八届三中、四中、五中全会精神，以习近平总书记重要讲话为引领，按照中央经济工作会议、市委十一届七次、八次、九次全会、区委十一届十一次全会部署，坚决贯彻创新、开放、协调、绿色和共享的发展理念，落实京津冀协同发展战略要求，围绕首都“四个中心”定位和朝阳区建设国际商务中心区、文化创新实验区、和谐宜居模范区目标，切实将应对外部环境复杂变化与完善长效机制紧密结合起来，把全面完成年度任务与为“十三五”开好局、起好步结合起来，促进区域经济社会全面发展。

2016年的发展思路是：坚持在疏解中转型提升。全面落实京津冀协同发展重大战略，把功能疏解放在重中之重的位置，落实“人口调控、用地减量、空间统筹、产业提质、生态改善”的总体要求，优化区域功能布局，促进城市发展与战略定位相协调。坚持在创新中开放发展。着力深化重点领域改革和扩大开放，加快树立新理念、研究新思路、落实新举措，强化创新驱动，深化结构调整，培育“双向开放”新优势，在总结农村城市化经验的基础上加大政策创新力度，推动经济发展方式转变和质量效益提升。坚持在发展中科学治理。进一步明确城乡发展定位，加快基础设施和公共服务均等化进程，形成城乡区域发展一体化新格局。严守生态红线，引导资源消耗型、规模扩张型的生产生活方式向集约内涵式转型，综合治理“大城市病”，加大社会保障和公共服务投入，使人民群众在共治共享中有更多获得感。

2016年的主要预期发展目标是：地区生产总值增长6.5%以上；一般公共预算收入增长6.5%；全社会固定资产投资、社会消费品零售额、万元GDP能耗指标分别完成市级下达任务；城镇登记失业率控制在2.5%以内；居民人均可支配收入增长6.5%以上。

（一）全面推进非首都功能疏解，积极融入京津冀协同发展大局

加快疏解非首都功能。加强统筹谋划和组织保障，落实《京津冀协同发展规划纲要》和北京市实施意见要求，研究制定非首都功能疏解三年行动计划，细化实施四类非首都功能疏解工作目标和分领域疏解年度方案，明确责任分工，强化督查考核，确保各项疏解任务如期完成。完善政策支撑体系，对农村地区拆迁腾退期、腾退过渡期的产业升级和集体经济持续发展，研究综合性配套政策。全面推进存量疏解，区域性专业市场、区域性物流基地、一般制造业企业等疏解指标完成台账任务的20%以上，有序疏解普通高等学校本科教育、职业教育、长途客运等公共服务职能。突出抓好一批重点区域和领域，聚焦雅宝路、潘家园、十里河等市场聚集区域，研究功能疏解与产业升级路径，集中力量启动部分聚人多、层级低的市场群疏解工作，以点带面实现市场业态转型。严格控制增量，落实中央《严控北京非首都功能若干政策意见》和《北京市新增产业的禁止和限制目录》，开展新增重大项目的人口评估、环境评估，严格产业准入。农村地区要加强土地空间资源的源头管控，杜绝新增非首都功能业态。

全面加强人口调控。坚持人口管理目标责任制，实行属地和部门“双调控”，按照“到2020年城六区人口需下降15%”的总体要求，结合市政府下达指标，努力完成常住人口和常住外来人口的调控任务。强化政策统筹，积极对接市级政策创新，在功能疏解、违法建设拆除、地下空间整治、产业转移和户籍管理等方面不断加强政策落实和综合管理，强化制度保障。深化“四个一批”人口调控措施，持续加强城乡结合部拆违控违、环境整治等工作力度，坚决淘汰聚集流动人口多的低级次产业，加强出租房屋组织化、规范化管理，继续开展地下空间、群租房整治工作，综合施策，调减流动人口25万人。

主动融入京津冀协同发展。积极搭建服务平台，深化与河北、天津等周边地区的交流与合作，积极发挥商会、产业联盟、行业协会等组织作用，在行业转型、与承接地对接、向企业宣传政策等方面，提供服务支持。主动参与政府间协作，加强CBD、电子城等重点产业功能区与河北、天津等地产业园区的交流合作，探索园区共建、政策共享、品牌输出等合作模式，推动京津冀在产业对接、疏解模式、人才交流、信息沟通等方面的协同合作有实效。

（二）着力构建“高精尖”经济结构，加快转方式、调结构、提质量

创造新供给，确保经济持续稳定增长。引导消费结构升级。积极落实国务院《关于积极发挥新消费引领作用加快培育形成新供给新动力的指导意见》，发展新兴消费模式。扩大互联网消费规模，积极吸引跨境电子商务龙头企业，引导新引进的电子商务企业拓展领域和规模，鼓励支持乐友、中粮我买网等电子商务企业开展O2O业务，引导线上线下融合发展。大力发展服务性消费，落实中央关于加快发展生活性服务业、促进消费结构升级的指导意见，完善交通、教育、医疗、信息等服务性消费领域支持政策，引入社会资本，提供多样化、品牌化、多层次服务，提升生活性服务业品质。促进消费聚集区提升改造，努力营造良好的消费环境。进一步促进离境退税商店发展，扩大入境消费。稳定投资规模。调整和优化投资结构，引导投资需求向城乡统筹、产业转型、基础设施和生态环境建设等领域转移，以功能区建设为重点，加快电子城、金盏、东坝等区域项目谋划，加快推进“一绿”城市化试点、棚户区改造、道路、绿化、学校等重点工程建设。加强项目储备，全面梳理和建立投资项目数据库，滚动更新，定期充实，持续跟进。积极开展项目调度，加大部门沟通协调力度，夯实项目前期准备，确保重大项目实施进度。强化资金保障，针对重点任务分类研究资金筹措机制，积极争取市级资金政策，支持我区东南部等基础设施薄弱地区建设。加快土地入市节奏，围绕储备地块优储快供，保障投资任务顺利完成。

挖掘新动力，深入调整优化产业结构。研究编制现代服务业、金融业、文化创意产业、高新技术产业以及科技服务业、体育休闲产业等三年行动计划，并组织实施。提升金融业多元化发展水平，吸引一批国际著名金融机构、法人总部机构等企业入驻，稳定和提升金融业对全区经济发展的持续贡献能力。创新金融业态，发展股权投资基金、资产管理等新兴金融机构聚集的特色“金融小镇”。服务企业国际化金融需求，重点发展跨境金融、金融租赁等行业。增强商务服务业核心竞争力，积极引入一批研发、结算、销售、投资等功能型企业，鼓励支持研发型总部拓展和实化总部功能。完善商务服务产业体系，巩固人力资源、会计、法律、管理咨询等优势行业，大力培育融资租赁、信用评级等新兴行业，积极发展资产评估、拍卖等专业服务。扩大文创产业规模和带动效应，以国家文化产业创新实验区建设为抓手，推进产业政策创新和实施。培育文化产业新型业态，着力引进和培育数字内容制作、影视娱乐、创意设计等行业龙头企业，提升文化创意产业层级。增强科技、信息等产业创新动力，重点引进新移动通讯和互联网+、新生物医药和医疗器械、新能源和节能环保等战略性新兴产业，积极引进国际研发创新企业入驻，努力打造国际化研发创新聚集区。发挥多渠道科技资金政策作用，扶持科技企业人才引进、产品研发、技术孵化和项目培育。利用区域金融商务优势，大力发展科技贷款、科技担保、创业风投等科技金融、企业孵化等行业，为高新技术产业发展提供支撑。促进产业融合发展和业态创新，整合互联网、金融、文化创意等产业要素资源，推动发展互联网型、平台型、知识型业态，重点促进互联网金融、移动新媒体、智慧管理等新兴业态发展。

提升优势，持续强化国际商务功能。强化国际经济交流枢纽功能。抓住“一带一路”发展战略契机，密切联系亚投行、亚洲金融合作协会等国际性金融组织，依托驻华使馆资源优势，与沿线国家开展更大范围、更高水平、更深层次的区域合作。与中东欧、上合组织和中国东盟中心等国际组织和商会加强合作，探索建立多边商贸促进合作机制。继续开展“第四届中加贸易洽谈会”和“洛杉矶高新技术对接会”，引导企业有序开展境外投资合作。深化服务业对外开放。落实好北京市首批现代服务业开放措施，密切关注关联机制改革事项和创新服务举措。扩大服务业利用外资领域，鼓励跨国公司在我区设立功能性机构，引导外商投资发展软件开发、商务服务、文化创意等服务业，促进教育、医疗、体育、文化、旅游、电信等领域对外开放。优化对外贸易结构。培育进出口新增长点，加大对服务外包、文化贸易、跨境电商等行业的政策扶持力度。利用好2016年第四届中国(北京)国际服务贸易交易会契机，大力推介我区具有创新示范作用和市场潜力的服务类项目及企业，促进我区服务贸易繁荣发展。

优化空间，推进功能区建设。按照“一廊两带三区”布局规划，落实基础设施、环境整治、产业功能等重点支撑项目，

优化区域功能布局。加快CBD功能区重点项目，核心区完成综合指挥中心和基础数据平台的专项设计，力争年内文化中心项目结构封顶，8个二级地块项目正式开工，清华项目实现结构封顶，中信项目高度超过330米。全面推进中关村朝阳园开发建设，望京研发创新基地等项目开工，基本完成大望京科技商务创新区建设并加快提升经济贡献水平，促进望京生命科学国际创新园产业聚集发展，加快北扩区基础设施建设和土地入市进程，重点推进大众研发总部、七星华创研发中心等先进制造业项目和阿里巴巴大数据创新园等“互联网+”项目落地，推进垡头园区规划审批和重点项目进度。提升奥运功能区品牌影响力，加强奥体南区重点写字楼招商项目对接，积极开展招商引资工作，推进全国知名品牌创建示范区筹建工作，做好国家级文化产业示范园区申报的前期工作，启动智慧景区建设。国家文化产业创新实验区完成政策体系研究，力争部分政策先行落地，同步研究制定实验区空间规划方案，积极协调推动齿轮场品牌创业文化园、金田影视基地等重点项目建设，吸引一批龙头型、旗舰型企业及功能性、平台性重点项目落地。金盏金融商务园区协调中信金融后台建设，推进广发金融中心建设前期工作，东坝商务中心区继续推进第四使馆区供地工作，加快地上物拆迁，力争推动部分产业项目落地。

（三）坚持绿色发展生态优先，加大环境建设和大城市病治理力度

全面强化资源约束。提高土地资源利用效率，稳定土地供应规模，促进已供地项目及早开工，落实“增减挂钩、占补平衡”工作机制，在优先保障重点项目用地指标的同时实现用地减量。统筹利用好功能疏解腾退空间，通过适量或减量置换、异地安置等方式，优化产业空间和居住空间，促进集约发展。扎实推进节能降耗工作，大力支持新能源、可再生能源的开发利用，推广应用新能源技术和节能环保产品，建设20个市级电动汽车充电设施示范试点社区。建立能耗增量和碳排放增量预警调控机制，进一步加强用能大户的监测和技术改造，开展大望京绿色园区建设。严格遵循以水定城、以水定地、以水定人、以水定产的发展原则，对高污染、高耗水项目一律不予审批。坚持做好节约用水工作，推进崔各庄乡雨洪及再生水利用工程等生态节水蓄水项目，新创建节水型单位和节水型社区100家，大力推进自备井置换，稳步推进农村地区用水计量收费工作。

深入开展环境保护治理。实施清洁空气行动计划。严格执行大气污染防治条例，力争完成全部燃煤锅炉改造任务，开展餐饮企业油烟监控和处理，淘汰老旧机动车3.65万辆，提升道路清洁降尘力度，强化空气重污染应急措施，努力完成市政府下达的$PM_{2.5}$年均浓度考核指标。持续改善水生态环境。加强河道治理力度，完成萧太后河水质还清工程，对坝河等4条河道入河排水口进行截流治理，治理来广营中心沟等33条排水沟，实施孙河干沟等3条沟及4.3公顷景观水面治理工程，消除17条黑臭水体。按照“集中与分散相结合”的原则加快污水处理设施建设，定福庄等3座再生水厂及管线投入使用，改造东八间房等6座污水处理站。严格水环境监督执法，实施工业、餐饮、危化企业等重点污染源排查，强化对水源防护区、垃圾填埋场、污水处理厂等重点地区污染源单位的监管。着力提升城市绿化水平。编制温榆河森林公园、黑庄户农业公园建设规划，完成温榆河生态廊道建设，创建一批花园式社区、单位，开展坝河城市休闲公园等25个公园绿地、朝阳路等20条优美大街建设，力争实现新增、改造城市绿地面积300公顷（含平原造林1700亩）。

努力缓解交通拥堵。完善城市路网建设，全力推进广渠路二期建设，实现竣工通车，加快龙爪树路、东坝南二街、化工路、化二东侧路等项目拆迁建设，推进保障房周边、CBD等重点功能区内部道路建设，研究京沈高铁、轨道交通等项目配套市政道路建设方案。打通道路微循环，启动并力争完成20个断堵头路及次支路建设。加强停车管理，创建5条停车管理示范路段，新增居住区停车位800个，落实错时停车位300个，研究鼓励在老旧小区建设立体停车设施。发展城市慢行系统，进一步改善人行道路和非机动车道路通行条件，完成70个服务站点、2000辆公租自行车建设。

（四）统筹协调城乡发展，提升区域建设和管理水平

全力推进农村城市化进程。加快绿隔地区建设，落实成本收益统筹政策，保障拆、建、转资金渠道，加快安置房和绿隔产业等试点项目审批，完成豆各庄等3个乡安置房用地，太阳宫等3个乡产业用地拆迁工作，启动豆各庄等4个乡安置房建设，加快完成常营安置房产权证办理，积极推动产业项目建设，全年拆、转、绿任务完成93%、100%、70%。完成“一绿”剩余9个乡“一乡一策”乡域规划调整和实施方案编制工作，力争启动“两房两东管庄”五个乡第二批试点。以沙子营湿地公园等生态环境项目建设为契机，推动“二绿”地区试点乡建设，加快金盏乡集体经营性建设用地统筹使用试点工作。加快农村经济转型发展，坚持以单位产出高、资源消耗少、人员聚集少为原则引进高端产业，力争新开工10个产业项目。加大集体三资监管力度，加强土地资源和合同管理，有效规范集体土地流转行为，加快推动常营等2个乡村级产权制度改革，全面完成豆各庄乡村级产权制度改革。积极争取转居资金，完成崔各庄乡东营、北皋两个村的整建制转居工作。

积极推进棚户区改造等重点项目建设。协调推进崔各庄奶西村等59个棚户区改造和环境整治项目，力争改造任务量高于2015年目标任务。抓紧实施酒仙桥、六公主坟旧城区改建项目对接安置房建设；完成永安里项目征收补偿方案，启动征收补偿协议预签；确定化石营项目产权调换房源，完成征收补偿方案；推进黑庄户乡定东等4个项目的控规编制工作；积极对接国家开发银行统贷平台棚户区支持政策，研究将十八里店西直河和金盏马各庄项目纳入国开行统贷平台。完成公租房项目建设任务，做好公租房轮候家庭配租工作，落实市场化租金补贴新政策。实施老旧小区综合改造，完成全年农宅抗震节能改造任务。

全面提升城市环境综合管理水平。以“三区、四环、三道、八线”为重点，依法依规整治城乡环境，加强拆迁剩余地区、绿隔地区等重点区域市容环境维护，抓好广渠路二期、京通快速等与北京市行政副中心的道路连接线周边环境整治，打造良好的城市通道景观。突出开展垃圾堆放、露天烧烤、道路遗撒等痼疾顽症的专项整治。强化市场监管和秩序维护，依法综合监管价格欺诈、违法广告、无照游商等扰乱市场环境行为。大力开展“拆违打非”工作，完成全年355万平方米挂账违法建设拆除任务，确保新增违法建设“零增长”，深入整治“拆墙打洞”行为。加大垃圾处理设施建设力度，进一步完善焚烧中心项目运行，升级改造12座农村地区垃圾中转站，继续加强垃圾分类工作，新创建垃圾分类小区30个，规范餐厨垃圾和废弃

油脂收运工作，提升垃圾资源化处理能力。

保障城市运行平稳有序。实施安全发展战略，扎实推进安全生产“四化三体系双基”建设，重点做好建筑工地、危化品经营、油气管道、交通运输等领域的隐患排查治理，加强人员密集场所和大型活动的安全管理，坚决防范遏制重特大事故。发挥“朝阳群众”品牌作用，加强群防群治和安全稳定工作。加强突发事件应急处置能力，健全政府部门间、政府与企业间应急联动机制，进一步提高应急快速响应、统筹指挥、协调调度能力，深化应急预案编制工作，提升应急统筹水平和可操作性。完善食品药品安全体系，完成区食品药品安全监控中心建设，强化全链条风险监测控制，实施食用农产品质量安全源头管理，加强食品监督抽检和药品抽验，深入开展对农贸市场、城乡结合部、校园周边等食品药品高风险区域的专项检查。

（五）提高公共服务水平，增进人民生活福祉

提升公共服务供给能力和均等化水平。持续促进教育优质均衡发展。继续加大教育资源供给，新开办幼儿园 4 所，加快北京二中朝阳学校建设，完成垂杨柳中学等中小学三年行动计划项目，启动北京中学东坝南校区建设工作。深入优化医疗资源布局。区疾控中心二期尽快投入使用，加速推进垂杨柳医院改扩建工程，增强基层医疗卫生服务能力，推进无实体社区卫生服务中心建设。建立43支社区居民急救自救志愿者队伍，提高居民自救互救能力。不断完善现代公共文化服务体系。深化全国公共文化服务体系示范区建设，加强区级设施功能布局，大力推进地区级文化中心建设，实施街乡综合文化中心达标工程，提升标准化、均等化水平。强化品牌示范引领，打造20个基层文化品牌。培育文化类社会组织发展，引导社会组织在提高公共文化服务水平、繁荣艺术创作、拓展文化交流渠道等方面发挥积极作用。

提高社会保障服务水平。增强养老服务供给能力。高标准完成全国养老服务业综合改革试点区建设，贯彻《北京市居家养老服务条例》，完善以居家为基础、社区为依托、机构为支撑的社会养老服务体系，扩大街乡养老照料中心和社区养老服务驿站覆盖率。健全“医养结合”协同机制，促进基层医疗卫生与社区居家养老服务互通共享。支持品牌养老机构和服务企业专业化、连锁化经营，丰富养老产品和服务内容。加大社会保障力度。进一步做好建筑施工、餐饮住宿等行业农民工参保工作，扩大各项保险覆盖范围。统筹城乡社保发展，稳步提升新型农村合作医疗筹资标准，试点推进新农合支付方式改革，探索按人头、按床日付费机制。积极开展就业创业工作。落实大学生就业促进计划和创业引领计划，促进农村转移劳动力就业工作。多渠道开发就业岗位10万个，力争城乡登记失业人员实现就业 2 万人。推进社会救助体系建设。引导社会力量参与救助，完善临时救助制度，探索开展精准救助，加大失智、失能等困难群体救助力度。

深化社会治理能力建设。深入实施城市服务管理网格化建设，完善“三网融合、二级闭环、一格统筹”的全模式社会服务管理体系。提升城乡社区服务水平，进一步深化“五方共治”机制，加强居民议事厅建设，深化社区分类治理，有序推进社区公共服务综合信息平台建设。拓展完善“一刻钟便民服务圈”，提高“96156”运营服务水平，完成全国社区治理与服务创新实验区创建。大力培养社区带头人，实现社区工作者教育培训100%全覆盖。强化社会动员能力，提高社会组织培育、项目承接和项目运行管理能力，购买 200 个以上公共服务项目，引导社会力量积极参与社会治理。

（六）深化经济社会领域改革，完善各项体制机制

全面深化重点领域改革。落实简政放权举措，修订2016年度区级行政审批事项清单，完成对全部非行政许可审批事项的清理。深入落实投资项目网上审批机制，提高项目上报审批速度。深化投融资模式创新，继续推动城乡结合部产业发展基金管理工作，在水利、交通等基础设施领域探索 PPP 模式，鼓励社会资本参与公共领域市场化建设。推进财税领域改革，落实好地方政府债务管理要求，继续深化和稳定国库集中支付改革，进一步推动预决算信息公开。着力推动国有企业改革，研究改革配套文件，完善监管体系，强化企业监管功能的发挥。

扎实推进公共服务领域改革。深化义务教育学区化综合改革，组建“五位一体”学区组织框架，实现学区协同发展。深化区域医联体建设，以高血压、糖尿病等慢性病为突破口，探索全科医生、专科医生共同合作，实现对居民的全周期健康管理，推进分级诊疗机制建立。积极探索“互联网+公共文化服务”的有效模式，建设文化朝阳云平台，推进公共文化服务数字化网络化发展。

创新重点工作推进机制。完善规划实施促进体系。围绕“十三五”规划落实，促进城乡发展“六个一百”工程实施，从道路建设、环境提升、绿化建设、高精尖产业发展、社区建设、文化品牌创建等六个领域，提出具体量化任务，作为规划实施的载体。创新企业服务工作机制。完善产业服务平台体系，依托行业协会、金融机构、科研机构等优质资源，搭建协同创新、融资投资、信息共享、技术转移等服务平台，对接市级平台政策，提高企业服务效率。积极完善科技创新服务体系，建立分类别、多层次的高新技术企业服务机制，研究出台推动科技服务业发展、众创空间认定管理等政策措施，为推动“大众创业、万众创新”营造良好的政策和服务环境。

各位代表，2016 年任务艰巨而繁重，我们要坚决贯彻落实中央、北京市各项决策部署，在区委的坚强领导下，在区人大、区政协的监督支持下，站在“十三五”时期新的历史起点上，紧抓机遇，求真务实，勇于担当，开拓创新，不断开创朝阳区经济社会发展的新局面。

名词解释

1. 一绿：为改善北京市的生态环境，在城市中心区和 10 个边缘集团之间规划了240平方公里绿化隔离地区，140平方公里的绿地，简称为“一道绿隔”。涉及朝阳区15个乡。南磨房、常营、来广营、豆各庄、将台和太阳宫 6 个乡列为北京市一道绿隔地区城市化建设试点乡，先行先试，为全市推进一道绿隔地区城市化探索路径和模式。

2. 二绿：按照北京城市总体规划，为与第一道绿化隔离地区规划衔接，本次第二道绿化隔离地区规划范围为第一道绿化隔离地区和市区边缘集团外界至规划六环路外侧 1000 米绿化带，总用地面积约1650平方公里，简称“二道绿隔”。涉及朝阳区黑庄户乡、金盏乡、崔各庄乡和孙河乡（原一绿地区将台乡、东坝乡、管庄乡和豆各庄乡部分区域纳入二绿建设范围，以上四乡同时存在一绿和二绿地域）。

3. 十八里店“12345”工作模式：即以产业疏解为一个目标，

发挥西直河村村民和农工商服务中心两个主体的作用，区、乡、村形成三个工作体系，采取宣传引导、产业转移、联合执法、腾退拆除四个措施，实施“收、调、拆、建、管”五个步骤。

4. 微循环公交：借助于现有公交车调度管理，采取流水发车，循环运行的方式，将部分城区主干道公交站点与居民小区串接起来，便于居民出行换乘公交。

5. 二级闭环系统：指全模式社会服务管理系统的重要组成部分，是以智能手机为主要终端的移动互联网系统，从发现问题（确定任务）、解决问题（完成任务）、复查核查、到考核评价及其结果运用各个环节有机联系的标准化的社区（村）—街乡运行系统。

6. 三社一体化：指通过“专业社工人才、社区社会组织和社区”三者的融合发展，推进社区居民依法自治，提高居民的组织化程度，改善社区治理模式。

7. 六型社区：北京市民政局根据《关于开展评选北京市建设和谐社区示范单位的工作意见》，提出以环境整洁、管理规范、服务完善、安全稳定、健康幸福、文明祥和为目标，建设干净、规范、服务、安全、健康、文化社区。

8. 智慧社区：2013年北京市启动的社区创建工作。是利用物联网、云计算、移动互联网、信息智能终端等新一代信息技术，通过对各类与居民生活密切相关信息的自动感知、及时传送、及时发布和信息资源的整合共享，实现社区居民“吃、住、行、游、购、娱、健”生活七大要素的数字化、网络化、智能化、互动化和协同化，让“五化”成为居民工作、生活的主要方式，为居民提供更加安全、便利、舒适、愉悦的生活环境，让居民生活更智慧、更幸福、更安全、更和谐、更文明。

9. 社区营造计划：在社区党委和社区居委会带领下，在专业社工机构的技术支持下，以居民自治管理为途径，培养挖掘社区公益协调人，组建居民项目管理小组，通过征集社区提案方式，引导居民自我提出和解决社区服务管理需求的工作模式，是实现政府行政管理与居民自治良性互动的有效载体，是提升社区自组织、自服务和自发展能力的有效办法。

10. 先照后证：根据《国务院关于取消和调整一批行政审批项目等事项的决定》（国发〔2014〕27号），公共场所卫生许可、娱乐场所设立、互联网上网服务等31项前置许可审批改为后置许可审批，各地工商部门一律不再将其作为登记前置，申请人可以直接申请相关经营范围登记，办理营业执照，取得营业执照后再到相关审批部门办理许可手续。

11. 并联审批：区商务委审批通过，出具批复后，区工商局、区质监局、区税务局、区统计局同步开始并联审批，实现“一口受理、多证联办”，并联审批后，外资企业可一并领取批准证书、营业执照、组织机构代码证、税务登记证、统计证。

12. 全口径预算：是把政府所有收支全部纳入统一管理，其目标定位于构建一个覆盖所有收支，不存在游离于预算外的政府收支，是将所有类型的财政资金收支都纳入统一管理体系的制度框架。

13. 供给侧结构性改革：是强调在供给角度实施结构优化、增加有效供给的中长期视野的宏观调控。

14. 一证一号：通过“一口受理、并联审批、信息共享、结果互认”，将由三个部门（工商、质检、税务）分别核发不同证照，改为由一个部门核发加载法人和其他组织统一社会信用代码的营业执照。

15. O2O：即Online To Offline（线上到线下），是指将线下的商务机会与互联网结合，让互联网成为线下交易的平台，这个概念最早来源于美国。O2O的概念非常广泛，既可涉及到线上，又可涉及到线下，可以通称为O2O。

16. 一带一路：指“丝绸之路经济带”和“21世纪海上丝绸之路”的简称。是依靠中国与有关国家既有的双多边机制，借助既有的、行之有效的区域合作平台，旨在借用古代“丝绸之路”的历史符号，高举和平发展的旗帜，主动地发展与沿线国家的经济合作伙伴关系，共同打造政治互信、经济融合、文化包容的利益共同体、命运共同体和责任共同体。

17. 智慧景区：指景区能够通过智能网络对景区地理事物、自然资源、旅游者行为、景区工作人员行迹、景区基础设施和服务设施进行全面、透彻、及时的感知，对游客、景区工作人员实现可视化管理，优化再造景区业务流程和智能化运营管理，同旅游产业上下游企业形成战略联盟，实现有效保护遗产资源的真实性和完整性，提高对旅游者的服务质量，实现景区环境、社会和经济的全面、协调和可持续发展。

18. 四化三体系双基：按照安全生产法制化、标准化、社会化、信息化标准，构建安全生产责任体系、安全预防控制体系、安全隐患排查治理体系，抓好安全生产基层和基础工作。

19. 碳排放量：是指在生产、运输、使用及回收该产品时所产生的平均温室气体排放量。

20. 九年一贯制：是指该校的小学和初中施行一体化的教育，小学毕业后可直升本校初中，“小升初”原则上不许择校流动，希望在本校升初中的学生也不用为上初中费尽心思；九年一贯制学校的年级通常被称为1年级、2年级……，至9年级。这样在学生年龄较小，适应能力较弱的时候的教育会有一个连贯性。

21. 五位一体学区组织：构建由学区发展理事会统领，党建研究会、校长委员会、督学工作站、培训共同体、教研共同体“五位一体”的学区组织体系，统筹教研培训内容、统筹人力资源、统筹质量管理，促进教育水平整体提升。

22. 五方共治机制：是指在商品房小区的管理过程中，探索建立的由社区居委会、物业服务企业、业主委员会、政府派出人员和相关社区单位组成的五方议事管理平台，畅通民意诉求渠道，通过协商方式进行民主决策和管理，及时解决小区管理问题。

23. 四个一批：为全面落实《京津冀协同发展规划纲要》和市委市政府《贯彻意见》有关人口调控的决策部署，按照区委区政府有关“人口调控、用地减量、空间提质、产业增效、生态改善”的总要求，通过“四个一批”措施疏解调减常住人口，主要包括，通过功能疏解减少一批，通过城乡结合部建设减少一批，通过棚户区改造减少一批，通过综合整治减少一批。

24. 一廊两带三区：“十三五”时期，朝阳区将按照功能承载要求，加快构建“一廊两带三区”的功能布局。“一廊”，即沿机场高速、建国路—京通快速路、朝阳路、朝阳北路、广渠路、京哈高速等向东延伸到区界，围绕CBD核心功能提升、国家文化产业创新实验区建设、农村城市化等重大任务，高品质建设首都功能核心区与行政副中心连接的城市廊道，打造“现代都市景观与产业融合发展廊道”。“两带”，分别指：“生态环境带”，即在一道、二道绿化隔离地区，依托温榆河生态走廊和城市公园、郊野公园、湖泊水系等城市生态功能空间，有序腾退关键节点阻隔，加强绿色生态环境建设，提升与市行政副中心相毗邻地区的生态环境，发挥首都生态保护功能。“高精尖经济发展带”，即沿三、四环，连接 CBD、奥运功能区、中关村朝阳园、金盏金融商务区等重点功能区，依托资源聚集优势，重点发展国际金融、商务服务、文化创意、科技服务等高精尖产业，不断强化国际商务、国际交往、文化科技创新等高端功能，发挥对全区经济发展的辐射带动作用。“三区”，分别指建成区、集中建设区和疏解提升区。结合北京市划定的生态保护红线和城市增长边界，实施差异化的空间发展策略，加强建设用地控制，实现减量化、集约化、高效化发展。“建成区”，即已经稳定发展的成熟区域，是城市的核心区域。“集中建设区”，即符合规划的产业承载空间和待建区域。“疏解提升区”，即需要进行空间更新和功能优化的区域，是实现功能疏解、人口调控、绿化美化目标任务的关键区域。

25. “六个一百”工程：“十三五”期间，朝阳区将实施“六个一百”工程，作为“十三五”规划的重要抓手。即，新建及改扩建百条主次干路支路和断堵头路、建设提升百条环境优美大街、新建改造百个大中小微型公园、新升级百个“高精尖”功能性产业项目、打造百个绿色智慧平安社区、创建百个基层文化品牌。

26. 北京市朝阳区城乡结合部产业引导基金：为了推动农村经济结构转型升级，推进棚户区改造，城乡结合部发展和“一绿”试点乡建设，我区发起设立城乡结合部产业引导基金，采用母基金+若干子基金的模式。由区政府、乡政府出资，联合其他社会资本共同发起设立母基金，针对项目筹集其他资金建立子基金对接具体项目，对城乡结合部项目进行股权投资。基金总规模根据项目情况，初步按 1:1 至 1:4 杠杆吸引社会资金进行放大，总规模约 40 至 100 亿元。引导资金主要投向城乡结合部地区产业疏解、产业培育、产业转型及产业发展环境提升等“一条龙”式产业发展。

关于朝阳区 2015 年财政预算执行情况和 2016 年财政预算草案的报告

——2016 年 1 月 12 日在朝阳区第十五届人民代表大会第七次会议上

朝阳区财政局局长 欧晓勋

各位代表：

受朝阳区人民政府委托，向会议提交朝阳区 2015 年财政预算执行情况和 2016 年财政预算草案的报告，请予审议。

2015 年财政预算执行情况

2015 年，是全面完成“十二五”规划的收官之年，是全面深化改革的关键之年，是贯彻落实《京津冀协同发展规划纲要》的开局之年。在市委、市政府和区委的坚强领导下，在区人大、区政协的监督支持下，全区上下紧紧围绕习近平总书记对首都“四个中心”的战略定位，发扬“迎难而上、攻坚克难、改革创新”的精神，不断开拓创新，努力增收节支，强化预算管理，稳步推进财政改革，圆满完成全年财政预算任务。（以下数据为预计情况）

一、2015 年预算执行情况

（一）2015 年一般公共预算执行情况

2015 年朝阳区一般公共预算收入 4479814 万元，同比增长 8.8%，完成预算的 100.6%。在宏观环境趋紧、总需求低迷的形势下，朝阳区主动适应新常态，积极推进非首都功能疏解，加快产业结构调整步伐，实现了经济的总体平稳发展，财政收入稳定持续增长。从收入结构看，营业税、企业所得税、增值税、房产税、城市维护建设税、土地增值税六大主体税种占财政收入的比重达 87.8%；从区域贡献看，CBD、电子城、奥运等三大功能区对朝阳区收入贡献率达到 88%；从增长动力看，金融、商务服务业实现财政收入占全区总量的 32.6%，首次超过房地产和批发零售业比重，对全区财政收入增长的贡献率达到 82.5%。

一般公共预算财力 4773542 万元，同比增长 18.5%，财力来源于：一般公共预算收入 4479814 万元，减去对市的体制上解 1370344 万元，加上市体制补助 50627 万元，市定额及结算补助 232080 万元，市追加专项 738214 万元，政府性基金预算转列一般公共预算资金 84713 万元，动用上年结余 508438 万元，调入预算稳定调节基金 50000 万元。

一般公共预算支出 4436484 万元，同比增长 16.5%，完成预算的 121.8%。

经济分类支出科目完成情况是：工资福利支出 849827 万元，完成预算的 115.3%；商品和服务支出 2673154 万元，完成预算的 109.5%；对个人和家庭的补助 505565 万元，完成预算的 184.5%；基本建设支出 370095 万元，完成预算的 235.7%；其他资本性支出 37005 万元，完成预算的 111.1%；其他支出 838 万元，完成预算的 105.1%。

功能分类支出科目完成情况是：一般公共服务支出 203202 万元，完成预算的 106.8%；国防支出 9631 万元，完成预算的 125.3%；公共安全支出 531209 万元，完成预算的 123.7%；教育支出 846244 万元，完成预算的 109.4%；科学技术支出 93642 万元，完成预算的 122.4%；文化体育与传媒支出 111036 万元，完成预算的 122.2%；社会保障和就业支出 909578 万元，完成预算的 128.1%；医疗卫生与计划生育支出 402422 万元，完成预算的 123.4%；节能环保支出 188670 万元，完成预算的 138.5%；城乡社区支出 606327 万元，完成预算的 137.4%；农林水支出 372890 万元，完成预算的 124.4%；资源勘探信息等支出 44930 万元，完成预算的 135.8%；商业服务业等支出 32502 万元，完成预算的 137.5%；金融支出 39108 万元，完成预算的 128.6%；国土海洋气象等支出 287 万元，完成预算的 108.7%；粮油物资储备支出 2668 万元，完成预算的 100%；其他支出 42138 万元，完成预算的 59.2%。

2015 年一般公共预算财力 4773542 万元，支出 4436484 万元，收支相抵，当年结余 337058 万元。

地方债券转贷收入 423000 万元，地方债券转贷支出 423000 万元。

2015 年“三公经费”为 8967 万元，比 2014 年下降 14.9%。

（二）2015 年政府性基金预算执行情况

朝阳区政府性基金预算收入 3460989 万元，完成预算的 338%，其中：国有土地使用权出让收入 2333266 万元（土地出让成本 1585347 万元；土地出让收益 747919 万元，其中 CBD 土地出让收益 285158 万元），政府性基金市追加专项 99814 万元，动用上年结余 1053806 万元，减去区县农田水利建设等资金上解 25897 万元。

朝阳区政府性基金预算支出 2958392 万元，完成预算的 288.9%。主要用于：土地出让成本支出 1587294 万元，CBD 建设支出 488226 万元，支持土地开发及城市基础设施建设支出 828735 万元，环境整治及绿化美化工程支出 27491 万元，福利彩票公益金等民生支出 26646 万元。

主要支出科目完成情况是：城乡社区支出 2931746 万元（其中土地出让成本支出 1587294 万元）；其他支出 26646 万元。

2015 年政府性基金收入 3460989 万元，支出 2958392 万元，收支相抵，当年结余 502597 万元，滚存结余 581388 万元。

地方债券转贷收入 1123801 万元，地方债券转贷支出 1123801 万元。

（三）2015 年国有资本经营预算执行情况

目前，朝阳区国有资本经营预算以区国资委直接监管的 20 家企业为编报单位。2015 年国有资本经营预算收入 15053 万元，完成预算的 102.7%，主要来源是：利润收入 5260 万元；股利、股息收入 9793 万元。

2015 年国有资本经营预算支出 14854 万元，完成预算的 101.3%，主要用于：向国有企业资本性注入、产业升级发展等资本性支出 10695 万元，解决历史遗留问题等费用性支出 3514 万元，对国有企业监管等其他支出 645 万元。

主要支出科目完成情况是：城乡社区支出 3748 万元；商业服务业等支出 10461 万元；其他支出 645 万元。

2015 年国有资本经营收入 15053 万元，支出 14854 万元，收支相抵，当年结余 199 万元。

（四）2015 年社会保险基金预算执行情况

根据社保基金的统筹层级分配，朝阳区社保基金预算只涉及城乡居民基本养老保险基金、居民基本医疗保险基金两项，其他保险基金均由北京市统筹安排。

2015 年，社会保险基金预算收入 47124 万元，完成预算的 95.6%，未完成预算的主要原因是朝阳区土储、重点村、绿隔试点村集体土地征为国有土地，农民转为居民身份，实际参保人数小于预计参保人数。主要收入来源是：保险费收入 6081 万元，利息收入 2415 万元，财政补贴收入 38148 万元，转移收入 480 万元。

社会保险基金预算支出 35065 万元，主要用于：社会保险待遇支出 35032 万元，转移支出 33 万元。

2015 年社会保险基金预算收入 47124 万元，支出 35065 万元，收支相抵，当年结余 12059 万元。

以上数字是按照预算执行的情况初步汇总的，在决算编成后，还会有所变化。

二、2015 年预算执行效果

按照区第十五届人民代表大会第五次会议的有关决议，财政及相关部门主动适应经济发展新常态，落实积极财政政策的各项措施，加大资金统筹力度，科学理财、依法理财，在促进经济稳定增长、加强城市管理、环境建设、推动城乡一体化发展、改善民生以及深化财政管理改革等方面取得了良好成效。

（一）稳增长、调结构，坚持提质增效，推动区域经济社会全面发展

推进非首都功能疏解，加快朝阳区产业转型升级，投入资金 239948 万元，同比增长 26.6%，增强朝阳区经济发展内生动力。一是扎实推进非首都功能疏解，投入资金 50000 万元，调整退出人口聚集多、资源消耗大的有形市场 53 家，拆除废品回收场站 24 个，拆除出租大院 96 个，退出工业污染企业 41 家，减少从业人员 11.4 万人。同时支持疏解企业向天津市、河北省具有承接优势的地区转移，积极融入京津冀协同发展。二是促进经济提质增效，投入资金 161948 万元，壮大金融、商务服务、文化创意和高新技术产业，推动电子商务、互联网消费等新兴产业蓬勃发展，提升区域经济竞争优势。三是大力改善市场经营环境，投入资金 28000 万元，强化对企业的服务能力，加快高层次人才引进，继续扩大“营改增”试点范围，落实“营改增”财政扶持政策，加大引进创新型企业力度，加快国家文化产业创新实验区建设，营造良好的市场创新环境。

（二）提品质、美环境，坚持建管并重，全面提升城市综合承载能力

以中国人民抗日战争暨世界反法西斯战争胜利 70 周年纪念活动和第十五届世界田径锦标赛服务保障为契机，加快生态环境建设，强化社会服务运行管理，投入资金 674092 万元，同比增长 22.6%，努力提升城市品质。一是大力推进优美环境建设，投入资金 208892 万元。全面保障清洁空气蓝天行动，淘汰老旧机动车 5.7 万辆，压减燃煤 156.6 万吨，促进节能减排；支持南水北调通水和用水保障工作，加快定福庄等 3 座再生水厂建设，改善朝阳区水体环境；完善城市绿化体系，新增和改造绿化面积 200 公顷，平原造林 3000 亩，提升生态环境质量。二是强化“城市病”整治，投入资金 390200 万元。保障城市美化工程实施，推进重点地区、重点大街、重要场所的环境综合整治工作，全区清理环境脏乱点 2800 余处；改善区域交通出行环境，推进广渠路二期五环外段、东坝南二街等市政道路建设，新增公共租赁自行车服务站点 100 个、自行车 3000 辆，新增停车位 1755 个。三是深化平安朝阳建设，投入资金 75000 万元，支持创建全国社区治理和服务创新实验区，推进安全生产事故隐患排查治理，深化安全发展示范城市和安全生产标准化示范区建设，完善立体化社会治安防控体系，加强群防群治，维护社会和谐稳定的良好局面。

（三）惠农村、改面貌，坚持统筹联动，加快推进城乡一体化发展进程

统筹公共资源向农村地区倾斜，建设农村地区发展新面貌，投入资金1468057万元，同比增长19.8%，全面加快城乡一体化进程。一是推动农村产业转型升级，投入资金95587万元。建立城乡结合部产业引导基金，全力保障一绿6个试点乡产业发展建设资金需求；结合非首都功能疏解，引进培养高端企业，促进农村产业向高端化、园区化转型发展。二是大力改善农村地区民生，投入资金380070万元。开发区域适应性工作岗位，促进农民本土化就业；加快农村地区优质医疗、教育、文化等资源引进，提高公共服务均等化水平。三是完善农村基础设施，投入资金992400万元。加大对农村环境、公共服务、新农村建设等公益性基础设施建设的扶持力度，大力推进人口调控、环境集中整治、生活垃圾中转站升级改造等重点工作，推动农村社会治理持续深化，创新社会管理服务，着力提高农民生活水平。

（四）惠民生、促和谐，坚持以人为本，确保广大群众共享发展成果

优化支出保障重点，促进各项社会事业协调发展，投入资金2349106万元，同比增长17.4%，巩固完善大民生工作格局。一是加快完善覆盖城乡的公共卫生服务体系，投入资金402422万元。推进北京市第一中西医结合医院升级为三级甲等医院，加速垂杨柳医院改扩建工程，新建中医和肿瘤专科医联体，建成3个社区卫生服务中心、43个社区急救站，推进分级诊疗工作，努力提高基层卫生服务质量。二是保障义务教育学区化管理改革，投入资金980581万元。深入实施“三名工程”，扩大优质教育资源覆盖面，增强学前教育供给能力，促进义务教育学区化综合改革，朝阳区教育质量明显提升。三是深化城乡统筹的社会保障和就业体系建设，投入资金909578万元。落实就业扶持政策，多渠道开发就业岗位10万个，加大创业人员和就业困难人员的帮扶力度，保障朝阳区就业创业工作顺利、有序开展；完善社会救助体系，扩大城镇社会保险覆盖面，努力帮扶困难群体；保障北京市养老服务社会化示范区建设，新增10家街乡养老照料中心；增强政府购买公益性服务力度，扩大服务对象范围。四是保障现代公共文化服务体系建设，投入资金56525万元，街乡文化中心、社区（村）文化活动室实现全覆盖，新建53个体育生活化社区，丰富群众精神文化生活。

（五）促改革、增效益，坚持改革创新，推进财政科学化精细化管理

以建立现代财政制度、服务朝阳区发展为目标，着力推动财政改革重点领域和关键环节取得进展。一是以规范透明为目标，打造阳光财政。积极落实新《预算法》关于预算公开的要求，进一步扩大预算信息公开范围，预算及“三公”经费公开范围从2014年的50家单位增加到108家，除涉密部门外政府部门已全部公开，主动接受社会监督；强化政府采购管理，建立与北京市政府采购中心全面共享的业务新模式，全部共享北京市协议供货和定点服务政府采购项目招标结果，促进政府采购制度化、专业化发展；邀请人大代表参与环境整治项目事前绩效评估、全过程参与为民办实事预算项目，强化人大对财政的监督指导。二是以科学统筹为方法，提高资金效率。积极落实中央及北京市关于加强预算支出执行管理的相关政策，加快推进预算项目实施，提高财政资金使用效率；出台《朝阳区盘活财政存量资金管理办法》，大力盘活存量资金，集中财力向民生领域倾斜；设立城乡结合部产业引导基金，撬动社会力量参与城乡建设与管理的活跃度。三是以建章立制为抓手，确保资金安全。开展财政资金管理使用专项治理工作，重申严肃财经纪律“十五条”要求，坚决纠正政府财政资金管理不规范、不严格的问题；加强国有资产管理，开展行政事业单位国有资产出租、出借的清理规范工作，规范国有资产使用；规范政府债务管理机制，在年中向人大全面汇报政府性债务情况，控制债务规模，积极申请北京市代发地方政府债券额度，通过债券置换存量债务，防范朝阳区政府债务风险，朝阳区2015年末债务余额控制在北京市核定朝阳区的债务限额之内。

2015年财政部门严格按照《北京市朝阳区预算监督办法》的要求和程序上报决算报告、预算上半年执行情况，积极落实人大决议，认真办理人大常委会各项审议意见，高度重视区十五届人大五次会议计划预算审查委员会对财政预算的审查意见，并将研究处理方案落实在预算执行和编制工作当中，全年财政工作任务圆满完成。同时我们也看到，目前财政运行中也面临一些突出矛盾和问题：一是财政收入稳增长压力较大，首都经济正处于爬坡过坎、“瘦身健体”阶段，朝阳区面临非首都功能疏解、经济转型升级双重压力；二是收支矛盾进一步加剧，朝阳区经济、社会、生态等方面建设不断深化，同时朝阳区作为首都人口迁入区以及重点工作承载区，刚性支出规模日益扩大。三是财税改革仍需进一步深化，在提高部门预算执行的约束性、加强财政资金对产业的引导调控作用、创新投融资方式等方面工作仍需继续深化。针对上述问题，我们将加强调研，统筹协调，逐步予以解决。

2016年财政预算草案和主要工作

2016年是“十三五”规划开局之年，也是全力推进京津冀协同发展的关键之年。我们将扎实工作、锐意进取、解放思想，促进朝阳区经济社会全面发展。

一、2016年预算安排的基本思路

2016年预算编制的指导思想是：全面贯彻党的十八大、十八届三中、四中、五中全会精神，以习近平总书记系列重要讲话为指引，认真落实新修订《预算法》的各项要求，根据市委十一届七次、八次、九次全会、区委十一届十一次全会精神，按照“十三五”规划工作重点，强化预算管理，努力增收节支，深化预算改革，坚持稳中求进，构建全面规范、公开透明的预算制度。依据《京津冀协同发展规划纲要》工作要求，发挥朝阳区在首都城市战略定位中的积极作用，优化财政支出结构，盘活财政存量，用好财政增量，严格控制行政成本，提高财政资金使用绩效，加强全口径预算管理，探索编制三年滚动财政规划，努力推动朝阳区“十三五”发展取得良好开端。

按照上述指导思想，在充分听取人大代表关于预算口径、支出重点、绩效预算等意见的基础上，按照朝阳区经济社会发展的需要，区政府编制2016年财政收支预算草案。

二、2016年预算安排具体情况

（一）2016年一般公共预算安排情况

目前，国内经济在新常态之下增幅仍在继续回落。同时，随着《京津冀协同发展规划纲要》的全面实施，京津冀成为国家新的战略“增长极”，朝阳区面临重要发展机遇，我们将充分利用商务中心的优势地位，及早谋划布局，引进培育符合首

都“四个中心”战略定位的“高精尖”产业业态，实现经济结构全面升级。

在此经济发展的新背景下，朝阳区一般公共预算收入预期4771000万元左右，同比增长6.5%。

一般公共预算财力3922000万元，同比增长7.7%。财力来源于：一般公共预算收入4771000万元，减去对市的体制上解1516185万元，加上市体制补助54301万元，市定额及结算补助98223万元，市追加专项479564万元，国有资本经营预算转入一般公共预算资金2097万元，动用上年调入预算稳定调节基金50000万元，扣除上缴北京市一般债券付息资金17000万元。

一般公共预算支出安排3922000万元，同比增长7.7%。

2016年一般公共预算支出的经济分类是：工资福利支出742983万元，商品和服务支出2659581万元，对个人和家庭的补助311103万元，基本建设支出171754万元，其他资本性支出35267万元，其他支出1312万元。

功能分类是：一般公共服务支出194013万元；国防支出8025万元；公共安全支出462455万元；教育支出833567万元；科学技术支出82680万元；文化体育与传媒支出98121万元；社会保障和就业支出767900万元；医疗卫生与计划生育支出352187万元；节能环保支出147210万元；城乡社区支出476164万元；农林水支出324268万元；资源勘探信息等支出35694万元；商业服务业等支出25525万元；金融支出32837万元；国土海洋气象等支出400万元；粮油物资储备支出7781万元；其他支出73173万元。

一般公共预算实现收支平衡。

（二）2016年政府性基金预算安排情况

政府性基金预算收入预期804440万元，同比下降21.4%。其中：新型墙体材料专项基金收入2500万元，国有土地使用权出让收入753200万元（均为土地出让成本收入），城市公用事业附加收入1405万元，加上政府性基金市追加专项7544万元，动用以前年度结余78791万元，扣除上缴北京市专项债券付息资金39000万元。

政府性基金预算支出安排804440万元，同比下降21.4%。主要用于：土地出让成本支出753200万元，城市环境及基础设施建设支出39791万元，新型墙体材料专项基金支出2500万元，污水处理费支出1405万元，福利彩票公益金等民生支出7544万元。

主要支出科目安排情况是：城乡社区支出794596万元（其中土地出让成本支出753200万元）；资源勘探信息等支出2500万元；社会保障和就业支出22万元；其他支出7322万元。

政府性基金预算实现收支平衡。

（三）2016年国有资本经营预算安排情况

2016年，国有资本经营预算收入预期11036万元，同比下降24.7%，主要来源是：利润收入5145万元，股利、股息收入5692万元，动用上年结余199万元。

国有资本经营预算转入一般公共预算资金2097万元，国有资本经营预算支出安排8939万元，主要用于对国有企业转型升级、功能区建设、安全生产等项目给予重点支持的资本性支出6380万元，朝阳公园运维补贴等费用性支出1914万元，对国有企业监管等其他支出645万元。

根据财政部制定的《2016年政府收支分类科目》要求，国有资本经营预算支出按新支出科目安排，主要支出科目安排情况是：国有经济结构调整支出6380万元，解决历史遗留问题及改革成本支出1914万元，其他国有资本经营预算支出645万元。

国有资本经营预算实现收支平衡。

（四）2016年社会保险基金预算安排情况

2016年，社会保险基金预算收入44240万元，同比下降10.3%，主要来源是：保险费收入5553万元，利息收入1936万元，财政补贴收入36271万元，转移收入480万元。

社会保险基金预算支出安排39704万元，主要用于：社会保险待遇支出39667万元，转移支出37万元。

社会保险基金预算收支相抵，当年结余4536万元。

三、强化统筹、突出重点，保障朝阳区2016年中心工作

（一）强化财政政策引导作用，激励促进高精尖产业发展

安排资金257000万元，同比增长8.6%。一是按照首都“四个中心”战略定位，对照《京津冀协同发展规划纲要》和北京市落实意见要求，加快非首都功能疏解，安排资金100000万元，全面提高区域发展新活力。二是进一步转变发展方式，安排资金129000万元，巩固壮大金融、文化创意、商务服务等优势产业，加快信息服务、大数据、物联网、云计算等新兴业态发展，着力构建“高精尖”经济结构，推进供给创新，以服务消费带动消费结构升级，推动跨境电子商务发展，打造消费新增长点。三是培育更加成熟的市场环境，安排资金28000万元，加强财政政策的引导作用，支持招商引资工作，强化科技创新驱动，倡导节能降耗，形成市场良性竞争。

（二）加强生态环境建设，提升城市生态文明发展水平

安排资金616500万元，同比增长7.9%。一是大力推进生态环境建设，安排资金122000万元。全面保障清洁空气蓝天行动，促进节能减排；支持水务工程建设，改善朝阳区河湖水环境；推进森林公园、绿色家园“两园”建设，新增、改造绿化面积300公顷，新建绿道28公里，提升绿化品质。二是强化市容市貌及交通秩序管理，安排资金425000万元。保障城市美化工程实施，加大老旧小区综合整治，提升区域环境面貌；支持老旧小区节能和抗震改造；加快主次干路建设、实施疏堵工程，改善区域交通出行环境，缓解交通拥堵问题。三是加强城市运行管理，安排资金69500万元。完善安全生产事故隐患排查治理体系，加大食品药品监管力度，推进社会治安防控体系建设，提升群众安全感，积极打造平安朝阳。

（三）加大财政投入倾斜力度，推进农村城市化发展进程

安排资金1522050万元，同比增长8.3%。一是提升农村地区发展质量，安排资金86000万元。结合非首都功能疏解，推进农村地区的功能更新和完善，加快推进一绿6个乡城市化试点建设，引进培养高端企业，促进各乡与功能区协调联动、错位发展，加快高端高效高辐射的产业集群建设。二是持续提升农村地区民生水平，安排资金382050万元。加大财政支出向农村地区的倾斜力度，统筹解决农村地区就业、保障、教育、医疗等民生问题，切实增进百姓福祉。三是推动农村居住环境建设，安排资金1054000万元。加大农村地区基础设施及环卫设施建设投入，大力推进人口调控、环境集中整治等重点工作，加强治安防范管理，加快农村地区生态文明建设，改善农村地区居住生活。

（四）加大民生统筹保障力度，着力提升公共服务品质

安排资金2152950万元，同比增长7.9%。一是稳步提高公共卫生事业水平，安排资金352187万元。优化医疗资源布局，

推动优质医疗资源继续向薄弱地区倾斜，加快垂杨柳医院改扩建工程，推进常营等地区大医院建设，完善分级诊疗服务体系，增强基层医疗服务能力。二是促进教育优质均衡发展，安排资金976553万元。扩大优质教育资源聚集，多种方式扩大学位供给，促进义务教育均衡化发展，保障第二期学前教育三年行动计划实施，解决适龄儿童入园难问题。三是深化城乡统筹的社会保障体系建设，安排资金767900万元。支持精细化就业服务和援助工作，解决功能疏解、结构调整中失业人员的再就业问题；完善社会救助体系，扩大城镇社会保险覆盖面，努力帮扶困难群体；推进全国养老服务业综合改革试点区建设，完善覆盖城乡的养老保障体系；增强政府购买公益性服务力度，提高朝阳区公共服务水平。四是推动文化事业大繁荣，安排资金56310万元，支持开展多种形式的文体活动，丰富群众业余文化生活；加快香河园、常营、奥运村地区文化中心建设，着力完善公共文化服务网络。

四、精益求精、改革创新，提高财政科学化精细化管理水平

2016年是深化财税体制改革、贯彻落实新《预算法》的重要一年。财政工作将强化监管与提高效益相结合，打造规范透明高效的资金运行体系。一是做好中央及北京市各项财税改革对接落地工作，进一步推进营改增试点改革扩围，继续落实营改增财政扶持政策。二是完善全口径预算管理，规范政府财政收支行为，将19%国有资本经营预算资金转入一般公共预算使用；进一步规范政府债务管理机制，将政府债务分门别类纳入全口径预算管理，建立政府债务风险预警机制，切实防范和有效化解财政风险；积极稳妥推进预决算公开。三是贯彻厉行节约的理念，坚持节约型政府建设，强化预算约束力度，精简各类会议数量，严格控制政府运行成本，“三公”经费预算安排8070万元，比上年下降10%；大力盘活存量资金，提高财政资金效益。四是深化财税管理改革创新，完善公务卡结算目录，提高公务卡使用率；促进政府采购制度化、专业化发展；继续邀请人大代表参与绩效评估，强化事前绩效评估工作；加大人大对财政预算的监督指导力度，邀请人大代表全程跟踪农村垃圾中转站改造工作开展情况，并将人大代表对2016年财政预算提出的“提升基层医疗卫生服务能力”、“医养结合与慢病管理相结合”等两项建议纳入预算予以保障；创新投融资机制，推动社会资本参与市区重点项目建设。五是夯实基础工作，强化重大资金项目廉政风险防控，结合内控管理加大财政资金的监管力度。

各位代表，2016年朝阳区的发展机遇与挑战并存，预算任务光荣而艰巨。我们将在区委的正确领导下，在区人大、政协的监督和指导下，扎实工作、不断改革、稳中求进，全力以赴完成各项财政工作任务，为朝阳区“十三五”发展奠定坚实的基础！

相关问题的说明

一、2015年部分收支科目完成情况的说明

（一）一般公共预算收入情况说明

营业税1215960万元，完成预算的117.6%，完成预算较好的主要原因有：一是2015年中央实施放宽提取公积金条件、央行降息降准、个人销售2年以上的普通住房免征营业税、二套房贷款首付比例下降等一系列宽松政策，对房地产业起到提振作用，商品房销售额增加，带动营业税增收；二是2015年证券交易市场活跃，朝阳区金融业发展良好，促进营业税增收。

企业所得税982094万元，完成预算的93.1%，未完成预算的主要原因有：一是2014年基数较高，并有一次性入库因素，2015年无此一次性因素；二是2015年经济增幅放缓，企业利润整体下降，导致企业所得税增幅下滑。

增值税760672万元，完成预算的95.1%，未完成预算的主要原因有：一是涉外汽车销售业大幅减收，受行业周期性影响，高端汽车市场相对饱和，朝阳区重点汽车企业销售额大幅下滑，导致增值税增幅下降；二是“营改增”扩围后，企业可抵扣项目增多，结构性减税效果显现。

房产税376899万元，完成预算的98%，未完成预算的主要原因有：一是上年同期有评估、检查补税等一次性因素，基数较高，而2015年无上述因素；二是朝阳区房屋租金水平增幅有所放缓。

城市维护建设税372200万元，完成预算的98.2%，未完成预算的主要原因是该税种为流转税附加税种，增值税未完成预算导致该税种未完成预算。

土地增值税224097万元，完成预算的56%，未完成预算的主要原因有：一是朝阳区进入土地增值税清缴阶段的房地产项目逐步减少；二是2014年存在一次性入库因素，造成基数较高，而2015年无此因素，导致该税种负增长。

非税收入347155万元，完成预算的180.3%，非税收入包括教育费附加收入、国有资源（资产）有偿使用收入、罚没收入、行政性事业性收费、排污费收入、水资源费收入、教育资金收入、残疾人就业保障金收入、其他收入等，整体完成预算较好的主要原因是2015年朝阳区大力推进非税改革，进一步清理规范非税收入管理，促进非税收入大幅增收。

（二）一般公共预算支出情况说明

经济分类支出科目中，对个人和家庭的补助505565万元，完成预算的184.5%，完成预算比例较高的主要原因有：一是根据国务院及北京市出台的相关政策，提高离退休人员基本离、退休费标准；二是市追加朝阳区军休干部经费所致。

基本建设支出370095万元，完成预算的235.7%，完成预算比例较高主要是北京市追加朝阳区基本建设资金所致。

二、2016年部分预算收支科目的说明

（一）一般公共预算收支情况说明

一般公共预算收入中，非税收入预期262451万元，同比下降24.4%，下降的主要原因是：2015年朝阳区大力推进非税改革，进一步清理规范非税收入管理，令朝阳区非税收入一次性大幅增收，造成基数较高。

一般公共预算支出中，国土海洋气象等支出安排400万元，同比增长51.5%，大幅增长的主要原因是：市提前告知一次性市追加专项资金所致；粮油物资储备支出安排7781万元，同比增长191.6%，大幅增长的主要原因是：按全市统一要求，粮油物资储备量及标准大幅提升，该资金按照市财政局统一要求安排并拨付。

（二）政府性基金预算收入情况说明

政府性基金预算收入预期804440万元，同比下降21.4%，下降的主要原因是北京市预计返还的国有土地使用权出让收入减少。

（三）国有资本经营预算收入情况说明

国有资本经营预算收入预期 11036 万元，同比下降 24.7%，下降的主要原因有：一是 2015 年存在股权转让等一次性因素，造成基数较高，而 2016 年无此因素；二是受经济增幅放缓影响，预期企业利润下降。

（四）社会保险基金预算收入情况说明

1. 区级社保基金预算包含“城乡居民基本养老保险基金”和“居民基本医疗保险基金”两部分。其中“居民基本医疗保险基金”在区县级仅指新型农村合作医疗保险基金。

2. 社保基金预算收入实质为社会保险筹资总收入，包括个人缴费、集体补助及政府补助等三个组成部分。筹资总额与人数有直接关系。2016 年社保基金预算收入同比下降的主要原因是：朝阳区转居转工工作不断推进，转居转工人数增加。

对于“城乡居民基本养老保险基金”，转工人员由于可以转入参加“企业职工基本养老保险”，因而不再参加居民养老保险。

对于“居民基本医疗保险基金”（即区级新农合基金），农民转居后转入参加城镇居民基本医疗保险，不再参加新农合。而城镇居民基本医疗保险由市级统筹管理，不在区级社保基金预算中反映。

三、动用预算稳定调节基金的说明

按《国务院办公厅关于进一步做好盘活财政存量资金工作的通知》（国办发〔2014〕70 号）要求：2015 年将预算稳定调节基金 50000 万元调入一般公共预算，在 2016 年一般公共预算中安排用于非首都功能疏解，进一步提高财政资金使用效益，预算稳定调节基金余额 178133 万元。

四、一般公共预算“其他支出”项目明细情况

2015 年一般公共预算，列“其他支出”科目额度为 42138 万元，主要项目是：老旧小区综合整治补助资金 38739 万元，营改增改革过渡性财政扶持资金 2949 万元，促进产业转型升级 450 万元。

2016 年预算编制工作，朝阳区坚决落实科学化精细化管理，将能够明确方向的支出进一步细化安排。2016 年一般公共预算列“其他支出”科目额度为 73173 万元。主要项目是：保障公共服务预留经费 73173 万元。

五、预备费相关情况

2015 年预备费年初预算 36430 万元，支出 32274 万元，完成预算的 88.6%，主要用于污水治理、应急保障、环境整治、社会治理、国防教育等方面。

专 文

朝阳区2015年国民经济和社会发展统计公报

北京市朝阳区统计局
国家统计局朝阳调查队
北京市朝阳区经济社会调查队
（2016年 5月 5日）

2015年是“十二五”规划的收官之年，是贯彻落实《京津冀协同发展规划纲要》的开局之年。一年来，区委、区政府积极适应发展新常态，坚持稳中求进，加快深度转型，有效应对经济下行压力，经济结构优化、提质增效成效显现，破解城市发展难题，建设和谐宜居社会取得积极成效，着力提升人民生活水平，民生事业取得新的进步。

一、综合经济

◇ 经济增长

据初步核算数据显示：朝阳区全年实现地区生产总值（GDP）4640.2亿元，按现行价格计算，比上年增长7.0%。其中，第一产业增加值1.2亿元，比上年下降16.1%；第二产业增加值358.0亿元，比上年增长3.3%；第三产业增加值4281.0亿元，比上年增长7.3%。三次产业结构为0.02：7.72：92.26。

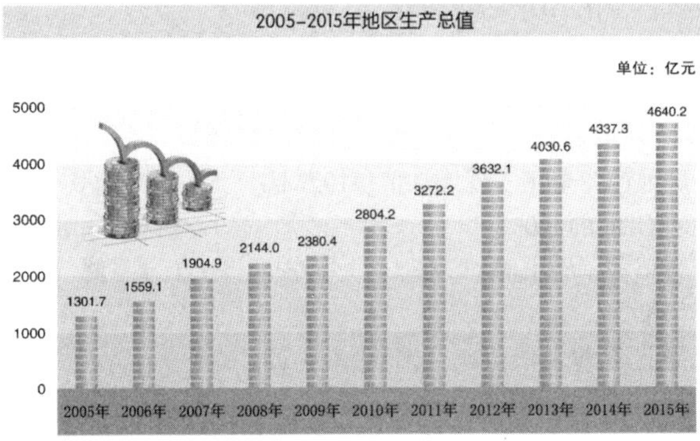

按年平均常住人口计算，全区人均GDP达到117816元；按年平均汇率折合为18915美元。

◇ 财政、金融

全年完成一般公共预算收入448.0亿元，比上年增长8.8%。其中，营业税121.6亿元，比上年增长20.3%；企业所得税98.2亿元，比上年增长0.3%；增值税76.1亿元，比上年增长5.3%；房产税37.7亿元，比上年增长5.4%。四大税种共完成333.6亿元，占一般公共预算收入的74.5%。

全年一般公共预算支出443.6亿元，比上年增长16.5%。其中，用于社会保障和就业、教育、城乡社区、公共安全、医疗卫生与计划生育的支出分别为89.6亿元、84.6亿元、60.6亿元、53.1亿元和40.2亿元，增速依次为15.3%、10.4%、27.6%、16.6%和16.5%。上述五项支出合计占一般公共预算支出的74.0%。

年末全区中资银行人民币各项存款余额20578.9亿元，比上年增长45.1%。其中，单位存款余额10114.7亿元，比上年增长23.6%；储蓄存款余额4814.6亿元，比上年下降1.4%。全区中资银行人民币各项贷款余额7533.2亿元，比上年增长16.4%。其中，中长期贷款余额4924.6亿元，比上年增长13.4%；短期贷款余额2540.3亿元，比上年增长22.9%。

◇ 消费

全年实现社会消费品零售额2514.9亿元，比上年增长5.8%。

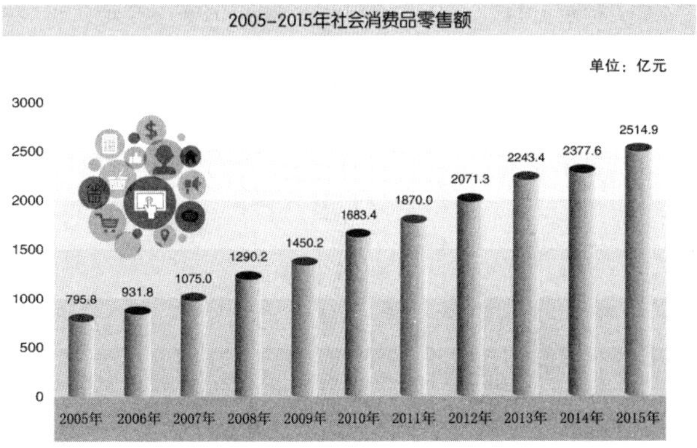

限额以上企业中，汽车及配件销售企业实现零售额649.9亿元，比上年下降10.6%；综合零售企业实现零售额360.2亿元，比上年下降4.9%；互联网零售实现零售额260.6亿元，比上年增长179.3%；家用电器、计算机及电子产品销售企业实现零售额230.2亿元，比上年增长21.1%；餐饮业实现零售额135.7亿元，比上年下降1.8%；医药及医疗器材企业实现零售额118.8亿元，比上年增长4.6%；石油及制品销售企业实现零售额104.2亿元，比上年下降16.5%。

◇ 固定资产投资

全年完成全社会固定资产投资1238.7亿元，比上年增长0.3%。

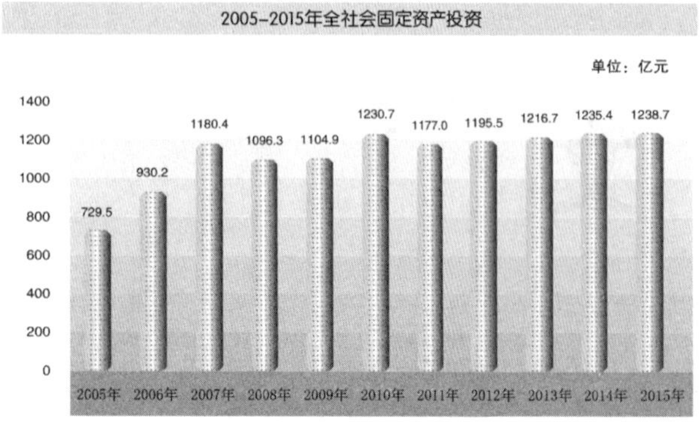

按投资领域划分，城镇固定资产投资500.9亿元，比上年增长1.7%；房地产开发投资689.3亿元，比上年下降2.4%；农村固定资产投资48.5亿元，比上年增长31.8%。

城镇固定资产投资中，基础设施投资为340.8亿元，比上年下降8.8%，占城镇固定资产投资的68.0%。其中，交通运输领域完成投资174.8亿元，比上年下降17.0%；能源领域完成投资107.4亿元，比上年下降19.2%；公共服务业完成投资44.0亿元，比上年增长50.2%。

房地产开发投资中，住宅投资316.0亿元，比上年下降11.9%；办公楼投资104.8亿元，比上年下降17.0%；商业营业用房投资73.6亿元，比上年增长45.5%。住宅投资中，自住型商品房投资为68.5亿元，占住宅投资的21.7%。

从产业投资看，第一产业投资24.1亿元，比上年增长460.5%；第二产业投资110.3亿元，比上年下降19.7%；第三产业投资735.6亿元，比上年增长2.7%。

◇ 对外经济

全年实现进出口总额1262.6亿美元，比上年下降31.8%。其中，出口144.7亿美元，比上年下降7.6%；进口1117.9亿美元，比上年下降34.1%。

全年新批外商投资企业589家，其中世界500强企业5家；新增跨国公司总部1家。全年批准合同外资额148.7亿美元，比上年下降44.4%；实际利用外资93.4亿美元，比上年增长139.5%。

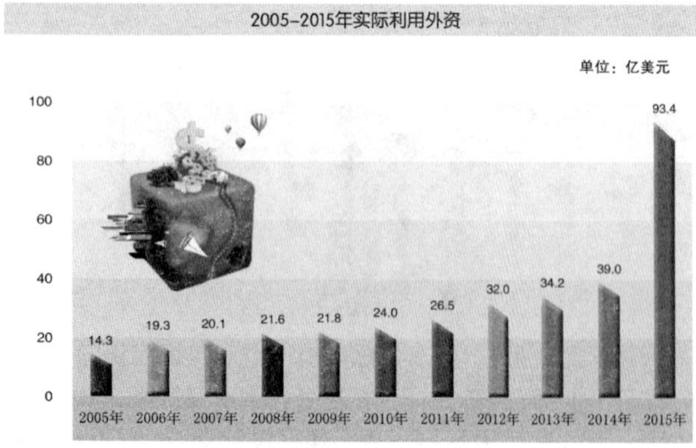

二、行业及重点产业发展

◇ 农业

农林牧渔业全年实现增加值1.3亿元，比上年下降15.1%，占全区GDP的0.03%。

全年完成农林牧渔业总产值35054.1万元，比上年下降18.1%。其中，农业产值8548.0万元，比上年增长5.2%；林业产值16960.0万元，比上年下降19.8%；畜牧业产值2636.8万元，比上年下降57.8%；渔业产值3885.0万元，比上年下降10.6%。

全区共有农业观光园11个，接待旅游人数126.8万人次，观光园总收入3.8亿元。民俗旅游接待户30户，接待旅游人数900人次。设施农业实现收入4311.6万元，比上年下降2.4%；已利用设施农业占地面积1116亩，比上年下降26.6%。

◇ 工业

工业全年实现增加值305.0亿元，比上年下降0.3%，占全区GDP的6.6%。

全年规模以上工业企业实现工业总产值878.4亿元，比上年下降10.6%；实现销售产值868.8亿元，比上年下降10.5%；实现出口34.7亿元，比上年下降26.0%。从内部结构看，电力、热力生产和供应业实现工业总产值172.4亿元，比上年增长17.0%；煤炭开采和洗选业实现工业总产值164.5亿元，比上年下降28.3%；开采辅助活动实现工业总产值126.4亿元，比上年下降17.3%；医药制造业实现工业总产值73.6亿元，比上年增长7.3%；电气机械和器材制造业实现工业总产值65.5亿元，比上年下降1.4%；计算机、通信和其他电子设备制造业实现工业总产值63.3亿元，比上年下降8.0%。上述六大行业共完成工业总产值665.7亿元，占全区规模以上工业企业总产值的75.8%。

全年规模以上工业企业实现主营业务收入965.8亿元，比上年下降7.9%；实现利润90.2亿元，比上年增长15.9%。

◇ 建筑业

建筑业全年实现增加值113.8亿元，比上年增长11.0%，占全区GDP的2.5%。

具有资质等级的总承包和专业承包建筑业企业完成总产值1073.6亿元，比上年增长0.6%。其中，在京内完成产值523.3亿元，比上年下降6.7%；在京外完成产值550.3亿元，比上年增长8.7%。全年累计签订合同额2379.1亿元，比上年增长9.2%；房屋建筑施工面积6594.9万平方米，比上年增长3.9%。

◇ 批发和零售业

批发和零售业全年实现增加值960.9亿元，比上年下降4.0%，占全区GDP的20.7%。

全年限额以上批发和零售业企业实现营业收入12578.4亿元，比上年下降17.7%；实现利润384.7亿元，比上年下降23.4%。

◇ 房地产业

房地产业全年实现增加值419.6亿元，比上年增长2.8%，占全区GDP的9.0%。

全年房屋施工面积2087.5万平方米，比上年下降17.9%，其中政策性住宅312.5万平方米；房屋竣工面积313.5万平方米，比上年下降59.8%，其中政策性住宅33.2万平方米。

全年商品房销售面积188.0万平方米，比上年下降34.1%，其中住宅销售面积135.6万平方米，比上年下降34.1%；商品房销售额616.1亿元，比上年下降10.0%，其中住宅销售额467.5亿元，比上年下降10.8%。

◇ 高技术产业

全年规模以上高技术产业单位实现营业收入460.9亿元，比上年增长1.5%。其中，高技术制造业实现营业收入183.8亿元，比上年下降0.6%；软件开发实现营业收入277.1亿元，比上年增长3.0%。全年高技术产业实现利润49.8亿元，比上年增长4.2%。其中，高技术制造业实现利润24.5亿元，比上年下降6.1%；软件开发实现利润25.3亿元，比上年增长16.3%。

全年规模以上高技术制造业企业实现工业总产值171.8亿

元，比上年下降 1.1%，占全区工业总产值的 19.6%。其中，产值排名前三位的是医药制造业、电子及通信设备制造业和医疗设备及仪器仪表制造业，分别实现工业总产值 73.6 亿元、54.0 亿元和 33.8 亿元，增速分别为 7.3%、-8.2%和 0.0%。

◇ 现代服务业

全年规模以上现代服务业单位实现收入 10164.3 亿元，比上年增长 8.3%。其中，商务服务业实现收入 3584.0 亿元，比上年增长 1.4%；科学研究和技术服务业实现收入 782.7 亿元，比上年下降 19.0%；信息传输、软件和信息技术服务业实现收入 742.7 亿元，比上年增长 19.2%。

全年规模以上现代服务业单位实现利润 3842.4 亿元，比上年增长 26.9%。其中，商务服务业实现利润 1113.8 亿元，比上年增长 46.5%；科学研究和技术服务业实现利润 68.2 亿元，比上年增长 2.7%；信息传输、软件和信息技术服务业实现利润 63.2 亿元，比上年增长 85.9%。

◇ 文化创意产业

全年规模以上文化创意产业单位实现收入 2499.2 亿元，比上年增长 6.0%。其中，软件、网络及计算机服务，广告会展，旅游、休闲娱乐分别实现收入 709.4 亿元、628.7 亿元和 492.3 亿元，增速分别为 19.7%、0.03%和 17.6%。

全年规模以上文化创意产业单位实现利润 176.6 亿元，比上年增长 58.9%。其中，软件、网络及计算机服务，其他辅助服务，广告会展分别实现利润 62.2 亿元、50.9 亿元和 28.9 亿元，增速分别为 90.9%、124.6%和 36.3%。

◇ 金融业

金融业全年实现增加值 566.9 亿元，比上年增长 18.8%，占全区 GDP 的 12.2%。

全年金融业单位实现收入 4109.8 亿元，比上年增长 26.0%。其中，保险业、货币金融服务和资本市场服务分别实现收入 3014.5 亿元、486.2 亿元和 170.8 亿元，增速分别为 26.0%、11.1% 和 87.9%。全年金融业单位实现利润 2490.5 亿元，比上年增长 23.7%。其中，保险业、货币金融服务和资本市场服务分别实现利润 1876.1 亿元、241.2 亿元和 93.4 亿元，增速分别为 27.6%、7.2%和 51.8%。

◇ 生产性服务业

全年规模以上生产性服务业单位实现收入 20634.9 亿元，比上年下降 7.7%；实现利润 4119.7 亿元，比上年增长 20.3%。分领域看，流通服务领域实现收入 11360.5 亿元，比上年下降 18.4%；商务服务领域实现收入 3639.2 亿元，比上年增长 1.8%；金融服务领域实现收入 4109.8 亿元，比上年增长 26.0%；信息服务领域实现收入 742.7 亿元，比上年增长 19.2%；科技服务领域实现收入 782.7 亿元，比上年下降 19.0%。五大领域收入所占比重分别为 55.1%、17.6%、19.9%、3.6%和 3.8%。

◇ 旅游业

全年实现旅游综合总收入 1032.2 亿元，比上年增长 8.6%。其中，旅游商业收入 309.1 亿元，比上年增长 5.8%；旅行社收入 430.1 亿元，比上年增长 10.8%；住宿业收入 154.1 亿元，比上年增长 1.5%。全年接待国内外游客 6009 万人次，比上年增长 7.3%。其中，旅游景区接待游客 4343 万人次，比上年增长 6.4%；住宿业接待游客 1391 万人次，比上年增长 12.7%；旅行社接待游客 148 万人次，比上年增长 4.1%；乡村旅游接待游客 127 万人次，比上年下降 11.9%。

三、功能区发展

◇ CBD 功能区

CBD 功能区全年完成投资 381.0 亿元，比上年下降 16.8%，占全区投资总量的 30.8%。全年 CBD 功能区规模以上现代服务业单位实现收入 7964.8 亿元，比上年增长 4.6%，占全区现代服务业收入的 78.4%。其中，商务服务业实现收入 3000.2 亿元，比上年增长 3.0%，占全区商务服务业收入的 83.7%；金融业实现收入 3900.0 亿元，比上年增长 7.2%，占全区金融业收入的 94.9%。全年 CBD 功能区限额以上批发和零售业企业实现营业收入 8182.2 亿元，比上年下降 19.4%，占全区批发和零售业营业收入的 65.0%；实现利润 226.4 亿元，比上年增长 3.0%，占全区批发和零售业利润的 58.9%。

按北京商务中心区（CBD）6.99 平方公里的范围统计，CBD 全年完成投资 117.1 亿元，比上年下降 21.8%；实现社会消费品零售额 519.3 亿元，比上年增长 7.9%。全年 CBD 规模以上现代服务业单位实现收入 3295.0 亿元，比上年增长 13.0%，占全区现代服务业收入的 32.4%；规模以上文化创意产业单位实现收入 895.1 亿元，比上年增长 4.5%，占全区文化创意产业收入的 35.8%；限额以上批发和零售业企业实现营业收入 2594.6 亿元，比上年下降 16.9%，占全区批发和零售业营业收入的 20.6%。

◇ 电子城功能区

电子城功能区全年完成投资 287.5 亿元，比上年增长 20.4%，占全区投资总量的 23.2%；功能区内规模以上工业企业实现工业总产值 208.1 亿元，比上年下降 7.1%，占全区工业总产值的 23.7%。

全年电子城功能区规模以上高技术产业单位实现营业收入 219.3 亿元，比上年增长 2.6%，占全区高技术产业营业收入的 47.6%。其中，高技术制造业实现营业收入 119.0 亿元，比上年下降 5.0%；软件开发实现营业收入 100.3 亿元，比上年增长 13.3%。全年电子城功能区规模以上高技术产业单位实现利润 28.2 亿元，比上年下降 5.7%，占全区高技术产业利润的 56.6%。其中，高技术制造业实现利润 15.0 亿元，比上年下降 15.3%；软件开发实现利润 13.2 亿元，比上年增长 8.2%。全年电子城功能区限额以上批发和零售业实现营业收入 1639.2 亿元，比上年下降 7.2%，占全区批发和零售业营业收入的 13.0%；实现利润 157.5 亿元，比上年下降 34.7%，占全区批发和零售业利润的 40.9%。

1–11 月中关村朝阳园单位实现总收入 3613.0 亿元，同比增长 3.4%。其中，技术收入和产品销售收入分别为 614.2 亿元和 636.4 亿元，分别增长 14.5%和下降 11.6%。实现利润 377.5 亿元，同比下降 11.4%。实现工业总产值 520.0 亿元，同比下降 15.6%。其中，新产品产值 277.3 亿元，同比下降 15.7%。

◇ 奥运功能区

奥运功能区全年完成投资 106.5 亿元，比上年下降 9.4%，占全区投资总量的 8.6%。全年奥运功能区规模以上现代服务业单位实现收入 1121.8 亿元，比上年下降 9.1%，占全区现代服务业收入的 11.0%；实现利润 185.4 亿元，比上年下降 15.3%，占全区现代服务业利润的 4.8%。全年奥运功能区限额以上批发和零售业企业实现营业收入 2260.3 亿元，比上年下降 19.6%，占全区批发和零售业营业收入的 18.0%。

四、人口、就业和人民生活

◇ 人口

年末全区常住人口 395.5 万人，比上年末增加 3.3 万人，比上年增长 0.8%。其中，常住外来人口 184.0 万人，比上年末增加 4.2 万人，比上年增长 2.3%，占常住人口的 46.5%。从性别构成看，男性人口 202.4 万人，占常住人口的 51.2%；女性人口 193.1 万人，占常住人口的 48.8%。从年龄构成看，0–14 岁人口为 37.8 万人，占常住人口的 9.5%；15–64 岁人口 317.1 万人，占常住人口的 80.2%；65 岁及以上人口为 40.6 万人，占常住人口的 10.3%。常住人口中：全年出生人数 34523 人，出生率为 8.76‰；死亡人数 13242 人，死亡率 3.36‰；自然增长率为 5.40‰。

2005–2015年常住人口和常住外来人口

单位：万人

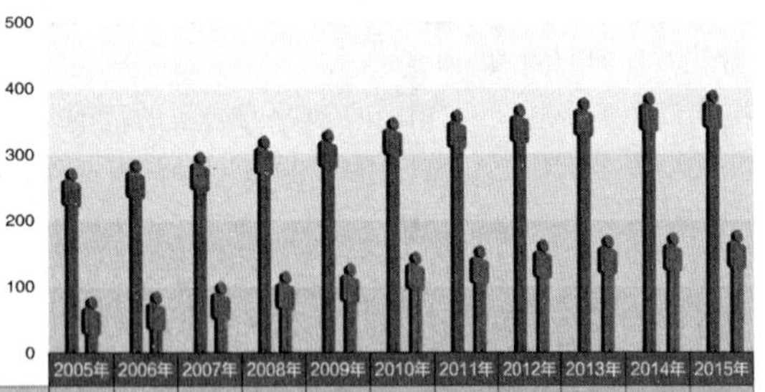

	2005年	2006年	2007年	2008年	2009年	2010年	2011年	2012年	2013年	2014年	2015年
常住人口	280.2	291.8	303.0	327.1	336.4	354.5	365.8	374.5	384.1	392.2	395.5
常住外来人口	84.0	92.2	107.2	122.6	134.1	151.5	160.9	169.5	176.1	179.8	184.0

常住人口　常住外来人口

年末全区户籍人口 207.4 万人，比上年末增加 2.9 万人，比上年增长 1.4%。全区计划生育率为 97.67%。

◇ 就业和社会保障

年末全区城镇登记失业率为 0.94%，较上年末提高 0.12 个百分点。全年开发就业岗位 10.4 万个，比上年下降 12.3%。城乡登记失业人员现就业人数 2.3 万人，比上年下降 17.1%。

年末全区参加基本养老、基本医疗、失业、工伤和生育保险的人数分别为 301.2 万人、317.3 万人、232.4 万人、207.8 万人和 198.9 万人，分别比上年增长 2.3%、3.2%、2.7%、5.3%和 2.8%。城镇社会保险各项基金征缴额达 557.0 亿元，比上年增长 10.2%；各项基金收缴率均达到 99.0%以上。全区农民参加城乡居民养老保险的人数为 3.6 万人，比上年下降 5.6%。参加农村新型合作医疗的人数为 8.0 万人，新型农村合作医疗参合率达 99.7%。全区城乡居民最低生活保障救济人数为 13305 人，比上年下降 3.3%；最低生活保障金发放总金额为 11562.3 万元，比上年增长 5.3%。

◇ 居民生活

全年居民人均可支配收入达到 55450 元，比上年增长 8.3%。其中，人均工资性收入 32081 元，比上年增长 7.8%；人均转移净收入 10958 元，比上年增长 9.7%；人均财产净收入 10449 元，比上年增长 8.5%；人均经营净收入 1962 元，比上年增长 8.9%。

全年居民人均消费支出达到 39660 元，比上年增长 5.6%。其中，居住、食品烟酒和交通通信支出在居民消费支出中所占比重位居前三，比重分别为 33.0%、21.3%和 12.9%；医疗保健、交通通信支出增长最快，增速分别为 24.5%和 21.7%。居民恩格尔系数为 21.3%。截至年末，居民每百户家庭拥有家用汽车 43 辆，家用电脑 104 台，空调 162 台，手机 217 部。

五、社会事业

◇ 科技

全年专利申请量和授权量分别为 26395 件和 16101 件，分别比上年增长 13.2%和 27.6%。其中，发明专利申请量和授权量分别为 16197 件和 7880 件，分别比上年增长 13.0%和 50.1%。全年技术市场成交量 6657 项，比上年增长 5.1%；技术合同成交额 649.7 亿元，比上年增长 7.6%。全年科普投入 1213.6 万元，人均科普经费 5.8 元。

◇ 教育

年末全区共有幼儿园 214 所，在园幼儿 66518 人，示范幼儿园比例为 24.7%，一级（优质）幼儿园比例为 68.0%，学前三年入园率为 95.8%。

全区共有普通小学 86 所，当年招生 21326 人，在校生 134132 人，毕业生 14221 人；小学入学率 100%，小学规范建设硬件达标率 100%；拥有教职工 7253 人，其中专任教师 6795 人。

全区共有普通中学 91 所，当年招生 16914 人，在校生 52001 人，毕业生 15810 人；初中入学率 100%，初中毕业率 99.92%，初中校硬件办学标准达标率 100%；高中录取率 94.88%，高中毕业率 96.78%；拥有教职工 12407 人，其中专任教师 10190 人。

全区共有职业高中 5 所，当年招生 2513 人，在校生 7631 人，毕业生 2964 人；拥有教职工 991 人，其中专任教师 761 人。

◇ 文化

年末全区共有公共图书馆 3 个，社区图书馆 44 个，图书馆馆藏图书达 304.3 万册。全区共有博物馆 35 个，剧场、影剧院 71 个，街乡级文化服务中心 43 个，社区（村）文化活动室覆盖率 100%。广泛开展基层文化演出，公益性演出 4770 场次；基层数字电影放映 1512 场次；文化广场达到 194 个。

◇ 卫生

年末全区共有卫生机构 1370 个。其中，医院 165 个，社区卫生服务中心 46 个，社区卫生服务站 220 个。共有床位 20117 张，卫生技术人员 45242 人，其中，执业（助理）医师 17887 人，注册护士 19084 人。婴儿死亡率 1.83‰，比上年下降 0.5 个千分点；每十万人甲乙类传染病发病率 141.31 例，比上年减少 18.64 例；人均期望寿命 82.39 岁，比上年提高 0.29 岁。

◇ 体育

年末全区共有体育场地 1711 个；各项体育活动参与人数 21 万人；全民健身工程 1425 个，比上年增加 135 个；全民健身工程面积 149.2 万平方米，比上年增加 6.8 万平方米。全区共有专业运动员 3698 人，获得市级以上奖牌 862 枚，比上年增加 78 枚。其中，金牌 332 枚，银牌 280 枚，铜牌 250 枚。

六、资源、环境与城市管理

◇ 能源消耗

初步核算，全年能源消费总量 1075.4 万吨标准煤，比上年下降 0.9%。其中，第一产业能源消费量 1.3 万吨标准煤，比上年下降 0.8%；第二产业能源消费量 184.7 万吨标准煤，比上年下降 18.7%；第三产业能源消费量 595.4 万吨标准煤，比上年增长 0.8%；生活用能 279.5 万吨标准煤，比上年增长 5.0%。按不变价计算，全区万元 GDP 能耗 0.2318 吨标准煤，比上年下降 7.0%。

◇ 环境保护

全区空气中悬浮颗粒物平均浓度（PM10）为 106.4 微克/立方米，空气中细颗粒物平均浓度（PM2.5）83.4 微克/立方米。平均每月降尘量 7.9 吨/平方公里。

◇ 环卫

年末全区共有密闭压缩式垃圾转运站 241 个；生活垃圾无害化处理率为 100%。全区共有公共卫生间 937 个，公共卫生间达标率为100%。

◇ 道路

年末全区城市道路总长度1890公里，比上年增加16公里。其中快速路225.5公里。新改扩道路长度39公里。其中，新建和大中修道路分别为16公里和23公里。路网密度达到每平方公里4.01公里。

◇ 安全生产

全年共发生非正常死亡事故157起，非正常事故死亡人数164人。其中，生产安全事故10起，死亡11人；公共安全事故147起，死亡153人。亿元GDP安全生产事故死亡率为0.0353，比上年下降0.0069。

公报注释：

1. 2015年地区生产总值及各产业增加值、能源消费量和万元GDP能耗数据为北京市统计局反馈的初步核算数据，正式数据以《2016年朝阳区统计年鉴》为准；

2. 本公报中的地区生产总值及各产业、行业增加值均按现价计算；GDP产业划分执行国家统计局2012年制定的《三次产业划分规定》，行业划分执行《国民经济行业分类》（GB/T4754-2011）；

3. 除特殊说明外，本公报中所有增长速度指标均未扣除物价上涨因素；

4. 本公报中如无特殊注明均为区域口径；

5. 本公报中社会消费品零售额2005-2007年数据按第二次经济普查数据进行了修正，2008年为第二次经济普查数据，2009-2012年数据按第三次经济普查数据进行了修正，2013年为第三次经济普查数据，2014年数据按第三次经济普查数据进行了修正；

6. 本公报中涉及收入利润等财务指标、工业总产值为快报数据，正式数据以《2016年朝阳区统计年鉴》为准；

7. 本公报中农村固定资产投资包括农村非农户固定资产投资和农村农户固定资产投资；

8. 本公报中产业投资是指全社会固定资产投资扣除住宅投资之后的投资；

9. 规模以上工业划分标准：年主营业务收入2000万元及以上的工业法人单位；限额以上批发业划分标准：年主营业务收入2000万元及以上的批发业法人单位，年经营性单位收入2000万元及以上的批发业产业活动单位，年营业收入2000万元及以上的批发业个体经营户；限额以上零售业划分标准：年主营业务收入500万元及以上的零售业法人单位，年经营性单位收入500万元及以上的零售业产业活动单位，年营业收入500万元及以上的零售业个体经营户；限额以上住宿业划分标准：星级饭店和星级饭店以外年主营业务收入200万元及以上的住宿业法人单位，年经营性单位收入200万元及以上的住宿业产业活动单位，年营业收入200万元及以上的住宿业个体经营户；限额以上餐饮业划分标准：年主营业务收入200万元及以上餐饮业法人单位，年经营性单位收入200万元及以上的餐饮业产业活动单位，年营业收入200万元及以上的餐饮业个体经营户；规模以上服务业划分标准：（1）执行企业会计制度的年营业收入1000万元及以上（居民服务、修理和其他服务业，文化、体育和娱乐业指年营业收入500万元及以上）或年末从业人员50人及以上的服务业法人单位；（2）执行企业会计制度的年营业收入1000万元及以上的自有房地产经营活动和其他房地产业法人单位；（3）执行行政事业会计制度或民间非营利组织会计制度的年收入合计1000万元及以上的服务业法人单位；（4）全部旅行社；（5）A级及以上旅游区（点）和其他主要旅游区（点）；

10. CBD功能区、电子城功能区和奥运功能区数据按照朝阳区"十一五"规划确定的范围计算。CBD功能区：按照区"十一五"规划确定的统计口径，CBD功能区地域范围包括建外、朝外、呼家楼、三里屯、六里屯、麦子店、团结湖、八里庄、双井、劲松、潘家园、左家庄、东风、高碑店、平房、南磨房北部、太阳宫南部等17个街道和地区办事处；电子城功能区：按照区"十一五"规划确定的统计口径，电子城功能区地域范围包括望京、来广营东部、酒仙桥、将台、东坝、崔各庄西部等6个街道和地区办事处及望京高新技术产业区；奥运功能区：按照区"十一五"规划确定的统计口径，奥运功能区地域范围包括奥运村、大屯、亚运村、来广营西部、安贞、和平街、小关、香河园、太阳宫北部等9个街道和地区办事处；北京商务中心区（CBD）地域范围涉及建外、呼家楼、六里屯、八里庄、高碑店五个街乡，包括南郎家园社区、北郎家园社区、永安里社区、光华里社区、建国里社区、秀水社区、北郎东社区、永安里东社区、金台里社区、小庄社区、关东店北街社区、核桃园社区、呼家楼北社区、呼家楼南社区、人民日报社社区、东大桥社区、关东店社区、新街社区、道家园社区、甜水园社区、红庙社区、红庙北里社区、延静里社区、华贸中心社区、八里庄社区25个社区；

11. 人口数据中，常住人口、常住外来人口、常住人口性别构成和年龄构成、常住人口出生人数、出生率、死亡人数、死亡率、自然增长率为北京市统计局反馈数据；户籍人口取自北京市公安局朝阳分局；计划生育率取自朝阳区卫生和计划生育委员会；

12. 本公报部分指标数据取自朝阳区教育委员会、科学技术委员会、市政市容管理委员会、商务委员会、文化委员会、卫生和计划生育委员会、人力资源和社会保障局、财政局、安全生产监督管理局、体育局、环境保护局、民政局、北京市公安局朝阳分局和科学技术协会提供的相关数据。

坚持“四学”扎实推动“三严三实”专题教育见成效

——中共朝阳区委“三严三实”专题教育工作总结

区委高度重视“三严三实”专题教育工作，把专题教育作为群众路线教育活动成果的全面升华、“党要管党、从严治党”的重要抓手和思想建设常态化的有益探索，牢牢把握专题教育的实践定位，始终坚持把“三严三实”学习教育作为贯穿党的建设和推进全区各项任务的主线突显出来，做到“学思、学改、学知、学用”四个结合，以工作实践来检验专题教育成效。

一、突出学思结合，强化思想引领，从严从实打牢思想根基

区委把深化思想认识、抓好理论武装作为开展专题教育的基本任务。注重抓住处级以上干部这个“关键少数”，紧扣三个专题的学习主题，强化理想信念教育、官德人品教育和履职用权教育，带动全区上下自觉以“三严三实”要求统一思想、武装头脑、指导实践。

一是深刻领会原著精神，坚定理想信念，挺起精神脊梁。专题教育以区委书记讲党课开局起步，其他区级领导结合自身分管工作实际和个人体会，在一定范围内讲党课，带动大家学习思考。区级班子坚持把“三严三实”专题学习与中心组日常学习有机结合，每个专题开展“四个一”集中学习，即看一个专题片、听一次专题报告、组织一次自学、进行一次交流研讨。在学习形式上尽量减少参观、讲座和上交学习体会，坐下来将重点集中在“学原文，读原著，悟原理”上。先后学习了习近平总书记关于“三严三实”的重要论述和郭金龙同志的党课报告，通过对原文原著的学习领悟，进一步深化思想认识、坚定理想信念，突出体现思想上的提高。区委常委班子围绕三个专题，先后开展专题学习研讨12次。会前，区委常委同志结合学习主题，通过召开座谈会、实地走访等形式进行调研，听取党员群众意见建议。会上，先由3–4名常委同志结合专题学习和调研情况，把自己摆进去、把职责摆进去、把实际思想和工作摆进去，紧扣研讨主题作重点发言，其他同志踊跃发言，坦诚深刻交流学习体会和收获，推动领导干部进一步坚定马克思主义信仰和中国特色社会主义信念，站稳党和人民立场。

二是对照正反典型，修养官德人品，作政治的明白人。区委严格按照中央、市委要求，把正反面典型作为专题教育的重要学习素材。各级领导干部一方面主动联系焦裕禄、谷文昌等先进事迹，对照先进典型查找自身差距；另一方面以周永康等违纪违法典型案件为反面教材，结合我区近年来出现的纪海义、闫宾等违法犯罪案件，深刻剖析根源、举一反三、检身正己，切实受警醒、明底线、知敬畏，接受了深刻的思想洗礼。通过对正反典型的学习，联系我区实际，区委进一步提出了朝阳区领导干部作政治上明白人的具体要求，即严格遵守党章，落实习近平总书记提出的“五个必须”要求，坚决防止和遏制“七个有之”现象，任何时候任何情况下都做到在思想上政治上行动上同党中央保持高度一致；维护党的团结，做老实人、说老实话、干老实事，不搞团团伙伙，不搞任何形式的派别活动；遵循组织程序，不超越权限办事，不搞先斩后奏；服从组织决定，不跟组织讨价还价，不欺骗组织、对抗组织；管好亲属和身边工作人员。全区领导干部进一步统一思想，严格贯彻执行这一要求，深化了对政治纪律、政治规矩的清醒认识。

三是联系实际谋思路，敢担当重实干，作发展的引路人。区委结合朝阳发展定位，特别是结合推进京津冀一体化、服务保障“两项重大任务”等全区中心、重点工作开展学习，重点在深入调整疏解非首都功能、治理“城市病”、提升城市发展和管理水平等方面进行研讨。坚持边学边思、活学活用，以“三严三实”的要求谋划推动工作，深化“用权为民”的思想认识，打破“一亩三分地”的思维定式，增强担当意识、研讨改进措施、明确发展方向，提出了“新常态、高精尖、京津冀”这三个区域发展关键词，增强了学习教育的实际效果，力争在实际工作中创造经得起实践、人民、历史检验的实绩。在区委常委会的带动下，全区各单位坚持以专题教育提升认识、指导工作，加强对本地区、本部门发展阶段、目标战略的思考研究，做到专题教育与重点工作“两不误、两促进”。区委通过分系统召开专题教育座谈会、组建调研组全面走访调研等方式，深入总结以“三严三实”指导工作的典型经验做法，发现工作偏差，指出改进方向，实现了对全区147家单位的督促指导全覆盖。充分发挥先进典型的引领作用，发掘选树典型单位19家，加大宣传力度，在全区营造了自觉践行“三严三实”的良好氛围。

二、突出学改结合，强化问题导向，从严从实查摆整改问题

区委把深入查摆问题、推动整改落实作为开展专题教育的关键任务。严格按照中央和市委要求，从问题入手，把“不严不实”问题查出了多少、改正了没有，作为检验专题教育成效的关键。坚持学查改并行，结合教育实践活动整改工作，明确整改要求，即知即改、立行立改，破立并举、注重长效，真正把整改问题的成果显现出来、固化下去。

一是全面查摆问题，高质量建立问题清单。区委常委同志坚持把查摆不严不实问题与推进京津冀一体化、服务保障“两项重大任务”等全区中心、重点任务和分管工作实际相联系，坚持把自己摆进去，把部门职能和岗位职责摆进去，深入剖析思想根源，实事求是地列出各项问题的具体表现，共查摆出不严不实问题66条，每位常委同志不低于6条，并逐条提出整改措施，明确整改责任和整改时限。在区级班子的示范带动下，全区处级干部深入查摆不严不实问题，共有998名处级干部梳理出不严不实问题4064项，其中立行立改项目2530项，中长期整改项目1534项。区委协调小组严把质量关，对处级干部问题清单进行了综合分析，确定了不符合查摆要求的3类问题863项，并逐一反馈至干部本人，督促其限期重新梳理。针对一些班子和干部不够重视、不够聚焦、不够深入的问题，进行有针对性的督促提醒，确保干部端正认识、不走过场，真正查实找准不严不实问题。

二是把握关键环节，高质量开好民主生活会。区委把专题民主生活会看作政治生活中的大事，加强统筹谋划，切实把工作重心转移到民主生活会上来。围绕广泛征求意见，区级领导每人前往基层联系点开展一次调研，主持一次座谈会，走访一位老同志，结合发放征求意见表、设置意见箱、开通热线电话等方式，向各层面征求意见建议，真正把不严不实问题、关系群众切身利益问题和基层基础方面的薄弱问题收集上来。围绕深入谈心谈话，区委坚持《常委同志集中开展谈心谈话工作制度》，集中安排一天时间开展“谈心日”活动，按照“三必谈”的要求，开诚布公地交流思想。特别是对民主生活会上拟开展互相批评的问题，进行充分沟通和交换意见，真正谈透问题、消除隔阂、形成共识。围绕撰写对照检查材料和发言提纲，常委班子召开“会诊”会，对班子存在的问题逐项议深议透，充分剖析问题根源，常委同志对号入座、对班子的问题主动认领，体现到个人发言提纲里。区委成立巡回指导组，全程指导处级班子的民主生活会，严把质量关，推动各项任务要求落到实处。

三是整合工作力量，高质量推动整改落实。根据区级班子不严不实问题清单，确定立行立改、近期和中长期三个类别的整改项目，按照有先有后、先易后难的原则，区别情况、分类整改，目前常委班子的66条不严不实问题，有49条已经整改落实到位。对照上年度民主生活会确定的整改方案，区领导专题调度、全程跟踪督办，加强统筹协调、凝聚整改合力。出台《关于建立发现问题与解决问题统筹联动工作机制暂行办法》，健全区、街乡、社区（村）三级联动整改机制，形成党委、政府、多方主体共同协商、共同参与、共同整改的工作格局，协同解决好基层反映的突出问题。注重开门搞整改，把群众满意作为第一标准，充分听取群众意见，请群众参与方案制定、制度出台过程，向群众公开整改措施、内容，并做出承诺，接受群众监督。目前，上年度区委常委班子确定的20项整改任务，有14项已经完成，其余6项正按照整改计划实施；计划年内完成的44项区级上下联动整改任务已完成42项，确保了上年度民主生活会整改方案的严格落实。

四是立足常态长效，高质量抓好建章立制。把制度建设作为解决不严不实问题的关键之举，按照于法周延、于事简便的原则，针对整改落实过程中的突出问题，建立健全切实可行、指导力强、衔接配套、长期管用的制度体系，用制度巩固整改成果。组织开展全区制度大检查，围绕形成“134N”制度体系的目标，集中清理1978年以来718件党政规范性文件，制定《朝阳区改进作风制度建设计划》，确定69项制度建设任务，截至目前已完成53项，根据工作实际调整7项，其余9项正严格按照计划抓紧推进。始终把制度执行作为抓执行力建设的重要内容和直接检验。畅通信访、新闻、网络、电话等监督渠道，让群众监督制度的执行情况。加大问责力度，对制度执行不力的行为坚决依法严肃处理，确保制度发挥作用、落实到位。

三、突出学知结合，强化遵规守纪，从严从实铸就过硬作风

区委把加强作风建设、提升执政能力作为开展专题教育的重点任务。将专题教育与“党要管党、从严治党”结合起来，着力在党政领导干部队伍中筑牢“三种意识”，即底线意识、法治意识和政治规矩意识，促使广大领导干部知法纪、明规矩，在专题教育中进一步深化作风建设。

一是从严树立底线意识，完善惩防腐败体系。区委坚持把树立底线意识，筑牢思想防线作为专题教育的重要内容，将党风廉政建设列入常委会职责，放在治区理政全局中系统研究设计，梳理区级班子成员落实党风廉政建设责任制职责清单。定期召开反腐败协调小组会、预防腐败工作联席会，构建惩防并举机制，开展处级和科级干部等人员任职前廉政法规知识测试。完善基层党风廉政建设“1+6”工作体系，实现了纪检监察组织对全区党政机关全覆盖和党风廉政建设责任全覆盖。开展村级经济活动、规范财政资金、招投标和工作作风纪律（为官不为、为官乱为）四个专项治理行动，实施专项巡察，认真查办市委巡视组交办的问题线索，加强纪律审查，特别是对涉及“不作为、乱作为”问题的7人予以责任追究，其中3人予以党政纪处分。今年以来，全区新立案件77件，同比大幅上升；给予党政纪处分56人，移送司法机关3人，有力推进了党风廉政建设和反腐败斗争。

二是从严树立法治意识，全面推进依法治区。区委把专题教育作为增强干部队伍法治意识，适应依法治国要求的重要契机，坚持依规治党、依法行政，促进法治中国首善之区建设。修订了区委常委会和区人大、区政府、区政协党组议事规则，制定常委会《关于加强自身建设的意见》，修订完善了区级领导班子“三重一大”、区级领导直接联系群众、区四套班子工作统筹等相关制度，不断提高区级班子依法履职水平。研究制定领导班子整体运行规则工作意见和强化民主集中制的意见，明确处级领导班子的工作职责。完善党委议事决策制度，规范各级党政主要领导的职责权限，探索推行权力清单制度，特别是针对“一把手”权力的正确行使，强化权力运行制约和监督，完善自上而下、自下而上和班子内部的民主监督机制，促进领导干部依法依规履行职权，有力保障了“严以用权”的切实落地。

三是从严树立政治规矩意识，巩固科学用人导向。坚持区委提出的“四个坚决不允许”，明确遵守政治规矩的标准和要求，并运用到干部教育培训、提拔任用和管理监督工作中，引导干部积极转变作风、从严树立政治规矩意识。对照习近平总书记提出的“20字好干部标准”，结合朝阳区发展阶段的需求，区委提出“听指挥、敢担当、肯实干、真为民、严操守”的朝阳好干部具体要求，旗帜鲜明地号召干部做什么人、倡导什么标准，并把这一要求作为考察考核班子干部的重要依据，作为选贤任能的重要准则，使广大干部行动有标准、努力有方向。注重综合分析班子干部情况，统筹干部队伍的整体发展和均衡储备，开展街乡、企业助理选拔，加强年轻干部培养，推进干部交流轮岗，全年共讨论决定处级干部任免306人次，进一步加强了领导班子和干部队伍建设。加大选人用人监督力度，健全“带病提拔”倒查机制，完善12380举报受理平台，严格落实谈心谈话、诫勉和函询制度，健全干部问责制度，问责并组织调整5名处级干部，推动了从严管理、从严监督落到实处。

四、突出学用结合，强化群众观念，从严从实推动科学发展

区委把转变发展思路、提升发展质量作为开展专题教育的核心任务。坚持把开展“三严三实”专题教育与做好当前改革发展稳定各项工作结合起来，与人民群众满意衔接起来，以党建为引领，加快破解区域发展难题，全力推进功能首都化、环境宜居化、城乡一体化、民生优质化建设，确保“十二五”规划圆满收官，全面推进“十三五”科学发展。

一是聚焦党建引领，从实推动基层党组织建设。区委坚持以开展专题教育推动党建主体责任落实，把抓好党建作为最大的政绩。常委会多次专题听取党建工作有关情况汇报，共研究党的建设类议题50余个。建立区委党建工作例会制度，今年以来召开区委党建工作例会6次，定期研究沟通党建重点工作，进一步完善决策服务。深入开展党组织书记抓党建工作和履行主体责任述职评议考核工作，区—街乡—社区（村）三级基层党建工作实现联述联评联考。以“一轴四网”区域化党建工作体系建设为抓手，大力推进基层服务型党组织建设，开展区域化党建试点，探索“一家统筹、多方服务，条块结合、齐抓共促”的非公党建工作体系，390个社区、154个村党组织完成换届，62个软弱涣散基层党组织基本实现转化，基层党组织经费保障标准全面提高，组织运转能力进一步加强，党建基础工作水平得到了全面提升。

二是聚焦破解“大城市病”难题，从实推动非首都功能疏解。区委把高质量推进非首都功能疏解，作为“三严三实”的生动实践。聚焦“京津冀协同发展”，区领导开展专题调研16次，领导批示23条。在区委十一届十次全会上，把贯彻京津冀协同发展规划作为全区当前的头等大事和中心工作，认真研究制定相关对接落地措施。突出先“舍”后“得”，出台《农村地区产业准入标准的指导意见》，安排5亿元专项保障资金，从源头上推进非首都功能疏解。上半年全区共腾退建筑面积269.3万平方米，减少从业人员5.7万人，截至目前已清退有形市场32家，再生资源回收场站22家，拆除出租大院79家，工业污染企业41家，其中西直河石材市场拆除腾退工作得到了市领导的高度肯定。通过推动功能疏解，促使全区领导干部增强了发展责任感和历史使命感，强化主动担当，杜绝消极推诿、不尽责现象，有力推动了“三严三实”入脑、入心、入行动。

三是聚焦服务保障重大任务，从实推动城市管理精细化。区委把“两项重大任务”服务保障工作把作为检验“三严三实”专题教育成效的平台，从严从实落实服务保障任务。区委常委深入一线摸实情，带头抓好工作落实，严格按照“三严三实”要求，积极克服有办大事经验的麻痹思想，防止工作方案与工作实际脱节，做到对整体目标清、重点任务清、社会资源清。充分发挥朝阳区社会动员工作优势，广泛动员辖区居民、社会单位、社会组织等志愿者参与两项重大任务服务保障，确保了服务保障工作运转有序。利用“两项重大任务”契机，建立分区域、分类、分层的城市管理服务模式，探索城市管理网、社会服务管理网、社会治安网三网融合发展，提升了社会治理创新水平。加强城乡环境治理，全区共拆除违法建设203.5万平方米，在重大任务中历练了干部队伍，推动了专题教育中突出问题的有效整改。

四是聚焦服务群众需求，从实推动和谐宜居建设。区委把群众满意、民生幸福作为开展专题教育的根本任务和最终目标，牢固树立“创新、协调、绿色、开放、共享”的发展理念，统筹推进党政群共商共治工程，主动对接群众需求，群众对什么问题反应强烈就改什么，群众需要什么就做什么。坚持需求导向、多方协同，统筹推进民生建设，健全面向实有人口、城乡一体化的基本公共服务体系，全面完成“十大民生工程”。以“一绿”城市化试点为龙头，统筹推进棚户区改造、重点村后续建设、安置房建设和新农村建设，目前“一绿”试点乡实现腾退66.41万平方米，9个重点村剩余拆迁任务基本完成。深化教育学区化综合改革，教育水平进入全市先进区县行列；完善分级诊疗模式，积极推进医养结合试点；持续提升具有朝阳特色的现代公共文化服务体系。进一步完善群防群治新模式，深入开展提升群众安全感工作，“朝阳群众”在平安建设中的突出作用受到社会好评。通过不断听民意、解民忧、惠民利，在建设和谐宜居朝阳的进程中深入检验专题教育的实效。

大 事 记

2015年朝阳区大事记

1月

4日 区首次开展专题述廉会。专题听取涉及人、财、物和工程项目等重要单位“一把手”述廉。述廉会分部门述廉、现场询问、工作点评、领导讲评、综合评议5个环节，同时，现场开通《廉政朝阳》政务微博，接受网友的提问。这次述廉邀请区房管局、区民政局等主要领导述廉。

5日 朝阳区全民健身电子地图正式上线（网址：http://tyj.bjchy.gov.cn）。地图涵盖区43个街乡14081件健身设施和590支健身队伍信息。

△ 孙河乡在文化部2014—2016年度“中国民间文化艺术之乡”命名颁牌仪式上获“中国民间文化艺术之乡”称号。是朝阳区首获此称号。

6日 区委召开第十一届九次全体（扩大）会议。区委书记程连元代表区委常委会作工作报告，区长吴桂英主持会议，佟克克、辛燕琴等区四套班子领导出席会议。

12日 在北京会议中心召开政协北京市朝阳区第十二届委员会第四次会议。市政协副主席沈宝昌，程连元、吴桂英、佟克克、辛燕琴等区四套班子领导出席会议。大会选举谢莹为区政协主席。

13日 在北京会议中心召开朝阳区第十五届人民代表大会第五次会议。程连元、吴桂英、佟克克、辛燕琴等区四套班子领导出席会议。

21日 中国社会工作协会社区社会工作培训基地在奥运村街道揭牌。是全国首家社会工作者培训基地。

是月 区地震局代表北京市地震系统在2014年度全国地市防震减灾工作综合评比中，获“全国地市防震减灾工作综合评比先进单位”。

是月 区印发《朝阳区国际高端商务人才服务支持工作暂行办法》《朝阳区商务人才培训工作暂行办法》。重点为商务服务人才、国际金融人才、文化商务人才、科技商务人才、国际贸易人才、商务旅游人才等6类重点商务人才提供服务与支持。

2月

9日 区召开统筹城乡经济社会发展加强城市管理安全生产工作会。区委书记程连元强调，面对新形势、新任务、新要求，要正确处理好八个关系，进一步坚定信心，增强斗志，提振精气神，奋发有为地推进各项建设。区长吴桂英主持会议，谢莹等区四套班子领导出席会议。

10日 区长吴桂英会见韩国国务院原总理郑云灿带领的韩国企业代表团一行。双方就推动韩国企业在朝阳区发展进行交流。副区长张维刚参加会见。

是月 朝阳区在全市首个推出“全城通办辅助提示系统”。系统可实时查询办税服务厅内各项业务排队情况。

是月 在朝阳区文化馆启动2015年首都市民系列文化活动。举办抗战胜利70周年系列宣传教育纪念活动。

是月 由专业社会组织承接的朝外统计事务所正式成立。这是全市首个街道层面的统计事务所。

是月 由区委宣传部、区精神文明建设委员会办公室和区广播电视新闻中心联合出品的系列喜剧微电影——《孔子加油》，正式启动故事和演员征集活动。是国内首部由百姓参与的系列喜剧微电影。

是月 朝阳区委教工委、区教委研发全市首套学生法制读本并形成校本课程。

3月

12日 成立以中国医学科学院肿瘤医院为核心，与区疾病预防与控制中心等7家医院和小红门等6家社区卫生服务中心组成的朝阳区肿瘤防治医联体。此为区继朝阳区儿童（首都儿科研究所）医联体成立后的第二个专科医联体。

18日 区启动“首都绿化美化花园式社区”创建工作。年内，创建6个花园式社区。

23日 由朝阳区社会志愿者公益储蓄中心推出“万星万家公益家庭”系列活动正式启动。首批推出24户公益家庭。“帮扶社区弱势群体项目”获评2014年首都学雷锋志愿服务金牌项目。

28日 区“青年工程师俱乐部”系列活动之“798创意者之家”落户798艺术区。

是月 位于大望京科技商务创新区629地块的浦项中心项目正式投入使用。项目占地面积2万平方米（其中地上建筑面积10万平方米，地下建筑面积6.3万平方米），主要包括5A级写字楼、会议、商业、餐饮等功能，为韩国浦项制铁集团公司（POSCO）投资建设的国际化科技商务中心。

是月 劲松老年家园成为全市首家“阿尔茨海默症”养老机构。

是月 开通政府公益性招聘网站的朝阳职介招聘网。网站采取线上联系、线下交流，全程专员式服务的工作模式，免费提供职业指导、就业推荐、相关培训等服务。

4月

3日 中共中央总书记、国家主席、中央军委主席习近平到朝阳区孙河乡参加首都义务植树活动。李克强、张德江、俞正声、刘云山、王岐山、张高丽等党和国家领导人参加活动。

14日 区开展“学党纪知党规促廉洁”主题教育活动。区纪委、区委组织部组织处级领导干部首次进行廉政法规知识测试。

16日 区完成残疾人服务和需求入户登记与数据录入工作。45043人参加调查，调查员入户率达95.09%，数据差错率

0.22%。

是月 朝阳区张德庆入选“首都十大教育新闻人物”。

是月 朝阳区融创动力科技文化创意产业基地、极地国际创新中心2家孵化机构在北京市促进众创空间建设推进会上，授牌为首批10家市级“众创空间”成员单位。

是月 潘家园医院等8家社会办医机构转建为社区医院。职称和人才评定与公立医疗机构待遇相同，同时区成立非公有制医疗机构协会进行监管。

5 月

1日 刘黎等4人在全国劳动模范和先进工作者表彰大会上，获全国劳模和全国先进工作者称号。

7日 作为全国首个社会化养老服务指导中心的朝阳区养老服务指导中心开通养老服务热线（96038），养老服务网（http://www.96083yl.cn）也正式上线。

9日 区教委主办全国首个社区青少年7人制足球对抗赛。同时，设亲子趣味足球赛和个人足球技巧赛两个项目。

11日 在朝阳区北京民俗博物馆挂牌成立北京妈祖文化交流协会。

14日 市委书记郭金龙到朝阳区调研。强调，在疏解非首都功能中“瘦身健体”谋发展。市长王安顺一同调研。区领导程连元、吴桂英、谢莹、陈宏志、陈涛陪同调研。

20日 朝阳区妇女维权宣讲团正式成立。宣讲团由18名多年从事法律工作的女律师组成。

△ 四惠至天津机场大巴开通。接驳巴士全程行驶约2小时。

是月 朝阳区在全市建成首个“国土资源违法综合管理系统”。该系统集成卫星、电话举报、微信、媒体曝光示等多种手段，建立违法占地违法建设的发现、核查、处置、验收、销案，并辅以监察、督办的闭环管理系统。

是月 朝阳区首批国际高端商务人才评选认定工作正式启动。认定20名商务精英和50名青年人才。

6 月

1日 “朝阳普法”微信公众号正式上线。包括“关注”“听案”“服务”“身边”和“学法”五个主要模块。

4日 区养老综合服务APP正式上线。提供服务购买、远程定位、一键拨号等掌上业务。

9日 区档案局（馆）与中国人民大学信息资源管理学院共同建立的教学科研实践基地落户朝阳。

11日 区召开党政群共商共治区级民主协商会。22名议事代表通过民主协商确定建设2个停车自治管理小区和7条背街小巷环境整治项目。

12日 北京798艺术中心首个京外展示窗口——贵阳北京798艺术区揭牌暨开幕展在贵阳市云岩区中天未来方舟举行。

13日至14日 在朝阳文化馆举办“2015社会创新周”。由朝阳文化馆与清华大学合作的“参与式工作坊”揭牌成立。

19日 北京支部生活基层党建工作站正式落户八里庄街道。

是月 区推出全市首个“外资审批自助申报系统”。审批时间缩短至5个工作日。

7 月

3日 中信国安京津冀三地创客空间签约启动仪式在朝阳区举行。国安创客位于北京、天津与河北廊坊的孵化基地同时揭牌。

△ 区召开社会组织参与社会治理工作汇报会。2015年区级购买服务项目298个。

8日 国家知识产权局授牌朝阳区为国家知识产权示范城市（城区）。是目前全国唯一直辖市所辖区中的国家知识产权示范城市（城区）。

10日 朝阳区第一支艺术家文化志愿者服务队宣布成立。首批志愿由李光曦、谢芳、卞小贞等21名老艺术家组成。服务队根据区43个街乡2000余支基层文化队伍需求，开展艺术辅导培训、指导作品创作、慰问演出等志愿服务。

15日 召开区委召开第十一届委员会第十次全体（扩大）会议。程连元、佟克克、吴桂英、辛燕琴等区四套班子领导出席会议。

23日 世界卫生组织助理总干事奥利格·柴斯洛夫到劲松社区卫生服务中心参观考察。了解北京市及朝阳区的健康促进及重点公共卫生工作开展情况。

25日至26日 全区完成第九届社区居委会换届选举集中投票工作，386个社区完成选举工作。区领导吴桂英、佟克克、陈宏志等分别到社区投票现场观摩指导。

29日 程连元调任云南省昆明市委书记。

30日 区人大召开第十五届人民代表大会第六次会议。吴桂英、佟克克、谢莹等区领导参加会议。

是月 程连元获全国优秀区县委书记称号。

是月 新媒体国际孵化平台——北京新媒体加速器正式落户位于CBD核心区的北京国家广告产业园。平台由启迪传媒集团与北京国际广告传媒集团（京广传媒）共同设计完成，为中国新媒体产业构建从CBD一站式联通亚洲乃至全球的众创通途。

是月 朝阳区2015年中考总平均分和综合优秀率位居全市第二，文化课综合及格率连续三年位居全市第一。

是月 朝阳“三严三实”专题教育微信公众平台上线。

8 月

11日 故宫博物院精品文物馆在北京奥林匹克塔开馆，面积700平方米。是故宫博物院首次在红墙外设置分馆，常年展出精品文物。

12日 区检察院召开公布《朝阳区职务犯罪侦查与预防工作白皮书》发布会。白皮书首次以规范化报告的形式，将朝阳职务犯罪侦查和预防工作向社会公布。

22日至30日 2015北京国际田联世界田径锦标赛在国际体育场举行。207个国家和地区的近2000名运动员参加比赛。朝阳区完成世锦赛训练服务保障任务。接待123个国家和地区运动员4912人次。

29日 朝阳区与唐山市签订人才合作框架协议。朝阳区为唐山市建立适应转型升级人才工作平台提供支持，同时开展多层次人才培训项目，共享人才培训资源。

是月 全国首家特许经营公立医院安贞国际医院落户东坝。

是月 区完成年度首批限价商品住房公开选房配售工作。1806户家庭选定住房。

是月 《中国共产党北京市朝阳区历史大事记（2001—2013）》出版发行。

9 月

7日 朝阳图书馆获全国性奖项——“2014年全民阅读先进单位奖”。是北京市唯一获此殊荣的单位。

10日 安贞街道养老自助售餐机正式上岗。是市首次尝试在社区养老服务模式中应用智能自助终端。

11日 中共北京市委决定：吴桂英任朝阳区委书记。

14日 2015年区启动老旧小区综合整治工程。工程涉及21个街道327.29万平方米，任务量居全市各区县首位。

16日 朝阳区与云南省昆明市正式签署友好市区合作协议。昆明市领导程连元、李文荣，朝阳区领导吴桂英、陈宏志等出席签约仪式。

△ 位于CBD东侧的东区儿童医院（北京儿童医院双井分院）正式开诊，弥补了东三环外无儿童医院的空白。

18日 区认定首批66名高端商务人才，包括商务精英和青年英才两类，涵盖国际金融、文化商务、科技商务等高端领域。

19日 中国传媒大学与朝阳区联合举办首届国家文化产业创新实验区高端峰会（2015）。

29日 举行"北京秀水街市场离境退税商店启动仪式"。秀水街成为朝阳区首个离境退税市场。首批30家商户正式成为"退税商店"，占北京市整体"退税商店"数量的20%。

是月 区8人获市级非遗代表性传承人。包含音乐、体育、游艺、美术等6大类别。

是月 区设立全市首支城乡结合部产业引导基金。基金由北京市政府、朝阳区政府、朝阳区国有企业和乡集体企业共同出资。

是月 朝阳区家居建材人民调解委员会在十里河建材街的闽龙广场成立。委员会由朝阳区消费者协会组织建立，是全市首家区县级专业调解委员会。

10 月

9日 市长王安顺到区检查重大基础设施投资建设。

10日 区启动全国精神卫生综合管理试点工作。

11日 由外交部部长王毅夫人钱韦发起的第七届"大爱无国界"国际义卖活动在中国国家体育场室外热身场举行。69家驻华使馆和国际组织驻华机构代表，以及11家国内企事业单位参展，吸收上万名社会各界人士参加，筹得善款200余万元。

13日 朝阳区金九皋、苏士龙获第五届全国道德模范提名奖。

18日 区举办首届职工运动会。市总工会党组书记、副主席曾繁新，吴桂英、佟克克、谢莹等区四套班子领导参加开幕活动。130支代表队近4000名朝阳职工运动员参加运动会。

23日 北京市首个社会创新孵化园在豆各庄地区正式启用。

24日 北京首家社区图书馆英文阅览室落户朝阳区垡头文化中心。

25日 首届全球大学生电影节在北京电影学院文创园正式启动。

28日 北京市首家地区级艺术团——筑梦艺术团在垡头地区文化中心成立。

30日 全市首个影视及文化产品公共保税仓库项目——红庄·国际文化保税创新园落户于国家文化产业创新实验区。园区将于2016年投入使用。

是月 区开通"四风问题一键拍"手机客户端举报专区。用手机扫描"四风问题一键拍"二维码即可下载使用。网址：http://www.chyjw.gov.cn/jw/index_123.htm 或 http://www.chy.gov.cn。

11 月

12日 区十五届人大常委会第二十九次常委会召开，会议决定任命王灏为区政府代区长。

△ 北京市第一中西医结合医院正式挂牌"三级甲等"医院，成为区首家区属三级甲等医院。

20日 在第三届北京朝阳海外学人创业大会（OTEC）峰会上，朝阳区海外学人创新创业空间联盟正式揭牌成立。联盟将为处于创业阶段的海归创业者提供包括整合创业服务组织，将创业空间的地理位置、进驻手续、租金、政策优惠等资料集中分类整理等服务。

27日至28日 在第19届北京·香港经济合作研讨洽谈会（京港洽谈会）上，朝阳区首次向香港政府与企业介绍国家文化创新产业实验区，并与三家企业签署战略合作协议，签约额居全市之首。

30日 工商朝阳分局获第二届"中国商标金奖""商标保护奖"。

是月 区教委自主研发的互联网+教育平台"朝阳e学习"APP软件在安贞、麦子店、南磨房、来广营四个试点街乡正式上线。

是月 莱锦文化创意产业园入选首批"市级文化创意产业示范园区"。是朝阳区首个市级文化创意产业示范园。

是月 由朝阳区文化馆出品的电影短片《吉日安葬》连获釜山国际电影节亚洲最佳短片提名奖、台湾金马奖最佳创作短片提名奖、亚洲大学生电影节最佳剧情短片二等奖等奖项。是朝阳区文化馆致力于多媒体时代文化馆建设、作为出品方推出的首部电影。

是月 区完成28个老旧小区准物业管理建设项目。城区181个老旧小区实现准物业管理全覆盖，10.67万户居民从中受益。

12 月

2日 全国人大副委员长、民进中央主席严隽琪带领民进中央调研组到垡头地区文化中心参观调研朝阳区公共文化建设。

4日 中国出版创意产业基地A区项目奠基动工。基地东至垡头西路、西至东四环窑洼湖桥，建造出版产品及有关链条发展。

12日 洪泰创新空间青年就业创业见习基地正式揭牌。朝阳区年内新增5家青年就业创业见习基地，累计建立见习基地85家，提供人力资源、技术开发等类别见习岗位6000余个，为12302名青年提供见习机会。

18日 昆明呈贡青苗国际双语学校正式揭牌。是朝阳区与昆明市首个教育交流合作项目，也是朝阳区优质教育资源首次向昆明输出。

21日 区确定"王友仁名老中医工作室"和"王道坤名老中医工作室"作为区第三批中医药薪火传承工程名老中医（药）传承工作室，落户北京市第一中西医结合医院。

22日至23日 召开区委召开第十一届十一次全体（扩大）会议。审议通过区委《关于制定朝阳区国民经济和社会发展第十三个五年规划的建议》和《中共北京市朝阳区委十一届十一次全体（扩大）会议决议》。吴桂英、王灏、佟克克、谢莹等区四套班子领导出席。

是月 由科技企业孵化器、创新型孵化器、众创空间、产业园区、大学科技园、留学人员创业园等73家单位组成的朝阳区科技企业孵化器联盟正式成立。

是月 朝阳路成为全市首条无"开墙打洞"示范路。清除朝阳路西段约5公里368家开墙打洞底商。

是月 朝阳区13名社区带头人获评"全国模范小巷总理"。

政党　团体

中国共产党北京市朝阳区委员会

概　述

2015年，中共朝阳区委，贯彻落实十八大以来系列重要会议精神和习近平总书记视察北京重要讲话精神，按照市委十一届七次、八次全会的各项决策部署，围绕区委总揽全局、协调各方，稳中求进、奋发有为，完成全年各项任务目标，确保“十二五”规划圆满完成。

深入落实首都城市战略定位，统筹推动区域转型发展。把学习贯彻《京津冀协同发展规划纲要》和北京市《贯彻意见》作为首要政治任务，带领全区一手抓疏解，一手抓提升，服务大局、补齐短板、促进发展。坚持先“舍”后“得”，打出一系列政策组合拳，“收、调、拆、建、管”并举，全年清退有形市场53家，拆除废品回收场站23家，拆除出租大院96家，退出工业污染企业41家，拆除腾退面积286.4万平方米，西直河石材市场拆除腾退经验在全市推广。调减流动人口22.4万人，疏解非首都功能取得积极进展。坚持稳中求进，主动适应经济发展新常态，全年全区实现地区生产总值4640亿元，同比增长7%；完成一般公共预算收入448亿元，同比增长8.8%；城乡居民收入同比增长8%；万元GDP能耗完成市级下达任务。着力构建“高精尖”经济结构，稳定存量、引进增量，商务、金融、文化创意、高新技术等重点产业的支撑和引领作用更加凸显，金融和商务服务业在区级财政收入中的比重达到35.6%，同比提高6.7个百分点，经济发展质量和效益不断提高。CBD、奥运、中关村朝阳园等功能区发展品质进一步提升，国家文化产业创新实验区建设加速推进，示范作用不断增强。区属国有企业分类监管稳步推进。重点领域改革不断深化。

加快推进“一绿”试点建设，积极探索农村城市化路径。坚持“六位一体”，破解城乡结合部发展难题，基本完成“一绿”6个试点乡年度“851”建设任务，拆迁352万平方米、调减流动人口7万人、实施绿化233.33公顷、整建制转居1.6万人，4个安置房、11个产业项目陆续开工建设。剩余13个乡城市化建设方案初步形成。奶东、白墙子等村拆迁腾退加快推进，完成9个重点村剩余拆迁和绿化任务。完成来广营、东坝、黑庄户3个乡29个村的产权制度改革，确定“一绿”6个试点乡产权制度改革实施路径和操作方式，农村地区发展潜力不断释放。

准确把握未来发展形势，科学谋划“十三五”发展。坚持把方向、抓大事、谋全局，把“十三五”规划的研究编制作为年度工作的重中之重。聚焦“十二五”规划目标，严格落实责任，加强督办检查，全力推进“双十工程”建设，确保“十二五”规划各项任务全面完成，为“十三五”发展创造了良好条件。加强区级统筹，成立四套班子一把手任组长的规划编制领导小组，紧紧围绕首都“四个中心”战略定位和建设国际一流的和谐宜居之都目标，主动融入京津冀协同发展大局，深入研究功能疏解、“大城市病”治理、民生改善等重点问题，提出一系列指导性的思路和意见。坚持开门编规划，通过集中研讨、专家座谈、网上建言献策、问卷调查等多种方式，广泛听取意见，凝聚各方智慧，深刻认识未来五年形势的新变化、发展的新定位、工作的新要求，研究起草区委《关于制定朝阳区国民经济和社会发展第十三个五年规划的建议》，科学指导规划纲要编制工作。

以服务保障“两项重大任务”为契机，促进和谐宜居建设。传承奥运经验、坚持首善标准、落实属地责任，高水平完成中国人民抗日战争暨世界反法西斯战争胜利70周年纪念活动和第十五届世界田径锦标赛服务保障任务。聚焦“两区、两环、四线、多点”，深化环境建设分区域管理，加快广渠路二期等市政基础设施建设。加强市容市貌、空气污染、水环境治理，提升绿化美化品质，区域环境质量持续改善。顺利通过“全国双拥模范城”考评检查。公共文化服务体系和文明城区常态化建设迈上新台阶。保持拆违控违高压态势，对新增违法建设“零容忍、零增长”，整治存量违法建设，拆除违法建设380万平方米。坚持重统筹、保基本、促均衡，促进教育卫生优质均衡发展，创新就业和养老服务，加大老旧小区综合整治和棚户区改造力度，社会民生持续改善。深化党政群共商共治，推进全国社区治理和服务创新实验区建设，探索城市管理网、社会服务管理网、社会治安网“三网”融合发展，提升基层治理水平和服务能力。坚持从维稳向创稳转变，强化“底线”“红线”意识，建设全范围覆盖的立体化防控体系，深化社会动员、点面结合、专群结合的工作模式，全力维护社会和谐稳定。

全面落实管党治党责任，提高党建科学化水平。加强自身建设，扎实组织推进“三严三实”专题教育，带头严肃政治生活、讲专题党课、抓学习研讨，引导党员领导干部深化认识、坚定信念，自觉践行“三严三实”要求。把开展“三严三实”专题教育与群众路线教育实践活动整改落实、巡视整改工作结合起来，围绕“三个着力解决”，边学边改、立行立改、联动整改，确保取得看得见、摸得着的实效。召开人大、群团和统战工作会议，制定区委《关于进一步加强和改进全区人大工作的若干意见》《关于加强和改进党的群团工作的意见》，凝聚强大的发展合力。加强落实党建工作责任制，建立区委党建工作例会制度，促进谋党建、抓党建、管党建常态化、制度化。加强以领导班子为重点的思想政治建设，强化党委意识形态工作责任。开展区域化党建工作试点，构建“一轴四网”工作体系，重点推进“两新”组织党建工作。完善基层党建考核评价机制，实现区—街乡—社区（村）三级基层党建工作联述联评联考。完成390个社区、154个村党组织换届工作，50%的基层党组织基本建成服务型党组织，62个软弱涣散基层党组织实现整顿提升。基层党组织经费保障标准全面提高，组织运转能力进一步增强。统筹干部队伍的整体发展和均衡储备，配齐配强二级班子党政正职，面向全区选拔57名优秀年轻干部到街乡、企业担任助理，推进干部交流轮岗，整体优化各级领导班子结构。全年讨论决定干部任免365人次。加大选人用人监督力度，健全带病提拔倒查机制。严格落实谈心谈话、诫勉和函询制度，完善干部问责制度，问责并组织调整5名处级干部。加强新形势下发展党员和党员管理服务工作，实施党员意识提升行动和教育培训支持计划，组织处置党员19名。加强京津冀区域间人才交流合作，成立CBD商学院联盟和商务人才俱乐部，高层次人才集聚态势进一步凸显。加强党风廉政建设，以制度约束、责任追究为重点落实党委主体责任，以守纪律、讲规矩为重点加强纪律建设，以防止“四风”问题反弹为重点正风肃纪，以严格纪律审查为重点惩治腐败，以组织制度创新为重点强化党内监督，以深化“三转”为重点加强纪检监察机关自身建设。完善基层党风廉政建设“1+6”制度体系，明确“一清单三规定两办法”，构建以专题述廉为载体的纪委全委会监督机制、以问题线索为载体的函询机制、以廉情分析为载体的预警机制。开展财政资金使用、农村经济活动、工程建设和招投标、“为官不为”“为官乱为”等专项治理行动。运用新媒体手段，畅通监督渠道，深化“四风”问题整治。加强纪律审查，全区共立案106件，给予党政纪处分78人，移送司法机关4人，“两规”4人。

朝阳区面临的矛盾。一是功能疏解与经济发展平衡性的矛盾。即：稳增长与疏功能、调结构、转方式之间的平衡问题。二是人口规模与资源环境承载能力的矛盾。全区有四分之三的街乡人口处于密度过高状态，带来土地、能源等资源持续从紧，公共服务供需结构矛盾突出，生态环境压力持续加大，环境秩序管理任务艰巨。三是农村城市化与城市建设减量化的矛盾。随着首都城市增长边界的划定，新的城市开发建设模式的建立，对朝阳区提出用地减量的要求。四是区域发展短板与首都功能新要求的矛盾。在京津冀协同发展的大背景下，高水平建设市行政副中心，展示国际一流和谐宜居之都新形象。对照要求和目标，朝阳区基础设施薄弱、公共服务水平整体不高、生态建设相对滞后、城乡结合部整治任务重、环境秩序有待改善等问题将凸显。五是维护安全稳定与社会治理、城市管理能力的矛盾。高发展带来的高风险仍处于消化阶段，安全稳定形势依然严峻。出租大院、群租房、“三合一、多合一”场所数量多、隐患大，违法建设、违法施工、违章作业屡有发生。社会利益诉求多元，矛盾纠纷复杂交织，信访总量高位运行。相形之下，安全发展、依规发展的观念还不够强，社会治理和城市管理的长效机制尚未完全建立，有效的手段和方法还不多，做新形势下群众工作的能力有待提升，守好安全底线的压力仍然较大。

地址：日坛北街33号
邮编：100020
电话：65094217

（韩　旭）

主要工作和重大活动

【区委十一届九次全体（扩大）会议】　1月6日，召开区委十一届九次全体（扩大）会议，总结2014年工作，分析当前面临的形势，研究部署2015年工作。区委书记程连元代表区委常委会作工作报告。审议通过《中共北京市朝阳区委十一届九次全体（扩大）会议决议》。程连元强调，要奋发有为，率先作为，深入学习贯彻习近平总书记系列重要讲话和市委十一届六次全会精神，切实增强讲政治、讲原则、讲纪律的大局意识，准确理解和把握我国经济发展进入新常态的重大战略判断，全面把握和自觉遵循谋划、推动工作的内在规律，探索适应和引领新常态的实现路径。要抓牢基石，打牢基础，加强和改进基层党的建设，加强基层领导班子和干部队伍建设，支持和服务基层干事创业。要从严治党，管出成效。要严明党的纪律，抓长作风建设，坚守“两个责任”。

（韩青睿）

【人才工作会】　1月7日，召开人才工作会。区四套班子领导出席，区委副书记、区长吴桂英主持会议。区委常委、组织部部长张革作人才工作报告；区委常委、区委副书记、区委政法委书记陈宏志宣读认定决定。程连元代表区四套班子向认定人才表示祝贺，强调全区各级党委、政府和各部门、各单位要树立强烈的人才意识，重视人才，广纳人才。在整体规划、政策制定、推进实施上，加强引导、促进融合。要加快人才体制机制改革和政策创新，坚持党管人才原则，提升人才服务水平，营造良好的人才发展氛围，培育区域人文环境，服务好人才。

（韩青睿）

【纪委十一届六次全体会议】　2月6日，召开纪委十一届六次全体会议。市纪委副书记李振奇，区四套班子领导出席，吴桂英主持会议。区纪委常务副书记、区监察局局长刘丽平传达中纪委、市纪委全会精神；区委常委、区纪委书记宋铁健作工作报告。李振奇提要求。程连元强调，要坚定信念，保持良好的作风状态，要讲政治、严纪律、守规矩，顾全大局、勇于担当、真抓实干，发扬民主、团结协作、凝聚合力，相信群众、依靠群众、服务群众，坚持首善、改革攻坚、争创一流。要保持斗志，深入推进党风廉政建设和反腐败斗争，重点做到推动研究谋划到位，推动责任落实到位，推动干部监管到位，推动预防腐败到位，推动案件查办到位。要守住初心，做到不碰红线、不触底线，永葆共产党员的先进性和纯洁性。

（韩青睿）

【安全生产工作会】　2月9日，召开统筹城乡经济社会发展加强城市管理安全生产工作会。区四套班子领导出席，吴桂英主持会议。副区长张维刚部署经济发展重点工作和安全生产重点工作，副区长杨树旗部署环境建设和城市管理重点工作，区委常委、常务副区长甘靖中部署社会建设重点工作，区委常委、副区长陈涛部署农村城市化重点工作。程连元谈2014年对全区工作的感受和体会并强调，要坚定信心、保持清醒，加快破解发展难题，正确处理好服务全市大局和推进区域发展的关系，科学谋划“十三五”发展。正确处理好速度、质量、效益的关系，推动经济提质增效升级。正确处理好改革发展稳定的关系，加速破解农村城市化难题。正确处理好自身履职和全区协同的关系，提升城市管理和环境建设质量。正确处理好各项责任之间的关系，确保生产安全、公共安全。正确处理好党委、政府和社会的关系，推进社会治理创新。正确处理好依法依规与主动作为的关系，推进各项工作探索创新。正确处理好党的建设与各项业务之间的关系，提高党建引领能力。要鼓足干劲、攻坚克难，高水平完成各项工作任务，做到顾全大局、狠抓落实，加强统筹、系统推进，上下一心，守好底线。

（韩青睿）

【军政领导座谈会】 2月10日，召开迎新春军政领导座谈会。区领导程连元、吴桂英、陈宏志、张革、刘军胜、史连雪、张立新出席会议，陈宏志主持会议。程连元代表区委、区政府通报朝阳区2014年经济社会发展情况和2015年工作思路，并强调，要不断巩固和发展军政军民关系，加强军地之间的合作，全力做好服务保障工作，推动双拥工作在继承中创新、在创新中发展。

（韩青睿）

【老干部工作会】 2月12日，召开区老干部工作会。区领导程连元、谢莹、陈宏志、张革、刘军胜、苑文新出席会议，陈宏志主持会议。陈宏志传达全国“双先”表彰大会和北京市老干部工作会精神；张革作《学习贯彻全国离退休干部“双先”表彰大会精神，全面做好新形势下离退休干部工作》工作报告。程连元通报朝阳区2014年经济社会发展情况和2015年工作思路，并强调，要坚持以人为本、服务为先，以更高的政治自觉认识老干部工作，以更实的行动举措服务老干部，以创新精神加强和改进老干部工作。

（韩青睿）

【政法工作电视电话会】 2月27日，召开区政法工作电视电话会。区领导程连元、吴桂英、谢莹、陈宏志、陈涛、刘军胜、苑文新、杨树旗出席会议。杨树旗传达中央、市委政法工作会议精神；陈宏志作朝阳区委政法工作报告。程连元强调，做好政法工作，党委要坚持统揽全局、协调各方，提高对政法工作的领导水平；政法系统要敢于亮剑，当好党和人民的刀把子；政法工作要真抓实干、攻坚克难，提高工作的质量和水平；政法队伍要继续强化从严治警，深化政治、业务和作风建设。

（韩青睿）

【人大工作会】 3月19日，召开人大工作会。区领导程连元、吴桂英、佟克克、陈宏志、陈涛、张革、甘靖中、马继业、高岩、苑文新、张富生、朱春霞、常树奇、叶青出席会议，吴桂英主持会议。区人大常委会主任佟克克就《关于进一步加强和改进全区人大工作的若干意见》作说明。程连元强调，要认清形势、把握关键，坚持首善、主动作为，加强领导、有效履职，进一步做好当前和今后一个时期的人大工作。

（韩青睿）

【党建工作电视电话会】 3月25日，召开区党建工作电视电话会。区领导程连元、吴桂英、佟克克、陈宏志、陈涛、张革、宋铁健、甘靖中、马继业、刘军胜、高岩出席会议，吴桂英主持会议。区委常委、宣传部部长、区委办主任刘军胜部署宣传工作；区委常委、统战部部长、区直机关工委书记马继业部署统战工作；张革部署组织工作；陈宏志部署工会、共青团、妇联工作。程连元强调，做好新时期全区的党建工作必须认清形势，深刻把握全面从严治党的新要求，坚持同频共振，强化使命担当，着力固本强基，传承重要法宝。要在思想建设、组织建设、作风建设、制度建设、反腐倡廉建设等方面保持清醒，直面党建工作的不足与差距。要全面加强和改进党的建设各项工作，纪检工作要在落实责任上下功夫，组织工作要在夯实基层基础上下功夫，宣传思想工作要在主动作为上下功夫，统战工作要在同心向心上下功夫，群团工作要在强化功能上下功夫，区委各工委要在分类施治上下功夫，街乡基层党组织要在引领带动上下功夫，区委党建工作领导小组要在统筹协调上下功夫。

（韩青睿）

【工会工作会】 5月13日，召开区工会工作会。市总工会党组书记、副主席曾繁新，区领导程连元、吴桂英、谢莹、陈宏志、陈涛、马继业、史连雪、黄晓伟出席，吴桂英主持会议。区总工会党组书记、主席王文军作工作报告，部署今后五年工作；曾繁新提要求。程连元代表区四套班子肯定区工会5年来取得的成绩和突出特点，并强调，要认清形势，发挥政治引领的作用、发挥服务发展的作用、发挥促进依法维权的作用、发挥汇聚能量的作用。要深耕基层，抓好服务、搞好覆盖、建好队伍，实现创新发展。加强组织领导、加大支持力度、加强氛围营造，全力支持工会工作。

（韩青睿）

【文明委全委（扩大）电视电话会】 5月19日，召开区文明委全委（扩大）电视电话会。首都文明办副主任卜秀均，区领导程连元、吴桂英、佟克克、谢莹、陈宏志、陈涛、何明、马继业、史连雪、张维刚、梁洁、孙其军、黄晓伟、汪洋出席会议，吴桂英主持会议。副区长黄晓伟部署工作，陈宏志对《精神文明建设委员会工作制度》修订情况作说明，卜秀均提出指导和要求。程连元强调，要在服务中心、融入发展上下功夫。在完善机制、常态长效上求突破。在价值引领、社会参与上做文章。在加强领导、落实责任上聚合力，全面提升精神文明建设的实效和水平。

（韩青睿）

【纪念中国共产党成立94周年座谈会】 7月1日，区召开纪念中国共产党成立94周年座谈会。区领导程连元、吴桂英、佟克克、谢莹、陈宏志、陈涛、甘靖中、何明、刘军胜、高岩出席会议，吴桂英主持会议。程连元指出，服务型党组织从概念提出、认识深化到付诸实践，是一个不断完善和发展的过程，要正确理解和把握基层服务型党组织建设的内涵和要求，拿出朝阳的态度和干部的拼劲，在践行“三严三实”的要求中不断探索，取得新的成绩。要正确看待当前区基层服务型党组织建设中服务意识不强、服务资源缺乏有机整合、服务考评机制不完善、服务功能有待强化四个方面的不足和差距。重点在服务意识要牢、服务典型要实、服务载体要多、服务路径要广、服务体系要全、服务队伍要强、服务评价要优7个方面推进区的基层服务型党组织建设工作。

（韩青睿）

【党风廉政建设主体责任培训会】 7月8日，区召开党风廉政建设主体责任培训会。区四套班子领导出席，吴桂英主持会议。中央纪委法规室原主任侯觉非作“落实两个责任，遵守党纪条规”专题讲座；宋铁健解读落实“两个责任”相关制度规定；程连元作专题辅导报告。程连元指出，必须深刻领会落实主体责任是党要管党、从严治党的迫切需要，主体责任是对反腐败理念思路的重大创新，主体责任是深化反腐败斗争的现实需要。程连元强调，面对朝阳区“时空压缩”“高发展、高风险”的局面，党委要抓住要领、履行自身职责。一要厘清责任主体，牵住“牛鼻子”；二要落实责任考核，常念“紧箍咒”；三要严格责任追究，亮明“撒手锏”；四要强化从严治吏，严格干部监管。

（韩青睿）

【区委十一届十次全体（扩大）会议】 7月16日，区委十一届十次全体（扩大）会议召开，总结2015年上半年工作，研究部署下半年重点任务。程连元代表区委常委会作工作报告，吴桂英作朝阳区上半年经济社会发展情况和下半年重点工作的专题报告。审议通过《中共北京市朝阳区委十一届十次全体（扩大）会议决议》。程连元指出，会议最核心的任务是学习贯彻《京津冀协同发展规划纲要》和市委、市政府《关于贯彻〈京津冀协同发展规划纲要〉的意见》精神，围绕贯彻落实好中央、市委的部署要求，推进全区各项工作，核心是“求变、求进、求实”三个关键。程连元强调，要高质量完成抗日战争暨反法西斯战争胜利70周年纪念活动及第十五届世界田径锦标赛综合服务保障工作，从服务大局出发，及时调整工作着力点，创新工作手段，确保各项指标任务完成。强化党风廉政建设责任制主体责任，维护好风清气正的政治生态，为区域各项事业发展提供坚强保障。

（韩青睿）

【“两项重大任务”服务保障电视电话会】 7月30日，召开“两项重大任务”服务保障战时工作部署暨誓师电视电话会，区四套班子领导出席，陈宏志主持会议并作“两项重大任务”服务保障战时整体工作部署；公安朝阳分局副局长赵鲁燕、区安监局局长刘炳起、奥林匹克公园管委会常务副主任田巨清、八里庄街道工委书记许嘉宁、平房乡党委书记马国勇作表态发言；市公安局副局长李润华对服务安保工作提要求。吴桂英强调，全区领导干部要高度重视两项重大任务的突出特点，做到保安全、除隐患，保运行、强服务，保环境、优秩序，保形象、讲风尚；抓组织领导、抓统筹协调、抓关键环节、抓引领带动，务必把两项重大任务的服务保障工作高标准落实好、高水平完成好。

（韩青睿）

【争创全国双拥模范城“六连冠”动员部署大会】 7月31日，召开争创全国双拥模范城“六连冠”动员部署大会。区四套班子领导出席会议，区委常委、区武装部长史连雪主持会议。吴桂英强调，做好全国双拥模范城考评迎检工作要站在弘扬优良传统、事关发展全局的高度，充分认识做好新形势下双拥工作的重要性。要着眼于推进军民融合深度发展，扎实做好考评迎检各项工作。要加强领导、落实责任，确保圆满完成考评迎检任务。

（韩青睿）

【“两项重大任务”服务保障总指挥部工作会】 8月6日、9月1日，召开“两项重大任务”服务保障总指挥部工作会，市公安局副局长李润华，区领导吴桂英、陈宏志、陈涛、甘靖中、何明、刘军胜、史连雪、王志勉、杨树旗、孙其军、黄晓伟出席，吴桂英主持会议并强调，做好下一阶段“两项重大任务”服务保障工作的政治性更强、要求更高、国际影响力更大。围绕做好下一步工作要聚焦责任，做到无缝衔接；聚焦问题，做到查漏补缺；聚焦安全，做到守住底线；聚焦纪律，做到令行禁止；引导舆论、营造氛围。

（韩青睿）

【区委书记任命】 9月11日，召开区委常委扩大会。市委常委、组织部部长姜志刚主持会议并宣布市委决定，任命吴桂英为朝阳区委书记。市委常委、组织部部长姜志刚，区领导吴桂英、佟克克、谢莹、陈宏志、陈涛、甘靖中、何明、马继业、刘军胜、高岩出席会议，姜志刚主持会议并宣布市委决定。吴桂英作表态发言指出，将严守政治纪律，加强班子建设；立足区域定位，大力推动发展；深化党建工作，夯实基层基础，团结带领区四套班子，紧紧依靠全区各级党组织和广大党员干部群众，牢牢把握难得的发展机遇，保持经济社会发展良好的势头，努力创造一流的工作业绩，不辜负组织和同志们的信任和期待！

（韩青睿）

【友好市区签约仪式】 9月16日，举行朝阳区与昆明市建立友好市区签约仪式。云南省昆明市领导程连元、李文荣、拉玛·兴高、王敏正、何刚、柳文炜、金幼和、阮凤斌、王宇，北京市公安局副局长李润华，朝阳区领导吴桂英、陈宏志、陈涛、宋铁健、甘靖中、何明、马继业、刘军胜、史连雪、王志勉、张维刚、杨树旗、孙其军、黄晓伟、薛寒出席仪式，陈宏志主持会议。昆明市委书记程连元提出两地合作倡议。吴桂英指出，朝阳和昆明有着很多共同之处，首先是具有同样的服务功能，其次发展地位都很关键，最后国际化特色都很明显。吴桂英强调，要加强在经济建设方面、文化建设方面、城市管理和社会治理方面、人才队伍建设方面的合作，实现优势互补、互利共赢，让两地的发展更加繁荣、更加美好。

（韩青睿）

【“两项重大任务”服务保障工作总结电视电话会】 9月23日，召开“两项重大任务”服务保障工作总结电视电话会。区四套班子领导出席，陈宏志主持会议并总结“两项重大任务”服务保障工作。何明宣读表彰决定。吴桂英指出“两项重大任务”服务保障工作圆满完成，得益于构筑共同奋斗的强大思想基础，建立运行有序的高效组织体系，发挥党员干部的骨干中坚作用，夯实了坚强有力的基层基础工作，形成共治共享的广泛社会参与，为做好新时期朝阳工作留下了宝贵经验。吴桂英强调，要认真总结、转化“两项重大任务”服务保障工作成果，突出从严从实，加快提升党建科学化水平；突出务实高效，全力确保全年任务圆满完成；突出科学统筹，系统谋划“十三五”发展，做好下一阶段全区工作。

（韩青睿）

【离退休干部区情通报会】 9月24日，召开局职离退休干部区情通报会。区领导吴桂英、佟克克、谢莹、陈宏志、何明、刘军胜出席，陈宏志主持会议。吴桂英通报近期区内重点大事和全区工作进展情况，并强调要进一步落实好老干部的各项待遇，持续探索创新老干部服务模式，更加重视发挥老干部作用，以高度的责任心做好老干部工作。

（韩青睿）

【党的群团工作会】 11月18日，区召开党的群团工作会。区四套班子领导出席，区委副书记、代区长王灏主持会议。陈宏志作《朝阳区加强和改进党的群团工作的意见》说明；区总工会常务副主席姬文革、团区委书记孔钢城、区妇联主席蒋东燕、区委社会工委书记张永新、亚运村街道工委书记麻晓晖、平房乡党委书记马国勇作交流发言。吴桂英指出，会议是区委历史上第一次以全区大会的形式全面总结部署党的群团工作，主要任务是贯彻落实中央、市委群团工作会议精神，总结我区党的群团工作，全面分析当前面临的新形势和存在的问题，明确今后群团工作的目标、任务和具体要求，进一步统一思想、凝聚共识、加压鼓劲，把群团工作推向一个新的水平。吴桂英强调，要深刻认识新形势下加强和改进党的群团工作的重大意义，准确把握群团工作方向，切实发挥群团组织作用，加强党对群团工作的领导，努力开创群团工作新局面。

（韩青睿）

【第六批“凤凰计划”认定】 11月20日至23日，区召开第六批“凤凰计划”认定暨第三届北京朝阳海外学人创业大会峰会。认定海外高层次人才20名，资助创业团队2个、初创企业49家，在朝阳区聘用海外留学人员的企事业单位17家，其中80后创业者占总人数的83.7%。峰会上，朝阳区海外学人创新创业空间联盟正式揭牌成立。联盟将通过整合区域孵化器、众创空间、联合办公空间、创业咖啡等创业服务组织，将创业空间的地理位置、进驻手续、租金、政策优惠等资料集中分类整理，在第一时间内提供给处于创业不同阶段的海归创业者，满足其对办公空间差异化的需求。区领导吴桂英、王灏、陈宏志、刘军胜出席会议，何明主持会议，陈涛宣读凤凰计划认定决定。邀请津冀两地8个区市相关部门领导和企业园区代表，开展政策宣讲和服务咨询，交流支持海外人才创新创业的经验做法。截至2015年底"凤凰计划"认定的海外高层次人才达134人。资助创业团队9个、初创企业107家，（资助）在朝阳区聘用海外留学人员的企事业单位134家，其中80后创业者占（资助创业者）总人数的48.4%。

（韩青睿）

【统战工作会】 12月3日，召开统战工作会。区领导吴桂英、佟克克、谢莹、陈宏志、何明、马继业、刘军胜、史连雪、黄晓伟出席会议，陈宏志主持会议。区委组织部常务副部长唐行安、区委教工委书记周炜、建外街道工委书记邵水平、区工商联党组书记梅诗曙、区人大常委会副主任、叶氏集团董事长叶青同志作典型发言。吴桂英肯定朝阳区统战工作的显著成效和鲜明特点，并强调，要强化思想认识，增强新时期做好统战工作的责任感、使命感、紧迫感，要强化重点突破，突出朝阳统战特色。要强化党的领导，形成统战工作合力，进一步推进全区统战工作。

（韩青睿）

【涉众型经济案件专题会】 12月10日，区召开涉众型经济案件专题会。区领导吴桂英、陈宏志、甘靖中、刘军胜、高岩、杨树旗出席，陈宏志主持。吴桂英强调，做好专项整治工作核心就是严整治、保稳定、聚合力。关于严整治，就是要突出重点、创新手段、严查要案、妥善处置。关于保稳定，就是要准确掌握情报信息，做到心中有数。关于聚合力就是要加强领导、落实责任、协调配合、引导舆论。

（韩青睿）

【区委十一届十一次全体（扩大）会议】 12月22日至23日，区委召开十一届十一次全体（扩大）会议。总结2015年工作，分析当前形势，研究部署2016年工作。吴桂英作《中共北京市朝阳区委关于制定朝阳区国民经济和社会发展第十三个五年规划的建议（审议稿）》的说明并代表区委常委会作工作报告。审议通过《中共北京市朝阳区委关于制定朝阳区国民经济和社会发展第十三个五年规划的建议》《中共北京市朝阳区委十一届十一次全体（扩大）会议决议》。吴桂英强调，要准确把握"十三五"时期的奋斗目标，准确把握"十三五"时期的发展理念，准确把握"十三五"时期的基本要求，准确把握"十三五"时期的主要任务，准确把握"十三五"时期的重大措施，把思想统一到全会精神上来。要通过功能疏解动起来、人口调控严起来、发展质量提起来、城市化进程快起来、生态环境好起来、朝阳人民幸福起来六个方面工作，全面推动区域发展。要加强干部队伍作风建设，争当有追求、有能力、有担当、有干劲、有规矩的"五有"干部，为"十三五"发展提供坚强保障。

（韩青睿）

【区委常委会会议】 年内，召开区委常委会会议30次，研究议题176个。议题内容涉及经济发展、功能疏解、生态环境、文化建设、公共服务、安全稳定、人事任免、党的建设等。

（韩青睿）

区委办公室工作

【概况】 中共北京市朝阳区委办公室，是负责协助区委领导处理日常工作，协调区委各工作部门、组织和服务的综合办事机构。根据北京市朝阳区机构编制委员会关于区委办增设法规科的批复、北京市朝阳区机构编制委员会关于增加区党委数据管理中心人员编制的批复、北京市朝阳区机构编制委员会关于增设党风廉政建设主体责任办公室的批复文件精神，区委办公室内设机构编制9个，其中，副处级机构1个（区委机要局、区密码管理局一个机构，两块牌子）；正科级机构8个（综合科、信息科、文书科、秘书科、研究室、督查室、法规科、党风廉政建设主体责任办公室）。下设1个事业单位（朝阳区党委数据管理中心）。人员编制50名。其中，行政编制43名，事业编制7名。年内，制发文件127份，向市委备案党内规范性文件20件，处理公文和领导批示件655件，处理各类信息、简报等12000余件。起草文稿438篇，207万余字。

地址：日坛北街33号

邮编：100020

电话：65094217

（陈　璇）

【综合协调】 年内，接待中央、市领导调研25次，组织安排全区性大型会议活动36次，组织区领导出席会议活动77次，安排区委主要领导调研34次、会见20次，安排区领导公务外出活动3次，接待外省市区到区考察2次；组织召开四办主任联席会2次，安排召开区委办公室主任办公会13次；制发《区领导一周重要会议活动安排》54期，办理日常值班来电来文470件。

（陈　璇）

【信息编发】 年内，编发《朝阳信息》"专刊"148期、"调研与参阅"69期、"特刊"12期、"专报"754期、"业务通讯"14期，处理文字100万余字。被《北京信息》采编301条(篇)，在全市16区县中排名第一，在所有局级单位排名第一。领导对各类信息批示37条，其中市领导批示12条。

（陈　璇）

【督查督办】 年内，办理决策类督办事项163项，首次与43个街乡签订重点任务书；办理市区领导专项批示件34件，其中，市领导批示6件、区领导批示28件；协调督办2014年度党政群共商共治未办结22项实事，筛选2015年度区级共商共治实事，首度向农村系统拓展，召开3次区级民主协商会；全年办理政协党派、委员提案53件；完成"两项重大任务"相关服务保障任务，完成中央、市领导调研区环境保障服务8次，完成中办督查室和市委督查室调研任务，组织安排区领导调研、会议、检查、慰问活动等13次；向市委报送专报9期，上报区委各类督查报告45份，完成会议纪要4期。

（陈　璇）

【党建工作】 年内，贯彻落实党的十八届四中、五中全会和市区全会精神，按照从严治党管党的要求，加强机关党的建设，全年工作及成效主要体现为"四抓"。即，抓思想建设。深入学习习近平总书记系列重要讲话精神等中央及市委、区委有关文件精神，凝聚全面深化改革、推进区域发展共识。严密组织"三严三实"专题教育，强化整改工作落实，教育取得实实在在成效。抓队伍凝聚。加大党员干部培训力度，加强服务型党组织建设，精心编办《征程》报刊，组织开展文体比赛、百姓故事宣讲、干部家属座谈参观等活动，增强了机关凝聚力。抓作风建设。从严落实党风廉政"两个责任"，开展"为官不为""为官乱为"专项整治，加强经常性廉政教育，培树了廉洁务实从政之风。抓党建质量。严格落实"三会一课"等组织生活制度，加强党务干部培训，紧贴实际创造性地服务保障中心工作，发挥党员先锋模范作用，确保干部下基层、文明城区迎检档案整理、完成"两项重大任务"服务保障等重点工作任务。

（陈　璇）

组织工作

【概况】 中共朝阳区委组织部是区委主管组织建设、干部队伍建设和人才队伍建设的职能部门。年内，组织工作紧紧围绕全区改革发展中心任务，突出全面从严治党这个主线，认真履行职责，扎实开展“三严三实”专题教育活动。形成《北京市朝阳区中长期人才发展规划纲要（2010–2020）》实施情况中期评估报告。完成“十二五”时期人才发展规划总结评估工作。研究起草“1+N”干部监督制度文件，形成纵向职能体系与横向协同体系相结合的立体化干部监督工作格局。组织开展区委选拔任用干部工作座谈会，开展“一报告两评议”工作，形成年度干部选拔任用工作专题报告，在全区处级正职范围内接受评议。实行干部档案“凡提必审”，个人有关事项报告“凡提必核”，纪检监察机关的意见“凡提必听”，反映考察对象有关问题的信访举报“凡提必查”，防止干部“带病提拔”，查核210余名提拔、交流、转任的干部个人有关事项报告。成立由26家成员单位组成的朝阳区国际高端商务人才发展区建设工作协调小组，完成全区390个社区党组织全部完成换届选举工作。研究制定全区二级班子群众路线教育实践活动整改落实专项检查方案，检查145家班子整改落实情况并形成情况报告，向班子进行情况反馈。完成市委群众路线教育实践活动专项检查。区委常委会讨论决定处级干部任免306人次，其中：提拔116人次；平职交流改任102人次；转任非领导职务17人次；挂职兼职等其他任命71人次。配合市委考察组完成区县局级后备调研工作。完善12380举报受理平台，对违法违纪等情况的5名处级干部进行问责和组织调整。完成全区1113名在职处级干部个人有关事项报告的信息录入和统计分析，并按照10%的比例要求，完成随机抽查工作。完成1200余卷处级干部档案审核工作。完成因私出国（境）60余人次审批工作，催缴证件100余份，探索建立常态化的催缴机制和责任追究机制。拍摄党员电教片《党旗耀朝阳》。发展党员1526名。开展处级干部读书活动，上交读书体会1085篇。年内，2人获高级政工师资格，2人获政工师资格。接收安置1名师职军转干部、12名团职军转干部。完成2016年党刊订阅数量达到稳中有升的目标。

地址：日坛北街33号

邮编：100020

电话：65094313

网址：http://www.chyzg.gov.cn

（陶文鑫）

【党建工作视察调研】 1月5日，中共中央政治局委员、市委书记郭金龙到八里庄街道华贸中心社区、六里屯街道十里堡北里社区、高碑店乡高井村、崔各庄乡奶西村、慈铭集团调研贯彻习近平总书记重要讲话精神，落实党建工作责任制情况。5月27日，中组部党建研究所副所长彭立兵到朝阳区调研“关于提高党员干部法治思维和依法办事能力研究”课题工作。与区司法局、区法制办、区信访办和相关街乡座谈。5月29日，中组部组织二局五处、市委组织部组织处相关领导到朝阳区安民打工子弟学校调研民办学校党建工作。8月18日，市委组织部到朝阳区调研党建基础保障工作。调研基层党组织工作和活动经费、城乡基层党组织服务群众经费的落实和管理使用情况、阵地建设和使用管理等情况。9月29日，国务院国资委到朝阳区调研党建带群建工作，参观朝外街道社会管理中心和社区青年汇。

（韦良中）

【基层党代表列席区委全会】 1月6日，区委召开十一届九次全体（扩大）会议。推荐18名区第十一次党代表大会基层代表列席会议，听取区委书记程连元代表区委常委会所作的工作报告。7月15日，区委召开十一届十次全体（扩大）会议。推荐18名区第十一次党代表大会基层代表列席会议，听取程连元代表区委常委会所作的工作报告。12月22日，区委召开十一届十一次全体（扩大）会议。推荐18名区第十一次党代表大会基层代表列席会议，听取区委书记吴桂英代表区委常委会所作的工作报告。

（李 锋）

【人才工作会】 1月7日，召开全区人才工作会。回顾总结全区2年来人才工作情况，部署下一阶段工作，认定优秀人才和先进单位。区委书记程连元讲话，肯定区人才工作，对重视人才、吸引人才，发挥人才对区域发展的作用提出希望，对提升全区人才工作科学化水平提出要求。区长吴桂英主持会议，区四套班子、各部委办局、街乡领导及各界人才代表500余人参加会议。

（张汇康）

【基层党建述职评议考核】 1月20日至21日，召开街乡党（工）委书记抓基层党建工作述职评议考核工作会。采取“街乡书记述职和自评、区委书记和常委点评、与会代表测评、基层代表提问”的“一述三评一问”方式进行。区委书记程连元逐一点评述职情况并提要求。区委党建工作领导小组成员、街乡党（工）委书记、基层代表等180余人参加会议。

（韦良中）

【基层党代表列席区委重要会议】 1月20日至21日，组织10名区第11次党代会基层代表参加2014年朝阳区街乡党（工）委书记抓基层党建工作述职评议考核会，部分代表现场进行提问。3月25日，组织街道、农村50名区第11次党代会基层代表参加朝阳区2015年党建工作电视电话会议。5月22日，组织6名区第十一次党代会基层代表参加2015年党政群共商共治区级民主协商会。6月11日，组织6名区第十一次党代会基层代表参加2015年党政群共商共治区级民主协商会。6月26日，组织6名区第十一次党代会基层代表参加2015年党政群共商共治区级民主协商会。9月16日，组织部分区第11次党代会基层代表参加“十二五”规划成果展暨京津冀协同发展签约仪式。

（李 锋）

【党代表参加干部人才工作】 2月1日，组织部分区第11次党代会基层代表作为面试考官参加区街乡、企业助理选拔面试工作。3月26日，组织机关、街道、农村部分区第11次党代会基层代表参加区领导干部大会。6月9日，组织部分区第十一次党代会基层代表参加全区领导干部大会。8月5日至7日，组织部分区第11次党代会基层代表参加2015年朝阳区国际高端商务人才评审答辩工作。9月9日至11日，组织部分区第11次党代会基层代表参加2015年“凤凰计划”评审工作。11月20日，组织街道、农村系统5名区第十一次党代会基层代表参加全区领导干部大会。12月，组织街道、农村、宣传系统5名区第十一次党代会基层代表参加全区领导干部大会。

（李 锋）

【党代表任期制工作会】 2月4日至5日，区委组织部召开朝阳区2014年度党代表任期制工作会。系统梳理换届以来任期制方面的工作，思考和部署下一阶段各级党组织如何更好地做好任期制工作，党代表如何更好地履职尽责。增加解读区委、区政府工作报告环节。与会的党代表还就“如何围绕区委、区政府重点工作履行职责”分组座谈。

（李 锋）

【慰问党组织和党员】 “两节”期间，区四套班子领导走访慰问13名建国前入党的老党员、生活困难党员和优秀党员。区委组织部下拨慰问专项经费42万元用于全区各系统开展走访慰问活动。区委各主管工委在春节前把慰问金、慰问品送到党员手中。

（李　敬）

【慰问专家人才】 春节前，由区四套班子领导分别带队到企业、高校、医院、基层单位，走访慰问区“凤凰计划”海外高层次人才、突出贡献人才、国际人才、商务人才等7名代表，并送上新春慰问品和祝福。同时，了解专家人才工作生活等情况，听取专家人才对区域经济社会发展意见和建议。

（张汇康）

【区委党建工作领导小组会】 3月12日，区委召开党建工作领导小组会议。通报2014年全区党建工作情况，部署区2015年党建工作任务。会议通过《中共北京市朝阳区委党的建设工作领导小组2015年工作要点》，并首次通报区委党建工作领导小组2014年工作要点落实情况。区领导陈宏志、张革、宋铁建参加会议。

（李　锋）

【区域化党建试点】 3月18日，召开区域化党建试点工作部署会，市委组织部组织处副处长、调研员阎潇毅，区委常委、组织部部长张革参加会议。8月20日，召开区域化党建试点工作推进会，区委常委、组织部长何明参加会议，建外、潘家园、八里庄、亚运村等试点街道汇报区域化党建工作的整体进展情况和做好试点总结工作的考虑。

（韦良中）

【乡党代会年会结束】 3月底，历时4个月区2014年度乡党代会年会结束。全区19个乡完成听取和审议乡党委、纪委工作报告，听取乡党委领导班子成员述职、述廉，对党委领导班子及其成员民主评议等党代会常规性工作，同时进行受理和审议代表提案提议、依照程序补选乡党代表等工作。在各乡1970名党代表中，实际到会人数达到1775名，参与率超过90%。收到代表提议提案48件，审查通过提案提议48件。3个乡依照程序补选乡党代表5人。

（李　锋）

【国际高端商务人才首批认定】 4月初，启动首批国际高端商务人才评选认定工作。8月，经过材料初审和专家评审，认定20名商务精英和46名青年英才，并于9月18日举行朝阳区国际高端商务人才认定仪式。获认定高端商务人才涵盖国际金融、文化商务、科技商务、国际贸易、商务服务、商务旅游等领域。区将为其提供资金资助、培训培养、创业支持等多项服务政策。

（张汇康）

【第六批“凤凰计划”认定及资助】 4月初，开始第六批“凤凰计划”申报工作。9月，经过材料评审和专家评审，认定海外高层次人才20人，资助团队2个、初创企业49家、引进留学人员单位16家、引进海外高层次人才单位2家。11月20日举行认定仪式。

（张汇康）

【第三届海外学人创业大会】 4月至11月，举办第三届“朝阳海外学人创业大会”，包括第一季国际创业项目展、第二季创业赛决赛、MIT朝阳行，海外学人创业大会真格论坛，第三季海外学人创业大会峰会、海归创业展等系列活动，20个国家和地区的1000余名创业者参加，成功推介来自全球近300个项目。

（张汇康）

【市优青资助申报】 6月至8月，组织开展北京市2015年度优秀人才培养资助青年骨干个人项目申报工作，推荐上报53个新申报项目，完成3个结题项目。经市委组织部评审，8个项目获北京市优秀人才培养资助，拨付市、区两级资助款46.5万元。

（张汇康）

【纪念中国共产党成立94周年座谈会】 7月1日，区委召开以“争当时代先锋，推进科学发展”为主题的全区纪念中国共产党成立94周年座谈会。8名基层党组织负责人和党员代表发言，区委书记程连元讲话。区四套班子主要领导、区委常委，区委各工委书记，部分委办局、国有企业党组织负责人，街道、地区工委（乡党委）书记及先进基层党组织负责人代表、优秀共产党员代表、优秀党务工作者代表和基层党代表120余人参加会议。

（李　敬）

【与唐山签署加强人才合作框架协议】 8月29日，与河北省唐山市签署《加强人才合作框架协议》，建立人才战略合作关系，为两地企业、人才和区域共同发展、互利共赢搭建更加优质的平台。朝阳区委常委、组织部部长何明代表朝阳区签订协议并致辞。

（张汇康）

【“十三五”人才发展规划制定】 9月，开展《北京市朝阳区“十三五”时期人才发展规划（2016–2020年）》研究制定工作。开展调研，走访人才企业和相关职能部门60余家，举行专题座谈会30余次。在中长期规划纲要中期评估和“十二五”时期人才规划总结评估基础上，综合分析朝阳区人才事业发展情况及面临的新形势和挑战，起草编制“十三五”时期人才发展规划，完善12个重点子规划和6个分研究报告。

（张汇康）

【北京CBD商学院联盟成立】 9月16日，成立由北京大学光华管理学院、中国人民大学国际商学院、耶鲁北京中心、宾大沃顿中国中心等16家高校商学院、研究院所及商务培训机构组成的CBD商学院联盟。联盟由国内外知名高校商学院、研究院所及商务培训机构在自愿的基础上共同组成，将服务京津冀协同发展战略，打造区域商务人才高地，促进商务发展环境优化，为区域商务服务业发展提供智力支撑和服务。

（张汇康）

【非公有制经济组织和社会组织联席会】 9月17日，召开全区非公有制经济组织和社会组织联席会。制发《朝阳区非公有制经济组织和社会组织党建工作实施方案》，部署下一阶段非公有制经济组织和社会组织党建工作的目标、任务和重点。区委常委、组织部部长何明出席会议并讲话。

（韦良中）

【国际高端商务人才俱乐部成立】 9月18日，朝阳国际高端商务人才俱乐部成立。俱乐部是由商务服务人才、国际金融人才、文化商务人才、科技商务人才、国际贸易人才、商务旅游人才等6类国际高端商务人才自发成立的非营利性组织，目标是团结并服务于在朝阳区创新创业的优秀国际高端商务人才，搭建交流平台，实现会员间资源共享，凝聚发展动力，促进商务人才的聚集，服务区域发展。

（张汇康）

【机关党总支和工会成立】 9月19日，召开党员大会暨机关工会第一届一次会员大会，选举产生中共朝阳区委组织部党总支部委员和区委组织部机关工会委员。会后召开党总支委员会议和工会委员会议，选举区委组织部常务副部长唐行安为党总支书记和工会主席。

（迟翔宇）

【基层党代表调研】 9月21日至23日，组织区级基层党代表参观朝阳区“十二五”规划成果展。10月14日至16日，分2批次组织区第十一次党代会基层代表到河北省唐山市滦县、曹妃甸区学习交流党代表工作相关经验和京津冀一体化建设成果。党代表“带着问题找答案”，通过实地考察相关单位工作效果、座谈交流相关经验，寻找解决工作中常见问题的新思路、新方法，做到学以致用。

（李　锋）

【村“两委”换届选举】　9月29日，召开村“两委”换届动员部署会。区委常委、组织部部长何明传达市委精神并部署区村“两委”换届工作。区委副书记、区委政法委书记陈宏志从落实领导责任、严格工作程序、加强组织保障等对村“两委”换届工作提出要求。11月底，全区154个村级党组织完成换届选举工作，全部采取“公推直选”的方式，选举产生705名党组织委员、154名党组织书记。

（韦良中）

【基层党建创新项目评审】　年内，组织开展第四届基层党建创新项目评审工作。评选区级基层党建创新项目27个。分别为CBD功能区“打造商务楼宇党建工作示范站 探索商务楼宇党建工作新模式”、电子城功能区“‘三联四覆盖’党群共建工程”、朝阳法院“推行‘一统四联’党建服务机制 构建区域化党建工作格局”、汉能集团“把文化党建融入区域互动格局 在优势互补中助推企业健康发展”、团结湖街道打造‘掌上团结湖’建设‘指尖上’的党建阵地”、亚运村街道“1+1+2构建区域化党建覆盖联享工作体系”、区行政服务中心“服务零距离 办事零障碍”、八里庄街道“‘一轴两轮驱动+’模式的探索与实践”、呼家楼街道“‘一带四议多方联动’提升辖区治理水平”、潘家园街道“‘115’老旧小区互助自管机制”、三间房地区“‘先锋在线’打造线上线下联动互促的党建信息化平台”、麦子店街道“深化党政群共商共治 探索基层社会治理新模式”、建外街道“‘1+2+3+4+N’商务楼宇党建工作法”、酒仙桥街道“党群联建‘1+3’打造社区治理闭合圈”、崔各庄地区“深化‘三进三民’加强干群血肉联系”、朝外街道“三分小区自治模式”、平房地区“‘同舟共益’党建综合体”、中复电讯“发挥企业特点参与区域化党建 实现服务社会和企业发展双赢”、高碑店地区“‘同心汇’打造农村地区社会领域党建活动平台”、双井街道探索“‘院街党建’新模式 提升区域社会治理水平”、朝阳图书馆探索“‘以需定供’服务模式 加强基层服务型党组织建设”、东坝地区“‘90992’党员志愿双向服务机制”、望京实验学校“构建服务‘同心圆’打造区域党建共同体”、大屯街道“运用几何原理 分类破解社区难题”、太阳宫地区“‘一带六善’多方助力慈善社区党建工作法”、朝阳公园“坚持党建引领 突出需求导向 提升服务能力”、十八里店地区“发挥党组织政治引领作用”。

（韦良中）

【党委成立批复】　年内，批复成立中共北京市朝阳区垡头街道双合家园社区委员会、中共北京市朝阳区劲松街道西大望路社区委员会、中共北京市朝阳区东风地区南十里居社区委员会、中共北京市朝阳区王四营地区官悦欣园社区委员会、中共北京握奇数据系统有限公司委员会、中共北京市朝阳区奥运村街道国奥村社区委员会、中共北京市朝阳区六里屯街道甜水西园社区委员会、中共北京市朝阳区八里庄街道城市华庭社区委员会、中共北京市朝阳区八里庄街道远洋家园社区委员会、中共北京市朝阳区八里庄街道罗马嘉园社区委员会、中共北京市朝阳区八里庄街道十里堡南里社区委员会、中共北京市朝阳区八里庄街道朝阳无限社区委员会、中共北京市朝阳区八里庄街道甘露园中里社区委员会、中共北京市朝阳区崔各庄地区京旺家园社区委员会、中共北京蓝调文化创意园委员会、中共北京世纪常赢投资管理有限公司委员会、中共北京市朝阳区高碑店地区太平庄社区委员会、中共北京市朝阳区高碑店地区水南庄社区委员会、中共北京市朝阳区高碑店地区半壁店社区委员会、中共北京市朝阳区高碑店地区西店社区委员会、中共北京市朝阳区高碑店地区方家园社区委员会、中共北京市朝阳区高碑店地区小郊亭社区委员会、中共北京市朝阳区高碑店地区花园闸社区委员会、中共北京市朝阳区高碑店地区高碑店西社区委员会、中共北京市朝阳区高碑店地区文化园社区委员会、中共北京市朝阳区高碑店地区高碑店东社区委员会、中共北京市朝阳区高碑店地区力源里社区委员会、中共中国海外控股集团有限公司委员会、中共融通汇信集团有限公司委员会。

（韦良中）

【党建研究】　年内，区党建研究会承担中组部“提高领导干部用法治思维和依法办事能力加强社会治理问题研究”课题子课题调研任务。《北京市朝阳区村级干部法治能力状况调研报告》获中组部党建研究所2015年度课题调研成果二等奖；承担北京市党建研究会“北京市朝阳区村级干部法治能力状况调查研究”课题调研任务。《北京市朝阳区村级干部法治能力状况调研报告》获市党建研究所2015年度课题调研成果一等奖。区党建研究会年度立项课题41项，其中重点课题19项、指导性课题22项，评选出一等奖5项，二等奖11项，三等奖13项。区党建研究会第三届自选课题收到投稿37篇，评选出一等奖5项，二等奖9项，三等奖12项。编印区党建研究会《2010—2015优秀党建研究成果选编》，宣传展示研究会及各基层单位优秀课题成果。

（韦良中）

【人才交流及培训】　年内，组织区内人才交流培训、参观互访、文体活动和公益活动等30余次，举办政策宣讲会40余场。举办“凤凰学院”、朝阳商务人才大讲堂和“互联网+”系列沙龙活动，开设“北大光华—北京市朝阳区企业高管班”。

（张汇康）

【人才工作项目管理】　年内，完成2014年人才工作项目验收和2015年人才工作项目立项工作。通过专家评审和综合评议，2014年11个重大、重点项目和24个一般项目通过验收并评出“2014年度创新项目”和“2014年度优秀项目”，拨付剩余资助及创新项目资助73万元；2015年全区申报人才工作项目46个，认定资助38个，覆盖6支重点人才队伍。突出文创、卫生、科技等涉及全年重大任务、重点领域的人才，拨付首批资助168万元。

（张汇康）

【党员关心关爱】　年内，调整区老党员生活补贴标准。一次性调整补贴标准至1000元/人/月。以建党94周年为契机，开展共产党员献爱心活动。审核1429名申请市、区级困难党员帮扶的党员，确定帮扶对象1367名，联合慈善协会发放帮扶资金175万余元。

（李　敬）

【党费使用管理】　年内，检查2014年度全区有党费留成各单位党组织的党费收缴、管理、使用和上缴情况。集中返还2014年度“两新”党组织上缴党费659050.42元。通过朝阳政务内网、组工专网及各单位、各地区局域网等内部网络平台，向全区基层党组织和党员公示中管、市管、区管党费使用情况。

（李　敬）

【党员教育培训】　年内，举办市级流动党员示范培训班等各类示范培训班5期，培训414人次。其中，67人到新加坡参加境外培训。同时，实施基层党员教育培训支持计划，促进优质资源向基层延伸，对各主管工委及相关单位申报的12个重点教育培训项目给予资金、师资等方面支持。

（李　敬）

【开展助理选拔培养工作】　6月，组织开展街乡助理选拔培养工作。面向全区选拔43名街乡主任（乡长）助理，进行3年跟踪培养。同时，会同区国资委首次开展区属企业（总）经理助理选配工作，选配区属国企领导人助理15名，由区国资委负责跟踪培养。

（莫凤斌）

【干部挂职】　年内，选派1名干部赴中央国家机关和金融机构挂职；选派1名干部参与全市“三个一百”挂职，6名干部到河北（京津冀）、河南（南水北调）对口协作。接收市级机关和企事业单位挂职干部23名，接收天津、贵阳、内蒙古、江苏、河南、河北等省市挂职干部31名，在尊重派出单位及本人挂职意向基础上，按照“专业对口”原则拟定安置方案，将挂职干部分别安置在相关委办局及部分街乡等单位。

（莫凤斌）

【干部培训】　年内，举办脱产培训班29期，培训干部2096人次，其中处级干部1649人次。举办北京大学公共管理高级研修班、清华大学领导力提升高级研修班、处级干部进修班等主体班9期，培训393人次；举办“十三五”谋划新发展专题培训班、提升依法行政能力专题培训班等专题班20期，培训1703人次。

（李　宁）

【干部在线学习】　年内，全区有160家单位7704人参加干部在线学习和考试。其中处级干部1228人，科级及以下干部6476人，考核通过率为100%，处级干部平均完成66.72学时，科级及以下干部平均完成83.34学时。

（李　宁）

宣传与精神文明建设

【概况】　中共北京市朝阳区委宣传部（简称区委宣传部）是主管全区意识形态、对外宣传的区委工作部门。北京市朝阳区精神文明建设委员会办公室（简称区文明办）是区委、区政府精神文明建设工作的综合协调部门，也是区精神文明建设委员会的办事机构，设在区委宣传部。区委宣传部代行宣传系统工委职能，并负责区文化创意产业领导小组办公室日常工作。2015年实有在编人员50人，其中公务员37人，纳入工资规范事业编9人，工勤4人。2013年8月，经区编制委员会办公室批准，将北京市朝阳区规划艺术馆划入区委宣传部管理，作为区委宣传部所属事业单位，其经费形式、机构规格和人员编制不变。年内，组织区领导集中学习活动24次，征集调研课题20项，获北京市“丹柯杯”优秀调研成果三等奖1项，开展理论宣讲活动108场，开展百姓宣讲1500场，受众10万人次。开展“讲文明树新风”和“我们的价值观”公益广告宣传，开展朝阳区2015年“好家长之星”评选活动、2015年寒假期间“培育核心价值观——践行传统美德·争当‘社区文明小使者’”主题实践活动、“社会主义核心价值观进校园——我心中的价值观”中小学生故事征集评选活动、点赞“朝阳区2015美德少年人物”活动，制作《践行—我心中的核心价值观》（中、小学绘本）。全年制作各类活动硬质宣传横幅600余幅、制发宣传海报10万余张。金九皋、苏士龙2人获第五届全国道德模范提名奖，孙梦麟等3人入选2015年“中国好人榜”，推荐申报“2015北京榜样”候选人111名，19人当选周榜样，8人当选月榜样。全年组织新闻宣传活动93场，正面宣传报道及转载3万余篇/次，同比增长20%。

地址：日坛北街33号
邮编：100020
电话：65099322
邮箱：xcbwmb@bjchy.gov.cn

（孙　翀）

【区“两会”宣传】　1月12日至16日，在区“两会”期间，组织策划区领导专访1次、组织集中采访活动3场、新闻发布活动10场，集中宣传区2014年经济社会发展成就和2015年重点工作，并邀请新华社、北京电视台、《北京日报》等40余家媒体采访报道。

（姜丽钧）

【全国文明城区督查测评】　1月22日，首都文明办副主任卜秀均带领首都精神文明创建工作先进单位实地检查组一行17人到区检查。区委宣传部副部长、文明办主任毕重伟等陪同专家组先后对高碑店乡高碑店村、平房乡、六里屯街道十里堡北里社区、朝阳供电公司四家全国文明单位推荐（复查）单位进行实地检查，并召开工作座谈会。8月30日，按照2015年版《全国文明城区测评体系》和操作手册，制发《朝阳区迎接全国文明城区测评工作任务分解书》和2015年文明城区测评档案材料提交工作要求等文件。10月13日，区文明办在朝阳宾馆多功能厅召开2015年朝阳区迎接全国文明城区测评工作培训会。区43个街乡、74个相关单位的主管领导、主责科室负责人参加会议。区委宣传部副部长、区文明办主任毕重伟主持培训会，区委常委、宣传部部长、区委办公室主任刘军胜出席并作动员讲话。74个单位、各街乡领取了《朝阳区迎接全国文明城区测评工作任务分解书》和各单位任务分解表、档案提交工作要求等文件。12月，区文明委在总结2015年深化文明城区建设工作的基础上，对照《全国文明城区测评体系》和《深化全国文明城区创建工作责任书》、负面清单进行自查，形成全国文明城区自查报告，提出继续保留全国文明城区荣誉称号的申请。

（李　蕊）

【榜样人物巡演巡讲访谈活动】　1月27日，在朝阳传媒影视技术服务中心举办“朝阳榜样”——2014年度榜样人物访谈。9名榜样人物代表与观众进行交流，真实再现“草根英雄”为他人、为社会奉献出的责任、勇气、智慧、爱心。6月至10月，区开展2015年度榜样人物基层巡演、巡讲活动，在社区、村镇、学校、机关、企业、军营等各类场所组织开展活动12场。

（刘　莹）

【“三下乡”活动】　2月9日至11日，2015年朝阳区春节文化、科技、卫生“三下乡”活动暨文艺演出活动到十八里店、南磨房、金盏地区活动。惠及群众1000余人，提供医疗计生咨询300余人次，法律咨询100余人次，妇幼知识咨询200余人次，发放各类科普知识手册1000余册，文明提示手册500余册，邀请老艺术家为村民写春联、剪窗花。

（吴丁佳宝）

【第十二届北京朝阳国际风情节】　2月19日至24日，在朝阳公园举办以“风情世界共绘梦想”为主题的第十二届北京朝阳国际风情节。在延续“时尚”“公益”“快乐”风格的基础上，通过精品演出、特色餐饮、便利交通等方面的一系列改进，实现在演出阵容、节目质量、服务品质等方面提升。活动期间接待游客约30万人。

（吴丁佳宝）

【公共文明引导员信息平台数据统计】　2月，根据市公共文明协调办统一安排，为规范朝阳区公共文明引导行动基础工作，朝阳区在34个相关街乡开展公共文明引导行动信息基础数据的采集工作，为做好公共文明引导信息管理平台奠定基础。

（王　峰）

【志愿服务工作】　3月2日，在朝阳区社区学院召开2015年朝阳区志愿服务工作推进会，传达全国精神文明建设工作表彰暨学雷锋志愿服务大会精神和习总书记重要讲话精神，总结2014年志愿服务工作，部署2015年工作，命名“文化委肩并肩农民工工程”等10个金牌项目和20个优秀项目，启动2015年项目征集工作。首都文明办副主任韩龙彬出席会议并讲话，各工委、志愿者联盟各成员单位主管领导、科室负责人140人参加会议。3月18日，区文明办联合《人民日报》漫画增刊、中央电视台团委等单位在朝阳文化馆举办“践行社会主义核心价值观”“雷锋——我们与你同在”作品展。7月10日，在朝阳剧场举办朝阳区艺术家文化志愿者服务队成立仪式暨朝阳区“学雷锋 做志愿”文艺作品展演。著名表演艺术家谢芳等21名艺术家加入朝阳区艺术家文化志愿者服务队，成为首批志愿者。首都文明办副主任韩龙彬、市文化局副局长庞微、市志愿服务指导中心主任、市志愿服务联合会副会长兼秘书长郭新宝、朝阳区委常委、宣传部部长、区委办主任刘军胜出席活动并为艺术家颁发“朝阳区艺术家文化志愿者证书”。面向全区征集邻里守望志愿服务典型案例、文艺作品、微视频等，上报中国志愿服务联合会朝阳区“万星万家 公益家庭”等典型案例2个、“榜样就在我们身边”等原创文艺作品2个、“行动是最好的语言”微视频以及邻里守望系列剪纸作品，其中“万星万家 公益家庭”项目被中国志愿服务联合会选为全国邻里守望“品牌项目”。12月4日，举办朝阳区“清洁空气 守护蓝天 美丽朝阳”大型全民环保志愿服务活动，主会场设在三里屯街道，分会场设在呼家楼、三里屯、香河园、双井、团结湖、八里庄、大屯、小关街道、东风、平房、太阳宫地区，11个街乡同步联动，号召大家绿色出行、绿色生活。制发《关于表彰2014年度朝阳区志愿服务十大金牌项目的决定》《关于面向全区征集“学雷锋 做志愿”优秀文艺节目的通知》《关于在“国际志愿者日”期间广泛开展志愿服务活动的通知》等文件，部署全区志愿服务工作。11月28日至12月3日，在小柯剧场开展6场朝阳区优秀志愿者专场慰问演出。在每期《朝阳报》开设“美丽朝阳志愿行”专栏。“为妈妈奔跑”项目获第二届中国青年志愿服务项目大赛金奖。年内，确定区30个志愿服务项目名单，并给予资金扶持。区志愿者李楠、梁会兰评为“全国最美志愿者”，八里庄街道红庙社区评为“全国最美志愿服务社区”。推选报送“绿色生活好市民”21名，“微承诺、微行动、微志愿”示范案例11个。区获“清洁空气 蓝天行动 ——微承诺微行动微志愿暨绿色生活好市民评选活动”优秀组织奖，“童年蓝天”环保公益志愿服务活动等8个项目获示范案例奖，呼家楼街道高忠玉等18人获“绿色生活好市民”荣誉。

（左向军）

【公共文明引导学雷锋宣传活动周】 3月5日至11日，区文明办组织1300余名公共文明引导员在全区公交、地铁站台开展“公共文明引导学雷锋宣传周”活动。全体文明引导员立足岗位学雷锋，组织开展秩序维护、咨询指路、清洁环境、环保宣传、敬老爱老等志愿服务，实现公共文明引导岗位“学雷锋、树新风”常态化。

（王 峰）

【“文明有礼好乘客”推举宣传活动】 3月11日，区组织开展“申办冬奥会 精彩北京人——文明有礼好乘客”宣传推举活动。主宣传站点设在望京街道南湖东园北行站，公共文明引导员和社区志愿者、公交公司员工志愿者在站台组织引导乘客排队、发放宣传材料。市公共文明协调办主任孙平参加现场活动。第一季度，区推荐区级“文明有礼的好乘客”30名，推举“好乘客之星”候选人12名。

（王 峰）

【党和国家领导人参加义务植树活动】 4月3日，习近平、李克强、张德江、俞正声、刘云山、王岐山、张高丽参等党和国家领导人到区孙河乡与10个街乡、6所高校和1所小学等330余名志愿者一起参加义务植树活动。习近平强调，坚持全国动员、全民动手植树造林，努力把建设美丽中国化为人民自觉行动。

（李 蕊）

【“文明有礼好乘客”推选活动】 4月11日，区以和平街街道和平东桥东行站为主宣传站点，组织公共文明引导员、公交300路内环车队员工、优秀志愿服务团队、“朝阳身边好人”等热心公益的社会志愿者，发放“绿色出行、文明交通”“市民文明观赏手册”“清洁空气 蓝天行动”等宣传手册，为乘客提供医疗、法律、健康咨询等“学雷锋”便民服务活动。区34个街乡1200余名公交地铁站台引导员张挂推举榜、发放《致首都市民乘客的一封信》和《文明有礼好乘客推举表》。

（王 峰）

【群众性精神文明创建规范化建设】 4月17日，制发《2015年朝阳区群众性精神文明创建工作规范化建设实施方案》，委托第三方机构研究制定朝阳区群众性精神文明创建规范化建设文明单位、文明村镇、文明社区和文明景区的指导性评估标准。4月22日，召开2015年朝阳区群众性精神文明创建工作规范化建设部署会，启动2015年朝阳区群众性精神文明创建先进单位申报工作。上报文明单位377个、文明乡19个、文明乡村38个、文明社区297个、文明风景旅游景区11个、军（警）民共建文明单位56个，798个申报单位，文明社区（村）覆盖率达到90%。制发《2015年朝阳区群众性精神文明创建工作评估验收安排》，联合交通、消防等12家单位对所有申报单位进行“一票否决”资格审查，798家申报单位对照标准进行社会公示、自查自评等工作，确定783家单位入选文明单位候选名单。最终，全区232个先进单位获2012—2014年度首都级创建工作先进单位称号，南磨房乡等7家全国文明村镇、单位复查并保留荣誉称号，平房乡等5家单位新晋第四届全国文明村镇、文明单位。

（李 蕊 周 密）

【未成年人思想道德建设】 4月23日，区文明办组织召开“朝阳区2015年未成年人思想道德建设——传统文化进社区”活动启动仪式”。区文明办、北京青年政治学院、北京东方道德研究所等相关领导和专家，及43个街乡的未成年人思想道德建设工作主管领导、文明办主任及社区未成年人工作负责人活动。部署朝阳区2015年传统文化进社区活动。北京东方道德研究所专家作以“中华母亲节”为主题的专题讲座。5月8日，在左家庄街道举办“2015年朝阳区未成年人思想道德建设——传统文化进社区‘中华母亲节’主题教育讲座”。相关街乡文明办主任、社区负责人和未成年人工作者参加培训。6月12日、6月15日，在朝外街道举办2场“传统文化进社区”——端午节主题教育讲座。相关街乡文明办主任、社区负责人参加。8月12日、8月14日，在劲松街道举办两场“2015年朝阳区未成年人思想道德建设——传统文化进社区‘七夕节’主题教育讲座”。重阳节期间，在劲松街道举办2场“2015年朝阳区未成年人思想道德建设——传统文化进社区‘重阳节’主题教育讲座”。11月17日，在麦子店街道举办“2015年朝阳区未成年人思想道德建设——传统文化进社区‘国际志愿者日’主题教育讲座”。

（李 娟）

【“文化传承 · 幸福一家”主题教育活动】 5月9日，在佐特陶瓷技术中心举行由区委宣传部、区妇联与北京佐特陶瓷技术活动中心联合举办朝阳区“文化传承 幸福一家”纪念中国人民抗日战争暨世界反法西斯战争胜利70周年主题活动。150个家庭参加活动。

（董 梅）

【“美丽北京熠起来”主题宣传实践活动】 5月11日，区以团结湖街道白家庄北行北公交站台为主宣传站点，组织开展“美丽北京熠起来”主题宣传实践活动。公共文明引导员、“五行交通志愿者”“文明有礼好乘客”代表，向过往乘客介绍“文明有礼好乘客”推举活动内容，宣传发放《北京市控制吸烟条例》宣传册，号召广大市民文明乘车、倡导公共文明理念和健康文明生活方式区34个街乡355个站台悬挂推举榜355块，张挂光荣榜36块，发放《致首都市民乘客的一封信》15780份、发放《北京市控制吸烟条例》宣传品14800余份，劝阻不文明行为230余次。6月11日，区以呼家楼街道呼家楼北行公交站台为主会场，组织开展“美丽北京熠起来”主题宣传实践活动。悬挂“文明有礼好乘客”推举榜、《北京市控制吸烟条例》便民袋，摆放文明有礼好乘客光荣榜展板，发放《致首都市民乘客的一封信》《北京市控制吸烟条例》等宣传品，引导市民朋友积极参加推举活动。区34个街乡355个站台1200余名公共文明引导员发放致《首都市民乘客的一封信》、向市民群众发放《北京市控制吸烟条例》宣传品2万余份。6月25日，在朝阳宾馆多功能厅举行“美丽北京熠起来”公共文明文化基层巡讲巡演活动。朝阳区公共文明引导员、地铁公交员工和社区群众近300人参加活动。

（王 峰）

【“防灾减灾日”主题宣传周活动】 5月11日至17日，区委宣传部、区广电中心联合开展“防灾减灾日”主题宣传周宣传活动。期间，全区制作悬挂横幅800余幅；在宣传栏、横幅、户外LED显示屏、工地围挡和网络建设平台（门户网站、微博、微信、网络论坛）发布防灾减灾知识3万余条；朝阳有线播放公益广告200条、播发各类稿件13篇；《朝阳报》刊发稿件17篇，普及群众200万人。

（徐志浩）

【朝阳区文明委全委（扩大）会】 5月19日，在朝阳宾馆多功能厅召开2015年朝阳区文明委全委（扩大）会议暨迎接全国城市文明程度指数测评部署电视电话会议。区四套班子领导出席会议，区二级班子主要领导参加会议，各街、乡设立电视电话会议分会场。区长、区文明委主任吴桂英主持会议。副区长、区文明委常务副主任黄晓伟部署2015年精神文明建设重点工作。区委副书记、区文明委副主任陈宏志作关于修订《北京市朝阳区精神文明建设委员会工作制度》说明。首都文明办副主任卜秀均讲话。区委书记、区文明委主任程连元讲话。

（李 蕊）

【未成年人思想道德建设工作会】 5月29日，区文明办组织召开朝阳区未成年人思想道德建设工作会。总结朝阳区2014年未成年人思想道德建设工作，部署2015年重点工作。与会领导为2014年朝阳区未成年人思想道德建设优秀创新案例获奖单位和“朝阳2015美德少年人物”颁奖；基层单位和美德少年人物代表作典型发言；副区长黄晓伟对朝阳区未成年人思想道德建设工作提要求。全区46家成员单位、43个街乡主管领导、科室负责人、美德少年标兵代表、学校德育干部代表300余人参加会议。

（李 娟）

【档案馆日未成年人专场活动】 6月9日，区文明办、区委教工委、区档案局共同组织第三届全国“国际档案日”暨第七届“档案馆日”专场未成年人活动。组织陈经纶中学、体育场路中学等200余名师生到馆参观，开展进行了爱国主义和区情区史教育。

（李 娟）

【军警民共建】 6月11日，联合区双拥办、区武装部制发《2015年朝阳区军（警）民共建工作要点》。要求全区各相关单位以培育和践行社会主义核心价值观为根本，深入推进“和谐、文明、关爱、育人、荣誉”五项工程，加强少年军校阵地建设，推出10对基层军（警）民共建先进对子和一批军（警）民共建文明单位，拨付120万元扶持军地共建重点项目，争创全国双拥模范城六连冠。6月30日，配合双拥办制发《关于开展纪念抗日战争胜利暨世界反法西斯战争胜利70周年双拥书法、绘画和摄影作品征集活动的通知》《关于开展纪念抗日战争胜利暨世界反法西斯战争胜利70周年读书征文和读书演讲比赛活动的通知》。联合区双拥办到三里屯街道办事处、幸福一村社区、武警北京总队十七支队七中队营区、安贞街道办事处、黄寺社区、空军95830部队黄寺营管办调研双拥平台下的志愿服务工作。

（李孟阳）

【“童心向党”歌咏活动】 7月6日，区文明办、区教委教工委、区教委、区青少年活动中心在清华附小联合举办朝阳区2015年“童心向党”中小学生歌咏展演活动。8所学校14首歌曲参加展演，7月至8月，活动依托朝阳文明网、朝阳未成年人思想道德建设工作网，开设“童心向党”歌咏活动专栏。

（李 娟）

【百姓宣讲】 7月16日、17日，举办2015年朝阳区“我们的价值观”百姓宣讲汇讲活动， 8支宣讲队伍参加活动。选拔优秀宣讲员成立区级宣讲团，参加全市“我们的价值观”和“京华英雄”主题巡讲8场，并在全区开展主题巡讲活动14场。10月23日，市委宣传部和市委讲师团联合组建调研工作组到区调研2015年百姓宣讲工作。区委宣传部副部长、文明办主任毕重伟介绍朝阳区2015年百姓宣讲工作开展情况，以及存在的问题和对今后百姓宣讲工作开展的意见建议，并观看微电影《行动才是最好的语言》，观摩区级宣讲团和朝阳区法官宣讲团的宣讲。年内，建立“朝阳百姓宣讲”微博和微信公众账号，发动全区739名宣讲网军转载和评论践行价值观的优秀故事，并征集微视频、微电影优秀作品30余部，依托朝阳文明网、政务微博、朝阳电视台、朝阳政务网等新媒体阵地进行集中宣传。全区组建宣讲队伍505支、宣讲员2726人，开展宣讲场次1500余场，受众达到10万余人，被中央、市、区重点媒体报道25次，网络转载报道120余条，发布网络微博302条。区委宣传部被评为2015年北京市百姓宣讲工作“先进单位”，区法官宣讲团获“优秀百姓宣讲团”荣誉称号，3人分别荣获“优秀宣讲员”和“优秀网络宣讲员”称号。

（杨 帆 徐志浩）

【“两项重大任务”宣传保障】 7月29日至9月底，完成“第十五届世界田径锦标赛”和“抗日战争暨反法西斯战争胜利70周年纪念活动”宣传保障工作。区委宣传部组织召开专题部署会和现场会，整合宣传阵地，形成“大宣传”格局，推进宣传工作落实。在“第十五届世界田径锦标赛”期间，重点围绕赛事场馆张贴宣传海报1000余套，并在重要路口和重点商圈设置点位205处，部署相关赛事二维码，悬挂赛事口号宣传条幅300余条，在三环、四环主路21个过街天桥，制作安装42条中英文双语硬质宣传横幅。在“抗日战争暨反法西斯战争胜利70周年纪念活动”期间，主要利用全区户外宣传栏、阅报栏、宣传橱窗、广告灯箱等宣传阵地，张贴抗战胜利70周年宣传海报10万余张，制作悬挂硬质宣传横幅600余幅，协调区住建委等相关单位，在纪念活动沿线及重要区域48个工地制作相关宣传材料，覆盖面积2456.8平方米。制定宣传保障专项工作组系列方案，制定突发事件新闻应急系列预案；牵头制作《“两项重大任务”宣传保障工作手册》；在全区范围内启动媒体舆情每日通报机制；对赛事场馆、训练场地、驻地酒店以及纪念活动周边等重点区域，启动专项舆情监测，形成“两项重大任务舆情专报”；围绕“两项重大任务”服务保障期间机动车限号限行、交通临时管制等措施，制定7个预口径；通过《朝阳报》、朝阳有线、北京朝阳政务微博、“朝闻道”微信平台，及时向社会发布10条提示性信息。

（杨 帆 徐志浩 康 艺）

【“两项重大任务”观众组织和志愿者服务】 7月29日至9月底，对接区“1+8+43”指挥体系，成立由区委常委、组织部部长何明任组长，副区长陈涛、统战部长马继业和副区长黄晓伟以及区文明办主任毕重伟用任副组长的“两项重大任务”观众组织和志愿者服务工作领导小组，办公室设在区文明办。区委办、政府办等15个部门和43个街乡作为成员单位，建立工作例会、沟通联络、信息日报、动态管理、应急保障和档案管理6项制度及专项工作方案。何明、黄晓伟等领导先后召开5次例会，进行调度，实现统筹调度、整体联动，形成完备的组织指挥系统。完成田径锦标赛预演、9月3日阅兵观礼活动两次观众组织任务，组织集中购票观众18884人，其中开幕式演练2250人，其他涉及10场次观众16634人。完成主赛场外围从停车区域到安检口，从安检口到检票口，7个区段，47个点位的文明引导志愿服务工作。区文明办被活动组委会评为“观众组织工作先进单位”。9月3日，朝阳区693名观众到天安门广场南侧（国旗杆东）观礼台就座观礼。挖掘整理抗战英烈家庭、特色家庭等典型人物事迹，安排四世同堂抗战老兵家庭6人在现场接受央视采访。9月23日，区文明办荣区保障“两项重大活动”任务先进集体，并在全区总结会发言。

（李 蕊 王 峰）

【“社区文明小使者”主题教育实践活动】 7月至9月，区文明办、区委教工委、区教委、团区委、区妇联联合制发《关于印发<朝阳区关于2015年暑假期间开展“讲家训、传美德、树家风——争当社区文明小使者”主题教育实践活动方案>的通知》。全区推荐上报市级“社区文明小使者”候选人1858名。

（李 娟）

【宣传思想和精神文明建设工作培训会】 8月3日至4日，区委宣传部在蟹岛组织召开2015年朝阳区宣传思想和精神文明建设工作培训会，区152个单位312名宣传思想和精神文明干部参加培训会，刘军胜出席会议并做《做一名合格的宣传干部必须提高思想政治工作能力》报告。

（杨 帆 徐志浩）

【CBD商务节宣传】 9月10日至25日，围绕2015北京CBD商务节整体宣传，举办新闻发布会3场、集中采访10场。邀请中央电视台、《人民日报》、新华社、人民网、北京电视台、《北京日报》等40余家媒体采访报道。对接《法制晚报》《新京报》《北京青年报》制作H5，以及利用“北京朝阳”官方微博、“朝阳微讯”“朝闻道”等微信平台等新媒体对报道内容进行发布。新华网、凤凰网对“北京CBD圆桌会”“北京CBD国际金融圆桌会”“首届国家文化产业创新实验区高端峰会”进行网络直播。

（冯 烨）

【世界无车日宣传活动】 9月22日，在第九个“世界无车日”之际，区文明办开展以“3510绿色出行·蓝天畅通永相伴”为主题的无车日宣传活动。1300余名公共文明引导员由区金牌引导员和星级引导员带头，邀请共建单位、社会志愿者、文明有礼好乘客在355个公交地铁、站台开展主题宣传活动。

（王 峰）

【“文明有礼好乘客”推举活动】 10月11日，区开展2015“迎接冬奥会 精彩北京人——文明有礼好乘客”推举活动。各街乡设立一个主宣传站台，悬挂“迎接冬奥会 精彩北京人—文明有礼好乘客”横幅及“文明有礼好乘客”推举榜。文明引导员和志愿者在站台引导乘客排队、宣传文明乘车、咨询指路，发放“致首都市民乘客的一封信”，宣传《北京市控制吸烟条例》，为老年乘客和行动不便的乘客提供方便。

（王 峰）

【马骏烈士诞辰120周年纪念活动】 10月19日，区委宣传部会同区教委、日坛公园，在日坛公园马骏烈士墓举行马骏烈士诞辰120周年纪念活动。芳草地国际学校民族校区43名在校师生参加活动，活动以奏唱国歌、学生敬献花篮、马骏烈士家属讲述马骏烈士感人故事和参观马骏烈士纪念室等形式，让学生们了解历史，学习抗日战争期间英雄事迹，弘扬民族精神，培养青少年的爱国主义精神。

（徐志浩）

【第十届文博会宣传】 10月29日至11月1日，围绕第十届北京文博会朝阳展区活动内容，组织策划新闻发布会9场，集中采访活动15场。邀请《人民日报》、中央电视台、《北京日报》、北京电视台等40余家中央及市属主要媒体对全国首个国家级文化产业创新实验区转型升级10个园区、国家级文化产业创新实验区新园区东亿国际传媒打造电影主题酒店、国家级文化产业创新实验区首个文化产品公共保税仓库项目正式获海关批复等内容采访报道。

（陈 婧）

【群众安全感宣传】 11月19日，区集中开展以“平安朝阳”主题的宣传活动。邀请《人民日报》《北京日报》、北京电视台等20余家媒体集中对13万“朝阳群众”组成治安志愿者队撑起“治安伞”，点亮“小桔灯”成百姓“贴身保镖”等内容采访报道。

（姜丽钧）

【公共文明引导日活动】 12月11日，是北京市公共文明引导日，开展以“迎接冬奥会 精彩北京人——文明有礼好乘客”为主题的推举活动以及“北京市控制吸烟条例”实施的宣传活动。区355个公交、地铁站台以及1200余名文明引导员、文明有礼好乘客172名、社会志愿者112名参加活动，宣传“文明有礼好乘客”推举活动，宣传北京市控烟条例实施，组织市民乘客有序排队。

（王 峰）

【区委中心组学习】 年内，制定实施《2015年区委中心组学习计划》。围绕十八届五中全会、习近平总书记系列重要讲话、“三严三实”与全面从严治党、经济发展新常态、“互联网+”行动计划、京津冀协同发展等主题，统筹安排区四套班子领导开展集中学习。创新学习形式，围绕三个专题开展“四个一”集中学习研讨，即每个专题安排一次集中自学、一个专题片、一次专题报告、一次交流研讨。全年组织区领导集中学习活动24次，其中专家报告14次、集中自学3次、观看专题教育影视片5部、交流研讨3次。征集区委中心组2015年调研课题20项推荐参评北京市“丹柯杯”优秀调研成果评选活动，获优秀调研成果三等奖1项。

（权英淑 张秋佳）

【意识形态工作责任制】 年内，参加首都意识形态领域情况会商研判会4次，11月12日，在北京市委宣传部召开的全市思想理论建设和意识形态工作座谈会上，刘军胜作题为“规范管理 强化服务，积极推动798艺术区健康发展”典型发言。开展朝阳区意识形态工作问卷调查和专题研究，围绕当前区意识形态领域情况向各委办局、各街乡和部分社区（村）、企事业单位发放500份调查问卷进行情况调查，撰写《朝阳区意识形态总体形势及工作情况报告》《朝阳区意识形态工作通报》《关于意识形态工作有关情况的汇报》文稿，并在12月11日第27次区委常委会汇报。12月30日，在北京市委宣传部召开的2015年度北京市意识形态领域情况会商会上，刘军胜作题为“关于798艺术区意识形态领域有关情况的汇报”发言。完成迎接北京市2015年意识形态工作专题督查相关工作，制定《关于迎接北京市2015年意识形态工作专题督查工作方案》，做好区域内涉及意识形态的重点地区、重点点位、重点人的排查摸底工作，填报《朝阳区意识形态工作相关情况调查表》，完成《朝阳区委关于落实意识形态工作责任制情况的自查报告》，撰写朝阳区委关于意识形态工作责任制落实情况汇报材料。

（权英淑　梁奥博）

【理论宣讲活动】 年内，与市委讲师团合作，为区政协、区委教工委、区文化委、区体育局、望京综开、八里庄活动街道、东湖活动、机场活动等52家单位举办108场专家辅导报告，内容涵盖“四个全面”战略布局、“三严三实”、习近平在文艺工作座谈会上的讲话、经济发展新常态、社会主义核心价值观、京津冀协同发展、2015年全国“两会”精神、纪念抗战胜利70周年、国际形势、大数据等20余个主题，受众21000人次。围绕“三严三实”专题教育，为二级班子中心组提供学习材料1100份，专题片和专家报告200张，提供谷文昌、沈浩等优秀领导干部典型事迹专题片及相关学习资料，利用理论学习手机报、《朝阳点读》微信平台，面向全区干部推荐书籍100余册，答复基层咨询1000余人次。12月10日，在2015年北京市理论宣讲工作会上朝阳区作大会交流发言，1人获北京市理论宣讲示范基地优秀组织员、1人先进工作者。组织基层单位参加2015年《宣讲家杯》优秀报告征集活动，申报参评视频报告36件，其中“做一名合格的宣传干部必须提高思想政治工作能力”等被评为基层组优秀作品，“‘三严三实’的文化内涵与现实意义”等被评为专家组优秀作品，1人获“宣讲家杯”优秀报告征集活动优秀组织员。

（权英淑　张秋佳）

【学习服务】 年内，为全区局处级领导干部订阅为局处级领导订阅2016年度理论学习刊物《网络舆情》《大讲堂》等杂志900套。围绕“一报、两刊、一网”，编发理论学习手机报50期，实现全区4070名科级以上党员干部全覆盖，并为区老干部局主管的900名老干部每周推送。全年围绕中央、市委最新精神和区委中心组学习选题，为全区局处级领导编发《中心组学习参阅》24期，特刊16期，编发《宣传文化学习咨询》24期12000册，“朝阳点读”微信公众账号共编发120期382条，整理专家学者文稿12篇。围绕“三严三实”专题教育、互联网+行动计划、城市发展规划等主题，为区四套班子领导配发学习书籍1000余册，为全区处级党委中心组和基层党组织配发《习近平在纪念中国人民抗日战争暨世界反法西斯战争胜利70周年系列活动上的讲话》《做焦裕禄式的县委书记》《习近平关于协调推进“四个全面”战略布局论述摘编》《习近平总书记在文艺工作座谈会上的重要讲话学习读本》《改革热点面对面》《法治热点面对面》等书籍56万册。围绕“四个全面”战略、五大发展理念、习近平总书记重要讲话、“三严三实”、社会主义核心价值观等主题，完成《中心组学习园地》信息更新工作。

（张秋佳　梁奥博）

【理论研究】 年内，开展“朝阳区宣传思想文化工作专题研究”，形成《从严治党要求下的思想政治工作创新研究》《加强基层宣传思想文化工作实效性研究》《朝阳区推进国家文化产业创新实验区建设的思路和举措研究》等课题成果。

（祁春娜）

【培育和践行社会主核心价值观】 年内，制发《关于征求朝阳区推进社会主义核心价值观工作相关问题及建议调查的说明》。围绕以“我们的价值观”主题，综合运用宣传标语、音视频公益广告、宣传画等形式，建造主题公园（团结湖公园）、主题广场（六里屯十北社区文化休闲广场），利用全区233处近16万平方米建筑围挡，4800余处宣传栏和宣传橱窗，三环、四环主路过街天桥及户外大屏等重点宣传阵地进行“图说我们的价值观”公益广告宣传和“梦娃”动画视频播放，营造培育和践行社会主义核心价值观良好社会氛围。

（杨　帆　徐志浩）

【群众性文化活动】 年内，举办“2015打工春晚”“朝阳区文化科技卫生‘三下乡’”“高碑店第四届‘二月二’民俗文化节”“我们的节日•清明节”“第三届‘北京二闸清明踏青节’”“潮流音乐节”等品牌活动。举办以“牢记历史、珍爱和平”为主题的全民阅读系列活动，开展图书推荐、专题讲座、系列展览、专题图书配送、主题征文、爱国书画展、驻区部队读书演讲比赛、阅读分享会等读书活动。举办“艺术朝阳”首届朝阳区百姓原创文化节。开展“星火工程”“百姓周末大舞台”公益惠民演出240场。举办“共建牵手，情暖中秋”筑梦艺术团慰问农民工公益演出，完成“大地情深”国家级艺术院团走基层演出活动6场。

（吴丁佳宝）

【公共文化服务体系建设】 年内，修改完善朝阳区“2+5”现代公共文化服务评价考核指标体系。以现代化、标准化作为朝阳区公共文化服务网络评价平台的根本要求，完善评价平台功能及数据库。测评区文化馆、区图书馆、北京民俗博物馆及各街乡进行公共文化服务，摸清全区示范区后续建设情况，重点了解基层群众的文化需求。实地测评点位132个，发放问卷1500份，形成2014年公共文化服务测评报告，为朝阳区提升公共文化服务标准化、均等化、社会化、数字化水平和提升基层公共文化服务效率提供参考。

（吴丁佳宝）

【对外文化交流】 年内，区优秀非遗项目泥彩塑“兔儿爷”、毛猴、于氏风筝和宫廷补绣亮相美国洛杉矶，成为北京市申办2022年冬季奥运会的首场海外推广活动“北京非物质文化遗产展示交流”板块中的重要元素。完成兵马俑灯笼赴澳大利亚悉尼、芬兰赫尔辛基和爱沙尼亚塔林展览，女子大鼓队赴捷克演出，“京味文化台湾之旅”等文化交流活动。在798玫瑰之名艺术中心，北京塞万提斯学院以独特艺术形式展现故事风貌，为首都观众献上一场西班牙风味木偶剧版《堂吉诃德》；美国乃霓现代舞团带来描绘美国沙漠风景的现代舞《大漠之歌》。在北京民俗博物馆隆重举行北京妈祖文化艺术节暨北京妈祖文化交流协会成立揭牌仪式，并与北京妈祖文化交流协会以社团形式合作，开展21世纪海上丝绸之路的文化创作与文化宣传。

（吴丁佳宝）

【爱国主义教育基地活动】 年内，全区16家爱国主义教育基地开展特色品牌活动共

43项，参观受众达280余万人次。

（董 梅）

【周末社区大讲堂】 年内，朝阳区北京周末社区大讲堂把讲座专家和讲课名称按照目录形式下发各街乡，为基层提供点单式服务。讲座内容涉及政治理论、历史文化、心理健康、家庭教育、工作和生活技能等方面。全年举办讲座23场，近5000人次参加讲座。

（董 梅）

【文明委工作制度建设】 年内，健全“区—街乡—社区（村）”三级文明委机构建设，修订《北京市朝阳区精神文明建设委员会工作制度（试行）》。向区文明委70家社会委员单位印发《区文明委社会委员单位2014年精神文明建设情况报告》《关于做好近期精神文明建设相关工作的通知》，落实成员单位责任制和社会责任报告制，推荐精神文明建设展示点线，上报精神文明建设工作总结和2016年计划，形成《区文明委社会委员单位2015年精神文明建设情况报告》。分两批组织区文明委委员专题调研南磨房乡情村史陈列室、垡头地区文化中心、六里屯街道十里堡北里社区和高碑店乡高井村精神文明建设。

（周 密）

【美丽乡村建设】 年内，继续推进农村“十二个一”（每个行政村有1名文明宣传员、1个精神文明建设宣传栏、1所市民文明学校、1个综合文化活动中心和广场、1个乡情村史陈列室、1个标配公共电子阅览室、1套居家健身工程、1个电影放映室、1个标准篮球场、1支特色文体队伍、1支志愿服务队和1个农村居民信息服务站）创建工程，联合区农委向首都文明办申报三间房乡、东坝乡、孙河乡3个农村精神文明宣传视屏，以及三间房乡、十八里店乡吕家营村、高碑店乡半壁店村、孙河乡下辛堡村4个乡情村史陈列室建设项目。完成第二批乡情村史陈列室和精神文明宣传视屏项目验收工作。组织全国文明单位与全国文明单位（村镇）开展共建交流活动，组织首都级文明单位与农村开展“城乡统筹、文明先行”主题教育实践活动，74个文明单位结对170个，开展共建活动1048次。

（李孟阳）

【旅游素质提升】 年内，结合重点节日、重要节点，在出入境大厅、旅行社、景区等开展文明告知、提醒、规劝，营造文明出游良好氛围，提升公民旅游文明素质。10月29日，区文明委制发《朝阳区开展“文明旅游我最美”主题宣传活动方案》，围绕春节、十一等重要节点，旅行社等启动“文明旅游”系列培训，运用漫画创作和“我承诺”形式，策划启动文明旅游不大声喧哗、不横躺侧卧、不乱刻乱画、不乱扔垃圾、不损坏花草树木、排队不加塞“我承诺”6类文明行动，设计口袋书、行李牌、指甲刀、海报约20万个，面向A级旅游景区、旅行社、区出入境办证大厅、星级饭店、社会旅馆及社区、村等下发。联合北京电视台于十一期间分别在奥林匹克中心区、北京欢乐谷公园、中央电视塔开展“文明旅游‘袋’动中国”大型公益活动，组织大学生志愿者开展文明旅游宣传。各公园、相关街乡等设置文明旅游提示牌，组织文明引导志愿队伍，围绕“文明旅游十大提醒语”，劝阻不文明行为。

（周 密）

【诚信建设】 年内，开展重点人群、行业领域诚信普及教育，推进执法监管部门和窗口服务单位文明诚信服务，与区发改委、区信息办、区监督中心等部门沟通，推进信用体系建设。与工商朝阳分局联合开展诚信示范市场、街（店）等品牌建设，12家市场被授予北京市诚信示范市场称号。开展“诚信做人 守信做事”“诚信做产品”等主题教育实践活动，拍摄涵盖政务、商务、司法和社会诚信领域的微电影，传播诚信理念。与区食药、区商务委等部门开展“诚信做食品”主题教育实践，组织餐饮企业公开践行道德承诺。在商业服务业开展多种形式的岗位技能竞赛，评选百名形象大使。宣传诚信人物、诚信企业、诚信群体等先进典型。

（李 蕊）

【获得荣誉及奖项】 年内，区文明办推荐区委教工委宣传统战科科长何晓华为第三届全国未成年人思想道德建设工作先进工作者，呼家楼中心小学获全国未成年人思想道德建设先进单位；区“精彩课堂”活动获首都未成年人思想道德建设优秀创新案例奖、“安贞国学园”活动获优秀创新案例提名奖。

（王 峰）

【“清明祭英烈”主题教育活动】 年内，区文明办、区委教工委、区教委联合组织全区青少年开展“网上祭英烈”活动，引导未成年人慎终追远、缅怀先辈，铭记革命先烈光荣事迹，珍惜今天幸福生活。全区15万名中小学生参加活动，撰写活动总结300余篇，优秀节日小报700余份。

（王 峰）

【2015年度首都未成年人思想道德建设创新案例】 年内，推荐上报4个创新案例。区文明办《国学进社区“十德”润朝阳——朝阳区“传统文化进社区”未成年人国学教育实践系列活动》被评为首都未成年人思想道德建设创新案例奖。

（王 峰）

【网络宣传引导】 年内，制发《2015年朝阳区网络文明传播工作方案》，全年以“四季朝阳”为主题，设定“春暖花开 志愿朝阳”“繁茂盛夏 爱心朝阳”“秋高气爽 乐游朝阳”“冬日暖阳 幸福朝阳”4个季度系列宣传活动，围绕“践行社会主义核心价值观”“十三五规划”“世锦赛”“文明旅游”等重点工作，组织开展“美丽朝阳志愿行”“奔小康的十三个五年”“我爱世锦赛”“文明旅游美丽你我”等系列微活动，通过“文明朝阳”微博、微信平台招募、组织网络文明志愿者参与“义务植树、体验式步行、亲子陶艺”等公益活动，形成特色品牌。创新推出“好人365”微访谈，对话“星妈”孙梦麟，中国文明网在当天头条推送该活动，开创“好人365之最”系列微访谈先河，引起网友大量关注，微访谈当天，与网友互动回答问题44个，话题微博被转发248次。开展重大活动网络微直播，动员网络文明传播志愿者弘扬网络正能量。每周在《朝阳报》专版、朝阳有线电视台开展“讲文明树新风”“我们的价值观”公益广告宣传。据中国文明网公布的每季度网络文明传播志愿者工作考评成绩，区在所有全国文明城区中位居前列。

（李孟阳）

【模范人物推荐评选】 年内，在第五届全国道德模范评选活动中，朝阳区金九皋、苏士龙2人获提名奖。在“我推荐、我评议身边好人”活动中，朝阳区孙梦麟、许涛、陈沫等3人入选“中国好人榜”。在全区范围开展“北京榜样”推选宣传和学习实践活动。4月至10月，、推荐上报候选人111名。其中，张超、刘佳、梁会兰等9人获2015年度“北京榜样”提名奖。区评选出10位2015年度“朝阳榜样”，19位“朝阳榜样”特别奖，及27位“朝阳榜样”提名奖。

（刘 莹）

【网络文明传播】 年内，中国文明网全年发布信息4297条，策划制作综合专题21个，推荐原创评论39篇，承担总站宣传任务72项。其中，50条信息被中国文明网首页图片、要闻评论栏目发布推荐，“北京朝阳成立首支艺术家文化志愿者服务队让文艺扎根基层”等3条信息获中国文明网好稿奖。

（刘 莹）

【优秀人才项目资助】 年内，推荐1人申报2015年度市宣传文化系统高层次人才培养资助项目，推荐6人为市宣传文化系统“四个一批”（一批全面掌握邓小平理论和“三个代表”重要思想、学贯中西、联系实际的理论家；一批坚持正确导向、深入反映生活、受到群众喜爱的名记者、名编辑、名主持人；一批熟悉党和国家方针政策、社会责任感强、精通业务知识的出版家；一批紧跟时代步伐、热爱祖国和人民、艺术水平精湛的作家、艺术家）人才选拔。申报市级优秀青年人才申报人才资助项目23个，6名人才获得市区资助。

（庞永顺）

【党风廉政建设】 年内，落实“两个责任”，加强党风廉政建设。2015年系统各单位共建立各级党员领导干部责任清单372份。分层级、分类别签订党风廉政建设承诺书64份、责任书212份。接到案件移送、信访举报等各类问题线索69件，立案查处2件。

（庞永顺）

【疏解非首都功能宣传】 年内，围绕朝阳区疏解非首都功能、清退低级次产业组织策划系列宣传活动15场，邀请中央电视台、《人民日报》、北京电视台、《北京日报》等20余家媒体采访报道孙河35家石场“变身”湿地公园、十八里店乡疏解西直河石材市场、雅宝路转型升级等。

（陈 婧）

【“一绿”城市化建设试点宣传】 年内，围绕朝阳区“一绿试点”工作成果组织策划宣传活动10余场，邀请中央电视台、北京电视台等20余家媒体采访报道来广营、南磨房等试点乡产业转型升级等。

（康 艺）

【生态环境建设宣传】 年内，围绕朝阳区生态环境建设工作，组织策划10余场宣传活动。邀请北京电视台、《北京日报》等10余家媒体采访报道区着力提升绿化建设水平、萧太后河全线消灭黑臭水体、朝阳区集中整治露天烧烤、集中整治三里屯等重点地区环境秩序、京津冀三地大学生社区绿色环保公益行、朝阳空气质量监测系统投运等。

（冯 烨）

【城乡环境建设宣传】 年内，围绕朝阳区城乡环境建设工作，组织策划10余场宣传活动，邀请新华社、北京电视台、《北京日报》等20余家媒体集中采访报道八里庄、六里屯、呼家楼街道集中整治“拆墙打洞”、六里屯拆除私装地锁等。

（王 伟）

【社会治理工作宣传】 年内，围绕朝阳区社会管理工作，组织策划5场宣传活动，邀请北京电视台、《北京日报》等20余家媒体采访报道区举办优秀社会治理项目创新展示会、朝阳区形成五方共治、自管自转、三社联动居民自治模式、八里庄街道首次召开“2.0级”共商共治会等。

（李 树）

【朝阳区养老服务工作宣传】 年内，围绕朝阳区养老服务工作，组织策划10余场宣传活动，邀请中央电视台、《人民日报》、北京电视台、《北京日报》等20多家媒体对八里庄街道开设“幸福久久”养老体系、朝阳养老综合服务APP上线、朝阳区创新推行“驿站式”养老模式等内容进行采访报道。

（陈 婧）

【朝阳区公共文化建设宣传】 年内，围绕朝阳区公共文化建设工作，邀请《北京日报》《北京晨报》等10余家媒体对朝阳区公共文化四级网络建设工作、朝阳区文化大院、朝阳区图书馆新馆等内容进行采访报道。

（王 伟）

【朝阳区志愿服务宣传】 年内，围绕朝阳区志愿服务工作，组织策划5场宣传活动，邀请《北京日报》、北京电视台等20余家媒体集中对朝阳区晨光社区文明“小信使”志愿服务活动、区成立艺术家文化志愿者服务队等内容进行采访报道。

（李 树）

【新闻应急处置】 年内，应急处置70余起突发事件新闻工作，参与并完成20余起事件的维稳值守工作。

（康 艺）

【“中外记者看朝阳”外宣活动】 年内，接待俄罗斯、芬兰、日本、德国、法国、新加坡等60余个国家110余名记者走进朝阳，关注朝阳区功能提升和特色领域发展，参观采访潘家园旧货市场、莱锦文化创意产业园等文化创意产业代表园区。协助做好境外媒体采访接待和服务保障工作，配合市外宣办组织“外国摄影师拍北京”系列活动、纪念抗日战争70周年纪念活动新闻中心注册境外记者在京参观采访活动等大型采访拍摄活动。

（王金凤）

【“北京朝阳”政务微博】 年内，以“点赞朝阳”为主题，围绕朝阳区“两会”、2015年新春、世锦赛、我们的价值观、榜样力量、践行“三严三实”等内容，策划10个版块的系列微话题发布。依托微博互动平台，策划组织“点赞朝阳 植绿爱绿”“点赞朝阳 快乐暑期行”“点赞朝阳 一件棉衣 情暖三冬”等微活动。2015年，“北京朝阳”政务微博在新浪网、腾讯网、人民网三网平台发布微博近万条，粉丝130余万。

（王 静）

【网络舆情监测】 年内，完善朝阳区7*24小时全网舆情监测系统，与区委办、政府办、维稳办、区城管监督中心等单位的沟通合作，及时准确发现舆情事件、做好分析研判工作。全年监测预警约5110条，平均预警频次为14件/天。专项舆情事件数据统计约140件。注重舆情的分析研判，按照舆情发生的不同周期，形成2015年度的《朝阳区网络舆情分析报告》日报256期、月报8期、两会专报13期、半年报1期、年报1期。

（王 静）

【“北京朝阳”今日头条号开通】 年内，开通“北京朝阳”今日头条订阅号，搭建移动终端外宣平台，核心发布朝阳资讯信息、宣传朝阳特色活动、推广朝阳便民措施等，建造网民能够随时“触摸”的新平台。发布内容110篇，阅读量20余万次。

（王 静）

【新闻发言人培训】 年内，组织召开全区初任新闻发言人培训班。全区75个单位近150名新闻发言人和新闻联络员参加为期3天的专题培训。采取专家授课、小组讨论、模拟演练等开展培训环节。完成统计全区各单位新闻发言人、初任新闻发言人以及新闻发言人联络员信息，更新数据库等工作。

（王金凤）

【星级公共文明引导员评选活动】 年内，区组织开展星级公共文明引导员推荐评选活动。向市公共文明协调办推荐49名星级公共文明引导员候选人。

（王 峰）

纪检监察

【概况】 中共北京市朝阳区纪律检查委员会机关（以下简称“区纪委”）是主管本区党的纪律检查工作的区委工作机构；北京市朝阳区监察局（以下简称“区监察局”）是主管本区行政监察工作的区政府组成部门。北京市朝阳区预防腐败局（以下简称“区预防腐败局”）列入区政府工作部门序列，不计入政府机构个数。区纪委与区监察局、区预防腐败局合署办公。区纪委、区监察局、区预防腐败局在区委、区政府和市纪委、市监察局、市预防腐败局的双重领导下开展工作。年内，区纪委监察局深入学习贯彻习近平总书记系列重要讲话精神，协助区委落实主体责任，落实监督责任，持续纠正“四风”，加大纪律审查力度，坚决遏制腐败蔓延势头。制定落实“两个责任”“1+6”制度体系，统筹协调和推动全区落实“两个责任”。督查全区112家单位落实“两个责任”情况，约谈排名靠后的9家单位党委（党组）书记、纪委书记（纪检组长）。通报曝光违纪违法案件30起，给予41名履责不力的党员干部党政纪处分，其中处级干部12人。督办全区111个违法用地、违法建设点，实施约谈整改不力单位。查处违反中央八项规定精神问题30起，处理50人，其中，给予党政纪处分44人，处级干部9人。受理群众来信来访和举报1568件（次），立案160件，结案152 件。给予党政纪处分140 人，其中处级21人，移送司法机关4人。健全基层纪检监察干部考核管理机制，组织76名区属单位纪（工）委书记、纪检组长分系统述职述廉。制定纪检干部“十不准”行为规范，着力打造过硬纪检监察干部队伍。

地址：日坛北街33号

邮编：100020

电话：65099369

网址：www.chyjw.gov.cn

（姚新宇）

【反腐败协调小组会议】 1月14日，召开区反腐败协调小组2015年第一次会议。区纪委通报重点案件推进情况，各成员单位结合工作实际发言。程连元参加会议并强调：坚持党要管党，从严治党；坚持协同配合，形成长效；集中攻坚，形成震慑。4月8日，召开区反腐败协调小组2015年第二次会议，传达中央纪委电视电话会和市纪委案件会精神，学习《关于在查办党员和国家工作人员涉嫌违纪违法案件中加强协作配合的意见》，研究完善区反腐败协调小组职能。会议指出，2015年朝阳区反腐败形势依然严峻、任务更加艰巨，各单位各部门务必按照《意见》要求，完善反腐败协调小组职能，健全协作配合机制，保障案件查办工作顺利开展。程连元强调：统一认识，找准差距；把握定位，发挥作用；严格自律，勇于担当。

（张耀军）

【新闻媒体通报会】 2月4日，区纪委首次召开新闻媒体通报会。向《北京日报》《是与非》杂志、《朝阳报》等10家市属、区属媒体通报区纪委十一届六次全会筹备情况，介绍2014年全区党风廉政建设和反腐败工作及2015年重点工作部署情况。

（高华 李聿）

【区纪委十一届六次全会】 2月6日，召开区第十一届纪律检查委员会第六次全体会议。市纪委副书记李振奇，区四套班子领导、二级班子党政正职、纪（工）委书记（纪检组长）以及部分基层单位负责人600余人参加会议。播放《责任—朝阳区2014年党风廉政建设和反腐败工作纪实》专题片，传达中央纪委五次全会、市纪委四次全会精神，区委常委、区纪委书记宋铁健代表区纪委常委会向全会报告工作，程连元强调，新的一年，要认真贯彻落实中央、中纪委和市委、市纪委的各项部署要求，着力营造不敢腐、不能腐、不想腐的政治氛围，坚定信念，保持良好的作风状态。各级党组织和全体党员干部要把纪律作为“带电的高压线”，把规矩作为不可逾越的“红线”，加强纪律建设。守住初心，不碰红线、不触底线。要以更大的决心和勇气，认真自我剖析，深入查找不足，深刻汲取教训，切实解决问题，不断推进党风廉政建设和反腐败斗争取得新成效。会前，程连元与区委常委分别签订2015年朝阳区党风廉政建设责任书，区领导与分管部门主要领导签订党风廉政建设责任书，处级班子主要负责人代表分别就如何落实主体责任发言。

（姚新宇）

【党风廉政建设责任制落实】 2月6日，召开区纪委十一届六次全会。区委、区政府部分领导与分管单位、部门主要负责人签订党风廉政建设责任书。全区分7个层级、14类责任内容，签订承诺书555份，签订责任书19655份。6月4日，在制定《关于落实党风廉政建设党委主体责任纪委监督责任的意见（试行）》的基础上，出台6项配套措施：分别是建立党风廉政建设责任清单，按照“权责对等、纵向对接、聚类梳理、明岗明责”的方法，一级抓一级，层层传导压力。区委、区政府、区人大、区政协四套班子领导共建立责任清单27份，二级班子建立责任清单3000余份；纪检监察组织向同级党委汇报工作的规定；下级纪检监察组织向区纪委汇报工作的规定；下级党委向区委区纪委汇报落实党风廉政建设主体责任情况的规定；落实党风廉政建设党委主体责任纪委监督责任检查考核办法；落实党风廉政建设党委主体责任纪委监督责任追究办法。7月1日，区反腐倡廉建设领导小组办公室制发《关于建立朝阳区党风廉政建设两个责任领导联系点工作方案》。7月8日，在北京会议中心，举办学习贯彻党纪条规、落实“两个责任”专题培训班。7月20日至10月15日，宋铁健到区卫计委、城管执法监察局、三里屯街道、市政市容委、望京街道、黑庄户乡调研“两个责任”落实情况。7月31日，宋铁健做客北京纪检监察网在线访谈，就“切实落实党风廉政建设监督责任”问题与网友进行交流。9月，在全区144家单位开展党风廉政建设民意调查。12月，在112家单位开展党风廉政建设责任制专项检查，区委、区政府、区纪委主要领导带队检查全区落实“两个责任”情况。12月2日，市纪委第一检查组到区检查考核2015年党风廉政建设责任制落实情况。12月14日至15日，联合派驻组召开驻在部门落实党风廉政建设“两个责任”工作汇报会。年内，在全市党风廉政建设责任制检查考核中，区县排名第1位。

（张君）

【基层纪工委书记述责述廉】 2月13日至15日，按系统将76名区属单位纪（工）委书记、纪检组组长分为机关系统、街道系统、农村系统、政法及宣教系统、国资系统五组，分别开展述责述廉。区纪委领导班子全体成员、各部室领导分组参加会议。

（刘毅）

【家庭助廉座谈会】 3月4日，与区妇联在三里屯街道举办“廉洁的你，幸福的家”家庭助廉座谈会。街乡纪检监察干部代表、妇联干部代表、社区和村干部代表。“最美家庭”代表等50余人参加座谈会。向全区下发《为幸福家庭撑起清廉明净的蓝天》廉洁家庭倡议书。

（李啸寅）

【干部任前廉政测试】 3月9日，联合区委组织部制发《关于领导干部任职前廉政法规知识测试工作的实施意见》。对全区党员干部实施“两个必考”，即逢提必考、任前必考。编印《廉政法规知识汇编》。全年开展新任处级党员领导干部任前廉政法规测试5次，184名新任或转任重要岗位的处级领导干部参加测试，700余名科级干部实施任前廉政法规测试，实现全区新任党员领导干部任前廉政法规测试全覆盖。

（李啸寅）

【接访月活动】 3月上中旬，参与全国“两会”期间接访月活动。接待群众来访51批151人次，其中集体访2批25人次，重复访14批41人次；接听电话举报441件次，其中属于受理范围的电话举报15件次。

（于全党）

【“勤廉榜样”推选】 4月至9月，在全区开展“勤廉榜样”推选活动。通过系统统筹、基层参与、网络公示、集体决策等环节，全区1万余名党员干部参加，评选出10名“勤廉榜样”。推荐“勤廉榜样”朝阳妇幼医务科主任王立聪为“朝阳好人”，并上报市文明办。

（高　华）

【纪检监察干部培训】 4月15日至17日，举办纪检监察实务培训班。全区300余名纪检监察干部参加培训。培训以提升纪检监察干部查信办案能力为重点，以查信办案和监督检查为主题，采取集中授课、经验交流、座谈研讨等形式，全封闭脱产培训，课程全部由区纪委一线业务骨干主讲。全年选派37批、70名系统内优秀干部参加中央纪委和市纪委举办的纪律审查、案件查办等专题培训班，并首次委托中央纪委北戴河培训中心举办“乡镇纪委书记培训班”，18名街乡纪（工）委书记参加培训。

（刘　毅）

【预防腐败工作联席会议】 5月15日、11月17日，召开朝阳区预防腐败工作联席会议。会议围绕工程建设招投标活动中发生的重点案例、政府资金和项目管理中的预防腐败工作，突出问题导向，开展专题研究，区住房城乡建设委、区发展改革委、区财政局、区审计局、区检察院等单位结合各自业务分别发言，各成员单位围绕主题讨论。区委常委、副区长陈涛，区委常委、区纪委书记宋铁健，区委常委、常务副区长甘靖中出席会议，市预防腐败局副局长张岚、市纪委预防腐败二室主任李固、市纪委第八纪检监察室副主任孙利清出席会议并指导。

（石　杨）

【立项效能监察】 5月22日，制发《关于开展2015年立项效能监察工作的通知》，将“打击违法用地违法建设”“抓好大气污染治理”“整治安全生产隐患”“持续做好人口调控”“推进‘两规范一提高’治理”5项工作作为重点监督内容统一立项，以“区政府重点工作任务”“重要民生实事”等5项工作作为自主监督内容进行立项。全区62个政府职能部门立项175项，43个街乡办事处立项237项，总计412项。

（丛　岩）

【《前线》杂志手机报专栏开设】 8月，与区委宣传部合作在《前线》杂志手机报朝阳版开设“清风朝阳”专栏，定期推送重点、亮点、特色工作。

（李　聿）

【党风廉政纪律教育月】 9月至10月，在全区开展“党风廉政纪律教育月”活动。全区100余家单位开展以专题纪律教育、“一把手”讲廉政党课、征集“我身边的好规矩”“学党纪知党规促廉洁”学习交流活动为主要内容的纪律教育活动。全区近5万名党员干部接受教育。

（李　聿）

【“三不直接分管”制度督查】 9月10日至10月14日，组织全区135家党政机关和事业单位开展“三不直接分管”制度落实情况的自查和督查活动。要求各单位填报班子分工一览表并在政务网站公示。按照20%的比例抽查。督查结果显示，各单位党政正职对执行制度的自觉性进一步加强，分权管权的权力运行架构基本成形。

（石　杨）

【特约监察员换届】 9月22日，召开新任特约监察员换届聘任会，区委书记吴桂英出席会议并讲话。特约监察员由55人构成，由区政府特约工作人员和普通党员、群众组成片区监督组，由朝阳有线、《朝阳报》等单位媒体工作者组成媒体监督组，由退休领导干部组成党风政风综合监督组，从三个不同层面履行职责，在点、线、面三个维度加强对全区各单位“为官不为”“为官乱为”及“四风”问题的监督检查，协助区纪委发现问题，挖掘线索，督促整改。截至11月下旬，特约监察员明察暗访121家单位，发现问题29个，开具整改通知书12份。

（段春蕾）

【反腐倡廉舆情监测平台建成】 10月至12月，与人民网舆情监测室合作建成“朝阳区反腐倡廉舆情监测平台”。平台设置朝阳资讯、涉京资讯、全国舆情、微信监测等11个版块，24小时监测200余家媒体党风廉政建设和反腐败舆情，定期制作《区纪委舆情专刊》，供领导参阅。

（李　聿）

【专项治理】 年内，开展村级经济活动突出问题专项治理工作。核查13个乡48个村违规出借资金问题，高压追款、依纪追责，挽回经济损失1.73亿元，责任追究12名相关人员；开展农村基层干部“两公开一承诺”工作，全区8577名乡、村干部完成申报和公开。专项治理工程建设领域招投标，初步形成以“一意见”“两办法”和“一库两查”为主要内容的工程建设招标投标制度体系；排查工程建设、招投标项目67个，发现问题线索24个，立案5件。开展对财政资金管理使用问题专项治理，制定“十五条禁止”规定，收缴财政账外资金4000余万元。专项治理“为官不为”“为官乱为”问题，采取“推门进、随手拍、现场督、限时改”方式，检查120余家单位，发现问题42个，开具整改通知书39份。

（姚新宇）

【作风建设】 年内，围绕重要节点，采取片区运作、系统循环、异地检查等方式，对全区各单位贯彻执行中央八项规定精神、市委、区委实施意见的情况开展专项检查。利用政民互动平台、96160、“四风”问题一键拍、区纪委网站等渠道，收集群众意见，实时动态监督群众身边的不正之风和腐败问题。组织全区科级以上党员干部签订《朝阳区党员干部元旦、春节廉洁自律承诺书》20000余份。全年查处违反中央八项规定精神问题30起，处理50人，党政纪处分44人。

（张　君）

【违法用地违法建设监管】 年内，督促拆除各类违法建设480处370万平方米，约谈9个乡13名主管领导，督察督办6个街道、18个乡违法用地违法建设情况49次。

（郝克敏）

【便民服务热线（平台）监管】 年内，根据区政府《关于进一步转变作风切实解决群众热线反映问题的意见》，对部分单位出现办理不及时、回复不到位、群众不满意问题，采取日常提醒、重点协调、季度通报的方式进行督办，将热线办理情况纳入区政府绩效考核及党风廉政建设“两个责任”督查考核中。全年办理政风行风热线信件1702件，优秀件92件，合格率100%，在全市16个区中排名第一。

（段春蕾）

【信访举报、行政投诉受理】 年内，受理群众信访举报1568件次，同比增长24%。其中检举控告类1330件次，业务范围外238件次。在检举控告类中，初信初访462件，重复举报868件次。通过信访来源立案68件，成案率为15%。行政投诉方面共受理60件，同比下降44%。其中，市行政投诉中心转办31件，区受理29件。经调查核实，属实1件，部分属实9件，失实50件。

（于全党）

【信访件交办和直查】 年内，交办基层初核信访件215件次，转办308件次，信访室直查22件次，信访监督12件次。交办和直查信访件均按市纪委要求进入初核程序。

（于全党）

【纪律审查】 年内，初核问题线索444件，立案160件。其中，区纪委直查案件85件，指导基层查办案件75件。结案152件，处分人数140人，涉及处级干部21人，科级干部

36人，一般干部9人，其他党员74人。

（张耀军）

【执纪审理】 年内，审结违纪案件152件，处分140人，免于党纪处分10人，其他方式处理2人，其中处级干部23人，科级干部38人，一般党员87人，一般工作人员4人。党纪处分131人，政纪处分28人，党纪、政纪双重处分18人。其中开除党籍处分35人，留党察看处分13人，撤销党内职务处分1人，党内严重警告处分41人，党内警告处分41人，行政开除、开除公职处分7人、给予行政撤职处分3人，降低岗位等级5人，行政记大过、记过处分7人，行政警告处分6人。恢复党员权利1人，解除行政处分9人。

（陶　沙）

【课题研究】 年内，以区委常委、纪委书记宋铁健为组长的课题组完成的北京市纪检监察学会2014年重大课题《朝阳区近年来征地拆迁领域违纪违法案件的调查分析》，获市纪委一等奖，获中纪委二等奖。完成北京市纪检监察学会2015年重大课题《关于完善地方纪委组织协调职能的研究——以新形势下的反腐败和纪律审查工作为背景》。

（卢建军）

【廉情“三六四”结构化分析模式】 年内，依托朝阳区预防腐败工作联席会议，以市委巡视组反馈意见、责任制专项检查结果、检察院预防职务犯罪情况反馈、领导干部经济责任审计结果以及信访举报、纪律审查等情况作为信息来源，按照“三六四”（“三”即：三量 即存量、增量、变量；“六”即：六大纪律 包括政治纪律、组织纪律、廉洁纪律、群众纪律、工作纪律、生活纪律；“四”即：监督执纪四种形态）结构化模式，以存量、增量、变量为主线，对照六大纪律和四种形态开展廉情分析预警，形成2014年度和2015年一季度、上半年、下半年四期廉情分析报告，制发《朝阳区廉情分析报告制度（试行）》。

（石　杨）

【惩治和预防腐败体系工作任务督查】 年内，按照《朝阳区建立健全惩治和预防腐败体系2013—2017年实施意见》工作分工，于3月、9月督查36家任务牵头单位68项工作推进情况，要求各单位对照任务清单，逐一明确工作进度。经统计，各单位任务完成比例均在60%以上。

（石　杨）

【建立健全招标投标监管体系】 年内，专题研究工程项目、政府采购、农村“三资”等领域招投标监管工作。全年，宋铁健先后6次到各部门调研，会同相关区领导组织召开专题调度会3次。制发《区委区政府关于严禁党员领导干部违规插手建设工程等领域的意见》，以“十个严禁”“十个必须”为主要内容，严明纪律规矩；区政府制定实施《朝阳区政府投资建设项目招标投标监督管理办法》，结合《朝阳区建设工程及政府采购领域廉洁准入管理实施办法》，明确招标投标、集体决策、资金结算、公开公示等四个关键环节的工作规范和要求；各行业主管部门在区检察院廉洁准入基础资源库的基础上，健全完善绿色资源库；区改委加强对政府投资重大项目的稽查，区财政局、区审计局审查资金使用情况，形成招标投标活动的监督管理制度体系。

（石　杨）

【廉政提醒谈话】 年内，组织完成3批196名新任转任处级干部任前廉政谈话工作。提醒约谈副局级领导1名、正处级领导干部30余名。组织谈话2275人次，其中处级干部295人。

（石　杨）

【创新综合履职模式】 年内，全区43个街乡分成4个协作片，协助区纪委纪检监察室开展工作。统筹派驻力量，采取“一次一授权”方式，抽调派驻机构纪检干部开展节日作风整治、财政资金专项整治、工程建设领域招投标专项治理及“为官不为、为官乱为”等专项督察工作。从区审计局、区财政局等专业部门抽调11名干部组成两个专业调查组，采取“一室带一组、指导两片”方式，组织开展协作办案、交叉办案。全年抽调、借调基层干部18批115人次，集中力量强化主业主责。

（刘　毅）

统战工作

【概况】 中共朝阳区委统战部、中共朝阳区委台湾工作办公室、朝阳区人民政府台湾事务办公室、朝阳区人民政府侨务办公室3个机构合署办公，在编人员19人。设有部长1人，由区委常委兼任（年内是区委常委、统战部长、区直机关工委书记）；主要任务是在区委的领导和上级统战部门的指导下，围绕区中心工作，全面贯彻落实党的各项统一战线方针政策，做区内统一战线工作。常务副部长1人，协助部长落实各项工作；副部长、台办主任1人，负责区涉台事务工作；副部长、侨办主任1人，负责区侨务工作及海外联络；副部长、工商联党组书记1人（编制在工商联）负责区会员企业和非公经济领域的统战工作。部内设办公室、对台联络科、侨务办公室、党派工作科、综合科。

地址：团结湖北五条5号
邮编：100026
电话：65099438
邮箱：chytzb@126.com

（姚德文）

【走访慰问】 元旦春节期间，区委统战部、台办、侨办走访慰问所联系的党外代表人士、困难家庭、长期帮扶对像、民族宗教和部分活动场所教职人员、黄埔同学会老先生，抗战老兵、台胞台属、归侨侨眷和重点台资、侨资企业、部内离退人员。走访150余人，送出慰问品价值、慰问金96450元。

（姚德文）

【知联会第三次理事会】 1月26日，召开区党外知识分子联谊会第一届理事会第三次理事大会。区知联会会长连玉明作2014年工作报告并部署2015年工作。围绕以“加强知联会建设，完成无党派人士‘聚散有序、人人出彩’”和“当前经济宏观形势”两个主题培训。区委统战部常务副部长、知联会常务副会长胡杰华主持会议。

（姚德文）

【看望海外侨领在京亲属】 2月3日，区委统战部副部长、区侨办主任石延刚看望美国亚特兰大中国商会会长倪健在京父母，并送上新年的问候与祝福。两位老人表示愿意为促进中外友好交流、弘扬中华民族传统文化、共圆中华民族复兴之梦积极奉献力量。

（姚德文）

【区侨界代表人士座谈交流会】 2月4日，区侨办召开“朝阳区侨界代表人士座谈交流会”。分别就落实京津冀协同发展和一带一路、国际经贸合作、高层次人才引进、侨务对外宣传、为侨服务、社区侨务工作座谈交流并提出意见和建议。

（姚德文）

【走访慰问宗教界人士】 2月11日，区委统战部常务副部长胡杰华、区民宗办主任王爱录带领相关科室工作人员走访慰问东岳庙道长袁志鸿。7月18日，是回族、维吾尔族、哈萨克族等10个少数民族的传统节日开斋节，副区长黄晓伟，胡杰华，王爱录等到常营清真寺向穆斯林群众祝贺节日并送去慰问金。9月24日，是伊斯兰教的传统节日古尔邦节，黄晓伟，区委统战部副部长石延刚、王爱录到南下坡清真寺向穆斯林群众祝贺节日并送去慰问金。12月24日平安夜，市、区领导到朝阳堂走访慰问天主教、基督教宗教界人士。

（姚德文）

【高雄基层社区参访团访问】 3月13日，台湾高雄基层社区里长与基层民众组成的高雄市社区交流参访团一行25人到朝阳规划艺术馆参观。了解朝阳区经济社会发展现状。到建外街道永安里东社区，实地与社区工作者座谈交流。市台办调研员邓劲松、区台办主任李靓陪同参观。

（姚德文）

【首届悦动高雄举办】 4月15日至20日，在台湾高雄成功举办由区台办、区文联主办的第十五届京味文化之旅暨首届“悦动高雄”朝阳京味文化交流活动。区政协副主席汪洋，区委统战部副部长、区台办主任李靓，区委宣传部常务副部长高春利，区文联秘书长金童参加活动。

（姚德文）

【青少年涉台教育基地校工作会】 5月13日，区台办、区教工委联合召开青少年涉台教育基地校工作会。望京实验学校、呼家楼中心小学、九十四中学、和平街一中、白家庄小学、三里屯小学、安慧里中心小学等7所基地校负责人汇报2015年涉台宣传教育活动计划和工作进展情况。各基地校在结合当前两岸关系和对台政策、结合校园文化特色和学生素质提升等方面对青少年涉台宣传教育工作进行布置。

（姚德文）

【两岸交流活动】 5月14日，由台湾基层社区里长组成的高雄市社区交流参访团一行12人到朝阳区参观访问。6月16日，区商业联合会等单位主办的第五届海峡两岸美食文化交流研讨会在朝阳开幕。10月14日，台湾屏东市里长联谊会交流团30人，参访小关街道惠新里社区、小关社区。10月22日，台湾高雄市青溪总会会长李玉文等20人回访朝阳区。10月30日，台湾新同盟会交流团35人参访劲松街道龙振养老公寓。11月17日，2015京台社区大舞台活动在劲松街道举行。台湾高雄市翠屏里社区发展协会30人参加活动，劲松街道八棵杨社区与高雄市翠屏里社区签署结对交流协议。11月17日，台湾南投县社工交流团30余人参访豆各庄乡社会组织创新孵化园。

（姚德文）

【公益募捐】 5月31日，由区委统战部牵头组织“爱到最美是陪伴”活动。动员区各民主党派、工商联、无党派人士开展公益募捐活动，募集捐款、学习用品价值11万元，全部捐赠太阳村孤儿院和光爱学校。

（姚德文）

【慰问抗战将领遗属】 9月1日，区长吴桂英，区委常委、统战部部长、区直机关工委书记马继业，在民革朝阳区委主委张兴凯陪同下慰问抗战将领刘雨卿遗属。并送去慰问金和“中国人民抗日抗战胜利70周年纪念章”。9月2日，区委统战部常务副部长胡杰华与党派科工作人员走访慰问抗战将领何伟业、屈伸、丛兆麟遗属。并送去慰问金和“中国人民抗日抗战胜利70周年纪念章”。

（姚德文）

【区五侨联席会】 9月17日，区侨办召开区五侨联席会。邀请区人大内司委、区政协经济处、区侨联、致公党朝阳区委和涉侨单位及部分侨界代表参加座谈会。座谈围绕“十三五”规划制定、落实京津冀协同发展和一带一路战略中更好地发挥侨界优势建言献策及对下一阶段区侨务工作提出意见建议。区委统战部副部长、区侨办主任石延刚主持座谈会。

（姚德文）

【区委领导专题调研】 10月28日，区委书记吴桂英、区政协主席谢莹，区委常委、统战部部长、区直机关工委书记马继业，区委常委、宣传部部长、区委办公室主任刘军胜一行专题调研统战工作。胡杰华汇报全区统战工作情况，各民主党派、工商联、无党派代表人士分别汇报工作情况并提出意见建议。吴桂英肯定朝阳统战工作取得的成绩并对统战工作及民主党派工作提要求。

（姚德文）

【聘请第十一届特约工作人员】 12月1日，区政府召开聘请第十一届特约工作人员大会，表彰第十届特约工作人员。代区长王灏阐述了特约工作人员作用、要求，并为新聘任的83名第十一届区政府特约工作人员颁发聘书。马继业主持会议，区领导陈涛、王志勉、孙其军出席会议。

（姚德文）

【民主协商会】 12月28日，中共北京市朝阳区委召开区各民主党派、工商联主要负责人、无党派人士和各人民团体民主协商会。就朝阳区补选区人大常委会主任、副主任，区政府区长，区政协副主席，区检察院检察长候选人建议人选名单，增补区十二届政协委员，进行协商讨论，共同签署联合建议书。马继业主持会议，区委书记吴桂英出席并讲话。

（姚德文）

【涉侨提案答复】 年内，区侨办接到关于“朝阳区新侨现状与发展对策的建议”的提案后，会同区委组织部、区侨联、区委社会工委、区委农工委、区投促局、CBD管委会、电子城管委会等相关部门，共同研究办理，与提案者的沟通，听取意见和建议，共同探讨解决问题的办法，按时办结。

（姚德文）

【困难归侨侨眷家庭生活情况调查】 年底，区侨办开展侨界困难群体帮扶工作，开展困难归侨侨眷家庭生活情况调查。建立北京市户籍的困难归侨侨眷中城乡低保家庭、低收入家庭、重大疾病等基本情况档案。

（姚德文）

区直机关工委工作

【概况】 中共北京市朝阳区委区直属机关工作委员会，是区委派出机构，主管区直属机关系统党的建设和思想政治工作，领导区直属机关纪律检查工作委员会，人员编制12人。设办公室、组织科、宣教科、监察科（群团办）。年内，区直机关工委所辖71个处级单位，设7个直属党委、5个直属机关党委、27个直属党总支、31个直属党支部，在岗党员5723人（其中党政机关党员3489名，事业单位管理人员、专技人员党员1910名，工人324人），离退休党员1209名。区直机关系统新发展党员42人，转正59人，25个直属党总支、支部完成换届改选工作。区直机关工委在区委党建工作第二次例会上所作的题为“关于深化‘千名干部下基层’活动，进一步转变机关作风的主要考虑”的专题汇报，受到区委书记程连元及与会领导的肯定。

地址：日坛北街33号

邮编：100020

电话：65094320

网址：http://jggw.chy.egov.cn

（谭小昆）

【无偿献血】 1月19日，区直机关工委组织16家单位20人参加无偿献血活动，献血4000毫升。

（谭小昆）

【推荐表彰先进】 2月6日，区直机关工委召开机关系统单位参加的推荐工作部署会。部署推荐条件、推荐范围、推荐方式和程序、名额分配、推荐要求及时间安排等工作。2月9日，各单位上报《2015年北京市劳动模范和先进工作者初审名单汇总表》《2015年北京市模范集体初审名单汇总表》。确定区城市管理综合行政执法监察局丁金祥、工商朝阳分局程晓斌、区环保局高爱华等13人推荐为市劳动模范和先进工作者；区审计局、区委宣传部文化创意产业发展科、共青团北京市朝阳区委社区青年汇运营支持中心推荐为市模范集体。2月28日，报送市评委会。最终，区环保局高爱华、区统计局褚雪霏、区民防局谭然、区档案局陈冬梅、区纪委燕海涛5人被评为北京市先进工作者，区审计局、区委宣传部文化创意产业发展科、共青团北京市朝阳区委社区青年汇运营支持中心获市模范集体称号。

（谭小昆）

【作风纪律专项巡察】 2月9日至3月5日，区直机关工委组织机关系统单位开展春节期间作风纪律专项巡察工作。完成46家机关委、办、局巡察工作。问题实行专人全程督办，做到排除隐患不留死角。

（谭小昆）

【述职述廉会】 2月13日，在朝阳宾馆召开区直机关系统纪委书记、纪检组长述职述廉工作会。18名纪委书记、纪检组长从协助单位党委（组）履行主体责任的情况、履行监督责任的情况、个人自身建设及廉洁自律情况、工作中存在的问题、2015年工作思路等方面进行述职述廉。区纪委领导对述职述廉进行点评。

（谭小昆）

【党风廉政建设责任书签订】 2月25日至3月13日，区直机关工委开展党风廉政建设责任书签订工作。制定工作方案，73家单位主要领导与相关区领导签订责任书。

（谭小昆）

【《廉政法规知识汇编》制发】 4月1日至3日，为区直机关系统73家单位在职公务员、事业单位副科以上人员制发《廉政法规知识汇编》5535册。

（谭小昆）

【勤廉榜样评选】 4月2日，区直机关系统开展“勤廉榜样”的推荐评选活动。17家单位上报参评材料，区房管局、区人力社保局、区城管执法监察局、区环卫中心、区环保局、区循环经济产业园、区地税局、工商朝阳分局等8家单位入围。最终，区人力社保局、区环卫中心和循环经济产业园作为全区20名“勤廉榜样”候选人进入网络评选。

（谭小昆）

【直属党组织组织委员培训班】 5月7日，区直机关工委在区委党校举办2015年直属党组织组织委员培训班，机关系统80名组织委参加培训。

（谭小昆）

【北京榜样推荐评选】 5月至12月，按照区直机关工委《关于做好“2015北京榜样”推荐评选工作的通知》要求，各单位按月推选“月榜样”，每月10日前向机关工委推荐人选并报送相关材料，并依托宣传栏、电子屏等宣传阵地，设置“月度人物榜”，宣传身边榜样先进事迹。6月底，各单位推荐“月榜样”11人。

（谭小昆）

【走访慰问和困难帮扶】 5月至6月，区直机关系统开展七一期间区委领导走访慰问对象推荐工作和困难党员帮扶工作。推荐接受慰问优秀党员3名、建国前入党老党员1名和生活困难党员2名为区委领导走访慰问对象；40名困难党员申请困难党员帮扶资金，其中2名党员获市级帮扶资金。

（谭小昆）

【电影观看】 6月1日至30日，组织区直机关系统党员和干部职工观看电影《旋风九日》。观影50场次，605余人观看电影。

（谭小昆）

【献爱心活动】 6月25日，举行“共产党员献爱心”捐献活动。710名党员干部捐款91620万元。区直机关工委常务副书记刘勇主持并讲话。区园林绿化局党委、区财政局党总支、区审计局党总支、区总工会党总支、区城管监督中心党总支等党组织，向全区共产党员发出倡议。市慈善协会常务副会长朱尔澄出席活动，区四套班子领导参加捐款。

（谭小昆）

【知识竞赛开展】 6月，区直机关工委组织机关系统22个单位开展“学党纪、知党规、讲党性、守纪律”知识竞赛。通过初赛和复赛，区人力社保局、区环保局、团区委、区房管局、区委宣传部、区国税局入围决赛。区环保局获第一名并代表区机关系统区总决赛。

（谭小昆）

【百姓宣讲汇讲活动】 7月10日，举办区直机关系统“我们的价值观”百姓宣讲汇讲活动。16个单位选送的25名宣讲员参加宣讲，讲述身边人身边事，诠释核心价值观，展现机关干部和朝阳百姓的精神风貌。各单位百姓宣讲工作负责人和宣讲员70余人参加。区直机关工委常务副书记刘勇等担任评委。选出6名宣讲员，组成机关系统宣讲团，参加区委宣传部组织的全区汇讲活动，并被评为优秀宣讲团，2人被评为优秀宣讲员，进入区级宣讲团。

（谭小昆）

【“北京榜样”推荐评选】 7月起，区直机关系统各单位按月推选“月榜样”人物，每月10日前向机关工委推荐人选并报送相关材料，并依托宣传栏、电子屏等宣传阵地，设置“月度人物榜”，宣传身边榜样先进事迹。截至9月底，推荐“月榜样”18人。

（谭小昆）

【评比活动组织】 9月，组织15家单位参加区委组织部第四届“基层党建创新项目”评比活动，对符合“基层首创、富有实效、群众受益、易于推广、认可度高”标准的创新项目进行评比，区行政服务中心和奥管委入围创新项目评比。

（谭小昆）

【作风纪律督查】 9月，制发《机关系统“两节”期间作风纪律督查工作方案》，成立了由区直工委领导任组长的督查小组，区直机关工委召集系统8家双管单位机关党委（直属党总支和党支部）书记和纪委书记召开贯彻落实“四风”问题反弹回潮等违纪违规问题工作推进会。对区城管执法局、区住建委、区发改委以及区环卫中心、区房管局、区行政服务中心、权属交易大厅、区社保大厅、区医保大厅、区绿化局、区民防局等重点单位进行节前的督促检查，防止中秋、国庆期间出现“四风”问题反弹回潮等违纪违规问题的发生。

（谭小昆）

【文明城区测评及精神文明创建】 10月21日，区直机关工委制发《关于做好文明城区年度测评迎检工作的通知》。43家申报单位成立相应机构、强化组织领导，落实职责分工、逐项推动达标，对照《朝阳区迎接全国文明城区测评工作任务分解书》，完成网上申报、实地考察、问卷调查、档案提交等各项准备工作。区直机关工委对照“干部群众全面深入学习”等8项测评内容要求，提交“说明报告、红头文件、实景图片”等档案材料。区直机关系统通过中央测评组的检查验收。10月中旬，完成朝阳区首批精神文明建设展示点线品牌培育工作。区食药局等4个单位申报展示点。12月，各申报单位根据区文明办《2015年朝阳区群众性精神文明创建工作评估验收安排》，对照“创建工作扎实”等 6个测评项目、“班子建设”等12项测评内容进行自查，完成验收准备工作。

（谭小昆）

【党建工作座谈会】 11月10日，召开区直机关党建工作座谈会。区委常委、统战部部长、区直机关工委书记马继业参加研讨，区直机关工委常务副书记刘勇主持会议。系统内12家单位的党组织负责人重点围绕

“三严三实”专题教育、“我是党员”党员意识提升行动、“千名干部下基层”主题活动等进行汇报，并对如何进一步全面提升机关党建工作，“如何活跃机关氛围、展示机关党员正能量”进行交流研讨。区委常委、区委统战部部长、区直机关工委书记马继业对“三严三实”工作及2016年党建工作提要求。

（谭小昆）

【专题廉政党课活动开展】 12月1日，在北京国际会议中心开展专题廉政党课活动。区委常委、区纪委书记宋铁健以“守纪律讲规矩，做廉洁务实的好干部”为题作专题党课讲座；学习《中国共产党廉洁自律准则》《中国共产党纪律处分条例》。区委常委、区委统战部部长、区直机关工委书记马继业主持会议，并就贯彻落实廉政党课提要求。宋铁健围绕“党中央重视加强党内法规制度建设，切实抓好《准则》《条例》的学习宣传和贯彻执行，落实《条例》的主要关键点”三个方面进行阐述。区直机关系统近400名处级领导干部参加活动。

（谭小昆）

【“千名干部下基层”活动】 年内，各单位成立1至2个基层服务组，由处级领导带队，按计划组织下基层活动。开展调研、帮扶活动，并结合部门职能，力所能及地为联系点解决困难和问题。9月底，区直机关工委总结下基层活动情况，梳理再研究联系点需要帮助解决的困难和问题，并提出对策办法。12月，各单位总结下基层活动情况。年内，抽派2200余名机关干部，组成81个基层服务组，到240多个联系点（其中基层单位110个、街道31个、乡25个、社区54个、村19个、企业9家，注：各单位对接的联系点有交叉和重复），开展调研、帮扶活动。解决困难、问题176个，涉及拆违建绿、小区改造、环境整治、劳动就业等方面。提供便民、志愿服务200余项，涉及党建指导、业务培训、政策咨询、捐款送书、场馆服务等方面，帮扶困难家庭95个。各单位注重积累和总结下基层活动经验，完善下基层活动措施和办法，推出创新性机制举措26条。

（谭小昆）

【工间操恢复】 年内，区直机关工委制订区机关大院各单位恢复工间操实施方案，成立了由区委办、区政府办、区直机关工委、区总工会、区体育局及区机关后勤服务中心为成员单位的领导小组，明确职责分工，划分活动场地，购置音响设备。11月12日，培训机关大院30个单位48名小教员第九套广播操。12月1日始，区机关大院各单位正式恢复工间操。

（谭小昆）

老干部工作

【概况】 中共北京市朝阳区委老干部局为区委直属的公务员法管理单位，隶属区委组织部领导，负责落实党的老干部政策，为本区离休和副处级以上退休干部开展服务管理工作。设有办公室、政治待遇科、生活待遇科、老干部活动中心4个科室，编制41人，实有40人。截至12月31日，全区有离休干部546人，副处级以上退休干部1501人。年内，加强离退休干部思想政治建设和党组织建设，落实离退休干部政治待遇和生活待遇，发挥老同志作用，举办读书班、学习班18期、报告会4场，参加学习人数近3800人次。组织离退休干部体检1980人次，走访慰问离退休干部及去世离休干部配偶1300人次，市和区为离退休干部办实事5件。区委老干部局被评为全国首届“敬老志愿服务模范单位”。

地址：团结湖南里甲1号
邮编：100026
电话：85975641
网址：http://lgb.bjchy.gov.cn

（吴晓东）

【老干部工作会】 2月12日，召开区2015年老干部工作会。区委书记程连元出席会议并讲话，区委副书记陈宏志主持会议。区领导谢莹、陈宏志、张革、刘军胜、苑文新，离退休干部代表、离退休干部党支部书记、各老干部工作单位负责人280余人出席会议。传达全国离退休干部“双先”表彰大会和全国老干部局长会议、北京市老干部工作会议精神。区委常委、区委组织部部长张革作题为“学习贯彻全国离退休干部“双先”表彰大会精神，全面做好新形势下离退休干部工作“报告，程连元通报2014年朝阳区经济社会发展情况和2015年工作思路，并对2015年区老干部工作提要求。

（吴晓东）

【离退休干部培训】 年内，围绕“政治引领”，大力加强理想信念、党性意识、政策形势和政治纪律的教育，举办离退休干部党支部书记培训班、局职离退休干部读书班10余期，轮训80岁以下离退休干部党员，培训离退休干部2000余人次。

（吴晓东）

【老干部活动】 年内，围绕主题活动，组织区老干部参加纪念抗日战争胜利70周年天安门阅兵观礼、文艺晚会、歌咏大会、健身操舞展示等；举办“三句话”主题宣讲教育会，组织老干部宣讲团在老干部党校传播朝阳好故事，编印收集抗日离休干部的回忆文章和老照片纪念册《铭记》，举办抗日老同志对青少年进行爱国主义教育的主题党日活动，走访慰问区105位抗日离休干部并送去纪念章慰问金，举办诗书画笔会及展览。

（吴晓东）

【老党员先锋队建设】 年内，制发《朝阳区关于加强老党员先锋队建设的意见（试行）》。77支先锋队1000余名老党员进机关、进企业、进社区、进农村、进学校、进网络，送文化、送技术等近万人次；组建老干部宣讲团、非公企业党建指导员、网络监督宣传员等社团队组近400个，设置志愿服务岗、文明引导岗、党员先锋岗等岗位近500个；在“两委”换届中，172名离退休党员当选新一届社区党组织委员，老党员“两项重大任务”中，发挥先锋作用。

（吴晓东）

【离退休干部服务管理】 年内，落实离休干部生活待遇政策，1980人次进行体检，走访慰问离退休干部及去世离休干部配偶1300人次。完成市区为离休干部办的5件实事。统筹资金，解决全区所有企业（含国有改制企业）负担的100名离休干部费用；继续实施政府购买服务政策，为区属离休干部提供居家养老服务和助老员服务，为朝阳区实施社会化养老提供可资借鉴经验；解困帮扶高龄、重病、特困离退休干部22人次；制定双管单位朝阳规划分局和朝阳公安分局离退休干部服务管理办法。

（吴晓东）

【文化养老】 年内，搭建文化养老平台，连续4年举办朝阳区离退休干部文化节.构建“1”所区老干部大学（党校），“43”个老干部大学（党校）分校，“68”家党校社区课堂的“1+43+68”三级离退休干部学习活动阵地网络。年内总校加分校学习活动阵地达7000余平方米，每学期开设课程110余门，每日500余人次参加学习活动。

（吴晓东）

保密工作

【概况】 中共朝阳区委保密委员会办公室和朝阳区国家保密局是一个机构，两块牌子，既是区委保密委员会的办事机构，又是区政府管理保密工作的职能部门。内设综合科和检查技术科2个科室。年内，完成4家武器装备科研生产单位资质初审；为全区93家重点单位配发要害部门部位检测设备；统一送销文件资料52吨，区保密局获得全国保密工作先进集体荣誉称号。

地址：日坛北街33号

邮编：100020

电话：65094302

邮箱：bmj@bjchy.gov.cn

（金丽坤）

【保密培训】 1月21日，以“保密工作形势、防范技能”等为重点为区金融办开展保密培训。3月16日，以“信息化条件下的保密工作”为主题，为全区90名军转干部开展培训。重点分析保密工作形势、窃密手段。5月5日至20日，与北京交通大学合作开展2015年保密专题培训。分12批完成全区168名主管领导、316名保密干部、网管及涉密人员轮训工作。8月，结合“两项重大任务”，分批为区政府办、区农委、区信息办170余人开展保密培训。重点围绕“两项重大任务”期间，重要培训涉密会议和涉密活动保密管理、重要涉密事项管理等内容。

（金丽坤）

【保密宣传】 2月，向全区制发放《朝阳区保密干部宣传教育培训辅导手册》1600册。5月，向全区配发保密宣传挂图《手机使用安全保密须知》和《互联网计算机使用安全保密须知》1520套，保密知识读本《党政干部和涉密人员保密常识必知必读》620套，覆盖全区170个单位、577个社区（村）。11月，为区级四套班子领导、全区各单位主要领导、主管领导、保密干部配发《手机背后的谍网》光盘190张。

（金丽坤）

【区委保密委全体会议】 3月25日，区委保密委员会召开全体会议。区委常委、区委宣传部部长、区委办主任、区委保密委主任刘军胜出席会议并讲话，28个成员单位主管领导参加会议。传达学习市委保密委全体会议精神，总结2014年工作，审议通过2015年保密工作要点，确立以“三大体系”（即：保密技术防护体系、保密宣传教育体系、保密服务管理体系）为支撑、提高“五种能力”（即：依法行政、检查查处、技术防护、宣传教育、服务保障），形成朝阳特色保密立体防线新目标。

（金丽坤）

【网络保密检查】 4月8日至5月15日，专项检查涉密网络、737台计算机、83个移动存储介质。检查情况总体良好。5月19日，市保密局副局长刘建华带队抽查、验收区检察院涉密网络保密工作情况。区检察院涉密网络保密工作获验收合格。

（金丽坤）

【战略合作协议】 7月23日，区委保密委与北京交通大学正式签订3年战略合作协议。北京市保密局局长陈静，朝阳区委常委、区委宣传部部长、区委办主任、区委保密委主任刘军胜，北京交通大学副校长张星臣等出席签约仪式。双方将结合朝阳区国际化程度高、涉密人员多的特点，利用北京交通大学拥有国家保密局建成的“中央和国家保密机关保密教育实训平台”和专业化师资队伍的资源优势，建立培训基地，开展领导干部和党员的培训工作；开展科研合作，保密防范前沿技术在区的应用；开展全区定密工作管理、涉密人员管理等相关领域的研究。

（金丽坤）

【“两项重大任务”保障】 8月，加强抗战胜利70周年纪念活动和世界田径锦标赛“两项重大任务”期间保密管理工作，要求各单位按照“业务工作谁主管、保密工作谁负责”原则将保密工作贯穿“两项重大任务”全过程，开展涉密文件定密管理、重要涉密会议和涉密活动保密管理、信息公开保密审查、计算机和网络管理、涉密载体管理等；同时组建3个小组分别负责涉密会议服务保障、对重点单位保密制度执行、计算机使用管理等情况检查及抽查、开展机关要害部门、部位的检测等。

（金丽坤）

【“十二五”规划验收】 9月22日，北京市保密局副局长刘建华带队到区验收“十二五”保密事业发展规划贯彻落实情况、刘军胜参加会议。验收组对朝阳区贯彻落实“十二五”保密规划的情况给予肯定，认为朝阳保密工作突出领导重视、保密依法行政力度加大、定密管理规范、基层保密工作丰富多彩、涉密载体销毁覆盖广泛、保密督导机制创新意识强和信息公开保密审查落在实处等特点，各项工作走在全市前列。

（金丽坤）

【保密宣讲团组建】 10月30日，区委保密委员会与北京交通大学国家保密学院共同组建朝阳区保密宣讲团。副区长、区委保密委主任黄晓伟出席启动仪式。刘军胜、黄晓伟及北京交通大学国家保密学院常务副院长韩臻任团长，同时聘请该学院教授及北京市宣讲团成员作为顾问，宣讲员由该学院教授、区保密局和街、乡保密干部组成。宣讲团作为区委保密委员会与北京交通大学国家保密学院合作协议的重要内容，将主要采用集中授课、专题讲座、研讨、理论辅导等形式，面向全区党政机关、军工、印刷企业、街乡、社区（村）及军转干部、初任公务员等开展保密宣传教育工作。

（金丽坤）

党校工作

【概况】 中共北京市朝阳区委党校是区委直接领导，培养领导干部、理论宣传干部和国家公务员的学校，兼有区行政学院、区社会主义学院职能，三块牌子一支队伍。年内，区委党校认真落实《中国共产党党校工作条例》，紧紧围绕干部教育培训总体要求，坚持从区域发展和学员任职岗位需求出发，以中国特色社会主义理论体系和党性修养为重点，以十八大精神和习近平总书记系列重要讲话精神为主线，设置具有针对性的培训课程，完成处级领导干部、中青年后备干部、国家公务员、基层党员和积极分子等培训任务，完成中央党校在职研究生学历教育工作。

地址：朝阳区静安庄一区四号

邮编：100028

电话：64651199

邮箱：chydangxiao@163.com

（杜晓丽）

【校长参加主体班教学】 3月9日，区委常委、组织部部长、党校校长张革出席2015年区委党校（行政学院、社会主义学院）开学典礼。张革围绕“为什么学”“学什么”“怎么学”三方面作动员讲话，并提出学习要求。5月30日，区委常委、组织部部长、党校校长何明出席2015年朝阳区处级干部周末高端大讲堂开班式并作动员讲话。6月11日，在贵州省委党校召开2015年朝阳区第二期处级干部进修班座谈会。何明就新形势下如何做1名好干部，提出三点要求：一是要有政德，二是要有担当，三是要有操守。10月16日，何明出席朝阳区2015年第3期处级干部进修班座谈会暨结业式并讲话。11月19日，何明出席2015年新任副处级干部培训班座谈会暨结业式。

（杜晓丽）

【区领导授课】 3月19日，区委常委、常务副区长甘靖中围绕朝阳区历史沿革、区情特点和当前形势任务，为2015年第一期处级干部进修班、2014年度团职军转干部培训班、营连职和专业技术军转干部培训班学员作区情专题讲座。4月17日 区委常委、区委宣传部部长、区委办公室主任刘军胜为2015年朝阳区中青年干部培训一班作“坚定理想信念从打造精气神做起”专题讲座。6月2日，刘军胜为朝阳区第二期处级干部进修班做“‘六讲六重’，做好新时期群众工作”专题讲座，刘军胜从“讲历史，重危机”“讲责任，重大局”“讲学习，重方法”“讲感情，重换位”“讲作风，重能力”“讲奉献，重心态”6方面，阐述在新形势下做好群众工作的重要意义和工作方法。11月2日，刘军胜为宣传系统2015年基层党组织负责人培训班学员作《贯彻全面从严治党要求，不断加强党组织思想政治工作》专题报告。11月6日，刘军胜为新闻发言人培训班学员做《审时度势，勇于担当，在全媒体时代做好新闻发布和舆论引导工作》专题报告。

（杜晓丽）

【科研成果】 7月，区委党校申报的《红芍社：以党建引领基层社会服务管理创新》获第三届全国基层党建创新案例评选活动最佳案例奖。年内，完成北京市党校系统2项科研协作课题，分别是《京津冀协同发展格局中CBD的定位与作用研究》和《“三社一体化”社区治理模式研究——以北京市朝阳区为例》。完成2015年度区党建研究会课题2项，其中《朝阳区基层党建“项目制”建设和集群化创新机制研究》被列为重点课题。与北京城市发展研究院合作开发新课题《大数据时代朝阳区社区治理模式创新问题研究》。完成区情研究专项课题5项，完成校级课题19项。在中央党校《学习时报》《兰台世界》《山西省委党校学报》《合肥市委党校学报》等全国中文核心期刊上发表论文28篇。自主编写学术著作《大数据时代的地方政府治理——以北京市朝阳区为例》1册。在中国浦东干部学院举办的“全国改革发展最新案例征集”活动中，《探索党政群共商共治的社区管理模式——北京市朝阳区麦子店街道“问政于民”的实践与启示》获一等奖、《城市社会管理和服务体系建设的新探索——北京市朝阳区构建全模式社会服务管理体系实践》获二等奖、《北京市朝阳循环经济产业园发展模式的探索与启示》获三等奖。

（杜晓丽）

【校际交流】 年内，区委党校加强与其他党校的沟通交流，分别与海淀区委党校、通州区委党校、大兴区委党校、临沂市委党校、昆明市委党校、贵阳市委党校围绕党校各项工作开展交流座谈，区委党校还与贵阳市委党校签订合作协议书，搭建科研、教学、师资建设交流学习平台。

（杜晓丽）

【主体班培训】 年内，举办主体班17期。其中处级干部进修班3期、中青年干部培训班2期、新任处级干部培训班1期、2014年度朝阳区团职军转干部培训班1期、2014年度朝阳区营连职军转干部培训班1期、青年干部政治理论读书班1期、公务员正科级任职培训班4期、公务员副科级任职培训班4期，培训学员857人。区委党校根据各班次学员需求和培训要点，设置侧重点不同的教学模块，处级班分为“理论武装、党性教育、能力培养和区情研究”等教学模块，军转班分为“形势教育与区域发展、职业道德与行为规范、公共管理与依法行政、素质提升与能力训练和电子政务”等教学模块，科长班分为“依法行政与服务型政府建设、公务员能力训练与提升、公仆意识与公务员职业道德教育”等教学模块。采取研究式教学、现场教学和案例式教学，创新培训模式，综合运用专题授课、模拟演练、参观教学、异地培训、拓展训练、警示教育、主题班会、学员讲台、志愿服务和小组研讨等培训方式。

（杜晓丽）

【专题班培训】 年内，举办专题培训班24期，包括2015年渝北区优秀社区书记、主任培训班1期、2015年朝阳区科级干部素质提升轮训班1期、朝阳区人力资源和社会保障局正科后备干部轮训班1期、朝阳区人力资源和社会保障局副科后备干部轮训班2期、朝阳区宣传系统入党积极分子培训班1期、区直机关系统直属党组织组织委员培训班1期、2015年处级干部依法行政专题培训班1期、2015年处级干部周末高端大讲堂1期、2015年朝阳区新晋街乡助力、企业助力岗前培训班1期、政法系统中青年干部培训班1期、2015年朝阳区新发展党员示范班1期、2015年朝阳区文化创意产业高级经营管理培训班1期、处级干部情绪管理与压力疏导专题培训班1期、北京市流动党员培训示范班1期、新闻发言人培训班1期、朝阳区处级女领导干部、妇联执委培训班1期、朝阳区入党积极分子示范培训班1期、聚焦“十三五”谋划新发展专题培训班1期、2015年分校管理骨干培训班1期、2015年朝阳区委党校分校加强基层党员干部党性修养示范培训班1期、2015年中共贵阳市委组织部社会组织党务工作者培训班1期、中共贵阳市委党校2015年秋季社区领导干部培训班1期、中共贵州省委党校第八期城镇街道（社区）办事处党工委书记、主任培训班1期，培训学员2132人。与专题培训主办方的协作，建立健全沟通协调机制，从培训计划制定、授课内容选择、授课教师选聘等方面深入与主办方沟通，围绕区委区政府中心工作，重点在依法行政、公共管理、领导力提升、和谐社会建设、国际化素质和党的基本理论知识等方面，开发新专题，最大程度上契合专题班培训的知识需求，提升学员满意度。

（杜晓丽）

【学历教育】 年内，完成2015级中央党校在职研究生招生工作和2012级中央党校在职研究生培养和毕业答辩工作，以及2013级和2014级在职研究生的在校培养工作。

（杜晓丽）

【党校分校工作】 年内，各分校开展“增强法治观念、推进法治社会建设”和“增强理想信念道德品行”主题教育活动。为望京、东湖、东风等党校分校和卫生局、电子城管委会等单位入党积极分子培训班作“端正入党动机，争取早日入党”“中国共产党的发展历程”专题讲座，在管庄乡开展“党课基层行”活动，作“学习习近平总书记系列重要讲话精神”“学习四中全会精神，全面推进依法治国”等专题讲座。年内，为分校授课272次， 28190人次参加学习。

（杜晓丽）

【网上党校】 年内，围绕电化教学、网络建设与维护、网络课件更新、信息化网络系统升级换代、数字资源云服务平台建设等内容，推进信息化教育技术的研究和应用，完成改造课程录播系统，提高精品课程录制质量，提升电教片、网络课件等现代教学资源的使用效果，录制编辑主体班课程视频资料达2000分钟，丰富课程库资源，为学员网络学习提供更多选择。

（杜晓丽）

党史工作

【概况】 中国共产党北京市朝阳区委员会党史工作办公室（简称：区委党史办）为参照公务员管理的区直属事业单位，机构规格为正处级，经费形式财政补助（全额）。人员编制8名，实有8人。其中主任、副主任各1名。年内，开展“三严三实”专题教育活动、党史宣传教育月活动、党史研究课题等工作。完成出版发行《党史研究课题汇编（2013-2014）》，完成《中国共产党北京市朝阳区历史大事记（2001—2013）》。

开通《朝阳党史》微信公众号（chydangshiban）。区委对党史办主要领导进行调整。4月，刘伯韬任党史办主任，原主任张前任调研员。5月21日，完成支部换届工作。11月，在6名编制的基础上增加2个编制，并成立综合科和宣传教育科，任命了2名科长。年内，朝阳党史网站升级改版，新增“三严三实专项教育活动”和“朝阳党史工作信息”栏目。上报信息32条，被《北京党史工作》采用9篇。朝阳区委党史办被评为“2013-2014年度北京市党史信息工作先进集体”。

地址:朝外日坛北街33号

邮编：100020

电话：65099228

传真：65094493

网址：http://chydsb.bjchy.gov.cn

（钱素君）

【优扶助残】 2月13日，区委党史办领导到石佛营西里社区走访慰问优扶助残对象仲文国，并送去慰问品和慰问金。

（钱素君）

【领导调研】 2月16日，市委党史研究室主任谢荫明到区委党史办调研。区委常委、组织部部长张革及区委党史办全体人员参加陪同调研。区委党史办主任张前作主要汇报，区委党史办副主任魏自强汇报《党史研究课题汇编（2013—2014）》编辑出版情况。区委党史办副调研员刘培途介绍《中共北京市朝阳区大事记》编写进度。谢荫明要求朝阳区委党史办要注重发挥自身优势，配合市委和区委做好抗战胜利70周年纪念活动。8月18日，市委党史研究室副主任李明圣到区委党史办调研如何进一步加强党史工作。区委党史办主任刘伯韬从党史工作服务全区中心工作、队伍建设、课题研究、宣传教育、开展抗战胜利七十周年纪念系列活动等方面作汇报。李明圣提要求。10月28日，市委党史研究室主任李良、副主任陈志楣到日坛公园瞻仰马骏烈士墓，参观马骏烈士纪念馆。刘伯韬汇报朝阳区近期举办的相关纪念活动。李良提要求。

（钱素君）

【党史课题研究】 2月，出版《党史研究课题汇编（2013—2014）》。汇编分基层党史著书、学术理论研究、专项调查研究、历程回顾总结4部分26个课题，系统展示区党史研究会成立以来在区域化党史研究方面成果。3月6日，区委党史办制发关于申报2015年党史研究课题的通知，4月底，收到申报课题23个，确定21个课题为2015年立项课题。8月27日，召开朝阳区中共党史研究会2015年课题研究工作推进会。北京师范大学、北京外国语大学、北京联合大学、区委政法委、区委社工委、区委党校、区广电中心等18家单位和个人参加会议，研究课题进展情况。11月3日至5日，召开党史课题研究培训会。区退休干部、区党史研究会会员、专家学者和各课题组负责人及执笔人等50余人参加会议，研讨2015年立项课题报告稿，提出修改意见。

（钱素君）

【党史成果转化】 4月，撰写《〈中共北京市朝阳区历史〉著书资料选编》书稿编写纲目、著书工作大事记，整理细化相关资料。7月，印刷征求意见稿。7月30日，在朝阳宾馆召开离退休干部座谈会，施绍祺、沈乃宏、叶庆高、王树山、李惠芳等18名老干部出席座谈会。征求《〈中共北京市朝阳区历史〉著书资料选编》（征求意见稿）的修改意见。会后，修改征求意见书稿，形成《〈中共北京市朝阳区历史〉著书资料选编》（讨论稿）。8月20日，在朝阳宾馆召开专家学者座谈会，征求《〈中共北京市朝阳区历史〉著书资料选编》（讨论稿）书面意见。求是杂志社、中共党史出版社、前线杂志社、中国人民大学、北京师范大学、北京外国语大学、北京联合大学、北京信息科技大学等15位党史专家和高校学者出席座谈会。10月，出版《〈中共北京市朝阳区历史〉著书资料选编》。全书分领导讲话摘录、工作资料摘要、反馈指导意见掠影、查考征集资料采撷、著书工作大事记5个专题，收录文字资料89件、工作照片18幅。

（钱素君）

【党史宣传教育月活动】 5月12日，区委组织部、区委党史办联合制发《关于开展党史宣传教育月活动的通知》。通知要求全区各级党组织利用现有资源，开展党史学习宣传教育活动。区委党史办向全区各单位赠送党史书籍5700余册，光盘40余盘。组建党史宣讲团，到机关、街乡、企业、学校和社区开展党史宣讲活动6次，1300人参加活动。开展“纪念抗战胜利70周年”主题征文活动。收到征文50篇，并编纂《红色记忆——纪念抗战胜利70征文选编》。2200余人观看《旋风九日》《百团大战》等影片。7月7日，全区450名党员、团员、少先队员代表到马骏烈士墓开展烈士公祭活动。

（钱素君）

【工作交流】 5月15日，区委党史办主任刘伯韬一行5人到怀柔区委党史办交流地方党史基本著作编写工作。怀柔区委党史办副主任于进祥介绍怀柔区委党史办基本情况、《中共北京市怀柔区历史》编著人员和筹备情况。区委党史办副主任魏自强介绍《中共北京市朝阳区历史》编著动因、筹划、资料收集，初稿编著，征求意见稿、讨论稿、送审稿的修改等情况，解答了怀柔区委党史办编著人员提出的相关问题。7月16日，威海市环翠区史志办一行4人到区委党史办，交流学习组织史资料编写工作。双方观看朝阳区组织史资料编写记录片《辉煌记录》。刘伯韬介绍朝阳区委党史办基本情况，魏自强介绍2010—2011年间朝阳区组织史资料丛书编写工作中的做法和体会。双方互赠近来年主要党史研究成果书籍及资料。9月23日至24日，区委党史办一行8人到河北省乐亭县交流工作，交流地方史研究、党史编研、党史宣传教育等经验，互换了近年来编印的党史书籍，并参观李大钊纪念馆、李大钊故居。

（钱素君）

【编辑出版期刊】 7月中旬，印发2015年第1期《朝阳党史》，设有纪念抗战胜利70周年征文选、工作动态、党史研究课题成果选登、党建交流、朝阳党史人物传、朝阳往事等栏目。12月下旬，印发2015年第2期，设9个栏目，分别为刊首语、纪念抗战胜利70周年征文选、“三严三实”专题教育、工作动态、党史研究课题成果选登、朝阳党史人物传、心得感悟、历史钩沉、朝阳往事。

（钱素君）

【《中国共产党北京市朝阳区历史大事记（2001—2013）》出版】 7月，《中国共产党北京市朝阳区历史大事记（2001—2013）》由中央文献出版社出版发行。全书21万字，主要记载2001年1月1日至2013年12月31日朝阳区在经济建设、政治建设、文化建设、社会建设、生态文明建设和党的自身建设等工作实践中发生的重大事件。是《中国共产党北京市区县历史大事记丛书》之一，也是《中国共产党北京朝阳区历史大事记（1944—2000）》的续编。之后，续编2014—2015年区党史大事记。

（钱素君）

【工作培训】 10月15日至16日，区委党史办在阳光丽城温泉度假酒店召开党史工作培训暨研讨会。区各委办局、街乡、企业、党史教育基地、党史影片播放点、特邀社区等160余名党史工作者参加会议。区委党史办副主任魏自强主持会议并传达中共中央政治局委员、中央书记处书记、中央办公厅主任栗战书《深入学习贯彻习近平总书记关于党的历史和党史工作的重要论述精神，不断开创党史工作新局面》的讲话和北京市党史办主任会议精神。区委党史办副调研员刘培途通报朝阳区党史工作情况。特邀马骏烈士之孙、北京市委老干部局原副局长马为平作《忆党史、悼先烈，坚定理想信念》的主题报告；邀请市委党史研究室研究处处长周进作北平抗战历史专题讲座。会议就党史大事记编写、党史正本编著、党史课题研究等工作做业务辅导，制发《党史工作职责》。区委党史办主任刘伯韬作总结发言。

（钱素君）

民主党派

民革朝阳区委

【概况】 中国国民党革命委员会北京市朝阳区委员会（简称民革朝阳区委）设参政议政、祖国统一、社会服务、信息、青年、宣传、老龄、妇女、教科文卫体、《潮流》编辑部10个专门工作委员会。有基层支部19个，党员882人。有全国人大常委1人，区人大代表2人（常委1人）；全国政协委员1人，市政协委员5人，区政协委员25人（常委5人），区级特约工作人员12人。全年召开主委会议3次，全委会议3次，学习中共中央统战工作精神、支部换届动员和总结、学习十八届五中全会精神、参政议政调研工作、纪念抗战胜利70周年、理论学习等会议20余次。

地址：团结湖北五条8号楼

邮编：100026

电话：65094936

（金晓萍）

【走访慰问党内知名人士】 1月30日，区委统战部常务副部长胡杰华、民革朝阳区委秘书长金晓萍一行先后看望慰问民革党内著名人士何宗智和张新吾。对他们日常生活情况表示关切，并感谢他们长期以来积极促进统一战线工作表示。

（金晓萍）

【台湾政情讲座】 3月25日，民革朝阳区委联合台盟朝阳区工委举办台湾政情讲座。讲座邀请人民日报社政文部主任记者孙立极讲解台湾政情。讲座由台盟朝阳区工委副主委李秋玲主持。民革朝阳区委党员和台盟盟员40余人参加。

（金晓萍）

【支部换届】 4月至9月，开展支部换届工作，选出新一届支部领导班子。实现老中青结合的支委班子结构。选出支委122人，其中男性73人，女性49人。新当选主委7人，支委40人。平均年龄47岁。35岁以下13人，占11%；35—44岁40人，占33%；45—54岁42人，占34%；55—64岁21人，占17%；65岁以上6人，占6%。大专及以下文化21人，占16%；大学文化60人，占49%；研究生34人，占28%；博士7人，占8%。高级职称31人，占25%；中级职称30人，占25%；中级以下和无职称61人，占50%；

（金晓萍）

【支部换届动员大会】 5月17日，民革朝阳区委召开三届九次全委扩大会议暨支部换届动员大会。副主委王向波主持会议。朝阳区委统战部常务副部长胡杰华、民革朝阳区委主委张兴凯及区委全体委员、各支部主委等40余人参加会议。会上传达民革北京市委关于2015年支部换届工作文件精神，对区委支部换届工作细则作说明，集体审议通过民革朝阳区委2015年支部换届工作细则及支部换届工作领导小组名单。

（金晓萍）

【参加提案答复】 6月11日，民革朝阳区委副主委姚国峰、秘书长金晓萍和党派提案执笔人葛友山到区住建委参加提案答复工作。区住建委副主任陈京元接待民革朝阳区委与会人员，双方就《关于既有老旧小区加装电梯的建议》磋商，民革朝阳区委对区住建委的提案答复表示满意，并提出希望相关单位尽快研究切实可行的操作方案，早日解决老百姓的生活困难。

（金晓萍）

【医疗法律义务咨询】 6月13日，民革朝阳区委到麦子店街道枣营北里社区开展医疗法律义务咨询活动。麦子店街道办事处副书记邢等超、民革区委副主委王健、秘书长金晓萍、社会服务专委会主任冯静参加活动。来自朝阳医院、中日医院、华信医院等各大医院的医疗专家8名，来自高文律师事务所、中银律师事务所等各大律师事务所的法律专家3名参与。

（金晓萍）

【纪念抗战胜利】 8月21日，国家安全监管总局直属机关党委、总局直属机关工会和中国安全生产科学研究院、朝阳区委统战部、民革朝阳区中山书画研究会、北京工业大学艺术设计学院等单位，联合举办“珍爱和平，安全发展”——纪念中国人民抗日战争暨世界反法西斯战争胜利70周年书画笔会。应邀的书画家们创作出“弘扬民族魂，共圆中国梦”“牢记历史不忘过去，珍爱和平开创未来”“大刀向鬼子头上砍去”“抗日忠魂千秋，中华精神永存”“气壮山河”等50余幅书画作品。8月30日，民革朝阳区委在望京科技园举办“纪念抗战胜利70周年爱国歌曲咏唱”活动。演唱会以国歌大合唱开场，多个支部的党员表演《黄河大合唱》《长城谣》等多首抗战爱国歌曲。第六支部、第十二支部、第十五支部、文艺支部获得组织奖。9月1日、2日，区委统战部常务副部长胡杰华和民革朝阳区委秘书长金晓萍看望民革抗战将领丛兆麟遗属、何伟业遗属和屈伸遗属。

（金晓萍）

【区领导慰问抗战将领遗属】 9月1日，区长吴桂英、区委统战部部长马继业和民革朝阳区委主委张兴凯一同到六里屯街道甜水园东里社区慰问民革抗战将领刘雨卿遗属刘兴业。在刘兴业家中，区领导代表区委区政府表达对老人及其父亲的崇高敬意和深切慰问，并发放抗战纪念章。吴桂英说，刘老的家庭是英雄世家，非常值得我们尊敬，朝阳区也将全力做好各项保障工作。她希望刘兴业和老伴能继续保持良好的心态，保重身体，及时和社区反映生活中遇到的困难，同时要求街道和社区为老人做好服务。张兴凯表示民革将继续发扬尊老敬老的优良传统，一方面注重弘扬老一辈英勇无畏的革命精神，另一方面要在组织上加大给予老同志关怀与保障，关心他们的身体生活状况，使他们渡过幸福的晚年生活。

（金晓萍）

【革命传统教育】 9月22日至26日，为响应民革中央“观故居，走多党合作之路”活动的号召，对新上任支部委员和区委委员开展民革传统教育，继承和发扬民革前辈的高尚风范和革命精神，经区委三届十九次主委会议决定，组织部分区委委员和支部主委、副主委赴陕西参观学习。一行26人赴陕西渭南参观民革前辈屈武故居，到榆林参观邓宝珊故居，到延安接受革命传统教育。

（金晓萍）

【参政议政】 9月，向区政协提交“十三五”建言15篇，提交议政会调研报告11篇，4篇获选。在区政协组织的“京津冀一体化发展论坛”上民革区委张兴凯主委作为唯一的党派代表在论坛上做《关于构建京津冀公共安全突发事件一体化应急联动机制的建议》的发言。

（金晓萍）

【学习贯彻中共中央统战工作精神】 11月14日，民革朝阳区委召开“学习贯彻中共中央统战工作精神暨支部换届总结大会”。民革中央副主席、民革北京市委主委傅惠民，市委秘书长蒋耘晨，朝阳区委统战部常务副部长胡杰华，全国人大常委、民革朝阳区委主委张兴凯及全体区委委员、支部委员出席会议，区委副主委王健主持。会上，傅惠民就学习贯彻中共中央十八届五中全会精神、全国政协、民革中央及民革北京市委重要会议精神作讲话。他重点指出中央统战会议有两个要关注：①过去对民主党派、无党派提的是四种能力建设，政治把握、参政议政、组织领导、合作共事能力，目前还增加解决自身问题的能力。②中央统战会议把政党协商放在很重要的位置，民主党派职能是参政议政、民主监督两项，目前为三项职能即参政议政、民主监督、政党协商。胡杰华就新时期统战工作及红军“长征磨练”作讲座。会上宣读区委2015年支部换届新当选支部委员名单，各支部主委介绍本支部班子成员情况并汇报新一届工作计划。区委主委张兴凯对大会总结。他对支部工作提出要求：①支委要有信心、信念，要顾大局。②要讲团结，组织需要团结，支部主委要懂得团结，带领支部积极参政议政。③要做好支部党员工作，要心中有党员，努力团结党员。④做好自己本职工作，处理好党派工作与本职工作的关系。

（金晓萍）

【调研报告和提案获奖】 年内，向区政协提交党派提案3件，《关于地下储罐渗漏对环境潜在影响的建议》获得优秀提案。在朝阳区委统战部举办的专项调研报告等次评定中提交调研报告4篇，《借机北京绿道建设，大力发展慢行系统的建议》获二等次，《关于促进我区社区养老服务事业发展的调研报告》获三等次，《探索财政金融和商业金融合作模式协同服务科技创新驱动发展》获三等次，《培养中国创新型汽车造型设计人才之研究和建议》获四等次。

（金晓萍）

【社情民意信息报送】 年内，信息专委会向民革市委提报信息128条，被采纳35条，采用率27%，得分513分，列全市第二名。

（金晓萍）

民盟朝阳区委

【概况】 中国民主同盟北京市朝阳区委员会（简称民盟朝阳区委）有基层委员会3个（各辖3个支部），基层支部34个，盟员1623人。下设参政议政、文化教育、经济、科技、社会法制、社会服务、青年、妇女、老龄9个专门工作委员会和统战理论研究会。全年发展盟员86人。盟员中，有市人大代表3人，区人大代表7人（常委2人），全国政协委员5人（常委2人），市政协委员8人（常委4人），区政协委员22人（常委3人）。有部级特邀监察员2人，市级特约工作人员3人，区级特约工作人员11人。全年召开主委会6次，全委会4次，党史专题讲座、调研工作会议、女性养生讲座、中青年盟员座谈会、妇工委会议、老盟员座谈会等30余次。年内，被民盟北京市委评为思想宣传工作先进集体，被朝阳区政协评为信息工作先进单位。

地址：团结湖北五条8号楼203室
邮编：100026
电话：65094938　65094058
邮箱：cymm@bjchy.gov.cn

（王　铮）

【妇工委、社工委工作会议】 1月28日，召开妇女工作委员会、社会服务工作委员会工作会议。介绍在龙振养老服务中心开展社会服务工作情况。与会人员就如何发挥盟员的专业优势、进一步服务养老机构，以及如何为促进养老事业健康发展开展调研展开讨论。

（王　铮）

【四届十六次全委会】 2月3日，召开四届十六次全委会。通报2014年工作情况和2015年工作思路。

（王　铮）

【慰问老盟员】 2月16日，民盟朝阳区委主委曾原纪、常务副主委周道珍、秘书长王铮及机关干部到原民盟朝阳区委主委马万昌及原民盟朝阳区工委副主委张珍华家中慰问。

（王　铮）

【庆三八音乐讲座】 3月6日，举办“庆三八”声乐讲座，中国传媒大学教授卢国文讲授美声与民族唱法技巧。活动由民盟朝阳区委妇工委主任王越主持，主委曾原纪，常务副主委周道珍和47名盟员参加活动。

（王　铮）

【四届十七次全委扩大会议】 3月25日，召开四届十七次全委（扩大）会。民盟朝阳区委主委曾原纪、常务副主委周道珍、副主委阚存一，秘书长王铮，区委委员、参政议政专委会委员等参加会议。学习《中共中央关于加强社会主义协商民主建设的意见》，传达民盟北京市委区级组织专职干部工作会议的有关情况，通报民盟北京市委2015年工作要点、民盟中央《关于进一步加强基层组织建设的意见》等。通报区政协常委会的工作要点。讨论2015年调研选题。

（王　铮）

【中共党史专题讲座】 5月4日，举办党史专题讲座，邀请中共朝阳区委统战部常务副部长胡杰华主讲《中共党史——延安整风》。主委曾原纪、常务副主委周道珍、区委委员、基层组织负责人、青年骨干盟员60余人参加讲座。

（王　铮）

【京津冀协同发展课题组会议】 5月28日，“京津冀协同发展”课题组召开工作会议。主委曾原纪、常务副主委周道珍出席会议，课题组成员参加会议。与会人员学习习近平总书记在中央统战工作会议上的重要讲话精神。课题组负责人张学军介绍课题的进展情况，各课题组成员提出建议。

（王　铮）

【社情民意受到表彰】 7月2日，在朝阳区政协社情民意信息工作培训会上，民盟朝阳区委被评为2014年度朝阳区政协信息工作先进单位。民盟朝阳区委常务副主委周道珍、首都经济贸易大学支部盟员范子奇、朝阳二支部主委刘铭被评为信息工作先进个人。

（王　铮）

【四届十八次全委会议】 7月20日，召开四届十八次全体委员会议。通报2015年调研工作进展情况，讨论《民盟朝阳区委关于做好2015年基层组织换届工作的意见（征求意见稿）》。

（王　铮）

【四届十九次全委暨基层组织负责人会议】 8月17日，四届十九次全委暨基层组织负责人会议召开。主委曾原纪出席会议并讲话，常务副主委周道珍主持会议，副主委阚存一、李刚，秘书长王铮等50余位委员及基层组织负责人参加会议。会议介绍“围绕京津冀、建言十三五”建言情况，讨论通过《民盟朝阳区委关于做好2015年基层组织换届工作的意见（征求意见稿）》，交流基层组织工作经验。

（王 铮）

【妇女工作委员会扩大会议】 9月18日，妇工委扩大会议召开。座谈内容包括妇委会职能与发展，健康养生、艺术欣赏、时尚搭配、孩子教育等领域，会上，增补耿志红为妇女工作委员会委员。

（王 铮）

【特约员工作】 9月22日，盟员付爱珍、范子奇、刘铭、韩全义被区纪委监察局聘为特约监察员，教授图娅被聘为国务院教育督导委会特约督学。12月1日，在区特约工作大会上，盟员刘淑梅、朱文涛、黄帅被评为“朝阳区人民政府第十届优秀特约工作人员”。安辉、陈颖军、付春梅、高永强、韩全义、李国威、穆军升、魏巍、吴元龙、武旭阳、郑元武等11位盟员被区民政局、人力社保局等单位聘为第十一届特约工作人员。

（王 铮）

【美丽乡村 筑梦有我——法律、医药服务公益行活动】 10月12日，民盟朝阳区委联合北京电视台举办大型“美丽乡村筑梦有我——法律、医药服务公益行”活动。北京市政协常委、民盟朝阳区委主委曾原纪在讲话中表明民盟组织在履行社会服务职责中所发挥的作用、意义。民盟朝阳区委专职副主委、秘书长周道珍出席活动并接受东旭新村赠送的“美丽乡村 筑梦有我——法律服务公益行”牌匾。朝阳区人大常委王志华及民盟朝阳区委社会服务部副主任吴元龙等组织民盟法律支部及医药支部近20名专家为东旭新村数百名村民提供近两个小时的专家级的法律、医药咨询公益服务。

（王 铮）

【调研工作总结会议】 10月20日，调研工作总结会议召开。常务副主委周道珍主持会议，副主委阚存一等盟员出席会议。会议通报2015年调研工作情况，民盟朝阳区委完成《疏解非首都功能 撬动农村转型发展，促进朝阳区全域城市化》等7篇调研报告。参会人员就7篇报告讨论并提出意见和建议。

（王 铮）

【重阳节老盟员座谈会】 10月21日，举办重阳节老盟员座谈会。区委主委曾原纪出席会议并讲话，常务副主委周道珍主持会议，秘书长王铮、老龄委主任周建国等30余位盟员出席会议。会上通报老龄委工作情况。参会人员就民盟组织发展、朝阳区经济社会等热点问题展开交流。

（王 铮）

【中青年盟员座谈会】 11月9日，举办中青年盟员座谈会。市政协常委、民盟朝阳区委主委曾原纪，民盟北京市委组织部部长严为，区政协党组书记、中共朝阳区委统战部常务副部长胡杰华出席会议并讲话，副主委刘有军主持会议，常务副主委周道珍、副主委阚存一等50余位盟员出席会议。会上，阚存一导读中共十八届五中全会公报，周道珍传达区委书记吴桂英走访各民主党派讲话精神。国务院扶贫培训宣传中心处长尹建华（曾在湖北省恩施州宣恩县挂职副县长）、朝阳区科委副主任戚道铎（曾在河南省南阳市淅川县挂职副县长）、北京京都律师事务所高级合伙人刘铭（曾在北京市司法局法援处挂职副处长），以及于北京市交通委信息中心挂职副主任的北京工业大学副教授杨金福先后就挂职经历与交流感想。

（王 铮）

【与贵阳民盟座谈交流】 11月15日，贵阳市民盟一行到民盟朝阳区委座谈交流。民盟贵阳市委专职主委邓胜龙等一行与民盟朝阳区委主委曾原纪，民盟朝阳区委常务副主委周道珍，民盟朝阳区委副主委、北京中医药大学委员会主委闫永红，民盟朝阳区委秘书长王铮，民盟朝阳区委委员、农业部委员会主委张学军等座谈。

（王 铮）

【建言“十三五”】 年内，在区政协“对接京津冀 建言朝阳‘十三五’”专题活动中，报送《关于在“十三五”期间，将798艺术园区打造为有影响力的国家文化产业园区的建议》等18篇建议。专题调研中的《完善公共自行车运营质量 促进北京绿色出行发展》转化为议政会报告。盟员何小莉在社会事业发展专题议政座谈会上发言，建言“关于京津冀协同发展过程中北京市高等教育发展建议”。

（王 铮）

【党派提案获奖】 年内，在区政协十二届四次会议上，民盟区委提交《关于金融驱动朝阳区文化创意产业发展的建议》《关于进一步推进朝阳区农村城市化地区义务教育发展的建议》《关于推动居民生活领域节能措施的建议》3件党派提案。党派提案《关于推动居民生活领域节能措施的建议》获区政协党派优秀提案奖。

（王 铮）

【调研报告获奖】年内，完成7篇调研报告。向区委统战部提交的4篇调研报告全部获奖。其中《疏解非首都功能，撬动农村转型发展促进朝阳区全域城市化》获评一类调研，《朝阳区社区居家养老存在的主要问题及对策》《挖掘朝阳文化遗产资源，提升朝阳文化软实力》获评三类调研，《规划整合挤空间，集约节约促效益——朝阳区推进“多规合一”有关情况的调研》获评四类调研。

（王 铮）

【盟员获2015年国家杰出青年基金】 年内，朝阳区民盟盟员、朝阳区政协委员、民盟朝阳区委委员、民盟北京化工大学支部主委、北京化工大学侯德榜工程师学院院长兼教务处常务副处长、教授苏海佳获2015年国家杰出青年基金。

（王 铮）

民建朝阳区委

【概况】 中国民主建国会北京市朝阳区委员会（简称民建朝阳区委）有会员1563人，33个支部，按功能设立11个专业委员会（分别为：参政议政专委会、组织专委会、法制专委会、经济专委会、社会服务专委会、妇女老龄专委会、科技教育专委会、文化宣传专委会、信息专委会、理论研究专委会、企业专委会），2个委员会（分别为：青年工作委员会、监督委员会）。全年发展会员30人。会员中，有全国政协委员4名（其中常委1名）、北京市政协委员5名（其中副主席1名、常委1名）、区政协委员32名（其中常委3名）、全国人大代表1名、北京市人大代表5名、区人大代表5名（其中副主任1名、常委1名），朝阳区政府特约工作人员12名。年内，与海淀区委联合主办“新形势下高校民主党派发展研讨会”，和叶青大厦支部、北京五洲妇儿医院共同承办第二届“思源工程——巾帼关爱活动”，协办2015民建青年“双创”主题论坛等。在区委统战部公布的年度优秀调研报告评选中，民建朝阳区委提交的2篇调研报告被评为二类课题，2篇调研报告被评为四类课题。

地址：团结湖北五条 8 号楼208室、209室

邮编：100026
电话：65094054 65094934
邮箱：chaoyangminjian@126.com

（李佳君）

【基层组织换届】 年初，了解各支部人员组成情况和支委会组成情况等事项，在此基础上，通过广泛征求意见和多次修改，制定《民建朝阳区委关于2015年支部换届选举工作的指导意见》和《民建朝阳区委2015年换届选举实施手册》。5月16日，在四届十四次全体委员（扩大）会议过程中，开展2015年支部换届选举部署工作，下发《民建朝阳区委关于2015年支部换届选举工作的指导意见》，会上主委徐艳梅作主题为“加强民建朝阳基层组织建设，创新支部换届工作”的动员报告，正式启动2015年支部换届选举工作。在主委会领导下，民建朝阳区委成立换届工作领导小组，下设办公室。换届工作领导小组按照主委会决议和民建朝阳区委各项规定开展工作。此次支部换届工作实行主委会分工协作联系支部制度，主委、副主委、秘书长各负责2—5个支部的换届工作，在换届工作领导小组办公室成员一对一配合下，深入支部了解情况，解答问题，协助支部考察支委候选人，化解矛盾，增强共识，并通过区委监督委员会随时听取会员意见，发送工作简报。支部换届工作遵循的原则有：民主集中制的原则，充分协商；建立推优选优配强原则，引领发展；严格把控支部主副主委年龄，激发活力；遵循过二个半数的选举原则，全程监督。截至12月31日，31个支部中涉及此次换届选举的29个支部全部完成换届选举工作，其中18个支部为新当选支部主委，11个支部为原支部主委续任，产生新一届支委会委员196名，全部人员平均年龄43.68岁。

（李佳君）

【服务社区】 2月，科八支部与三里屯街道办事处一起，到三里屯北三里社区慰问生活困难的社区居民。在第二十五个全国助残日到来之际，科六支部在大兴区康庄公园，与大兴区清源街道残联联合举行全国助残日文艺演出系列活动，并到清源街道残联开展调研交流与慰问活动，这是科六支部文化进社区公益行的第三次活动。8月，民建朝阳区委科四支部、科教专委会、经济专委会与民革朝阳区委九支部等联合举办主题为“关爱生命 健康养老”大型公益讲座，为朝阳区恭和苑养老院的老人、朝阳区双井办事处九龙南社区居民普及医学知识。

（李佳君）

【巾帼关爱活动】 3月，科教专委会、叶青大厦支部和北京五洲妇儿医院共同承办第二届“思源工程——巾帼关爱活动”，来自顺义区、密云县的基层妇女及各级民建会员150余人接受免费体检，并现场接受北京十几所大型医院和中国女医师协会专家的爱心义诊。

（李佳君）

【亚洲医院建设新格局高峰论坛】 3月，经济专委会与科教专委会共同协办“2015亚洲医院建设新格局高峰论坛——中国站”第五届中国医院建设新格局高峰论坛，就医院建设、绿色节能、智慧医院、人性关怀等方面的问题展开发言讨论。

（李佳君）

【帮扶老人】 4月，在门头沟区北京国际核桃庄园参与组织爱心植树和慈善公益行活动，探望慰问门头沟区斋堂镇敬老院老人。5月，五一劳动节和五四青年节来临之际，中纺支部联合区青工委到青工委爱心服务站（潘家园老年公寓）开展节前慰问老人献爱心活动。8月11日至14日，为纪念抗日战争胜利70周年，朝阳民建会员企业北京视光光学行业协会发起“亮眼工程走进军休所”活动，社会服务专委会参与活动，为1000名老军人提供免费眼健康检查、赠送老花眼镜。

（李佳君）

【服务会员企业】 5月17日，科五支部主办“中国民营经济平台化战略运营的价值共生之路”论坛，来自全国各地的企业家代表100余人参加活动。上半年，经济专委会与科四支部、北京正心正举应用科学研究院共同主办《正心正举思想力在现实中的应用》主题研讨沙龙。10月，在“第三届京津冀文化创意产业合作暨项目推介会”中，服务会员企业签约邯郸“中华传统文化时尚精品展示交易中心”等项目。年内，经济专委会组织委员参加“第二届京津冀文化创意产业项目推介会暨研讨会”“中国（保定）电谷智慧能源创新峰会”“中国（徐州）战略新兴产业创新峰会”“北京国际设计周”“北京国际摄影周摄影展”“第七届投资北京洽谈会”“2015首都文创产业投融资项目推介会”“北京市对外贸易骨干人才培训讲座”等多个项目对接和业务交流活动。

（李佳君）

【研讨养老产业与金融服务】 5月20日，中信支部在民建中央举办“养老产业与金融服务”专题研讨会，民建中央主席陈昌智、副主席辜胜阻出席。研讨会先后就“养老产业与保险创新的探索”“中信信托在养老产业的探索”“养老产业与私募股权投资”“养老金投资的国际经验”等专题作发言。

（李佳君）

【关爱儿童】 5月，社会服务专委会组织各支部会员走访大兴SOS儿童村，并向留守儿童、老师赠送足球、跳绳、丝巾等物资，还为全体儿童检查视力。儿童节前夕，中共朝阳区委统战部向各民主党派发起“爱到最美是陪伴”大型儿童慈善捐赠活动，民建朝阳区委379名会员参与活动，捐善款37950元。9月28日，朝阳民建会员企业北京市新世纪培训学校开展的公益服务项目“心灵常青藤——学生及家长心理援助服务项目”启动仪式在北京市石景山黄庄学校举行，黄庄学校是民建朝阳区委社服委的重点帮扶对象，“心灵常青藤”心理援助服务项目旨在提升青少年学生的心理健康水平，提升教师心理素质及辅助教学技能，这也是民建会员利用自身行业优势，整合政府及社会资源服务社会的工作创新。9月，在第31个教师节来临之际，科二支部在安贞街道办事处礼堂，以开展“金融理财知识讲座”的形式，慰问朝阳区安华学校的特教教师，这是科二支部连续第七年与安华学校联谊。11月，民建朝阳区委春华助学金第三年助学暨第二批受助捐赠仪式在丰宁一中完成，捐赠仪式上，民建朝阳区委向学校捐助2015年度春华助学金暨第三年助学款4万元，会员企业家们向孩子们赠送20本汉语词典、10个篮球、10个排球。

（李佳君）

【公益扶贫】 5月，在朝阳区政协对接贵阳扶贫活动中，民建朝阳区委捐款18000元。科一支部与天津南开区企管二支部会员中有关食用菌、蔬菜、中医药、技术经济研究、企业管理等方面的专家一行10人，赴河北省丰宁县开展对口专项帮扶活动，并实地调研草原旅游新项目。10月，由民建朝阳区委秘书长牵头协调丰宁蔬菜进北京一周年活动在朝阳区易事达广场举行，为丰宁蔬菜在北苑家园社区提供110个早市摊位。12月，为期两天的内蒙古自治区牧民义诊公益活动在翁牛特旗乌丹镇举办，此次联合义诊活动由民建朝阳区科技五支部、民盟东城区医卫专委会共同发起，为120余名牧民开展体检、常规性诊疗。

（李佳君）

【服务园区】 5月，首经贸支部会员赴北

京中关村科技园顺义园区，为园区管理人员、区环保局工作人员及百余家区重点企业法人代表开展环境法和环境管理工作专题培训。

（李佳君）

【建会70周年活动】 5月，承办“纪念中国人民抗日战争暨世界反法西斯战争胜利70周年：历史与现状——浅谈钓鱼岛争端”知识讲座，庆祝中国民主建国会成立70周年。11月至12月，民建朝阳区委举办“纪念民建成立70周年会史及参政议政知识竞赛”，收回23个支部的392份答卷。

（李佳君）

【新三板座谈会】 6月13日，企业专委会与西城区委投资专委会在普天德胜科技园联合举办新三板座谈会，来自两区60余名会员围绕新三板主题展开讨论并提出建设性的意见和建议。7月4日，经济专委会主办“新经济形势下的股市投资与新三板融资”讲座，民建朝阳区委各支部、专委会会员五十余人参会。

（李佳君）

【骨干会员学习班】 6月，中央统战会议结束后，民建朝阳区委举办骨干会员学习班，区委委员、各支部主委和专委会主任，担任朝阳区政协委员、政府特约工作人员的会员，以及各支部的骨干会员137人参加培训，会议邀请区委统战部常务副部长胡杰华，结合学习中央统战会议精神，以党的统战理论与中共建党史为主题作专题报告，并邀请中央社会主义学院副院长张峰传达中央统战会议精神，并就协商民主理论作专题辅导。

（李佳君）

【建言“十三五”】 10月20日，在朝阳区政协“对接京津冀，建言‘十三五’”主题议政座谈会上，民建朝阳区委向大会提交33篇党派和委员调研报告，被收录进《朝阳区政协关于“十三五”规划编制议政建言材料汇编》和《朝阳政协》杂志。其中《两岸三地打造温榆河绿色生态走廊》《建议借打造文化产业实验区引领京津冀一体化发展》《关于在朝阳区建立国际组织集聚区》3篇调研报告被大会发言采用。

（李佳君）

【专题学习交流】 11月27日至29日，组织区委委员、新当选的支部主委和专委会主任等赴革命老区——山东省枣庄市台儿庄，参加为期3天的工作交流与培训班，在培训班上，民建朝阳区委传达中共十八届五中全会精神，印发《中国共产党统一战线工作条例（暂行）》和10月28日区委书记吴桂英在调研统战工作时的讲话。民建朝阳区委班子成员分别介绍所分管的专委会和工作委员会近两年的工作情况。与会的支部主委、各专委会主任就基层组织建设等议题开展探讨。

（李佳君）

【信息与新闻写作培训】 11月，信息专委会联合文化宣传专委会、理论研究专委会承办2015年度信息写作与新闻写作培训班，邀请民建中央、民建北京市委、朝阳区政协和《中国统一战线》杂志社、中国化工报社的资深编辑、记者和相关负责人、专家为会员们授课，就社情民意信息的采集、报送，新闻报道与摄影，统战理论、党派理论和会史等，开展专题辅导，27个基层支部、13个专委会的70余名会员参加培训。开展全员培训的同时，信息专委会响应支部的要求，走进支部对新会员开展专项培训。

（李佳君）

【新形势下高校民主党派发展研讨会】 12月26日，民建朝阳区委与海淀区委联合主办，北京工业大学支部承办“新形势下高校民主党派发展研讨会”，研讨新形势下高校民主党派发展、队伍建设及参政议政问题，来自18所高校及科研院所，40余位民建支部主委、知名专家教授、企业界代表代表自由发言和学术互动。

（李佳君）

【民建青年“双创”论坛】 12月底，青年工作委员会赴重庆市协办2015民建青年“双创”主题论坛。论坛围绕“责任、使命、机遇”主题，旨在传承民建先辈创业精神，探讨青年“双创”困惑与机遇，以青年之力，带动广大会员实业报国、服务社会。重庆市工商联，共青团重庆市委，重庆市渝中区各民主党派、工商联、侨联、共青团渝中区委领导，欧美同学会、知联会代表，社会各界人士及北京和重庆两地民建青年代表等150余人参会。

（李佳君）

【理论研究】 年内，以理论研究专委会为平台参与区政协理论研究会和民建市委研究室的工作，形成多篇理论研究成果。完成北京市统战理论研究基地课题“新常态下推动‘两个健康’工作创新研究”；完成市委统战部理论研究课题中的9个选题研究，其中1个选题被推荐到市委统战部参阅；完成区政协理论研究会6个课题的研究，其中4篇研究成果被选为理事大会的交流论文。《推进民主党派智库建设，优化政党协商制度》一文获得人民政协报社举办的“协商民主建设与人民政协”征文活动优秀征文奖，在公布的获奖名单中位列第三，这是北京民建会员在全国政协理论研究征文中首次获奖。

（李佳君）

【参政议政能力建设】 年内，参政议政专委会为推进会员参与调研、及时撰写调研报告，先后召开3次工作协调会，总体把握和调节调研的方向、内容、进度，帮助和借鉴会员在调研过程中遇到的困难，全年上报调研报告39篇，内容涉及京津冀一体化、文化产业及科技园创新、城市经济化发展、知识产权、老年健康及国际化养老、节能减碳、医疗、旅游、智慧交通等。调研报告《关于治理朝阳区非吸非集问题的建议》得到区长吴桂英的批示；《关于促进朝阳区在北京市开展服务业扩大开放综合试点中发挥先行示范作用的建议》被副区长张维刚批示；《关于推动京津冀养老产业协同发展的建议》报市委统战部参评，并被选为政协北京市第十二届委员会第四次会议的书面发言；“十三五”会议中，民建中央提出的第一条建议《京津冀联防联治破解大气污染难题》，集合民建朝阳区委会员提出的《京津冀建立环境治理体制一体化的建议》及多位专家建议而成，并在《新闻联播》中播报。

（李佳君）

民进朝阳区委

【概况】 中国民主促进会北京市朝阳区委员会有会员725人，支部29个。年内新增会员35人，其中研究生以上学历5人，中级以上职称的7人，占新发展会员的34.2%。会员中有全国政协委员3人、市人大代表2人、市政协委员3人（其中常委1人）、区人大代表5人（其中常委1人）、区政协委员23人（其中常委4人），昌平区政协委员1人、区政府特约工作人员8人。年内，成立民进服装学院支部，会员5人。

地址：团结湖北五条8号楼211室

邮编：100026

电话：65094935

（张　纯）

【调研交流】 1月28日，民进朝阳区委一行12人到位于河北省唐山市的住建部装配式低层住宅示范基地参观考察，为京津冀一体化发展建言献策。9月16日，与民进贵阳市委主委杜正军一行座谈，助推贵阳市经济、文化发展。11月3日，民进朝阳区委组织20位老会员到诚和敬长者公馆参观，体验诚和敬公司为老人提供的机构康复、养老及社区康复护理照料的专业服务。

（张　纯）

【迎春摄影展】 2月2日，在北京邮政皇城驿站主题邮局举办2015年迎春摄影展，邀请民进会员，中国新闻摄影学会会员、中国艺术摄影学会会员吴阳与来宾们分享拍摄体验。

（张　纯）

【捐资、助学活动】 2月5日，举行“新春送温暖”民进朝阳区委慰问困难家庭活动。向团结湖街道一二条社区16户困难家庭捐赠米、面、油等生活用品，价值3200元。4月20日到26日，组织部分会员到青海循化县和同仁县开展捐资助学活动，走访20个学校，100余户贫困家庭，受捐学生284人，发放善款170400元。5月7日，为阿坝州壤塘县大灯寺孤儿院的孩子们募集文具3箱，书本3箱，衣物12箱，捐款2600元。8月19日、26日，向团结湖街道一二条社区的4户困难家庭发放助学款5000元。

（张　纯）

【新会员培训】 5月23日，举办民进朝阳区委第一期新会员培训班，培训班由青年专委会承办，民进朝阳区委2014年新入会会员及部分往年入会会员40余人参加培训。

（张　纯）

【“我身边的先进”宣讲活动】 5月23日，开展“我身边的先进”宣讲活动，2014年“民进中央创先争优先进基层组织负责人”称号获得者、经济二支部主任曹燕荣以“如何做一名合格的民进会员”为题，把她作为民进区委社会服务专委会副主任以来组织开展的社会服务事例，以及在活动中的感悟与新会员交流。

（张　纯）

【法律大讲堂】 8月27日，在团结湖一二条社区开展朝阳民进法律大讲堂活动，邀请律师会员以婚姻法为主题，结合具体案例，向社区居民宣传婚姻法并现场解答居民的问题。

（张　纯）

【支部建设】 10月20日，召开民进北京服装学院支部成立大会。民进北京服装学院支部是民进朝阳区委第28个支部，也是朝阳民进的第8个大学支部，北京服装学院副院长贾荣林为支部主任，支部会员5人。年内，中日友好医院支部、北京工业大学支部、经济一支部、退休支部和朝阳分院支部5个支部，分别召开支部换届工作会，按照组织程序经过民主推荐、会员投票选举出新一届支部领导班子，完成支部换届工作。

（张　纯）

【时尚文化产业发展与科技创新论坛】 10月20日，民进朝阳区委、北京服装学院联合举办“京津冀协同发展背景下的北京时尚文化产业发展与科技创新论坛”。民进朝阳区委主委张耘、工信部中国信息化推进联盟数据分析挖掘专业委员会主任李钰和北京服装学院副院长、教授贾荣林分别作主题报告。北京市委统战部副部长、市侨联党组书记周开让出席。

（张　纯）

【“鱼悦生活”作品展】 10月24日至26日，由朝阳区黑庄户教育辅导中心发起，美术教师、民进朝阳区委会员陆宏雪作为项目负责人的“鱼悦生活”——鱼文化传承项目作品展在北京时代美术馆举行，北京市日坛中学等11所学校的学生展出以鱼为主题的作品400幅。

（张　纯）

【信息写作培训】 11月7日，召开信息写作培训会。民进区委邀请东城区政协委员、民进北京市第二中学分校支部主任、北京市第二中学分校美术高级教师杜建平做主题为“做好民进工作，首先自己先做表率”的讲座。

（张　纯）

【参政议政】 年内，通过调研，参政议政专委会撰写调研报告14篇，向区政协提交党派提案4篇。调研报告中，朝阳民主党派专项课题报告二类课题1篇、三类课题2篇、四类课题1篇；1篇党派提案被评为优秀提案。上报社情民意信息108篇，工作信息31篇。

（张　纯）

农工党朝阳区委

【概况】 中国农工民主党北京市朝阳区委员会（简称农工党朝阳区委）有23个支部，党员894名，主要由医药卫生、人口资源和生态环境领域高中级知识分子组成。设参政议政工作委员会、社会服务工作委员会、宣传（反映社情民意信息）工作委员会、青年工作委员会和老龄工作委员会等5个专门工作委员会。党员中，享受政府特殊津贴2人，全国政协委员2人，北京市政协委员5人，区人大代表5人（常委1人），区政协委员22人（副主席1人，常委3人），市级特邀监督员3人，区级特邀监督员10人，农工党中央委员2人，农工党北京市委委员5人（副主任委员1人，常委2人）。年内，学习贯彻落实中共十八大和十八届三中、四中、五中全会和中央统战工作会议精神及习近平总书记系列重要讲话精神，开展坚持和发展中国特色社会主义学习实践活动。结合朝阳医药卫生事业改革发展大局，关注民生、履行职能、参政议政、服务社会，促进人口资源环境协调发展。所属22个基层支部全部完成换届。在农工党中央的先进评选中，被评为全国优秀地市级组织。

地址：团结湖北五条8号楼

邮编：100026

电话：65094937

邮箱：chyngd@163.com

（张胜男）

【提案获奖】 1月，提交区政协十二届四次会议的党派提案《关于加快推进朝阳区东北部地区综合医疗机构建设的建议》获区政协十二届五次会议优秀党派提案奖。农工党界别政协委员所提交的《关于实施“两孩”政策后，我区需及早规划配套基础教育、医疗保健资源的建议》和《关于对夏季露天烧烤管理的建议》两件提案获得优秀委员提案奖。

（张胜男）

【爱国主义教育】 4月12日，青工委组织青年党员近40人到平谷区山东庄镇桃棚村——冀东抗日根据地旧址提供义诊服务。参加义诊的青年党员医生有12人，涉及内科、外科、中医科、眼科、妇科、皮肤科、针灸科、口腔科、心理科9个类别，为近80名村民义诊。10月31日至11月1日，青工委组织青年党员16人，到河北保定陆军军校、易县狼牙山革命圣地开展农工党党史教育与纪念抗战胜利70周年活动相结合的爱国主义教育活动。

（张胜男）

【帮扶少数民族村大型义诊活动】 4月22日，联合民建北京市委、民建大兴区工委共同打造“同心”品牌，在大兴区少数民族村——礼贤二村举办“跨党派、跨地区——2015年帮扶少数民族村”大型义诊咨询活动。区委选派出包括中医科、内科、眼科、皮科、儿科在内的共8名专家，用近4个小时的时间，为当地200余人次村民提供义诊咨询，免费照透视、测血糖、做心电图等。此次活动是农工党朝阳区委继2013年11月举办第二十五届国际科学与和平周之后在该地区举办的第三次大型公益活动。

（张胜男）

【捐赠图书】 4月23日，联合团结湖支部和文教支部举办向中国滋根乡村教育发展促进会捐赠图书活动。这是继2014年举办该活动后的第二次活动。此次捐赠图书

1000余册。

（张胜男）

【党员学习班】 4月29日，举办第十三期党员学习班。邀请中国政法大学教育法研究中心主任、国家发改委、北京城市管理综合执法局法律咨询专家王敬波讲授“十八届四中全会精神解读—法治中国与法治政府”，农业部农产品质量安全监管局监管处处长、高级农艺师张纪新讲授食品安全知识。10月28日，举办第十四期党员学习班。邀请农工党中央研究室主任姜天麟作“对参政党理论体系的几点认识和体会”的专题报告。

（张胜男）

【孕妈妈植树活动】 5月23日，联合北京玛丽妇婴医院举办“生命源于自然，绿色孕育希望”主题孕妈妈植树活动，此活动连续举办五年。五年来，有超过500名孕妈妈参与植树活动，植树上千棵。

（张胜男）

【在贵州、滇西地区提供社会服务】 5月、9月，联合中华民族团结进步协会医药卫生发展工作委员会等单位，组织医学专家先后到贵州省遵义市务川仡佬族苗族自治县、印江县和荔波县，开展先天性心脏病患儿筛查工作。在这3个地区，筛查疑似患儿154名，确诊33名，随后安排他们赴京接受免费手术治疗。国庆节后有来自荔波县的13名患儿到京接受手术治疗，这13名患儿每位得到农工党员资助的1000元交通补贴。7月24日至27日，区委主委邢念增、专职副主委鲁建玲率领医学专家组赴滇西开展医疗援助活动：在大理州人民医院，对院内医护人员开展业务培训。“滇西边境山区爱心行动·免费救治先心病儿童活动”是农工党朝阳区委为落实习近平总书记关于精准扶贫指示精神开展的一个社会公益项目。农工党朝阳区委联合教育部滇西挂职扶贫干部团、中华民族团结进步协会医药卫生发展工作委员会、北京同仁医院等共同发起针对教育部定点联系的滇西边境山区集中连片特殊困难地区开展定点帮扶活动。7月25日至27日，该公益项目在国贫县——鹤庆县和漾濞县先后正式启动。经筛查，两县百余名疑似患儿中有20余名儿童被确诊患有先天性心脏病，可赴京免费做手术。12月17日至19日，该活动再次在西双版纳州勐海县正式启动。经筛查，有23名贫困家庭儿童被确诊符合先天性心脏病手术指征，随后安排他们赴京接受免费手术治疗。

（张胜男）

【学习贯彻中央统战工作会议精神】 6月4日，召开学习贯彻2015中央统战工作会议精神座谈会，20余名青年骨干党员参加座谈，学习《中国共产党统一战线工作条例（试行）》。

（张胜男）

【“助推京津冀协同发展”系列活动】 6月6日，联合农工党北京市委在河北省衡水市武强县马头村举办2015（第八届）中国环境与健康宣传周暨医疗服务文化下乡活动。邀请来自北京朝阳医院等各大医院的中医科、眼科、西医内科的8名农工党医学专家为当地500余人次群众义诊，北京东方书画研究会的6名书画家，现场创作书画作品40余幅。7月4日，在河北省承德市滦平县医院举办大型义诊活动，这是农工党朝阳区委“助推京津冀协同发展”系列义诊活动的第二站。包括内科、中医科、中医肿瘤科、儿科、普外科、眼科、口腔科在内的来自北京市各大医院的8名专家，在近4个多小时的时间里，为240人次当地居民问诊咨询。9月9日，联合中国全民健康扶贫工程协会、农工党北京市直属机关支部等在河北省衡水市饶阳县免费举办中国全民健康扶贫工程协作医院中医适宜技术培训公益活动，培训全县的中医师及各乡村医生约100余人。9月25日，农工党衡水市委带领部分党员企业家到位于北京通州的中药饮片企业“北京三和药业有限公司”和“北京太洋树康中药饮片厂”参观调研，此次活动，是农工党朝阳区委为两地企业家搭建平台，共同寻求经济发展新的增长点而开展的对接活动。

（张胜男）

【参加农工党北京市委知识竞赛】 6月12日，参加农工党北京市委会举办的“学精神、学党章、学党史”现场知识竞赛。此次知识竞赛有来自农工党各区委、区工委会、基层委员会和直属支部13支代表队39名队员参赛。农工党朝阳区委代表队获得二等奖。

（张胜男）

【社情民意信息报送】 7月2日，参加区政协召开的社情民意信息工作培训会。农工党朝阳区委被评为“2014年度朝阳区政协信息工作先进单位”，并有1名农工党员被评为先进个人。全年向各级相关组织上报各类信息187条，其中社情民意类信息120条，占上报信息总量的三分之二以上，信息采用率在农工党北京市委连续第3年保持第一。

（张胜男）

【参加包头市市级组织成立30周年大会】 8月7日，中国农工民主党建党85周年暨中国农工民主党包头市市级组织成立30周年纪念大会在包头举行。农工党朝阳区委应邀到内蒙古包头市参加此次大会。2008年4月，在农工党中央的支持指导下，农工党朝阳区委与农工党包头市委以签约形式缔结友好委员会，这是农工党地方组织之间交流合作的一次新的尝试。

（张胜男）

【在密云地区举办系列义诊活动】 9月8日，区委在密云县大城子镇举办“农工情·共铸中国心”健康京郊行定点帮扶——深入革命老区、传承抗日精神义诊活动。农工党朝阳区委选派9位医学专家，诊疗100余人次。农工党北京市委捐赠2台医疗仪器，共铸中国心组委会捐献价值8万余元的药品，延安常泰药业捐献价值1万余元的药品。捐赠的仪器和药品分别捐赠给柏崖村和河下村卫生室、大城子镇敬老院。

（张胜男）

【提交调研报告】 9月底，完成5篇调研报告，提交统战部、区政协和农工党北京市委。分别为：《借鉴奥地利维也纳百水项目成功经验 将朝阳区打造成艺术型环保城区》《关于进一步完善朝阳区重大行政决策程序的调研》《科学合理利用朝阳区农村集体土地 进一步解决保障性住房建设问题》《大力发展朝阳区文化创意精品产业 打造具有国际影响力的国家文化产业创新示范区》《进一步加强朝阳区无照商铺（商贩）监管工作 为京津冀一体化发展提供保障》。在区统战部调研报告评比中，第一篇获得三等奖，有三篇获得优秀奖。

（张胜男）

【支部委员培训】 10月28日至29日，举办支部委员培训班暨支部工作经验交流会，有50余人参加培训。此次培训班主要是针对各支部班子在6月份换届以后，新的支部委员们的一次培训。区委邀请中央社会主义学院基础理论教研室主任、中国政党制度研究中心副秘书长孙信作“政党制度与政治交接”专题报告。

（张胜男）

【第二十七届国际科学与和平周活动】 11月13日，到左家庄街道左家庄南里社区，举办第二十七届“国际科学与和平周”食品安全讲座暨专家义诊活动。邀请农业部科技发展中心博士徐学万为社区居民普及农产品质量安全消费知识，组织包括中医科、眼科、西医内科在内的4名党内医学专家现场为居民开展义诊咨询活动。当天有

60余名社区居民前来听课和问诊。

（张胜男）

【理论研究】 年内，完成三项理论课题，分别是《进一步加强民主党派自身建设继续探索更加多样而高效的政党协商形式》《谈一谈如何围绕有效推进科学民主决策加强政府协商》和《对“人民政协作为协商民主重要渠道”的再认识》，其中第一项课题被朝阳区人民政协理论与实践研究会选为重点课题。

（张胜男）

【议政建言】 年内，组织党内参政议政骨干及各领域专家学者，向朝阳区政协“对接京津冀，建言十三五”专题论坛提交12篇高质量建言稿件，其中《关于发展朝阳区“精准医学”研究的建议》和《关于推动朝阳区“十三五”期间成为国际高端会议展览中心核心区的建议》以建言专报的形式上交给区委统战部。

（张胜男）

致公党朝阳区委

【概况】 中国致公党北京市朝阳区委（简称致公党朝阳区委）有党员538人，17个支部。全年新发展党员17人。党员中有全国政协委员2人、北京市人大代表1人、北京市政协委员1人、区人大常委1人、区政协委员16人（其中副主席1人、常委3人、副秘书长1人、专委会副主任2人），致公党中央委员2人（其中常委1人），致公党北京市委委员8人（其中常委2人），国土资源部特约监察专员1人、市级特约工作人员6人、区级特约工作人员8人。年内，致公党朝阳区委获致公党中央扶贫开发工作先进集体。党员高吉喜撰写的《发展环水有机农业 防治大江大湖面源污染》被评为北京市统战系统优秀信息；《划定生态保护红线保障北京市可持续生态供给》《京津冀地区雾霾成因与综合治理对策研究》两篇调研报告获北京市民主党派参政议政优秀调研成果一等奖；向区统战部提交的《打造朝阳区“高精尖”产业结构》等4篇调研报告分获一类课题奖、二类课题奖、三类课题奖各1个；党员高吉喜撰写的《划定生态保护红线，构建朝阳区生态安全格局》作为建言专报报送区领导，得到副区长的批示。

地址：团结湖北五条8号楼
邮编：100026
电话：65094933
邮箱：zgdcyqw@126.com

（李　旭）

【验收贵阳扶贫项目】 1月26日至28日，致公党朝阳区委主委班子赴贵阳市花溪区，验收“7+2同心扶贫工程”帮扶的打通村、吴山村的扶贫项目实施情况，实地查看帮扶的沟渠维修、道路亮化、道路改建、人畜饮水管线维修等项目，各项既定任务均完成。两地致公党组织落实200余万扶贫项目。120万元用于村里道路改造3.5公里；30万元用于道路亮化项目；引进龙头企业实施果树野菜立体种植项目，利用36万扶贫资金，带动1500多名农民种植3.5万株樱桃树苗；联系企业与村里签订蔬菜收购合同，带动22户村民种植辣椒，村民每年增加收入1.4万元。

（李　旭）

【“汉藏亲　致公情”新春联谊会】 1月29日，致公党朝阳区委在北京西藏中学举办“汉藏亲　致公情”致公天露工程新春联谊会，慰问西藏中学学生。

（李　旭）

【会见拉萨市城关区副区长】 2月11日，致公党朝阳区委领导会见西藏自治区拉萨市城关区政府副区长苏云华。苏云华代表拉萨市城关区人民政府向致公党朝阳区委赠送感谢信和锦旗，对致公党朝阳区委为拉萨城关区卫生系统建设和基层医疗工作的鼎力支持表示感谢。

（李　旭）

【安排纳金乡医护人员来京学习】 3月5日，致公党朝阳区委安排来自致公天露乡村医疗工程援助的拉萨城关区纳金乡卫生院的2名医护人员到区疾控中心、区社区卫生服务中心等单位进修学习5周。

（李　旭）

【“我的青春我做主”主题心理辅导】 4月12日，致公党朝阳区委在北京西藏中学礼堂组织“我的青春我做主”主题心理辅导活动，活动邀请北京师范大学心理培训师为致公天露助学工程援助的16名藏族学生开展心理指导。活动中，老师通过互动游戏讲授心理学知识、解决心理疑问，并为即将参加高考的学生开展一对一心理咨询。

（李　旭）

【援建拉萨城关区乡卫生院】 4月20日至30日，致公党朝阳区委驻会副主委刘伟带领3名医疗专家赴西藏拉萨城关区继续开展致公天露乡村医疗工程，援建第二所标准化乡村卫生院——娘热乡卫生院。

（李　旭）

【与西藏卫计委副主任座谈】 6月17日，西藏自治区卫计委副主任果吉尔锑一行到京座谈，与致公党朝阳区委交流致公天露乡村医疗工程在西藏的开展情况，并研讨下一步工作计划。

（李　旭）

【四届九次全委（扩大）会】 6月22日，致公党朝阳区委召开四届九次全委（扩大）会，区委委员和各支部主委23人参加会议，会议部署2015年支部换届工作及坚持和发展中国特色社会主义学习实践活动、纪念抗日战争胜利70周年、纪念中国致公党成立90周年等系列活动。

（李　旭）

【“华侨与抗战”主题活动】 6月30日，致公党朝阳区委和朝阳区侨联联合举办“华侨与抗战”主题活动，纪念抗日战争胜利70周年和中国致公党成立90周年，40名来自致公党朝阳区委和区侨联的人员参观中国华侨历史博物馆并举行座谈会，缅怀先辈，重温华侨抗日历史，4位代表在会上发言。区侨联主席曾旭、区统战部副部长兼侨办主任石延刚、致公党朝阳区委驻会副主委刘伟参加活动。

（李　旭）

【四届二十三次主委会】 7月28日，致公党朝阳区委召开四届二十三次主委会，讨论纪念致公党北京市委成立35周年评优活动，经会议研究决定向致公党市委推荐4个先进支部、6名优秀干部和43名优秀党员。

（李　旭）

【参加致公党市委赴藏调研活动】 8月3日至7日，致公党朝阳区委驻会副主委刘伟参加致公党市委副主委谢朝华带队的调研组赴西藏自治区拉萨市城关区，就医疗援助工作调研。调研组先后参加在西藏自治区第二人民医院和拉萨市妇幼保健院举行的致公党北京市委远程医疗平台启动仪式。调研组赴拉萨市城关区纳金乡卫生院和娘热乡卫生院，参加致公天露乡村医疗工程工作总结汇报会。会上，城关区卫生局负责人介绍天露工程两年来的工作情况，刘伟作天露工程阶段总结，北京999急救中心向城关区卫生系统捐赠血压计20台。会后，调研组慰问天露工程驻藏医护人员。调研组代表致公党市委看望2名致公天露助学工程帮扶的北京西藏中学学生。

（李　旭）

【与致公党广州市委座谈】 8月27日至29日，致公党朝阳区委与致公党广州市委到京调研组召开座谈会，双方围绕各自党务工作亮点和经验做法交流探讨，京穗两地近40名党员参加座谈。致公党朝阳区委安排致公党广州市委调研组一行考察望京留学归国人员创业园，了解留学人员尤其是致公党员的创业情况；参观中国华侨历史博物馆和中国人民抗日战争纪念馆，缅怀先辈，重温华侨抗日历史。

（李　旭）

【党史和优良传统教育学习班】 9月17日至20日，为纪念中国致公党成立90周年，致公党朝阳区委主委高向宇率领20名区委委员和支部主委赴广东参加“重走致公路”——党史和优良传统教育学习班。一行人在广州社会主义学院听取《亚太局势变迁下的政党政治新格局》《致公党党史》两堂讲座，赴开平司徒美堂故居、惠州陈炯明史料馆和海丰、汕尾的革命传统和爱国主义教育基地开展党史和优良传统实地教学。

（李　旭）

【承办中国发展论坛】 10月23日，“中国发展论坛• 京津冀环境与发展”在工大建国饭店举行。此次论坛由致公党朝阳区委北京工业大学支部等单位承办。论坛邀请京津冀三地、致公党内外的知名专家学者共同参与，围绕京津冀协同发展战略，以环境与发展为主题，为国家和京津冀三地在协同发展中的科学决策提供理论基础和参考依据，为推进京津冀协同发展和生态文明建设贡献力量。论坛收集京津冀三地相关领域知名学者论文50余篇，其中朝阳区致公党员撰写10篇。

（李　旭）

【“京津冀生态环境协同发展”调研】 11月18日至20日，致公党朝阳区委和北京工业大学支部组织8名党员赴天津开展“京津冀生态环境协同发展”调研。在天津市南开区政府，调研组成员与致公党天津市南开区委办公室主任张红颖、天津市环境科学研究院马建立博士、南开大学副教授王军锋等专家一起针对京津冀生态环境协同发展战略的实施及面临的挑战开展座谈讨论。

（李　旭）

【华侨与抗日战争图片展览】 11月30日至12月7日，致公党朝阳区委联合致公党海淀区委、致公党西城区委、朝阳区侨办、朝阳区侨联等单位举办“祖国不会忘记”——华侨与抗日战争图片展览。此次展览介绍海外华侨发扬爱国爱乡传统，投身到抗日救亡运动中的历史。

（李　旭）

【组织受助学生参观清华大学】 12月20日，致公党朝阳区委组织致公天露助学工程帮扶的17名北京西藏中学学生以“畅游清华园，共话中国梦”为主题参观清华大学校园并与清华大学热能工程系学生代表座谈。

（李　旭）

【举办“汉藏一家亲”文艺演出】 12月25日，致公党朝阳区委联合朝阳区小关街道在北京西藏中学举办“汉藏一家亲”文艺演出，并向北京西藏中学青少年筑梦行动计划捐赠一万元启动资金。

（李　旭）

九三学社朝阳区委

【概况】 九三学社北京市朝阳区委员会（简称九三学社朝阳区委）下设组织部、宣传部、参政议政第一委员会、参政议政第二委员会、社会工作委员会、老龄工作委员会、青年工作委员会、妇女工作委员会、办公室。截至年底，有支社25个，社员1129人，平均年龄57岁。60岁以上社员比例为37.6%。女社员占48.3%。具有高级职称的社员占73%，硕士以上学历的社员占41%。科技界39%，高教界29%，医药卫生界16.2%，其他界别15.8%。全国人大常委1人，全国政协委员2人，北京市人大代表1人，北京市政协委员3人，朝阳区人大代表5人（常委1人），朝阳区政协委员20人（常委4人），区青联委员6人，朝阳区政府特约员12人，九三学社中央委员6人，九三学社北京市委委员12人（副主任委员1人、常委1人），九三学社北京市委监督委员会委员2人（副主任1人）。全年发展社员46人。年内，13人被九三学社中央评为2014—2015年度“参政议政工作先进个人”，10人被九三学社北京市委评为2015年度参政议政工作先进个人，1人被九三学社中央评为社会服务工作先进个人，15人被九三学社北京市委评为2015年社会服务工作先进个人。

地址：团结湖北五条8号楼205房间、229房间

邮编：100026

电话：65094932　65094059

邮箱：jiusanchaoyang@sina.com

（刘　军）

【社区敬老志愿者培训活动】 1月25日，九三学社朝阳区委社会工作委员会在朝阳区劲松街道养老照料中心举办社区医务工作者、社区敬老志愿者培训活动。垂杨柳医院神经内科的副主任医师、九三学社朝阳医药卫生支社社员赵黔鲁主讲“老年痴呆（阿尔茨海默氏病）基本病理及照料策略”。

（刘　军）

【提交党派提案】 1月，在朝阳区政协十二届四次会议上，提交3篇党派提案。其中《关于发挥朝阳区国际化效应，推进京津冀一体化发展的建议》被评为优秀提案。

（刘　军）

【参加九三学社北京市委信息大赛】 5月22日至23日，参加九三学社北京市委举办的信息大赛，九三学社朝阳区委代表队全部由青年社员组成。经过代表队讨论，推荐由霍超撰写的《关于加强电子烟管控的建议》参加大赛评选。该参政议政信息后被《北京晨报》《法制晚报》等多家媒体报道。

（刘　军）

【参与儿童节募捐活动】 5月至6月，组织社员参加中共朝阳区委统战部发起的“爱到最美是陪伴”儿童节捐献活动。九三学社朝阳区委通过中共朝阳区委统战部将社员捐款购置的生活用品及社员捐赠物品、书籍转交儿童福利机构。5月30日，九三学社朝阳区委机关干部应邀参加接受捐赠的儿童福利机构举办的答谢会。

（刘　军）

【北京商务中心区支社成立】 6月6日，九三学社北京商务中心区支社成立。经过选举，杨杰等5人当选为支社第一届委员会委员，杨杰担任主委。九三学社北京市委副主委方炎、九三学社朝阳区委主委张明森、九三学社北京市委组织部部长刘海红、九三学社朝阳区委主委助理兼组织部长费珉参加支社成立大会。

（刘　军）

【朝阳法律支社成立】 7月18日，根据属地管理原则，34名在朝阳区域内工作的律师、法律工作者转入九三学社朝阳区委，正式组建朝阳法律支社。经过选举，何薇等5人当选为支社第一届委员会委员，何薇担任主委。九三学社北京市委副主委方炎、九三学社朝阳区委主委张明森、九三学社北京市委组织部部长刘海红、九三学社朝阳区委主委助理兼组织部长费珉参加支社成立大会。

（刘　军）

【参与区政协专题议政建言活动】 7月至8月，组织社员参加朝阳区政协主办的“对接京津冀，建言‘十三五’”为主题的专题议政建言活动，围绕着朝阳区“十三五”规划的制定开展建言献策活动。向朝阳区政协提交相关调研报告6篇，社员建议信息12篇。

（刘　军）

【参加九三学社创建70周年纪念活动】 9月3日，九三学社成立70周年纪念日。在九三学社中央委员会的“庆祝九三学社创建70周年表彰”中，九三学社朝阳区委的对外经贸大学支社被评为全国优秀基层组织，王强、朱良、杨杰、杨振宇、何深思、张明森6位社员被评为优秀社员，费珉被评为优秀社务工作者。

（刘 军）

【举办社员学习班】 12月25日，举办2015年理论学习班，中共北京市委统战部原副部长周伯琦、中共朝阳区委统战部常务副部长胡杰华、九三学社朝阳区委主委张明森出席活动。来自朝阳区各支社的支社干部、近2年入社的新社员及入社积极分子50余人参加学习班。在学习班上，周伯琦解读《中国共产党统一战线工作条例（试行）》，胡杰华作题为“从社会组织的角度谈中国共产党的产生”的讲座。九三学社朝阳区委所属的两个全国先进支社的干部：对外经贸大学支社副主委、教授曹淑艳，朝阳综合支社主委霍超介绍支社开展工作的经验。在学习班上，播放介绍九三学社中央评选的第二批“九三楷模”事迹的专题片。

（刘 军）

【基层支社换届】 年内，九三学社朝阳区委所属的中国科技馆、北京工业大学、中国化工信息中心、北京中医药大学、中国传媒大学、朝阳建设、朝阳医药卫生、北京化工研究院、煤炭科学研究总院、对外经贸大学、北京生物制品研究所、北京矿产地质研究院等12个支社按计划完成换届工作，选举产生新一届支委会。

（刘 军）

【新一届政府特约监督员推荐】 年内，完成新一届朝阳区政府特约监督员的推荐工作。由九三学社朝阳区委推荐的张金喜、肖瑞玲等12名社员被朝阳区监察局、教委等单位聘为第十一届特约监督员。张金喜、王静被评为“朝阳区人民政府第十届优秀特约监督员”。

（刘 军）

【党派调研】 年内，完成4篇党派调研报告，其中《关于“更好地发挥朝阳区社区卫生服务功能”的建议》被评为朝阳区民主党派调研一类课题，《北京市朝阳区充分就业服务平台建设现状及发展建议》被评为二类调研课题，《关于在朝阳区开展天然气分布式能源试点的建议》《以服务业扩大开放为契机，进一步提升朝阳区国际化水平》被评为四类调研课题。

（刘 军）

台盟朝阳区工委

【概况】 台湾民主自治同盟北京市委员会朝阳区工作委员会（简称台盟朝阳区工委）是台盟北京市委员会派出机构，设3个支部（经济科技支部、文教医卫支部、离退休支部），盟员77人。盟员中市人大代表2人，市政协委员1人，朝阳区人大常委1人、区政协委员6人，丰台区政协委员1人，区政府特约人员3人。年内，开展参政议政调研工作，加强思想建设对盟员开展学习培训，举办“绿色助学公益植树”和“医心益行同胞情”义诊及“助梦起航爱心捐助”活动，组织台商走访慰问黑庄户乡贫困家庭等。黄征获中共北京市委、北京市人民政府“北京市劳动模范荣誉称号”，潘迎获中国妇女发展基金会白衣天使基金“百姓身边的优秀妇幼人”。获区政协信息先进个人1人，获台盟市委参政议政先进个人1人，参政议政贡献奖1人，信息先进一等奖1人，信息先进二等奖7人，信息优秀奖6人。

地址：团结湖北五条8号楼

邮编：100026

电话：65094943

邮箱：tmcygw @126.com

（徐婉利）

【社会服务】 1月，开展春节前“温暖一家亲”活动，看望慰问老盟员；慰问黑庄户地区13户贫困家庭；开展“助梦起航爱心捐助”捐款活动，慰问北京市顺义太阳村儿童教育咨询中心服刑人员子女。4月，在房山区大石窝镇举办“绿色助学公益植树”活动。10月，开展“医心益行同胞情”义诊咨询，9位在京台湾医师、17位就读北京中医药大学的台湾学生为朝阳区将台乡将府家园的卡布基诺社区居民义诊。

（徐婉利）

【工作总结会】 2月，召开工作总结表彰暨迎新春联谊会，与会盟员观看专题片《2014朝阳盟员活动掠影》。副主任李秋玲对 2014年工作总结，主任高峰传达区人大十五届四次全会和区政协十二届四次全会精神。表彰2014年参政议政、信息报送和征文活动中表现突出的调研组和盟员。

（徐婉利）

【学习培训】 3月，举办台湾政情讲座。5月，参观古北口长城抗战纪念馆。6月，参观香山佟麟阁纪念馆、抗战将领纪念馆。8月，举办暑期培训班，北京冬奥申委总体策划与法律事务部副部长易剑东作《申冬奥成功与京津冀一体化发展》报告和中央社会主义学院教授孙信作《中央统战工作会议精神辅导》报告，参观保定陆军军官学校和保定直隶总督府。11月，赴福建省与台盟厦门市委座谈交流。参观闽台民俗展览。到漳州烈士陵园祭奠台盟英烈翁泽生先辈，向烈士纪念碑敬献花篮，追思烈士生平。参观电影《云水谣》拍摄地，重温两岸血浓于水的亲情。

（徐婉利）

【对台交流】 3月，组织在区台商企业家、港澳台侨委员、台盟盟员参观走访朝阳区文化馆、快板刘文化大院、垡头地区文化中心。 5月，组织部分在京台商、台湾学生参加2015年两岸小话剧艺术节活动。

（徐婉利）

【参政议政】 3月至9月，完成《京津冀一体化建设中关于社区垃圾分类的问题和建议》《关于创新多方协助机制促进朝阳社区养老发展的建议》和《“互联网+”助力朝阳区智慧社区升级转型行动计划》3篇调研报告，分别获区统战部统战系统调研二类、三类和四类奖。7月，为朝阳区政协“对接京津冀 建言十三五”活动提交《京津冀一体化中构建社区治理体系的建议》《京津冀一体化进程中推进生态环境治理的建议》和《进一步发展我区职业体验教育的建议》，提交《加快朝阳地下空间综合开发利用》《打造朝阳休闲文化产业，彰显朝阳味道》《运用“互联网+”协同思维，实现京津冀数字内容产业一体化》《京津冀协同建设IDC资源，助力互联网+战略落地》和《关于“十三五”时期我区完善养老服务体系的建议》论文。向区政协提交党派提案3件、政协委员提案10件、人大代表议案6件。向市区两级报送信息54篇，盟市委采用15篇，区统战部采用23篇。

（徐婉利）

团　体

朝阳区总工会

【概况】 朝阳区总工会是朝阳区工会组织的领导机关。内设办公室（党务办）、财务部、组织部（经审办）、宣传教育部、经济技术部、权益保障部、职工服务（帮扶）中心，职工服务中心（工人文化宫）和服务业工会、制造业工会。全区有建会单位36443家，会员558507人。年内，48家工会服务站全部达标并通过市总验收；175家区级“职工之家”通过达标验收并挂牌；全年开展会员服务178批次，受益职工53万人次；开通京卡办理绿色通道，累计办理京卡38万张，率先在全市实现困难职工京卡全覆盖；加大困难帮扶、抚慰救助、互助保障力度，投入资金650万元，受益职工10万人次；加大体育竞赛、运动会、书画摄影、春秋游等文体活动力度，组织活动800次，受益职工22万人；投入资金300万元为公安、城管、环卫、循环、两保等 “急难险重”一线职工送清凉、送保障、送服务，为环卫、公检法等一线职工送演出12场，受益职工40万人次，为机关职工送服务10次，投入资金20万元，受益职工2万人次；举办全区首届职工运动会；评选全国劳模4名，市级劳模116名，模范集体19家。通过开展公益大讲堂94场、举办技能大赛91场、培训职工3.4万人次、助推技能职工千余名，打造劳模和技能人才两支队伍。全年调解案件538件，涉及金额800万元；参加各类生产性责任事故调查36起，主张伤亡职工赔偿1280万元，以职工队伍的稳定促进和谐朝阳建设。

地址：北京市朝阳区日坛北街33号

邮编：100020

电话：65094620

邮箱：cyqzghbgs@126.com

（于　洋）

【专职工会社会工作者】 3月9日至5月15日，区总工会面向社会公开招录专职工会社会工作者。经层层考试选拔，最终招录33人，分配到各街道、地区和商务中心区总工会及各产业工会工作。

（于　洋）

【首都职工体质测试】 4月1日至10日，区总工会组织全区各街道、地区总工会，各产业工会和直属局工会近70个基层单位的工会主席、副主席、专职工会干部及社会工作者等300余人参加首都职工体质测试。5月4日，区总工会职工体质测试站正式对全区职工开放，测试项目包括“国民体质检测系统11项”基础检测，并可为每个职工开具个体化的运动锻炼及营养膳食处方。

（于　洋）

【职工合唱、羽毛球比赛】 4月至6月，区总工会在全区开展职工合唱比赛、职工羽毛球比赛等文体活动，职工参与率达60%以上，在职工中培育和践行社会主义核心价值观。

（于　洋）

【全国县级工会主席考察服务站】 5月11日，全国县级工会主席轮训班学员一行130余人到南磨房地区总工会考察工会服务站，实地参观会员文化中心、心理减压室、职工书屋等设施，听取南磨房地区总工会的专题汇报。

（于　洋）

【工会工作会议召开】 5月13日，朝阳区工会工作会议召开。市总工会党组书记、副主席曾繁新，区委书记程连元参加会议并讲话。会议由区长吴桂英主持。区政协主席谢莹，区委副书记、政法委书记陈宏志，区委常委、统战部部长、区直机关工委书记马继业，区委常委、武装部政委史连雪，副区长黄晓伟出席会议。区总工会党组书记、主席王文军向大会作工作报告。区委区政府各部委办局、各街乡、区属国有企业党政正职、工会主席，各人民团体主要负责人、工会主席， 2015年受表彰的全国和北京市劳动模范和先进工作者、模范集体代表以及部分非公企业代表等600余人参加会议。会上，陈宏志宣读《中共北京市朝阳区委关于在全区职工中广泛深入开展“学劳模、创佳绩、做贡献”活动的决定》，曾繁新对朝阳区工会工作提出四点意见，程连元就加强和改进工会工作提出三点要求：一是认清形势，把握方向；二是深耕基层，创新发展；三是加强领导，全力支持。

（于　洋）

【区领导专题调研】 6月25日，区委副书记、政法委书记陈宏志专题调研工会发展建设情况。调研中，区总工会汇报上半年工作：1—5月，全区新增建会企业514家，新增会员1.1万人；40家服务站通过市总验收，新申报区级“职工之家”单位17家，占全市1/6；推进高新技术产业、文化创意产业、奥运功能区工会和机关工会联合会组建工作；开办10场公益大讲堂，603名职工申请“在职职工职业发展助推计划”，260个单位的近8000名职工申请各项培训；全区工资集体协商建制率达87.6%，到期续签率达100%。陈宏志对区总工会上半年工作表示肯定，并要求工会把握好自身的本质特性和属性，发挥好桥梁纽带作用，突出组织为先，服务为要，按照党确定的路线、方针、政策服务职工和会员，发挥好凝聚、团结的作用。

（于　洋）

【签订“两个覆盖”责任书】 7月17日，区总工会与全区44个街道、地区和功能区总工会逐一签订《推进工会“两个覆盖”工作责任书》。根据工作计划，区总工会于2020年底实现全区建会企业10万家，会员80万到100万人。

（于　洋）

【工作制度汇编】 7月17日，下发《工作制度汇编》，汇编收录机关工作规则、党的工作制度、组织人事制度、行政管理和财务经审制度5个方面，新增和完善各种制度、规定、办法40项，实现以制度管事管人。重点规范“三重一大”决策制度、“三不直接分管”工作制度和“用前申请、用后审批”的财务管理制度，健全责任追究和问责机制。

（于　洋）

【会员服务新方式启动】 7月31日，启动“刷京卡，享优惠，保平安，工会服务在身边”系列工会服务活动。作为工会会员服务的新方式，区总工会为500多名机关工会会员送去夏季清凉包。

（于　洋）

【工建指导员管理和专项补贴办法】 8月3日，下发工建指导员管理办法和组织建设工作专项补贴办法，进一步加大对基层工会人力、财力的投入，激发基层工会的组织活力和队伍活力，加快推进“两个覆盖”。

（于　洋）

【“两项重大任务”服务保障】 8月6日，制定《朝阳区总工会抗日战争暨反法西斯战争胜利70周年纪念活动及第十五届世界田径锦标赛服务保障工作方案》，成立“1+4”组织体系（服务保障总指挥部+纪念活动安保志愿专项工作组、纪念活动劳模观礼专项工作组、世锦赛固定观众组织专项工作组、劳模休养专项工作组），并召开全体干部大会，就服务保障期间领导带班、工作人员值班等工作进一步统一思想、明确要求。

（于 洋）

【为一线职工送保障】 9月1日，为一线职工“送保障”活动正式启动。先后为城管、环卫、循环经济产业园等一线职工6391人赠送意外、重大疾病互助保障计划，保费294687元。

（于 洋）

【市领导调研工会法修订】 9月10日，市人大常委会领导杜德印、梁伟、牛有成、柳纪纲、刘新成、李昭玲、孙康林、赵义等到建外街道工会服务站就《北京市实施<工会法>办法》的修订开展调研。杜德印一行听取街道总工会工作人员关于工会组建、职工权益维护、会员服务等日常重点工作的汇报，并全面了解基层工会的工作情况和工作中的问题意见。区长吴桂英，区人大常委会主任佟克克，区委副书记、政法委书记陈宏志，区总工会党组书记、主席王文军陪同调研。

（于 洋）

【职工职业技能竞赛】 9月12日，区总工会与区地税局联合举办2015年北京市“职工技协杯”职业技能竞赛暨北京地税系统岗位技能大赛。比赛分为初赛和决赛两个阶段，其中初赛采取笔试闭卷的方式，涉及征管、稽查和纳税服务3个岗位。区地税局405名地税干部参加比赛，参考率达到全局总人数的96.2%。9月19日至20日，由区总工会主办的“2015年职工职业技能竞赛”智能楼宇管理师、计算机网络管理员等两个工种的复赛在北京电子信息高级技工学校通州校区、电子城学校举行。全区68个单位的370名职工选手参加比赛。11月10日，区总工会组织开展“妇幼保健岗位练兵”活动。朝阳区27家助产机构和43家社区卫生服务中心的千余名职工参加，妇幼保健机构覆盖率达到100%，经过笔试选拔后，有102名选手进入决赛，25名选手获得相关奖项。

（于 洋）

【区总工会十三届十一次全会】 9月15日，区总工会第十三届委员会第十一次全体会议召开。会议增补和替补区总工会第十三届委员会、常委会，选举姬文革为区总工会常务副主席、司晓强为区总工会副主席，孙咪咪当选为区总工会第十三届常委会委员，亓纪等23人当选为区总工会第十三届委员会委员，宋宝军等4人当选为区总工会第十三届经费审查委员会委员。

（于 洋）

【慰问一线职工】 9月21日至24日，区总工会在华侨城大剧院连续4天举办“朝阳区总工会‘中秋、国庆’慰问一线职工专场演出”。全区各行业职工群众6000余人观看中华全国总工会文工团推出的《追梦中国》综艺演出。

（于 洋）

【首届职工运动会】 10月18日至10月23日，在朝阳体育中心举办朝阳区首届职工运动会。10月18日，区委书记、区长吴桂英出席开幕式并宣布运动会开幕。市总工会党组书记、副主席曾繁新，区四套班子主要领导、区委常委班子、劳模及职工代表共5000余人参加运动会开幕式。运动会由朝阳区总工会和朝阳区体育局共同主办，来自全区街道、地区总工会，行业工会，直属基层工会的130支代表队3800余名运动员参赛。

（于 洋）

【最低工资标准调研会】 10月30日，区总工会召开最低工资标准调研座谈会，市总工会权益部和人社部劳动工资研究所领导出席座谈会。朝阳区5家行业代表就最低工资标准调整对企业人工成本和生产经营影响等问题发表意见，为下一轮北京市最低工资标准调整提供数据。

（于 洋）

【昆明市总工会学习考察】 11月2日至4日，昆明市总工会党组书记、主席戚永宏率昆明市总工会代表团一行10人到朝阳区总工会学习考察。就工会工作全覆盖、职工维权、职工素质提升等方面交流座谈并签订友好合作协议。区总工会党组书记、主席王文军陪同考察。

（于 洋）

【组织劳模两节领三金】 12月21日，区总工会组织劳模“两节”领“三金”活动，为21人次全国劳模和107人次市级劳模申请生活困难补助金和特殊困难帮扶金，春节慰问金。“三金”申请金额205.19万元。

（于 洋）

【基层工会站长、副站长选拔】 年内，区总工会开展街道、地区、商务中心区总工会，产业工会站长、副站长、部长民主推荐工作。经过单位推荐、资格审查、组织考察、任职谈话等流程，任命站长8名、副站长19名、部长18名。

（于 洋）

【劳模进校园】 年内，区总工会组织开展劳模“进校园”活动，先后组织在职劳模52人次走进朝阳区的中小学校和外省市贫困山区学校开展培训、座谈、支教等活动，惠及教师学生近2600人，使劳动最光荣、劳动最崇高、劳动最伟大、劳动最美丽的理念在广大青少年中扎根。

（于 洋）

【职工职业技能竞赛培训】 年内，区总工会组织开展职工职业技能竞赛和技能人才助推计划等系列培训活动，覆盖朝阳区一线相关技能岗位人员2000余人。71家团体近400名职工逐级晋级，118名朝阳区企事业单位职工晋级两个工种决赛角逐，培养助推3名技师，25名高级工。

（于 洋）

【新增14家妈咪屋】 年内，区总工会推进“妈咪屋”和“母婴关爱室”建设工作，全区新增14家“妈咪屋”及“母婴关爱室”，全区有44家企业设立妈咪屋。

（于 洋）

【工会组织建设】 年内，区委办、政府办、区纪委、组织部、宣传部、统战部、政法委、社工委、住建委、财政局、安监局等34家区属机关建立工会。全区新增建会企业1.6万余家，发展会员12.8万多人，分别是上年的6.5倍和4.7倍。全区累计建会单位5万家，会员50万人。全区费源户数2万家，占全市三分之一。缴费金额8.22亿，占全市六分之一。

（于 洋）

【维护农民工合法权益】 年内，区总工会为农民工提供涉及工资问题的法律咨询143人次，处理农民工讨薪问题的法律援助劳动争议案件5个，涉及金额16余万元，帮助93名农民工追讨欠薪120余万元。

（于 洋）

【职工之家标准化建设】 年内，区总工会加强“职工之家”标准化建设，丰富活动内容，推动会家合一，50人以上建会单位全部成立“职工之家”，175家区级“职工之家”挂牌，累计建成300余家，区级“职工之家”建设形成常态化。在全总“两模一优”评选中，4家职工之家、4家职工小家、4名工会工作者获得荣誉。在市总“两模一优”评选中，10家职工之家、10家职工小家、30名工会工作者获得荣誉。

（于 洋）

【提升工资集体协商质量】 年内，全区工

资集体协商建制率达87%，集体合同到期续签率100%。百人以上企业独立协商建制率91%，百人以上典型示范企业40%，女职工专项集体合同签订率100%。

（于 洋）

【劳模评选】 年内，经过逐级推荐和层层审批，朝阳区人民法院奥运村人民法庭副庭长刘黎、北京阿莲新妆美容美发有限公司美发总监陈雪连、八里庄东里社区家政服务员梁会兰、北京京奥港集团董事长王子华4名全国劳动模范，朝阳区环卫中心第二清洁车辆场场长姚有法等120名北京市劳动模范、先进工作者，北京莱太花卉有限公司物管部等19家模范集体。在“两模一优”评选活动中，朝外街道工会服务站、北京蓝色光标品牌管理顾问股份有限公司工会委员会等10家单位获“北京市模范职工之家”称号，北京京客隆商业集团股份有限公司工会配送中心分会、亚运村街道安慧里社区联合工会北京蓝钻石口腔诊所小组等10家单位获“北京市模范职工小家”称号，中国国际技术智力合作公司工会联合会周虎、区总工会刘耀毅等30人获“北京市优秀工会工作者”称号。

（于 洋）

【换届选举】 年内，区总工会组织全区43个街乡和商务中心区总工会开展换届工作。本次换届共选举出街乡、功能区总工会主席44人，副主席41人。其中新任工会主席9人，副主席22人。

（于 洋）

【“两个覆盖”实施意见下发】 年内，区总工会联合区委社工委、区委农工委共同研究下发了《关于推进工会组织覆盖和工作覆盖的实施意见》，并成立朝阳区工会“两个覆盖”领导小组，区委书记程连元、区长吴桂英为双组长、区委副书记陈宏志为常务副组长，区总工会党组书记、主席王文军、区委社工委书记张永新、区委农工委书记胡良森为副组长。领导小组下设办公室，办公室设在区总工会，负责推进“两个覆盖”日常工作。党组书记、主席王文军任办公室主任，副主席黄文娟任办公室副主任。形成“指标明确、责任到人、整体推进”的建会工作大格局。

（于 洋）

【困难职工摸底调查】 年内，区总工会开展全区困难职工摸底调查工作。26个街乡及地区总工会和产业工会参与。全区困难职工总数为140人。其中男职工77人，女职工63人。享受低保职工33人，应保未保职工31人，低保线以上职工76人。

（于 洋）

【确立“三位一体”宣传格局】 年内，区总工会围绕全区工作大局和工会工作全局，利用《朝阳报》、朝阳有线电视台、朝阳区政务内网、区总工会外网等平台搭建报刊、电视、网络“三位一体”宣传格局，以专栏与专版、周刊与专题相结合的形式，发布工会信息、介绍工会工作，普及法律法规，宣传工人阶级的良好精神面貌，提升工会的社会影响力。

（于 洋）

【两节送温暖】 年内，开展“两节送温暖”活动，区四套班子领导带队慰问劳动模范和困难职工。区委书记程连元、区长吴桂英，以及区委、区政府、区政协的领导带队慰问全国劳模、陈经纶中学教师王苹等8户劳模和困难职工。为全部在册的525名劳模送上每人1300元的慰问金，并为其中的342名退休劳模送上慰问品。针对纳入困难职工档案的183户家庭，在实施市总规定的慰问活动外，向在册困难职工发放“爱心包”。“爱心包”包括1封慰问信，1套福字、春联和窗花，1套龙潭湖庙会门票和价值500元的爱心卡，为34名残疾职工送上8小时家政卡，为残疾职工打扫房屋。

（于 洋）

【夏季送清凉】 年内，开展夏季送清凉活动。区总工会党组书记、主席王文军带队，对朝阳区内的企业、公安、卫生、环卫、检法、市政市容、建筑工地、43个街乡站所等130余家单位的30000余名一线职工开展夏季“送清凉”慰问活动。2015年“送清凉”活动突出向“苦、脏、累、险”岗位职工倾斜。

（于 洋）

【新春大联欢】 年内，区总工会面向全区工会会员开展新春大联欢活动。活动包括12个版块，内容涉及慰问困难职工、劳动争议相关法律援助以及为广大职工会员提供包括看电影、逛冰灯、泡温泉、听相声、舞台剧、音乐会等形式多样且覆盖文化教育、休闲娱乐、生活服务等各个方面的文娱活动。有97708人次参与活动。

（于 洋）

【会员医疗救助】 年内，区总工会开展会员二次救助及会员家属慰问活动，涉及340人229500元。此项活动是为贯彻落实中国职工保险互助会关于开展会员互助互济慰问活动的精神，按照总会要求对2013—2014年度的会员理赔情况进行筛查。为14名患大病的困难职工实施医疗救助，发放救助款76000余元。

（于 洋）

【处理职工群体突发事件】 年内，区总工会处理两起职工群体突发事件，一为福人德国际（北京）红珊瑚珠宝有限公司无条件降低职工工资事件，二为查尔斯沃思（北京）信息服务有限公司单方改变办公地点事件。

（于 洋）

【金秋助学】 年内，区总工会在“金秋助学”摸底调查有基础上。确定78名学生申请金秋助学项目，其中小学20人，初中15人，高中23人，大学20人，共计发放助学款98000元。

（于 洋）

【工会财务和资产大检查】 年内，区总工会组织开展工会财务和资产大检查工作，聘请4家专业会计机构，对全区48家街乡级总工会、直属委办局工会开展全面检查。

（于 洋）

【劳模免费体检】 年内，区总工会组织劳模体检活动，有317名劳模参加免费体检，体检项目增至31大项。

（于 洋）

共青团朝阳区委

【概况】 共青团北京市朝阳区委员会（简称团区委），是全区共青团组织的领导部门。内设办公室、组宣工作部、基层工作部、社会工作部，下辖青少年指导服务中心（事业单位）和青年志愿者协会（社会组织）。年内，团区委围绕中共朝阳区委工作中心开展各项活动。新建“两新”团组织220家，位居全市首位。在43个街乡开展区域化团建工作，配齐配强街乡团（工）委委员428人。建立区域团组织工作会机制，吸纳成员单位643家。社区建团率达100%，在每个街乡探索建立1家社区（内生）团支部。联系社会组织86家。推荐215名优秀团员作为推优入党发展对象，成功入党43人。完善社区青年汇建设，实现全区32个流动青年聚居区青年群体的全覆盖。建立专职社工和督导队伍，通过组织“知行力”培训体系，帮助社工考取国家注册社工资格证，社工及督导持证率从5%提升至30%，位居全市前列。组织活动12000余次，个案工作4850次，累计服务青年26万人次。建立48家青年就业创业见习基地，设立见习岗位1431个，组织4002名青年参加见习，683名青年签约就业。组织双选会、招聘会3场，提供岗位200余个。组织参与就创业培训14场，参与人员540余人。开展共青团与人大代表、政协委员面对面品牌活动，组织“青少年星光自护教育”培训232场，培训学生17000余人。加强志愿服务机制建设和管理，吸收注册青年志愿组织413家，志愿者39479人，服务时长36967小时，位居区县首位，加强区校共建和枢纽型社会组织建设，凝聚13所高校及76家社会公益组织被团市委评为信息工作先进单位。年底，全区区属团员50463人，二级团组织165个，其中街道系统24个，地区系统19个，青工系统51个，非公经济组织71个。

地址：日坛北街33号
邮编：100020
电话：65094369
邮箱：cytqwzxb@163.com

（陈　浩）

【寒冬温暖行】 1月6日，区青年志愿者协会和兰花草艺术基金联合开展“寒冬温暖行活动”，动员社会人士为打工子弟奉献爱心。募集504个孔子书包、150件棉衣、144套文具，发放给安民打工子弟学校品学兼优、家庭贫困的学生。

（陈　浩）

【团市委领导调研】 1月7日，团市委书记常宇、副书记郭文杰到朝阳区调研共青团工作，与区长吴桂英沟通国际青年体验营地建设事宜，达成建设意向。与团区委机关干部交流，鼓励朝阳团区委再接再厉，在继承以往优秀工作成果的同时，大胆创新、发挥优势、整合资源，共同为首都“四个中心”建设贡献青春力量。

（陈　浩）

【网络宣传员培训】 1月15日至16日，举办朝阳区共青团骨干网络宣传员培训班，基层团组织骨干网络宣传员约200余人参训。讲授国际与国内的最新动态、移动互联网时代的发展趋势、网络文化建设及如何应对网络公共事件等课程，提升网宣队伍的政治敏感度和网络宣传工作能力。

（陈　浩）

【区域化团建工作】 1月16日，组织召开朝阳区区域化团建工作部署会，全区43个街乡团（工）委负责人参会。介绍区域化团建工作背景，部署相关工作任务，下发《朝阳区区域化团建工作方案》及《朝阳区区域化团建工作指导手册》，全区区域化团建工作正式启动。

（陈　浩）

【团市委领导调研“楼宇青年服务计划”】 2月3日，团市委副书记郭文杰到三里屯首开铂郡、三里屯SOHO调研“楼宇青年服务计划”项目。听取服务站及青年汇工作汇报，了解青年活动情况，与青年代表交流了解生存性需求和发展性需求。郭文杰肯定朝阳共青团的工作成果。他要求，要扎实推进“楼宇青年服务计划”项目，根据各类青年的实际需求理清服务类型，运用商业化、市场化和社会化等多种渠道，发挥青年社会组织优势，做好供需服务衔接，满足青年日益扩大的多样化需求。

（陈　浩）

【第二故乡送温情】 2月6日，与区文委共同主办朝阳区第二十届第二故乡送温情“乐暖君心　情汇知音”活动，组织在京创业青年、志愿者代表等近百余名青年参加，通过“一场演出、一品茶香、一起诵读”的形式，带领青年感受中华传统文化的创新魅力，丰富在京青年的业余生活。

（陈　浩）

【“两节”送温暖】 2月上旬，开展“两节送温暖”活动。慰问贫困团干部、团员、重点青少年、贫困服刑人员未成年人子女、贫困未成年社区矫正对象、担任合适成年人的社工、孤寡老人、农民工子女等群体1448人，发放米、面、油及学习用品等慰问物资，价值总计13.94万元。

（陈　浩）

【青年网络文明志愿行动】 3月3日，在潮外　社区青年汇举办朝阳区青年网络文明志愿行动主题活动，团中央书记处书记罗梅、组织部副巡视员刘勇敏，团市委副书记熊卓，朝阳区委副书记陈宏志等领导参加活动。罗梅一行观看网络公益宣传片《手语精灵》，了解青年网络正能量宣传产品开发情况，与青年代表座谈交流对网络新媒体的认识和参与网络文明志愿服务的心得，在“清朗网络·青年力量——青年网络文明志愿行动”的网页上录入指纹，承诺成为青年网络文明志愿者，并发布网络文明宣言。罗梅指出，在互联网时代，团员青年既要有善心讲文明，又要有理性讲客观，希望大家积极响应党和国家的号召，投身网络公益志愿行动，传递正能量，发出好声音，争做好网民，为构建清朗网络空间，推动国家精神文明建设做出贡献。

（陈　浩）

【朝阳区共青团工作会议】 4月3日，2015年朝阳区共青团工作会议召开。团区委，各街乡、委办局、区直属单位团委负责人参加会议。会议传达团中央十七届三中全会、2015年北京市共青团工作会议及区委十一届九次全体（扩大）会议精神，回顾2014年工作，通报2014年度朝阳社区青年汇工作情况，部署2015年工作任务：以党建带团建为统领，提高区域化团建水平；以社区青年汇为重点，筑牢青年活动阵地；以网络宣传工作为抓手，强化青年思想引导；以青年需求为导向，提升服务青年水平；以区域社会治理为着力点，服务区域中心工作；以组织体系建设为主线，推进志愿服务活动。

（陈　浩）

【“廉之路”主题教育】 4月28日，区纪委、团区委在小红门乡鸿博公园组织开展“走好廉之路，传递正能量——朝阳青年第三届行走‘廉之路’主题教育活动”，加强党风廉政建设，树立青年干部为民务实清廉意识，全区优秀青年代表100余人参加活动。活动主要议程有5项：优秀青年代表倾听焦裕禄同志的光辉事迹，介绍小红门乡廉政文化阵地建设情况，为朝阳区青年代表颁发“朝阳区廉政文化建设志愿者”聘书，青年代表宣誓，向焦裕禄同志像敬献花篮，区纪委领导向全体青年提出廉洁从政要求。

（陈　浩）

【“五四”主题团日】 5月4日，在潮外社区青年汇举办五四“争做向上向善好青年　争做文明守法好网民”主题团日活动，团中央书记处常务书记贺军科、统战部副部长王婷，团市委副书记熊卓等领导出席，40余名青年代表参与。贺军科一行参观社区青年汇，了解青年汇建设及品牌活动开展情况；观看朝阳区社会主义核心价值观主题漫画展；观摩国学大讲堂课程；与青年代表们一起开展“双争成长分享会”交流；微信转发朝阳区原创五四青年节主题文章——牢记“五四”精神勇当时代发展先锋，号召青年携手传承五四精神。贺军科对青年代表的思想认识给予肯定，指出向上、向善就是利他精神，要走好青年阶段平凡的人生之路，更要通过付出帮助他人生活在和平安定的环境中。

（陈　浩）

【“阳光伙伴”公益志愿者】 5月26日，开展“阳光公益行——纪念抗战胜利70周年”主题支教活动，组织半壁店小学200名学生，赴中国国家博物馆参观复兴之路等展览，加强广大青少年的爱国主义教育，丰富打工子弟学校学生的日常生活。

（陈　浩）

【“六一”主题嘉年华】 5月30日至6月4日，朝阳区社区青年汇采取各青年汇自行开展与团区委集中主办相结合的方式开展

“红领巾社区大舞台”六一主题嘉年华活动，吸引4000余名儿童及家长参加。主活动在北京卡通艺术博物馆拉开帷幕，设置儿童文艺表演、动漫主题讲座、动漫产品制作、传统游戏体验和竞赛等环节；92家社区青年汇自发开展活动。特别是老君堂新居民之家·社区青年汇开展“为小朋友过节——红领巾大舞台文艺演出”活动，潮外·社区青年汇开展“为困难母亲送清凉——爱心义卖活动”，为儿童和家长共同搭建才艺展示舞台和社区活动平台。

（陈 浩）

【合适成年人工作培训】 6月3日，召开2015年朝阳区合适成年人工作培训会，为区120名合适成年人开展培训。以理论结合案例的形式普及未成年人保护的相关法律法规；介绍常见案件的定罪及量刑依据；与合适成年人开展互动，就日常工作遇到的难点问题交流。截至年底，朝阳区预青组通过政府购买项目方式与区内4家社工事务所展开合作，将90家社区青年汇专职社工纳入到合适成年人队伍，累计到场近400次，在未成年人涉罪案件中有效发挥抚慰、沟通、监督、见证、教育作用。

（陈 浩）

【朝阳区党团队员集体宣誓】 7月7日，区委组织部及团区委共同举办“铭记历史、缅怀先烈、珍爱和平、开创未来”党团队员集体宣誓活动。区委常委、组织部部长何明，区委常委、统战部部长马继业和全区党员、团员及少先队员代表等近600人共同参与活动，纪念中国人民抗日战争暨世界反法西斯战争胜利70周年。全体人员向马骏烈士像默哀并敬献鲜花；党员、团员及少先队员分别重温入党、入团、入队誓词，并共同宣誓“铭记历史、缅怀先烈、珍爱和平、开创未来”；全体人员参观马骏烈士纪念馆，回顾马骏烈士的光辉事迹。

（陈 浩）

【世锦赛志愿服务】 8月10日起，区团委组织北京第二外国语学院10名小语种志愿者参与世锦赛志愿服务工作，为运动员提供翻译服务，截至8月底赛事结束，每名志愿者每天服务时长13个小时，累计服务来自122个国家和地区的运动员4554人次。

（陈 浩）

【道德模范宣讲】 8月18日，在潮外·社区青年汇举办“我们的价值观——北京五四青年奖章暨道德模范宣讲”活动，组织北京青年五四奖章获得者及全区100余名青年代表参加活动。参观青年汇功能区，了解青年汇建设及品牌活动开展情况；3位“北京五四青年奖章”获得者结合个人先进事迹进行宣讲，传播青春正能量，营造崇尚先进、学习先进的良好氛围。

（陈 浩）

【纪念抗战胜利70周年阅兵式志愿服务】 9月3日，组织机关干部、青年汇社工、驻区高校大学生等115名志愿者，开展纪念抗战胜利70周年阅兵式志愿服务保障工作，在先农坛、农展馆远端集结区、中山公园区域提供嘉宾安检、车辆安检、嘉宾入场离场引导、轮椅推送等服务，每人服务时间11小时，累计服务1265小时、10000余人次。

（陈 浩）

【区域化团建驻点会】 9月18日，开展区域化团建驻点例会暨联合活动，团市委副书记熊卓等领导参加。会议介绍全区区域化团建工作开展情况及存在问题，部署下一阶段工作；驻点干部代表及街乡团干部结合各自工作体会分享工作经验和感受。熊卓强调，在区域化团建工作的推进过程中要始终贯彻落实群团会议精神，坚持改革创新，把基层团的建设作为工作的出发点和着力点，要进一步提高干部能力，走入基层，融入基层，联系群众，心系群众；要将干部驻点工作方式常态化，在完成阶段驻点任务的同时，形成长期工作习惯，注意交流沟通，时时把握工作动向，向基层注入资源并考核资源服务成效，在考核激励上进一步完善工作机制；要围绕党政中心、围绕区域青年成长成才的需求开展工作，持续地将团建工作做好。会后，开展全区区域化团建联合活动，推动区域内各级各类团青组织联建互动，相互支持、共同发展，激发团青组织参与区域化团建的动力和热情。

（陈 浩）

【团中央机关干部驻点工作座谈会】 10月20日，团中央机关干部“向基层服务对象报到”工作座谈会在朝阳区召开，团中央国际部副部长李青、区委副书记陈宏志、区委办及团区委领导、团中央驻点干部代表13人参加座谈。会上，李青传达中央《关于加强和改进党的群团工作的意见》的精神，介绍团中央机关干部“向基层服务对象报到”的工作背景及要求，与团中央干部结合自身工作体会，为朝阳共青团工作建言献策。陈宏志介绍了朝阳区情和朝阳共青团的工作。陈宏志提出三点建议：团区委要落实好区委要求，做好驻点干部与驻点单位的对接及相关保障，积极配合做好驻点工作；驻点干部要明确驻点工作目标，深入基层了解情况，帮助基层发现问题，对接资源，加强指导；要建立定期交流机制，通过驻点干部微信群，及时互通有无，加强工作联动，提升驻点工作实效。

（陈 浩）

【就业创业见习基地项目】 10月23日至24日，在北京国际青年营顺义营地举办2015年朝阳区青年就业创业见习基地项目工作会暨“青令营”活动，组织见习基地主管领导、优秀项目负责人及见习人员等100余人参加。介绍2015年青年就业创业见习基地工作情况，为新增3家见习基地授牌；分享工作经验和感受，就见习基地建设、服务平台搭建、青年人才培养等方面做工作部署，开展沙漠掘金、创业沙盘、心理学培训及素质拓展等活动。

（陈 浩）

【青少年权益工作会召开】 10月30日，全区2015年预防青少年违法犯罪与未成年人保护委员会工作会召开，副区长黄晓伟，团市委、团区委、区综治办领导出席，区预青组、未委会成员单位的负责人员和街乡主管领导、团委负责人等120人参加会议。会议报告朝阳区预防青少年违法犯罪和未成年保护工作情况；传达中央综治委预青专项组重点工作推进会会议精神；部署下一阶段重点工作；表彰2013年至2014年北京市未成年人保护工作先进集体和先进个人；启动全区青少年法治教育读书启智活动；颁发《朝阳区青少年权益温馨提示卡》和普法手册，号召广大青少年认真学习法律知识，积极参与依法治区建设进程，为“法治朝阳”建设贡献力量。

（陈 浩）

【团干部队伍建设调训】 11月上旬，组织街乡、青工、非公系统团干部100余人在全国青少年井冈山革命传统教育基地举办团干部队伍建设调训班。通过《中央群团工作意见解读》《新形势下如何做好团工作》等课程和体验教学等环节深入学习贯彻中央党的群团工作会议和文件精神，加强团干部作风建设，提高团干部能力素质，推动共青团工作改革创新、增强活力。

（陈 浩）

【朝阳区社区青年汇工作总结】 11月24日，2015年社区青年汇工作总结推进会召开，各街乡团干部及社区青年汇总干事、社工事务所负责人、督导及专职社工等240人参加。会议汇报2015年社区青年汇工作，通报2014至2015年度终期考核结果，表彰优秀单位及个人，组织获奖代表交流经验与感想。

（陈 浩）

【2015年度区校团共建】　11月27日，朝阳区 2015年区校共青团共建座谈会召开，区内外16所高校团委书记和学生就业创业指导中心主任40余人参会。会议总结2015年区校共建的工作，通报朝阳区志愿服务联合会成立情况，介绍2016年区校合作意向及创业种子基金、就医导医、“致公天露”、送大学生回家过年等重点志愿服务项目，与会人员就相关工作交流座谈。

（陈　浩）

【温暖衣冬送温暖】　11月28日至12月11日，组织朝阳区92家社区青年汇开展“温暖衣冬”活动，动员社区青年捐赠闲置御寒外套，捐赠3300件棉衣，受赠冬衣由团市委安排在京大学生以志愿服务的形式利用假期返乡转赠北京及外地贫困人员。

（陈　浩）

【青年创业课堂】　12月12日，团区委和洪泰创新空间联合启动“朝阳区青年创业课堂”项目，启动仪式上，授予洪泰创新空间为“朝阳区青年就业创业见习基地”，双方就“青年创业课堂”项目达成合作协议，创业课堂由基础培训课程及创业实践构成，通过创业公开课、创业项目打磨、优秀创业者交流、投融资项目路演等形式开展，旨在为创业者提供优质有效的孵化服务，解决融资难、成活率低的问题，课堂全年举办12期，每期4天。

（陈　浩）

【青少年星光自护】　年内，利用学校寒暑假，依托社区青年汇开展青少年星光自护培训活动，开展青少年自我保护安全教育知识讲座。期间寒假举办107场课程讲座，暑假举办129场课程讲座，全区19个地区和24个街道，103个社区、100余村17000名青少年参加活动。

（陈　浩）

【专职社工“知行力”】　年内，团区委举办社区青年汇专职社工“知行力”培训班，安排青年汇活动项目化专题培训及专职社工专业技能培训，培训旨在将零散的活动转化为相互关联、递进的服务项目，为社区青年汇工作提供新的尝试和方向指导，提高督导与专职社工的专业化能力水平，通过培训全区社工持证率由5%提升至30%。

（陈　浩）

朝阳区妇女联合会

【概况】　朝阳区妇女联合会是区委领导下、北京市妇联指导下的群众组织，是党和政府联系妇女群众的桥梁和纽带，设5个部室1个中心，即：办公室、组联部、事业发展部、维权部、妇女儿童工作委员会办公室（内设科室）、朝阳区妇女发展服务中心。年内，区妇联全面贯彻落实党的十八大和十八届三中、四中全会精神，贯彻习近平总书记系列重要讲话精神，贯彻中央、市委召开的党的群团工作会议精神、《中共中央关于加强和改进党的群团工作的意见》和《北京市委关于贯彻<中共中央关于加强和改进党的群团工作的意见>的意见》，坚持服务大局与服务妇女、服务家庭相统一，做好党的妇女群众工作，团结凝聚广大妇女在推进全面建成小康社会、全面深化改革、全面推进依法治国、全面从严治党进程中发挥积极作用。

地址：日坛北街33号
邮编：100020
电话：65099410
邮箱：chaoyang@bjwomen.gov.cn

（付剑梅）

【春风送暖】　3月5日，与区人力社保局在区人力资源市场举办以“春风送岗促就业　拓宽女性就业路”为主题的女性专场招聘会。参与此次女性专场招聘会的有眉州东坡餐饮、星巴克、京东商城等大中型企业31家，提供营业员、文员、客服等适合女性的就业岗位700余个，吸引近360人参加，达成初步就业意向123人。以“支持妇女创业　促进妇女发展”为主题，联系市经信委对口支援燕京中药饮片厂，为企业员工举办中医药知识专题讲座，将岗位技能送到女员工身边。

（付剑梅）

【区妇联常委会和执委会召开】　3月初，以网上征求意见的方式组织召开区妇联十二届七次常委会及十二届八次执委会议。各位常委和执委审议朝阳区妇联2015年工作报告，补充完善执委在工作报告中提出的建议。4月初，组织召开十二届八次常委会议，讨论通过朝阳区妇联第十二届执行委员会主席替补事项；审议通过朝阳区妇联常委会工作制度、执委会工作制度。6月，召开十二届九次执委会议，选举通过朝阳区妇联第十二届执行委员会主席、副主席、执委替补事项；审议通过朝阳区妇联常委会工作制度、执委会工作制度。落实《北京市妇女代表大会代表联系制度》的有关要求，制定2015年市妇女代表（朝阳市第三组）活动计划，开展座谈、培训、调研、交流。

（付剑梅）

【社区妇联换届】　5月，区下发《关于做好2015年社区妇联换届选举工作的意见》，成立工作领导小组，召开社区妇联换届选举培训部署会，建立三片协作组联系制度，到各街道、地区（乡）社区督导社区妇联换届选举。全区有386个社区妇联完成换届。10月，举办全区新任社区妇联主席培训班，传达中央、市委召开的党的群团工作会议精神，开展业务培训。

（付剑梅）

【朝阳区女性素质提升工程】　年内，在妇女干部群众中开展理想信念、社会公德、职业道德、家庭美德、个人品德教育，启动女性素质提升工程，免费为基层妇女群众提供125场“订单式”培训课程。开展全国巾帼文明岗、全国巾帼建功标兵、首都道德模范、首都市民学习之星、女性创业之星、朝阳区美德少年人物评选推荐活动，宣传各类优秀女性团体、优秀个人的典型事迹，弘扬社会文明正能量。

（付剑梅）

【纪念“三八”国际劳动妇女节】　年内，“三八”国际劳动妇女节的纪念活动以下基层、访妇情、办实事为重点，服务妇女群众。走访妇情，进一步密切与妇女群众的联系，真情服务妇女群众；送温暖送服务，将党和政府的关怀送到她们身边；集中开展法制宣传教育活动，引导广大妇女做尊法学法守法用法的典范；广泛宣传妇联工作、优秀女性及最美家庭典型。

（付剑梅）

【“双学双比”示范基地】　年内，全区有3个企业、2个女性协会组织申报的示范基地项目、重点示范项目、协会组织项目被纳入北京市京郊妇女发展项目，扶助资金90万元。

（付剑梅）

【寻找“最美家庭”】　年内，以“妇女之家”“姐妹驿站”为平台，在全区开展2015年度寻找“最美家庭”活动，各级妇联组织设置“最美家庭”光荣榜500余个，自荐箱500余个，宣传栏500余个，家风家训宣传实践活动200余次。经过组织推荐和自荐、他荐相结合的多种方式，推选出2015年第一批区级最美家庭43户，霍玉杰等5户家庭获得首都“最美家庭”称号，金九皋家庭获得全国“最美家庭”称号。国际家庭日期间，举办第四届朝阳区家庭文化节开幕式暨“最美家庭”故事会活动，讲述家庭故事，传承良好家风，弘扬家庭美德。组织发动全区1000余名妇女群众和家庭成员参观“传承与新风——中国好家风好家庭”展览，使大家通过参观感受最美家庭、接受家风教育。举办“静美其家”职业女性家庭建设系列活动，促进机关干部的家风建设，提升女性领导干部的家庭生活情趣。开展第十四届朝阳区五好文明家庭创建活动，推选区级五好文明家庭近20万户。推荐首都和谐家庭12户，和谐家庭标兵户1户，首都平安家庭示范户15户。

（付剑梅）

【和谐家庭教育指导服务】 年内，建立起区、街乡、社区（村）三级家庭教育网络。重点推进和谐家庭教育指导服务站规范化建设试点工作，涉及84个社区、1000余个家庭。采用捆绑式服务模式，向基层提供全国心系系列活动组委会系列主题宣教、0—6岁儿童社区早期教育服务与指导及新婚孕期（准父母）信息服务、未成年人思想道德建设基地亲子体验、美式橄榄球体验等系列家庭教育服务活动。联合北京历险恐龙岛文化发展有限公司举办朝阳区庆“六一”亲子嘉年华暨第十一届健康宝宝大赛，175个家庭的400名儿童及家长参加活动。开展未成年人思想道德教育活动。举办暑期儿童安全教育活动，推出《皮皮鲁送你100条命》等22节精品课程，向儿童及家长宣传安全知识。开展“美德少年人物”评选活动，2名少年入选“美德少年人物”，8名入选“美德少年人物提名”，举办“美德少年”家庭亲子爱国主义教育活动。组织5名红旗奖章获得者和最美家庭的子女参加北京青少年国旗文化传播活动。

（付剑梅）

【妇女维权宣传】 年内，联合综治办、司法局，以“送法到家、服务到家、维权到家”为主要内容，开展贯穿全年的“三八”妇女维权活动。“三八”国际劳动妇女节期间，各街乡妇联举办普法宣传活动228场，普法讲座132场，发放普法宣传品万余份，受益群众近2万人。成立“巾帼在行动”朝阳维权宣讲团，吸收女律师联合会的18名资深女律师为首批成员，到基层普法宣讲，宣讲团在23个街乡的34个社区、村开展讲座34场。举办巾帼亲情服务队骨干培训会，指导基层妇联组织对全区440支巾帼亲情服务队进行规范管理。通过举办家庭燃气安全知识竞赛、家庭安全知识讲座等活动，普及家庭安全知识，提高安全意识。

（付剑梅）

【扶贫慰问送温暖活动】 年内，组织开展“营造温暖之家，共享美好生活”扶贫慰问送温暖活动。为1335户单亲困难母亲和1991名城市老年无业贫困妇女送去救助金123万元，对1133户困难家庭发放米面粮油蛋奶等慰问品，价值80余万元。通过市妇儿基金会的资助，为11名老妇救会主任发放1.1万元慰问金和慰问品，为98名两癌妇女发放6万余元慰问金和慰问品。争取市妇儿基金会的支持，为100名乳腺癌切除患者免费量体，制作义乳文胸。在两癌患病妇女中开展小组工作，帮助她们缓解精神压力，树立积极乐观的心态。在爱国主义教育基地佐特陶瓷艺术中心举办家庭亲子活动，近300名流动儿童和家长参加。开展“第二故乡的温暖”关爱流动儿童主题活动，为安明学校20名“爱学习好少年”和30户“正能量好家庭”提供每人（户）1000元的鼓励和资助。联合区卫计委、区总工会，在世界母乳喂养周开展“职场妈妈‘喂’爱坚持”活动，倡导职场女性坚持母乳喂养，号召社会单位及公共场所积极为母乳喂养提供环境。

（付剑梅）

【区级女性社会组织的示范带动】 年内，区巧娘手工艺协会开展一系列公益活动，定期到敬老院开展志愿服务，为藏区贫困儿童、残联人员等困难群体义务编织、捐助冬衣等；区巧娘手工艺协会的3个片组分别推出手工艺高端系列培训、民族传统工艺培训课程，并定期为阳光中途之家授课，帮扶女性社区矫正人员，全年培训时长超过200个课时，举办“朝阳区巧娘手工艺协会会员培训班”。举办“朝阳区巧娘手工艺品展览”巡展活动，加大对朝阳巧娘及其作品的宣传力度。区家庭教育研究会与北大书同教育科技研究院共同完成7个单位的和谐家庭指导站规范化建设试点工作，184个社区的1000余名居民受益。众合社工事务所继续推出第二期女性素质提升工程系列培训课程，受到基层妇联组织和妇女群众的欢迎。指导社会组织申请到市级政府购买服务项目1个，区级政府购买服务项目3个，项目资金总计23.6万元。

（付剑梅）

【整合社会组织服务合力】 年内，区妇联通过不同平台及渠道挖掘整合社会组织资源，整体打包，联合推进，最大限度地发挥社会组织职能作用，为广大家庭提供多角度服务。在“六一”健康宝宝大赛现场开辟了家长教育专区、金玫瑰志愿服务标识、朝阳巧娘作品展示、传统手工艺体验等多项服务职能，充实并丰富当日的活动，得到家长的一致好评。纵向整合，借势借力，拓展社会组织服务妇女群众和广大家庭的影响力。将各级妇联的服务活动及区政府购买服务项目有机融入和谐家庭指导站的配套服务中，通过菜单预定模式，为基层妇女群众和广大家庭免费提供各类主题培训、主题活动50余场，提高服务的针对性和有效性。开展妇女儿童公益服务项目创意征集大赛，面向社会大众公开征集服务妇女儿童的创意点子和操作方案。

（付剑梅）

【强化基层妇联组织和阵地建设】 年内，重点推进非公领域企业单位建立妇委会工作，因地制宜建立妇联组织，延伸妇女工作触角。年初与区非公工委联系沟通，根据其领域特点，制定朝阳区非公工委系统建立妇女委员会工作意见，协助其做好建立妇委会筹备工作。继续推进在机关事业单位建立妇委会，指导温榆河管委会建立妇委会。开展2015年区级示范“妇女之家”“姐妹驿站”创评工作，经档案检查、创评汇报等环节的测评，评选出区级示范“妇女之家”30个，示范“姐妹驿站”8个，优秀活动项目23个。落实《中国儿童发展纲要（2011—2020年）》提出的“90%以上的城乡社区建设1所为儿童及其家庭提供游戏、娱乐、教育、卫生、社会心理支持和转介等服务的儿童之家”的要求，开展儿童之家的申报、试点和扶持工作。

（付剑梅）

【“十二五”妇女儿童规划基本落实】 年内，朝阳区妇女儿童工作委员会工作会，强化成员单位及街乡妇儿工委实施规划、服务妇女儿童的责任意识，抓好“十二五”妇女儿童规划，确保规划各项目标任务实现。朝阳区“十二五”妇女儿童发展规划重点监测的38个重点指标中，36个已经完成，完成率94.7%。

（付剑梅）

【“十三五”妇女儿童规划的调研及编写】 年内，结合朝阳未来五年发展目标以及妇女儿童事业发展的任务和思路，围绕妇女儿童规划的重点领域，召开部分成员单位座谈会，就“十二五”妇女儿童规划征求意见和建议，形成《朝阳区“十三五”时期妇女儿童事业发展研究》调研报告。制定“十三五”妇女儿童规划编制方案，成立编制工作领导小组和办公室，编写“十三五”规划框架，开展不同层面的征求意见会，形成规划初稿。

（付剑梅）

朝阳区青年联合会

【概况】 北京市朝阳区青年联合会（简称

区青联）是区委领导下的人民团体，是以中国共产主义青年团为核心力量的各青年团体的联合组织，是全区各族各界青年广泛的爱国统一战线组织。内设秘书处作为日常办公机构，按照委员代表性及其职业，划分为社团劳模、科教卫、经济、金融、现代服务、公共管理、政法、文化体育、新闻传媒、港澳台侨民族宗教10个界别，其中经济界别下设经济1组和经济2组。年底，有委员423名，其中主席团成员15人，常委51人。“青年之友”联谊会是区青联的外围组织，会员主要由超龄、卸职的青联委员组成，除在青联组织中不具有选举权和被选举权外，会员与其他青联委员一样，同样参加青联组织的各项活动，共同为朝阳发展贡献力量。“青年之友”联谊会设会长1人，副会长7人，秘书长1人，有会员158人。

地址：日坛北街33号区政府南楼801室

邮编：100020

电话：65094331　65094260

邮箱：cyqinglian2013@163.com

（武　爽）

【五届二次全体会议】 1月23日，朝阳区青年联合会第五届委员会第二次全体（扩大）会议召开。会议回顾朝阳青联2014年的工作，通报五届一次全会以来增补的青联委员和“青年之友”联谊会会员名单，传达全国青联《关于加强新形势下青联自身建设的意见》精神。向全体青联委员、会员发出朝阳区《青联网络文明公约》，号召全体委员携手传播青年正能量，践行社会主义核心价值观，共同打造青联文明网络空间。发出《关于贯彻落实依法治国的倡议书》，倡导全体委员、会员躬身实践，带头贯彻落实依法治国精神，为法治朝阳建设贡献青春力量。

（武　爽）

【韩国青少年交流访问团到访】 1月30日，韩国首尔市江南区青少年交流访问团到访朝阳区。双方围绕两国经济、科技、文化以及教育事业等共同关心的问题展开深入交流。并赴陈经纶中学交流联谊，中韩两国青少年开展特色节目演出、结对国画学习交流、民宿体验等多项活动。

（武　爽）

【情系冬奥公益朝阳绿色出行定向越野】 5月9日，各界别组150余名委员参加在朝阳公园举行的“情系冬奥公益朝阳”绿色出行定向越野活动。通过冬奥知识问答的方式，将冬奥元素融入定向越野比赛中，利用冬奥吉祥物做点位向导，普及冬奥知识。并与中粮集团　蒙牛乳业合作，现场组织“交换卡路里”公益游戏，通过运动消耗卡路里兑换相应物品捐赠乡村学校。

（武　爽）

【五届五次常委会议】 6月12日，朝阳区青年联合会五届五次常委会议召开。大会审议通过：增补王宇宁等15人为区青联委员；增补和调整刘苗苗担任区青联常委、常务副主席。

（武　爽）

【禁毒教育青年营】 6月26日、29日，开展2015年禁毒教育青年营暨香港大学生法治体验营活动。来自香港青少年交流团的学生代表等20人参加活动。通过实地参观、现场讲解、交流座谈、法治体验，使营员们对国内青少年涉毒、涉罪形势有了更深刻的认识，掌握我国禁毒工作的方针政策、合成毒品种类、危害以及防范措施等知识。

（武　爽）

【朝阳青联走进国粹艺术】 6月30日，为纪念中国共产党成立94周年，在朝阳京剧文化艺术中心举行“朝阳青联走进国粹艺术”活动。区青联委员及驻区企业职工等40人参加。

（武　爽）

【日本青少年交流访问团到访】 8月20日，日本东京大田区青少年交流访问团到朝阳区开展友好交流活动。双方交流友城发展、青少年教育、文化等共同关心的问题。访问团到求实职业学校交流联谊，中日两国青少年开展特色节目演出、民宿交流等多项活动。

（武　爽）

【朝阳青联开展众筹帮扶】 8月，朝阳青联秘书处开展微信众筹帮扶活动，帮助解决劲松街道团工委辖区1名19岁应届女孩无力承担高昂学费和生活费的难题。活动筹得助学款1万元。

（武　爽）

【赴青海玉树看望患儿】 9月18日，朝阳区青联科教卫界别康南、葛文彤委员赶赴青海玉树藏区看望脊柱侧弯患儿，同时也为当地孩子带去“朝阳青联”的爱心书籍。行前，朝阳区青联秘书处向全体委员募集儿童书籍、画报5箱，重150公斤700余册。

（武　爽）

【五届六次常委会议】 9月22日，朝阳区青年联合会五届六次常委会议召开。大会审议通过增补孔钢城担任区青联常委、主席，增补马迟等6人为区青联委员，《朝阳区青年联合会健身工程制度》等5项决议。

（武　爽）

【青春朝阳篮球队成立】 10月17日，举行“青春朝阳”足球队队员大会暨“青春朝阳”篮球队成立仪式。各界别30余位委员和青年之友联谊会会员参加。“青春朝阳”篮球队是继青联足球队、羽毛球队之后又一健身队伍。坚持以训练增感情、以比赛促交流、以锻炼强体魄的球队宗旨，提高大家参与体育活动的积极性，增强朝阳青联的组织凝聚力与号召力。

（武　爽）

【京港青少年交流】 11月4日至8日，举办第一期“京港青少年交流活动”。香港天水围中学青少年交流团一行82人，赴清华大学、中央美术学院、80中学、798艺术区、抗日战争纪念馆、科技馆、奥运场馆等地开展为期五天的学习交流活动。

（武　爽）

【青少年友好交流访问团赴韩访问】 11月16日至20日，朝阳区2015年中韩青少年友好交流访问赴韩国首尔江南区进行友好访问。本次访问团11人，由区青联带队，团员来自北京市陈经纶中学。

（武　爽）

【青联委员座谈会】 12月11日，朝阳团区委、区青联联合举办“‘共青团与人大代表、政协委员面对面’暨‘促进青年创业’青联委员座谈会”活动。活动以分组座谈、分享交流的形式，围绕“青年创新创业”主题，讨论如何以技术创新为导向，成立专家顾问团，为青年搭建更好的创业平台，促进青年创新创业。进一步鼓励青年创新创业，更好地服务青少年成长成才，并推进人大代表、政协委员在“两会”中提案，在全区搭建面向青年的创业平台。

（武　爽）

【足球嘉年华】 12月26日，“青春朝阳”足球队联合路虎足球俱乐部举行第一届足球嘉年华活动，活动旨在增进与其他单位的足球交流，以球会友，推动足球运动群众化普及。

（武　爽）

【第二期京港青少年交流】 12月26日，第二期“朝阳区京港青少年交流活动”正式启动，交流团展开为期五天的学习交流。京港交流团的50名师生参观今日美术馆、圆明园、798艺术区、一号地艺术区、朝阳规划艺术馆、中央美术学院和北京市求实中学、中国科技馆等，交流团在北京开展为期五天的艺术文化和科技考察。

（武　爽）

朝阳区工商业联合会

【概况】 北京市朝阳区工商业联合会（简称区工商联）是中国共产党领导下的具有统战性、经济性及民间性的人民团体和民间商会。中共朝阳区委非公经济工作委员会（简称区委非公经济工委）与朝阳区工商联合署办公。机关内设办公室、组织科、宣传科、会员科。

地址：团结湖北五条8号楼

邮编：100026

电话：65094397

邮箱：chygsl@bjchy.gov.cn

（何 婷）

【调研非公企业党建】 1月5日，中共中央政治局委员、北京市委书记郭金龙到朝阳区慈铭体检集团公司调研非公企业党建工作，市委常委、市纪委书记叶青纯，市委常委、市委组织部部长姜志刚一同参加调研，朝阳区委书记程连元，区委常委、组织部部长张革，区委常委、区委办主任、区直机关工委书记刘军胜等领导陪同调研。

（何 婷）

【贺王蕴璞100岁寿辰】 1月16日，北京市工商联法律处副处长刘新乾，朝阳区委统战部副部长、区工商联党组书记、常务副主席梅诗曙，到原朝阳区工商联执委王蕴璞（1956年公私合营后任光华纺织厂副厂长）住地祝贺100岁寿辰，著名相声表演艺术家李增瑞、孟凡贵等共同到场贺寿。刘新乾与梅诗曙分别代表北京市、区工商联向王蕴璞100岁寿辰表示祝贺，并送上祝寿鲜花、寿桃和慰问金。

（何 婷）

【新党员培训】 1月29日，区委非公经济工委举办2014年度新党员培训班，来自基层40余家党组织的80余名新党员参加培训。

（何 婷）

【新常态·新梦想新春联谊会】 2月6日，举办“新常态•新梦想”——2015北京市朝阳区商会新春联谊会。会上，区工商联向38家“光彩公益之星”企业颁发证书，表彰鼓励其为光彩公益事业做出的贡献。为42家首批入围朝阳区百强民营企业榜的企业颁发证书，开展实地产品展示活动。朝阳区民营企业网络交易平台正式启动。

（何 婷）

【非公经济组织党建·文化行】 3月8日，以“党建引领发展，责任引领未来”为主题的朝阳区非公经济组织党建•文化行活动在蓝调庄园正式启动。此次活动由区委非公经济工委、区工商联、区总工会、区妇联联合主办，朝阳区女企业家协会、蓝调庄园、大业传媒集团联合承办。市委社工委副主任陈建领，市工商联副主席王爱民，区政协主席、区委常委、宣传部部长、统战部部长谢莹，区委常委、区委组织部部长张革共同启动文化行活动，张革代表区委致辞。区相关部门负责人、非公企业负责人、党组织负责人代表，非公经济组织党建研究分会特邀研究员，部分非公领域党代表、人大代表、政协委员、女企业家代表参加启动仪式。启动仪式以朝阳区非公经济组织党建•文化行展览、观看朝阳区非公经济组织党建专题片、中国传统文化色彩的旗袍秀、汉服秀、京剧服饰秀拉开文化行的序幕。仪式上，朝阳区女企业家文化建设委员会正式成立，这是朝阳区非公经济组织成立的第一家文化建设委员会。委员会的女企业家们在仪式上共同发出女企业家宣言。区委非公经济工委为25名获得朝阳区“金凤凰奖章”的非公经济组织中的女企业家授牌并与两家文化公司签订文化战略合作协议。

（何 婷）

【同铸中国梦共建诚信林公益活动】 4月18日，区委非公经济工委在奥林匹克森林公园举行北京市木业商会“同铸中国梦，共建诚信林”公益活动。北京市工商联副主席佘运高，北京市委统战部经济联络处处长曹杰，北京市工商联会员处处长张高峰、朝阳区委非公经济工委书记王素荣、朝阳区工商联党组书记常务副主席梅诗曙、朝阳区委非公经济工委副书记戴昌军、奥林匹克公园党委书记穆德林等领导出席活动，共同为“首都木业诚信碑”揭幕。

（何 婷）

【获北京市模范集体】 4月29日，2015年北京市庆祝“五一”国际劳动节暨表彰劳动模范和先进工作者大会召开，区工商联会员的会员单位：北京洛娃物业管理有限公司工程部，北京交运通远运输有限责任公司经营管理部，北京福建企业总商会被北京市委、市政府授予“北京市模范集体”称号。北京福建企业总商会成为北京1700多家商会协会中唯一获此荣誉的社团组织单位。

（何 婷）

【非公有制经济人士后备队伍培训班】 5月中旬，根据北京市委统战部和市工商联关于非公有制经济人士后备队伍建设标准，区工商联遴选以田明、张京湘、朴哲、秦利国等8名青年企业家分两批参加北京社会主义学院组织的全市集中培训。

（何 婷）

【党建研究课题立项】 5月26日，区委非公经济工委召开2015年度党建研究课题立项会。立项课题12个，分别是《关于加强党建工作与企业文化建设融合的实践与思考———以叶青大厦党委开展“企业文化建设顾问”行动为例》《慈铭集团党建“三三制”模式孵化作用的探索》《用活信息手段，加强党员的教育管理》《建立健全“三个服务”长效工作机制，推动服务型党组织建设常态化》《坚持“强、严、实、新”标准，促进书记队伍建设》《女性协会坚持党建引领，文化凝聚的探索与思考》《如何通过党建活动促进党建文化与商会文化的有机融合》《党建带动企业工青妇协同发展》《准确把握非公党建时代脉搏 立足“四有”抓好规范化党建工作》《如何以扎实有效的党建工作 赢得非党企业主的认同和支持》《发挥党建核心引领作用 助推产业转型技术创新》《新常态下学校党组织促进团组织建设的研究》。

（何 婷）

【民营企业职工体育比赛】 6月6日至7月12日，区工商联、区委非公经济工委、区商会、区企联会、区制造业工会联合举办2015第二届朝阳区民营企业职工体育比赛。比赛设4项比赛项目：“达美杯”羽毛球比赛、“中复杯”足球比赛、“闽龙杯”乒乓球比赛、“眉州东坡杯”篮球比赛。乒乓球队15支，羽毛球队27支，足球队21支，篮球队22支，参赛运动员近700人；70名裁判员，80名领队，40名工作人员为赛事提供保障服务。

（何 婷）

【捐款献爱心】 七一前夕，根据上级文件精神，非公工委向系统内全体党员发出捐款献爱心的号召，非公经济工委系统内65家基层党组织、3892名党员、1118名群众参与“共产党员献爱心”捐献活动。通过现场捐献、银行转账、手机“摇一摇”等方式，捐赠善款310819.9元，人均捐款62.04元。其中总捐款1万元以上的基层党组织9家，人均100元以上的21家。木业商会党委人均捐款541元，叶青大厦党委下属兴宏小额贷公司人均捐款488元；北京福湄商会党支部书记、商会会长潘东泉个人捐款5000元。年内，北京叶氏企业集团有限公司继续参加社会公益事业，与区慈善协会合作，冠名“学叶堂”，一次性捐助20万元人民币。中复集团以“学习烈士精神，关爱烈士家属”为主要内容，举办“中华复兴、勿忘国魂”慈善项目捐助活动。

（何 婷）

【签署友好商会协议】 7月3日，河北省张家口市工商联考察团一行到访区工商联，与朝阳区工商联座谈，双方分别就各自区域情况、会员企业情况、工作开展情况等方面展开交流与沟通。座谈中，朝阳区工商联与张家口市工商联签署友好商会协议。

（何 婷）

【视察商务楼宇党建、统战工作】 7月8日，中共中央政治局委员、中央统战部部长孙春兰在北京市委副书记、市长王安顺，北京市委常委、北京市委统战部部长戴均良，北京市政府秘书长李伟，北京市委副秘书长赵玉金，朝阳区委书记程连元等陪同下，到叶青大厦视察商务楼宇党建、统战工作。叶氏集团董事长叶青，叶青大厦党委书记、叶氏集团总裁秦剑锋分别汇报工作。

（何 婷）

【获思想政治工作优秀单位】 9月8日，中共北京市委做出《关于表彰第十二届思想政治工作优秀单位、优秀思想政治工作者的决定》，朝阳区的北京叶氏企业集团有限公司、爱家投资控股集团有限公司被授予思想政治工作优秀单位称号。

（何 婷）

【“名优特”农产品交易会】 9月16日，由朝阳区工商联（商会）主办，新疆商会、十堰商会、承德商会、张家口商会、信阳商会协办，北京易事达企业集团承办的2015年首届北京朝阳友好商会“名优特”农产品交易会在易世达广场开幕。交易会采取互联网平台和线下实物展示的方式实现跨省市“农超对接”。

（何 婷）

【光彩助学阿坝行】 9月21日至25日，组织会员企业走进四川阿坝藏族羌族自治州小金县、红原县，开展“光彩助学阿坝行”活动，引导民营企业参与“光彩事业”捐资助教活动，帮助解决藏族地区贫困学生学习困难问题，并组织商务洽谈、招商项目对接活动，搭建两地合作交流桥梁，推动少数民族地区经济发展。期间，朝阳区工商联（商会）与阿坝藏族自治州工商联（商会）签订友好商会协议。

（何 婷）

【调研理想信念教育实践活动】 10月14日，中央统战部副部长、全国工商联党组书记、常务副主席全哲洙一行到京调研非公有制经济人士理想信念教育实践活动开展情况。北京市委常委、统战部部长戴均良，副市长程红参加座谈。座谈会上，全哲洙听取市工商联党组书记、市委统战部副部长关于北京市开展理想信念教育实践活动情况汇报。朝阳区工商联党组书记、常务副主席梅诗曙汇报2015年朝阳区开展理想信念教育实践活动的具体情况及下一步工作打算。

（何 婷）

【调研各民主党派、工商联、无党派工作】 10月28日，区委书记、区长吴桂英走访调研朝阳区各民主党派、工商联、无党派工作，看望统一战线干部职工。区政协主席谢莹，区委常委、统战部部长、区直机关工委书记马继业，区委常委、宣传部部长、区委办主任刘军胜一同调研。吴桂英一行参观工作环境，与干部职工交谈，了解相关情况，随后召开座谈会，听取全区统战工作汇报。民主党派、工商联和无党派代表介绍和交流党派情况、工作特点以及对“十三五”规划编制的建议等内容。

（何 婷）

【全国工商联检查指导】 11月12日，全国工商联第一检查组组长、河南省工商联党组成员、副主席韩建国率第一检查组成员，在北京市工商联巡视员张卫江、会员处处长张高峰等领导的陪同下，到朝阳区工商联检查指导工作，朝阳区委统战部副部长、区工商联党组书记、常务副主席梅诗曙，区委非公经济工委副书记、区工商联副主席戴昌军随行汇报工作。

（何 婷）

【获首都文明单位】 11月19日，市工商联召开企业文化建设工作会。会上，首都文明委领导向工商联系统内的5家企业颁发首都非公经济领域2012至2014年度“首都文明单位标兵”奖牌，向23家企业颁发“首都文明单位”奖牌。区工商联主席单位、北京叶氏企业集团有限公司获“首都文明单位标兵”荣誉称号并获奖牌。区工商联副主席单位、慈铭健康体检管理集团有限公司、北京闽龙世纪建材市场有限公司、北京握奇数据系统有限公司、北京京奥港集团有限公司、爱家投资控股集团有限公司、北京中腾时代投资有限公司获“首都文明单位”荣誉称号并获奖牌。

（何 婷）

【王敏正考察学习非公企业党建】 12月9日至10日，中共昆明市委常委、昆明国家高新技术产业开发区管委会主任王敏正带队到朝阳区调研非公经济组织党建工作，重点考察叶青大厦党委和汉能控股集团党委。朝阳区委统战部副部长、区工商联党组书记、常务副主席梅诗曙和朝阳区委非公经济工委副书记、区工商联副主席戴昌军陪同调研。

（何 婷）

【与唐山市路北区政府签署战略合作协议】 12月11日，应河北省唐山市路北区政府的邀请，朝阳区工商联党组书记、常务副主席梅诗曙率领八名企业家组成投资考察团参加在唐山市路北区2015年重点项目推介会。推介会上，朝阳区工商联与路北区政府签订战略合作协议。

（何 婷）

【企业劳资管理培训】 12月17日，区工商联、区企联会举办企业劳资管理培训班，讲授企业关心的重点问题、容易出现劳动纠纷的问题及优惠政策，近百家企业代表参会。

（何 婷）

【获劳动模范称号】 年内，区域内京奥港集团董事长王子华评为全国劳动模范、北京中复集团董事长郤武淳等11人评为市级劳动模范，洛娃集团北京洛娃日化公司工程部等2个单位评为劳动模范集体。

（何 婷）

【建立非工党建分片联组工作机制】 年内，针对非公经济组织数量大、分布广、难集中、党建工作水平参差不齐等特点，非工工委出台《关于建立非公经济党建工作分片联组机制的实施方案（试行）》，在充分征求意见和动员部署的基础上，选派党建指导员，确定联络员，并围绕培训教育、组织活动、党建研究、开展服务等方面，给予专项经费的保障，初步建立“1+5×2+X”（“1”指区主管层面，由区委非公经济工委一家牵头统筹。“5×2”指片区层面，即将43个街乡划分为东、西、南、东北、西北5个片区，每个片区下设2个联合协作组，一个是由片区内非公经济工委直属的非公经济党组织组成的直管协作组，一个是由片区内街、乡、功能区工委共同组成的共建协作组。“X”是指基层党组织层面，在组织隶属关系不变的前提下，将不同类型、不同隶属的非公经济党组织按所在片区，分别编入各个联合协作组，从而使非公经济工委的统筹协调工作达到全覆盖。）的分片联组党建工作机制。各片区工作站站长和组长、副组长成员单位共同确定直管协作组的工作制度、工作计划和工作职责等，初步掌握各片区成员单位党组织、所在企业和党组织负责人的基本情况，挖掘出新的典型，并排查出基础薄弱党组织，使非公党建工作更加精细化、网络化。依托分片联组工作机制，各基层党组织的积极性被充分调动起来，在有效落实工委部署的各项工作中，基层党组织的建议和意见能够及时得到反馈，并在各片区之间形成争先创优的氛围。各片区直管协作组通过召开党建工作交流会、研讨会，联合开展活动，企业之间、党组织之间增进了解，促进资源整合、共享共建。

（何　婷）

【“百强民营企业”认定活动】　年内，朝阳区工商联结合区域发展实际，继续开展2015年度朝阳区“百强民营企业”认定活动，依据《2015年度北京市朝阳区“百强民营企业”认定办法》和《朝阳区“百强民营企业”认定评分标准》，继续坚持免费认定服务。

（何　婷）

【获承诺示范单位】　年内，爱家投资控股集团有限公司、京奥港集团有限公司、金吉列企业集团有限公司、洛娃科技实业集团有限公司、中商惠民（北京）电子商务有限公司、握奇数据系统有限公司、慧远电线电缆有限公司、中复电讯设备有限责任公司、北京市闽龙世纪建材市场有限公司、中腾时代集团10家区工商联会员企业获评为首批2015年守法诚信承诺示范单位并被授予守法诚信牌匾；北京叶氏企业集团有限公司、慈铭健康体检管理集团股份有限公司、大业传媒集团有限公司、眉州东坡集团、北京爱慕内衣有限公司、中节能唯绿（北京）建筑节能科技有限公司6家区工商联会员企业被评为2014年诚信经营承诺示范单位并授予诚信经营牌匾。

（何　婷）

【参政议政】　年内，区工商联研究“新常态”“大统战”等新形势、新思维，按照市联研究室、区委统战部党派科、区政协理论与实践研究会、议政会部署，组织非公经济人士建言献策、参政议政。全年有14篇调研课题先后被区政协理论与实践研究会会刊采编并上报市政协，2件课题被区议政会调研报告收录，《构建商业联盟优化资源配置促进民营经济转型升级》作为工商联团体提案被区政协全会采用并获评2015年度优秀团体提案。围绕“对接京津冀、建言十三五”主题，向参政议政、房地产、医疗卫生等专委会主任委员、副主任委员征集建议题目10个，其中9篇被收录于“十三五”规划编制建言汇编。

（何　婷）

朝阳区归国华侨联合会

【概况】　北京市朝阳区归国华侨联合会（简称区侨联）是区委领导的由生活、工作在朝阳区的归侨侨眷组成的人民团体，是党和政府联系广大归侨侨眷和海外侨胞的桥梁和纽带。年内，区侨联学习贯彻落实中央以及市、区系列指示精神，围绕首都城市战略定位，立足朝阳发展实际，以纪念朝阳区侨联建会三十周年为主线，发挥侨联组织独特优势，坚持“海外国内并重，老侨新侨并重”要求，拓展海外联络工作、拓展服务新侨工作，建好侨胞之家。区侨联谢宾获得中国侨联颁发的全国侨联系统维权工作先进个人称号。

地址：团结湖北五条8号

邮编：100026

电话：65094371

邮箱：chyqlyx@163.com

（杨粤宁）

【基层调研】　1月初，区侨联党组书记、主席曾旭带队，到亚奥、南部、CBD 、北部、中部5个基层侨联片区，就基层组织建设和深化为侨服务工作进行调研。利用5个半天时间，分别与25个街乡侨联工作主管领导、负责同志以及侨界群众代表座谈交流并带去节日的祝福和问候。

（杨粤宁）

【年度工作总结】　1月28日，朝阳区侨联召开2014年工作总结会暨新春团拜会。中国侨联副主席、北京市人大常委会副主任、致公党北京市委主委李昭玲，外交部侨联主席齐江，中国华侨文学艺术家协会副会长、中国侨联文化交流部原部长、朝阳区侨联顾问任梦云，北京市侨联副主席马坚、李冬娟，北京市侨联副主席、北京市留联会主席陶庆华，原宣武区常务副区长、朝外街道侨联名誉主席田景廉，朝阳区人大常委会副主任、北京叶氏集团董事长叶青以及市侨联部室、朝阳区委统战部、朝阳区政协专委会、朝阳区侨联历任主席，朝阳区侨联委员，北京市部分侨团联谊会成员，区域侨联组织成员，朝阳区各基层侨联主管领导、侨联主席、侨务干部和侨界群众等300人出席会议。

（杨粤宁）

【杭州市侨联到访】　2月4日，杭州市侨联在副主席倪成良一行6人到朝阳区调研留学归国人员工作。杭州市侨联一行到朝阳区海外学人中心，朝阳区侨联党组书记、主席曾旭介绍朝阳区侨联开展留学归国人员服务和活动情况，海外学人中心主任肖振祥、副主任高歌介绍海外学人中心以及朝阳“凤凰计划”情况，双方交流留学归国人员扶持政策及发展等问题。

（杨粤宁）

【欧盟中国经济文化委员会考察朝阳】　3月4日，欧盟中国经济文化委员会执行主席张毅及夫人蒋英，在朝阳区侨联党组书记、主席曾旭的陪同下，到朝阳区文化馆考察参观，张毅夫妇参观文化馆设施空间及特色展厅——“聚元号”弓箭制作技艺项目成果展、百姓生活老物件馆藏陈列展等。并听取区文化委副主任、文化馆馆长徐伟介绍朝阳区文化馆的情况、“兵马俑灯笼”作品、“北漂”文艺青年创业（就业）项目及其开展朝阳区非物质文化遗产调研等工作。

（杨粤宁）

【调研侨资企业】　3月5日，朝阳区侨联党组书记、主席曾旭一行到侨网文化公司调研，区侨联副主席、公司董事长刘峰介绍公司的运营情况。大家交流和研讨2015年侨联在经济“新常态”下，如何更好地发挥侨联组织和专委会作用，拓展海外联谊和新侨工作。区侨联常委董华参加调研。

（杨粤宁）

【赴南京考察】　4月7日，区侨联受邀赴江苏省南京市就新侨工作考察学习。区侨联一行与江苏省侨联、江苏省侨商总会、南京市侨联交流与座谈共同推进招商引资、招才引智、拓展海外联谊工作和新侨工作等方面内容，并与江苏省侨商总会签订《友好合作协议》，与南京市侨联缔结友好侨联。

（杨粤宁）

【侨界创新发展联盟】　4月9日，扬州市侨联、北京市朝阳区、海淀区侨联，上海市徐汇区、杨浦区三地五家侨联组织共同发起、成立“侨界创新发展联盟”。成立大会在江苏省扬州市召开。北京市人大代表、朝阳区人大代表、朝阳区侨联副主席、叶青大厦侨联主席、北京侨网文化传媒有限公司总裁刘峰出席会议。中国科学院大学教授、中科院“百人计划”学者、“321人才计划”成员易卫东代表北京市朝阳区侨联分别作题为《从“一带一路”谈创富》和《基于物联网技术的精准农业核心技术产品及其监测系统》的报告。

（杨粤宁）

【爸爸妈妈实习日】　4月19日，由朝阳区归国华侨联合会、朝阳区留学生联合会、朝阳区社会志愿者储蓄中心、朝阳区曙康社会工作事务所联合主办的朝阳区侨联

“淡水”工程 新“海归”“再本土化”项目系列——“爸爸妈妈实习日”活动在常营党群服务中心举办，40余人参加。

（杨粤宁）

【赴天津参观学习】 4月22日，朝阳区侨联组织基层侨联主席、侨务干部以及部分基层侨联委员80余人赴天津市规划展览馆、梁启超纪念馆参观学习。

（杨粤宁）

【首都新侨乡文艺选拔】 5月7日、8日，朝阳区“首都新侨乡文化节”文艺类选拔赛在麦子店街道社区服务中心举行。全区24个街道（乡）选送45个节目参赛。评选出一等奖2名、二等奖3名、三等奖5名以及最佳组织奖14名。

（杨粤宁）

【首都新侨乡文化服装展示】 6月10日，北京市第七届“首都新侨乡文化节”服装展示专场活动在朝阳剧场举行。来自全市各区、局（总公司）、高等院校侨联、各侨联社团的7个基层侨联组织参加活动。北京市侨联副主席李冬娟，市侨联文化交流部部长曹江河、副部长刘洋，朝阳区侨联主席曾旭、秘书长刘玉安到场，逾600位观众观看文艺演出。

（杨粤宁）

【区侨联工作的实施意见下发】 6月15日，中共北京市朝阳区委正式下发《关于切实加强和改进新形势下我区侨联工作的实施意见》，是全区侨联工作的指导性文件和工作依据。

（杨粤宁）

【中国梦欧洲行】 6月20日，区侨联率上海戏剧学院写意话剧《中国梦》亮相第二十二届锡比乌国际戏剧节。演出反响强烈，得到锡比乌国际戏剧节组委会，当地民众和华人的一致好评。中国驻罗马尼亚大使徐飞洪由锡比乌国际戏剧节组委会主席康斯坦丁·基里亚克（ConstantinChiriac），布拉加大学校务委员会主席康斯坦丁·奥普雷安（Constantin Oprean），锡比乌孔子学院院长宋少锋及北京朝阳侨联党组书记、主席曾旭等陪同观看演出。这是此部话剧首次走上国际舞台。

（杨粤宁）

【亲情中华汉语桥夏令营】 7月19日至8月1日，“亲情中华·汉语桥”夏令营北京朝阳营开营。夏令营期间，来自美国、加拿大的20多名华人营员们通过国学、京剧、中国书法、绘画、软陶等形式感受中华传统文化的博大精深，实地参观中国华侨历史博物馆、国家汉办总部、国子监、国家博物馆、国家大剧院、奥运会场、中国电影博物馆、798艺术中心、钱学森青少年航天科学院、圆明园、清华大学等地。

（杨粤宁）

【市侨联调研基层】 7月20日，北京市侨联副主席苏泳、市侨联经济科技部部长庞平凡、副部长崔昕一行到叶青大厦调研基层侨联工作开展情况和留学归国人员情况。区侨联主席曾旭，叶青大厦党委书记秦剑锋，朝阳区归国留学人员联合会主席、叶青大厦侨联副主席阚冬陪同调研。

（杨粤宁）

【高端研修项目成员到访798艺术园区】 7月21日，“了解中国”高端研修项目全体成员一行25人（其中有20位西班牙学员）到798艺术园区参观。区侨联党组书记、主席曾旭接待并陪同参观。

（杨粤宁）

【大连市侨联到访】 9月14日，大连市侨联主席王大鸣率大连市中山区政协副主席、区委统战部部长张东红，大连市中山区统战部副部长、台办主任崔丽峰，大连市中山区侨联副主席孙美英，秘书长李云龙以及中山区相关街道领导等一行到区就侨联工作考察交流。

（杨粤宁）

【话中秋、迎国庆老归侨座谈会】 9月23日，区侨联组织召开“话中秋、迎国庆”两节老归侨座谈会。会议以纪念抗日战争胜利70周年及朝阳区侨联建会30周年为主题，北京广东五邑侨乡海外联谊会副会长司徒月桂，北京市侨联印尼归侨联谊会副会长苏渊海，北京市侨联马来西亚归侨联谊会会长王宇红，北京泰国归侨联谊会会长石苏苏，朝阳区侨联原主席、北京泰国归侨联谊会原会长钟盛军，北京市侨联日本归侨联谊会副秘书长、朝阳区香河园街道侨联主席杨幼英等市属侨团代表们座谈会。区侨联党组书记、主席曾旭出席座谈会并讲话。

（杨粤宁）

【调研惠民网】 9月24日，北京市侨联副主席苏泳、市侨联联络维权部副部长赵琴一行到朝阳区侨资企业惠民网调研惠民服务情况。朝阳区侨联党组书记、主席曾旭陪同调研。惠民网董事长张一春、意大利华侨华人贸易总会会长、股东陈正溪和股东张东等接待考察团一行。

（杨粤宁）

【新侨乡文化节获奖】 10月10日，北京市侨联主办的“亲情中华　侨韵北京——第七届首都新侨乡文化节闭幕式”在东城区图书馆剧场举办。此次新侨乡文化节，朝阳区侨联获得最佳组织奖，安贞街道侨联获得服装类一等奖，劲松街道侨联获得合唱类二等奖，和平街街道侨联代表队获得乒乓球第二名。呼家楼街道侨联、劲松街道侨联获得表演类一等奖，安贞街道侨联、双井街道侨联、亚运村街道侨联获得表演类二等奖，奥运村街道侨联、大屯街道侨联、三里屯街道侨联、小关街道侨联、左家庄街道侨联获得表演类三等奖，八里庄街道侨联等14个单位获得朝阳分会场最佳组织奖。

（杨粤宁）

【意大利侨团到访】 10月22日，意大利华人华侨贸易总会陈正溪会长等一行4人在北京市侨联副主席苏泳，朝阳区侨联党组书记、主席曾旭等陪同下到朝阳区考察区域商务环境。考察团一行先后到区投资促进局和北京酷车小镇文化创意产业园实地考察和了解朝阳区总体发展、投融资环境及代表性项目等相关情况。

（杨粤宁）

【爱尔兰侨团到访】 10月30日，爱尔兰华商会副会长张建伟、秘书长孙向宏等一行到朝阳区考察。在区侨联党组书记、主席曾旭陪同下，张建伟一行到朝阳区商务委，了解朝阳区商务环境及整体发展状况。张建伟一行还拜访北京市侨联主席助理李红军并与北京市华商会执行会长郑芮、常务副会长岳鸿声就华商会建设座谈和交流。

（杨粤宁）

【瑞青中文学校青少年访华团】 11月1日，瑞典华人总会下属瑞青中文学校青少年访华团在校长王梅霜带领下一行19人到朝阳区青少年活动中心与中国学生开展近距离的中西文化和语言交流活动。此次活动由朝阳区侨联、朝阳区教委和朝阳区青少年活动中心联合举办。

（杨粤宁）

【侨联工作研修班】 12月11日，由朝阳区委组织部、朝阳区归国华侨联合会联合、中国人民大学统战部、中国人民大学侨联共同举办的朝阳区侨联工作研修班在中国人民大学逸夫会议中心开班。来自朝阳区43个街乡、商务楼宇以及功能区侨联（侨务）工作主管领导和负责人参加学习。

（杨粤宁）

【侨海创业社区授牌】 12月28日，朝阳区首家“侨海创业社区”在“阳光100·优客工场”授牌。市、区侨联有关领导，西城、朝阳、海淀3个城区的归国留学人员联合会负责人以及部分留学生代表参加授牌仪式并参加以侨界青年、海归创业为主题座谈会。

（杨粤宁）

朝阳区科学技术协会

【概况】 北京市朝阳区科学技术协会（简称朝阳区科协）是朝阳区科学技术工作者的群众组织，是区委领导下的人民团体，是党和政府联系科学技术工作者的桥梁和纽带，是推动科学技术事业发展的重要力量，接受北京市科学技术协会的业务指导，是区政协的参加单位。朝阳区科协由区属学会、协会、研究会（以下学会、协会、研究会简称区学会）和街、乡科学技术协会及接受朝阳区科学技术协会业务指导的企业事业单位、社区科学技术（普及）协会等基层组织（以下简称基层组织）组成。主要职能为“三服务一加强”（服务区域经济社会发展、服务全民科学素质的提高、服务科技工作者、加强自身建设）。内设综合科和科普部。年内，区科协履行“三服务一加强”工作职责。举办科技企业与中科院所科技交流会、专利信息应用培训会、“798创意者之家”主题活动，筹建创客工作室、12个街乡“社区爱心健康工作室”，编辑《朝阳科技参考》，服务领导科学决策和区域经济社会发展。主办“海洋强国梦”暨朝阳区2015年北京科技周、2015年全国科普日北京主场暨第五届北京科学嘉年华等活动“科教进社区”“三下乡”“走进科普殿堂，共享文明生活”等品牌科普活动深受居民喜爱；举办区第十一届青少年机器人大赛、区第八届青少年微型机床创意大赛和区第八届青少年微型机床创意大赛，组织中小学生参加全国和北京市各类赛事，取得优异成绩；在第九次中国公民科学素质调查中，朝阳区公民具备基本科学素质的比例17.40%。年内，获北京市唯一一家“2015年地方科协服务企业科技创新工作示范单位”称号，通过2016—2020年度全国科普示范区检查验收。在第十二届北京百万家庭数字生活技能大赛家庭赛决赛中获得第一名。在2015年首都精神文明建设工作大会上，区科协被首都文明委评为2012—2014年度首都文明单位。

地址：日坛北街33号

邮编：100020

电话：65099961

邮箱：cyqkxjsxh@126.com

（玉　红）

【第11届青少年机器人大赛】 1月11日，北京市朝阳区第11届青少年机器人大赛在陈经纶中学举办，来自37所学校97支代表队的500余名学生参加比赛。北京市陈经纶中学分校、北京市和平街第一中学和芳草地国际学校远洋小学等10所学校获得6个项目、3个组别的18个冠军。

（玉　红）

【鸟类标本制作科普讲座】 1月14日，区科协主席杨绍磊为和平街一中初一年级全体学生做了题为“关爱野生动物——鸟类标本制作”的科普讲座，演示喜鹊标本的制作过程，普及鸟类文化和保护知识，并将自己亲手制作的“红腹锦鸡”“白腹锦鸡”珍稀鸟类标本赠予和平街一中。

（玉　红）

【获北京青少年动手做科技竞赛奖】 1月23日，北京青少年“动手做”科技竞赛颁奖暨总结会在朝阳区芳草地国际学校教育辅助中心举办，区参赛选手在“快乐搭建”项目上获得4个一等奖，在“我有一双灵巧手”项目上获得3个一等奖。

（玉　红）

【区科协4个网站上线试运行】 1月，区科协官网（网址：http://bjcykx.org/website/html/view/template/index/）、全媒体科普资源配送中心（网址：http://cykpzy.org/website/html/view/template/）、科普资源快速导航平台（网址：http://cykp123.org/website/html/view/template/）、科技创新服务平台（网址：http://cykjcxfw.org/website/html/view/template/）等4个网站完成域名注册，上线试运行。

（玉　红）

【第15届北京青少年机器人竞赛获奖】 2月1日至3日，“第十五届北京青少年机器人竞赛”在北京市第十二中学举行。区八十中学、陈经纶中学、芳草地国际学校远洋小学等9所学校和校外辅导机构近40名中小学生组成的代表队，参加机器人综合技能比赛、机器人创意比赛、机器人足球比赛、FLL机器人挑战赛、VEX机器人工程挑战赛和ASC能力挑战赛，获得14个一等奖、6个二等奖和2个三等奖，其中8个项目荣获全市冠军，冠军数量位居全市第一，区科协获得优秀组织奖。

（玉　红）

【科技“三下乡”】 2月9日至11日，与区委宣传部、文明办、农工委、文化委、卫计委、科委、司法局、妇联、文联等部门联合举办2015年朝阳区春节文化、科技、卫生“三下乡”活动，相继走进十八里店、南磨房、金盏等乡。区科协现场发放《中国农耕文化》《朝阳科普场馆巡游指南》等科普书籍，并宣传最新的科学知识、科技动态和与百姓生活密切相关的科学常识。

（玉　红）

【获评北京市科协荣誉】 3月17日，北京市科协在北京会议中心召开市科协系统工作会议，区科协被评为2014年度北京市科协系统文明单位；南磨房地区欢乐谷社区、六里屯街道甜水西园社区、将台地区将府家园社区、机场街道南路西里社区、呼家楼街道核桃园社区、八里庄街道华贸中心社区、建外街道建国里社区、安贞街道安华里社区、高碑店地区西店社区、来广营地区清苑路第一社区等10个优秀科普社区，国家动物博物馆（优秀基层科普场馆），赵云凤、李秀云、刘海龙、刘静、刘伟、施红章、苏维、孙玥、杨宝英、杨丽华、张丽苹、张留云等12名优秀社区科普宣传员，常营地区保利社区和住欣家园社区等2个经济适用房社区，红领巾公园户外科普园地被列为北京市2014年度社区科普益民计划奖补对象；朝阳区金鱼协会（农村专业技术协会）、北京市大运河翰林农业科技发展有限公司（农村科普示范基地）、朝阳区种植业养殖业服务中心黄业中（农业科技服务专家）被评为北京市2014年度科普惠农兴村计划奖补对象；北京超图软件股份有限公司黄骞被评为2013—2014年度北京市“讲理想、比贡献”活动创新标兵；齐文被评为2014年度北京市科协系统优秀信息员。

（玉　红）

【第35届北京青少年科技创新大赛获奖】 3月27日至29日，由北京市科学技术协会和北京市海淀区人民政府联合主办的“第35届北京市青少年科技创新大赛”在北京第一〇一中学举办。中国科学院院长白春礼、原工程院副院长沈国舫、中国科协书记处书记徐延豪、北京市人民政府副市长戴均良等领导出席了颁奖活动。区选手在此次大赛中获得科技创新成果一等奖9项，二等奖25项，三等奖46项，专项奖7项，2名教师获十佳科技辅导员。

（玉　红）

【中学生走进中国工程院】 4月24日，区科协组织华中师范大学第一附属中学朝阳分校的130余名师生走进中国工程院。观看专题片《天命》，聆听工程院院士、清华大学建筑节能研究中心主任江亿题为《神奇的吸收式热泵》科普讲座。并参观中国工程科技成就展、院士展馆、院士书画社、联合国教科文组织国际工程科技知识中心和节能科技示范楼。

（玉　红）

【香河园楼宇科普系统落成】 5月14日，由区科协出资建设的香河园街道数字化楼宇科普系统在光熙北里北社区正式投入使用，区科协主席杨绍磊和香河园街道办事处主任董云增为数字化楼宇科普系统揭牌。通过建设数字化科普楼宇系统，整合街道和社区的科普资源，把科技运用到生活之中。

（玉 红）

【科技周】 5月16日至24日，区科协举办以“创新创业，科技惠民”为主题的北京科技周活动。期间，35个街乡开展科普讲座、展示咨询、技能传授和互动体验等活动200余场次，受益人数16000余人。期间，中科院遥感与数字地球研究所、国家纳米科学中心、微生物所和中国蓝星总公司、中石材人工晶体研究院等8家科技企业与国华北京热电分公司和清水生态环境工程公司等实体企业分别沟通和交流烟囱排放物的测试采样技术、河湖水环境治理中的蓝藻水华现象等技术难题。

（玉 红）

【国际科普方法研讨】 5月26日，由北京市科学技术协会主办，朝阳区科学技术协会协办的“2015年国际科普方法研讨会”在 751 D-Park时尚回廊成功召开。来自新西兰、奥地利、阿联酋、波兰、土耳其的科普专家，围绕科普创新方法、科普创意实现、科普活动举办策略、科普资源共享等主题，采用主题报告、项目对接、行业座谈交流等多种形式，共同探讨科普传播新理念、新思路和新方法。

（玉 红）

【海洋强国梦暨朝阳科技周】 5月27日至29日，与北京造船工程学会在朝阳区实验小学联合主办以舰船与海洋科普展览展示为主题的“海洋强国梦”暨朝阳区2015年北京科技周活动。来自中船工业综合经济技术研究院的田冰研究员和北京分享船艇公司的龙彪董事长分别作“百年航母与中国航母精神”“帆船航模——体验式教育平台”主题讲座。活动通过专家报告会，参观航母、驱逐舰、护卫舰、核艇舰和两栖攻击舰等船模，放映科技片和免费发放科普读物等多种形式，加深小学生对国家海洋装备建设及民船、船艇旅游事业的科技发展认识，宣传体验式教育理念，普及舰船、海洋知识，也对中小学生开展爱国主义和国防教育。

（玉 红）

【中国科协领导调研】 6月3日，中国科协党组书记、常务副主席、书记处第一书记尚勇在北京市委领导陪同下，调研社区科普和科技成果转化工作。尚勇察看来广营乡绿色家园社区科普活动中心“牵手蓝天、绿色生活”主题展览，听取来广营乡副乡长韩潮关于社区科普工作的汇报，了解社区科普工作情况。在清苑路第一社区，尚勇察看社区心理健康展览馆，观看来广营地区科普工作宣传片《绿色生活、科技春风》，听取区科协主席杨绍磊关于科普信息化工作情况介绍。区委副书记陈宏志陪同调研。

（玉 红）

【第十五届中国青少年机器人竞赛获奖】 7月25日，第十五届中国青少年机器人竞赛在内蒙古自治区鄂尔多斯市落幕，朝阳区7支参赛队获得2金2银3铜的成绩，奖牌总数位居全市6个区县代表队之首。

（玉 红）

【科普进社区】 8月6日，2015年北京市“建设宜居家园共享科学生活”科普进社区活动启动仪式在大屯文化广场举行。市人力社保局党组成员、副局长张祖德致辞，市科协党组成员、副主席周立军宣布活动启动，市劳动服务管理中心、朝阳区科协、朝阳区人力社保局、大屯街道办事处、北京科普发展中心有关领导出席启动仪式，来自北京科普资源联盟近20家成员单位围绕活动主题，以展览展示、专家咨询、互动体验等居民喜闻乐见的形式，宣传普及反邪教、医疗卫生、食品健康、节能减排、机器人、虚拟现实人机交互等方面的前沿知识，倡导健康、文明、低碳、创新的生活理念。区科协组织大屯街道社区居民参与活动。

（玉 红）

【区级优秀科普社区评比】 8月，全区22个社区获评区级优秀科普社区称号。分别是亚运村街道丝竹园社区、安贞街道安贞里社区、劲松街道百环社区、双井街道百子园社区、呼家楼街道小庄社区、香河园街道西坝河西里社区、左家庄街道顺源里社区、垡头街道翠城盛园社区、六里屯街道炫特家园社区、建外街道永安里东社区、大屯街道世纪村社区、奥运村街道双泉社区、三间房地区双惠苑社区、孙河地区康营家园四社区、常营地区住欣家园社区、管庄地区惠河西里社区、高碑店地区兴隆家园社区、南磨房地区赛洛城社区、太阳宫地区惠忠庵社区、来广营地区青年城社区、来广营地区立城苑社区、来广营地区清河营中路社区。

（玉 红）

【第五届北京科学嘉年华】 9月19日至25日，由中国科协、北京市人民政府、教育部、科技部、工业和信息化部、中国科学院联合主办，朝阳区协办的2015年全国科普日北京主场暨第五届北京科学嘉年华活动在奥林匹克公园中心区广场举办。活动以“科技成就梦想，拥抱智慧生活”为主题，设置“科技托起中国梦”“感触互联网+”“乐享E生活”“成就万众创新”四大板块和科技巡游、走近智能社会、炫彩科普中国、感 触科学、科学嘉年华、创客运动会、科学艺苑、科普快闪展播、科学之夜等九大活动群，突出互联网+、科学人文、情景体验、公众参与、节俭实效等五大特点，中科院相关院所、央企、知名院校等98家机构带来184个科普互动体验项目，美国、瑞士大学、英国等20个国家及澳门、台湾地区的37个科技组织带来了50个互动体验项目，展示科普的最新发展趋势和成果。近10万全国各地的公众在全国科普日北京主场活动中感受、参与、体验，近距离走进科学、感受科学魅力、共享丰富多彩的科普盛宴。中共中央政治局常委、中央书记处书记刘云山和刘奇葆、李源潮、郭金龙、韩启德等领导，中国科协尚勇、陈章良、张勤、徐延豪、王春法、吴海鹰、束为、王延祜，北京市王安顺、张工，教育部杜玉波，科技部李萌，工业和信息化部怀进鹏，中国科学院李静海，朝阳区吴桂英、张维刚、黄晓伟等领导参加北京主场活动。

（玉 红）

【家庭数字生活技能大赛获奖】 9月21日，第十二届北京百万家庭数字生活技能大赛家庭赛决赛在北京奥林匹克公园庆典广场举行。经初赛选拔，6支区县家庭代表队进入决赛。围绕“创建智慧家园，乐享数字生活”主题，通过“秀我家庭”“科海畅游”“奋勇争先”“巧夺桂冠”4个环节的才艺展示和知识竞赛综合评分，区选派的家庭队获得一等奖。

（玉 红）

【中国科协领导调研】 10月8日，中国科协党组成员、书记处书记徐延豪，中国科协党组成员、中国科技馆馆长束为及中国科协科普部领导来到建外永安里东社区，实地察看社区科普教育情况，听取社区科普信息化建设的情况汇报，并与市科协、区政府、区科协、建外街道和社区领导就科普信息化建设座谈交流。北京市科协党组书记、常务副主席夏强，办公室主任张玉山，科普部部长阎仁浩、副部长刘芳，朝阳区政府副区长张维刚，区科协主席杨绍磊、副主席姚树强，建外街道办事处主任杨立亭、副书记贺粤冀等领导陪同调研。

（玉　红）

【第六届“中鸣杯”区际机器人联赛】 10月31日，由朝阳区科协、东城区科协和西城区科协联合举办的“第六届中鸣杯区际机器人联赛”在北京市第171中学举行。芳草地国际学校远洋小学和陈经纶中学分别获得足球项目小学组亚军和高中组季军。

（玉　红）

【全国科普示范区检查评估】 11月10日，由北京市科协领导和专家组成的评估组对区创建全国科普示范区工作进行为期一天的检查验收。副区长张维刚代表朝阳区作工作汇报，检查组现场审阅有关档案材料，并实地查看来广营地区红军营和绣菊园两个社区科普工作开展情况。评估组通过综合讨论评议，认为朝阳区符合《全国科普示范县（市、区）创建办法（2016—2020年）》和《全国科普示范县（市、区）标准（2016—2020年）》各项要求，同意通过检查验收。

（玉　红）

【国际社区首届科普周活动】 11月14日，由区科协和麦子店街道办事处主办，美中科技教育促进会承办的“麦子店国际社区科普周系列活动”在麦子店枣营北里社区活动站举行。活动以“科学发现艺术”为主题，相继举办STEAM课程体验、科技探索游戏和打造健康社区等系列活动，以色列创新思维研发中心的专家进行专业指导。八十中学枣营分校的中小学生和社区居民参加系列活动。

（玉　红）

【昆明市科协领导到区学习交流】 11月20日，云南省昆明市科协党组书记、主席齐江一行10人到朝阳区学习考察。在区科协主席杨绍磊、副主席姚树强和来广营地区办事处副主任韩潮的陪同下，齐江一行参观来广营地区绣菊园社区科普活动中心和清苑路第一社区心理科普馆，听取社区开展科普工作情况介绍，观看来广营地区科普工作宣传片，并与朝阳区科协、来广营地区及社区领导就加强科普信息化建设、丰富社区科普内容、创新科普形式等座谈交流。双方还就进一步加强学习交流、沟通合作，提高两地科协工作水平达成共识。

（玉　红）

【专利信息应用培训】 12月9日，区科协与区工商联在强强（北京）国际商务酒店四层姚溪厅共同举行“朝阳区专利信息典型企业培育工作培训座谈会”。区科协杨绍磊主席主持会议，中国科协企业服务创新中心原主任盛小列重点讲解如何灵活应用和借鉴专利库中上下游关联产品开阔企业科研人员创新思路，中国科协企业服务创新中心副处长刘倩与参会企业现场交流互动。50多家企业的知识产权负责人、研发负责人、研发工程师等参加培训。

（玉　红）

【第八届青少年微型机床创意大赛】 12月13日，区科协、区教委联合主办的“动手实践　传承创新”朝阳区第八届青少年微型机床创意大赛在垂杨柳教育辅助中心举行。来自全区中小学95支代表队的300余名中小学生分别参加了小学、初中、高中三个组别的比赛，垂杨柳中心小学、陈经纶中学和八十中学分获小学组、初中组和高中组一等奖。

（玉　红）

【筹建社区爱心健康工作室】 12月14日，中华慈善总会慈善医疗阳光救助工程办公室将精神压力舒缓仪、超声波矩阵护肤仪和深度助穴按摩仪等3种75件健康设备和2000副老花镜免费赠予区科协。区科协将健康设备发放到小关街道惠新北里社区等12个社区，筹建和打造朝阳区“社区爱心健康工作室”，并把老花镜交由朝阳区教委送给市区级科技示范校教师使用。

（玉　红）

【企业成立院士专家工作站】 年内，北京清水生态环境工程有限公司、中科宇图天下科技有限公司正式获北京市科协批准成立院士专家工作站，院士和知名专家领衔的专家团队与企业科技人员合作，助推企业在关键技术研发等方面取得突破。

（玉　红）

【基层科普基地建设】 年内，区科协投资建设的来广营地区红军营社区悦享生活科技馆、三间房地区动漫数字科普馆、南磨房地区科普教育馆数字科普教室、劲松街道西大望社区科普体验馆等一批基层科普基地相继建成，为民服务。12月，区科协投资 61万元在黑庄户乡农耕文化体验园内建设的朝阳区农耕文化科普教育基地落成并投入使用。

（玉　红）

朝阳区残疾人联合会

【概况】 朝阳区残疾人联合会（简称区残联），是经区委区政府批准成立的残疾人自身代表组织、社会福利团体和事业管理机构融为一体的残疾人事业团体，代表残疾人共同利益，维护残疾人合法权益；开展各项业务和活动，直接为残疾人服务；承担政府委托的部分行政职能，发展和管理残疾人事业。内设康复部、教就部、组联部、宣文部、办公室、财务室6个科室，下辖北京市朝阳区残疾人综合活动中心、北京市朝阳区残疾人劳动就业服务所、北京市朝阳区就业保障金征缴审核中心3个事业单位。辖区43个街道办事处、地区办事处（乡政府）均设立残联，390个社区（村）成立残疾人协会，形成三级组织工作网络。年内，完成专项调查工作，成立残疾人摄影爱好者联谊会，举办“爱眼日”“爱耳日”和预防脊柱裂和脑积水疾病宣传活动等，组织残疾人免费体检，完成残疾人证办理、按比例安置残疾人就业审核等工作，组织残疾人运动员参加全国残疾人运动会，取得18块金牌，16块银牌，6块铜牌。被评为“2011—2014年全国残疾人体育先进单位”。

地址：建国路29号高碑店兴隆家园5号楼102室

邮编：100123

电话：84552317

邮箱：cyclbgs@bjchy.gov.cn

（葛安凤）

【残疾人就业数据分析技术培训】 1月7日至9日，区残疾人就业数据分析技术培训班举办，33名残疾人工作者参加培训。通过培训残疾人职业分类、数据分析等理论知识，量化分析残疾人就业数据采集系统的数据，提高基层工作人员的职业信息分析实操能力。

（葛安凤）

【残疾人大学生就业指导】 2月27日，举办残疾人大学生就业指导会，4名应届大学生及部分学生家长参加。职业指导师重点介绍《关于实施促进普通高等学校和高级中等学校残疾人毕业生就业六项措施》及申办补贴流程，围绕职业规划、求职技巧、制作简历等为大学生提供职业指导。

（葛安凤）

【全国爱耳日】 3月3日，区残联、区聋人协会联合高碑店地区办事处开展以“安全用耳，保护听力”为主题的全国爱耳日宣传活动，通过知识讲座、宣传咨询、专家义诊等形式，增强人们爱耳知识。

（葛安凤）

【残疾人辅助器具资源服务中心成立】 3月12日，区残疾人辅助器具资源服务中心与北京至微金诺康复医院成立，区残联领导班子、区卫计委领导出席并为“中心”

和“医院”揭牌。43个街乡残联理事长、专门协会代表、残疾人代表、康复医生代表参加成立仪式。

（葛安凤）

【残疾人职业指导培训】 3月19日至21日，与区人力资源和社会保障局联合举办朝阳区残疾人职业指导培训班。培训班采用集中培训、实践联系、效果评估三位一体的培训模式，以指导残疾人就业案例分析与实践为主，提高工作人员在残疾人就业服务工作中解决问题的能力。42个街乡残联70余名工作人员参加培训。

（葛安凤）

【自闭症治疗宣传】 3月30日，举办“第八个世界自闭症日”宣传活动讲座，邀请泰一和浦中医医院院长王峰授课，重点讲述以中医指导为康复的途径和手段、自闭症患儿早期康复方法、家庭康复应注意的问题等相关知识。五彩鹿儿童行为矫正中心、晨光脑瘫康复中心及43个街乡的自闭症家长60余人参加活动。

（葛安凤）

【盲人按摩】 4月8日，年度盲人按摩机构工作大会在区残疾人职业康复中心召开，70余家盲人按摩企业法人参会。会议总结2014年朝阳区盲人按摩工作，并部署2015年企业资格证书换发、扶持、社会保险补贴等7项盲人按摩重点工作。

（葛安凤）

【特奥家庭进北大】 4月19日，与北京大学光华管理学院青年志愿者协会在北大光华管理学院共同举办第二次“携手特奥，助梦飞翔”——特奥家庭进北大活动。13个街乡的25个智力残疾人家庭、15名残疾人工作者及北京大学光华管理学院的30名志愿者等100余人参加活动。

（葛安凤）

【图书捐赠】 4月22日，与中国残疾人福利基金会共同举办“集善光华图书捐赠”项目仪式，中国残疾人福利基金会副秘书长张雁华、中国光华科技基金会副秘书长梁范栋、中国光华科技基金会光华研究院副院长严莹、区残联党组书记段伟出席捐赠仪式。捐赠图书580册，合计22189.7元，78名残疾人受益。

（葛安凤）

【康复协调员业务培训】 4月22日至29日，残疾人社区康复协调员业务培训班举办，分两批对43个街道、地区（办事处）残联的586名残联理事长、康复专干、社区工作者、康复协调员开展培训。培训内容涉及康复业务、政策讲解、塑造阳光心态等方面。

（葛安凤）

【书画笔会】 5月15日，举办“让爱的阳光点亮星星的孩子”书画笔会，区残疾联理事长赵玲、区文委副主任马骏和7所孤独症儿童康复机构负责人、社会爱心人士、残疾人书画家、兴隆小学学生、孤独症儿童等60余人参加活动。

（葛安凤）

【残疾人免费体检】 5月17日至6月26日，区残联分批次组织1691名残疾人在朝阳区至微金诺康复医院进行免费体检，并建立健康档案。

（葛安凤）

【盲人定向行走培训】 6月24日至26日，盲人定向行走培训班举办，邀请北京市盲校的老师为来自街道（地区）办事处的42名工作人员讲授盲人定向行走知识和考核标准方面等内容。

（葛安凤）

【参加残疾人棋牌比赛】 6月24日至26日，区残疾人棋牌队参加北京市第七届体育大会暨第二十九届残疾人棋牌比赛。取得团体总分第一名，获男子肢体象棋冠军，女子肢体象棋冠、亚军，桥牌复式赛冠军，男子盲人象棋亚军，男子盲人象棋第五名，男子聋人象棋第七名的成绩，区残联获得优秀组织奖。

（葛安凤）

【残疾人就业雇主培训】 6月25日，区残联、区地税局联合举办朝阳区残疾人就业雇主培训会。中国残疾人就业指导中心培训处处长罗秋月、区地税局副局长韩立新、100家积极安置残疾人就业的用人单位法人代表和人事工作负责人参加培训。

（葛安凤）

【按比例安置残疾人就业审核】 7月1日至9月30日，完成按比例安置残疾人就业审核工作。审核用人单位115143户（其中网上审核 46161户），录入按比例残疾人就业5839人。落实小微企业减免残疾人就业保障金政策，为符合条件的525家小微企业减免残疾人就业保障金3.4万元。

（葛安凤）

【第五届全国残疾人职业技能竞赛获奖】 7月12日，区残联组织残疾人选手参加第五届全国残疾人职业技能竞赛，胡雪琪获得剪纸项目第一名。竞赛期间，朝阳区残疾人曹军在第二届全国残疾人展能节上演示由自己团队研发的盲人信息无障碍技术。

（葛安凤）

【残疾人摄影爱好者联谊会】 7月12日，朝阳区残疾人摄影爱好者联谊会成立大会在区残疾人职业康复中心举行。区文委、区摄影家协会、各街乡残联及联谊会全体会员近120人参加会议。会议审议通过联谊会章程和选举办法，选举产生第一届理事会及会长、副会长，聘请名誉主席、艺术顾问。

（葛安凤）

【心智障碍者康复国际交流研讨】 9月8日至9日，区残联举办“2015年心智障碍者康复、教育、服务国际交流研讨会”，来自英国、意大利、台湾地区的5名从事特教工作的专家与来自全市12个区县47家机构的130余名康复专业人员交流研讨心智障碍者在康复、教育、服务等方面的康复理念、康复形式、康复成果等内容。

（葛安凤）

【全国残疾人运动会获奖】 9月10日至15日，朝阳区袁艳萍等30名残疾人运动员参加在成都举办的第九届全国残疾人运动会，取得18块金牌，16块银牌，6块铜牌。

（葛安凤）

【残疾人志愿者队伍文化服务】 9月15日，“志愿之旅，你我同行—朝阳区残疾人志愿者队伍文化服务”项目启动仪式在常营地区残疾人温馨家园举行。此次助残活动包括“圆梦同行”残疾人艺术团专场演出、“温馨全家福”残疾人摄影爱好者联谊会拍摄、“天使故事”残疾人文学爱好者写作等三个项目。

（葛安凤）

【合唱、手语舞蹈比赛】 9月15日至16日，区残联组织开展残疾人合唱、手语舞蹈比赛，43个街道（地区）残联的1500余名残疾人参加活动。

（葛安凤）

【手语俱乐部】 9月17日，朝阳区手语俱乐部第二届委员会在区残疾人职业康复中心召开，中国聋协及区残联理事会领导、新一届手语俱乐部委员、代表、志愿者等50余人参加会议。会议审议并通过第一届朝阳区手语俱乐部工作报告，阐述了未来五年手语俱乐部工作，选举产生15名新一届手语俱乐部委员。

（葛安凤）

【残疾人工作者素质教育培训】 9月28日至30日，举办基层残疾人工作者素质教育首期培训班，管庄、黑庄户、王四营、南磨房、将台街道（地区）办事处残联、社区（村）残协的基层残疾人工作者等54人参加培训。

（葛安凤）

【预防脊柱裂和脑积水疾病宣传】 10月25日，区残联、区肢残人协会与北京年轮骨科康复医院合作，在八里庄西里社区开展预防脊柱裂和脑积水疾病大型宣传活动，来自附近街乡的残疾人、周边居民等80人参加活动。

（葛安凤）

【职业康复劳动站管理人员培训】 10月28日，区职业康复劳动站管理人员培训班举办，邀请北京中天德安科技公司的负责人为管理人员就电子考勤机系统的操作与应用开展详细讲解与现场答疑。全区60家职康站的90名职业康复劳动站管理人员参加培训。

（葛安凤）

【残疾人信息宣传工作培训】 10月29日，举办年度残联系统信息宣传工作培训班暨《春雨》报、《同在蓝天下》电视专题栏目特邀通讯员培训班。邀请多名专家和资深记者讲授公文写作、摄影技术及摄影实践、新媒体发展和舆情危机应对等知识。区残联机关、各街乡残联的信息员、通讯员代表共110余人参加培训。

（葛安凤）

【诗歌朗诵比赛】 11月10日，区残联举办“生命与阳光”首届残疾人诗歌朗诵比赛，来自43个街道（地区）的78名残疾人参与比赛。评出一等奖两名、二等奖四名、三等奖六名。

（葛安凤）

【六届主席团第三次会议】 11月20日，区残联第六届主席团第三次全体会议召开，市残联党组副书记、副理事长徐捷、区残联主席团委员130余人参加会议。会议审议通过朝阳区残联第六届主席团主席、副主席、委员调整名单及区残联第六届执行理事会副理事长提名人选名单，听取并审议通过区残联理事长赵玲代表区残联第六届执行理事会作的题为《创新优化　共享发展　谱写朝阳区残疾人事业发展新篇章》的工作报告。

（葛安凤）

【文艺助残志愿服务】 12月2日，由中国文学艺术界联合会、中残联、中国文艺志愿者协会、中国助残志愿者协会共同举办的“共享芬芳”文艺助残志愿服务行动在朝阳区大屯街道温馨家园启动。各单位领导、志愿者、残疾人文艺爱好者以及各类媒体等150余人参加活动。

（葛安凤）

【法律援助】 12月11日，区残联召开残疾人法律援助工作座谈会，区残联副理事长杨瑞臣、区残联法援工作站服务团队盈科律师事务所律师、各街道（地区）残联的理事长、各温馨家园法律服务工作站志愿服务律师等80余人参加会议。

（葛安凤）

【残疾人基本状况和需求专项调查】 年内，完成朝阳区全国残疾人基本服务状况和需求专项调查工作，调查社区（村）607个，调查总人数45043人，填写调查表44354人，调查率98.5%。

（葛安凤）

【残疾人专场招聘】 年内，举办4场残疾人专场招聘会，有79家招聘单位提供近600个适合残疾人的就业岗位，500名残疾人到场应聘，其中180人达成初步就业意向。

（葛安凤）

【残疾人证件办理】 年内，办理残疾人证业务23250件，完成43个街乡46185张残疾人服务一卡通的审批及发放工作。年底，全区累计持证残疾人数达49373人。

（葛安凤）

【维权信访】 年内，信访室接待残疾人来访145人次，接听残疾人信访来电300人次，处置残疾人来信19封，接到市领导表扬信1件。区残联法援工作站接待残疾人来访126人次，电话咨询136人次，受理残疾人法律援助5例，结案2例。开展43场“庭院式”法律宣传活动，参与残疾5000人次。深化示范残疾人温馨家园法律服务工作站规范化建设，制作首期《朝阳区残疾人法制宣传教育读本》，开展远程平台视频接访。

（葛安凤）

【网上学习和教育培训】 年内，完成100名基层残疾人工作者网上学习和教育培训，并全部通过考试。

（葛安凤）

【无障碍家改】 年内，完成4540户残疾人家庭无障碍家庭改造任务，其中完成1901户基本型和206户升级型残疾人家庭无障碍改造，2433户聋人家庭加装燃气报警器和闪光门铃一体机的新装工作。开展无障碍体验活动50次。

（葛安凤）

【走访慰问】 年内，走访慰问和临时救助残疾人25576人、基层单位144家，送慰问款（物）1066万余元。

（葛安凤）

【残疾人康复】 年内，举办各类康复培训、养护知识、辅具知识、健康大课堂258期，累计培训7740人。1600余名残疾人享受各类康复救助政策，为2700名残疾人提供各类功能训练、家庭训练指导、技能训练等项目服务。探索社区新型康复服务模式，开展智力、精神、肢体残疾人日间照料工作，全年服务1150人。

（葛安凤）

【辅助器具服务】 年内，为43个街道的2568名残疾人提供辅助器具服务，下街道指导辅具站工作25次。辅助器具维修技师、工程师为辖区内残疾人提供辅具维修、检修、保养服务50余次。为495名申请辅助器具的残疾人进行了评估适配，评估辅具769件。为345名贫困成年残疾人申请辅具彩金项目，适配评估助视器、电动轮椅等辅助器具。开通区级辅具中心微信公众平台和微商平台，为残疾人朋友购买辅具提供便利。

（葛安凤）

【残疾人教育培训】 年内，启动区残疾人扫盲工作，出台实施《朝阳区残疾人扫盲工作方案》，依托安华学校和挚爱职业技能培训学校开展扫盲教育。为36名有学习能力的残疾人学生提供“送教上门”服务，为50名学生建立学籍档案。为116名残疾儿童申报长江商学院资助金项目。150名学生享受助学补助政策，24名学生享受中、高等院校新生奖励。为25名智力残疾人建立支持性就业服务档案，为5名残疾人大学生配备职业导师。教师节对全区160名特教老师进行了慰问。组织1185名残疾人参加各项职业技能培训。“六一”儿童节前夕，对全区346名残疾儿童和60名特教老师开展节日慰问。

（葛安凤）

【残疾人就业】 年内，新安置残疾人就业213人，其中按比例安置58人，集中安置19人，公益性岗位就业6人，自主创业5人，辅助性就业24人，其他形式就业101人。残疾人就业状况实名制数据录入率达到95%。为2名自主创业残疾人发放创业扶持金6万元。

（葛安凤）

【残疾人社会保障】 年内，将重残无业人员的生活补助从650元调整到710元，为6129名残疾人发放补贴资金2016万元。8084人享受助残券服务，4766人享受城乡居民养老保险补贴，2009名残疾人享受社会保险补贴，286名重残无业残疾人享受入住社会福利机构补贴。

（葛安凤）

【志愿服务】 年内，整合近百支助残社会组织、招募志愿者近3000人，注册人员500余人，其中残疾人志愿者200余人。全年有2700余人次志愿者服务5900余人次残疾人，提供近256次志愿服务，服务总时长近2920小时。

（葛安凤）

【调查研究】 年内，开展《朝阳区肢体残疾人居家康复工作调研报告》《朝阳区残疾人基本服务状况和需求专项调查报告》和《残疾人支持性就业服务研究 》等3项重点调研，并形成报告。

（葛安凤）

朝阳区红十字会

【概况】 北京市朝阳区红十字会是区政府直接领导联系的社会救助团体。有43个街道、地区（乡）红十字会，2个红十字工作委员会，5支专业红十字志愿服务队，红十字志愿者1.6万余人。年内，获中国红十字总会颁发的“报刊宣传先进集体二等奖”称号，微电影《美丽的纠结》获北京市红十字会2015年度“最具影响力十件大事”荣誉，是全市16个区县中唯一入选的单位，微电影《司阿姨》和《我是志愿者》两部微电影获中国志愿服务联合会授予的优秀作品奖。

地址：团结湖北五条8号楼

邮编：100026

电话：65094673

邮箱：chaoyanghonghui@163.com

（孙宏娟）

【志愿服务】 4月10日，在对外经贸大学采集造血干细胞血样142例。全年有268名造血干细胞血样捐献志愿者成功采样入库，完成市红会任务指标的134%，全区有6名捐献造血干细胞志愿者实现成功移植捐献，占全市捐献人数的五分之一。区红十字会选派志愿者赴基层红十字会开展造血干细胞知识讲座 34 场，受众2500余人。5月8日，孙河地区红十字会在康营家园11区广场组织辖区志愿者开展以“关爱生命普及健康知识”为主题的宣传活动，并为辖区的居民讲解安全饮用水的健康知识。5月14日，在团结湖三四条社区成立朝阳区“红十字应急救护志愿服务站”，并配发急救箱、急救知识展板和急救知识手册，定期派红十字志愿者为居民提供免费咨询和应急救护知识普及服务。9月22日，将台乡红十字会志愿者在芳园里社区开展“心系失独老人家 情暖失独会老人心红十字中秋关爱失独老人DIY月饼制作主题”联欢活动。

（孙宏娟）

【宣传活动】 5月6日，在蓝调庄园举行“朝阳区纪念‘5·8’世界红十字日‘弘扬人道、博爱朝阳’”大型宣传活动，受众人数500人。年内，深化“十分重要”宣传理念，设计制作红十字文化元素的手环、药丸笔、立体宣传画等宣传品。借助新媒体平台，以司堃范、叶如陵等优秀红十字志愿者为原型，拍摄《司阿姨》《我是志愿者》和《美丽的纠结》红十字系列微电影3部，制作应急救护知识宣传短片1部。区红十字优秀志愿者宣讲团开展“弘扬人道正能量，引领朝阳新风尚”主题宣讲活动13场次，受众近万人次。组织开展各类主题宣传活动50余次，在《中国红十字报》《人道北京》杂志、朝阳传媒、红十字网站及其他网络媒体播放，刊载新闻信息累计60余条。年内，获北京市红十字会颁发的“人道北京”优秀投稿单位称号。

（孙宏娟）

【交流合作】 10月16日，区红十字会与河南淅川县红十字会在朝阳宾馆开展对口支援交流活动，为淅川县红十字会举办为期4天的应急救护教育培训班，培训红十字志愿者25名。年内，选派日坛中学6名师生参加中日韩红十字青少年交流活动。参与京津冀一体化建设，组织劲松职高参与京津冀红十字青少年交流活动。

（孙宏娟）

【应急救护教育培训】 年内，在学校启动“校园总动员”——应急救护知识进校园系列活动，将日常急救常识和红十字知识融入游戏，让学生在游戏活动中掌握急救常识和技能。寒暑假期间在社区面向家长和孩子开展急救知识普及活动。建立市区级“红十字应急救护服务站”4个，定期开展应急救护知识的普及活动，增强群众灾害预防、逃生避险和自救互救能力。举办为期一周的红十字城市救援队培训班，45人成为朝阳首支专业救援骨干。在区应急委统一安排下，全区各级红会，组织志愿者参加“5·12”防灾减灾主题日活动。全年，举办师资继续教育培训5期，培训师资150人次。应急救护教育取证培训30030人，应急救护教育普及16万人。截至年底，全区普及人数达96万人，取证人数22万人，分别完成《朝阳区红十字事业2010—2015年发展规划》指标的128%和146.7%。

（孙宏娟）

【红十字青少年】 年内，区学校红十字工作委员会以安全应急救护知识和技能进校园为重点，推进红十字“人道、博爱、奉献”精神进入德育课堂。全区5所学校代表朝阳区开展 “探索人道法项目”活动，27所学校的133幅作品参加中国红十字总会举办的T恤衫设计大赛；14所学校的8690名学生参加全国红十字青少年自救互救知识答题竞赛，朝阳区红十字会和朝阳区红十字学校工作委员会分别获中国红十字总会颁发的竞赛组织二等奖，朝阳区首都师范大学附属实验学校等3所学校荣获最佳组织二等奖、北京八十中等8所学校获最佳组织三等奖。全区191所学校全部通过市级健康促进校验收。

（孙宏娟）

【关爱生命与健康温暖工程】 年内，继续在全区43个街乡实施关爱生命与健康温暖工程，发放项目支持资金90余万。劲松街道通过“关爱心智障碍儿童项目”，让智障碍儿童走出家庭，融入社会。安贞街道的“关爱失独、残疾家庭项目”，红十字志愿者定期上门与失独家庭、残疾人家庭等特殊群体聊天，给予心理关爱。常营地区的“安全伴我行 健康共成长”项目，通过亲子共读、互动游戏、主题参观等形式，营造家庭、学校、社会共同关注未成年人成长安全问题的氛围。小红门、东坝地区红会通过“红会暖心、生育关怀”项目，对失独家庭和母亲在给予物质帮扶的同时给予精神上慰藉。“关爱生命与健康温暖工程”项目成为朝阳区红十字会履行人道职能、保障和服务民生、推动和谐社会建设的品牌活动，连续三年获北京市“人道公益品牌项目”称号。

（孙宏娟）

【募捐活动】 年内，区十字红会接收全区各街乡、机关单位和社会各界人士捐款767.99万元。其中博爱捐款326.88万元、募捐箱捐款1.41万元、救灾及专项捐款439.7万元，博爱捐款比上年同期增加50%；募捐款使用率达87%，接收社会各界捐赠衣物11695件，折合人民币237.34万元。小红门地区、十八里店地区、管庄地区、东坝地区和团结湖地区居募捐收入前五位。

（孙宏娟）

【救助活动】 年内，发放博爱救助款667.23万元，救助1180户，善款使用率86.9%， 其中博爱医疗救助22.2万元、博爱助困292.17万元、博爱助老19.6万元、博爱助急297.24万元、少儿大病救助17.12万元、非典后遗症患者救助18.9万元。年内，在“12·26”工体突发事件过程中，启动突发事件救助程序，对伤亡人员和家属给予人道救助和精神抚慰；与区司法局联合实施“阳光救助工程”，救助生活困难的刑释解教和社区矫正家庭337户。

（孙宏娟）

朝阳区慈善协会

【概况】 北京市朝阳区慈善协会是非营利社会团体。其主要任务是在区委、区政府的领导支持下，广泛动员社会力量，多方筹措慈善资金，积极实施助医、助学、助老、助残、助困等慈善救助活动，在重大自然灾害、突发公共事件发生时实施紧急救助。内设办公室、捐助科、宣传科。年内，募集善款约953.03万元，使用善款883.15万元，实施救助项目358个，惠及困难家庭18074户。

地址：朝阳公园南路19号

邮编：100125

电话：65920669

邮箱：cycs@bjchy.gov.cn

（岳晨晨）

【失能老人新春慰问】 元旦、春节期间，区慈善协会对81名失能老人开展新春慰问，送去电饭锅、米面油等生活用品，使用3.92万元善款，其中一部分由潘家园旧货市场的商户和游客捐助。为失能老人提供5.92万元家政服务费用。

（岳晨晨）

【生育关怀】 2月2日，实施“情暖万家生育关怀行动”项目，惠及计生困难家庭500户，使用善款25万元。

（岳晨晨）

【新春大联欢】 2月4日，区慈善协会在43个街道、地区分会举办第九届“朝阳慈善情——百姓新春大联欢”活动。惠及4247位受助群众，使用善款143.02万元。

（岳晨晨）

【失独者春节旅行】 2月11日，与区计划生育委员会合作实施“失独者的春节旅行”慈善项目，为486位失独者发放价值100元的“2015年京津冀旅游年票全国旅游年票一卡通票（北京版）”，使用款项4.86万元。

（岳晨晨）

【儿童福利院慰问】 2月13日，联合靓宝宝冠名慈善捐助金捐赠方为东方博爱儿童福利院90名0—8岁的孤残儿童送去日用品、新春挂件，使用善款8498元。爱心个人刘秀兰为福利院捐赠860件餐具。

（岳晨晨）

【困难职工救助】 2月16日，开展对国资委系统4家单位困难生活职工实施慈善救助项目，惠及困难职工300人，使用善款15万元。

（岳晨晨）

【困难群体慰问】 4月3日，区慈善协会旗帜天使冠名慈善捐赠方使用善款21.17万元，为低保低收入家庭父母和困难大学生等困难群体购置《并行·触动的心灵》图书2000册，鼓励他们重拾希望。

（岳晨晨）

【父亲节、母亲节慈善慰问】 5月5日，区慈善协会开展“感恩母慈父爱，慈善助力孝心”系列活动，为1395户低保低收入家庭8—18岁孩子的母亲送去价值11.72万元的爱慕内衣。

（岳晨晨）

【福利院助残】 5月20日，区慈善协会与太平置业（北京）有限公司、惠新里幼儿园等实施“微笑列车快乐起航”助残项目，为东方博爱儿童福利院近百名孤残儿童送去运动套装和点心蛋糕等儿童节礼物，使用善款1.79万元。

（岳晨晨）

【儿童节活动】 5月25日，区慈善协会开展“梦幻六一触摸理想”活动，为1225名低保家庭0—14岁的青少年儿童购买儿童节礼物，使用善款19.52万元。

（岳晨晨）

【“勤学堂”助学】 5月25日，开展“勤学堂”活动，为低保家庭中的初、高三学生发放“新东方”中、高考模拟卷和试卷，为高三学生提供一次免费辅导课程，帮助贫困家庭的初三、高三学生254人。

（岳晨晨）

【情暖万家】 5月29日，区慈善协会开展永辉“情暖万家”爱心卡发放活动，为600户低保困低收入困难家庭发放市慈善协会提供的价值1000元/户的永辉超市购物卡，价值60万元。

（岳晨晨）

【共产党员献爱心】 6月25日，区组织部、区宣传部、区慈善协会在区委大院内联合开展“共产党员献爱心”捐献活动启动仪式，标志着2015年度“共产党员献爱心”捐献活动在全区展开。截至8月底，全区“共产党员献爱心”活动，募集善款479.79万元，有109837人参与活动，其中党员93400人，群众16437人。区慈善协会19党员参加活动，募捐善款3200元。

（岳晨晨）

【见义勇为之女助学扶助】 7月2日，为弘扬区原蟹岛集团员工苏士龙的见义勇为精神，区慈善协会与北京蟹岛绿色生态农庄有限公司、区红黄蓝东坝幼儿园对苏士龙之女苏辰开展慈善助学扶助。三方以各自分担1/3的方式，共同承担三年幼儿园托管费用，第一年使用善款27600元。

（岳晨晨）

【募捐项目上线】 7月30日，区慈善协会在腾讯乐捐上线《一份加油备考午餐》募捐项目，募集善款1512.97元。

（岳晨晨）

【“学叶堂”助学】 8月3日，区慈善协会启动由叶青大厦冠名的“朝阳区‘学叶堂’冠名慈善助学项目（第一期）”助学项目，帮扶47名低保家庭初、高三学生。第一期使用善款48560元，其中“学叶堂”慈善冠名捐助金42600元、网络募捐专款1512.97元、“共产党员献爱心”活动捐款4447.03元。

（岳晨晨）

【公允价值认定】 8月5日，区慈善协会在对捐赠物品、捐赠服务的公允价值认定调研基础上，开展首个公允价值个人捐赠认定，对刘秀兰个人捐赠福利院860餐具开展公允认定价值为9114.44元。

（岳晨晨）

【百姓宣讲团】 8月13日，区慈善协会成立由化工大附中、建外街道、叶青集团和协会成员组成的百姓宣讲团队。

（岳晨晨）

【烈士日慰问】 9月29日，区慈善协会开展中复集团冠名的“中华复兴·勿忘国魂”冠名慈善捐助金活动，慰问全区的10户抗日烈士家庭，使用善款14250元，用于购置英雄花、英雄纪念杯和慰问金的发放。

（岳晨晨）

【重阳节敬老】 10月21日，区慈善协会开展“慈善送温情，重阳享健康”活动，向60岁以上低保、低收入困难老人、贫困失能老人送上红色围巾以表节日祝福。向抗战老兵送上由东风乡温馨家园残疾人制作的木棉花和旗帜天使冠名捐赠方捐赠的“向老兵致敬礼盒”，表达对于老兵的敬意与关爱，使用善款39.11万元，惠及全区1237位老人。

（岳晨晨）

【慈善公益周】 11月16日至20日，区慈善协会开展“朝阳慈善公益周”活动，发动各分会、社会单位和网络募捐平台等同时开展募捐与宣传活动，募得善款278191.09 元。

（岳晨晨）

【“温暖安康”专家评审】 12月20日，区慈善协会“温暖安康”慈善医疗冠名捐助金召开专家评审会，对罹患重大疾病的致困家庭进行救助，发放善款18.78万元，为44户贫困家庭送去社会的关怀。

（岳晨晨）

政权　政协

北京市朝阳区人民代表大会常务委员会

【概况】 北京市朝阳区人民代表大会常务委员会是朝阳区人民代表大会常设机构。年内，召开常委会会议9次，主任会议9次，审议议题35项，做出决议、决定36项。依法任免国家机关工作人员131人次；接受吴桂英辞去区人民政府区长职务请求，张立新辞去区人民政府副区长职务请求，王向明辞去区人民检察院检察长职务请求，董万立、杨立亭辞去区人大常委会委员职务的请求。任命王灏为朝阳区人民政府副区长，并决定由王灏代理北京市朝阳区人民政府区长职务。任命张玉鲲为北京市朝阳区人民检察院副检察长、检察委员会委员、检察员，并决定由张玉鲲代理北京市朝阳区人民检察院检察长职务。任命梁洁、孙其军、黄晓伟、薛寒为朝阳区人民政府副区长。组织召开朝阳区第十五届人民代表大会第五次会议，选举叶青、苑文新和常树奇为区人大常委会副主任、王志华和于玖洪为人大常委会委员。

地址：安立路0号
邮编：100107
电话：65094479
邮箱：rd4479@163.com

（徐华东）

【十五届人大五次会议】 1月13日，朝阳区第十五届人民代表大会第五次会议在望京昆泰酒店开幕，1月16日闭幕。大会主要议程：听取并审议朝阳区人民政府工作报告；审查和批准朝阳区2014年国民经济和社会发展计划执行情况的报告及2015年国民经济和社会发展计划；审查和批准朝阳区2014年财政预算执行情况的报告和2015年财政预算；听取并审议朝阳区人民代表大会常务委员会工作报告、朝阳区人民法院工作报告和朝阳区人民检察院工作报告；选举叶青、苑文新和常树奇为区人大常委会副主任、王志华和于玖洪为人大常委会委员。举行5次全体会议，6次主席团会议。乔刚、于久洪、李亚君、柳德元4名代表，围绕相关主题发言。根据代表报名情况，大会定向式的组织人大代表询问活动。代表围绕经济发展、环境建设、民生改善等热点问题，提出意见建议。各单位（部门）解答代表提出的各类问题71个。组织召开依法治理与城市建设管理工作、经济建设工作、农村城市化建设和社会事业发展工作4个专题座谈会。主席团常务主席佟克克、张富生、朱春霞分别主持会议。区委、区人大领导及130名代表参加座谈，区政府、区法院、区检察院等87名有关部门负责人到会听取代表意见。确定“发挥功能疏解、产业疏解带动作用，科学有序调控人口规模”“落实法定责任加强行政执法工作，全面提高社会治理水平”“加快第一道绿化隔离地区城市化试点乡建设，推进农村城市化进程”作为大会议案，交区人民政府办理，由区人大常委会审议。未列入大会议案的其他12件议案作为建议、批评和意见，交区相关部门研究办理并答复代表。并印发全体代表。大会通过《朝阳区第十五届人民代表大会第五次会议关于朝阳区人民政府工作报告的决议》《朝阳区第十五届人民代表大会第五次会议关于朝阳区2014年国民经济和社会发展计划执行情况与2015年国民经济社会发展计划的决议》《朝阳区第十五届人民代表大会第五次会议关于朝阳区2014年财政预算执行情况和2015年财政预算的决议》《朝阳区人民代表大会常务委员会工作报告的决议》《朝阳区第十五届人民代表大会第五次会议关于朝阳区人民法院工作报告的决议》《朝阳区第十五届人民代表大会第五次会议关于朝阳区人民检察院工作报告的决议》。宣布叶青、苑文新和常树奇当选区人大常委会副主任，王志华和于玖洪为人大常委会委员，当选人与全体代表见面；区委书记程连元发表讲话。

（徐华东）

【主任会议】 1月19日，区十五届人大常委会召开第二十二次主任会议，初审常委会第二十二次会议建议议题并决定有关事项。2月6日，召开第二十三次主任会议，初审常委会第二十三次会议建议议题并决定有关事项，通过《朝阳区人大常委会2015年工作要点（草案）》《北京市朝阳区人民代表大会代表建议、批评和意见办理工作办法》。4月9日，召开第二十四次主任会议，听取区政府关于区十五届人大五次会议计划预算审查委员会对国民经济、社会发展计划审查意见研究处理方案的汇报、关于区十五届人大五次会议计划预算审查委员会对财政预算审查意见研究处理方案的汇报、关于保障性住房建设工作情况的汇报。初审常委会第二十四次会议建议议题，并决定有关事项。6月4日，召开第二十五次主任会议，听取区政府关于区十五届人大五次会议计划预算审查委员会对国民经济、社会发展计划审查意见研究处理方案的汇报、关于区十五届人大五次会议计划预算审查委员会对财政预算审查意见研究处理方案的汇报、关于保障性住房建设工作情况的汇报，通过《朝阳区人大常委会关于2015年代表建议批评和意见办理工作的意见》。7月23日，召开第二十六次主任会议，会议初审常委会第二十六次会议建议议题，并决定有关事项。8月6日，召开第二十七次主任会议，听取区政府关于推进断堵头路、道路微循环建设情况的汇报，区政府办理2014年跨年度建议情况的汇报，区政府关于加快推进农村重点项目规划审批情况的汇报，初审区人大常委会第二十七次会议建议议题并决定有关事项。

10月13日，召开第二十八次主任会议，会议初审常委会第二十八次会议建议议题并决定有关事项。11月6日，召开第二十九次主任会议，初审常委会第二十九次会议建议议题并决定有关事项，讨论通过区人大常委会关于补选区第十五届人民代表大会代表工作实施方案，讨论决定常委会第二十八次会议相关议题审议意见。12月7日，召开第三十次主任会议，会议初审常委会第三十次会议建议议题并决定有关事项。

（徐华东）

【第二十二次常委会会议】 1月30日，区十五届人大常委会召开第二十二次常委会会议。初审《北京市朝阳区人民代表大会代表建议、批评和意见办理工作办法（草案）》，区人大常委会代表联络室主任孙立做了关于《北京市朝阳区人民代表大会代表建议、批评和意见办理工作办法(草案)》的说明。根据区政府区长吴桂英的提请，以投票表决的方式，决定任命梁洁为北京市朝阳区人民政府副区长。根据区检察院检察长王向明的提请，以投票表决的方式，决定任命吴春妹为北京市朝阳区人民检察院副检察长、检察委员会委员、检察员。

（徐华东）

【程连元调研第三次人大工作会议筹备】 2月4日，区委书记程连元一行到区人大常委会机关调研区委第三次人大工作会议筹备情况。区领导佟克克、陈宏志、张革、刘军胜、苑文新、张富生、朱春霞、常树奇、叶青参加调研。佟克克汇报区委第三次人大工作会议主要文件起草情况、主要考虑和创新举措。

（徐华东）

【第二十三次常委会会议】 3月4日，区十五届人大常委会召开第二十三次常委会会议。审议通过《北京市朝阳区人民代表大会常务委员会关于代表建议、批评和意见办理工作办法（草案）》。区人大常委会代表联络室主任孙立对该工作办法草案做说明。会议以表决器表决形式，原则通过《北京市朝阳区人民代表大会常务委员会关于代表建议、批评和意见办理工作办法（草案）》，并授权主任会议，根据委员们提出的意见和建议，进一步修改完善后，以常委会文件形式印发。审议通过《朝阳区人大常委会2015年工作要点（草案）》。区人大常委会研究室主任杨立亭对该工作要点草案作说明，部分委员对要点提出修改意见和建议，会议以表决器表决形式，原则通过《朝阳区人大常委会2015年工作要点（草案）》，并授权主任办公会议，根据委员们提出的意见和建议，将工作要点修改完善后，以常委会文件形式印发。书面审议了区政府关于落实区人大常委会对《区政府关于“财政投入向农村地区倾斜，基础设施向农村地区延伸，公共服务向农村地区覆盖”情况的报告》审议意见的报告。会议决定人事任免事项。

（徐华东）

【人大代表培训】 4月16日，区人大常委会召开2015年人大代表培训会。区人大常委会副主任张富生、朱春霞、叶青参加会议。会议传达了区委人大工作会议精神，区政府办、区人大代表联络室负责人就如何做好建议办理及建议督办工作，向代表专题汇报。并邀请全国人大代表资格审查委员会办公室主任李伯钧为代表们作“践行‘四个全面’，充分发挥代表作用”专题报告。

（徐华东）

【第二十四次常委会会议】 4月23日，区十五届人大常委会召开第二十四次常委会会议。审议通过《朝阳区人大常委会关于2015年代表建议批评和意见办理工作的意见》。区人大常委会代表联络室主任孙立对该意见草案做说明。会议以表决器表决形式，通过《朝阳区人大常委会关于2015年代表建议批评和意见办理工作的意见》。听取区常委、常务副区长甘靖中所作的《关于承办朝阳区十五届人大五次会议代表建议、批评和意见方案的报告》，部分委员对报告内容及办理工作进行询问。听取关于确认个别代表的代表资格的报告。区人大常委会代表资格审查委员会主任委员朱春霞作《朝阳区第十五届人民代表大会常务委员会代表资格审查委员会关于确认个别代表的代表资格的报告》，亚运村地区选举的阚宝奎及东湖地区选举的李辉2名代表因工作变动，调离行政区域，根据《中华人民共和国全国人民代表大会和地方各级人民代表大会代表法》有关规定，阚宝奎、李辉2名代表的代表资格自行终止。根据《中华人民共和国全国人民代表大会和地方各级人民代表大会选举法》有关规定，阚宝奎的代表资格终止后，其朝阳区第十五届人民代表大会常务委员会委员职务相应终止。朝阳区第十五届人民代表大会有代表437名。会议以表决器表决形式，接受陆海军辞去北京市第十四届人民代表大会代表职务的请求，报北京市第十四届人民代表大会常务委员会备案、公告。听取并审议区检察院查办和预防职务犯罪工作情况的报告。区检察院副检察长孙长柱介绍查办和预防职务犯罪工作流程。区检察院检察长王向明作《北京市朝阳区人民检察院关于查办和预防职务犯罪工作情况的报告》。部分委员对报告部分内容及检察院相关工作询问。区人大常委会内务司法工作委员会主任侯湘君汇报对该报告的调研意见。会议以表决器表决的方式，通过《北京市朝阳区第十五届人民代表大会常务委员会关于接受张立新辞职请求的决定》，接受张立新辞去区政府副区长职务，根据甘靖中（受吴桂英区长委托）的提请，以表决器表决的方式，决定免去：闫宾区住房和城乡建设委员会主任职务、赵红伟区农村工作委员会主任职务，刘野区审计局局长职务。以投票表决的方式，决定任命：孙其军、黄晓伟为区政府副区长，吴熙盛为区房屋管理局局长，刘野为区发展和改革委员会主任，刘海涛为区住房和城乡建设委员会主任，张克斌为区农村工作委员会主任，赵捷为区金融服务办公室主任，田峡为区审计局局长。会议以表决器表决的方式，通过《北京市朝阳区第十五届人民代表大会常务委员会关于接受董万立辞职请求的决定》，接受董万立辞去区第十五届人民代表大会常务委员会委员职务，报区第十五届人民代表大会备案。报告区人大代表高体文被刑事拘留情况。书面审议常委会第二十二次会议被任命为朝阳区人民检察院副检察长吴春妹的就职报告。

（徐华东）

【议案督办工作协调】 4月28日，区人大召开常委会机关2015年建议督办工作协调会。区人大常委会副主任朱春霞参加会议。会议进一步落实“代表议案建议落实年”的有关要求，发挥人大常委会机关各工作委员会的监督作用，就分工督办今年代表建议进行了调度。朱春霞要求：加强代表建议办理的统筹。广泛邀请代表参与建议办理的监督检查工作。加强沟通形成合力。建立建议督办工作台账，及时了解掌握工作进度和情况，定期分析，促进建议办理工作。做好宣传报道工作，特别是建议督办过程和办理效果，充分调动承办部门与代表的积极性、主动性。

（徐华东）

【常委会读书班】 5月11日至15日，区人大常委会举办常委会组成人员读书班。区人大常委会主任佟克克带队，副主任苑文新、张富生、朱春霞、常树奇、叶青和常委会委员一行28人到上海市浦东新区、青浦区和浙江省温岭市学习考察。本次常委会组成人员读书班重点围绕两方面主题：

围绕落实区委人大工作会议精神，做好新时期的人大工作，学习其他地区人大的好做法，进一步提高区人大工作水平；围绕监督区“十三五”规划编制工作，学习发达地区提升产业发展质量、提高城市管理水平的先进经验。学习考察后，佟克克要求，要全面梳理和认真总结本次读书班的成果，围绕学习考察主题，结合我区实际，提出针对性强的意见和建议，不断提高我区人大工作水平，进一步发挥人大及其常委会在推进全区科学发展和民生幸福中的作用。

（徐华东）

【第二十五次常委会会议】 6月25日，区十五届人大常委会召开第二十五次常委会会议。听取区财政局局长欧晓勋受区政府委托所作的朝阳区人民政府关于政府性债务情况报告。听取并审议区政府副区长王志勉代表区政府所作的朝阳区人民政府关于食品药品监管情况的报告。听取代表资格审查委员会的有关报告，并决定代表辞职事项及补选区人大代表事项。区人大常委会代表资格审查委员会主任委员朱春霞作关于提请接受黄晓伟等6名代表辞职请求的报告及关于确认个别代表的代表资格的报告。以表决器表决的方式，决定：接受黄晓伟、杨立亭、刘海涛、常敬武、田峡、安永存6名代表辞去区第十五届人民代表大会代表职务的请求。根据《中华人民共和国全国人民代表大会和地方各级人民代表大会代表法》有关规定，黄晓伟等6名代表的代表资格终止。区第十五届人民代表大会代表张革因工作变动，调离本行政区域，根据《中华人民共和国全国人民代表大会和地方各级人民代表大会代表法》有关规定，张革的人大代表资格自行终止。区第十五届人民代表大会有代表430名。根据《中华人民共和国全国人民代表大会和地方各级人民代表大会选举法》有关规定，杨立亭的代表资格终止后，其区第十五届人民代表大会常务委员会委员职务相应终止。区第十五届人民代表大会常务委员会现有组成人员31名。区人大常委会代表联络室主任孙立作关于补选区第十五届人民代表大会代表的情况说明，以表决器表决的方式，通过《朝阳区人民代表大会常务委员会关于补选朝阳区第十五届人民代表大会代表的决定》。会议决定：在朝外、奥运村、南磨房3个地区各补选区第十五届人民代表大会代表1名，共计3名。听取并审议区政府副区长杨树旗代表区政府所作的关于落实法定责任，加强“城市病”治理，全面提高城市管理执法水平议案办理情况的报告。听取并审议区法院副院长曹志刚所作的北京市朝阳区人民区法院关于执行工作情况的报告。决定区十五届人大六次会议有关事项。以表决器表决的方式，通过了《关于召开区十五届人大六次会议的决定》，会议决定朝阳区第十五届人民代表大会第六次会议于2015年7月29日—30日召开。并表决通过区第十五届人民代表大会第六次会议建议议程（草案）；代表分团及代表团召集人名单（草案）；会议主席团、秘书长建议名单（草案）；表决通过列席会议人员的决定；区人大常委会办公室副主任龚巨明作相关说明。决定调整朝阳区人大常委会代表资格审查委员会委员事项。根据区人大常委会主任佟克克的提请，以表决器表决的方式决定：由区人大常委会委员王志华、张永贵、侯湘君担任代表资格审查委员会委员。杨立亭、张建顺不再担任代表资格审查委员会委员职务。书面审议区检察院关于落实区人大常委会对《朝阳区人民检察院关于保障诉讼参与人合法权益工作报告》审议意见的报告。书面审议区十五届人大常委会第二十四次会议被任命人员就职报告。决定任命付小贺为区人大常委会研究室主任，李琪为区人大常委会机场街道工作委员会主任，殷宁为区人大常委会团结湖街道工作委员会主任。决定免去：杨立亭区人大常委会研究室主任职务；傅义军区人大常委会六里屯街道工作委员会主任职务；殷宁区人大常委会劲松街道工作委员会主任职务；刘伯韬区人大常委会望京街道工作委员会主任职务；刘海涛区人大常委会八里庄街道工作委员会主任职务；田峡区人大常委会亚运村街道工作委员会主任职务；李辉区人大常委会东湖街道工作委员会主任职务；常敬武区人大常委会三里屯街道工作委员会主任职务；苏向东区人大常委会机场街道工作委员会主任职务；张志国区人大常委会团结湖街道工作委员会主任职务。根据区人民检察院院长王向明的提请，决定朝阳区人民检察院检察委员会专职委员、检察员任免。

（徐华东）

【第二十六次常委会会议】 7月28日，区十五届人大常委会召开第二十六次常委会会议。听取区人大常委会代表联络室主任孙立作的《朝阳区人大常委会代表联络室关于补选朝阳区第十五届人民代表大会代表的情况报告》。区人大常委会代表资格审查委员会主任委员朱春霞作了《朝阳区第十五届人民代表大会常务委员会代表资格审查委员会关于代表资格的审查报告》。根据区人大常委会第二十五次会议的决定，在南磨房、朝外、奥运村等地区分别补选何明、马继业、付小贺为朝阳区第十五届人民代表大会代表。代表资格审查委员会审查以上3个地区的补选工作和何明等3名代表的代表资格，认为补选工作均符合法律规定，3名代表的代表资格全部有效。区第十五届人民代表大会有代表433名。根据区人大常委会主任佟克克的提请，以投票表决的方式，决定任命：于志刚为区人大常委会农村工作委员会主任，王宁为区人大常委会农村工作委员会副主任，韩冰为区人大常委会代表联络室副主任。以举手表决的方式，决定免去：付小贺区人大常委会农村工作委员会副主任职务，王宁区人大常委会代表联络室副主任职务。

（徐华东）

【十五届人大六次会议】 7月29日，区第十五届人民代表大会第六次会议开幕，7月30日闭幕。区长吴桂英作《朝阳区2015年上半年工作和“十三五”规划编制情况的通报》；区审计局局长田峡作《朝阳区2014年预算执行和其他财政收支的审计工作报告》；区财政局局长欧晓勋作《朝阳区2014年财政决算草案的报告》。会议以电子表决器表决方式通过《北京市朝阳区第十五届人民代表大会第六次会议选举办法》。组织召开城市治理、农村城市化、民生保障、京津冀协同发展四个专题座谈会。主席团常务主席苑文新、张富生、朱春霞、常树奇分别主持会议。区委、区人大领导及部分代表参加座谈，区政府、区法院、区检察院等71名有关部门负责人到会听取代表意见。苑文新主持第三次全体会议并通报大会各代表团会议及专题座谈会讨论情况。以电子表决器表决的形式，表决通过大会决议。于志刚、付小贺、孙连玉、殷金凤当选为北京市朝阳区第十五届人民代表大会常务委员会委员。

（徐华东）

【市人大朝阳团开展年中集中活动】 8月11日，市人大常委会主任杜德印参加朝阳团活动，区人大常委会主任佟克克主持会议，50余名市人大朝阳团代表参加活动。区委副书记、区政府区长吴桂英传达市委十一届七次全会精神，区委副书记陈宏志通报全市2015年上半年经济形势分析和市人大常委会2015年上半年工作情况。杜德印围绕学习贯彻市委十一届七次全会精神，促进京津冀协同发展发表讲话。代表们就贯彻《京津冀协同发展规划纲要》、促进疏解非首都功能和实现京津冀协同发展分组讨论。

（徐华东）

【第二十七次常委会会议】 8月27日，区十五届人大常委会召开第二十七次常委会会议。听取并审议区政府关于“加快第一道绿化隔离地区城市化试点乡建设，推进农村城市化进程”议案办理情况的报告。区人大常委会议案督办领导小组副组长于志刚汇报对该议案办理工作的调研意见。决定补选乡人大代表事项。区人大常委会农村工作委员会主任于志刚对补选乡人大代表的有关情况进行了说明。会议以表决器表决的方式，通过《朝阳区人民代表大会常务委员会关于同意黑庄户乡补选乡第十六届人民代表大会代表的决定》，同意黑庄户乡补选乡第十六届人民代表大会代表1名。听取并审议区政府《关于朝阳区2015年国民经济和社会发展计划上半年执行情况的报告》。听取并审议区政府《关于2014年朝阳区预算执行和其他财政收支的审计工作报告》；听取区政府《关于朝阳区2014年财政决算草案的报告》并审查和批准朝阳区2014年财政决算；听取并审议区政府《关于朝阳区2015年财政预算上半年执行情况的报告》。区人大常委会财政经济工作委员会主任任敬东汇报对预算上半年执行情况的初审意见。根据区长吴桂英的提请，会议以表决器表决的方式，决定免去：孙其军区教育委员会主任职务；黄晓伟区文化委员会主任职务；荣学强区园林绿化局局长职务；宗永军区水务局局长职务。以投票表决的方式，决定任命：薛寒为区政府副区长；肖汶为区教育委员会主任；高春利为区文化委员会主任；李世喆为区园林绿化局局长；路军为区水务局局长。根据区法院院长李瑞翔的提请，会议决定区人民法院审判委员会委员、审判员职务、法庭庭长、副庭长、审判员任免事项。听取并审议区政府关于开展“六五”普法工作情况的报告。书面审议区政府关于落实区人大常委会对《朝阳区行政复议工作情况报告》审议意见的报告。书面审议区法院关于落实区人大常委会对《朝阳区人民法院关于行政审判工作报告》审议意见的报告。

（徐华东）

【会前代表视察】 10月27日至28日，区人大常委会分专题组织会前代表视察活动。区领导佟克克、陈宏志、陈涛、何明、苑文新、张富生、朱春霞以区人大代表身份参加视察；区政府副区长张维刚、梁洁、黄晓伟及部分政府部门负责人陪同。本次视察活动有3个特点：内容对接代表关切。此次视察在原有的经济发展、社会事业、城市建设和管理、农村城市化四个常规专题之外，增加养老服务方面的内容，使视察活动符合朝阳实际、回应代表关切、紧贴百姓生活。组织形式更加灵活多样。安排五个方面、十条线路、二十三个点位分专题、多层面进行。代表根据个人意愿和时间合理安排工作、多项选择视察内容、自主报名参加，视察活动的针对性和实效性大大增强。代表联动作用更加突出。有441人次区人大代表、34人次市人大代表报名参加。通过视察，市人大朝阳团代表下沉到基层，倾听人民群众的心声，更加了解朝阳区发展建设情况，通过形成市人大代表建议，共同推动解决朝阳区发展中的重点、难点问题，基层得到实惠。

（徐华东）

【第二十八次常委会会议】 10月29日，区十五届人大常委会召开第二十八次常委会会议。听取并审议区政府关于“发挥功能疏解、产业疏解带动作用，科学有序调控人口规模”议案办理情况的报告。听取并审议区政府关于继续办理“关于转方式、调结构，提升农村地区产业发展层级”议案情况的报告。听取并审议区政府关于继续办理“推进我区医疗卫生事业发展，提高人民健康生活水平”议案情况的报告。会议以表决器表决形式，接受吉增和辞去北京市第十四届人民代表大会代表职务的请求，报北京市第十四届人民代表大会常务委员会备案、公告。区人大常委会代表资格审查委员会主任委员朱春霞作关于提请接受樊献勇代表辞职请求的报告及关于确认个别代表的代表资格的报告。以表决器表决形式，接受樊献勇辞去区第十五届人民代表大会代表职务的请求。根据《中华人民共和国全国人民代表大会和地方各级人民代表大会代表法》的有关规定，樊献勇代表的代表资格终止。区第十五届人民代表大会有代表432名。根据区法院院长李瑞翔的提请，决定区人民法院庭长、副庭长、审判员职务任免事项。听取并审议区政府关于《中华人民共和国土地管理法》贯彻实施情况的报告。书面审议区政府关于落实区人大常委会对《朝阳区文化创意产业发展引导专项资金管理和使用情况报告》审议意见的报告。书面审议区政府关于2014年“加强城乡结合部环境综合整治，加大控违拆违力度，提升我区城市管理水平”议案审议意见落实情况的报告。书面审议常委会第二十七次会议被任命人员就职报告。

（徐华东）

【第二十九次常委会会议】 11月12日，区十五届人大常委会召开第二十九次常委会会议。会议以表决器表决的形式，接受吴桂英辞去区政府区长职务的请求，并报北京市朝阳区第十五届人民代表大会备案。根据区人大常委会主任佟克克的提请，会议以投票表决的方式，决定任命：王灏为区政府副区长。会议以表决器表决的方式，决定由王灏代理区政府区长职务。根据区检察院检察长王向明的提请，会议以投票表决的方式，决定任命：栗峥为区人民检察院副检察长、检察委员会委员、检察员。决定补选区人大代表事项。区人大常委会代表联络室主任孙立作关于补选区第十五届人民代表大会代表的情况说明，以表决器表决的方式，通过《朝阳区人民代表大会常务委员会关于补选朝阳区第十五届人民代表大会代表的决定》。会议决定：在建外、呼家楼街道各补选区第十五届人民代表大会代表1名，共计2名。

（徐华东）

【杜德印参加市人大朝阳团第十代表联系组座谈会】 12月16日，市人大常委会主任杜德印参加市人大朝阳团第十代表联系组座谈会。市人大常委会秘书长赵义、副秘书长张清，区人大常委会主任佟克克、副主任朱春霞，市人大代表张永红参加活动。围绕北京市“十三五”规划和“十三五”时期人民群众迫切需要解决的问题，听取朝阳团第十代表联系组(小关、亚运村、奥运村)区人大代表和群众的意见建议。座谈会上，区人大代表和群众代表就停车难、大气污染治理、城市管理、老旧小区改造等“十三五”时期迫切需要解决的民生问题提出意见建议。

（徐华东）

【第三十次常委会会议】 12月23日，区十五届人大常委会召开第三十次常委会会议。根据王向明的请求，会议以举手表决的形式，接受王向明辞去区人民检察院检察长职务的请求，并报区第十五届人民代表大会备案。根据区人大常委会主任佟克克的提请，会议以投票表决的方式，决定任命：张玉鲲为区人民检察院副检察长、检察委员会委员、检察员。会议以举手表决的方式，决定由张玉鲲代理区人民检察院检察长职务。根据徐贱云的请求，会议以举手表决的方式，接受徐贱云辞去北京市第十四届人民代表大会代表职务的请求，报北京市第十四届人民代表大会常务委员会备案、公告。根据区人大常委会主任佟克克的提请，会议以举手表决的方式，决定：补选王宝申为北京市第十四届人民代表大会代表，报北京市人大常委会代表资格审查委员会确认其代表资格。会议以举手表决的方式，通过《关于召开区十五届人大七次会议的决定》，会议决定区第十五届人民代表大会第七次会议于2016年1月12日—15日召开。并表决通过区第十五届人民代表大会第七次会议建议议程（草案），各代表团召集人名单（草案），主席团、秘书长建议名单（草案）；国民经济、社会发展计划和财政预算审查委员会主任委员、副主任委员、委员建议名单（草案）；议案审查委员会主任委员、副主任委员、委员建议名单（草案）。表决通过会议列席人员的决定。区人大常委会办公室主任李振玲作相关说明。讨论区人大常委会工作报告。区人大常委会研究室主任付小贺作报告起草情况的说明。听取代表资格审查委员会关于代表资格的审查报告。根据李世喆、路军的请求，会议以举手表决的方式，接受李世喆、路军辞去区第十五届人民代表大会代表职务。区第十五届人民代表大会代表程连元、王向明，因工作变动，调离本行政区域，根据《中华人民共和国全国人民代表大会和地方各级人民代表大会代表法》的有关规定，程连元、王向明的人大代表资格自行终止。听取区人大常委会代表联络室主任孙立作的《朝阳区人大常委会代表联络室关于补选朝阳区第十五届人民代表大会代表的情况报告》、代表资格审查委员会主任朱春霞作的《朝阳区第十五届人民代表大会常务委员会代表资格审查委员会关于代表资格的审查报告》。经区第十五届人民代表大会常务委员会第三十次会议确认，王灏、胡良森的代表资格全部有效。朝阳区第十五届人民代表大会有代表430名。听取并审议区“一府两院”关于办理朝阳区十五届人大五次会议代表建议、批评和意见工作情况的报告。听取并初步审查区政府《关于朝阳区2015年财政预算执行情况和2016年财政预算草案初步方案的报告》。听取并初步审查区政府《关于朝阳区国民经济和社会发展第十二个五年规划完成情况和第十三个五年规划纲要（草案）主要内容的报告》。书面审议区政府落实区人大常委会关于审计工作报告审议意见和审计发现问题整改处理情况的报告。书面审议区政府落实区十五届人大五次会议计划预算审查委员会关于计划审查意见及区人大常委会关于国民经济、社会发展计划上半年执行情况报告审议意见的报告。书面审议区政府落实区十五届人大五次会议计划预算审查委员会关于财政预算审查意见及区人大常委会关于财政决算、财政预算上半年执行情况报告审议意见的报告。书面审议常委会第二十九次会议被任命人员就职报告。

（徐华东）

【办公室工作】 年内，根据常委会的工作安排，保障3次市、区人代会，8次主任会议，9次人大常委会，11次主任办公会和15次党组会；组织代表约500余人次开展会前视察活动；保障领导出席市、区各类会议、到基层调研及“春节”“七一”和“国庆”期间走访慰问活动，“9·3”阅兵、世锦赛期间领导的下基层检查工作；保障区人大常委会领导班子赴昆明学习考察，与昆明市人大签订友好协议；保障市人大领导及区委书记到人大调研等工作，接待日本东京都大田区议会及杭州人大、乐亭县四套班子领导到朝阳区考察等工作。

（徐华东）

【内务司法工作委员会工作】 年内，加强对“两院”专项工作监督，促进公正司法，依法开展对区检察院查办和预防职务犯罪工作的调研。依法开展对区法院执行工作情况的调研。依法跟踪监督区法院行政审判工作和区检察院诉讼参与人权益保证工作。对区检察院检察长王向明分两次提请区人大常委会任命的陈艳等42人和区法院院长李瑞翔分两次提请任命的15人进行了任前考察，常委会提交4份任前考察报告，为常委会依法任命“两院”工作人员提供参考依据。

（徐华东）

【财政经济工作委员会工作】 年内，安排与计划、预算监督相关议题16项，其中主任会书面审议的议题2项，常委会书面审议的议题4项、听取的议题1项、听取审议和审查批准的议题6项，加开人代会议题3项。做好“十二五”规划落实和“十三五”规划编制的监督工作。

（徐华东）

【城建环保工作委员会工作】 年内，组织委员和代表重点开展常委会审议议题即本届五次大会确定的“落实法定责任，加强‘城市病’治理，全面提高城市管理执法水平”议案的督办工作、听取并审议“区政府贯彻实施《土地管理法》工作情况的执法检查工作；主任会审议议题“听取保障性住房建设工作情况的汇报”的视察和调研，“听取区政府推进断堵头路、道路微循环系统建设情况”的视察调研，以及开展相关专项调研和代表建议督办工作。组织委员代表视察调研16次，参与代表157人次。

（徐华东）

【教科文卫工作委员会工作】 年内，围绕工作重点全年组织调研、视察和座谈等活动8次，组织委员和代表参加活动143人次，上报信息及专报11篇。持续发挥专业代表小组优势促进工作开展，加强常委会议题前期调研工作，开展区食品药品监管情况、推进区医疗卫生事业发展，提高人民健康生活水平调研，工作委员会对照分类督办的29件代表建议深入开展调查研究，通过分别与教育、卫生等相关部门的逐件研究沟通，实现29件建议的办理情况全落实。

（徐华东）

【代表联络室工作】 年内，围绕“议案建议落实年”要求，深化代表建议督办工作，重新制定《关于代表建议、批评和意见办理工作办法》，列入2015年工作计划的15件建议，已经落实9件，工作有推进的6件。泉辛路、关西街部分路段安装路灯、天福园社区一号楼旧楼改造、修建北花园南路等一批建议得到解决。列入2016年及以后计划安排的73件建议，有23件建议提前得到落实。做好代表报名参加区人大常委会及闭会期间视察调研等活动工作，有577人次市、区代表报名31项自选议题列席常委会会议以及参加调研、视察活动。108人次代表应邀参加CBD国际商务节、《政府工作报告》征求意见座谈会、党政群共商共治民主协商会、全区干部大会、人才工作会、法院案件诉讼、检察院申诉案件公开审查等活动15次。征求10个地区113名代表对《中共北京市朝阳区委关于认真贯彻落实中央和市委部署全面深化改革工作的实施意见》的意见建议。组织市人大代表参加区人大常委会活动。68人次市人大代表应邀参加区人大常委会及各工作委员会组织的视察调研及执法检查活动。组织开展闭会期间代表小组活动。组织5次代表小组活动，有51人次代表参加分组活动；每次活动后做好市代表参加活动考勤记录、统计汇总工作。完成市人代会期间朝阳代表团的组织服务工作。完成市代表提出的20件议案和218件建议的审核把关、电子录入、网络提交等工作。

（徐华东）

【农村工作委员会工作】 年内，完成“一绿”试点乡建设议案和农村产业升级议案、重点项目规划审批议题、农村社区建设议题督办工作。围绕常委会“代表议案建议落实年”主题，促进代表建议落实。农村工委督办建议11件，其中B类建议10件，C类建议1件。深入开展调研工作，引导委员和代表参与年度四项议题监督活动和询问活动，加强闭会期间代表活动的组织，促进政府落实议题安排。

（徐华东）

【研究室工作】 年内，区委《朝阳信息》采编20条，超额完成全年任务，有3篇被评为当月优秀信息，1篇刊登为调研参阅信息。市人大信息采编35篇。人大信息出刊140期，编辑信息1037条次，同比增长10%。参与起草区人大常委会学习贯彻《中共全国人大常委会党组关于加强县乡人大工作和建设的若干意见》情况汇报、落实文件的措施。《北京人大》杂志共刊登了反映朝阳区提高人代会质量、加强代表工作、深化代表议案建议督办等亮点工作的7篇文章。

（徐华东）

【信访办工作】 年内，受理各类信访326件次，同比减少14.7%。其中来访185批次331人次，同比减少4.6%；来信141件，比上年减少25%。集体访5批次112人，同比减少54.6%。重复访29件次71人，同比减少47.3%。办理全国、市人大、区人大领导及市、区代表交办的信访27件，同比减少6.9%。

（徐华东）

北京市朝阳区人民政府

概　　述

2015年，实现地区生产总值4640.2亿元、增长7%，居民人均可支配收入增长8.3%。城镇登记失业率控制在1%以内。完成一般公共预算收入448亿元、增长8.8%。

着力推进转型升级，发展质量和效益实现新提升。坚决贯彻落实《京津冀协同发展规划纲要》。坚持“控”与“疏”双管齐下，全面落实《北京市新增产业的禁止和限制目录》，严格控制增量；制定实施一系列配套政策，“收、调、拆、建、管”并举，大力疏解存量，全年清退有形市场53家，清理废品回收场站24个，拆除出租大院96个，关停工业污染企业41家，减少从业人员11.4万人。坚持以点带面、重点突破，拆除华北地区最大的石材市场——西直河石材市场，疏解腾退经验在全市得到推广。启动雅宝路市场集群的疏解工作，为高端产业发展提供重要空间。不断加强与天津、河北的产业对接协作，中关村朝阳园西青科技产业园、北齿生产基地等一批合作项目正在加快实施。金融、商务服务、文化创意和高新技术产业支撑和引领作用更加凸显。金融和商务服务业实现财政收入占全区32.6%，对全区增收的贡献达82.5%。文化创意产业实现营业收入占全市四分之一，新增注册资本金过亿元企业75家。互联网消费增长154%，阿里巴巴北方运营中心、58同城等一批创新型企业入驻，“互联网+”产业氛围正在加快形成。CBD建设与发展齐头并进，加快建设中国尊、三星中国总部等7个项目，税收过亿元楼宇超过50座，辐射带动能力持续增强。奥林匹克公园服务首都国际交往中心作用更加突出，国际会展、文化体育活动加速聚集，北京奥林匹克塔投入试运行。中关村朝阳园建设全面提速，绿地中心、浦项中心、保利国际广场等项目相继交付使用，新增产业空间76万平方米，加快形成新的经济增长极。国家文化产业创新实验区纳入北京市服务业扩大开放综合试点范围，实验区管委会正式成立，启动规划设计和政策研究。加大“三倾斜”力度，投向农村地区的财政资金连续两年增长15%以上，《农村地区产业准入标准的指导意见》等多项促进政策相继实施。一绿6个试点乡城市化建设“851”任务基本完成，拆迁352万平方米、调减流动人口7万人、实施绿化3500亩、整建制转居1.6万人，4个安置房、11个产业项目陆续开工建设。剩余13个乡城市化建设方案初步形成。推进奶东、白墙子等村拆迁腾退，基本完成9个重点村剩余拆迁和绿化任务。加快退出小、散、低产业，设立全市首支城乡结合部产业引导基金，引入社会资本建设高端产业项目，推进产业升级。深化农村集体“三资”管理，完成来广营、东坝、黑庄户3个乡、29个村产权制度改革。打好放权、松绑、减负、惠民的改革“组合拳”。深化行政审批制度改革，进一步优化投资项目审批流程。落实“先照后证”制度改革，推行“三证合一”“一照一码”，开展就近工商登记业务试点，促进登记注册便利化。14.7万家“营改增”试点企业税负下降44.9%。推进预算管理制度改革，编制政府全口径预算，将一般公共预算、政府性基金、国有资本经营预算、社会保险基金纳入年度预算草案，全部街乡纳入国库集中支付改革。优化创新创业环境，加大对科技企业的扶持力度，专利授权量增长23%，朝阳区成为全国直辖市中首个“国家知识产权示范城市”。

着力推进“大城市病”治理，城市建设和服务管理水平实现新提升。综合运用经济、法律、行政等手段，以业控人、以房管人、以证管人，完成常住人口年度调控任务，减少流动人口22.4万人。狠抓拆违控违工作，依法拆除违法建设480处380万平方米。加强房地产经纪行业规范管理，加大违法出租行为整治力度，治理群租房1900余户，清理散租住人人防工程670余处。严格执行新环保法，全面实施压减燃煤、控车减油、治污减排、清洁降尘等综合措施，淘汰老旧机动车5.7万辆，压减燃煤156.6万吨，减排挥发性有机物260吨，全区在册燃煤锅炉改造全部完成，$PM_{2.5}$年均浓度下降5.8%。加快推进亮马河等5条河道防洪治理，完成清河北岸等6条再生水厂配套管线地上物拆迁工作。做好南水北调通水和用水保障工作，28个居民小区和公建单位实现自备井置换。建成望京外环、四得公园健康绿道和11处小微绿地，新增、改造绿化面积200公顷，平原造林200公顷。协调推动主次干路拆迁建设，加快续建道路、断堵头路改造建设，广渠路二期五环外段、东坝南二街实现开工。配合开展地铁7号线、14号线、15号线一期拆迁工作。新增居住区停车位1755个。新增公共租赁自行车服务站点100个、自行车3000辆。加强交通秩序综合整治，改造10条道路慢行系统，建成来广营交通管理示范区，百子湾路、欢乐谷、草房地铁站等区域交通秩序明显改善。传承奥运经验、坚持首善标准、落实属地责任，高水平完成了中国人民抗日战争暨世界反法西斯战争胜利70周年纪念活动和第十五届世界田径锦标赛服务保障任务。聚焦“两区、两环、四线、多点”，推进分区域管理、分重点突破，完成CBD西南区域、奥林匹克园区周边环境提升工程，全区查处露天烧烤、违法停车、违规广告牌匾、黑摩的等违法行为21万起，清理环境脏乱点2800余处，朝阳路、朝阳北路等28条道路沿线近700处“开墙打洞”整治完成。深入推进垃圾分类处理，在8个街道试点推行餐厨垃圾规范收运管理，加快推进19座农村地区生活垃圾中转站升级改造，生活垃圾综合处理厂焚烧中心项目投入试运行。

着力推进和谐社会建设，民生保障水平实现新提升。深化教育领域综合改革，大力推进素质教育，持续扩大优质教育资源覆盖面，优质校（址）比例达83.6%。新增入园学位4100余个。八十中南校区主体工程完工，北京二中朝阳学校实现开工。区中考综合优秀率和高考本科上线率分别达到60.6%和92%。垂杨柳医院改扩建工程完成征收拆迁工作，全面实现动工。北京市第一中西医结合医院升级为三级甲等医院。推行分级诊疗模式，新建中医和肿瘤专科医联体，建成3个社区卫生服务中心、43个社区急救站。健全就业服务机制，加大创业人员和就业困难人员帮扶力度，新增就业岗位10万个，城乡登记失业人员实现就业2.2万人。坚持养老服务“27字”工作思路，加强三级养老服务体系建设，新建10家街乡养老照料中心，区成为北京市养老服务社会化示范区。新建135套全民健身设施和53个体育生活化社区。街乡文化中心、社区（村）文化活动室实现全覆盖。棚户区改造8个项目启动，完成拆迁改造9000余户，六公主坟、酒仙桥旧城区改建项目对接安置房开工建设。完成老旧小区综合整治296万平方米。开工建设保障房8140套、竣工8044套。大力培育和践行社会主义核心价值观，加强思想道德建设，开展普法教育和群众性法治文化活动。区顺利通过“全国双拥模范城”考评检查。深化全国社区治理和服务创新实验区建设，初步形成商品房小区、保障房小区、老旧小区、农村地区社区分类治理的有效机制。大力培育居民议事厅，构建协商共治平台。建成32个街乡社会组织服务平台和135个街乡社区公益空间，购买社会组织服务项目近300个。创建六型社区36个、智慧社区97个。圆满完成第九届社区居委会选举工作。深化全模式社会服务管理系统建设，开展二级闭环系统试点，提高街乡、社区（村）自我发现问题、解决问题的能力。全力为群众解难题，办理区、街乡、社区（村）三级实事近1800件。严格落实新安全生产法，深化安全发展示范城市和安全生产标准化示范区建设，开展危险化学品、油气输送管道等重点领域专项整治，加大食品药品执法监管力度，强化城市安全运行监测和应急管理，安全生产死亡事故数、死亡人数分别下降8.9%和11.5%。健全多元调解平台，市区信访重点矛盾结案率达到100%。完善立体化社会治安防控体系，加强群防群治，“朝阳群众”在平安建设中的突出作用受到社会好评。

2015年，朝阳区经济社会发展的困难和问题是：在实现非首都功能疏解的同时提升朝阳发展品质不够。未来几年，区面临功能疏解任务重、人口调控难度大的复杂局面。在实现新常态下的经济提质增效升级不快。新常态下，经济增长进入增速换挡期，经济发展面临的不确定因素较多、下行压力明显。生态文明建设和环境治理水平有待提升。大气雾霾防治难度大，治理效果有待提升。地表水质污染问题久治不愈，大部分河道水体为劣V类，污水直排及垃圾污染河道等问题依然突出，污水处理设施缺口较大。城乡结合部环境治理仍显滞后，痼疾顽症仍未根除，城市管理的科学化、精细化和智能化水平有待提高。在促进城乡基本公共服务均等化上不够。朝阳区教育、医疗、养老等公共服务供给不足与资源配置不均的问题依然存在，安全生产、食品安全等方面还有不少隐患，保障和改善民生任务繁重。政府行政效率和为民服务能力还需持续提升。个别政府部门和少数工作人员不作为、乱作为的现象仍然存在，面对新形势不适应、不会为、不善为的问题还比较突出，政府自身建设需要进一步加强。

（杨学良）

主要工作和重大活动

【区领导安全工作检查】 1月5日，区长吴桂英带队到孙河、望京和区一氧化碳报警器呼叫中心，检查安全工作，并要求加强专人巡视，做好逃生自救培训，提高一氧化碳报警器的上线率，确保不出问题。

（杨学良）

【城市管理安全生产工作会】 2月9日，区召开统筹城乡经济社会发展，加强城市管理安全生产工作会。总结2014年全区经济发展、环境建设和城市管理、社会建设、农村城市化、安全生产五方面工作，部署2015年相关工作。程连元、吴桂英、佟克克、谢莹等区领导出席会议。

（杨学良）

【区领导会见韩国企业代表团】 2月10日，区领导吴桂英、张维刚会见韩国原国务总理郑云灿带领的韩国企业代表团，交流推动韩国企业在区发展相关事宜。

（杨学良）

【区应急委第九次全体（扩大）会】 2月15日，区召开突发事件应急委员会第九次全体（扩大）会暨2015年春节全国“两会”期间全区安全保障工作部署会。会议要求，加强组织领导，确保责任到人，任务到岗；严防死守，确保措施到位，做好安全保障工作；做好应急值守，高效处置突发事件，保证百姓过一个祥和的春节，确保全国“两会”顺利召开。区领导吴桂英、谢莹、陈宏志、陈涛、甘靖中、高岩、史连雪、王志勉、张维刚、杨树旗、梁洁出席会议。

（杨学良）

【区领导调研行政监察及预防腐败工作】 3月3日，区领导吴桂英、宋铁健到区监察局调研行政监察和预防腐败工作。吴桂英强调，要提升纪检监察意识，做好党风廉政建设，按照“从严治党”和新形势的发展要求，对重点领域、重要环节做好监管；要深化“两个责任”的落实，狠抓违法建设，推进安全、功能疏解、市容环境等重点工作任务的监督落实，切实为市区重点、中心工作做好服务保障；要加强对专项窗口、基层窗口的监督，提升窗口单位综合素质，为百姓提供优质服务。

（杨学良）

【政府廉政工作会及审计工作会】 3月16日，区召开政府廉政工作会和审计工作会，总结2014年区政府廉政工作和审计工作，部署2015年工作。会议要求各单位要统一思想，严明纪律规矩，严格落实责任，采取有力措施，确保廉政建设各项工作落到实处；要强化审计监督作用，突出审计重点，加大审计力度，为政策落地落实、促进改革深化、维护经济安全提供有力保障。区领导吴桂英、陈涛、宋铁健、甘靖中、张维刚、杨树旗、梁洁出席会议。

（杨学良）

【区领导调研安全生产】 3月24日，区领导吴桂英、常树奇、张维刚到区安监局调研。了解安全生产形势和重点工作，要求将安全工作放在更加突出的位置上，聚焦重点问题，加大专项检查力度，确保全区安全生产形势稳定。

（杨学良）

【环境秩序整治和社会组织建设调研】 4月1日，区领导吴桂英、杨树旗到团结湖、建外、潘家园和双井调研环境秩序整治和社会组织建设情况进行。吴桂英指出，街道和社区工作是展示政府工作的重要窗口，各街道要深化对城市管理的认识，创新工作方式，不断提升城市综合服务管理的水平。

（杨学良）

【区领导值守12345热线】 4月8日，区领导吴桂英、杨树旗带领区属相关部门负责人到市非紧急救助服务中心，接听12345市政府热线，解答百姓疑问。接听市民电话68个，内容涉及物业管理、环境整治、消防安全等。

（杨学良）

【卫生系统工作调研】 4月8日，区领导吴桂英、王志勉到垂杨柳医院和双桥医院，实地察看垂杨柳医院改扩建拆迁现场和双桥医院运行情况。

（杨学良）

【市领导调研】 4月23日，市长王安顺到区调研并召开现场办公会。研究推进非首都功能疏解和绿化隔离地区建设工作。王安顺要求，坚定不移抓好非首都功能疏解工作，坚决控制住增量，切实推进疏解存量，加快推动公共服务资源疏解转移，做好后续规划，改善生活环境。市领导李士祥、陈刚、林克庆、张延昆，市政府秘书长李伟，区领导程连元、吴桂英、陈涛、甘靖中、杨树旗陪同调研。

（杨学良）

【国家文化产业创新实验区建设调研】 5月11日，文化部部长雒树刚到区调研国家文化产业创新实验区建设发展情况。市委常委、宣传部部长李伟，区领导程连元、吴桂英、谢莹、孙其军、黄晓伟陪同调研。

（杨学良）

【简政放权和投资服务工作调研】 5月13日，区领导吴桂英、王志勉到区行政服务大厅，调研简政放权和投资服务工作。吴桂英要求，以企业和百姓为主体，以我区的功能定位、市容整治等为导向，完善投资环境，加强窗口建设，简政放权，切实提升服务效能。

（杨学良）

【非首都功能疏解工作调研】 5月14日，市委书记郭金龙到区调研非首都功能疏解工作。郭金龙强调，要深入贯彻习近平总书记考察北京重要讲话精神，坚决落实《京津冀协同发展规划纲要》要求，坚定不移加快疏解非首都功能，“瘦身健体”谋发展。市长王安顺，区领导程连元、吴桂英、谢莹、陈宏志、陈涛陪同调研。

（杨学良）

【党政群共商共治区级民主协商会】 5月22日，区召开2015年党政群共商共治区级民主协商会，22名议事代表就区级拟办重要民生实事项目中的小微绿地（口袋公园）建设项目归属地展开议事，从13个候选项目中确定入选项目10个。区领导程连元、吴桂英、甘靖中等出席会议。

（杨学良）

【防汛抗旱工作电视电话会】 5月28日，区召开防汛抗旱工作电视电话会，部署2015年防汛抗旱工作。区领导吴桂英、陈涛、黄晓伟出席会议。

（杨学良）

【公共文化设施管理调研】 5月28日，全国政协副主席卢展工带队一行到区调研座谈“提高公共文化设施管理水平和服务效益，为制定‘十三五’规划议政建言”等。市政协主席吉林，全国政协和北京市领导张玉台、胡振民、齐让、戴均良、陈平，市政协秘书长周毓秋，区领导程连元、谢莹、孙其军陪同调研。

（杨学良）

【简政放权放管结合职能转变工作会】 5月29日，区召开简政放权放管结合职能转变工作会。吴桂英强调，要强化认识，增强紧迫感，进一步推进简政放权工作深入开展，精简审批，完善投资环境，加强窗口建设，切实提升服务效能。区领导陈涛、王志勉、张维刚、梁洁、黄晓伟出席会议。

（杨学良）

【养老服务工作调研】 6月2日，吴桂英到十八里店乡、劲松街道、双井街道调研养老服务工作。吴桂英要求落实好《北京市居家养老服务条例》，研究出台区域养老服务综合性政策，鼓励养老服务投资主体多元化，不断完善养老服务体制机制建设，推进养老机构运营规范化、便利化。

（杨学良）

【疏解非首都功能工作现场会】 6月17日，在十八里店乡召开疏解非首都功能工作现场会。王安顺出席会议并强调，要深入贯彻《京津冀协同发展规划纲要》精神，认真总结西直河市场腾退整治经验，全面有序推动全市疏解非首都功能工作，坚决把中央决策部署落到实处。市委常委、常务副市长李士祥，市政府秘书长李伟出席，市23个政府部门和各区县负责人、区领导程连元、吴桂英、陈涛参加会议。

（杨学良）

【征兵体检工作检查】 6月18日，区领导吴桂英、杨树旗到北京市第一中西医结合医院体检中心检查征兵体检工作。

（杨学良）

【房屋征收工作调研】 7月22日，区领导吴桂英、甘靖中到区房管局调研，实地查看分钟寺桥西北侧地区回迁安置房项目实施进展情况。

（杨学良）

【“两项重大任务”服务保障战时工作部署暨誓师会】 7月30日，朝阳区召开抗日战争暨反法西斯战争胜利70周年纪念活动及第十五届世界田径锦标赛服务保障战时工作部署暨誓师电视电话会，部署服务保障战时整体工作。会议指出，“两项重大任务”活动是推动全区发展的难得机遇，必须坚持首善标准，传承奥运经验，拿出认真干事的态度和敢打硬仗的拼劲，高标准、高水平完成好服务保障工作。市公安局副局长李润华，区四套班子领导出席会议。

（杨学良）

【争创全国双拥模范城“六连冠”动员部署大会】 7月31日，区召开争创全国双拥模范城“六连冠”动员部署大会。区领导吴桂英、陈涛、何明、马继业、刘军胜、史连雪、朱春霞、常树奇、张维刚、孙其军出席会议。

（杨学良）

【“两项重大任务”服务保障工作检查】 8月21日，区领导吴桂英、陈宏志、何明、刘军胜、杨树旗到朝阳体育中心训练场地和奥林匹克公园检查抗日战争暨反法西斯战争胜利70周年纪念活动及第十五届世界田径锦标赛服务保障工作。

（杨学良）

【与昆明市建立友好市区关系】 9月16日，朝阳区与云南省昆明市正式签署友好市区合作协议。两市将以“优势互补、互惠共赢、务实合作、共同发展”原则，加深相互联系与交流。昆明市领导程连元、李文荣，区领导吴桂英、陈宏志等出席签约仪式。

（杨学良）

【“十二五”发展成就展】 9月16日，区举办“十二五”发展成就展。展览以誉满朝阳、“双十工程”成效显著、核心功能优化提升、城市环境更加宜居等板块回顾朝阳区过去五年的发展。同时，也就新形势新机遇、新思路新理念等板块，展望“十三五”发展转型。贵州省委常委、贵阳市委书记陈刚，昆明市委书记程连元，昆明市委副书记、市长李文荣，南京市副市长储永宏，北京市委组织部副部长张革，朝阳区四套班子领导和“十二五”期间曾在区任职的退休和调离的老领导，以及昆明党政代表团，天津市北辰区、河西区，河北省保定市、廊坊市、承德市、邢台市、秦皇岛市北戴河区，江苏省南京市及中国商务区联盟成员单位的领导和嘉宾参加展览开幕式。

（杨学良）

【2015北京CBD国际金融圆桌会】 9月17日，召开2015北京CBD国际金融圆桌会。与会专家、学者围绕深化金融体制改革、支持实体经济发展、助推经济结构转型升级、促进区域协同发展等多个金融产业热点问题进行探讨。中国社会科学院学部委员、国家金融与发展实验室理事长、北京CBD国际金融研究院院长李杨主持会议。区领导吴桂英、甘靖中、常树奇、梁洁出席会议。

（杨学良）

【“两项重大任务”服务保障工作总结会】 9月23日，朝阳区召开抗日战争暨反法西斯战争胜利70周年纪念活动及第十五届世界田径锦标赛服务保障工作总结会。区四套班子领导出席。

（杨学良）

【区老年人权益保障工作检查】 9月24日，全国人大常委会副委员长张宝文带领全国人大常委会老年人权益保障法执法检查组一行，到南磨房乡敬老院和区养老服务指导中心，检查区贯彻落实老年人权益保障法有关情况。市人大常委会副主任牛有成，市人大常委会副秘书长、内司办主任刘维林，区领导吴桂英、苑文新、孙其军陪同检查。

（杨学良）

【公安工作调研】 9月25日，区领导吴桂英、陈宏志、刘军胜、高岩、杨树旗到公安朝阳分局调研。吴桂英强调，当前，区面临的环境更加复杂，任务更加艰巨，公安系统要讲政治、保平安，讲担当、守底线，讲协作、保民生，讲纪律、强基础，不断提升群众满意度和安全感。

（杨学良）

【烈士纪念日公祭仪式】 9月30日，区在日坛公园举行烈士纪念日公祭仪式。吴桂英、佟克克、谢莹等区四套班子领导参加活动。

（杨学良）

【重大基础设施投资建设检查】 10月9日，市长王安顺到区现场检查、督战重大基础设施投资建设情况。王安顺强调，要下定决心，攻坚克难，加快项目建设进度，努力提升城市公共服务能力和水平。市领导林克庆、张延昆，市政府秘书长李伟，区领导吴桂英、杨树旗陪同检查。

（杨学良）

【养老服务工作调研】 10月15日，市人大常委会副主任牛有成到区调研养老服务工作。区领导吴桂英、佟克克、谢莹等陪同调研。

（杨学良）

【园林绿化项目建设调研】 10月16日，北京市政府党组成员、市平原地区造林工程建设领导小组副组长、总指挥部总指挥夏占义到区调研园林绿化项目建设情况。区委书记、区长吴桂英陪同调研。

（杨学良）

【首届职工运动会】 10月18日，朝阳区首届职工运动会在朝阳体育中心举办。市总工会党组书记、副主席曾繁新，吴桂英、佟克克、谢莹等区四套班子领导出席开幕式。各街道、地区总工会，行业工会，直属基层工会130支代表队近4000名朝阳职工运动员参加12项比赛和展示项目。

（杨学良）

【全市重大任务落实情况调研】 10月21日，副市长林克庆带领市政府第四督查组到区现场督查调研中小河道治理、污水治理、平原造林、减煤换煤等全市重大决策任务落实情况。市政府副秘书长赵根武参加调研，区领导吴桂英、张维刚陪同调研。

（杨学良）

【双拥创建工作调研督导】 10月22日，全国双拥办主任、民政部副部长窦玉沛，全国双拥办副主任、总政群工办主任李辉等到区调研督导双拥创建工作。窦玉沛强调，要进一步认识新形势下双拥工作的重要意义，以改革为动力，推动双拥工作创新发展，推动军民融合深度发展。市双拥办副主任霍军，区领导吴桂英、史连雪、孙其军陪同调研。

（杨学良）

【农村地区重点工作调研】 10月27日，区领导吴桂英、陈涛、张维刚到孙河、将台、东坝，就平原造林、“一绿”城市化建设试点及非首都功能疏解等重点工作进行调研。

（杨学良）

【安全生产工作检查】 11月19日，区领导王灏、杨树旗检查安全生产工作。王灏强调，要强化底线意识，牢固树立安全发展理念，狠抓责任、管理、教育和投入，全力消除各类安全隐患。

（杨学良）

【第六批“凤凰计划”认定仪式】 11月20日，朝阳区第六批“凤凰计划”认定仪式暨第三届北京朝阳海外学人创业大会峰会在朝阳区规划艺术馆举行。欧美同学会秘书长张学军，区领导吴桂英、王灏、陈涛、何明、刘军胜、陈宏志出席会议。认定海外高层次人才20名，资助企业团队2个、初创企业49家，在朝阳区聘用海外留学人员的企事业单位17家。

（杨学良）

【空气重污染应急措施落实情况检查】 12月9日，区委副书记、代区长王灏带队检查区落实空气重污染应急措施情况。检查组查看区政府院内停驶公车的封存情况、六里屯中心广场工地施工现场降尘措施和团结湖第三中学应急措施等情况。王灏要求，全区各部门全力以赴落实各项应急措施，建立长效机制，严格执法，不折不扣抓好相关工作。

（杨学良）

【“两个责任”落实情况督查】 12月10日，区委副书记、代区长王灏带队督查东风乡落实“两个责任”情况。王灏指出，东风乡在落实“两个责任”过程中，思想认识到位、制度执行到位，全乡能够贯彻中央八项规定、落实区委有关意见，认真开展“三严三实”专题教育，严格落实“两为”专项整治相关要求，扎实推进作风转变，效果较好。他要求，各街乡、各部门要把牢思想的关口，进一步强化对“两个责任”重要性的认识；把牢责任的关口，强化主体责任的具体落实；把牢作风的关口，持续深入推进作风建设。

（杨学良）

【“一绿”试点工作推进情况调研】 12月28日，副市长林克庆就朝阳区“一绿”地区城市化建设试点工作进行调研。林克庆肯定区推进“一绿”试点工作，他指出，朝阳区通过初步总结经验，创新体制机制，基本完成年初制定的任务目标。他强调，2016年是“一绿”试点工作的决战决胜之年，要统一认识、坚定信心，加强资源互通，有计划、有目标地完成“一绿”地区城市化建设工作，尽快启动第二批试点乡工作。市政府副秘书长赵根武，区领导吴桂英、王灏、陈涛、刘军胜陪同调研。

（杨学良）

【区政府常务会 区长办公会】 年内，召开区政府常务会8次、区长办公会36次。研究综合经济、城乡建设、城市管理、民生发展、安全生产、信访、社会治安、食品安全、便民热线、市容环境和违法建设等方面的工作。

（杨学良）

区政府办公室工作

【概况】 年内，政府办（应急办）应有编制60人，实有48人；下设科室12个，其中应急办3个科室。信息公开办公室应有编制4人，实有4人。年内，政府办公室围绕全区经济社会发展大局和政府中心工作，以“三严三实”专题教育活动为契机，转变作风，认真履职，发挥承上启下、联系左右、协调各方的枢纽作用，实施和推进一系列重点工作，提升综合办事效能，完成全年工作。年内，制发公文556件，接收各类公文5658件，处理中央、国务院、市委、市政府机要文件482件，收集整理档案2400余件，按程序移交2002—2005年度档案7393件。起草区政府工作报告、区政府领导讲话以及汇报材料等文稿近220余篇100余万字。办理全国、市、区人大代表议案和建议、政协委员提案537件。

地址：日坛北街33号

电话：65094221

邮编：100020

（杨学良）

【值班值守】 年内，处理各类会议（活动）通知1569件。执行24小时值班制度，增加值守力量，完善值班值守工作制度，通过800兆电台等设备检查全区值班值守工作。完善请销假、值班管理、车辆调度等制度。

（杨学良）

【会务办理】 年内，组织区政府常务会8次、区长办公会36次，电视电话会30次。接待中央和市领导调研18次、外省市领导考察24次。

（杨学良）

【调查研究】 年内，召开调研研讨会40余次，开展《城乡结合部地区分类治理模式研究》《朝阳区区域内市属国有企业用地利用机制研究》《朝阳区生态文明战略研究》等12项课题研究工作，制定或组织制定《关于朝阳区在京津冀协同发展格局中定位的几点认识》《关于朝阳区绿化美化提升工程的几点思考》等各类调研报告20篇。

（杨学良）

【信息编发】 年内，编发各种信息刊物988期（特刊236期、普刊138期、朝阳情况476期、朝阳动态138期），其中市、区领导批示62条；采用基层信息6519条。向市政府报送各类信息476期，被采用243条。

（杨学良）

【督查督办】 年内，办理市、区领导批示62件，其中市领导批示39件、区领导批示23件；督办市、区重大决策任务195项，其中市政府工作报告重点工作33项、市级重要民生实事7项、市级责任书（责任状）工作21项、市重点推进项目14项、市级其他决策任务5项，区政府工作报告重点工作79项、区级重要民生实事30项、区级责任书（责任状）工作6项；督办政府常务会、区长办公会议定事项505项；督办市群众路线教育实践活动整改落实情况，承担区党的群众路线教育实践活动领导小组整改组相关工作。

（杨学良）

【绩效管理】 年内，建立区政府绩效管理考评体系，制定《朝阳区2015年市政府绩效管理任务分工方案》，个性化制定年度重点工作任务书，涉及部门任务700余项、街乡任务2500余项，强化外部评价，完成区政府服务居民、企业满意度情况问卷调查。

（杨学良）

【应急管理】 年内，接报、处置各级各类突发事件2357起，比2014年增加344起。其中社会安全类事件1824件占77.4%，事故灾难类事件492件占20.9%，公共卫生类事件27件占1.1%，自然灾害类事件14起占0.6%。

（杨学良）

【应急演练】 年内，通过“5·12”防灾减灾现场展示、宣教基地免费开放、制播防踩踏宣传片等方式，以及应急管理进机关、进社区、进农村、进学校、进企业、进部队等六进活动普及各类安全知识，直接参与人数近7万人；开展各类专业应急演练1800余次，参加演练人员6.13万人次。

（杨学良）

【外联服务】 年内，在后勤保障、项目落地和建设、生活环境改善等方面为中央单位、驻区部队、外省市驻京办及区属相关单位做好综合协调和服务工作。建立政府与驻区单位长效联系机制，为12支部队办理实事18项。

（杨学良）

【队伍建设】 年内，选拔任用科级干部8名，其中正科级领导干部1名，副科级领导干部6名，副科级非领导干部1名。任正处级领导岗位1人，任副处级领导3人，转任到基层乡长助理1人。

（杨学良）

政府信息公开

【概况】 朝阳政府信息公开办公室是朝阳区政府办公室内设机构，负责推进、指导、协调全区政府信息公开工作和区政府、区政府办的政府信息公开具体工作。2015年，朝阳区各政府信息公开工作机构（以下简称“公开机构”）认真履行《条例》法定义务，在高质量完成常规工作任务的基础上，重点从深化主动公开、规范依申请公开、强化监督保障、推进业务研究等方面开展工作。全年全区各公开机构（不包含垂直管理部门）通过政府信息公开专栏主动公开政府信息29232条，受理政府信息公开申请1415件，因政府信息公开申请行政复议187件，提起行政诉讼197件。政府信息咨询、主动公开及申请受理、办理、答复工作顺利开展，各公开机构的组织管理、制度建设、渠道场所、教育培训等工作开展情况良好，全区政府信息公开工作有序运行。

地址：日坛北街33号

邮编：100020

电话：65090089

邮箱：xxgk@bjchy.gov.cn

（叶易棠）

【主动公开】 年内，全区主动公开政府信息29232条，全文电子化率100%，其中主动公开规范性文件365条，占制发规范性文件总数比例的15.8%。重点领域公开政府信息3328条，其中主动公开财政预算决算、“三公经费”和行政经费信息129条；主动公开保障性安居工程建设计划、项目开工和竣工情况，保障性住房分配和退出等信息19条；主动公开食品安全标准，食品生产经营许可、专项检查整治等信息211条；主动公开环境核查审批、环境状况公报和重特大突发环境事件等信息90条；主动公开生产安全事故的政府举措、处置进展、风险预警、防范措施等信息291条；主动公开农用地转为建设用地批准、征收集体土地批准、征地公告、征地补偿安置公示、集体土地征收结案等信息7条；主动公开政府指导价、政府定价和收费标准调整的项目、价格、依据、执行时间和范围等信息数1条；主动公开本市企业信用信息系统中的警示信息和良好信息等信息11条；主动公开政府部门预算执行审计结果等信息31条；主动公开行政机关对与人民群众利益密切相关的公共企事业单位进行监督管理的信息1014条；主动公开市人民政府决定主动公开的其他信息等信息1524条。

（叶易棠）

【依申请公开】 年内，全区各政府信息公开工作机构受理申请总数为1415件，其中区政府和区政府办259件，区级机关、区属机构、街道办事处和地区办事处1156件。从申请方式来看，当面申请1003件，占总数的70.89%；以互联网申请138件，占总数的9.75%，以传真形式申请5件，占总数的0.35%，以信函形式申请269件，占总数的19.01%。在全区1415件申请中，已到答复期1342件全部按期答复，“同意公开”701件，占总数的52.2%。“申请信息不存在”396件，占总数的29.5%。“不同意公开”87件，占总数的6.5%。“不属于本行政机关公开”68件，占总数的5.1%。“属于已主动公开范围”62件，占总数的4.6%。“申请内容不明确”20件，占总数的1.5%。“同意部分公开”的7件，占总数0.5%。“告知通过其他途径办理”1件，占总数的0.1%。

（叶易棠）

【行政复议】 年内，针对本区政府信息公开的行政复议申请187件。其中维持行政机关具体行政行为127件，确认行政机关违法或撤销行政机关具体行政行为、责令重新答复32件，不予受理的22件，申请人主动撤回5件，逾期未补正视为放弃申请1件。

（叶易棠）

【行政诉讼】 年内，针对本区政府信息公开的行政诉讼案197件。其中，维持行政机关具体行政行为或判决驳回原告诉讼请求151件，判决行政机关违法或撤销行政机关具体行政行为、责令重新答复17件，裁定驳回原告起诉14件，申请人自愿撤诉8件，裁定移送7件。

（叶易棠）

【年度报告】 年内，按照《中华人民共和国政府信息公开条例》的规定，全区各政府信息公开工作机构于2016年3月24日，统一向社会公布2015年度的政府信息公开工作年度报告。报告包含概述，主动公开情况，依申请公开情况，复议和诉讼情况，要点落实情况，存在不足及改进措施等内容。

（叶易棠）

【公开指南】 年内，更新编制《北京市朝阳区政府信息公开指南（2015版）》，在区域内的各级各类信息公开窗口免费向公众发放，同时，在政府信息公开专栏中同步更新。

（叶易棠）

【场所建设】 年内，进一步下沉场所、拓展信息公开渠道，以创新实践的形式在街道办事处和地区办事处各选取了1处设立社区政府信息公开宣传查阅场所，方便公众就近查询政府信息。

（叶易棠）

【网页申请】 年内，在“北京朝阳”门户网站实现网页申请政府信息服务功能，支持申请人在门户网站在线填写政府信息公开申请表。

（叶易棠）

民族 宗教

【概况】 朝阳区民族宗教办公室是主管全区民族宗教事务的一个正处级政府职能部门，现有人员行政编制13人。其中正、副主任各1名。下设三个职能科室，分别为综合科、民族科、宗教科。区有汉、回、满、蒙、朝、藏等56个民族，少数民族人口约20万人（包括流动人口）。有民族工作重点街道、民族乡各1个，民族村11个；民族中、小学校7所；经批准的生产经营清真食品的单位达180余家。有伊斯兰教、基督教、天主教、道教等4个传统宗教，爱国宗教团体3个、庙管会1个；有伊斯兰教清真寺9座，基督教、天主教教堂各1座，道教东岳庙1座；依法批准的基督教聚会点6个、涉外宗教临时活动场所2处；宗教教职人员47人，宗教信徒约6万余人；外国信徒约7000余人。

地址：团结湖北五条8号楼

邮编：100026

电话：65094755

邮箱：mzb@bjchy.gov.cn

（宋 娜）

【春节生活补助发放】 春节前，区财政局为全区32个街乡具有清真饮食习惯的381名少数民族低保群众发放补助资金（300元/人）114300元。区民宗办协调北京月盛斋清真食品有限公司在朝外街道开展节日期间清真食品社区展卖活动，为少数民族群众提供生活便利。

（宋 娜）

【民族宗教工作部署会】 4月9日，区召开2015年民族宗教工作部署会。区基督教、天主教、伊斯兰教、道教四个爱国宗教团体负责人，区委统战部、区安朝阳全分局主管领导以及区民宗办全体干部参加会议。传达学习北京市民族宗教工作会议精神，听取各宗教团体主要负责人年度述职及2015年工作安排。总结2014年全区民族宗教工作，部署2015年工作。会议指出，当前民族宗教工作和部门面临以下特点：任务繁重，需要保持高昂的斗志；位置特殊，需要加强工作力量；情况复杂，工作中需要一定的智慧；手段翻新，需要关注涉外宗教；事端突发，需要掌握信息动态等特点。会议强调：2015年全区民族宗教工作要以十八届四中全会精神为指导，围绕“紧盯难点，抓住重点，强化载体、搞好纳入、形成机制、转变理念，带好队伍”28字方针，促进民族团结、宗教和睦、社会稳定。

（宋 娜）

【“开斋节”庆祝活动】 7月18日，伊斯兰教的回族、维吾尔、哈萨克等10个少数民族的传统节日——开斋（尔代）节。区6591名中外穆斯林群众（其中外宾 185人）在南下坡、常营等9所清真寺参加节日会礼庆祝活动。副区长黄晓伟及区委统战部、区民宗办、区公安分局有关领导分别到常营、南下坡清真寺向穆斯林群众祝贺节日，并送去慰问金。各清真寺所在地的街、乡领导分别到辖区清真寺向各地穆斯林群众表达节日祝贺。

（宋 娜）

【“古尔邦节”庆祝活动】 9月24日是信仰伊斯兰教的回族等10个少数民族的传统节日——古尔邦节。区 4270名中外穆斯林群众（其中外宾 175 人）在常营、八里庄等9所清真寺参加节日会礼庆祝活动。副区长黄晓伟和区委统战部、区民宗办和区公安分局等有关领导分别到各清真寺向穆斯林群众祝贺节日，并送去慰问金。各清真寺所在街乡领导到辖区清真寺向穆斯林群众表达节日祝贺。区民宗办按照黄晓伟要求，检查各寺的安全和古尔邦节准备工作，对节日庆祝工作提出要求，部署反恐防暴工作。各清真寺所在街乡，公安朝阳分局国保支队等有关单位抽调骨干力量完成各寺安全保卫工作。

（宋 娜）

【慰问少数民族受灾群众】 9月，朝阳区左家庄街道新源里小区居民李涛家因楼下发生火灾，造成除李涛外，其岳父、岳母、妻子及儿子（此4人均为达斡族）被烧至重伤，其中儿子李涛烧伤面积达30%，岳父经抢救无效死亡。李涛支付40余万元药费后，再无力支付剩余医疗费用。民宗办得知后，呼吁社会各界能伸出援助之手，给予李涛一家帮助，同时，送去慰问金2万元。

（宋 娜）

【“圣诞节”庆祝活动】 12月24日，区 4500余名信徒在基督教朝阳教堂、天主教平房堂和中国国际青年交流中心涉外基督教聚会点欢度圣诞节。3000名信教群众到基督教朝阳堂参加圣诞礼拜仪式；平房天主教堂举行2场弥撒，800余名信徒参加活动；

中国国际青年交流中心涉外基督教聚会点约700名外籍信徒参加圣诞庆祝活动。市委常委、统战部部长戴均良，市人大常委会副主任孙康林、副市长王宁，市政协民宗委主任王孝东，市委统战部副部长、市宗教局局长池维生，市宗教局副局长刘先传，朝阳区委副书记、代区长王灏，区委常委、统战部部长、区直机关工委书记马继业，区人大常委会副主任张富生，区政府副区长黄晓伟，区政协副主席张树安等市区领导分别到教堂看望慰问宗教界代表人士。期间，区委统战部、区民宗办、公安朝阳分局、东风乡、平房乡、麦子店街道领导及有关部门到各宗教活动场所检查指导圣诞节安全保障工作。

（宋　娜）

【“两项重大任务”安全稳定】 年内，完成抗日战争暨世界反法西斯战争胜利70周年纪念活动（两项重大任务）期间区民族宗教领域安全稳定工作。传达贯彻上级精神；制定工作方案；采取措施，确保民族宗教领域安全稳定。各宗教团体督查宗教场所安全稳控工作。落实安保工作督查方案，督促检查受检单位和街乡。实地督查重点敏感人群及非法教会人员稳控情况。参加区维稳工作会商，及时通报情况。加强信息及时上报，确保上下沟通顺畅。

（宋　娜）

外事工作

【概况】 朝阳区人民政府外事办公室（简称区外办），是负责朝阳区对外国际交往和处理涉外及港澳事务的区政府工作部门，又是区委外事工作领导小组的办事机构。内设综合科、因公出入境管理科、国际交流科、涉外管理科四个科室。年内，实现与21个国家的27个城市（区或组织）建立友好关系。完成各级各类党宾、国宾接待任务19团组182人次，全方位展示朝阳发展成就。深化国际化人才队伍建设，开展有针对性的外事专题及外语能力培训，全年培训300余课时400余人次。继续加大对企业“走出去、引进来”服务力度。举办“一带一路”等主题APEC商务旅行卡推广活动。全年受理APEC商旅卡办理申请84家企业198张，办结141张，同比增长83%。受理外国人来华邀请确认函申请170批237人，同比增长70%。

地址：日坛北街33号

电话：65099237

邮编：100020

网址：http://wsb.bjchy.gov.cn

（宋晓晖）

【调研使馆及涉外机构】 1月23日，区外办主任谭林坤率队到拜耳（中国）有限公司北京分公司调研。区人力社保局劳动关系科、公安朝阳分局出入境管理大队、区外办涉外管理科、出入境管理科工作人员参加调研。2月13日，区外办副调研员张杰率队到墨卡托基金会（德国）北京代表处调研，区外办涉外管理科、出入境管理科、国际交流科工作人员参与调研。张杰率涉外管理科到能源基金会(美国)北京办事处调研，与副首席代表张瑞英座谈。3月24日，谭林坤率队到澳门特别行政区驻北京办事处调研，与澳门驻京办康伟主任座谈交流，增进了解，倾听建议，为促进双方务实合作奠定基础。7月2日，谭林坤到西班牙驻华使馆拜访西班牙驻华大使瓦伦西亚，双方就做好使馆区属地保障工作、加强经贸和文化合作、响应“一带一路”倡议达成共识。西班牙驻华使馆政务参赞希尔维娅和经济商务参赞司嘉伟陪同会见。

（宋晓晖）

【国际交流与合作】 1月27日，韩国首尔市江南区青少年交流访问团到访朝阳区。区青联主席王洪涛，区外办副主任王东、区青联常务副主席杨栋参加交流活动。2月18日，2015捷克首届“欢乐春节”庙会活动在捷克首都布拉格老城广场举办。应中国驻捷克大使馆、捷中友好合作协会和区友城布拉格一区邀请，由区外办、区文委和区文化馆组织选送的“红半天”女子鼓乐团参加演出。3月6日，英国威尔士政府对外关系部部长盖瑞·戴维斯（Gary Davies）先生一行访问朝阳区，并与驻区企业汉能控股集团进行交流。区外办主任谭林坤会见戴维斯先生一行，就朝阳区与威尔士合作交流事宜交换意见。3月11日，法国包赞巴克建筑师事务所总监杜丘·卡德里（Duccio Cardelli）一行访问北京CBD管委会，共同探讨CBD商业区规划相关事宜。5月18日，朝阳区旅游委主任兰学军会见友好城区美国纽约布鲁克林区商会代表团一行，并介绍区情、区旅游业发展情况，双方就下一步开展旅游领域合作进行交流。7月2日，谭林坤到西班牙驻华使馆拜访西班牙驻华大使瓦伦西亚，双方就做好使馆区属地保障工作、加强经贸和文化合作、响应“一带一路”倡议达成共识。西班牙驻华使馆政务参赞希尔维娅和经济商务参赞司嘉伟陪同会见。7月22日，区委书记程连元参加在意大利举办的第二届中意文化外交和创意产业大会。区文化创意产业发展中心主任丰春秋以“创意”为主题推介朝阳区的经济社会进步和文化创意产业发展情况。8月23日，朝阳区向老挝万象市占塔布里县捐赠的3台环卫清洁车辆从天津港起运。11月6日至15日，区委书记吴桂英率团访问法国、比利时及荷兰三国。代表团分别与法国巴黎拉德芳斯中央商务区主任玛丽·赛丽·纪尧姆交流商务中心区联盟的工作情况及更替轮值主席事宜，与比利时布鲁塞尔市圣皮埃尔区区长本诺特·克莱克会见，参观皇家壳牌荷兰总部，了解壳牌集团在荷兰的发展历程及在中国的业务规划。11月18日，欧亚商业教育基金会主席卡里克·格莱格里一行到访朝阳区，与区相关部门初步探讨肉类、果汁及矿物质水等领域产品开展经贸合作。期间，双方讨论朝阳区与波兰有关部门合作交流事宜，加强两地友好关系，拓展经贸合作渠道，区外办、区工商联、京客隆集团等相关部门负责人与代表团座谈。12月7日至11日，朝阳区环卫中心工作培训团组到老挝万象市占塔布里县，培训区向老挝捐赠垃圾清洁车辆使用。12月20日至29日，副区长孙其军率团访问老挝、柬埔寨以及越南三国，访问期间，代表团分别拜会驻老挝使馆及万象市占塔布里县县委县政府，出席朝阳区向占塔布里县捐献垃圾清洁车辆的捐赠仪式并签署捐赠协议。在万象市政府，代表朝阳区接受由老挝人民民主共和国主席朱马里签署颁发的友谊勋章。在柬埔寨金边七玛卡拉区，与区长林索菲及文教、卫生等部门领导会谈。与越南胡志明市外办及第一郡卫生、教育部门对接。参观老挝波拿果中学，柬埔寨卡拉荣学校等教育机构，了解学校情况、基础设施建设、师资力量等，商讨通过派遣教师、互派学生、友好校交流等适当方式加强交流，提供帮助。

（宋晓晖）

【区领导会见】 2月10日，韩国前总理郑云灿率韩国企业家代表团访问朝阳区，区长吴桂英会见代表团一行，副区长张维刚出席，区政府办、区外办、区信息办、区发改委、电子城管委会负责人参加会议。3月11日，区长吴桂英会见美国宾夕法尼亚大学教务长文森特·普莱斯（Vincent Price），祝贺宾大中国中心在朝阳区落成，两方探讨今后双方的合作前景。区政府办、区商务委、CBD 管委会、区外办领导陪同会见。3月18日，副区长王志勉应约会见古巴驻华使馆参赞兼副馆长唐尼亚女士，区外办、区信息办、区文化委、区商务委负责人陪同会见。4月24日，老挝万象市委书记兼市长辛拉冯·库派吞（H.E. Dr. Sinlavong Khoutphaythoune）率包括朝阳区友城万象市占塔布里县委书记布隆·冯达拉显女士（Mrs. Boualong Vongdalasene）在内的代表团一行29人访京。市委书记郭金龙会、市长王安顺分别会见代表团一行，并向占塔布里县赠送环卫清洁车辆模型。区委书记程连元、区长吴桂英陪同会见。5月19日，区委书记程连元会见韩国前总理郑云灿率韩国企业家代表团一行，副区长张维刚出席，区委办、区外办、区发改委、区商务委、区信息办、电子城管委会负责人陪同会见。5月26日，副区长孙其军应约会见捷克PPF（第一私有化基金）集团中国首席代表达利博（Libor Taborsky）一行，探讨PPF集团旗下企业在朝阳区的发展。区外办主任谭林坤、副主任王东，区金融办副主任张越扶参加会议。6月1日，副区长张维刚应约会见访京的奥地利萨尔茨堡州中国事务特使艾瑟尔（Wolfgang Eisl）、中欧关系基金会研究所所长施特隆内格（Siegbert Stronegger）和宝爱捷（中国）汽车投资有限公司CEO普列夫（Ivaylo Pulev）一行，将台乡、区外办和区商务委领导陪同会见。6月19日，副区长孙其军应约会见美国波士顿主权资本有限公司董事莱昂纳德·豪斯曼先生等一行，区外办、区卫计委、区民政局领导陪同会见。6月24日，区委书记程连元应约会见前欧盟理事会主席、爱尔兰前总理、爱尔兰中国合作理事会终生名誉主席伯蒂·埃亨（Bertie Ahern）等一行，区外办、区委办领导陪同会见。8月21日，副区长孙其军在区政府会见日本东京都大田区青少年代表团一行。区外办、团区委领导陪同会见。9月15日至17日，韩国首尔松坡区企划财政局局长印今喆一行到访朝阳区，参加2015北京CBD商务节，副区长孙其军会见代表团一行，探讨两区在经贸、文化教育和旅游推介等领域的合作与交流。10月19日，日本东京都大田区议会代表团高濑三德先生一行7人访问朝阳区，区人大常委会主任佟克克、副区长孙其军分别会见代表团一行，双方就两区的经济、文化、教育等方面的友好合作与交流交换意见。区人大、区政府办、团区委、区外办领导陪同会见。11月16日，孙其军会见韩国光州广域市南区区长崔荣镐先生和议会议长金点基先生代表团一行，双方就教育、文创和养老等领域交流达成共识。区文化委、区教委、区外办、区文创办、区民政局、区投促局领导陪同会见。12月4日，孙其军会见韩国驻华使馆总领事具泓锡一行，双方就加强中韩居民文化交流达成共识，使馆表示愿意积极参与朝阳区举办的各类文化活动，并提供必要的协助，促进中韩两国居民和谐共处。区文化委、区外办、望京街道办事处领导陪同会见。12月9日，佟克克会见日本自民党众议院议员平将明先生一行，双方就中国人民代表大会制度及日本议会制度的共性与特性以及朝阳区与日本友城的友好合作情况进行交流。区人大、区外办有关领导陪同会见。

（宋晓晖）

【公共外交】 3月11日，区外办党支部组织全体党员走访中国公共外交协会，与协会常务副会长龚建忠、秘书长宋荣华及协会工作人员座谈交流。了解中国开展公共外交、民间外交的重要意义，学习近年来我国外交政策，并就朝阳区如何发挥地方特色开展公共外交工作听取了协会的建议。5月7日，“国际化城区如何开展公共外交”研讨会在中国公共外交协会举行。协会驻会副会长龚建忠、副区长孙其军、多名前驻外大使和总领事及协会常务理事邓亚萍、副秘书长崔东明、霍颖，区外办主任谭林坤、副主任王东等出席研讨会。

（宋晓晖）

【党宾国宾接待】 3月22日，拉美议会议长卡斯蒂略代表团参观秀水市场。3月27日，奥地利总统菲舍尔及夫人一行参观日坛公园。4月8日，南非议长姆贝特代表团一行参观秀水市场。4月15日，俄罗斯最高人民法院院长列别杰夫一行参观798艺术区。4月25日，意大利外长真蒂洛尼一行参观798艺术区。5月19日，新西兰梅西大学和维塔工作室负责人一行参观秀水市场及798艺术区。5月22日，斯洛伐克国民议会议长一行参观秀水市场。9月3日，捷克总统夫人一行来到区秀水市场，参观传统工艺品，丝绸制品等精品商店，体验中国传统文化。外交部、区外办、秀水市场相关负责人陪同。9月4日，巴基斯坦总统侯赛因一行到区侨福芳草地购物中心参观购物，了解体验中国现代商业服务业发展。外交部、市外办、区外办及侨福芳草地有关人员陪同。巴基斯坦总统夫人一行来到秀水市场参观购物，体验中国传统服饰文化。外交部、秀水市场有关负责人陪同。10月14日，俄罗斯国家杜马副主席一行3人参观798艺术区。11月19日，东盟经济共同体代表团一行参观798艺术区。11月26日，阿根廷参议长一行6人参观秀水市场。12月4日，韩国首尔市城北区金永培代表团一行16人参观798艺术区。12月25日，以色列特拉维夫雅法市代表团一行参观798艺术区。

（宋晓晖）

【国际活动】 5月8日，在朝阳区三里屯太古里橙色大厅举办由中国人民对外友好协会和猎鹰国际共同主办的首届“中国迪拜周”开幕仪式。中国人民对外友好协会会长李小林，外交部、北京市及相关市级部门领导及各省市友协领导出席活动开幕式。活动为期1周。区外办协调公安、卫生、食药、属地等部门及单位做好活动服务保障工作。5月30日，由丹麦驻华使馆及中国自行车协会共同发起在朝阳区举办丹麦使馆绿色骑行活动。活动是庆祝中国与丹麦王国建交65周年系列活动之一，旨在倡导绿色出行，并提高公众对可持续、绿色环保的生活方式的认同，150人参与骑行活动。6月4日，在朝阳区举行由中国公共外交协会主办、区外办协办的中印关系研讨会。中印两国学界和智库的专家、前外交官及媒体代表等出席会议。中国公共外交协会副会长吕凤鼎出席并致辞，谭林坤、王东出席研讨会。7月15日，区外办由北京市人民对外友好协会和中国国际友人研究会共同主办的“抗日战争中的国际友人”图片展开幕式。7月22日，由北京市民间组织国际交流协会、北京市人民对外友好协会主办的2015年北京国际民间组织沙龙汇活动在区CBD公共外交文化交流中心举行。世界自然基金会等近30家国际组织驻京机构代表，中国民间组织国际交流促进会等50余家国内民间组织代表，玻利维亚、秘鲁驻华大使和埃及等22个国家50余位驻华使节参加活动。北京市民交协会长、十一届政协副主席熊大新，市友协、市民交协常务副会长田雁，市外办副主任张谦，市友协副会长、市民交协副会长高双进等市有关部门负责人出席活动。9月22日，由北京市人民政府外事办公室与朝阳区人民政府联合举办的“老北京新朝阳”驻华使节中秋京剧体验专场活动在北京朝阳京剧文化艺术中心成功举办。斐济、马拉维、格林纳达、牙买加、斯里兰卡等5国驻华大使和代办，美国、智利、沙特等30余国的外交官、政府高级官员、外国驻京机构负责人、跨国公司高管、国际学校负责人、媒体人士等160余名外国友人参与活动。孙其军，首都京胡艺术研究会孙延监事长、市外办涉外处张长春处长等领导出席活动。10月11日，外交部第六届“大爱无国界”国际义卖活动在国家体育场（鸟巢）

室外热身场举行。活动由外交部长王毅夫人钱韦女士主持，主题为“大爱无国界——向云南乡村教师致敬”。通过活动，向外交部对口支援地区——云南省金平县和麻栗坡县乡村教师提供支持和帮助。王毅，外交部扶贫工作名誉大使乐爱妹女士及130余名驻华使馆、国际组织驻华机构代表及夫人出席开幕式。区委书记、区长吴桂英出席活动，并为捐款企业颁发证书。区领导刘军胜，孙其军、黄晓伟等出席活动。10月24日至25日，以“汇聚世界语言 喜迎冰雪盛会”为主题的2015年北京外语游园会主会场活动在朝阳公园举办。市外办主任赵会民、副主任张谦，孙其军参加活动。11月25日，为庆祝北京市和莫斯科市结为友城20周年，两市代表在朝阳公园国际展示区举办植树纪念活动。市外办主任赵会民、副主任张谦，市园林绿化局副局长廉国钊，朝阳区副区长杨树旗及以莫斯科市政府部长、市文化局局长亚历山大·齐博夫斯基为团长的俄罗斯代表团一行出席活动。12月30日，由中共北京市朝阳区委宣传部、中共昆明市委宣传部指导，中共昆明市五华区委区政府主办，北京市朝阳区外事办公室、《光明日报》摄影美术部、朝阳规划艺术馆、昆明市外事侨务办公室、云南红飘山文化传播公司共同协办的“春韵天成 美丽昆明”摄影艺术展开幕，昆明市五华区委书记吕天云出席并致辞，朝阳区文化委主任高春利、区委宣传部副部长丰春秋、区外事办主任谭林坤出席。泰国驻昆明总领事馆总领事素查·亮桑彤，新加坡、印尼驻华使馆的外交官以及30余名留学生参加开幕式。

（宋晓晖）

【外事人才培养】 5月30日，在朝阳区委党校大礼堂举办2015年朝阳区处级干部周末高端大讲堂开班仪式和首场讲座。区委常委、组织部部长何明作动员讲话，区委党校党委书记、常务副校长董伟，区委组织部副部长高静茹，区外办主任谭林坤出席仪式。邀请外交部领事司副司长、领事保护中心主任翟雷鸣作以“新常态下如何维护中国公民海外合法权益”为题的专题讲座，200名处级干部参加讲座。6月6日，2015年朝阳区处级干部周末高端大讲堂在朝阳区委党校大礼堂举办第二场讲座。中国阿富汗问题特使孙玉玺作以“从“一带一路”战略构想出发看周边热点问题“为题的专题讲座。8月6日，朝阳区外办邀请商务部外事司大型活动处副处长蔡鑫到世锦赛训练场地——朝阳体育中心，为近百名场馆工作人员开展外事礼仪及礼宾知识培训讲座。8月11日，2015年朝阳区外事干部英语口语培训班在区政府开课。

（宋晓晖）

【涉外应急及领事保护】 6月11日，区外办参加朝阳区中东呼吸综合征（MERS）防控工作部署会，编制朝阳区中东呼吸综合征防控工作涉外应急预案，并正式启动防控工作体系。7月4日，区外办面向60余家驻区中资企业，开展海外领事保护及安全风险防控专题讲座。外交部领事司副司长、领事保护中心主任翟雷鸣就企业如何做好海外领事保护工作做主题演讲，外交部安全培训讲师屠年风讲授企业如何提高海外风险防范能力，并率领团队模拟实战与企业代表进行现场演练。7月9日，区外办联合区教委、区旅游委，在北京中学报告厅举行区境外领事保护进校园活动，区20余所中小学、30余家涉外旅行社及北京中学全体师生240余人参加活动。外交部领事司领事保护中心三秘李鑫晔就境外领事保护进行专题讲座，并结合朝阳区实际，通过实例，介绍主要目的地国家风俗习惯、礼仪禁忌和注意事项。

（宋晓晖）

【规范外语标识】 7月13日至31日，开展公共场所双语标识巡查工作。巡查以奥林匹克中心区为核心，以涉外参观接待单位为重点，由区外办主管领导及责任科室带队，组织知名外语专家和语言服务机构，到奥林匹克中心区，大屯街道等重点涉外街道，奥运塔等旅游景区及文化设施30家涉外接待单位开展双语标识巡查工作。内容涉及：大型国际活动外语宣传标语口号；主要道路交通及旅游景区公共场所设施外语标识；商场、酒店、餐饮企业宣传导购资料、双语菜单；文博院馆展陈信息，文化娱乐场所经营服务信息；医疗卫生、体育场馆等公共场所及环卫设施外语标识信息等。采集双语标识5000余条。

（宋晓晖）

【服务企业】 年内，上门为企业办理APEC商务旅行卡10余张，全年受理84家企业198人次APEC商务旅行卡办卡申请，出卡141张。为77家企业办理233批次355人外国人到华《邀请函/确认函》的申请。受理3批次7人次3家企业办理赴阿根廷商务签证。调研拜耳（中国）有限公司北京分公司、北京现代汽车金融有限公司、北亚通航有限公司等驻区企业，了解企业情况及需求，听取企业对区域发展建议，为驻区企业提供服务，促进交流与务实合作。2月5日，在国家文化产业示范基地--知音堂举办特色传统文化体验活动。邀请捷克、俄罗斯驻华使馆、日本国自治体国际化协会、澳门驻京办、外交部、中国公共外交协会、市外办参加朝阳区大型活动募捐企业嘉宾，邀请朝阳区APEC商务旅行卡企业俱乐部成员等50余位嘉宾出席募捐活动。3月9日，区外办主任谭林坤率涉外管理科到施耐德电气（中国）有限公司调研，了解企业发展，为驻区企业提供服务。施耐德公司中国区事务总监王长虹、公共事务总监许屾陪同调研。4月24日，举办APEC商务旅行卡企业俱乐部2015年首场投资推介活动，邀请中亚五国商务参赞和瑞士商务促进中心投资总监，与朝阳区企业进行推介交流，介绍投资环境、优惠政策及贸易需求。12月25日，联合中国公共外交协会共同举办朝阳区APEC商务旅行卡俱乐部成员企业“走出去”专场宣传推广活动。中国公共外交协会副会长龚建忠、谭林坤，商务部美大司处长张新宇、外交部拉美司综合处处长李斌、外交部国际经济司一秘何江川以及各驻区企业负责人出席活动。

（宋晓晖）

法制工作

【概况】 朝阳区人民政府法制办公室是区政府负责法制工作事务的工作部门，对区政府法制工作负有统筹规划、指导、协调、组织和监督职责。年内，深化重大行政决策合法性审查工作，制发《关于进一步加强政府部门和各街乡重大行政决策合法性审查工作的通知》。完成了行政复议委员会换届工作。成立朝阳区第三届行政复议委员会，为区人民政府第三届行政复议委员会非常任委员颁发聘书。年内，朝阳法院行政庭受理区属行政机关行政诉讼案件739件，同比增长72%，案件败诉率为9.3%。案件主要涉及政府信息公开、治安管理、交通管理、城市规划及土地管理、房屋征收补偿、劳动保障等方面。开展了信访事项复查工作。 年内，区政府信访复查接待群众来电来访155批次268人，受理信访复查案件60件，同比下降38%。其中涉及拆迁问题21件，具体行政行为25件，农村问题12件，退休待遇问题1件，物业问题1件，纠错率达66%。区法制办组建以来第一个机关工会成立。

地址：日坛北街33号

邮编：100020

电话．65094421

网址：http://fzb.bjchy.gov.cn

（丁国乐）

【行政诉讼辅导讲座】 1月6日，朝阳区府院行政法律工作联席会办公室邀请最高人民法院行政审判庭法官梁凤云就作新行政诉讼法专题辅导讲座，梁凤云就解析了行政诉讼法70余处修改内容和10个亮点问题。北京市第三中级人民法院、朝阳法院和区法制办60余人参加讲座。

（丁国乐）

【法律顾问制度研讨会】 3月10日，区法制办召开朝阳区政府法律顾问制度研讨会。北京市人民政府法制办公室信息中心处长韩景峰及相关领导、北京大学法学院教授湛中乐和中国人民大学法学院副教授王旭等专家学者出席会议。区政府办、区编办、区司法局、朝阳法院等单位参加会议。现会人员就《关于建立朝阳区政府法律顾问制度的意见》及《北京市朝阳区人民政府法律顾问制度工作规则》意见稿进行研究讨论。

（丁国乐）

【《行政应诉工作代理指南》意见征求会】 3月11日，区法制办邀请北京市人民政府法制办公室、中国政法大学教授莫爱新及北京市第四中级人民法院、朝阳法院、区相关委办局、街乡领导组织召开《行政应诉工作代理指南》意见征求会。

（丁国乐）

【全区依法行政工作会】 3月24日，区召开全区依法行政工作会。区各街乡、各行政执法单位法制工作主管领导和法制科科长120余人参加会议。区委常委、常务副区长甘靖中出席会议并讲话，并要求，要认清形势，提高认识，增强推进依法行政的紧迫感和责任感；要创新思维、探索机制，更好发挥法治的引领和规范作用；要加强领导，落实责任，确保推进依法行政各项任务全面落实。区法制办总结2014年依法行政工作情况，部署2015年工作，区人力社保局、区卫计委介绍经验。

（丁国乐）

【行政应诉工作培训】 4月14日至15日，区法制办组织全区委办局和街乡法制机构负责人及行政应诉代理人170余人开展行政应诉工作专题培训。培训分3个分：邀请北京市第四中级人民法院行政审判庭庭长陈良刚讲授新修订的《行政诉讼法》，重点讲解行政诉讼法对行政执法工作的影响和行政应诉中反映的行政执法问题。朝阳区行政复议委员会委员孟丽娜结合实践经验讲授 “行政应诉工作实务”。区法制办行政复议和行政应诉科同志解读《行政应诉代理工作指南》并通报了2014年度行政复议和行政应诉工作情况。

（丁国乐）

【行政处罚权力清单公布】 4月30日，区公布行政处罚权力清单。区政府及各区属行政执法单位，各街、乡梳理行政处罚职权4911项，其中以区政府为行政处罚主体的83项，以街道办事处为行政处罚主体的2项，以乡政府为行政处罚主体的6项，以30个委办局为行政处罚主体的4820项。经市法制办审核，在政府及相关部门门户网站对社会公布。

（丁国乐）

【政府法律顾问制度建立】 5月25日，区政府第13次区长办公会研究决定，在各委、办、局，各街道办事处、各地区办事处（乡政府）以及具有管理公共事务职能的组织全面实施政府法律顾问制度。区法制办牵头成立专门课题组，起草《关于建立政府法律顾问制度的意见》及配套的《政府法律顾问工作规则》，多次组织区政府办、司法局、财政局等相关委、办、局以及部分街乡召开专题研讨论证会，并邀请市法制办相关处室和多位法学专家进行论证，最终明确朝阳区政府法律顾问制度的实施，法律顾问的聘任、职责、权利、义务以及业务运行等具体规则。

（丁国乐）

【处级干部依法行政专题培训】 5月26日至28日 区法制办与区委组织部联合举办2015年处级干部依法行政专题培训班。邀请国务院法制办行政复议司田昕副司长、北京市第四中级人民法院行政审判庭负责人、副庭长陈良刚，中国政法大学法学院院长薛刚凌、副院长焦洪昌，中国政法大学政治与公共管理学院教授马建川、清华大学公共管理学院教授于安围绕宪法、行政诉讼法、行政决策、突发事件危机管理等6个专题作专题辅导。全区140余名处级干部参加培训。

（丁国乐）

【行政处罚案卷评查】 6月23日至27日，区法制办组织区属27个行政执法单位开展2015年半年行政处罚案卷集中评查。期间，集中评查81本行政处罚案卷。评卷合格率为90.12%。其中，20个单位案卷综合成绩为优秀、3个单位为合格、4个单位为不合格。对案卷评查不合格单位，区法制办下发行政执法监督意见书督促整改。

（丁国乐）

【依法行政工作培训】 8月5日至8月7日，区法制办举办依法行政工作培训。区政府副区长王志勉出席并做开班动员，并对推进全区依法行政工作提出“树立法治思维，提高执法能力，规范执法行为，加强法制部门自身建设”工作要求。区法制办在会上通报区政府法律顾问制度和深化重大决策合法性审查机制两项重点工作制度以及2015年上半年全区法制工作开展情况，部署下半年重点工作任务。培训邀请市法制办副巡视员张国强、执法监督处处长史凯、文审处处长强晓东、复议办理处处长李峰就依法行政绩效考核工作、行政执法、规范性文件合法性审查和行政复议应诉有关问题作专题辅导授课。各街、乡依法行政领导小组办公室主任和区政府各行政执法单位法制工作主管领导及法制科科长120余人参加培训。

（丁国乐）

【区政府法律顾问聘任】 9月22日，区举行政府法律顾问聘任仪式，区委书记吴桂英为中国政法大学副校长、中国行政法学研究会会长马怀德，北京市律师协会会长、北京康达律师事务所合伙人高子程等首批101名区政府法律顾问颁发聘书并作讲话。副区长王志勉主持聘任仪式。

（丁国乐）

【行政诉讼法实施研讨会】 11月1日，区法制办在中国政法大学法治政府研究院与清华大学法学院公法研究中心联合召开的《新行政诉讼法实施相关问题研讨会》上，以“新《行政诉讼法》的实施对行政复议工作的挑战与应对”为题，围绕复议案件呈现的新常态及审查标准的提高与复议机关和行政机关作为共同被告等规定下复议工作面临的新挑战进行引导发言。全国人大法工委、最高人民法院、地方中级及基层人民法院、北京市政府法制办公室等部门的主管领导及北京大学、清华大学、中国政法大学等学术机构的专家学者参加会议。

（丁国乐）

【法律顾问工作培训】 11月13日，区法制办组织开展全区法律顾问工作培训。邀请区政府法律顾问清华大学教授于安、律师郝惠珍及杨晓红就相关工作进行专题讲座和业务辅导。各街乡依法行政领导小组办公室负责人、区政府各部门法制科科长及各单位聘任的法律顾问130余人参加培训。

（丁国乐）

【行政执法资格考试】 11月13日，区法制办组织开展2015年执法资格考试。新任、已任或准备轮岗到行政处罚执法岗位从事行政处罚执法工作、但未取得行政处罚执法资格人员进行考试。区18个行政执法部门172人参加考试。参加公共法律知识和专业法律知识考试人员全部合格，取得行政执法资格，持市政府统一颁发的行政执法证件上岗，按照法定职权和法定程序开展行政执法工作。

（丁国乐）

【行政复议】　11月30日，区政府办理行政复议案件442件，同比下降23%，纠错率为15 %。案件类型主要涉及政府信息公开、食品安全投诉举报、公安处罚、劳动保障类争议等。其中信息公开类案件占44%。

（丁国乐）

信息化工作

【概况】　朝阳区信息化工作办公室（简称区信息办）是全区信息化主管部门，负责指导、组织和实施辖区内信息化建设。设电子政务与社会信息化科、软件与信息服务业科、综合管理科和信息网络中心（正科级纳入工资规范管理事业单位）。年内完成“两项重大任务”信息化保障任务；推进我区重点领域信息化发展，提升城市管理和服务智能化水平；电子商务与各产业融合创新发展；深入践行“三严三实”要求，让“信息惠民”落到实处；把握发展形势，科学筹划“十三五”规划编制工作；发挥党建引领作用，为信息化事业发展提供组织保障。制发《朝阳区信息化项目建设管理办法》《朝阳区信息化项目运维管理办法》《朝阳区政府门户网站及网站群管理办法》《朝阳区政务信息资源共享交换管理办法》《朝阳区图像系统运维考核大纲》等制度。区信息办获“中国人民抗日战争暨世界反法西斯战争胜利70周年纪念活动2015年第十五届北京世界田径锦标赛朝阳区服务保障工作先进集体”“2010—2014中国智慧城市发展5周年贡献单位荣获”“《北京信息化年鉴》2014年度优秀供稿单位”、2014年度“中国最佳管理实践智慧城市”“2014年北京市国家机关软件正版化工作先进集体”“国家电子工业商务区域试点”。

地址：日坛北街33号

邮编：100020

电话：65094288

网址：http://xxb.bjchy.gov.cn

（胡媛媛）

【“两项重大任务”保障】　年内，制定信息办“两项重大任务”信息化应急保障工作总体方案、应急保障工作分方案和应急预案。制发《关于加强全区信息安全保障工作通知》《关于加强图像安全管理通知》《关于做好视频会议系统服务保障工作通知》《关于加强政务网站安全保障通知》等文件，对全区各单位提出信息化保障工作要求。加强保密安全教育，两次组织保障公司和保障人员进行保密教育培训，邀请区保密局领导作专题培训教育。完成区委区政府总值班室大屏系统改造和5个区级指挥部的信息化搭建工作。制发《朝阳区图像信息管理系统2015年世锦赛、阅兵运行维护保障方案细则》。完成重点区域29个视频监控点位新增工作。配合市无线电管理局完成无线电管制工作。组织开展全区信息安全隐患排查专项行动，远程技术测试全区171个网站与信息系统， 现场检查10个重点单位，及时发现问题，及时整改漏洞。开展全区信息安全应急模拟演练，通过网站页面被篡改、应用系统遭受DDOS攻击等五个不同层面的演练，明确快速处置流程。及时处置信息安全事件，提高特别时期信息安全保障水平。从8月21日起，每日安排工作人员和技术人员20余人在5个指挥部和核心机房24小时值守，确保各指挥部之间政务网络、视频会议畅通，图像清晰可调。在田径世锦赛比赛期间，安排主管领导和工作人员在世锦赛指挥部和安保维稳指挥部全程值守，随时待命提供保障。世锦赛开闭幕式、阅兵全要素演练和9月3日阅兵期间，信息办领导及全办所有干部、运维公司70余人全程参与保障。

（胡媛媛）

【统筹全区政务信息资源】　年内，完成全区政务资源共享交换及服务总线平台建设，完善全区政务资源共享交换平台，利用国产的、成熟的数据交换产品，通过朝阳服务网及移动电子政务平台的数据交换工作，完善共享交换体系。

（胡媛媛）

【移动电子政务平台建设】　年内，完善人口调控、生态环境监测、安全生产、经济运行、应急管理等重点移动政务应用，完成移动电子政务门户平台升级，提升平台易用性和安全性，美化界面，保证使用的便捷性。对接一氧化碳预防煤气中毒平台，完成一氧化碳专题应用开发工作，为领导决策和应急指挥工作提供技术保障。

（胡媛媛）

【社会信用试点建设】　年内，与CBD管委会对接，以CBD区域为试点，应用大数据等新技术，共同推进区域内投融资企业风险预警体系建设，为探索建立全区企业信用评估体系积累经验，并向市经信委申请列入北京市社会信用体系建设试点区县，争取市经信委从政策、资金和数据资源等方面对试点项目支持。

（胡媛媛）

【国家机关软件正版化工作】　年内，成立朝阳区使用正版软件工作联席会议，制发《关于在全区下发落实<朝阳区软件正版化工作方案>的通知》，摸底排查150余家机关以及事业单位的计算机台账和软件使用，根据摸排所统计数据，完成全区正版软件缺口采购工作。完成市级检查组考核。

（胡媛媛）

【国家工业电子商务区域试点】　年内，完成制订“工业电子商务示范区”试点工作方案，并通过区长办公会审议。在CBD、中关村电子城等园区大力发展电子商务，鼓励和支持朝阳惠民网打造社区O2O，覆盖全区400余家超市，形成新的区域经济增长点。成立工业电子商务企业创新推进联盟，完成《工业电子商务支撑服务体系研究报告》。

（胡媛媛）

【区域间信息产业融合发展】　年内，吸引了阿里健康、易宝支付、百合网等在朝阳区落地，引进韩国中小型高科技企业在我区建设高科技产业园。与360、阿里等区内信息产业龙头企业建立联系与合作，与贵阳市经信委签署大数据产业发展战略合作协议，与昆明市合作开展专题调研，结合“一带一路”战略，推进两地云计算、大数据领域合作。

（胡媛媛）

【产业课题研究】　年内，完成《朝阳区信息服务业发展情况》《朝阳区信息服务业产业发展白皮书》等调研报告；开展软件与信息服务产业“十三五”规划编制工作。

（胡媛媛）

【信息化基础设施建设】　年内，全区高清交互电视网络覆盖全区楼宇2500余栋，用户数量超过90万户。增加近千个20兆宽带小区和百兆带宽企业，为近万家企业均提供千兆上网条件。电子城、朝阳公园、798管委会、奥林匹克公园、蓝色港湾等重点园区，奥运村、安贞等街道，部分中小学校建设完成无线覆盖地点800余处，建设AP数万个。完成铜缆光纤化改造工作，2015年底完成全区住宅小区、商务楼宇、政企客户自住楼80%改造工作任务，提升区宽带接入能力，将宽带用户平均接入速率达到20兆以上。组织铁塔公司完成区基站规划，鼓励移动通信网络向农村、偏远地区覆盖，保障社会公众权益和移动通信经营者合法利益。

（胡媛媛）

【街乡行政服务大厅无线局域网全覆】　年内，区信息办完成43个街乡行政服务大厅无线局域网全覆盖工作，项目列入2015年效能监察。

（胡媛媛）

【智慧社区创建】 年内，完成智慧社区顶层设计工作。在去年新增57个三星级、43个四星级、26个五星级智慧社区的基础上，2015年确定新申报97个社区创建三星级智慧社区。全区8个街道（安贞、大屯、机场、亚运村、东湖、团结湖、奥运村、麦子店）实现智慧社区全覆盖。

（胡媛媛）

【一氧化碳中毒报警器全覆盖】 年内，区信息办牵头自09年开始在各乡（村）部署联网式一氧化碳报警器。区安装20.9万支报警器，实现覆盖农村地区未集中供暖平房。有煤气泄漏时可将报警信息逐级上传，形成“五级报警四级管理”全新管理机制。

（胡媛媛）

信访工作

【概况】 中共北京市朝阳区委、朝阳区人民政府信访办公室，挂北京市朝阳区社会矛盾调处中心牌子。内设综合办公室、来信受理科（北京市朝阳区人民政府人民建议征集办公室）、来访接待科、排查科、矛盾调处室（重大矛盾研究室）、联席会议办公室和督查督办科，应有行政编制26人，其中主任1名、副主任3名，现有行政编制24人。

地址：日坛北街33号

邮编：100020

电话：65099121

网址：http://xfb.bjchy.gov.cn

（牛雨辰）

【市领导走访座谈】 1月16日，市政府副秘书长、市信访办主任于长辉等一行到区调研信访工作。区委副书记、区政法委书记陈宏志，区委常委、副区长陈涛出席会议。听取区信访办2014年信访工作总体情况和2015年信访工作思路汇报。陈宏志和陈涛重点汇报了朝阳区目前信访难题产生原因及区委、区政府总体考虑和工作开展情况。

（牛雨辰）

【网上信访信息系统培训会】 2月2日至3日，区信访办组织召开北京市网上信访信息系统培训会。邀请市信访信息中心培训北京市网上信访信息系统操作等内容。区各街乡、部委办局、区属企事业单位等132家单位200余人参加培训。

（牛雨辰）

【信访投诉举报案件部署会】 2月13日，区委副书记、区委政法委书记陈宏志主持召开会议，专题部署市委第二巡视组移交区办理的信访投诉举报案件办理工作。区委办、区政府办、区纪委等相关部门及相关街乡参加会议。

（牛雨辰）

【区领导走访座谈】 2月25日，区委书记程连元，区长吴桂英带队，到市信访办走访座谈。市政府副秘书长、市信访办主任于长辉，市信访办副主任刘志洪、张宗林，纪检组长侯志光，副主任张良、王传颂，信访督查专员孙桂芳，副巡视员任才，信访督查专员邓正佳、郅海杰等出席座谈会。区委副书记、区委政法委书记陈宏志，区委常委、副区长陈涛，区委常委、区委办主任刘军胜等区领导及区信访办领导班子参加座谈。

（牛雨辰）

【信访工作培训会】 4月2日至3日，区信访办组织召开全区信访工作培训会，区联席会议各成员单位、区相关委办局和各街乡92家单位信访工作主管领导和信访办主任近200人参加培训。

（牛雨辰）

【信访先进典型宣讲】 5月22日，区信访办组织召开以“依法创新信访工作、真情实意服务群众”为主题的信访先进典型宣讲活动。市信访办信访督查专员邓正佳，区委常委、副区长陈涛等市、区领导出席，全区600余名街乡、委办局、社区、村信访干部参加报告会。

（牛雨辰）

【中央联席办督导组督查】 8月19日至25日，由贵州省信访局副局级信访督查专员黎兴明带队中央联席办督导组一行5人到区实地督查甜水园危改等4件信访事项办理情况。到六里屯街道、孙河乡、高碑店乡和东风乡督查区信访群众反映的信访事项。督查围绕程序和实体两方面开展。

（牛雨辰）

【区级领导干部大接访】 8月17日至8月29日，区领导吴桂英、陈宏志、史连雪、王志勉、张维刚、杨树旗、孙其军、黄晓伟分别参加区级领导干部大接访，听取信访情况汇报，现场调度突出信访问题。

（牛雨辰）

【信访基础业务规范化建设培训会】 11月5日至6日，区召开2015年信访基础业务规范化建设培训会。市信访办排查调处工作办公室处长杜宏、来访接待处副处长王宏冰、来信办理处副处长王慧、网上信访办理处副处长关雅君、督查处副处长宋漪霞出席会议并授课，区信访办，各街道、地区办事处，职能部门调处分中心和部分委办局信访工作主管领导、信访办主任、信访干部等220人参加会议。

（牛雨辰）

档案工作

【概况】 朝阳区档案局与朝阳区档案馆合署办公，为区政府直属的参照公务员法管理事业单位。区档案局为区政府负责区档案，履行区区档案事业的行政管理职能；档案馆负责本区档案和有关资料的收集、保管和开发利用等工作朝阳区档案局与朝阳区档案馆合署办公，为区政府直属的参照公务员法管理事业单位。区档案局为区政府负责本区档案事业行政管理的主管部门，履行区档案事业的行政管理职能；档案馆负责区档案和有关资料的收集、保管和开发利用等工作。内设办公室、业务科、法规科、收集科、保管科、利用科、整理科、信息化科8个科室，编制46人。年内，接收37家单位纸质档案53873卷（件）。主动拍摄照片279张。向社会征集各种图书资料80余册。馆藏档案数字化完成273955卷，50304件，1699万页，占馆藏档案的84%，提前完成“十二五”时期数字化加工任务。

地址：日坛北街33号

邮编：100020

电话：65094976

网址：http://dangan.bjchy.gov.cn/Indexx.ycs

（王传会）

【档案培训】 3月23日至27日，举办全区档案人员岗位培训班。培训分为面授和网上两部分，面授培训的主要内容为公文管理、档案法制与职业素养、档案与档案工作概述、档案资源开发与利用工作，文书、会计、照片、科技等门类档案的管理、档案管理软件使用等；网上培训内容为北京市档案工作者教育培训网的学习使用。完成面授、网上培训全部课程学员获朝阳区档案局颁发档案专业知识培训证书。区属机关、企事业单位近1年内新上岗专（兼）职档案人员85人参加培训并颁发档案培训证书。

（冯　娟）

【档案鉴定开放审查】 6月至11月，开展档案鉴定开放鉴定工作。涉及馆藏1949-1985年的档案114个全宗，鉴定总数量92672件，向社会开放使用26006件、拟延期开放使用66666件，分别占到期档案的28.06%和71.94%。

（关志雪）

【档案馆日活动】 6月9日至13日，组织“档案馆日”活动学生专场。与区教工委、区文明办联合举办学生参观专场，组织北京市陈经伦中学、北京体育场路中学300余名师生参加“档案馆日”活动，向社会开放《镜头中的朝阳档案展》。接待参观2000余人次。

（张　一）

【执法检查】　7月至9月，对全区64家单位进行档案行政执法检查，执法检查结果合格率100%；对24家获原“北京市区县机关档案工作目标管理”市一级证书有效期满的单位按《北京市区县机关档案工作测评办法》进行测评。抽查19家乡（地区）综合档案室及其下属8个行政村村级档案室的新农村建设档案工作情况。

（周　颖）

【政府信息公开】　年内，接收87家单位移送的主动公开政府信息目录正式文本90份，电子目录11322条。

（赵金田）

【档案利用】　年内，接待利用者11294人次。其中公民个人利用档案占总人次的92.79%，查阅档案2187卷、702件，出具证明8664份，复印档案、资料32672页，受理电话咨询18000余次。

（赵金田）

地方志工作

【概况】　朝阳区地方志编纂委员会办公室（简称：区志办），是区政府主管朝阳区域地方志工作机构，为参照公务员管理的区直属事业单位。年内，区志办坚持依法修志、依法治志、依法用志、依法管志、依法研志，坚持《朝阳区地方志工作发展规划(2011—2020年)》引领推动全区地方志事业均衡发展，推进朝阳志鉴建设。完成《北京市朝阳区志（1996—2010）》初审。组织编纂完成《北京朝阳年鉴（2015）》。制发2014年度《朝阳大事汇编（季刊）》电子书1300册；完成2015年度《朝阳大事汇编（季刊）》前3季度资料的搜集、编修工作。参加编纂《北京市年鉴编纂参考手册》（区县条目模版分册）。编发《朝阳方志》报12期。在全市地方志大会上作以“落实《地方志工作条例》和《北京市实施〈地方志工作条例〉办法》，以《朝阳区地方志工作发展规划（2011—2020年）》引领统筹推进朝阳区地方志工作”为题的经验介绍。2名干部进修中国人民大学在职研究生班地方志编纂专业毕业。《北京朝阳年鉴（2013）》在中国版协年鉴工委会第五届年鉴编纂出版质量评比颁奖大会上获三等奖。区志办被市地方志办公室、北京年鉴社评为“2014年《北京年鉴》编纂工作先进集体”“2014年北京市地方志资料报送工作先进集体”，李静被评为先进个人。

地址：日坛北街33号

邮编：100020

电话：65094347

网址：http://qzb.bjchy.gov.cn

（王　源）

【年鉴业务培训】　2月至3月，区志办对全区各年鉴承编单位实行分系统、分类部署年鉴编纂任务和业务培训，分四批分系统培训年鉴主笔人。第一批为街道和农村系统，第二批为各部、委、办、局，第三批为社会单位，第四批为未参加前三批培训会的相关单位。通过上述四批有针对性的培训，实现全区年鉴主笔人业务培训全覆盖。同时，表彰2014年度年鉴编写工作优秀单位50家、良好单位81家。4月9日，召开2015年《朝阳大事记汇编》编写工作培训会。区各部委办局、街乡、企事业单位、行业协会等大事记供稿单位的160余名主笔人参加培训。区委、区纪委、奥运村街道办事处、管庄地区办事处等4家大事记供稿单位主笔人在会上作典型发言。

（王　源）

【《北京年鉴》供稿】　4月，完成向《北京年鉴（2015）》供稿任务。供稿全文8000余字，内容为2014年朝阳区概况，包括政治、经济、文化和社会等各方面的发展变化及北京商务中心区的建设与发展情况。在《北京年鉴》“区县风采”栏目刊登彩页2版，包括照片14张、文字说明800余字，内容主要体现上年全区主要成绩和创新做法等。

（李　静）

【第二批修志试点工作启动】　5月28日，启动第二批14家试点单位（13个乡、1个街道）修志工作。实现全区19个乡修志工作全覆盖。8月19日，会同区委农工委召开农口各乡修志工作推进会暨编纂名乡志启动会。区委农工委副书记王立新及19个乡负责地方志工作的主管领导和主笔人参加会议。截至年底，修志试点单位为32家。

（王　源）

【《朝阳大事记汇编（季刊）》电子书印制】　5月，完成印发2014年度《朝阳大事记汇编（季刊）》电子书1000册。2014年度全区170余个单位（合署办公单位按1个单位计）全年报送大事条目110万余字。同时，加印2013年度《朝阳大事汇编》电子书300册。

（王　源）

【《豆各庄乡志》初稿评审】　6月3日，区地方志编委会副主任、区志书执行主编关三多，区志办主任邓献云、副主任王维成，区二轮修志编辑部副主编赵万顺、胡良骥，中国时代经济出版社志鉴编校中心总编辑夏红兵组成的评审组，完成《豆各庄乡志》初稿评审工作。《豆各庄乡志》自2013年7月启动后，经过组建编辑部，前期准备、资料收集、文稿编写、初稿修改等阶段，历时3年时间完成公开出版，47万余字。乡志设地理、政治、经济、文化、社会发展五大方面28章。在先后担任过编辑部的19位执笔人中，有12位是豆各庄人，实现豆各庄人写豆各庄志，同时，完成“乡情博物馆”建设。

（王　源）

【年鉴互审】　9月、11月，区志办组织编辑人员完成2015年《北京信息化年鉴（初稿）》《北京农业年鉴》部分稿件审读，并从条目选题、内容记述、编写体例、资料取舍以及框架设置等方面提出书面审改意见。

（王　源）

【《北京市朝阳区志（1996—2010）》初审通过】　12月23日至24日，在朝阳宾馆组织召开《北京市朝阳区志(1996–2010)》初稿评审会。区志办主任邓献云介绍《朝阳区志》初稿编纂概况。与会专家对志稿进行总体评议和分部类专题评议。市地方志办公室副主任张恒彬代表市地方志办公室作总结讲话。市地方志办公室主任陈玲肯定朝阳区地方志工作。《北京志》副主编王铁鹏、刘景华、周继东、赵庚奇、顾兖州、谭烈飞、戴卫，安徽省志办省志处原处长王晖，密云县史志办原副主任曹友林，房山区史志办副主任贾昉，市地方志办年鉴指导处处长、区县志指导处负责人崔震，研究室主任赵鹏，区县志指导处全体人员，区地方志编委会副主任、志书执行主编关三多，以及区志办全体在职人员和返聘人员参加评议会。会后，梳理汇总专家在初审会上修改意见，订成册（约10万字）发至每位责任编辑。编辑部重新划分为3个小组，重新分配修改志稿任务，编辑小组组织责任编辑对志稿进行统筹修改。年初，进入初稿汇集、总纂阶段。9月底形成包括正文33编、概述、大事记和3篇专记在内，38篇主体稿件的初审稿定稿，合计150万字。10月28日，初审稿印刷成书。

（王　源）

【年鉴编纂发行】　年内，编纂出版《北京朝阳年鉴（2015）》。年鉴系统地反映2014年全区各单位在政治、经济、文化、社会各个领域，各项事业发展变化基本情况和大事、要事、新事及新建设、新成就、新进展。全书刊载条目3862条，文字101.9万字；刊登彩页42面，图片224张。截至年底，《北京朝阳年鉴》连续出版11卷。

（王　源）

【地方志宣传】 年内，区志办对党和国家领导人对地方志工作的指示、批示精神和全国第五次地方志工作会议精神及《全国地方志事业发展规划纲要（2015—2020）》进行宣传。完成12期《朝阳方志》报编印发行。向市、区有关部门报送工作信息30条，其中《区县修志动态》采用13条。《落实〈条例〉和〈实施办法〉以规划引领统筹推进朝阳区地方志工作》《图文质量并重　用好年鉴图照》《地方志编纂要把握好两个基本要素》《浅谈〈北京朝阳年鉴〉附录的作用》4篇理论文章被《北京地方志》采用。

（王　源）

机关后勤管理服务

【概况】 朝阳区机关后勤服务中心组建于2002年3月，是区政府所属正处级全额拨款事业单位。内设党委办公室、行政办公室、监察科、财务科、生活科、管理科、接待服务一科、接待服务二科、资产管理科、经营科、车管科、安全保卫科和交换站（12科1站）。下属单位有：朝阳区住房中心、区政府幼儿园、北京朝政汽车检测场、北京朝政汽车修理厂、北京京朝花园农业发展中心、北京朝政物业管理中心、天天好厨（北京）餐饮管理有限公司、北京欧陆风韵会议中心、北京市朝阳京城印刷厂，其中幼儿园为差额拨款事业单位。规定编制104名，现有在岗人员89名，空编15名。领导6名，其中主任1名，书记1名，副主任2名，副处级待遇2名。

地址：日坛北街33号

邮编：100020

电话：65099896

网址：http://10.164.191.55/wygl/index.aspx

（王晓蕾）

【财务管理】 年内，完成区政府系列11个部门2015年预算公开信息内容数据统计及核对工作，公开2015年收入预算，和“三公”经费预算。完成30个单位2016年度预算工作。聘请会计师事务所完成审计所属7个企业工作。完成2014年度部门决算、固定资产投资决算工作，被区财政局评为账务管理先进单位。

（王晓蕾）

【公车改革】 年内，提供所服务的26个部门140台车辆的运行费数据。制发《朝阳区党政机关公务用车管理暂行办法》《朝阳区党政机关公务用车管理细则》《朝阳区公务用车综合管理平台管理办法》。

（王晓蕾）

【后勤保障】 年内，收发全区编号文件21266件、无编号文件42万余件、外发文件5568件，转发中央、市委市政府文件11876件，收发市机要局档案376件、机要件6586件，转发市委内刊8万余册，发放报刊杂志180万余份，收发各种信件15万余封。完成会议服务2451次，服务50810人次，其中，区级重要会议255次，区级重要接待103次，外出会议服务210次。全年日常维修5700余次，办公设备维修672台次，完成对电梯、直燃机等各种设备设施的定期维保1500余次。定期召开安全生产隐患大检查，发放培训书籍、资料、《消防画册》2760份，张贴标语260张，悬挂横幅12条，更新安全警示挂图376块，滚动播放事故案例、典型纪录片56870小时。完成会议车辆疏导475次，市级以上勤务接待76次767人，涉外勤务43次267人，临时勤务14次服务6856人，配合疏导劝离群访事件237次7668人，阻止劝离精神病患者、常年缠访闹事人员186次270人，组织应急拉动预案演练24次。

（王晓蕾）

中国人民政治协商会议北京市朝阳区委员会

【概况】 中国人民政治协商会议北京市朝阳区委员会（简称区政协）是朝阳区地方政协组织。其主要职能是政治协商、民主监督、参政议政。区政协第十二届委员会设提案委员会、学习委员会、文史委员会、经济科技委员会、教文卫体委员会、城建环保委员会、社会法制与民族宗教委员会、港澳台侨委员会等8个专门委员会。年内，召开常委会议、主席会议、秘书长工作会议26次，组织政协报告厅、委员读书班、恳谈协商、调查研究、视察考察、座谈研讨等各类履职活动160多次，参与委员达4300多人次。常委会制定《区政协年度协商工作计划》，确定“对接京津冀，建言‘十三·五’”等9个方面30项协商内容，召开议政性常委会议和主席会议，先后就社会事业发展、税源建设、“互联网+”等重大课题开展调研；各专门委员会围绕30多个协商议题开展不同层面、不同形式协商60多次，参与委员1800多人次；办复373件立案的委员提案；开展“三个100”的建言活动，征集近400份党派团体和委员建言形成《建言汇编》以常委会名义形成12个方面建议，提交区委区政府决策参考；围绕农村地区产业升级、促进农村地区就业、现代职业教育发展等开展调研，形成9份调研报告，其中2份经常委会通过形成建议案，送区委区政府参考；各专委会围绕老旧居民楼改造、养老事业发展、清真寺周边环境整治等开展专项视察等活动127次，提出意见和建议40多条；推荐15名委员担任特约监督员，加强信息培训，全年报送《社情民意》信息160期。

地址：朝阳区安立路0号。

邮编：100107

电话：65094484

邮箱：cyzx@bjchy.gov.cn

（许　治）

【区政协十二届四次会议】 1月12日至15日，区政协十二届四次会议在北京会议中心召开。400余名委员出席会议。会议听取审议区政协主席辛燕琴代表常委会所作的常委会工作报告，听取审议区政协副主席邢念增代表常委会所作的提案工作情况报告，列席区人大十二届五次会议开幕式，听取并讨论区长吴桂英所作的政府工作报告；大会选举谢莹为区政协主席，汪洋为区政协副主席。会议表彰2014年度优秀提案团体和个人。会议期间邀请国防大学教授马骏就国防教育和我国的外交战略作专题报告。会议期间，区委、区政府及有关部门负责人员到会，参加分组讨论和专题座谈，听取委员意见和建议。市政协副主席沈宝昌出席会议开幕式。区委书记程连元在闭幕式上讲话，对进一步做好政协工作提出三点希望。区委、区人大、区政府、区政协领导出席会议开闭幕式，区各委办局、街乡领导、各党派工商联负责人列席会议开闭幕式。

（许　治）

【常务委员会会议】 1月13日，十二届十六次常委会议召开。会议听取各组讨论区政协两个工作报告情况汇报；审议大会选举办法；审议通过补选主席、副主席、候选人建议名单和总监票人、监票人名单（草案）。1月14日，十二届十七次常委会议召开。会议听取各小组讨论政府工作报告情况汇报；听取各小组汇报酝酿选举事宜；审议通过关于辛燕琴辞去主席，郑煌、陈合庄辞去副主席的决定；审议选举办法；审议通过候选人名单和总监票人、监票人名单。1月15日，十二届十八次常委会议召开。会议交流和探讨如何做好政协工作和发挥委员作用。3月19日，十二届十九次常委（扩大）会议召开。会议学习传达全国“两会”精神，审议通过《政协北京市朝阳区第十二届委员会常务委员会2015年工作要点（草案）》及各专委会2015年工作计划（草案），常委们就相关草案提出意见建议。7月16日，十二届二十次常委（扩大）会议召开。会议围绕“一绿”试点建设工作专题议政，部署“十三五”规划编制议政建言工作。10月13日，十二届二十一次常委（扩大）会议召开。会议听取区农委、区金融办办理区政协常委会2014年度《关于朝阳区农村城市化实现路径》和《关于金融驱动朝阳区文化创意产业发展》两份建议案情况通报，听取区发改委通报区“十三五”规划编制制定情况，审议通过《政协北京市朝阳区第十二届委员会常务委员会关于撤销闫宾委员资格的决定（草案）》、《政协北京市朝阳区第十二届委员会常务委员会关于宋军等5人不再担任委员的决定（草案）》。12月29日，十二届二十二次常委（扩大）会议召开。会议听取区委常委、区纪委书记宋铁健通报区党风廉政建设情况；听取区委常委、常务副区长甘靖中通报区政协十二届四次会议以来提案办理工作情况；审议通过区政协2015年常委会建议案（草案）及调研报告；审议区政协十二届五次会议相关文件；审议区政协2016年度政治协商建议议题（草案）；审议通过增补十二届区政协委员的决定（草案）。

（许　治）

【三八妇女节活动】 3月5日，在朝阳公园委员之家举办主题为“玫瑰人生——时尚精英女性至美之约”的三八国际妇女节活动。谢莹及部分区政协女委员参加。区政协常委、时尚集团董事长刘江代表男委员向女委员表示节日祝贺，时尚传媒集团时尚学院三位老师介绍职业形象、芳香调理和运动健康等方面知识，并与大家现场互动。

（许　治）

【调研社区养老】 4月7日，谢莹一行到团结湖街道专题调研社区养老工作，参观团结湖街道全模式社会服务管理中心，感受养老生活、安全、健康、服务四位一体智慧养老新模式，考察团结湖街道智慧养老助残服务中心。街道负责人介绍街道智慧居家养老工作开展情况，区民政局领导汇报朝阳区社区养老服务工作情况。委员们就社区养老工作提出意见建议。

（许　治）

【督办重点提案】 4月21日，谢莹一行到来广营地区易事达广场现场调度北京易事达投资有限公司董事长张京湘委员提案《关于增加养老机构，加强医养体系建设的建议》和来广营地区办事处副主任韩潮委员提案《关于加快朝阳区北苑家园地区公共医疗配套设施建设的建议》。区卫计委、区规划分局、区民政局、区住建委、来广营地区办事处等单位负责人员参加会议，共同协商推进委员提案办理工作。

（许　治）

【委员报告厅】 4月29日，区政协在朝阳公园委员之家举办2015年委员报告厅，邀请全国政协文史和学习委员会驻会副主任陈惠丰作“协商民主与人民政协”专题报告。区政协领导及部分区政协委员，各街乡委员进社区工作主管领导和联络员，以及区政协机关干部百余人参加。6月16日，在委员之家举办2015年委员报告厅，邀请中国城市规划设计研究院院长李晓江作京津冀一体化发展专题报告。区领导程连元、吴桂英、谢莹，部分区政协委员及区政协机关干部等120余人出席。

（许　治）

【区人民政协理论研究会理事会第三次会议】 5月20日，区人民政协理论与实践研究会在委员之家召开理事会第三次会议。会议讨论《关于增补朝阳区人民政协理论与实践研究会理事会理事候选人建议名单（草案）》，讨论通过《朝阳区人民政协理论与实践研究会2015年工作安排（草案）》《北京市朝阳区人民政协理论与实践研究会论文征集管理办法（暂行）（草案）》。会议邀请全国政协理论研究会原秘书长原冬平作《中共中央关于加强社会主义协商民主建设的意见》专题辅导讲座。谢莹出席并讲话。

（许　治）

【赴贵阳对口支援】 6月23日至26日，谢莹与各民主党派主委、部分委员一行20余人赴贵阳市对口支援、考察交流。在2014年捐助贵阳市花溪区高坡乡卫生院基础设备设施建设的基础上，双方政协再次签订协议，朝阳区政协捐助卫生院医护人员教育培训、医疗专家聘请引进等软实力建设工作。

（许　治）

【社情民意培训会】 7月2日，召开社情民意信息工作培训会，邀请全国政协信息局局长谷斌专题培训如何做好社情民意信息工作。区政协特邀信息员、各民主党派、工商联负责人、各专委会负责人以及部分政协委员共130余人参加培训。

（许　治）

【党派联席会】 7月14日，在委员之家召开党派联席会议，部署“十三五”规划编制议政建言活动工作方案。区各民主党派、工商联、知联会以及区政协各委室负责人参加会议。

（许　治）

【委员读书班】 7月30日至31日，区政协举办以“对接京津冀、建言‘十三五’”为主题的2015年委员读书班活动。读书班邀请全国政协社会和法制委员会副主任顾伯平作“以文化力促进政协委员履职能力不断提升”专题报告，邀请北京市社会科学院副院长赵弘作“关于京津冀协同发展的战略思考”专题报告。区政协领导与参加读书班的130余名委员一道学习交流。

（许　治）

【赴天津河北考察交流】 8月11日至14日，部分区政协常委一行48人围绕“对接京津冀，建言‘十三五’”主题赴天津、河北专题考察交流。考察团先后到天津滨海新区、唐山曹妃甸工业区、秦皇岛北戴河新区等地，了解天津、河北两地在自贸区规划建设、承接北京转移产业安置、健康养生产业和生态环境建设方面情况。

（许　治）

【海淀区政协主席一行与区政协交流座谈】 9月23日，海淀区政协主席彭兴业一行13人到朝阳区政协交流座谈。座谈会上，双方政协围绕委员履职、推进协商民主建设深入交流，并听取朝阳区八里庄街道负责人关于辖区底商治理情况汇报。

（许　治）

【对接京津冀　建言朝阳“十三五”专题座谈】 10月20日，在北京国际会议中心召开对接京津冀，建言朝阳“十三五”专题座谈会。相关专家学者、京津冀三地政协领导与朝阳区政协委员、区委区政府相关部门领导齐聚一堂，凝聚智慧，共话京津冀协同发展，共谋朝阳“十三五”规划编制。谢莹致辞，区委副书记陈宏志出席会议并讲话。

（许　治）

【区委书记、区长吴桂英调研政协工作】 10月29日，区委书记、区长吴桂英调研区政协工作。听取谢莹就区政协基本情况、2015年工作开展情况、加强机关干部队伍建设、建议区委关注的具体工作等四方面所做的汇报。吴桂英对区政协工作给予充分肯定，并对今后工作提出指导性意见。区领导何明、马继业、刘军胜陪同调研。

（许　治）

【组织会前集中视察】 11月10日，组织全体委员开展十二届五次会前集中视察活动，围绕城市管理、养老服务及“双创”专题到八里庄街道、阳光壹佰“优客工场”、南磨房敬老院开展视察；围绕经济发展专题到来广营高科技产业园、大望京科技商务创新区、凤凰国际传媒中心开展视察；围绕社会事业发展专题到和美妇儿医院、朝阳外国语学校高中部、来广营地区文化中心开展视察。通过视察，委员们进一步了解区情，更好地关注民生、体察民情、知情议政。副区长张维刚、孙其军、梁洁陪同视察。区政府有关部门以及相关街道地区办事处负责同志参加视察，并与委员互动交流，听取意见和建议。

（许　治）

【提案委员会工作】 年内，收到提案454件，其中党派、工商联提案25件，界别提案40件，专委会提案3件，委员提案386件。审查立案373件，涉及主要提案委员198人。在提案交办过程，召开提案办理培训会，确保每件提案都有“出口”，与办理单位沟通，确保提案办理基础更“牢靠”。在提案的办理中，协商规范化水平不断提升，主要表现在办理流程进一步完善，重点提案协商内涵进一步丰富；沟通联系纽带作用进一步凝聚，并与区委区政府建立日跟踪、日汇报制度，及时掌握情况，对难点提案，由主管主席督办，并促进协商成果的转化，提案办复率达100%，在市政协召开的提案工作会议上，朝阳区政协代表16区政协作经验介绍。

（许　治）

【学习委员会工作】 年内，加强委员学习培训，举办4场委员报告厅，分别邀请国防大学马骏教授就掌门人的外交“思路”、全国政协文史和学习委员会副主任陈惠丰围绕作“协商民主与人民政协”等主题作辅导报告；举办以“对接京津冀，建言‘十三·五’”为主题的委员读书班，思考和研究朝阳未来发展；成立专题建言议政小组，召开创新基层基础、治理探索自治共治发展的治理模式和治理体系、引导社会组织发展协商座谈会；完成《关于朝阳区妇女健康服务需求的建议》调研报告；围绕“对接京津冀，建言‘十三·五’”专题议政，50余位委员接受访谈，12位委员提交书面材料，形成有价值的意见和建议；组织委员视察西坝河社区交通“微循环”和居民楼坡道改造及社区议事厅；推荐14名委员担任有关部门特约监察员。

（许　治）

【文史委员会工作】 年内，成立文史咨询小组，参与区文化委开展的2015年朝阳区民办博物馆补助专家评审会综合评定民办博物馆陈列展览等项目工作；参与“对接京津冀，建言‘十三·五’”建言征集活动，建言献策；配合全国政协文史委文史资料征编工作，完成《北京抗战史料选编》汇编工作；配合市政协文史委，完成《首都文史精粹》的编辑出版；编辑出版《朝阳文史》第15辑；增进与外区县文史委员会工作交流与往来，接待天津市南开区政协文史文化委员会来我区参观。

（许　治）

【教文卫体委员会工作】 年内，通过情况通报会，加强对口协商；就朝阳区现代职业教育办学机制进行调研，完成调研报告；开展关于朝阳区社区卫生服务发展中有关问题的研究，探索完善基层医疗卫生事业单位绩效工资分配机制；关注学前教育发展，组织委员对学前教育发展三年推动计划第一期落实成果进行视察；组织委员参与“对接京津冀，建言‘十三·五’”建言征集活动，收集46篇委员建言；组织委员集中视察，进一步了解区政、区情、知情议政；走访区教委、文化委、卫生局等政府对口部门，沟通情况；举办第31个教师节活动，参观中国现代文学馆和奥运塔；开展与外省市、区县政协对口专委会的沟通与交流。

（许　治）

【城建环保委员会工作】 年内，围绕“对接京津冀，建言‘十三·五’”为主题的专题议政建言活动，成立“城市管理与社会服务”建言议政工作小组，就“北京市总体规划修编”“北京市‘一绿’试点建设”“生态环境建设和节水治水工作”“全模式社会服务管理体系双向循环机制工作”等召开座谈会，建言献策；举办“对接京津冀，建言‘十三·五’”专题座谈会之“城市管理与社会服务”协商会，形成意见和建议，为区编制“十三·五”规划提供参考；成立环境“城市病”问题治理调研小组开展调研，形成《关于我区环境“城市病”问题治理对策和建议》调研报告；围绕“促进农村地区劳动力就业再就业”为课题开展调研，形成调研报告，并经常委会通过，以建议案形式送区委区政府领导参考；组织委员先后就小区污水处理，环境整治，开墙打洞治理，养老等开展视察，促进相关部门工作开展；加强对口协商与交流。

（许　治）

【社会法制与民族宗教委员会工作】 年内，落实区政协2015年协商工作计划，围绕“依法治区，推进治理体系现代化”“维护少数民族教育保障”“推进全国养老服务社会化示范区建设”等问题开展专题协商，提出意见和建议；围绕“对接京津冀，建言‘十三·五’”专题议政建言活动，就“北京市整体规划修编”“北京市‘一绿’试点建设”“生态环境建设与节水治水工作”等召开协商议政专题座谈会；完成《加强我区普法工作，全面推进‘法治朝阳’建设》的调研报告；和民宗办一起就贯彻《北京市宗教事务条例》实施情况开展专题调研，形成调研报告。组织协调政协委员连续参加朝阳区依法治区领导小组对全区重点行业系统和街乡（地区）“六五”普法工作检查验收；参加区政府13个职能部门情况通报会与对口交流。

（许　治）

【经济科技委员会工作】 年内，开展专题调研，重点研究农村地区产业升级，结构调整问题，破解城乡结合部发展难题，探索推动农村地区产业转型升级新途径，形成《关于朝阳区农村地区产业升级》的调研报告，经区政协常委会通过，以建议案形式送交区委区政府领导参考；组织主席专题就“互联网+”经济新形态进行调研，提出意见和建议；与工商联、区外办联合组织举办“丝绸之路经济带”国家投资环境与项目讲解会，并邀请有关国家驻华商务参赞进行推介；加强与党派的联系与对接，为驻区企业了解区情，了解政策，掌握信息提供平台；组织委员就区域经济发展、产业升级、结构调整等开展专题视察，提出意见和建议。

（许　治）

【港澳台侨委员会工作】 年内，组织港澳台侨界委员围绕区域经济发展，产业升级和结构调整等开展专项视察和专题调研，提出意见和建议；举办元宵节联谊交流活动，邀请在京的台商代表参加，并参观区文化馆、快板刘文化大院、垡头地区文化中心；与台盟联合组织驻区台商和台湾学生观看话剧，参加交流文化活动并进行座谈，就两岸文化、文艺、人文、感情等方面进行交流，增进了解和友谊；关心公益事业，举行“大手捧小手，用心塑爱”为主题的关注特殊儿童公益活动。

（许　治）

政法 军事

政 法

政法委员会工作

【概况】 年内，区委政法委以“两项重大任务”服务保障为抓手，坚持法治思维、突出问题导向、守好底线标准、注重基层基础，完成“两节”、全国“两会”、“两项重大任务”等重大安全保卫任务。

地址：日坛北街33号
邮编：100020
电话：65099200
网址：http://zfw.bjchy.gov.cn

（赵 江）

【国际奥委会考察申冬奥安保维稳】 3月22日至29日，冬奥会国际奥委会评估团对北京联合张家口申办2022年冬奥会进行实地考察和风险评估。安保工作从3月20日开始，成立安保领导小组，并动员部署。3月22日，区委副书记、政法委书记陈宏志到现场指挥部及相关重点区域，实地检查安保工作。3月23日，市委常委、政法委书记杨晓超带队检查朝阳区申奥迎评安保工作。3月24日，冬奥会国际奥委会评估团对奥林匹克中心区玲珑塔、国家体育场、国家游泳中心、国家体育馆、国家速滑馆、冬奥村等6处场馆集中考察。区委书记程连元，区委副书记、政法委书记陈宏志到一线指挥，区综治办、区维稳办、区信访办、区奥管委、公安朝阳分局、朝阳交通支队、朝阳消防支队、大屯街道、亚运村街道、安贞街道、奥运村街道的主要领导及各点位值守人员坚守岗位，完成安保维稳任务。

（赵 江）

【“两项重大任务”安保维稳】 4月24日，召开“两项重要任务”动员部署会。区委副书记、政法委书记陈宏志出席，区委常委、公安朝阳分局局长高岩主持，区维稳办、综治办、流管办、防范办、信访办、朝阳交通支队的主要领导及相关部门，各街乡的主管领导参加。8月22日、9月2日进入实战，全区干部群众、安保志愿者全部到一线执勤，完成安保维稳任务。

（赵 江）

【政法队伍建设】 年内，开展劳模评选，其中朝阳法院刘黎被评为全国劳模，公安朝阳分局高辉等13名干警被评为市级劳模，公安朝阳分局出入境管理大队等3家单位被评为市级模范集体。

（王 洋）

综合治理

【概况】 年内，综合治理工作围绕推进“五大建设”（机制建设、队伍建设、科技建设、信息建设、自身建设）、重点做好11项工作（深化平安建设、创新防控模式、严打违法犯罪、强化重点整治、夯实综治基础、推进科技创安、加强群防群治、打造工作亮点、加强综治宣传、提升群众安全感、加强综治领导责任制建设）的总体思路，发挥统筹协调、调查研究、督导检查等职能作用，坚持源头治理、系统治理、综合治理、依法治理。

地址：日坛北街33号
邮编：100020
电话：65099200
网址：http://zfw.bjchy.gov.cn

（宛 煜）

【反恐防恐】 年内，全区落实“盯人、管房、看物、把口、守点、控面”措施，强化武装震慑与警力前置，加强40个巡逻警务站、20辆武装车、83部巡逻车，3个一分钟处置点及42个三级视频巡控平台的动态指挥调度，核录10.9万人次。在十八里店、潘家园、东风、朝外派出所各建立一处直属工作点。加大中小旅店、加油站、物流寄递及剧毒放射、二手交易等行业场所的检查力度，消除违规销售刀具、制作敏感印刷品、入住登记不实等问题隐患1370处。接到群众举报的各类线索21万余条，其中有价值线索4378条，根据这些线索，共破获案件1023件，刑拘810人，治拘1274人。妥善处置群体性事件1266批44812人次。

（宛 煜）

【社会面防控】 年内，社会面防控发挥“朝阳群众”的品牌效应，制定10个专项工作方案、13张群防治力量部署图及12大类22个群防群治力量部署表，启动社会面二级加强或一级超常防控等级。8月10日至9月5日，全区发动各类群防群治力量230余万人次。两节、“两会”“五一”“冬奥迎评”等重大活动和敏感期，全区社会面防控坚持“条块结合、以块为主，专群结合、以专带群，点面结合、以面保点”原则，适时启动社会面等级防控工作。

（宛 煜）

【社区刑事发案】 年内，全区刑事案件和可防性案件同比上升。发生刑事案件38778起，同比上升26.3%。可防性案件4695起，同比上升26.7%。其中入室盗窃案件4447起，同比上升30.1%；盗窃机动车案件226起，同比上升16.6%；入户抢劫案件22起，同比上升15.8%。可防性案件下降幅度前5名的街乡是香河园、麦子店、机场、左家庄、将台；可防性案件上升幅度前五名的街乡是崔各庄、呼家楼、太阳宫、平房、常营。

（宛 煜）

【重点地区排查整治】 年内，重点地区排查整治工作建立固化完善工作会商、联合执法、重点帮扶、督查检查等一系列工作机制，加强三级挂账整治。5个市级挂账治安重点地区全部达标（建外、垡头、王四营、平房，南磨房）。16个区级挂账地区的

14个地区问题整治达标，花家地地区（可防性案件高发）、北京肿瘤医院地区（医院号贩子警情高发）整治未全部达标。42个街乡级挂账地区全部达标。

（宛　煜）

【“朝阳群众”品牌】　年内，“朝阳群众”继续成为网络和媒体的热词。综治工作对“朝阳群众”进行总结、宣传、推广。中央综治办、首都综治办到朝阳区专题调研，分别在中央政法委主办的《长安》杂志和全市群防群治工作推进会上进行经验推广。

（宛　煜）

【群众安全感提升】　年内，开展社会治安突出问题治理等9个专项行动。落实季度调查、专项行动、问题督办、三级会商、常态宣传等工作机制，重点推进结对帮扶和入户走访。培训28个部门一把手、43个街乡党（工）委书记、587名社区（村）书记及50个公安派出所所长。朝阳区群众安全感指数为91.3%，比上年提高2个名次。

（宛　煜）

【平安创建】　年内，开展平安家庭、平安学校、平安医院、平安商（市）场、平安社会单位、平安旅游景区等“六创建”活动。加大对亚运村街道安翔里社区“小桔灯”平安自治项目的扶持力度，在六里屯、三里屯街道分别选定一个社区扩大试点。年初，首都综治办以“点亮小桔灯，照亮平安路，朝阳区积极探索平安创建新路径”为题，在全市推广“桔子社区”试点建设工作经验。

（宛　煜）

【综治信息化综合平台建设试点】　年内，朝阳区被确定为全市综治信息化建设4个试点区县之一。确定推进综治信息化建设的总体思路，即充分依托朝阳区全模式社会服务管理系统，高起点推进综治信息化建设工作。成立软件开发专班，搭建综治信息化系统框架，建成群众安全感、重点地区排查整治、民警驻区制等综治工作应用模块，完成部分数据采集、转换。

（宛　煜）

【区政府重点民生实事工程建设】　年内，建成“平安示范”小区93个，43个街乡城市管理指挥中心完成升级改造。

（宛　煜）

【铁路护路联防】　年内，投资32万余元加大铁路护路联防保障力度。全区17个涉路街乡配备44名专职护路联防队员，两次集中培训，实现全区96公里铁路、36座桥梁、33个涵洞、20个道口安全。

（宛　煜）

维护稳定

【概况】　年内，完成“两节”、全国“两会”、十八届五中全会等重大节日、敏感节点的维稳工作，实现全区“不发生重大暴力恐怖案件，不发生危害国家安全和社会稳定的重大政治事件，不发生大规模群体性事件和重大个人极端事件，不发生重大公共安全事件”的目标。

地址：日坛北街33号

邮编：100020

电话：65099200

网址：http://zfw.bjchy.gov.cn

（李渊峰）

【全国“两会”安保维稳】　3月3日、3月5日，全国政协十二届三次会议和十二届全国人大三次会议召开。维稳办制定全国“两会”安保维稳工作方案。区委成立安保维稳指挥部。指挥部下设望京昆泰酒店、北京会议中心、河南、广西大厦等处住地分指挥部。相关部门及各街乡为安保维稳成员单位，启动全国“两会”维稳情报信息战时会商机制。完成安保维稳任务。

（李渊峰）

【反恐维稳培训】　3月31日，在阳光丽城假日酒店国际会议中心召开朝阳区深化反恐维稳工作培训会。区维稳办、区综治办、区流管办、公安朝阳分局、安全朝阳分局主管领导及43个街乡主管领导和维稳办主任参加会议。

（李渊峰）

【十八届五中全会安保维稳】　10月26日至29日，党的“十八届五中全会”召开，朝阳区成立安保维稳工作领导小组。区委副书记、政法委书记陈宏志任组长，区委政法委常务副书记、维稳办主任赵红伟，区委政法委副书记、综治办主任倪东新，公安朝阳分局副局长赵鲁燕任副组长。成员单位由区委宣传部、区委社工委、区委农工委、区综治办、区流管办、区防范办、区维稳办、区信访办、区应急办、区金融办、区安监局、公安朝阳分局、安全朝阳分局、798管委会、奥林匹克公园管委会、CBD管委会及各街乡等组成。采取加强情报信息搜集，强化反恐防暴措施，加大矛盾排查化解，加强社会面防控等措施，完成安保维稳任务。

（李渊峰）

【维护稳定工作责任书签订】　年内，区委书记程连元、区长吴桂英与全区43个街乡、55个维护稳定工作领导小组成员单位签订《2015年朝阳区维护稳定工作责任书》196份。

（李渊峰）

流动人口和出租房屋管理

【概况】　年内，流动人口和出租房屋管理工作以加强流动人口服务管理、提高流动人口规模调控能力为目标，以夯实基层基础、加强出租房屋规范化管理为主线，以强化流动人口组织化建设、加强流动人口服务保障和出租房屋安全为抓手，健全创新各项管理工作机制。

地址：日坛北街33号

电话：65099200

邮编：100020

网址：http://zfw.bjchy.gov.cn

（倪　辉）

【全国“两会”期间流动人口管理】　3月1日至15日，出动流动人口管理员49300人次，检查流动人口587827人次，排查发现外地非正常上访人员29人、各类违法犯罪人员37人，检查出租房屋204177户，排查发现并整改出租房屋隐患2576处，治理违法群租房30户。

（倪　辉）

【“两项重大任务”期间流动人口管理】　8月18日至9月6日，全区出动流动人口管理员44519人次，检查流动人口651144人次，排查发现来京非正常上访人员12人，检查出租房屋179079户，排查发现存在安全隐患的出租房屋634处，治理违法群租房18户。

（倪　辉）

【十八届五中全会期间流动人口管理】　10月24日至29日，全区出动流动人口管理员12551人次，检查流动人口176422人次，排查发现来京非正常上访人员9人，检查出租房屋51118户，排查发现存在安全隐患的出租房屋125处。

（倪　辉）

【流动人口规模调控】　年内，通过控制各类违法建设及地下空间、群租房和出租大院，整治“五小七黑”（“五小”指小旅馆、小饭店、小商场、小歌舞娱乐放映游艺场所、小咖啡厅，“七黑”场所指没有营业执照、非法经营的黑歌厅，黑洗浴中心，黑废品收购站，黑二手手机收购站，黑电子游艺厅，黑发廊和黑饭店）、“六小门店”（小餐馆、小理发馆、小洗浴、小店铺、小娱乐场所、小网吧）等措施，减少流动人口222277人（街道减少50677人，农村减少171600人）。

（倪　辉）

【流动人口百场培训】 年内，在朝阳社区学院分批对42个街乡流动人口进行108场培训，培训人次约1.1万人次，内容包括实用技能、文明礼仪、法律法规、卫生防疫、家庭教育、交通、消防、预防煤气中毒等方面。

（倪 辉）

【流动人口管理与监督平台建设】 年内，完成朝阳区流动人口管理与监督平台建设，内容为“一四一”，即建立一个区级流动人口数据库，四个流动人口管理子系统和一套流动人口数据采集终端。截至年底，所有建设内容均上线应用。全年平台数据采集终端操作量33343条，其中核实流动人口20324人，采集8915人，核销2619人，迁移943人；采集出租房屋298户，注销123户，更新121户。

（倪 辉）

公 安

【概况】 年内，北京市公安局朝阳分局（简称公安朝阳分局）以“两大安保”为核心任务，完成全国“两会”、十八届五中全会、“e租宝”“泛亚”等一系列重大安保维稳任务，实现辖区政治和治安稳定。组织开展为期百日的安全防范系列宣传专项活动，宣传防火、防盗、防电信诈骗等知识，共悬挂标语横幅2532个，设立宣传展板1364块，召开各种形式群众宣传会936次，发放宣传材料155781份。组织物技防展示会、推介会208场，免费发放防撬锁等简易物技防产品363件。安装监控探头124个、楼宇对讲系统41个、防撬锁982个。更换新型锁芯4150个，维修监控探头580个、门禁182个。发现并整改治安隐患339件。完成513项1956场次大型活动安保任务。查处违规养犬行为1132起。将146名社招大学生、军转干部及38名置换警力充实到社区民警缺编严重的派出所。创建“高宝来爱民服务岗”25个，48个集体171名个人立功受奖，培养出“全国禁毒先进个人”张欣、“首都公安杰出青年卫士”张帆等具代表性的“朝警先锋”。

地址：道家园1号
邮编：100025
电话：85953400
邮箱：chaoyangfenju@sina.com

（王 晖）

【成吉大易涉嫌非吸案破获】 1月15日，对涉嫌非法吸收公众存款案的成吉大易公司进行收网，抓获涉案公司法人代表姚某某（女，1969年5月出生，福建省厦门市人）、河北邢台分公司负责人牛某某（女，1962年1月出生，河北省邢台市人）等9名犯罪嫌疑人，其中7名犯罪嫌疑人被依法刑事拘留，其余2人因患病被取保候审。

（孟 茜）

【“3·02”持枪抢劫杀人案破获】 3月3日，破获“3·02”持枪抢劫杀人案。抓获嫌疑人李某某（男，1963年11月出生，北京市西城区人），起获作案手枪1支、子弹3发及被抢美金6万元。经审查，该人对其以换汇为名持枪抢劫杀害李某、郭某的犯罪事实供认不讳，在嫌疑人李某某的指认下，2名被害人的尸体在密云县黑龙潭风景区附近的山沟中被找到，身上均有枪击伤。

（隋新宇）

【快速处置扬言爆炸使馆事件】 3月7日，公安朝阳分局武装处突巡逻民警在十里河桥东北角设卡盘查核录，一辆出租车自南向北沿东三环辅路行至距武装处突车5米左右处停车。乘车男子扬言要炸日本大使馆，民警迅速将该男子控制。扬爆男子赵某某（男，1955年8月出生，北京人）被依法刑事拘留。

（刘 婷）

【系列盗窃切诺基案破获】 7月21日，破获张某某团伙系列盗窃切诺基案。抓获张某某（男，1988年9月出生，河北省沽源县人）等7名犯罪嫌疑人，当场缴获被盗切诺基汽车5辆及作案工具等。经审查，7名嫌疑人交代自2014年底以来，在朝阳、海淀、丰台、昌平等地多次盗窃切诺基汽车的犯罪事实，初步核实20余起。

（隋新宇）

【开通“世锦赛安保外语热线”】 8月11日至30日，正式开通“世锦赛安保外语热线”，24小时专人值守，配有英、日、俄、法、德、韩及阿拉伯语7个语种、16名翻译人员，为基层单位及一线民警提供实时在线语言翻译及协助开展快速涉外案事件处置。

（周瑞瑞）

【快速处置“8·13”三里屯故意杀人案】 8月13日11时49分，在朝阳区三里屯有一男子持刀伤人。公安朝阳分局民警将嫌疑人高某某（男，1990年9月出生，吉林省通化市人）当场控制。经审查，嫌疑人对在三里屯酒吧街南口持刀无故将一男一女两名路人扎伤（男子为法国籍，女子为山东省人）的犯罪事实供认不讳。受伤女子因抢救无效死亡。

（李宝华 隋新宇）

【“8·19”纵火案破获】 8月19日，破获“8·19”纵火案。抓获犯罪嫌疑人张某某（男，1978年10月出生，河北省邢台市人）。经审查，张某某对其为报复前工友在按摩店内实施纵火的犯罪事实供认不讳。

（隋新宇）

【打掉网络诈骗犯罪团伙】 11月9日，会同市公安局，在陕西省咸阳市相关部门的配合下，历时20余天，在陕西省咸阳市打掉利用交友网站虚假信息诱骗事主注资的陕西籍网络诈骗犯罪团伙，抓获涉案人员刘某某（男，1993年5月出生，陕西省礼泉县人）等13人，起获台式机电脑主机、笔记本电脑、银行卡等大量作案工具，涉案金额60余万元，受骗事主40余人。

（隋新宇）

【打掉彝族入室盗窃团伙】 11月20日，打掉一个彝族人入室盗窃犯罪团伙。将犯罪嫌疑人周某某（男，1990年2月出生，云南省昭通人）等3名嫌疑人抓获，当场起获现金1万余元、笔记本电脑1台、手机2部及部分作案工具。经审查，3名嫌疑人对于2014年以来在朝阳区多处实施技术开锁入室盗窃的犯罪事实供认不讳，初步核实10起。

（隋新宇）

【系列持刀抢劫单身女性案破获】 12月8日，破获系列持刀抢劫单身女性案，当场将再次预谋实施抢劫的犯罪嫌疑人张某某（男，1993年2月出生，河北省沧州市人）抓获。经审查，张某某对多次持刀抢劫单身女性的犯罪事实供认不讳，初步核实抢劫案6起。

（隋新宇）

【完成“两大安保”任务】 年内，北京市举办“第十五届世界田径锦标赛”和“纪念世界反法西斯战争暨中国人民抗日战争胜利70周年阅兵”活动，公安朝阳分局成立综合安保办、6个前沿指挥部和11个工作组，将支援警力、12.6万群防群治力量混合编组，完成纪念活动警戒区域、集散路线、装卸点的安全警卫。

（于更浩）

【社会面防范控制】 年内，以武装巡逻、携犬巡逻、视频巡控等专业工作为核心，加大繁华街区、高发案部位、防范薄弱区域警力投入。以站巡制、驻区制、院警制等警务模式为依托，搭建社会化、立体化治安防范平台，指导企事业单位、行业协会、社会组织、居家委会落实治安防范责任，推动门禁系统维修、安装防撬锁、安装红外报警器等技防设施升级改造。采取恢复自行车存放点指派专人值守、重点部位巡视等方式，街头刑事警情下降60.6%。及时堵截电信诈骗案件35起，避免群众经济损失900余万元。

（于更浩）

【严打有组织赌博违法犯罪】 年内，采取严打严查、打管结合、双管齐下等措施，重点打击电游场所内赌博活动，查获百子湾东里“晟通睿智游戏厅”、北苑家园卡酷时代广场“万游引力电玩城”等101家电游赌博场所，拘留处理256人。打掉位于小关热力厂南侧平房院、千鹤家园出租房内等11个聚众赌博违法犯罪团伙（窝点），拘留以上处理188人，其中刑拘27人、治拘161人。

（张　雪）

【打击盗销自行车行动】 年内，组织22个警情高发派出所组建打击盗销自行车小分队，打掉盗销自行车违法犯罪团伙（窝点）97个，抓获处理涉案嫌疑人622人，收缴自行车764辆。

（陈　静）

【完成大型活动安保】 年内，建立公安、文化、安监等部门联勤联动机制，严格大型活动的审批程序，限制举办有安全风险活动，确保亚冠、中超等513项1956场次大型活动安全。制定方案、预案，确保56场次商场促销、企业庆典等无需许可活动的安全，未发生群死群伤等重大治安灾害事故。

（于更浩）

【开锁业治安管理】 年内，协调工商部门对开锁业进行登记，组织派出所采集所有技工指掌纹及DNA信息。对符合安全条件的从业单位和开锁技工定期向社会公示宣传，对非法开锁小广告开展清整。协调网安部门，监测和封堵网上发布的虚假开锁宣传、售卖开锁工具、传播开锁技能等信息。

（郭咲琳）

【养犬年检】 年内，开展养犬集中年检宣传活动，设立宣传咨询活动站96个，发放各类宣传材料8万份，悬挂条幅1000幅。设立年检免疫一站式服务站点765个，上门服务211次，奖励绝育犬63只，免费向办理年检手续的市民发放拾便器、犬食盆等10万余个。

（陈云芳）

【防范堵截电信网络诈骗】 年内，在金融单位推行“六必须防范措施”，包括必须悬挂一条宣传横幅或LED电子屏进行滚动宣传提示，60岁以上老人到银行开通网银U盾业务及办理账户关联业务必须由家人陪同办理，一旦发现有人组织大量闲杂人员或民工集中办理银行卡等异常情况必须立即向属地派出所报警，大堂经理、保安员必须对客户进行安全提示，附行式自助银行必须落实设专人3分钟巡检1次，所属离行式自助银行和ATM机必须设专人巡检。在高等院校、大中专院校、中小学推行“八项工作措施”，包括层层发动、宣传到位、强化学生防范意识、开设讲座、利用网络媒体开展宣传、组织开展“小手拉大手”活动、法制辅导员进校宣传、充分利用校园网络加强宣传。在写字楼推行“五项防范措施”，包括签订《防范电信网络诈骗宣传工作责任书》，必须悬挂一条红色宣传横幅或LED电子屏进行滚动宣传提示，每层电梯口、每层卫生间张贴预防电信网络诈骗的安全提示，发放《致全体员工的一封信》，每台办公电脑上粘贴不干胶“一句话防范提示语”。成功堵截电信诈骗案件35起，挽回经济损失900余万元。

（聂建平）

【涉医案（事）件处置机制】 年内，落实《涉医案（事）件三级响应处置机制》，明确派出所属地责任和治安、刑侦、巡警分级响应职责，妥善化解医疗纠纷260件，未发生因医患纠纷引起的重大群体性事件。在煤炭总医院、北京华信医院、民航总医院、航空总医院、地坛医院等5所三级医院挂牌设立“警务联络站”、在全区23家二级医院启动“巡逻必到点”。

（聂建平）

【中小学幼儿园安全防护】 年内，会同区教委、区综治办联合签发《2015年度朝阳区中小学幼儿园“护校安园”行动实施方案》和《朝阳区中小学幼儿园安全防范工作标准》，从“强化校园内部安全、强化校园反恐防恐、强化涉校高危人员排查管控、强化校园周边整治、强化校园巡逻防控、警校联动机制建设”等10个方面，提升校园反恐，自防自控及人、物、技“三防”建设。

（聂建平）

【固化社区民警在社区工作】 年内，按照市公安局“两个固化”（固化社区民警、把社区民警固化在社区）工作要求，公安朝阳分局对社区民警采取网上监测、电台点名、电话查勤、GPS定位监测、实地检查等方法，落实社区民警在岗率、下社区率。化解各类矛盾纠纷6837件，会同街乡综治、司法等部门，成功调解各类矛盾纠纷6778件。

（徐肖鹤）

【可防性案件防范宣传】 年内，组织开展集中防范宣传活动，悬挂宣传横幅3000余条，张贴海报10万余张，发放宣传折页40万余张。建立以各派出所领导、民警、社会团体负责人、单位职员、社区群众为主的五级宣传微信群，创建“朝阳平安”微信公众账号，共添加用户18201人，发布微信息2期4篇，阅读点击量32275次。制作“防范入室盗窃”和“防范电信诈骗”微视频，在312家金融网点、1536家商市场、写字楼等单位播放。组织召开法制讲座1359场，播放微视频2354场。选定平房派出所国美社区、常营派出所苹果派社区、十八里店派出所弘善家园社区作为防范宣传语音提示器先期试点社区，共安装提示器173个。

（周耀程）

【村庄社区化建设】 年内，组织派出所配合区综治办、农委、流管、财政等部门实地踏勘，并完成203个自然村社区化建设，落实“三站两室”（警务工作站、流管工作站、巡防工作站、监控室、档案室）警务驻区管理。社区民警全部安排到位，开展基础信息采集、治安防范、服务群众等工作。

（刘金岩）

【12个派出所新设出入境证件受理功能】 年内，新增太阳宫、麦子店、东风、平房、南磨房、将台、三间房、奥运村、大屯、来广营、花家地、酒仙桥等12个派出所具备出入境证件受理功能，共接待受理群众办证87031件，为市民就近办理护照、往来港澳通行证及往来台湾通行证的首次申请和旧证换发业务。

（周瑞瑞）

检　　察

【概况】 年内，受理审查逮捕案件2837件3662人，批准逮捕1991件2418人；受理审查起诉案件3260件3988人，提起公诉2927件3479人。案件受理数居全市第一，人均办案量居全市首位，案件审结率居全市前列。审查批捕涉众型经济案件107件210人，审查起诉231件591人，其中包括涉案金额55亿元“华融普银”案、涉案金额14亿元“易胜百”案等重特大案件7件。制定《涉众型经济犯罪案件办案指南》，举办“涉众型非法集资类犯罪问题研讨会”。因犯罪情节轻微，依法决定不起诉145件216人。推进轻微刑事案件速裁试点改革，适用刑事速裁程序办理案件370件386人。办理羁押必要性审查案件34件36人，对12人建议变更强制措施；对涉罪未成年人不批准逮捕21件26人、附条件不起诉7件11人。全院有

1名全国检察业务专家、2名市检察业务专家、3名市检察业务提名专家。《神奇五侠“反贪之战”》获“全国首届检察新媒体创意大赛”金奖。获“全国检察宣传先进单位”“首都文明单位”“北京市先进基层检察院”等市级以上集体荣誉17项，获“北京市先进工作者”“北京青年五四奖章”等市级以上个人荣誉17项。

地址：道家园17号

邮编：100025

电话：59553208

网址：http://www.bjjc.gov.cn

（李　阳）

【无锡市检察院到朝阳院交流考察】 1月21日，江苏省无锡市人民检察院未检处处长陈炜率部分辖区院主管检察长和业务骨干到朝阳院考察交流未成年人检察工作。

（李　阳）

【专题培训】 1月30日，联合中国人民公安大学侦查学院举办为期四天的封闭式“职务侦查专题培训班”。朝阳院反贪局、反渎局、预防处及监所处50余名干警参加培训。

（李　阳）

【天津市检察院到朝阳院交流】 3月31日，天津市检察院法警总队总队长带领天津市部分基层院法警大队负责人到朝阳院交流法警工作经验。市检察院法警总队总队长、副总队长参加座谈。朝阳院与来访人员交流和探讨如何打开法警人才流动的出入口，创造人才良性流动及法警工作如何更好地服务检察工作。

（李　阳）

【检察改革工作部署会】 4月7日，召开检察改革工作部署会，制订《朝阳区人民检察院2015年检察改革工作意见》，明确年度检察改革重点任务和各部门工作重点。

（李　阳）

【法制宣传活动】 5月6日，开展“保护未成年人，贡献一份力量”系列法制宣传活动，结合近期酒吧涉未成年人案件多发的情况，将三里屯酒吧街作为宣传活动第一站。

（李　阳）

【联席会】 5月14日，与区司法局、区律师协会召开联席会议。会议由朝阳院副检察长吴春妹主持，区司法局副局长曹宏、区律师协会会长王清友出席会议，区司法局、区律协相关部门和朝阳院监察、公诉、民行、未检等部门负责人及市律协律师代表参加会议。会议就保障律师执业权利、加强外部监督等内容达成共识。

（李　阳）

【共建项目签订】 5月28日，与辖区首都医科大学附属北京朝阳医院、北京安贞医院、北京妇产医院、北京地坛医院、首都儿科研究所等5家市属三级医院开展共建活动，签订共建协议书，正式启动“检医连·廉·联”共建项目。

（李　阳）

【备忘录签署】 6月5日，与区律师协会签署《规范司法行为保障律师执业权利合作备忘录》。这是朝阳院首次通过签署《合作备忘录》形式深化检律合作。

（李　阳）

【制定相对不起诉案件适用规范】 6月24日，制定出台《刑事案件相对不起诉适用规范》，细化常见罪名适用相对不起诉的具体标准。

（李　阳）

【制定爆恐案件办案指南】 6月30日，制定出台《暴力恐怖、宗教极端犯罪案件办案指南》，从案件范围和办理原则、证据审查、程序规范三个方面细化该类案件的办理规定。

（李　阳）

【开展合作】 7月10日，与北京邮电大学“夕阳再晨”社会工作服务中心、朝阳区心声社会工作事务所共同举办以“夕阳再晨——旭日初升”为主题的预防未成年人犯罪会议并会签《涉罪未成年人考察帮教合作协议》。

（李　阳）

【非法集资类犯罪问题研讨会】 7月15日，与国家检察官学院共同举办涉众型非法集资类犯罪问题研讨会。高检院公诉厅厅长陈国庆，市检察院副检察长苗生明，国家检察官学院院长胡卫列、副院长周洪波，中国政法大学副校长于志刚，及来自高检院、市检察院、公安、法院等单位的领导和律师、媒体代表出席研讨会。参会人员研讨涉众型非法集资类犯罪的特点和案件办理中存在的问题。

（李　阳）

【外部监督委员会委员聘任】 9月16日，举行执法办案外部监督委员会委员聘任仪式，正式聘任来自区人大代表、政协委员、律师和专家学者群体的9人为朝阳检察院执法办案外部监督委员会委员。

（李　阳）

【首次逮捕公开审查会】 9月30日，组织召开首次逮捕公开审查会，采取由检察机关主持、公安机关和辩护律师现场围绕逮捕必要性发表意见的方式，邀请朝阳院执法办案外部监督委员现场参与。

（李　阳）

【共建合作协议签订】 12月3日，与北京市地铁运营有限公司运营四分公司，就建立职务犯罪预防工作协作机制签订“检企共建”合作协议。

（李　阳）

【首例协助遣返出境完成】 年内，协助市公安局出入境管理局完成对不予起诉的蒙古国国籍人员苏龙嘎遣返出境工作。这是新刑诉法实施后朝阳院首例协助执行外国人遣返。

（李　阳）

【朝阳院未检处被授青年文明号称号】 年内，朝阳院未成年人案件检察处被授予“2014年度北京市青年文明号”称号。

（李　阳）

【微信作品获奖】 年内，在市检察院控申处、市检察院政治部组宣处联合开展的全市控申检察宣传优秀微信评选活动中，朝阳院控申处和组宣处共同编创的《控申检察处“萌师徒”的办案日常》获一等奖。

（李　阳）

【朝阳院政治处获奖】 年内，朝阳院政治处被市委授予“北京市第十二届思想政治工作优秀单位”称号，是全市检察系统中唯一获此称号的单位。

（李　阳）

审　判

【概况】 年内，朝阳区法院完成各项审判任务。新收案件96251件，同比增长36.8%。结案76696件，同比增长16.5%。全院审限内结案率99.99%。法官人均结案数是全市法院平均值的1.8倍。获全国文明单位等区级以上集体荣誉16项。

地　址：朝阳公园南路甲2号

邮　编：100026

电　话：65021021

邮箱：bjcyqfy_mygt@chinacourt.org

（李默菡）

【“口碑互动公司”非法经营案】 1月16日，公开开庭审理被告单位北京口碑互动营销策划有限公司，被告人杨飞、李金福、杨雪萍非法经营一案。公诉机关指控，被告单位北京口碑互动营销策划有限公司自2012年至2013年间，多次通过信息网络提供有偿删除信息服务，经营数额人民币21.82万元。区法院审理后认为，“口碑互动公司”违反国家规定，以营利为目的，通过信息网络有偿提供删除信息服务，其行为构成非法经营罪。杨飞、李金福作为被告单位的负责人，组织、策划、实施公司的非法经营行为，系直接负责的主管人员；杨雪萍直接参与实施被告单位的非法经营行为，系直接责任人员，三名被告人的行为均构成非法经营罪。2月12日，区法院对“口碑互动公司”判处罚金20万元；判处被告人杨飞、李金福有期徒刑1年6个月，处罚金4万元；判处被告人杨雪萍有期徒刑1年4个月，处罚金2万元。判决后被告人均未上诉，此案生效。

（李默菡）

【立案难破解】 5月1日，立案登记制正式实施。通过增设立案窗口、增派立案人员及时处理群众诉求，全年接待群众13万余人次，窗口立案85661件，同比分别提高17.5%和29.6%。推进远程立案，全年办理邮寄立案807件、网上预约立案9784件。

（李默菡）

【大屯路隧道飙车案】 5月21日，公开审理大屯路隧道飙车案。经审理查明，4月11日21时许，在朝阳区大屯隧道外环道路上，被告人唐某驾驶兰博基尼牌小型轿车、被告人于某驾驶法拉利牌小型轿车由东向西故意相互追逐，超速竞驶，发生事故，造成隧道内护栏、防护墙等公共设施损坏及两车损坏，并致被告人唐某车内乘客徐某腰椎爆裂性骨折。经道路交通事故认定，被告人唐某、于某承担事故的全部责任。审理期间，被害人徐某提起附带民事诉讼，被告人唐某、于某同被害人徐某自愿就经济赔偿问题达成调解。审理后，以危险驾驶罪判处被告唐某拘役5个月，罚金人民币1万元；以危险驾驶罪判处被告于某拘役4个月，罚金人民币8000元。被告人当庭表示不上诉。

（李默菡）

【诉讼服务办公室成立】 8月31日，原“调解办公室”更名为“诉讼服务办公室”。在原有调解工作基础上，进一步整合窗口接待、导诉、电话热线等各项诉讼服务职能。9月1日，配备10台“诉讼服务自助终端一体机”统一启用。终端一体机分别被设置在立案大厅导诉台、各法庭及执行局，设置“诉讼服务自助终端一体机”部门设置专人负责指导当事人使用一体机。

（李默菡）

【幸福天使幼儿园名誉权纠纷案】 10月27日，公开审理朝阳区幸福天使幼儿园诉张某名誉权纠纷案。被告张某之子张某某就读于朝阳区幸福天使幼儿园，因张某某在幼儿园未能听从老师指挥，老师对其进行批评和教育，导致张某对幼儿园老师的行为产生不满，在爱卡汽车网“汽车论坛大全_北京论坛”上发表《幸福天使幼儿园暴力对待我的儿子!》文章1篇、在天涯网“天涯社区_天涯杂谈”上发表《北京幸福天使幼儿园暴力对待孩子》文章1篇和在人民网上发表《北京三里屯幸福天使幼儿园虐童戳孩子的头直到撞墙(原创首发)》等文章。经查明，幼儿园老师对张某某批评教育的过程未造成伤害性后果。12月1日，判决被告张某立即停止侵害，将其在爱卡汽车网、天涯网、人民网发表的上述文章立即予以删除，并判决被告张某于此判决生效之日起30日内在爱卡汽车网、新浪微博、天涯网和人民网上发布声明，向原告致歉。被告未上诉，此案生效。

（李默菡）

【刑事审判】 年内，刑事案件收案3279件，结案3232件。严厉打击抢劫、故意伤害等危害社会治安犯罪，判处5年以上有期徒刑犯罪分子323人。参与非法集资问题专项整治行动，成立非法集资类案件专案组，审结该类案件25件，涉案金额6.1亿元。依法审理市公安局警用技术与重大项目管理处处长受贿案、中国移动北京公司副总经理李大川受贿案等职务犯罪案件15件，组织辖区580余名党员干部旁听案件审理。依法审理涉毒案件306件，并对歌手尹相杰非法持有毒品、演员张林容留王学兵吸毒等案件庭审进行网络直播。打击以非法手段删除网络信息的行为，审结的“口碑公司非法经营案”被评为2015年度人民法院十大刑事案件。开展刑事速裁改革试点工作，探索更为简化的办案模式，共适用刑事速裁程序审结案件332件，案件平均审理时间为6个工作日。

（李默菡）

【民商事审判】 年内，民事案件收案47781件，结案38234件；商事案件收案18495件，结案14926件。知识产权案件收案2784件，结案2242件。优先选择简便高效的审判方式方法，适用简易程序和小额诉讼程序审结医疗、劳动争议、婚姻家庭等案件7730件，45天内审结60%的案件。依法审理全市首例涉微店经营纠纷，明确“互联网+”时代新型经营模式的交易规则。审结涉及文化市场纠纷案件1898件。审结“中国体育赛事转播著作权第一案”。“马爱农”“五八同城”等案件分别入选北京法院知识产权十大案例和十大创新性案例。

（李默菡）

【行政审判】 年内，审结行政案件694件，审查行政非诉执行案件76件。通过协调方式解决行政纠纷182件。制发《行政机关负责人出庭应诉通知书》，推进行政机关负责人出庭应诉制度，市、区级行政机关负责人出庭应诉14人次。推进行政司法互动的制度化建设，与区法制办联合建立法律顾问制度，为行政机关举办法律课程20期，培训行政机关工作人员1500余人次。全区行政机关败诉率同比下降1.2%。

（李默菡）

【信访和审判监督】 年内，接待群众来访1305人次，信访案858件。审查各类申诉再审案件104件，结案101件。包括审查各类申诉案件65件，审结64件，其中驳回申诉48件、提起再审6件、撤诉9件、终结1件；受理当事人申请、检察院抗诉、上级法院指令等各类再审案件33件，审结31件，其中改判24件、裁驳1件、撤诉5件、调解1件；审结区法院裁定再审案件6件，其中改判3件、撤诉2件、终结1件。

（李默菡）

【执行案件】 年内，执行案件收案22429件，结案16781件。发布失信被执行人信息9823条，依法对761名拒不执行判决、裁定人员采取罚款、拘留、限制出境等强制措施，移送追究刑事责任3人。奇虎360公司改进“好搜”搜索引擎功能，在检索中同步置顶显示被搜索企业失信情况，携程网、淘宝芝麻信用网等将逐步降低失信被执行人的信用消费级别，让“老赖”承受更大的社会压力和失信成本。

（李默菡）

【党建工作模式创新】 年内，在“三引领四融合”党建工作模式基础上，推进以“强基工程”“素质工程”“暖心工程”“民生工程”为主要内容的“聚合力工程”建设，将党员群众凝聚在党组织周围，将党员群众的智慧和力量凝聚到推动审判事业发展上来。该项目被市高院评为“基层党建创新标兵项目”。

（李默菡）

【“四个规范”建设】 年内，推进“四个规范”建设，从法官释明、审判流程、文书制作、庭审行为四个方面细化工作标准，全年上诉案件发改率同比下降1.1%。

（李默菡）

【司法能力建设】 年内，建立特色学习研讨平台，搭建学术研讨、专家论证等平台，1篇论文获全国法院学术研讨总分第一名，《北京审判》和《审判前沿》的文章用稿量均居全市基层法院首位。举办优秀执行案例评比、裁判文书评比、经典案例讲评等活动。被评为“全国法院信息工作先进集体”和“北京市法院教育培训和人才工作先进单位”，8名法官获“北京市审判业务标兵”称号，7篇裁判文书获“北京法院优秀裁判文书百佳奖”。

（李默菡）

【廉洁公正司法】 年内，继续建立健全监督机制。在院内集中整治“关系案、人情案、金钱案”，通过讲授廉政主题党课、签订领导干部责任清单、开展“廉洁司法”专项教育活动、加大审务督查力度等途径，确保党风廉政建设落到实处。建立非案件承办人过问案件登记制度，排除裁判活动中的不当干扰，健全防范司法腐败的风险监控机制。主动接受外部监督。向人大常委会汇报执行工作情况，邀请人大代表、政协委员、特邀监督员200余人次参与旁听案件、视察座谈等联络活动，公开生效裁判文书31539份，发放廉政监督卡70424张。与区检察院联合召开审判执行监督工作座谈会4次，对检察机关发送的检察建议均予以回馈并办结。与区司法局、律师协会共同搭建“法眼视界工作室”平台，参与培训交流人员480人次。

（李默菡）

【买房被骗案】 年内，两次公开开庭审理原告方某与被告北京我爱我家房地产经纪有限公司（以下简称我爱我家公司），被告北京伟嘉安捷投资担保有限公司（以下简称伟嘉担保公司）居间合同纠纷案。方某是演员方某某之子，2012年6月，方某某一家在我爱我家公司居间下，与房屋所有人李某签订房屋买卖合同，约定以393万元的价格购买李某所有的房屋，而李某隐瞒将涉案房屋委托他人出售并已经办理房屋最高额抵押贷款的事实，使用伪造的房屋所有权证，向方某出售涉案房屋，导致方某发生实际损失393万元。9月23日，判决被告北京我爱我家房地产经纪有限公司于此判决生效后7日内赔偿原告30万元。宣判后原告上诉，12月17日，北京市第三中级人民法院作出终审判决，改判北京我爱我家房地产经纪有限公司于此判决生效后7日内赔偿方某120万元。

（李默菡）

司法行政

【概况】 车内，朝阳区司法局完成“两项重大任务”服务保障和“六五”普法总结验收。突出法治建设专项工作，突出司法惠民，突出规范化建设。局机关被首都精神文明建设委员会评为“2012—2014年度首都文明单位”，区阳光中途之家被团市委评为“青年文明号”、被市司法局推荐为北京市“人民满意的政法单位争创奖”候选单位，常营地区司法所被司法部评为“全国模范司法所”，小关街道司法所所长孟文被评为“全国模范司法所长”、获北京市“人民满意的政法干警争创奖”，朝阳区律师杨晓虹、林悟江、金晓莲当选“北京市劳动模范”。

地址：六里屯西里5号

邮编：100026

电话：65025495

邮箱：sfjbgs@bjchy.gov.cn

（吴若南）

【妇女维权法律援助宣传周活动】 3月8日至19日，开展“三八”妇女维权法律援助宣传周活动。受理妇女法律援助案件20件，举办讲座15场次，开展宣传咨询活动30余次，发放宣传资料4000余份，接待咨询1700余人次。

（徐 菲）

【司法行政工作会暨业务培训班】 3月17日，组织召开2015年度朝阳区司法行政工作会暨司法行政业务培训班。市司法局副局长李公田，副区长杨树旗，区委组织部副部长高敬茹，区司法局机关全体人员，全区43个街乡主管领导、司法所长、矫正干警及律师代表200余人参加。

（李春丽）

【矫正帮教】 3月21日，联合公安朝阳分局、区民政局等9个成员单位出台《关于进一步加强朝阳区重点帮教对象帮扶救助的工作意见》。5月19日，市司法局在望京街道召开社区矫正宣告试点推开工作会议。年内，为5名未成年社区服刑人员办理解除社区矫正手续，并列为重点帮教对象。

（王利杰）

【宪法宣传主题教育活动】 3月23日，全区开展宪法宣传主题教育活动。时间4月至12月，主要内容包括8个方面，一是在全区开展“学习宪法 尊法守法”主题活动，二是加强国家工作人员宪法法律教育，三是加强青少年宪法法律教育，四是开展群众性法治文化活动，五是开展以案释法活动，六是推动宪法进公共场所，七是利用重要时间节点开展集中宣传，八是组织参加中央宣传部、司法部、全国普法办在网上举办的系列宣传活动。

（张 兵）

【第五届司法行政开放日活动】 4月10日，在区法律服务大厅设立主开放点，开展法治宣传和法律服务活动，集中宣传、展示司法行政整体职能和为民服务措施。在阳光中途之家设立分开放点，宣传社区矫正工作特别是阳光中途之家工作职能和成果。向群众发放法治宣传材料和普法宣传物品2000余份，为群众解答法律咨询20余人次。

（张 兵）

【社区矫正工作会议】 4月15日，组织召开朝阳区社区矫正工作会议。市司法局副局长孙超美、矫正帮教处处长张才斐，区委副书记、政法委书记陈宏志，区维稳办主任赵红伟及区司法局党组书记、局长王远捷，区人事局副局长侯育辉出席，杨树旗主持。公安朝阳分局、区检察院、区法院、区社会办、区农委等24家成员单位和各街乡主管领导，公检法相关部门主要负责人，各街乡司法所所长及司法助理员、矫正干警200余人参加。孙超美和陈宏志为北京市朝阳区司法局社区矫正管理支队揭牌。王远捷部署《关于进一步深化朝阳区社区矫正工作的意见》。

（王利杰）

【选举代表出席市律师代表大会】 4月18日，朝阳区第二届律师代表大会召开第三次会议，选举产生朝阳区出席北京市第十次律师代表大会律师代表95名和公司律师代表1名。

（王子辉）

【全系统法制人员岗位练兵活动】 4月至6月，在全系统开展法制人员岗位练兵活动，开展6个方面工作。一是组建一支法制员队伍。二是邀请中国政法大学教授，区法制办、区法院行政庭工作人员进行专题培训。三是安排律师执业监管科副科长和1名司法助理员到法院行政庭实践锻炼，全程参与具体行政案件的调查取证、审理等工作。四是组织一次行政诉讼案件庭审的旁听活动。五是为具有行政执法资格人员和全体法制员配发依法行政丛书。六是组织全体法制员约60人开展法制工作应知应会考试，合格率100%。

（陈 昕）

【主题公益系列活动启动】 5月27日，“普法宣传进社区 共筑法治中国梦”主题公益系列活动在朝阳区启动。中央电视台机关党委专职副书记王全杰、社会与法频道总监王广令、司法部法宣司副司长李志路、全国律师协会副秘书长李海伟、市高级人民法院宣传处处长郭京霞、市司法局法宣处副处长赵菁、区依法治区领导小组办公室副主任宋雨声等领导及麦子店街道群众代表100余人参加。活动现场开展以案释法大讲堂、法律咨询、公证咨询等法律宣传和法律服务、残疾人心理咨询和辅导等活动。

（张　兵）

【第九届“法治电影放映月”活动】 6月1日，举行“朝阳普法”微信公众号暨朝阳区第九届“法治电影放映月”活动启动仪式。市司法局法宣处副处长赵菁，副处级调研员汤瀛，《法制日报》北京站站长李松、副站长黄洁，区委宣传部常务副部长高春利，宋雨声，区文委纪委书记吕玫及朝外街道群众60余人参加。放映月主题为“树立法治意识 共建法治朝阳”，活动时间5月26日至7月10日。

（张　兵）

【“六五”普法检查验收】 6月9日至17日，区“六五”普法检查验收考核工作组全面检查验收全区各重点行业系统和43个街乡（地区）普法工作。区委副书记、统战部部长、人大常委会副主任、政协副主席、法院院长、检察院检察长等参加。区级验收后，完成“五个一”（一个报告、一个专题片、一本画册、一本成果汇编和一套档案材料）。7月底，组成以副区长杨树旗为组长、区司法局局长王远捷及区委宣传部、区法制办、教委的主管领导参加的汇报小组向市法制宣传教育领导小组作汇报，通过市级检查验收。8月27日，区第十五届人民代表大会常务委员会第二十七次会议审议通过《关于开展“六五”普法工作情况的报告》。

（张　兵）

【司法所长培训】 7月8日至10日，举办司法所长培训班。王远捷、宋雨声、副局长刘勇和胡胜利出席。司法部基层司副司长范履冰受邀就司法所沿革发展情况、面临的问题任务做宏观层面的指导，小关街道司法所所长孟文介绍司法所工作经验，盈科律师事务所律师胡忠义从政府角度解读行政诉讼法修正案修改目的、内容。局党组成员与联系片组的司法所长座谈交流司法所规范化建设、社区矫正、人民调解及法治宣传等业务。

（王长宏）

【全市首家家居建材人民调解委员会成立】 9月18日，全市首家家居建材人民调解委员会成立。

（王长宏）

【“与爱同行志愿者服务团队”成立】 11月29日，成立“与爱同行志愿者服务团队”。以局机关及下属单位青年党员和青年干警为主体，干部职工自愿参与。以“汇聚爱心、服务他人、倡导志愿”为团队宗旨，开展公益服务活动。

（李春丽）

【朝阳普法30年成果巡回展览】 12月1日，举办“春风化雨 法润朝阳——朝阳普法30年成果展”巡回展览启动仪式。王远捷、区委宣传部副部长陈霞、区委政法委专职副书记邢伟、区法制办副主任邸刚及区委组织部、区农委等委办局机关代表、街乡司法所代表及部分人大代表、政协委员和社会监督员代表参加。

（张　兵）

【国家宪法日暨法制宣传日系列活动】 12月4日，举办国家宪法日暨法制宣传日系列活动。区依法治区领导小组办公室、区司法局在区图书馆新馆举办宪法讲座及“弘扬宪法精神，推动创新、协调、绿色、开放、共享发展”国家宪法日暨法制宣传日主题宣传咨询活动。发放宣传材料30余种3000余份。全区43个街乡同时设分会场，开展宣传咨询、法治文艺演出、法律知识竞赛等活动。

（张　兵）

【司法行政基层建设三年行动计划总结会】 12月22日，召开司法行政基层建设三年行动计划总结会。市司法局副局长徐明江、基层处处长崔冰，王远捷、胡胜利及43个街乡（地区）司法行政工作主管领导及司法所长参加。在已创建12个AAA司法所基础上，新增十八里店、小关、奥运村、亚运村、大屯、豆各庄和金盏等7个司法所申报AAA司法所。

（王长宏）

【人民调解员业务轮训】 年内，举办9期人民调解员轮训班、8期调解员协会专业委员会培训班，落实2015年朝阳区民生工程重要实事之一——完成培训3000名基层人民调解员任务。

（陈　轩）

【人民调解】 年内，培育任建友调解室、焦律师法律服务室、京师律师调解工作室、京润律师调解工作室、常营乡企社一体化调解工作室、富程律师调解工作室和来广营乡红军营调解工作室等7个品牌调解工作室。购买市民政局“组织专业调解力量参与化解民政局信访案件”和朝阳区“品牌工作室创建、创新社会矛盾多渠道化解”两个服务项目。全区各级各类调解组织调处各类纠纷31605件，调解成功30718件，成功率97.2%；涉及当事人64717人，涉及金额3958.7万元。防止矛盾纠纷激化72件，涉及2081人。

（陈　轩）

【律师服务】 年内，全区有律师事务所805家、律师11511人。全年办理行政许可初审事务3827件，其中许可类620件、备案类3208件。受理当事人投诉、信访律师事务所和律师90件，做出行政处罚6件。有律师事务所党委1个、党总支8个、党支部196个，其中地区党支部22个（覆盖310家律师事务所的725名党员），律师党员4657名，约占律师队伍的39.8%。民主党派律师321人，约占律师队伍的2.8%。涉及170家律师事务所，7个民主党派。促进法律服务优质资源与525个村庄、社区结对子，实现“一村一居一法律顾问”工作网络全覆盖。组织顾问律师参与区领导信访接待59次，涉及589批次9428人，其中集体访256批次3165人。向公检法和全区律师事务所发放《征求意见函》，收到建议近400条；连续举办四届“律师事务所主任沙龙”。与区法院合作开展“法眼视界工作室”、与区政协举行座谈会，讨论律师人大代表和政协委员如何做好提案、沟通协调政府法律服务采购存在的问题和解决方案。19家律师事务所被市律师协会评为“2012—2014年度北京市优秀律师事务所”，36名律师被评为“2012—2014年度北京市优秀律师”。

（王子辉　牛　旭　刘素红）

【法律援助】 年内，受理法律援助案件1282件，其中民事761件、刑事519件、行政案件2件，接待群众来访来电咨询31161人次。

（徐　菲）

【公证】 年内，组织公证员参加法律服务进社区、免费为80岁以上老人办理遗嘱公证等公益活动。正阳公证处共办理国内民事证8628件、国内经济证324件、涉外民事证10538件、涉外经济证287件，共19777件，同比减少29%。

（智　娟）

交通管理

【概况】 年内，北京市公安局公安交通管理局朝阳交通支队下属单位7个，分别是呼家楼大队、高速路大队、东外大队、亚运村大队、劲松大队、双桥大队、机场大队，奥运村大队和机动大队取消。接警905464起，回访8.9万起，群众满意率为99%。利用电视监控系统直接发现问题21350起，其中交通事故13929起、车辆故障3323起、交通拥堵275起、其他3823起。开展夜查“酒后”专项行动168次，查获酒后驾车违法行为1523起，较上年减少21%。行政拘留410人，其中醉酒拘留27人、涉牌拘留123人、非司机拘留209人、其他拘留51人。现场总执法量33万起，罚款总额3881万元。非现场执法总量120万起，非现场执法罚款总额1亿元。现场处罚闯红灯违法行为335起，较上年增加196%；处罚“涉牌”违法4522起，较上年减少20%；扣留非法“摩的”、两轮摩托车共4379辆，较上年减少36%；处罚货车违法行为113542起，较上年减少29%。管界发生交通事故75093次，伤10434人，亡144人，与上年相比，次数上升1.6%，伤亡人数分别下降7%和7.1%。在事故总数中，快速处理74794起，占99.6%；一般程序处理299起，占0.4%。组织开展各类交通安全宣教和培训活动720场次，印发宣传材料45万余份，发放宣传品9万余份，摆放宣传展板4000余块，发放宣传光盘4万余张，教育群众80万余人次。在广播、电视、报刊等媒体刊播稿件1000余篇。制定设施改造和道路优化方案239个，共安装路口信号灯19处，安装各类护栏1975米。安装各类交通标志280套，其中禁令标志18套、警告标志58套、指路标志168套、指示标志36套。施划、复划道路标线13700米，打桩218根，调整信号配时389次，检查保修交通设施216次。剧毒公路运输通行证76张、外埠通行证771874张，办证车辆未发生重大交通事故和严重交通违法行为。办理驾驶证审验手续1.9万余件，换证5.8万余个。

地址：百子湾西里303号

邮编：100124

电话：68399501

（吴晓萌）

【亡人逃逸案破获】 10月23日21时50分许，在朝阳区大郊亭桥西南角发生交通事故，造成1人死亡，肇事车辆逃逸。参战干部民警成立“10·23”侦破组，并兵分两路开展工作。在距离现场1公里左右首城国际建筑工地内，抓获逃逸的肇事嫌疑人。

（吴晓萌）

【侦破涉外逃逸案】 11月11日13时30分，在朝阳区广顺北大街T20052号灯杆处，JUNGEUNA（女，韩国籍）被三轮摩托车撞倒受伤（后经鉴定二级重伤），摩托车驾驶员驾车逃逸。朝阳支队成立专案组开展调查。经走访、调查核实，前往内蒙连续蹲守12天，抓获犯罪嫌疑人。

（吴晓萌）

【特勤警卫任务】 年内，完成全国“两会”，两项重大任务，北京市“两会”，十八届五中全会，中央首长出访抵离京、在京出行，多国元首访华等各项交通特勤警卫任务。完成交通警卫任务3025次，出动警力57027人次，同比上升6.1%，其中一级勤务347次、二级勤务660次、三级勤务2018次。坚持“时差运行、打铁延时、警辅合作、设施卡控、借力合作”五大措施，构建勤务指挥点、指挥中心前台与现场指挥所的“三位一体”沟通体系。

（吴晓萌）

【规范净化道路环境】 年内，确定群众反映集中的长虹桥、潘家园、十里河、大悦城等10处地区为整治重点地区，制定专项打击方案。依托“夜鹰”“惊雷”“利剑”“平安”等行动，连续整治管界内酒后、摩托车、二三轮车、违法停车、非法改装车、渣土车、“三超一疲劳”等突出违法。将管界内大屯隧道、慧中隧道、广渠路高架桥确定为飙车整治重点区域，于每晚21时至凌晨1时安排警力看守打击。集中治理拼装车、改装车。每月组织由交通队、城管、住建委、环保局、市政市容委等单位分别牵头，夜间对朝阳区渣土车及施工工地开展集中整治专项行动。摸排梳理媒体舆情、群众反映较为突出的交通秩序问题及“因乱致堵”影响城市主干道通行的32处交通秩序挂账乱点，落实“实名制”承包，根据拥堵程度采取有针对性的上勤模式。执法数955955笔，比上年下降20%。安装信号灯3处，安装各类护栏11400米，安装各类交通标志620套。对4个路口进行交通组织优化，对望京桥下路口和仰山桥进行潮汐可变车道改造。在违法停车严重地区增加违法停车监控设施5套。改造大望桥东南角绿化带。道路施工行政许可审批476件，发现整改问题364件，组织施工单位召开安全教育会13次，现场踏勘调整交通导改方案481次，处置跑冒滴漏事件50处。

（吴晓萌）

【源头监管宣传】 年内，对违法超标和发生严重违法的5295家次单位采取责令限期改正执法措施，对1029家次单位采取禁止机动车上路行驶执法措施。排查交通安全隐患地点9处，并全部完成治理。组织开展道路交通安全大整治宣传、违法飙车专项宣传、“小黄帽路队制”工作机制、专业运输单位“百日双无”安监工作。组织开展各类交通安全宣教和培训活动720场次，印发宣传材料45万余份，发放宣传品9万余份，摆放宣传展板4000余块，发放宣传光盘4万余张，教育群众80万余人次。

（吴晓萌）

【交通执法】 年内，开展执法监督检查活动66次，对98起执法不规范问题进行考核兑现。接待群众行政复议364起，正式立案18起。行政诉讼案件出庭应诉5次。审理行政拘留案卷296宗、危险驾驶刑事案卷146宗、重大事故案卷155宗、一般事故案卷180宗。接待群众信访1200余人次，接待群众复核68人次，复核立案26宗。办理国家赔偿案件13宗。审理案件监管案卷3100余宗。

（吴晓萌）

军　事

人民武装

【概况】中国人民解放军北京市朝阳区人民武装部（简称区武装部），内设军事、政工、后勤3个科。年内，遵循“整顿、备战、改革、规划”的总体思路，全面落实全军政治工作会议要求，突出整风整改、战备整治、兵员征集等重点工作。被市政府、北京卫戍区表彰为先进人武部、被市政府征兵领导小组表彰为“北京市征兵工作先进单位”，被朝阳区表彰为“‘两项重大任务’服务保障先进集体”。

地址：亮马桥路34号

电话：53201300　53201330

邮编：100125

（赵云华　李玉国）

【民兵军事训练】 6月24日至25日，组织各街乡、驻区大专院校专武干部在民兵训练基地进行业务集训。10月16日至18日，组织女子民兵高炮连在区民兵训练基地进行高炮专业训练，包括高炮理论学习、班排连实际操炮训练。

（赵云华　李玉国）

【国防教育】 8月1日，组织区四套班子领导，“检法”两长，国防动员委员会、征兵工作领导小组成员单位领导，各街乡1名主要领导、武装部长140人在总装备部炮兵研究所进行军事日活动，国防大学教授作《中国安全形势》国防教育辅导报告。9月20日，联合麦子店街道在朝阳公园南门广场举办国防教育日大型宣传咨询活动，播放抗日战争胜利70周年阅兵录像片，发放国防教育资料5000份、爱国主义题材影片光盘500张。

（赵云华　李玉国）

【民兵整组】 年内，完成应急、支援、储备“三种队伍”的编组，分布在街乡、企业和高校。民兵队伍专业对口率76%，退伍军人比例83%，民兵高中文化程度以上的89%，高科技人才20%。

（赵云华　李玉国）

【战备工作】 年内，全面开展战备综合整治，修订完善作战、动员、维稳等战备方案预案，新建改建战备库室，购置战备物资器材。将政务网引入作战室、值班室，实现对社情动态和气象天候、水文环境的实时监测。开展应急训练演练和值班技能培训。

（赵云华　李玉国）

【民兵应急分队建设】 年内，配备民兵指挥通信器材，运输、炊事车辆，冲锋舟等应急装备。加强民兵应急分队正规化建设。

（赵云华　李玉国）

【防汛工作】 年内，调整民兵和驻区部队防汛指挥部领导成员，完善防汛方案，召开驻区部队和民兵防汛工作任务部署会，组织防汛演练。

（赵云华　李玉国）

【征兵工作】 年内，征兵坚持“以高校为主体、大学生为重点”。健全以区长为组长的区征兵工作领导小组，两次组织驻区高校召开座谈会，多次到街乡、高校调研。发挥“区校发展联盟”功能，协调高校和派出所建立“部警校”协调机制，联合驻区高校、街乡建立联合推进机制，动态跟踪适龄青年的应征情况。在街乡、高校开展以“青春、荣誉、梦想”为主题的“征兵宣传暨国防教育周”活动，设立固定宣传站点，宣传征兵政策法规和优抚待遇。联合区广电中心、区市政市容委等部门采取网络宣传、新闻播放、公益广告、征兵节目访谈、户外LED屏宣传等形式，全方位开展国防教育和征兵宣传。推广“朝阳征兵”官方微信。宣传廉洁征兵规定，发布监督投诉电话。大学生新兵比例92.6%，较上年提高8.5%，位居全国首位。

（赵云华　李玉国）

【看桥护路任务完成】 年内，全国“两会”“两项重大任务”等时期，组织6次民兵担负桥梁涵洞看护、进京道路卡口检查、重要区域治安及应急备勤任务，2人受到卫戍区表彰。

（赵云华　李玉国）

【民兵政治教育】 年内，下发民兵政治教育教材和民兵之歌，开展学刊、用刊活动，进行职能任务、形势政策、爱国主义、遵纪守法及相信科学、破除迷信等教育。全区订阅《中国民兵》《华北民兵》《国防》《环球军事》《中国国防报》等报刊1100份，并送至街乡党（工）委书记、大专院校主管领导、所有专武干部和民兵连。在各种报刊、杂志、电台、电视台刊稿24篇。

（赵云华　李玉国）

【参加抗日战争胜利70周年阅兵】 年内，组织抗战老支前模范代表马仲秋、王敏、翟文俊参加抗日战争暨世界反法西斯战争胜利70周年阅兵，组织现役干部代表、专武干部代表、民兵干部代表、民兵代表4名人员参加阅兵观礼活动。

（赵云华　李玉国）

人民防空

【概况】 年内，区民防局机关内设6个科室，包括办公室、监察科、工程建设科、工程管理科、法制宣传科和指挥通信科，编制总数88人。年内，落实中央对北京市提出的疏解非首都功能要求和朝阳区工作部署，落实以“两项重大任务”保障、“三严三实”教育和人防工程清理整治为重点的各项工作。

地址：甜水园东街7号院

邮编：100026

电话：65851275

邮箱：mfj306@126.com

（邱云波）

【防空防灾应急演练】 6月25日至7月2日，出动指挥通信车1台、工作人员4名，参加市民防局组织的指挥通信车跨区拉动演练，重点演练在不同地区环境下的通信组织、集结开进、枢纽开设等科目。8月10日至14日，组织特种救援队前往秦皇岛市人防培训基地，开展特种救援队跨区拉动训练，内容包括车队跨区域行进、班用帐篷及单兵帐篷的搭建、车辆伪装、冲锋舟使用及与天津市宝坻区人防办通信指挥车进行互联互通等科目。

（邱云波）

【人防工程清理整治】 年内，启动新一轮人防工程综合整治。关停住人人防工程703处，清出居住人员3.5万人。

（邱云波）

【人防工程安全管理】 年内，检查人防工程4578处（次），发现安全隐患1190处，现场改正582处，责令限期改正608处。下发责令整改通知书599份，用户告知书3000余份，立案处罚46起，实际收缴罚金42.6万元。处理人防工程来信来访242件。恢复112处人防工程安全管理监控系统，完成20处公用人防汽车库工程公共安全宣传栏制作，新装181块三项式插卡电表。成立防汛指挥部，下设防汛办公室及6个防汛应急保障组，局机关21人分成4组轮流值守。成立一支20人的人防专业防汛抢险队，处置险情。与43个街乡签订防汛责任书，协调5个街乡调整建立6处汛期人员应急疏散场所。向各街乡下拨专款，补充更新防汛物资。

（邱云波）

【公益服务】 年内，引导符合条件的人防工程加快转向公益，审批人防汽车库工程37处，新增停车位10480个。

（邱云波）

【应急救援和应急保障】 年内，完成除夕夜烟花燃放、3月31日家具市场坍塌、北京市大型植树活动、2015年田径世锦赛开幕式和“抗战胜利70周年阅兵”等应急值守任务。

（邱云波）

【人防工程规划备案与维护】 年内，规划人防工程总建筑面积296636平方米，其中规划警报控制室16处、战时用途为专业队4个单元、救护站2个单元、区域电站1个单元。规划平时用途为汽车库功能的有99个单元，占全年规划总面积94.5%；规划平时用途为社区活动、自行车库等功能的比例为5.5%。受理办结竣工验收备案人防工程54处，含公用工程31处、单位工程23处。完成维护维修及防水堵漏工程153处。完成市民防局部署的人防战备资产统计工作，普查全区人防工程及指挥通信设备设施，采集和录入战备信息共12个模块4500多条。

（邱云波）

【重点工程建设】 年内，完成立项、用地、规划、建设等全部政府投资基本建设程序。推进地铁14号线连接通道项目建设，实现全线贯通，并通过市人防质监站组织的结构和竣工验收。

（邱云波）

【民防宣传与培训】 年内，结合“国际民防日”“国家防灾减灾日”等大型纪念日，开展“五进”（进农村，进社区、进学校、进党校、进工厂）公共安全知识宣传，接待民众4000人，发放宣传材料14000份。印发《人防工程清理整治工作动态》4期，在《北京民防》《华北人防》和《中国人民防空》等杂志投稿，被采纳信息37条。围绕法制、应急、信访和人防工程基础知识等内容，采取分组讨论、法院旁听等形式，组织5期业务培训。

（邱云波）

【依法行政】 年内，理清行政处罚权流程图、职权名称、违法情形依据等19项行政处罚事项，规范违法情形和行政处罚适用依据。简化行政许可审批流程，在受理环节和审查环节减少各业务科室之间不必要的流转，确保10日内完成办理。受理行政许可396件、行政备案40件，送达行政许可决定436件。为35个街道（地区）办事处152名人防工程协管员办理人防工程检查证。

（邱云波）

产业 商贸 旅游

工 业

【概况】 年内，全区实现地区生产总值4640.2亿元。其中第一产业实现增加值1.2亿元，同比下降16.1%；第二产业实现增加值358.0亿元，同比增长3.3%，其中工业实现增加值305.0亿元；第三产业实现增加值4281.0亿元，同比增长7.3%。三次产业结构为0.02:7.72:92.26。在国内工业品需求疲软、区域内重点单位生产规模缩减等因素的影响下，工业增速持续回落。290家规模以上工业企业实现工业总产值723.4亿元，同比下降28.1%。全年84家高技术制造业企业实现工业总产值171.6亿元，同比下降4.9%，占全区工业总产值的23.7%。实现主营业务收入181.9 亿元，利润总额23.8亿元。

（陈 珊）

【产业发展】 年内，朝阳区工业涉及30个行业。五大支柱行业实现工业总产值505.6亿元，占全区规模以上工业总产值的69.9%。其中电力热力生产和供应业174.3亿元，开采辅助活动126.4亿元，医药制造业73.8亿元，电气机械和器材制造业67.2亿元，计算机、通信和其他电子设备制造业63.9亿元。

（陈 珊）

【产业结构调整】 年内，围绕构建“高精尖”经济结构，强化空间楼宇与产业项目对接，发挥产业引导资金作用，引进和培育新增长点。服务业高端化发展优势显著，新增20家重点功能型企业，商务服务业利润总额同比增长20.6%。金融业经济贡献明显提升，财政收入同比增长45.7%，引进50家重点金融机构。文化创意产业集聚效应进一步增强，新增注册资本5000万元以上企业241家，内部结构更加优化。科技创新行业活力显现，信息技术服务业发展迅速，新增企业数同比增长74.7%，科学研究和技术服务业增加值拉动GDP增长1.6个百分点。科技融合型、原创型、高附加值的新兴业态增长较快，数字文化、数字出版、移动新媒体等领域企业营业收入增速超过40%。中关村朝阳园建设全面提速，绿地中心、浦项中心、保利国际广场等项目相继交付使用，新增产业空间76万平方米。

（陈 珊）

【企业固定资产投资】 年内，全区核准、备案工业及软件类企业固定资产投资项目117个，项目涉及电子信息、通信设备、医药、电力热力等多个行业，建设内容涉及以互联网为基础建设的研发平台、大数据服务、营销平台建设，提升企业研发能力的技术中心建设，生产线技术改造，小企业创业基地建设等多个领域，总投资额229.5亿元。

（陈 珊）

【企业减负】 年内，以“服务企业、助力成长”为主题，进一步营造企业发展环境，减轻企业特别是中小型企业负担。加大政策宣传力度，帮助企业了解、掌握、运用相关政策，引导企业按照相关政策的调控取向调整结构、发展生产和开展经营。落实小微企业税收优惠政策，主动为小微企业提供个性化服务，简化办税手续，开通办税“绿色通道”，对纳税人办理涉税事项一次性告知，及时办理，切实减轻小微企业办税负担。落实“三证合一”“一照一码”商事制度改革，制作1万份《“三证合一”“一照一码”改革问题解答宣传册》用于宣传，以提高改革宣传力度，为申请人做好答疑解惑，减少企业往返各部门次数。推进企业改革改制，进一步健全国资监管制度，加强产权管理，深化审计监督，完善绩效考核与评价体系，推进国有资本经营预算五方面工作，提升国资监管水平。

（陈 珊）

【企业调整退出】 年内，为保障工业企业有序退出，制定《朝阳区推进工业污染企业调整退出工作实施方案》，明确全区工业污染企业调整退出工作任务。建立区域工业企业退出基础台账，并逐乡实地调研，在各乡拟定年度退出名单的基础上，通过现场走访，拟定年度退出企业名单。各乡牵头对拟退出工业企业开展腾退工作，各职能部门配合，引导企业主动退出，确保完成退出任务。8月底，提前完成年度41家企业退出任务，并获得市经信委认定。

（陈 珊）

【工业空气重污染控制】 年内，区成立空气重污染应急工作领导协调小组，加大工业企业污染控制力度。根据市、区空气污染应急工作部署，启动《空气重污染应急预案》。对停产限产的企业采取“两级双名单”制，加强组织领导，完善制度措施，加强督查检查，确保市级名单3家，区级名单111家企业停产限产到位。

（陈 珊）

【镇村产业集聚区整治】 年内，落实《北京市2013—2017年清洁空气行动计划重点任务分解2015年工作措施》，推进镇村产业集聚区污染治理，根据《镇村产业集聚区工业污染整治工作方案》，整治孙河乡砂石料场集聚区，并通过市经信委、市环保局验收。孙河乡砂石料场集聚区含35家砂石料场，重点分布在沙子营村，主营业务及产品是加工生产砂石料，占地面积38.87公顷，工作人员325人，年产值6786万元，主要污染物为烟（粉）尘。年内35家企业全部停产并完成设备拆除，清退完毕。

（陈 珊）

高新技术产业

【银企对接】 7月23日，区发改委、区文创办、区金融办等部门联合主办“银企合作促发展，互利共赢创未来——2015年朝阳区银企对接会”在国家广告产业园举办。旨在提升区域产业核心竞争力，促进文化产业发展，解决中小企业融资难题，搭建银企对接平台，强化政银企合作，支持加快朝阳区发展。工商银行、中国银行、招商银行、北京银行、杭州银行、北京诺安小额贷款公司、北京金钊源小额贷款公司等7家驻区金融机构和40余家驻区文创企业代表参加。参会金融机构介绍针对文创企业、中小企业等推出的各种特色产品，在自由交流环节与企业代表沟通交流，开展初步洽谈。

（王秀程）

【CBD商学院联盟】 9月16日，举办北京CBD商学院联盟成立暨CBD协同发展座谈会。会议由副区长张维刚主持，北京CBD商学院联盟成员单位在会上签署商学院联盟倡议书，朝阳区委常务副书记甘靖中、邢台市副市长郭旭涛、保定市副市长曹蕾、承德市副市长李晋羽、廊坊市副市长喻华峰分别以“京津冀协同发展背景下区域合作”为题发言。

（王秀程）

【友好市区建立】 9月16日，朝阳区与云南省昆明市签署《建立友好市区协议书》，寻求双方在经济和社会发展各个领域更为广阔、长期、稳定的合作，促进两地经济繁荣、社会进步、和谐发展。朝阳区与昆明市将立足两地资源优势，本着“优势互补、互惠互利、共同发展”的原则，全面加强领导互访、部门互学、产业互促、人才互育、信息互通，推动并不断拓展双方在发展战略、招商引资、公共服务、城市建设管理、社会治理、旅游开发、人才交流等领域合作。

（王秀程）

【产业资金安排】 12月14日，经2015年第2次产业促进领导小组会和第35次区长办公会审议通过，2015年下半年产业引导资金安排1.93亿元，支持项目（企业）258个。其中金融业安排资金3572.2386万元，总部经济和服务业安排资金2933.1万元，文化创意产业安排资金4904万元，高新技术产业安排资金3510万元，信息服务业安排资金1712万元，促进中小企业发展安排资金1924万元，推动企业上市安排资金1200万元（其中新三板挂牌补助资金500万元已按企业所属行业类别纳入各产业专项资金安排方案中）。全年安排产业专项资金2.74亿元，安排支持项目（企业）305个。全年安排产业专项资金2.74万元，安排支持项目（企业）305个。

（王秀程）

商务 现代服务业

【概况】 朝阳区商务委是负责全区内外贸易、对外经济合作和现代服务业发展的区政府工作部门，挂北京市朝阳区人民政府口岸办公室（简称区口岸办）牌子。年内，区商务委积极适应经济发展“新常态”，进一步发挥和强化国际化优势，促进国际交往和区域合作，统筹推进消费市场、开放型经济、服务业发展，推动商务经济提质增效。年内，实际利用外资93.4亿美元，同比增长139.5%，占全市总量的71.9%。全区新设合同外资1000万美元以上大项目的企业42家，合同外资金额90.30亿美元；合同外资增资1000万美元以上的企业65家，合同外资增资金额达到48.98亿美元。进出口总额1262.6亿美元，其中进口完成1117.9亿美元，出口完成144.7亿美元占全市总量的26.5%。

地址：日坛北街33号

邮编：100020

电话：65099185

（张维民）

【第十届朝阳国际美食文化节】 5月28日，“2015北京国际美食汇、第四届北京餐饮文化促销季、华贸·第十届朝阳国际美食文化节”在朝阳区华贸中心开幕，活动持续到10月底。活动主题为“食源永续，健康的回馈”，重点聚焦食材源头追溯，关注食品安全。朝阳区饮食行业协会联合区内5个商业综合体、30余家知名品牌餐饮企业率先发起成立市内首个餐饮服务行业自律联盟，承诺通过行业自律、政府和社会共同监督，为消费者带来健康的食品。美食节期间，旺顺阁等300余家餐饮品牌推出近千万元的消费优惠，举办嗨拍秀、明星店长、好厨房等互动和评选活动，意大利美食展、北欧五国、波罗的海三国美食展等带有异域美食风情的活动也在美食节上轮番亮相，名店、名厨围绕中国传统文化的二十四节气开讲养生膳食之道，面对面传授美味佳肴烹制技艺。

（张维民）

【朝阳区总部企业联合会成立】 8月21日，北京市朝阳区总部企业联合会成立。首批会员31家，业务范围涉及研讨培训、沟通交流、政策辅导、咨询服务、资源共享等。联合会平台通过建立对话机制、优化投资环境、强化服务措施等方式，协助解决总部企业发展过程中的问题。同时，增强总部企业之间的信息沟通和产业合作，发挥总部企业对推动现代服务业、金融、文化创意、高新技术等产业发展的带动作用，实现总部企业的共赢。

（张维民）

【第八届北京朝阳时尚消费节】 9月11日，由北京西餐业协会、朝阳区商业联合会共同主办，以“GO朝阳，够时尚”为主题的第八届北京朝阳时尚消费节暨第十一届北京西餐国际文化节在蓝色港湾正式启动。为期11天的文化节期间，“国际西餐文化节”和“朝阳时尚消费节”合二为一，为消费者提供20余个国家的美食、美酒，各国手工艺品、手工服饰、手工饰品和各类特色产品在活动期间展卖。

（张维民）

【经贸交流】 年内，与国际组织和国际商会建立长效合作机制，深化经贸交流合作。组织企业参加国际绿色经济协会、中国巴基斯坦友好协会、巴基斯坦驻华使馆共同举办的“丝绸之路—中巴经济走廊”国际合作培训研讨会。会上发布与之配套的“IGEA丝路经济委员会”企业合作计划；推动“法兰克福中国文化之家”文化贸易平台建设，促进商务与文化融合发展；推进进口商品展示交易中心项目，开展中罗、中捷、中德等多国别商品分销对接会，增强进口商品集采与分销功能；召开“投资德国萨克森-安哈特州研究与创新驱动绿色经济投资推介会”，开拓进口商品销售渠道，搭建对外投资合作平台。

（张维民）

【产业结构优化】 年内，加强市场资源配置，调研商务服务业企业，引导创新资源高效流动配置，在巩固法律、人力资源、管理咨询、会计、审计等传统重点商务服务业发展优势的同时，加强对融资租赁、信用评级等潜力行业的监测分析和沟通走访，促进优势产业高端聚集。促进重点产业发展，加强会展政策落地力度，发挥会展产业协会作用，强化各项服务职能，2015第十三届中国国际科学仪器及实验室装备展览会等55个国际高端展会入驻朝阳区。加强市级政策落实力度，推进商务楼宇升级改造，四惠大厦、国门大厦通过第三方评审核定，获得奖励资金支持。

（张维民）

【总部经济发展】 年内，在促进总部企业集聚的同时，引导鼓励总部企业提升能级。根据企业意愿和条件成熟度，有针对性地鼓励和引导符合条件的公司认定为地区总部。为驻区总部企业，特别是跨国公司地区总部做好相关服务保障工作，引导企业落户并逐步形成规模化和实体化的发展。新引进斯伦贝谢（中国）投资有限公司等20家总部企业；在既有的总部经济集聚优势基础上，提升总部能级，提升源讯信息技术（中国）有限公司为跨国地区总部，跨国公司地区总部108家，占全市的7成。

（张维民）

【市场功能疏解】 年内，疏解商品交易市场16家，涉及经营面积6.2万平方米，摊位数3127个，从业人员1.3万人。其中农副产品市场10家，非农副产品市场6家，完成全年任务目标。

（张维民）

【社会消费品零售额】 年内，在消费增长整体放缓的大背景下，通过创新消费模式、搭建消费平台、改善消费供给、强化消费支撑，促进区域消费增长。全年实现社会消费品零售额2514.9亿元，同比增长5.8%，占全市的比重为24.3%，总量居全市首位。

（张维民）

【扶持电子商务企业】 年内，加大对电子商务的政策引导，加快电商企业引入，引进乐视电子商务（北京）有限公司等6家电商企业，支持京客隆等传统流通企业、社区商业开展电商业务，全年网上零售额同比增长179.3%。为电商企业搭建服务平台，组织辖区企业参加2015中国电子商务博览会，58同城、蚂蜂窝、凤凰网、京华亿家、易观国际等11家电商及互联网企业参展，企业涵盖品牌电商平台、电子商务解决方案供应商、网上支付电商、生活服务类电商、社区商业服务等领域。

（张维民）

【引导生活性服务业发展】 年内，加强政策引导示范，提升生活性服务业品质，研究制定《朝阳蔬菜零售网络建设管理办法》，安排专项资金1000万元对连锁化农产品流通项目给予支持补贴，安排中小企业配套资金对中央、北京市支持的生活服务业项目给予配套支持。培育商业主体品牌，支持京客隆、全时365等企业发展社区便利店项目，引导七彩乐居、爱依世家、东方倍优等企业开展家庭和健康服务，培育弘朝伟业、志广易达、181便民服务站等5家农品零售龙头企业，支持金朝阳、惠民网等企业发展社区电子商务。完善社区服务网络，鼓励优质品牌企业连锁发展社区服务网点，实现便利店（超市）、早餐、菜店等基本服务在城市社区全覆盖。推动新一轮“早餐示范工程”建设，新建或改造标准化固定门店式早餐网点80个，新建或改造搭载早餐服务的便利店80个，改造主食加工配送中心4个。

（张维民）

朝阳副食品总公司

【概况】 北京市朝阳副食品总公司是朝阳区国资委直接监管的国有企业。主要承担国有资产保值增值、离退休人员及内部退休、待岗人员的管理工作，负责北京市中良实业总公司（区粮食局）的全面委托管理工作。持有北京京客隆商业集团股份有限公司股份1.67亿股，占其总股本的40.61%；对北京市腾远兴业汽车服务有限公司（以下简称“腾远公司”）投资3280万元，占其总资本的82%； 对北京富安小额贷款有限公司投资5960万元，占其总资本的18.01%。年内，管理职工6557人，包括在职职工471人（其中中共党员121人），离退休职工6345人（含托管区粮食局离退休职工921人）。全年实现收入2.70亿元，资产总额8.63亿元，净资产5.59亿元，上缴税费1361万元，上缴国有资本收益526万元。

地址：姚家园路石佛营101号
邮编：100025
电话：65867726
邮箱：cfbangongshi@bjchy.gov.cn

（张文星）

【成立全资子公司】 10月，经区国资委批准，成立全资子公司——北京恒瑞永天投资管理有限公司。其作为副食公司对外投资的窗口公司，侧重于投资管理与经营。

（张文星）

【支持小额贷款公司发展】 年内，发挥大股东及董事长单位主导作用，推动北京富安小额贷款有限公司在全国中小企业股份转让系统（新三板）挂牌上市工作。投资建立风险管理控制信息电子平台，实时监控整体工作流程，监管贷款流向。获北京市小贷行业目前最高等级“AA”级信用评定。全年实现营业收入9255万元，利润总额6300万元。

（张文星）

【支持腾远公司发展】 年内，支持腾远公司调整经营结构、促进企业转型，创新企业发展。在辽宁盘锦建立东三省运营中心，开展平行进口车、个性化定制改装车、汽车后市场管理、进口汽车沙龙等综合业务，采用汽车“O2O”经营模式。腾远公司2015年实现营业收入2.30亿元。

（张文星）

【危房合作改造项目完工】 年内，于2014年动工的酒仙桥52号院危房合作改造项目完工。

（张文星）

【“十三五”规划研究编制】 年内，编制完成公司“十三五”规划并上报区国资委。规划中，明确以“实现从管理经营型企业向以股权投资为核心的国有资本投资、管理与运营公司的转变”为公司发展的总体目标。

（张文星）

【商业网点出租管理】 年内，完成粮食局68家改制店长达15年的长租期低租金商业网点租赁合同的新签、续签工作。完善《房屋租赁合同（范本）》，与粮食局改制公司签订《补充协议》，规范出租行为，增强经营风险防范能力，保证国有资产安全运营。

（张文星）

【职工宿舍安全管理】 年内，对东坝职工宿舍锅炉房开展供热行业三级安全生产标准化达标创建工作。加强房屋安全管理，保障房屋及设施安全。

（张文星）

【廉政风险防控管理】 年内，落实党风廉政建设党委主体责任和纪委的监督责任，制定《关于落实党风廉政建设党委主体责任纪委监督责任的意见》。加强对涉及企业人财物、项目开发、工程管理等重点部门和对象的警示教育、监督和管理。

（张文星）

【内部审计管理】 年内，加强对控股子公司的监督，推进腾远公司“内控管理项目”的开展，形成《企业内部控制制度》，并监督其落地实施。

（张文星）

【帮扶困难职工】 年内，为待岗、内退职工每人每月上调工资120元；开展节日走访、专项帮扶、医疗救助、互助保障等各项帮扶工作，慰问职工698人次。

（张文星）

蓝岛大厦

【概况】 北京蓝岛大厦有限责任公司（简称蓝岛大厦）位于朝阳区朝外大街东大桥路口，毗邻CBD，分东、西区，总建筑面积4.5万平方米，营业面积2.6万平方米。东、西经营区域由2、3、4层连廊贯通，东区地下1层至6层经营食品、滋补品、药品、日用品、化妆品、珠宝首饰、钟表、男女服装、运动服装、运动器材、家居用品、儿童用品、办公用品、蓝岛·悦动童年国际艺术教育中心和美食街；西区1层至4层经营鞋帽、箱包、休闲服装、内衣、针织服饰类商品。公司下辖北京通州蓝岛大厦有限公司，参股北京金隅蓝岛商业运营管理有限公司。在职职工772人。

地址：朝外大街8号

邮编：100020

电话：85634422

网址：http://www.ldds.com.cn

（赵　鑫）

【便民服务】 1月28日，开展“喜迎春节，蓝岛大厦‘一片情’服务进社区”主题便民服务活动。5月30日，开展“健康消夏，蓝岛大厦‘一片情’便民服务进社区”主题服务活动。服务队为社区居民提供商品咨询、血压测量、义务理发、眼镜清洗、球类打气、羊绒衫去球、皮革保养等10余项便民服务。

（赵　鑫）

【工会活动】 1月29日至3月13日，举办“迎‘三八’女职工摄影展”，活动征集摄影作品230幅，评出获奖人员65名，并邀请《劳动午报》专业人员开展摄影讲座。4月28日至6月24日，举办第十九届职工运动会系列活动，陆续开展健步走比赛、广播操比赛、跳绳比赛、踢毽比赛、击鼓颠球、呼啦圈比赛、沙包投准、飞镖投掷等赛事活动。8月6日，举办职工拍卖会，拍卖品为59件开业初期女子乐团的闲置乐器，拍得金额4885元。拍卖活动由公司纪律检查委员会全程监督。8月27日，举办“蓝岛职工风采展示”活动，来自12个分会的71名员工参加风采展示表演。

（赵　鑫）

【市领导检查】 2月16日，副市长程红带队到公司检查节日期间市场供应和安全工作。

（赵　鑫）

【职工代表大会】 3月4日，召开第四届第十八次职工（第六次会员）代表大会暨2015年工作会。总经理冯亦娜代表公司领导班子向职工代表作《公司2015年工作报告（审议稿）》，党委副书记刘彦娟代表公司党委作《公司2015年党委工作报告》，财务审计部通报公司2014年度财务决算和2015年财务预算报告。

（赵　鑫）

【区国资委调研】 3月11日，区国资委主任王春平，副主任高孟龙、董玉梅，以及绩效评价科、改革发展科科长一行到公司调研。公司领导班子成员陪同调研并汇报工作。

（赵　鑫）

【质量管理体系复评】 4月22日至24日，通过北京联合智业认证有限公司审核组对公司ISO9001质量管理体系复评。

（赵　鑫）

【获得荣誉】 4月24日，在朝阳区服务业工会主办的“百名服务明星、优秀外来建设者表彰大会”上，蓝岛超市分会的张兴华、化妆首饰分会的张淑婷、女装休闲分会的贾雪梅、运动针织分会的冷雪晶、幼儿园分会的赵志贤分别被授予“朝阳区服务明星”荣誉称号。4月29日，在“2015年北京市庆祝‘五一’国际劳动节暨表彰劳动模范和先进工作者大会”上，化妆首饰卖场吴晓燕和幼儿园红领巾分园分别被中共北京市委、北京市人民政府授予“北京市劳动模范”和“北京市模范集体”荣誉称号。5月，经过中央精神文明建设指导委员会办公室复查确认，继续保留北京蓝岛大厦有限责任公司“全国文明单位”的荣誉称号。公司被首都精神文明建设委员会授予2012年度至2014年度“首都文明单位标兵”荣誉称号。8月，公司被中华全国商业信息中心评为“2015年度全国大型零售企业统计信息工作先进单位一等奖”，成为北京市6家获此荣誉的商业企业之一。10月，公司总服务台员工侯建伟获“2015年北京市商业服务业服务技能大赛系列活动前台接待服务能手”称号。

（赵　鑫）

【领导调整】 5月5日，区国资委党委宣布李伟任公司董事长、党委书记的决定；因年龄原因免去黄豪公司董事长、党委副书记职务，同时免去王东海公司党委书记、副董事长职务。5月11日，刘克明因年龄原因卸任公司副总经理职务。6月24日，公司召开领导班子会议，通报总经理助理秦海滨的任职通知。

（赵　鑫）

【安全演练】 6月5日，举行防抢演习，旨在进一步强化员工的安全责任意识和防范意识，提高预警防范和应对突发情况的处理能力。6月18日，举行消防疏散演习，旨在进一步增强员工消防安全意识，积累消防实战经验。

（赵　鑫）

【专业培训】 6月25日，举办安全生产培训班，邀请北京市安全生产协会工程师俞胜章对公司各岗位安全管理人员开展新《安全生产法》培训。7月8日，举办“法规解读与纠纷处理”培训会，邀请北京市工商行政管理总局朝阳分局消保科工作人员解读《侵害消费者权益行为处理办法》团结湖工商所所长对相关问题给予答疑和指导。

（赵　鑫）

【党委换届选举】 7月16日，公司党委召开中共北京蓝岛大厦有限责任公司第六次代表大会。选举产生由李伟、冯亦娜、刘彦娟、藏满奎、汪斌组成的中共北京蓝岛大厦有限责任公司第六届委员会和由刘彦娟、门毅、程军、刘华、赵晖组成的第六届纪律检查委员会。

（赵　鑫）

【经营调整】 8月9日起，调整经营布局及品牌结构。调整工作涉及5个楼层、14个经营品类，新引进品牌22个，重新装修165个品牌店，撤销大家电类和家影类，并根据经营品类布局调整及部门属地管理原则，将家居数码采购部、家居美食卖场、鞋帽休闲卖场的名称调整为家居美食采购部、家居儿童卖场、鞋帽皮件卖场。

（赵　鑫）

【电子商务研讨会】　8月31日，公司召开电子商务研讨会。邀请北京长益联合科技有限公司专业研究人员就有关电子商务发展情况作介绍和讲解。

（赵　鑫）

【国家高级收银员】　8月，公司13名收银员通过北京市职业技能鉴定管理中心理论知识笔试和操作技能考核，取得国家高级收银员职业资格证书。

（赵　鑫）

【工会换届选举】　9月17日，公司工会举办北京蓝岛大厦有限责任公司工会第五届会员（职工）代表大会。选举产生公司工会委员会、工会经费审查委员会，在新一届工会委员会第一次全体会议上，选举刘彦娟为工会主席，陈爽为副主席。

（赵　鑫）

【离境退税】　10月1日起，经北京市国家税务局备案审核通过，公司被列为离境退税商店。

（赵　鑫）

【O2O体验店】　12月18日，公司联合探路者品牌，在通州店举行“探路者全国首家户外旅行+O2O体验店开业揭牌仪式”。

（赵　鑫）

【早教中心开业】　12月24日，“蓝岛·悦动童年国际艺术教育中心”在东区五层开业。

（赵　鑫）

【董事会】　年内，召开董事会3次，审议并通过《公司2015年经理班子工作报告》《2014年度公司财务决算报告（审议稿）》《2015年公司财务预算方案（审议稿）》《公司第三届董事会主要工作规划（讨论稿）》，就有关人事聘任工作讨论表决。完成董事会换届工作，新一届董事会成员由李伟、冯亦娜、汪斌、陈立平、盛立荣组成；监事会成员由贾陆萍、王岩、葛京伟、程军、龙克非组成。

（赵　鑫）

【营销活动】　年内，开展“幸福来敲门　新年福乐惠”“蓝岛周年庆　购物狂欢季”“傲娇年货　任性低价”“元宵佳节有奖猜谜”“至尚女人节　折扣自由行”“五一放假全线惠战”“质惠六一　再享童年”“粽情端午　霸气十足”“半年半价　震荡无线”“唯爱七夕　欢购蓝岛”“浪漫秋日　惠动蓝岛”“浓浓师情　款款爱意”“盛大开节超值礼遇”“真情实意　感恩回馈”“实惠不停　狂欢不止”“低价抢购双十一，积分冲刺嗨起来”“感谢有您　会员回馈季”“双十二疯狂继续　5折优惠惊喜不断”“缤纷圣诞夜　低价疯狂购”等系列主题促销活动。大厦门前广场先后举办9场促销活动。举办员工内购惠10场。举办开门红“新春杯”促销竞赛和第十三届“舞动金秋”购物节暨“金秋杯”促销竞赛系列营销活动。

（赵　鑫）

【工会慰问】　年内，工会组织慰问病困职工161人次，发放慰问金8.61万元。

（赵　鑫）

京客隆集团

【概况】　北京京客隆商业集团股份有限公司（简称京客隆集团）是一家国有控股的以经营日用消费品零售及批发业务为主的香港联交所主板上市公司（股份代号：HK0814）。“京客隆”品牌创立于1994年，京客隆集社区购物中心、大卖场、综合超市、便利店四种零售经营业态为一体，拥有261家零售网点，营业面积30余万平方米，店铺网络覆盖至北京市除房山外的15个区县及河北廊坊地区。下辖北京朝批商贸有限公司、北京欣阳通力商业设备有限公司、北京京客隆（廊坊）有限公司、北京京客隆首超商业有限公司和北京京客隆超市连锁有限公司共5个控股子公司。以经营日用消费品批发业务为主的朝批商贸有限公司在天津、青岛、石家庄、上海及香港等地设立30余家子公司，和国内外300余个生产企业建立合作关系，代理单品2万余个，与零售业务互为依托、协同发展。京客隆集团自建有常温和生鲜两个现代化配送中心，引进拆整配零自动分拣系统和整箱自动分拣系统。11月，京客隆APP在全市72家京客隆大中型店铺正式上线，实现顾客通过手机下单即可送货到家服务。全年销售总额141.98亿元，实现利润1.3亿元。年底，拥有线上线下会员300余万人。

地址：新源街45号楼
邮编：100027
电话：64688233
网址：www.jkl.com.cn
微信公众平台：jklfwh

（魏新颖）

【市场营销】　春节前夕，推出以“红火中国年　抢‘鲜’享‘京’味”为主题的系列、连贯性大型促销，将民俗商品、节期礼品、中国红商品、年货商品、进口商品等集中陈列，满足不同顾客的购物需求。6月18日，开展以“隆情盛宴、周年大‘惠’”为主题的21周年司庆大力度促销活动，5天实现销售1.4亿元。中秋，国庆前夕，以健康为主题推出大量绿色、有机、无公害食品来满足消费者对健康的理性消费。同时，年内首次利用广播、报纸等媒体宣传。

（魏新颖）

【领导考察】　2月11日，国家粮食局局长任正晓在京客隆双龙店考察节日市场供应工作时指出：要加强货源组织调度，保证节日期间粮油供应和价格稳定，市粮食局局长李广禄、市委副秘书长刘志和区副区长梁洁等领导陪同考察。2月15日，商务部部长高虎城在常务副市长李士祥陪同下考察双龙店节日市场供应情况。

（魏新颖）

【职工（会员）代表大会】　3月25日，召开第四届第六次职工（会员）代表大会，审议通过《经理工作报告》《工会工作报告》，签订《集体合同》和《独立性工资集体合同》，报告集团公司《2014年业务招待费使用情况》《2014年集体合同履行情况》《2014年特困基金收缴和使用情况》。

（魏新颖）

【客户服务】　3月，“3·15”期间开展以“携手共治　畅享消费”为主题的宣传活动。普及《消费者权益保护法》相关知识，组织18位义务监督员顾客参观第五肉联厂，增加顾客放心购物透明度。年内，成为首批承接“北京通-养老助残卡”政府项目刷卡消费商业单位，各门店专门开设老年助残卡结算专用通道，为持卡老人提供优质服务。引进“移动和包电子券”“TPC卡”和“融联卡”等卡类增值业务，为顾客卡类消费拓宽范围。

（魏新颖）

【京客隆职业学校建设】　年初，京客隆培训中心获批办学许可证，成为有资质的职业技能培训学校，可以为企业或社会各单位开展营业员、收银员、理货员等实用并急需岗位技能的培训、职工素质类培训。6月，获准成为区成人教育及职工素质建设培训基地。在完成自身企业培训任务基础上，10月承接《职工素质教育》《成人教育三项国家标准培训》培训合同，获区职工大学拨款支持。

（魏新颖）

【领导班子调整】　4月，公司原总经理李伟因工作原因调出，4月21日，区国资委任命商永田为公司总经理。5月12日，区国资委任命张立伟为公司总经理助理。8月28

日，区国资委任命张红波为公司副总经理。

（魏新颖）

【微信支付开通】 5月1日，京客隆集团各门店全面开通微信支付功能，为顾客增加支付新方式。

（魏新颖）

【和谐企业建设】 5月7日，召开纪念“五一”国际劳动节暨先进表彰大会。表彰获得市劳动模范、北京市三八红旗手、朝阳区服务业工会“明务明星”和“优秀外来建设者”等先进单位或先进个人。年内，开展送温暖活动，拨款188.85万元慰问一线职工、劳动模范，慰问困难职工并发放慰问款及慰问品25.5万元。

（魏新颖）

【手语教育】 6月25日，参加由市商业联合会主办的首届“手舞飞扬•博爱无声”商业职工手语学习、文艺作品创作成果展演，参演的自编、自导、自演的情景剧《服务无声也是情》及手语歌曲——《京客隆之歌》获评优秀节目，16名员工获评“优秀学员”称号，京客隆被市商业联合会授予北京市商业服务业手语教育示范基地。年内，组织79名员工参加手语专项学习并在门店一线员工推广手语培训，方便随时向有需要的听障人士提供手语服务。

（魏新颖）

【安全检查】 9月29日，区委书记吴桂英、副区长王志勉带领区政府办、安监局、商务委等部门领导检查京客隆集团三里屯店国庆前夕消防安全，重点查看安全疏散通道、商品库房及消防中控值班室值守等安全责任落实情况。

（魏新颖）

【京客隆APP上线】 11月18日，京客隆集团自主研发的移动APP正式对外上线，72家店铺对外全面推广并开展线下自提和配送到家服务，是京客隆在业务经营中运用“互联网+”的创新之举，开辟京客隆集团应对市场竞争、提升企业核心竞争力的新渠道。同期开启京客隆电子钱包，实现消费、亲友转账和线上购卡线下消费等诸多功能，增加顾客支付新方式。

（魏新颖）

【发展战略】 年内，完成京客隆2016—2020第五个五年发展规划制定工作，未来五年战略目标：立足北京、拓展京津冀、辐射环渤海，打造零售+批发双轮驱动的区域性商业集团。

（魏新颖）

【推进生鲜标准化经营】 年内，京客隆挖掘自身经营潜力，推进生鲜经营标准化工作，制定蔬菜、水果的采购、配送、经营标准，投入资金450余万元更新改造部分店铺生鲜商品陈列设备，为顾客提供良好的购物环境和新鲜、优质的果蔬商品，果蔬同比销售上升9.79%。

（魏新颖）

【物流发展】 年内，京客隆配送中心及朝批商贸公司分别作为商务部物流标准化专项行动的第一批试点单位，通过物流标准化项目的验收。

（魏新颖）

弘朝伟业公司

【概况】 弘朝伟业国有资产经营有限责任公司是朝阳区政府授权的资产运营机构，对原社区办、工业局和物资局三家单位及所属企业的国有资产行使监督、运营和管理职责，并管理授权范围内的城镇集体资产。公司注册资本1000万元人民币。年内，公司在职职工977人，离退休人员9558人。资产总额28.07亿元，比上年同期增长10.25%；净资产8.83亿元，比上年增长3.4%；实现营业收入5.25亿元，比上年增长0.96%；利润总额1053万元，比上年增长20.07%；上交税费2718万元。

地址：芍药居北里208、209楼底商

邮编：100029

电话：84645512

（崔庆菊）

【领导调研】 2月4日，国资委副主任董玉梅就如何结合企业实际情况制定“十三五”规划到公司调研。董玉梅先后到北京701厂、朝阳区酿酒厂及弘朝恒业酒业有限公司实地考察调研，听取工作汇报，了解企业实际情况。董玉梅强调，企业要根据自身特点做好定位，确定好“十三五”发展规划，做好转型升级、创新发展等工作。

（崔庆菊）

【区领导慰问困难职工】 2月11日，区长吴桂英在区总工会副主席黄文娟等陪同下，到公司所属北京市挑补绣花厂困难职工刘金宝家中走访慰问，送去慰问金、慰问品及新春佳节的祝福。

（崔庆菊）

【商务部领导调研】 2月15日，商务部部长高虎城在常务副市长李士祥、市政府秘书长李伟和主管副区长张维刚等陪同下，到公司所属松榆里市场考察了解春节期间市场商品供应情况。

（崔庆菊）

【安全生产及安全稳定工作会】 3月17日，公司召开全系统2015年安全生产及安全稳定工作会，贯彻落实市、区及区国资委进一步做好安全生产及信访稳定工作的通知精神。公司领导班子成员、各科室负责人及系统各企业党政一把手等50人参加会议。

（崔庆菊）

【“十三五”规划编制前期调研】 3月24日至4月2日，在公司领导带领下，资产经营部、财务审计部、人力资源部及公司聘请来自中则会计师事务所的相关专家组成调研组，到公司部分所属企业开展“十三五”规划编制前期调研。4月3日，与公司领导就“十三五”规划前期编制开展交流研讨，一致认为，规划编制工作应紧密结合企业实际，使编制出的“十三五”规划能更好地适应弘朝伟业公司未来发展需要。

（崔庆菊）

【朝阳酒厂安全生产改造】 9月17日，朝阳酒厂开展生产安全升级改造，为企业今后发展奠定基础。前期根据北京市生产安全监督管理局对酒类生产企业隐患排查和限期整改要求，朝阳酒厂评估企业安全隐患。针对存在的安全隐患17项，制定整体的改造方案。

（崔庆菊）

【“菜篮子”工程建设项目申报】 9月25日，按照朝阳区商务委关于开展2015年朝阳区“菜篮子”工程建设项目申报工作的要求，依据《朝阳区“菜篮子”工程建设专项扶持资金管理办法（试行）》规定，围绕特定时期应急保供项目、规范化社区菜市场升级改造、国有企业通过回租、回购形式建设蔬菜零售网点等“菜篮子”专项资金支持的重点内容，组织十里堡爱这城弘朝便民菜店、人民日报社弘朝便民店等5家市场和应急保供（减免摊位费）等6个项目予以申报。

（崔庆菊）

招商引资

【概况】 朝阳区投资促进局是区政府直属事业单位，机构规格相当于正处级，负责全区招商引资和投资服务工作，承担区招商引资工作领导小组办公室的日常工作；协调落实对驻区重点企业的各项服务制度；负责宣传推介本区投资发展环境和招商引资政策，承担大型招商引资和投资促进活动的组织、协调工作；负责引进重点企业及产业化项目，并对重大项目进行全程跟踪；负责本区投资促进官方网站建设，统一发布招商信息；负责区“一站式”服务工作领导小组办公室的日常工作，做好招商引资“绿色通道”管理、“全程代办”和“集中办公区”的组织协调工作。年内，引进注册资本金千万元以上企业53家，引入投资总额超过330亿元人民币。

地址：霄云路霄云里1号3层

邮编：100026

电话：84681251

网址：http://www.investchaoyang.gov.cn

（岳佳佳）

【投资促进活动】 5月，参与第十八届中国北京国际科技产业博览会，展示朝阳区建设“科技创新中心”和国际“高端总部”“高端组织”“高端人才”集聚中心的工作成就，区内9家高新技术企业的产品和技术展示获得关注，获组委会授予的最佳展览展示奖和最佳组织奖。5月，联合知名商学院举办“2015全球顶级商学院春季舞会”，向海归人才介绍全区投资环境、宣传产业发展重点与规划。9月，在2015厦门国际投资贸易洽谈会上向电商企业做主题推介，与知名企业家、跨境电商企业交流与洽谈。10月，配合市外办举办第二十届澳门国际贸易投资展览会，在葡语系国家开展朝阳区投资环境宣传与推介。年内，参与澳大利亚商会答谢会、2015ITTC跨国并购大会、广发银行美食俱乐部成立仪式、2015侨商北京洽谈会暨世界华侨华人工商大会北京行等活动，展示朝阳形象，获取项目信息。借助海外商协会及咨询机构资源，分赴法国、德国、美国、加拿大、瑞士、捷克等国家开展投资环境推介，与知名企业洽谈项目，加深与专业机构的合作与交流，吸引世界“高精尖”项目关注朝阳区、落户朝阳区。

（岳佳佳）

【落地项目】 年内，引进注册资本金千万元以上企业53家，引入投资总额超过330亿元人民币。包括中国能源建设股份有限公司（注册资金216亿元）、北京现代汽车金融有限公司（注册资金20亿元）、复星保德信人寿公司（注册资金10亿元）、中建恒冠建设工程有限公司（注册资金8.7亿元）、中非锦程高新科技有限公司（注册资金6亿元）、中非锦程荒漠化治理有限公司（注册资金6亿元人民币）等。

（岳佳佳）

【走访与服务企业】 年内，走访凤凰网、北京银行、施耐德电气中国区总部、中国银行（北分）等驻区知名企业和中国电商协会、中英贸易协会、中国欧盟商会、加中贸易理事会、中国瑞士商会、中国澳大利亚商会、贵州商会、浙江商会、广东商会、江苏商会、中国电子商务协会等国内外知名商协会组织，接待中国企业报集团、葛洲坝集团、东方雨虹等区内重点企业来访，搭建信息互动平台，随时掌握企业发展动向及困难。协调区内有关部门帮助中船燃、凤凰新媒体等企业高管解决子女入学困难，协助飞龙盛世（北京）科技有限公司、鹿源众禾（北京）资产管理有限公司等20家重点企业、重点项目快速办理工商登记注册、地址变更、增项、增资等相关事宜，达到服务、涵养、培育税源目的。

（岳佳佳）

【宣传推介新载体】 年内，创建“投资朝阳”官方微信。利用微信点对点的互动交流优势，发展扩大粉丝数量，优化微信栏目与结构，更新微信内容与形式，有针对性地提供定制服务。年底，粉丝量超过2500人，推送信息超过200条。加大对“投资朝阳”网站的运营维护和安全防控力度。全年网站发布信息约300条，栏目类信息点击量5057次，网站浏览量达到19166人/次。

（岳佳佳）

文化创意产业

【概况】 朝阳区文化创意产业领导小组办公室（简称区文创办）设在区委宣传部，是朝阳区文化创意产业领导小组的下设机构，负责统筹、协调全区文化创意产业发展，日常工作由区委宣传部所属全额拨款事业单位朝阳区文化创意产业发展中心（相当副处级）和文化创意产业发展科具体负责。年内，全区有工商注册文化创意企业5.8万家，其中规模以上企业1712家。全年，规模以上文化创意企业实现收入2499.2亿元，实现利润176.6亿元。全年实现区级收入85.9亿元，占全区的比重为19.2%。包括新媒体在内的文化传媒业实现收入占全区文化创意产业总收入的61.8%。

地址：日坛北街33号

邮编：100020

电话：65099650

（郭　琪）

【领导调研】 3月11日，江苏省委常委、省委秘书长樊金龙一行考察参观798艺术区。4月23日，市委副书记、市长王安顺调研朝阳区工作，区长吴桂英汇报国家文化产业创新实验区建设工作情况。5月11日，文化部党组书记、部长雒树刚，党组成员、部长助理刘玉珠，市委常委、宣传部部长李伟到朝阳区调研国家文化产业创新实验区规划建设工作。文化部有关司局领导和市有关部门领导参加调研，区领导程连元、吴桂英、谢莹、孙其军、黄晓伟陪同。5月14日，市领导郭金龙、王安顺、李士祥、陈刚、张工，市政府秘书长李伟调研朝阳区工作，考察老旧工业厂房转型升级发展文化创意产业园区项目——首尚定福庄文化产业园。市有关部门领导崔述强、严力强等陪同，区领导程连元、吴桂英、谢莹、陈宏志、陈涛陪同。5月29日，政协副主席沈宝昌到朝阳区调研文化创意产业，考察凤凰国际传媒中心、北京懋隆文化产业创意园，区政协主席谢莹陪同。7月1日，中央文化管理干部学院国家级文化产业示范园区基地高层经营管理人员研修班一行80人，参观考察国家文化产业创新实验区，实地参观朝阳规划艺术馆、莱锦文化创意产业园等重点产业园区（基地）。8月11日，通州区政协主席赵玉影调研国家文化产业创新实验区建设情况，实地调研莱锦文化创意产业园、东亿国际传媒产业园、懋隆文化产业创意园，区委常委、宣传部部长、区委办主任刘军胜陪同。8月15日，中共安徽省合肥市委常委、宣传部部长钟俊杰调研国家文化产业创新实验区建设情况，实地调研莱锦文化创意产业园、北京国家广告产业园区，区委常委、宣传部部长、区委办主任刘军胜陪同调研。10月14日，云南省昆明市政协主席田云翔一行考察国家文化产业创新试验区，参观莱锦文化创意产业园，区政协主席谢莹、区政协副主席汪洋、区政协副主席张树安陪同。10月29

日，河北省唐山市委宣传部部长杨洁一行考察国家文化产业创新试验区，参观朝阳区文化馆、莱锦文化创意产业园、东亿国际传媒产业园等重点项目，区委常委、区委宣传部部长、区委办主任刘军胜陪同。10月30日，文化部全国文化系统调研工作培训班文化部政策法规司巡视员李红琼一行，调研考察朝阳规划艺术馆、莱锦文化创意产业园、朝阳区文化馆，区委常委、区委宣传部部长、区委办主任刘军胜陪同。10月30日，中共中央委员、中宣部副部长、国家新闻出版广电总局局长、党组书记蔡赴朝，市委常委、宣传部部长李伟调研第十届北京国际文化创意产业博览会朝阳展区，区委常委、宣传部部长、区委办主任刘军胜陪同。12月11日，北京市银监局党委书记、局长苏保祥一行调研国家文化产业创新实验区，区委书记吴桂英，区委副书记、代区长王灏，区委常委、常务副区长甘靖中，区委常委、宣传部部长、区委办主任刘军胜陪同，副区长孙其军陪同调研考察莱锦文化创意产业园。

（何金翰）

【文化创意产业人才校园专场招聘会】 3月26日，朝阳区文化创意产业人才校园专场招聘会在中国传媒大学举办，组织108家知名文化创意企业参加招聘会，提供新闻传播、广告创意、电视电影、编辑出版等专业人才岗位1600余个。

（吕　洋）

【参加国家文化产业创新实验区专题工作会】 4月8日，国家文化产业创新实验区专题工作会在文化部召开。文化部党组书记、部长雒树刚，文化部党组成员、部长助理刘玉珠及办公厅主任于群，政策法规司司长饶权，文化市场司司长陈通，文化产业司司长吴江波，公共文化司副司长周广莲，对外文化联络局党委书记、副局长蒲通，文化产业司巡视员孙若风，区委书记程连元、区政协主席谢莹出席会议。

（兰　坤）

【国安创客落户国家文化产业创新实验区】 7月3日，全国首个跨越京津冀三地创客产业运营平台——中信国安创客·北京中心落户国家文化产业创新实验区。区委常委、宣传部部长、区委办主任刘军胜参加签约启动仪式。

（何金翰）

【文化创意产业高级经营管理培训班举办】 7月13日至17日，2015年朝阳区文化创意产业高级经营管理培训班在区委党校举办，相关委办局、街乡主管文化创意产业的处级领导及文化创意产业集聚区、重点企业、重点项目高层管理人员等59人参加培训。

（杨　光）

【银企对接会】 7月23日，联合区发改委在北京国家广告产业园举办2015年银企对接会（文创企业专场），10余家金融机构和50余家企业参加。

（贝斯斯）

【首届国家文化产业创新实验区高端峰会举办】 9月19日，首届国家文化产业创新实验区高端峰会（2015）在北京朝阳规划艺术馆举办。本次峰会是在文化部文化产业司、市委宣传部的指导下，由北京CBD商务节组委会和中国传媒大学共同主办，以“新常态、新机遇、新模式”为主题。文化部党组成员、部长助理刘玉珠，北京市委常委、宣传部长李伟，朝阳区委书记、区长吴桂英，中国传媒大学党委书记陈文申及14位专家、企业家出席峰会并致辞。中宣部文化体制改革和发展办公室副主任、中央文化企业国有资产监督管理领导小组办公室副主任高书生，文化部文化产业司司长吴江波，北京市相关部门、中国传媒大学、朝阳区，以及来自天津、重庆、河北、昆明、贵阳等12个城市（区）的相关部门负责人员，清华大学、国家行政学院等高校和科研机构的知名专家学者，重点文化企业代表等200余人出席会议。

（兰　坤）

【参加中国北京国际文化创意产业博览会】 10月29日至11月1日，第十届中国北京国际文化创意产业博览会在中国国际展览中心举办，朝阳展区主会场设在中国国际展览中心4号馆，展区面积为636平方米，同时，在区域内文化创意产业集聚区（基地）设立21个分会场，举行25场新闻发布会。《人民日报》、中央电视台、新华社、《北京日报》、北京电视台、北京广播电台等近60家主流媒体对朝阳区文博会展览展示亮点活动和近年全区文化创意产业取得的成就、发展模式、发展理念等情况采访报道，媒体报道及重要网络转载超过680余篇/次。文博会期间，中宣部副部长、国家新闻出版广电总局局长蔡赴朝等领导到朝阳展区视察指导，刘军胜陪同。

（冯　芳）

【区文化创意产业发展引导资金支持】 12月14日，第35次区长办公会审定通过2015年度区文化创意产业发展引导资金安排方案。62个文化创意产业项目获区文化创意产业发展引导资金支持，支持资金4904万元。其中贷款贴息15个，支持金额1104万元；项目奖励35个，支持金额2400万元；直接补贴3个，支持金额500万元。

（吕　洋）

【招商引资】 年内，在朝阳区注册的文化创意企业总数5.8万家，其中新增注册资金5000万元以上的文化创意企业241家。其中注册资本金为30亿元人民币的苏宁文化投资管理有限公司在朝阳区成立后，该公司同时投资设立苏宁影视传媒投资（北京）有限公司和苏宁院线投资（北京）有限公司两家新公司，注册资本金均为3亿元人民币。

（武　雯）

【市文化创新发展专项资金支持】 年内，区“基于互联网+的行业媒体应用服务平台”等46个文化创意产业项目获2015年度北京市文化创新发展专项支持，支持资金9327万元，居各区县首位。其中项目补助3个，支持金额2224万元；贷款贴息9个，支持金额1888万元；企业奖励4个，支持金额452万元；项目奖励30个，支持金额4763万元。

（赵建杰）

【文化创意产业人才建设】 年内，文化创意产业领域有21家单位、个人获“凤凰计划”认定和资助。其中行云智网络科技（北京）有限公司首席执行官田嵘峰等2人获得“朝阳区海外高层次人才（创业类）”称号，蓝海天扬影视文化（北京）有限公司CIO张革获得“朝阳区海外高层次人才（工作类）”称号。

（刘蒙蒙）

798艺术区

【概况】 北京798艺术区管理委员会为朝阳区政府派出机构，负责798艺术区综合协调、监督管理、产业促进和接待服务等工作；对艺术区实行统一规划、统一管理、统一服务和统一推介，优化周边交通环境和园区内公共服务设施，建立长效统一管理和统一联动机制。设综合协调办公室、警务工作站、文化执法分队、安全生产和城市管理办公室、服务保障办公室。

地址：酒仙桥路2号院A04楼

邮编：100015

电话：57626177

网址：http://798.bjchy.gov.cn

（季　昕）

【参观调研】 3月19日，市编办副主任滕安英一行到798艺术区，调研798艺术区发展情况。参观尤伦斯当代艺术中心、亚洲艺术中心、白盒子艺术馆、悦美术馆等园区机构。4月25日，意大利外交与国际合作部部长保罗·真蒂洛尼到访798艺术区。参观了尤伦斯艺术中心、百年印象、798艺术工厂及常青画廊等园区机构。6月23日，市委组织部调研组组长荣华带队一行10余人，调研798艺术区。荣华一行参观曹勇艺术世界、朝鲜万寿台创作社美术馆、悦美术馆等园区艺术机构。6月25日，荷兰王国基础设施与环境参赞魏安娜等一行5人到798艺术区调研园区规划和工业文化，了解798艺术区的历史进程、管理模式和园区文化创意产业的发展情况。7月9日，中组部全球公共政策高级培训班一行60人，在中共北京市台湾工作办公室主任汪明浩带队下到798艺术区参观访问。7月15日，2015朝阳区文创高级经营管理人才培训班一行40余人，在朝阳区委党校的组织带领下到798艺术区参观考察。7月21日，美国华盛顿市副市长布莱恩·凯纳一行6人到访798艺术区。参观尤伦斯当代艺术中心、798桥艺术空间、798艺术工厂等艺术机构。7月25日，国家发改委发展规划司副司长岳修虎一行10余人到798艺术区调研。岳修虎一行实地走访尤伦斯当代艺术中心、菊香人文空间、亚洲艺术中心等艺术机构。8月3日，云南省昆明市委副秘书长、办公厅主任张先宝带队一行12人到访798艺术区调研。8月7日，北京市规划委员会朝阳分局一行10余人到798艺术区调研，朝阳分局党组书记、局长王雪梅带队，党组班子成员全部参加。8月14日，合肥市委常委、宣传部部长钟俊杰一行到798艺术区调研。钟俊杰一行调研走访园区的尤伦斯当代艺术中心、桥艺术空间、百年印象、798艺术工厂、图文天地、亚洲当代艺术中心等艺术机构。8月15日，昆明市委宣传部常务副部长李绍鹏一行10余人到798艺术区调研并座谈交流。李绍鹏表示欢迎798走进昆明，促进双方文化交流，实现共赢。调研团主要参观尤伦斯当代艺术中心、桥空间、菊香人文空间、百年印象等艺术机构。10月23日，昆明市纪委书记应永生带队一行20人到访798艺术区。参观尤伦斯当代艺术中心、尤伦斯艺术品商店、798艺术工厂、亚洲艺术中心、朝鲜万寿台创作社美术馆等艺术机构。10月28日，台北市文化局局长倪重华一行10人到访798艺术区，参观尤伦斯当代艺术中心、菊香人文空间、亚洲艺术中心等艺术机构。10月29日，重庆市渝中区副区长刘彤一行10余人到访798艺术区，参观尤伦斯当代艺术中心、亚洲当代艺术中心、泉空间等艺术机构。11月5日，中日韩三国记者采访团一行10余人到访798艺术区，记者团主要参观尤伦斯当代艺术中心、艺术工厂、百年印象画廊等艺术机构。12月25日，贵州省人大常委会党组书记、副主任龙超云一行到798艺术区考察调研，希望798艺术区的发展经验能够对贵州的文创发展起到借鉴作用，同时希望798艺术区加强同贵州的合作，带去更多更优质的资源，为贵州的文化创意产业献计献策，促进贵州文创产业的发展。

（季　昕）

【“中法文化之春”活动开幕】 4月10日，2015年“中法文化之春”活动在北京798艺术区程昕东当代艺术空间开幕。法国驻华大使顾山出席开幕典礼并致词。开幕活动包括艺术展《光!》和食物设计、艺术表演及音乐会。“中法文化之春”活动脱胎于中法文化年，由法国总统与中国主席倡议，于2006年正式创立。10年间活动汇聚超过800万观众，为观众呈现中法两国在不同文化领域合作的最优秀成果。近几年，文化节活动吸引越来越多的专业人士，大众影响力亦不断扩大，成为“法国在海外最盛大的文化活动以及在华最盛大的外国文化盛事”。

（季　昕）

【“防灾减灾日”宣传活动】 5月12日，798艺术区管委会、酒仙桥街道办事处及798艺术区服务中心在798艺术区包豪斯广场举办以“科学减灾　依法应对”为主题的全国第七个“防灾减灾日”宣传活动。活动现场悬挂防灾减灾宣传标语，布置宣传展板等，营造全民参与防灾减灾的社会氛围，有助于提高群众的防灾减灾意识。798艺术区管委会常务副主任张国华、酒仙桥街道办事处副主任王玮和工作人员向市民发放防灾减灾宣传材料，宣传在各类事故灾难等人身安全遭遇危害时如何开展预防、自救、互救等技能。活动不仅吸引市民参与，还有众多到访798艺术区的外国游客参与其中。

（季　昕）

【“六一”国际儿童周】 5月31日，主题为“小朋友·大艺术家”的798艺术区儿童艺术周在798艺术区尤伦斯当代艺术中心开幕。798国际儿童艺术周已经走过5个年头，是798管委会主打的798品牌系列活动之一。艺术周活动秉承公益性的宗旨，搭建的中外儿童交流沟通的平台，通过组织各种丰富多彩的艺术活动，关注少年儿童的健康成长。在当天的活动主会场，除能够观看画作和艺术品展览之外，还有儿童同老师、艺术家互动活动。活动开幕后3小时内，参加活动、观展人数超过1000人。团区委书记王洪涛、区残联党组书记段伟等相关部门的领导和嘉宾参加开幕活动。中央电视台、北京电视台、《光明日报》《中国日报》等40余家媒体相继报道。

（季　昕）

【贵阳北京798艺术中心开幕】 6月12日，北京798艺术区首个京外的展示窗口——贵阳北京798艺术中心揭牌暨开幕展在贵阳市云岩区中天未来方舟举行。为期半年的揭幕展，以“798印象”系列——先锋实验、多元融合为主题，展示包括方力均、颜磊、郑国谷在内的艺术家的油画、雕塑、装置、影像、设计等40余件作品。这些作品是艺委会委员、策展人、专家从798艺术区内多家艺术机构和艺术家奉献的500余幅作品中挑选出的，代表798艺术区的风格特色和水准。北京798艺术中心是798艺术区在全国范围内设立的第一个在京外的展示窗口，位于贵阳市中心中天未来方舟风景沿岸G6组团区域，总建筑面积约1200平方米，窗口旨在利用798丰富的文化艺术资源，推进两地文化创意产业、艺术品交易及文化服务业的快速发展，实现共赢。北京市贸促会副会长林彬，北京市朝阳区副区长孙其军，原北京市朝阳区副区长、贵阳市政府顾问关三多，北京市朝阳区委宣传部常务副部长高春利，北京798艺术区管理委员会常务副主任张国华，北京798艺术区特邀策展人程昕东，贵州省文化厅副厅长袁伟出席。贵阳市委常委、市委宣传部部长兰义彤宣布开展。开幕仪式由贵阳市副市长刘玉海主持，活动现场有来自北京798艺术区各艺术机构、艺术家及贵州当地的各相关部门负责人及艺术家代表300余人参加。

（季　昕）

【以色列商务与文化中心(IBCC)开幕】 6月28日，以色列商务与文化中心（IBCC）开幕典礼在北京798艺术区举行，现场还举行文化艺术及商务交流活动，活动由承担着推广以色列商务和文化功能的中国以色列商会与以中生命树投资控股有限公司联合主办。以色列商务文化中心承担着推广以色列商务和文化的功能，是连接在华以色列企业与中国企业之间商务交往的重要纽带。以色列驻华大使Matan Vilnai参加开幕式并发表贺词，他祝愿以色列商务与文化中心成为连接中以友谊的桥梁。

（季　昕）

【北京798印象中国当代艺术展】 9月21日，“北京798印象”当代艺术展在荷兰海牙市政厅开幕，海牙市副市长Karten Klein、中国驻荷大使陈旭、荷中友好协会会长Niek Meijer、北京市贸促会副会长林彬、北京798艺术区管理委员会常务副主任张国华等领导出席开幕仪式并致辞。荷兰当地政界、艺术界、媒体界朋友及嘉宾300余人参加活动。中国驻荷兰大使陈旭在致辞中表示，此次展览是对中荷双边关系的促进，是人民与人民之间的文化艺术交流，并希望荷兰的艺术家前往北京798艺术区进行展览交流；海牙市副市长在致辞中表示，北京798印象当代艺术展能够到荷兰海牙举办是荷兰人民的荣幸，通过此次展览，希望能够促使中荷文化艺术交流活动成为常态，促进中荷文化贸易的发展和中荷友谊的延续。

（季　昕）

【2015北京798艺术节】 9月19日至10月19日，北京798艺术区举办“2015北京798艺术节”。在开幕活动中，798艺术区管委会常务副主任张国华作为2015北京798艺术节组委会主任，介绍此次活动的整体情况，798艺术区艺委会委员代表李兰芳女士致辞，市委宣传部副巡视员、市文促中心主任梅松宣布2015北京798艺术节开幕。艺术节以“艺象·互联”为主题，设主题展览18个、同盟展47个、特别展4个及多项特色活动、戏剧单元及活动。2015北京798艺术节期间有国内外游客近百万人次参观。

（季　昕）

【创意市集活动】 10月17日至18日，由北京市国有文化资产监督管理办公室、北京市文化创意产业促进中心、北京798艺术区管理委员会主办，三匚创意产业集团承办，北京798文化创意产业投资公司支持的2015·北京798艺术节——创意市集活动。在北京市朝阳区798艺术区创意广场举办。近百家知名媒体、众多家参展商、万名创意爱好者参加活动。

（季　昕）

【参加第二十届澳门国际贸易投资展览】 10月22日，第二十届澳门国际贸易投资展览会开幕，北京798艺术区作为活动的特邀单位参加展览会。文化展区以798艺术区为展示主体，798艺术区管委会常务副主任张国华带领工作团队策划，北京图文天地牵头园区部分文化企业代表798艺术机构参展，内容主要展示众艺术机构推荐的20余幅高品质版画及创意品，通过作品欣赏、文化创意展示等形式，展示798艺术区文化创意产业发展情况。开幕式前，澳门特首崔世安和北京市副市长程红等领导在798展区长时间驻足，张国华介绍展览作品和798未来发展情况。展览期间吸引大量游客和展商到展区参观，有多家商家对798当代艺术产生兴趣，并寻求业务洽谈合作。通过本次展览交流，在展示798艺术区文化创意产业同时，促进艺术品及艺术衍生品的展示与交易，也推动北京、澳门两地文化艺术的交流与发展。

（季　昕）

【德国文化交流中心落户798艺术区】 10月29日，作为德国国家级境外文化交流中心——北京德国文化中心·歌德学院（中国）正式落户798艺术区，其位于798艺术区的新空间正式开幕。北京德国文化中心·歌德学院（中国）作为一个跨学科的文化场所，歌德学院的这一空间旨在加强中德文化艺术的交流与促进，通过形式多样的文化交流活动增进两国艺术家、艺术机构的交流和合作。

（季　昕）

国有资产监督管理

【概况】 朝阳区人民政府国有资产监督管理委员会（简称区国资委）代表国家履行国有资产出资人职责。年内，监管企业资产总额679.5亿元，同比增长5.7%；净资产238.5亿元，同比增长6.1%；监管企业实现营业收入190.9亿元，同比增长3.1%；累计实现利润5.6亿元，同比增长2.6%。

地址：日坛北街33号

邮编：100020

电话：65099193

邮箱：gzwanquan@126.com

（林春照）

【房产征用补偿申请】 1月初，协助朝副公司（粮食局）向区政府申请秀水河60号房产征用补偿，区教委国资中心和区粮食局委托华源评估公司评估，确认评估值为0.19089701亿元。

（林春照）

【国有股权挂牌转让】 1月20日，批复北京昆泰房地产开发集团有限公司下属北京市朝阳区房屋管理公司挂牌转让所持北京昆泰嘉业房地产开发有限公司5.03%的股权，成交价0.4514亿元。北京国朝国有资产运营有限公司挂牌转让所持北京陆港国际物流有限公司4.96%的股权，成交价为0.1018亿元。7月6日，办理区教委国资中心所属全和恒安物业管理公司20%股权及弘朝伟业公司所属青龙河公司10%股权在北京产权交易所挂牌转让两项国有股权挂牌转让事项。

（林春照）

【慰问困难党员职工】 1月至2月，与市、区委组织部申请困难党员帮扶款和慰问金9.8万元，慰问系统企业99名党员；与慈善协会沟通，申请1.5万元专项资金，慰问系统内300名困难职工。

（林春照）

【党建工作述职评议】 2月12日，常务副区长甘靖中、国资委领导、各单位相关领导及部分基层代表出席会议，对系统5位书记的述职逐一点评和考核测评。2月13日，听取系统企业10位纪委书记的述职并进行考核测评。

（林春照）

【批复清算方案】 3月11日，批复同意北京慧谷金色保洁有限公司清算方案，清算后的全部净资产划转至望京综开公司，债权、债务由其继承。

（林春照）

【国有资本经营预算获批复】 3月17日，2015年国有资本经营预算获区财政批复，国资预算收入、支出均为1.4659亿元，收支平衡。

（林春照）

【企业财务决算审核】 3月25日，完成系统企业财务决算审核并通过市国资委会审，涉及区属国有企业182户，资产量640.2亿元。

（林春照）

【投资后评价企业确定】 3月初，确定弘朝公司701项目、朝阳宾馆阳光丽城项目等6家企业8个项目开展投资后评价。

（林春照）

【拨付国有资本经营预算资金】 5月5日，拨付项目单位2015年国有资本经营预算一批资金0.9346亿元。8月20日，完成第二批资金拨付工作，涉及资金0.51亿元。

（林春照）

【专题培训】 5月13日至15日，举办系统第十期入党积极分子培训班，110余名积极分子参加。5月19日，召开系统2015年内部审计工作会，20家监管单位财务、审计部门经理交流沟通。6月4日至10日，区国资委党委会同区委组织部举办新任企业（总）经理助理岗前培训班，新任14名（总）经理助理全程参加培训。6月底，系统分两批次80余人次注册助理安全工程师考试培训。10月29日，举办不动产管理系统升级工作培训，系统20家单位的不动产管理部门负责人和经办人员30人参加。10月21日至25日、11月18日至22日，区国资委选派新任职企业领导人员及（总）经理助理24人，参加第四期高级职业经理资质评价培训班，获得高级职业经理人资质证书。11月3日，举办监管企业董事会、监事会培训班，国资委领导、系统改制企业董事会、监事会成员、相关企业领导班子成员及机关科长100余人参加培训，国务院国资委监事会办事处主任叶祥训、国务院国资委改组局副局长吴同兴分别授课。11月10日至12日，举办系统2015年党务工作者培训班，国资委系统各单位基层党支部书记、党办工作人员130余人参加培训。11月12日至13日，举办产权管理暨法务工作培训会，系统20家监管单位和部分委办局所属企事业单位的主管领导、产权管理和法务部门负责人及相关工作人员80人参加。11月25日，举办国有企业改革培训会，重点就中共中央办公厅印发的《关于在深化国有企业改革中坚持党的领导加强党的建设的若干意见》进行辅导，邀请国务院国资委党建工作局局长卜玉龙作专题辅导报告。12月23日，召开监管企业财务监督暨审计监督工作会，就企业在财务监督及审计监督工作中的措施、办法、创新点等方面交流。12月3日，以国有企业年终绩效考核技能提升为课题，召开监管企业人力资源工作培训会。

（林春照）

【公司成立批复】 6月1日，同意世奥公司成立全资子公司北京奥塔旅游发展有限责任公司，注册资本0.2亿元；同意国资中心与区农委下属企业共同投资组建北京市鑫禾投资管理有限公司，注册资本为0.01亿元，国资中心占股40%，将台乡农工商总公司占股20%，来广营农工商实业总公司占股20%，北京鲲鹏大雅实业投资有限公司占股20%。

（林春照）

【项目投资批复】 6月2日，同意朝阳副食品总公司在平房西口甲130号（南院）（北院）综合楼建设规划面积8250平方米基础上，增加项目建筑面积投资，调整后总建筑面积约19250平方米；同意北京弘朝伟业公司下属北京市融川商贸有限公司为北京市融川融资担保有限责任公司增资0.35亿元，增资方式为货币出资，增资后实收资本1亿元，融川商贸公司仍100%持股融川担保公司。

（林春照）

【专题调研】 6月10日，区国资委领导调研北京金朝阳大宗商品交易所，听取企业领导对交易所运营情况和邮币卡交易所项目的汇报，与企业沟通企业资源、经营现状和未来发展目标等内容。6月11日，组织以互联网金融之P2P为主题的微沙龙，京客隆、蓝岛、金朝阳、弘朝伟业、副食公司、潘家园、国资中心等7家企业领导参会。财政部财政科学研究所研究员、京贷网CEO、挖财猫公司运营总监、昆吾九鼎投资公司投资经理等嘉宾，就把握互联网金融发展趋势，剖析P2P创新模式及风控要点开展主题演讲，与相关企业领导沟通交流。7月至9月，完成国有企业服务型党组织建设情况调研工作。9月21日，邀请区发改委、区商务委参加昆泰集团下属百脑汇市场转型升级方案工作协调会，两部门原则同意该方案。10月14日，以“严以用权，做践行三严三实的领导干部”为主题， 举办监管企业领导班子成员、监事会主席专题讲座。9月22日，组织系统12家企业赴天津红桥区、武清区实地考察调研、座谈交流，洽商推进京津冀协同发展战略、充分发挥国有企业在功能疏解、产业优化和转型升级等任务合作意向。

（林春照）

【企业利润申报】 6月15日，完成2015年企业应缴利润的申报及审核工作，企业应缴税后利润0.526亿元。

（林春照）

【安全生产】 6月底，2家系统企业完成市安全生产标准化二级达标；完成国资系统安全生产信息化系统二期建设方案过会和公开招标工作。6月，全系统开展“安全生产月”宣传活动。7月底，完成系统安全生产管理人员北京市注册助理安全工程师培训和考试工作。12月底，系统企业有7家达到市二级标准。

（林春照）

【国资预算】 6月底，完成2015年国资预算收入全年预算1.476亿元，完成年度预算的100.69%，国资预算支出0.9346亿元，完成年度预算的63.76%。

（林春照）

【产权登记汇总分析】 6月底，完成2014年度国家出资企业产权登记汇总分析，办理占有登记17户，办理变动登记4户，办理注销登记1户。

（林春照）

【企业领导审计】 6月底，完成京广商务负责人孙明明任中经济责任审计、朝开公司经理刘福利任中经济责任审计、CBD公司财务全面审计3个审计项目现场审计工作。

（林春照）

【经理助理选拔】 6月底，会同区委组织部，通过笔试、面试、考察等程序，从区属企业、委办局、街乡选拔监管企业（总）经理助理14名，经岗前培训于6月底前全部调整到位。

（林春照）

【项目评估】 8月17日，报请区委常委会、区政府同意，核准北京市朝阳城市建设综合开发公司所属六里屯、南小营锅炉房土地及建筑物资产项目评估，确认土地及建筑物资产的公允价值为3.84亿元。

（林春照）

【投资基金成立】 8月20日，同意国资中心设立朝阳区产业投资基金（FOF），基金规模20亿元，专项用于投资新兴产业的股权投资基金。

（林春照）

【房地产出售】 8月21日，报请区委常委会、区政府同意，批复北京昆泰房地产开发集团有限公司所属北京乾景房地产开发有限公司将昆泰嘉瑞中心618-2#楼及地下商业出售给阿里巴巴（中国）有限公司，总面积5.85万平方米。

（林春照）

【租赁合同批复】 8月21日，报请区委常委会、区政府同意，批复北京金朝阳商贸国有资本运营公司五路居商厦使用面积1.63万平方米，整体出租给安徽新华阳光控股集团有限公司，租期10年，年租金0.233亿元。

（林春照）

【公司成立】 8月31日，批复朝阳副食品公司出资成立全资子公司北京恒瑞永天投资管理有限公司，注册资本为1亿元。11月4日，批复北京弘朝伟业国有资产经营有限责任公司成立全资子公司北京弘朝蔬菜有限公司，注册资本0.2亿元人民币。

（林春照）

【项目库申报】 9月23日，完成2015年国资预算项目库的申报、入库项目26个，项目库现存45个项目。

（林春照）

【干部离任审计】 9月30日，完成蓝岛大厦董事长黄豪、党委书记王东海离任经济责任审计，完成朝开公司经理刘福利、京广商务负责人孙明明任中经济责任审计，完成CBD公司、国资中心财务全面审计。

（林春照）

【预算建议草案编制】 11月16日，完成2016年国有资本经营预算建议草案编制报送工作，2016年国有资本经营预算支出规模为1.1036亿元。

（林春照）

【经济运行分析】 12月21日，举行监管企业2015年1月至11月经济运行分析会，听取19家企业1月至11月主要经济指标完成及变动情况、全年经济指标预测、重点工作进展情况、经营中存在的问题及下一步工作汇报。

（林春照）

【企业领导人员调整】 年内，调整充实18个企业领导班子，调整考察企业领导人员40人次，其中提任8人，续聘16人，试用期满4人，交流3人，兼任1人，免职8人。

（林春照）

旅　　游

【概况】 朝阳区旅游发展委员会（简称区旅游委）是负责全区旅游业管理的区政府工作部门。年内，通过优化旅游发展环境，调整旅游产业格局，规范旅游市场秩序，完善旅游服务标准等措施，围绕转变旅游产业增长方式、促进旅游新兴消费，实现旅游产业跨越式增长，进一步提高旅游业的综合贡献率。全区接待国内外游客6009万人次，实现旅游收入1032.2亿元，分别比上年增长7.3%，8.6%。

地址：团结湖北五条5号

邮编：100026

电话：65099077

网址：http://chy.bjtravel.gov.cn

（张灿锋）

【安全管理】 2月4日，会同公安朝阳分局、区发改委召开“2015年朝阳区旅游安全生产工作培训会”。辖区内星级饭店、A级旅游景区等旅游行业安全工作负责人近300人参加培训会。

（张灿锋）

【安全应急演练】 2月下旬，在蟹岛绿色生态度假村组织安全生产应急演练。市旅游委安全处处长王军、区消防支队队长张咸峰及部分旅游企业代表参加演练。此演练出动200余人，专业消防车5辆，由蟹岛度假村与东坝消防中队联合完成。

（张灿锋）

【旅游市场管理】 11月18日，副区长孙其军主持召开“朝阳区旅游市场秩序治理整顿工作会”，区政府相关委、办、局18家成员单位参加会议。会议旨在进一步贯彻落实市委书记郭金龙、副市长程红在市委办公厅《信息专报》“媒体盘点我市八大‘坑人’旅游景点”一文中作出的专题批示。加强对旅游市场的治理整顿力度，规范对朝阳旅游市场秩序的管理，以反复出现的违法、违规案件为重点整治对象，实现朝阳区旅游市场环境秩序良好、管理有序的总体目标。整治行动，出动执法车辆640余台次，执法人员1400余人次，没收销毁非法小广告、假地图50余公斤，消除销毁非法“一日游”假站牌27块，依法拘留13人，暂扣照相机38台、打印机8台，依法罚没旅游纪念品4000余件。

（张灿锋）

【应急救护】 12月8日，免费为辖区各星级宾馆、等级景区开展应急救护知识和技能培训，辖区旅游行业百余人参加培训学习。继续加大对辖区旅游企业开展应急救护知识和技能培训力度，进一步增强旅游业救援人员在灾害、事故现场的救援能力，最大限度地降低死亡率、致残率。

（张灿锋）

【假日安全管理】 12月，根据区12月24日紧急会议精神，按照区委书记吴桂英指示要求，区旅游委在组织企业自查，行业检查和联合检查的基础上，按照全员参与、处级带队、责任分片的原则，对辖区内重点景区点和举办圣诞平安夜活动的旅游企业开展全覆盖、地毯式突击安全生产专项检查。出动执法人员34人次，车辆7车次，检查旅游企业27家，下达执法文书27份。

（张灿锋）

【“十三五”旅游规划编制】 年内，为落实朝阳区“十三五”规划编制各项任务，确保“十三五”规划编制顺利实施，区旅游委委托联合大学旅游学院开展朝阳区“十三五” 旅游业发展规划编制工作，双方签订编制朝阳区“十三五”旅游规划工作协议，经过企业调研、部门研讨、内部分析，“十三五”旅游规划确定基本框架包括：规划基础、指导思想和发展目标、空间发展构想、重点举措、保障机制。力争到2020年实现旅游综合收入1450亿元，保持年均9%的增长率。通过加强朝阳区“十三五”旅游规划工作研究，为朝阳区商务旅游向国际化、高端化发展提供决策依据，实现提升旅游服务功能，提升旅游服务品质的发展目标。

(张灿锋)

【旅游宣传】 年内，创新宣传渠道，丰富宣传形式，与北京主流媒体合作，采取新闻播报、专题报道等多种形式，加大朝阳旅游资源、旅游企业、旅游活动、旅游人物的宣传报道，突出国际、时尚、现代的朝阳城市形象定位。组织区域内旅游企业参加国内外旅游交易会、旅游博览会等宣传促销活动，加强朝阳区的旅游促销推介。加大旅游消费促进，将宣传促销与消费促进有机结合。

（张灿锋）

【区域合作】 年内，对话美国布鲁克林商会，通过友好洽谈，布鲁克林商会表达在朝阳区建立布鲁克林商会交流合作中心的设想及和朝阳区开展体育、文化、旅游、经贸合作的意愿，区旅游委积极响应；接待内蒙古通辽市旅游局和山东省招远市旅游局对蟹岛度假村的学习考察任务；协同朝阳区商会赴河北省唐山市迁西县、承德市围场县实地调研，共谋合作发展之策。

（张灿锋）

【参加“北京礼物”旅游商品赛】 年内，市旅游委联合相关部门主办第十二届“北京礼物”旅游商品大赛。区旅游委通过北京市旅游信息网，朝阳区旅游信息网，i游朝阳等平台开展宣传，号召区属旅游企业报名参与，经过区旅游委审查筛选，朝阳区有15家旅游企业报名参与，参赛作品100余件。16家旅游企业申报旅游商品扶持资金，累计旅游商品研发总投资6000余万元。朝阳区13家旅游企业获得市旅游委旅游商品扶持资金累计362万元。

（张灿锋）

【景区建设】 年内，朝阳区A级旅游景区质量等级评定委员会对辖区4家AAA级旅游景区开展景区质量等级复核工作，对四得公园开展AAA级旅游景区评定工作，红领巾公园、日坛公园、团结湖公园、蓝色港湾等4家A级旅游景区通过AAA级旅游景区复核，四得公园被评定为AAA级旅游景区。

（张灿锋）

【旅行社】 年内，全区旅行社发展到578家，其中出境社229家，一般社333家，外资社16家，分社108家，服务网点634家。

（张灿锋）

【星级饭店复核和饭店星级评定】 年内，组织辖区内53家一至三星级星级饭店开展主题为“创新・发展・共赢”的全行业培训。复核首都机场宾馆等24家星级饭店，对南航明珠商务酒店1家单位开展星级评定工作。截至年底，全区旅游星级饭店102家，其中五星级（含白金五星）饭店26家，四星级饭店28家，三星级饭店31家，二星级饭店17家，一星级饭店0家。

（张灿锋）

【旅游景点】 截至年底，全区A级旅游景区19家，其中5A级1家，4A级5家，3A级13家，基本情况如下：

序号	名称	级别	门票价格	开放时间
1	北京市奥林匹克公园	AAAAA	免费	9:00—16:30
2	朝阳公园	AAAA	5元	4月1日—10月31日：6:00—22:00 11月1日—3月31日：6:00—21:00
3	中华民族园	AAAA	旺季90元 淡季60元	8:30—18:00
4	紫檀博物馆	AAAA	50元	周二至周日开馆: 9:00—17:00，周一闭馆
5	元大都城垣遗址公园	AAAA	免费	4月1日—10月31日：5:30—22:30 11月1日—3月31日：6:00—22:00
6	欢乐谷	AAAA	60—260元	平日：9:00—22:00 节假日：8:30—22:00
7	蟹岛绿色生态农庄	AAAA	免费	全天
8	日坛公园	AAA	免费	全天
9	红领巾公园	AAA	免费	6:00—21:30
10	团结湖公园	AAA	免费	6:00—21:00
11	蓝色港湾	AAA	免费	10:00—22:00
12	蓝调庄园	AAA	免费	8:00—17:30
13	大望京公园	AAA	免费	4月1日—10月31日：6:00—22:00 11月1日—3月31日：6:00—21:00
14	北小河公园	AAA	免费	6:00—21:00
15	庆丰公园	AAA	免费	全天
16	古塔公园	AAA	免费	6:00—21:30
17	将府公园	AAA	免费	4月1日—10月31日：6:00—21:30 11月1日—3月31日：6:00—20:30
18	兴隆公园	AAA	免费	5:00—22:00
19	四得公园	AAA	免费	4月1日—10月31日：6:00-21:30 11月1日—3月31日：6:30-21:00

（张灿锋）

农业　水务　气象

农村城市化

【概况】　北京市朝阳区农村工作委员会（简称区农委），挂北京市朝阳区动物卫生监督管理局（简称区动物卫生监管局）牌子，与中共北京市朝阳区委农村工作委员会（简称区委农工委）合署办公。区委农工委是负责朝阳区农村工作的区委派出机构，区农委是负责朝阳区农村发展和农村经济工作的区政府部门。年内，5处“三起来”工程、11个新农村基础设施建设和300户抗震节能改造完工；广渠路二期五环外段、东坝南二街开工，京哈高速豆各庄出口改造完成，农村地区路网实现程度得到提升；水、电、气、热等配套管线持续延伸，公厕、路灯等公共设施不断完善；全力保障重点工程建设，完成定福庄等3座再生水厂配套管线拆迁。

地址：日坛北街33号

邮编：100020

电话：65099260

邮箱：cyngw（内网）

（周立轩）

【城市化建设试点】　3月18日，召开“一绿”城市化建设试点工作专题会，区领导吴桂英、陈涛、张维刚出席会议，区政府办等11家单位主要领导、6个试点乡党政主要领导参加会议。年内，各试点乡项目建设捆绑方案全部确定，35个一绿试点项目中29个项目纳入市级绿色通道；将台乡率先完成东八间房拆迁腾退，南磨房乡腾退四惠建材市场，提前完成人口调减任务，来广营乡农民身份全部转变，“拆、转、绿、调”分别完成总任务的80%、80%、50%、83%，安置房和产业项目分别实现100%和50%开工建设。

（周立轩）

【村党组织换届】　年内，农村系统154个村级党组织全部参加村党组织换届选举，选举产生697名党组织委员、151名党组织书记。书记、主任“一肩挑”41人、占27.15%，保持上届水平；女性235人、占33.72%，比上届提高3.91%；大专及以上学历的607名、占87.09%，比上届提高5.59%。

（周立轩）

【棚户区改造与环境整治】　年内，朝阳区农村地区（城乡结合部）棚户区改造和环境整治工作有序推进，将台东八间房村、南磨房东郊市场、十八里店乡白墙子村、管庄乡小寺村等4个项目完成腾退居民2799户、腾退非宅建筑面积91.39万平方米，完成年度拆迁腾退任务。

（周立轩）

【集体“三资”监管】　年内，清理调整合同583份，收回集体土地263.68公顷，增加收益2.58亿元。集体资金实施村级财务规范化管理，完成150个村级预算编审。黑庄户等3个乡29个村级产权制度改革完成，常营等4个乡27个村集体经济组织进一步健全。

（周立轩）

【流动人口和出租房屋管理】　年内，拆除清退低级次市场39个，拆除96个出租大院、23个废品回收场站；累计拆除清退建筑面积410万平万米（包含西直河石材市场项目170万平方米），搬离99845人；专项治理违法群租房，排查807户、3330间、8234人，停租违法群租房807户、3252间、劝退租住人员7945人。

（周立轩）

【安全稳定】　年内，完成“两项重大任务”服务保障，完善基层社会治安防控体系。集中开展消防等重点领域安全检查，建成9个应急消防水池，提高安全防灾能力；完成8个乡级综治维稳中心升级改造、8个平安示范小区建设和7个小区“防爬刺”安装。

（周立轩）

【农村社区建设】　年内，批准成立15个社区，改造15个社区服务站和36个社区用房。41个智慧社区和7个市级社区规范化试点建设完成，71个社区“三社一体化”和35个社区农民市民化工程进一步实施，21个邻里之家引入专业社会机构参与社会治理模式初见成效，社区专业治理能力不断增强；154个社区居委会完成换届选举。

（周立轩）

【公共服务】　年内，崔各庄等3个乡5500名农民实现转居安置。强化医疗服务保障，新型农村合作医疗筹资标准增至1385元。扩大优质教育资源覆盖面，十八里店向阳幼儿园等6所中心幼儿园建成开园，北京二中朝阳学校落地农村。

（周立轩）

【文化文明建设】　年内，建成6个文化广场和9个乡情村史陈列室，开展“乡村大舞台”等农村文化品牌活动。扩大东坝“长青藤”等志愿服务队伍影响力，设立8个文化能人志愿服务工作室和38个学雷锋志愿服务站。

（周立轩）

农村经济管理

【概况】 朝阳区农村集体经济办公室是区政府农村经济管理部门，为正处级参照公务员管理事业单位。年内，农村地区贯彻全区城乡统筹发展工作会精神，推进农村“三资”管理、农村产权制度改革、农经统计、政策调研等工作；实现经济总收入1329.2亿元，增长4.7%；农民人均劳动所得29906元，增长9.2%。

地址：团结湖北里9号楼

邮编：100026

电话：85983940

邮箱：chyhtk@163.com

（王博雅）

【集体资产管理】 年内，组织开展农村集体资产产权登记证年检工作，应检、实检乡村集体经济组织173个，其中乡级集体经济组织19个，村级集体经济组织154个。截至年底，全区农村集体资产总额992.5亿元，所有者权益240.9亿元，集体资产总额同比增加186.7亿元，增长23.2%。以来广营乡为试点，加强集体账外资产管理，5个村完成账外的国有土地、房屋建筑物、房屋底商、道路、管道沟槽、机械设备、车辆及其他资产8类清查外业工作。

（王博雅）

【集体资金管理】 年内，全区17个乡150个村完成年度预算的编审工作，2015年村级预算总额37.89亿元，预算总支出金额36.24亿元，资金使用效率得到提高；对2013年村干部经济责任审计发现问题的整改基本完成，整改金额60.38亿元；聘请中介对全区269家乡级集体经济组织实施审计；开展2014年度村级组织正常运转专项补助资金和新型集体经济组织审计工作；对全区村级财务管理状况及人员进行调查，村级财务人员304名，其中报账员154名，具有会计师职称的135人。

（王博雅）

【产权制度改革】 年内，重点推进常营、来广营、南磨房、豆各庄、太阳宫、将台等6个“一绿”城市化建设试点乡产权制度改革。稳步推进来广营、东坝、黑庄户等乡产权制度改革，在完成社员登记、劳动年限统计、清产核资工作的基础上，开展各村第一次社员代表大会筹备工作；三间房乡开展产权制度改革劳动年限统计工作；启动太阳宫乡原麦子店村资产处置工作，完成社员登记、劳动年限统计、社员代表选举工作；十八里店、高碑店（高井、高碑店、半壁店3个村）、常营3个乡各村和三间房乡剩余的三东、三西、定东、定西、褡裢坡、白家楼等6个村完成社员代表换届选举工作，27个村共登记社员29534人，选举产生社员代表1074人，选举产生各村经济合作社社长、管委会委员、监委会主任和监委会委员。

（王博雅）

【农村经济政策研究】 年内，围绕农村三资管理重点工作，对农村三资管理、农村集体经济组织民主管理、农经队伍建设等政策进行调查研究，筹备《关于二道绿隔地区乡镇试点工作组调研铁路大环内环境整治项目》赴朝阳调研工作；围绕集体资产项目管理和招投标管理工作，开展集体投资建设项目专题调研，研制《关于加强农村集体投资建设项目和集体资产监督管理的指导意见》；开展违法用地地上物管理专题调研，起草《关于加强朝阳区农村集体违法用地地上物的管理意见（征求意见稿）》。完成市农经办布置的“十三五”规划编制的材料收集整理工作，编制《朝阳区“十三五”时期农村合作经济发展和经营管理规划整体设想》《“十三五”时期朝阳区农村集体经济调查研究工作规划》。

（王博雅）

【合同联预审】 年内，各乡新签、续签合同569份，金盏、太阳宫、来广营等14个乡联预审执行率100%，仅此一项措施为农村集体增收1.9亿元。

（王博雅）

【规范农村集体经济合同】 年内，按照“瘦身健体”“腾笼换鸟”思路，指导各乡开展集体经济合同清理规范调整工作，引导传统产业转型升级。十八里店、金盏、崔各庄等13个乡调整合同312份，合同占地面积调增16.11公顷、建筑面积调增20816.22平方米，年租金增加6833.39万元。围绕非首都功能疏解、拆违控违等重点，落实《北京市新增产业的禁止和限制目录》，指导各乡加快土地向集体流转。崔各庄、东坝、孙河等10个乡通过拆违、协商解除、到期解除等方式解除合同271份，收回集体土地263.68公顷。

（王博雅）

【土地确权与流转】 年内，全区15个乡87个村农用地实行确权确利落实农民土地承包经营权，履行确权确利协议41835份，涉及农民92682人，土地面积6110.39公顷，确权确利收益4853.9万元。

（王博雅）

【信息化建设】 年内，按照市农经办要求，完成农村人口信息、农村劳动力信息、农民家庭详细资料、农经统计资料等15个数据库的数据更新和上传任务，完成各乡农经平台新服务器配发、验收、调试等工作。完成乡村两级211名农村信息化管理人员培训工作。对村管电脑、乡农经平台服务器及触摸屏、扫描仪进行系统维护。

（王博雅）

种植养殖服务

【概况】 朝阳区种植业养殖业服务中心是负责朝阳区畜牧兽医、农业、农机、水产管理服务工作的区政府直属部门，归口区农委管理，为全额拨款正处级事业单位，事业编制47名；内设10个科室，下设3个事业单位。年内，全区存栏牛814头，其中农场局下属1个规模场存栏522头，散养户存栏292头；散养羊27户2169只；特禽10户1364只；马属动物17户634匹，注册犬47118条；鸽子3552户153782只。动物诊疗机构76家，兽药经营单位11家。肉类储藏分销单位21家。全区农业用地面积1439.8公顷。全区总水面128.7公顷，其中养殖面积94.1公顷，水产养殖户73户。由区种植业养殖业服务中心承担的“朝阳区农产品质量安全监管追溯体系建设”项目获北京市金桥工程项目奖一等奖。

地址：东坝红松园14号

邮编：100018

电话：65495193

邮箱：zyzx@chy.egov.cn（内网）

（罗建华）

【村级（社区）动物防疫员培训】 4月22日至23日，在蟹岛会议中心举办全区村级（社区）动物防疫员培训。488名村级（社区）动物防疫员和各街乡防疫主管62人参加培训。培训内容为狂犬病、禽流感、布鲁氏杆菌病等人兽共患重大动物疫病的疫情形势、基层动物防疫人员的职责和任务以及防疫人员防护措施等知识。

（梁程超　韩　颖）

【家庭宠物喂养与防疫知识进校园】 10月27日，区种养中心动物卫生科、特养科、区动物疫控中心联合朝阳区田华小学举办“家庭宠物喂养与防疫”知识进校园活动。指导孩子认识狗的行为，学习如何与陌生动物接触以及被动物抓伤、咬伤处理办法。师生400余人参加活动。

（梁程超）

【重大动物疫病防控应急演练】 12月17日，区种养中心举办“2015年高致病性禽流感防控应急演练”。市防治重大动植物疫病指挥部副总指挥、市农业局副局长马丽英，市农业局、区指挥部办公室和部分成员单位领导，各区县农业局（动监局）、动物疫病预防控制中心、动物卫生监督所、津冀联防联控外埠区县领导，各街乡动物疫病防控工作主管领导以及朝阳区一线动物疫病防控工作人员等160人余人观摩演练。

（韩　颖）

【防疫宣传】 年内，开展动物疫病防疫宣传，发放“至养犬户一封信”13.6万份、宣传手册6.9万份、宣传小礼品1万个、宣传光盘1.1万张，参与活动1900余人。

（韩　颖）

【检疫净化】 年内，对辖区内1608头奶牛进行布鲁氏杆菌病和牛结核病监测；对13家马术俱乐部的643匹马进行马传染性贫血、马鼻疽监测。监测结果100%阴性。

（韩　颖）

【防疫物资】 年内，区疫控中心发放H5N1禽流感疫苗8000毫升；新城疫疫苗10万羽份；O型-亚洲Ⅰ型口蹄疫双价疫苗5000毫升；A型口蹄疫疫苗1000毫升；消毒药品16.2吨，消毒面积达123.2公顷；为各街乡800余名防疫员发放防护用品2000余件。

（韩　颖）

【狂犬病集中免疫】 年内，对辖区内的56704只犬进行二次狂犬病集中免疫注射，并且佩戴免疫标识。

（韩　颖）

【无害化处理】 年内，建立覆盖43个街乡的病死动物暂存场所网络并配备冰柜。无害化处理病死牛1头、羊4只、犬3条。

（韩　颖）

【防疫免疫技术培训】 年内，对全区11个养羊乡的防疫员及养殖户开展羊布病免疫技术培训；为辖区内的签约兽医、马场防疫人员、检疫人员，马术运动比赛人员举办“2015年秋季马场防疫知识”培训。

（韩　颖）

【行政审批】 年内，审批《动物诊疗许可证》15件、《兽药经营许可证》3件、《农作物种子经营许可证》3件、《生鲜乳准运证》1件，检疫标志审批11家，注册执业兽医师315人、助理执业兽医师69人、发放狂犬病免疫点铜牌47家。

（韩　颖）

【农业科普进社区】 年内，在日坛公园组织“畅享农业新生态、电商服务零距离”公益活动。在三间房乡双柳社区、香河园街道光北社区和磨北社区举办3场农业科普进社区系列活动，300多位社区居民参与活动，发放宣传和互动材料1000余份。

（李雅娟）

【农产品质量安全普法宣传】 年内，开展“3·15”食品安全宣传周活动，倡导经营者诚实守信、依法经营。向消费者宣传农产品质量安全知识。发放《农产品质量安全100问》《三品一标简介》（“三品”是无公害农产品、绿色食品和有机农产品，“一标”是农产品地理标志）以及《农产品质量安全法律法规选编》等宣传手册、学习资料近万份。

（李雅娟）

【农产品质量安全培训】 年内，对17个园区生产基地、加工配送企业、大型农贸市场负责人及基层农产品检测员70余人进行农产品质量安全培训。重点讲解植保技术、果蔬检测、畜禽、水产品检测相关知识，发放学习材料1000余份。

（李雅娟）

【农产品生产基地互查互学】 年内，举办“朝阳区农产品生产基地互学互查系列活动”。组织6个乡15个生产、加工配送企业40余人参加。聘请专家讲解生产记录填写规范，市、区、乡专业人员对各企业填写的记录进行点评，观摩学习房山区、延庆区优秀生产企业经验。

（李雅娟）

【标准化基地建设】 年内，对全区符合条件的两家“菜篮子”工程标准化生产基地按照《标准化生产基地等级划分与评定考核表》的10大项66条标准进行检查与评定。区自然乐章基地被评为“2015年北京市‘菜篮子’工程优秀级标准化生产基地”。

（李雅娟）

【“三品”认证管理】 年内，对龙吉特、圣露葡萄酒庄的两个品种进行网上申报、文书申报以及现场认定检查。推行“三品”备案规范管理制度，对9家园区基地的17个无公害、19个绿色、39个有机食品认证品种进行备案；对全区从事三品认证管理的23名检查员、18名内检员进行备案。

（李雅娟）

【农产品优质优价推介】 年内，推介区内5家有特点、有实力的企业参与“互联网＋农业”行动，并组织企业参加北京市农产品产销培训班和“优农佳品APP”上线活动。

（李雅娟）

【农产品质量安全自检】 年内，全区12家生产、加工配送、销售单位全年自检农产品样品158898个，合格率99.6%。其中：蔬菜样品126878个，合格率99.5%；水果样品13973个，合格率99.9%；畜禽样品18047个，合格率100%。

（李雅娟）

【阳台菜园项目进社区】 年内，引进高产型观赏蔬菜品种40余个。在姚家园举办“阳台菜园进社区”活动。为姚家园、红松园、康营社区居民150余人讲解阳台菜园种植技术，发放种苗700株。开展农业走进校园活动，为呼家楼中心小学200名教师举办阳台菜园培训。

（于洪伟）

【引进蔬菜景观品种】 年内，在蓝调庄园和蟹岛种植10公顷百日草；在平房京城梨园周边推广油葵，形成向日葵景观带；在蟹岛、京城梨园、高碑店西社区居民推广耐寒性羽衣甘蓝1万株，开发蔬菜景观功能。

（于洪伟）

【特色蔬菜品种示范与推广】 年内，引进心里美萝卜、大核桃纹白菜、小核桃纹白菜、鞭杆红胡萝卜、苹果青番茄、老北京刺瓜6个品种，在蟹岛、总装备部农副业基地、金天茂、中农春雨、农耕园、京城梨园等园区公园种植4公顷。北京电视台《北京日报》和《农民日报》等8家媒体在蟹岛专访报道。

（于洪伟）

【粮农直补】 年内，落实国家惠农政策，粮食直补资金足额发放到农户手中。全区发放玉米补贴资金12610元、菜田补贴资金613106.5元

（于洪伟）

【水产品检测】 年内，对6个乡23个渔场、垂钓场进行鱼产品质量抽检。检测项目包括孔雀石绿、氯霉素、硝基呋喃、喹诺酮和磺胺类。采集50个样品送检，合格率为94%。对检测结果不合格企业提出整改意见。

（简 洁）

【增殖放流】 年内，在奥林匹克森里公园开展景观水域增殖放流活动，放流鲢鱼、鳙鱼、草鱼鱼种8000公斤，约8万尾。

（简 洁）

【引进水产名优品种】 年内，引进名优淡水鱼苗种。其中鲟鱼200万尾、锦鲤800万尾、金鱼3280万尾。

（简 洁）

【推广观赏鱼养殖技术】 年内，在郁金香锦鲤养殖中心和京朝花园农业发展中心分别试验工厂化养殖锦鲤和热带鱼；在郁金香锦鲤养殖中心和黑专户观赏鱼养殖发展中心示范增色饲料试验；在黑庄户观赏鱼养殖发展中心示范小池精养技术；在京朝花园农业发展中心示范养殖一龄鳄龟500只。

（简 洁）

【农机购置补贴】 年内，落实市级农机补贴工作资金6.25万元。购置农机具7台，其中大中型拖拉机4台、微耕机3台。

（王 东）

【农机作业及秸秆禁烧】 年内，“三夏”“三秋”农机作业投入机具15台次，培训农机操作人员30人次；机播玉米33公顷；作物秸秆全部综合利用，实现秸秆全面禁烧。

（王 东）

【植物检疫】 年内，在瓜类作物上进行黄瓜绿斑驳病毒病、瓜类果斑病等危险性有害生物田间检测和实验室测试，未发现黄瓜绿斑驳病毒病、瓜类果斑病等危险性有害生物。在蟹岛、都市农汇、自然乐章农庄等20公顷保护地实施果蔬生物农药与天敌防控技术筛选与示范应用。

（新 为）

【调运检疫】 年内，在省间调运检疫34批次（455公斤蔬菜和种子），未发现危险性有害生物。

（新 为）

【农药残留检测】 年内，检测农贸市场、基地及配送企业、超市20013个蔬菜水果样品，合格率99.9%。统一监测区内62个样品；异地抽检，定量抽检延庆、房山、门头沟等区蔬菜样品240个。

（新 为）

【毒饵站灭鼠】 年内，完成6666.7公顷春季农区灭鼠工作；完成1333.3公顷秋季农区灭鼠工作；毒饵站使用面积2000公顷。

（新 为）

【完善植物疫情视频监控系统】 年内，完善植物疫情有线网络视频通讯系统，更换变焦摄像头，并将监测点视频接入互联网。

（新 为）

【淡水鱼供应】 为全国和北京市“两会”以及“国庆阅兵”供应淡水鱼15076.37公斤。

（刘 宁）

农业综合执法

【概况】 朝阳区农业综合执法大队是区农委直属行政执法机构，加挂区动物卫生监督所的牌子，机构规格副处级，内设11个科（站、室）。负责辖区内动物卫生、兽药、饲料及饲料添加剂、农药、肥料、种子、转基因生物安全、农机、渔政等9项行政执法监督职能。年内，出动执法人员4414人次，执法车辆1425车次，检查管理相对人1100家次。查处各类涉农违法案件73件（其中一般程序案件31件、简易程序案件42件），罚没款金额合计205784.5元。受理举报76起，开展法制宣传42次，发放宣传材料9万余份；开展培训17次，培训管理相对人496家次，签订责任书137份。检疫监督运输外埠动物及动物产品进京车辆2.46万车次，检查活体动物87.8万头（只），动物产品22.2万吨，劝返不符合规定运输车辆35车次，涉及活体畜禽1808头（只），动物产品240.17吨。

地址：团结湖北三条甲8号院

邮编：100026

电话：85979219

传真：85979220

网址：http://nyzf.bjchy.gov.cn

邮箱：cynyzfdd@bjchy.gov.cn

（杨 延）

【动物防疫活动现场执法】 1月22日，根据奥林匹克公园管理委员会反应第三届“冰雪王国”活动中涉及动物展览与演出的情况，区农业综合执法大队执法人员到活动现场执法检查，处理活动举办中涉及动物展览与演出的违法行为，责令主办方北京新奥和元商业管理有限责任公司立即改正。2月10日，大队执法人员联系区动物防疫中心工作人员再次到活动现场监督复查，主办方按照要求整改违法行为，将活动章程和演出动物的检疫合格证明报区农委备案，并建立动物防疫消毒制度。

（杨 延）

【处理非法饲养】 1月26日，区农业综合执法大队接到关于高碑店乡嘉德老年公寓非法饲养猪、鸡、鹅等动物的举报。1月28日，大队执法人员会同高碑店乡相关部门对嘉德老年公寓的非法养殖情况进行现场核实。经查，该单位饲养的猪和鸡已经自行处理，现场发现鹅8只、狗6条，其中2条有公安部门核发的养犬证，且进行有效免疫。根据公寓的实际情况，执法人员提出监督检查意见，通过耐心交流和严格检查，使公寓负责人了解疫情形式，动物得到妥善处理。

（杨 延）

【水产品抽样】 1月28日，区农业综合执法大队执法人员到大洋路农副产品批发市场，对市场内水产摊位分别抽取草鱼、胖头鱼、鲤鱼3类9个样本，共14公斤，主要检测水产品中是否含有孔雀石绿、氯霉素、硝基呋喃代谢物等药物成分残留，为春节市场水产品安全把好质量关。

（杨 延）

【私宰活禽查处】 2月5日，区农业综合执法大队接到关于商贩现场屠宰加工活禽行为的举报，2月6日，2名执法队员着便服摸底调查，发现被举报地点位于金盏、常营、东坝三乡交界路口处，每天宰杀活禽百余只，生意火爆。该地段人员流动性强，属地监管难度大，存在动物疫病防控安全隐患。大队结合监管职能职责、实地调查情

况和三乡相关责任单位意见部署监管方案。2月10日，8名执法队员赶赴现场，制止摊主私宰活禽行为。

（杨　延）

【领导慰问执法一线人员】　2月17日，区委常委、副区长陈涛在区农委主任赵红伟陪同下，到白鹿公路动物防疫监督检查站看望慰问执法人员。陈涛希望大队在新的一年里，加大执法覆盖面，加强执法力度；加强廉政建设，杜绝吃拿卡要现象。在执法检查中，自觉抵制各种诱惑，做到清正廉洁执法，树立良好的执法形象。

（杨　延）

【“两会”期间水产品质量安全】　3月2日，区农业综合执法大队执法人员到全国“两会”水产品供应单位北京水科园水产养殖技术有限公司，开展“两会”前例行执法检查。该单位按规定建立完整的养殖记录和用药记录，饲料生产和药品管理均符合相关要求和规定。执法人员现场制作监督笔录，提出严格按照相关规定开展水产品养殖要求，并填写“两个记录”的监督意见。

（杨　延）

【3·15普法宣传】　3月13日，在“国际消费者权益日”之前，区农业综合执法大队在来广营地区朝来万通集贸市场开展农业法律法规知识宣传活动。活动采取张挂宣传横幅、发放农业法律常识资料和宣传袋、现场答疑解惑等多种形式，发放各类宣传材料12种3500余份。

（杨　延）

【宣传活动进校园】　3月16日，区农业综合执法大队联合三间房地区食品药品监督管理所，到中国传媒大学校园开展保护水生野生动物的法律法规宣传活动。此次宣传展示珊瑚及其制品、鳄鱼制品、玳瑁标本等5大类文玩市场上常见的水生野生动物制品和标本。发放宣传材料600余册，宣传海报50余张，解答现场咨询400余人次。宣传活动在使用挂图、横幅等传统宣传模式基础上，还利用实物标本，让现场师生亲身感受，并通过自己的微博、微信、朋友圈等新传播媒介辅助宣传，扩大宣传覆盖面。

（杨　延）

【种子企业培训会】　3月19日，区农业综合执法大队举办区种子企业培训会，全区23家种子企业的负责人参加培训。培训主要针对种子企业行政许可的新规定、新要求和有关事项进行解读，着重强调2015年种子市场执法检查工作重点及要求，种子经营企业负责人现场签订守法经营承诺书。

（杨　延）

【水生野生动物保护】　3月24日，区农业综合执法大队执法人员对北京工体富国海底世界娱乐有限公司进行监督检查。执法人员听取该单位负责人对水生野生保护动物驯养繁殖和经营利用情况的介绍，详细讯问水生野生动物饲料兽药来源、执业兽医执业情况，实地查看场馆中的水生野生动物，并核实企业《水生野生动物驯养繁殖许可证》和《水生野生动物经营利用许可证》。

（杨　延）

【网络交易监管】　3月24日，区农业综合执法大队接到群众举报，反映北京文交联合投资有限公司通过网络交易平台销售砗磲制品。执法人员首先查阅该公司网络交易平台上出售的商品，发现确有用于销售的砗磲制品图片，又对该单位办公场所进行现场检查，未发现产品实物。经查该单位销售方式仅限于网络销售，发货地点在外省市。执法人员向该单位负责人进行相关法律法规告知，责令其整改，将网络上正在销售相关物品立即下架，在未取得行政许可的前提下不得采取任何方式销售国家保护的动物产品。此为朝阳区首次对网络销售国家水生野生动物产品行为进行执法监管。

（杨　延）

【拖拉机驾驶员培训取证班】　4月3日，区农业综合执法大队与延庆县农机监理机构联合举办2015年拖拉机驾驶员培训取证班。有14家单位的21名符合拖拉机驾驶证申领要求的学员参加培训。培训结束后，按照农业部《拖拉机驾驶证申领和使用规定》要求，进行法培和场地驾驶科目考试，21名学员全部取得大中型拖拉机的驾驶资格。

（杨　延）

【渔政专项联合执法】　4月8日、9日，区农业综合执法大队与市渔政站、海淀渔政站、丰台渔政站、房山渔政站开展渔政专项联合执法检查。联合执法采取突击检查、夜间巡查等多种检查形式，进一步整顿市内水生野生动物经营利用市场秩序，有效遏制区域内河道非法捕捞行为，有效保护北京市水生生物资源和水域生态环境，提高新形势下渔政执法效能。北京电视台《法治进行时》栏目对联合执法行动跟踪报道。

（杨　延）

【马匹死亡事件调查处理】　4月10日，区农业综合执法大队与区动物疫病预防控制中心工作人员联合对天星调良马术俱乐部马匹死亡事件进行调查、处理。执法人员首先对该马术俱乐部的防疫条件、饲养马匹的防疫记录及健康证等材料进行检查，随后就死亡马匹的治疗、用药情况进行问询，并核查治疗过程中使用的药品。通过调查，确定马匹死亡原因与动物疫病无关。为防止死亡马匹对环境造成影响，给动物防疫工作带来隐患，在执法人员监督下，该马术俱乐部立即对死亡马匹进行无害化处理。

（杨　延）

【春季水产养殖场灭鼠】　4月20日，区农业综合执法大队向区马各庄养殖场、黑庄户观赏鱼养殖发展中心、北京水科园水产养殖技术有限公司分发灭鼠物资，毒饵站200个、鼠药120公斤、捕鼠夹350个、警示旗200个。执法人员指导养殖户正确投放毒饵站和鼠药，同时要求养殖户强化鼠药管理，做到“专人专库”，并在鼠药投放点放置警示标志，严防人畜中毒。

（杨　延）

【动物疫病防控知识宣传】　4月21日至23日，区农业综合执法大队各执法站室在家乐福慈云寺店、大洋路农贸市场、北京市东鹏大柳树农副产品市场有限公司等地区，开展以“放心农资进乡村　打假护农保春耕”“加强动物防疫　构建和谐朝阳”为主题的宣传活动。发放动物卫生便民手册、农资小常识、北京市动物防疫知识问答等宣传材料3600余份，宣传袋1200余个，解答市民和商户咨询百余人次。

（杨　延）

【兽药饲料行业普法培训】　4月29日，区农业综合执法大队对区内兽药、饲料生产经营单位开展兽药饲料行业普法培训。培训就朝阳区兽药、饲料基本状况，执法检查中遇到的问题及朝阳区兽药饲料抽检等相关情况进行通报，并结合《饲料和饲料添加剂管理条例》《兽药管理条例》等法律法规详细讲解兽药饲料标签的常规鉴别、违禁药品的识别等内容，重点问题与参会人员进行交流。40家单位人员参加培训，发放宣传材料40份，签订责任书20余份。

（杨　延）

【处理信访件】　5月14日，区农业综合执法大队接市信访局访件。据市民反映，朝阳区三源里南小街东方宝贝动物医院将死狗埋于小区绿化带内。5月19日，大队执法人员联合区动物疫控中心工作人员到被举报动物医院现场检查。据动物医院负责人供述，该单位确实曾于数月前协助小区某畜主将一只已经死亡的兔子掩埋于该单位后门外小区内墙根处树下。执法人员对该单位与小区连接通道和掩埋动物尸体地点进行核查，除掩埋地点外，现场未发现其他掩埋迹象。执法人员对该单位做出给予警告的行政处罚，下发《责令限期改正通知书》《当场行政处罚决定书》，并对掩埋地点及其周边进行消毒，同时对该单位进行动物疫病防控知识宣传讲解。大队将处理结果及时反馈至北京市网上信访信息系统，供信访人查阅。

（杨 延）

【农药监管】 5月25日、26日，区农业综合执法大队会同区公安分局治安支队对农药批发、经营单位进行摸底，对经营品种、从业人员情况、销售范围、进货销售记录等方面信息进行详细调查，加强农药监管。

（杨 延）

【农机监理员培训】 5月28日，为提升基层农机监理员农机化法律法规知识水平和业务素质，增强服务意识，转变工作作风，提高履职能力，区农业综合执法大队在蟹岛会议楼举办农机监理员培训班，共30余名监理员参加。

（杨 延）

【“三夏”农机安全生产联合执法演练】 5月29日，区农业综合执法大队3名同志参加“三夏”农机安全生产联合执法演练行动。市农委、市农业局、市安监局、市公安交管局、市工商局、市质监局和监理总站及昌平区联合行动成员单位领导等40余人现场观摩整个演练过程。此次演练涉及四方面内容：一是设施农业园区隐患排查；二是农机田间执法；三是农机道路联合执法；四是农机合作社“三库一间”隐患排查。

（杨 延）

【农机驾驶操作安全生产培训】 6月11日，区农业综合执法大队在蟹岛会议楼开展拖拉机及设施农机驾驶操作安全生产培训。各乡农机监管人员、拖拉机驾驶员、涉及设施农机使用的生产基地、林业站操作人员共30余人参加培训。培训期间，播放农机安全生产宣传片并发放《农机安全操作规程》读本和毛巾、反光背心、光盘等宣传材料。

（杨 延）

【食品安全宣传周启动仪式】 6月18日，区农业综合执法大队4名执法队员参加在秀水街市场举行的以“尚德守法，全面提升食品安全法治化水平”为主题的食品安全宣传周启动仪式。执法队员同区食品药品安全委员会各成员单位现场解答市民和商户关心的问题，发放农产品质量安全宣传手册200余册，宣传袋100余个。

（杨 延）

【捐献大鲵】 6月18日，区农业综合执法大队为使依法没收的6尾大鲵得到更好保护，将其捐献至北京市水生野生动植物救护中心（该中心为全国唯一从事水生野生动物保护、救治、驯养、繁殖的专业机构）。

（杨 延）

【食用农产品源头监管】 7月2日至3日，区农委、区种养中心与区农业综合执法大队组成检查组对永顺华、蟹岛、京朝花园、大洋路市场等8家农产品生产经营单位监督检查。检查组仔细查看生产记录及其他管理制度等资料，深入田间地头和农药、肥料等农业投入品存放地点实地检查，并对种、农、肥等农业投入品采购使用环节进行重点检查。

（杨 延）

【狂犬病强制免疫宣传】 7月8日至9日，区农业综合执法大队联合来广营、孙河、金盏等10个乡开展“防控动物疫病 关注狂犬病免疫”主题宣传活动，向广大市民讲解预防狂犬病、以及被犬咬伤后处理伤口和狂犬疫苗接种知识，并对犬饲养者必须依法履行动物疫病强制免疫义务和禁止未佩戴狂犬病免疫标识的犬只在户外活动进行重点宣传。活动悬挂宣传横幅100条，发放各类宣传材料1.1万余份、环保袋1500余个，接受群众咨询1000余人次。

（杨 延）

【联合夜查】 7月29日夜间，区农业综合执法大队与区食药局出动执法人员20余人，对一市场中经营猪产品的摊位开展联合突击检查。大队执法人员指出经营的猪产品存在的问题、市场在防疫工作方面需要进一步加强的环节。区食药局的执法人员制作现场检查笔录，对涉事猪产品立案调查。

（杨 延）

【全市水产品质量安全互查】 8月14日至19日，区农业综合执法大队参加全市水产品质量安全互查工作。朝阳区所在第一分组对平谷、怀柔、密云、延庆4个区县8家水产养殖单位执法检查，第三分组对朝阳区的京朝花园和水科园2家单位检查指导。副大队长岳崴向检查组汇报朝阳区的水产养殖情况并提供工作部署文件及会议材料。大队执法人员与各区县在“制度上墙、规范档案建立、说理式文书案卷”等方面交流。

（杨 延）

【田径世锦赛保障】 8月20日，区农业综合执法大队联合平房乡公共事务服务中心，在第十五届世界田径锦标赛运动员训练场所在的朝阳体育中心路口，开展以犬只狂犬病强制免疫为主题的宣传活动。活动悬挂横幅2条、发放纸质宣传材料1900份、宣传光盘300张、环保袋400个。平房乡16个社区防疫员、4个村级防疫员到场参与宣传，实现对世锦赛场馆属地宣传全覆盖。

（杨 延）

【安全生产隐患排查】 8月20日，市农机安全生产隐患排查督导二组一行5人，到金盏乡皮村环岛南侧的北京三元绿荷农机服务队，对该单位所属机库、配件库、油料库、维修间“三库一间”的防火、防爆等安全隐患进行全面检查。区农业综合执法大队农机主管领导与农机监理科2名同志陪同检查。督导组领导认真排查各项安全隐患，仔细检查消防设施和器材是否完好，数量、布局是否合理，配电箱等用电线路是否符合要求，详细询问农机具日常管理情况，对管理制度未上墙明示、个别线路老化现象提出整改意见，并要求立即整改。

（杨 延）

【“两项重大任务”食品安全保障】 8月，区农业综合执法大队成立“两项重大任务”期间食品安全保障工作领导小组，采取五项措施保障农产品生产和食品安全：一是加大检查力度，规范农产品生产经营使用行为；二是利用“检打联动”，保障农产品质量；三是强化属地联动，开展联合执法；四是加强食品安全突发事件应急处置，提高应急处置能力；五是加强无主动物收容应急处置。

（杨 延）

【受理首件政务微博举报】 9月8日，区农业综合执法大队接到北京市农业局政务微博监测中心转来的举报，反映北京亮璨璨餐饮管理有限公司（日料店）养殖国家保护的二级物种绿海龟并用于展示。这起举报是举报人通过微博发布的，是大队受理的第一起网络举报。根据举报，执法人员联合公安民警于当日赴现场执法检查，未发现举报中所称的海龟，经询问得知，该店所展示的海龟系朋友饲养暂存在该店，现已取走，执法人员向该店经营者宣传并委托其告知朋友，收购、运输、携带国家重点保护的水生野生动物必须经过行政许可，作为展示的水生野生动物必须取得《水生野生动物经营利用许可证》。

（杨 延）

【农药打假督查】 9月24日，市农药打假督查小组到朝阳区督查农药打假工作。区农业综合执法大队负责人汇报农药打假工作开展情况，随后与督查小组共同来到一家农药经营门店，对农药进货记录、销售台账以及标签等进行重点检查。督查小组对朝阳区农药打假工作给予肯定。

（杨　延）

【鸽子禁飞检查】　9月，区农业综合执法大队为保障中国人民抗日战争暨世界反法西斯战争胜利70周年纪念活动顺利举行，采取四项措施做好鸽子禁飞工作：一是召开动员会，部署朝阳区鸽子禁飞工作。二是成立7支应急工作组分区宣传，到24个街道1234户养殖户家中，发放《致全区养鸽爱好者的一封信》宣传材料，提高养殖者认识。三是检查街乡一人一户盯守工作的落实情况，并备案街乡盯守人员信息，加强联系，对可能出现的突发情况做好应急准备。四是引导养殖者做好圈舍消毒和粪便清理工作，防止禁飞期间圈舍潮湿细菌增生导致疾病发生。

（杨　延）

【三秋农机安全生产】　9月，区农业综合执法大队采取四项举措，保障朝阳区“三秋”农机安全生产；一是严格执法，仔细排查农机安全生产隐患；二是规范程序，提升农机执法案卷制作水平；三是加强培训，提高事故处理员现场处置能力；四是加强宣传，增强农机安全生产责任意识。

（杨　延）

【农用运输车辆交通违法行为集中整治】　10月13日至15日，区农业综合执法大队农机监理人员会同区交通支队民警到孙河、崔各庄、金盏等乡的主要路口，开展农用运输车辆交通违法行为集中整治和安全检查。出动执法人员19人次，车辆8台次，检查过往农用车辆27台次，发放农机安全宣传材料30余份，重点查纠农机无牌行驶、无证驾驶、超速超载、违法载人、酒后驾驶等违法行为。检查中发现个别车辆存在过期未检、灯光不全等问题和隐患，责令当事人立即整改。

（杨　延）

【销毁孔雀石绿超标鲫鱼】　10月15日，区农业综合执法大队接市农业局转发关于查处不合格样品的通知和农业部渔业产品质量监督检验测试中心（北京）出具的不合格结果通知单。检测结果反映北京市蟹岛绿色生态农庄有限公司垂钓区7号池鲫鱼孔雀石绿超标。10月16日，执法人员对涉事公司的鱼池和鱼药存放地点以及养殖记录进行严格检查，并对相关负责人进行调查询问。10月22日，为防止鱼池内剩余的同批次鲫鱼流入市场，依据《中华人民共和国农产品质量安全法》规定，执法人员监督北京市蟹岛绿色生态农庄有限公司对该批次鲫鱼364公斤进行无害化处理。

（杨　延）

【抽查鳄鱼制品经营情况】　10月20日，区农业综合执法大队联合市渔政监督管理站对辖区经营鳄鱼制品的商户进行执法抽查。检查发现，相关商户均已树立经营前先许可的意识，皮包、手包等制品已按照“一物一证”要求，取得林业部门颁发的《野生动物皮革制品收藏证》。但对于标本、挂件等制品，部分商户仍存在无证展示、销售情况，在开展后续调查的同时，大队继续采取“边普法边执法”的监管模式，协助商户做到全程合法经营。

（杨　延）

【农机事故应急处理演练】　10月29日，区农业综合执法大队参加在孙河乡下辛堡村南沙坡子地块举行的朝阳区农机事故应急处理演练。演练重点模拟拖拉机旋耕作业事故的应急处置，检验市、区、乡三级农机事故处置协调能力，积累事故处理的实战经验。

（杨　延）

【农作物种子市场检查】　11月24日，区农业综合执法大队协同区农委法制科、农业行政许可大厅的工作人员，对位于马各庄的北京大一种苗有限公司《农作物种子经营许可证》续展事项进行现场核查。根据《农作物种子生产经营许可办法》规定，执法人员对企业的种子检验人员资质、设备、设施等经营必备条件做核实查验，并解答企业提出的问题。通过实地核查，了解农作物种子生产经营单位的真实情况，把好农作物种子市场准入关，做到服务与管理一起抓。

（杨　延）

【兽药GSP检查验收】　11月24日、25日，区农业综合执法大队与丰台区农委、丰台区动物卫生监督所人员以及朝阳区动物疫病控制中心人员组成GSP（药品经营质量管理规范）检查验收专家组，分别对中国牧工商（集团）总公司和北京中农牧科贸有限公司两单位的行政许可、机构人员及规章制度、营业场所、仓库及设施设备、采购入库、销售、运输及售后服务等方面进行实地检查验收。

（杨　延）

【法制集中培训】　12月2日、3日区农业综合执法大队组织开展法制集中培训活动，40余名执法人员参加培训。培训结合农业行政执法监督职责，采取专家授课、分组讨论等多种形式，从文明执法礼仪、农产品质量监督、动物诊疗用药等方面进行详细的讲解，并组织执法人员深入学习法律法规，完成法律法规综合考试。

（杨　延）

【联合突击夜查】　12月11日凌晨，区农业综合执法大队队长李杰民带队，会同东坝乡有关部门对举报人反映的一车次经常在该地区批发白条猪的行为进行突击检查。执法人员在现场对货主出具的检疫合格证明与运输的动物产品认真核对，并电话联系该车次进京时经过的检疫通道进一步核实，未发现其违法行为。根据检查结果，大队于当日回复举报人。

（杨　延）

【兽药使用情况专项整治】　年内，区农业综合执法大队通过四项工作，开展兽药使用情况专项整治活动：一是对抽检问题产品采取倒查机制，跟踪调查，依规处理，保证问题产品不出厂，截至3月底共抽检养殖场生鲜乳6批次24瓶，均未发现问题；二是病死动物无害化处理，对病死动物和企业负责人进行原因分析，杜绝因使用兽药不当导致动物死亡现象发生的可能；三是在“3·15宣传周”活动中，深入养殖场，发放便民手册、养殖手册、动物防疫条例及配套管理办法读本、兽药饲料规章汇编读本等宣传材料，并与企业负责人沟通交流，帮助解决实际困难；四是注重日常执法工作，深入养殖圈舍，查看储存兽药的库房、采购记录和使用记录，对企业未留存兽药产品资质证明文件的情况提出合理化建议，签订诚信责任体系责任书，约束企业违规行为。

（杨　延）

农村人才培训

【概况】 1月，北京市朝阳区农村人才培训中心更名为北京市朝阳区农村人才就业服务指导中心（朝编（2015）3号），隶属于朝阳区农村工作委员会，为全额拨款事业单位。负责农村人才服务工作，建立人才管理体系，开展农村地区人才需求分析预测，承担农村人才教育档案管理工作；承担农村人才调研工作，指导农村管理干部、社区工作者、农村劳动力的教育培训工作；负责农村人才就业服务工作，搭建就业服务平台，开展就业岗位、就业趋势分析统计，以及农村人才供求信息收集、发布等相关工作；协助农委开展农村社区建设的研究工作，以及农民市民化宣传教育工作。年内，依据新定职能完成科室划分、人员转岗等工作。同时，加强调查研究，依据农村地区需求，制定各类培训计划，丰富资质。全年为农村地区提供各类教育培训服务6080人次。

地址：东坝红松园13号

邮编：100018

电话：65493070

网址: http://ncpx.bjchy.gov.cn

（胡　亮）

【培训调研】 年内，根据北京市农村工作委员会、北京市农业局“关于2015年农业领域分类转移支付资金考核方案的通知”和区委农工委《朝阳区“十三五”时期农村实用人才研究报告》精神，制定2015年朝阳区农村人才就业服务指导中心农村实用人才培养计划。培训职业技能人才、社会工作人才500人次。

（胡　亮）

【农民市民化培训】 年内，区农村人才就业服务指导中心提出农民市民化项目培训服务模块。模块分为专题培训和特色培训两部分。专题培训涵盖基础素质和思想观念类、行为能力和都市生活类、社会权益和社会公益类、生活兴趣和休闲爱好类等4大类 40个模块。特色培训包括主食制作、小菜制作、西式面点、中式特色点心、茶艺等10个模块。

（胡　亮）

【引导性培训】 年内，依据常营地区安置就业人员需求，根据学员特点和地区管理部门的人员安置思路，中心为其制定详细的转移引导性培训计划，开展保安、保洁、保绿课程培训300人次。

（胡　亮）

【职业技能培训】 年内，技能培训完成豆各庄、孙河、管庄主食制作工种学员208人次。农民市民化培训面向朝阳区农转居32个社区，开展专题培训和特色培训，开设主食制作、小菜制作、西式面点、中式特色点心、茶艺等95个模块班次，培训学员3602人次。

（胡　亮）

【农民素质培训】 年内，结合各乡实际需求与培训设计方案，在孙河、豆各庄、金盏、东坝等乡开设家庭理财、健康心态与快乐人生、家庭保健与护理、如何安全使用家庭轿车、情绪疏导及心理健康、低碳生活等课程。全年开展农民素质教育培训1243人次。

（胡　亮）

【农村地区社会工作协会】 年内，朝阳区农村地区社工协会本着“重点突出、以用为本，统筹推进、服务社区”的原则，以社区正职培训、社区专业人才培训为重点，组织多种形式，涵盖各个层次的教育培训活动。同时，在区农委指导下，积极承担“三社一体化”社区治理项目（该项目是以社区党组织为领导，运用专业社工的理论和方法，领导和培育居民社会组织，最终实现居民“自我管理、自我服务、自我教育、自我监督”的居民自治）的管理工作，组织人员完成项目中期评估工作。全年提供各种培训服务1124人次。3月份完成新会员发展工作，至年底，协会有会员1124人。为区内农村地区社区正职开展4期培训，288名农村地区的社区书记、主任参加培训。在 “三社一体化”社区建设项目管理工作中，协会承担其中64个社区的中期评估工作。

（胡　亮）

水　务

【概况】 朝阳区水务局是负责朝阳区水行政管理工作的区政府工作部门，公务员管理单位。共有公务员编制50名，内设机构10个，下属事业单位12个。年内，围绕“十三五”期间实现“清水朝阳”的建设目标，完成了年度河湖生态环境综合整治工作及相关任务。开展了中小河道治理、为回迁小区接入市政自来水、污水管线改造、封填废弃机井，以及开展大中型水库移民核定登记等工作。

地址：团结湖北路1号

邮编：100026

电话：85970772

邮箱：cyswj@bjchy.gov.cn

（马宇轩）

【安全生产大检查】 2月5日，区水务局副局长彭庆彬、刘明辉、张环山分别带队开展节前安全生产大检查。共检查三岔河防汛物资储备库等12处安全生产重点部位，对检查发现的安全隐患要求责任单位立即整改。

（马宇轩）

【领导调研】 3月9日，市水务局局长金树东、副巡视员张世清、排水集团总经理郑江等领导到朝阳区调研水务工作。区委常委、副区长陈涛，区水务局局长宗永军等陪同调研，区长吴桂英参与座谈。调研组实地查看坝河千亩湖雨洪利用工程，高安屯再生水厂工程及北甸污水处理站。座谈中，宗永军汇报2012年“7·21”特大暴雨自然灾害发生后，朝阳区生态文明水务工程建设情况，特别是2015年各项重点工作计划和进展。金树东充分肯定朝阳区近年来水务工作取得的成绩和为此付出努力，特别是在市、区的共同努力下，3座大型污水处理厂建设进展顺利，区域污水治理从治标逐步实现治本。他指出，朝阳区要借助全市水务发展的大好机遇，加快水务基础设施建设，形成再生水厂建设与污泥处理同步，污水处理厂建设与收集管网、周边道路及电网同步，治河与截污同步，力争在“十三五”期间实现“清水朝阳”的建设目标。吴桂英对金树东一行表示热烈欢迎，她强调水务是地区百姓受益、区域发展受益的重要工作，区四套班子对水务工作的认识在不断提升，水务已经被摆在更加突出的位置，鉴于朝阳区的自身特点，区域水务工作仍大有可为，希望市水务局多指导、多帮助，共同加快区域水务发展。6月30日，宗永军会同北京市市政工程设计研究总院相关负责人就豆各庄水厂水源置换设施改造事宜进行现场调研。宗永军指出，豆各庄水厂水源置换设施改造方案要合理统筹现状土地，既要满足南水处理要求，又要保证日供水量。他强调，水源置换的目的是减少地下水开采，涵养水源。市政设计院负责人表示将按要求尽快制定可行方案。11月13日，副市长林克庆带领14位区（县）长调研通惠河治理情况，并召开经验交流工作推动会。林克庆一行先后考察大望平台再生水循环利用工程、双桥南岸排污口及八里桥截污工程，现场听取区水务局局长路军关于通惠河治理情况汇报。在随后召开的工作推动会上，市水务局副局长潘安君汇报通惠河流域综合治理情况，朝阳区政府、通州区政府、市排水集团介绍工作进展和经验，市发改委、财政局等相关单位作交流发言。林克庆充分肯定通惠河流域水环境治理效果，并指出通惠河位置极其重要，数百万人生活在流域范围，希望各部门相互学习借鉴好的经验做法。他要求，进一步统一思想，提高认识，增强紧迫感和责任感；系统谋划，周密部署，全面排查、分类治理、溯源治污、部门联动、协调推动；加强领导，组织落实，建立长效机制，加大资金投入。12月1日，陈涛带领区政府第二督查组调研2015年市区政府重大决策任务完成情况。陈涛一行先后现场查看西干沟泉发别墅段治理情况和金盏乡金盏家园自备井置换情况，并听取专题汇报。路军陪同调研，彭庆彬做全面汇报。陈涛要求各项任务必须保质保量完成，加强组织协调形成工作合力，逐条梳理、逐项落实。12月28日，林克庆到清河第二再生水厂调研建设进展情况。指出，经过努力，第一个三年行动方案取得显著效果，为北京市水污染治理、消除黑臭水体工作打下了较好的基础，也探索出了在不新增用地、不停产情况下实施升级扩建、绿色节能、臭气集中收集处理、污泥资源循环利用等很多好的经验做法，成绩来之不易，好的经验要在北京市即将实施的第二个三年行动方案中继续发扬光大，并对各项目建设单位、各委办局的辛勤劳动表示感谢。他要求，下一步要切实加快再生水厂配套污水收集管线建设，确保做到污水应收尽收，新建再生水厂按期投运。

（马宇轩）

【回迁小区接入市政自来水】 4月30日，孙河康营新村（农民回迁小区）正式接入市政自来水。涉及置换自备井9眼，置换水量每日约1.2万立方米，4.5万人受益。

（马宇轩）

【河湖生态环境综合整治行动】 4月至8月，开展河湖生态环境综合整治行动。累计清理集中漂浮物3745立方米，垃圾渣土5094立方米，清淤34315立方米，绿化美化166471平方米，拆除沿河违章建筑5650平方米、围墙2004延米，补给再生水466万立方米，利用投撒生物药剂等措施改善河湖水质。联合市东水西调管理处每月检查朝阳区河湖水系，共检查河段25处，发现问题13处，全部整改。

（马宇轩）

【水碓子街污水管线应急改造】 5月14日，六里屯街道水碓子街污水管线应急改造工程完工。六里屯秀水园社区水碓子北里至甜水园街之间区属市政道路下污水管道坍塌堵塞，导致排水不畅问题，造成该社区水碓子北里20、21、25、29号楼地下室被淹，严重影响居民日常生活和社区环境。为保障该区域居民正常生活，区水务局于4月14日实施水碓子街污水管线应急改造工程。工程治理起点为水碓子北里南门口，终点为甜水园街市政主管道，主要内容包括拆除现状破损管道26.8延米，新铺污水管道26.8延米，设污水检查井3座，破路及恢复面积77.5平方米。

（马宇轩）

【大中型水库移民核定登记】 5月15日，完成大中型水库移民核定登记工作。经核定，朝阳区新增农业户口水库移民6人，减少34人，全区核定登记农业户口水库移民336人；新增农转非水库移民培训补贴人口54人，减少91人，共核定登记农转非水库移民培训补贴人口816人。

（马宇轩）

【第二季度水环境检查】 5月29日，区水务局以区管河道与街、乡交叉区域违章建筑、污水直排、垃圾、渣土倾倒为重点，开展第二季度水环境检查。主要检查南大沟（黑庄户）、沈家坟干渠（沈家坟2号湿地）、温榆河（黎各庄老河道）、驹子房排水沟（中兴废品回收站）、坝河（东都桥）。检查结果显示，各条河道水环境状况良好，河道保洁及时，部分河道与街、乡交叉地区存在违章建筑、污水直排及垃圾渣土随意倾倒情况。检查组要求各河道管理单位积极与属地沟通，加强日常巡视与保洁。

（马宇轩）

【安全生产重点部位检查】 6月12日，彭庆彬带队检查中小河道治理二期及其配套工程、坝河南岸截污工程等8个安全生产重点部位。检查中，发放新《中华人民共和国安全生产法》和“安全生产月”宣传挂图，组织观看“安全生产月”宣传片。发现问题3项，均已限期整改。

（马宇轩）

【第三季度水环境检查】 8月18日，区水务局以区管河道异味、水面漂浮物及坡岸垃圾为重点，开展第三季度水环境检查。此次检查的东南郊干渠（敬老院段）、北小河（昆泰大厦段）、望京沟（青年政治学院段）、清洋河（仰山闸段）、温榆河（老河湾段）水环境状况良好，河道保洁及时。

（马宇轩）

【“两项重大任务”安全生产大检查】 8月19日，彭庆彬带队采取“四不两直”（即不发通知、不打招呼、不听汇报、不用陪同接待，直奔基层、直插现场）形式，检查朝阳区中小河道治理二期及其配套工程、清河北岸及萧太后河污水截流管线工程、区防汛物资储备库、小场沟污水处理站等8个安全生产重点部位。经检查，总体情况较好。

（马宇轩）

【推进水生态文明建设】 8月22日，区委区政府印发《关于实施综合治理推进朝阳区水生态文明建设的意见》（以下简称《意见》），并成立以区委书记、区长为组长的“推进水生态文明建设领导小组”，统筹协调和指导全区水资源节约利用保护工作。《意见》全文共七章三十三条，总结新常态下朝阳区推进水生态文明建设的战略意义，制定了2017年和2020年工作目标，提出“亲水朝阳”的建设目标，明确水生态文明建设的各项工作任务。为朝阳区全面建成具有京津冀协同发展示范效应和国际一流的水生态文明区，提供组织、政策、机制和资金保障。

（马宇轩）

【水利部考核沈家坟干渠治理工程】 9月10日，水利部第六考核组王新友等6位专家在市水务局、市水利工程质量监督中心站有关人员陪同下，实地考核检查沈家坟干渠治理工程现场。根据水利部《2014-2015年度水利建设质量工作考核工作方案》的有关要求，经过考核组随机抽取，选定2014年中小河道治理项目——沈家坟干渠治理工程作为考核检查项目，考核内容包括水利建设质量工作总体考核和水利建设质量工作项目考核两部分。区水务局总工程师张环山现场汇报并解答。专家们现场听取工程治理情况汇报，实地查看河道主体工程建设及闸门启闭设施等，具体了解治理工程建设过程中的相关问题。现场考察后，考核组听取工程治理专题汇报（内容包括工程主要内容、资金到位、形象面貌等情况），并开展内业资料专项检查，并对重点环节进行询问和记录。次日，专家组通报检查考核情况，认为，沈家坟干渠治理工程总体实施情况良好，工程在治理实施的各环节得到有效把控，确保实施效果、质量控制、程序完备等方面的成效，并针对考核检查过程中发现的问题和不足提出建议。

（马宇轩）

【执法拆除】 9月14日，区水政监察大队与崔各庄公共事务服务中心等相关部门共同对崔各庄乡善各庄铁道沿线的黑井及直排河道的厕所进行强制封井和拆除。共封填机井6眼、拆除井房1座、拆除沈家坟干渠沿线直排入河厕所3座。

（马宇轩）

【高尔夫球场涉水专项检查】 9月23日，彭庆彬带队开展2015年高尔夫球场涉水专项检查。检查内容覆盖球场内用水情况、水资源费及污水处理费征收情况、水资源论证报告落实情况、机井使用情况、节水管理相关情况等方面。检查覆盖区域内14家高尔夫球场。

（马宇轩）

【中小河道治理及配套工程实地检查】 10月8日，路军带领区水务建管办各部门负责人，实地检查朝阳区第二阶段中小河道治理工程及配套工程的建设情况。检查组来到各工程现场，听取参建单位的工作汇报，详细了解工程进展、质量控制情况和存在问题，并与参建各方座谈。路军提出三点要求：一是进一步加大拆迁工作力度，细化工作流程，为主体工程的顺利实施铺平道路，加强与属地单位及有关部门的沟通，尽快完成相关手续；二是各参建单位要统一认识，加快工期进度，确保主体工程年底前完工；三是要以本次治理为契机，逐步捋清入河污水口的排污情况，为截污治污工作和水环境区域补偿摸清底数。

（马宇轩）

【区管机井封填】 12月，结合自备井置换、高尔夫球场清理整治和执法等手段，推进区管机井封填工作。累计封填废弃机井52眼，完成全年废弃机井封填任务。

（马宇轩）

【售水机安装】 年内，区报装水表140台，市自来水集团完成核查64台，完成售水机安装54台。

（马宇轩）

气象与服务

【概况】 朝阳区气象局是由朝阳区政府和北京市气象局双重领导，并以上级气象主管机构领导为主的管理机构，承担辖区内气象数据收集整编、预报服务、预警服务、科技服务、科研及行政管理职能。9月23日，区气象局被区委区政府授予“两大活动服务保障工作先进集体”称号；10月15日，区气象局被北京市科委、北京市科协授予“2015-2017年北京市科普基地”。

地址：酒仙桥东风南路6号
邮编：100016
电话：64378628/8211
邮箱：Chyqxj@bjchy.gov.cn

（戴　健）

【异常天气及气候】 1月平均气温比历年平均值偏高2.1℃；3月平均气温比历年平均值偏高2.2℃，其中下旬平均气温13.5℃为建站以来次高值；4月最高气温31.9℃为1959年建站以来并列第三，其中下旬平均气温比历年同期平均值偏高5.0℃，为1959年建站以来最高值；8月中旬平均气温比常年同期偏高3.1℃，为建站以来历史同期次高值；11月下旬平均气温比常年平均值偏低5.2℃。2月降水比历年平均降水量偏多1.3倍；11月降水量比历年平均值偏多3倍。11月上旬中期至下旬初，多阴雨雪天气，全月日照时数为61.0小时，为建站以来历史同期最少值。年度最大雪深为80毫米，出现在11月23日，6月、7月各出现一次暴雨过程，年内共出现107天雨、22天雪、18天积雪、1天冰雹、7天大风、28天大雾、191天轻雾、104天霾、3天扬沙、2天浮尘天气现场。注：历年平均值统计值采用新30年气候平均值（1981—2010年）。暴雨过程采用12小时30.0—69.9毫米，大暴雨过程采用12小时70.0—139.9毫米标准。

（戴　健）

【培训交流】 4月21日，中国气象局干部培训学院组织第八期气象部门地市局长培训班到区气象局开展现场体验式教学。来自全国30多个地市气象部门的局长参加活动，参观区突发事件预警信息发布中心建设、一键式预警信息发布平台、气象科普活动室及气象台站建设等，并结合加快推进气象现代化建设、如何更好地开展基层公共气象服务进行深入的交流。11月20日，中国气象局气象干部培训学院组织处级干部学员来区气象局调研交流，参加调研的各位领导重点围绕气象现代化、气象服务管理和工作流程、科技创新等工作进行详细的探讨，并针对朝阳区气象预警信息“一键式”发布平台、预报预警服务和城市气象防灾减灾等相关工作与业务人员沟通交流。

（戴　健）

【气象信息员队伍建设】 5月15日，区气象局组织召开街乡气象协理员防灾减灾工作会，43个街乡的气象协理员、区农委、区社会办主要负责同志出席会议。会议总结2014年气象工作，介绍2015年气象灾害防御工作，预测2016年汛期天气形势，明确安全社区的建设和认证问题工作计划。会议进一步明确街乡协理员汛期气象工作职责，为开展街乡、社区（村）气象灾害防御工作起到推进作用；区气象局开展全区气象信息员培训，其中1人获得北京市十佳气象信息员、2人获得北京市优秀气象信息员。

（戴　健）

【气象灾害】 8月7日16时至8日22时，朝阳区出现暴雨天气，局地大暴雨，并伴有雷电、大风和冰雹，最大冰雹的最大直径为15毫米，最大平均重量为1克。强降水共造成朝阳区4处地区积水严重，16处道路积水，3处房屋院落进水，11处房屋漏雨，1处地下室进水、倒树7棵。重要积水点位于长虹桥，长虹桥西深0.6米，长300米，长虹桥东深0.3米，长约200米，造成8辆小车、3辆公交被淹。姚家园路妇产医院门口深0.3米—1.1米，过水面积1500平方米，8辆小车、1辆大客车被淹。慈云寺桥西深0.3米—0.9米，20辆小车、2辆大公共被淹。农展南路两处地下通道进水，南影路环形铁道凹槽积水1.3米，3辆车被淹。蟹岛园区玉米地刮倒，大棚进水。

（戴　健）

【气候概况】 年内，平均气温为13.3℃，比历年平均值12.4℃偏高0.9℃。冬、春、夏、秋季平均气温分别为-0.6℃、15.2℃、25.9℃、12.5℃，与历年同期平均值-1.8℃、13.7℃、25.2℃、12.5℃相比，冬、春、夏季分别偏高1.2℃、1.5℃、0.7℃，秋季持平。极端最高气温为38.9℃，出现在7月13日，极端最低气温为-10.4℃，出现在11月26日。年降水量为638.2毫米，比历年同期平均值559.1毫米偏多14.1%。冬、春、夏、秋季降水量分别为9.0毫米、84.0毫米、388.5毫米、154.6毫米，与历年同期平均值8.3毫米、70.3毫米、397.3毫米、83.3毫米相比，夏季偏少2.2%，冬、春、秋季分别偏多8.4%、19.5%、85.6%，一日最大降水量为59.8毫米，出现在7月18日；最长连续降水日数为8天，降水量为124.0毫米，出现在7月16日至7月23日；最长连续无降水日数为55天，出现在2014年11月30日至2015年1月23日。

（戴　健）

【气象科普】 年内，区气象局在“3·23”世界气象日、“5·12”防灾减灾日、“12·4”法制宣传日等主题日，组织10余次科普宣传活动，将气象防灾减灾知识带入学校、带入社区、带入工地。其中3月21日，联合北京市气象局，面向中国农业大学、打工子弟小学和社区居民举行3·23世界气象日开放参观活动。联合朝阳区科委，3月24日，组织“气象行动在朝阳”社区科普服务活动，由区气象局建设的朝阳区第一家社区气象科普中心向社区居民进行开放参观；4月14日，开展居民气象科技参观活动，社区百名居民参观华风影视集团天气预报录制演播厅、中国气象科普馆。5月21日，与安贞街道、东方容和物业公司联合，在安贞街道开展气象灾害应急演练与科普宣教，进一步提升社区气象灾害防御和应对能力，普及气象法律法规知识。

（戴　健）

【气象服务】 年内，区气象台发布预警信号154期。其中大雾预警21期，霾预警24期，道路积冰预警8期，暴雪预警1期，雷电预警44期，大风预警25期，高温预警5期，暴雨预警20期，冰雹预警2期，沙尘预警4期。发布预报、预警、科普类微博1241条，发布微信1241条，影视天气预报245期；每周五制作发布未来一周环境气象趋势预测，共发布51期；制作发布气象信息专报69期，包括节假日气象旅游服务、气候预测、两会服务、中高考天气服务等；制作发布天气情况314期，包括天气情况、雨情分析等；制作发布旬月预报41期；预防煤气中毒开展服务19期。

（戴　健）

【气象执法与行政服务】 年内，开展气象执法检查131次，其中施放气球安全检查25次，气象设施和气象探测环境保护检查1次，防雷安全检查105次。执法检查中发现违规行为立案3起并结案；检查敏感行业如加油站70余家、体育场馆10余座（包括鸟巢、水立方、奥林匹克体育中心等）。共办理行政事项565件。行政审批事项中，防雷装置设计审核44件，防雷装置竣工验收19件，升放无人驾驶自由气球或系留气球活动许可333 件。行政服务事项中，开具气象证明172件。

（戴　健）

【气象灾害标准化建设】 年内，在区政府正式印发《2015年办好重要民生实事分工方案》中，区气象局负责的“建设3个气象灾害防御标准化乡、5个气象防灾减灾示范社区”列为重要民生实事第13项，区社会办、区农委、各街乡为协办单位。

（戴　健）

【气象安全社区认证】 年内，区气象局与区社会办联合发文推进气象安全社区建设和认证。组织国家气象局减灾司、社会办及街道专家审核上交申报材料，对达标社区颁发“气象安全社区”标牌。年内新增气象安全社区69个。至年底，区气象安全社区认证率达60%以上，并打造2个市级气象防灾减灾示范社区。印发了《气象安全社区创建指导手册》《北京市暴雨灾害防御指引》、气象灾害防御宣传挂图。

（戴　健）

功能区建设

北京商务中心区

【概况】 北京商务中心区（CBD）管委会为北京市政府在商务中心区设立的行政机构，代表市政府统一行使北京商务中心区开发建设和管理职能，由朝阳区政府代管。内设机构10个，下设北京商务中心区土地资源发展中心、北京商务中心区投资和服务中心2个事业单位，分别为全额拨款事业单位和自收自支事业单位。年内，核心区Z1a中期项目取得立项批复，Z3万通、Z13国寿、Z14正大3个项目取得地上部分建设工程规划许可证，Z13国寿、Z2a阳光2个项目开工，Z1b清华、Z2b三星、Z14正大项目北楼、Z13国寿完成地下结构施工。公共配套设施工程交通大厅北段K1-K3标段与北连廊结构封顶，该工程可施工区域完成全部结构24.4万平方米，占总建筑面积的48%。中心区新增企业4634家，总注册资本876.82亿元。其中注册资本过亿元企业250家，总注册资本560.55亿元。中心区税收收入378.73亿元，同比增长4.6%，占全区的21.47%。税收过亿楼宇52座，其中9座超过10亿元，国贸中心实现税收为48.8亿元，为最高。功能区税收收入1010.62亿元，同比增长12.57%，占全区的57.29%。实现区级财政收入260.6亿元，同比增长4.9%，占全区的58.17%。年内，接待视察调研、省级交流、国内外考察团76场1100余人次。

地址：东大桥路8号SOHO尚都北塔A座7层
邮编：100020
电话：58780000
邮箱：cbd@bjchy.gov.cn

（胡志芳）

【CBD核心区建设】 1月20日，完成Z1b清华项目地下结构施工。1月21日，Z16文化设施项目取得立项批复，占地面积约0.92公顷，建筑规模约2.4万平方米。2月9日，完成Z14正大项目北楼底板混凝土浇筑。2月13日，Z15中信项目获2014年度“北京市绿色安全样板工地”称号。4月13日，Z15中信项目智能顶升钢平台完成首次正式顶升作业，该平台是世界房建施工领域面积最大、承载能力最高、与大型塔机一体化结合的智能顶升钢平台体系。4月17日，Z2b三星项目钢结构施工实现正负零。5月28日，Z13国寿项目取得地下B2层以下部分工程施工许可证并开工。6月15日，Z2b三星项目取得地上部分工程施工许可证。8月2日，Z13国寿项目完成主楼1.2万方底板混凝土浇筑。8月15日，公共配套设施项目交通大厅北段和北连廊实现结构封顶，完成可施区域结构施工，24.4万平方米，占总建筑面积的48%。8月19日，塔吊安全监测系统、基坑安全监测数据信息系统两大平台通过专家验收并投入使用。9月8日，完成Z15中信项目第十七次钢平台顶升作业，钢结构高度达到102米，成为核心区首个施工高度突破百米的项目。9月30日，完成Z14正大项目南楼1.4万方底板混凝土浇筑。10月1日，Z1b清华项目核心筒达到24层，结构高度达到102.9米，为核心区第二个破百米的项目。10月12日，Z14正大项目北楼完成地下结构施工。11月3日，Z2a阳光项目获得建筑工程施工许可证，11月17日开工。12月31日，完成Z1b清华项目结构施工至地上34层，Z2b三星项目结构施工至地上14层。Z15中信项目结构施工至地上35层，Z14正大项目北楼结构施工至地上5层，南楼结构施工至地下一层夹层，Z13国寿项目地下结构施工。

（胡志芳）

【商协会活动】 1月23日，北京CBD传媒产业商会召开第九届会员代表大会，6家会员分别授予2014年度“最具成长潜力奖”和“积极参与奖”。2月5日，北京CBD物业管理及地产开发企业协会召开会员大会。8月19日，CBD创新实践基地邀请中国社科院副院长、经济学家蔡昉作“如何认识我国经济增长趋势和宏观经济形势”专题讲座。12月4日，HR经理人俱乐部召开2015年会员大会，主席单位中国国际技术智力合作公司作《北京CBD重点行业人力资源效能评价及发展对策研究》成果报告，执委单位北京四达人效人力资源服务公司作当前国际人力资源服务行业的先进理念、技术报告。

（胡志芳）

【绿色建筑认证】 1月29日，北京财富中心2号写字楼获美国绿色建筑委员会（简称USGBC）LEED-CS认证，认证面积17.6万平方米。5月30日，北京国际财源中心（IFC）获LEED-EB认证，认证面积12.2万平方米。6月29日，光华路SOHO2号获LEED-CS认证，认证面积17.9万平方米。至此，CBD区域有9个项目获认证，认证面积137万平方米，认证项目数量占北京市LEED认证项目的20%，认证体量占北京市的37%，成为北京市绿色建筑最集中的区域。

（胡志芳）

【旧城改建项目】 2月11日，化石营旧城改建项目范围内被征收人协商选定房地产价格评估机构未能形成多数意见，通过现场摇号方式从9家候选机构中选定5家承担项目房屋评估工作。2月，通过公开招投标方式选定各标段拆迁及拆除公司。3月17日至31日，化石营旧城区改建项目完成入户调查登记和实地查勘，749户参与意愿征询，完成入户调查登记723户，占总户数的96.5%，符合相关规定，开始制定征收补偿方案。10月9日至11月7日，永安里旧城区改建项目在被征收范围内对住宅房屋被征收人开展征收补偿方案征求意见，收到书面反馈意见618份，占总户数66%。召开听证会并完成征收补偿方案。

（胡志芳）

【区域重点项目建设】 2月，完成京广中心升级改造工程。改造工程主要涉及酒店部分内部布局、空调系统和外墙的改造，新增屋顶绿化面积约500平方米，工程总投资8.5亿元，40个月完成。5月，以太广场项目一期B座（19层）实现主体结构封顶。11月25日，完成59层高295米国贸三期B阶段主体结构封顶。

（胡志芳）

【群众文化活动】 2月，以“用文字装点希望，用希望点燃梦想”为主题的第二届CBD原创小说大赛启动。6月10日，第三届“唱响CBD”活动启动。9月6日至26日，在CBD景观绿廊中心公园举办“忙碌的实习生”雕塑现场创作活动。9月10日，举行第二届北京CBD原创小说大赛精选作品交流会。9月10日至12日，CBD话剧社组织演出原创音画情景喜剧“梦在CBD”之二《年会来了》。9月19日，在朝阳公园举行CBD白领健步走活动。9月20日，在世贸天阶大隐剧院举行第三届“唱响CBD”汇报演出。

（胡志芳）

【获海外高层次人才认定】 2月，CBD区域北京金杜律师事务所、凯聪（北京）投资管理有限公司2人获朝阳区海外高层次人才认定。

（胡志芳）

【宾大沃顿中国中心入驻CBD】 3月10日，美国宾夕法尼亚大学与宾夕法尼亚大学沃顿商学院在北京成立宾大沃顿中国中心并入驻环球金融中心。9月11日至9月12日，宾大沃顿中国中心举办思而分（Silfen）论坛，邀请世界知名专家、学者共话国际化未来教育。

（胡志芳）

【中国商务区蓝皮书首次发布】 3月20日，在中国社会科学院举行中国商务区联盟与中国社会科学院城市发展与环境研究所、社会科学文献出版社共同主办中国商务中心区发展高峰论坛暨《商务中心区蓝皮书No.1》发布会。中国社会科学院副院长李扬、朝阳区副区长梁洁、社会科学文献出版社社长谢寿光致辞。围绕“CBD——打造国家经济战略转型的新引擎”主题，中国商务区联盟主席龙永图，国务院发展研究中心研究员李善同，中国城市规划设计研究院副院长李迅，中国社会科学院研究员宋迎昌围绕“国家经济战略转型背景下中国CBD发展的现状特征、面临问题”“未来趋势与发展对策”等领域发表主旨演讲。

（胡志芳）

【神华国华北京热电分公司关停】 3月20日，CBD区域内神华国华国际电力股份有限公司北京热电分公司燃煤机组关停，其供电供热由东北燃气热电中心代替。实现燃煤消减约130万吨，东北燃气热电中心前身为北京第一热电厂，是国家“一五”期间“156项重点工程”之一，位于东四环四惠桥西北角，紧邻华贸中心。

（胡志芳）

【入驻机构】 4月29日，鲁滇基金管理（北京）有限公司入驻华贸中心，注册资本1.6亿元。5月19日，北京摩根亚洲电影投资基金入驻华贸中心，注册资本5亿元。5月29日，澳大利亚国民银行有限公司北京分行入驻国贸中心，注册资本4亿元。6月4日，大唐国投能源控股有限公司入驻中海广场，注册资本5亿元。10月30日，北京中科融智能技术有限公司入驻东方梅地亚中心，注册资本3亿元。

（胡志芳）

【工会建设】 6月11日，召开北京商务中心区总工会换届选举大会。选举产生第二届工会委员会、经费审查委员会和女职工委员会。年内，新建独立工会企业16家，联合工会企业12家，发展会员1500余人。组织举办国家级非物质文化遗产《黄河鼓韵》专场演出、大企业桥牌联谊赛、“五一”劳动表彰、音画舞剧《丝路公主》、攀岩主题家庭日、篮球、足球联谊赛以及秋季运动会等多项活动。

（胡志芳）

【西南区环境整治项目完成】 7月底，完成西南区环境整治项目。整治范围为东起东三环，西至永安里东街，南起通惠河北路，北至建国门外大街，面积约1.2平方公里。完成恒惠路、恒惠西路等5条道路铺装步道15880平方米，护栏整改3442米，树池绿化49个，绿化整改2050平方米。

（胡志芳）

【党团建设】 8月18日，由中央党校教授、党建专家张希贤作“三严三实”之严于律己——讲纪律，守规矩”专题讲座。12月，成立CBD纪工委。年内，CBD区域新成立非公企业党组织3个，发展党员21名。开展“三严三实”专题教育学习系列活动，开展庆祝中国共产党建党94周年系列活动，表彰30个先进基层党组织、50名优秀共产党员及20名优秀党务工作者。

（胡志芳）

【2015北京CBD商务节】 9月16日，在北京奥运塔举办朝阳区“十二五”发展成就展。9月16日至19日，举办以“高端引领，深度协同，融合发展”为主题的2015北京CBD商务节。9月17日，在北京奥运塔举办北京CBD圆桌会、北京CBD国际金融圆桌会专业论坛。9月19日，在朝阳规划艺术馆举办首届国家文化产业创新实验区高端峰会，国内外知名研究机构及专家学者，国际友好城市代表，京津冀主要城市代表以及南京、昆明、贵阳等兄弟友好城市，中国商务区联盟成员单位，区域企业代表等参加会议。

（胡志芳）

【第八届跨国公司领袖圆桌会】 11月6日至7日，在中国大饭店举办由中国国际跨国公司促进会、朝阳区政府主办，中国商务区联盟为合作单位以“促进跨国公司投资、强化企业社会责任、推动可持续发展”为主题的第八届跨国公司领袖圆桌会议。11月7日，举办北京CBD跨国公司俱乐部平行峰会，就“贸易便利化在中国”开展专题研讨交流。

（胡志芳）

北京奥林匹克公园

【概况】 北京奥林匹克公园管理委员会为市政府派出机构，由朝阳区政府代管。内设综合处、安保交通处、综合治理处、大型活动处、发展处、市政管理处、党建工作办公室和监察科8个处、科、室，下设1个城管大队和1个服务中心。主要职责为贯彻执行国家及北京市有关法律、法规和政策。研究提出奥林匹克公园发展规划和相关政策，并组织协调市、区有关部门及区域内企事业单位共同落实。参与拟定奥林匹克公园的建设规划工作。负责区域内大型活动的组织管理和服务保障。负责组织协调区属各单位开展社会秩序、市政基础设施、城市绿化、市容和环境卫生整治等工作，统筹园区及周边景观管理工作，实施标准化城市管理。按照功能区建设要求，组织、协调、统筹区域内产业发展和促进工作。负责统筹区域应急管理工作。负责组织协调有关部门及区域内的企事业单位，开展食品卫生、防火安全、生产安全、交通管理、社会治安、旅游市场管理等工作。完成市、区政府交办的其他工作。年内，公园完成固定资产投资29.45亿元。奥运功能区完成区级财政收入71.62亿元，同比增长13.37%，完成全年任务（68.90亿元）的103.95%。接待游客4743万人次，接待贵宾170余批1700余人次，其中外宾参观团16余批270余人次。

地址：朝阳区北辰东路15号

邮编：100101

电话：84972647

邮箱：gwhzhc@bjchy.gov.cn

（杨　盼）

【2015新年倒计时活动】 2014年12月31日至2015年1月1日，在北京奥林匹克公园举办由北京市旅游发展委员会主办的以“冰雪北京　诚邀五环”为主题、申冬奥为亮点元素2015新年倒计时活动。著名运动员、多国驻华使节、海内外游客、北京各族群众参加活动。活动在延庆及张家口设置两个分会场，同步连线。共迎2015年，祝愿2015年北京申办冬奥会成功。

（杨　盼）

【发展规划研究】 1月，奥管委组织召开奥运功能区“十三五”规划工作部署会。完成功能区9个街乡及部分重点业主单位的实地走访调研。完成“十二五”总结和“十三五”规划前期研究报告，在此基础上形成“十三五”发展规划征求意见稿。完成《奥林匹克中心区科技文化资源整合提升的路径研究》课题研究工作，推进文化产业示范园区提升规划编制工作，形成《北京奥林匹克公园文化发展提升规划（2014—2020）》征求意见稿。

（颜文婷）

【冬奥申迎评考察活动】 3月22日至29日，国际奥委会评估团对北京联合张家口申办2022年冬奥会开展实地考察和风险评估。奥管委成立保障工作领导小组，制定保障方案和应急预案。与公安朝阳分局、城管执法局对接，每日安排民警40名、城管30名、保安220名对评检工作组沿线、30个实名制盯守点，重点把控。对入园游客，逢包必检，特别加强对横幅、管制刀具等的查处。与市环卫集团沟通，扩大巡视范围，加强考评团沿线两侧绿地、广告、树挂等清理工作，对超出奥园保障区域，配合相关街道做好环境保障工作。在天辰西路、天辰东路、慧忠路西段等道路悬挂道旗60组。

（余　红）

【奥林匹克文化旅游知名品牌示范区创建】 3月30日，奥林匹克公园成为北京唯一一家单位获国家质检总局批复筹建“全国奥林匹克文化旅游知名品牌创建示范区”。筹建工作经2015年第19次区长办公会审议通过，筹建规划报告上报国家质检总局。之后，奥管委召开筹建动员会，到已获命名为“全国都市文化旅游服务产业知名品牌创建示范区”成都市青羊文博旅游区调研学习。11月17日，奥管委组织园区各骨干企业召开“全国奥林匹克文化旅游知名品牌创建示范区”筹建工作部署会，启动筹建工作。

（颜文婷）

【参与论坛及展会】 3月，奥管委王春主任带队到南京参加斯迈夫论坛，并与江苏省体育局副局长、中国体育场馆协会副主席颜争鸣座谈。5月，国家体育总局基地主管部门组织，由奥管委领导带队，组织园区重点企业观摩学习2015体博会。9月，到厦门参加由商务部主办的2015厦门国际投资贸易洽谈会。10月，到山西太原参加2015体育文化•体育旅游博览会，会同园区业主单位搭设奥园展台，开展外宣传工和。

（颜文婷）

【第三届“才子朝阳”校企对接洽谈会】 4月28日，在北京奥林匹克公园内举办由北京奥林匹克公园管理委员会、朝阳区人力资源和社会保障局联合主办，朝阳区人才服务中心、朝阳区大中专毕业生就业服务中心、凹凸人网承办的第三届“才子朝阳”校企对接洽谈会暨北京奥运功能区第四届校企合作交流会。奥运功能区为主的朝阳区范围内300余位企业方代表及北京大学、北京邮电大学、中国海洋大学等70余所全国各类院校相关人员参加会议。多家院校和企业达成合作意向，北京世奥森林公园开发经营有限公司与北京林业大学等3家企业和高校现场签约。

（颜文婷）

【人才推优】 7月，组织园区重点业主单位开展2015年朝阳区国际高端商务人才认定申报工作和朝阳区国际高端商务人才工作项目申报工作。推选国家体育场、国家会议中心、中信建投证券公司相关负责人获评朝阳区首届国际高端商务人才。落实“凤凰计划”，启动2015年海外高层次人才认定及资助申报工作，推荐国家会议中心获“凤凰计划”资助。

（颜文婷）

【重点工程项目建设】 8月8日，奥林匹克塔项目对外开放。年内，推进重点工程项目建设。装修中国国学中心，上报中国工艺美术馆（非物质文化遗产展示馆）可行性研究报告，准备中国国家美术馆可行性研究报告，奥运博物馆具备开馆条件。完成奥体文化商务园地下公共空间建设整体工程，开元国际广场项目5号地块、3号地块及奥体文化商务园区2号地块天圆置业写字楼完工，8号地块人才公寓全部结构封顶。

（颜文婷）

【第十五届世锦赛服务保障】 8月22日至30日，在国家体育场举行第十五届世界田径锦标赛。奥管委成立专项工作组，下设综合、安保维稳、交通、环境秩序、安全运行、市政和环境景观6个专项保障小组，联合32家成员单位，形成“1+6+32”组织体系。制订《2015北京国际田联世界田径锦标赛奥林匹克公园专项工作组保障方案》、6个专项保障方案、2个应急预案、3个运行表和5个力量部署图，形成完整工作方案体系。奥园工作组完成3次开幕式演练、开闭幕式、11项会议活动和16场次比赛的各项保障任务，为进入奥园的114.7万游客，包括68.2万观众提供服务。落实安保维稳工作要求，科学布局人员力量，完成赛事出口人流疏散，流线引导和开闭园时间告知等工作。加强交通疏导管控，每日部署150名协管员及治安志愿者192人次，加强重点沿线、班车路线和区域的交通疏导和安全隐患排查。加强环境秩序保障，组织开展联合执法51次，查处违法违规案件142起。抓好安全运行保障工作，联合相关部门每日检查，检查单位52家次，下达整改通知书5份，暂时关停企业10家。做好环境景观绿化美化，栽植花卉1.1万平方米，补植草坪400平方米，修剪草坪7200平方米、赛事沿线树木120棵；做好总指挥部及公安、维稳、消防、观众组织与志愿者服务4个分指挥部现场办公服务保障；形成日报信息201份，专报信息11份，周报信息2份；完成综合会务和后勤保障服务工作。

（杨　盼）

【奥林匹克公园城管执法大队成立】 10月28日，在奥林匹克公园举行北京市朝阳区城市管理综合行政执法监察局奥林匹克公园执法大队揭牌仪式。奥林匹克公园城管执法大队有城管队员64名。

（詹发尚）

【体育产业综合发展年度报告】 10月，完成《北京奥林匹克公园体育产业发展年度报告》编写。报告继续发布奥园体育产业发展繁荣指数和贡献指数，推出特色体育产业研究理性成果。

（颜文婷）

【奥林匹克公园大型活动与旅游产品商务推介】 11月4日，在鸟巢文化中心举行以“布局冬奥、推介精彩、寻求合作、共筑梦想” 为主题的北京奥林匹克公园2015大型活动与旅游产品商务推介会。国家游泳中心、国家会议中心、奥林匹克森林公园等园区等单位集体推介资源与冬奥会战略。

（李　硕）

【奥运功能区总工会首届会员代表大会】 12月18日，奥运功能区总工会在北京奥林匹克公园北部游客服务中心召开首届会员代表大会。选举产生奥运功能区总工会工会委员、经费审查委员会委员和女工委员会委员。奥运功能区总工会经朝阳区总工会批准成立，园区17家单位300余名员工登记入会。

（曹延伟）

【奥运功能区发展联盟成员大会】 12月15日，奥管委在鸟巢文化中心组织召开2015奥运功能区发展联盟成员大会暨北京奥林匹克公园体育产业研讨会。国家发改委，北京市、朝阳区相关委办局领导，学术界和企业界有关专家，奥运功能区发展联盟成员单位的代表，奥运功能区9个街乡负责人等120余人参加会议。会议围绕“热议奥园体育产业年度报告和发展指数”和“紧抓机遇，为奥园体育产业发展建言献策”开展主题对话。

（颜文婷）

【“十三五”人才规划编制】 年内，奥管委牵头功能区街乡及重点业主单位开展“十二五”人才工作总结工作，总结目前人才类型、数量、结构、质量等，剖析人才工作不足。开展街乡、企业及个人下发调查问卷，回收来自园区业主单位和辖区街乡相关单位的企业有效问卷150余份，个人有效问卷近900份，为规划编制工作提供数据支撑。完成功能区“十三五”期间人才发展研究报告、功能区“十三五”期间人才发展规划和人才政策体系研究报告。

（颜文婷）

【企业及项目服务】 年内，奥运功能区楼宇及税源综合管理系统（二期）正式验收，数据涵盖功能区9个街乡，且功能模块比一期系统全面。促成北京佳诚医药有限公司等企业回迁，北京住总房地产开发有限责任公司等企业完成地税回迁。开展重点项目选址对接工作，与区各产业办、属地街乡等部门联合，先后为普华永道、中数（北京）投资发展有限公司、泓华国际医疗控股（集团）有限公司等企业完成项目选址服务工作。通过奥林匹克公园工商登记绿色通道，为北京中盛永邦投资管理咨询有限公司等39家企业办理工商注册等入驻园区的相关手续。组织开展政策资金申报，为国家体育场、国家游泳中心等企业争取市级赛事及文创资金651.34万元，为新奥集团等企业争取区文创资金490万元，为北辰实业等企业兑现节能资金517万元。组织召开奥运功能区发展联盟成员大会，举办羽毛球联谊赛等活动，并建立羽毛球长效活动机制，畅通政企交流。

（颜文婷）

【选用干部】 年内，开展2次公务员招聘，招录公务员4名。开展科级干部竞争上岗2次，提拔任用干部10名。奥园城管队参加全区城管系统干部交流工作，转出26人，转入24人。

（姜　丹）

【媒体接待】 年内，接待市委宣传部、中央电视台等国内媒体11批次360余人，协助接待日本TBS摄制组等外国媒体、外事机构5批次37人，配合3个单位在园区选景拍摄影视剧及宣传片。

（崔　念）

【大型活动】 年内，园区举办大型活动1176项，其中会议981项，展览108项，文化活动51项，体育赛事21项，国际性活动168项。完成冬奥申迎评考察活动期间奥园外围保障工作及2015年北京世界田径锦标赛、2015北京国际马拉松赛、2015中国网球公开赛、第二届国际汽联电动方程式锦标赛、第六届“香山论坛”、2015北京新年倒计时活动、北京奇幻冰世界暨华特迪士尼冰雪奇缘特展、2015第四季《中国好声音》总决赛等活动服务保障工作。

（李　硕）

【安全检查】 年内，领导带队检查、各职能部门开展联合执法检查、坚持日常例行检查3种措施并行。检查园区单位337家次，出动检查人员674人次，下达检查记录337份，下达整改通知书18份，排除安全生产隐患1657余处。安检游客1101万人次，包数327万件，查获禁限带物品14411件，其中管制刀具402把、酒类10144瓶、剪刀554把、工具1520件、条幅210件、模型1015件、风筝523个、弹簧刀11把、手铐32个

（孙　鹏　王　雪）

【交通秩序规范】 年内，查处假车证50余张，告知违法停车2100余辆，暂扣电动车、摩托车、自行车550辆，粘贴《违法停车告知单》2325张，警告1890人次。

（孙　鹏）

【园区市场秩序整治】 年内，立案查处无照经营705起，罚款172500元，罚没小商品约4.6万件，折合金额约35万元。抓获黑商贩、黑照相等违法人员730人。

（詹发尚　孙　鹏）

【市政环卫】 年内，园区环卫保障出动保洁人员10.3万余人次，环卫保障车辆2.58万余车次，清运垃圾2.07万余吨、粪便3500余吨。

（赵　杰）

【旅游服务接待】 年内，由园区游客服务中心、游客服务站组成的游客服务网络接待游客数220万人次，免费发放地图资料5万余份，免费讲解25万余人，免费为游客提供轮椅、婴儿车、雨伞、拐杖3000余次，提供母婴室50余次、导游机5000余次、便民服务箱3400余次，处理游客投诉事件7件。

（刘迎南）

【“i在奥园”便民服务活动】 年内，“i在奥园”便民服务活动上岗2000余人次，有效咨询约20万人次，内容涉及园区景点位置、门票、开放时间、餐饮服务、交通信息等。北京歌华时代桥人力资源有限公司文明宣讲队志愿者、北京今赢世纪旅游开发有限公司的咨询员、海南天标电子科技有限公司咨询员等参加活动。

（刘迎南）

中关村朝阳园

【概况】 中关村科技园区朝阳园管委会为区政府派出机构，负责中关村朝阳园的规划设计、开发建设和协调服务等工作，主任由主管副区长兼任。8月，朝阳区机构编制委员会印发《关于调整中关村科技园区朝阳园管理机构设置的通知》，撤销垡头科技商务区管委会及其下设的管委会办公室，其主要职能和行政编制划入朝阳园管委会。中关村朝阳园包括电子城东区、西区、北区，健翔园、望京地区、垡头中心区。园区企业可以享受到国家、北京市、中关村示范区、朝阳区的各类优惠政策。年内，园区入统高新技术企业1310家，从业人员22.4万人，工业总产值581.7亿元，总收入4225.6亿元，进出口总额160.9亿美元，实缴税费428.5亿元，利润总额446.3亿元，资产7404.9亿元，科技活动经费支出总额186.47亿元，专利申请6612件，专利授权4230件。

地址：酒仙桥路甲12号电子城科技大厦15层

邮编：100015

电话：64311811　64317300（传真）

邮箱：64317300@163.com

（苏　姗）

【"十三五"规划编制启动】 1月6日，召开专题会，启动《朝阳区"十三五"时期高技术产业发展规划》和《中关村朝阳园"十三五"时期发展规划》两个前期研究课题和两个规划的撰写和编制工作。区发改委、区科委、区商务委、北京科学学研究中心相关负责人参加启动会。会议强调，两个规划是朝阳区"十三五"专项规划的重要组成部分。研究编制中，要重点突出问题和市场"两个导向"，把握好"五个关系"：即"舍"与"得"的关系、政府与市场的关系、发展与"治病"的关系、服从发展与调控发展的关系、城市自身发展与区域协同发展的关系。"十三五"时期，朝阳园突出高端化、服务化、集聚化、融合化、低碳化，形成高端引领、创新驱动、绿色低碳的产业发展模式。重点推进三高（电子信息、高端制造、新能源）、三融（互联网金融、文化创意、绿色生态）、一服务（科技服务）产业发展。发展中初步提出创新驱动、提升环境、高端集聚、产业融合、区域协同五大思路。

（苏　姗）

【服务中心培训】 1月7日，电子城科技园服务中心在望京科技创业园召开2014年度企业所得税汇算清缴工作为企业培训会。园区东方国信、国遥新天地、七星集团等近200家企业参会。3月19日，电子城科技园服务中心在望京科技园为园区企业召开社保业务培训会。讲解医疗费用申报指导、生育保险政策讲解及待遇领取流程等内容，解答企业提出的问题。电子城科技园区超图软件、日立控制、东方国信等80余家企业100余名社保业务负责人参加。3月，电子城服务中心与朝阳区国税局第十税务所联合举办申报培训。园区大泽科技、普天实业、兆维集团等300余家企业参加培训。4月22日，电子城科技园服务中心依托产业服务资源联盟平台，邀请相关专家举办电子城科技园"新三板"业务培训会。近60家企业参加培训。5月14日，电子城技术合同登记处组织80余家新注册及未登记的园区高新企业，举办技术合同登记培训会。讲解技术合同登记历史背景、政策法规、登记流程、类型划分及书写要领等内容，帮助企业解决技术合同认定登记中的常见问题。6月19日，电子城服务中心联合朝阳区社保中心在望京科技园举办社保业务培训会。讲解社保基数核定办理、医保报销等相关内容，松下控制、国遥新天地、华大信安等100余家园区企业参加。8月27日，电子城科技园服务中心在望京科技创业园为园区企业举办商标和版权专题工作培训会，世纪互联、华润紫竹药业、星河亮点等园区近60家企业参加。9月16日，在望京科技创业园举办个人所得税纳税操作实务与风险控制培训会。讲解工资、薪金、劳务报酬、利息、股息和红利所得的纳税技巧等内容。70余家园区企业近100人参加培训。11月25日，电子城服务中心举办2015年第三期《社会保险法》系列培训会。讲解企业职工跨省转移的政策与流程、工伤保险与生育保险报销的新要求新规定等内容。园区内普天实业、洛娃日化、百灵威科技等100余名企业人力资源负责人参加培训。

（司　维）

【高新技术企业协会培训】 1月28日，朝阳区高新技术企业协会组织召开劳动用工风险防控政策宣讲会。帮助园区企业规避劳动用工风险，解决企业发展难题，针对企业在劳动合同签订、劳动赔偿、企业规章制度等方面的风险防范和关键问题，宣讲相关法律法规政策，分析相关案例，并对企业存在的特殊问题给予个性化指导。园区100余家企业参加。4月、9月，朝阳区高新技术企业协会举办中关村信用政策宣讲会。鼓励园区高新技术企业自主创新、增强信用意识，帮助企业了解中关村信用及金融政策法规。会议剖析中关村相关信用政策，为园区企业申请政府专项资金提供帮助。园区80余家企业160余人参会。7月16日，朝阳高新技术企业协会举办企业股权转让税收政策培训会，受邀税务专家通过典型案例，剖析相关政策，辅导企业在个人转让股权和公司股权持有收益与转让所得等问题中合理纳税，规避税收风险，提升企业价值。园区50余家企业、70余位相关工作负责人参加会议。10月15日，朝阳区高新技术企业协会举办合同法律风险及预防培训会。帮助园区企业避免合同签订过程中产生法律风险。专业律师分析企业在运营、销售等工作环节中签订的合同可能给企业带来的法律风险，并通过相关案例指导如何提前控制和预防。园区60余家企业近100人参会。11月19日，朝阳区高新技术企业协会在望京科技创业园设立讲堂，举办朝阳园企业所得税汇算清缴实务培训会。税务专家分析企业在所得税汇算清缴中遇到的疑难问题并提出指导意见，帮助企业避免税收风险，减轻税收负担。园区近百家企业120余人参会。

（张冬梅）

【通勤班车线路调整】 3月2日，地铁14号线开通后，朝阳高新技术企业协会经过跟车调研，调整IT园通勤班车2条路线，缓解早晚高峰期交通拥堵。4年多来，IT园通勤班车安全运行千余天，总计里程近万公里，政府投入资金160余万，企业受益职工30万人次。

（张冬梅）

【握奇党委成立】 3月25日，中关村朝阳园企业北京握奇数据系统有限公司召开党委成立大会。北京市工商业联合会副主席余运高，区委书记程连元，区委常委、组织部部长张革，区委组织部常务副部长唐兴安，区委非公工委、电子城工委、东湖街道领导出席大会。

（苏　姗）

【新青年城市体验营参观活动】 3月28日，中关村科技园区朝阳园管委会、朝阳团区委联合开展新青年城市体验营走进中关村科技园区朝阳园活动。朝阳区90家社区青年汇1800名青年分批次参观中关村科技园朝阳园IT产业园、恒通创新园和798文化创意产业园。电子城股份有限公司和超图软件公司介绍朝阳园基本情况、IT产业园的发展历程和倾斜摄影三维技术突破、智慧城市时空信息云服务平台等高新技术。共青团市委书记常宇、副书记黄克瀛、电子城工委副书记张凌云参加活动。

（苏　姗）

【人才服务】 3月，开展高端领军人才专业技术资格评价工作。4月至7月，开展2015年朝阳区国际高端商务人才工作项目申报工作和朝阳区国际高端商务人才认定申报工作。协助组织召开中关村科技园区朝阳园人才政策培训会。2家用人单位申报“凤凰计划”。6月，组织开展2015年度中关村示范区海归人才创业园及海归人才创业企业支持资金申报、2015年度雏鹰人才创业支持资金申报工作。6月底至7月底，组织开展2015年中关村高端领军人才认定工作。7月，组织园区企业申报北京市2015年度优秀人才培养资助青年骨干个人项目。年内，园区8人获中关村高端领军人才教授级职称，15人获朝阳区国际高端商务人才称号。

（张　晔）

【大学特色招聘会】 4月1日，电子城科技园服务中心带领园区知名企业参加“朝阳区2015年高新科技类——北京工业大学特色招聘会”。北京捷通机房设备工程有限公司、中科宇图天下科技有限公司、北京市射线应用研究中心等15家企业参加并提供200余个岗位，主要面向软件开发员、项目经理、销售代表、财务行政等岗位。

（司　维）

【国家高新技术企业认定、复审】 4月1日，电子城管委会在望京科技园召开“朝阳园2015年国家高新技术企业认定、复审培训会”。介绍国家高新技术企业认定相关政策、申报方式及流程等，解答企业提出的认定时间、认定资料等问题。70余家企业近100人参加培训。年内，朝阳园有185家企业提交国家高新技术企业申报材料，全部通过认定。

（朱卫东）

【校企交流双选会】 4月28日，电子城服务中心与朝阳区人才服务中心合作，组织园区高新技术企业招聘人员与多所高校就业指导老师开展双选会。30余家园区企业参加，企业与参会高校建立联系，并发布招聘信息。

（司　维）

【人才政策培训】 4月29日，朝阳园管委会在望京科技园举办朝阳园人才政策培训会。区人力社保局、区海外学人中心、区国际高端商务人才发展中心等专家解读高层次人才引进、居住证办理、人才两地分居办理、大学生进京指标、人才存档等相关政策，并与参会企业互动，开通“中关村朝阳园企业人力资源服务”微信群。60余家企业的人力资源负责人参加培训。

（苏　姗）

【入党积极分子示范培训班】 5月20日至22日，电子城工委组织举办2015年电子城功能区入党积极分子示范培训班。电子城工委直属7个非公支部及功能区7个街乡和15个重点功能产业园的82名入党积极分子参加培训。

（苏　姗）

【高新产业发展专项资金拨付使用工作会】 5月25日，召开2014年高新产业发展专项资金拨付使用工作会。宣布前期经过专家评议、部门联审、会议审定等程序确定予以专项资金奖励和补贴的9个“商务楼宇、孵化器等第三方产业服务平台项目”、25个“企业创新类项目”、22家“通过高新技术企业认定的企业”、2家“新三板挂牌企业”等符合高新产业发展方向的重点项目。

（黄雅卿）

【《综合服务指南8》出版】 5月，电子城管委会《综合服务指南8》正式出版，作为服务园区企业主要宣传渠道之一，结合中关村示范区和电子城管委会创新创业工作主线，通过政府服务、政策支持、创新发展和创业指引等宣传，为科技企业健康成长营造软环境。

（司　维）

【“三联四覆盖”推进会】 6月17日，电子城工委组织召开电子城功能区“三联四覆盖”（通过党群“工作部署联动、组织载体联建、服务活动联办”，实现“组织网络全覆盖、阵地载体全覆盖、党群工作全覆盖，服务体系全覆盖”）区域化党群共建工作推进会。会上观看电子城功能区党建宣传片《凝心聚力促发展　汇聚磅礴正能量》，电子城工委副书记张凌云总结2014年电子城功能区党建工作，部署《电子城功能区“三联四覆盖”党群共建工作推进方案》。区委组织部、区委统战部、区总工会、团区委、区妇联、区侨联等区职能部门相关领导、电子城功能区所辖7个街乡党（工）委副书记、15个重点功能产业园党委书记参加会议。

（苏　姗）

【领导调研】 7月21日　区委副书记、区长吴桂英到电子城调研。了解电子城区域“十二五”规划落实、经济运行等情况及下一阶段工作重点，实地调研位于IT产业园的北京ABB电气传动系统有限公司。区委常委、常务副区长甘靖中，副区长张维刚及区发改委、区市政市容委、区规划委、国土朝阳分局及望京街道、来广营乡等6个街乡有关领导参加调研。

（苏　姗）

【企业在线网络招聘】 7月，中华英才网“中关村朝阳园”企业在线网络招聘启动。ABB（中国）有限公司、奇虎360等50家企业在线全国发布职位1000余个，182446人浏览次，7091人次应聘。

（司　维）

【电子城青年精英交流会】 8月1日，第一届中关村电子城科技园企业青年精英交流会在蓝调庄园举办。奇虎360、东方园林、等园区40余家企业300余名单身青年精英参加。电子城科技园管委会工委副书记及部分企业工会领导到活动现场观摩指导。

（司　维）

【垡头科技商务区管委会并入朝阳园管委会】 8月20日，朝阳区机构编制委员会印发《关于调整中关村科技园区朝阳园管理机构设置的通知》，撤销北京市朝阳区垡头科技商务区管理委员会及其下设的北京市朝阳区垡头科技商务区管理委员会办公室，其主要职能和行政编制划入朝阳园管委会。

（苏　姗）

【政企对接会】 9月8日，电子城管委会联合工商朝阳分局、区国税局、区地税局、望京街道办事处等在望京SOHO展示厅，召开“送法律、送服务”政企对接会。望京SOHO楼宇内近40家注册资金过千万元，尚未在朝阳区工商注册及纳税的企业参加会议。各相关部门介绍企业登记注册流程、服务企业措施、支持企业的优惠政策等内容，并强调企业要按政策在经营地工商注册和纳税，引导企业规范经营。同时，解答企业提出的办理注册登记的便捷措施等相关问题。

（朱卫东）

【园区企业获资金支持】 9月，中关村27家“十百千工程”培育企业获“企业做强做大”资金支持，其中朝阳园3家获支持企业为：鼎桥通信技术有限公司、北京蓝色光标品牌管理顾问股份有限公司、艺龙网信息技术（北京）有限公司。10月，中关村21家“十百千工程”培育企业获“加大研发投入”资金支持，其中朝阳园3家获支持的企业为：北京中电华大电子设计有限责任公司、北京经纬恒润科技有限公司、北京七星华创电子股份有限公司。

（黄雅卿）

【区人大视察】 10月27日，区人大常委会组织代表开展会前集中视察，组织经济发展方面的100余位人大代表到大望京科技商务创新区视察。视察组由区人大常委会主任佟克克带队，副区长张维刚、黄晓伟陪同视察。视察组听取电子城工委书记、常务副主任苏向东关于大望京科技商务创新区规划、开发、建设、招商、功能定位等汇报。

（苏 姗）

【“双创周”分会场活动】 10月，首个“全国大众创业万众创新活动周”以“创业创新汇聚发展新动能”为主题开幕。10月15日，中关村朝阳同期举办“双创周”分会场活动，在望京SOHO与SOHO 3Q、光合派创业加速顾问、恒牛资本暨小牛创业集训营、微路演等多家知名创业服务机构共同联合举办“N+X超级路演会”。路演会邀请SOHO中国董事长潘石屹，著名风险投资家、光合派首席创业导师王功权等多位投资导师为16个创业项目现场点评、出谋划策，200余位观众出席活动。

（赵 剑）

【电子城校园巡回招聘会】 10月至12月，电子城校园巡回招聘活动正式启动。北京东方国信科技股份有限公司、北京七星华电科技集团有限责任公司等30家园区企业到北京科技大学、北京航空航天大学等12家国重点大学招聘，提供软件工程师、销售经理等工作岗位千余个。

（司 维）

【高新政策对接暨经济统计服务培训会】 11月3日，召开中关村朝阳园高新政策对接暨经济统计服务培训会，50余家企业参加培训。会上，管委会高新办有关负责人员讲解GDP核算基本知识、高新技术产业企业优惠政策、入园流程等内容。

（黄雅卿）

【区政协视察】 11月10日，区政协十二届五次会议会前委员视察大望京科技商务创新区。区政协组织经济发展方面近百名政协委员到大望京科技商务创新区视察。听取电子城工委书记、常务副主任苏向东关于大望京科技商务创新区规划、开发、建设、招商、功能定位等方面的汇报。视察组由区政协主席谢莹带队，副区长张维刚、区政协副主席汪洋陪同视察。

（苏 姗）

【党建工作调研】 11月10日，区委副书记陈宏志、区工会主席王文军等到电子城功能区调研园区党建工作。电子城工委书记苏向东、副书记张凌云陪同调研。在恒通国际创新园，参观园区党建工作服务站，实地察看北京民生现代美术馆、明德医院和蓝色光标等园区企业。参观东芝医疗系统（中国）有限公司党建活动室、工会服务工作站和员工培训中心。听取关于园区和非公企业党建以及朝阳园党群服务中心建设情况的相关汇报。12月15日，区委常委、组织部部长何明，区总工会主席王文军等领导到电子城调研园区党建工作，区委组织部常务副部长唐行安陪同调研。电子城管委会全体班子成员参加。苏向东汇报电子城功能区基本情况、干部队伍建设情况、功能区党建情况。工委副书记张凌云介绍朝阳园党群服务中心建设情况。在听取汇报后，何明要求。抢抓机遇，做好未来发展规划。紧抓京津冀一体化及“十三五”规划，创新思路做好整体安排。抓好功能区党建，进一步提升党建工作水平。坚持高标准规划；提高组织覆盖及工作覆盖面，在非公企业中强化党的引领作用；坚持开拓创新，发挥“一组两会”机制统筹协调作用，树立园区党建典型，做好示范带动工作。加强统筹电子城功能区党群活动中心建设。挖掘园区党建特色，将党群活动中心打造成北京市党员教育基地，使党群活动中心成为朝阳党建的新亮点。

（苏 姗）

【北京浦项中心竣工仪式】 11月11日，在大望京科技商务创新区举行北京浦项中心竣工仪式。北京奥运城市发展促进会副会长蒋效愚，北京市投资促进局局长周卫民，朝阳区政府副区长薛寒，中关村科技园区电子城科技园管理委员会工委书记、常务副主任苏向东，浦项集团会长权五俊及韩亚银行、友利银行等韩国企业参加竣工仪式。权五俊致辞，概述浦项集团在中国北京的发展、北京浦项中心的建设过程，并对北京市、朝阳区政府对企业的支持表示感谢。该项目位于大望京三号地1008-629号地块，用地面积2万平方米，总建筑面积16.3万平方米，其中地上面积10万平方米，地下面积6.3万平方米，由A塔、B塔组成，建筑功能为5A级写字楼、会议、商业等。

（王仁清）

【专项资金申报】 11月17日，中关村管委会网站公示“2015年度中关村技术创新能力建设专项资金（专利部分）”支持名单情况，朝阳园有34家企业获640余万元资金支持，涉及国内专利672件、国际专利203件，同比资金支持增长32.81%，国内专利数量增长51.64%、国际专利数量增长38.42%。

（朱卫东）

【朝阳区科技企业孵化器联盟成立】 12月4日，在融创动力园区召开朝阳区科技企业孵化器联盟成立大会暨第一届理事会。电子城管委会等相关部门领导，以及科技企业孵化器联盟73家成员单位参加会议。望京创业园、极地国际创新中心负责人分别代表朝阳区孵化器、众创空间介绍孵化器、众创空间发展情况及运营理念。会议通过《朝阳区科技企业孵化器联盟章程》，并推举产生第一届联盟理事长、副理事长和秘书长单位。会议强调，将共同努力，发挥科技政策、资源、服务优势，推动朝阳区科技企业孵化器联盟开展好各项工作。

（吴思思）

【与承德高新区签订合作协议】 12月，河北省承德市常务副市长李晋宇率领承德市政府办、发改委、工信局、协同办、高新区管委会等部门到朝阳区考察京津冀合作及企业疏解工作。朝阳区政府副区长薛寒陪同实地调研东方园林、超图软件、世纪互联数据中心、以萨数据、握奇数据等电子城科技园企业，并与施耐德电气、58同城、万国数据、致生联发、鹏博士电信传媒、德利迅达科技、兜有电子商务等企业集中座谈，对接企业赴承德拓展业务意愿。12月11日，电子城管委会与承德高新区管委会举行两地高新园区合作协议签约仪式，电子城管委会常务副主任苏向东与承德高新区管委会副主任徐民签订《北京中关村朝阳园・承德国家高新技术产业开发区战略合作框架协议》，承德市常务副市长李晋宇及朝阳区政府副区长张维刚、薛寒等领导出席活动并见证签约。此次签约是朝阳区在京津冀协同发展中首次在政府层面开展合作。

（苏　航）

【支持企业获得政府专项资金】 12月，依托中关村信用体系政策，朝阳高新技术企业协会秘书处借助搭建在其上的信促会电子城平台，为园区企业获政府专项资金提供支持。全年为163家企业取得中介服务支持资金补贴、贷款贴息、上市资助等政府支持资金的资格，其中28家企业、59项业务获48.95万元资金补贴，21家企业获信用星级评定。

（张冬梅）

【认定登记技术合同】 年内，电子城认定登记技术合同750份，合同登记总金额54.2亿元，实现合同1278份，实现合同总金额25.8亿元。在认定登记的合同中，技术开发合同601份，占登记合同总数的80%。技术开发合同登记金额为50.27亿元，占登记合同总金额的93%，在技术领域的划分中，电子信息类的合同为533份，占登记合同总数的74%，电子信息类合同登记金额为49.2亿元，占登记合同总金额的91%。

（司　维）

垡头科技商务区

【概况】 垡头科技商务区管委会是区政府派出机构，机构级别正处级，下设综合科、规划科和产业科，主要职责是负责垡头产业区整体规划的统筹协调和组织推进工作；研究提出产业区发展规划和相关配套政策；协调推进产业区重大项目落实，优化项目布局，促进产业升级；组织协调产业区市政基本设施、配套服务设施建设以及环境整治、景观提升工作；负责产业区内重点企业和社会单位的信息联系和综合协调工作。8月，朝阳区机构编制委员会印发《关于调整中关村科技园区朝阳园管理机构设置的通知》，撤销垡头科技商务区管委会及其下设的管委会办公室，主要职能和行政编制划入朝阳园管委会。

地址：欢乐谷社区楼西侧白楼

邮编：100023

电话：65094663

（孟庆龙）

【领导调研】 3月31日，副区长张维刚到垡头管委会召开调研会。垡头管委会、国土朝阳分局、规划朝阳分局、清华安地公司相关人员参会。清华安地公司汇报焦化厂工业旧址园改造方案，垡头管委会汇报近期工作。张维刚建议下一步要按照区委书记程连元指示精神建立3个工作机制（“3个工作机制”即：垡头科技商务区开发建设联动工作机制、垡头科技商务区产业促进工作机制、垡头功能区产业引进置换及规范纳税机制），将朝阳港项目和焦化厂项目作为双引擎重点研究。5月22日，副区长张维刚到管委会召开调研会。管委会主任齐建宗，副主任邹明华、林琳，综合科、规划科、产业科相关工作人员，规划朝阳分局、十八里店乡相关人员参加会议。管委会汇报原朝阳港项目、焦化厂项目及垡头科技商务区3项工作机制内容。张维刚提出修改意见并部署下一步工作。

（李伟巍　杨　林）

【焦化厂工业旧址园出让方案研究会】 6月9日，召开焦化厂工业旧址园出让方案研究会。管委会主任齐建宗，副主任邹明华、林琳，规划科相关工作人员，北京国际商务中心区开发建设有限公司相关负责人员参加会议。研究焦化厂工业旧址园的土地出让方式等事宜。

（李伟巍）

【垡头科技商务区管委会并入朝阳园管委会】 8月20日，朝阳区机构编制委员会印发《关于调整中关村科技园区朝阳园管理机构设置的通知》，撤销北京市朝阳区垡头科技商务区管理委员会及其下设的北京市朝阳区垡头科技商务区管理委员会办公室，其主要职能和行政编制划入朝阳园管委会。

（孟庆龙）

温榆河生态走廊

【概况】 北京市朝阳区温榆河生态走廊建设管理委员会为区政府派出机构，负责温榆河地区开发建设管理和协调服务工作。主要职责：负责研究编制温榆河地区总体规划、控制性详细规划和各专项规划，制定地区发展规划、相关政策和开发建设计划，并组织实施；负责统筹温榆河地区市政基础设施建设、产业发展和生态环境建设，制定地区土地开发建设计划，并组织实施；负责协调建设用地的征地、拆迁、转工、转居工作，制定征地拆迁安置计划和政策；负责温榆河地区开发建设项目的初审和报批工作，并协助相关部门开展对工程项目的财务管理和审计监督工作；负责研究温榆河地区的财政、金融运行态势，组织对外宣传和招商引资工作。北京市朝阳区温榆河生态走廊服务中心为下属事业单位，差额拨款事业编制10名，主要负责区域相关信息化建设和服务，政策咨询和信息发布、追踪及反馈，管委会的后勤保障及服务等工作。年内，温榆河管委会完成党支部换届选举，召开工会第二次大会、共青团第二次团员大会暨第一届妇女大会。以无记名投票方式选举产生党支部委员5名、工会委员3名、团支部委员3名及妇委会委员3名。完成固定资产投资1.5亿。

地址：朝阳区金盏乡金盏东街9号

邮编：100018

电话：84334239

邮箱：wenyuriver@163.com

（王　洋）

【党风廉政建设教育活动】 2月，管委会组织全体人员集中学习区纪委全会精神。同时，组织领导班子成员开展“两个责任”理论测试答题学习活动。3月，温榆河管委会召开党风廉政建设工作部署会，并分层级、分类别组织签订党风廉政建设承诺书和责任书。5月，温榆河管委会开展“学党纪知党规促廉洁”专题学习活动，采用集中讲课与日常自学、座谈交流相结合的形式，先后举办5次专题集体学习活动，倡廉从俭效果显著。8月，温榆河管委会召开2015年上半年党风廉政建设工作会。11月，温榆河管委会召开2015年下半年党风廉政建设工作会。

（王　洋）

【金盏小店110千伏变电站投入使用】 2月，金盏小店110千伏变电站项目竣工验收投入使用，该项目于2013年9月开工，为朝阳区投运的第46座变电站，位于朝阳区东苇路和长店村北路交叉路口东南侧，原金盏35千伏变电站站区的北部。该变电站是金盏乡长店组团的配套项目，为解决地区负荷增长，缓解上级变电站主变重载，满足长店组团、金盏组团用电需求。

（王　洋）

【“十三五”规划编制】 4月，管委会召开“十三五”规划专题工作会，全面部署温榆河功能区“十三五”规划编制工作。12月，完成功能区“十三五”规划前期研究报告。

（王　洋）

【推进“煤改气”】 6月，温榆河生态走廊功能区2015年煤改气工作正式启动。朝阳农村地区2015年“减煤换煤、清洁空气”工作中“煤改气”涉及4个村，其中涉及温榆河功能区崔各庄乡何各庄村、草场地村约360户，为剩余未使用燃气的住户实施“煤改气”。

（王　洋）

【党员献爱心】 6月，管委会以“党旗汇聚爱心，慈善播散朝阳”为主题，组织开展“共产党员献爱心”活动，24名党员累计捐款金额1370元。

（王　洋）

【功能区发展规划前期课题研究】 8月，管委会启动生态走廊功能区发展规划前期调查研究，成立数字、文化、生态、宜居、活力与魅力6个研究小组，经由与市、区相关委办局及多家机构研究论证，形成6个相应的专题项目建议书，为下一步谋划功能区发展提供决策依据。

（王　洋）

【沙子营湿地公园规划建设调研】 10月，管委会协同区农委和孙河乡等相关部门对孙河乡沙子营湿地公园规划建设的现状情况、实施方案、后期运营模式、概念规划方案及设计方案征集等方面开展前期工作研究，并形成相关意见建议。计划下一步按照朝阳区“十三五”规划中“加快推进沙子营湿地公园规划建设”的总体要求，结合2016年区政府工作报告重点工作分工方案，区领导调研及区委区政府进一步指示的精神，继续推进工作。

（王　洋）

【愉悦湾项目建设】 11月，孙河国际商务园周边绿化景观（愉悦湾项目）项目进场施工，完成项目主要景观建设。愉悦湾项目属于2015年平原造林计划，是在编制完成孙河国际商务园项目控规初步方案的基础上，建设景观亮点工程，提升土地价值，涉及绿色空间约65公顷绿化用地，实施主体为区园林绿化局。

（王　洋）

【学习教育】 12月，管委会邀请清华大学国家形象传播中心的教授作《城市品牌的策划与推广》讲授，促进管委会打开工作思路，提高研究视角，重新定位新形势、新时期、新常态下的工作方向。12月，北京市委党校、北京行政学院教授曾宪植就如何理解《推进京津冀一体化协同发展》授课，促进管委会全体人员进一步领会习近平总书记的指示精神，立足本职工作为有序疏解北京非首都功能这一紧迫而艰巨的任务做出努力。

（王　洋）

金盏金融服务园区

【概况】 金盏金融商务区管委会，负责金盏金融商务区规划、发展、建设、管理和综合协调工作的区政府派出机构。金盏金融商务区位于朝阳区东北部规划东坝边缘集团内的金盏乡和东坝乡，以机场二高速为界，分为东区（原金盏金融服务园区）和北区（东坝北区），临近酒仙桥电子城、798艺术区、北京第四使馆区、温榆河生态走廊等功能区，距首都机场8公里，距CBD直线距离约12公里。总占地1220公顷，总建筑面积1400万平方米。园区东至金榆路，南至坝河及规划第四使馆区，西至东五环，北至规划东坝路。8月20日，根据区机构编制委员会通知要求，撤销北京市朝阳区东坝国际商贸中心区管理委员会，及其下设的北京市朝阳区东坝国际商贸中心区管理委员会办公室，其主要职责和行政编制划入金盏金融服务园区管委会；将北京市朝阳金盏金融服务园区管理委员会更名为北京市朝阳金盏金融商务区管理委员会（简称金盏金融商务区管委会）；原东坝国际商贸中心区管委会办公室使用的1名工勤编制及3名编制外人员划入金盏金融商务区管委会使用。经调整，金盏金融商务区管委会行政编制19名，其中主任1名，副主任3名。

地址：朝阳区东坝大街（楼梓庄路）9号

邮编：100018

电话：84398989

邮箱：jzyqgwh@bjchy.gov.cn

（杨　雪）

【民航清算中心项目推进】 1月5日，中国民用航空局清算中心（简称民航清算中心）业务用房项目取得《关于对民用航空局清算中心业务用房工程项目环境影响报告的批复》。3月5日，取得区规划分局关于该项目的方案复函。6月1日，取得《绿色通道审批确认表》。6月12日，取得《关于中国民用航空局清算中心项目园林审核意见复函》。6月17日，取得《北京市民防局人防工程建设方案咨询意见书》。9月16日，取得《建设工程规划许可证》。12月23日，取得《建筑工程施工许可证》，并进场开展开工前场地平整等准备工作。12月28日，正式开工，该项目用地总规模1.27公顷，地上建筑面积约2万平方米，预计投资额2.5亿元。开工部分将建设民用航空局清算中心业务用房，计划2017年年底完工。

（齐宏意）

【基础设施建设】 1月10日，东坝路电力沟道（部分）主体结构浇筑完毕，通过验收。2月4日，东北热电中心借用电力沟道建设完工。东坝路电力沟道的建设关系到小店变电站升级改造和东北热电中心并网发电等民生工程，园区管委会按照市政府要求完成东北热电中心借用电力沟道的建设任务，为东北热电中心早日并网发电创造有利条件。

（杨　雪）

【中信金盏金融后台综合服务中心项目】 2月11日，中信金盏金融后台综合服务中心项目取得区规划分局关于该项目的方案复函。4月13日，取得项目28号地块人防工程设计审核批准意见书。4月16日，取得项目28号地块园林审核意见复函。6月23日，取得项目28号地块建设工程规划许可证。7月15日，取得《项目节能专篇审查意见》。8月2日，取得《北京市固定资产投资计划单》。9月9日，取得《人防施工图备案意见》。9月16日，取得《建设工程施工许可证》。11月2日，28号地块内2号楼及地下部分正式开工。该项目用地规模7.64公顷，建筑规模11.46万平方米，总投资约18.3亿元。开工部分将建设中信国安金融创意中心，预计2017年年底完工。12月1日，取得28号地3号楼建设工程规划许可证、28号地4号楼建设工程规划许可证。

（齐宏意）

【党风廉政建设】 2月26日，召开2015年党风廉政工作部署会，做出逐级建立责任清单，组织分层签订党风廉政建设责任书，开展领导班子落实“两个责任”理论测试活动等工作安排，贯彻落实区纪委全会精神。3月至6月，金盏金融服务园区结合岗位职责，梳理各岗位风险点，制定或完善相应的制度，逐步建立内控体系，形成园区内部控制制度（试行）。

（杨　雪）

【温榆河法庭及档案楼项目推进】 3月31日，温榆河法庭及档案楼建设项目取得环评批复。4月3日，取得项目可行性研究报告的批复及招标方案核准意见书。4月24日，取得项目用地规划许可证。7月21日，取得土地权属审查告知书。7月23日，取得规划方案复函。10月29日，取得国有建设用地划拨决定书。12月29日，取得人防工程建设方案咨询意见书的前置条件，本意见书是办理人防工程设计审核批准意见书。

（齐宏意）

【宣传推介】 5月13日至17日，金盏金融服务园区参加第十八届中国北京科技产业博览会，重点推介园区综合功能定位及整体风貌。

（杨　雪）

【广发金融中心（北京）项目】 5月25日，广发金融中心（北京）项目完成签署《土地开发建设补偿协议》。6月2日，完成土地开发建设补偿款缴费工作。

（齐宏意）

【领导调研】 11月5日，市发改委副主任燕瑛到金盏金融商务区，就园区开发建设情况调研。区发改委、区财政局、区国资中心一同调研。调研人员实地察看园区的建设情况，听取园区建设发展情况的汇报，并对园区目前面临的实际问题和随着《京津冀协同发展规划纲要》的实施、《北京市新增产业的禁止和限制目录（2015年版）》的施行，以及北京城市功能的转型与升级，园区管委会如何加强功能定位、产业业态研究等进行研讨。

（杨　雪）

【“十三五”规划编制】 年内，根据园区开发建设进展情况和工作过程中遇到的问题，以及来访企业的需求、政策咨询等，组织开展政策调查、收集和研究工作，分析其可用性。多次与市金融局、区金融办、区发改委探讨，到相关经验单位实地考察，提出“一核一环两区”的空间格局，部署“十三五”期间发展重点及进度安排，形成《金盏金融商务区管委会关于“十三五”期间建设与发展问题研究》的报告。

（杨　雪）

【土地上市】 年内，位于金盏金融商务区的1113-603和1113-604地块取得北京市规划委员会建设项目规划条件。总用地规模84265.911平方米，容积率2.0，控制高度60米，建筑密度40%，绿地率30%。

（李　剑）

东坝国际商贸中心区

【概况】 东坝国际商贸中心区，地处东坝边缘集团的东坝北区，规划范围约6.21平方公里，总建筑规模（地上）800万平方米。规划具体四至范围：西至东五环，东邻机场二通道（距首都机场约8公里），南侧以坝河为界与南区相邻，北至规划东坝路。东坝国际商贸中心区管理委员会，代表区政府承担园区的开发建设管理和协调服务工作，同时下设办公室，行政级别为正处级，行政编制7名。主要职责：负责园区各项规划的研究制订和报批工作；负责协调推进园区内的建设用地拆迁、农民安置和劳动力就业等工作；负责市政基础设施、配套服务设施规划建设的组织协调工作；负责园区内的社会化服务工作。年内，管委会开展园区功能规划再调整，加速推进重点项目土地一级开发，协调推进轨道交通拆迁、车辆段选址以及第四使馆区项目征地拆迁工作。8月20日，根据区机构编制委员会通知要求，撤销北京市朝阳区东坝国际商贸中心区管理委员会，及其下设的北京市朝阳区东坝国际商贸中心区管理委员会办公室，其主要职责和行政编制划入金盏金融服务园区管委会。

地址：东三环北路2号迪阳大厦18层
邮编：100027
电话：65416800

（霍　蕊）

【重点项目推进】 年内，选定北小河以东、东坝大街以南区域占地7公顷、建筑面积31.55万平方米的3个地块，作为园区重点项目，推进土地一级开发。到市政府原则同意项目建设，等待市规划委最终批复。

（霍　蕊）

【轨道交通建设拆迁和车辆段选址】 年内，承担协调配合地铁3号线轨道交通建设拆迁和车辆段选址工作。初步明确3号线线由位置、建设时序、拆迁量前期摸底、资金测算等重点难点问题。

（霍　蕊）

【第四使馆区项目征地工作启动】 年内，第四使馆区项目征地工作启动。年底，东坝乡与区土地储备中心签订征地补偿安置协议，并获市发改委立项核准批复。征地手续上报市国土资源局，待批复。第四使馆区项目用地位于东坝乡三岔河村，占地83.617公顷。项目自2013年12月启动拆迁工作，拆除全部集体土地的住宅与非住宅，国有土地上房屋有1家未拆除，其它全部拆除完毕。

（霍　蕊）

【“十三五”规划思路研究】 年内，启动园区“十三五”规划思路研究工作。研究园区功能定位、产业体系、空间布局、开发时序、重点项目等关键性问题，形成《东坝第四使馆地区“十三五”时期经济社会发展规划报告》。

（霍　蕊）

国家文化产业创新实验区

【概况】 国家文化产业创新实验区以“北京商务中心区（CBD）—定福庄国际传媒产业走廊”一带为核心承载区，东至八里桥朝阳区与通州区界，南至广渠门外大街-广渠路及其东延长线，西起东二环朝阳与东城区界，北至工体北路-姚家园路及其延长线。行政区域面积78平方公里。8月，根据市编办《关于同意设立北京朝阳国家文化产业创新实验区管理委员会的批复》意见，经区委常委会、区长办公会、区机构编制委员会研究，并报市编办批准，决定组建北京朝阳国家文化产业创新实验区管理委员会（加挂北京国家广告产业园区管理办公室牌子），同时撤销定福庄传媒文化产业区管理委员会和北京商务中心区管委会内设的国家广告园区管理处，其相关职责和人员编制整体划入文创实验区管委会。文创实验区管委会为朝阳区人民政府的派出机构，机构级别正处级，下设办公室、规划建设科、产业发展科和政策法规科。主要职责：负责国家文化产业创新实验区（不含北京商务中心区）规划、建设、管理等组织协调工作；负责国家文化产业创新实验区内文化产业发展的协调推进工作。年内，管委会加快推进体制机制创新、规划研究编制、政策先行先试和服务体系创新。

地址：西大望路甲12号
邮编：100124
电话：010-67730990
邮箱：wenchuangshiyanqu@126.com

（李孟杰）

【纳入全市深化改革“一区（县）一试点”】 3月23日，区委副书记陈宏志主持召开会议，研究调度落实中共北京市委全面深化改革领导小组办公室关于“一区（县）一试点”相关工作（按照市委全面深化改革领导小组的部署，2015年“一区（县）一试点”工作要求每一个区县都提出一个领域的改革试点方案，区县作为主体，市委改革办协调汇总，各专项小组指导把关，提交领导小组会议审议通过后实施）。听取《关于国家文化产业创新实验区相关情况的汇报》，会议同意将国家文化产业创新实验区作为推荐试点报市委全面深化改革领导小组办公室。5月8日，召开朝阳区委全面深化改革领导小组第二次会议，专题研究朝阳区关于建设国家文化产业创新实验区改革试点方案制定工作，听取《朝阳区关于建设国家文化产业创新实验区改革试点工作方案（草案）》汇报。区领导程连元、吴桂英、佟克克、陈涛、刘军胜出席会议。

（李孟杰）

【召开专题工作会】 4月8日，在文化部召开国家文化产业创新实验区专题工作会。听取朝阳区作《关于朝阳区文化建设及国家文化产业创新实验区相关工作开展情况的汇报》。文化部党组书记、部长雒树刚，文化部党组成员、部长助理刘玉珠及办公厅主任于群，政策法规司司长饶权，文化市场司司长陈通，文化产业司司长吴江波，公共文化司副司长周广莲，对外文化联络局党委书记、副局长蒲通，文化产业司巡视员孙若风，朝阳区领导程连元、谢莹及有关部门参加会议，刘玉珠主持会议。

（李孟杰）

【领导调研】 5月11日，文化部党组书记、部长雒树刚，党组成员、部长助理刘玉珠，市委常委、宣传部部长李伟调研国家文化产业创新实验区规划建设工作。到朝阳规划艺术馆、懋隆文化产业园和“首尚定福庄”文化产业园，调研实验区整体发展、旧仓库改造利用发展文化产业、传统制造企业转型发展文化产业等相关工作。雒树刚肯定实验区在设计规划、打造平台和吸引高端文化企业方面的成绩，区领导程连元、吴桂英、谢莹、孙其军、黄晓伟陪同调研。

（李孟杰）

【市领导调研】 5月14日，北京市委书记郭金龙、市长王安顺及市领导李士祥、陈刚、张工一同调研国家文化产业创新实验区。走访北京齿轮厂等一批老工业厂房，了解一般制造企业外迁和产业升级进展。郭金龙强调要深入贯彻习近平总书记考察北京重要讲话精神，落实《京津冀协同发展规划纲要》要求，加快疏解非首都功能，在疏解非首都功能中“瘦身健体”谋发展。区领导程连元、吴桂英、谢莹、陈宏志、陈涛陪同调研。

（李孟杰）

【文创实验区管委会成立】 8月12日，召开会议宣布北京朝阳国家文化产业创新实验区管理委员会班子，标志着实验区管委会正式成立。副区长孙其军主持会议，区委常委、组织部部长何明，区委常委、宣传部部长、区委办主任刘军胜出席会议。任命桑小为为文创实验区管委会党支部书记，任命丰春秋为文创实验区管委会主任兼北京国家广告产业园区管理办公室主任，任命于洪涛、王建军、李强为文创实验区管委会副主任。任命屈福来为北京国家广告产业园区管理办公室专职副主任。

（李孟杰）

【召开首届高端峰会】 9月19日，在朝阳规划艺术馆召开以“新常态、新机遇、新模式”为主题的届国家文化产业创新实验区高端峰会。文化部党组成员、部长助理刘玉珠，市委常委、宣传部部长李伟，朝阳区委书记、区长吴桂英，中国传媒大学党委书记陈文申出席峰会并致辞。围绕首都“四个中心”战略定位、“一带一路”、京津冀协同发展等重大战略，系统谋划国家文化产业创新实验区的建设发展。天津、重庆、昆明等12个城市（区）相关负责人，清华大学、国家行政学院等高校和科研机构的知名专家学者，重点文化企业代表等200余人出席会议。

（李孟杰）

【成立金融服务中心】 9月19日，区政府与北京银行签订《关于国家文化产业创新实验区文化金融服务全面战略合作协议》，将“1+1+10+N”金融服务体系（北京银行针对国家文化产业创新实验区特点，通过整合金融资源，打造的文化创新投融资模式，即设立“1”个实验区文化金融服务中心，运用“1000”亿元授信支持，通过“10”个系列文创产品，合作“N”个金融机构），支持实验区建设及区内文化企业发展。10月29日，北京银行在实验区设立2个专门的金融服务中心，发布面向实验区文化企业的“文创普惠贷”产品。

（李孟杰）

【召开重点地块控规调整座谈会】 10月22日，在管庄乡政府召开实验区内管庄滨水地块控规调整研究座谈会。文创实验区管委会、管庄乡政府和北京市规划设计院有关人员参加会议。会议听取北京市规划设计院关于定福庄文化综合区（管庄地块）控规调整的最终研究成果。11月13日，在华文国际传媒大厦召开定福庄文化综合区控规调整研究座谈会，文创实验区管委会、北京市规划设计院和天坛生物医药基地、生物制品研究所、中外运仓库、懋隆仓库、北京卷烟厂、万东医疗等国有企业单位参加会议。会议听取北京市规划设计院关于定福庄文化综合区控规调整的最终研究成果。

（李孟杰）

【参展第十届北京文博会】 10月29日至11月1日，在中国国际展览中心（静安庄）举办第十届中国北京国际文化创意产业博览会。国家文化产业创新实验区参加朝阳区展览展示活动，展示实验区一年来建设成果，并召开新闻发布会，《人民日报》中央电视台、北京电视台等主流媒体分别以头版和整版方式进行报道。

（李孟杰）

【广告产业扶持】 11月，完成2014年度朝阳区广告产业发展扶持资金支持项目兑现工作，22个项目符合政策要求，拨付扶持资金250万元。支持项目包括企业落户奖励、房租补贴和优秀作品奖励等。

（李孟杰）

【文化金融工作调研】 12月11日，北京市银监局局长苏保祥，党委委员、副局长易晓，办公室主任肖云钢，国有处处长徐伟，城商处副处长李伟一行到国家文化产业创新实验区调研文化金融工作。实地考察莱锦创意产业园，并召开文化金融工作座谈会，区委宣传部副部长、文创实验区管委会主任丰春秋，区金融办党组书记、主任赵捷作专题汇报。苏保祥对文创实验区文化金融政策探索和模式创新提要求。副区长孙其军陪同调研。

（李孟杰）

【企业入驻】 年内，广告园区新增广告专营企业248户，占朝阳区的43.1%；新增注册资本5.3亿元，占朝阳区的40.5%。其中规模以上广告专营企业82户，占朝阳区的40.6%，同比增长24.2%。

（李孟杰）

定福庄传媒文化产业区

【概况】 定福庄传媒文化产业区管委会是区政府临时派出机构，行政级别正处级。主要职责：负责统筹推进定福庄产业区的规划建设工作；负责产业区市政基础设施和配套服务设施建设的组织协调工作；负责产业区产业促进和对外宣传工作，促进产业结构调整和优化升级。8月，根据市编办《关于同意设立北京朝阳国家文化产业创新实验区管理委员会的批复》意见，经区委常委会、区长办公会、区机构编制委员会研究，并报市编办批准，决定撤销北京市朝阳区定福庄传媒文化产业区管理委员会及其办公室，其相关职责和人员编制整体划入文创实验区管委会。

地址：建国路15号院甲1号（华文国际传媒大厦12层）

邮编：100024

电话：65420802

邮箱：dfzgwh@126.com

（李孟杰）

【“中国年文化”主题活动】 1月29日，与《光明日报》、教育部社科司在三间房乡动漫社区联合举办“大家写小书　名师大讲堂”活动。邀请宁夏文联副主席郭文斌以“中国年文化”为主题向社区居民讲解。

（李孟杰）

【定福庄论坛】 4月8日，定福庄文化产业促进会与《光明日报》联合在东亿国际传媒产业园举办以“文化定福庄的探索与实践为主题”的定福庄论坛。论坛结合首都北京“政治中心、文化中心、国际交往中心、科技创新中心”全新发展定位，邀请知名专家学者厉无畏、厉以宁等，探讨文化产业发展新战略、新模式、新路径、新手段，促进文化产业大繁荣、大发展。

（李孟杰）

综合经济管理

发展和改革

【概况】 朝阳区发展和改革委员会（简称区发改委）是负责朝阳区国民经济和社会发展统筹协调、经济体制改革综合协调的区政府工作部门。年内，根据区委区政府工作中心，统筹协调全区经济运行，完成各项改革计划，并抓好落实。

地址：百子湾西里303号楼

邮编：100124

电话：65090600

网址：http://fagaiwei.bjchy.gov.cn

（王海燕）

【商品房屋投资】 年初，市发改委下达2015年北京市房地产投资计划，区计划建设面积约1044万平方米，计划投资约238亿元，分别占全市总量18.8%和20.5%。从结构上看，区住宅项目计划建设面积约376万平方米，办公、商业用房及公寓计划建设面积约297万平方米，其他项目计划建设面积约371万平方米，分别占全市总量13.8%、25.5%和22.3%。

（陈予辉）

【市重点项目】 年初，区域内53个项目被列为北京市重点建设项目，总投资约4891亿元。包括环境提升项目13个，市政基础设施项目13个，民生改善类项目8个，“高精尖”产业培育项目16个，京津冀协同发展项目2个。

（陈予辉）

【“十三五”规划编制】 3月12日至13日，组织召开朝阳区“十三五”规划编制培训会，全区39个部门90余人参加培训。国家和北京市发改委、北京市社科院和北京城市规划设计研究院的4位专家讲授“十三五”规划编制形势和变化、北京市城市总体规划修改、京津冀协同发展等热点问题，各参会部门交流 “十三五”规划编制工作进展和对全区“十三五”规划纲要编制的建议意见。4月20日，启动“十三五”规划网上建言献策活动。在区人大、区政协、区政府和区发改委网站上设置专栏，重点围绕经济发展、民生改善、城乡一体化发展、“城市病”治理、文化软实力提升、深化改革等领域，征集公众建议。5月28日、7月23日，区长吴桂英先后两次主持召开“十三五”规划编制工作专题会，听取区发改委关于“十三五”规划编制相关工作的汇报。区委常委、常务副区长甘靖中，副区长张维刚出席会议，区“十三五”规划编制相关部门参加会议。吴桂英对“十三五”规划编制提要求。6月29日至7月1日，朝阳区召开“十三五”规划思路研讨会。副区长张维刚主持会议，全区10个部门参加会议。北京市委研究室、北京市发改委、北京国际城市发展研究院等单位5位专家交流“十三五”规划编制的形势和变化，朝阳区“十三五”时期的发展思路和战略定位，各参会部门研讨“十三五”规划纲要编制工作。7月29日至30日，朝阳区召开第十五届人民代表大会第六次会议，听取区发改委关于“十三五”规划研究编制情况的汇报，并围绕规划编制工作集中听取人大代表的意见和建议。10月13日，区政协召开十二届二十一次常委（扩大）会议，听取区发改委关于“十三五”规划研究编制情况的通报。11月4日，区委组织召开区级领导班子“十三五”规划务虚会，对“十三五”规划纲要（初稿）进行专题讨论。区领导讨论规划纲要的总体思路、主要目标、重点任务等核心内容，并对下一步“十三五”规划编制工作提出意见和建议。12月3日，区委书记吴桂英主持召开“十三五”规划编制领导小组会，讨论“十三五”规划纲要。代区长王灏，区委常委、常务副区长甘靖中及规划编制领导小组成员参加会议。区领导肯定“十三五”规划纲要讨论稿的总体思路和主要内容，并对部分内容提出进一步完善的建议。12月21日，代区长王灏主持召开区政府常务会，听取“十三五”规划纲要编制工作专题汇报。各相关部门讨论规划纲要的主要目标、重点任务等核心内容，区领导对下一步修改完善工作提出建议。12月22日，区委十一届十一次全体（扩大）会议召开，审议通过区委《关于制定朝阳区国民经济和社会发展第十三个五年规划的建议》。区委书记吴桂英就《建议》起草的总体考虑和主要内容作说明，明确朝阳区“十三五”发展的指导思想、基本要求和目标任务。12月23日，全区十五届人大常委会第三十次会议召开，听取并初步审查区政府《关于朝阳区国民经济和社会发展第十二个五年规划完成情况和第十三个五年规划纲要（草案）主要内容的报告》。12月23日，区委书记吴桂英主持召开区委常委会，研究审议“十三五”规划纲要。区领导对规划纲要提出的总体思路、重点任务等主要内容给予肯定，并要求按照区委《关于制定朝阳区国民经济和社会发展第十三个五年规划的建议》精神，及时做好对接和落实，进一步修改完善规划纲要。

（李明慧）

【“双十工程”实施方案印发实施】 3月20日，以区委、区政府名义印发《朝阳区“双十工程”2015年度实施工作方案》。《方案》提出的总体目标是：到2015年底，十大发展基地已完成前期工作的项目力争全部启动建设，大望京科技商务创新区、奥林匹克公园核心区等区域一批重点项目实现竣工，为构建“高精尖”经济结构、促进经济提质增效升级提供空间载体；十大民生工程的各项指标全部完成规划目标，城乡环境面貌和管理水平明显提升，社会事业和民生保障取得新成绩。

（李明慧）

【节能宣传周暨全国低碳日】　6月13日至19日，全国节能宣传周，6月15日，为全国低碳日。结合2015年度节能宣传周主题，在全区开展以“节能有道、节俭有德”和“低碳城市、宜居可持续”为主题宣传活动。宣传周期间，朝阳区重点组织开展全国低碳日主题活动，组织开展节能宣传进学校、进社区、进机关、进商场活动，组织开展节能执法检查工作。

（吴清溶）

【“十二五”发展成就展】　9月16日，区发改委在北京奥林匹克塔举办朝阳区“十二五”发展成就展。贵州省委常委、贵州市委书记陈刚，云南省昆明市委书记程连元，朝阳区委书记、区长吴桂英出席活动，共同为朝阳区“十二五”发展成就展暨2015北京CBD商务节揭幕。区四套班子领导、京津冀部分地市领导，区党代表、人大代表、政协委员，重点企业代表及区相关部门领导参会并参观展览。展览包括“发展转型的十二五”和“历史变革的十三五”两个部分，全面展示朝阳区“十二五”时期在“双十工程”实施、核心功能提升、区域环境治理、城乡一体化发展、重点领域改革和党的建设等方面的发展成就，展望“十三五”时期的发展思路。

（李明慧）

【2016年区政府投资基本建设项目征集】　9月28日至10月21日，区发改委面向全区征集2016年区政府投资基本建设项目，征集项目150个，总投资140.31亿元，其中申请区政府投资基本建设专项资金88.17亿元。

（李　妍）

【重点用能单位专项监察】　10月26日至11月5日，市节能监察大队对朝阳区20家重点用能单位的淘汰用能设备和节能技改措施落实工作开展专项监察，对更新节能型设备制定更换期限。

（薛　蕾）

【税源建设】　年内，加强对财税工作统筹调度，落实稳增长各项工作机制，深化企业服务，稳定重点税源经济贡献，强化部门、街乡协调联动，促进新项目落地，主动开展商务楼宇服务，优化区域发展环境。实现一般公共预算收入448亿元，同比增长8.8%，完成全年一般公共预算收入同比增长7%的目标。

（王海燕）

【医药卫生体制改革】　年内，推进深化医药卫生体制改革工作，统筹协调深化医药卫生体制改革工作中的重大问题，研究公立医院改革等重点课题，完成2015年的医改评估工作。

（王海燕）

【功能疏解】　年内，全区清退有形市场53家，清理废品回收场站24个，拆除出租大院96个，关停工业污染企业41家，减少从业人员11.4万人，超额完成市级、区级功能疏解任务。

（齐晓燕）

【人口调控】　年内，辖区有常住人口395.5万人，其中常住外来人口184万人，完成市政府下达的绩效任务。全区流动人口调减22.2万人，下降到153.3万人，完成年度流动人口调控任务的111.1%。

（齐晓燕）

【固定资产投资】　年内，北京市全社会固定资产投资目标为8016亿元，区安排投资总量1222亿元，与2014年任务持平，占全市目标任务总量的15.2%。将指标分解落实到12个牵头部门，全年完成固定资产投资1238.7亿元，同比增长0.3%，占全市的15.5%，超额完成年初确定的目标任务。

（陈予辉）

【投资审批制度改革】　年内，开展投资项目审批与服务事项的规范和梳理工作，梳理并公布朝阳区发展和改革委员会15项投资项目审批事项，其中行政许可事项6项，政府内部审批事项1项，非行政许可审批事项8项。年底，启用北京市固定资产投资项目信息管理平台，实现市区上下贯通和区域内固定资产投资项目立项环节在市级平台办理。

（赵　琼）

【固定资产投资项目审批】　年内，区域内批复项目212个，总投资约679亿元。其中区级批复项目175个，总投资约308亿元，市级批复项目37个，总投资约371亿元。

（王之静）

【市政府资金支持】　年内，以道路、生态环境建设、绿化、中小河道治理等基础设施和民生保障项目为重点，争取市政府资金支持。全年争取20个项目市政府补助资金21.7亿元，占批复安排资金总额的70%。国有资本经营管理中心资本金补助、东北热电中心拆迁补助、朝阳区第三四阶段中小河道治理工程等23个建设项目补助金额23.17亿元。

（赵　琼　于　洋）

【绿色审批通道】　年内，区域内包括北京东方华瑞文创产业中心、太阳宫回迁安置房等所有一绿试点项目在内的高精尖产业、民生、基础设施、环境提升等领域77个项目纳入市政府扩大内需重大项目绿色审批通道，总投资约1152亿元。

（陈予辉）

【高尔夫球场清理整治】　年内，按照中央、市政府工作部署，组织协调有关职能部门清理整治区域内14个高尔夫球场。

（陈予辉）

【“十三五”规划重大项目征集】　年内，全区征集“十三五”规划期间重大项目107个，总投资约2286亿元。其中2016年拟实施重点项目48个，2017年计划建设项目39个，2018—2020年计划建设项目20个。

（陈予辉）

【节能目标实现】　年内，朝阳区能源消费总量1075.42万吨标准煤，同比下降0.91%。万元GDP能耗0.2318（吨标准煤/万元），按可比价格计算，同比下降6.99%，超额完成2015年万元GDP能耗下降2.00%的年度目标，全年节能指标超额完成市级下达任务。

（李永宇）

【节能发展引导资金】　年内，安排节能专项资金4745.9万元，对130个项目给予支持奖励。其中财政补助类项目32项，补助金额3285.4万元；直接奖励类项目98项，奖励金额1383.5万元；项目评审费用77万元。

（薛　蕾）

【节能考核】　年内，考核全区271家重点用能单位、13个行业主管部门、24个街道办事处、19个地区办事处（乡政府）2014年节能工作情况，全区271家重点用能企业中，21家考核结果为优秀（占总数的7.22%），153家考核结果为完成（占总数的52.58%），68家考核结果为基本完成（占总数的23.37%），29家考核结果为未完成（占总数的9.97%），20家未提交自查报告（占总数的6.87%）。13个行业主管部门中，4个考核结果为优秀（占总数的30.77%），9个考核结果为完成（占总数的69.23%）。43个街道（地区）办事处中，6个考核结果为优秀（占总数的13.95%），37个考核结果为完成（占总数的86.05%）。

（李永宇）

【节能试点项目建设】　年内，选定国贸中心等7家用能单位作为2015年度节能示范，其中建筑节能项目5个，工业（供热）节能项目2个，总投资8520万元，年节能量7585吨标准煤，区节能资金支持1936万元。7个项目全部建设完工，并通过专业机构的节能量审核和示范效果评估，达到预期的示范效果。

（李永宇）

【压减燃煤】　年内，按照《北京市2015

年压减燃煤和清洁能源建设工作计划》，全区削减燃煤任务量为130万吨。关停国华北京热电厂，压减燃煤134万吨；拆除和改造7家单位的25台、87蒸吨燃煤锅炉，压减燃煤2.175万吨；调整退出工业污染企业41家；通过民用散煤治理，削减燃煤3.86万吨，压减燃煤140.035万吨，超额完成市级部门下达年度目标任务。

（吴清溶）

【清洁生产审核】 年内，区发改委按照市级清洁生产审核名录要求，号召企业做好清洁生产审核工作，超额完成全年43家的任务，实际审核评估54家单位。

（薛 蕾）

【区政府投资基本建设专项计划】 年内，朝阳区下达3批基本建设专项资金使用计划，涉及计划项目98个，下达计划金额16亿元。区发改委对接区财政局、区审计局、区监察局等职能部门及项目单位，掌握项目实施进度，加强资金使用信息的互通，确保资金使用高效安全。

（李 妍）

【政府投资项目决算审批】 年内，完成区政府投资决算审批项目30个，安排使用区基本建设资金70752.6万元，其中根据2015年决算审核结果下达资金计划12754.49万元。

（马正悦）

【政府投资项目稽查】 年内，朝阳区开展两个批次的政府投资项目稽查工作，派出5个稽查组，对全区18个政府投资重点项目开展全过程稽查，涉及立项批复总投资41467.09万元，稽查重点内容为审批程序、建设规模、工程进度、工程质量及财务管理，确保政府资金的安全使用。

（苏 虹）

【政府投资项目招投标监督】 年内，依据国家、北京市招标投标法律法规，会同财政、审计、监察等职能部门，对政府投资项目的招投标活动加强指导、监督和管理，促进项目单位招标投标工作规范有序。

（徐振宇）

【2016年固定资产投资项目汇总】 年内，根据区域内固定资产投资项目建设情况，结合2016年重点建设项目征集、政府投资基本建设项目征集、项目审批及2016年商品房计划上报情况，初步梳理汇总全区2016年计划实施的224个项目，总投资约7565亿元，预计2016年投资约1172亿元左右。

（陈予辉）

统 计 管 理

【概况】 北京市朝阳区统计局是朝阳区政府负责综合统计工作的职能部门，国家统计局朝阳调查队、北京市朝阳区经济社会调查队为国家统计局北京调查总队和北京市经社会调查总队的派出机构，与区统计局合署办公。局机关设11个科室、派驻1个科室，下属5个事业单位，设43个街乡统计所。年内，局队以数据质量为核心，以基层基础工作和队伍建设为抓手，以法制建设、信息化建设、统计宣传为保障，重点做好服务“稳增长”、人口调查、统计监测分析、统计年定报等重点工作，提高统计服务水平。

地址：日坛北街33号区政府北院南楼四层
邮编：100020
电话：65094641
网址：http://www.chystats.gov.cn

（李海林）

【统计信息发布】 年内，通过区委办、区人大、区政府办采编信息、《朝阳报》、局队统计网站、《统计经纬》杂志等方式发布《朝阳区2015年国民经济和社会发展统计公报》、统计分析报告174篇、统计快报22期、统计专报18期、经济信息279篇。向全区30余个部门提供统计数据75次、19.4万笔。

（李海林）

【统计服务】 年内，制定《朝阳局队服务“稳增长”工作实施细则》，每月定期召开工作例会，分析指标变化情况、发展走势及存在问题。围绕GDP、固定资产投资、社会消费品零售额、居民可支配收入、能耗等重点指标和区发改委、区商务委、区人力社保局等部门的沟通，确保统计数据与政策措施紧密结合。就现代服务业、金融业、文化创意产业、科技服务业等重点产业加强和区商务委、科委、文创办等产业部门的对接，确保统计数据与部门数据的统筹和衔接。为CBD管委会、电子城管委会、奥林匹克中心区管委会等重点区域提供数据和分析。修订完善《朝阳局队统计分析报告组织实施及考核管理办法》和《朝阳局队关于加强信息报送工作的管理办法》。围绕功能疏解、“高精尖”经济结构、和谐宜居之都、人口调控、科技创新等热点问题，以及数据管理、网络安全等实际工作中亟待破解的难题，确定26篇局队课题，形成系列监测报告。在发布的统计信息中，87篇分析被市局总队采用，173篇信息被区两办和区人大采用。《从GDP结构看朝阳区经济发展状况及对策建议》《统计人口调查数据与流动人口管理平台数据的对比分析》《关于朝阳区第三次全国经济普查工作成果及有关情况的报告》《朝阳区常住人口职住分离现象简析》等14篇分析报告被区领导批示。编印《统计报告》刊物40期，编印《统计经纬》杂志11期。出版下发《2015年统计年鉴》。

（李海林）

【经济运行监测】 年内，围绕GDP、全社会固定资产投资、社会消费品零售额、工业总产值、城乡居民收入等重点指标逐月开展监测，分析经济增长和结构优化的亮点和问题，做出预判、预测和预警，提出科学对策建议。围绕现代服务业、文化创意产业、金融业、高技术产业、生产性服务业、信息服务业等重点产业和CBD等重点功能区开展监测，挖掘新经济增长点，反映结构调整和动力转换，为产业结构优化升级提供服务。强化热点领域价格、都市农业、妇女儿童发展状况监测。尝试开展科技服务业、服务性消费、互联网金融、科技创新状况监测。

（李海林）

【统计专项调查】 年内，受区综治委委托，按季度开展群众安全感民意调查，完成176篇调查分析报告。受区委组织部委托，开展政府绩效管理考评居（村）民、居（村）干满意度调查。按照市局总队部署，完成大型购物中心居民消费情况、消费品进出口政策调整对居民消费影响、北京高校学生创新创业及就业意愿、北京市企业发展状况、北京市社区卫生服务现状、北京市场周边居民居住及消费环境、国有企业反腐倡廉、境外来中国大陆工作专家、新设立小微企业、物流企业、农民工市民化进程、商品房供应情况、规模以下工业企业疏解、城六区商品交易市场等多项调查。

（李海林）

【年度人口抽样调查】 年内，开展年度人口抽样调查。涉及全区42个街乡、236个社区、295个调查小区，调查时点为11月1日零时。调查工作先后成立区、街乡人口抽样调查办公室，依次完成样本框编制、调查小区划分、调查员选调、动员培训、调查小区图绘制、建筑物核查、清查摸底、登记复查、数据处理和资料开发等工作，其中选调调查员825人，业务培训开展13个工作日973人次。依据调查资料推算朝阳区2015年末，常住人口395.5万人，其中男性202.4万人，女性193.1万人，0—14岁人口37.8万人，15—64岁人口317.1万人，65岁以上人口40.6万人，常住外来人口184.0万人，全年出生人数34523人，出生率8.76‰，死亡人数13242人，死亡率3.36‰。

（李海林）

【统计数据质量保障】 年内，强化基层基础，保障数据质量。通过沟通协调，区政府下发《关于进一步加强统计基层基础建设工作的实施意见》，强化朝阳统计基层基础工作。在全区454个社区（村）建立统计工作站。查找准规模以上单位 10347个，查找率88.9%，除去其中关闭、注销、停业、破产、产业、一户多照、外省市经营等单位，填表单位合计10079个，填表率86.6%。在朝外地区、来广营地区先后成立调查队。实行全过程质量管理，修订数据质量全过程管理办法，完善工作流程，明确科室工作职责，加强协调配合，由统计所、专业科室和管理科分层次对数据审核把关。加强基础业务培训，各科室、统计所对直报和重点企业统计人员开展专项培训。适应方法制度改革，针对能源核算制度改革和固定资产投资改革试点工作，开展相关调研和梳理历史数据，研究新旧制度之间的差异，完善审核方式。做好年报工作，通过双组长负责、例会通报、实地督导检查等一系列措施，在 2014年全市年报考核中取得142.9分的成绩，排名全市第四名，在19个专业中基本单位、郊区、建设、服务业、科技、价格、人口、专项等10个专业获满分。

（李海林）

【统计执法检查】 年内，加大对统计违法行为的查处和处罚力度，继续推进全员执法；建立专职执法人员与业务科室、统计所一对一的互助指导机制；对案卷审理流程重新梳理，规范各层级审理内容及案卷流转顺序；重新修订“案卷审理记录”。全年检查单位546家，立案77家，行政处罚74家，其中行政警告6家，行政罚款68家，罚款金额59.8万元。

（李海林）

【统计普法宣传】 年内，编印《2015年统计手册》，面向相关部门、街乡领导、社区居委会和村委会书记主任发放，加强部门间的沟通。印制《统计上严重失信企业信息公示暂行办法》宣传折页发放至全区规模以上单位，做好服务。举办首届朝阳统计开放日。组织实施全国统计从业资格考试，设立1个考点、49个考场，全区1521人报考，978人实考，合格780人。把好案卷审核制度关，审理立案案卷70余卷，对其中1家复议和1家重大案件在市局总队备案。建立执法检查回访制度，回访上年10家被给予行政处罚的统计违法单位，检查处罚情况、台帐建立情况、整改情况、整改措施等。加强对统计调查证和执法证的管理，统计调查证办理专项调查的32人次和人口抽样调查的831人次，执法检查证件办理17人次。

（李海林）

【统计信息化建设】 年内，建成交互式视频会议培训系统，覆盖全区43个统计所，召开6次视频会议，降低局队管理运行成本。试运行统计培训平台，相关企业登录平台，开展在线学习，了解统计报表的填报要求及变化内容，为常规培训提供补充。

（李海林）

【统计队伍建设】 年内，加大干部选拔任用力度，以民主推荐方式选任8名科、所长。通过公开招考，新招录15名公务员。推进挂职锻炼长效机制，扩大挂职交流规模，安排14人参加科所互换挂职。开展大规模轮岗交流工作， 13个科室负责人轮岗，11名科级以下干部调整岗位。举办系统内科级干部培训班，局队领导备课授课。组织全系统统计所人员、辅助调查员和村级统计站人员参加岗位知识培训。选举产生第四届党总支委员会，将原来的3个党支部调整扩充为5个党支部并选举产生各支部的支部委员，在支部内成立党小组，将党建向科室延伸。开展“为官不为”“为官乱为”专项治理，组织局机关及统计所全体干部签订承诺书289份。

（李海林）

人力资源与社会保障

【概况】 朝阳区人力资源和社会保障局（简称区人力社保局）是负责全区人力资源和社会保障工作的区政府工作部门。区编办是北京市朝阳区机构编制委员会的常设办事机构，负责全区行政管理体制和机构改革以及机构编制日常管理工作，既是区委的工作机构，也是区政府的工作机构，与区人力社保局合署办公。年内，按照区委区政府的工作部署和全区工作中心，完善人力资源和社会保障工作机制，严格机构管理，调整机构编制，核减事业编制2086名。区劳动监察大队先后被北京市人力资源和社会保障局授予授予“2014年度开展劳动保障监察工作先进单位”和“2014年度开展‘无拖欠工资’工作先进单位”称号，被人力资源和社会保障部办公厅、公安部办公厅和国家工商行政管理总局办公厅联合授予“2015年全国清理整顿人力资源市场秩序专项行动取得突出成绩单位”称号。区医保中心被市人力社保局评为“2013—2015年度北京市人力资源和社会保障系统优质服务窗口”。侯雨彤被评为“2015年度北京市人力资源和社会保障系统最美人力社保人”。

地址：八里庄南里21号

邮编：100025

电话：65099937

网址：http://cyld.bjchy.gov.cn

（黄　莹）

【外籍人参加社会保险】 1月25日，根据《人力资源社会保障部办公厅关于实施中韩社会保险协定和议定书的通知》要求，为全区520名参加四险的韩国籍人员增加医疗保险。11月19日，为在京就业的西班牙籍人员波西布莱卡（BERCIALBLANCA）补缴2014年的社会保险。12月22日，受理美国籍人员马佳投诉原单位未依法缴纳社会保险费一案，结案补缴社会保险费9668元。

（狄凌霄）

【异地手工费用审核实现智能化】 2月10日，区医保中心自主研发的手工费用审核管理系统正式投入使用，在全市范围内率先实现异地手工费用智能审核。该系统实现智能比对人员信息、智能比对目录库、智能分解费用，将手工费用审核周期由20个工作日降至7个工作日。

（刘　杨）

【社会保险待遇调整】 2月28日，根据《关于北京市2015年调整企业退休人员基本养老金操作流程的通知》要求，完成朝阳区42.68万名退休职工的养老金调整工作，上调1.31亿元，补支2.61亿元。3月3日，根据《关于北京市2015年调整工伤职工及工亡人员供养亲属工伤保险定期待遇有关操作流程的通知》要求，完成朝阳区工伤职工2015年度待遇调整工作，调整12.93万元，补支25.85万元。3月6日，根据《关于调整2015年城乡居民老年保障福利养老金业务操作问题的通知》要求，完成城乡无保障养老待遇调整工作，调整91.82万元，补支183.65万元，涉及无保障待遇领取人员26235人，人均上涨35元。4月1日，按照《关于调整失业保险金发放标准的通知》要求，调整全区失业保险金，每档增加110元。

（狄凌霄）

【专项就业行动】 2月，区职业介绍服务中心在全区范围内开展以“就业帮扶 真情相助”为主题的“就业援助月”专项活动。“就业援助月”期间借助区残联丰富岗位储备、社会中介机构的资源整合优势的社会影响力，与社会单位合作举办招聘会23场，向就业困难人员提供就业岗位近7500余个，帮助635名就业困难人员实现就业，其中569名就业困难人员实现政策就业，66人实现单位就业。3月至4月，开展“春风行动”专项活动。通过区级网站、短信平台、移动传媒等提前公布活动安排，在人流量大的四惠公交枢纽站开展主题日宣传，发放《求职地图》《就业指导手册》等各类型宣传材料7900余份，提前告知招聘会和交通信息。春风行动首场招聘会30家用人单位提供就业岗位1001个，80人达成就业意向。4月28日，举办第三届“才子朝阳”校企对接洽谈会——暨北京奥运功能区第四届校企合作交流会。参会高校60家，企业200余家，直接提供岗位1200个，现场签约率达到20%以上。10月至12月，举办15场“才子朝阳”促进就业行动暨校园巡回招聘系列活动。报名参加企业350余家，提供岗位3200余个，应聘人员近5万人，平均签约率45%以上。

（王嘉硕）

【退休人员社会化管理】 3月20日，根据《关于北京市农业机械公司等6户企业584名退休人员实行社会化管理交接会议通知》要求，完成相关公司95名退休人员社会保险关系社会化管理交接工作。6月20日，按照市中心《关于北京市北油工贸公司等4户企业退休人员实行社会化管理交接会议通知》要求，完成北京市北油工贸公司、北京北汽光华汽车部件有限公司、北京亚新科天纬油泵嘴股份有限公司46名退休人员的社会化管理交接工作。

（狄凌霄）

【签署医保服务协议】 3月31日，区医保中心召开定点医疗机构服务协议签署会。年内，朝阳区162个法人机构签署《北京市基本医疗保险服务协议》，341家定点医疗机构及8家定点零售药店签署《朝阳区基本医疗保险补充服务协议》，341家定点医疗机构，签署《朝阳区基本医疗保险服务医师管理定点医疗机构服务协议》。

（狄凌霄）

【聘用专家】 3月，聘请国家康复中心辅助器具配置专家加入朝阳区劳动能力鉴定鉴定专家队伍。5月29日，选聘劳动能力鉴定专家90名，涉及18个医疗学科，所聘专家全部具有副主任医师以上专业技术职称。

（董俞含）

【表彰朝阳区和谐劳动关系单位】 4月21日，区人力社保局、区总工会、区企业联合会表彰128家“2014年朝阳区和谐劳动关系单位”。

（陈艺文）

【社会保险待遇资格认证】 5月1日，2015年度社会保险待遇资格认证工作正式启动。10月20日，完成异地居住人员领取社会保险（保障）待遇资格认证工作，认证通过率95.97%。11月1日，对全区未按时参加资格认证的190人暂停发放养老保险待遇。

（狄凌霄）

【医保高峰论坛】 5月28日，区医保中心召开首届“医保高峰论坛”，主题为“巧用数据分析，助力总控工作”，旨在探讨如何在大数据时代下，通过数据分析发现医疗费用不合理支出，提高医保基金使用效率。区内100余家医疗机构、200名医保管理者参加。

（刘　杨）

【大学生“村官”管理】 5月，通过笔试、面试等环节招录新一届大学生“村官”65人。其中研究生63人，本科2人；北京生源2人，非京生源63人。6月，组织大学生“村官”续聘、专项事业编制及事业编岗位面试。有27名合同期满大学生“村官”报名参加面试，最终1人进入专项事业编制，14人考入事业编。

（苑辛洁）

【毕业生接收】 5月至11月，接收非北京生源应届毕业生635人。

（周彦璋）

【社会保险缴费工资申报】 6月5日，根据市社保中心《关于申报2015年度社会保险缴费工资的通知》要求，区社保中心启动2015年社会保险缴费工资申报工作，包括辖区内各街道社保所参保缴费的无档案缴费人员、外埠延期缴费人员和本市农村自由职业人员。年内，完成工资申报8.4万余家。

（狄凌霄）

【劳动人事争议仲裁】 6月，劳动人事争议仲裁院实行电子档案管理，实现仲裁案卷档案的电子存储与查询。7月1日，区劳动人事争议仲裁院正式启用短信服务平台，通过平台以短信方式通知当事人各仲裁流程的时间及其他重要事项，使当事人了解案件进展情况。11月，区劳动人事争议仲裁院分批次对200余名街乡、企事业单位调解员开展业务培训，组织调解员学习劳动争议案件处理中的常见问题，学习仲裁审查确认流程，加强业务交流和经验分享，以达到巩固调解员业务基础和提高调解实践能力的目的。年内，接收劳动争议案件18647件，其中立案受理16601件，同比增长19.46%；集体案件1052件，涉及劳动者6255人，占案件总人数的37.68%；农民工案件7749件，占案件总量的46.68%。全年审结劳动争议案件15809件，结案率95.22%；调解案件6084件，案件调解率38.48%。受理人事争议案件13件，审结11件，结案率84.62%。

（于　飞）

【机构调整】 6月，根据2014年北京市政府机构改革工作要求及市编办《关于同意调整朝阳区政府机构设置的批复》精神，经区机构编制委员会研究，决定将北京市朝阳区房屋管理局由北京市朝阳区住房和城乡建设委员会部门管理机构调整为区政府工作部门。8月，根据市编办《关于同意设立北京朝阳国家文化产业创新实验区管理委员会的批复》意见，经区委常委会、区长办公会、区机构编制委员会研究，并报市编办批准，决定整合区定福庄传媒文化产业区管委会办公室、北京国家广告产业园区管理办公室等文化产业相关工作机构职能，组建北京朝阳国家文化产业创新实验区管理委员会。10月，根据市编办印发的《关于整合本市不动产登记职责的通知》和《关于整合设立北京市朝阳区不动产登记事务中心的通知》要求，经区机构编制委员会研究，将朝阳区承担的不动产登记职责的北京市朝阳区房屋权属登记中心整建制划转至朝阳区不动产登记事务中心。

（阎　肃）

【考试鉴定中心成立】 7月6日，根据机构编制调整，撤销北京市朝阳区人事考试中心和北京市朝阳区职业技能鉴定管理中心，组建北京市朝阳区考试鉴定中心。中心位于北京市朝阳区将台路5号院15号楼D座一层，机构规格相当于正科级，经费形式财政补助（全额），纳入工资规范管理，事业编制18人，其中主任1名，专职党务工作者1名，副主任3名。主要职责为负责北京市人力资源和社会保障局交办的各类人事、职业技能鉴定考试的考务组织及考试管理工作；负责承担本区各级机关、企事业单位委托的录用、选拔类考试命题、测评及相关考务工作；负责本区职业技能鉴定机构业务指导与服务工作；负责本区内职业技能竞赛的组织指导工作。年内，承接北京市各类人事、职业资格、职称考试组织18次，计算机考试5次，累计使用考场5500余场次，涉及考生22万人次；举办24场走进中途之家职业指导活动，为43个街乡274名社区矫正解矫前人员做社会保险、档案转移、如何就业方面的指导。

（王明志）

【建立机关事业单位养老保险和职业年金】 7月10日，北京市召开机关事业单位完善工资制度暨养老保险改革工作会后。全区启动机关事业单位养老保险制度改革，完善机关事业单位工资制度。逐步解决2006年机关事业单位工资制度改革以来工资分配领域存在的工资结构不合理、工资正常调整机制不健全、工资差距调控机制不完善、基层工作人员待遇相对较低等突出矛盾和问题。7月31日，按照调整后的工资标准发放到位，同时预扣养老保险和职业年金。

（李伟松）

【医疗定点机构认定】 7月19日，市人力社保局批准第21批定点医疗机构和定点零售药店，其中朝阳区内30家医院被认定为定点医疗机构，签署《朝阳区基本医疗保险补充服务协议》。全区371家医保定点医疗机构签署市区两级服务协议。

（何胜民　刘　杨）

【小企业劳动关系状况调查】 7月20日至8月21日，朝阳区开展30人以下小型企业劳动关系状况调查工作，走访1027家企业，涉及2.1万劳动者，劳动合同签订率99.51%。

（陈艺文）

【特困职工医疗救助】 7月30日，市人力社保局批复对2014年度参加基本医疗保险的特困职工予以一次性医疗救助。朝阳区180名特困职工得到救助，救助金额318万元。

（何胜民）

【劳动用工规范一条街工程】 8月至11月，各街乡劳动监察小组组织实施“劳动用工规范一条街工程”该工程与日常巡查、劳动用工书面审查相结合，从街道向劳动监察网格延伸。工程中责令125家企业为2567名劳动者补签劳动合同，52家企业补办社会保险登记，为16家企业147名劳动者解决工资待遇76.58万元，规范用人单位3197家，劳动者劳动合同签订率、持证上岗率均达100%。

（韩运旗）

【综合柜员制试行】 11月5日，区社保中心在双井分中心启动“一窗受理”便民服务模式，正式开设“综合柜员”窗口。中心以三间房、三里屯、太阳宫为试点，推出街乡“综合柜员”服务试点工作方案，将登记业务与征缴业务合理归并，尝试建立同时提供就业、社保、民政等业务服务的综合窗口。

（狄凌霄）

【军转安置】 年内，接收计划安置军转干部286人，实际报到54人，其中团职12人，营连职42人，安置在公务员（参照公务员）岗位39人，事业单位15人。接收安置随军家属156人，其中自谋职业153人，政府安置3人。为126名接收的随军家属发放一次性补助378万元。

（杜　明）

【调京工作】 年内，办理夫妻两地分居56人，其中机关、事业单位、国有企业54人，高新技术企业2人。办理工人单调进京3人。

（杜　明）

【工作居住证管理】 年内，受理企业新注册2278家，新办理居住证6062个，办理续签2780个、补办139个、聘用单位变更2315次、随往人员变更1085次、居住地址变更814次、其他变更242次。

（丁明园）

【城镇登记失业】 年内，城镇登记失业率为0.94%，登记失业人员就业率66.28%。城镇登记失业人员实现就业2.25万人，其中就业困难人员实现就业1.63万人。全年开发就业岗位12.43万个。岗位开发总量连续九年突破10万。

（党志杰）

【社会公益性就业】 年内，根据《朝阳区社会公益性就业组织建设试点工作方案》，先行选取安贞、太阳宫、三里屯、崔各庄、豆各庄、太阳宫、亚运村7个有代表性的街乡进行社会公益性就业组织试点，在此基础上出台《朝阳区社会公益性就业组织管理（试行）办法》，新办法按照市级政策要求，招用人员范围进一步放宽。针对市级政策中补贴资金调整，加大区级财政投入，增加资金投入520余万元，确保全区1300余名公益性组织安置人员工资标准不降低。

（党志杰）

【农村劳动力就业】 年内，继续落实朝阳区鼓励农村劳动力转移就业奖励办法和就业评审奖励办法，对招用朝阳区农村劳动力并确保其稳定就业的企业和符合条件的个人给予社会保险补贴和资金奖励，全年为420余家单位、5818名农村劳动力拨付社会保险补贴、各类奖励资金7000余万元。

（党志杰）

【转居转工】 年内，为推动一道绿隔试点工作开展，强化业务指导，形成“前置介入、同步指导、全程跟踪”工作模式，在重要时间节点开展现场指导，对于特殊情况单开窗口，特事特办，全年对转非的5个乡进行实地调研10余次，开展各类业务指导、座谈会20余场，完成2702名农村劳动力的转工工作。

（党志杰）

【高技能人才队伍】 年内，修订《北京市朝阳区享受政府首席技师（员工）特殊津贴人员评选办法》，首席技师特殊津贴由10000元提高到30000元，首席员工特殊津贴由8000元提高到20000元。开展朝阳区第四届享受政府首席技师（员工）特殊津贴评选，14名高技能人才个人享受首席技师特殊津贴，8名高技能人才个人享受首席员工特殊津贴。开展朝阳区2015年度百名优秀中青年高技能人才梯次培养资助评选，105名高技能人才个人享受资助。出台《北京市朝阳区职业技能公共实训基地认定管理办法（试行）》《北京市朝阳区职业技能公共实训基地认定管理实施细则（试行）》，认定朝阳区职业技能公共实训基地5所。认定朝阳区高技能人才培养基地4所。认定朝阳区首席技师工作室8家。全年为12家用人单位208人拨付高技能人才培训经费补贴279000元。审批人才引进79人，其中高层次人才引进53人，留学人员引进26人。

（张　丽　周彦璋）

【城乡劳动力职业培训】 年内，批准新成立5家民办职业技能培训学校，认定并公布10家定点培训机构，审批职业培训补贴3621人，审批资金2215570元。全区开展技能培训72028人。其中在职职工培训40629人，失业人员培训6694人，农村劳动力培训11307人，其他人员培训13398人；初级工培训24632人，中级工培训8693人，高级工培训2296人，技师和高级技师培训340人。

（张　丽）

【工伤认定】 年内，受理工伤认定申请3048件，同比减少6.5%；认定工伤2998件，同比减少10.0%。工伤康复174人，指标完成率117.2%。

（吴大伟）

【综合计算工时工作制及不定时工作制】 年内，审批综合计算工时工作制及不定时工作制企业585家，涉及职工6.9万余人。

（陈艺文）

【劳务派遣企业】 年内，朝阳区有106家劳务派遣企业获行政许可，32家企业开展申请事项变更，1家企业为其在异地的2家分支机构进行报告。3家异地劳务派遣企业分支机构在京备案。

（陈艺文）

【集体劳动合同】 年内，区人力社保局落实劳动法律法规，推进集体劳动合同制度。截至12月底，备案集体劳动合同5847户，涉及职工241156人。

（陈艺文）

【社会保险基础数据】 年内，朝阳区5项社会保险基金累计征缴5569584万元，同比增幅10.20%；累计支出3473425万元，同比增幅12.79%。养老保险、失业保险、医疗保险、工伤保险、生育保险参保单位数量分别为9.19万、9.11万、9.13万、9.46万、9.06万，养老保险、失业保险、医疗保险、工伤保险、生育保险缴费人数分别为183.95万人、192.15万人、248.14万人、185.40万人、182.34万人，其中养老保险、医疗保险的农村劳动力缴费人员分别为52.7万人、53.96万人。接收养老保险外省转入申请5792笔，转入基金2.4074亿元；接收医疗保险外省转入申请4363笔，转入基金622万元。完成养老保险转出10072笔，办结率96%；完成医疗保险外省转出5775笔，办结率93%。

（狄凌霄）

【社会保险稽核】 年内，朝阳区稽核5项社会保险人数分别为：养老保险537426人、医疗保险523292人、失业保险439280人、工伤保险392312人、生育保险393398人。追回5项社会保险欠费计142万元，补缴5项社会保险费3197.88万元，同比增长21%。查出未依法缴纳社会保险费的违规企业577户；接待举报、投诉来访咨询2703人次，比上年增长19%；接听咨询、投诉电话14663个，比上年上涨29%；投诉举报案件立案972件，补缴金额2293.30万元，比上年增长32%。

（狄凌霄）

【城乡居民基本养老保险管理】 年内，朝阳区43个街乡41827人缴纳城乡居民养老保险费5737.61万元；支出养老金19829人，支出金额11308.07万元；发放丧葬补助金105人，发放金额52.50万；办理转入319人，转入金额467.60万元；办理转出33人，转出金额51.96万元。

（狄凌霄）

【劳动监察执法】 年内，劳动监察部门检查用人单位1. 83万家，立案8044件，其中巡查立案3037件。受理投诉举报5496件，为2770名劳动者追讨被拖欠工资3057万元，为254名劳动者追缴社会保险费847.21万元，责令用人单位为15名劳动者补签劳动合同。全年开展各类专项检查行动4次，内容涉及农民工工资支付、清理整顿人力资源市场秩序、用人单位遵守劳动用工和社会保险法律法规、劳务派遣用工单位落实劳动保障法律法规等方面，出动监察员800余人次，检查用人单位2675家，涉及职工11.16万人。对在检查中发现的各类违法行为均一一立案查处。大屯金泉广场等15家施工单位拖欠施工人员工资按照施工进度全部解决，支付7691.51万元，涉及2538名施工人员。劳动监察“两网化”管理系统完成用人单位信息采集3644家，更新用人单位信息17560家。区监察大队对街乡一级监察小组下达指定巡查任务6346条，完成巡查6324条，完成率99.7%，发现违法行为690起，立案645件。下达指定用人单位信息采集任务4条，反馈完成采集3条，完成率75%。

（韩运旗）

【医保监察】 年内，医保监察大队医疗骗保立案316起，同比减少14.6%，对1家定点医疗机构给予行政处罚，对1名违规参保人员给予行政处罚，处罚金额125.3万元，同比增加53.5%，追回被骗取的医保基金136万元，同比增长816.4%。

（韩运旗）

【医疗保险审核】 年内，审核支付各险种基金95.26亿元，同比增长6.5%，绝对增长额5.78亿元。其中审核支付持卡结算门诊费用54.23亿元，同比增长8.6%，涉及交易5004.38万笔；审核支付持卡结算住院费用37.92亿元，同比增长4.6%，涉及43.4万人次；审核支付各类手工报销险种费用3.11亿元，同比下降6.2%，涉及15.8万人次。对26家二、三级和18家一级及以下定点医疗机构下达总额预付指标，占区定点医疗机构的12.83%，区总额预付指标76.41亿元，全年基金申报73.83亿元，指标使用率96.62%。对2家二级和297家一级及以下定点医疗机构下达总量控制指标，占全区医疗机构的87.17%，区总量控制指标16.42亿元，全年申报16.26亿元，指标使用率99.04%。

（刘　杨）

【医保服务医师管理】 年内，全区签约医保服务医师总数12806人，发放各类职业资格证书、职称证书等30种、31068册。违规扣分医师2951人次，5名医师被黄牌警告，暂停医保服务医师资格6个月。2015协议年度，对25家医师管理做出突出贡献的医疗机构和106名表现较为突出的医保医师予以表彰。

（刘　杨　王明志）

【制发行政审批事项清单】 年内，制定全区行政审批事项清单（2015年版），涉及24个部门（不含垂管部门）承担的行政审批事项296项，其中行政许可事项181项，非行政许可审批事项115项。3月26日，行政审批事项清单（2015版）以区政府名义印发，并在首都之窗朝阳网站和区行政服务中心公示。

（林之野）

【编制投资项目审批清单】 年内，组织各部门编制投资项目审批事项清单，涉及11个部门，87个审批事项，每个事项包含事项名称、事项类别、设定依据、审批对象、实施机关、收费依据及标准、受理方式、受理地点、办理时限等16项内容。

（林之野）

【投资项目审批监管平台】 年内，组织13个部门开展投资项目审批和服务事项目录梳理工作，在“北京市行政审批事项目录管理系统”中确认全区投资项目审批事项106项。11月底，平台正式运行并由区行政服务中心负责日常管理。截至年底，受理事项376件，涉及7个部门。

（林之野）

【公务员培训】 年内，举办4期正科任职

培训班和4期副科任职培训班，422人参训。帮助新任职干部认清科长、副科长岗位在朝阳建设中的重要性，帮助科级干部适应新常态、突破旧常规、保持平常心，强化新任职科级干部履职能力和综合素质。举办公务员初任培训班4期，379人参训。帮助新入职公务员尽快完成角色转变，了解和把握机关工作的特点、程序和要求，熟悉和掌握履行岗位职责所需必备知识与技能，增强公仆意识、责任意识和依法行政意识。举办2期军转干部培训，81人参训，帮助军转干部尽快从思想上适应新角色，能力上适应新任务，心理上适应新环境。举办区级研修班3个，即清华城市精细化管理研修班1个、重庆经济发展研修班1个、浙江文化建设研修班1个，146人参加研修。针对朝阳区经济建设、城市管理、文化发展等重点领域和京津冀协同发展战略，培养与目标任务相匹配的干部队伍、人才队伍，利用高校和外省市优质教育资源等优势，为优秀年轻科级干部成长进步、拓宽视野、开阔思路、增长本领搭建平台。举办人事干部业务培训班1个，180人参训，为期3天。解决基层人事干部流动快、调整频繁、业务水平参差不齐等问题，进一步提高全区人事干部队伍的业务素质和能力，使新到岗和新入职的同志熟悉掌握人事管理工作的法规政策，了解具体业务工作流程，进一步提升业务水平和工作能力。行政执法人员培训班2期，区房管局、环保局、区安监局、卫计委、农委、文委等30家单位264名一线行政执法人员参加集中培训。通过培训，系统学习法律法规常识和行政执法业务知识，强化严格依法办事意识，提升执法能力，使全区行政执法人员带头树立依法行政和文明执法理念，改进执法作风，规范执法行为，提高法律素养和岗位技能，为建设法治型政府奠定基础。96名机关、事业单位在职干部参加区人力社保局统一组织的中国人民大学、北京工业大学、首都医科大学等7所高校学历学位进修学习。

（戴晓霏）

工商行政管理

【概况】 北京市工商行政管理局朝阳分局（简称工商朝阳分局），主要负责辖区内市场经济主体登记注册、商标广告监管、经济合同监管、市场竞争监管、打假维权以及规范市场经济秩序等工作。全局设35个部门，其中14个职能科室、15个工商所、1个稽查大队、5个事业单位。全局有干部职工479人，其中公务员编制362人，事业编制113人，工人编制4人。年内，紧抓深化商事制度改革、加强事中事后监管、京津冀一体化等重点目标的实现，根据朝阳区涉政涉外涉众特点，增强市场控制力，促进辖区经济健康发展。创新工作方法，提高年报工作效率。改革日常监管机制，探索监管体制改革，协同开展城市治理，提升综合治理能力。加大重点热点领域监管力度，开展打击非法集资专项行动，贯彻落实清洁空气行动计划重点任务，强化流通领域商品质量监管，加大知识产权保护、假冒伪劣打击力度，提高广告监管水平，提升专业市场监管能力，强化合同监管力度，探索网络交易监管新方式，查办系列典型疑难重大案件，增强市场秩序控制力。健全“大消保”工作机制。做好消费维权教育引导，加强消保专项数据分析，提高消费纠纷化解效能，处置各类敏感事件，强化消费环境建设，构建新型消保工作格局。疏解非首都功能，扶持优质企业发展，运用“大数据”理念建立常态决策支撑服务机制。充分履行服务职能，推动辖区经济提质增效升级。12月底，全区市场主体363352户，同比提高13.74%。其中内资企业263931户，外资企业12686户，个体工商户86735户。全年新增市场主体52697户，同比增长4.30%。其中新设内资企业45128户，新设外资企业1142户，新设个体工商户6427户。年内，办理登记业务总量（含名称登记、前台受理、双向寄递）281784件，同比增长4.03%。其中名称登记119688件，前台设立登记44497件，前台变更登记79670件，前台注销登记3515件，双向寄递34414件。全年行政处罚案件2014件，罚没款总额1882.3万元，入库总额2963.8万元，重点案件1965件，重点案件占全部案件比重为97.6%。已结案件中罚没款10万元以上案件29件，罚没款10万元以上案件占全部案件比重为1.4%。新发生行政复议案件73件，行政诉讼案件112件。办理对外出证 1236个，举行听证15起，移送案件3件。朝阳分局市场科被评为全国工商系统2014—2015年度诚信市场创建工作突出单位，朝阳分局商标科获“商标保护奖”，是全国基层工商行政管理部门唯一获此荣誉的单位。

地址：朝阳区霄云路霄云里1号

邮编：100125

电话：51069009

网址：http://www.hd315.gov.cn

（曹发来）

【外资企业公示信息抽查】 1月至10月，开展2015年度企业即时信息抽查、2015年度企业出资信息定向抽查、2015年度非法集资定向抽查以及2013、2014年度企业年报抽查等4次抽查工作。抽查企业8326户，其中无问题的企业5455户，未公示即时信息的125户，信息隐瞒的146户，无法联系的2709户，不予配合的58户。在奥运村、六里屯、安贞、双桥、十八里店工商所试点抽查“双随机”制度（指被抽查企业和检查人员均随机产生，以确保抽查的公平公正），对56户被抽查企业开展企业2014年度财务情况第三方审计，成功审计35户，经核对数据，31户企业无问题，4户企业公示信息隐瞒、弄虚作假。

（曹发来）

【饮用水净化类生活用品专项整治】 年初，制发《关于印发饮用水净化类生活用品集中整治专项行动工作方案的通知》开展对辖区空气和饮用水净化类生活用品行业专项整治行动。结合辖区特点，以商场、家电卖场、各类家居装饰及建材市场、小商品批发市场和电商为重点整治对象，针对消费者反映强烈的13类问题开展自查自纠。围绕群众关心、社会关切的小区净水水质问题，对辖区的小区净水机开展集中摸底调查，并联系检测机构抽取水样进行检测，抽取的10份水样全部合格，给予老百姓对小区净水设备使用效果充分的知情权。发现违法行为18起，涉及14个品牌的产品，立案18起，罚没款预计25万元。

（曹发来）

【工商数据综合分析应用】 2月、6月，通过与北京CBD管委会、区文创办的沟通交流，完成《朝阳CBD区域总部经济发展分析报告》《“十二五”以来朝阳区文化创意产业发展情况综合报告》。3月初，成立工商数据综合分析应用研究小组。信息档案中心作为统筹机构，配以各业务部门分析团队，共同开展数据分析工作。全年向市局信息中心报送高质量分析命题储备11篇。6月、12月，发挥分局数据分析小组团队力量，并辅以第三方数据公司合作，完成《2015年上半年朝阳区市场主体发展分析》和《2015年朝阳区市场主体发展分析》，印刷成册后，上报区委区政府、市局信息中心，并发送至区各相关委办局。10月底，与分局12315中心合作完成《朝阳区消费环境发展及消费维权现状分析报告》。3篇报告分别刊登在2015年第一、二、三期《数字工商》杂志上。

（曹发来）

【知识产权保护主题宣讲】 4月25日，工商朝阳分局在北京国际眼镜城组织召开以“建设知识产权强国，支撑创新驱动发展”为主题的宣讲活动。北京商标协会，朝阳区知识产权局，朝阳区无假冒商标示范店代表，部分重点商场、市场代表及热心的网友参加活动。活动现场展示查获侵权商品，并向消费者讲解侵权假冒眼镜的鉴别方法，现场解答热心网友通过“北京朝阳工商”微博提出的关于商标专用权保护的问题，现场发放500余份普及商标知识的宣传材料。北京电视台、朝阳有线电视台全程追踪报道活动。

（曹发来）

【类金融行业虚假广告专项整治】 5月18日至12月底，开展“类金融行业虚假广告专项整治行动”专项治理工作，核查广告1726条，网上核查256户类金融企业，下载网页核查资料1.78G。

（曹发来）

【参与城市治理】 5月，以区无证无照经营联席会议办公室名义制定《朝阳区推进城乡安全发展治理无证无照经营行为实施方案》，在区政府召开全区动员部署大会，部署朝阳区无证无照经营行为治理工作，并组织开展无证无照经营综合治理工作。检查各类经营主体32402户，发现无照经营主体11235户，查处无证无照经营行为613起，已销账3427户，未销账7808户，销账率为30.50%。

（曹发来）

【合同格式条款专项整治】 5月，制定《北京市工商行政管理局朝阳分局开展利用合同格式条款侵害消费者权益违法行为专项整治行动工作方案》。对合同格式条款侵害消费者权益违法行为开展专项整治，查处格式条款违法案件49起，罚没款10.7万元。

（曹发来）

【合同文本推荐评估】 6月，行文发布区域性推荐合同文本，分别在CBD地区的远洋传媒、盛唐时代等广告代理机构开展广告代理合同的试用工作；在奥运村地区的国家会议中心开展展会场地租赁合同的试用工作；在十八里店地区的北京经开万佳国际酒店用品市场、北京居然尚屋家居用品有限公司和北京家和家美酒店用品市场等3家市场开展酒店用品购销合同的试用工作。7月，对上述3份文本的使用情况形成调研报告。年内，起草区域性推荐合同文本3个，分别为皮具养护服务协议、网络交易平台赔偿先付合同、眼镜销售合同。对已发布的区域性推荐合同文本开展使用效果评估。对自费出国留学中介服务委托合同进行评估，针对合同示范文本中陈旧过时、错误、遗漏、不实用内容的修订，对市场场地租赁合同进行走访、调研，了解、收集市场使用合同情况并做相应修改。

（曹发来）

【企业年报】 6月至7月，统计区2013年度和2014年度企业年报情况。2013年起企业年检改为企业年报。2013年度内资企业年报率91.3%，外资企业年报率92.2%，个体工商户年报率93.2%，农民专业合作社年报率100%；2014年度内资企业年报率90.2%，外资企业年报率90.9%，个体工商户年报率91.1%，农民专业合作社年报率100%。工商朝阳分局2014年度应报代表机构2575户，占全市总数的67.41%，已报代表机构2315户，年报率89.9%。

（曹发来）

【新广告法宣传】 8月1日至12月31日，开展新《广告法》公益广告宣传活动。在北京广播电台制作播出新《广告法》宣传公益广告8期，在京信大厦、蓝岛大厦等人流密集繁华重点地带12块电子显示屏滚动播出新《广告法》宣传公益广告55080条次。

（曹发来）

【设立稽查大队】 9月25日，按照市工商局《关于调整相关机构设置构建高效执法办案机制的意见》和《区县分局执法办案机构和人员调整工作方案》要求，成立稽查大队，任命大队长1名、副大队长2名，编制55人。内设综合信息科、专业执法科一科、专业执法二科和协作执法科。撤销经济检查科和执法检查队，整体职责交由稽查大队承担。主要职责为办理辖区内各类专业性经济违法案件，承担查处涉及反垄断、反不正当竞争、商标、广告、合同、网络交易、商品质量、传销直销以及相关行业领域专业性经济违法案件等。

（曹发来）

【“多证联办”与“三证合一”衔接】 9月底，随着“三证合一”（将企业依次申请的工商营业执照、组织机构代码证和税务登记证三证合为一证，提高市场准入效率）“一照一码”（通过“一口受理、并联审批、信息共享、结果互认”，实现由一个部门核发加载统一社会信用代码的营业执照）登记制度顶层设计的确立，“多证联办”窗口停止对外服务，在开设的两年多内为9431户企业办结营业执照、组织机构代码证、税务登记证及统计登记证。通过召开联席会、工作通报会等形式，加强部门间横向协调，畅通企业“三证合一”的后续办理渠道，保证各部门数据交换与共享的顺畅。截至年底，换发载有统一社会信用代码的营业执照23311份，通过现场简易换照，企业可随办随领新版执照。

（曹发来）

【油品质量监管】 下半年，开展油品质量监管工作，要求各工商所对成品油台帐摸底，确定准确性。抽检70个加油站140组样本，达到100%覆盖；对有举报的加油站，加大抽检数量（望京2个油站，4个油样；崔各庄1个加油站，2个加油样）。截至12月31日，完成对152个加油站304个样品的抽检任务，未发现不合格油品。

（曹发来）

【普法宣传】 年内，在“3·15”“4·26”期间重点宣传新《消费者权益保护法》、新《行政诉讼法》、新《商标法》、商事登记制度改革及年检改年报、信用监管等，将宣传教育和行政指导相结合，形成常态化和制度化工作机制。全年开展宣传、宣讲活动172场次，接待咨询6000余人次，发放调查问卷2500余份，参加培训、教育活动直接受众人群约5500人次，发放维权材料3.4万余份。

（曹发来）

【“先照后证”事项工商登记】 年内，以分局发文形式印发《北京市工商行政管理局朝阳分局关于加强登管衔接的工作意见（试行）》和《北京市工商行政管理局朝阳分局关于加强市场主体退出工作的指导意见》两份文件，贯彻“宽进严管”的要求，促进市场主体健康快速发展的同时畅通退市渠道。加强与许可审批部门的衔接，做好双告知。引导企业转变经营项目，做好《北京市新增产业的禁止和限制目录（2015版）》与“先照后证”事项的有机衔接。拟定《关于落实先照后证改革做好行政许可部门工作衔接加强事中事后监管的实施方案》，并以区政府办公室名义下发，作为区级层面落实“先照后证”的执行依据。年底，国务院分三批审议确定的134项“先照后证”事项全部落实于区二、三级登记平台，办理“先照后证”业务19226件。

（曹发来）

【促进区域经济发展】　年内，组织召开43个街乡协调会，就《北京市新增产业的禁止和限制目录（2015版）》中涉及的家庭服务、理发及美容服务和家电维修等生活性服务的限制情况开展沟通交流，并为街乡辖区内同意设立的证明提供格式和内容作为参考。同时坚持按照区发改委制定的具体落实措施，做好从事相关产业行业市场主体的准入限制工作，发挥投资准入对区域城市功能的引导作用，按照“以规控业”的要求，促进市场主体转型升级，继续鼓励支持个体经济转型升级，扶持“高精尖”精品产业，限制低端业态。配合区商务委，对中国能源建设股份有限公司国际分公司、新希望集团、阿里巴巴集团及其投资企业等重大项目开辟绿色通道即时办理和全程专人跟踪服务，确保企业快速落地。联合中关村科技园区电子城管委会、区国税局、区地税局、望京街道办事处召开“小微企业政策对接会”，支持小微企业初创。结合朝阳区的功能定位，为归国创业者培训，在北京极地加科技有限公司（极地国际创新中心）开展现场办公。

（曹发来）

【二级登记平台接待能力提升】　年内，面对激增的工作量，履行一次性告知与首问责任制，减少企业往返办理次数。从咨询到受理各环节落实市局各项登记简化程序，做好审批权限下放企业的登记工作。网上登记在线服务做足准备，保障新网登系统顺利上线，制作宣传页，让公众了解系统新功能，结合“双向寄递”，初步实现企业登记零见面办理。通过绿色通道随来随办、专人服务指导等方式，支持大学生创业。全年为创业大学生提供咨询服务150人次，办结执照23户。

（曹发来）

【试行工商所就近受理企业登记】　5月25日起，按照市局《2015年市场准入工作意见》提出的挖掘三级登记平台的服务潜力，有效分流行政服务大厅办事人流的措施，考察走访酒仙桥工商所、中关村电子城管委会及多家属地企业，确定以高新技术和文化推广类产业聚集楼宇为试点，实行工商所就近受理企业登记。拟定《开展工商所就近受理企业登记试点工作的实施方案》，从适用范围、责任分工、操作流程、有关要求等方面做出要求，确定就近受理无须预约、随来随办的方式，并对工商所干部培训，在试点楼宇设置登记辅导人员，免费提供咨询及材料准备服务，全程指导企业完成登记。试点工商所为25户市场主体办结执照。

（曹发来）

【内资企业公示信息抽查】　年内，市场巡查制改为随机抽查和重点检查后，组织开展定向和不定向抽查，全面实施经营异常名录制度，建立针对载入经营异常名录或严重违法企业名单市场主体及相关责任人的信用约束机制。分5批次对9526户主体抽查，存在问题的主体为3031户。依据《企业经营异常名录管理暂行办法》的规定，将23199户企业纳入经营异常名录，7086户个体工商户标记成经营异常状态。根据经营主体的申请，将1441户企业移出经营异常名录，112户个体工商户解除经营异常状态。

（曹发来）

【非首都功能疏解】　年内，按照区委区政府对城市功能疏解工作的统一部署，牵头参加区重点区域相关市场及市场业态企业的清退工作。疏解登记在册的商品交易市场14个，总面积约30万平方米，从业人数约20060人，商户约5000户。协助区相关委办局与街乡办事处，清退市场业态企业及摊群14个，清退总面积约41.47万平方米，从业人数约20200人，疏解商户约5000户。

（曹发来）

【机动车交易市场及汽车行业监管】　年内，根据市局机构调整相关精神和分局工作要求，完成原工商机动车分局管辖的4家机动车市场的交接工作，并将机动车市场的规范与治理确定为工作重点之一，指派专人负责开展此项工作。制定《机动车交易市场管理规范（试行）》，从市场开办者、硬件设施、新车、二手车交易、场内经营者、经纪人5个方面制订相应的规范，明确分局对机动车市场的日常监管内容，利于明确市场主办者的管理职责、形成市场主办者、经营者的自律体系。开展汽车市场专项整治，打击汽车市场中侵害消费者权益、扰乱市场竞争秩序的违法行为，按照国家工商总局《关于开展汽车市场专项整治工作的通知》精神及市局相关文件要求，制定下发《汽车市场专项整治工作方案》，重点治理侵害消费者权益、虚假宣传、商业贿赂、侵犯注册商标专用权、合同格式条款违法、机动车交易市场秩序混乱等违法行为。

（曹发来）

【诚信示范市场建设】　年内，经企业自主申报、工商所推荐、分局初审、区精神文明委审核，上报15家商品交易市场参评“2014年度北京市诚信示范市场”称号，其中有12家市场该称号，推荐“十里城灯饰批发市场”和“红星美凯龙世博家具建材广场”为全国2014—2015年度诚信示范市场。

（曹发来）

【查办重大案件】　年内，加大对商标侵权案件的查处力度，办结商标类案件182件，罚没款总数为184.56万元。载思（上海）商贸有限公司北京朝阳分公司商标侵权案进入二审程序并以工商朝阳分局胜诉告终，该案没收侵权商品528件，罚款1100万元，案件疑难复杂、社会影响广泛等特点，被多家电视、报刊媒体和知识产权界的专家学者关注，起到对保护知识产权积极宣传的作用，地保护商标专用权人的合法权益。

（曹发来）

【驰名著名商标申报、奖励】　年内，召开2015年度著名商标申报工作培训会，46户新申请著名商标企业及21户复审企业负责人参加培训。向市局报送9户新申请企业和18户复审企业。分局按照《朝阳区关于鼓励总部经济及服务业发展专项扶持资金管理办法》规定，开展2014年度驰、著名商标称号企业的奖励推荐工作，向区政府推荐符合条件的驰名、著名商标企业7户，奖励金额400万元。

（曹发来）

【广告行业监管】　年内，监测媒介单位发布广告156963条次。广告经营资格登记56户，其中变更47户、开业5户、注销2户、迁出2户。全市广告专营企业20000余家，其中朝阳区6450家，在全市占比32.25%。年底撰写4万余字的《朝阳区广告行业发展指导意见》，阐述朝阳区广告产业发展、提升指导意见。

（曹发来）

【动产抵押登记与中介备案】　年内，拍卖会会前备案952场，会后备案881场。拍卖成交75477份，成交额826558.45万元。完成经纪人备案登记1541户。完成动产抵押登记155件，促进信用贷款和信用融资

1314791.99万元，帮助企业盘活存量资产1519666.39万元。

（曹发来）

【合同行政指导】 年内，成立蓝色港湾国际商区合同指导工作组，协同六里屯工商所对蓝色港湾国际商区开展日常工作，指导蓝色港湾国际商区搭建合同格式条款监管平台。通过开展“送法律、送服务”，指导经营者对照市工商局发布的格式条款典型违法表述开展自查自纠，建立格式条款台账，及时整改，使相关问题得到纠正。在自律机制发挥作用基础上，有针对性地对国际商区内商户使用的格式条款定期巡查，全年开展行政调解工作32起，调解成功30起，解决合同争议金额33.5万元。

（曹发来）

【房地产经纪机构监管】 年内，开展房地产经纪机构的整治工作，完成对全部1771家未备案及847家通过登记住所无法取得联系的房地产经纪机构的实地检查工作。406家不经营房地产经纪业务的企业签订今后不开展该项业务的承诺书，限期改正20户。立案查处房地产违法经营案件15件，罚没款5.3万元。走访北京链家房地产经纪有限公司、北京麦田房产经纪有限公司、北京中原房地产经纪有限公司，指导3家具有较高的行业影响力及知名度的房地产经纪公司参照《合同争议行政调解办法》，建立符合企业自身经营特点的合同争议自主快速解决机制，力争使合同纠纷能够得到快速的解决。

（曹发来）

【规范清理行业网站】 年内，按照市工商局“查办一个案件，规范一个行业，净化一个领域，打造以诚信为主题的公平竞争市场秩序”的执法工作思路，针对互联网广告业、金融服务业、医疗保健业、旅游业、家装建材业等几家朝阳区有代表性的行业网站开展规范清理。“清网行动”分3站，分别对“尚品网”电子商城通州物流基地的商品侵权、“亚马逊”电子商城的商品抽检不合格和类金融行业的商业网站、自设性网站的违法广告开展执法检查工作。查获“尚品网”涉及侵权商品221件，对“亚马逊”销售不合格产品立案调查，初步确定6户企业网站广告宣传涉嫌存在问题。

（曹发来）

【消费者权益保护宣传】 年内，继续拓展“消费宣讲团”品牌，发挥已建立的市局消费教育基地和专家团队作用，结合新《消费者权益保护法》、新《商标法》、新《网络交易管理办法》的实施，到商（市）场、社区、学校，组织开展“百姓维权筑防线、企业自律讲诚信”新法解读、纺织品消费知识精品课堂等多形式、立体化宣讲活动。全年举办宣讲150场次，发放材料17000余份，直接受众近万人。

（曹发来）

【抽检与日常检查】 年内，抽样检测18类商品1170组样本，发现不合格商品406组样本，整体合格率为65.3%。其中市局委托抽检网络交易商品抽检305组样本，对实体店抽检525组样本。全市抽检数量最多。分局自行抽检任务340组样本。针对抽样检测9个网络零售网站销售的10类商品305组样本，发现不合格商品110组样本，整体合格率为62.97%。

（曹发来）

【市场消费环境优化】 年内，为促进市政府《关于进一步优化市场消费环境的意见》在朝阳区的落实，出台《关于进一步优化朝阳区市场消费环境的意见》，并配套完善《关于建立市场消费环境建设联席会议制度的意见》《联席会议章程》《联席会议议事规则》《联席会议组织构架》，完善相关部门之间组织协调机制、工作协作机制和执法联动机制，建立朝阳区层面的市场消费环境联席会议，形成消费者权益保护工作合力。

（曹发来）

【商业消费环境建设】 年内，结合市政府《关于进一步优化市场消费环境的意见》和工商总局《关于完善消费环节经营者首问和赔偿先付制度，切实保护消费者合法权益的意见》，与区发改委、区商务委、区商联会、区消协联合制发《关于进一步推进朝阳区商业消费环境建设的意见》，促使建立消费纠纷快速解决机制的企业达150家。

（曹发来）

【建立家居建材调解委员会】 年内，在区消协建立人民调解委员会基础上，建立全市区县级首家家居建材人民调解专业委员会。全年完成5件涉及家装的消费者人民调解工作。

（曹发来）

【发展绿色通道联盟】 年内，朝阳区消费争议快速解决绿色通道企业654家，其中40家绿色通道企业开通网上投诉平台。绿色通道企业自接投诉16967件，自接和解率为100%。工商所对企业开展专题培训126次，参训人数10172人。全年发展绿色联盟4家：北京市朝阳区电子科技园服务中心、中远通达（北京）商务中心服务公司、北京三间房商务服务有限公司、北京金港汽车公园，涉及企业16105家，其中销售服务类企业1825家、中介咨询服务类企业748家、互联网销售企业1074家。4月，市工商行政管理局机构改革和职能调整，将金港汽车公园、平房青年路汽车商贸城、东方旧机动车交易市场、盛鑫旧机动车交易市场等4家企业的监管工作划转为朝阳分局负责。根据12315综合信息采集服务平台统计，关于轿车类投诉主要集中在不履行合同、无法提供合格证、汽车保养及修理售后问题及汽车质量问题。11月3日，经市工商行政管理局朝阳分局审核申请，将北京金港汽车交易市场发展成为朝阳区第一家机动车消费维权绿色通道联盟。经绿色通道联盟推荐，将金港汽车交易市场内北京中美仕家汽车贸易有限公司、北京燕英捷汽车销售服务有限公司、北京捷成汽车服务有限公司等28家4S店发展为朝阳区绿色通道企业。

（曹发来）

【推广“企业登记信息查询系统”】 年内，市局“北京市企业登记信息查询系统”在朝阳区等4个试点区县上线运行。组织召开区委办局推广会议，宣传档案信息查询系统实现的联网查询功能，同时采用制作展板、发放宣传材料、电子屏滚动播放、短信通知、委托工商所协助宣传等多种方式辅助推广。

（曹发来）

【完善企业数据】 年内，完善企业数据“街乡”字段，着手为个体数据划分街乡。年内，统计地址关键字超过6200个，通过市局数据中心接口下载的朝阳区企业数据自动划分率98.5%，个体数据自动划分率95.5%。多次为管委会、委办局、街乡政府、服务中心按街乡提供主体数据及《街乡分析报告》。

（曹发来）

【服务区私营个体协会会员】 年内，区私营个体协会发挥政企桥梁作用，从政策解读、融资服务、转型升级等多个方面服务会员。邀请工商部门负责人和有关专家学者解读商事制度改革、企业年报和信息公示等政策信息。发挥辖区私营个体经济联席会议工作机制作用，将政府改善投资环境、调整经济结构、规划产业布局、发展非公经济的政策要求传达给企业。邀请工商部门和金融机构相关负责人，为协会成员介绍动产抵押、股权质押等融资渠道和操作程序，并与民生、邮储银行等金融机构协同推动贷款融资工作，解决会员贷款融资难问题，推荐会员成功申请贷款超过1000万元。引导鼓励会员向科技、文化领域小微企业转型。促进会员主体抱团发展。运用微信、QQ群等信息化的手段加强企业间、商户间的互联互通，实现资源整合，利益共享。按照协会《法律咨询服务接待管理办法》要求，区私营个体协会法律服务中心优惠代理服务会员的法律咨询和涉法案件，维护企业和商户的合法权益。

（曹发来）

行 政 服 务

【概况】 北京市朝阳区行政服务中心（简称区行政服务中心）为区政府派出机构，机构级别正处级。主要职责是作为全区行政服务窗口统筹协调、监督管理、服务指导的主管部门，负责全区行政服务窗口单位的标准化、规范化和信息化建设，负责为企业法人、社会组织办理行政许可事项、非行政许可事项、公共服务事项，负责在部门职责范围内加强为驻区中央单位、市属单位、驻区部队和区域内企事业单位的服务和中心的综合管理工作。年内，按照政务服务“标准化、规范化、信息化、便利化、透明化”的工作要求，以“统筹协调、科学谋划、信息主导、服务发展”为主线，按照“强基础、常规工作有亮点，健体系、重点工作有特色，抓规范、难点工作有突破”的工作思路，以“信息化、标准化和规范化”建设为重点，提升为企业、为百姓、为部门、为窗口、为区域发展的服务水平。

地址：霄云路霄云里1号

邮编：100026

电话：84681178

（郭 斌）

【完善服务大厅工作制度】 1月至10月，系统梳理和评估现有管理制度，编制《北京市朝阳区行政服务大厅制度汇编》，建立言行有约束、办事有程序、操作有原则、服务有标准、监督有依据、考核有效果的“六有”运行机制，完善和加强一个领导小组、一套会议制度、一套工作机制、一套制度手册、一套评价标准、一套考核体系的“六个一”机制建设体系，逐步完善“受理、反馈、约谈、整改、回访”的“五步”闭环投诉处理机制和“发现问题、反馈问题、解决问题”的“三步”定时巡视工作制度，建立通报、约谈、整改、反馈问题的“四步”处置工作机制，落实首问责任制，确保每项工作责任到人。

（郭 斌）

【行政审批制度改革】 1月至10月，优化“一口受理、多证联办”服务新机制，协调市、区两级审批部门并在其支持下，推进“一口受理、多证联办”工作指导意见实施，启用内部专用章，建立对所有新设企业实行“一口受理，限时办结”工作机制，畅通多证联办协同审批平台与各审批部门系统平台之间的数据对接和交换，解决并联审批中的难点即各部门数据的共享问题，改“纸质材料”流转和存档为“电子材料”流转和存档，统一各部门审批申请表为“一表式”，开通“‘登记材料——核发证照’双向寄递”服务，提高行政审批效率。

（郭 斌）

【“三小工程”实施】 3月至12月，中心推动实施“三小工程”：“小活动聚人心”。旨在实现柔性管理，以活跃和丰富窗口工作人员精神文化生活为主题，以改善和提高一线服务水平为目的，激发其服务群众的内在动力。开展包括“五四青年节健步走活动”“七一活动”“八一活动”“趣味运动会”“插花培训”“肩颈操活动”等十余项活动。“小服务暖人心”。旨在“以服务促质量”，进一步提高行政服务窗口服务满意度。针对大厅日常工作，设立失物招领处、医药箱，并提供免费办公用品，满足服务对象需求。针对大厅日常生活，中心设立“图书角”“健康咨询室”“舞蹈健身室”等满足大厅工作人员多方面的需求。针对重点企业，建立日常电话、短信定期沟通机制，设计制作代表朝阳区形象的“努力用心，为您服务”行政服务联心卡，传递朝阳区行政服务的理念，服务的内容、服务的联系电话等，使行政服务触角不断延伸，让企业就近感知行政服务的存在。“小人物感人心”。旨在“树榜样、扬正气”，通过表彰大厅工作人员的优秀事迹，发挥典型示范作用。开展以“小人物扬正气”为主题的活动，在好人好事的评选中，工商朝阳分局信息档案中心李宏、区地税局马增强、区行政服务大厅保安队员荣登、区统计局傅伦入选“好人好事”榜单。此外，还开展“服务之星”“红旗窗口”“勤廉榜样”等先进典型的评选。

（郭 斌）

【“为官不为”“为官乱为”专项整治】 5月至11月，开展“为官不为”“为官乱为”专项整治，针对服务意识不够强、业务水平不够高、工作纪律不够严等群众关心的热点敏感问题，在全区窗口单位，会同区监察局、人力社保局、绩效办共同研究制订《朝阳区行政服务窗口服务满意度绩效考评办法》，通过座谈研讨、走访调研、个人自查、单位互查、上级抽查、第三方暗查等方式，重点考评窗口工作人员的履职能力、服务效果、廉政执法等工作实绩，在全面考评德能勤绩廉的基础上，将评选结果作为年终行政服务单位绩效考核和公务员年终测评的重要依据，提升窗口工作人员的服务意识、工作作风和履职效能，推诿扯皮、办事拖沓、吃拿卡要等现象得到纠治，窗口单位干部职工优质服务、廉洁服务的水平得到提升，行政服务环境进一步净化，群众满意度逐步提高。专项整治工作涉及62家单位（含市垂直管理单位）72个行政服务大厅，其中委办局30个、街乡42个，收集汇总9类30项信息和问题，并逐一反馈。

（郭 斌）

【社区服务平台建设】 5月至12月，按照民政部《关于推进社区公共服务综合信息平台建设的指导意见》、国办《社区服务体系建设规划（2011—2015年）》精神和实验区创建要求，与区社会办共同开展社区服务管理平台的升级建设，梳理优化街道（地区）便民服务大厅事项，下放制证权限，缩短审批时限，优化事项流程，利用高拍仪等现代化手段建立个人电子证件库，电子确认代替社区开具证明、代替区级审批（盖章），实现即时办理，减少纸质材料流转，提高行政服务效率。截至12月底梳理区残联、区卫计委、区人社局、区民政局、区老龄办5家单位下放到街乡大厅的141项业务事项，并将中心叫号引导满意度评价系统引入该平台，实现即办件事项取号、受理、办结的全程跟踪记录和满意度评价。

（郭　斌）

【服务满意度测评】　9月至12月，围绕《2015年朝阳区政府部门绩效管理考评体系》考评指标，对全区60家单位（含市垂直管理单位）72个行政服务大厅（其中委办局30个、街乡42个），明确“服务意识、工作作风，业务水平、服务效能，依法办事、廉洁公正，解决问题、回应期盼，服务环境、政务公开”五个方面的考评内容，完善考评体系，明确考评主体，即第三方评价、单位自评，以及区行政服务中心专项检查评价，制订考评细则和考评访问工作的执行手册，建立考评各方的沟通联络机制，有针对性地开展两次服务满意度测评，形成《2015年度朝阳区政府绩效管理行政服务窗口服务满意度专项绩效分析报告》。2015年度朝阳区行政服务窗口服务满意度专项绩效考评中，全区60个单位的总体考评成绩为4.50分（满分5分），较2014年总体成绩4.32分提高0.18分。其中第三方评价成绩为4.35分，专项检查成绩4.77分，单位自查自评成绩4.63分。

（郭　斌）

【固定资产投资在线平台上线运行】　11月20日，根据国办《关于创新投资管理方式建立协调监管机制的若干意见》、京政办《加快建设投资项目在线审批监管平台的通知》要求，按照市区两级工作部署，投资项目在线审批监管平台正式上线。中心通过组建工作团队、开展业务培训、编制运行监督机制，进一步熟悉工作内容和标准要求，达到运行监督机制闭合有效的目标，在线平台运行良好。

（郭　斌）

【群团组织建设】　11月，成立中心工会委员会和团支部，完善党群组织功能，形成党建带群团建设，群团建设促党建的工作格局。开展传统教育和廉政教育，五四青年节组织全区行政服务窗口开展政务服务志愿服务活动，发挥党群组织的作用，一步提升窗口工作人员的凝聚力和感召力，实现服务效能的提升。

（郭　斌）

【政务服务标准化建设】　年内，按照北京市政务体系建设基本原则和工作思路，开展朝阳区政务服务体系建设总体规划研究，制定朝阳区政务服务3—5年规划，明确政务服务工作重点任务，建立行政服务标准化管理体系，形成服务保障标准体系、服务评价与改进标准体系、服务提供标准体系、服务通用基础标准体系4大子体系31项标准，完成《朝阳区关于政务服务体系建设的指导意见》《朝阳区关于政务服务体系标准化建设的实施方案》等建议稿。12月14日，经区长办公会审议通过。

（郭　斌）

【政务服务信息化建设】　年内，开展全区政务服务工作信息化建设研究，摸底全区政务窗口电子监控系统，形成全区政务窗口电子监控平台建设方案，启动并实施行政服务内部管理平台、预约叫号系统大厅服务满意度平台、智能引导查询系统、表单查询系统，对大厅机房、电话集成系统、电子监控系统、窗口LED显示屏系统等硬件设施实施升级改造，对服务实现监控无盲区，更新窗口电脑，增设便民服务信息查询设备，为办事群众提供全方位的免费无线上网服务，利用信息化技术手段，实现服务效能提升。

（郭　斌）

【规范行政审批流程】　年内，逐步建立全区行政事项动态目录管理平台，加大对全区行政服务事项的梳理力度，抓好已实施行政服务大厅审批事项的规范化管理，规范审批服务流程，从材料受理、现场查勘、审批核准，到制证发证等环节梳理精简，系统规范审批流程，向社会公布区行政审批事项清单（2015年版）、取消行政审批事项清单、投资项目审批事项清单，设立监督电话，接受社会各界举报和监督。全年大厅接待咨询197万人次，比上年同期增长24.7%，受理728287件，比上年同期增长2.1%，审批598842件，比上年同期降低2.2%。

（郭　斌）

【行政服务工作宣传】　年内，编纂《行政服务要情参阅》4期，向区级领导反映全国、市、区三级行政服务工作最新改革动向和发展形势，汇报行政服务工作最新进展、创新举措、取得实效等重要工作信息，为区级领导对全区行政服务工作进行科学决策提供参考依据；编撰刊发《零距离》12期，为行政服务窗口工作人员建立精神家园，搭建增进沟通的桥梁、加深了解的平台、展现风采的舞台。加大宣传报道力度，《朝阳报》、朝阳有线专题报道8次，《人民日报》、中央电视台、《北京日报》等17家媒体专题报道行政审批制度改革工作。

（郭　斌）

物价管理

【概况】　区发展改革委员会物价管理科负责全区物价管理工作。区物价检查所依法监督检查物价、接待并处理群众来信来访等。区价格认证中心为司法、行政执法部门提供价格鉴定依据；开展涉案财产价格鉴定、开展价格咨询、涉案财产无主物品变现工作。年内，检（巡）查朝阳区1273个单位的价格执行情况，对于在检查（巡）查中查实的违法行为均给予相应处理。全年累计对77家价格违法经营者进行行政处罚，经济制裁总金额4320267元，其中罚款1056259元、没收350185.3元、退款2913823元。

地址：百子湾系里303号

邮编：100124

电话：65090504

（何　珊）

【价格监测体系建设】　2月24日，将常营店、裘马都店、东坝店、和平街公司菜店、爱之城菜店、181华街城店、181赛洛城二店、181安贞店、181褡裢坡店等9个便民菜店，纳入北京市价格动态监测信息系统，健全朝阳区价格监测体系。

（罗凤鸣）

【“3·15”法制宣传活动】　3月，区发改委在“3·15”期间，对商场、超市等相关企业开展重点检查，并宣传价格法规政策。向相关人员发放《关于商品和服务实行明码标价的规定》等法规宣传材料，要求相关企业加强市场管理，确保市场价格秩序的稳定，进一步加强检查宣传力度，规范企业价格行为，及时处理来信来访，维护消费者利益。

（何　珊）

【丧葬服务收费专项检查】 4月，结合清明节期间民众扫墓的假日特点，区发改委重点检查东郊殡仪馆、朝阳陵园、长青园骨灰林丧葬用品的明码标价情况。

（何　珊）

【行政事业性收费管理】 5月22日，根据北京市通知精神，改革朝阳区收费许可证管理制度机制。区发改委不再核发、变更行政事业单位收费许可证和年审，并按计划组织开展收费许可证正、副本收缴、注销手续和统一销毁工作；建立行政事业性收费网上公示制度，督促收费单位的业务主管部门向社会公示本部门、本系统具体实施行政性收费的单位名称和收费相关情况；建立行政事业性收费情况报告制度和抽查制度，督促各收费单位建立健全收费台帐，检查评估部分收费单位的收费情况，加强对行政事业性收费行为的监管。

（罗凤鸣）

【定向安置房成本价格测算】 6月24日，组织召开朝阳区十八里店乡、小红门乡、王四营乡的农民回迁安置房成本价格联审会，完成东南三乡定向安置房成本价格测算工作。11月13日，向区审计局函送《关于提交朝阳区农村地区定向安置房项目建设成本价格测算报告的函》，完成崔各庄乡、金盏乡、三间房乡和来广营乡定向安置房建设成本测算工作。11月23日，向区政府上报《关于北花园定向安置房项目重新测算成本价格的报告》，审核测算项目平均价格和剩余房源价格。11月30日，向区政府上报《关于朝阳区东坝驹子房农民定向安置房一、二期项目千人指标外配套公建成本价格测算的报告》，审核测算项目千人指标外配套公建成本价格。

（罗凤鸣）

【民办学历教育收费管理】 8月18日，审核并复函区教委北京市朝阳区金色摇篮全程实验学校初中生学费标准70000元/学年·生，初中生住宿费标准6000元/学年·生。8月18日至9月9日，审核并复函区教委北京市朝阳区金色摇篮全程实验学校、北京国际艺术与科学学校、北京市私立新亚中学、北京市朝阳区百年实验学校4所民办学历教育收费标准。8月28日，审核调整并复函区教委北京国际艺术与科学学校国内部小学生学费标准50000元/学年·生，国内部初中生学费标准60000元/学年·生，国内部高中生学费标准70000元/学年·生；国际部小学生学费标准100000元/学年·生，国际部初中生学费标准110000元/学年·生，国际部高中生学费标准120000元/学年·生；住宿费（6人间）标准8000元/学年·生。9月1日，审核并复函区教委北京市私立新亚中学小学生学费标准14000元/学年·生，小学生住宿费标准（四人间）4800元/学年·生。9月9日，审核并复函区教委北京市朝阳区百年实验学校初中生学费标准22000元/学年·生。

（罗凤鸣）

【价格诚信建设】 9月，召开“价格诚信法规宣传培训会及价格诚信建设交流会”，进一步强化企业商户对价格相关法律法规的认识，加强沟通交流，及时解决当前存在的价格问题。12月，召开“2015年朝阳区价格诚信工作总结交流会”，巩固价格诚信建设工作成果，推进朝阳区价格诚信体系建设。年内，根据《朝阳区发改委推进价格诚信建设工作方案》计划安排，结合区工作实际，巩固2014年建设的4个诚信街区并创建燕莎奥莱商圈价格诚信示范街，实现“十二五”期间提出的建设10条（个）价格诚信示范街的目标。为普及价格相关法律法规知识，制作价格诚信宣传册及宣传品。

（何　珊）

【价格收费性文件清理】 12月17日，梳理并废止与新版《北京市定价目录》不一致的7份规范性文件，分别为：区物价局《关于自行车等存车收费标准的通知》（朝（价）字〔1996〕第01号），区物价局《关于普通居住小区（物业管理）非机动车和保洁费收费标准的通知》（朝价字〔1997〕第37号），区物价局、区财政局《关于街道办事处向单位、居民收取保洁费的通知》（朝价字〔1999〕第01号），区计委《关于普通居住小区（物业管理）电动自行车存车收费标准的通知》（朝计字〔2003〕第109号），区计委、物价局《关于朝阳区4条自行车存车规范街收费标准调整的批复》（朝计（价）字〔2002〕第31号），区计委《关于公布<北京市朝阳区价格听证目录>的通知》（朝（计）字〔2002〕405号），区发改委《关于印发<朝阳区大型社会活动期间机动车停车场实行计次收费管理办法>的通知》（朝发改〔2011〕516号）。

（罗凤鸣）

【价格监督检查及价格举报】 年内，区发改委接收2050件举报、投诉。举报行政处罚案件123件（合并办理后为73件），经济制裁总金额4291887.45元。市场检查行政处罚案件总计4件，经济制裁总金额28424元。

（何　珊）

【重大活动、节假日价格监督检查】 年内，完成元旦、春节、全国“两会”、清明、五一、端午、“中国人民抗日战争暨世界反法西斯战争胜利70周年纪念活动”、中秋、国庆等重大活动、节日期间的市场价格监督检查和良好价格秩序保障工作。各节前制定工作方案，对企业提醒告诫，发出价格诚信倡议书、告诫函。元旦期间派出3个检查组，出动检查人员12人次，检查16个单位，受理市转价格举报与投诉8件，通过对辖区内商业企业等经营单位的检查，重点检查粮油肉蛋菜奶、月饼等节日商品。春节期间，派出7个检查组，出动检查人员23人次，检查28个单位，受理市转价格举报10件。全国“两会”“元宵节”及奥委会实地考察期间派出40个检查组，出动检查人员93人次，检查106个单位，受理市转价格举报与投诉65件。清明节期间派出3个检查组，出动检查人员6人次，检查15个单位，受理市转价格举报与投诉7件。“五一”期间派出3个检查组，出动检查人员16人次，检查10个单位，受理市转价格举报与投诉11件。端午节期间派出3个检查组，出动检查人员12人次，检查11个单位，受理市转价格举报与投诉6件。国庆期间，派出7个检查组，出动检查人员22人次，检查29个单位，受理市转价格举报与投诉23件。

（何　珊）

【教育收费专项检查】 年内，区发改委制定《2014年教育收费专项检查工作实施方案》。联合区教委重点检查三里屯幼儿园、陈经纶中学嘉铭分校西校区、呼家楼中学、府学胡同小学朝阳分校、花家地幼儿园、清华大学附属小学上午中心区实验小学、朝阳区金地老君堂实验学校、中国聋儿康复研究中心启聪幼儿园等8家单位教育收费情况。

（何　珊）

【药品价格专项检查】 年内，区发改委制定实施《关于开展药品市场价格行为专项检查的工作方案》，召开医药价格专项检查工作会，重点检查地坛医院、民航总医院、煤炭总医院、朝阳医院、航空总医院、北京中医药大学第三附属医院、北京华信医院、妇产医院及儿研所等9家医院。并联合区卫生局在区属医院和代管医院部署实施自查活动。

（何　珊）

【涉企行政事业性和中介服务收费专项检查】 年内，区发改委制定《北京市朝阳区发展和改革委员会关于开展涉企行政事业性和中介服务收费重点检查工作方案》。按照方案安排，重点检查北京市规划委员会朝阳分局、区安监局、区环保局、区质监局4个行政单位和北京市朝阳区人才服务中心、北京市朝阳区职业介绍服务中心、北京外企人力资源服务有限公司等6家事业单位、2个行业组织，并依法要求有问题的单位及时整改。

（何　珊）

【停车收费专项检查】　年内，为解决社会各界和广大群众反映强烈的部分区域停车场乱收费问题，根据区政府统一部署，以《朝阳区静态交通秩序整治工作方案》为基础，结合区发改委工作职责，以超出政府定价收费行为、“私自打折”收费行为、擅自按次收费行为、不按规定的内容和方式明码标价行为、不执行军车和残疾人专用车等免费政策行为的检查为重点，检查日常反映问题比较集中的建外、平房、望京、团结湖、呼家楼、北苑、机场、双井、十八里店等街乡的停车场。

（何　珊）

【推进简政放权清理规范收费项目专项检查】　年内，按照《朝阳区发展和改革委员会关于推进简政放权清理规范收费项目工作方案》的要求，牵头并会同区编办，组织工商朝阳分局、市规划委朝阳分局、国土朝阳分局、公安朝阳分局、交通支队、区地税局、区国税局、区质监局、区食药局等9家单位召开行政事业性收费专项检查工作会议，开展清理行政事业性收费相关工作。

（何　珊）

【价格政策执行情况专项检查】　年内，制定《朝阳区发展和改革委员会关于开展机动车检测等四项价格政策执行情况专项检查的工作方案》，采用多种方式宣讲价格政策，适时召开价格政策提醒告诫会，在收费标准放开前，落实原价格政策。同时，加大检查力度，严厉警戒提前涨价、价格串通等价格违法行为。

（何　珊）

质量技术监督

【概况】　朝阳区质量技术监督局是北京市质量技术监督局设在朝阳区负责本行政区域内质量技术监督管理工作的派出机构。局机关设6个职能科室，1个稽查队，全局下设直属事业单位3个。全年受理行政许可和服务类申请3504件，开展行政执法活动1384起，查处案件37起，罚没款25.24万元，受理投诉举报案件1281件。检验特种设备55754台（件），产品质量检验样品5550件，检测计量器具13.6万台（件），办理组织机构代码证书78859份。

地址：朝阳区平房乡姚家园村8号

邮编：100123

电话：85576988

邮箱：cyj@bjtsb.gov.cn

（李　娟）

【“5·20”世界计量日活动】　5月19日，区质监局到北京市润丰学校组织开展“计量进校园”主题活动，通过张贴宣传海报、发放宣传材料、举办科普讲座的方式，向该校初一、初二年级学生现场宣传和普及计量知识。

（李　娟）

【和田地区质监工作人员对口培训】　7月13日，新疆和田地区质监系统工作人员一行5人到朝阳区质监局，开展为期两周的交流学习活动。区质监局制定培训计划，根据培训人员工作业务内容，分别安排相关业务科室跟班学习，课程安排对行政执法案卷、行政许可等法制培训。

（李　娟）

【撤销产品质量监督检验所】　9月30日，根据《北京市机构编制委员会办公室关于同意调整市质监系统区县质检所机构编制事项的函》，同意撤销朝阳区质监局等10个区县质监局所属的产品质量监督检验所，将其承担的食品相关产品和产品质量检验检测职能划入北京市产品质量监督检验院。将朝阳区产品质量监督检验所16名在编人员，根据实际工作需要，分别划入朝阳区计量检测所和特种设备检测所，朝阳区计量检测所9人，朝阳区特种设备检测所7人。

（李　娟）

【“三证合一”实施】　10月1日起，根据北京市质监局关于分解落实国家工商总局等6部门贯彻落实国务院办公厅加快推进“三证合一”登记制度改革意见通知中的具体任务的通知要求，全面实行“三证合一、一照一码”登记模式，通过“一窗受理、互联互通、信息共享”，由工商行政管理、质量技术监督、税务3个部门分别核发不同证照，改为由工商行政管理部门核发加载法人和其他组织统一社会信用代码的营业执照，企业和农民专业合作社的组织机构代码证和税务登记证不再发放。

（李　娟）

【《质量发展纲要》实施】　年内，为贯彻落实国务院《质量发展纲要2015年行动计划》和区政府《质量发展纲要（2011—2020年）实施意见》，撰写朝阳区《质量发展纲要实施意见2015年行动计划》，征求小组各成员单位意见，与区政府沟通后，正式印发。2015年行动计划重点突出构建“放、管、服、治”质量工作格局、发挥质量在社会治理中重要作用、加强质量工作基础建设等内容，明确年度质量工作方向，统筹全区质量工作发展。

（李　娟）

【知名品牌创建和示范区建设】　年内，动员朝阳区产业园区开展全国知名品牌创建，其中“奥管委”筹建“全国奥林匹克文化旅游知名品牌创建示范区”获得国家质检总局批复同意，管委会成立筹建工作领导小组，邀请市局领导和专家给予指导，筹建工作全面启动。

（李　娟）

【优秀企业申报质量管理奖评选】　年内，推进质量管理奖评选，动员辖区企业申报市政府质量管理奖。在北京市质量大会上，全市有5家企业获首届北京市政府质量管理奖，5家企业获提名奖。其中朝阳区驻区企业京东方科技集团股份有限公司、中建一局集团建设发展有限公司获首届北京市政府质量管理奖，北京市第一社会福利院、北京农村商业银行股份有限公司获首届北京市政府质量管理奖提名奖。通过品牌创建和政府质量管理奖评选表彰工作，发挥品牌引领、质量管理奖示范效应，提升朝阳区整体质量水平和产业竞争力。

（李　娟）

【“两项重大任务”保障】 年内，区质监局多次召开局领导班子会、局务会，专题研究部署“两项重大任务”保障工作，成立专项保障工作领导小组，规划部署方案，制定应急预案，组织协调为“两项重大任务”保障开辟特种设备检验绿色通道，加强特种设备安全监管，对监察和检验中发现的不合格设备要求使用单位立即停止使用并进行整改，直到最终检验合格方可投入使用。全体保障人员，克服人员少任务重的困难，取消休假，全身心的投入保障状态，局领导带领值守人员住局，实行24小时应急值守，随时启动应急保障预案，完成“两项重大任务”安全保障任务。

（李　娟）

【特种设备整治】 年内，开展电梯安全监管大会战、油气输送管道隐患整治攻坚战、燃煤锅炉节能减排攻坚战，召开4次电梯大会战工作会，明确使用单位和维保单位责任和义务，使自查自纠工作落到实处。梳理区内压力管道、燃煤锅炉运行情况，开展燃煤锅炉能效测试，督促10吨以上燃煤锅炉“煤改气”工作。开展游乐设施、六打六治、发电企业等特种设备专项整治，针对商场超市、地铁等人员密集场所开展特种设备安全检查，消除重大隐患，确保全区特种设备运行总体平稳的态势。

（李　娟）

【为民办实事】 年内，朝阳区政府把老旧电梯评估，促进建立政府救济机制列入2015年为民办实事工作。区质监局撰写救济机制方案，主动向区政府和市局领汇报进展情况，并主持召开相关部门征求意见会，经过多次修订后，《朝阳区老旧住宅电梯政府救济机制》经区长办公会审议通过，由财政每年预算安排1000万元作为保障资金。

（李　娟）

【煤炭质量监管】 年内，开展农村地区优质煤替换。制定工作方案和计划，开展执法检查57家次，监督抽样42个、质量监测抽样4个，合格率100%。开展煤炭质量监督抽查。对辖区煤炭生产、销售、使用单位检查58家次、抽样22个，检验均合格。依法处理上年结转的2起立案案件及昌平局移送1起案件，罚没合计6.6万元。签订质量保证承诺书。宣贯相关法律法规，辖区内煤炭生产、销售和使用单位全部签订煤炭质量保证承诺书。

（李　娟）

【工业产品许可证管理】 年内，完成2015年生产许可证年度审查和实地核查工作。根据市质监局2015年工业生产许可证年审工作要求，结合朝阳区生产许可证管理工作实际，全面部署年度审查工作。根据企业产品质量安全风险程度、企业履行产品质量主体责任情况及相应的监管模式，完成实地核查工作。

（李　娟）

【机动车检测机构监管】 年内，开展检测场检查43家次，加强对区内机动车检验机构监督管理，规范机动车安全技术检验工作，通过明察、暗访方式，进一步规范检测行为。

（李　娟）

【节假日期间计量监督】 年内，安排部署组织开展元旦、春节、五一等节假日重点时期监督检查工作，分别对超市、集贸市场、餐饮单位、加油站、出租汽车等涉及民生的重点行业79家单位开展计量监督，检查贸易结算用计量器具1564台件、抽查定量包装商品66批次，自包装商品119件。对计量器具超检定周期的违法行为予以立案处理。

（李　娟）

【能源计量审查】 年内，组织辖区23家单位参加市局能源计量审查工作会，启动审查工作，督促开展自查，组织对7家重点用能单位开展现场审查工作。

（李　娟）

【技术标准制（修）订补助】 年内，为落实《首都标准化战略纲要》和中关村科技园区高新技术产业国家级标准化示范区建设的各项要求，鼓励企业参与标准制修订，并申请补助资金。修订《朝阳区技术标准制（修）订资助暂行办法》，提高企事业单位申报准备和受理的效率。全年受理31家单位94项标准资助申请，经评审，29家单位85项标准获得207.8万元资助。同时受理辖区市级技术标准补助申请工作，使得22家单位36项标准获得298万元的补助。

（李　娟）

【国家级服务业标准化试点】 年内，推荐北京德邦货运代理有限公司申报国家级物流服务标准化试点项目。协助国家会议中心顺利通过验收，成为全区首家国家级“服务标准化（试点）单位”

（李　娟）

【社会管理和公共服务综合标准化试点】 年内，为落实《国家基本公共服务体系“十二五”规划》和《社会管理和公共服务标准化工作“十二五”行动纲要》，社会管理和公共服务标准化工作联席会议办公室发布全国第一批社会管理和公共服务综合标准化试点项目。其中朝阳区城市管理监督指挥中心通过中期评估检查，中和亚健康服务中心被国家标准委批准为第二批试点，并推荐区行政服务中心申报第三批试点。

（李　娟）

【国家自主创新示范区标准创新试点】 年内，为推进实施《首都标准化战略纲要》《中关村国家自主创新示范区发展规划纲要》，区质监局通过标准资助鼓励园区企业加强标准化管理，通过征集标准创新试点、发放书籍资料等方式鼓励园区企业参与中关村标准化活动。京东方科技集团股份有限公司等14家朝阳区单位91项标准（占全部的18%）获资金支持。上半年，“2014中关村十大创新标准”入选名单公示，朝阳区的标准创新试点企业——北京控股磁悬浮技术发展有限公司和京东方科技集团股份有限公司的两项标准入选。

（李　娟）

【养老服务机构星级评定】 年内，区质监局与区民政局合作，组织专家组对朝阳区江达爱心养老院等11家养老服务机构开展评审。专家组依据养老服务机构星级划分与评定相关国家标准、行业标准及地方标准，采用听取工作汇报、文件阅审、现场检查等手段评审，并现场打分，其中7家养老服务机构通过2星级、1家通过1星级评定。区质监局与区民政局还配合市民政局、市养老行业协会对申请3星级的朝阳区嘉德老年公寓开展星级评定，评定分值达到3星级标准。

（李　娟）

审计

【概况】北京市朝阳区审计局是负责朝阳区审计监督工作的政府职能部门，实行双重领导，对朝阳区政府和北京市审计局负责并报告工作，审计业务受北京市审计局指导。内设9个科室，下设审计指导中心(纳入工资规范管理事业单位)。年内，完成审计(调查)项目50项，查出各类问题金额12.92亿元，其中违规金额0.15亿元、管理不规范金额12.77亿元；发现非金额计量问题117个。提交审计报告和各类信息、专报248篇，领导批示和采用243篇次，提出审计建议137条。2个项目获北京市审计机关优秀审计项目，在全市审计系统内进行项目推介。被中共北京市委、北京市人民政府授予北京市模范集体；被首都精神文明建设委员会评为首都文明单位标兵；被北京市档案局评为北京市区县机关档案工作测评市级优秀单位。

地址：朝阳区北三环东路甲26号
电话：84272266
邮编：100029
邮箱：cysj@bjchy.gov.cn

（王　乐）

【跟踪审计】10月至12月底，按照审计署、北京市审计局工作部署，开展第四季度朝阳区“稳增长、调结构、促改革、惠民生、防风险”政策措施落实情况跟踪审计。重点审查内容有：涉及朝阳区的13个市重点推进项目进展情况，疏解非首都功能目标责任书清洁空气行动计划2015年措施目标责任书污水处理和再生水利用目标责任书推进生活垃圾处理目标责任书4项目标责任书落实和有关项目实施情况，简政放权，放管结合，加强事中事后监管情况，并关注前三季度审计发现问题整改情况及重大违法违纪、重大损失浪费、重大风险隐患、重大履职尽责问题。

（王　乐）

【预算执行审计】年内，开展对区财政局组织2014年度本级预算执行和其他财政收支情况审计。关注全口径预算管理和财政存量资金管理情况，重点审查预算管理的科学性、预算收入的真实性、预算支出的合规性和财政资金的安全性，查找存在的普遍性、典型性问题；开展对区教委、区农委、区信息办等17个单位部门预算执行审计。首次将法院、区机关后勤服务中心纳入审计监督范围，对7个部门所属重点二级单位组织开展财务收支审计。关注“三公”经费、会议培训费、办公楼等楼堂馆所建设情况，重点审查部门预算编制的真实性、收入预算执行的完整性、支出预算执行的合规性和部门决算（草案）编制的规范性，分析预决算差异的原因，查找在专项资金及结转结余资金使用、政府采购执行和部门资产管理中存在的突出问题。

（王　乐）

【政府投资建设项目审计】年内，对萧太后河污水治理、朝阳北路拆迁等10个项目开展政府投资建设项目决算审计。关注投资政策落实情况和项目建设目标实现情况，重点审查项目审批、工程招投标、合同管理和资金拨付等关键环节；对土地储备、垂杨柳医院改扩建等4个项目开展过程跟踪审计。关注项目实施情况，重点审查建设程序履行、项目进度管理、工程质量及内控执行、资金筹集使用情况。出台《朝阳区审计局聘用社会中介机构参加的政府投资审计项目审计组长工作规范（试行）》，完善投资审计问题法规库。

（王　乐）

【经济责任审计】年内，开展对12个单位20位领导的经济责任审计工作，其中任中审计比例为50%。首次对领导干部在履行经济责任过程中存在的问题进行责任界定，作为审计评价的重要内容列入审计报告。探索领导干部自然资源资产离任审计，结合黑庄户经济责任审计项目，开展万亩造林森林资源情况试点审计。编写《经济责任审计常用法规制度选编》和《经济责任审计知识手册》，发放给朝阳区各单位行政一把手和财务、内审部门负责人。

（王　乐）

【专项资金审计】年内，开展教育资金、政府购买服务资金、农村产业发展专项资金绩效审计。查找在政策落实、资金分配、管理和使用效益等方面存在的问题，分析影响政策落实和工作推进的制约性因素；开展国有资本经营预算、机关后勤服务中心代管部门财政收支专项审计调查。关注资金使用效益。

（王　乐）

【内部审计指导】年内，围绕内部控制制度建立与执行、预决算编制与执行和财务管理情况，组织59家预算单位对本单位预算执行情况开展自查工作。召开网络组长联席会、重点单位研讨会，对区农工委、社工委等重点单位开展专题教学4次。举办两期内审人员继续教育培训班，参训人员达800余人次。

（王　乐）

【参与市区重点工作】年内，统筹安排人员参加多项市、区重点工作。抽调10人次参加全市城镇保障性安居工程跟踪审计、财政存量资金审计；抽调3名干部参加市、区联合办案及联合检查；选派18名干部参与区“两项重大任务”服务保障工作。

（王　乐）

【审计信息化建设】年内，推进数字化审计方式，部门预算执行审计项目全部应用数据分析平台的方法模型；强化对财政、教委审计的数据关联分析，提高数据分析质量；在京OA系统应用过程中增加问题统计分析功能，完善审计定性指标化功能；开展对区信息化项目资金管理平台信息系统审计，完善信息系统审计基础内容和审计方法。

（王　乐）

【审计基础管理】年内，强化经济责任和预算执行审计“双统筹”，对把握问题定性处理、统一事项表述口径、规范审计评价内容等做出统一和规范；推进审计项目“1+N”模式，5个经济责任审计和预算执行审计同步实施，2个专项审计和预算执行审计同步开展；对重点项目打破科室和专业的界限混合编组，由科长、副科长担任组长，强化科室、审计组长、审计人员三级主体责任，尝试重大差错退回机制；加大督查、考核力度，将制度落实情况作为重要管理事项和考核指标，促进制度执行到位。

（王　乐）

【审计结果公告】年内，通过朝阳审计信息网，向社会公布17家单位年度预算执行审计及4项政府投资建设项目决算审计结果。公告包括单位基本情况、审计发现的主要问题、处理情况及建议、发现问题的整改情况4个方面内容。

（王　乐）

安 全 生 产

【概况】 朝阳区安全生产监督管理局（简称区安监局）是负责区安全生产综合监督管理的区政府工作部门。下设局办公室、法制培训科、安全生产综合管理科（区安全生产委员会办公室、区道口管理办公室）、安全生产抢险协调科（应急指挥部办公室）、生产安全事故调查科、生产安全事故处理科、工业安全监督管理科、危险化学品监督管理科、职业卫生管理科、职业卫生监督检查科、监察科，安全生产综合执法一队、二队、三队、四队。5月，经区机构编制委员会研究，决定调整区公共安全馆的隶属关系。将区园林绿化局所属区公共安全馆划归区安监局管理，调整为区安监局所属事业单位，其经费形式、机构规格和人员编制均不变。建立健全公共安全馆运行管理工作机制，明确由区安监局负责召集，相关职能部门为成员单位的联席会议制度，成员单位有：区综治办、区园林绿化局、区财政局、区卫生计生委、区民防局（地震局）等相关部门。其中区安全监督局负责统筹协调相关部门做好公共安全馆的管理运行工作，区园林绿化局配合做好场馆周边的支持保障工作，财政局按规定给予必要的经费保障，其他各专业职能部门负责做好相关展示区域的展览展示、设计更新和必要的配合保障工作。年内，全区共发生安全生产事故157起、死亡164人，比上年分别减少12起，减少19人，其中生产安全事故10起、死亡11人，比上年分别减少9起、9人。

地址：百子湾西里303号楼

邮编：100124

电话：87312475

邮箱：http://aqscj.bjchy.gov.cn

（潘蔚然）

【区领导安全检查】 1月5日至9日，区领导带队，各相关委办局参加，分9路对全区人员密集场所、建筑工地、出租大院、旅游项目、宾馆、餐饮、易发生煤气中毒等场所开展安全生产检查。检查生产经营单位24家，发现安全生产隐患109条，消除安全生产隐患101条。2月，区领导程连元、甘靖中、张维刚、杨树旗、梁洁等带领区机关有关部门负责人，到新奥物业中心第三届冰雪王国、国学馆建筑工地及北京凯迪克格兰云天大酒店、朝阳公园、蓝色港湾、望京、东湖地区的融科橄榄城人防工程、华谊兄弟影城（华彩店）、家乐福超市（华彩店）及北京市逗逗烟花爆竹有限公司朝阳区第九十一零售店开展节前安全检查。区领导听取企业安全负责人的工作汇报，询问节日值班、值守和应急救援等各项工作的落实情况，对过节安全提出要求。9月， 区委书记吴桂英，区委常委、纪委书记宋铁健，区委常委、组织部部部长何明，区人大常委会副主任朱春霞带领区商务委、区旅游委、区安监局、区质监局、工商朝阳分局、公安朝阳分局和朝阳消防支队等部门执法人员，先后对望京、酒仙桥街道和管庄地区、老番街市场、宵云桥加油站、北京城外诚家具城等单位开展节前安全检查，对发现的隐患要求相关部门会同属地和企业单位立即整改，就进一步做好节日期间安全生产和市场供应工作提出要求。12月24日，为确保2015年圣诞节、2016年元旦节日期间大型活动场所的安全稳定，副区长杨树旗带领区安监局、公安朝阳分局、朝阳消防支队、区商务委、区旅游局、区城管执法局、工商分局等部门相关负责人对工人体育馆“羽泉2015北京演唱会”、蓝色港湾第八届灯光节、斯特思拉堡圣诞集市大型活动场所开展安全检查。

（刘　宁　陈　京　夏旭昀　张峰刚　蒋昌启）

【领导督查】 1月13日，市经信委电子信息产业处处长王德副和市安监局执法总队人员一行，到朝阳区北京世纪互联宽带数据中心有限公司、北京兆维电子（集团）有限责任公司和北京松下控制装置有限公司检查安全生产工作。1月21日，以市安全监管局副巡视员钱山为组长的市安委会第三督查组到朝阳区开展安全生产综合督查，重点督查节日期间安全生产工作部署落实情况、“党政同责、一岗双责、齐抓共管”安全生产责任体系建设情况、隐患排查治理工作情况以及生产经营单位安全生产主体责任落实情况等4项内容。7月7日，市安监局职卫监督处处长李玉祥一行4人到朝阳区检查职业卫生和夏季防暑降温工作。检查组随机检查4家用人单位的职业卫生和防暑降温工作的落实情况，对朝阳区的职业卫生和防暑降温工作给予肯定。7月13日，市安监局局长张树森在市消防支队、市住建委、朝阳区安监局等相关职能部门负责人的陪同下到北京建工集团大型活动保障施工现场实地考察。张树森听取施工单位的工作汇报、搭建设计方案和工程制作进展等情况，并查看施工现场安全生产、应急管理、防暑降温等工作落实情况。8月20日，国家安监总局党组成员、副局长李兆前率领由9部门组成的督查组到朝阳区督查《国家职业病防治规划（2009—2015年）》落实情况。督查组听取区职业卫生在“重基层、打基础、强监管”等有关工作的汇报，重点查阅朝阳区“十二五”期间安全生产规划、职业病危害申报证书、执法检查案卷、印发文件及培训指导手册等材料，实地检查2家用人单位。督查组认为区监管基础扎实，措施有力，监管到位，效果明显，国家职业病防治规划得到较好落实。10月14日，市安监局局长张树森、副巡视员高士虎、信息中心主任张震国到朝阳区安监局调研安全生产条件普查及信息化相关工作，部分区县安监局局长参加调研。区安监局局长刘炳汇报安全生产条件普查及信息化工作推进情况，并就相关工作与市局领导和区县局领导座谈交流。11月11日，市安委会第17督查组在市规划委副主任曹跃进带领下，督查朝阳区安全生产大检查工作开展情况。朝阳区安监局、规划朝阳分局、区市政市容委、区旅游委、区商务委、工商朝阳分局、区质监局、消防支队、南磨房乡领导及各相关职能部门负责人员陪同。检查组现场听取刘炳起关于朝阳区安全生产工作情况的汇报，并到北京欢乐谷、东四环燕莎奥特莱斯、南磨房乡油气管线占压清理整治现场及化工路中石化加油站检查。检查总体情况较好，有单位存在中控室应急预案不完善，缺少预案制定时间，有单位存在配电室巡查记录不全等隐患，各职能部门依据职责提出整改意见。

（刘　宁　马海澎　潘蔚然）

【烟花爆竹零售网点设置】 1月至2月，春节期间，全区审批许可烟花爆竹零售网点104个，其中二至三环14个，三至四环21个，四至五环37个，五环以外32个，熊猫、逗逗公司分别在安贞、望京设置2个网购提货点。组织烟花爆竹零售网点申请单位主要负责人106人、从业人员601人参加培训，采取现场答卷的方式考核，考核合格后发给上岗证，确保负责人、从业人员全部做到持证上岗。印制10万份《烟花爆竹购买及燃放安全提示》，将购买燃放烟花爆竹的注意事项全部列明，由各网点在销售过程中随时向市民发放。在1月份烟花爆竹网点开始审批到2月26日所有临建销售棚拆除完毕，出动1729人次，对全区104家烟花爆竹销售网点、2家网购提货点检查1660家次，下达各类执法文书501份，发现和督促整改安全隐患527项，保证春节烟花爆竹安全管理工作任务完成。

（夏旭昀）

【油气输送管道隐患整治】 2月13日，区安委会办公室组织区安监局、区市政市容委、区住房城乡建设委、区农委、区社会办、公安朝阳分局、区城管执法局、朝阳消防支队、区气象局召开油气输送管道隐患整治工作部署会。区安委会办公室主任刘炳起主持会议，各单位主管领导参加会议。区安委会办公室部署油气输送管道隐患整治工作，对《朝阳区关于开展油气输送管道隐患整治工作实施方案》进行说明，确定各部门职责分工和主要任务，明确本次油气输送管道隐患整治时间为2015至2017年，划分为动员部署、隐患摸排、隐患重点整治、隐患全面整治、验收销账总结五个阶段。各相关单位依据自身职责，对《朝阳区关于开展油气输送管道隐患整治工作实施方案》提出意见和建议。

（潘蔚然）

【市领导督查】 2月15日，副市长张延昆、市安监局局长张树森带队，采取不发通知、不打招呼、不听汇报、不陪同接待、直奔基层、直插现场的“四不两直”方式，对区3家烟花爆竹销售网点开展暗访检查，被检查网点主要负责人均在岗在位，各项应急器材配备齐全，检查状况良好。12月7日，副市长王宁带队的市政府督查组督办北京祥龙通宝农副产品市场有限公司消防安全隐患问题。

（刘　宁　马海澎　潘蔚然）

【安全检查】 3月2日，区安监局牵头，区商务委、区城管执法局、朝阳消防支队、工商朝阳分局、规划朝阳分局等5个成员单位组成的第二督查组，检查大屯、奥运村、来广营、孙河、望京、东湖6个街乡全国“两会”期间的安全生产工作开展情况。4月22日，副区长张维刚带领区农委、区市政管委、区社会办、区安监局相关人员对酒仙桥地区2家工业企业和来广营地区1家建材市场开展安全生产突击检查。5月12日至6月9日，为防范夏季多发的餐饮企业用电、消防等安全事故，区安监局配合区商务委，每日抽调1–2名执法队员对区36家规模以上餐饮企业开展联合执法检查。6月18日，市安全监管局副巡视员钱山、执法总队队长贾兴华带领区安监局负责人员、安全专家等10余人对朝阳区的重点保障工程开展安全生产检查。6月24日至7月9日，区安监局联合区住建委、消防支队及食药分局，每周3天对区内建筑施工工地开展联合执法检查。8月，先后8次组织区领导和执法力量，对奥林匹克中心区即新奥购物中心、新奥美食汇、奥森公园网球中心、北京新奥一分公司、北京奥运博物馆仓库、姚家园加油站、旺角广场、潇湘府餐饮公司、朝来万通市场、元辰鑫国际酒店、团结湖地区北京市皇冠旅行社、将台地区北京西国贸大物业有限公司、大屯地区北京京石房加油站有限公司及抗日战争胜利70周年纪念活动沿线周边生产经营单位和城乡结合部“五小”企业、“六小”场所开展夜间执法检查。9月8日至15日，根据市安监局《关于对外部安全距离不足的危险化学品企业进行摸底排查的通知》，区安监局制定方案及标准，协调区安全生产协会，聘请技术专家，组织11名检查人员，组成5个检查组对辖区154家存在危险化学品生产装置、储存罐区的企业开展全覆盖检查，发现有21家危险化学品企业存在外部安全距离不足的问题。11月3日至5日，根据年度执法计划，区安监局会同区建委、朝阳消防支队等部门对朝阳区范围内10处地铁在施工程开展安全生产检查。在检查过程中发现朝阳区范围内的地铁在施工程均进入收尾阶段，但现场管理不够严谨，安全生产教育上落实不到位，现场巡视力度不大，各单位执法人员要求各在施工程立即整改，确保收尾阶段的绝对安全。11月26日至12月10日，为彻底消除北京电视台东侧地块常营乡飞地的各类安全隐患，在区农委、区安监局的牵头组织下，对常营乡飞地展开为期两周的联合执法行动。期间，清理公寓742间，清理厂房小企业35个，清理库房18个，拆除违法建设143628平方米，清理外来人口3900余人。年内，部署执法力量开展有限空间作业夜间巡查、检查41次，检查地下线缆敷设、热力管线维护、污水管线清淤等单位62家次，并对 13家单位依法立案处罚。

（刘　宁　陈　京　夏旭昀　张峰刚　蒋昌启）

【有限空间监管】 4月10日，区安办召开区市政市容委等15个部门参加的有限空间安全监管工作会，通报2014年度北京市地下有限空间作业安全事故情况，部署2015年有限空间工作。

（蒋昌启）

【职业病危害现状评价】 4月起，区安监局开展职业病危害现状评价专项活动。通过摸底调查，全区有17家用人单位需要评价职业卫生现状。组织用人单位负责人专项部署和教育培训，督促用人单位按照要求完成整改。截至年底，13家单位完成评价工作。

（蒋昌启）

【易制毒化学品市场管理】 4月，区安监局开展市场和商城内非法销售储存易制毒化学品专项整治，联合区禁毒办对市反恐办暗访检查发现存在非法销售易制毒化学品的7家单位全部给予处罚，处罚金额12.8万元。

（夏旭昀）

【应急管理示范企业创建】 5月7日，召开应急管理示范企业创建动员大会，国家安监总局、市安监局应急处、16区县安监系统、朝阳区街乡、行业部门及试点企业200余人参加会议。区安监局副局长刘伟动员部署应急管理示范企业创建工作，南磨房乡、北京普莱克斯有限公司代表发言，市安监局应急处处长李怀冰动员全市开展应急管理示范企业创建工作，并提出要求。

（李永来）

【“5·12”防灾减灾日应急演练】 5月12日，区安监局会同北京普莱克斯实用气体有限公司、北京陆军预备役防化团一营二连、南磨房办事处在普莱克斯开展“5·12”“防灾减灾日”宣传周安全生产应急演练。市安监局应急处、区安监局、南磨房办事处、北京陆军预备役防化团、普莱克斯、43个街乡安监系统120余人参加演练和现场观摩。

（李永来）

【有限空间作业培训比武】 6月1日至3日，区安监局组织辖区内电力、环卫、污水处理、污水管线维护4支代表队伍、36名有限空间作业人员开展理论培训和实操演练比武。并推荐优胜单位参加全市有限空间作业大比武活动。区安监局被市安监局、市总工会评为“优胜组织单位”。

（杨方琮）

【新《行政诉讼法》培训班】 6月15日，开展新《行政送诉法》培训。针对新修订的《行政诉讼法》，聘请专家对全系统执法人员培训。各街乡安监队及区安监系统全体执法人员参加新《行政诉讼法》培训班，200余人参加培训两百余人参加培训。

（姚　遥）

【电气“双打”行动】 6月26日，召开“电气使用安全暨特种作业、特种设备作业人员‘双打’专项执法行动工作部署会”，区住建委、区质监局、朝阳消防支队、朝阳供电公司等7个部门有关负责人员参加会议。会议旨在贯彻落实北京市安全生产委员会办公室工作要求，围绕安全生产月活动主题，以易发、多发电气使用安全隐患和特种作业、特种设备作业人员违法违规行为为重点，6月底至7月初在全区范围开展电气“双打”专项执法检查行动。

（刘　宁）

【危险化学品事故应急救援演练】 6月26日，朝阳区突发事件应急委员会办公室和朝阳区安全生产监督管理局联合在东坝地区中石油晓景加油站开展2015年危险化学品事故应急救援演练。朝阳区安委会办公室主任区安监局局长刘炳起任总指挥，区安监局副局长刘伟任现场指挥长，主要开展2个科目的应急救援演练，80余人参加演练。区各相关行业主管部门、街乡与区属涉及危化生产经营企业250余人实地观摩演练。

（李永来）

【危险化学品企业安全生产责任险试点】 6月，区安监局召开各类宣讲会、部署会7次，培训人员483人次，在朝阳区投保安责险的危险化学品生产经营企业94家，保费23.93万元。除中石化所属58家加油站因需要与保险公司单独确定投保方案尚未投保外，所有开业加油站均已投保。

（夏旭昀）

【安全生产月】 6月，在第14个“全国安全生产月”之际，区安监局开展“安全生产月”宣传咨询日、“安全是永恒的旋律”主题情景剧、家庭燃气安全知识竞赛、“安全生产朝阳行——新《安全生产法》执法亮剑”、安全生产应急救援演练等活动。全区83万余人参与活动，参加活动单位2万余家，召开动员部署会议1680次，开展各类宣教活动4万余场，受教育人数超过120万人。制定完善应急救援方案1500余件，应急预案700余件，开展各类演练1500余次，有10万人次参加演练。开展专项整治及联合检查36次，出动执法检查人员5000余人次，检查生产经营单位21864家次，发现隐患16496处，经济处罚775.62万元。

（潘蔚然）

【液氨非制冷企业专项整治】 6月至9月，区安监局继续推进液氨非制冷企业整治。全区2家使用液氨非制冷企业，1家（华靳制药）全部拆除液氨设备，1家（华润双鹤）投入隐患整改资金35万元，整改完成隐患12项，整改合格通过专家验收。全区9家液氨使用企业，有2家拆除液氨设备，剩余7家全部完成隐患整治。

（夏旭昀）

【非煤矿山安全生产】 7月1日，区安监局召开非煤矿山安全生产工作会议。回顾上半年非煤矿山行业安全生产工作，安排部署下半年工作。辖区5家非煤矿山企业主要负责人参见会议。会议简要回顾上半年全区非煤矿山企业安全生产工作情况，提出工作要求。

（陈　京）

【标准化评审】 7月8日，召开安全生产标准化评审单位工作会议。6家2015年标准化评审中标单位主要负责人参加会议。部署2015年全区安全生产标准化工作，对如何推进标准化工作提出要求：2015年区标准化工作将由行业主管部门牵头组织实施，各评审单位要加强与行业主管部门间的沟通；继续重视标准化建设工作，利用评审契机，加强企业沟通交流和宣传教育；加强评审内部管理，严格要求评审人员职业操守，切实落实评审管理制度；认真履行责任，常怀敬畏之心，严把评审质量关。

（陈　京）

【安全标准化复评】 7月中旬，区安监局开展复评单位公开报名工作，确定评审单位。7月底，完成工作部署由各企业自主选择评审单位。9月底，各危险化学品企业完成自评。10月底，各评审单位基本完成复评工作。

（夏旭昀）

【工贸企业安全生产标准化】 7月30日，区召开工贸企业安全生产标准化工作部署会，区安监局、区农委、区社会及有关委办局和各街乡领导，负责标准化评审工作的6家评审单位的负责人参加会议。会上部署标准化创建工作，要求2015年底前完成3200家企业三级达标、4000家小微企业岗位达标的工作任务。

（陈　京）

【“两项重大任务”安全保障】 7月底至9月初，围绕安全生产、食品药品、气象服务、特种设备、环境保护、水资源承载、防汛、电力、燃气等9个方面工作，区安办建立“两项重大任务”保障台账2458家，对重点监管单位开展3次以上全覆盖安全检查，检查各类单位4.3万家次，发现并整改各类隐患2.9万处，下达各类文书7680份，罚款109.185万元，关停各类单位和场所5778家，限产211家。开展5次桌面及实战应急处突，3次应急响应和应急救援能力演练。由区四套班子领导带队，组成12个检查组督导检查，促进工作落实。

（潘蔚然）

【安全生产联合执法】 7月至9月，区安办开展安全生产专项联合执法行动。督促指导19个乡开展“全面清理住宅内非法违法生产经营活动专项行动”“轻烃混合燃气和醇基液体燃料使用执法检查整治行动”“生产经营单位安全生产条件普查”“安全生产大检查”“六打六治”“打非治违”“危化品专项整治”“占压燃气管线整治”“城乡结合部专项整治”等工作，期间，共检查单位146家，立案20起，处罚11.6万元。

（王世会）

【安全生产“三项行动”】 8月中旬至年底，重点开展安全生产“三项行动”。一是安全生产大检查。期间，全区检查企业133728家，整治一般隐患93797项，整治重大隐患204项，打击非法违法行为6439起，整治违规违章行为12679起，停产整顿875起，关闭取缔206家，罚款1140.82万元。二是“六打六治”打非治违专项行动。期间，督促指导油输管道隐患整治，推进全区109处燃气占压重大安全隐患的整改工作；梳理线下隐患，发现安全隐患156处，拆除和消除隐患面积达5217平方米；开展培训教育或演练97次。三是危险化学品和易燃易爆物品安全专项整治。完成对424家危险化学品生产经营企业全覆盖检查，出动检查人员1116人次，检查危险化学品企业636家次，现场督促整改隐患206项。

（潘蔚然）

【国务院安委会督查】 8月27日，国务院安委会第2督查组在公安部消防局副局长张福生带领下，督查朝阳区安全生产大检查工作开展情况。听取朝阳区政府安全生产工作情况汇报，集中查阅相关文件、档案资料和台账，分2个检查组对朝阳区大型商场、仓储物流、养老院、危险化学品等7家生产经营单位开展安全检查。12月18日，国务院安委会督查组在公安部消防局副局长张福生带领下，综合督查朝阳区安全生产大检查“回头看”。副区长杨树旗及各相关职能部门负责人员陪同。督查组听取朝阳区安全生产工作情况的汇报，并实地检查北京外运物流中心、华联新光百货（北京）有限公司。

（刘 宁 马海澎 潘蔚然）

【危险化学品大检查】 8月，制发《关于立即开展危险化学品企业及油气等危险化学品罐区专项安全大检查的紧急通知》，明确检查任务分工及检查重点、检查要求。开展重点行业危险化学品企业专项联合执法。8月18日，区安监局对民营加油站开展检查。8月19日，区安监局联合公安、消防、工商部门对全区9家涉及危险化学品建材市场开展联合检查。8月20日，区安监局6名处级领导分6个组带领30名执法人员检查30家剧毒、易制爆化学品经营企业、加油站等重点企业。8月21日，区安监局联合质监、消防部门检查6家涉及危险化学品罐区企业。处置人民群众对加油站、危险化学品生产经营单位的群众举报36起。

（夏旭昀）

【"职工技协杯"技能竞赛获奖】 9月15日，区安监局召开工作部署会，落实市安监局《2015年北京市"职工技协杯"职业技能竞赛安全生产执法监察业务竞赛活动》工作方案，明确竞赛的工作重点、时间安排，并提出相关工作要求。10月27日至29日，在各街乡及局内部选拔18名成绩优异的执法人员，开展为期3天的封闭式培训。11月4日、5日，市安监局组织17个区县选拔选手在石景山区决赛，其中朝阳区总体实操成绩取得全市第一名、工业组实操成绩取得单项第一名、职卫组实操成绩取得单项第三名、危化组实操成绩取得单项第四名。

（刘 宁）

【全国科普日北京主场安全生产保障】 9月，中国科学技术协会、北京市科学技术协会组织的全国科普日北京主场安排在奥林匹克公园。区委书记吴桂英，副区长张维刚、杨树旗分别组织调度全国科普日活动的各项前期工作。召集各相关职能部门、各相关搭建单位多次召开专题会议协调、督导、部署各个环节工作，区安监局每日安排2名执法人员对作业现场巡查督导，同时每日安排奥林匹克公园管委会安全生产检查队队员对现场开展不间断检查，对发现的隐患立即指出督促改正。9月19日至25日，每日安排2名安全生产监察员和2名安全生产检查员分两班在活动现场值守。

（刘 宁）

【职业卫生基础建设活动复查验收】 10月13日至11月6日，通过听取汇报、查阅资料、现场检查等方式，以街乡为单位对全区职业卫生基础建设活动复查验收。486家用人单位为从业人员建立职业健康监护档案，实现"一人一档"管理，完成基础建设达标任务。

（蒋昌启）

【加油站改造安全监管】 10月至12月，区安监局抓好加油站施工改造过程安全监管召开专题会1次、专家评审会4次，评审改造加油站施工方案，要求各施工单位识别改造过程的风险、制定落实专项技术方案和应急预案；各业主单位加强监督和培训，及时纠正违规作业行为，确保施工安全。

（夏旭昀）

【现场办公解决安全隐患】 11月3日，副区长杨树旗在北京祥龙通宝农副产品市场有限公司召开现场会，重点解决存在的消防安全隐患问题。现场责成执法人员对该单位开展安全生产检查，检查中发现该单位存在经营区域内部分区域安全疏散标识缺失，部分安全疏散通道被货物挤占等7项安全隐患，下达《现场检查记录》《责令限期整改指令书》。经市、区、公司努力，该单位 11577.78平方米175间房屋全部拆除完毕，清理外来人口1000余人。

（王世会）

【区委常委会研究安全生产】 11月20日，区召开区委常委会研究安全生产工作。听取区安委会办公室主任刘炳起关于近期全区安全生产情况及下一步重点工作安排的汇报。前10个月全区安全生产各项工作进展顺利，态势平稳，但是安全生产形势依然严峻：部分行业领域事故高发的态势尚未得到有效遏制；企业主体责任落实不到位，非法违法行为仍然突出；城乡结合部地区安全基础薄弱；重视程度不一。针对存在的问题，经区委常委会议讨论决定，下一阶段重点做好5个方面工作：强化安全生产责任体系建设，实现安全生产责任全覆盖；强化安全生产大检查，持续开展安全生产"三项行动"（执法行动、治理行动、宣传教育行动）；强化重点任务攻坚，推进安全生产"两个创建"和"两个试点"（"两个创建"指安全发展示范城市创建和企业安全生产标准化创建，"两个试点"指安全生产社会化试点和安责险制度试点）工作；强化机制建设，推进事故隐患排查治理闭环管理；强化超前谋划，做好岁末年初安全生产工作。

（潘蔚然）

【安全生产知识培训】 12月23日至24日，区安监局安全员管理办公室组织19个乡244名安全生产检查员参加安全生产知识培训。区安监局相关业务科室队领导授课。

（王世会）

【部署元旦期间安全生产】 12月28日，区召开安全生产视频会，部署元旦期间安全工作。副区长杨树旗及区安委会成员单位和43个街乡参加会议。区安委会办公室主任、区安全监督局局长刘炳起通报国务院安委会第2督查组到朝阳区督查安全生产工作及发现隐患的整改情况，部署近期安全生产工作。区公安分局部署预防煤气中毒事故工作，区流管办部署出租房屋流动人口预防煤气中毒事故工作，消防支队部署冬季火灾防控工作。

（潘蔚然）

【危险化学品输送管道隐患整治】 年内，区安监局落实国务院安委会、北京市安委会关于危险化学品输送管道隐患整治工作要求，督促整改完成相关隐患37处，提前完成工作任务。经排查核实，区域有危险化学品输送管道3条约10公里，分别为从房山区燕山石化至通州区东方化工厂经过朝阳区的1条乙烯输送管道，从北京普莱克斯实用气体有限公司至东方化工厂的1条氧气输送管道、1条氮气输送管道，3条危险化学品输送管道涉及安全隐患37处，全部为管线占压隐患。由区安监局牵头，制订专项工作方案，召开工作部署会，开展安全检查，督促各相关单位、管道权属企业落实整改责任。经督促整改，3条危险化学品输送管道都停止使用，管道权属单位组织专家评估管线安全情况，出具专家签字的评估报告，涉及的安全隐患全部消除。

（夏旭昀）

【有限空间作业安全生产监管机制】 年内，区安委会办公室制定有限空间作业安全生产监督管理联席会议、台账管理、告知报告、投诉举报、执法检查、警示约谈、事故问责7项机制。于10月印发各单位贯彻执行。

（蒋昌启）

【安全生产标准化创建】 年内，区安监局以开展安全生产标准化建设为契机，以推动达标升级为引领，强化安全生产源头治理，联合区行业（领域）部门开展执法行动、安全生产隐患专项整治，敦促落实企业安全生产主体责任制，要求企业提高安全生产保障能力，完善安全生产应急救援体系建设，加快推动达标升级。10月27日，区召开全区标准化工作推进会，会议通报各行业标准化工作推进情况，为全区安全生产提出更高要求。截至年底，7526家企业完成达标工作，其中三级达标企业3205家，岗位达标企业4321家。针对不同行业特点，规范生产行为，区安监局联合相关委办局组织安全技术专家和部分企业，为宾馆餐饮服务、医药、物业公司、学校幼儿园、市场经营企业、健身场所、文化娱乐场所、园林绿化行业等行业编写制定《企业安全生产标准化管理手册》，并组织企业学习培训，将手册下发至3200余家企业。

（陈　京）

【监管台账完善】 年内，结合安全生产条件普查，摸底排查职业危害企业数量，强化职业病危害项目申报单位动态管理。486家单位完成申报，其中变更申报169家，新申报22家，注销141家。建立新发职业病、疑似职业病统计台账。全区新发职业病28例，其中22例为历史遗留问题导致；1例单位注册地在朝阳区，作业场所在外省；5例为在岗新发。

（蒋昌启）

【安全生产培训】 年内，区安委会办公室注重安全生产培训，下发《2015年朝阳区安全生产培训工作方案》，完善体制机制保障，构建安全生产培训工作格局，部门、属地联动，逐步实现安全培训从注重形式到注重效果、从要我培训到我要培训的转变。全年培训2.78万人次。

（王　欣）

【特种作业考核发证】 年内，有特种作业培训机构9家，培训工种包括电工作业、焊工作业、建筑脚手架拆装、高处悬挂建筑物表面清洗、制冷与空调作业、地下有限空间作业。全年培训、考核特种作业人员9385人次。

（王　欣）

【安全生产条件普查】 年内，根据全市普查工作部署，在全区开展安全生产条件普查。截至11月30日，全区完成普查生产经营单位29.082万家，其中实有生产经营单位14.006万家，核销生产经营单位15.076万家。

（马海澎）

【参观接待】 年内，公共安全馆接待来自天津、四川、山东等省市来宾考察团3批次，来自中国科学研究院、北京大学教育学院、清华大学、天津航空学院、北京信息技术学院、安慧里中心小学、人大附中实验小学、安贞中心幼儿园等学校团体，接待来自教育发展协会、中国地震局、中国地质调查局、北京市报刊发行社、中钞制版有限公司等企事业单位，接待来自左家庄、建外街道、麦子店街道、南磨房社区卫生服务中心等街道社区群众参观。全年接待参观人员3万余人。

（高　明）

烟　草　专　卖

【概况】 朝阳区烟草专卖局（朝阳烟草公司）负责朝阳区行政辖区内的烟草专卖管理、卷烟市场供应和卷烟销售网络建设。年内，按照国家、北京市烟草专卖法律法规，查处各类涉烟违法案件505起，涉烟总量2262.36万支，涉案总值1246.01万元。与公安部门协同办理涉烟网络案件4起，刑事拘留20人；与工商行政部门开展联合执法31次。全年销售卷烟16.64万箱，实现利税合计11.75亿元。年内，被评为2014年度市级交通安全先进单位，纳税信用A级企业，北京市卷烟打假工作特殊贡献奖（北京市烟草专卖局、市公安局联合授予），李大宇、肖荣鑫被授予打假先进个人。

地址：和平街十三区甲17号
邮编：100013
电话：64207306
邮箱：bjcyyc@163.com

（丁　鑫）

【查破涉烟网络案件】 1月15日，在市烟草专卖局稽查总队的指导、协调、配合下，联合通州区烟草专卖局，在朝阳区、通州区公安部门的协助下，破获以安徽籍丁某、浙江籍吴某、河北籍王某、张某为团伙的运输销售真品卷烟团伙网络案件，抓捕涉案嫌疑人6人，刑事拘留5人，查扣车辆1辆，查获窝点7个，查获违法卷烟100.60万支，总案值93.97万余元。4月22日，在市烟草专卖局稽查总队的指导、协调、配合下，在公安朝阳分局经侦大队、劲松派出所的配合下，破获以河南籍刘某、程某为团伙的运输销售真品卷烟团伙网络案件。抓捕涉案嫌疑人7人，刑事拘留4人，查扣车辆5辆，查获违法卷烟289.02万支，总案值101.90万元。5月3日，在国家局专卖司打网办、北京市烟草专卖局专卖处稽查总队、河北省烟草专卖局专卖处、廊坊市烟草专卖局、章丘市烟草专卖局的指导、协调、配合下，朝阳区烟草专卖局联合河北省霸州市烟草局，在公安朝阳分局经侦大队、劲松派出所、河北省霸州市公安局、山东省章丘市公安局的支持下，破获以河北籍张某、韩某及下家黑龙江籍苗某为首的销售运输走私烟网络案件。抓捕涉案人员7人，刑事拘留5人（北京1人，河北1人，山东3人），查扣车辆3辆，搜查作案窝点4个，起获台式计算机3台、笔记本电脑2台、账册4本发货单据（申通、圆通快递）3247份等作案物品。查获违法卷烟429.18万支，案值206.43万元。10月20日，配合市烟草专卖局烟草专卖处，破获以河南籍王某、张某、李某，东北籍李某及北京籍刘某为首的运输销售假烟网络案件，抓捕涉案嫌疑人10人（保定3人，北京7人），刑拘6人（保定3人，北京3人），查扣车辆3辆，搜查窝点5个，起获违法卷烟296.46万支，总案值136.71万余元。

（房　颖）

【整治涉烟集贸市场】 4月11日至13日，开展“春雷”卷烟市场集中整治行动，出动执法人员116人次，检查集贸市场3个，零售户520余户，查处违法零售户51 户，查获违法假、私、非卷烟41万支，总案值30万余元，打击违法卷烟经营行为，保障卷烟市场经营秩序稳定。

（房　颖）

【品牌培育实现预期目标】 年内，按照烟草新品和自主培育工作计划和要求，全年新品卷烟入市销售1073.6箱，其中上半年在培育范围内的新品有21个规格，新品规格入市销售814.7箱（不含定点投放）；下半年销售15个新品规格，新品规格入市累计销售258.9箱（不含定点投放及全市投放新品规格），上柜率均达到预期培育目标。15个自主培育规格全年销售5754.62箱。

（臧佳音）

【管理系统创新】 年内，通过搭建内专销沟通平台，传递信息，形成合力，对辖区内零售大户、历史违法户、无证经营户进行重点监管，打击各类真烟异常流通行为。全年查处真烟外流案件919起，涉及零售户673户，涉案卷烟273.74万支，通过制订《朝阳烟草公司货源调控办法》，对外流重点客户约谈培训，并与其签订《保证规范经营书》。建立起“案件查办辅助系统”和“经营管理分析系统”，经试用，推广到通州、顺义、东城、石景山等15家单位使用，通过市局系统研发申报的科技项目验收。烟草专卖组织研发的“内管预警桌面软件”，正式进入测试阶段。

（王漪虹 丁 鑫）

【提高零售客户满意度入选精益十佳】 年内，按照年度精益管理推进方案，确定“提高零售客户满意度”为年度精益管理课题。经过品牌培育、许可证服务、专卖市场管理等项目实施，加强对零售户的经营指导、运用“12步检查法”规范网格人员的日产监管、调整办证流程及改善办证大厅环境，使辖区零售客户满意度由2014年的89.2分，提升到2015年的92.1分。在12月中旬的课题评审中，区烟草专卖局的“提高零售客户满意度”精益课题入选年度北京烟草“精益十佳”课题。

（丁 鑫）

【队伍建设】 年内，注重提升员工整体素质，全年完成24个培训计划。开展干部人事档案专项审核工作，确保干部人事档案真实、准确、完整、规范，维护干部人事档案工作的严肃性和公信力；抓住重点事件，强化岗纪职责教育，正确认识严格规范的重要性、必要性，营造积极健康的工作氛围；在“3·15”“5·15”“6·29”“12·4”等重要节点普法宣传中，印发宣传材料1500份；组织执法资格考试培训、案卷制作培训、新入职员工法律培训、经营管理人员法律培训以及零售户守法经营培训，28次，接受培训人数360人次。

（刘 韬）

【企业文化建设】 年内，通过制订《慰问职工管理办法》，开展困难职工帮扶及困难零售户的志愿服务活动；按照规定程序完成集体合同续签工作；区局足球队在第三届“首善杯”足球赛中获得亚军；推进职工之家建设，进一步完善职工之家的运营管理与制度建设，先后购置健身器材、乒乓球发球机等设备，完成瑜伽教师续签工作，组织开展兴趣小组活动及厨艺比赛、职工健走等活动，做好职工身心健康服务工作；制订并完善《阅览室图书借阅制度》，先后分两批次购入各类图书300余册，保证职工书屋的图书量、阅读率、流转率；加强团组织思想建设、组织建设和作风建设，召开青年座谈会等，引导青年立足岗位，充分发挥先锋模范作用。

（柴汝静 王宜佳）

【12步市场检查法】 年内，创新制定“12步日常市场检查法”，每一步都规定明确的标准。12步具体检查是：亮证经营情况、柜台、货架、货柜、收银台、抽屉、暗格、非卷烟类纸箱、整件烟箱、抽查其他位置空间、后屋、门口。

（房 颖）

财政　税务　金融

财　政　管　理

【**概况**】　北京市朝阳区财政局（简称区财政局）是区政府领导下的主管本区财政收支和财政监督工作的职能部门。设办公室、综合科、预算科、资产管理科、国库科、街乡科、行政政法科、教科文科、政府采购办公室、基本建设科、市政管理科、社会保障科、农业科、产业资金科、会计科、财政监督科、法制监察科、人事科。下属单位有监督检查所、国库集中收付中心、预算编审中心、绩效考评中心4个事业单位，全局行政编制90人，事业单位人员编制60人。年内，区级财政收入4479814万元，同比增长8.8%。基金预算收入累计完成2333266 万元，同比增长2.4%。国有资本经营预算收入累计完成11013万元，同比增长50.0%。一般公共预算支出4436484万元，同比增长16.5%，完成预算的121.8%。政府性基金预算支出2958391万元，同比增长39.7 %，完成预算的288.9 %。国有资本经营预算支出14854万元，同比增长102 %，完成预算的101.3%。

地址：朝阳区日坛北路3号

邮编：100020

电话：65090308

（李　伟）

【**政府采购规范和创新**】　7月1日，朝阳区开启与北京市政府采购中心“共享结果，统一平台，线上浏览，线下交易，系统控制，结算留痕”全面共享业务新模式，完善协议供货和定点服务采购管理，率先实现市区共享，扩展采购范围和规模，降低采购成本，提高政府采购效率和水平。年内，修订《政府采购代理机构管理办法》，制发《进一步加强政府采购代理机构管理的补充通知》及《政府采购专家抽取监督管理内部规定》，指导采购活动和人员培训，完成北京市专家库二代系统升级的终端调试与试用。

（李　伟）

【**创新政策支持产业发展**】　年内，创新产业政策，制定《北京市朝阳区城乡结合部产业引导基金管理暂行办法》，印发各相关单位并报北京市财政局备案，设立城乡结合部产业引导基金，协调工商、国资中心签订合伙协议，注册成立基金管理公司，明确基金的支持方向、运作方式、管理程序、使用规定、退出方式和风险防控等内容，促进朝阳区城乡结合部产业政策落地和基金管理。

（李　伟）

【**公共卫生发展投入**】　年内，公共卫生发展投入13953万元，主要用于社区卫生服务中心（站）常用药品零差率补贴、医疗设备购置和日常维修，改善和提高社区卫生服务机构环境和服务水平，缓解老百姓“看病贵”的问题。

（李　伟）

【**均衡教育发展投入**】　年内，调整和优化支出结构，建立与财政补助相结合的质量评价指标体系。拨付符合条件的在园城乡特困适龄儿童、烈士子女、残疾儿童等保教费资助经费。拨付公办中小学义务教育阶段学生减免教科书补助经费。确保社会力量办园及非教育部门公办幼儿园资金及时到位，促进“街乡举办幼儿园”的健康发展，体现学前教育的公益性和普惠性。

（李　伟）

【**特殊老年人养老服务投入**】　年内，特殊老年人养老服务投入360万元，会同区民政局出台《朝阳区特殊老年人养老服务实施办法》，贯彻落实北京市《关于加快推进养老服务业发展的意见》，为符合居住在朝阳区年龄60周岁以上且生活不能完全自理的、三无、五保、低保、低收入和失独等条件的3000名特殊老年人每人每月提供100元的政府购买养老服务。

（李　伟）

【**国有资产出租出借管理**】　年内，加强出租出借管理。开展区行政事业单位国有资产出租、出借的清理规范工作，主要针对2014年底前已到期的出租、出借国有资产，督促各单位收回。各单位有2014年底前到期国有资产出租1035处，面积为271095.30平方米；出借10处，面积为18868.36平方米。清理收回出租资产244处，面积为77137.16平方米，收回出借2处，面积为165.99平方米。

（李　伟）

【**基层平安建设投入**】　年内，深化基层平安建设，完成第二批21个街乡城市综合管理指挥中心（综治维稳中心）的升级改造。保障防灾减灾标准化乡镇、气象防灾减灾示范社区、地震安全示范社区、孝亲敬老园建设和人民调解员业务培训等为民办实事项目资金。

（李　伟）

【**公共文化发展投入**】　年内，继续保证区文化相关经费投入，拨付市区两级财政资金6000余万元，保证朝阳区地方特色的群众文化活动、“三馆一站”免费开放、自助图书机运维及基础文化配送等方面的经费投入。支持区体育全民健身工作及重大赛事活动地举行，保障体校及全民健身的硬件更新和升级，拨付市区两级财政资金1410万元。支持科技事业的发展，拨付各类科技科普类资金5000万元。

（李　伟）

【**就业服务投入**】　年内，就业服务投入1436.92万元，用于公益性就业组织区级补助、街乡就业工作绩效考核奖励、创业工作奖励等各类就业再就业项目，保障各项就业政策落实。

（李　伟）

【国库集中支付覆盖街乡】　年内，区43个街乡全面实现国库集中支付（零余额）改革，区财政局从理论和实操等多个层面开展街乡财会人员培训工作，重点强调不允许资金归垫、撤并清理账户，要求加强会计基础工作，适应工作新要求，提升街乡财政资金管理水平。

（李　伟）

【规范内控】　年内，朝阳区112个一级预算单位的内控规范建设工作全部启动，其中99个单位进入到手册编制和内部监督阶段。推进动态监控工作的开展，细化预警规则，加强技术支撑。预算单位合理合规使用财政资金的意识得到加强，不规范操作情况有所改善。

（李　伟）

【预决算信息公开】　年内，区财政局公开区级预算和公开汇总“三公”经费预算信息的基础上，部门预算及“三公”经费公开单位达108家，完成全区2014年财政总决算及50家单位决算（含三公经费决算）信息公开，主动接受全社会监督。

（李　伟）

国　家　税　务

【概况】　朝阳区国家税务局是北京市国家税务局的派出机构，在朝阳区行政区域内行使国家税收征管职能。主要工作任务是：在北京市国家税务局（以下简称市局）和北京市朝阳区人民政府的领导下，贯彻执行国家税收法律、法规和规章，组织中央税收收入和中央、地方共享税税收和部分地方税税收收入，维护和规范税收秩序，为促进市、区的改革开放、经济建设服务。局内有32个单位，内设科室13个，另设机关党委办公室和离退休干部科，直属机构（车辆购置税征收管理分局、稽查局）及事业单位（信息中心、机关服务中心）4个，基层派出机构13个，其中办税服务大厅4个（第一、二、三、十三税务所），管理所7个（第四、五、六、七、九、十、十二税务所），全职能所1个（第十一税务所，负责CBD地区的征收和管理工作），纳税评估所1个（第八税务所）。年内，税收收入完成909.94亿元，比上年增长0.7%，增收6.73亿元。其中区级税收完成163.13亿元，比上年增长1.3%，增收2.09亿元。

地址：左家庄东里甲3号

邮编：100028

电话：64653418

（党若洁）

【税务登记窗口入驻行政服务中心】　5月28日，朝阳国税局税务登记设立窗口正式入驻朝阳区行政服务中心大厅，设立5个窗口，派驻1名副所长和8名干部负责办理朝阳区新办企业（除个体工商户）的国税税务登记事项，实现受理咨询、设立登记、税种登记、财务会计制度及核算软件备案一站式办结。

（党若洁）

【首例电子发票发行】　12月15日，朝阳国税局完成首例电子发票的初始发行手续，网络平台提供商与企业端对接，开出第一份电子发票。

（党若洁）

【税务登记】　年底，税务登记户数392971户，正常开业258893户，其中企业户212502户，个体工商开业登记46391户。年内，新增税源41578户，其中企业户37072户，个体户4506户。与上年相比，企业户新增28597户，增长15.55%，个体户减少694户，下降1.47%。

（党若洁）

【纳税服务】　年内，建立纳税服务投诉三级连带追责机制，聘请社会第三方，对各单位的纳税服务质量开展明察暗访，纳税服务投诉呈下降趋势，投诉率同比下降79.7%，表扬类数量同比增长122%，纳税人满意度明显提升。

（党若洁）

【信息化建设】　年内，打造“互联网+税务”新型纳税服务模式，纳税人实现足不出户办理发票自动验旧、优惠备案、自助处罚等多项涉税业务，实现“双减负”。将“通办辅提”系统加入微信公众账号，纳税人通过手机查看朝阳国税局微信公众号，既可以看到推送的税收政策宣传信息，还可以得到实时办税指引。“通办辅提”采用现代化技术手段，实时采集各办税服务厅内办理各项业务的人员数量，纳税人结合自身所处地理位置及办理业务，可以自主选择最适合自己的办税服务厅及办税时间，通过对数据的分析和评估，可及时调整各办税服务厅的征管资源。

（党若洁）

【税收宣传】　年内，开展“新常态　新税风”为主题的2015年税收宣传月活动。加强与《京华时报》、朝阳有线等各类媒体的联系，建立健全舆情监控制度，加强涉税舆情引导，扩大税收宣传的受众面，增强宣传效果；举办服务“走出去”企业，支持“一带一路”战略主题宣讲活动，为企业制定更加人性化、便捷化服务；联合区委宣传部、区工商局、南磨房乡政府到北京国家广告产业园开展政策宣传，服务企业发展需求。

（党若洁）

【税收调研】　年内，开展保险、证券和中小企业信用担保机构准备金支出税前扣除情况调研。调研涉及13家保险公司、4家证券公司和2家中小企业信用担保机构，调研发现，保险公司准备金支出税前扣除的金额增长较快，2013年和2014年的增长幅度分别为47.7%和245.13%。证券行业准备金支出税前扣除集中在证券投资者保护基金方面，金额增长幅度较小。中小企业信用担保行业近几年发展较快，特别是2013年准备金支出税前扣除的增长幅度达到11.8%。本次情况调研系统收集朝阳国税局所辖金融企业准备金支出税前扣除的数据，为国家税收分析提供参考。

（党若洁）

【税收优惠】　年内，在朝阳国税局享受小微企业税收优惠政策的企业达2158753户次，为小微企业减免税18322.15万元，小型微利企业受惠面达到100%。对2014年度增值税优惠政策执行情况开展后续管理，涉及187户企业，问题率12.30%，补缴增值税及滞纳金12.39万元，进项税转出75.41万元。自2013年8月起，创新政策宣传手段搭建“微平台”，除通过公告栏、办税服务厅宣传屏幕及电话、短信等常规宣传途径外，首次引进社会专业力量，聘请专业的快递公司向小型微利企业送达宣传资料。抽调专门人员，成立“微服务小组”，通过开展定向服务的方式，向其面对面的宣传税收优惠政策。

（党若洁）

【窗口双屏系统】 年内，开发使用“窗口双屏系统”，通过差异化信息推送提升服务质效。窗口双屏系统在窗口安装两个显示器，一个用于窗口人员操作，办理涉税业务，一个用于面向纳税人，显示其所需了解的涉税事项内容。该系统实现五项功能：一是在欢迎页显示朝阳国税网址和二维码，纳税人扫码即可登陆朝阳国税局网站查询办税指南等信息；二是可以显示窗口工作人员照片、工号等内容，实现对纳税服务质量的监督功能；三是可依据纳税人需求显示具体办税流程、所需资料等内容，准确实现一次性告知，减少窗口人员重复解答咨询的工作量；四是显示通知公告、税收宣传漫画等内容，丰富税收宣传方式；五是工作人员暂时离开或系统故障时可提示“请稍后”“暂停服务”等内容，无须使用其他桌牌、台卡，节约窗口空间，保证窗口整洁规范。

（党若洁）

【增值税发票系统升级版推行】 年内，朝阳国税局涉及增值税升级版企业8.8万户，在国际展览中心专设升级服务大厅，纳税人能够在升级现场一次性完成升级的全过程。

（党若洁）

【风险防控管理】 年内，对6757户企业采取风控措施，经核查解除风控措施的企业2537户，占全部风控企业的25%，4220户风险企业处于被监控中。对北京市“10·8”专案中涉案朝阳35户企业开展涉税信息的综合比对，发现疑点并确定风控对象和监控重点，开展延伸管理，在对涉税数据深加工的基础上提炼总结虚开骗票企业的疑点特征，为后续管理提供方向和思路。

（党若洁）

【所得税汇算清缴】 年内，完成2014年度企业所得税汇算清缴，汇算清缴户数突破10万户，申报率首次达到100%，汇算清缴累计实现应纳所得税额92.02亿元。

（党若洁）

【营业税改征增值税】 年内，朝阳区“营改增”试点纳税人14.83万户，同比增加3.59万户。其中交通运输业1249户，邮政业4户，电信业126户，现代服务业146918户，完成“营改增”税收收入90.82亿元，同比增长11.93亿元，增幅15.12%，税收收入实现平稳增长。试点纳税人在原营业税税制下应缴纳营业税167.69亿元，“营改增”后，减税76.87亿元，减幅45.84%。

（党若洁）

【离境退税政策推广】 年内，推广离境退税政策并做好宣传辅导，联合朝阳区旅游委开展“境外旅客购物离境退税”政策宣传推广会。介绍离境退税政策及退税商店办理流程，针对商户关心的税负变化和成本增加以及退税商店办理过程中常见的问题给予解释和答复。辖区内星级饭店、A级旅游景区、旅行社代表等50余户企业参加宣传会。截至年底，北京市有境外旅客购物离境退税定点商店211家，其中朝阳区75家，位居各区县第一。

（党若洁）

【车购税减征政策落实】 年内，落实1.6升及以下排量乘用车车辆购置税减半征收工作。10月1日起，在车购税征收管理分局征收大厅张贴公告，车购税业务咨询电话设专人值守，解答纳税人提出的问题，通过官方网站、微博、微信等途径向社会宣传车购税减征政策。在办理业务时，严格审核《机动车销售统一发票》或《海关关税专用缴款书》等价格证明的开具时间，准确比对《中华人民共和国机动车整车出厂合格证》等车辆合格证明上的排气量等技术参数，界定减征范围，确定适用税率，使纳税人应享受的税收优惠政策落实到位。

（党若洁）

【“三证合一”推进】 年内，开展企业“三证合一”（将企业依次申请的工商营业执照、组织机构代码证和税务登记证三证和为一证）新办税务登记全区通办，采用高拍仪核实、采集经办人（法人）身份证件。

（党若洁）

【稽查系列作风整顿专项行动】 年内，按照税收管理和税收执法行为的特点和规律，对易发、多发违法违纪的部位和环节开展监督检查。制定《干部下户工作勤廉监督卡登记制度》，通过勤廉监督卡接受纳税人对税收执法行为的监督。开展稽查系列工作作风整顿专项行动，增强干部的廉洁自律意识和责任担当意识。结合稽查工作实际对稽查办案程序进行规范，压缩自由裁量的空间，防范执法风险。稽查收入突破21.6亿元，稽查总收入、检查收入、户均查补收入等均大幅增长。

（党若洁）

【配合机制建立】 年内，贯彻落实《深化国税、地税征管体制改革方案》，提升征管效能，提高工作效率。完善征管联席会议制度，加强顶层设计，建立高效合作机制；加强基础数据交换，确保信息共享，朝阳国、地税通过数据共享共查补各项税收4000余万元；联合开展税收宣传，既节约宣传成本，又扩大宣传效果；自1月1日起，朝阳国税局受托为区地税局代征缴纳增值税、消费税纳税人、扣缴义务人的城市维护建设税、教育费附加费、地方教育附加费。

（党若洁）

【办税环境优化】 年内，针对办公设施陈旧的问题，制定施工计划，从粉刷墙壁、改造卫生间、替换办公室门窗入手逐项改造。经与区政府协调，租用世通国际大厦近17000平方米的写字楼作为办税区。光华路SOHO二期3200平米办公区进入政府招标程序。电子城办税服务厅进入规划阶段。

（党若洁）

【党员捐款】 年内，组织全体党员开展“共产党员献爱心”捐款活动，全局共产党员、积极分子及群众388人参加捐款，爱心捐款全部上交朝阳区慈善协会。

（党若洁）

地方税务

【概况】 朝阳区地方税务局受北京市地方税务局和朝阳区人民政府双重领导，在朝阳区行政区域内行使地方税收管辖权。主要职责是负责本辖区内宣传、贯彻、实施有关地方税收工作的法律、法规及规章。根据市地税局和朝阳区政府确定的预算收入计划指标，负责编制辖区内地方税收计划，并组织实施。负责依法实施征管范围内各种税、费的征收和管理工作。监督检查辖区内各纳税义务人依法履行纳税义务的情况，并对各种涉税违法、违规行为进行行政处罚。实施辖区内税收政策咨询和纳税服务工作。研究税收理论和税收政策，分析税收信息，掌握税收动态。设16个科室（含机关后勤服务中心），15个税务所，1个稽查局（下设检查科5个，综合科1个），1个税务学会。年内，完成各项税费收入854.2亿元（含工会经费），同比增收99.6亿元，增长13.25%。其中地方公共财政预算收入619.6亿元，同比增收57.4亿元，增长10.2%，完成年度计划595亿元的104.1%，约占全系统五分之一；区级收入258亿元，同比增收14.7亿元，同比增长6%，完成区级计划257.6亿元的100.1%。

地址：安苑东里3区1号

电话：010-64933333

邮编：100029

网址：http://chaoyang.tax861.gov.cn

（杨　超）

【税收征管】　3月16日起，应对政策回暖引发的二手房交易量激增情况，启动应急预案，抽调22名干部窗口支援，实现积压的待缴税业务全部消化完毕，新增业务10个工作日内办理完成。9月14日，实现二手房交易全区通办，10月8日正式运行。年内，新增税源户4.07万户，正常税源户达28.56万户。开展无税申报专项核实，补缴税款5900余万元，有税申报率74.41%，提升超过18.46%。加强新办企业管理，对51个集中办公区2.6万户企业开展摸底调查，形成税款1.35亿元。加大欠税管理力度，清理欠税2027万元。做好委托代征管理，代征税款6.57亿元。探索注销税务登记引入中介机构的新模式，协查1837户，查补税款480万元。完善税收风险模型指标库，建立税务约谈室，出台《税务约谈工作办法》。全年通过风险防控组织入库税款、滞纳金及罚款合计14.93亿元，同比增长11.17亿元。将建委、房地部门获取数据与企业缴纳税款数据比对，推送疑点信息，征收税款1.35亿元。建立税收风险模型指标库，查补税款近3300万元。

（杨　超）

【税收业务培训】　3月，组织全局干部分5批开展税收业务知识培训，培训内容包括税收政策、窗口业务流程及《税收法治通论》相关内容。11月，分5批组织全局干部开展更新知识培训，提高干部队伍综合素质和知识层次，加强廉政教育及身心健康调节。年内，组织开展税收业务知识考试岗位大练兵工作，开展脱产培训，组织276名干部参加考试。开展中层干部培训工作，组织全体科级领导干部参加岗位知识培训，交流工作方法和工作经验。

（杨　超）

【税务登记】　年内，有税务登记户数295981户，其中内资企业238901户（包括国有企业1634户、集体企业2271户、股份制企业2617户、联营企业67户、有限责任公司93207户、股份有限公司1751户、私营企业134084户；其他企业3270户），港澳台商投资企业4660户，外商投资企业7117户，个体工商户45303户。

（杨　超）

【机构和工作职责调整】　年内，按照《北京市地方税务局关于调整区县（分）局机构职责有关工作的通知》文件精神，取消纳税评估科，保留机构编制，设立数据管理科，并相应调整征收管理科职能。

（杨　超）

【税务征管】　年内，税源户285414户，同比增加29198户。高端产业区是组织收入的重点区域，但主要受土地增值税汇算影响呈下降态势，中央商务区完成各项税费收入147.8亿元，同比减收3.8亿元，下降2.5%；电子城园区企业1363家，完成各项税费收入13.2亿元，同比减收0.3亿元，下降2.5%。房地产业，租赁和商务服务业，居民服务、修理和其他服务业，金融业四大主体行业实现全面增收，合计完成税费收入519.3亿元，占各项税费收入的61.8%，合计增收46.7亿元，增收贡献率62.9%，增长11.2%。19个税种及附加（含工会经费）中17个税种税费收入比上年增加，2个税种税费收入比上年减少，各税费呈现普遍增长态势。其中个人所得税增收超过50亿元，是增收最大的税种。减收的税种是土地增值税和耕地占用税，其中土地增值税受清算因素影响同比减收28.5亿元。

（杨　超）

【服务区域经济】　年内，主动参与政府经济工作，及时向朝阳区委、区政府汇报税收政策、重点税源变化情况、收入分析统计等资料。与区国税局联合开展税收分析，形成报告报送区委、区政府。加强与辖区街道、乡镇、园区管委会等有关部门交流沟通，形成涵养税源、协税护税的联动机制。与区国税局、工商朝阳分局、区发改委等职能部门的数据交换比对。区领导吴桂英、甘靖中、张维刚等多次对朝阳区地税局提出的服务朝阳区经济社会发展各项措施、建议给予批示。

（杨　超）

【税收法治】　年内，建立营业税和企业所得税减免税后续管理办法、个人股权转让个人所得税征收管理工作规程。编写《强制执行措施指导手册》，建立《取消和下放行政审批事项后续管理制度》，制定《合同管理办法》。做好“六五”法制宣传教育总结验收工作，开展税法宣传活动，制作并发放宣传材料上千份。贯彻《行政诉讼法》修正案，加强行刑衔接平台管理。审理6起行政复议案，其中依法不予受理1起，与申请人和解1起，维持原具体行政行为4起。参与4起行政诉讼，法院依法审理后不予受理1起，原告撤诉2起，审理中尚未结案1起。

（杨　超）

【税收政策落实】　年内，深化营业税改征增值税后续管理，做好纳税人确认、数据交换、纳税人税负变化测算分析及税负提高企业财政专项资金返还工作。营改增企业从最初6.5万户增加到14.78万户。受理财政资金返还98户，还原营业税1亿元，返还财政资金2993.2万元。落实税收优惠政策，扶持企业发展，全年减免各项税费164.3亿元。在落实小微企业税收优惠政策中，12.18万户小微企业享受营业税优惠政策，免征营业税7287万元；17261户小微企业享受减免企业所得税优惠政策，免征税款4859万元。帮扶弱势群体，受理企业所得税安置残疾人事前备案109户，加计扣除2830万元；审批残疾人、孤老人员、军烈属减免个人所得税256份。办理个人二手房退税业务4937笔，退税金额1.48亿元。坚持税政联席会制度，收集、整理基层税务所反映的政策问题，解答问题18条，发布税收政策解读专刊5期。

（杨　超）

【税种管理】　年内，完成个人所得税12万元以上自行纳税申报任务指标的115.13%，明细申报率平均99%。开展限售股转让情况核查，补缴税款1.19亿元，形成经验材料在全市推广。加强股权转让管理，审核2.8万份，扣缴个人所得税12.57亿元，同比增长3.08倍。加强财产行为税税源监控平台在日常征管工作中的运用，筛选比对财行税平台中的5个模型，筛选疑点1335个，补缴房土税705万元；开展税源比对疑点核实，补缴房土税923.7万元。加强土增税预征和清算环节的管理，预征115个房地产开发项目税款14.42亿元，完成7个房地产项目清算税款11.62亿元。加强车船税管理，对14万辆单位车辆进行数据筛选，补缴税款81万元。开展金融业同业拆借印花税情况调查，补缴税款335万元。代征残保金7.67亿元，代收工会经费13亿元。保证财行税明细申报系统平稳运行，编写《热点问题汇总》3期。布置调整资源税征收范围准备工作，到2户资源税企业开展调研。

（杨　超）

【纳税服务】　年内，落实“便民办税春风行动”，132项依纳税人申请事项全部前移至办税服务厅，建成4个24小时办税服务厅并实现通办，年办理量约38万户次。实践咨询热线服务外包，增加至10个接听座席，月接听量稳定在18000个，接通率由65%提高至95%。采取购买服务方式，开展授课44次，培训人次8000人。推出定制化培训服务，满足股权转让所得申报缴纳个人所得税等复杂涉税事项的培训需求。完成2014年度信用等级评价工作，评定A级企业4948家。全年收到各类锦旗37面，表扬信19封，意见簿表扬信15封，荣誉牌匾1个。

（杨　超）

【大企业税收服务与管理】　年内，开展6集团税收风险防控和现场税务审计工作，对神华、中海油、中建等6家集团所属7户企业开展全流程风险管理工作。成立由保障团队、审计团队、稽查团队、核实团队构成的工作团队。要求所有检查、审计人员统一案头分析标准和政策执行尺度。开展国家税务总局定点联系企业名册信息核实工作，完成354户企业的基础信息的核对和录入审核工作。开展千户企业信息核查工作，对纳税额10亿元以上的企业集团（第一批）及纳税额1亿元以上的企业集团（第二批）开展信息采集工作。对3个集团94户企业开展税收风险管理工作，发现应补税款及滞纳金173万元。

（杨　超）

【国际税收管理】　年内，扩大外籍个人所得税核查范围，对企业雇佣的外籍个人开展检查，补缴税款及滞纳金1.54亿元。使用非居民企业所得税源泉扣缴寻找关联申报疑点，扣缴税款1929万余元。第三方信息核查47件，补缴税款327万元。国际情报信息核查13件，补缴税款15万元。完善非居民个人享受税收协定待遇备案制度和非居民源泉扣缴工作流程。开展“走出去”企业培训工作，推出《跨国课税》双月刊。

（杨　超）

【税务稽查】　年内，加大税收违法案件查处力度，查补税金2.3亿元，入库2.66亿元。引入第三方外脑协助办案，检查税款及滞纳金13.16亿元。开展打击发票违法犯罪活动工作，查补税金1772.85万元。将新滞纳金管理办法落实与欠税清理相结合，入库税款2050.88万元。召开重大案件审理会2次，审议通过案件8件，涉及税金1.79亿元。

（杨　超）

【信息化建设】　年内，上线运行个人存量房涉税网上预约系统，开发自助取号系统。上线运行朝阳地税计算机代码管理系统，搭建中心数据库，做好数据归集和分析处理。推进安全U盘推广运行，配发内网办公盘、外带办公盘和单向输出盘三种专用数据交换U盘。加强全局电脑的北信源桌面防护软件、瑞星杀毒软件、INODE准入软件的安装管理，安装率达到100%。

（杨　超）

【执法督察与内部审计】　年内，开展税收执法风险疑点比对，全面清理3年来税收个案批复情况，制定《北京市朝阳区地方税务局关于清理规范税收个案批复工作实施方案》。制定《2015年度执法督察实施方案》，开展内部执法督察。做好外部督察审计的沟通协调工作。成立执法督察领导小组，将税务登记基础信息、退税管理、个人出租房屋代征等9个事项列为重点督察项目，抽查案卷1972份，限时整改发现的问题。更新文书模板，规范基层执法文书，提高案卷水平，针对执法督察发现的问题，落实责任追究。

（杨　超）

【党团建设】　年内，提升党建工作水平，邀请区委党校教授姜岩就“新时期如何当好党支部书记”“自觉践行‘三严三实’，做一名合格党员干部”和“深入贯彻学习党的十八届五中全会、市委十一届八次全会和中国共产党廉洁自律准则、纪律处分条例精神”3个主题授课3次。开展“守纪律、严执法、讲廉政、强作风——做恪尽职守的公务员”主题教育活动。严格党内政治生活，落实“三会一课”等基本制度，为全体党员干部印制《党员学习手册》，编发《朝阳区地方税务局基层建设》专刊19期。按照组织程序，选举出6名团员代表，参加共青团北京市地方税务局第一次代表大会；参加系统共青团工作座谈会，反映青年干部心声和诉求。获系统青年技能大赛优秀组织奖，征收管理科、第三税务所和监察科7名干部分别获PPT设计竞赛、微视频制作竞赛一等奖和硬笔书法竞赛二等奖。开展“书韵青春、以文会友”五四读书活动，与海淀区地税局、延庆区地税局联合开展纪念世界反法西斯战争胜利70周年主题团日活动。为全局青年干部配发《历史的教训》《北大经典讲座》等4本学习书籍。

（杨　超）

【纪检监察】　年内，召开廉政专题党组会和党风廉政建设工作会，分层级签订党风廉政建设承诺书、责任书，建立责任清单。加强廉政教育，开展“学党纪知党规讲党性守纪律”主题教育活动，组织参观北京市地方税务局反腐倡廉警示教育基地和太阳村。落实八项规定，结合“两规范一提高”和行政效能巡查工作，组织开展“为官不为”“为官乱为”专项治理，推进政风行风建设。落实零申报、“双签字背书”等责任制度。

（杨　超）

【税收宣传】　年内，开展税收宣传活动，与北京交通广播电台联合制作税收宣传特别节目，与首都经济贸易大学联合举办第七届“朝阳地税杯”税收风采展示大赛，与朝阳有线台合作录制《地税你我他》电视专题节目52期。在市级以上媒体刊发稿件57件。

（杨　超）

【税收科研】　年内，围绕中心工作组织开展税收调研活动。创新调研方式，与首都经贸大学联合开展调研，通过开展调研课题开题会、交流会及调研培训等多种方式与高校探讨问题、交换意见。全年撰写调研文章45篇，确定并完成重点调研课题8项。其中市局《调查与研究》采用2期，外部省部级以上刊物采用13篇。

（杨　超）

【税务文化建设】　年内，开展“道德讲堂”活动，以身边人讲身边事，凝聚人心、鼓舞士气，引导职工树立爱岗敬业、争创一流的工作理念。开展群众组织群众性创建活动，组织开展志愿服务、成立学雷锋税法宣传服务队，税法宣传进社区、进校园、进使馆。组织参加捐资助学、帮扶结对、同创共建、济困助残等各种社会公益实践活动。2015年被评为朝阳区群众性创建规范化建设文明单位，杨楠被评为北京市精神文明道德模范先进个人。发挥工会组织桥梁和纽带作用，开展干部职工参与度高的文体活动，举办五人制足球赛，书法讲座班，开展影评等活动。加强“职工书屋”建设，开展读书交流活动。

（杨　超）

金　融

【概况】 朝阳区金融服务办公室（简称区金融办）是负责促进区金融发展、金融服务工作的区政府工作部门。内设综合科、金融发展科、金融服务科、金融市场科。年内，50家金融机构落户朝阳，注册资金31.8亿元，其中法人机构19家，外资金融机构7家。朝阳区金融机构总数1465家，占全市四分之一，法人机构占全市三分之一，外资机构占全市65%以上。

地址：呼家楼京广中心商务楼1009室

邮编：100020

电话：65978750

网址：http://finance.bjchy.gov.cn

（刘红伟）

【涉众型经济案件专题调度会】 2月3日，区委副书记、政法委书记陈宏志召开涉众型经济案件专题调度会，区委办、区金融办、公安朝阳分局、工商朝阳分局、CBD管委会、区维稳办、区综治办、区信访办等部门参加会议。

（刘红伟）

【劳合社保险（中国）有限公司北京分公司成立】 3月16日，劳合社保险（中国）有限公司北京分公司在朝阳区国贸大厦举办开业庆典。劳合社主席约翰·纳尔逊、国际市场总监范文骏、劳合社（中国）董事长兼总经理高璁、北京分公司总经理陈松林等出席活动并致辞。

（刘红伟）

【农村产业转型升级的改革研究课题启动】 3月23日，召开朝阳区实现农村产业转型升级的改革研究课题启动会。中国社科院副院长、学部委员李扬主持会议，区金融办、区农委以及课题组成员参加启动会。

（刘红伟）

【复星保德信人寿保险北京分公司开业】 8月19日，复星保德信人寿保险有限公司北京分公司在朝阳区复星国际中心举行开业典礼暨青少年社区志愿奖启动仪式。美国保德信金融集团副董事长Mark Grier，复星集团执行董事兼总裁、复星保德信人寿董事长汪群斌，复星保德信人寿总裁孙建军，复星保德信人寿北京分公司总经理王北蓉等出席致辞并共同启动开业仪式。

（刘红伟）

【北京CBD国际金融圆桌会】 9月17日，2015北京CBD国际金融圆桌会在北京奥运塔举办。中国社会科学院学部委员、国家金融与发展实验室理事长、北京CBD国际金融研究院院长李扬主持会议。人民银行营业管理部副主任付喜国，北京保监局副局长冷煜，区委书记、区长吴桂英，区委常委、常务副区长甘靖中，副区长梁洁，区人大常委会副主任常树奇等领导出席，首都金融机构高管60余人参会。

（刘红伟）

【国务院处非办调研】 10月10日，国务院处置非法集资部际联席办公室调研组主任杨玉柱、副主任李世谦率调研组到朝阳区调研处置非法集资工作情况。市金融局副巡视员沈鸿，区委副书记、政法委书记陈宏志及区金融办等相关部门负责人员参加会议。

（刘红伟）

【参展北京国际金博会】 10月29日，第十一届北京国际金融博览会在北京展览馆开幕。此次金博会由北京市金融工作局等部门主办，北京CBD金融商会等单位协办。区金融办参与金博会各项活动，在主会场举行朝阳区金融业“十二五”时期发展成就及北京CBD金融商会十周年回顾主题展览。朝阳展区创新展览形式，通过造型设计和内容编排展示朝阳区金融业发展优势和良好的金融生态环境。

（刘红伟）

【小额贷款公司现场检查】 11月6日至11日，由市金融局牵头，联合区金融办、相关律师事务所及会计师事务所现场检查北京恒源小额贷款公司、北京富安小额贷款公司等12家公司。重点检查公司的风险管理制度建立及执行情况，着重关注贷款损失准备金计提情况以及风险防控制度的落实。

（刘红伟）

【7家金融机构加入商会】 11月12日，北京CBD金融商会第十一次理事和会员代表大会在朝阳区国际金融博物馆召开，80余家会员单位高管参加会议。与会高管参观商会十周年回顾展，观看商会十周年回顾短片，重温商会十年的发展历程及取得成就。中煤集团财务有限公司、北京控股集团财务有限公司、银河期货股份有限公司、新华资产管理股份有限公司、平安银行北京分行、西班牙桑坦德银行北京分行、澳洲联邦银行北京分行等7家中外知名金融机构加入商会。

（刘红伟）

【澳大利亚国民银行北京分行开业】 11月17日，澳大利亚国民银行有限公司北京分行在朝阳区嘉里中心举行开业典礼。作为澳大利亚最大的商业银行，澳大利亚国民银行已进驻亚洲市场40余年，而此次设立北京分行是该行在中国内地继上海分行之后的第2家分行。

（刘红伟）

【昆明市代表团到区考察】 11月30日至12月1日，昆明市代表团一行15人在昆明市委常委常树奇，副市长龚晓坤，副秘书长、办公厅主任夏俊松的带领下赴北京考察金融产业发展情况。朝阳区委常委、常务副区长甘靖中会见代表团，区金融办、CBD管委会有关人员陪同接待。

（刘红伟）

【北京银监局到区调研】 12月11日，北京银监局党委书记、局长苏保祥，党委委员、副局长易晓等一行到朝阳区调研金融支持文化创意产业发展情况。区委书记吴桂英，区委副书记、代区长王灏，区委常委、常务副区长甘靖中，区委常委、宣传部部长、区委办主任刘军胜出席会见，副区长孙其军全程陪同调研，区政府办、区发改委、区金融办、区文创办负责人参加调研活动。

（刘红伟）

【金融业收入】 年内，区金融业实现税收311.3亿元，同比增收81.1亿元，同比增长35%。这是继区金融业于2011年突破100亿和2014年突破200亿后，用一年时间突破300亿。金融业实现区级收入78.98亿元，同比增长41.9%，占一般公共预算收入的17.63%，高于全区增速33个百分点，增收贡献度为71%。占比和贡献度均居全区各行业之首。金融业区级财政收入继2014年突破50亿后，用一年时间突破75亿。

（刘红伟）

中国银行北京朝阳支行

【概况】 中国银行北京朝阳支行下设9个部室、1个营业部和23家经营性网点支行。年内，实现拨备前利润7.98亿元，增长率

15.37%，支行资产汇总折人民币总额507.72亿元。

地址：东三环北路霞光里18号

邮编：100027

电话：59207155

（屈　璐）

【存贷款业务】　年内，人民币存款余额344.62亿元，公司、储蓄存款333.07亿元，同业存款11.55亿元；人民币贷款余额139.53亿元，公司贷款91.58亿元，零售贷款47.95亿元。外币存款余额5.33亿美元，公司、储蓄存款合计5.21亿美元，同业存款0.12亿美元。

（屈　璐）

【中间业务】　年内，实现中间业务收入2.52亿元，公司板块中间业务收入人民币0.77亿元，个金板块中间业务收入人民币1.89亿元。

（屈　璐）

中国银行北京商务区支行

【概况】　中国银行股份有限公司北京商务区支行下辖20家经营性物理网点，均可开办包括对私结售汇、外汇汇款、个人理财、银行卡业务以及对公结算、国际结算、跨境业务、金融机构业务等全部个人、公司金融业务。年内，实现拨备前利润8.18亿元，本外币存款总额折合人民币526.06亿元。

地址：东三环北路乙19号

邮编：100020

电话：85731825

（杨雪巍）

【存贷款业务】　年内，人民币存款日均余额517.90亿元，其中人民币公司存款(含金融机构)日均余额394.34亿元，人民币储蓄存款日均余额123.56亿元；外币存款日均余额6.01亿美元，其中外币对公日均存款(含金融机构) 3.46亿美元，外币储蓄日均存款2.55亿美元。

（杨雪巍）

【中间业务】　年内，实现中间业务收入1.86亿元。

（杨雪巍）

【业务突破】　年内，与北京外交人员房屋服务公司开展中银E社区业务合作，利用“互联网+”方式为客户提供全新的社区物业、金融与商务服务。通过挖掘客户的有效需求，持续跟进客户，通过优质服务满足客户需求。

（杨雪巍）

【网点建设】　年内，迁建网点2家；加强渠道建设，完成智能化网点升级改造9家；新建离行式ATM机1台，BST多功能自助终端1台。

（杨雪巍）

【社会活动】　年内，先后走进朝阳区团结湖街道中路南社区和朝阳区三源里社区，开展金融服务及防范打击非法集资进社区等活动。通过播放宣传片，发放金融知识宣传折页及现场宣讲的方式，为社区居民普及金融知识，宣传中国银行的特色产品和服务；通过开展反假币、防范电信诈骗、防范非法集资的宣传，提高社区居民的金融安全知识和风险防范意识。

（杨雪巍）

【内控安保】　年内，处置各类案件20起，其中冒用他人证件开户案件14起，协助警方抓获犯罪嫌疑人2起，堵截电信诈骗案件涉案金额68.5万元，堵截假钞案件1起，堵截假冒中国银行公章案件1起。

（杨雪巍）

中国工商银行北京朝阳支行

【概况】　中国工商银行股份有限公司北京朝阳支行内设13个部室，下辖25家物理网点，7家离行式自助银行。拥有财富中心2家、贵宾理财中心16家、7家理财网点，财富中心和贵宾理财中心网点占比72%。辖内25家网点均可开办包括对私结售汇、外汇汇款业务在内的全部个人金融业务，其中25家网点可开办人民币对公业务、外汇对公存款及对公结售汇业务。年内，拨备前利润突破17亿元大关。

地址：朝外大街1号金麒大厦

邮编：100020

电话：65991155

（杨　健）

【存贷款业务】　年内，本外币各项存款余额1030.1亿元，较年初增长88.52亿元。其中人民币对公存款余额483.73亿元，人民币储蓄存款余额446.25亿元。本外币各项贷款余额169.14亿元，较年初下降23.71亿元，其中人民币公司贷款余额111.38亿元，个人贷款余额56.98亿元。

（杨　健）

【中间业务】　年内，累计实现中间业务收入6.22亿元，较上年增长1.27亿元。

（杨　健）

【网点建设】　年内，迁建网点1个。

（杨　健）

中国工商银行北京九龙山支行

【概况】　中国工商银行股份有限公司北京九龙山支行内设8个部室、3个团队，下辖15家物理网点，4家离行式自助银行。拥有财富中心2家，贵宾理财中心13家，辖内15家网点均可开办包括对私结售汇、外汇汇款业务在内的全部个人金融业务和人民币对公业务、外汇对公存款及对公结售汇业务。年内，实现拨备前利润6.05亿元，较上年增长5626万元。

地址：广渠路甲40号

邮编：100021

电话：67767437

（刘　楠）

【存贷款业务】　年内，本外币各项存款余额312.38亿元，较年初增长14.58亿元。其中人民币对公存款余额81.96亿元，人民币储蓄存款余额218.79亿元。本外币各项贷款余额92.33亿元，较年初增长4.21亿元。其中人民币公司贷款余额61.18亿元，个人贷款余额31.14亿元。

（刘　楠）

【中间业务】　年内，累计实现本外币中间业务收入2.17亿元，较上年增长4534万元。

（刘　楠）

【网点建设】　年内，迁建网点2个、新建离行式自助银行1个。

（刘　楠）

中国工商银行北京亚运村支行

【概况】　中国工商银行股份有限公司北京亚运村支行内设部室8个，包含3个保障部室，5个前中台部室，下设1个银行卡业务直营团队，挂靠1个融工分部。网点营业牌照15个，因其中两家网点合址办公，故实际物理网点14个，均为综合网点，其中财富中心3家，理财中心11家。离行式自助银行3家，附行式自助银行14家。自助设备250台，现金类自助机具共148台。年内实现拨备前利润7.53亿元，较上年减少1478万元。

地址：慧忠北里407号

邮编：100012

电话：64872228-5035

（王玉丹）

【存贷款业务】　年内，本外币各项存款余额427.53亿元，较年初增长60.82亿元。其中人民币对公存款余额145.22亿元，人民币储蓄存款余额261.84亿元。本外币各项贷款余额105.58亿元，较年初增长1700万元。其中人民币公司贷款余额48.49亿元，个人贷款余额57.09元。

（王玉丹）

【中间业务】 年内，实现中间业务收入3.31亿元，较上年增长7375万元。

（王玉丹）

【网点建设】 年内，完成6家网点的智能化改造工作。

（王玉丹）

中国工商银行北京望京支行

【概况】 中国工商银行股份有限公司北京望京支行内设11个部室，下辖26家物理网点，附行及离行式自助银行26家。拥有财富中心4家，贵宾理财中心15家，金融便利店7家，财富中心和贵宾理财中心网点占比73%。辖内26家网点均可开办包括对私结售汇、外汇汇款业务在内的全部个人金融业务，其中14家网点可开办人民币对公业务、外汇对公存款及对公结售汇业务。年内，实现拨备前利润8.64亿元，同比增长1400万元。

地址：酒仙桥路甲10号星城国际大厦C座

邮编：100015

电话：64368822

（王超伦）

【存贷款业务】 年内，本外币各项存款余额499.71亿元，较年初减少20.23亿元。其中人民币对公存款余额136.83亿元，人民币储蓄存款余额344.72亿元。本外币各项贷款余额115.05亿元，较年初减少50.85亿元。其中人民币公司贷款60.71亿元，个人贷款余额22亿元。

（王超伦）

【中间业务】 年内，实现中间业务收入4.27亿元，同比多实现9840万元。

（王超伦）

【网点建设】 年内，开展4家网点轻型化建设，完成5家网点智能化改造。

（王超伦）

中国工商银行北京商务中心区支行

【概况】 中国工商银行股份有限公司北京商务中心区支行内设8个部室，1个营业部，下设14个网点支行。拥有财富中心1家和贵宾理财中心12家，财富中心和贵宾理财中心网点占比92.9%。辖内14家网点均可开办包括对私结售汇和外汇汇款业务在内的全部个人金融业务，其中13家网点可开办人民币对公业务，外汇对公存款及对公结售汇业务。年内，实现拨备前利润9.04亿，较上年增长3261万元。

地址：建国路108号

邮编：100022

电话：85215933

（王天天）

【存贷款业务】 年内，本外币各项存款余额420.93亿元，同比增长37.99亿元。其中人民币对公存款余额220.22亿元，人民币储蓄存款186.75亿元。本外币各项贷款余额116.26亿元，同比增长14.23亿元。其中人民币公司贷款余额69.04亿元，个人贷款余额42.87亿元。

（王天天）

【中间业务】 年内，实现中间业务收入3.71亿元，同比增长8291万元。

（王天天）

【网点建设】 年内，新建成离行式自助银行3个。

（王天天）

中国建设银行北京朝阳支行

【概况】 中国建设银行股份有限公司北京朝阳支行设6个部室，8个营业中心，10个个人金融中心。年内，实现本外币账面利润12.25亿元。本外币全口径存款时点余额988.69亿元。本外币各项表内外贷款时点余额612.54亿元，理财投放和同业借款116.2亿元。五级分类不良贷款余额0.26亿元，不良率0.08%。获得全国“十二五”企业文化建设优秀单位。

地址：东三环北路乙19号

邮编：100020

电话：85731825

（马晓婧）

【传统业务】 年内，落实“大资产、大负债”综合营销，巩固传统银行业务优势，年底一般性存款1055亿元，首次突破1000亿元，较年初新增515亿元，其中企业存款余额906亿元，较年初新增504亿元。全年自营性个人住房贷款及公积金贷款发放均实现翻番。

（马晓婧）

【转型发展】 年内，完成下辖两家网点综合化转型工作，提升渠道资源的综合利用和网点的整体经营能力。落实“移动优先”发展战略，推动手机银行、微信银行签约，手机银行活跃客户新增24052个，完成率112.92%，排名分行第五。开拓业务，办理系统首笔双保理、跨行代扣、汽车金融公司同业投资等多个“首笔”业务。紧盯走出去红利，与8家海外分支机构开展业务合作，累计金额200余亿元；利用分行同业专营优势，在保险、汽车金融等同业领域取得进展；抢抓社保业务红利，开立朝阳社保职业年金收支账户。

（马晓婧）

中国农业银行北京朝阳支行

【概况】 中国农业银行北京朝阳支行下辖二级支行28家。年内，本外币大口径存款余额突破700亿元，各项贷款余额280余亿元，主要投向基础设施建设、民生工程、环保工程及个人住房与助业需求。

地址：朝外工体路东2号

邮编：100020

电话：65522914

（田　慧）

【公司金融业务】 年内，为北京市轨道交通基础设施建设投放贷款39亿元。助力小微企业发展，创新服务模式，解决融资难题，向67余家小微企业提供授信支持。

（田　慧）

【个人金融业务】 年内，辖内营业网点实现软转型全覆盖，WIFI环境搭建全覆盖，全年未发生有效客户投诉。本外币个人存款余额223亿元，个人贷款余额44亿元。

（田　慧）

【电子银行业务】 年内，净增个人网上银行客户4.5万余户、掌上银行客户5.1万余户、消息服务8.2万余户、K码支付2.2万余户；净增企业网银客户近400户，E商管家近70余户。

（田　慧）

【国际金融业务】 年内，国际结算量超过27亿美元，其中跨境人民币结算近20亿元，结售汇客户274户。

（田　慧）

【志愿金融服务】 年内，按月开展进社区、进企业（机关）、进院校、进商场、进中介、进市场的“六进”活动，宣讲融资、理财、电信诈骗防范、假币识别等内容，并与朝外等街道建立志愿合作关系。

（田　慧）

中国农业银行北京朝阳东区支行

【概况】 中国农业银行股份有限公司北京朝阳东区支行（简称农行朝阳东区支行）内设6个部门，下设9个二级支行，在建网点3家。年内，一般核心存款124亿元，各项贷款160亿元，经济增加值17716万元，人均经济增加值96万元。
地址：建国门外大街8号国际财源中心B座
邮编：100022
电话：85660996

（陈　馨）

【金融业务合作】 年内，农行朝阳东区支行继续支持朝阳区企业，继续保持与土储朝阳分中心的合作，截至年底信贷投放总量达135亿元。作为牵头行为北京丰科万达提供20亿元银团贷款。加强与鲁能集团、新兴发展集团、首创集团、新奥集团的合作，在物业资产证券化、贸易融资、支持棚户区改造及污水处理等方面为企业提供金融服务，支持企业的发展。

（陈　馨）

【个人金融业务】 年内，农行朝阳东区支行个人核心存款时点余额42亿元，个人贷款14亿元，个人优质客户15475户，信用卡客户23188户，电子银行类客户332067户。

（陈　馨）

【国际业务】 年内，完成国际结算量12亿美元，年内实现国内信用证、国内贸易融资、跨境结售汇等业务"零"的突破。

（陈　馨）

【风险防控】 年内，农行朝阳东区支行风险水平评价总得分均达到A类行标准，内控管理工作在年度内控评价达到一类行标准，信贷业务基础管理被评为"三化三无"单位，辖内王四营支行被评为农行分行级"三化三达标"先进单位，全年运行平稳，未发生一起安全事故。

（陈　馨）

【社会活动】 年内，开展"践行核心价值观，争做农行好青年""金融万里行"主题活动，走进社区、学校和商场，开展青年志愿活动。朝阳北路支行、大望路支行、双井支行等多家网点开展的"小小银行家"活动，采取风趣活泼的讲解方式带领小朋友"认识银行""认识货币"，了解银行的金融技能，丰富小朋友的金融知识，在活动中以发放宣传手册和现场讲解示范，向社会公众普及金融知识，开展反假币、防范非法集资、金融诈骗及银行卡犯罪风险防范措施宣传等活动。

（陈　馨）

北京国际信托有限公司

【概况】 北京国际信托有限公司（简称北京信托）是北京市国资控股、外资参股的大型金融企业，注册资本22亿元。公司内设机构36个，控股公司2个。年内，实现收入总额17.5亿元，同比增长4.7%；实现净利润9.73亿元，同比增长7.3%；固有资产总额79.94亿元，负债总额10.73亿元，不良资产率为零。年末受托管理信托资产总额2063.8亿元，实收信托总额2000.13亿元，存续项目457个。年内向信托受益人分配收益153.67亿元。各项监管指标继续全面达标，信托赔偿准备金足额提取，达到注册资本金的27.3%。全年税收贡献6.48亿元，与上年度基本持平。
地址：安立路30号院1、2号楼
邮编：100012
电话：59680888
传真：59680999

（王连顺）

【中小企业金融服务】 年内，公司采取股权投资和银行信贷之间的联动融资模式支持初创期和成长期中小企业创新创业，全年新发行开放型中小企业信托产品8个，为11个行业281家中小企业融资近32亿元，同比增加18%。截至年底，发行75个中小企业系列信托产品，为955家中小企业融资107.73亿元，年末存续信托融资余额约20亿元。

（王连顺）

【农村财富管理富民益农】 年内，公司陆续发行富民8号、富民9号、富民10号、富民11号资金信托产品。通过富民系列产品服务的村集体范围扩大到北京门头沟区潭柘寺镇、怀柔区渤海镇等村镇，受益于富民系列理财产品的村民人数大幅度增长，受托管理的农村农民财产存续规模达到22亿元。

（王连顺）

【服务混合所有制改革】 年内，公司支持中关村重点企业北京纳通科技集团有限公司，参与央企中国医药集团混合所有制改革，规模为人民币24亿元，为信托参与国企混改并提供金融服务积累经验。

（王连顺）

【助推政府投资项目】 年内，公司与中国工商银行合作，参与投资北京市重点PPP项目"国投北排水环境投资基金"，基金规模100亿元，项目参与主体是北京排水集团、国家开发投资公司、全国社保基金理事会等，共同参与该项目的投资。公司响应北京市政府鼓励社会资本参与轨道交通项目建设、重点实施轨道交通新机场线等项目的意见，同北京市基础设施投资有限公司开展PPP项目合作，联合中铁建工集团、中铁电气化局集团有限公司参与新机场线轨道交通项目的竞标工作，为资金需求方订制金融方案。

（王连顺）

保　　险

中国人寿保险股份有限公司北京市分公司

【概况】 中国人寿保险股份有限公司北京市分公司（简称中国人寿北京市分公司）是中国人寿在京分支机构，内设14个部门，下辖各分支机构79个。年内，公司实现总保费收入82.2亿元，同比增长7.8%。新单保费45.6亿元，同比增长12.3%；首年期交保费9亿元，同比增长2.1%；十年期及以上首年期交保费5亿元，同比增长28.1%；短期险保费12.3亿元，同比增长20.3%。全年处理各类赔付、给付金额37.45亿元。在《新京报》与北京市保险行业协会、保险学会共同组织的年度"金保单"评选活动中，获"最受消费者喜爱的保险公司"奖，"鑫福年年保险组合计划"获"最具投资价值产品"；在北京品牌协会与北京商报社共同组织的年度北京金融业十大品牌评选活动中，获"北京金融业十大品牌"及"社会责任优秀品牌奖"。
地址：朝外大街16号中国人寿大厦

邮编：100020
电话：56909895

（施　巍）

【客户服务节】　5月23日，中国人寿客户节第一季“牵手国寿，跑出健康”活动启动。活动参与人数突破1000人，通过比赛选拔出百余名热爱跑步的客户，组建出10支精锐跑团。6月13日，客户节第二季“牵手国寿，健康孝善”活动在北京龙湾国际露营公园举办，有2500余名客户参与。第一季选拔出的10支精锐跑团参与活动。国寿的10支跑团全部完成组委会设立的220公里挑战目标，每一位队员都获得组委会方面授予的完赛奖牌。6月27日，客户节第三季“牵手国寿，欢乐骑行”VIP活动在延庆妫河森林公园举办。活动由中国人寿北京市分公司牵头，国寿财险北分、国寿养老险北分等兄弟公司共同合作完成。现场有60余位VIP客户参与。骑游活动结束后开展趣味慢骑自行车挑站赛。

（施　巍）

【与中志联签约】　10月12日，作为全国“邻里守望”项目成果展活动的重要环节，中国志愿服务联合会邀请中国人寿北京市分公司作为寿险企业代表，就双方长期互信合作、共同助推中国志愿服务事业发展签订战略合作框架协议。

（施　巍）

【国寿小画家颁奖典礼】　11月，中国人寿“牵手国寿，孝善为先”国寿大讲堂暨第五届国寿小画家颁奖典礼系系列活动主场在中国儿童中心举办，获奖优秀小画家代表及公司各渠道客户等800余人参加活动。现场邀请知心姐姐团队老师作专题讲座，并由北京师范大学美术专家现场点评指导。

【中关村战略合作协议签约】　12月30日，中国人寿北京市分公司与中关村全面战略合作协议正式签约。中关村管委会、中关村发展集团、中关村上市公司协会相关领导出席仪式。此次签约仪式旨在通过战略合作协议的签订，加强双方相关领域的合作，进一步落实国家创新驱动发展战略，强化保险与实体产业的良性互动，拓展金融保险市场的广度和深度，在重点领域和关键环节取得新突破，提升保险服务经济社会发展的能力。

中国太平洋财产保险股份有限公司北京市朝阳支公司

【概况】　中国太平洋财产保险股份有限公司北京市朝阳支公司内设经理室、业务管理科、客户服务科、综合管理科、车险业务一至五科、非车险业务一至三科、农业保险业务科。业务范围为：承保人民币和外币的各种财产保险，包括机动车辆保险、财产损失保险、工程保险、责任保险、信用保险、短期人身意外伤害保险等保险业务；办理各种法定财产保险业务；与国内外保险机构建立代理关系和业务往来关系，代理国外保险机构办理对损失的鉴定和理赔业务及其委托的有关事宜；《保险法》所规定的资金运用业务；经批准参加国际保险活动；经中国保险监督管理委员会批准的其他业务。在北京市有百余家合作伙伴，包括专业保险代理公司、保险经纪公司、保险公估公司和兼业保险代理机构等。拥有员工近百人。

地址：左家庄路2号一汽大众院内祥龙博瑞大厦三层
邮编：100028
电话：84482495　95500（客服）

（杨　静）

【客户服务】　8月7日，北京出现冰雹伴随雷雨大风的短时强对流天气，多处路段出现较大面积积水，不少车辆遭遇冰雹砸损或涉水熄火。为此，公司根据天气预报提前做出部署，通过短信、微信向客户发送天气变化提醒、应急处理建议以及报案定损提示。接受95500转发车主报案，全体定损人员全部停休待命，尽快为车主做好定损服务。截至8月10日，公司接到冰雹报案300余起，水淹车报案近20起。为使客户尽快得到赔付，公司开通快速理赔通道，对所有水淹车辆全部安排免费拖车救援，并做好后续的定损、理赔工作。10月下旬至11月上旬，公司农险团队赶赴内蒙古莫力达瓦自治旗全程参与商业性农险测产工作。团队成员用10天时间完成0.67万公顷土地的理论测产与实际测产工作，为客户抢出收获时间。

（杨　静）

【业务数据】　年内，完成保费收入41582.19万元，完成全年考核指标，达成预算目标。其中车险完成保费收入28141.73万元，同比增长5.96 %，业务占比67.68%；非车险完成保费收入13440.46万元，同比增长7.17%，业务占比32.32%。全年支付各类赔款22333.62万元，全险种赔付率53.71 %，上缴税金2357.83万元。

（杨　静）

【车险业务经营】　年内，在车险业务发展中逐步控制综合成本率的攀升，根据不同渠道的特点，制定针对性的差异化车险促销政策，取得超过预计的发展指标，全年业务增速近6%，超过分公司的平均增速。为保证车险业务健康长远发展，公司根据车险市场的业态，调整业务结构，提出非车商发展的三年规划。动员全员参与非车商渠道的拓展，成立专门的非车商业务发展团队。全年新增10家非车商渠道。

（杨　静）

【非车险业务经营】　年内，做好存量非车险业务的深度挖掘、创新发展新业务、培养人才、优化人员结构和岗位设置。针对重大项目国美延保业务在控制品质的同时不断探索有益经验。在商业性农险领域中设计新产品并安排稳妥的再保渠道，团队参与承保、查勘、理赔等各个环节，签下玉米产量保险全国第一单，积累第一手材料。

（杨　静）

【队伍建设】　年内，完善销售体系，设立专项业务推动岗，组织培训及经验交流，鼓励员工创新产品渠道、项目研发与推广，在新产品推广、新渠道建设、重点项目跟进、新项目立项等方面，培养人才、积累经验、锻炼队伍。

（杨　静）

城 乡 建 设

城 乡 规 划

【概况】 年内，市规划委员会朝阳分局结合全市总体规划修改继续开展“五规合一”规划研究，推进一绿试点乡规划、棚户区改造、市政交通基础设施规划建设、违法建设查处等重点工作，服务全区城乡规划建设。“城市文化传承与发展”调研报告获市规划委系统优秀调研成果一等奖，“从微观设计角度提升老旧小区环境品质的策略研究”获市规划委系统优秀调研成果二等奖。

地址：农展馆南路5号

邮编：100125

电话：58670333

（张 帅）

【建设项目规划受理】 年内，受理建设项目1117件，同比下降15%。其中建设工程250件，同比下降15%；市政工程532件，同比下降16%；规划监督182件，与上年同期基本持平；公共服务140件，同比减少29%；乡村工程13件，同比增加63%。

（张 帅）

【建设项目规划许可】 年内，办结建设项目1140件，同比下降13%。其中核发选址及条件类项目用地规模389.4公顷，同比下降30%；许可建设用地规模302.07公顷，同比下降13%；许可建筑工程面积844.37万平方米，同比增长6%；许可市政工程建筑规模20.8万平方米，同比增长51%；许可各类管线总长度23万延米，同比下降18%。许可住宅及配套设施面积414.26万平方米，许可商业、科研及办公面积270.51万平方米，涉外项目8.52万平方米，教育工程15.86万平方米，养老项目5.63万平方米，医疗项目20.17万平方米，消防工程1.11万平方米，其它工程108.31万平方米。

（张 帅）

【“五规合一”规划研究】 年内，形成“五规合一”规划指标体系，完成编写朝阳区“十三五规划”区域空间布局相关章节内容。探索建立责任规划师制，集合专家团队力量，在大望京、何各庄、亮马河等城市设计中，发挥组织协调作用。形成期刊、展览、微信等多形式，杂志、广告、制作多团队宣传局面，在艺术馆和团结湖街道举行课题展览，制作完成4期研究期刊；增强对管委会、街道建设的组织引导，搭建平台，为温榆河现状梳理、规划设计提供支撑，为团结湖小区环境品质提升提供专业引导。

（张 帅）

【一绿试点乡规划】 年内，开展来广营、将台、太阳宫、常营、南磨房、豆各庄6个试点乡第一道绿化隔离地区规划工作，完成办理将台乡农民安置房、南磨房石门安置房、太阳宫农民安置房、来广营朝来、常营东方华瑞产业项目等8个条件具备的重点项目规划意见书或方案审查。一绿试点乡主要工作包括拆迁腾退、人口调减、转居转工、绿化建设和回迁安置。

（张 帅）

【棚户区改造】 年内，棚户区改造和环境整治项目44个，其中上年结转33项，新增11项，总占地面积约32.95平方公里，涉及拆迁居民约4.58万户，拆除建筑规模约1295万平方米，总投资约1864亿元，涉及规划研究项目37个。完成规划意见函复或规划意见书办理项目16个。

（张 帅）

【市政基础设施建设】 年内，推进“清水朝阳”建设，确定7座下凹式立交桥改造方案、5座污水处理厂选址方案；开展“清洁空气计划”，完成三元热能中心燃煤锅炉清洁能源改造工程、可尔制药厂锅炉煤改天然气工程、建工锅炉房压力容器工程煤改天然气工程等20余项煤改气项目。服务中央单位与驻京部队项目47项，核发武警边防部队机关经济适用住房项目配套管线工程、康泉小区国管局职工住房、政协保障房等重点项目周边配套管线工程规划许可手续。开展消防队站建设，专项研究酒仙桥消防备勤楼建设、原有老旧消防站改造等问题。

（张 帅）

【市政交通规划建设】 年内，完成《朝阳区综合交通规划》。配合市规划委开展6号线东段、7号线、14号线东段及15号线西段等4条轨道交通线路建设工作，开展地铁12号线、地铁3号线规划研究。继续开展2020年北京市轨道线网研究。参与完成《朝阳区缓解交通拥堵工作方案》《朝阳区停车设施建设行动计划》，核发化工路、东坝中路、孙河北路、单店南路等相关规划意见。开展京沈客专（朝阳段）建设工作。组织编制星火站周边区域规划，以星火站为中心，结合泛海项目和星火站一体化初步方案，分列梳理周边可利用土地资源、公共服务配套设施等。

（张 帅）

【规划监督执法】 年内，办理建设工程规划验收119件，建筑规模约454万平方米，其中保障性住房项目66.9万平方米、中央单位及驻京部队项目44.2万平方米、科研项目73.1万平方米、教育项目7.6万平方米。通过卫星遥感、日常群众举报、执法巡查等途径，发现并处理违法建设111处。对检查中发现的58处尚未完工的工程下发责令停止建设通知书，配合城管部门书面认定进入城管执法程序的违法建设93处8万平方米。

（张 帅）

建 设 工 程

【概况】 年内，完成全社会固定资产投资1238.7亿元，同比增长0.3%；完成基础设施投资340.8亿元，同比下降8.8%，占城镇固定资产投资68%；完成房地产开发投资689.3亿元，同比下降2.4%，其中住宅投资316.0亿元，同比下降11.9%。房地产业实现增加值419.6亿元，同比增长2.8%，占全区GDP的9.0%；建筑业实现增加值113.8亿元，同比增长11.0%，具有资质等级的总承包和专业承包建筑业企业完成总产值1073.6亿元，同比增长0.6%；房屋建筑施工面积2087.5万平方米，同比下降17.9%，其中政策性住房312.5万平方米；房屋竣工面积313.5万平方米，同比下降59.8%，其中政策性住房33.2万平方米；商品房销售面积188万平方米，同比下降34.1%，其中住宅销售面积135.6万平方米，同比下降34.1%；商品房销售额616.1亿元，同比下降10.0%，其中住宅销售额467.5亿元，同比下降10.8%。

地址：呼家楼向军北里23号

邮编：100020

电话：65001728

网址：http：//jianwei.bjchy.gov.cn

（高雅琪）

【工程质量监管】 1月31日，配合住建部组织的质量安全和市场行为大检查，东坝金隅单店自住型商品房7#楼通过检查。1月，制发《朝阳区保障房结构工程自检工作细则》，要求施工单位检查混凝土构件质量。执行监督告知制度，对新开工的项目进行监督前告知，对于进入装修的项目进行装修阶段监督告知。3月30日，根据《北京市工程质量终身责任承诺制适时办法》，要求五方责任主体和钢筋、混凝土、预制混凝土供应单位签订责任书，在施工程完成质量终身责任承诺书、法定代表人授权书的补签工作，新开工的项目100%签订，竣工项目100%设置永久性公示牌。年内，继续执行“七到位”工作方法（组织建设到位、岗位职责到位、知识储备到位、监督告知服务到位、创新监督手段到位、施工过程监督执法到位、群众利益保障措施到位）。根据《朝阳区住宅工程质量保修管理办法》，实施“十万元”保修抵押金制度。根据《住宅工程分户验收管理规定》，增加对房屋净高和开间尺寸的检查内容，竣工验收时要求卫生间蓄水验收。监督房建工程1392项2398万平方米，市政工程521项22.3亿元。截至年底，在监房建工程1157项1848万平方米，在监市政工程520项22.2亿元，房建工程竣工221项493.37万平方米，市政工程竣工10项5559.23万元，在监工程未发现重大质量安全隐患。全年办理质量监督注册房建工程648项699万平方米，质量监督注册市政工程41项、31.2千米、2.2亿元。对质量违法行为行政处罚74起，罚款130万元，执行质量动态管理记分1387分。对安全违法行为实施简易行政处罚158起，罚款15.8万元，执行安全生产动态管理记分158分。

（刘禕林湖 高雅琪）

【质量安全工作大会】 4月16日，在朝阳宾馆召开全区建设系统质量安全工作大会，市住房城乡建设委副主任王承军、区委常委、常务副区长甘靖中及区相关委办局和各街（乡）办事处、各建筑集团总公司、在建工程建设单位领导或负责人等400余人参会。会上，区住房城乡建设委党组书记孙梅做题为“砥砺奋进、开拓创新，全面提升城市建设品质”的报告，印发《朝阳区建设工程2015年质量管理工作要点》《朝阳区建设工程2015年施工安全绿色施工管理工作要点》和《朝阳区建设工程2015年施工管理工作要点》。

（高雅琪）

【行业教育培训】 5月28日至29日，举办全区建设工程安全生产全员培训班3期。1068人参加培训，23000人取得一线工人上岗证。5月，会同区建筑业联合会举办“2015年朝阳区施工项目劳务及用工规范管理从业人员执业注册培训班”，对辖区内施工企业劳动力管理人员进行2期专题培训，650余人参加培训。

（刘志伟 高雅琪）

【监理人员分级管理】 6月至8月，市监理协会与区监理协会联合举办监理分级管理第6期培训。11月，区监理协会举办监理分级管理第7期培训。全年400余人参加培训。12月14日至21日，区住房城乡建设委、区建设工程质量监督站、区监理协会同对区域内的监理从业人员进行专业性的继续教育及注册培训，2800余人参加。2013年至2015年，区监理协会共举办培训班7期，130余家监理公司的6274人参加培训，5591人取得相应等级资格证书和胸卡。

（刘志伟 高雅琪）

【工程建设】 年内，全区开复工施工工程768项，同比减少11.82%，建筑面积3550.85万平方米，同比减少7.45%，道路管线长375.18千米。其中房建工程515项2805.83万平方米，拆除工程21项34.93万平方米，市政工程96项14.86万平方米、道路管线328.83千米，地铁工程37项90.82万平方米、施工线路46.35千米，老旧小区综合改造工程99项604.41万平方米。截至年底，竣工工程293项974.94万平方米，道路管线116.83千米。其中房建工程170项580.41万平方米，拆除工程13项26.93万平方米，市政工程38项2.80万平方米、道路管线82.25千米，地铁工程27项75.47万平方米、施工线路34.58千米，老旧小区改造工程45项289.33万平方米。

（黄岩 高雅琪）

【保障性住房建设】 年内，新开工建设保障性住房84.5万平方米，可提供房源8140套，其中自住型商品住房7160套77.5万平方米，定向安置房980套7万平方米。竣工各类保障性住房81.1万平方米，可提供房源8044套。2011年至2015年建设筹集各类保障性住房11.7万套，超额完成“十二五”时期10.9万套建设筹集任务。

（李媛媛 高雅琪）

【危旧房屋改造工作】 年内，酒仙桥、方诚苑、垂杨柳、茶家坟、豆各庄二号院、甜水园二期、定福庄西街等7个危旧房改造项目纳入全区2015年棚户区改造。酒仙桥项目完成征收方案编制工作；电子球场回迁楼建设工程施工至地上7层。方诚苑、垂杨柳、茶家坟、豆各庄二号院、甜水园二期、定福庄西街等6个项目处于完善方案和办理前期手续阶段。“4·11”爆燃楼复建工程已回迁入住。“8·29”爆燃楼加固改造完工，居民已回迁入住。

（徐德俊 高雅琪）

【棚户区改造和环境整治】 年内，全区59个项目（棚户区改造项目44个、抗震加固改造项目10个、节能改造项目5个）纳入棚户区改造和环境整治计划（见表一）。其中19个项目（棚户区改造项目14个、抗震加固改造项目1个、节能改造项目4个）列入实施计划，涉及居民14053户；40个项目（棚户区改造项目30个、抗震加固改造项目9个、节能改造项目1个）列入前期计划。截至年底，完成征收（拆迁、改造）住宅9531户，其中十八里店白墙子624户、将台乡东八间房村1340户、南磨房东郊市场633户、中铁十六局皮村1960户、管庄乡小寺村202户、劲松街道抗震加固120户、节能改造项目4652户，建筑面积约33万平方米（不含老旧小区改造项目面积）；非住宅148户，建筑面积约66万平方米。六公主坟、酒仙桥等2个棚户区改造项目对接安置房项目开工建设。

（徐德俊　高雅琪）

2015年朝阳区棚户区改造和环境整治项目表

序号	项目名称	项目性质	涉及居民总户数
一、实施计划项目（19个）			
1	酒仙桥旧城区改建(一期)	危改项目	3000
2	永安里旧城区改建	新增棚户区	942
3	管庄乡小寺村	新增棚户区	300
4	管庄乡重兴寺村	新增棚户区	263
5	南磨房乡东郊市场	新增棚户区	951
6	十八里店白墙子	新增棚户区	642
7	太阳宫乡太阳宫村	新增棚户区	369
8	广渠路苏家沟程家住宅	新增棚户区	9
9	将台乡东八间房村项目	新增棚户区	1302
10	十八里店饮马井	新增棚户区	525
11	中直安慧职工住宅（小关北里43号）工程	新增棚户区	115
12	中铁十六局朝阳皮村北巷2号棚改项目	新增棚户区	820
13	北京朝阳区崔各庄乡草场地155号院宿舍危楼	新增棚户区	27
14	十八里店西直河及豆各庄京津高速南	新增棚户区	0
15	和平街街道节能改造工程	新增棚户区	433
16	双 井街道节能改造工程	新增棚户区	1065
17	八里庄街道节能改造工程	新增棚户区	2693
18	三里屯街道节能改造工程	新增棚户区	342
19	劲松街道抗震加固工程	新增棚户区	255
二、前期计划项目（40个）			
1	崔各庄乡奶东村项目	新增棚户区	0
2	黑庄户乡定东定西	新增棚户区	2319
3	黑庄户乡黑庄户村	新增棚户区	1218
4	磨房南里地区	环境整治	1
5	南武圣庙	环境整治	1
6	大黄庄前街	环境整治	5
7	大黄庄小学西侧平房区	环境整治	1
8	芳草地西街38号	环境整治	18
9	化石营旧城区改建	新增棚户区	800
10	北京朝阳亮马J地块棚户区改造及环境整治项目	新增棚户区	150
11	豆各庄二号院危旧房	危改	151
12	垂杨柳危改项目	危改	6158
13	甜水园二期房改带危改项目	危改	751
14	金盏乡马各庄、沙窝、雷庄	新增棚户区	2002
15	大郊亭3号院	新增棚户区	72
16	小红门乡国有单位及宿舍	新增棚户区	3799
17	南磨房乡广渠路项目	环境整治	260
18	平房乡黄杉木店	新增棚户区	1094
19	奶西村	新增棚户区	890
20	十八里店乡小武基村项目	新增棚户区	1732

序号	项目名称	项目性质	涉及居民总户数
21	方诚苑	危改	150
22	茶家坟房改带危改项目	危改	300
23	光华里项目	新增棚户区	2098
24	小庄项目	新增棚户区	837
25	黑庄户乡郎辛庄	新增棚户区	0
26	六里屯村	新增棚户区	522
27	管庄乡郭家场村	新增棚户区	300
28	定福庄西街改造	新增棚户区	122
29	坝北村	新增棚户区	292
30	呼家楼地块项目	新增棚户区	3449
31	左家庄街道节能改造工程	新增棚户区	1482
32	建外街道抗震加固工程	新增棚户区	378
33	安贞街道抗震加固工程	新增棚户区	177
34	劲松街道抗震加固工程	新增棚户区	442
35	潘家园街道抗震加固工程	新增棚户区	806
36	双井街道抗震加固工程	新增棚户区	1447
37	和平街街道抗震加固工程	新增棚户区	1695
38	朝外街道抗震加固工程	新增棚户区	506
39	左家庄街道抗震加固工程	新增棚户区	1170
40	三里屯街道抗震加固工程	新增棚户区	317

【轨道交通建设拆迁】 年内，全区承担地铁7号线、14号线中段及新开线路地铁3号线、7号线东延、12号线、17号线等6条轨道交通建设拆迁协调工作，涉及车站58座、车辆基地3个，朝阳区段长97.77千米。截至年底，地铁7号线拆迁居民125户，拆除约5000平方米，实现全线通车；地铁14号线中段实现通车；新线路全部展开公参改造。朝阳区承担京沈铁路客运专线的拆迁协调工作，朝阳区段全长26.5千米，设有星火站和动车运用所，完成拨付首笔拆迁款， 229065.47万元。

（王　晶　高雅琪）

【房地产开发管理】 年内，继续全面启动北京市房地产开发项目监管平台和北京市新建商品住宅小区建设方案管理信息系统，实现对房地产项目开发的全过程动态监管。通过召开专题会、座谈会，加强对房地产开发项目的协调及跟踪服务力度，实施存在问题开发项目和正在办理手续开发项目的专项协调跟踪制度。实行教育配套设施预警机制，做好配套设施审核、整合和收缴工作。全年审核新建居住小区16个，总建筑面积385.21万平方米，其中住宅建筑面积258.69万平方米、配套面积28.79万平方米。审核房地产开发项目手册37项，现场实地检查项目37个。办理开发项目产权初始登记前配套落实工作40项。

（樊　玲　高雅琪）

【房地产开发配套设施收缴】 年内，收缴各类配套设施51项，总面积9.27万平方米。其中教育配套设施6项4.39万平方米，卫生配套设施10项2.07万平方米，文化设施12项1.81万平方米，养老设施2项0.38万平方米，社区服务配套设施21项0.62万平方米（社区办公设施12项0.34万平方米、综合服务设施5项0.13万平方米、警务配套设施1项0.09万平方米、垃圾楼公厕等3项0.06万平方米）。与相关部门托管配套设施59项9.81万平方米，其中教育配套设施6项4.39万平方米、卫生配套设施10项2.07万平方米、其他配套设施43项3.35万平方米。

（郝一方　高雅琪）

【房地产开发企业资质管理】 年内，办理各项资质审批173件，其中新设立19件，暂定延期48件，变更34件，重新核定72件。截至年底，全区有开发企业402家，其中内资企业358家、外资企业44家，一级20家、二级29家、三级30家、四级216家、暂定107家。

（樊　玲　高雅琪）

【施工现场监管】 年内，凯特大厦等72项工程获“北京市文明安全工地”称号。其中CBD核心区Z15地块项目地上部分等5项（CBD核心区Z15地块项目）及地下部分装修工程等15项工程获“北京市文明安全样板工地”称号。

（黄　岩　高雅琪）

【区域劳务联动监管体系】 年内，落实“一项纲领、两个体系、三色预警、四方责任、五级备案”工作机制。与区人力社保局、43个街道（地区）办事处、各省（直辖市）驻京建管处、各建筑集团总公司落实区域劳务用工联动监管体系运行工作；召开联动监管单位、各层级参建企业管理人员参加的培训部署会3次。700余人参加会议。

（苏志成　高雅琪）

【劳务用工监管】 年内，与区人力社保局、各街道（地区）办事处实现对全区施工项目劳务及劳动用工规范管理情况动态联动监管。对监管工地开展劳务巡查463次，分别组织各建筑集团总公司、各省（直辖市）驻京建管处开展联合检查各1次。协调解决工程合同（工程款、劳务费）纠纷20起。配合区人力社保局劳动监察大队调处解决农民工工资纠纷17起。

（苏志成　高雅琪）

【优质工程评选】 年内，申报创“朝阳杯”工程项目42项165万平方米，检查工程39项152万平方米，3项工程跨转2016年度。获2015年度建筑结构“朝阳杯”工程38项，其中金奖29项、银奖9项；建筑竣工“朝阳杯”工程银奖1项。区质量监督站监督工程获2015年度全市建筑结构“长城杯”工程29项，其中金奖20项、银奖9项；获建筑竣工“长城杯”工程12项，其中金奖4项、银奖8项。

（刘志伟 刘 禕 高雅琪）

2015年度“朝阳杯”工程获奖名录表

建筑结构“朝阳杯”金奖工程（29项）

序号	工程名称	建设单位	施工单位	监理单位
1	广华新城居住区621地块职工安置住房项目4–1#楼及地下车库	中国石化集团北京燕山石油化工有限公司	北京燕化天钲建筑工程有限责任公司	中国石化中原监理有限公司
2	广华新城居住区621地块职工安置住房项目4–2#楼	中国石化集团北京燕山石油化工有限公司	北京燕化天钲建筑工程有限责任公司	中国石化中原监理有限公司
3	广华新城居住区621地块职工安置住房项目4–8#楼及车库	中国石化集团北京燕山石油化工有限公司	北京燕化天钲建筑工程有限责任公司	中国石化中原监理有限公司
4	广华新城居住区621地块职工安置住房项目4–6#楼及车库	中国石化集团北京燕山石油化工有限公司	北京燕化天钲建筑工程有限责任公司	中国石化中原监理有限公司
5	广华新城居住区621地块职工安置住房项目4–7#楼及车库	中国石化集团北京燕山石油化工有限公司	北京燕化天钲建筑工程有限责任公司	中国石化中原监理有限公司
6	朝阳区豆各庄3#地块东城区旧城保护定向安置房项目3–05#楼	北京市东城区住宅发展中心	北京住总第二开发建设有限公司	建研凯勃建设工程咨询有限公司
7	3#住宅楼（自住型商品房）	北京金隅嘉业房地产开发有限公司	华北铁建建设有限公司	北京建拓工程管理有限公司
8	大郊亭建设工程3#4#楼车库	全国人民代表大会常务委员会办公厅机关事务管理局	北京住总集团有限责任公司总承包部	泛华建设集团有限公司
9	大郊亭建设工程1#楼	全国人民代表大会常务委员会办公厅机关事务管理局	北京住总集团有限责任公司总承包部	泛华建设集团有限公司
10	中国电科太极信息技术产业基地项目（科研办公楼A座等11项）	北京太极云计算科技开发有限公司	中国建筑第八工程局有限公司	北京同发建设工程监理有限责任公司
11	1#住宅楼等14项1#楼	中国人民武装警察边防部队后勤部	北京城建远东建设投资集团有限公司	北京华夏工程项目管理有限责任公司
12	1#住宅楼等14项2#4#5#楼	中国人民武装警察边防部队后勤部	北京城建远东建设投资集团有限公司	北京华夏工程项目管理有限责任公司
13	2#非配套公建（商业）等5项A座及车库	北京市东湖房地产有限公司	北京城建亚泰建设集团有限公司	北京五环国际工程管理有限公司
14	2#非配套公建（商业）等5项B座及车库裙房	北京市东湖房地产有限公司	北京城建亚泰建设集团有限公司	北京五环国际工程管理有限公司
15	凯特大厦	英皇（北京）房地产开发有限公司	中建一局集团建设发展有限公司	建研凯勃建设工程咨询有限公司
16	翠成馨园D区南部工程D–10#D–11#住宅楼	北京住总房地产开发有限责任公司	北京住总集团有限责任公司工程总承包部	北京旭日明建设工程监理有限公司
17	T1配套楼等2项朝阳区望京B15文化娱乐项目	北京利星房地产开发有限公司	中建一局集团建设发展有限责任公司	北京方正建设工程管理有限公司
18	北1#住宅楼（自住型商品房）等14项1#2#楼	北京东洲房地产开发有限公司	中建一局集团建设发展有限公司	北京铁城建设监理有限责任公司
19	北1#住宅楼（自住型商品房）等14项3#5#楼	北京东洲房地产开发有限公司	中建一局集团建设发展有限公司	北京铁城建设监理有限责任公司
20	北1#住宅楼（自住型商品房）等14项4#6#楼	北京东洲房地产开发有限公司	中建一局集团建设发展有限公司	北京铁城建设监理有限责任公司
21	北1#住宅楼（自住型商品房）等14项配套，小学，托老，托幼，	北京东洲房地产开发有限公司	中建一局集团建设发展有限公司	北京铁城建设监理有限责任公司

序号	工　程　名　称	建 设 单 位	施 工 单 位	监 理 单 位
	车库			
22	朝阳区东风乡绿隔第二宗地农民安置房项目F地块8#9#楼	北京星火房地产开发有限责任公司	北京市朝阳田华建筑集团公司第四分公司	北京方圆工程监理有限公司
23	朝阳区东风乡绿隔第二宗地农民安置房项目F地块10#11#楼2#车库及幼儿园	北京星火房地产开发有限责任公司	北京市朝阳田华建筑集团公司第四分公司	北京方圆工程监理有限公司
24	朝阳区东风乡绿隔第二宗地农民安置房1#2#3#楼及车库	北京星火房地产开发有限责任公司	北京市朝阳田华建筑集团公司第五分公司	北京方圆工程监理有限公司
25	朝阳区东风乡绿隔第二宗地农民安置4#5#6#楼及车库	北京星火房地产开发有限责任公司	北京市朝阳田华建筑集团公司第五分公司	北京方圆工程监理有限公司
26	3#住宅楼（公租房）等8项3#4#楼及车库	北京首开仁信置业有限公司	北京韩建集团有限公司	北京大正建设监理有限公司
27	A1工业厂房　电子城IT产业园电子工业厂房二期	北京电子城有限责任公司	北京城建建设工程有限公司	中咨工程建设监理公司
28	北京华贸城D9#住宅楼	北京华贸奥苑房地产开发有限公司	青建集团股份公司	北京赛瑞斯国际工程咨询有限公司
29	中国国际贸易中心三期B阶段工程	中国国际贸易中心股份有限公司	中建一局集团建设发展有限公司	北京兴电国际工程管理有限公司

建筑结构“朝阳杯”银奖工程（9项）

序号	工　程　名　称	建 设 单 位	施 工 单 位	监 理 单 位
1	4#住宅楼（自住型商品房）	北京金隅嘉业房地产开发有限公司	华北铁建建设有限公司	北京建拓工程管理有限公司
2	5#住宅楼（自住型商品房）	北京金隅嘉业房地产开发有限公司	华北铁建建设有限公司	北京建拓工程管理有限公司
3	艾泽斯盖高科技园区（一期）工程	北京朝方科技发展有限公司	北京建工海亚建设工程有限公司	北京吉地四方建设工程顾问有限公司
4	北京市朝阳区六里屯商业办公及住宅项目A地块	北京京发置业有限公司	中国建筑第八工程局有限公司	北京兴电国际工程管理有限公司
5	北京市朝阳区六里屯商业办公及住宅项目B地块	北京京发置业有限公司	中国建筑第八工程局有限公司	北京兴电国际工程管理有限公司
6	金盏乡长店组团农民定向安置房二期3002-001地块3#7#11#住宅楼	北京金色朝阳房地产开发有限公司	北京市朝阳田华建筑集团公司第二分公司	北京高屋工程咨询监理有限公司
7	朝阳区华翰东坝驹东经适房项目C区工程1#9#楼及地下车库	华翰投资集团有限公司	北京市朝阳田华建筑集团公司第四分公司	北京旭日明建设工程监理有限公司
8	朝阳区华翰东坝驹东经适房项目C区工程4#8#楼及地下车库	华翰投资集团有限公司	北京市朝阳田华建筑集团公司第四分公司	北京旭日明建设工程监理有限公司
9	北京华贸城D9#住宅楼	北京华贸奥苑房地产开发有限公司	青建集团股份公司	北京赛瑞斯国际工程咨询有限公司

建筑竣工“朝阳杯”银奖工程（1项）

序号	工　程　名　称	建 设 单 位	施 工 单 位	监 理 单 位
1	朝阳区王四营乡官庄村农民回安置迁房及配套设施项目（A区）	北京五方嘉和房地产开发有限公司	北京市朝阳田华建筑集团公司第四分公司	北京旭日明建设工程监理有限公司

【施工安全监管】　年内，开展安全教育、安全生产月活动，1218家参建单位参加，各建设工程悬挂宣传横幅1213条，张贴各种宣传画4631张，发放宣传材料17722份，设置宣传专栏办报710个。47047人次参加“农民工夜校”安全生产知识培训。制定施工方案582件，应急预案655件，组织各类应急演练416次，12615人次参加。办理建筑起重机械设备登记编号备案376台，其中塔式起重机290台、施工升降机77台、物料升降机9台。使用登记备案402台，其中塔式升降机151台、施工升降机217台、物料

升降机34台。检查施工工地7710个次，责令停工整改229个次，限期整改5812个次。行政处罚452起，罚款233.1万元，其中简易处罚244起，罚款24.4万元，立案处罚208起，罚款208.7万元。发生建筑施工安全生产亡人事故3起，死亡3人，未发生较大突发事件和施工安全生产事故。

（黄　岩　高雅琪）

【施工许可监管】　年内，核发建设项目施工许可证253项，建筑面积459.43万平方米，同比减少57.1%；市政道路管线7.88千米，同比减少91.33%，投资151.57亿元，同比减少33.44%。其中新建73项，建筑面积352.37万平方米，合同金额131.85亿元；装饰装修166项，建筑面积102.56万平方米，合同金额14.1亿元；市政工程14项，建筑面积4.5万平方米；道路管线7.88千米，合同金额5.62亿元。查处违法施工案件72起，罚款1295.87万元。

（陈　曦　高雅琪）

【招标投标与商品房预售资金监管】　年内，办理招标投标及直接发包工程557项，建筑面积1962.46万平方米，同比减少11.79%；市政道路管线43.5千米，合同金额411.61亿元，同比增加76.54%。其中施工工程365项，建筑面积993.56万平方米，合同金额249.91亿元；监理工程192项，建筑面积968.9万平方米，合同金额161.7亿元。全年完成42项、152.83万平方米、75.62亿元的商品房预售资金监管任务。

（陈　曦　高雅琪）

【建筑节能与建材管理】　年内，建材采购备案工程468项。收缴54个建设项目新型墙体材料专项基金2733.87万元、散装水泥专项资金185.47万元，返退26个建设项目新型墙体材料专项基金1716.37万元、28个建设项目散装水泥专项资金97.2万元。办理建筑节能设计审查备案66项，建筑节能竣工验收备案95项。

（李翊楣　高雅琪）

【老旧小区综合整治】　年内，老旧小区综合整治完成既有非节能居住建筑供热计量及节能改造437栋253.05万平方米，抗震节能综合改造43.20万平方米，共惠及居民45295户。

（李路军　高雅琪）

【房屋私自拆改执法检查】　年内，实施信息共享、执法联动工作机制。配合多个街、乡办事处开展大街沿线"居改商"综合治理工作，采取街道抓总，分类牵头，部门联动，分段治理，斩断利益链条，恢复楼体原貌的工作模式。编制《朝阳区住宅楼首层住改商违法问题综合整治方案》。开展朝阳路和朝阳北路大街两侧住宅楼首层住改商综合整治工作，完成299户封闭工作。受理房屋私自拆改信访事项553起，调查处置553起，其中结案218起、整改过程中335起。调解拆改事项引发矛盾145项，其中群体性矛盾11项，未发生矛盾激化情况。

（段玉霞　高雅琪）

【信访与信息公开事项】　年内，接待处理群众信访事项2170件次，其中纸质书面投诉信383件。依托网上办公系统接收1838件。办复2137件，办复率98.47%，其余33件处于办理阶段。接待集体访45批次696人，重复访32批次177人，主要涉及危改拆迁补偿、房屋质量、施工扰民，工程款纠纷、老旧小区综合整治等问题。初信化解率94%，重信重访化解率98%，未发生越级访、大规模集体上访等突发性事件。信息公开274项，其中主动公开175项、依申请公开99项。

（刘子明　高雅琪）

【行政诉讼和复议】　年内，办理行政诉讼案件7件，其中6件胜诉、1件正在诉讼中。办理行政复议案件3件，其中向市住房城乡建设委申请复议2件、向区政府部门申请复议1件；维持原答复1件，驳回申请1件，要求区住建委履职1件。

（刘晓亭　高雅琪）

【获奖建筑业企业和人员】　年内，远洋国际建设有限公司、北京传宇新技术有限公司、北京海世腾装饰工程有限公司、北京中建华昊装饰工程有限公司、北京京兆市政建筑工程有限公司、青建集团股份有限公司、北京建工海亚建设工程有限公司、江苏省国立建设发展有限公司、北京金雅装饰工程有限公司、首欣建设集团有限公司、北京市朝阳水利工程公司、北京中航弱电系统工程有限公司、北京迪迈建筑装饰工程有限公司、北京市朝阳田华建筑集团公司、北京市日盛达建筑企业集团有限公司、北京中建华威机电设备安装工程有限公司等16家企业被评为诚信企业。其中首欣建设集团有限公司、北京市朝阳水利工程公司、北京中航弱电系统工程有限公司、北京迪迈建筑装饰工程有限公司、北京市朝阳田华建筑集团公司、北京市日盛达建筑企业集团有限公司、北京中建华威机电设备安装工程有限公司等7家企业被评为诚信3A企业。北京市朝阳田华建筑集团公司王军、北京市日盛达建筑企业集团有限公司张超被评为市优秀建造师，北京市日盛达建筑企业集团有限公司惠东被评为市优秀项目经理。

（刘志伟　高雅琪）

【建筑业企业资质及人员管理】　年内，受理新设立建筑业企业资质简单换证335家、变更157家、转出8家、转入8家。截至年底，纳入全区管理的建筑业企业753家，其中特级1家、一级81家、二级341家、三级225家、不分等级105家，涵盖建筑工程施工总承包等31个施工专业（见表2）。完成二级建造师执业资格初始注册540人、变更注册907人、注销416人、延续注册157人、增项16人、遗失补办17人、重新注册272人，办理企业负责人、项目负责人和专职安全员《安全生产考核证书》续期1372人。

（李翊楣　高雅琪）

2015年朝阳区建筑业企业

（单位：家）

序列	专业类别	特级	一级	二级	三级	不分	合计
施工总承包	建筑工程	1	14	22	36		73
	公路工程		1				1
	水利水电工程			1			1
	电力工程		1	1	3		5
	矿山工程		2				2
	化工石油工程			1	1		2
	市政公用工程		7	11	12		30
	机电工程		1	7			8

序列	专业类别	特级	一级	二级	三级	不分	合计
小计	涵盖8个专业	1	26	43	52		122
专业承包	地基与基础工程		1	5	1		7
	建筑装修装饰工程		26	183	—		209
	建筑幕墙工程		1	8	—		9
	预拌混凝土	—	—	—	—	28	28
	古建筑工程			1	1		2
	钢结构工程		1	4	13		18
	模板脚手架	—	—	—	—	2	2
	消防设施工程		6	13	—		19
	防水防腐保温工程			18	—		18
	起重设备安装工程		1		2		3
	建筑机电安装工程		8	7	70		85
	爆破与拆除工程			8	12		20
	电子与智能化工程		7	37	—		44
	环保工程			2	21		23
	通信工程		1	1	2		4
	隧道工程			1			1
	公路交通（公路安全设施）			3	—		3
	铁路电务工程		1				1
	民航空管及机场弱电系统工程		2	2	—		4
	输变电工程				24		24
	城市及道路照明工程			5	27		32
	特种专业工程	—	—	—	—	45	45
小计	涵盖22个专业		55	298	173	75	601
施工劳务企业		—	—	—	—	30	30
合计	涵盖31个专业	1	81	341	225	105	753

注：1月1日起，全国执行新的《建筑业企业资质标准》（建市〔2014〕159号）。按照市住建委下发的《关于换发新版建筑业企业资质证书有关事项的通知》（京建发〔2015〕346号）要求，全区开展建筑业企业资质证书换证工作。表2中按原标准取得的爆破与拆除工程专业承包和部分特种专业2016年7月1日失效。

2015年朝阳区建设工程竣工一览表

（一）定向安置房

单位：万平方米、万元

序号	工程名称	工程地址	建筑面积	工程总投资	开工日期	竣工日期	建设单位	设计单位	施工单位	监理单位
1	翠城馨园4项工程竣工	朝阳区垡头	0.44	1028.53	2012.7.30	2015.6.9	北京住总房地产开发有限责任公司	北京市住宅建筑设计研究院有限公司	北京住总第四开发建设有限公司	北京旭日明建设工程监理有限公司
2	北花园定向安置房5项工程竣工	朝阳区高碑店乡北花园村	7.06	26339.43	2012.9.17	2015.8.19	北京国隆置业有限公司	北京易兰城乡规划工程设计有限公司	北京建工路桥工程建设有限责任公司	北京国建工程监理公司
3	金泰丽富嘉园1项工程竣工	朝阳区东坝单店	1.23	2291.36	2009.9.10	2015.9.9	北京富丽房地产开发有限公司	华优建筑设计院	中国新兴保信建设总公司	北京京龙工程项目管理公司
4	中海枫丹6项工程竣工	朝阳区建国门外	9.41	29116.14	2014.3.8	2015.11.9	北京通惠房地产开发有限责任公司	北京市建筑设计研究院有限公司	中建三局集团有限公司	北京建拓工程管理有限公司

序号	工程名称	工程地址	建筑面积	工程总投资	开工日期	竣工日期	建设单位	设计单位	施工单位	监理单位
5	东坝定向安置房17工程竣工	朝阳区东坝乡	21.91	40092.47	2014.1.21	2015.12.3	北京金隅嘉业房地产开发有限公司	京中天建中工程设计有限责任公司、华通设计顾问工程有限公司	中国四海控股有限公司、河北建设集团有限公司、北京城建亚泰建设集团有限公司	北京新森智业工程咨询有限公司
6	单店定向安置房12项工程竣工	朝阳区东坝乡	7.07	12899.73	2014.1.24	2015.12.3	北京金隅嘉业房地产开发有限公司	北京中天建中工程设计有限责任公司、华通设计顾问工程有限公司	北京城建亚泰建设集团有限公司、河北建设集团有限公司	北京新森智业工程咨询有限公司

（二）限价商品房

单位：万平方米、万元

序号	工程名称	工程地址	建筑面积	工程总投资	开工日期	竣工日期	建设单位	设计单位	施工单位	监理单位
1	双桥农场两限房6项工程竣工	朝阳区黑庄户地区	6.19	14845.36	2012.12.20	2015.12.15	北京亿本房地产开发有限公司	福建广宇建筑设计院	北京东航建筑工程有限公司	北京联华建筑事务有限公司

（三）公租房

单位：万平方米、万元

序号	工程名称	工程地址	建筑面积	工程总投资	开工日期	竣工日期	建设单位	设计单位	施工单位	监理单位
1	常楹公元4项公租房工程竣工	朝阳区管庄北二里	2.88	6086.89	2014.9.15	2015.7.8	北京信远置业有限公司	北京中天元工程设计有限责任公司	江苏省苏中建设集团股份有限公司	北京思创建设监理有限责任公司

（四）商品住房

单位：万平方米、万元

序号	工程名称	工程地址	建筑面积	工程总投资	开工日期	竣工日期	建设单位	设计单位	施工单位	监理单位
1	大羊坊9项工程竣工	朝阳区大羊坊甲四号院	6.36	42000	2012.1.1	2015.1.4	中国煤炭综合利用集团公司	中煤国际工程集团北京华宇工程有限公司	中煤建设集团工程有限公司	北京康迪建设监理咨询有限公司
2	林奥嘉园3项工程竣工	朝阳区洼里5号	11.88	40576.80	2011.8.25	2015.1.19	北京运达通汇文化产业有限公司	北京东方筑中建设规划设计有限公司	北京城建七建设工程有限公司	中航工程监理（北京）有限公司
3	银河湾嘉园6号楼工程竣工	朝阳区东直门外西八间房1号	1.91	2676.47	2007.9.11	2015.1.28	北京世纪鸿房地产开发有限责任公司	北京五豪世纪建筑设计有限公司	中国新兴保信建设总公司	北京英诺威建设工程管理有限公司
4	世华泊郡8项工程竣工	朝阳区来广营乡	3.38	4838.54	2010.5.13	2015.1.28	北京世纪鸿城置业有限公司	华通设计顾问工程有限公司	北京城建九建设工程有限公司、北京城建一建设发展有限公司、北京城建道桥建设集团有限公司、北京城建七建设工程有限公司	北京方程建设监理有限公司
5	京达国际公寓J5楼工程竣工	朝阳区朝阳公园西路11号	2.09	2294	2009.8.10	2015.2.12	北京怡和投资管理有限公司	北京三磊建筑设计有限公司	中城建第六工程局集团有限公司	中航工程监理（北京）有限公司

序号	工程名称	工程地址	建筑面积	工程总投资	开工日期	竣工日期	建设单位	设计单位	施工单位	监理单位
6	北甸西村33项工程竣工	朝阳区孙河乡北甸西村	10.85	48030.90	2013.9.20	2015.2.15	北京中维泰禾房地产开发有限公司	北京京澳凯芬斯设计有限公司	福建六建集团有限公司	北京首建工程咨询监理有限公司
7	臻园6项工程竣工	朝阳区来广营乡	5.16	14055	2013.8.8	2015.5.6	北京广盈房地产开发有限公司	中国电建集团北京勘测设计研究院有限公司	中建三局集团有限公司	北京太平洋建筑工程监理有限公司
8	财富公馆20项工程竣工	朝阳区孙河乡	3.44	9208	2009.7.10	2015.6.3	北京财富花园房地产开发有限公司	北京市建筑设计研究院有限公司	北京建工集团有限责任公司	北京光华建设监理有限公司
9	新星花园12项工程竣工	朝阳区孙河乡	1.55	9273.44	2012.12.7	2015.7.7	北京诚通华亿房地产有限公司	中国建筑技术集团有限公司	北京诚通新新建设有限公司	北京五环国际工程管理有限公司
10	常楹公元7项工程竣工	朝阳区管庄北二里	15.03	30241.97	2012.9.1	2015.8.24	北京信远置业有限公司	北京中天元工程设计有限责任公司	中国建筑一局(集团)有限公司	北京兴电国际工程管理有限公司
11	柏阳景园东区24项工程竣工	朝阳区王四营乡道口村	2.42	25765.07	2012.6.27	2015.9.23	北京柏基置业有限公司、北京市朝阳王四营农工商总公司	北京凯帝克建筑设计有限公司	中国中铁航空港建设集团有限公司	京北辰工程建设监理有限公司
12	五洲家园9项工程竣工	朝阳区平房乡平房南街和黄杉木店路交口东南角	12.96	44006.05	2011.5.20	2015.10.19	中华人民共和国外交部	北京中联环建文建筑设计有限公司	中铁建工集团有限公司	北京兴电国际工程管理有限公司
13	山水文园7项工程竣工	朝阳区南磨房乡	8.07	11629.30	2007.3.1	2015.10.27	山水文园凯亚房地产开发有限公司、华瀚投资集团有限公司	北京新纪元建筑工程设计有限公司	江苏省苏中建设集团股份有限公司	广州广保建设监理有限公司
14	华贸城3项工程竣工	朝阳区来广营乡清河营	1.38	4164.65	2014.3.15	2015.12.8	北京华贸奥苑房地产开发有限公司	北京市建筑设计研究院	青建集团股份公司	北京赛瑞斯国际工程咨询有限公司
15	周庄新城二期2项工程竣工	朝阳区十八里店乡R2-1地块	0.48	667.75	2006.4.5	2015.12.15	山水文园凯亚房地产开发有限公司	北京世纪安泰建筑工程设计有限公司	北京中关村开发建设股份有限公司	广州广保建设监理有限公司
16	京茂家园9项工程竣工	朝阳区来广营乡	5.36	19301.19	2012.9.30	2015.12.17	北京方兴融创房地产开发有限公司	北京市建筑设计研究院有限公司	中国建筑第八工程局有限公司	北京兴电国际工程管理有限公司
17	璟湖园26项工程竣工	朝阳区孙河乡	10.62	30793.31	2012.6.28	2015.12.23	北京东隆房地产开发有限公司	北京维拓时代建筑设计股份有限公司	远洋国际建设有限公司	北京赛瑞斯国际工程咨询有限公司
18	东风家园2项工程竣工	朝阳区东风乡辛庄村	3.5	4840.48	2010.10.20	2015.12.24	北京泛海东风置业有限公司	北京中天元工程设计有限责任公司	中国建筑一局(集团)有限公司	北京帕克国际工程咨询有限公司

（五）办公用房

单位：万平方米、万元

序号	工程名称	工程地址	建筑面积	工程总投资	开工日期	竣工日期	建设单位	设计单位	施工单位	监理单位
1	大望京村5项工程竣工	朝阳区大望京3号地1008-629地块	16.33	69453.72	2013.5.1	2015.4.20	北京东方锦鸿置业有限公司	中国建筑设计院有限公司	浦项建设（中国）有限公司	北京银建建设工程管理有限公司
2	京自来水集团1项工程竣工	朝阳区顺源街3号	2.53	6317.81	2014.3.20	2015.5.4	北京市自来水集团有限责任公司	亚瑞建筑设计有限公司	北京富天玺建筑工程有限公司	北京中建协工程咨询有限公司
3	中国特色经济之窗1项工程竣工	朝阳区常营乡	0.26	352.27	2009.12.10	2015.5.15	北京中弘投资有限公司	北京中联环建文建筑设计有限公司	中国新兴保信建设总公司	北京国建工程监理公司
4	新天国际城5项工程竣工	朝阳区来广营乡来广营村	11.89	43420.84	2013.8.26	2015.11.17	北京朝来世纪房地产开发有限公司	北京建筑设计研究院	中国对外建设有限公司	北京兴电国际工程管理有限公司
5	大望京村6项工程竣工	朝阳区崔各庄大望京村	17.41	135752.46	2013.5.30	2015.12.4	北京绿地京华置业有限公司	中国建筑设计研究院有限公司	北京六建集团有限责任公司	北京银建建设工程管理有限公司、上海建科工程咨询有限公司

（六）商用房屋

单位：万平方米、万元

序号	工程名称	工程地址	建筑面积	工程总投资	开工日期	竣工日期	建设单位	设计单位	施工单位	监理单位
1	正东集团厂房工程竣工	朝阳区酒仙桥路4号	4.65	12403	2009.12.8	2015.1.6	北京正东电子动力集团有限公司	北京市弘都城市规划建筑设计院	空军第一建筑安装工程总队	北京华城建设工程监理有限责任公司
2	通盈中心工程竣工	朝阳区南三里屯	12.27	33499.37	2011.4.11	2015.2.11	北京通盈房地产开发有限公司	中国建筑设计研究院	中建三局建设工程股份有限公司	北京帕克国际工程咨询有限公司
3	北京凯莱大酒店工程竣工	朝阳区建国门南大街2号	6.28	25491.2	2012.5.15	2015.2.28	中粮酒店（北京）有限公司	中国建筑科学研究院	中国新兴建设开发总公司	北京建工京精大房工程建设监理公司
4	大屯路2项工程竣工	朝阳区大屯路	20.56	40958.95	2008.6.20	2015.5.11	北京政泉控股有限公司	北京九合正中建筑设计事务所、北京九合正中结构设计事务所、北京九合正中机电设计事务所	北京城建五建设集团有限公司	北京津京建设监理有限公司
5	北苑宾馆酒店改扩建工程竣工	朝阳区北苑路红军营	6.11	19169	2013.5.1	2015.5.12	北京城建集团有限责任公司	北京城建设计发展集团股份有限公司	北京城建集团有限责任公司	北京旭日明建设工程监理有限公司
6	富力城商业楼工程竣工	朝阳区双井	1.27	2924.45	2012.10.15	2015.5.14	北京富力城房地产开发有限公司	广州市住宅建筑设计院有限公司	广州天力建筑工程有限公司	广州广骏工程监理有限公司
7	燕翔饭店改扩建工程竣工	朝阳区将台路甲2号	16.62	189666.82	2011.11.30	2015.5.29	北京燕翔饭店有限责任公司	中国中元国际工程有限公司	中铁十六局集团有限公司	北京双圆工程咨询监理有限公司

序号	工程名称	工程地址	建筑面积	工程总投资	开工日期	竣工日期	建设单位	设计单位	施工单位	监理单位
8	鸟巢文化创意中心2项工程竣工	朝阳区国家体育场南路1号	0.1	2186.5	2014.9.29	2015.7.3	国家体育场有限责任公司	国建筑建设研究院	北京城建集团有限责任公司	中咨工程建设监理公司
9	苏宁电器广场工程竣工	朝阳区朝阳大街	9.98	37031.37	2012.7.20	2015.7.29	北京京朝苏宁电器有限公司	南京市建筑设计研究院有限责任公司	中国建筑第八工程局有限公司	北京华厦工程项目管理有限责任公司
10	达美中心6项工程竣工	朝阳区平房乡	32.19	174313.99	2012.12.20	2015.8.18	北京柏豪置业有限公司	中国建筑科学研究院	中建三局集团有限公司	北京双圆工程咨询监理有限公司
11	A6工业厂房工程竣工	朝阳区酒仙桥北路甲10号院	1.67	3615.61	2014.9.5	2015.9.8	北京电子城有限责任公司	北京市工业设计研究院	北建设集团有限公司	中咨工程建设监理公司
12	新固体制剂车间工程竣工	朝阳区双桥东路2号	1.84	10699.1	2010.3.14	2015.10.21	华润双鹤药业股份有限公司	浙江美阳国际工程设计有限公司	北京建工集团有限责任公司	北京华清技科工程管理有限公司
13	京信大厦1项工程竣工	朝阳区东三环北路甲2号	0.18	361.33	2007.12.25	2015.11.11	北京京信大厦	北京城市开发设计研究院有限公司	中国装饰有限公司	北京市康实工程建设监理有限责任公司
14	紫檀家具加工楼等3项工程竣工	朝阳区高碑店	6.18	22305.66	2012.11.25	2015.12.14	北京富华丽紫檀木宫廷工艺品有限公司	北京市建筑设计研究院有限公司	中建一局集团第三建筑有限公司	北京中外建工程管理有限公司

（七）配套用房　　单位：万平方米、万元

序号	工程名称	工程地址	建筑面积	工程总投资	开工日期	竣工日期	建设单位	设计单位	施工单位	监理单位
1	北京工业大学1项工程竣工】	朝阳区平乐园100号	2.59	10328.24	2012.8.13	2015.1.29	北京工业大学	中国建筑设计研究院	北京市第二建筑工程有限责任公司	北京远达国际工程管理咨询有限公司
2	中科院大气物理研究所工程	朝阳区德外祁家豁子	1.05	3507	2004.12.1	2015.3.18	中国科学院大气物理研究所	中外建工程设计与顾问有限公司	中国建筑第七工程局	北京鸿厦基建工程监理有限公司
3	民政研发生产基地1项工程竣工	朝阳区平房路69、240、241号	2.83	6100.03	2014.9.20	2015.4.29	北京市民政工业总公司	北京腾远建筑设计有限公司	北京市民政建筑安装工程有限公司	惠州市长江建设监理咨询有限公司
4	常楹公元4号配套工程竣工	朝阳区管庄北二里	0.2	435.67	2012.10.1	2015.5.11	北京信远置业有限公司	北京中天元工程设计有限责任公司	中国建筑一局（集团）有限公司	北京兴电国际工程管理有限公司
5	现代农业生物技术研发平台工程竣工	朝阳区大屯路甲3号科荟南路与林萃东路交叉处西南角	2.78	9877.91	2011.5.31	2015.5.14	中国科学院遗传与发育生物学研究所	中国中元国际工程公司	中铁建设集团有限公司	北京鸿厦基建工程监理有限公司
6	水岸庄园B06区1项工程竣工	朝阳区来广营乡	0.39	428.22	2011.8.17	2015.5.15	北京润泽庄苑房地产开发有限公司	华通设计顾问工程有限公司	北京金通远建筑工程公司	北京中联环建设工程管理有限公司

序号	工程名称	工程地址	建筑面积	工程总投资	开工日期	竣工日期	建设单位	设计单位	施工单位	监理单位
7	B地块文化娱乐2项工程竣工	朝阳区东坝	9.72	36068.57	2013.5.1	2015.7.3	北京金隅朝新天地置业有限公司	凯里森建筑设计（北京）有限公司	北京韩建集团有限公司	北京新森智业工程咨询有限公司
8	管庄乡新村配套工程竣工	朝阳区管庄乡果家店	1.07	3291.23	2012.12.28	2015.7.16	北京顺长房地产开发有限公司	北京国科天创建筑设计院有限责任公司	北京金通远建筑工程公司	中航工程监理（北京）有限公司
9	中关村科技园区2项工程竣工	中关村科技园区电子城西区望京研发创新基地B12地块内	7.45	40263.29	2013.10.9	2015.7.20	北京中关村电子城建设有限公司	北京市建筑设计研究院有限公司、北京中建恒基工程设计有限公司	京市朝阳田华建筑集团公司	北京高屋工程咨询监理有限公司
10	中关村科技园区5项工程竣工	朝阳区利泽东街5号	7.96	35700.88	2011.10.1	2015.7.21	北京中关村电子城建设有限公司	中国建筑科学研究院	北京市朝阳田华建筑集团	北京同发建设工程监理有限责任公司
11	京茂家园3项工程竣工	朝阳区来广营乡	2.17	7577.27	2011.6.15	2015.7.22	北京方兴融创房地产开发有限公司	北京市建筑设计研究院有限公司	中国建筑第八工程局有限公司	中咨工程建设监理公司
12	朝来高科技产业园26项工程竣工	朝阳区来广营电子城西区B09地块	15.07	14000	2010.3.8	2015.8.7	北京市朝阳来广营农工商实业总公司	北京市建筑设计研究院有限公司、北京凯帝克建筑设计有限公司	京百键开发建设有限公司、北京市朝阳田华建筑集团公司	北京华厦工程项目管理有限公司
13	朝阳新城2项工程竣工	朝阳区东坝乡	0.34	724.71	2011.12.1	2015.8.20	北京金隅嘉业房地产开发有限公司	凯里森建筑设计（北京）有限公司	河北天宏建筑工程有限责任公司	北京新森智业工程咨询有限公司
14	废旧物资回收17项工程竣工	朝阳区楼梓乡高安屯村朝阳循环经济产业园废旧物资回收中心内	2.66	5001.86	2012.2.1	2015.8.25	北京市朝阳循环经济产业园管理中心	北京科智成市政设计咨询有限公司	北京市朝阳田华建筑集团公司	北京和平诚信工程建设监理有限公司
15	常楹公元B-4号楼开闭站工程竣工	朝阳区常营南路	0.03	77.2	2013.7.1	2015.9.14	北京信远置业有限公司	北京万弘佳景电力工程设计有限公司	江苏省苏中建设集团股份有限公司	北京思创建设监理有限责任公司
16	王四营乡地块12项工程竣工	朝阳区王四营	1.18	4622.79	2012.4.25	2015.9.22	北京建工集团有限责任公司	北京市建筑工程设计有限责任公司	北京建工一建工程建设有限公司、北京市第三建筑工程有限公司	北京双圆工程咨询监理有限公司、北京日日豪工程建设监理有限责任公司

序号	工程名称	工程地址	建筑面积	工程总投资	开工日期	竣工日期	建设单位	设计单位	施工单位	监理单位
17	北京核电工程设计院2项工程竣工	朝阳区甘露园南里56号	2.31	9180.12	2013.1.15	2015.10.26	中核物业服务有限公司	北京市弘都城市规划建筑设计院	中国核工业第二二建设有限公司	北京弘厦基建工程监理有限公司
18	舰船医院改扩建工程竣工	朝阳区双泉堡甲2号	1.34	18250	2011.10.24	2015.11.5	中国船舶重工集团公司第七研究院	中船重工建筑工程设计研究院有限责任公司	湖南省建筑工程集团总公司	北京华清技科工程管理有限公司
19	全民健身活动中心3项工程竣工	朝阳区高碑店乡东水南庄	1.45	6892.33	2009.8.1	2015.11.11	北京市朝阳区体育局	北京腾远建筑设计有限公司	北京市朝阳田华建筑集团公司	北京思创建设监理有限责任公司
20	中国电子科技集团1项工程竣工	朝阳区酒仙桥路13号	4.6	15615	2011.4.2	2015.11.16	中国电子科技集团公司第十二研究所	信息产业电子第十一设计研究院科技工程股份有限公司	北京城建远东建设投资集团有限公司	中电科技集团河北工程项目管理有限公司
21	中国环境科学研究院1项工程竣工	朝阳区安外大羊坊8号	0.02	93.89	2013.12.20	2015.11.20	中国环境科学研究院	北京京电电力工程设计有限公司	北京昊海建设有限公司	京新恒元工程监理咨询有限公司
22	遥科学探测实验室工程竣工	朝阳区大屯路甲20号	0.22	1485.31	2012.5.24	2015.11.24	中国科学院国家天文台	中外建工程设计与顾问有限公司	江苏省建筑工程集团有限公司	北京中科国金工程管理咨询有限公司
23	北京炼焦化学厂9项工程竣工	朝阳区垡头化工路东口	14.81	63537.75	2013.4.1	2015.11.26	北京炼焦化学厂	清华大学建筑设计研究院有限公司	北京城建集团有限责任公司	中船重工海鑫工程管理（北京）有限公司
24	元大都城垣遗址公园1项工程竣工	朝阳区太阳宫	0.44	1030.19	2011.12.20	2015.11.27	北京市朝阳区元大都城垣遗址公园	北京中天正通工程设计有限公司	江苏圣能建设集团有限公司	北京中外建工程管理有限公司
25	大连光洋科技集团2项工程竣工	朝阳区东三环北路28号	3.8	7980.59	2014.6.5	2015.12.7	大连光洋科技集团有限公司	北京维拓时代建筑设计股份有限公司	北京六建集团有限责任公司	北京日日豪工程建设监理有限责任公司

（八）装饰装修工程

单位：万平方米、万元

序号	工程名称	工程地址	建筑面积	工程总投资	开工日期	竣工日期	建设单位	设计单位	施工单位	监理单位
1	亚马逊恒通商务园装修工程竣工	朝阳区酒仙桥10号恒通商务园B21座4层东区、西区	0.44	363.36	2014.7.1	2015.1.9	亚马逊通技术服务（北京）有限公司	北京金碧合力建筑设计工程有限公司	京金碧合力建筑设计工程有限公司	无
2	招商银行望京利泽支行工程竣工	朝阳区望京利泽西街8号院1号楼116、117、118	0.09	185.82	2014.3.10	2015.1.13	招商银行股份有限公司北京分行	中艺建筑装饰有限公司	北京侨信装饰工程有限公司	无

序号	工程名称	工程地址	建筑面积	工程总投资	开工日期	竣工日期	建设单位	设计单位	施工单位	监理单位
3	瑟克赛思装修工程竣工	朝阳区东三环财富中心三期4304	0.06	58.5	2014.9.1	2015.1.14	北京瑟克赛思投资基金有限公司	北京艺成园装修设计有限公司	北京艺成园装修设计有限公司	无
4	芳草地I.T装修工程竣工	朝阳区东大桥路9号侨福芳草地大厦B座	0.14	178.57	2013.3.20	2015.1.14	彩盈储贤商贸（北京）有限公司	北京中奥建工程设计有限公司	上海东德建筑装潢安装工程有限公司	无
5	中央大厦室内装修工程竣工	朝阳区酒仙桥路10号21号楼5层	0.44	739	2014.9.12	2015.1.15	泰科（中国）投资有限公司	北京东方科旅建筑勘察设计有限公司	北京双富丽建筑工程有限公司	无
6	芳草地大厦装修工程竣工	朝阳区东大桥路9号侨福芳草地大厦B座L1-01、L2-04	0.2	180	2013.8.15	2015.1.15	广派商业（上海）有限公司	北京中奥建工程设计有限公司	上海东德建筑装潢安装工程有限公司	无
7	民航局综合整治项目工程竣工	朝阳区柳芳南里22号楼	0.91	389.9	2014.8.15	2015.1.16	中国民用航空局	中国建筑科学研究院	北辰正方建设集团有限公司	北京中景恒基工程管理有限公司
9	宜和安慧北里室内装修工程竣工	朝阳区安慧北里逸园5号楼	0.18	197	2014.8.25	2015.1.23	北京宜美新康管理咨询有限公司	鸿睿嘉讯（北京）建筑装饰工程有限公司	鸿睿嘉讯（北京）建筑装饰工程有限公司	无
10	中科院微电子研究所工程竣工	朝阳区北土城西路3号	0.05	380.92	2013.11.29	2015.1.23	中国科学院微电子研究所	中国电子工程设计院	北京世源希达工程技术公司	北京鸿厦基建工程监理有限公司
11	中科院附属肿瘤医院工程竣工	朝阳区潘家园南里17号	0.15	241.78	2013.6.1	2015.1.23	中国医学科学院肿瘤医院	北京侨信装饰工程有限公司	北辰正方建设集团有限公司	北京英诺威建设工程管理有限公司
12	浩天信和律师事务所装修工程竣工	朝阳区财富金融中心12层	0.26	182.7	2014.9.10	2015.1.26	北京市浩天信和律师事务所	北京扶桑建筑装饰有限公司	北京扶桑建筑装饰有限公司	无
13	招商局大厦装修工程竣工	朝阳区建国路118号招商局大厦27层	0.19	178	2014.11.23	2015.1.26	中业地产投资有限公司	北京亚瑞建筑工程设计有限公司	北京亚瑞建筑工程设计有限公司	无
14	北京华夏古玩城工程竣工	朝阳区华威南路弘善家园113号楼	1.94	1189.60	2013.12.5	2015.1.28	北京华夏遗珍文物有限公司	中鼎纪元（北京）国际工程设计有限公司	华北铁建建设有限公司	北京中建协工程咨询有限公司

序号	工程名称	工程地址	建筑面积	工程总投资	开工日期	竣工日期	建设单位	设计单位	施工单位	监理单位
15	三里屯太古里装修工程竣工	朝阳区三里屯太古里北区Maria Luisa N4-15a.26商铺	0.04	100	2014.5.29	2015.1.30	玛瑞拉时装(上海)有限公司	青岛时代建筑设计有限公司	北京驰际建筑工程有限公司	无
16	来广营地区文化活动中心工程竣工	朝阳区来广营地区水岸庄园（润泽悦溪小区）1010号商业楼4层	0.28	531.64	2014.7.25	2015.2.2	北京市朝阳区人民政府来广营地区办事处	北京顺鑫建筑规划设计研究院有限公司	北京市朝阳田华建筑集团公司	北京旭日明建设工程监理有限公司
17	世纪财富中心装修改造工程竣工	朝阳区光华路5号世纪财富中心东座3、5、6层	0.53	7302.18	2014.4.24	2015.2.2	劳力士（北京）有限公司	北京市建筑设计研究院有限公司	北京市建筑装饰设计工程有限公司	北京双圆工程咨询监理有限公司
18	思爱普(北京)软件系统有限公司工程竣工	朝阳区东三环中路亮马桥麦子店安家楼路	1.37	1005.58	2014.9.1	2015.2.2	思爱普（北京）软件系统有限公司	穆氏建筑设计（上海)有限公司	上海海直建设工程有限公司	北京星舟工程管理有限公司
19	凯威大厦装修工程竣工	朝阳区雅宝路10号凯威大厦3、4、5、17、18层	0.55	980	2014.9.25	2015.2.3	北京兆丰建筑装饰设计工程有限公司	北京市建筑装饰设计院有限公司	北京兆丰建筑装饰设计工程有限公司	北京颐和工程监理有限责任公司
20	全国水产技术推广总站工程竣工	朝阳区麦子店街20号	0.21	993	2014.7.18	2015.2.4	全国水产技术推广总站	北京中宇瑞德建筑设计有限公司	北京城建六建设集团有限公司	北京中诚信工程咨询有限公司
21	三里屯太古里装修工程竣工	朝阳区三里屯太古里北区N2楼4层	0.24	981.36	2014.7.20	2015.2.5	北京三里屯北区物业管理有限公司	穆氏建筑设计（上海)有限公司	穆氏建筑设计（上海)有限公司	北京星舟工程管理有限公司
22	诺纬达克（上海）贸易有限公司工程竣工	朝阳区东三环中路1号环球金融中心西楼5层12-13单元	0.06	166.48	2014.11.14	2015.2.27	诺纬达克（上海）贸易有限公司北京分公司	穆氏建筑设计（上海)有限公司	穆氏建筑设计（上海)有限公司	无
23	招商局大厦装修工程竣工	朝阳区建国路118号招商局大厦20层	0.2	158	2015.1.8	2015.3.5	中业地产投资有限公司	上海海工装饰设计有限公司	上海海怡建设(集团)有限公司	无
24	赛诺菲(中国)投资有限公司装修工程竣工	朝阳区建国路112号惠普大厦6层	0.14	174.13	2014.9.26	2015.3.6	深圳赛诺菲巴斯德生物制品有限公司北京分公司	北京海直海装饰设计有限公司	北京亚瑞建筑工程设计有限公司	无
25	赛诺菲办公室装修工程竣工	朝阳区建国路112号惠普大厦7层	0.14	245.24	2014.9.30	2015.3.6	赛诺菲（中国）投资有限公司	北京海直海装饰设计有限公司	北京海直海装饰设计有限公司	无

序号	工程名称	工程地址	建筑面积	工程总投资	开工日期	竣工日期	建设单位	设计单位	施工单位	监理单位
26	吉林省博来德工贸集团工程竣工	朝阳区东三环中路1号环球金融中心办公楼西楼8层05-06号单元	0.06	60	2014.12.22	2015.3.6	吉林省博来德工贸集团有限公司	深圳市中深建装饰设计工程有限公司	北京天华兴达建筑工程有限公司	无
27	阿斯利康（无锡）贸易有限公司工程竣工	朝阳区建国门外大街8号国际财源中心西塔楼22层	0.46	480.76	2014.9.20	2015.3.12	阿斯利康（无锡）贸易有限公司	京博晟装饰设计工程有限公司	中集建设集团有限公司	北京蔷薇工程监理有限责任公司
28	酒仙桥东路装修工程竣工	朝阳区酒仙桥东路1号M6楼505、506、508房间	0.07	120.84	2014.12.10	2015.3.13	北京世纪互联宽带数据中心有限公司	世源科技工程有限公司	北京捷通机房设备工程有限公司	无
29	京广服务公寓40/F大堂工程竣工	朝阳区呼家楼京广中心	0.09	1465.65	2014.7.1	2015.3.19	北京京广中心有限公司	北京世纪安泰建筑工程设计有限公司	北京天文弘建筑装饰集团有限公司	北京中外建工程管理有限公司
30	锡捷北京办公室装修工程竣工	朝阳区天泽路16号院润世中心1期2号楼5层01～08单元	0.11	118.82	2014.12.15	2015.3.24	锡捷科技服务（上海）有限公司北京分公司	北京金碧合力建筑设计工程有限公司	北京金碧合力建筑设计工程有限公司	无
31	北京·内蒙古绿色农畜产品广场工程竣工	朝阳区松榆南路54号	0.67	2493.93	2014.6.13	2015.3.24	北京绿泰源农产品有限公司	北京天泰长富建筑装饰工程有限公司	北京菲尼有限公司	北京中环工程建设监理有限责任公司
32	绿泰控股有限公司装修工程竣工	朝阳区东三环中路5号楼实际楼层36层	0.09	80	2014.7.26	2015.3.26	缘泰控股有限公司	北京天图设计工程有限公司	北京天图设计工程有限公司	无
33	汉庭连锁酒店大山子店工程竣工	朝阳区酒仙桥路大山子甲1号	0.4	110	2014.7.1	2015.3.27	北京帕拉戴斯酒店管理有限责任公司	哈尔滨祥润装饰有限责任公司	北京天泰长富建筑装饰工程有限公司	无
34	环球金融中心装修工程竣工	朝阳区东三环中路1号环球金融中心东塔15层15-16单元	0.06	64.14	2014.8.25	2015.3.27	吉泰信国际投资基金管理（北京）有限公司	北京中奥建工程设计有限公司	北京同创同德建筑装饰工程有限责任公司	无
35	ATA办公室装修工程竣工	朝阳区建外大街4号建外SOHO 2号楼	0.23	95	2014.7.20	2015.3.27	全美测评软件系统（北京）有限公司	北京天元世纪装饰工程设计有限公司	北京天元世纪装饰工程设计有限公司	无

序号	工程名称	工程地址	建筑面积	工程总投资	开工日期	竣工日期	建设单位	设计单位	施工单位	监理单位
36	北京新光天地装修工程竣工	朝阳区建国路87号北京新光天地4F	1.6	2439.83	2014.7.25	2015.3.27	华联新光百货（北京）有限公司	北京泰和通金典建筑装饰工程有限公司	中建三局装饰有限公司	北京北辰工程建设监理有限公司
37	塔里木石油酒店内装修工程竣工	朝阳区建北沙滩5号	0.88	1120.39	2014.7.3	2015.4.1	北京市塔里木石油酒店	中机十院国际工程有限公司	北京住总装饰有限责任公司	北京中外建工程管理有限公司
38	中国光大银行装修工程竣工	朝阳区广渠路39号院2号楼1层局部	0.1	173.21	2014.11.25	2015.4.10	中国光大银行股份有限公司北京分行	深圳市极尚建筑装饰设计工程有限公司	北京金丰环球建筑装饰有限公司	无
39	松冈餐厅有限公司装修工程竣工	朝阳区朝阳公园路好运街1-12号	0.04	70	2014.11.12	2015.4.13	北京松冈餐饮有限公司	北京国建设计有限公司	北京宝电装饰工程有限责任公司	无
40	乐天超市酒仙桥店装修工程竣工	朝阳区酒仙桥路12号	0.2	195.64	2014.10.15	2015.4.15	北京伯鸿投资有限公司	北京蓝图工程设计有限公司	北京英达利城建有限公司	无
41	金盛悦达（北京）资本管理有限公司工程竣工	朝阳区东三环中路5号楼财富金融中心	0.06	40	2014.5.10	2015.4.23	金盛悦达（北京）资本管理有限公司	北京奥菲斯装饰工程有限公司	北京奥菲斯装饰工程有限公司	无
42	东方花旗证券有限公司工程竣工	朝阳区小关北里45号世纪嘉园5号2层	0.16	165	2014.6.30	2015.4.24	东方花旗证券有限公司	上海国豪乾越建设工程有限公司	北京和平诚信工程建设监理有限公司	无
43	西大望路26号三标段工程竣工	朝阳区西大望路26号1号楼室内	1.12	1597.23	2014.9.28	2015.4.27	中国能源建设集团有限公司	北京中建建筑设计院有限公司	中建二局装饰工程有限公司	北京国金管理咨询有限公司
44	西大望路26号一标段工程竣工	朝阳区西大望路26号1号楼室内	0.86	1861.74	2014.9.28	2015.4.27	中国能源建设集团有限公司	北京中建建筑设计院有限公司	北京住总装饰有限责任公司	北京国金管理咨询有限公司
45	亮马饭店装修工程竣工	朝阳区东三环北路8号	0.4	1375.05	2014.11.14	2015.4.27	北京亮马河大厦有限公司	北京天图设计工程有限公司	北京丽贝亚建筑装饰工程有限公司	无
46	财富中心50层装修工程竣工	朝阳区东三环中路5号	0.17	190.83	2014.10.28	2015.5.4	北京谦泰宝象资本投资服务有限公司	厦门市港龙装修工程有限公司	厦门市港龙装修工程有限公司	无

序号	工程名称	工程地址	建筑面积	工程总投资	开工日期	竣工日期	建设单位	设计单位	施工单位	监理单位
47	酒仙桥路13号院装修工程竣工	朝阳区酒仙桥路13号院内6–1号楼	1.37	840.13	2014.12.20	2015.5.5	北京桔子水晶酒店管理咨询有限公司	北京中帝恒成建筑设计有限公司	金坛建设工程有限公司	北京星舟工程管理有限公司
48	三里屯北区装修工程竣工	朝阳区三里屯北区N3–12–22	0.05	94.66	2015.2.18	2015.5.11	北京三里屯北区物业管理有限公司	四川华西建筑装饰工程有限公司	四川华西建筑装饰工程有限公司	无
49	招商银行装修工程竣工	朝阳区东三环中路5号楼财富中心2层201–2号	0.04	106.66	2014.7.28	2015.5.12	招商银行股份有限公司北京分行	北京金华舫装饰工程有限公司	北京侨信装饰工程有限公司	无
50	酒仙桥中路24号院装修工程竣工	朝阳区酒仙桥中路24号院1号楼第3层	0.13	108	2014.12.3	2015.5.13	哈蒙冷却系统（天津）有限公司	北京保利达工程设计有限责任公司	北京筑博装饰工程有限公司	无
51	八里庄南里老年活动站工程竣工	朝阳区八里庄南里3号	0.85	1080.89	2014.10.18	2015.5.29	北京诚讯商网科技有限公司	北京维拓时代建筑装饰工程有限公司	北京维拓时代建筑装饰工程有限公司	北京方恒基业工程咨询有限公司
52	宾大沃顿咨询（北京）有限公司工程竣工	朝阳区东三环中路1号环球金融中心西塔16层1～6、15、16单元	0.23	1149.46	2014.10.1	2015.6.5	宾大沃顿咨询（北京）有限公司	北京东方科旅建筑勘察设计有限公司	北京一工建筑装饰工程有限公司	北京中诚信工程咨询有限公司
53	工商银行九龙山支行工程竣工	朝阳区东三环中路61号富力广场商用物业111、211号商铺	0.17	383.4	2014.9.26	2015.6.12	中国工商银行股份有限公司北京九龙山支行	北京中建建筑设计院有限公司	北京爱地鑫装饰艺术有限责任公司	北京宏远工程建设管理有限责任公司
54	梧桐湘爱餐厅装修工程竣工	朝阳区三元桥凤凰商街08号商铺	0.18	178.2	2014.5.5	2015.6.6	北京华润置地有限公司	北京中奥建工程设计有限公司	深圳洲际建筑装饰集团有限公司	无
55	汇金信达内部装修工程竣工	朝阳区东三环中路5号财富金融中心	0.14	127.89	2014.11.10	2015.6.18	汇金信达国际投资基金（北京）有限公司	北京维美工程设计有限公司	北京市日盛达建筑企业集团有限公司	无
56	美国佳利律师事务所工程竣工	朝阳区东三环中路5号财富金融中心45层04–02、05、06单元	0.1	189.6	2014.12.15	2015.6.23	美国佳利律师事务所驻北京代表处	北京东方科旅建筑勘察设计有限公司	北京一工建筑装饰工程有限公司	无
57	社区服务中心养老服务工程竣工	朝阳区劲松四区405号甲楼	0.32	445.94	2014.5.19	2015.6.29	北京市朝阳区社区服务中心	北京北恒建筑装饰工程有限公司	北京中建华腾装饰工程有限公司	北京德轩工程管理有限公司
58	环球金融中心装修工程竣工	东三环中路1号环球金融中心西座16层07～12室内	0.11	100.73	2015.4.29	2015.6.29	支付宝（中国）网络技术有限公司	北京中奥建工程设计有限公司	北京中建科贝装饰工程有限公司	无

序号	工程名称	工程地址	建筑面积	工程总投资	开工日期	竣工日期	建设单位	设计单位	施工单位	监理单位
59	迈克尔高司装修工程竣工	朝阳区建国路89号华贸中心商业L05号商铺	0.09	180	2014.7.15	2015.7.1	迈克尔高司商贸（上海）有限公司	康新（中国）设计工程股份有限公司	康新（中国）设计工程股份有限公司	无
60	北京广播大厦6层主楼工程竣工	朝阳区建国门外大街甲14号	0.11	134.5	2015.3.31	2015.7.3	北京广播大厦管理有限责任公司	北京国科天创建筑设计院有限公司	北京首华建设经营有限公司	无
61	中国民用航空发动机适航审定中心工程竣工	朝阳区花家地东路3号凯美佳国际会议中心7层	0.11	87.8	2015.3.10	2015.7.3	中国民用航空发动机适航审定中心	北京中奥建工程设计有限公司	北京金丰环球建筑装饰有限公司	无
62	高可靠元器件测试中心工程竣工	朝阳区北土城西路3号1号楼	0.07	358.71	2014.8.18	2015.7.6	中国科学院微电子研究所	中国电子工程设计院	陕西中电精泰电子工程有限公司	北京鸿厦基建工程监理有限公司
63	环球影画（北京）咨询有限公司工程竣工	朝阳区天泽路16号院润世中心2号楼办公楼第17层01～07单元	0.97	80	2015.1.1	2015.7.6	环球影画（北京）咨询有限公司	穆氏建筑设计（上海）有限公司	穆氏建筑设计（上海）有限公司	无
64	飞维美地信息技术（北京）有限公司工程竣工	朝阳区天泽路16号院润世中心2号楼	0.46	190.03	2015.2.16	2015.7.6	飞维美地信息技术（北京）有限公司	穆氏建筑设计（上海）有限公司	穆氏建筑设计（上海）有限公司	无
65	北京仁泰门诊部装修工程竣工	朝阳区建国路89号华贸中心16号商务楼102室	0.03	135	2014.10.8	2015.7.6	北京仁泰门诊部有限公司	建峰建设集团股份有限公司	建峰建设集团股份有限公司	无
66	芳园西路局部装修工程竣工	朝阳区芳园西路6号院3幢地下1层	0.19	130	2014.7.30	2015.7.3	北京朱国凡良子健身技术发展有限公司	北京亚瑞建筑工程设计有限公司	北京亚瑞建筑工程设计有限公司	无
67	胜利混凝土建材有限公司库工程竣工	朝阳区双桥中路	1.88	470.07	2015.4.8	2015.7.17	北京双桥信泰文化发展有限公司	北京本土建筑设计有限公司	四川科志建设有限公司	达华工程管理（集团）有限公司
68	鸿坤伟业房地产开发有限公司工程竣工	阳区东三环中路5号财富中心三期38层01～04单元	0.13	185.7	2015.3.25	2015.7.21	北京鸿坤伟业房地产开发有限公司	北京亚瑞建筑工程设计有限公司	北京亚瑞建筑工程设计有限公司	无
69	雅秀服装市场改造工程竣工	朝阳区工体北路58号	1.4	1732.67	2015.3.12	2015.7.28	北京昆泰房地产开发集团有限公司	北京维拓时代建筑设计有限公司	北京丽贝亚建筑装饰工程有限公司	北京方正建设工程管理有限公司
70	北京银行研发中心工程竣工	朝阳区太阳宫火星园1号楼	0.6	1503.12	2013.12.18	2015.8.10	北京银行股份有限公司	建学建筑与工程设计所有限公司	深圳市建筑装饰（集团）有限公司	北京双圆工程咨询监理有限公司

序号	工程名称	工程地址	建筑面积	工程总投资	开工日期	竣工日期	建设单位	设计单位	施工单位	监理单位
71	财富金融中心装修工程竣工	朝阳区东三环中路5号楼财富金融中心42层01、02、03单元	0.14	140	2015.5.4	2015.8.12	上海红歆财富投资管理有限公司	建峰建设集团股份有限公司	北京亚瑞建筑工程设计有限公司	无
72	青年路27号院装修工程竣工	朝阳区青年路27号院5号楼	0.17	128	2014.9.28	2015.8.12	吴晓红	北京鸿伟益达装饰有限公司	北京鸿伟益达装饰有限公司	无
73	波音（中国）投资有限公司工程竣工	朝阳区工体北路盈科中心16～18层	0.12	479.6	2015.3.31	2015.8.17	波音（中国）投资有限公司	北京中和建城建筑工程设计有限公司	北京麦思德装饰工程有限公司	无
74	A5工业厂房精装修工程竣工	朝阳区酒仙桥北路甲10号电子IT产业园电子工业厂房二期	1.67	3478.13	2015.6.10	2015.8.20	北京电子城有限责任公司	京构易建筑设计有限公司	斯特龙建筑装饰工程有限公司	中咨工程建设监理公司
75	三里屯太古里装修工程竣工	朝阳区太古里北区N4-13-23号专柜	0.04	150	2015.4.10	2015.8.24	上海希奥睿国际贸易有限公司公司	北京亚瑞建筑工程设计有限公司	北京亚瑞建筑工程设计有限公司	无
76	三里屯太古里美吧装修工程竣工	朝阳区三里屯北甲15号楼	0.09	472.42	2015.3.13	2015.8.24	北京安业商贸有限公司	四川华西建筑装饰工程有限公司	四川华西建筑装饰工程有限公司	北京星舟工程管理有限公司
77	奇瑞金融办公场地装修工程竣工	朝阳区东三环中路5号财富金融中心46层	0.19	189.24	2015.4.30	2015.8.26	奇瑞徽银汽车金融股份有限公司	北京中奥建工程设计有限公司	北京城乡中昊建设有限责任公司	建研凯勃建设工程咨询有限公司
78	太阳宫写字楼装修工程竣工	朝阳区太阳宫西坝河火星园5号楼	0.8	1641.25	2014.7.14	2015.8.26	北京安中巨亿投资咨询有限公司	北京中铁装饰工程有限公司	北京中铁建设集团有限公司	北京筑都方圆建筑设计有限公司
79	东方汇理银行（中国）有限公司工程竣工	朝阳区东三环中路5号财富金融中心19层1901单元	0.05	180	2015.6.23	2015.9.8	东方汇理银行（中国）有限公司北京分行	北京思意特装饰装潢有限公司	北京思意特装饰装潢有限公司	无
80	望京东园一区120号楼装修工程竣工	朝阳区望京东园一区120号楼	2.57	1519.87	2015.3.1	2015.9.8	同昌盛业新荟城壹（北京）商业管理有限公司	铁十六局集团北京建筑工程设计有限公司	深圳市极尚建筑装饰设计工程有限公司	北京双圆工程咨询监理有限公司
81	广东天普生化医药股份有限公司工程竣工	朝阳区建国路91号金地中心B座1708～1716	0.05	120	2015.5.28	2015.9.8	广东天普生化医药股份有限公司	上海海直建设工程有限公司	上海海直建设工程有限公司	无
82	方正宽带网络服务有限公司工程竣工	朝阳区安华里五区甲号院	0.59	428.8	2014.10.15	2015.9.10	方正宽带网络服务有限公司	中煤科工集团北京华宇工程有限公司	北京广佳建筑装饰股份有限公司	北京建宇工程管理有限责任公司

序号	工程名称	工程地址	建筑面积	工程总投资	开工日期	竣工日期	建设单位	设计单位	施工单位	监理单位
83	弘善嘉园装修工程竣工	华威南路弘善嘉园415号	0.52	1510.27	2014.11.20	2015.9.15	人民卫生出版社	北京保利达工程设计有限责任公司	北京建工集团有限责任公司	北京中联环建设工程管理有限公司
84	北京地汇华商置业有限公司工程竣工	朝阳区利泽东二路2号院2号楼	1.78	3633.99	2014.12.19	2015.9.16	北京地汇华商置业有限公司	北京清尚建筑设计研究院有限公司	深圳市城建环艺装饰设计工程有限公司	北京中景恒基工程管理有限公司
85	西门子北京中心工程竣工	朝阳区望京中环南路7号德餐西餐厅	0.04	198.08	2015.1.5	2015.9.25	西门子（中国）有限公司	北京艺豪建筑装饰设计工程有限公司	北京中建华腾装饰工程有限公司	无
86	来广营乡9项装修工程竣工	朝阳区来广营乡	1.59	450	2013.12.13	2015.10.16	北京市朝阳区园林绿化局	深圳市亚泰国际建设股份有限公司	深圳市宝鹰建设集团股份有限公司	广州广保建设监理有限公司
87	财信投资控股有限公司工程竣工	朝阳区郎家园15号北京金地时代中心A座28层2801～2807室	0.07	157.61	2015.6.1	2015.10.26	北京财信投资控股有限公司	北京清尚建筑设计研究院有限公司	北京清尚建筑设计研究院有限公司	无
88	国兴融达地产股份有限公司工程竣工	朝阳区郎家园15号金地时代中心A座28层2808～2812、2815室	0.06	127.38	2015.6.1	2015.10.26	国兴融达地产股份有限公司公司	北京清尚建筑设计研究院有限公司	北京清尚建筑设计研究院有限公司	无
89	三里屯太古里装修工程竣工	朝阳区三里屯路北里太古里南区SLG38商铺	0.07	71.2	2014.12.24	2015.10.30	北京三里屯南区物业管理有限公司	北京天文弘建筑装饰集团有限公司	北京天文弘建筑装饰集团有限公司	无
90	中科院微电子研究所工程竣工	朝阳区北土城西路3号1号楼	0.08	442.91	2015.4.2	2015.11.6	北京科学院微电子研究所	中国电子工程设计院	北京华夏建设发展有限公司	北京鸿厦基建工程监理有限公司
91	杭州工商信托股份有限公司工程竣工	朝阳区建国门外大街2号院3号楼（银泰中心C座）19层03～05单元	0.06	181.48	2015.8.17	2015.11.9	杭州工商信托股份有限公司	北京中奥建工程设计有限公司	北京建谊建筑工程有限公司	无
92	广渠路36号院装修工程竣工	朝阳区广渠路36号院7号楼03、05～09号	0.11	166.48	2015.2.12	2015.11.20	北京首开惠信商业管理有限公司	中国中轻国际工程有限公司	河北华鲁建设集团有限公司	无
93	百慕迪(上海)再生医学科技有限公司工程竣工	朝阳区东三环路5号	0.1	174	2015.8.10	2015.11.23	百慕迪（上海）再生医学科技有限公司	北京中建乐孚装饰工程有限责任公司	北京科贝兴业装饰工程有限公司	无

序号	工程名称	工程地址	建筑面积	工程总投资	开工日期	竣工日期	建设单位	设计单位	施工单位	监理单位
94	蒂芙尼珠宝专卖店装修工程竣工	朝阳区建国路87号1层D101	0.01	180	2015.9.8	2015.11.27	蒂芙尼（上海）商业有限公司	北京中奥建工程设计有限公司	金一明展示工程（北京）有限公司	无
95	北京古玩城拍卖厅工程竣工	朝阳区东三环南路21号	0.1	198.85	2014.10.28	2015.11.27	北京古玩城有限公司	北京恒艺建筑设计有限公司	北京长空建筑装饰工程有限责任公司	无
96	途趣咨询服务（北京）有限公司工程竣工	朝阳区东三环中路5号楼财富金融中心3层01～06、07-1单元	0.2	287	2015.3.12	2015.12.4	途趣咨询服务（北京）有限公司	北京云隶装饰有限公司	北京云隶装饰有限公司	无
97	东镇欣园3项装修工程竣工	朝阳区将台乡驼房营	7.5	49944.27	2014.4.1	2015.12.7	北京将台房地产开发有限公司	中国中建设计集团有限公司	永同昌建设集团有限公司	北京旭日明建设工程监理有限公司
98	北京大悦城装修工程竣工	朝阳区朝阳北路101号苹果直营店内	0.08	2196.94	2015.8.21	2015.12.15	苹果电子产品商贸（北京）有限公司	华诚博远（北京）建筑规划设计有限公司	怡富装饰（北京）有限公司	北京金光工程咨询有限责任公司

（九）市政工程

单位：千米、万元

序号	工程名称	工程地址	长度	工程总投资	开工日期	竣工日期	建设单位	设计单位	施工单位	监理单位
1	通惠上河嘉园15项市政工程竣工	朝阳区管庄乡	塔营街道路长0.34千米；塔营西路道路长0.46千米；塔营北街道路长0.65千米；通惠河南街道路长0.69千米；塔营中路道路长0.27千米；小寺村南街道路长0.71千米；塔营街道路长0.31千米；塔营西路雨污水管线长1.1千米，直径500～800毫米；塔营街雨污水管线长1.16千米，直径500～1200毫米；塔营北街雨污水管线长1.1千米，直径500～1200毫米；通惠河南街雨水工程长0.58千米，直径1000～1200毫米；通惠河南街雨水管线长0.26千米，直径1400毫米；塔营中路雨污水管线长1.28千米，直径400～800毫米；塔营北街雨污水管线长0.54千米，直径500～1600毫米；塔营街雨污水长1.1千米，直径500～1200毫米	4140.66	2008.6.20	2015.4.15	北京中联置地房地产开发有限公司	北京国道通公路设计研究院股份有限公司	北京恒商电力市政工程有限责任公司、北京市常青市政工程有限公司	北京银建建设工程管理有限公司

序号	工程名称	工程地址	长度	工程总投资	开工日期	竣工日期	建设单位	设计单位	施工单位	监理单位
2	辛庄路2项市政工程竣工	朝阳区朝阳路至常营路	道路长0.95千米；雨水管线长0.49千米，直径800～1200毫米	1324.13	2013.3.28	2015.8.31	北京宝嘉恒基础设施投资有限公司	北京市政工程东北设计研究总院	北京城建建设工程有限公司	北京北咨工程管理有限公司
3	北小河北滨河路2项工程竣工	朝阳区北小河路、北滨河路、望京外环路	天然气管线长0.18千米，直径200毫米；上水管线长0.2千米，直径400毫米	62.47	2005.11.8	2015.11.3	北京中关村电子城建设有限公司	北京煤气热力工程设计院有限公司公司、北京自来水设计公司	北京光亚市政工程有限公司	北京致远工程建设监理有限责任公司
4	电子城西区1项市政工程竣工	朝阳区电子城西区一号路	0.05	73	2010.11.10	2015.11.18	北京中关村电子城建设有限公司	北京优奈特燃气工程技术有限公司	北京住总正通市政工程有限公司	北京正宏监理咨询有限公司
5	辛庄南街再生水管线工程竣工	朝阳区辛庄南街、辛庄南二路	庄南街再生水管线长0.97千米，直径300毫米；辛庄南二路再生水管线长0.25千米，直径200毫米	226.44	2010.12.1	2015.12.3	北京泛海东风置业有限公司	北京市龙泰工程设计咨询有限公司	北京润安市政工程有限公司	京宏远工程建设管理有限责任公司

北京宝嘉恒基础设施投资有限公司

【概况】 年内，完成广渠路二期五环外20.669万平方米拆迁。基本完成东坝南二街中段拆迁。完成黄楼路拆迁。完成东高路道路工程的85%。完成白鹿司路道路工程90%。完成双桥路和双桥东路一期道路招投标。取得孙河北路、孙河西路等道路规划意见书、用地预审、环评审批等前期手续。全年净利润2247万元，同比增长9.29%；上缴税金852万元。获首都文明单位。

地址：小亮马桥东方东路6号
邮编：100027
电话：84551546

（郝　晶）

【续拆主干路】 年内，广渠路二期五环外完成拆迁面积20.669万平方米。东坝南二街中段基本完成拆迁。黄楼路完成拆迁。京哈高速公路豆各庄出口改造及辅路拓宽完成树木移伐。推进高碑店路平改立、水南庄平改立宅基地居民拆迁。

（郝　晶）

【续建次干路】 年内，东高路道路工程完成85%，管线工程完成95%，桥梁工程全部完成。白鹿司路道路工程完成90%。定福庄西路（朝阳北路至幺家店路）道路及管线工程完成50%。双桥路和双桥东路一期完成道路招投标。霞光里北一街完工。劲松东延路二期完成设计招标。

（郝　晶）

【新建道路】 年内，孙河北路、孙河西路、孙河组团一号路、温西路、来广营东路、电子城西区北扩规划三路取得规划意见书、用地预审、环评审批等前期手续。广顺北大街二期、南湖渠公园南路、2014年微循环一期等道路取得区发改委立项批复及招标核准意见，按招标核准完成专业设计招标。

（郝　晶）

【前期研究道路】 年内，单店南路申报项目可行性研究报告。广顺北大街北延、香江北路、东坝福园保障房东坝中街、东坝南一街、康各庄东路、电子城西区北扩规划一路、规划八路取得道路规划意见书。北花园小区周边北花园中路北延、定福庄西路南延取得道路设计方案批复。

（郝　晶）

北京昆泰房地产开发集团有限公司

【概况】 年内，北京昆泰房地产开发集团有限公司有直接或间接控股企业13家、参股公司2家、集团分公司2家、控股公司分公司2家。开发建成昆泰嘉瑞中心项目等近百万平方米的大型公建项目。

地址：朝外大街10号昆泰大厦
邮编：100020
电话：65995801

（孙　洋）

【配合功能疏解】 1月15日，按照区委区政府提出的市场类“关停并转”及功能疏解要求，百脑汇电脑市场停止营业，与昆泰集团完成场地交接。10月，三里屯雅秀市场升级为雅秀购物中心，完成功能疏解任务。

（孙　洋）

【安全生产培训和检查】 2月16日，嘉华酒店接受市旅游委、市安监局、市消防局、市食品药品监督局等部门组成的检查组进行的春节前安全联合检查。8月，慈云市场组织市场管理人员举行防恐防暴演练。望京酒店举行中控消防人员消防应急演习。11月，三里屯雅秀时尚购物中心对商场全体员工及商户进行安全教育培训，主题为“提高消防安全意识、杜绝火灾隐患”。

（孙　洋）

【承办任务】 3月3日至13日，昆泰酒店完成全国政协十二届三次会议接待任务，接待6个界别，10个小组，330名政协委员。3月26日，“亚洲财富论坛”与北京昆泰嘉华酒店正式签约，授予酒店“论坛指定酒店”

铭牌。8月，昆泰酒店完成国际田联世锦赛部分代表团接待任务，接待来自美国、加拿大、意大利、巴西等42个国家的722名运动员。10月29日至30日，嘉华酒店完成亚欧会议残疾人合作主题活动接待任务，活动主题为“突破障碍、融合发展”，由中国残联、外交部、市政府联合主办。

（孙　洋）

【关东店综合楼项目】 4月5日，昆泰集团关东店综合楼项目完成结构封顶，该项目位于CBD西门户范围，建筑面积21680平方米，包括地上9层和地下4层，采用地下框架剪力墙，地上全钢结构形式。9月17日，昆泰集团开发建设的关东店综合楼项目，获2015年北京市“结构长城杯”称号。

（孙　洋）

【开发资质升级】 7月13日，公司获由市住房和城乡建设委员会颁发的房地产二级开发资质证书。

（孙　洋）

【昆泰嘉瑞中心项目】 11月1日，昆泰嘉瑞中心项目正式开盘，该项目为昆泰集团投资建设，是北京市第二CBD——大望京商务区商业地产。截至开盘，写字楼已签约阿里巴巴集团，公寓商业售罄，公寓楼认购50余套。

（孙　洋）

【互联港市场更名】 年内，互联港市场更名为昆泰慈云市场。

（孙　洋）

北京华阳经济开发公司

【概况】 北京华阳经济开发公司有职工16人，内设办公室、经营部、财务部。公司设党总支，下设2个党支部，有党员14人。
地址：呼家楼京广商务楼3号楼B座
邮编：100020
电话：65978762

（杨　静）

【华阳安派参与新项目策划】 10月，华阳安派能源科技（北京）有限公司为大望京商务区提供绿色节能策划方案，将打造绿色低碳智慧型商务区的理念贯穿到整体策划方案中，建设方案正在实施。

（杨　静）

【华阳饭服获三级物业资质认证】 11月，北京市朝阳华阳饭店服务公司正式进入北京市政府采购物业服务平台，获三级物业资质公司。

（杨　静）

【华阳饭服缩减项目点】 12月，北京市朝华阳阳饭店服务公司正式退出望京西园124楼的全部物业管理服务，并完成与北京天成浩泰物业管理有限公司的全部交接手续。

（杨　静）

朝阳城市建设综合开发公司

【概况】 朝阳城市建设综合开发公司有员工62人，其中在岗职工48人，专业技术人员33人，具有中高级职称专业技术人员16人。年内，资产总额62.7亿元，净资产5.12亿元，完成经营收入5.34亿元，实现利润总额2990万元，上缴税金4266万元。驹子房项目部获市政府授予的“北京市模范集体”称号，“以社会责任为核心的保障性住房建设管理”课题获市国资委主办的第三十届北京市企业管理现代化创新成果一等奖。
地址：东三环北路辛2号迪阳大厦15层
邮编：100027
电话：84536699
传真：84537751

（耿　宁）

【业务拓展】 5月，投资组建的昌黎绿岛白帆假日酒店试运营。该酒店位于河北省秦皇岛昌黎县，有客房142间，餐厅营业面积400余平方米。

（耿　宁）

【项目建设】 9月底，代建的豆各庄消防站项目正式移交给区公安消防支队。工程建筑面积2600平方米，能满足消防救灾、消防训练、消防教育等功能要求。年内，酒仙桥危改项目先期开发地块完成1、2、3号楼6层以下结构施工，5、6号楼三层商业完成结构施工。

（耿　宁）

【物业管理】 年内，实施物业维修工程19项。投入331万元完成29处地下空间的清理整治工作。办理完成274户城镇居民房改售房工作，收房款1396万元。

（耿　宁）

【房屋销售】 年内，完成三岔河第四使馆区拆迁对接用房、堡头东里地铁7号线轨道交通拆迁对接用房、东坝绿隔用房和将台乡JK地块土储对接用房691套，累计销售面积约4.7万平方米，回笼资金3.8亿元。

（耿　宁）

【安全管理】 年内，组织安全生产综合检查13次，发现各级各类安全隐患183件，下发整改通知63份，整改率98%。

（耿　宁）

田华建筑集团公司

【概况】 年内，实现开复工面积428万平方米，完成产值24.4亿元。新签施工合同152项，新签合同总额60.36亿元。通过AAA资信等级复审和ISO9001国际质量管理体系标准认证、ISO14001国际环境管理体系标准认证及OHSAS18001职业健康安全管理体系标准认证复审。获市“结构长城杯”奖12项，其中金奖3项、银奖3项，竣工长城杯金奖3项、银奖3项。7项工程获“北京绿色安全工地”，其中3项获样板工地。5项QC成果获市工程建设质量管理小组优秀奖。企业被评为北京建设行业“AAA”信用企业。
地址：金台里乙25号楼
邮编：100026
电话：85994451

（吴　国）

【集团领导班子完成交接】 4月16日，宣布由米振华担任田华集团公司总经理兼党支部书记。新班子制定领导班子“走基层、转作风、促和谐、保发展”工作方案，调整修订《企业制度汇编》，走访各乡。

（吴　国）

【承接一绿试点工程】 年内，实现首次以集团为主导，各分公司协同参建承接朝阳区一绿试点——“将台乡回迁安置房”一期工程，面积51万平方米。集团成立现场指挥部，选派集团施工能力和水平最强的分公司和项目班子，各参建分公司经理参加现场协调会。

（吴　国）

【冬季施工安全联合检查】 年内，技安部组织各分公司安全科长或主管领导开展冬季安全生产联合检查，检查在建工程7个，面积约100万平方米，基本涵盖各分公司的重点工程。重点检查临时用电、安全防护、机械设备、消防等。

（吴　国）

国 土 资 源

【概况】 年内，北京市国土资源局朝阳分局推行“4644”工作思路，即推行四个管理理念、贯彻六种工作意识、明确四大重点方向、抓住四个重要机遇。四个管理理念为人本管理、精细化管理、扁平化管理和闭环管理。六种工作意识为服务意识、法治意识、联动意识、请示汇报意识、集体荣誉意识和科技创新意识。四大重点方向为作风建设、市区重点工作任务保质保量完成、依法及时履职到位和加强基层基础工作。四个重要机遇为土地利用总体规划完善、土地储备运作模式改革、“十三五”规划制定和不动产统一登记。

地址：奥林匹克森林公园北园
邮编：100107
电话：88982879
网址：http://cy.bjgtj.gov.cn

（李 娜）

【集体建设用地确权登记颁证通过验收】 3月，市农村土地确权登记颁证领导小组办公室全面检查朝阳区集体建设用地使用权确权登记颁证工作，检查3377宗档案情况，通过验收。

（李 娜）

【国土资源执法】 5月，国土资源违法综合管理系统一期完成建设并正式运行，布设视频监控点位30个，实现监控全区耕地、基本农田的综合覆盖率为42.7%，发现并制止45起违法行为。年内，立案查处违法用地案件92件，涉及土地面积206.37公顷，其中耕地面积6.10公顷、基本农田面积5.75公顷。没收违法建筑物面积41.05万平方米，罚款763.05万元。违法占用耕地面积与新增建设用地占用耕地总面积的比例为2.94%，较上年下降6.26%。

（李 娜）

【不动产统一登记】 8月21日，根据北京市机构编制委员会办公室《关于整合设立北京市朝阳区不动产登记事务中心的通知》，整合市国土局朝阳分局所属北京市朝阳区土地权属登记事务中心的职责和朝阳区房屋管理局所属的北京市朝阳区房屋权属登记中心、北京市朝阳区房屋管理局档案中心承担的房屋登记相关职责，设立北京市朝阳区不动产登记事务中心（简称登记中心）。10月8日，基本实现土地登记的受理、审批、发证等工作均在原房屋登记大厅完成。11月9日，登记中心正式挂牌成立，办公地址设在石佛营东里128号院3号楼。开始全面启用新版不动产登记簿证，向社会提供不动产统一登记服务。全年办理不动产登记业务211952件，其中土地登记业务6273件、房屋登记业务205679件。全年代收登记费2344万元、土地出让金35034.78万元、印花税22.76万元。

（李 娜）

【高标准基本农田建设完成】 年内，完成市级下达的133.33公顷（2000亩）高标准基本农田的建设任务，实际建成高标准基本农田134.17公顷（2012.5亩）。

（李 娜）

【土地储备开发】 年内，公开供应一般经营性用地7宗，总供地体量约60.05公顷，建设用地约51.81公顷，建筑规模约94.77万平方米，经营性建筑规模约87.99万平方米，成交价约221.93亿元。其中土地储备朝阳分中心为主体的项目5宗，供地体量约42.5公顷。配合办理协议出让供地2宗，供地体量9.44公顷。引入中交地产公司和中电建地产公司等社会资本参与土地一级开发项目，截至年底，落实到位56亿元。全年偿还银行贷款及利息约206.37亿元，贷款余额596.8亿元，同比降低13%（不含政府债）。土地储备商务区分中心处置CBD核心区二期剩余安置房源106套。实现资金收入约1.7亿元，完成资金支出约27.6亿元。

（李 娜）

【土地供应】 年内，根据市国土局签订土地出让合同数据统计，市国土局出让涉及朝阳区土地31宗，72.0106公顷。其中，现状项目办理出让14宗，8.2264公顷；新建项目办理出让17宗，63.7842公顷。划拨土地供应17宗，74.9806公顷。其中，市国土局供应2宗，25.9405公顷；朝阳分局供应15宗，49.0401公顷。

（李 娜）

【保障性安居工程土地供应】 年内，保障房用地供应12.88公顷，其中限价房4.56公顷、定向安置房8.32公顷。

（李 娜）

【建设项目用地预审】 年内，完成建设项目用地预审82件，涉及占地845.84公顷。

（李 娜）

【集体土地征收管理】 年内，受理集体土地征收（农转用）前期工作申请3个，申请用地面积116.345公顷。受理建设项目征地结案申请20件，用地面积约312.781公顷。

（李 娜）

【土地权属审查】 年内，完成土地权属审查125件，涉及土地面积658.92公顷。

（李 娜）

【农村村庄地籍调查试点】 年内，调查朝阳区农村村庄地籍调查试点村——高碑店村，共调查宅基地2105宗、集体建设用地182宗。

（李 娜）

【地质矿产管理】 年内，完成建设项目用地地质灾害危险性评估备案4件，建设项目压覆重要矿产资源核查2件，现场检查8家在朝阳区注册的地勘单位。完成4家探矿权项目年检，督促纠正2家没有按时开工的勘探项目。对32家有采矿许可证的地热开发利用单位进行年检。

（李 娜）

【土地资源调查研究】 年内，完成朝阳区“十三五”时期提高土地资源集约利用的思路与措施研究、朝阳区建设用地节约集约利用研究、朝阳区农用地优化布局研究。完成《关于朝阳区耕地及基本农田保有量的调研报告》。开展国土所动态巡查履职到位问题研究。构建“北京商务中心区土地空间资源调控规划管理原型系统”，并取得国家版权局颁布的软件著作权认证。

（李 娜）

【“十二五”期间保障性安居工程土地供应】 “十二五”期间，朝阳区保障性安居工程供地计划指标为579公顷，实际完成586.05公顷，完成比例为101.22%。其中公租房（含廉租房）供地计划97公顷，实际完成101.09公顷；限价房供地计划95公顷，实际完成99.49公顷；经济适用房供地（不含中央、军队用地）计划72公顷，实际完成69公顷；定向安置房供地315公顷，实际完成316.47公顷。

（李 娜）

【“十二五”期间土地储备开发】 “十二五”期间，全区土地储备涉及11个乡、49个村，共17个项目，总面积约60平方公里，涉及被拆迁居农民共8.7万人。截至2015年年底，整理完成约25平方公里，实施绿化约1000公顷，代拆区域实施平原造林约366.66公顷。土地储备工作累计实现转工转居3.4万人。完成住宅拆迁约795万平方米，非住宅拆迁约1291万平方米，减少流动人口约40万人。建成765万平方米的农民安置房。实现土地供应41宗，供地体量约570公顷。累计投资约1326亿元，实现引入社会资本81亿元。商务区分中心完成拆迁总面积约23.13万平方米，其中住宅拆迁约572户3.57万平方米，非住宅拆迁涉及单位22家，拆迁规模约19.56万平方米。实现土地供应9宗，供地体量约7.44公顷，建筑规模约107万平方米。

（李　娜）

【"十二五"期间建设项目用地预审】 "十二五"期间，办理建设用地预审482件，项目总体面积5172.36 公顷（含重新办理项目）。

（李　娜）

【"十二五"期间土地划拨审批】 "十二五"期间，完成划拨土地供应51宗，涉及面积167.28公顷（不含市国土局划拨）。

（李　娜）

【"十二五"期间建设项目征地结案】 "十二五"期间，受理建设项目征地结案申请38件，用地面积约1222.257公顷。

（李　娜）

【"十二五"期间土地权属审查】 "十二五"期间，办理土地权属审查801宗。

（李　娜）

房　屋　管　理

【概况】 年内，根据7月13日市国土局、市住建委、市编办《关于做好房屋交易与不动产登记工作衔接有关问题的通知》（京国土籍〔2015〕295号）精神，区房屋管理局不再承担全区房屋登记工作，该职能划转至区国土部门；全区房屋交易管理职能仍由区房管局承担，主要包括商品房预售合同登记备案，交易资金监管，商品房现房销售备案，现房网签及注销手续，存量房网签及注销手续，房产测绘成果审核，预查封以及网签数据查询等。完成垂杨柳医院改扩建征收工作，地铁14号线高家园站征收项目基本完成，推进和筹备分钟寺桥西北侧地区回迁安置房项目、小关北里公交场站项目、亮马J地块棚户区改造和环境整治项目、永安里旧城区改建项目、化石营旧城区改建项目、酒仙桥旧城区改建项目。完成全区产权型保障性住房的配售工作。疏解非首都核心功能，完成普通地下室清理整治7000人的疏解任务指标，完成公房散租住人人防工程的清理整治。加强对房地产经纪机构的监管执法力度，"群租房"违法行为。排查和化解地下空间安全隐患、小区物业矛盾纠纷。完成安贞、奥运村街道49幢楼房屋面瓦平改坡更新工程，完成信报箱更新补建、直管公房抗震加固、城镇房屋防汛、公房供暖等工作。

地址：三里屯南56号
邮编：100027
电话：64186161
邮箱：fgj64186060@126.com
网址：http://fgj.bjchy.gov.cn

（钟　智）

【房屋供暖】 3月15日，完成2014—2015年采暖季供暖工作，历时129天。期间，冬供燃气消耗2796万立方米，燃气费8640万元，总耗水量9.48万吨，水费67.78万元，总耗电量1169万度，电费874.03万元，全冬总耗能（水电气）9581万元。4月1日至7月31日，开展夏季供暖设备更新和维修工程，维修、更新项目64个，受益面积40余万平方米，投资735.29万元。投资857.50万元更新维修三台锅炉炉体，投资27.9万元更新五处锅炉房燃气报警装置。

（钟　智　高满顺）

【城镇房屋防汛】 6月1日至9月15日，出动在岗人员2238人次，雨后检查平房2317间次、楼房3151幢次，发现房屋漏雨56幢（间），抢修补苫5处，抢修疏通排查6处9间，接报修135处。

（钟　智　韩　娜）

【房屋征收审核管理】 6月22日，区政府确认酒仙桥旧城区改建项目二、三期纳入房屋征收。8月3日，区政府批准酒仙桥旧城区改建项目的征收补偿方案。8月22日，区政府批准永安里旧城区改建项目的征收补偿方案。11月24日，区政府确认金桐东路（朝阳路—朝阳北路）项目纳入征收，茶家坟房改带危改土地一级开发项目完成确认纳入征收、发布暂停公告等程序，化石营旧城区改建项目完成确认纳入征收、发布暂停公告、入户调查等程序。

（钟　智　侯立明）

【政府信息公开】 年内，政府信息主动公开236条，全文电子化率100%。依申请政府信息公开接待412人次，受理并答复360条。申请内容主要涉及房屋拆迁、征收信息，占总申请量60%，物业管理方面占20%，其他依申请信息公开内容有公房管理、行政执法处理、房屋产权登记等。答复区政府信息公开办公室第三方意见26次，均涉及房屋拆迁和征收方面。

（钟　智　徐　辉）

【房地产经纪机构群租治理】 年内，受理经纪机构投诉1710件，巡查机构2080家，公示信用不良机构247家，公示被注销机构备案35家，取消网签资格48家，摸排违法群租房157户。

（钟　智　高　博）

【物业管理示范项目达标评比】 年内，全区开展四星、五星物业管理示范项目达标评比活动。评定出四星小区 11 个、五星小区4个、四星大厦 2个、五星大厦 6个。

（钟　智　邢　磊）

【住宅专项维修资金审核】 年内，审核住宅专项维修资金使用项目741件，涉及总建筑面积1018.1万平方米，审核金额约1.68亿元，为8.2万户业主解决居住小区内共用设施设备的维修问题。

（钟　智　邢　磊）

【物业管理行业监管】 年内，对1300余个物业项目开展收支公示检查，对326个项目进行物业服务合同备案。完成物业服务企业新增资质审核56家，变更审核30家。接待并处理信访投诉1279件。对新坐标、北京像素等172个物业项目开展服务检查，检查中发现保安、保洁、维修等方面问题，要求物业服务企业按照合同约定做好服务。

（钟　智　邢　磊）

【信报箱更新补建】 年内，完成六里屯、八里庄等街道200余栋楼3.5万户信报箱更新补建工作。

（钟　智　邢　磊）

【业主大会及业委会管理】 年内，全区成立业主大会216个、业主委员会216个。

（钟　智　邢　磊）

【城镇房屋安全检查】 年内，出动查房小组1235个3556名工作人员，检查城镇房屋及设备的安全。实查房屋13364.14万平方米，其中完好房占85.97%、基本完好房占13.3%、一般破损房占0.56%、严重破损房0.15%、危险房屋0.02%。实查电梯21322部，其中完好的占91.39%、一般的占6.42%、较差的占2.19%。实查二次供水设备10072台，其中完好的占93.78%、一般的占5.22%、较差的占0.99%。实查避雷设备38250个，其中完好的占97.25%、一般的占2.21%、较差的占0.54%。排查出城镇房屋严重积水区域201处。

（钟　智　韩　娜）

【普通地下室安全管理】 年内，检查普通地下室4564处，出动13854人次，督促产权单位（管理单位）限期整改755件，隐患现场整改598件。约谈拒不改正的产权单位（管理单位）30家，处罚51起，罚金32.1万元。办理普通地下室备案147件。开展普通地下室人口调控，清理普通地下室248处，清空房间8677间，清理面积313083平方米，清退居住人员14641人。

（钟　智　韩　娜）

【危险房屋监管】 年内，与属地办事处联合印发危房解危告知书27份、督促鉴定通知书19份，涉及房屋66处。其中4处危房解危，解危面积1.12万平方米。

（钟　智　韩　娜）

【排查超期使用公共建筑】 年内，排查疑似超期使用公共建筑270栋，其中排查出超期使用公共建筑43栋，建筑面积约10.75万平方米。

（钟　智　韩　娜）

【非居住房屋租赁合同备案】 年内，办理非居住房屋租赁合同备案251件。

（钟　智　韩　娜）

【职工住房补贴统计】 年内，完成朝阳区机关事业单位职工住房补贴统计，需资金89120.788万元，涉及职工36889人。

（钟　智　阴世红）

【专项维修资金审核】 年内，已售公房专项维修基金审核1028.85万元，涉及26家单位。已售公房提取房改售房款审核225.61万元，涉及2家单位。

（钟　智　阴世红）

【房改售房】 年内，核准受理房改单位217家，办理房改售房4027套30.78万平方米。

（钟　智　阴世红）

【存量房网签管理】 年内，完成全区自行成交存量房网签4646笔，注销网签信息3501笔，购房资格核验6084笔。

（钟　智　董　薇）

【直管公房房屋及设备修缮】 年内，完成15幢26532.3平方米楼房防水，25间499平方米平房挑修，9幢57048.4平方米上下水更新，3幢399平方米楼房屋面补漏，90处厨房、厕所及地下室渗漏维修。完成房屋、设备养护维修83155户次。完成高层电梯更新19部，改造3部，大修1部，专项维修12部。更换泵房控制柜7处。

（钟　智　吴景泉）

【平改坡楼房屋面瓦更新工程】 年内，完成奥运村、安贞两个街道涉及的产权不清或产权单位破产倒闭无力履行维修责任的47幢平改坡楼房屋面瓦更新工程。

（钟　智　吴景泉）

【直管公房管理】 年内，直管公房租金收缴率98.33%，实现房屋管理电子化、系统化管理。完成69处散租住人人防工程清理整治。达成国有资产出租规范整改意向53处，整改完7处。

（钟　智　张　烨）

【房屋行政执法】 年内，完成各类房屋行政执法检查2476次，出动7417人次。下发责令改正通知书158份，立案94起，处罚80起，结案25起。查办的案件无行政复议、行政诉讼。

（钟　智　王璐瑛）

【房屋测绘】 年内，完成商品房实测项目45个323万平方米。完成商品房预测项目18个142万平方米。完成大产权实测项目18个102万平方米。测绘事务所的测绘资质由丁级升至乙级。

（钟　智　郑卫强）

【房屋鉴定】 年内，完成鉴定335项，建筑面积231万平方米。

（钟　智　孙　东）

【保障性住房配租配售】 年内，全区取得保障性住房备案资格家庭1228户，组织3批次保障性住房摇号及配租配售，配租配售6376户。截至“十二五”末期，超过3.4万户经济适用房及限价商品房符合备案资格家庭实现“住有所居”。

（蔡　铭　刘三虎）

【市场化租房补贴申请】 年内，启动市场化租房补贴资格审核工作，受理市场化租房补贴申请100余户。

（钟　智　韩　莹）

公用事业

供　电

【概况】 国网北京市电力公司朝阳供电公司下设33个班组、6个供电营业所、4个农村供电所。有长期职工488人，其中高级职称47人、中级职称103人。售电量160.16亿千瓦时，同比增长2.28%，城网供电可靠率99.9899%，农网供电可靠率99.9782%，电压合格率100%。管辖110千伏变电站43座，其中主变131台，容量6379.5 MVA；35千伏变电站2座，主变4台，容量80MVA。10千伏开闭站240座，小区配电室1729座，箱式变电站743座，配电变压器4880台。10千伏架空线路289路，线路总长度2281.56千米。10千伏电缆3703路，总长4730.52千米。实现全年安全生产无事故，累计安全生产长周期2500天。获全国文明单位、首都劳动奖状、首都文明单位标兵、首都学雷锋志愿服务示范岗、北京市十佳企业志愿者组织、抗战胜利70周年纪念活动世锦赛朝阳区服务保障工作先进集体，国网公司先进集体、北京公司安全生产先进单位、北京公司优质服务先进单位等称号。

地址：关东店24号

邮编：100020

电话：63661136

邮箱：bjcygdbgs@126.com

（欧阳昕倩）

【政治供电与应急保障】 8月22日至30日，完成第15届田径世锦赛供电保障工作。供电保障中，朝阳供电公司负责比赛场地、训练场地、田联大会会场及驻地酒店共17户保障工作，涉及所辖变电站11座、直供电缆27条、相关配电站室393座、客户523户，涉及国家体育场、国家会议中心、北辰洲际酒店等保障客户，及临时转播区的保障。期间，单日最大投入保障人员641人、车辆69辆，累计上岗7504人次，1104车次。8月31日至9月5日，完成纪念抗战胜利70周年阅兵供电保障工作。9月3日，安排保障人员452人、车辆79辆，对涉及供电保障的9座直供变电站、15户重要用户及30条电缆路径开展值守和不间断特巡，沿56处重载装备行进路线交叉跨越地点实施定点看护，同时安排运维人员对21条、共73千米的输电线路通道及21处动态隐患点进行特巡和看护。年内，开展各类演练70次，启动应急45次。完成全国"两会"、抗战胜利70周年纪念活动、田径世锦赛等重大活动供电保障任务53项，累计保障天数260天。全年未发生八级及以上安全事件，实现3个百日安全生产长周期。

（欧阳昕倩）

【电网规划】 年内，与区政府对接，启动十三五"网格化"配网规划工作。完成43座变电站主变及所带10千伏馈电线路互倒互带能力分析，675项配电网改造工程纳入规划项目库。与区发改委沟通，取得配网改造、煤改电等132项工程立项核准文件。

（欧阳昕倩）

【电网建设】 年内，取得500千伏CBD变电站沿线五个乡和管委会的支持性文件，变电站可研按期完成。豆各庄110千伏变电站站址进入规划公示阶段，推进何各庄220千伏、北甸110千伏变电站等前期工作。金盏、电子城等输变电工程竣工投产，方家村输变电工程、团结湖110千伏切改、电子城10千伏切改等工程开工，全年投产110千伏变电容量40万kVA。与10个乡镇街道、18个行政村开展沟通，协调塔基、井位199个，穿跨越高尔夫球场、市场11座，克服移伐树木等困难，完成东北热电中心工程前期工作。完成37条四环内架空线路标准化改造，实现"多分段、多联络"。完成29对电缆线路网架结构优化，实现大北窑站、国贸站全停不损失负荷。完成2111户居民"煤改电"工程，白家楼村被北京市评为"煤改电"示范村。

（欧阳昕倩）

【安全生产】 年内，巡检现场968个，实现二级及以上施工现场100%全覆盖。加强双准入管理，增强劳务分包现场管控力度，强化安全教育，组织一线员工参加安全技能等级评价考试，取得优秀率、达标率均第一的成绩。严防大面积停电事故，强化电网检修方式下的风险管控，突出电网风险的专业会商，预案的联合演练，管控措施的督导执行，与用户的沟通。全年完成255项高风险检修工作，其中包含"1级+风险"13项。强化电网风险的"销项"解决，协同实施"销项"工程45项，解决电网重载类问题26项，消除重要客户外电源隐患19项。通过安全生产大检查、变电站标准化达标、"隐患随手拍"等工作，排查隐患缺陷557项，10千伏故障同比下降25%。加强线路差异化管控，增强60条涉及煤改电、充电桩、媒体用户及临时带永久小区线路供电可靠性。完成228个运行异常台区综合治理。

（欧阳昕倩）

【运维检修】 年内，组织实施完成40项重点工程，解决大屯变电站、咸宁变电站重载问题。将12路电缆由东北郊变电站切改至电子城变电站和望京东变电站。解决利泽园开闭站不满足N-1问题、化工一路重载问题。度夏前分换装235台重过载变压器、更换60台站室内高损变压器。开展18路线路综合检修工作和60项低电压台区治理工作。变电站完成16项大修工程和15项技改工程。与乡、村协调分装变压器占地事宜，开展变压器分换装工作。治理异常台区变压器228台，其中重过载变压器132台、低电压变压器51台，三相不平衡度在90%以上的变压器45台。完成15座变电站标准化达标工作。完成停发变压器倒闸操作39台次，完成配合110千伏线路倒方式42站次，完成停发10千伏母线5条。执行操作任务共1553个，操作步骤共22991步，正确执行变电站第一种工作票706张。巡视工作3502次，测温工作2718次，运行人员发现缺陷220个，处理缺陷167个。配电专业方面，按照周期巡视开闭站4732站次，配电室7322站次，箱变1335站次，完成5114站次站室的夜巡夜测工作。完成29座开闭站58段母线清扫试验、保护传动工作，通过巡视排查发现并处理缺陷40项。完成1165站次10180件超声波、地电波检测工作，执行操作任务4211个，操作步骤44872步，执行第一种工作票311张。电缆专业方面，开展电缆OWTS试验137路次，刀闸室负荷开关超声波、地电波试验2064面次，发现电缆和负荷开关隐患7次，均及时处理。发现外力施工工地隐患56起，均采取相关安全措施。全年电缆路径装加反外力标示牌250块、电缆地贴2955块、警示立柱252个。补装刀闸室模拟图板35块、墙牌50块。处理电缆线路缺陷132起，其中危机缺陷18起、一般缺陷114起；处理电缆通道缺陷153起，其中井盖丢失56起、管内积水97起。通过与路政部门协同配合，治理病害电力井盖470个。线路专业方面，完成处理缺陷538项，组织开展去树58900余处，清除鸟窝2100余处，通过带电作业处理缺陷247处。开展延伸巡视，梳理统计用户内部存在缺陷隐患40余处，路灯内部存在缺陷隐患6处，及时告知用户。输电通道运维方面，通过巡视发现新增环境隐患161条，均录入输电平台存档，制止大型机械作业28处，治理环境隐患11处。

（欧阳昕倩）

【配电网建设改造】 年内，按照"网格化"配网规划原则，不断优化配网结构，加大对配网重过载变压器、老旧线路的改造和更换力度，加强施工工艺管理，应用免维护、少维护的先进设备，提升互倒互带能力和设备健康水平。完成37条四环内架空线路标准化改造，实现"多分段、多联络"。完成29对电缆线路网架结构优化，实现大北窑站、国贸站全停不损失负荷。完成28座开闭站、91座配电室、71座箱变设备更换及改造。

（欧阳昕倩）

【营销服务】 年内，开展"服务安全日"活动，推动服务意识从"不纠缠、少争论"到"不推诿、共解决"。连续无服务类投诉天数最长为47天。共管理营业客户152.73万户，有重要客户230户。开展差异化与延伸服务，与外交人员服务局、区教委等重点客户签订合作协议，构建高端客户增值服务平台。开展"促业扩、压结存"专项工作，全年接电124.79万kVA，结存容量下降39%。开展"走进用电检查"特色活动，协助用户整改各类问题90余项，高压用户故障同比减少34次。建立《居民住宅小区欠费工作机制》，累计回收电费789.28万元。完成14.6万户的掌上电力及微信推广工作。"结对子"开展营配贯通"回头看"工作，实现电网数据、营业网点、高压客户、营销客户核查率均100%的目标。完成用电信息采集建设工程，累计开展智能表安装136.17万具，台区采集建设1.03万具，配电台区光纤对接改造969个，提高采集抄通率。服务充电桩业务，受理并完成送电767户。

（欧阳昕倩）

【汛期保障】 年内，梳理防汛重点设施及单位电源基本情况，落实以行政领导负责制为主要内容的各项防汛责任制。加强辖区内52个防汛重点设施、76条防汛重点线路、5个防汛重点开闭站的巡视、检查与应急抢修布控。对易发生积水的来广营、北中轴及下凹式立交桥等交通主要干道泵站开展安全用电隐患排查。并为朝阳区内各防汛重点设施、单位及防汛重要客户内部提供安全可靠电力保障，确保朝阳地区汛期供电安全。

（欧阳昕倩）

【度夏保障】 年内，度夏期间调度控制中心严密监视电网负荷情况，动态开展10千伏方式调整措施25项；运维检修部门开展特别巡视工作，及时消除设备缺陷、隐患，在重点变电站值守，并拉网式巡视检查架混线路、配电室等设备。8月12日11时30分，朝阳电网最大负荷337.1万kW，较上年最大负荷321.9万kW增长4.72%。

（欧阳昕倩）

【共产党员服务队】 年内，持续开展党员服务队“六进三送”活动，开展各类帮扶活动410余件次，组织帮扶爱心卡用户活动330余次，与联建社区共同开展安全用电知识宣传和讲座等活动46余次。自服务分队成立，朝阳分队累计联建社区挂牌40个，联建企、事业单位和学校共34个，“爱心卡”用户159个，开展活动3700余次，惠及百姓4.4万人次。年内，党员服务队获“北京市十佳企业志愿者组织”称号。

（欧阳昕倩）

邮 政 通 信

【概况】 5月1日，北京市朝阳区邮电局更名为中国邮政集团公司北京市朝阳区分公司（简称朝阳区邮政分公司），隶属于中国邮政集团公司北京市区分公司（简称市分公司）。下设商函局、邮票公司、发投分局、电商分销局、代理金融局和包裹业务局等6个专业局（公司）。下辖14个邮政支局、125个营业网点，其中金融网点50个、投递网点19个。有邮运机动车145辆，普邮道段566条。有从业人员2817人。年内，业务收入完成4.9亿元，劳产率完成17万元/人，同比增幅5.4%。一线员工年收入同比增幅高于管理人员11个百分点。垡头支局李诺获“北京市劳动模范称号”。

地址：金台北街6号

邮编：100026

电话：65006003

邮箱：dq-post@163.com

（管 军）

【世界首枚最大冰雕羊年生肖邮票亮相】 1月5日，中国邮政集团公司发行的第三轮生肖邮票——“乙未年”特种邮票在北京工人体育场首发。同时，世界首枚最大冰雕羊年生肖邮票在首发现场亮相。

（管 军）

【企业改革】 2月1日，根据北京市邮政公司《关于调整城区局、分局管理体制的通知》，商务中心区邮电分局的综合管理职能全部上收，由朝阳区邮电局统一管理。5月1日，根据中国邮政集团公司相关“子改分”要求，北京市朝阳区邮电局更名为中国邮政集团公司北京市朝阳区分公司。

（管 军）

【“南方利淘”基金销量全国第一】 4月14日至15日，销售“南方利淘”基金2.8亿余元，排在全国首位。

（管 军）

【大手拉小手六一快乐邮】 “六一”儿童节前后，分别与甘露园小学、新世纪幼儿园等联手开展邮递员体验和集邮趣味知识讲座等特色活动。

（管 军）

【设计研发北京田径世锦赛纪念邮品】 7月22日，在2015年北京田径世锦赛倒计时30天时，由体育邮局设计研发的纪念邮品首发，有《燕归巢·筑梦想》《绽放北京》《激情盛会》和《韵动京华》等四大系列十款精美邮政纪念邮品。

（管 军）

【特种邮票首发】 7月25日，中国邮政发行的《中国梦——人民幸福》特种邮票1套4枚在中国邮政体育文化主题邮局首发，邀请老中青三代夫妻和甘露园小学的学生代表为邮票揭幕。11月29日，《图说我们的价值观》特种邮票在中国邮政体育文化主题邮局首发。

（管 军）

【“双11”国内小包投递任务】 11月11日，“双11”的网络促销活动使投递量增加。截至11月底，国内小包快递包裹总量26.76万件，日均量1.12万件。

（管 军）

【金融业务】 年内，完成收入2亿元，新增客户总资产31.11亿。新增保费6.77亿，实现保险收入2283万元，销量位居市分公司第一位。基金产品销售6.4亿元。理财销量28亿。布放POS机3009台，滞存金额6959万元，布放数量与账户余额规模均居市分公司首位。

（管 军）

【邮务类业务】 年内，函件专业完成业务收入8329万元，包裹专业完成业务收入5120万元，发行专业完成收入3691万元，集邮专业完成收入8793万元，电商分销专业完成收入1260万元。

（管 军）

【重大赛会邮政服务】 年内，在全国“两会”、大阅兵、北京田径世锦赛等重大赛会服务中，完成服务保障任务。“两会”服务共销售邮品869.8万元，准确投递报刊42.2万份，给据邮件328件，平信116袋，获服务感言18件。北京田径世锦赛17个驻地网点销售特许产品及集邮、电商、函件、发行四大专业产品收入200万元。

（管 军）

【开发自邮一族全新产品】 年内，针对雾霾天气，推出“品质健康宁静生活”自邮一族服务项目，推广空气净化器装置，邀请用户体验。

（管 军）

【项目引领战略增加收入】 年内，新增营销项目1446个，成单796个，赢单率55%，收入4423余万元。开展“走千家访万户”活动，共走访朝阳区域内商户1.2万户，发现意向客户2541个，营销立项410个。确立十大营销项目，包括银行账单、人寿营业网点调查函项目、汽车国内小包等，共形成收入5573万元。

（管 军）

【推进中国邮政体育文化主题邮局品牌】 年内，中国邮政体育文化主题邮局通过新闻发布、视屏交易、公益活动、全民互动、服务支撑等“五大平台”，与国安传媒、新奥集团、体育之窗、中华环保基金会、中影集团等多家单位达成战略合作关系，开发多个优质营销项目。如：工体冰灯彩灯迎冬奥活动，公益体育邮包捐赠项目，2015年世界田径锦标赛开发纪念邮品及赛场服务项目，申冬奥成功、“中国梦——人民幸福”等纪念邮票首发项目，第35届北京马拉松赛事及相关展会项目，“洪元硕校园足球园丁奖”项目，心有晨曦爱心明信片义拍项目等，创收1000余万元。开通网上邮局、官方微信等自媒体，将线上销售与线下体验相结合。中国邮政体育文化主题邮局被中国下一代教育基金会授予“下一代教育爱心奉献奖”。

（管 军）

【邮政网点建设】 年内，完成市分公司批复的局所装修及场地改造项目18项，装修改造面积7313平方米。接收统建配套局所1个：太阳宫邮电所。首次在孙河乡、金盏乡和常营乡建设邮政网点，共建3个。

（管 军）

城 乡 管 理

市 政 管 理

【概况】 朝阳区市政市容管理委员会是负责朝阳区城乡环境建设统筹协调、城市综合管理协调和交通基础设施、环卫基础设施、公用事业、市容环境卫生监督管理及统筹协调全区交通秩序管理的区政府工作部门。业务关系受北京市市政市容管理委员会、首都城市环境建设办公室、北京市交通委监督、指导；加挂朝阳区城乡环境建设委员会办公室、朝阳区交通委牌子。12月17日，经朝阳区机构编制委员会批复，增设燃气管理办公室，爱国卫生运动委员会办公室改设在区卫计委（承担的职责任务一并划入）；编制264人，内设机构12科2室；下设6个事业单位。其中燃气管理办公室主要职责是负责朝阳区燃气行业管理工作及燃气经营行政许可工作；拟定朝阳区燃气发展规划和年度计划，并组织实施；监督检查燃气行业安全和服务工作；参与重要燃气供用气项目设计审查和工程验收，参与实施重大燃气工程和技术改造项目；负责加气站经营资格审查工作并进行监督管理；负责燃气安全宣传培训；负责朝阳区石油、天然气管道（不包括炼油、化工等企业厂区内管道）安全管理工作，指导、监管有关单位履行管道保护义务；负责协调处理管道保护的重大问题，依法查处危害管道安全的违法行为。

地址：松榆东里甲38号

电话：67325578

邮编：100021

传真：67327299

邮箱：gw302@163.com

（高英梅）

【抢修燃气管道泄漏】 1月12日，来广营乡北苑东路中铁国际2号地发生燃气管道泄漏事故。起因是中铁北京分公司在建工地使用工程机械挖掘施工过程中，将200厘米燃气中压管道挖坏，直接导致燃气泄漏，造成周边500余户居民家中停暖停气，未造成人员受伤和财产损失。经抢修恢复正常供暖供气。

（高英梅）

【解决荟康苑垃圾难题】 1月，协调解决常营荟康苑小区因居民拖欠物业费、垃圾清运费导致小区垃圾无人清运问题。一是增派垃圾转运车辆，增加垃圾清运频次，确保从小区清运出的百余吨积存垃圾不在中转站中积存；出动人员119人次、垃圾清运车20个台班、铲车5个台班、电瓶式环卫货车10个台班、三轮垃圾车75车次，清运垃圾234吨。二是在新物业公司接手或实施准物业管理前，小区环境卫生工作由常营地区办事处或荟万鸿社区自管，经费问题由区市政市容委、区农委会商区财政局协调解决。三是常营地区办事处对小区环境卫生加强监管。

（高英梅）

【除雪】 2月27日至28日，做好冬季除雪工作。出动保洁人员6730人次、迪马多功能除雪车28车次、融雪车20车次、水车10部，对10座立交桥、165条重点道路、29条一般道路等事故易发区域以及朝外地区、分钟寺桥区等重点地区施撒融雪剂，施撒固态融雪剂80吨、17%浓度融雪剂溶液200吨。

（高英梅）

【"两项重大任务"环境保障】 2月，完成春节环境和城市运行保障工作。布置道路300条、旅游景区15个、商业区28个、文化场所19个、居住小区700个，悬挂灯笼5.45万个、中国结3100个、国旗1.5万面、彩旗0.82万面，布置景观节点120处；开展燃气、供热、停车行业安全管理联合巡查检查，检查企业13家，发现整改安全隐患4个。春节期间，清除街心公园、空地等烟花爆竹集中燃放点残屑，避免未燃尽残屑混入生活垃圾或倒入垃圾站引发垃圾燃烧。3月，完成迎接冬奥会评估考察保障工作。出动执法人员2200人次，查处违规经营100起，全区所有施工工地停止土石方、渣土运输等作业；出动保洁作业人员2万人次，保洁公共卫生间926座、密闭式清洁站240座，清运垃圾1.7万吨；出动巡查人员50人次，处置市级挂账乱点24处51起、自查乱点104个，清除非法小广告3000张。4月28日，开展"五一"节前环境卫生大扫除。动员社会单位5120个，出动10万人，清扫街巷1106个、居民小区1337个，清理堆物堆料及垃圾860吨、地下车库及自行车棚724处、白色污染1325公斤，清除非法张贴小广告15.3万张，常住人口参与率93%。6月17日至18日（端午节期间），出动两个联合检查组开展环境大检查，发现整改问题62个，其中环境卫生类32个、环境秩序类26个、施工工地作业不规范4个。8月，完成第十五届世界田径锦标赛环境保障工作。出动保洁人员18.8万人次、车辆2.9万车次，清理垃圾渣土8.7万吨，清除非法小广告34.8万张，保洁公厕936座/日、垃圾楼146座/日；出动执法力量5.6万人次、车辆1.3万车次，对340条主要大街、196个重要点位、18个A级景区、446项建筑工程进行巡查，检查商户、企业、污染源单位2.2万家，取缔无照游商等违规经营行为5107处，查扣黑车、黑摩的85辆，规范机动车乱停放5363处。9月2日至4日，完成抗日战争暨反法西斯战争胜利70周年纪念活动环境保障工作。出动各类作业执法力量6.5万人次，检查商户及企业1.3万家、各类污染源单位500家、A级旅游景区18家、工地300项次，发现处理各类问题9000个，规范机动车乱停放800处，拆除大型违规广告设施26块，查处各类违规经营行为3000起；清理垃圾渣土295吨，发现处置环境问题200处；布置绿化景观14处、2.5万平方米，设置硬质宣传横幅186处，悬挂国旗1.9万面；处置朝阳北路呼家楼消防队西侧路口2处、5平方米路面塌陷事故。10月1日至7日，东三环、东长安街、北辰东路等重点大街景观照明按重大节日标准开启；设置绿化景观347处、3.3万平方米，悬挂国旗2.6万面；出动作业人员5.3万人次、环卫车辆9000车次，清除各种非法宣传品10万张；对蓝色港湾、朝阳公园、欢乐谷等重点场所周边停车场进行检查，保障173个公租自行车服务站点运力，租还次数超过15万次；出动保障人员920人次、车辆230辆次，对615处供热、燃气重点点位进行巡查。

（高英梅）

【采暖季供暖】 3月15日，2014年至2015年采暖季供暖服务保障工作结束。该采暖季历时121天，涉及全区居民住宅约1.5亿平方米。期间，区供热办累计处理居民来电咨询投诉6055个、政民互动146个、接待上访2次，同比下降16%；化解供热矛盾纠纷96件，处置供暖应急突发事件5起；拨付供热燃料补贴资金约6.5亿元。

（高英梅）

【新增优化公交线路】 1月至3月，开通专164、专165、专166、专167等4条6米电动微循环公交线路，于早晚高峰时间运营。4条线路总里程22公里，覆盖双井、劲松、南磨房、垡头、高碑店地区，主要解决双花园、富力城、合生国际、时代国际家园、百环家园、首城国际、九龙花园、苹果社区、翠城、华侨城、康家园、兴隆家园、高碑店村、半壁店村等居住密集区域22万人公交出行及惠河南街、京秦铁路南侧3.2公里道路无公交车问题。6月29日，新开通440路公交线路，优化专20、605、682、140（原专111）公交线路，方便弘善家园、来北家园、金茂悦小区等地区居民出行。9月21日，开通快速直达专线33、专线44公交车。两条线路于早晚高峰时间运营，总里程13公里，线路覆盖百子湾、富力又一城，方便居民早晚高峰通勤。年内，调整619、650等公交站点11处，优化605、682等公交线路9条，新增邓家窑、杨闸西等站点4处，开通望京、管庄东坝地区2条商务班车。

（高英梅）

【修复路面塌陷】 4月2日，小关街道6平方米路面塌陷。经勘查，该处塌陷为地下空洞造成，在对事故现场周边进行封控、安全移出陷入的京QTG705小汽车后，应急人员随即进行恢复处理，4月3日恢复通行。4月5日，永安里中街卓明大厦门前路面塌陷。经勘查，塌陷处表面空洞1平方米、深约2米。抢修过程中，通过机械挖掘，发现基础层下部出现约18平方米空洞，现场核实专业管线未出现损坏。经抢修回填，当日该处沥青路面恢复完毕。抢险出动巡查、抢险人员70人、车辆12车次、作业机械5台，修复沥青道路20平方米。5月20日，东三环内环辅路国贸桥北200米处路面下沉，面积5平方米/深0.2米，未影响车辆通行。区市政市容委会同市、区道路养护中心进行抢修，于21日凌晨2时恢复完毕。7月28日，朝阳路与西大望路交叉东北口处便道塌陷。起因为污水管线破裂导致污水侵蚀路面，下陷直径0.2米、深1米，附近有10千伏高压电线杆。区市政市容委、区道路养护中心对事故现场进行安全防护，市供电公司对电线杆进行简易加固，市路政局联合市供电公司于8月3日完成塌陷道路修复。

（高英梅）

【营盘沟路通车】 4月，营盘沟路正式通车。该道路为2015年15项疏堵工程之一，规划路名九龙花园东路，北起广渠路、南至大郊亭三街，全长约190米，为城市支路。该道路通行，可缓解广渠路、西大望路交通压力，改善百环家园居民及周边社会单位人员出行条件。

（高英梅）

【整治乱停车】 5月11日至15日，整治北苑清苑路华贸城东侧乱停车，出动执法力量100人次，安装红绿灯5组、护栏1.8公里、道路指示牌10块，设置椎桶150个，清理挪移车辆10辆。

（高英梅）

【燃气安全检查】 6月，对全区燃气企业及人员密集场所安全供气、用气进行联合执法检查。重点对高碑店、南磨房地区人员密集场所进行抽查，检查燃气供应企业12家、餐饮企业10家、养老院2家，发现整改安全隐患7个。

（高英梅）

【防暑降温】 7月15日，出动道路保洁人员2310人，出动机扫、冲刷、洗地等作业车辆285车次，使用中水4305吨，增加道路冲洗作业频次，降低道路尘土残存量。

（高英梅）

【市政道路防汛】 7月至9月，完成全区市政道路防汛工作。备勤37次，出动抢险人员630人次、巡查车155车次、抢险车89车次、水泵110台次，对安翔路等3处积水点进行改造，对4座区属桥梁专项维护。

（高英梅）

【道路维护改造】 10月，来广营慢行系统改造项目竣工。该项目改造道路10条，长度约10公里。新建、改造步道5条、非机动车道2条，拓宽道路1条、面积2.8万平方米。完善各类缺失交通标志牌282个，增设交通信号灯4处，施画模糊不清标线2.6万米，设置隔离护栏和步道护栏7128延米、阻车桩1581个。年内，推行城市道路3级分类管理，新工艺洗地覆盖率90.3%，步道冲刷率22%，机扫覆盖率85.8%，背街小巷小型机械覆盖率20%。打通百子湾南路四环内外、大郊亭三街、九龙花园东路、马道口东街断堵头路，完成基础建设及照明、雨水等附属工程。大羊坊路与三环辅路路口改造、金海国际中路等8处路口渠化项目全部完工。

（高英梅）

【雨雪天气应对】 11月，加大上岗作业力度，遇雨雪天气出动作业人员3000人、水车20车次、多功能除雪车20车次，对全区重点地区及事故易发区域施撒融雪剂，对10座立交桥、165条重点道路、29条一般道路作业，确保道路通行安全。

（高英梅）

【环境建设整治】 12月，7条街巷胡同、9个环境优美小区、5个校园周边和9个老旧平房区环境整治，CBD西南区域和奥林匹克区域周边环境提升工程，三环路、四环路、朝阳北路、朝阳路等重点道路沿线34.7万平方米建筑物外立面粉饰任务全部完成。拆除户外电子显示屏2921块、违规户外广告2581块；完成42条55公里道路通信架空线入地整治及撤线拔杆工作；在工体东路、科荟路、东坝中街、安立路、百子湾路等重点路段清理涂鸦2683起、5564平方米。

（高英梅）

【焚烧中心二期试运行】 12月，朝阳区生活垃圾综合处理厂焚烧中心二期点火试运行。该项目于2013年12月28日工程奠基，总占地面积5.6万平方米，建设规模为日处理1800吨生活垃圾，采用3台日处理600吨生活垃圾机械炉排炉焚烧工艺，配置2台18兆瓦汽轮机组、2台20兆瓦发电机组，年发电量2.9亿度，年上网量2.262亿度。

（高英梅）

【市政热线】 年内，区市政热线（67301616）受理案件17914件，办结17733件，办结率98.98%。其中以供暖相关（62.25%）、停车场管理（22.6%）、市政设施（2.26%）、环境卫生（1.01%）等问题为主。

（高英梅）

【交通运行指数】　年内，全区路网平均交通指数5.78。其中，工作日高峰时段平均交通指数6.87，同比增长13.06%；严重拥堵13次，同比增长46%；9月25日晚高峰为全年最堵晚高峰，平均交通指数9.65，较上年最堵晚高峰增长2.7%；7月工作日严重拥堵日最集中，出现17次，占全年严重拥堵日19%。轨道交通全年累计进出站总量约9.8亿人次，同比基本持平；10月至12月累计进出站总数最高，占全年30%。首都机场全年累计进出港人数0.8亿人次，3月进出港人数较全年其他月份最高，约714万人次，占全年8.94%。

（高英梅）

【拆除违法建设】　年内，拆除存量违法建设480处、370.4万平方米，占全市总量20.3%。其中街道系统拆除20.9万平方米，农村地区拆除349.5万平方米。

（高英梅）

【垃圾分类】　年内，创建110个垃圾分类达标小区，全区建成区垃圾分类覆盖率80%，厨余垃圾分出量增长率达40%，生活垃圾资源化率达55%、无害化处理率保持100%。

（高英梅）

【改善停车秩序】　年内，通过利用闲置空地建临时停车场、结合小区道路微循环改造设临时停车位等方式，在潘家园、高碑店、劲松、垡头和平房地区新增居住区停车位1755个；在潘家园和平房地区新建3处立体停车设施。合理利用机关、学校、企业停车设施，在南磨房、潘家园、香河地区落实440个错时停车位。开展9次综合执法，出动67人，规范路侧停车黑收费行为13起；检查路侧停车场73处，发放整改通知书41份；对媒体曝光和群众反映强烈的大望京地区和百子湾路等14条重点道路联合执法。在和平西街、东大桥路、潘家园等5条路段创建占道停车规范服务示范路段；完善利泽西二路、九龙山路等91条道路停车及交通设施。

（高英梅）

【公租自行车】　年内，新增公共自行车服务站点100个、公租自行车3000辆。全年租还车875万次（同比增长29.2%），平均日租还车2.4万次（同比增长33.3%）；4月至8月租还车量占全年49.7%。

（高英梅）

节　　水

【概况】　朝阳区节约用水办公室设在区水务局，负责全区节约用水工作；另设朝阳区节约用水管理中心，为局属全民所有制事业单位。2月，根据《北京市节约用水管理办法》及水利部《计划用水管理办法》相关规定，编制朝阳区用水计划分配方案，并开始下达计划用水指标。累计下达用水单位3169户，范围包括工业用水、农业用水、公共卫生及生态环境用水等。

地址：团结湖北路1号

邮编：100026

电话：85978122

（马宇轩）

【突击检查滑雪场】　1月，节约用水管理中心组织人员对蟹岛度假村滑雪场、蓝调庄园滑雪场等6家滑雪场进行突击执法检查。经检查，此6家滑雪场均采取人工造雪方式，造雪总面积1000平方米至1500平方米，年营业时间平均50—60天，水源均采用人工湖湖水或再生水，雪水融化后用于浇灌草坪、绿地，符合《北京市新节约用水管理办法》相关规定。

（马宇轩）

【节水宣传】　3月22日，安贞街道在安华靓丽广场组织开展纪念世界水日、中国水周节水宣传启动仪式，现场展出节水宣传展板4块，悬挂节水横幅2条，发放节水花洒、节水喷嘴、环保购物袋等500余件，发放节水宣传手册600余份；举行观影活动，来自市、区水务部门有关领导、工作人员和居民共500余人参加活动。活动中解答居民对于水务工作的疑问，节水志愿者向居民发放《致广大居民朋友的一封信》，水务系统干部职工、街乡社区干部群众、节水护水志愿者等观看南水北调题材电影《天河》。5月10日至16日，区水务局组织开展第24个全国城市节水宣传周主题宣传活动。北京电视台、《朝阳有线》每日滚动播出“城市节水宣传周”主题口号；向辖区内北京移动用户发送节水宣传短信285万条；利用团区委网站和青春朝阳微博，向全区青少年发出节水倡议，动员全区青少年积极参与节水、宣传节水，开展“小手拉大手”活动；向区党政机关、国有企（事）业单位工作人员发送手机彩信、短信6000余条；同期，区卫计委组织区属各医院开展节约用水宣传周活动。5月11日，区水务局在朝阳公园广场举行节水宣传周主题活动。活动以悬挂横幅、展板展示、信息咨询等方式开展，发放节水宣传册500本、节水倡议书2000余份、海报500张、纪念品3000余件；区水务局联合建外街道在光华路SOHO大厦前举行节水宣传活动，发放节水宣传材料500余份、节水纪念品200余个。7月29日，区水利学会、区节约用水管理中心到垡头街道一社区，举办科普宣传进社区节水知识大讲堂活动，30多名中小学生参加。8月25日，节水护水志愿者服务队走进团结湖街道，为社区居民开展节水护水宣讲活动，60余名居民参加。区水务局团委书记李鹏娜从世界、中国、北京水情出发，与参加活动人员交流节水护水必要性与紧迫性，并与现场小学生互动，介绍生活中的节水小窍门。

（马宇轩）

【水资源高效利用二期工程验收】　8月6日，都市农汇园区水资源高效利用二期工程通过验收。该工程建设内容为新建雨水调蓄坑塘9000平方米，雨水收集管沟172米，雨水溪流1400平方米，每座有效容积2000立方米雨水储蓄池2座。项目汇水面积11.1万平方米，年收集利用雨水2.8万立方米，工程3月开工，7月完工。

（马宇轩）

防 汛

【概况】 朝阳区人民政府防汛抗旱指挥部办公室为区防汛应急指挥部常设机构，设在区水务局。年内，全区平均降水量587.4毫米，比上年同期多31%，其中6月1日至9月15日，平均降雨量408毫米，比上年同期多24%。极端天气多发夜间，局地强降雨多。入汛以来降雨过程较上年偏多，降雨47次，主要集中在夜间，降雨频次和雨量较大，伴有雷电、大风、冰雹等局地对流天气过程。6月25日20时至26日7时，全区平均降水量36.2毫米，最大降水点四元桥65.9毫米；7月17日21时至18日7时，全区平均降水量27毫米，最大降水点区气象局站58毫米；7月18日20时至19日5时，全区平均降水量10.5毫米，最大降水点管庄50.0毫米；7月27日20时至28日7时20分，全区平均雨量44.1毫米，最大降水点三间房68.9毫米；8月7日16时30分至8日7时，全区平均降雨量41毫米，水务局站点小时降雨量76毫米，最大降水点金盏85.6毫米。

地址：团结湖北路1号
邮编：100026
电话：85975066

（马宇轩）

【防汛安全检查】 3月20日，市防办常务副主任王毅带队检查朝阳区汛前准备工作。检查组听取汇报并对防汛物资仓库和坝河千亩湖雨洪利用工程实地查看。王毅充分肯定朝阳区汛前准备工作，并强调要随着防汛机制体制不断健全，更加精细化、规范化地开展防汛各项工作。4月9日至5月4日，区防汛办开展全区防汛安全检查。区水务局、区农委、区社会办等单位组成的6支检查组分别对43个街乡进行检查，区市政市容委、区住建委等7个专业部门对本行业防汛安全隐患自查，并建立安全隐患台帐，监督解决。

（马宇轩）

【防汛会议】 5月21日，防汛应急工作会召开。区防汛办、区应急办、区农委、区社会办、区武装部、区城市管理监督中心、区气象局、北京排水集团二分公司等单位参加会议，会议传达市防汛抗旱指挥部会议精神，介绍2015年防汛工作形势，明确指导思想和总体目标。与会各单位就本单位防汛应急工作开展情况、汛前准备情况进行汇报。会议要求，要在主汛期前全面开展全区防汛拉动演练，继续完善预案明确责任人和责任主体，进一步组织相关单位清理和疏挖排水沟渠管道，开展防汛应急工程建设，在汛中要加强信息、指挥和队伍联动。6月3日，驻区部队防汛工作会召开。区防汛办、区武装部、区气象局、武警总队、武警一师、武警五支队、武警十七支队、武警十八支队、66322部队、66194部队、区消防支队等单位参加会议。会上介绍气象形势及特点，观看防汛警示片，部署驻区部队防汛工作任务，各部队结合自身工作开展情况及各自任务分工交流发言，会议对防汛工作提出要求。7月20日，市防汛抗旱指挥部召开主汛期防汛部署动员会，区防汛抗旱指挥部常务副指挥、区委常委、副区长陈涛，区水务局、区气象局、区政府办、区农委、区社会办、区教委、区住建委、区市政市容委、区武装部、区民防局、区房管局、区绿化局、朝阳交通支队等单位负责人参加视频会议。会上，市防汛办总结全市防汛工作，部署下一阶段主汛期防汛工作，市气象局就天气形势进行分析，市防汛抗旱指挥部执行副总指挥、副市长林克庆提出工作要求。陈涛结合朝阳区实际，就主汛期防汛工作进行再部署、再安排，他强调各街乡、各单位要在思想上高度重视主汛期防汛工作，梳理预案、落实责任、加强值守，确保安全度汛。为落实会议精神，区防汛办于7月21日下发《关于切实加强主汛期防汛工作的通知》，要求各街乡、各成员单位进一步提高责任意识，落实重点部位应急度汛措施，加强应急值守和信息报送，切实做好主汛期防汛工作。

（马宇轩）

【防汛演练】 6月4日，区防汛抗旱指挥部联合北京城市排水集团在芳园西路和坝河开展防汛综合演练。模拟在暴雨黄色预警下启动防汛应急机制，开展河道提闸、泵站调蓄池运行及应急处置、无泵站桥区积水抢险等科目演习，100余人参与，出动中型抢险单元2个和小型抢险单元3个。7月22日，开展民兵防汛演习。区武装部、区防汛办、高碑店乡、平房乡、八里庄街道、金盏乡等部门和街乡参与。高碑店乡40名民兵、平房乡30名民兵、八里庄街30名民兵进行队伍集结、子堤加固等科目演练。

（马宇轩）

【暴雨橙色预警】 7月27日，普降大到暴雨。7月27日20时左右开始出现降水，局地短时雨量较大，至7月28日7时20分，全区平均雨量44.1毫米，最大降水量出现在三间房68.9毫米。区防汛办于20时09分发布暴雨黄色预警，并于20时55分升级为暴雨橙色预警。全区出现积滞水点9处、房屋漏雨5处、院落进水4处，抢险人员及时赶赴排除积水。8月7日，自北向南普降暴雨，团结湖、八里庄等地降大暴雨，暴雨夹杂冰雹，造成这些区域出现重大积水情况。16时30分至8日7时全区平均降雨41毫米，最大降水点金盏85.6毫米。18时08分，区气象台发布北部地区暴雨蓝色预警，区防汛办要求相关街乡加强值守，积极应对汛情；19时，区气象局将暴雨预警升级为黄色，范围扩大到全区大部分地区，区防汛办立即启动三级应急响应；19时50分发布暴雨橙色预警，21时45分解除暴雨预警。暴雨造成重大积水点4处，分别为长虹桥西积水深60厘米、300米长，长虹桥东积水深30厘米、长约200米，8辆小车、3辆公交车被淹；姚家园路妇产医院门口积水深80厘米、长300米，29辆小车、1辆大客车被淹；慈云寺桥西积水深30–90厘米，20辆小车、2辆公交车被淹；农展南路北京画院路口地下通道进水。其余地区积水18处、院落进水3处、房屋漏雨11处、倒树7棵、地下室进水1处。区防汛办及时安排人员现场指挥，并协调市防汛办、市城市河湖处提闸降低二道沟、通惠河水位，调用市排水集团专业设备协助抽排水。8日3时左右，积水全部排除。

（马宇轩）

【视频会议系统通过验收】 11月27日，区水务局防汛视频会议系统项目通过专家验收会验收。专家验收组由新华社技术局、国家行政学院和区信息办3名外请专家组成，经讨论，一致认为该建设项目实现预期目标，施工规范，各项功能满足建设单位使用要求，通过试运行，系统运行稳定，同意通过验收。

（马宇轩）

防　火

【概况】 朝阳区公安消防支队隶属于北京市公安消防总队，为现役部队副师级编制。支队机关设司令部、政治处、后勤处和防火监督处，下辖22个消防中队。年内，接警9113起，出动9782队次、出动18938车次、出动131668人次，其中火警5264起，抢险救援1881起，社会救助1968起。全年执行勤务1214次、出动2708车次、18539人次。
地址：北豆各庄甲1号
邮编：100023
电话：85851516

（李　岩）

【火灾扑救】 3月13日14时49分，王四营乡王四营北路电厂发生火情，北京消防总队指挥中心立即调派百子湾等18个中队、86部车赶赴现场扑救。调派消防总队、朝阳消防支队两级全勤指挥部到场指挥灭火战斗。在此次事故处置中，市委书记郭金龙、市长王安顺和市政府、公安部、市公安局领导先后赶赴事故现场指挥处置。经核实现场是华能北京热电有限公司2号发电机组爆炸起火。该厂房为单层大跨度彩钢结构厂房，发生爆炸的主厂房占地面积20000平方米，建筑面积84885平方米，建筑高度27米。发电一层为发电辅助设备，发电二层为主发电设备。16时30分，火势彻底扑灭，过火面积约500平方米，无人员伤亡。

（陈　力）

【专项安保】 年内，为全面做好“两项重大任务”期间消防安全保卫工作，支队成立专项消防安保指挥部，组建并完善一室七部两团队（一室：消防安保办公室；七部：社会面防控分指挥部、重点保卫分指挥部、消防宣传分指挥部、应急处突分指挥部、队伍保障分指挥部、后勤保障分指挥部、警务合作分指挥部；两团队：国家游泳中心团队、国家会议中心团队）指挥体系，与市局同步启动每日会商机制，下达战时动员令，启动一级加强超常规防控等级。调派59名防灭火干部24小时值守检查30余个会场及住地；24小时巡查会议区、舞台区、媒体区等22个重点区域；24小时看护幕布、纱幔、灯具、厨房操作间、配电柜等重点部位；每日3次湿化国家会议中心和国家游泳中心核心区164个垃圾桶及草地、树木。集中整治行车线路周边、沿线立交桥下、加油加气站，拆除违建、摊位200余个。建立地面、公交车上车下一体化勤务机制，出动执勤警力550名，对涉会19条公交线路开展上车执勤。在国家会议中心、国家游泳中心、烟火灯光控制区、30处住地和行车路线等重点涉会场所，开展专项六熟悉调研800余次，灭火巡查1200余次，建立基础档案35份，绘制执勤警力部署图123份，明确重点防控区域、部位123处；开展风险评估，制定灭火救援应急预案50余份，落实重点执勤点586个；按照每周至少3次，在国家会议中心、国家游泳中心及周边开展一分钟灭火、疏散、夜间拉动、突发事件处置、焰火燃放演练600余次；在国家游泳中心及包括所有住地在内的社会场所，逐一组织开展跨区域实战拉动演练；组织900余名官兵、180余部消防车参加4次全要素模拟推演；提请区政府挂牌督办重大火灾隐患55件，统筹开展出租房屋、地下空间、城乡结合部打非治违等综合整治行动，推动文物、建设、规划、城管、工商等部门联合排查文物古建筑80处，排查合用场所1.3万家。建立世锦赛安保、训练场馆，纪念活动警戒南区、警戒北区、控制区5个安保前沿指挥部。在“两项重大任务”安保期间，落实1处比赛场馆、2处训练场馆、25处住地、2处装备卸载点、44处制高点、147公里行车路线专人专班、一盯到底实名制看护力量；将消防安全纳入2773个点位、2.8万名综治巡防员工作内容，同时最大化发动群防群治力量，落实1.3万栋建筑和重点区域实名制巡防看护、隐患排查、宣传培训和火情处置；出动577车次、4704人次。圆满完成“两项重大任务”、国际田联理事会、申冬奥成功庆祝活动、田联大家庭晚宴等勤务保卫任务，成功处置8月24日采访区补光灯冒烟、媒体区水冷气扇散发糊味等突发警情。

（李　岩）

【队站建设】 年内，东坝、豆各庄消防站建成并投入使用；完成支队临时办公用房翻建，投入4800余万元对四惠等7个老旧中队进行改造；与区农委协同配合，在十八里店等5个街乡7个缺水地区建设7座消防水池。

（杨　鹏）

【专项治理】 年内，组织开展冬春季火灾防控、夏季消防大检查、“平安行动”“大排查、大摸底、大整治”工作及冬春季火灾防控专项行动，检查单位2.8万家，发现并整改隐患4.78万处，三停183家、查封256家，罚款910.68万元，拘留97人，查处群众举报投诉火灾隐患2750件，发放举报奖励10余万元，对北京祥龙通宝农副产品市场有限公司（立水桥海鲜市场）等17家隐患突出单位，十八里店小武基、西直河，小红门肖村等3处隐患集中区域，提请区政府挂账督办。

（张　道）

【宣传培训】 年内，以区公共安全馆、朝阳公园119消防文化广场为牵引，推进建成欢乐谷社区安全教育馆消防安全教育基地23个；依托法制日报消防通讯、朝阳手机报、消防微博、微信等移动互联网平台，以及3200余块室内外LED屏、宣传提示牌，每天向3.5万目标人群发送消防警情和消防常识。制作世锦赛消防队伍形象展示和消防安全提示专题片，受益观众60余万人；对相关街乡领导、志愿者、社会单位、网格化力量等1.2万余人集中培训，开展疏散演练3200余场。

（贾　玉）

防　震

【概况】 朝阳区地震局是负责全区防震减灾工作的区政府职能部门，正处级参照公务员管理事业单位。业务受市地震局指导，与区民防局合署办公。年内，新建两处地震安全示范社区；检查维护区属44处地震观测台站；启动示范区域大震巨灾仿真模拟项目研究工作，完成建外街道和十八里店乡基础数据试点调查工作；组建9支地震应急志愿者服务队，培训300余人；组织开展防灾减灾日等宣传活动；组织社区、学校开展地震应急疏散演练4次；检查维护应急避难场所设施；公开政府信息50条。八里庄街道华贸中心社区、麦子店街道枣营北里社区被中国地震局授予国家地震安全社区称号。

地址：亮马桥路34号

邮编：100125

电话：64617795

邮箱：dzjbgs@bjchy.gov.cn

（王　淼）

【震情会商与跟踪】 年初，制定年度震情跟踪工作措施和方案，分析研判所属观测台站数据。在朝阳区“两项重大任务”等重要时期，落实地震安全保障措施。按照市地震局要求，根据地震监测数据情况，完成北京地区、首都圈地区年中及年度地震趋势会商报告。参加全市年中及2016年度地震趋势会商会，综合分析判定华北、首都圈及北京地区震情态势并形成地震趋势会商意见。

（王　淼）

【示范社区建设】 年初，确定在六里屯街道八里庄北里社区、太阳宫乡夏家园社区建设地震安全示范社区，被列入区政府2015年为民办实事项目。两个社区均成立组织机构，完成房屋抗震能力调查，形成档案材料；向社区居民发放家庭应急手册、家庭应急提示卡，组织社区开展应急知识讲座；编制小区地震应急预案，安装小区应急疏散图，组建社区志愿者队伍，组织实施地震应急救援培训和演练，提高社区应急救援力量；完成物资库、地震图书角、宣传栏、应急指示牌等建设等工作，11月完成创建工作。

（王　淼）

【应急志愿者队伍建设】 年初，制定地震应急志愿者组建及培训方案。以街道干部和社区工作者为人员基础，组建十八里店地区等9支应急救援志愿者服务分队，培训应急救援志愿者318名，志愿者掌握灾害应急救援基本知识和技能，达到初级应急救援员标准。

（王　淼）

【防震减灾宣传】 4月，以元大都海棠花节开幕式活动为载体，开展地震应急安全知识宣传，设置咨询台、展出宣传展板21块、发放宣传资料3000余份。“5·12”防震减灾日主题宣传活动期间，指导全区多个单位开展形式多样的宣传活动。5月12日，组织参与区政府在悠唐生活广场开展的防灾减灾宣传，区主要领导参加活动。在活动现场解答居民提出的地震应急救援自救、互救等问题，普及居家安全常识。向市民发放《居民防灾知识手册》、防灾知识宣传笔、无纺布袋、《神秘岛之旅－通往安全之路》卡通书等宣传品。7月28日，在夏家园社区和八里庄北里社区开展唐山大地震纪念宣传活动。通过展板、悬挂主题标语、发放宣传资料、解答居民咨询等形式宣传防震减灾科普知识。

（王　淼）

【一街一乡试点调查】 4月，市防震抗震领导小组选定在朝阳区开展示范区域大震巨灾仿真模拟项目研究，对区属所有建筑物进行基础数据收集及标注，为震后快速产出灾损评估结果及地震应急指挥提供辅助决策支撑，为编制巨灾应急预案和应对巨灾风险提供科学依据。根据市、区领导指示精神及要求，区地震局选定在建外街道、十八里店地区和建外街道永安里东社区和十八里店乡老君堂村试点调查，在此基础上，9月在十八里店乡和建外街道全面开展基础数据调查。12月，完成基础数据试点调查、数据上报和资料归档工作。

（王　淼）

【地震应急演练】 5月9日，在太阳宫地区夏家园社区，组织开展“5·12”防灾减灾日应急疏散演练。夏家园社区干部居民、朝师附小部分师生参加演练。演练科目包括居民疏散、检伤分类、居民自救互救、社区志愿者服务队集结、搭建临时指挥中心、手动破拆、液压剪切、搜索营救伤员等12个实战环节。6月，在团结湖小学、团结湖三中开展平安校园系列应急演练活动。8月，在八里庄北里社区组织地震应急疏散演练。10月30日，在双桥小区组织开展应急知识讲座和演练活动。年内，多次指导社区和学校开展安全意识建立和自救互救系列防灾减灾演练。

（王　淼）

【示范学校建设】 5月12日，联合区教委在高碑店康乐园小学召开“科学减灾，依法应对”暨2015年朝阳区教育系统应急管理进校园主题宣传周活动现场会。组织全校师生进行地震应急疏散演练，并培训自救互救、地震知识相关内容，发放地震知识宣传拉纸笔、宣传手册。在团结湖三中组织开展以“珍爱生命、防灾减灾，建设平安校园”为主题的防灾应急演练活动。在安贞中心幼儿园开展应急疏散演练活动。邀请中国地震局专家为幼儿园教职工培训，向幼儿园赠送形式多样的宣传品。年内，组织指导青年政治学院附中和朝师附小按照示范学校要求落实防震减灾工作，两所学校被评为市级地震安全示范学校。

（王　淼）

【地震观测台站管理】 年内，检查维护44处微观、宏观及强震动地震观测台点，召开地震前兆、宏观观测员培训会，请市地震局宣教中心副主任张晓楠分析讲解近期国内外地震形势、地震观测基本知识，与地震观测人员签订责任书，落实地震观测任务职责，确保监测系统运转正常，为震情会商提供连续、准确的数据支持。

（王　淼）

【应急避难场所维护】 年内，检查应急避难场所，维护维修应急设施。补建元大都公园应急避难场所应急厕所，维修整治元大都2号地，更换标志牌，修复停机坪标识；更换红领巾公园外围应急避难场所标志牌和示意图，维修北小河公园应急避难场所应急厕所。

（王　淼）

【地震应急预案修订】 年内，启动区级地震应急预案修订工作。由区应急办牵头，协调区属相关单位，联系防灾学院朝阳区地震应急预案修订课题组，组织召开地震应急预案修订工作会，协调相关单位提供多种应急基础数据。结合朝阳区实际情况，调查地震应急基础数据，评估地震灾害风险。截至年底，完成应急预案评审和验收工作。

（王　淼）

【应急物资库建设】 年内，加强应急物资规范管理，建立应急物资管理台账，定期巡查，防霉除尘，各种应急物装备处于良好状态。多次接待各部门检查指导。

（王　淼）

【信息公开与工作交流】 年内，通过政府信息公开系统、市地震局网站、区民防地震局网站公开工作信息50条。接待新疆和田市应急系统、江苏省部分地市地震系统应急避难场所建设工作调研组、中国地震局防震减灾工作考察团、辽宁省住建厅和园林绿化部门避难场所考察组等对朝阳区应急避难场所参观考察。

（王　淼）

城管执法监察

【概况】 朝阳区城市管理综合行政执法监察局（简称区城管执法监察局）是负责朝阳区城市管理行政执法与监察的区政府执法机构。年内，围绕“两项重大任务任务”服务保障工作，采取“两区、两环、四线、多点”工作方法。“两区”即CBD和奥林匹克公园，主要开展市容、交通、绿化、秩序四位一体综合整治，打造环境建设示范区。“两环”即三环和四环，重点是提升景观建设水平。“四线”即朝阳路、朝阳北路、京哈铁路、京津城际4条道路和铁路沿线，主要任务是治理黑车、占道停车、无照游商、广告牌匾、违法建设、暴露垃圾等问题。“多点”，即开展以群众身边环境为重点的环境达标建设，抓好痼疾顽症的专项整治与日常治理，集中治理地铁和公交站点周边、购物商圈周边，背街小巷等重点地区环境脏乱、秩序混乱、非法经营等现象，持续改善市容环境。

地址：西大望路36号

邮编：100022

电话：87718506-301

邮箱：daduibangongshi@126.com

（樊琇智）

【专项整治】 7月1日，为做好“两项重大任务”期间环境保障工作，开展为期45天的露天烧烤、非法大排档、店外经营专项整治活动。各街乡执法队全员上岗，责任到人、责任到岗，全天候、无缝隙实施管控和整治。期间，全区城管系统出动51000人次，13204车次，组织执法行动2534次，日均57次，规范、查处露天烧烤3299起、店外经营5480起、非法大排档1898起，暂扣经营工具8858件，热线举报24096件，同比下降15.9%，群众满意度96.1%，同比上升16.9%。

（樊琇智）

【督察机制】 年内，在专项整治及“两项重大任务”保障期间，区纪委、区监察局联合局纪委，建立联合督察督办机制，抽查和暗查现场执法、值班在岗情况22次，向194名区街（乡）主要领导发送“每日一通报”短信1.1万余条次，直接点名问题街乡、问题点位。建立与属地街乡纪委联动机制，约谈7位执法队队长。区执法协调办联合督导组检查主要大街2600余条次，制发《监管通知单》2197件。督察队片区互查240次、自查180次，针对重点问题督办，并组织联合执法行动。

（樊琇智）

【“两项重大任务”保障】 年内，“两项重大任务”保障期间，成立保障指挥部，编制保障力量部署图表，统一调度全区执法力量，落实“包点包片、分兵把守、实名上岗、高峰勤务”等措施。采用一把手负总责，分管领导具体抓，处级领导和科级干部24小时值守，一线执法人员盯守、步巡，志愿者岗亭执守，三位一体点位工作模式。及时处置无照经营、散发小广告等违法行为，实现违法形态动态清零。出动人员399731人次，车辆124568车次，查处无照经营32762起，查处店外经营24501起，检查门前三包单位72469家，罚没非法小广告38万余张。

（樊琇智）

【施工工地管理】 年内，按照源头严防、过程严管、后果严惩原则，严控施工现场、建筑垃圾、渣土运输和泄漏遗撒类违法行为，推动大气污染防治工作。与多家职能部门建立长效联动机制和案件移送机制，不定期组成联合检查组，检查重点区域、重点路段周边工地检查，对违规渣土运输、道路遗撒、乱倒乱卸等行为集中整治。监督指导各街乡执法队100%安装、登录、使用施工工地视频监控平台，开展非现场检查、取证，提高执法效率，落实出土工地视频监控盯守制度。全年结案314宗，检查规范施工工地1858个次、渣土运输车辆1473台次。

（樊琇智）

【查处违法建设】 年内，为完成拆违控违任务，按照案件轻重缓急排序，统一部署、单独指导。坚持会商制度，对每一次拆违工作进行研究讨论，制定和完善风险评估和强拆执行预案。制发督办单654件，涉及违法建设6823处，其中新增领导交办、部门移交、信访举报类违法建设案件159件，拆除违法建设678处，876555.87平方米。

（樊琇智）

【四公开一监督】 年内，运用四公开一监督（公开城市管理责任部门清单、公开责任部门执法职责和查处标准、公开责任部门城市管理网格化机制及责任人、公开责任部门“月检查、月曝光、月排名”城市管理执法数据，监督各街道办事处、地区办事处、职能部门、执法部门城市管理工作履职情况）平台体系，形成网格化管理、多部门共同参与的常态化联合执法运行机制。成立由城管队员、治安民警、交通民警组成的联合督查组，以明查、暗查、交叉检查等形式，对全区无照经营、机动车乱停乱放、施工工地、渣土运输、道路遗撒等9类问题进行督导检查。划分责任区，由处级领导包片，督察队各对应1个责任区。全年检查全区主要大街2600余条次，制发监管通知单12660件，反馈率100%；制发督察动态21期、四公开一监督考核评价通报24期，重点解决一批环境乱点问题。区城管执法监察局在全市四公开一监督年度综合考评中排名第一。

（樊琇智）

【城管热线】 年内，运用朝阳城管热线综合平台实行24小时（含节假日）网上转办、网上回复，推进热线举报办理工作三级预警机制，并进一步优化案件回访流程，使每日热线回访案件量由原来案件总量30%提高到35%。根据热线举报情况，分析研判各类违法形态发展趋势，通过热线周通报、周分析、月通报，将问题分析扩展至每一个基层执法队。热线举报量环比下降21.9%；重复举报量环比下降46.4%，不作为投诉量环比下降38.3%；重点执法队举报量明显下降，望京、劲松、平房等执法队退出前五名；高发点位举报量降幅明显，如双龙小区，举报量环比下降90.0%。群众满意率96.1%，同比提升16.9%。

（樊琇智）

【来信来访办理】 年内，对非正常和突出疑难信访问题，在贯彻《信访工作条例》办理同时，协调街乡和派出所等单位协助办理。全年办理市、区两级转办案件、人民群众来信来访案件1350件（不含重信重访），在区政府和城管执法监察局接待来访人员2000余人次。

（樊琇智）

【配强执法装备】 年内，根据执法装备配备标准，采购新型执法记录仪588台、新增3G车载取证设备41台、新购置800兆手台470部、数码摄像机165台、数码照相机155台，对局机关业务服务器网络机房进行升级改造，形成全区范围内平面立体式通信覆盖。为确保一线执法队员人身安全，为全区1196名在编在岗城管队员更换执法城管通终端，配备包括强光手电、急救包、防割手套等执法用具的装备包、移动硬盘、录音笔、手持喊话器等执法装备，全年投入资金924.6万余元。

（樊琇智）

【普法宣传】 年内，组织开展“千名干部下基层”“爱民走访”“城管进社区”等普法宣传咨询活动，与结对街乡的6个社区建立联系点，解决问题和服务内容涉及法规宣传、环境治理、社区服务等16个方面。收集、挖掘新闻线索，组织媒体进行报道，展现城管执法工作理念、措施和成效。组织城管法规类宣传活动5次，设立城市文明加油站40余次，制作宣传册70册，发放至经营者及市民一封信3.85万份。“两项重大任务”期间，在中央、市、区级媒体上刊登重要报道87篇。

（樊琇智）

数字化城市管理

【概况】 朝阳区城市管理监督指挥中心是负责城市服务管理监督与评价工作的区政府行政机构，行政执法专项编制77名。年内，系统平台上报案件2556409件，解决率59.66%，受理市级案件2131件，及时核实率100%，结案率99.8%；81890公共信息服务平台为民服务系统受理各类诉求307862件，同比增长13.48%。其中，咨询185670件，类别最多的是工商类咨询，占咨询类诉求67.5%；举报投诉122192件，办结率97.27%、满意率90.63%。

地址：日坛北街33号
邮编：100020
电话：65094697
邮箱：cyjdzx2012@126.com

（朱　婧）

【工作培训】 3月18至19日，举行全区智能化门前三包责任单位管理工作培训会，开展业务知识培训，就试点工作进一步推开进行部署，奥运村、东湖、高碑店等街乡作典型经验介绍。副区长杨树旗出席培训会并讲话。5月13日，召开全区二级闭环系统试点社区（村）培训会，各街乡、试点社区（行政村）80余人参会。会上，部署整体推进工作，小关、东湖等街道介绍典型经验。

（朱　婧）

【领导调研】 4月8日，国家民族事务委员会人事司一行3人到朝阳调研全模式社会服务管理工作，中心主任皮定均作题为“大数据时代的社会治理体制”汇报，以全模式考核评价情况为重点介绍全模式社会服务管理系统运行情况，并通过智能手机终端，现场演示人口自动化抽查、掌上朝阳任务管理系统、领导无线移动决策支持系统等各类应用子系统。

（朱　婧）

【专项普查】 7月，开展废弃立杆摸排专项工作。对全区主要大街上倾斜、破损、折断、废弃不用的立杆，以及立杆移除后残留或导致路面有坑洼未恢复和其他相关废弃立杆问题进行巡查普查，逐一登记、拍照留存，做到不重、不漏、不错，共发现各种废弃立杆问题545个（城区246个、农村地区299个），为下一步相关部门开展专项整治提供依据。8月，启动年度城市管理部件普查。普查范围包括：望京、东湖、三里屯等9个街道，28个管理网格，占全区303个管理网格的9%，面积约34平方公里，调查范围包括街道、小区、空地等所有公共用地范围内六大类99种城市部件，六大类为公共设施、道路交通、市容环境、园林绿化、房屋土地、其他设施。10月，开展城市管理部件普查工作。普查范围为团结湖、香河园、和平街3个街道7个管理网格，面积约6.24平方公里内所有公共用地范围内6大类100小类城市部件。9月7日至13日，开展主干路中绿色护网专项普查，对辖区内绿色护网逐一排查登记并留存照片。通过普查摸底全区共有绿色护网151处，其中破损48处、丢失16处。

（朱　婧）

【保洁道路图层数据更新】 7月，对朝阳区1000余条环卫中心保洁道路图层数据进行修正更新，为精细准确监督提供数据支撑。通过划分最小保洁责任段，健全完善环境卫生网格化责任体系，实现全方位、全过程、全覆盖动态监督。

（朱　婧）

【取暖煤炉检查】 10月，开展冬季取暖煤炉检查工作。加强煤炉安装使用情况监督，将取暖煤炉风斗和三通安装情况纳入监督内容，监督员每天对巡查发现的取暖平房外露风斗和三通情况进行监督，发现问题及时上报，及时消除安全隐患。

（朱　婧）

园 林 绿 化

【概况】 朝阳区园林绿化局是对全区城乡绿化美化施行统一建设管理的职能部门，隶属朝阳区人民政府，职能业务归市园林绿化局和市公园管理中心领导及监督指导；科室12个，下设基层单位18个。年内，新增、改造绿化面积200万平方米；平原造林工程200万平方米，栽植乔木11.9万株、灌木16.7万株。林地面积10933.34万平方米，有林地（森林）面积9542.37万平方米，防护林面积1877.63万平方米。城市绿化覆盖率47.05%，森林覆盖率20.97%，林木绿化率24.94%。平原造林工程划分4个项目，涉及14个乡，共32个地块，造林工程类型为景观生态林和通道景观防护林。

地址：道家园路甲16号

邮编：100025

电话：65042115

邮箱：http://www.chylhj.gov.cn

（康雅文）

【义务植树】 4月3日，党和国家领导人习近平、李克强、张德江、俞正声、刘云山、王岐山、张高丽等到孙河乡参加首都义务植树活动。4月4日，近26万人参加义务植树活动，当天植树4.6万株，挖坑4.7万个，动土3万立方米，养护各类树木120万余株，清扫绿地450万平方米，设宣传站205个，出动宣传车36辆，发放宣传材料10.3万份，绿色志愿者出动1万人，悬挂横幅、标语140条。区绿化委员会办公室、区园林绿化局在红领巾公园举办大型义务植树宣传活动，内容包括18种义务植树尽责形式、森林法律知识、有害生物防治、种子法、食品林业产品安全、北京市野生动物危害预防控制实用方法、北京市重点保护陆生野生动物造成损失补偿办法等11项。43个街乡、8个区属公园通过设立宣传站点、林木绿地养护、结合花园式社区创建启动仪式等多种形式开展义务植树活动。4月9日，区绿化委员会召开全体会议，会议总结2014年全区绿化美化工作，研究部署2015年工作任务。区领导吴桂英、陈涛、杨树旗出席会议并同全体绿化委员会成员、驻区武警官兵、团员青年代表300余人，到豆各庄乡孙家坡义务植树地块参加义务植树劳动，栽植银杏、柳树、油松、白蜡等树木1000株。义务植树接待点崔各庄乡春季接待义务植树单位36家，个人家庭45家，参加植树7070人，植树8700株。

（冀晓娜）

【专业养护检查】 4月27日至28日，区园林绿化局组织13个基层养护单位主任、主管主任参加迎五一养护综合检查，邀请3名专家担任评委，涉及13个单位25处绿地。此次检查不提前通知检查点位。检查结果显示：养护效果较往年同期有明显提高，各个检查点均无严重养护问题，所经沿线绿地养护精细到位。专家及各单位打分结果：绿化二队获绿化队、苗圃组第一；大望京公园获公园组第一。

（王　倩）

【花鸟鱼虫市场检查】 8月19日上午，区园林绿化局组织森林公安处联合市森林公安局、市刑警大队、市执法监察大队、市野生动物救护中心对十里河天骄文化城、华声天桥市场和老水碓子花鸟鱼虫市场进行拉网式联合执法检查，检查商贩100余家，查获非法出售列入国际公约附录的二黄头侧颈龟7只，国家保护的有益或者有重要经济、科学研究价值的陆生野生动物20只。10月16日上午，区森林公安处联合十八里店城管分队及属地派出所，对天骄市场西侧三环辅路非法出售野生鸟类的无照游商展开联合执法活动。出动警力5人，联合其它执法力量70余人，查获无主售鸟摊位5个，放飞25只。10月29日晚20时，区森林公安组织全部警力，对十里河天骄市场外夜间出售野生鸟类无照游商展开执法检查。此次行动，对该地段聚集的无照商贩进行宣传告知，明令禁止非法出售鸟类及各种受保护的野生动物。查获无主售鸟摊位6个，罚没鸟类157只。经初步认定，分别为国家二级保护动物红隼（疑似）2只、雀鹰（疑似）1只；北京市二级保护动物黄雀（疑似）77只、黑尾蜡嘴雀（疑似）4只、红胁绣眼鸟（疑似）11只、红嘴相思鸟（疑似）55只；一般保护动物棕噪鹛（疑似）7只。随后，报告北京市野生动物救护中心，对上述鸟类采取救护措施。救护中心挑选体质健康、适合本地放归的鸟类放归，其余进行饲养康复。11月26日上午10时，区森林公安处联合市森林公安局刑警大队、市园林绿化局执法监察大队、市野生动物救护中心对小武基汽配城非法鸟类市场进行严厉打击。查处商铺11家，解救野生鸟类507只。由于行动部署精密，执法效果突出，非法鸟类市场内野生动物全部得到解救。特别邀请市园林绿化局宣传中心和“让候鸟飞”公益组织对本次联合执法行动进行监督和宣传报道。

（英　頔）

【街道绿地养护检查】 10月12日至14日，区园林绿化局对23个街道46处自管绿地进行养护工作检查。检查聘请3位专家对绿地养护情况现场打分，检查内容包括植物长势、草坪管理、病虫害防治、绿地清理、修剪、死树及干枝折杈等。检查结果显示：各街道对绿化养护工作高度重视，绿地干净整洁，树木长势良好。检查结果优秀的街道有小关、劲松、和平街、朝外、三里屯，其余街道良好。检查中发现的问题由专家提出针对性解决方案。

（王　倩）

【公园行业管理检查】 10月14日至21日，区园林绿化局组织园林绿化专家对全区44个注册公园进行行业管理工作检查。采取分组检查、综合评分方式，主要对各公园绿化养护及环境、园容卫生及设施、规范化服务及管理等方面进行检查。专家打分结果显示：日坛公园、红领巾公园、望和公园获专业公园组并列第一，奥林匹克森林公园获其它公园组第一，兴隆公园、将府公园获郊野公园组并列第一。

（郝海英）

【环二环绿道项目】 年内，二环路（东四十条南侧至东便门桥段、广渠门桥南侧至左安门桥段）道路外侧及护城河外岸绿地建设项目，2014年完成前期招投标及立项程序，施工中标单位为北京朝园弘园林绿化有限责任公司，2014年 11月25日开工，2015年4月23日完工。项目包括绿化、庭院、电气、喷灌等工程，总长度5000米；栽植乔木110株、灌木260株、绿篱12万株。

（刘丽莎）

【健康绿道】 年内，区级健康绿道项目全长15.94公里，包括望京外环及四得公园2个小项目。其中望京绿道长15公里，以健康生活环、绿色生态环、历史文脉环为主题，在串联现有公园基础上，针对望京人群活动特点，依据场地特色、周边环境与使用需求在绿道中设置6个活动场地并形成3个重点节点。四得公园健康绿道位于四得公园内，依托园内现有主环路改造形成长度0.94公里的步行健康绿道，突出舒适慢行设计理念。

（王　惠）

【小微绿地】 年内，落实城市总体规划中提出的居民出行500米见公园绿地目标，重点推进11处小微绿地建设，建设总面积11.3万平方米。小微绿地分两期实施，其中一期包括望京小公园改造（绿化面积5600平方米）、赛洛城小区公园改造（绿化面积2.39万平方米）、百子湾1号休闲公园（绿化面积1.98万平方米）3个小项目，总面积4.93万平方米；二期包括安华桥东南角绿地（绿化面积1.35万平方米）、红领巾1872项目代征绿地（绿化面积6610平方米）、左家庄夏园中心花园（绿化面积7000平方米）、将台燕都一号广场（绿化面积1.09万平方米）、太阳宫曙光园（绿化面积3200平方米）、东湖望京西园一区中心花园（绿化面积4410平方米）、垡头金蝉北里花园（绿化面积1.6万平方米）、外国专家大厦西侧绿地（绿化面积2520平方米）8个小项目，总面积6.41万平方米。

（王　惠　刘丽莎）

【老旧小区绿化】 年内，改善群众周边绿化美化项目一期工程总面积5.56万平方米，对11个老旧小区进行绿化改造提升，其中酒仙桥兆维小区绿化面积1800平方米、大屯秀雅社区绿化面积1万平方米、亚运村丝竹园小区绿化面积4800平方米、垡头西里小区绿化面积5194平方米、东湖南湖中园一区绿化面积6955平方米、左家庄新源街二小区绿化面积1600平方米、和平街樱花园小区绿化面积5000平方米、望京西园三区绿化面积1.2万平方米、六里屯燃气小区绿化面积1640平方米、小关惠新西街33号院绿化面积3000平方米、八里庄红庙北里绿化面积3625平方米。

（王　惠　刘丽莎）

【重点道路绿化美化】 年内，完成区级重点道路绿化美化项目（一期），总面积8.09万平方米。其中中轴路绿化面积2万平方米，二环路外交部门前绿化面积8950平方米，百子湾南1路等四条道路绿化面积4400平方米；南磨房紫南环路行道树补植5000平方米，世纪东方嘉园周边道路行道树补植227平方米；南顶路裸露地覆盖地被1200平方米，清林东路北侧裸露地覆盖地被780平方米，京承高速裸露地覆盖地被4.03万平方米。

（刘丽莎）

【花卉布置】 年内，区园林绿化局按照市区政府关于“两项重大任务”环境保障要求，在奥林匹克中心区周边道路及长安街延长线、老迎宾线、建国路、北辰西路等重点区域、重点路段进行花卉布置，栽植、摆放花卉313万株。

（刘丽莎）

【绿化资源管理】 年内，审批林木和树木伐移项目301件，总株数236846株，包括林木采伐许可50件，采伐株数1826株，立木蓄积1555立方米；林木移植许可137件，移植株数233779株；树木伐移审批114件，砍伐386株，移植855株。其中结合汛期危险树、枯死树排查清理，批准危险树申请57件，砍伐危死树244株。占用林地及临时占用林地审批项目11件，总面积39.05万平方米，涉及林木123876株（其中采伐林木836株，移植林木123040株）。完成建设工程附属绿地率审核41件，审核建设用地面积296.15万平方米。对全区340块2138.8万平方米代征绿地数据库动态情况更新4次。与6家社会单位签署《代征绿地移交协议》，涉及47.7万平方米。接收五洲家园、民航结算中心、燕翔饭店等8个项目代征绿地4.13万平方米。与28家认建认养单位签订消防安全责任书、安全责任书、综合治理承诺书。加大古树名木复壮养护资金投入，区财政拨款60余万元用于古树名木复壮，聘请市古树专家及专业施工队伍对重点景区47株古树实施复壮保护。全区现有古树名木675株，分布在38个街乡、110个单位、126处，其中一级古树57株、二级古树529株、纪念树89株。

（刘亚欣）

【资源保护】 年内，区森林公安处接举报146起，其中行政立案6起，行政罚款148.05万元，补种树木3.77万株；办理刑事案件2起，批捕2人；协助福建省仙游县森林公安局办理刑事案件1起，均为查处贩卖野生动物及其制品类案件；立即出警率、各类案件法定时限立案率及办结率、发现火灾隐患限期消除率100%。组织开展打击破坏野生动物资源违法犯罪专项行动，累计出动人员600余人次、车辆300余台次，发放宣传材料5000余份，救助野生动物1000余只。开展“爱鸟周”、第二个“世界野生动植物日”及“全民禁毒宣传月”等宣传活动，发放相关法规手册、粘贴画等宣传资料万余份。对十里河天娇文化城、潘家园市场、华声天桥民俗文化市场、雅园国际古玩城、小武基花鸟鱼虫市场等开展多次集中宣传，发放宣传材料1000余份。坚持每日按时汇总5个监测站野禽监测数据，全年监测发现雁鸭类1.1万余只、小鸟类3.4万余只。落实防火责任制，新增宣传牌、禁放牌580块，重点火险区严格实行挂双牌管理，签订森林防火责任书22份，清理万余顷林地可燃物，清除200余条农田林网中杂草，重点防火期全区专职护林员、巡查队人员全部上岗，加大监督检查力度，每周巡查不少于3天，巡逻期间制止野外用火100余起，发隐患通知书20余份，及时制止燃放烟花爆竹30余起，清明节期间制止野外违章用火40余起。年度森林防火期内全区未发生森林火警、火灾。

（英　皞）

【创建花园式社区单位】 年内，计划创建花园式社区6个，花园式单位10个；实际创建花园式社区7个，花园式单位14个。在花园式社区开展群众喜欢的阳台花卉栽植活动，聘请专家进行阳台种植技术指导和培训，开展阳台花卉评比，为居民送阳台花卉种子8万粒、草炭土60万升、花盆6000个；为创建单位免费支持苗木3000株，栽植月季5万株。

（冀晓娜）

【市花月季进社区】 年内，区绿化委员会办公室开展市花月季进社区活动，解决社区多绿少花问题，为市民身边增绿添美，投入97万元，栽植面积8000平方米，栽植月季7.76万株；6月底全部完成栽植工作。7个参与创建的花园式社区、1个参与创建的花园式街道和1个郊野公园（古塔公园）参与种植。

（冀晓娜）

朝园弘园林绿化有限责任公司

【概况】 朝园弘园林绿化有限责任公司隶属区园林绿化局，全民所有制企业单位，国家城市园林绿化一级资质企业。年内，公司根据中标价及立项价，经济指标完成3亿元，同比减少4.56亿元。全年自主施工完成石景山西黄村绿化工程、石景山水泥厂代征绿地绿化工程、瞭望塔外围绿化恢复工程、花卉布置工程2项、奥林匹克公园中心区沙地柏更换植物工程6项绿化工程，绿化面积4万平方米，工程投资1995万元。

地址：朝阳北路147号
电话：85841464
邮编：100025
网址：http://www.chaoyuanhong.com

（岳　棋）

【绿化工程】　6月15日，完成瞭望塔外围绿化恢复工程（2014年9月28日开工）。施工面积6.5万平方米，施工内容包括土建、绿化、喷灌、电气，土建施工面积1.8万平方米，工程首次利用水泥预制三角形板进行主要通道铺装，钢板道牙焊接与铺设，栽植各类色块3余万平方米，大规格乔木170余株，地被花卉5000余平方米，铺草坪2.3万平方米，工程造价5600万元；3月31日至9月30日，完成石景山西黄村绿化工程，工程是由西山枫林小区、西黄新村小区、奈伦西府小区、北工大路、八大处路5项组成，整理绿化用地4.71万平方米，栽植乔木、常绿乔木等2282株，色块及地被3.6万平方米，工程造价900万元；同期完成石景山水泥厂代征绿地绿化工程。工程位于莲石湖公园北侧，占地面积1.8万平方米，整理绿化用地1.27万平方米，栽植各类乔木及灌木3192株、各类地被花卉4.58万株，廊架及广场道路石材铺装6000余平方米，工程造价1100万元；5月27日至6月15日，完成奥林匹克公园中心区沙地柏更换植物工程。栽植三叶地锦1080株，品种月季3.12万株；7月3日至7月12日，完成花卉布置工程。工程地处奥林匹克中心区，栽植时令花卉58.23万株，铺设草坪4074平方米，整理绿化用地1.05万平方米；9月7日至9月13日，完成花卉布置工程。工程地处奥林匹克中心区，栽植时令花卉9.26万株，整理绿化用地6134平方米。

（岳　棋）

日坛公园

【概况】　日坛公园隶属区园林绿化局，是全民所有制差额拨款事业单位。年内，完成古建神路修缮工程并通过验收。全园春季撒播草籽300平方米，栽种景天650平方米、丹麦草1800平方米、马蔺80平方米、紫藤10株、沙地柏1000株，补种丹麦草500平方米，移栽玉簪和鸢尾120平方米；更换16株古树围栏，完成园内44株古树统计汇总。全年接待游客274.9万人次；被评为首都文明风景旅游区。

地址：日坛北路6号

邮编：100020

电话：85619984

邮箱：ritan3249@163.com

（杨　辉）

【绿化工程】　3月15日至6月10日，完成奥园瞭望塔外围绿化恢复工程二工区绿化工程，面积17.75万平方米，栽植常绿乔木桧柏500平方米，色块黄杨、女贞、紫叶小檗等4794.27平方米，草坪8193.6平方米，一二年生花卉鼠尾草、细叶芒等721平方米，早园竹4700株，移植各种树木20株。4月，完成北五环东湖段广顺桥西绿化恢复工程，补植金枝园槐43株，大叶黄杨7000株，金叶女贞1800株，紫叶小檗2000株，草坪1500平方米。

（杨　辉）

【春分民俗文化节】　3月21日至22日，由日坛公园和朝外街道文化服务中心主办的“第九届春分朝阳民俗文化节”在公园举行，活动延续往届民俗展卖、文艺汇演、趣味游戏等活动基础上，邀请国家级非遗聚元号弓箭传人和区级非遗传统医学项目传承人现场展示讲解，与游人互动；在民族传统体育参与区开展民俗体育十二项活动，邀请游人参与射箭、竖鸡蛋、抓羊拐、滚铁环等，主舞台上演板鞋竞速、踢毽子等表演。

（曹　伟）

【义务植树宣传】　4月4日，举办义务植树宣传活动。向游客宣传义务植树、植物保护及绿地认建认养等知识，利用北门电子显示屏滚动播放宣传标语；现场发放各类宣传资料以及环保购物袋500份。

（杨　辉）

【节日花卉布置】　“五一”前夕，在公园南、北、西三个出入口和主要景观区摆放或地栽一串红、黄三色堇、粉牵牛和鼠尾草等时令花卉，并搭配粉凤仙、橙凤仙、红海棠和粉海棠等花卉品种，用花2万株。

（李　颖）

【神路修缮】　7月16日，神路修缮工程通过市文物局及区文化委验收。该工程3月施工，建筑面积903平方米（长136.11米，宽6.63米）。

（刘　勇）

【公祭马骏烈士】　9月30日，全国烈士纪念日，区委、区政府在革命烈士马骏墓前举行朝阳区烈士纪念日公祭仪式。社会各界群众代表、马骏烈士家属、部分烈属代表、老战士代表、学校师生代表，以及解放军和武警官兵代表等100余人参加公祭仪式。当天马骏烈士纪念墓、马骏烈士纪念馆接待公祭人员1200人。

（杨　辉）

团结湖公园

【概况】　团结湖公园隶属区园林绿化局，全民所有制差额拨款事业单位。年内，印制《团结湖公园精细化管理手册》40本；补植园内斑秃及被游客踩踏出的小路1万平方米；增加植物品种，首次种植花毛茛、太阳花草本花卉；更换竹子5500余株，栽植小凤仙、小菊、串红3万盆。公园与北京利莱植物种植园合作开展公园植物、土壤生物改造和防控植物病虫害，植物长势明显改观。开展公园“安全月活动”及职工“安康杯”活动，更换园内地下消防栓3处，同时新增地下消防栓3处，保证公园内200米范围内接上消防带；更换栏杆100米、维修铺装路面470平方米；园外绿化施工面积2.3万平方米。全年举办各项文化活动10次，接待游客500万人次。

地址：团结湖南里16号

邮编：100026

电话：85973603

邮箱：tuangjiehugongyuan@163.com

（李洪静）

【绿化工程】　9月26日至12月底，完成区级重点道路绿化美化（一期）工程。工程位于来广营地区，紧邻顾家庄桥，施工面积2.3万平方米，造价360万元，栽植乔木1178株、灌木4536株、色带1.17万株、花卉地被2.89万株，铺冷季型草坪2.67万平方米。

（韩晓楠）

【节日花卉布置】　五一期间，在园内主要景区、各园路边地栽花卉2万盆，有串红、凤仙、海棠、鼠尾草13个品种，投资4.4万元。国庆前夕，在园内主要景区、主道边栽摆各种花卉，主要栽摆菊树、菊花、小菊、鲜切菊、一品红、鸡冠花、凤仙花卉3万盆，投资10万元；在团结湖路北口，栽摆“欢度国庆，振兴中华”主题花坛，摆放圆形花卉图案；沿团结湖路摆放大小花锥16个，摆放凤仙、海棠、鸡冠花、一品红、菊树、菊花、小菊、万寿菊花卉3万盆，投资16万元。

（李洪静　王　娟）

【摄影作品展】　9月25日至10月7日，“情系朝阳区　爱在团结湖”摄影展在团结湖公园东门及中心岛举办。摄影展分“家在朝阳”“镜头中的朝阳”“公园剪影”三部分，展出作品200幅。

（李洪静）

红领巾公园

【概况】　红领巾公园隶属区园林绿化局，是全民所有制差额拨款事业单位。年内，举办第十五届红领巾科普游园会、第十二届北京双胞胎文化节等各类文化活动28

项。庆祝五一劳动节，在园内新栽和更换园内花池5处，栽摆花卉6.16万株；庆祝国庆，园内栽摆花卉3.76万盆。完成密云青年营绿化美化工程、2015区级小公园绿化美化施工—红领巾1872项目代征绿地工程、孙河乡康营东郊农场一号路道路两侧绿化工程、孙河乡京顺路辅路道路两侧绿化工程。全年接待游客587万人次。

地址：朝阳北路145号

邮编：100025

电话：85839070

网址：http://www.hljpark.com

（陈禹霖）

【花卉布置】 4月21日，在园内新栽和更换园内花池5处，主要有一串红、凤仙、鼠尾草、毛地黄、天竺葵、飞燕草等花卉品种，栽摆花卉6.16万株，投资10.6万元；9月8日，选定凤仙、串红等花卉为主要花材，栽摆花卉3.76万盆，投资5.65万元。

（陈禹霖）

【回春操表演赛】 4月24日，第七届北京市体育大会回春操国际交流表演赛在公园举办。来自六里屯、团结湖等街道的10支队伍参加分区赛预赛。

（牟毅卉）

【科普游园会】 5月30日至31日，第十五届红领巾科普游园会暨2015年‘六一’科普玩具欢乐汇活动在红领巾公园举办。活动以科普知识展示及互动体验、小课堂、校外社团优秀节目展演等形式，让小朋友在玩的同时，理解并掌握游戏所蕴含的科学知识。活动分为“学校特色展示区”“主题活动区”“玩具交换区”“科普互动区”四大活动区。

（张 洋）

【红领巾之友文艺汇演】 6月18日，“幸福六里屯 和谐红领巾 美丽中国梦”暨2015年第二届红领巾之友文艺汇演在公园举办。活动由六里屯街道办事处、区园林绿化局主办，红领巾公园承办。该届文艺汇演有11支红领巾之友团队，近200名参演人员，节目种类有民族舞、健身舞、模特表演、诗朗诵、春秋刀、表演唱等形式。

（牟毅卉）

【少先队员入队仪式】 6月26日，芳草地国际学校远洋小学一年级119名小学生和他们的家长来到红领巾主题广场参加少先队员入队仪式。仪式结束后，参观主题广场四周矗立的英雄雕塑，并参与2.5公里长征路健步走活动。

（牟毅卉）

【绿化工程】 8月11日至30日，完成密云青年营绿化美化工程。绿化面积6000余平方米，投资89万元，栽植常绿乔木116株、落叶乔木30株、落叶灌木20株、色带613株、竹类2500株、花卉2.15万株，铺设冷季型草坪1990平方米。9月22日至11月10日，完成2015区级小公园绿化美化施工——红领巾1872项目代征绿地工程，工程位于红领巾公园东南侧，绿化面积6610平方米，投资110余万元，栽植常绿乔木46株、落叶乔木109株、落叶灌木75株、常绿灌木37株、色块8700株、宿根地被6961株、竹类1260株，铺设冷季型草坪3600平方米。11月26日至12月2日，完成孙河乡康营东郊农场一号路道路两侧绿化工程。工程全长345米，投资24.5万元，栽植落叶乔木111株；12月2日至11日，完成孙河乡京顺路辅路道路两侧绿化工程，工程位于康营村，全长345米，投资23.2万元，栽植落叶乔木152株。

（李印超）

【教师节庆祝活动】 9月12日至13日，举办教师节庆祝活动。活动由中共北京市委教育工作委员会、北京市教育委员会、北京市教育工会主办，北京教育音像报刊总社、北京教育新闻中心、朝阳区教育委员会、红领巾公园、腾讯网教育频道承办。活动包括朝阳区名师风采展示、十大名师咨询展示、现代教育大讲堂、教师健康咨询、生活服务、环湖健步走、亲子游戏区等项目。

（牟毅卉）

【双胞胎文化节】 9月19日至20日，举行第十二届北京双胞胎文化节。活动由北京国际青年营、红领巾公园主办，北京国际青年营（顺鑫营地）承办；活动以军旅为设计思路，47对双胞胎朋友及家人来到北京国际青年营密云基地，参与攀岩、速降、手工小课堂、打探军情、反败为胜、鼓动人心、不倒森林、丛林野战等游戏和林间讲堂军事知识讲解体验，并举行升国旗仪式和纪念林植树活动。

（张 洋）

元大都城垣遗址公园

【概况】 元大都城垣遗址公园朝阳段位于中轴路东西两侧及中华民族园南侧，隶属区园林绿化局，是全民所有制差额拨款事业单位。全年经济创收5729.08万元，固定资产总值1.57亿元。年内，公园及园外承接道路绿地养护分5个标段进行重新招投标，每标段各有一家养护公司中标，根据北京市公园行业管理相关规定和园林绿化等级养护标准，定期对承包单位进行检查；调整5个养护巡视组，对应5个养护标段，加强日常监督与管理。加强美国白蛾等危险性有害生物防控，全年无大面积林木病虫害发生。全年接待游客人465万人。

地址：惠新东街

邮编：100029

电话：84648252

邮箱：bgsydd001@163.com

（程桂清）

【海棠花节】 4月2日，区园林绿化局和亚运村街道主办的第十八届海棠花节在元大都城垣遗址公园拉开序幕，公园和东城中医院合作，在三号景区为游客免费提供咨询服务；和辅仁常青文化公司合作，在三号景区石碑旁举办海棠诗书画展览，供游人欣赏；公园向前来赏花的市民宣传低碳环保、绿地认建认养、海棠花品种多样性等知识，并在北美海棠品种种植区设置海棠文化科普长廊。当天接待游客2万人次。

（谭贺珍）

【北辰西路花卉栽植】 4月26日至9月21日，完成北辰西路花卉常态化栽植工程。工程北至奥林西路，南至北四环路，地栽花卉面积1340平方米，投资40万元。栽植两茬，第一茬栽植一串红429平方米、黄孔雀72平方米、橙孔雀草225平方米、粉牵牛338平方米、鼠尾草18平方米、黄三色堇258平方米；第二茬栽植一串红432平方米、黄孔雀441平方米、橙孔雀草40平方米、火炬229平方米、百日草90平方米、鼠尾草108平方米。8月13日至18日，完成北辰西路环境布置应急工程。工程北至奥林西路，南至北四环路，地栽花卉面积3237平方米。栽植红叶红海棠547平方米、橙孔雀草180平方米、黄孔雀586平方米、火炬689平方米、一串红526平方米、玫红凤仙20平方米，百日草210平方米、小丽花60平方米、鼠尾草108平方米、翠菊116平方米、红矾根85平方米、绿矾根110平方米，投资60万元。

（温晓峰）

【立体花坛布置】 9月6日至21日，完成立体花坛布置工程。立体花坛位于民族大道南侧，北中轴路两侧，元大都城垣遗址公园四海宾朋景区东侧和海棠花溪景区西侧城台上，投资80万元。花坛布置为立体花墙。立体花墙正面高6米，上长18米，下长20米。东、西两侧花墙主题为“珍爱和平”，旨在纪念中国人民抗日战争暨世界反法西斯战争胜利70周年，花坛以长城和和平鸽为主要元素。花坛摆花使用海棠2.25万盆、孔雀草3780盆、金叶反曲景天7380盆；地栽黄孔雀草1.49万盆、橙孔雀草8800盆。安装喷灌PE管线2008米、十字雾化器100个、微喷80个、滴箭3400个、阀门18个、过滤器2套。

（温晓峰）

【绿化改造】 9月15日至11月10日，完成惠新西街33号院绿化改造工程，工程位于地铁惠新西街站西北角，改造面积3000平方米，投资36万元，栽植常绿乔木3株、落叶乔木30株、落叶灌木128株、色带129平方米3779株、宿根花卉181平方米4525盆、丹麦草2102平方米，园路铺装88平方米，广场铺装142平方米。完成樱花园小区绿化改造工程，工程位于樱花东街西侧，健安东路南侧，改造面积5000平方米，投资60万元，栽植落叶灌木43株、色带550平方米1.59万株、宿根花卉1254平方米3.14万盆、丹麦草551平方米，广场铺装430平方米，砌筑挡墙182平方米。完成丝竹园小区绿化改造工程，工程位于京藏高速东侧、安翔路南侧，改造面积4800平方米，投资57.6万元，栽植落叶乔木13株、落叶灌木941株、色带185平方米6341株、宿根花卉1324平方米3.12万盆、丹麦草1837平方米，园路铺装83平方米。完成新源街二小区绿化改造工程，工程位于新源街西侧，改造面积1600平方米，改造内容主要有补植苗木、更换地被、改建活动广场，投资19.2万元，栽植常绿乔木5株、落叶乔木11株、落叶灌木107株、竹子1404株、宿根花卉208平方米5199盆、丹麦草569平方米，广场铺装406平方米，钢木花架1座。完成秀雅社区绿化改造工程，工程位于北苑路西侧，慧忠北路南侧，改造面积1万平方米，栽植落叶乔木8株、色带746平方米2.57万株、宿根花卉1382平方米2.9万盆、丹麦草7692平方米，园路铺装773平方米，广场铺装254平方米。

（温晓峰）

四得公园

【概况】 四得公园位于将台地区四元桥东南角，隶属区园林绿化局，是差额拨款事业单位。年内，公园继续按照特级养护标准，雨季对高大树木进行抹头修剪和干枝清理；加强林木病虫害防治，全年无大面积病虫害发生；对区网格办意见，及时处理、及时反馈，结案率100%。投资10万余元维修老化铁栅栏10余处，检测配电室维护用具10余套，更换灭火箱3个，更换灭火器144个。进行园内监控系统改造，新增监控点位29个，更新监控设备3台，实现园区全覆盖、无盲区。更新彩钢房屋5处800平方米，增加避雨廊亭3处、景观桥1座和亲水平台1处，增加水生植物池3处。完成五环路（屏翠东路）道路养护、华贸绿线公园养护、望京SOHO和趣园后期养护、京承高速88号地养护和康营安置房小区道路绿化养护。年底通过国家AAA级旅游景区质量等级评审。全年接待游客185万人次。

地址：将台西路

邮编：100016

电话：64384057

邮箱：sidepark@163.com

（关春明）

【义务植树宣传】 4月4日，公园举办义务植树宣传活动。现场悬挂“弘扬生态文明建设美丽北京 首都义务植树日”横幅，宣传展板35块；现场发放宣传材料400份，发放环保袋400个。

（关春明）

北小河公园

【概况】 北小河公园隶属区园林绿化局，为全民所有制差额拨款事业单位，位于东湖地区。占地面积24.8万平方米，陆地面积24.1万平方米，水面积0.7万平方米；有植物50种，乔木4303株，灌木1.15万株，竹子2005平方米，绿篱色块260平方米，宿根花卉1.3万平方米，草坪面积6.7万平方米，绿化覆盖率80%。年内，维修塑胶地面1200平方米、园路2000余平方米，铺设路灯电缆2380米；后山改造3万平方米，栽植抗旱苔草5.7万株、丹麦草1万余平方米，铺设草坪9150平方米；净化中心湖水质，投入生石灰3吨；投资20万余元改造民工房700平方米；节日期间栽植世纪红叶、孔雀草、香彩雀、鼠尾草、一串红等时令花卉16.62万株。通过ISO9001质量管理体系和ISO14001环境管理体系复审；公园承担社会养护道路绿地面积89.14万平方米，含70条（块）道路、边角地、集中绿地。全年完成绿化工程7项，绿化面积5.11万平方米，总投资1274.91万元。全年接待游客100万人次。

地址：师家坟村156号

邮编：100102

电话：64708518

网址：http：//www.beixiaohegongyuan.com

（张阿青 张 婷）

【义务植树宣传】 4月4日，公园管理处和区园林绿化综合服务中心在公园东门开展“弘扬生态文明 共建绿色家园”义务植树宣传活动。现场发放宣传资料及环保购物袋各600 份。

（张 婷）

【绿化工程】 3月15日至4月30日，完成望京中环路二段、三段，望京新干道绿化工程，绿化面积2.48万平方米，投资571.77万元，栽植乔木983株、灌木410株。4月1日至6月29日，完成望京小公园绿化工程。工程位于利泽西二路北苑，绿化面积4691平方米，投资233.79万元，栽植常绿乔木125株，铺设园路2400米，砌筑挡墙900米、树池31个、景墙6座、树池坐凳10套、挡车桩46套，铺设喷灌管道286米、取水器8个，砌筑阀门井3座。7月19日至8月1日，完成八十中望京校区绿化工程。绿化面积6700平方米，投资30.1万元，栽植草坪6700平方米。8月10日至18日，完成庆祝抗日战争胜利70周年环境布置工程。工程位于京承高速出京方向（北四环—北五环），绿化面积1875平方米，投资33.23万元，栽植花卉1857平方米。12月2日至21日，完成东湖街道行道树补植，绿化面积1130.5平方米，投资108.86万元，栽植乔灌木98.34万株。

（安 琪）

【艺术进社区】 4月11日下午，《送你一首吉祥的歌》——歌手乌兰图雅送艺术进社区公益活动暨新歌发布会在北小河公园喷泉广场举行。公益活动由中国文联志愿者协会作为支持单位，北京市社区服务协会主办，北小河公园协办，司麦澳文化、幸福彩虹友情承办。中国文艺志愿者协会副主席、秘书长廖恳，副秘书长马康强，司麦澳文化总经理成中和、导演苏杰等出席。现场，男中音霍勇演唱《快乐的马车夫》，女魔术师沈娟进行魔术表演。乌兰图雅演唱《站在草原望北京》《送你一首吉祥的歌》等歌曲，并为社区舞蹈队伴唱，与游客互动。

（张 婷）

【医疗联盟义诊】 5月14日，东湖街道组织医疗联盟成员单位在北小河公园义诊。凌河医院、天使妇儿、龙脊中医院、国宗中医、惠兰医院及圣心口腔医院设立义诊宣传台，现场测量血压400余人次，测量血糖200余人次，发放宣传页及礼品500余份。

（张 婷）

【公园节宣传】 8月18日，北小河公园开展第十届北京公园节宣传活动。现场宣传“游园十要十不要”文明游园礼仪及文明游园知识答题等活动，发放倡议书600份，

（张 婷）

【节日花卉布置】 年内，在五一和十一前夕，完成京承高速路北四环—北五环两侧花卉常态化工程，绿化面积1818平方米，投资29.83万元，栽植一串红、粉牵牛等各色花卉1818平方米；完成园内主要景点花卉布置，栽植四季海棠、矮牵牛、三色堇、南非万寿菊、一串红、香彩雀等6.5万株，园内部分时令花卉区更换为宿根花卉，栽植玉簪、金娃娃、大花月季、马蔺等宿根花卉1.2万株。

（王 新）

庆丰公园

【概况】 庆丰公园位于东三环中路，通惠河北路南侧。隶属区园林绿化局，是全民所有制差额拨款事业单位。截至年底，固定资产总值86万元，比上年增加23万元。全年经济收入1977万元，比上年增加803万元。年内，节日栽摆各类花卉2.95万株；治理公园草坪斑秃，新植沙地柏、地锦等地被植物13.86万株，花卉9361.3平方米，丹麦草2042平方米；调整植物搭配，移植乔灌木107株、花卉35平方米，移伐危树22株；防控绿化植物病虫害10次；组织绿化养护检查12次，严格绿地执法检查，处理绿地养护网格案件31件；组织绿化养护作业安全培训4次；完成绿化养护招投标，4家企业中标；金融家咖啡厅在东园环园跑活动；向社会公布景区瞬时承载量8199人次和日承载量6.56万人次数据；处理游客投诉案件25件，收到游客满意度调查表206份，游客满意率96.2%；为30家影视、广告剧组来园拍摄提供活动场地，累计创收18.5万元；船型景观维修项目投入资金50万元；东园公厕被确定为旅游厕所改造项目，40天改造施工，重新对外开放；新建西园公厕装饰装修、配套设施和绿化工程经过7个月施工，10月18日投入使用。年接待游客35万人次。

地址：厂坡村甲2号
邮编：100022
电话：67780738
网址：http://www.qfpark.cn

（房桂娟）

【二闸清明踏青节】 4月3日，在大通帆涌景区举办第三届北京二闸清明踏青节活动。活动信息在“北京市第三届节能环保低碳达人秀”和“掌上双井”微平台发布。活动在原有传统项目清明诗朗诵、民俗表演、清明笔会和民俗手工艺品展卖基础上，新增漕运文化展示、清明节小吃寒食品尝。此外，安放饮料瓶回收机，为白家庄小学生设置一处旧物交换场地，还有互动游戏、微信抢精美礼品等活动。活动期间，电视、网络和报纸等媒体报道19条；接待游客3000人。

（陈 希）

【绿化工程】 4月20日至7月30日，完成奥林匹克公园瞭望塔外围部分绿化恢复工程。绿化面积2.2万平方米，投资701万元，栽植花灌木5.38万株、宿根花卉1.1万株、色块2523平方米、草坪1.68万平方米。10月1日至12月31日，完成百子湾南一路重点道路绿化改造工程。施工面积4000平方米，投资210万元，种植乔木421株、灌木1.63万株、宿根花卉6.9万株、藤本月季70株，移植小叶白蜡67株、大叶黄杨球142株。完成南磨房乡沿海赛洛城公园绿化改造工程，面积2.5万平方米，投资430万元，种植乔木258株、灌木319株、藤本及地被214株、色带1274平方米、花卉5692平方米、草坪6164平方米。

（于海强）

【花卉布置】 年内，在东西园正门口和主要景点布置花坛。栽摆三色堇1.55万株、角堇450株、马蔺6500株、世纪红1700株、百日草1300株、一串红2000株、矮牵牛2000株。

（李 仑）

大望京公园

【概况】 大望京公园位于崔各庄地区，北靠北小河，东南临京顺路，东北至五环路，西接望京外环路。隶属区园林绿化局，是全民所有制差额拨款事业单位。年内，移植白蜡50株、榆叶梅15株，补植草坪8000余平方米，播花籽1.2万平方米，补植金边玉簪680株、马莲300株、千屈菜2078株、沙地柏和女贞110株；完成五元桥西南侧景观提升工程、将台丽都一号广场绿化施工工程、望京西园三区绿化改造工程；重大节日期间，在园区内栽植矮牵牛、三色堇、一串红、小菊、假龙头等花卉8.24万株。全年进行安全检查18次，及时纠正安全问题8处，开展安全培训5次。全年接待游客22万人次。

地址：望京东路甲6号
邮编：100102
电话：84762518
网址：http://www.dwj-park.com

（傅良旎）

【义务植树】 3月20日，朝阳人民法院30名法官到公园义务植树，栽植法桐25株；4月4日，公园联合大黄庄苗圃及望京街道办事处开展义务植树宣传活动，发放宣传资料500份、公园认建认养资料100张、环保袋400份、公园相关宣传资料和旅游纪念品200份。4月10日，韩国浦项集团200名志愿者在公园举行义务植树活动，栽植榆叶梅、油松、紫叶李、连翘、白蜡、金叶白蜡等乔灌木202株。

（郭 莹 傅良旎）

【绿化工程】 4月20日至5月10日，完成五元桥西南侧景观提升工程。工程面积2000平方米，投资48万元，栽植乔木70株、灌木100株，铺种草坪1900平方米；9月15日至10月25日，完成将台丽都一号广场绿化施工工程。工程位于驼房营南路西侧，工程面积5000平方米，投资338万元，栽植乔木油松、元宝枫、国槐、栾树、银杏等品种10余个230株；9月20日至10月30日，完成望京西园三区绿化改造工程。工程位于望京街道阜通西大街与望京街交叉处，投资91万元，栽植乔木40株、灌木100株、花卉1万株。

（张宏涛）

【公园活动】 4月26日，优倍天地教育机构在公园举行“地球，我的家”儿童环保公益活动，活动项目有舞台剧演出、亲子游戏、扇子彩绘、金鱼放生等10项内容。通过这种寓教于乐的活动模式，教导孩子从小懂得爱护地球、爱护家园。有30多个家庭参加。5月31日远洋望和公馆社区在公园开展亲子拓展活动，活动针对5-12周岁孩子家庭开展，有曲棍球大赛、定向寻宝亲子拓展等活动项目。有30个家庭参加。8月18日，开展文明游园宣传活动。公园主景区如意湖广场设立咨询台，公园职工向游客介绍活动内容和主旨，宣传公园文化及服务内容，普及文明游园等知识；向游客发放文明游园呼吁书100份，并组织游客填写《文明旅游十大提醒语》相关问卷100份，派发公园文化宣传品50份。10月16日，美丽说网络公司在公园开展员工拓展活动。活动内容有赛跑类活动，还有竞技项目，有100余名员工参加。

（傅良旎）

【节日花卉布置】 五一、十一期间，进行园内主要景点花卉布置，栽植矮牵牛、孔雀草、一串红、彩叶草、非洲凤仙、小菊等花卉品种8.24万株。

（郭 莹）

望和公园

【概况】 望和公园2014年8月成立，隶属区园林绿化局，是全民所有制差额拨款事业单位。公园位于望京地区西南部，占地面积38.6万平方米。公园由南、北两大园区构成，南园地处北四环与京承高速路相交的望和桥东北角，占地面积22.49万平方米，其中绿地面积18.54万平方米、园路及铺装面积3.95万平方米；北园西侧紧邻京承高速路，北侧和北小河公园隔河相望，东侧为南湖社区，南侧为城铁15号线，占地面积16.1万平方米，其中绿地面积11.47万平方米、园路及铺装3.65万平方米、湖面0.98万平方米。园区内栽植油松、华山松、白皮松等常绿乔木2413株，白蜡、银杏、栾树等落叶乔木1.41万株，大叶黄杨、沙地柏等常绿灌木19万株，丁香、迎春等落叶灌木1.1万株，水生植物8.07万株，竹子7010株，黑心菊、玉簪等花卉地被5.49万平方米，铺设草坪22.63万平方米。年内，完成节日花卉布置1941平方米，摆花5.48万株。日均接待游客2000人次。

地址：北四环东路77号

邮编：100102

电话：84765181

（肖晓晨）

【开园建设】 3月底，公园办公区地点确定为南园；6月1日，开园接待游客；6月18日进行全园养护及安保招投标；7月1日完成公园移交；11月18日，完成“首都生态文明宣传教育基地”申报；12月22日至25日，完成北园三层楼移交。

（肖晓晨）

绿化一队

【概况】 区绿化一队隶属区园林绿化局，是全民所有制差额拨款事业单位。全年绿化养护面积384.65万平方米，其中特殊道路绿地11.66万平方米、特级道路绿地263.36万平方米、一级道路绿地65.24万平方米、二级道路绿地25.70万平方米、三级道路绿地18.69万平方米。有树木49.33万株，其中乔木10.27万株、灌木39.06万株；竹子37.96万株，月季41.41万株、面积4.33万平方米，攀缘植物6.45万株、面积1.05万平方米，绿篱色块440.12万株、面积19.45万平方米，宿根花卉518.31万株、面积15.01万平方米，草坪107.09万平方米。全年无安全责任事故发生；获“安全生产标准化三级企业”称号。

地址：团结湖路15号。

邮编：100026

电话：85967276

邮箱：lhydbgs@163.com

（张　静）

【义务植树宣传】 4月4日，区绿化一队和团结湖公园在团结湖公园西门联合举办义务植树宣传、咨询活动。通过展板、横幅、填写调整问卷、发放宣传材料和宣传环保购物袋等形式，宣传全民义务植树多种尽责形式，发放各类宣传材料200余份。

（张　静）

【绿化工程】 4月23日，完成环二环绿道（朝阳段）建设工程（2014年11月开工），包括东南护段和东二环段，全长6000米，包含绿化工程、土建工程、电气工程、喷灌工程，投资1236万，绿化面积6.19万平方米，工程采用自然式栽植方式，乔、灌、花搭配种植，栽植落乔87株、常乔1244株、落叶灌木3126株、色带5591平方米、花卉4720平方米、草坪4.32万平方米，铺装砼透水砖5400平方米，挡墙305米，坐凳150米，廊架3个，新增草坪照明灯45个；3月20日至4月30日，完成广泉小区绿化改造工程。改造面积4万平方米，投资207.77万元，栽植宿根花卉15.85万株、落叶灌木40株、地被植物2500株，更换草坪2.8万平方米；4月1日至3日，完成孙河村绿化应急工程。工程位于京顺路与京平高速东北角，投资303万元，绿化面积1.71万平方米，工程回填好土200立方米、下挖填埋渣土1.6万立方米、拆除房屋清理渣土1000立方米、推平沙石料2500立方米，栽植乔木590株、灌木220株；4月15日至5月20日，完成郡王府绿化改造工程。投资106.95万元，绿化改造面积4万平方米，栽植常绿乔木30株、沙地柏8000株、宿根花卉3万株，更换全部草坪2.5万平方米，种植丹麦草4000平方米；10月25日至12月31日，完成二环路外交部门前绿化工程，工程位于二环主路朝阳门桥与东四十条桥之间辅路，包括绿化工程、土建工程、园林用电，投资279万元，绿化面积4500平方米，栽植花卉2.32万株、草坪1950平方米、地被521平方米，铺装砼透水砖2500平方米，安装花岗岩路牙2170米，LOGO墙60.4米，风景石2组，青石挡墙335延米。

（张　静）

【森林公园工程】 9月，完成弘善城市休闲森林公园工程（2014年11月开工）。工程位于北京二环路东南角外，东至新建安置居住区弘善家园，南至京津城际铁路线及左安路，西至商业性建筑，北侧与中国医学科学院肿瘤医院隔路相望，公园面积4.35万平方米，北侧宽南侧窄，最宽处144米，最窄处3米，绿化面积3.9万平方米；堆筑土山丘3万余立方米，主路3306平方米，园路1056平方米，广场3536平方米，道牙3988米，桌椅4套，景观亭5座，廊架1座，垃圾桶15个，围墙800米，庭院灯65套，照树灯30套，围墙灯55套，草坪灯11套，广播喇叭35套，节水设施覆盖3万平方米；种植落叶乔木643株、常绿乔木412株、灌木905株、绿篱色块5万余株、花卉类2万余株、草坪地被类2万余平方米，工程投资917万元。

（张　静）

【花卉布置】 4月20日至10月2日，完成2015年花卉常态化项目。花卉布置范围：朝外大街、建国路、老迎宾线、东二环路、东三环路、东四环路等11条道路，栽摆一串红、三色堇、牵牛、天冬草、常春藤、铁树、毛地黄、海棠、小菊、鸡冠等时令花卉92.13万株，投资466.97万元。8月10日至18日，完成“两项重大任务”环境布置应急工程。花卉布置范围：朝外大街、建国路、老迎宾线等6条道路，选用一串红、万寿菊、百日草、鼠尾草、仙客来、小菊、鸡冠等时令花卉36.61万株，投资181.99万元。

（张玲玲）

绿化二队

【概况】 区绿化二队隶属区园林绿化局，全民所有制差额拨款事业单位。截至年底，固定资产总值2248.27万元。全队养护道路绿地254条/块，面积412.48万平方米，其中公共绿地25处（新增绿影园）；实有乔木17.5万株，灌木67.2万株，绿篱色块826.9万株，竹子22.5万株，垂直绿化12.2万株，月季6093.2万株，草坪138.3万平方米。年内，处理各类网格件、电话投诉及信访件1.4万件，结案率100%，处理反馈满意度99.5%。通过微信平台，上传下达任务122项；完成北京兴源体系认证中心ISO9001国际质量体系、ISO14001环境体系及OMS职业健康安全体系认证外审。

地址：柳芳北里3号楼西侧

邮编：100027

电话：84515379

邮箱：lhedbgs@163.com

（刘晓兰）

【花卉布置】 4月26日至30日，完成花卉常态化施工工程，工程包括安定路、安立路、北辰东路、东四环、樱花西街、新东路、民族大道等11条道路，投资474万元，栽植一串红、凤仙、鸡冠花、海棠、孔雀草等花卉15种54.74万株。8月10日至18日，完成“两项重大任务”环境布置应急工程。工程包括安定路、安立路、北辰东路、三环路、民族大道、农展桥、中轴路等7条道路，投资159万元，栽植皇帝菊、一串红、夏堇、凤仙等花卉13种42.75万株，栽植绿植16株。

（任　爽）

【新建绿地】 6月24日，完成新建绿地项目工程。该项目为2013年新建绿地，2014年开工。工程包括常和路西侧绿地、广顺公园，投资1233万元，绿化面积1.98万平方米，栽植常绿乔木73株、落叶乔木616株、落叶灌木888株、常绿灌木8株，花卉2.85万株，冷季型草坪1.48万平方米，色带绿篱3.21万株；喷灌1558米，钢桥194平方米，坐凳53.8米，花岗岩铺装1382平方米，透水砖铺装338平方米，广场铺装306平方米，园路35平方米，挡墙229平方米，护栏20米，4米园路136平方米，2米园路296平方米，木铺装272米，水泥砖铺砖721平方米等土建工程。

（任　爽）

【绿化工程】 6月1日至12月31日，完成平原万亩造林一期工程（十二标）。投资1614万元，绿化面积29.51万平方米，栽植常绿乔木862株、落叶乔木4188株；9月20日至12月31日，完成区级小公园绿化美化（小微绿地二期）施工—安华园工程。投资247万元，绿化用地7505平方米，栽植常绿乔木24株、落叶乔木34株，混凝土路牙700米，透水砖铺装1200平方米，花岗岩石材铺装700平方米，沥青道路500平方米，条形座椅60米，花岗岩压顶座椅30米，围墙300米，廊架1座，花岗岩台阶80平方米；完成区级小公园绿化美化（小微绿地二期）施工—太阳宫曙光园工程。投资82万元，绿化用地894平方米，栽植常绿乔木22株、落叶乔木67株、落叶灌木190株、常绿灌木25株、色带绿篱3304株、宿根花卉3006株、冷季型草坪1244平方米，烧结砖铺装1200平方米，路牙铺设240米，弧形廊架一座，防腐木座椅40米，文化石贴面防腐木座椅40米，钢板镂空景墙40米，铁艺栏杆110米，玻璃钢坐凳16米，现状围墙粉刷380平方米；完成区级小公园绿化美化（小微绿地二期）施工—外国专家大厦工程。投资32万元，绿化用地197平方米，栽植宿根花卉197平方米，透水砖铺装1278平方米，青石汀步45.19平方米，金属廊架粉刷1座；完成区级小公园绿化美化（小微绿地二期）施工—左家庄夏园工程。投资66万元，移植乔木18株、灌木6株、色带绿篱6492株、花卉196株，栽植灌木10株，拆除地面580平方米，拆除混凝土道路1580平方米，铺2米透水石混凝土园路829.82平方米、塑胶运动场307平方米、透水砖园路1852平方米，建防腐木平台116平方米、树池96米，安设石桌石凳3套；完成区级重点道路绿化美化（一期）施工—中轴路工程。投资330万元，绿化用地7505平方米，栽植常绿乔木28株、落叶乔木116株，烧结砖铺装500平方米，花岗岩石材铺装200平方米，花池18个，金属廊架4座，景墙70米；完成区级重点道路绿化美化（一期）施工—清林路工程。投资19万元，绿化用地894平方米，栽植常绿乔木9株、落叶乔木6株、落叶灌木68株、色带绿篱313平方米、冷季型草坪581平方米，透水砖园路铺装166平方米；完成区级重点道路绿化美化（一期）施工—京承高速工程。投资85万元，绿化用地4.03万平方米，栽植攀缘植物2.02万平方米；10月20日至12月31日，完成望和公园项目（施工）-三工区工程。绿化面积8.41万平方米，栽植常绿乔木614株、落叶乔木1558株、落叶灌木80株、色带146平方米、时令花卉1552平方米、宿根花卉6469平方米，并进行土建、停车场及路面铺装工程。

（任　爽）

绿化三队

【概况】 区绿化三队隶属区园林绿化局，是全民所有制全额拨款事业单位。全年经济总收入4350.83万元，同比增长24.86%。固定资产总值600.03万元。专业道路绿地养护122条202万平方米。三分之一道路绿地达到特级和一级养护质量标准。年内，全部养护道路绿地进行招投标；全年养护检查10次。采用改善土壤技术措施，提升绿化美化效果；选用环保低毒生物药物，防治林木病虫害；加大执法防控力度，强化网格化管理，结案率100%。

地址：东风乡将台洼甲1号

邮编：100016

电话：84301230

邮箱：lhjsd3042@163.com

（彭桂英）

【绿化工程】 6月1日至7月30日，完成东风乡平原造林复垦工程，面积2万平方米，工程造价120万元；9月20日至12月31日，完成区级重点道路绿化美化项目（一期）--南顶路改造工程，工程位于南四环东路—北京礼花厂，绿化面积700平方米，工程造价15.31万元，栽植常绿乔木14株、落叶灌木72株、色带6416株、宿根花卉6850株、丹麦草165平方米；12月2日至21日，完成东坝中路改造工程，绿化面积2.61万平方米，工程造价191.41万元，栽植乔木385株、灌木9318株、色带7848株、草坪2.42万平方米。

（刘　超）

大黄庄苗圃

【概况】 大黄庄苗圃隶属区园林绿化局，为全民所有制自收自支事业单位，位于东五环大黄庄桥东与平房路路口往北交汇处。年内，补植各类乔木95株、灌木1.81万株、绿篱色带1.81万株、藤本月季4700株、宿根花卉9.23万株、草坪1.5万平方米；全年采购常绿乔木1800株、落叶乔木4908株、花灌木6031株、各类月季4700株、花卉8100盆、绿篱色带3.63万株、沙地柏1.25万株、冷型草4.42万平方米。截至年底，经济总收入9595万元，固定资产总值3455万元。

地址：大黄庄35号

邮编：100024

电话：65711286

网址：http:t.home.news.cn/bgs6571

（王爱华）

【绿化工程】 1月8日至12月31日，完成青龙湖森林公园（一期）绿化工程（6标段-4工区）。工程位于房山区，工程面积21.01万平方米，投资1444.38万元，整理绿化用地21.01万平方米，种植常绿乔木3082株、落叶乔木7928株、落叶灌木6963株；3月10日至7月7日，完成辛庄路道路绿化工程。该工程为行道树种植，工程面积234平方米，投资11.29万元，因树坑内含有大量渣土，采取全部树坑换土，清理渣土164立方米，回填种植土93立方米，种植行道树150株；完成三间房东路道路绿化工程。分为南北两段，投资189.16万元，施工面积2.03万平米，绿化用地1.08万平方米，栽植乔木663株、灌木1.84万株、宿根花卉380.3平方米，铺草坪7867平方米；4月1日至3日，完成孙河乡孙河村农贸市场绿化工程，工程为中央领导植树现场应急工程。投资285.99万元，整理绿化用地1.41万平方米，拆除房屋2000平方米，清理地被5000平方米，搭设临时围挡600平方米，栽植常绿乔木170株、落叶乔木388株、落叶灌木388株；7月28日至12月31日，完成区级小公园绿化美化项目（小微绿地）工程—百子湾1号休闲广场绿化工程。施工面积1.72万平方米，投资368.23万元，该工程拆除原有铺装2610平方米，现场移植原状苗木228株，新植乔木534株、灌木4119株、色带1.84万株、宿根花卉774.58平方米，铺草坪1.53万平方米，铺装4755.8平方米。

（张　骁）

【花卉常态化项目】 年内，在五一、十一期间，完成常态化花卉栽植工程，栽植海棠、牵牛、凤仙等草花7.96万株、宿根花卉1.55万株。

（王爱华）

北花园苗圃

【概况】 北花园苗圃隶属朝阳区园林绿化局，是全民所有制自收自支事业单位。养护道路绿地面积136万平方米，其中特级道路绿地10条、一级道路绿地27条、二级道路绿地20条、三级道路绿地1条；有乔木4.9万株、灌木17.2万株、绿篱2.5万平方米，地被类植物30万平方米，草坪12万平方米。年内，补植乔木450株、灌木949墩、绿篱色块6000平方米、月季982株、宿根花卉7.46万墩、草坪2.76万平方米。防治病虫害使用高效低毒农药，并合理安排打药时间，全年无大面积病虫害发生；接收处理网格件900余件，社会单位及个人反应问题300件；圃内调整苗木5000余株，引进油松、云杉、西府海棠、八棱海棠、紫叶李、丛生紫薇等优良品种5300株；出圃苗木3911株，其中常绿乔木534株、常绿灌木198株、落叶乔木1511株、落叶灌木1668株；在天津市蓟县龙古庄镇大袁庄村新建苗圃1处。全年开展养护知识培训、安全培训、礼仪培训等10次，安全检查8次，安全演习1次；全年无安全责任事故发生。获“市级无检疫苗圃”和国家林业局授予的“全国质量信得过种苗基地”称号

地址：高碑店乡北花园村南
邮编：100121
电话：87739429
邮箱：bhy@sina.com

（伏乃红）

【绿化工程】 4月1日至3日，完成孙河乡农贸市场绿化工程。工程位于京密路和京平路交叉口东北角，绿化面积1.1万平方米，投资179万元，栽植常绿乔木59株、落叶乔木144株、落叶灌木219株；9月15日至12月31日，完成垡头西里老旧小区绿化改造工程。工程位于垡头办事处南侧，投资60万元，绿化改造面积4597平方米，翻新廊架1个、庭院坐凳32个，栽植常绿乔木4株、落叶乔木13株、常绿灌木3027株、落叶灌木36株，花卉2843平方米；完成红庙北里老旧小区绿化改造工程。工程位于朝阳北路金台路路口南侧，投资46万元，绿化改造面积3584平方米，栽植常绿乔木4株、落叶乔木 56株、常绿灌木13株、落叶灌木66株、绿篱色带3482株、花卉3908株、丹麦草1814平方米；完成燃气小区绿化改造工程。工程位于甜水园东街西侧，投资19万元，绿化改造面积1348平方米，安设庭院坐凳10个，栽植落叶乔木9株、落叶灌木62株、绿篱色带8381株、花卉1692株、丹麦草386平方米；9月20日至12月31日，完成区级小公园绿化美化（小微绿地二期）—金蝉北里公园绿化改造工程。工程位于垡头办事处西侧，投资80万元，绿化改造面积1.4万平方米，栽植落叶乔木45株、常绿灌木27株、落叶灌木146株、藤本植物6株、绿篱色带548平方米、花卉3005平方米，新增铺装面积700余平方米，翻新廊架2组及挡墙、休闲座椅、树池、坐凳等配套设施；完成区级重点道路绿化美化项目（一期）—紫南环路行道树补植工程。投资150万元，绿化面积1450平方米，栽植落叶乔木101株、绿篱色带3.62万株；完成区级重点道路绿化美化项目工程（一期）—纪东方嘉园绿化工程。绿化面积340平方米，投资30万元，栽植落叶乔木14株、绿篱色带8425株。

（李　迪）

林业工作站

【概况】 朝阳区林业工作站隶属朝阳区园林绿化局，全额拨款单位。占地面积0.733公顷；固定资产总值约274万元。年内，果树面积307.06万平方米，年总产量102.81万千克，产值1204万元；四率指标完成情况:成灾率0、无公害防治率100%、测报准确率98%、种苗产地检疫率100%。聘请专家到重点果园指导服务，全年培训6次，培训300人次。接待观光采摘游客2.5万人次，收入400万元。重点果园推广果实套袋45万个，推广有机肥266.67万平方米，推广高产高效现代化管理技术；推广果树现代新技术种植33.33万平方米，推广苹果、樱桃、桃等名优品种12个。年底，全区有苗圃31个，有经营许可证企业40家，育苗面积579万平方米，可育苗面积525.9万平方米，育苗250.3万株 。

地址：平房乡姚家园村84号
邮编：100025
电话：51193981

（刘传敏）

【林木有害生物防治】 年内，全区以防治美国白蛾、春尺蠖、国槐尺蠖、蚜虫等为主，普遍防治6次，防治面积9333.33公顷，未出现重大灾情和疫情及树木花草被有害生物吃光、吃花现象，未出现林木有害生物严重扰民事件。专项投入资金230万，其中区财政投入资金130万元，市投入资金100万元，购置杀虫灯600台，各类诱芯500个，发放和使用各种防控药剂25吨。建立44支应急防治专业队伍，防治人员1100人。全区有国家级中心测报点1个，市级监测测报站1个，市级监测测报点55个，区级监测测报点14个，区级巡查员50名。全年主要对美国白蛾、红脂大小蠹、国槐尺蠖、春尺蠖、槐尺蠖、舞毒蛾、地中海食蝇、桔小食蝇、瓜实蝇、苹果蠹蛾等主要病虫的监测。通过测报，制定出防治适期。区园林绿化局出资170万元购置打药车8辆，分配给局属单位及重点乡镇（分配到乡镇的药车园林绿化局及乡镇各出资50%），将各街乡划片与局属单位及重点乡镇挂钩，城区24个街道分别由绿化一队、绿化二队、绿化三队、北花园苗圃、大黄庄苗圃分别负责应急防控工作，乡镇建立防治专业队4支负责农村19个乡应急防控工作。区林业站利用植树日、科普宣传月发放各类宣传材料3.6万份。

（刘传敏）

【植物检疫】 年内，开展全国性林业有害生物普查、监测试点工作，普查地点128个、树种52个，发现植物病害7种、有害生物103种、天敌17种，制作标本105种、500余套，整理照片2000余张。对30家种苗生产经营单位及300余家木材经销商开展专项检查，未发现苹果蠹蛾、红脂大小蠹等检疫性、危险性林业有害生物，确保造林苗木质量。规范《植物检疫证书》《产地检疫合格证》签发工作，全年开具产地检疫证书60批次，产地检疫苗木8000株，检疫面积200万平方米。开具检物检疫证书2500批次、木材运输证2200批次。检疫调运苗木7.25万株、种子2520千克、原木10.08万立方米、板材21.95万张、包装箱320件、家具门窗50件。开具森林植物检疫要求书160份。

（刘传敏）

园林绿化综合服务中心

【概况】 朝阳区园林绿化综合服务中心隶属区园林绿化局，是行政支持类差额拨款事业单位。
地址：朝阳北路147号院1号楼
邮编：100025
电话：85974268
邮箱：jck6@sohu.com

（王　君）

【主要工作】 年内，与6家社会单位签署《代征绿地移交协议》，涉及待征绿地47.7万平方米；接收五洲家园、民航结算中心、燕翔饭店等8个项目代征绿地4.127万平方米；配合区规划部门进行中核物业、外交部五洲家园、燕翔饭店等3个建设项目规划验收前的代征绿地核验；继续协调将台JK地块、广渠路金茂府、大望路公园等3个开发项目代征绿地清理移交；并对全区340块代征绿地2138.8万平方米数据库动态情况更新4次；配合区局资源科完成树木移伐勘察现场124次；接收树木砍伐批后监督件136件（区园林绿化局审批105件、市园林局12件、农口19件），其中实施移伐并实施监督76件，待监督执行60件；参与弘善家园和环二环等绿化改造工程质量监督。

（王　君）

郊野公园管理中心

【概况】 朝阳区郊野公园管理中心隶属区园林绿化局，全额拨款事业单位。截至年底，朝阳区有郊野公园23家。
地址：道家园甲16号
邮编：100025
电话：65041149

（黄　珊）

【主要工作】 年内，检查考核全区郊野公园4次；为全区郊野公园配置打药车15台；下发市公园管理中心印制宣传册4.8万张、宣传袋4.2万份；组织各乡郊野公园职工83人参加绿化工培训，并取得证书，其中初级工53人，中级工30人；组织各乡郊野公园管理人员和一线工人各104人进行为期两天的培训。

（黄　珊）

奥林匹克森林公园

【概况】 奥林匹克森林公园属北京世奥森林公园开发经营有限公司管理，位于北京城中轴线北端，占地约680公顷；北京世奥森林公园开发经营有限公司隶属区国资委，为国有独资企业。全年接待游客1099.8余万人次。
地　址:北五环仰山桥西
邮　编：100107
电　话：64529010
网　址：www.bjofp.com.cn

（陈迎双）

【领导视察】 3月10日，副市长陈刚、市政府副秘书长徐波、区委书记程连元、区长吴桂英、常务副区长甘靖中等领导到北京奥运塔视察。

（陈迎双）

【花卉观赏】 3月20日至10月28日，举办第四届奥林匹克森林公园花卉观赏季系列活动，免费向游人开放，包括春花节、百亩葵花展、秋日花展3项活动。其中春花节展期3月20日至5月4日，接待游客226万人次；百亩葵花展引进24个向日葵品种，展期6月28日至7月27日，接待游客110万人次；秋日花展期9月28日至10月28日，接待游客136万人次。

（陈迎双）

【评估考察】 3月24日，国际奥委会评估委员会一行对位于奥林匹克森林公园南园体育园的国家速滑馆规划场地进行实地考察。

（陈迎双）

【千人羽毛球赛】 4月27日至5月5日，北京市体育公益活动社区行、奥林匹克体育大赛——朝阳区体育局第二片区“千人羽毛球赛”主题活动暨第二届奥林匹克森林公园市民羽毛球公开赛在北体育园气膜羽毛球馆举办，千余人参加比赛。

（陈迎双）

【半程马拉松赛】 5月17日，由光明网主办的“5爱首航·光明乐跑半程马拉松接力赛”在奥林匹克森林公园成功举办，1100余名跑步爱好者参赛。9月13日，由北京市体育总会主办的“北京首届公园半程马拉松公开赛”在奥林匹克森林公园举办，800名马拉松运动爱好者参加比赛。

（陈迎双）

【故宫精品文物馆落户奥林匹克塔】 8月11日，故宫博物院精品文物馆在北京奥林匹克塔开馆。这是故宫博物院首次在红墙外设置分馆，常年展出精品文物。精品文物馆面积700平方米，展厅设置三层防护、7大技防措施。按照“金、木、水、火、土”，故宫在未来五年内将会完成相应主题的五大展览，金对应金器、木对应家具、水对应玉器、火对应青铜器、土对应瓷器，形成五大故宫博物院的精美藏品系列展览:“金碧辉煌”“木艺华章”“水盈无瑕”“炉火纯青”“土润青郁”。每项展览展期为1年。此次是五大展览“开山之篇”之“金碧辉煌”，以清代金器为主，是从1.1万件院藏文物中，精选202件清代金器，其中有乾隆时期珐琅屏风宝座间、金编钟、金塔、金佛像、金玺印、金册等，多数为首次亮相，其历史、文物、艺术价值兼具的一级品不少于30%。

（王　源）

【奥运塔建设总结】 8月8日，北京奥运塔召开工程建设总结会，副市长陈刚，市住建委主任徐贱云、市规划委副主任曹跃进、故宫博物院院长单霁翔、区长吴桂英，副区长黄晓伟、孙其军等市、区领导及相关参建单位共150余人参加。

（陈迎双）

【国际奥委会主席参观】 8月22日，国际奥委会主席托马斯• 巴赫等一行60余位国际奥委会官员到北京奥运塔参观考察，区长吴桂英等陪同参观。

（陈迎双）

【挑战吉尼斯世界纪录】 9月5日，由北京中国网球公开赛体育推广有限公司主办的“全民抢十大作战”在国家网球中心钻石球场举办，814名网球爱好者挑战吉尼斯世界纪录，最终767人挑战成功，“最多人用网球拍颠网球”新吉尼斯世界纪录诞生。

（陈迎双）

【中国网球公开赛】 9月27日至10月11日，2015中国网球公开赛在国家网球中心举办，来自45个国家和地区的269名球员参赛，共进行294场比赛，观众入场人数24.46万人次。

（陈迎双）

朝阳公园

【概况】 朝阳公园是以园林绿化为主的综合性、多功能大型文化、休闲、体育、娱乐公园，是国家AAAA级旅游景区。年内，举办国际风情节、国际马术障碍赛、海洋沙滩狂欢节等品牌文化活动；10月，朝阳公园被新浪公司“微博跑步”网友投票评选为全国“年度十佳跑步圣地”第二名；12月15日经过专家评审、部门联审、产业促进领导小组会审核，并经区长办公会审定，给予朝阳公园青少年马术培训中心100万元奖励支持。全年接待游客942万人次。
地址：朝阳公园南路1号
邮编：100026
电话：65940972

（孔　雁）

【安全生产检查】 1月27日，国务院安委会第九督查组在副区长张维刚陪同下，到朝阳公园进行安全生产工作指导检查。督查组对安全生产档案材料逐项查阅，对公园游乐区特种设备随机实地抽查。

（孔 雁）

【国际风情节】 2月19日至24日，举行主题为“风情世界 共绘梦想”朝阳国际风情节，由朝阳公园与北京金艺舟国际文化传播有限公司共同合作举办。来自俄罗斯、希腊、西班牙、荷兰、英国、秘鲁、智利、美国等国家和地区的近百位艺术家为游客展示俄罗斯民间舞、古希腊舞蹈、英国时尚流行音乐、秘鲁风情舞蹈、印第安传统音乐等人文艺术；同时设立“世界中国”文化艺术长廊，开展中欧青少年绘画展、驻华使节摄影展，以及贵州、浙川等地的旅游资源展览。风情节期间，入园人数34.32万人，综合收入740万元。

（孔 雁）

【游园活动】 3月28日，北京朝阳万科房地产开发有限公司主办的“2015万科地球一小时”跑步大赛在08广场举行。启动仪式上，万科业主、员工和志愿者组成跑团进行3.5公里慢跑。4月4日至6日清明小长假期间，北青车房联展在礼花广场、下沉广场举行，活动由北京青年报、北青传媒股份有限公司主办，北京泛洋环球展览设计有限责任公司承办；3天累计入场1.6万余人。4月11日，由融创中国控股有限公司主办，上海德沪公共关系顾问有限公司承办的“融创中国2015 Fluorescent Run荧光夜跑”活动在08广场举行；融创业主、员工和志愿者组成跑团，进行6公里慢跑。4月12日，由卡萨帝主办，新海域（北京）国际文化传媒有限公司承办的“卡萨帝家庭马拉松北京站”活动在08广场举行。5月1日至3日，“牛进城了”创意雕塑展活动举行，活动由北京御福临文化传媒有限公司主办，现场摆放20个不同造型的牛雕塑。5月8日至18日，北京书市由北京市新闻出版广电局主办，北京发行集团承办，朝阳区人民政府、北京出版发行业协会协办，汇聚百余家国内大型出版文化企业，集中展销30余万种正版中外优秀出版物，邀各界名人举办签售、讲座等百余场文化活动；展位468个，比去年增加10%。5月15日，由北京市公安局主办的打击和防范经济犯罪宣传日活动在南门广场举行。5月31日，“贝瓦瓦斯见面会”举行，活动由北京芝兰王树科技有限公司主办。6月13日，北京朝阳万科房地产开发有限公司主办的“2015万科社区乐跑赛”活动在08广场举行，启动仪式上，万科业主、员工和志愿者组成跑团进行5公里公益跑步。6月20日，“怡宝6月全民纯心行动”活动在公园东五门红砖地广场举行，活动由华润怡宝饮料（中国）有限公司主办，广东科美时代广告有限公司承办；主办方邀请30个家庭参加互动活动。7月10日上午，作为中欧建交40周年庆祝活动之一，由欧盟驻华代表团与《世界中国》杂志社联合主办的“梦想中欧”青少年绘画展在北京海洋沙滩节开幕，欧盟驻华大使启动画展，并为获奖作者颁奖；主办方从近700张作品中挑出优秀作品500张，7月10日至8月31日在海洋沙滩公开展出。9月19日，北京CBD党工委、管委会、总工会联合主办的健走活动在红砖地广场和健步道举行，300余名员工参加4.5公里长走。10月24日至25日，北京外语游园会主会场活动举办，活动由北京市民讲外语活动组委会、市外事办、市委宣传部、朝阳区政府等联合主办，市外事办主任赵会民、副主任张谦、朝阳区副区长孙其军等领导出席活动启动仪式；游园会设置7个活动区、18项游园活动；累计入园10.3万人次。

（孔 雁）

【马术世界杯中国联赛】 4月25日起，浪琴表国际马联（FEI）场地障碍世界杯—中国联赛（马术世界杯）在公园马术场举办，来自英国、德国、爱尔兰、奥地利等十几个国家的外籍骑手与中国骑手参加比赛，优胜选手获得代表中国赛区参加2015年度国际马联（FEI）场地障碍世界杯总决赛资格。此项赛事分三站进行，每站比赛历时4天。

（孔 雁）

【融合广场落成】 8月8日，融合广场落成。“融合广场”名称取自智利雕塑家塞尔希奥•卡斯蒂略的雕塑“融合”，占地面积2656平方米，投资138.52万元，由三个六角型广场组合而成，与四角十二柱结构的泰国亭遥相呼应，共同构成疏放有致的空间布局。广场在设计、建设中最大限度地保留原有绿色植被，铺装材料分别使用天然花岗岩、合成人造草和机压透水砖，广场上的雨水通过适当坡度和地表径流进入绿地，或通过管网收集进入公园湖中作为湖水补充，实现雨水循环利用，广场灯光均为LED灯，比普通白炽灯节能约55%；融合广场是朝阳公园应急避难场所组成部分，平时作为交通节点融会园内东西走向的干线道路，发生紧急情况时成为起降医疗救护直升机的停机坪。

（孔 雁）

【市安委会督察组检查】 9月8日，市规划委副主任曹跃进、市科委服务中心王刚、市规划监察执法大队书记赵大鹏等北京市安委会督察组一行来园进行安全检查。督察组听取公园总体安全生产、大人流控制等方面情况汇报，对公园大型A类游乐设备、配电室进行现场实地检查，并检查安全生产制度、培训试卷、安全组织机构、安全例会、特种作业资料等文字档案材料。督察组对公园安全生产工作表示认可，对配电室等细节管理提出完善建议。

（孔 雁）

【将军林纪念活动】 10月17日，由北京十一同学会、朝阳公园主办，加多宝昆仑山协办的将军林落成15周年纪念活动，在东七门将军林举办。北京开国将军后代合唱团、北京军旅之声合唱团、北京十一同学会合唱团共同演出“放歌将军林”合唱表演；出席活动的各界人士200余人。

（孔 雁）

【北京莫斯科结好纪念活动】 11月25日，为纪念北京市与莫斯科市结好二十周年，在朝阳公园举行栽植友谊树活动。莫斯科市文化局局长亚历山大•齐博夫斯基、文物局局长阿列克谢•叶米尼亚诺夫及莫斯科市代表团共18人参加活动。北京市政府外事办公室主任赵会民、市园林绿化局副巡视员廉国钊、市政府外事办公室副主任张谦、朝阳区副区长杨树旗，以及来自北京市林业碳汇工作办公室、朝阳区政府外办和朝阳公园30余人参加活动。赵会民和亚历山大•齐博夫斯基先后致辞，双方均表示，两市自1995年5月16日正式结为友好城市以来关系一直非常密切，今后将继续加强在经贸、科技、文化、城市绿化等方面合作。之后，双方共同为纪念两市多年合作的纪念碑揭幕，并与双方代表共同栽种象征友谊万年长青的白皮松。

（孔 雁）

【重大任务服务保障】 年内，完成“两项重大任务”服务保障工作。8月23日、9月3日上午，公园作为阅兵直升机备降点和人员疏散区闭园，公司做好对游客公示工作，组织维修保障人员备勤待命，做好应急准备。

（孔 雁）

中华民族园

【概况】 中华民族园（北京中华民族博物院）是博物馆与公园相结合的国家AAAA级旅游景区；上级主管单位为北京市民政局社

团办；行业管理隶属于朝阳区绿化局、北京市文物局、朝阳区旅游委。属自收自支、独立核算、自负盈亏的民办事业单位；内设12个部门，职工323人。年底，有植物369416株，其中乔木16717株、灌木161943株、月季类930株、攀援类5926株、竹子182500株。种植水生植物205盆、宿根花卉3.6万株、一二年生草花1.5万株、绿篱3000株/340平方米、草坪2万平方米。庄稼地2800平方米，种植经济作物39种80个品种。全年接待游客15.5万人次，其中免票2.9万人次；门票收入735万元，经营收入957万元。

地址：民族园路1号

邮编：62063791

电话：62063791

网址：http://www.emuseum.org.cn

（汪　昆）

【公园活动】 3月6日，在藏族分馆举行第三届亚运村非公企业女职工游园活动。活动由亚运村街道总工会、团工委、妇联、社区活动中心、中华民族园、环球电广国际广告（北京）有限公司共同主办，300余名女职工参加活动。4月25日，在民族园傣族广场举办第四届亚运村文化艺术节开幕式。活动由亚运村街道有关部门、中华民族园、中国民族男高音协会筹备组联合主办，约400人参加活动。5月1日至3日，五一劳动节期间，民族园开展系列特别活动。包括："欢乐傣乡 傣族泼水节""多彩民族 中国少数民族服装服饰展演""民族集体舞大家跳"等活动，接待游客5000余人。5月9日，由北京市民族事务委员会、北京市社会建设工作办公室共同主办，北京市民族联谊会承办的"美丽北京•多彩节日——2015年56民族团结公益行活动"在北园举行。活动内容包括：民族医药健康义诊、民族法律服务热线现场咨询、高校毕业生就业和适龄儿童入学指导等公益服务，以及中国少数民族科技成就和文化展、民族传统体育嘉年华、清真特色食品展卖、民族歌舞展演、民族大联欢等内容；在京的各民族组织群众3000余人参加活动。5月22日，由《北晚新视觉网》与北京摄影爱好者协会联合主办的首届百姓摄影家评选系列活动在民族园举行。来自北京摄影爱好者协会和各区县摄影协会的约150名摄影爱好者参加活动。6月20日至6月22日，在羌族山寨举行端午节暨羌族瓦尔俄足节活动。内容有挂艾蒿、香蒲，羌族歌舞演出，包粽子等。千余名游客参加活动。7月3日，来自北京市5所小学的师生到民族园开展社会教育大课堂现场课交流活动。老师代表交流办课经验，其中4所学校学生在园内开展民族体育、民族舞蹈、绘画、民族知识讲解等活动。10月1日至7日，举办"藏族雪域高原风情节""民族歌舞大联欢""贵州水城民族表演队民族风情展示""民族服装服饰展演"等活动，接待游客约2万人次。11月8日，举办羌族羌历年活动，活动内容主要有羌族文化保护研讨会、祭祀山神、羌族歌舞联欢等。在京羌族同胞、民族大学羌族同学400余人参加活动。

（汪　昆）

【贵州织金旅游推介】 4月18日，由中共织金县委、织金县人民政府主办，中国全联旅游业商会、中华民族园协办，织金县文体广电旅游局承办的旅游推介会在北园举行。活动包括织金旅游景点推介、旅游产品展示、民俗风情歌舞演出等。织金县及在京相关旅游单位300余人参加活动。

（汪　昆）

【华沙民俗博物馆馆长参观】 7月14日，波兰华沙民俗博物馆馆长Mr. Adam Czyzewski一行3人与波兰大使馆2名陪同人员到民族园参观游览，交流经验。主要参观主展厅及蒙古族、白族、藏族、土族、傣族等景区。

（汪　昆）

【国际青少年交流活动】 8月5日、7日上午，"欢动北京2015国际青少年文化艺术交流周"期间，有来自国内外的14支（外国有印尼、德国汉堡、以色列）青少年舞蹈艺术团到民族园开展文化交流活动，活动主要环节有中外小朋友交换礼物、舞蹈演出、傣族泼水狂欢。民族园少数民族艺术团参加演出。

（汪　昆）

【回民小学开学典礼】 9月7日上午，东城区回民小学师生及家长1400余人在民族园南园三塔广场举行秋季开学典礼暨爱国主义教育第一课活动。活动内容有学生开场民族舞、校长致辞、一年级新生代表宣言、老师代表宣言、爱国快板书、六年级学生给一年级新生佩戴小红花。中华民族园赠送民族地图，教学生少数民族爱国祝福，表演舞蹈"阿佤人民唱新歌"。

（汪　昆）

【贵州水城农民画展】 9月30日至10月5日，由中国民间文艺家协会、中华民族园、北京民族文化遗产保护基金会、中共水城县委、水城县人民政府等单位联合主办的"她从画中来——贵州水城农民画恭贺祖国66岁华诞走进金色北京画展"在北园开展。展出千米水城农民画土布长卷及水城农民画作品120幅。千米长卷画布由水城本土布依族妇女用织布机织成，由该县60余名农民画家用时50天集体创作成画，内容分为神话物象、民俗节庆、故事传说、生产生活、圆梦水城五个章节。人民日报、新华网等二十余家媒体采访报道。

（汪　昆）

【园林养护】 年内，移栽植物70株，其中乔木8株、灌木62株；伐除病死树99株，其中乔木74株、灌木25株。全园范围打药3次，129吨；局部范围用药45次，包括做粘虫胶树环2次；针对菌类病害根部灌药4次，涂抹刷药粉1次，拌土2次；喷雾打药36次。病虫害以白粉病、腐烂病等菌类感染比较严重，采取及时去除病死树、病死枝和打药等方法；主要使用的农药有菊酯类、苯溴铵、多菌灵、石硫合剂、树乐树禾、粘虫胶等。

（汪　昆）

【景区建设】 年内，投入资金约200万元，维修、改造园内民族建筑、服务设施等。主要项目有：朝鲜族药房屋顶防水改造、壮族村寨道路改造、彝族民居修缮养护、佤族西盟民居屋顶防水改造更换仿真草、珞巴族民居屋顶防水改造更换仿真草、台湾高山族瞭望台翻修、北园门区榕王仿真树修缮、佤族山下溶洞改造为面积800平方米展厅、花房玻璃屋顶翻建、票房屋顶防水维修更换仿真草。

（汪　昆）

【动植物保护】 年内，园内野生乡土植物有35科80余种，具有观赏性的有60余种，均得到保护和利用；园内有30余种野生鸟类活动，均得到保护；自行养殖山羊27只、绵羊8只，鸭子36只、鹅3只。

（汪　昆）

【节日摆花】 年内，五一摆花7500盆，门区广场和园内主要景区摆放花坛3个；品种主要有串红、万寿菊、金盏花、鸭脚木、吊兰；铁树、棕榈、红蓼等。十一摆花8000盆，门区广场和园内主要景区摆放花坛3个；品种主要有串红、黄小菊、粉小菊、吊兰、天冬草、彩叶草、美人蕉、蕉藕、铁树、鸭脚木、五色梅等。

（汪　昆）

环 境 管 理

【概况】 朝阳区环境保护局是区政府环境保护专职机构，内设机关科室8个、基层机关1个、纳入机关工资规范管理单位1个、全额拨款事业单位1个、内设机构2个；编制177人，实有155人。年内，区环保局成立大气污染防治科，编制4人；朝阳区环境保护监测站通过计量认证复评审，监测能力扩至9大类109项；向520余家单位征收排污费2320.46万元，妥善解决环境信访投诉7988件，一般建设项目和辐射项目环保审批1828件，验收701件；一般程序处罚910起，总金额2061.43万元。“两项重大活动”空气质量保障任务圆满完成，全区空气质量保持一级优；空气质量自动监测系统建设完成，进入试运行阶段，实时监测CBD地区、大望京地区空气质量状况；全面落实清洁空气行动计划，PM2.5年均浓度83.4微克/立方米，同比下降5.8%。在市环保局组织的全市环境监察信息化系统应用大比武活动中获第一名。

地址：农展南路5号

邮编：100125

电话：65085178

邮箱：huanbao@bjchy.gov.cn

（常 颖）

【领导调研】 2月12日，环保部核与辐射安全监管一司司长郭承站带领环保部核安全局监测应急处、核与辐射安全中心相关人员检查朝阳区辐射安全应急保障工作。3月5日，环保部华北督查中心联合北京市环保局固管中心分两组督查考核朝阳区危险废物规范化管理工作。4月28日，副区长王志勉一行来到区环保局部署大气污染防治和环境应急相关工作。5月14日，中编办政策法规司巡视员郭建平在环保部、国家监测总站、市环保局领导陪同下，就环境监测机构编制面临的重点、难点问题进行调研。7月17日，王志勉组织召开专题会，调度朝阳区燃煤锅炉煤改气配套管线工程相关工作。8月18日，区人大常委会副主任苑文新带队并成立水环境专项调研组，对通惠河水域附近小区污水治理情况和朝阳大悦城排水情况进行专项调研。11月24日，王志勉对加强今冬明春大气污染防治工作进行专题部署。12月21日，王志勉紧急召开全区空气重污染红色预警应对工作电视电话会。

（常 颖）

【应急处置演练】 2月26日，开展环境应急事件处置演练。区环保局环境执法监察大队、环境监测站、机动车排放管理站等部门72名环境应急人员参加演练。

（常 颖）

【征收扬尘排污费】 3月1日，按照市发展改革委、市财政局、市环保局联合发布的《关于建设工程施工工地扬尘排污收费标准的通知》要求，自即日起征收建设工程施工工地扬尘排污费。

（常 颖）

【环保宣传】 3月25日，举办世界水日环保宣传。6月5日，“践行绿色生活 建设美丽朝阳”主题宣传活动在朝阳公园举行。年内，利用局门户网站、《朝阳环境报》、《朝阳报》、朝阳有线电视台等媒体，发布政务信息、解读政策、播报环境质量、普及环保知识。在《中国环境报》上发表文章5篇，在市级媒体发表文章播出新闻5篇，编辑出版《朝阳环境报》9期，录制专题节目2期，在《朝阳报》上编发新闻稿40篇，在朝阳有线播出新闻20余条，组织大型公益活动3次，在14条公交线路和重点道路开展公益宣传，与教委共同组织150多所学校参加的环保演讲比赛，创建2家市级环境教育基地。

（常 颖）

【修订空气重污染应急预案】 4月3日，区环保局对2014年发布的《朝阳区空气重污染应急预案》进行修订。此次预案主要在预警分级、强化措施、提前启动、落实责任及社会监督方面修改完善。

（常 颖）

【污水处理水质自动采样】 7月1日，高碑店污水处理厂等7家主要污水处理厂水质自动采样器安装完毕并通过验收，正式投入使用后，可规范重点污染源例行监督管理，有效推进主要污染物总量减排监测，准确核定污染物排放状况。

（常 颖）

【双桥电镀厂停产】 7月14日，双桥电镀厂停产进入资产清理阶段。区环保局对其进行现场核查，确认所有电镀车间正在拆卸设备、清理腾退，不具备恢复生产条件。

（常 颖）

【重大任务保障】 7月28日，召开“两项重大任务”期间空气质量保障工作会，专题部署空气质量保障工作。王志勉参会并讲话，区大气办主任关伟主持会议，区委宣传部、区发展改革委、区住房城乡建设委、区市政市容委、区农委、区社会办等有关单位参会。8月14日，区环保局联合市环保局、区公安分局、区卫计委组织重点涉源单位召开世界田径锦标赛及中国人民抗日战争暨世界反法西斯战胜胜利70周年纪念活动辐射安全保障工作动员部署会。

（常 颖）

【老旧机动车淘汰】 年内，淘汰老旧机动车56845辆，检查机动车610000辆，处罚超标机动车669件，处罚金额31.85万元，处罚量位列城六区第一。

（常 颖）

【主要污染物减排】 年内，推进主要污染物总量减排工作，北京天海工业有限公司等12家单位作为VOC减排项目，全年完成260吨减排任务，占总任务量103%。

（常 颖）

【环境大检查】 年内，开展环境大检查专项行动，全年检查各类污染源单位6851家次，新建一厂一档2783家，将全区工业企业纳入日常监管范围。

（常 颖）

【扬尘污染治理】 年内，抓好工地扬尘污染治理，检查施工工地3883项次，限期整改2496项次，责令停工整改64项次；推广吸、扫、冲、收清扫保洁新工艺，降低道路尘负荷，全区新工艺作业覆盖率89%以上；新建改造绿化面积15万平方米，新增水面7.3万平方米。

（常 颖）

【综合保障】 年内，成立以常务副区长为组长的区空气重污染应急指挥部，重新修订《朝阳区空气重污染应急预案》，建立111家停产工业企业和266家停工工地台账，预案和台账已向社会公开。启动空气重污染预警15次，重度污染天数49天。建设全项目空气质量自动监测系统通过验收并正式投入运行，实时监测大气主要污染物及气象条件。

（常 颖）

环　境　卫　生

【概况】 朝阳区环境卫生服务中心是环境卫生专业作业服务队伍，区属全额拨款事业单位；内设2个科室，下设9个基层作业单位，有职工8743人。全年，清扫道路总面积3317万平方米，机械作业面积1927万平方米，人工作业面积1385万平方米，保洁过街天桥152座，地下通道54座，保洁清掏果皮箱7528个；管理密闭式清洁站243座，清运生活垃圾190.44万吨；管理公共卫生间938座，清运粪便42.6万吨。

地址：香河园中里
邮编：100028
电话：64628653
邮箱：hwzxbgs@bjchy.gov.cn

（宋　音）

【环境保障】 春节期间，环卫中心出动38500余人次、车辆11500余车次、检查人员840人次，清理非法张贴小广告10万余张、烟花爆竹残屑225吨。全国“两会”期间，环卫中心出动82000余人次、车辆21265余车次，检查830人次，清理生活垃圾49923吨、非法张贴小广告157600余张、白色污染256000余处，清运粪便25129吨。9月，“9·3阅兵”纪念活动及彩排期间，区环卫中心出动职工保洁3128人次、车辆865车次，摆放移动公厕坑位70个，清运垃圾392余吨；截至9月4日，为保障“两项重大任务”，出动16153人次、2823车次，使用再生水15090吨，摆放70个坑位的移动公厕，清运垃圾6772余吨。10月1日至7日，出动38705人次、8106车次，使用再生水18910吨，保洁公共卫生间920座，抽运12528吨粪便、密闭式清洁站240座，清运30275吨垃圾。10月5日，北京市启动空气重污染黄色预警，区中心立即增派车辆和人员全力做好保障工作，截至10月9日上午9时，共增派20车次降尘、60车次冲刷和40车次洗地，增加检查人员50人次。

（宋　音）

【扫雪铲冰】 11月13日，区环卫中心在奥林匹克公园景观大道开展扫雪铲冰演练。演练以区扫雪铲冰工作会议精神为指导，区环卫部门600余名职工和150余部车，在信息指挥平台实时调度下，依次完成应急处突、扫雪铲冰应急作业两部分演练工作。11月19日至11月22日，北京市密集雨雪天气，在接到相关部门气候通报后，区环卫中心立即启动应急响应机制，出动干路作业职工3250人、多功能除雪车295车次、重型融雪车辆设备40部，使用环保型融雪剂590吨。

（宋　音）

朝阳循环经济产业园管理中心

【概况】 北京市朝阳循环经济产业园管理中心为区政府直属全额拨款事业单位，业务归口区市政市容委管理。年内，消纳垃圾97.78万吨，其中，填埋场填埋残渣20.45万吨，高安屯生活垃圾焚烧发电厂年处理生活垃圾72.08万吨，北京朝阳餐厨废弃物处理厂年处理餐厨垃圾5.25万吨。高安屯卫生填埋场年处理渗沥液4.78万吨，填埋气收集处理270.95万立方米，填埋气发电总量152.05万度；高安屯生活垃圾焚烧发电厂年上网发电2.55亿度。全年园区对外接待396批次、16003人次。园区获“中国人居环境范例奖”“全国科普教育基地”“中环协争优创新先进单位”“北京市环境教育基地”“北京市中小学生实践教育基地”等荣誉。

地址：金盏乡高安屯村
邮编：100024
电话：65417429
邮箱：ljcl7429@sina.com

（李佐娟）

【异味防控与环境监测】 年初，对园区异味源进行专项普查，针对不同点位，制定整治与监控计划。明确责任，与驻园单位签订异味防控责任书。建立异味举报制度，加强巡视、联查及排查。年内未出现因异味产生的环境事件。加强环境监测，完善常规监测，增加专项监测，对监测结果及时进行统计分析和通报，通过数据公开、对外开放等，让社会更多地了解园区及垃圾处理工艺。年内园区空气质量、二噁英监测等均达标。

（李佐娟）

【领导调研】 3月26日，市政市容委副主任李如刚、市政府督查室绩效办主任张国兴带队，会同市发展改革委、市规划委、市环保局等相关部门一行10人，就北京市三年生活垃圾处理设施建设情况到管理中心联合督导。5月21日，市政协经济委主任吴杰、副主任刘桓等一行25人就垃圾处理工作到园考察。6月26日，区委书记程连元、区委常委、组织部部长何明、副区长杨树旗带领区发改委、住建委、市政市容委、财政局、环保局等部门负责人到园调研焚烧中心项目建设情况。7月23日，市委副秘书长刘宇辉率队就垃圾处理项目建设运行管理情况到园视察调研。10月9日，市长王安顺就基础设施投资建设到园调研，市市政市容委主任孙新军、区委书记吴桂英，市区相关委办局、循环经济产业园管理中心主要领导陪同。10月21日，市发改委副主任张国洪带领相关处室人员到园现场调研调度焚烧中心等重点项目建设情况。10月28日，区人大常委会副主任苑文新及人大代表一行40余人到园区视察科普展厅、卫生填埋场和焚烧中心项目。11月5日，市人大代表团一行10余人在市人大常委会城建办安排下到园区调研，实地考察垃圾处理设施建设运行情况，市市政市容委副主任李如刚、管理中心主任皮猛全程陪同。

（李佐娟）

【国际业务交流】 7月24日，国家发改委宏观经济研究院组织来自巴基斯坦、柬埔寨、缅甸、斯里兰卡等10余个国家负责环境、资源、经济、文化等部门的41名官员到园区参观交流。11月2日，以俄罗斯斯维尔德洛夫斯克州州报主编巴良宁为团长的俄罗斯乌拉尔地区主流媒体团一行4人，在中联部相关负责人陪同下到园参观交流。

（李佐娟）

【焚烧中心项目】 11月18日22时，生活垃圾综合处理厂焚烧中心1号炉首次点火。截至年底，建设项目完成投资66224.0901万元（总投资111791万元），签订合同141份，完成招标工作57项；工程总体进度约85%，主设备安装就位完成87%，辅助工程完成92%。

（李佐娟）

【对外开放接待】 年内，园区共接待社会各界人士396批、16003人次，同比增长32%；其中政府部门参观91批次、3048人次，企业参观81批次、1602人次，居民参观12批次、1235人次，媒体参观13批次、203人，外宾8批次、274人，学生参观124

批次、6291人次，垃圾文明一日游活动参观67批次，3350人次。

（李佐娟）

【科技项目】 年内，结合园区焚烧残渣、渗沥液处理需求，与区科委签订《焚烧残渣填埋过程中重金属污染环境风险评价及回收利用技术研究》《基于工程应用的垃圾渗沥液浓缩液处理新技术——浓缩液代替工艺水回用SDA系统的研究》两项课题任务，取得70万元资金支持。加强高新技术合作交流，与中国石油大学签订教学就业实践基地协议并挂牌。作为国家科普教育基地单位，应邀参加2015年全国科普日暨科学嘉年华活动，宣传与废弃物循环利用及家庭环保相关的知识及科学技术。受北京市人力社保局委托承办北京市有机废弃物处理技术高级研修班；参与市教委初中开放性实验课程项目；世界环境日，与太阳宫地区联合主办“关注生活垃圾、共建美丽家园”主题活动。

（李佐娟）

科技　教育

科　　技

【概况】　朝阳区科学技术委员会下属朝阳区生产力促进中心、朝阳区知识产权服务中心两个事业单位和朝阳区（设计服务业）知识产权快速维权中心。年内，全区技术合同交易额突破650亿元，同比增长7.7%，位列全市第二。全区专利申请26395件（其中发明专利占61.4%），同比增长13.2%。授权16101件（其中发明专利授权占49%），同比增长27.6%。向国外申请专利1736件，同比增长16%。推荐国家级高新技术企业认定、复审509家。全区新增高新技术企业211家，累计1250家，占全市10.4%。区知识产权保护服务分中心获北京市“优秀分中心”称号。

地址：日坛北街33号
邮编：100020
电话：65099678
邮箱：kewei0001@yahoo.com.cn

（李小骏）

【高校联盟活动】　1月20日，朝阳区—高校发展合作联盟组织区水务局、安监局等行政管理机关，中国传媒大学，循环经济产业园，奥林匹克森林公园等10余家企事业单位70余人参观北京工业大学科技成果展。

（李小骏）

【高新企业宣传】　1月22日，区生产力中心与中关村光电产业协会共同组织面向高新企业的科技创新政策宣讲会，相关领导及企业代表150余人出席。5月12日，召开科技、知识产权政策培训宣讲会，区内高新技术企业、专利试点、示范单位、专利中介机构等企业相关部门负责人150余人参加。

（李小骏）

【科技三下乡】　2月9日至11日，分别到十八里店乡、南磨房乡和金盏乡，为农村居民送去科普图书、期刊，向百姓宣传最新的科学知识、科技动态和与百姓生活密切相关的科学常识。

（李小骏）

【市级“众创空间”】　3月23日，在市科委召开的“北京市促进众创空间建设推进会”上，朝阳区融创动力科技文化创意产业基地、极地国际创新中心2家孵化机构被授牌为首批10家北京市“众创空间”成员单位。9月22日，在市科委召开的“众创空间”工作会上，朝阳区优客工场（北京）创业投资有限公司的优客工场、洪泰创新空间（北京）创业投资有限公司的洪泰创新空间、北京北服时尚投资管理中心的北服创新园、北京云研社科技有限公司的云研社、北京果壳互动科技传媒有限公司的果壳空间、北京合信投资管理有限公司的超级蜂巢、尚巴创新文化（北京）有限公司的尚8文化，被授牌为北京市“众创空间”称号。

（李小骏）

【科普宣传】　3月24日，联合区气象局，在来广营地区举办以“气候行动在朝阳”为主题的社区科普服务活动，来广营地区居民200余人参加。9月23日，“牵手蓝天”环保公益活动走进机场街道西平街社区科普体验厅，对外经济贸易大学附属中学机场分校师生40余人参加。11月18日，“牵手蓝天”环保公益活动走进管庄新天地社区，该活动由市科委与北京电视台新闻频道主办，市新材料中心、区科委和管庄乡政府共同承办，新天地社区居民50余人参加。

（李小骏）

【项目验收】　3月30日，召开“朝阳区产学研协同创新服务体系建设”课题验收会，通过验收。6月2日，推荐区生产力促进中心组织的“搭建创新平台开展‘双创’人才建设”“朝阳区孵化器联盟创新创业人才集聚服务体系建设”两个项目参加区委组织部的专家答辩会。10月15日，由北京798文化创意产业投资股份有限公司实施的“在线798云平台”建设项目通过北京市绿色通道项目验收。

（李小骏）

【知识产权宣传】　3月，在第二十二届中国（北京）国际建筑装饰及材料博览会和第二十三届中国国际广播电视信息网络展览会上，区科委（知识产权局）专利执法人员开展知识产权宣传保护工作。4月23日，区知识产权局和工商朝阳分局在北京眼镜城开展以“建设知识产权强国　支撑创新驱动发展”为主题的宣传培训活动。燕莎、居然之家、秀水街等20余家辖区重点商（市）场的知识产权主管参会。8月5日至6日，区知识产权局与市知识产权局在蟹岛度假村联合举办“2015年朝阳区知识产权金融培训及政策宣讲会”。朝阳区90余家专利试点、示范企业和高新技术企业的120余人参加培训。

（李小骏）

【科技旅游】　4月14日，“2015年朝阳区科技旅游”活动正式启动，区科委、区气象局组织平房乡雅成里社区居民100余人参观中国气象局和昌平农业嘉年华。

（李小骏）

【知识产权联席会】　4月15日，召开“2015年知识产权联席会议工作会”，总结上年知识产权工作，交流经验体会，部署下一阶段工作。区知识产权联席会议成员单位参加会议。9月25日，在望京科技园召开区知识产权联席会议专项工作会，主要内容是研究落实“国家知识产权示范城区”相关工作，联席会议成员单位主管领导参会。

（李小骏）

【科技融合】　5月13日，区生产力促进中心召开“首都文化科技融合协同创新模式研究”课题工作调研会。与市科委有关专家和课题组成员，探讨朝阳区国家级文化科技融合示范基地建设及文化科技融合创新发展情况，重点讨论协同创新推进文化科技融合、文化科技融合指标体系建设和重点文化科技产业发展区建设。

（李小骏）

【科普统计】 5月至7月，按照国家科技部《关于开展2014年度全国科普统计的通知》和市科委《关于开展2014年度北京地区全国科普统计的通知》要求，组织区教委、区委组织部、区委宣传部、区委农委、区委文化委、街乡、科普基地等200余个单位及直属机构参加2014年度科普数据统计工作，并完成数据的收集、汇总、录入。据统计数据显示，全区有专、兼职科普人员2625人，科普经费筹集额7430万元，举办科普（技）讲座6600余次，受众超过62万人次。

（李小骏）

【首都科技条件平台】 6月3日，联合中国科学院研发试验服务基地、中国建材总院研发试验服务基地共同举办首都科技条件平台“百家实验室进千家企业”科技需求对接交流会。6月5日，区科委生产力中心联合朝阳工作站、科技金融领域中心共同召开“2015年首都科技条件平台朝阳工作站与科技金融领域中心科技金融工作对接会”。7月1日，首都科技条件平台朝阳工作站联合中国建材总院研发试验服务基地，在中国建材总院主楼报告厅召开“百家实验室进千家企业”科技需求对接交流会，区生产力中心和建材院负责人及首都科技创新券管理办公室、新材料领域中心相关领导与近20家企业代表参会。

（李小骏）

【知识产权联合执法检查】 6月30日，联合工商朝阳分局、区食品药品监督管理局、区商务委等单位组成检查组，到区域内重点商业企业开展知识产权联合执法检查。

（李小骏）

【国家知识产权示范城市（城区）推进会】 7月8日，朝阳区高标准建设国家知识产权示范城市（城区）工作会谈和推进会在望京科技园召开，安排部署国家知识产权示范城市（城区）建设各项目标任务，高标准推进国家知识产权示范城市（城区）建设。国家知识产权局、市知识产权局及朝阳区相关领导，区知识产权联席会议成员单位主管领导及区域内重点企业、高校、科研单位、知识产权服务机构的代表等150余人参会。

（李小骏）

【调研和交流】 7月9日，区科委生产力中心组织联合国教科文组织负责人戴奥克拉奥一行官员到751、798园区考察，交流区域科技创新、文化科技融合、众创空间建设和设计服务业、文化科技国际化发展等。10月30日，唐山市路北区区长等一行人员到区科委考察交流。12月9日，昆明市科技局、科技情报所、生产力中心等相关人员到朝阳区调研科技工作。

（李小骏）

【创新创业对接会】 11月11日，在融创动力文化创意产业基地召开朝阳区创新创业政策对接会，市工信委、市科委、区科委、中关村管委会等部门领导及首届众创杯北京创新创业大赛13支创业团队出席会议。

（李小骏）

【设计服务企业培训会】 12月3日，区知识产权局与国家知识产权局在北京西郊宾馆共同举办设计服务企业专利管理人员业务培训会。国家知识产权局专利局外观设计审查部质量保障部和区知识产权局相关领导出席会议并讲话，区内40余家企业专利管理人员和20余家知识产权代理机构专利代理人员80余人参加培训。

（李小骏）

【科技企业孵化器联盟成立】 12月4日，在融创动力园区召开朝阳区科技企业孵化器联盟成立大会暨第一届理事会。市科委、北京创业孵育协会、市生产力促进中心、朝阳区相关部门领导及科技企业孵化器联盟73家成员单位参加会议。

（李小骏）

【科技孵化】 12月21日，在望京科技园召开望京生命科学孵化器成立暨朝阳区科技孵化体系建设工作推进会。科技部火炬中心、市科委、中关村管委会等各级领导出席，区委组织部、区发改委、区科委、区文创办、区金融办、电子城管委会、区工商局、区行政服务中心等部门相关负责人及重点孵化园区、机构和在孵企业代表参会。

（李小骏）

【科普体验厅】 年内，社区科普体验厅项目建设全部完成，并通过专家验收。机场街道西平街社区、管庄乡新天地社区、呼家楼街道核桃园社区、来广营乡茉藜园社区和绣菊园社区等5个社区获批为北京市社区首批科普体验厅。

（李小骏）

【科技创新券】 年内，首都科技条件平台朝阳工作站发放创新券103万元，比上年31万元的发放总量增长232%。

（李小骏）

【专利试点】 年内，北京中斗科技股份有限公司等25家企事业单位全部通过验收，成为北京市专利试点单位。至此，全区专利试点单位总数为193家。

（李小骏）

【国家知识产权示范企业】 年内，京东方科技集团股份有限公司和中粮集团成为“2015年度国家知识产权示范企业”。中国建筑材料科学研究总院、北京洛娃日化有限公司和鼎桥通信技术有限公司等3家企业成为“2015年度国家知识产权优势企业”。至此，全区有国家知识产权示范企业5家，国家知识产权优势企业13家，占全市总数的17.3%。

（李小骏）

【知识产权专项支持经费】 年内，落实专利资助奖励金481.1万元。支持6项专利技术产业化，转化专利46项，实现产值18亿元。支持11家企业知识产权质押贷款贴息资金255.7万元，20家中小型科技企业通过知识产权质押贷款2.8亿元。对29家单位85项技术标准给予207.8万元资助。

（李小骏）

【企业技术创新专项和研发资助】 年内，投入1170万元组织实施企业技术创新专项和企业研发投入资助计划项目，“三新”产业、文化创意等重点产业32个项目获支持。

（李小骏）

【市级项目】 年内，推荐申报的“电梯安全运行状态监测系统研制与应急救援平台”项目获市科委260万元的绿色通道立项支持，12家企业获市科委科技服务业专项支持。

（李小骏）

【协同创新项目】 年内，协同创新项目安排资金700万元支持实施27个项目。

（李小骏）

教 育

【概况】 年内，投入区教育经费总1184736万元，教育财政拨款846243万元，比上年增加79418万元，增长10.36%，高于财政经常性收入增长5.36%。生均教育事业费支出38058元，比上年增加2692元；生均公用经费20710元，比上年增加652元。预算内教育经费支出（含城市附加）846243万元，占财政支出4436484万元的19.07%，比上年减少1.07 %。改扩建学校设施及修缮投入163886万元，设备购置投入71380万元。固定资产总额1480643万元，校舍总占地面积4648924.56平方米，总建筑面积2887376.2平方米，学校图书馆藏书799.41万册。中小学占地面积4204039.93平方米、建筑面积2516515.45平方米（含民办学校），图书馆（室）藏书 752.46万册，固定资产1345927.89万元。小学86所（不含57所一贯制学校），其中教育部门办 80 所。班级数3738个。全区小学招生20359人，毕业生12320人。在校正式生59094 人，借读生60125人。教职工6833 人，其中专任教师6505人。小学入学率100 %，巩固率100 %，毕业率100 %。民办中小学25所，班级数798个。完小招生967人，毕业1901人，在校正式生2288人，借读生12625人。初高中班级数209个，正式生1915人，借读生1870 人，其中初中招生756人、毕业生437人。打工子弟学校（未批自办校）11所，班级数172个，在校生8872人。特教学校、小学附设特教班7所，班级数37个，在校学生数243人，教职工68人，专任教师87人。残疾儿童入学率100 %，巩固率100 %。工读学校1所，班级数4个，学生数40人。教职工36人，专任教师23人。民族学校 2所，在校正式生396人，借读生1030人，正式生中少数民族学生数223人，少数民族学生占56.31 %；教职工134人，其中少数民族教职工20人。中学91所，其中教育部门办72所（初中20所、完中13所、高中1 所、一贯制学校57所），民办校 19所。教育部门办学校毕业14689人（初中10120人、高中4569人），招生15734人（初中11466人、高中4268人），在校生48216人（初中35500人、高中12716人）。初中入学率100%，巩固率100 %，中考及格率 94.79 %，应届毕业生高考本科上线率92.02%。教职工19660人，其中专任教师16995人。幼儿园214所，其中教育部门办33所、社会力量办181所。离园幼儿15750人，入园27123人，在园人数66518人，入园率96.3%。教职工12365人，其中专任教师 6554人。年内，新建幼儿园11所，改扩建幼儿园8所，增加学位4189个。全区有北京市示范性幼儿园22所、北京市一级一类园86所、二级一类园1所、一级二类园 21所、二级二类园15 所。有北京市社区早教基地 68 个。校外教育单位 1个，教职工117人，其中专任教师72人。全区职业学校 5 所，占地面积 337050平方米，产权建筑面积237695.67 平方米。藏书46.17万册，固定资产总值88394万元。全年教育经费投入48877.23万元，设有劲松职业高中劲松校区、求实职业学校望京校区和北京市电气工程学校将台路校区等22个校区，开设49个专业和294 个教学班。有教职工991人，其中专任教师 761人、教辅人员 230 人，聘请校外教师91人，有“双师型教师”274人。毕业学生2975人，就业率98%。招生2513人，在校生7692人。截至年底，全区有中小学素质教育示范校108所（小学69所、中学39所）、普通中学特色化校124所（小学102所、中学22所）。北京市朝阳外国语学校书记兼校长郝又明被评为“朝阳教育家”。

地址：石佛营西里2号
邮编：100025
电话：85851085

（张 明）

【校企合作协议签订】 1月7日，北京市求实职业学校机场校区与中国新华航空集团有限公司签订校企合作协议。合作事项为学校根据集团要求为其提供完成地面服务实习工作学生培养，集团为毕业生提供就业岗位，学校定期为集团提供培训场地、师资等，集团为学校提供企业专家进校园培训。

（占福林）

【区县同课异构主题教研活动】 1月8日，北京市第十六中学（朝阳区）、北京市第一五四中学（西城区）、北京市张家湾中学（通州区）共同举行“同课异构模式交流”主题教研活动。活动展示不同教师对同一教材内容不同处理方式，及教师不同教学风格和教学策略产生教学效果。

（张林瑶）

【劲松二幼接待全国园长高级研修班】 1月13日，劲松二幼接待全国园长高级研修班观摩，幼儿园分别做“幼儿园管理经验交流”“师幼音乐素养的提升”专题经验交流，50位园长观摩幼儿园音乐特色活动。

（宋莉岩）

【双预项目研讨会】 1月15日，由北京师范大学首都基础教育研究院和区教委组织“北京市群体干预解决学习困难学生预警跟踪及提升学习质量行动实践”（简称“双预”）研讨会在区教育研究中心附属学校举行。是市、区、校三级统筹，行政部门和教研部门协同攻关课改实验展示，各区县“双预”项目负责人及实验教师、学校领导等300人出席活动。研讨“学校管理”“班级管理”“学科教学”。

（崔 蔚）

【职业学校校园之星评选】 1月18日，以“践行社会主义核心价值观，做青春出彩职高生”为主题的第八届“校园之星”表彰暨明星社团教育展示活动举行。表彰12位区级校园之星和10个明星社团，并进行社团展示活动。

（李联启）

【首批大师工作室成立】 1月22日，朝阳区首批体育、艺术、科技“大师工作室”成立，区委区政府颁发聘书。十位大师分别是原北京国安队足球教练金志扬，中国著名指挥家、教育家杨鸿年，著名二胡演奏家、教育家，中国音乐学院副院长宋飞，中国人民解放军军乐团团长于海，著名舞蹈理论家和评论家冯双白，北京理工大学教授、全国政协教科文卫委员焦文俊，北京市一级民间艺术大师、中国美术学会会员王燕，现任北京美术教育研究会理事长、中国收藏家协会绘画研究委员会秘书长赵一唐，全国羽毛球“十佳”运动员、亚洲最佳男运动员、曾获世界杯赛男单冠军董炯，北京市曲艺团优秀相声演员李伟健。

（王新颖）

【职业体验活动签约仪式】 1月23日，北京市电气工程学校在管庄校区举办“职普携手——职业体验活动”签约仪式。学校智能环保、轨道交通、电子信息、现代园艺、法律事务和电气工程6个专业集群发展，各专业配有现代化实习实训基地或农事体验园区，为开展中小学生职业体验活动提供专业师资和场地。学校设计职业指导、职业活动、科普知识和生活情趣四部分19类课程，与全区30个普教学校签署《职业体验活动课程项目合作意向书》。

（王世兵）

【“朝教e社区”微信平台启用】 1月，“朝教e社区”微信平台投入使用。平台以家庭教育为主要内容，有资讯快报（教育信息、学校活动信息、活动预告、对话成长）、家长课堂（萌宝驾到、小豆包成长记、家有儿女初长成、青葱岁月）、成长故事（家庭教育故事征文选登）等栏目，内容每周更新。截至12月，用户有3000人。

（李 雪）

【组建区教育网络电视中心】 1月，区教委组建朝阳区教育网络电视中心。该中心为临时性常设机构，与区教委宣传教育中心合署办公，统一管理。

（陈 璐）

【2所学校成立】 1月，北京景山学校朝阳学校成立。学校属于来广营地区金茂府教育配套学校，是九年一贯制学校，全额拨款事业单位，学校建36个教学班（初中班12个、小学班24个）。7月，北京市陈经纶中学崇实分校成立，学校属于官庄农民新村教育配套，是九年一贯制学校，全额拨款事业单位，学校建18个教学班（初中班6个、小学班12个）。

（张志达）

【普通高中校长课程领导力论坛会】 2月2日，举办朝阳区普通高中校长课程领导力论坛会。主题是“我国基础教育未来发展新特征研究”。北京师范大学教授裴娣娜做导引性报告，全区6所项目学校围绕办学定位、培养目标、课程、教学、德育、教师发展及校长领导力研究中存在问题与困惑作总结汇报。区教委副主任王彪做总结发言，发言强调课程改革在促进全区教育内涵发展中作用，特别是在未来5年规划中占据重要地位，突出课程改革研究紧迫性、现实性和高端性。

（王圆圆）

【教育部调研中小学课堂讲坛意识形态】 2月13日，教育部副部长、党组成员、总督学刘利民到北京市陈经纶中学调研中小学课堂讲坛意识形态工作。刘利民听取学校关于中学生德育教育方面工作开展情况和区教委开展学生德育教育情况汇报。刘利民鼓励学校进一步探索适合中学生德育教育形式和德育内容，在中学生德育教育方面起到示范作用。

（李 景）

【陈经纶中学校长获首都十大教育新闻人物】 2月28日，北京市陈经纶中学校长张德庆当选为由市委教育工委、市教委主办，北京教育新闻中心承办的第六届“首都十大教育新闻人物”，是全区唯一获此荣誉的基础教育工作者。

（黄 杰）

【社管所组建自办学校片区管理员队伍】 2月，全区自办学校（托幼场所）组建片区管理员队伍，检查分布在区内22个街乡11所自办学校及360所自办托幼场所安全情况，查出安全隐患2123项，整改1603项。对于隐患问题突出园所，在教育协管员监督下继续落实整改并进行追踪记录。

（姜 彤）

【外国专家管理】 3月5日，组织“百名外教在朝阳”开学典礼暨培训会。来自10个国家100名外籍教师及外教工作学校负责主管领导300人参会。会议分组培训新、老外籍教师，向新聘任外籍教师介绍中国传统师德、北京生活指南、各种规章制度，保证109个“外教口语项目”在1000余个教学班级顺利开课。

（韩 庆）

【少年儿童书信手拉手活动】 3月13日，少工委在全区开展“百万新疆各族少年儿童与内地少年儿童书信手拉手”活动，区内22校2600名学生与新疆22所学校3000名学生结为手拉手好友，双方通过纸质书信、邮件、飞信、微信等媒介手段，介绍区域优秀传统文化，交流学习经验。

（韩雪森）

【首届全区青年教师风采展示活动】 3月14日，朝阳区首届青年教师风采大赛展示活动在清华附小商务中心区实验小学举办。全区35岁以下青年教师代表参加，展示活动由“憧憬·梦想”“成长·希望”“青春·阳光”“传承·发扬”四幕组成。

（郭 锐）

【幼儿园教学的创新方式培训】 3月17日，劲松一幼承办区级国际化引进课程——英国阿伯丁大学“幼儿园教学的创新方式”培训。主要内容为早期教育主要理论和方法，培训教师如何开发和培养学前儿童在识字、交流和艺术等方面技巧。

（王 雪）

【开放生物重点实验室】 3月22日，对外经济贸易大学附属中学（北京市第九十四中学）组织“北京市科学探索生物学重点开放实验室”第一个开放日活动，重点开放实验室有数码互动实验室、植物组培实验室、分子实验室和教学温室实验室，接待全市各区县百名中小学生。活动分层次设计3个生物专题、4项实验探究活动。小学生体验细胞模型制作和显微镜观察操作，初中生参与细胞吸水功能探究及组培苗无菌接种操作，高中生探究分子生物学。

（尹 帅）

【“智慧校园”实验校启动会】 3月25日，朝阳区“智慧校园”实验校建设项目启动会在朝阳区实验小学召开。该项目以教与学方式变革为核心，以减负提质为根本，进一步推进信息技术在课堂教学应用。朝阳区实验小学老师倪芳利用Pad（移动智能终端）创设模拟导游活动，学生利用Pad工具呈现地图进行圈划和选择路线并描述。会上颁布《2015年朝阳区“智慧校园”实验校建设指导意见》。

（张清军）

【招生考试中心规范学籍管理】 3月，下发《北京市朝阳区中小学学生学籍管理办法实施细则（试行）》通知，核查新生入学注册、学籍变动和在校生学籍情况，分类统计学籍人数严把转入、转出、休学、借读关口。

（白志坚）

【自办学校师生分流安置】 3月，孙河乡政府关停取缔华成学校、沙子营学校和育星园3所未经批准自办学校。上述3校师生1700人分流安置，由北京市朝阳区百年实验学校接收401名学生，其余1299学生分别返乡或就读于其他区县学校。

（侍 媛）

【和平街一中获市学生金鹏科技团称号】 4月2日，和平街一中获“北京市学生金鹏科技团”称号，是朝阳区唯一新认定具有12年一贯制金鹏科技团承办校，也是第一批被认定为“北京市中小学科技教育示范校”。

（邱 颖）

【儿童阅读日主题活动】 4月10日，北京市“激发阅读动力书香伴我成长”专题研讨会暨朝阳区第八届儿童阅读日主题活动在楼梓庄小学举办。作为北京市习作教育实践研究首个小学基地校，学校围绕“习作教育”开展情况做现场展示和交流。“习作教育”是利用图书馆资源，开发多种阅读课教学模式，探索分级阅读途径，激发学生阅读动力，使阅读成为学生生活习惯，实现书香伴随学生成长。活动中，学校展示课内导读课外阅读分享、学生导读与分享、形体阅读等10节不同模式阅读课。

（王鸿雁）

【参加PISA测试】　4月10日，北京市金盏学校22名学生和25名教师参加“2015年PISA测试”。朝阳区6个学校参加测试。PISA（国际学生评估项目）是一项由经济合作与发展组织统筹学生能力国际评估计划，主要评估接近完成基础教育的15岁学生，测试学生能否掌握参与社会所需的知识与技能。

（张　玉）

【“对话成长”电视栏目正式上线】　4月15日，朝阳区“对话成长”家庭教育电视节目，在歌华有线数字801朝阳有线电视台和北京电视台公共频道正式上线播出（每周三晚8：30—9：00首播，次日早8：30—9：00和下午1：30—2：00重播）。截至12月28日，完成50期节目录制、编辑，播出36期。

（李　雪）

【对口援建南阳信息工程学校】　4月16日，北京市电气工程学校与河南省南阳信息工程学校签署“对口支援建设合作协议”。是南水北调中线工程北京市与渠首校对口援建合作项目之一。双方在专业内涵发展、师资队伍建设、课程体系改革、实训基地建设等方面合作。

（王世兵）

【文化建设示范校】　4月17日，在市教委主办的北京市第二批中小学学校文化建设示范校创建活动总结会上，朝阳区望京南湖东园小学、传媒附小、安慧里中心小学、劲松第四小学、北京市朝阳区第二实验小学、新源西里小学、花家地实验小学、北师大奥林匹克花园实验小学、青院附中、第十七中学、九十四中学、芳草地国际学校富力分校、陈经纶中学分校、北京市润丰学校、北京市朝阳外国语学校、东方德才学校、日坛中学、北京师范大学朝阳附属中学、十八里店小学、八里庄中心小学、垂杨柳中心小学、南湖中园小学、二外附小、三里屯小学、平房小学等25所中小学进入第二批中小学学校文化建设示范校。在市教委认定的2批北京市学校文化建设示范校中，朝阳区有37所，占全市八分之一。

（陈　璐）

【养老专业校企合作】　4月22日，北京市劲松职业高中与乐成老年事业投资有限公司举行校企合作签约仪式。双方在专业课程、师资培养、实习实训、社会培训、国际合作等方面开展合作。

（李联启）

【行知天下游学活动】　4月22日至25日，北京市朝阳外国语学校分校组织七、八年级全体学生及部分小学生到南京和苏州进行“行知天下——江南行”游学活动。活动以学科研学课题为线索，各相关学科教师根据游学地点，设计研学课题供学生选择。学生通过小组合作形式，提出问题，引发思考，开展针对性研学活动，形成研学报告。

（张　侠）

【中学生汉字听写比赛】　4月25日，区语委办举办“世界读书日”主题活动暨中国汉字听写大会全国巡回赛朝阳区选拔赛。人大附中朝阳学校、陈经纶中学分校等9所学校45名中学生参赛。人大附中朝阳学校、陈经纶中学分校获团体一等奖，并代表朝阳区参加汉字听写大会北京赛区选拔赛。

（韩志波）

【获市中等职业学校技能大赛奖】　4月26日，在市教育委员会、市教育科学研究院和市职业技术教育学会等单位联合主办的“2015年北京市中等职业学校技术技能比赛”中，求实职业学校获“新大陆”杯物联网技术应用与维护赛第一名。

（占福林）

【教育部PISA2015测试】　4月，组织八十中学、陈经纶中学嘉铭分校、九十四中学机场分校、金盏中学、豆各庄中学、黑庄户中学等6所学校的年满15周岁学生参加PISA2015测试。

（白志坚）

【获得荣誉】　5月7日，北京市日坛中学教师张滨滨、朝阳区实验小学校长陈立华等13人获“2015年北京市先进工作者”称号，北京市第八十中学获“全国五一巾帼标兵岗”称号，朝阳外国语学校数学教研组、朝阳区星河实验小学数学教研组获“北京市模范集体”称号，北京市陈经纶中学获“北京市模范职工之家”称号，朝阳区平房小学获“北京市模范职工小家”称号。区教育工会获“朝阳区星级工会”奖。

（赵　光）

【小学第四批区级素质教育示范校评审工作】　5月13日，召开第四批小学区级素质教育示范校专家评审会，17个学校参加，13所学校通过评审。至此，全区共有小学素质教育示范校69所。

（乔春江）

【共建北师大特殊教育实验基地】　5月15日，北京师范大学特殊教育研究所及联合国教科文北京信息技术研究院联合在安华学校共建北京师范大学特殊教育实验基地，为朝阳区特殊教育师资，为残疾人家长培训及推进残疾人职业教育、就业安置，为孤独症儿童教育康复工作提供支持。

（王　蕊）

【参加2015年全国科技活动周】　5月16日，赴朝阳学校150名学生代表北京市小学生参加在人民文化宫举办的“2015年全国科技活动周暨北京科技周”主场活动，科技周以“创新创业·科技惠民”为主题。

（国建杰）

【小学生实验技能大赛】　5月24日，青少年活动中心举办以“水轮旋转创客体验”为主题的朝阳区小学生实验技能大赛，来自30所学校的130余师生参与活动。

（张　弛）

【承办2015年中国教育国际化研讨会】　5月24日至25日，区教委承办由教育部教育发展研究中心主办的“第五届中国教育国际化研讨会”。来全国20余省市自治区近500位代表研讨“教育国际化的区域推进方略与学校探索实践”，30余位参会人员和著名专家作题为“世界教育：2030年目标”“中外合作办学应加强质量建设”等一系列教育国际化专题报告。会议开设区域教育国际化论坛、基础教育国际化论坛、高等教育国际化论坛和民办教育国际化论坛等4个专题研讨会场。

（韩　庆）

【爱心洒山间公益活动】　5月26日，田华小学党、团、队及家长代表到河北省张家口涿鹿县东相广村小学开展“牵手小伙伴，爱心洒山间”教育公益活动。60人装载30万元“爱心物资”送至学校，南磨房地区企业参加活动。

（郭明珠）

【教师普通话提升培训班】　5月29至30日，朝区启动中小学教师普通话水平提升培训，参训学员80名。开设普通话语音知识及训练，北京话、方言与普通话辨正及训练，教师朗诵艺术训练及语言魅力提升，普通话水平测试专题培训等课程。

（韩志波）

【中学生社团嘉年华活动】　5月31日，朝阳区中学生“社团点亮梦想青春创造价值”社团嘉年华活动在北京市润丰学校举办。活动由开幕式表演、区中学生社团主题曲mv发布、大中学分享交流会、展位展示、闭幕式等环节组成，110个社团2000人参与活动。活动首次设立大学生社团展示专区、首次举办区属大学和中学学生社团骨干交流会。

（郭　锐）

【专业技能大师进校园工作启动】　6月4日，北京市民族学校启动“专业技能大师、劳模进校园”工作。北京市电气工程学校劳模、电子技能大师及其团队成员与校方讨论拟开设课程、任务及实现目标，接受学校聘书。

（楚洪娟）

【校长获全国民族团结进步模范个人】 6月11日，和平街一中校长陈秀珍获“全国民族团结进步模范个人”称号。

（邱　颖）

【中华优秀传统文化教育与学校课程建设启动会】 6月17日，区教研中心召开中华优秀传统文化教育与学校课程建设启动会。主要内容为中华传统文化内核探究、中华优秀传统文化教育与学校课程建设，105所实验学校200名教师参会。

（赵艳萍）

【市级特色课程教学大纲和教材认定通过】 6月23日，北京教育科学研究院认定北京市劲松职业高中的《二十四节气与养生课程教学大纲》等9个课程大纲为北京市社区教育特色课程教学大纲，北京市朝阳区社区学院《家庭教育系列教材》等17本教材为北京市社区教育特色课程教材，区教委获优秀组织奖。

（李　雪）

【阳光校园光伏屋顶发电工程】 6月，区设备中心为符合条件的垈头小学、曙光里小学、黑庄户中学、牌坊小学、十八里店中学、大望路中学、黄岗中学初中部、黄岗中学（本部）、垈头中学、府学胡同小学朝阳学校、八十中学温榆河分校、十七中学陶家湾校区、白家庄小学本部、白家庄小学二分校等14个学校实施阳光校园光伏屋顶发电工程。

（崔　屹）

【优秀班主任工作室评选】 7月7日，开展朝阳区小学第三届、中学第一届优秀班主任工作室评选，评出20个优秀班主任工作室，其中小学14个、中学6个。

（乔春江）

【原创幼儿音乐剧剧本集萃出版】 7月14日，朝阳区奥园幼儿园运用小音乐剧培养幼儿艺术表现力的实践研究课题成果之一的《童梦——原创幼儿音乐剧剧本集萃》一书出版发行。书中11部音乐剧剧本主题和内容均源于此园幼儿。

（冯　桃）

【民办学校教师骨干评选】 7月，首次组织民办中小学、幼儿园教师参加全区骨干教师评选和职称评定。评选标准参照同级同类公办学校（园）。北京市朝阳区人大附中朝阳分校教师司建勤获首位区级物理学科带头人。

（侍　媛）

【9所教育配套学校接收】 7月，北京景山学校朝阳学校竣工。该校园位于来广营地区，拟定为九年一贯制学校，占地面积16500平方米，建筑面积21700平方米，规模36个班，有学位1440个。北京朝花幼儿园双合东园竣工。该园位于王四营地区，占地面积4300平方米，建筑面积3440平方米，规模12个班，新增学位360个。接收7所教育配套学校，位于东坝单店西村光华木材厂限价商品房项目、南二街限价商品房项目、朝阳新城EF组团项目、太阳宫A区项目、崔各庄京旺家园项目、王四营官庄新村农民回迁安置房及配套设施项目、来广营乡土地储备B1-B3组团项目。7校占地面积48750平方米，建筑面积28647.65平方米，114个教学班，学位3960个。

（赵　影）

【学校更名】 7月，小红门中心小学更名为“北京市朝阳实验小学南校”，垂杨柳第四小学更名为“北京市朝阳区垂杨柳中心小学金都杭城分校”。北苑中学更名为“北京市朝阳外国语学校北苑分校”，为九年一贯制学校。虎城中学更名为“北京工业大学附属中学英才分校”，为九年一贯制学校。枣营中学更名为“北京市第八十中学枣营分校”，为九年一贯制学校。中旅附中更名为“北京市日坛中学实验学校”，大望路中学更名为“北京市中央商务区实验学校”。

（张志达）

【学校合并】 7月，垈头中学并入华侨城黄冈中学，垈头小学、垈头二小并入首师大附属朝阳实验小学，肖村小学并入牌坊小学，双桥第一小学并入朝阳区第二实验小学，定福庄第四小学、大黄庄小学并入中国传媒大学附属小学。八里桥小学、瑞祥民族小学并入北京第二外国语学院附属中学，整合后该校为十二年一贯制学校。东坝中心小学并入九十四中学朝阳新城分校，整合后该校为九年一贯制学校。慧忠北里第二小学并入安慧里中心小学。安苑北里小学、小关北里小学并入北京化工大学附属中学，整合后该校为十二年一贯制学校。望欣园小学并入陈经纶中学分校，整合后该校为九年一贯制学校。望花路小学并入望京南湖中园小学，驼房营小学并入酒仙桥中心小学，育人学校并入八里庄中心小学，劲松第二小学并入劲松第四小学，劲松第一小学并入垂杨柳中心小学，针织路小学并入呼家楼中心小学，永安里小学、光华路小学并入清华附小CBD实验小学，一一九中学并入日坛中学。北京化工大学附属中学并入中国科学院附属实验学校，整合后该校为十二年一贯制学校。安华里第一小学、安贞里第一小学、安贞里第二小学并入北京市五路居第一中学，整合后该校为九年一贯制学校。北苑小学并入朝阳外国语学校北苑分校，平乐园小学、沙板庄小学并入北京工业大学附属中学英才分校，枣营小学并入八十中学枣营分校，大望路小学并入中央商务区实验学校。

（张志达）

【义务教育课程设置方案印发】 8月20日，印发《北京市朝阳区义务教育课程设置方案（试行）》。“区课程设置方案”从指导思想、课程原则、课程内容、课程安排和课程说明等方面，指导学校以立德树人为核心，通过课程培育和践行社会主义核心价值观，传承和弘扬中华优秀传统文化。

（张丽娟）

【教育合作】 8月27日至28日，朝阳区枣营幼儿园与美国海森高（HighScope，又名高宽课程）达成合作意向，美国Highscope中国北区首席教育专家陈宇华从课程理念、环境创设、观察和评价幼儿等方面进行体验式培训。

（杨振杰）

【北京市日坛中学贵阳分校成立】 8月31日，京筑教育合作项目学校授牌仪式暨北京市日坛中学贵阳分校2015年开学典礼举行。作为京筑教育合作成果之一，北京市日坛中学贵阳分校办学规模24个班级，设立学位1200个。9月1日正式开学，开设初一年级3个班。北京市日坛中学贵阳分校首批师资团队由来自贵阳实验二中、贵阳十中、贵阳七中、贵阳十七中、贵阳十九中等学校及面向全省引进的15名骨干教师、优秀教师组成。

（王志忠）

【第二期学前教育三年行动计划启动】 9月1日，确定《朝阳区第二期学前教育3年行动计划》（2015—2017年）。

（郝　晋）

【毕业生接收工作完成】 9月，区教育系统事业单位接收毕业生672人，其中博士研究生7人、硕士研究生199人、大学本科380人、专科（大、中专）86人，聘用在教师岗位650人、非教师岗位22人（包括会计、校医及行政管理岗位）。

（邓　芳）

【中高职衔接改革】 9月，求实职业学校学前教育和信息技术专业被批准为中高职衔接办学改革试点专业，分别与北京汇佳职业学院、北京信息职业技术学院，开展“3+2”（3年中职、2年高职）中高职衔接改革，试点一体化人才培养办学。至此，全区共有“3+2”试点专业5个。年内，5个试点专业共招生191人。

（李联启）

【教育网络电视平台建站】　9月，朝阳区教育网络电视平台上线，进入试运行测试阶段。12月1日至3日，举行“京城杯”小学教学研讨展示活动，利用网络电视平台搭建课程点播展示专区、创建微信公众号论坛区，直播30小时。12月底，累计制作发布240期节目，涵盖“对话成长”“走进朝阳教育”“名师讲堂”等。

（刘　仡）

【远郊区县学生游学项目】　9月至12月，中科院附属实验学校和人大附中朝阳学校分别承担“远郊区县学生到城区学校游学项目”，两校接待密云县7所学校336名学生。学生游学1周，主要活动有编班听课，参与社团活动，参观国家博物馆、国家大剧院、天文馆、中华民族园。

（张清军）

【特级教师导师团听评课】　10月21日，由全市各区县22名特级教师组成导师团，到班级指导语文、数学、英语、音乐、体育、科学、班会、综合实践等各个学科教师的课堂教学，听课40节。

（蒋学红）

【普通中学特色校验收答辩】　10月23日，召开全区普通中学特色校建设验收专家首次答辩会，22所特色学校通过答辩。全区有普通中学特色学校124所，其中小学102所、中学22所。

（乔春江）

【第九批“翱翔计划”学员推荐】　10月，根据北京市基础教育阶段创新人才培养精神和“翱翔计划”第九批培养学员推选方案，区教委组织朝阳区第九批“翱翔计划”学员推荐工作。全区学生网上报名324人，涉及数学与信息科学、物理与地球科学、化学与生命科学、人文与社会科学等4个培养领域。最终17所普通高中校的24名学生获在科学家身边成长的机会。学生寒假期间分别在人大附中、北京八中、广渠门中学、陈经纶中学等生源基地校学习基础课程。

（王圆圆）

【民办学校信息和数据系统监管】　10月，为33个民办中小学、162个民办幼儿园加装安防监控系统，并将系统接入朝阳教育城域网，实现与教委、公安分局互联互通。改进CMIS数据库系统，完善校舍和设施设备情况、教职工情况、学生在学情况三大基础数据库。

（侍　媛）

【获全国优秀少先队员称号】　10月，教育部授予黄胄艺术实验小学五1中队大队委李宇“全国优秀少先队员”称号。

（钱　进）

【全民学习活动周】　10月底至11月初，区开展以“知识启迪心灵，技能创造价值”为主题的全民终身学习活动周系列活动。开幕式活动主题为“知识启迪心灵，技能创造价值”。开幕式上，由区教委自主研发的互联网+教育平台“朝阳e学习”APP正式上线。全区活动主要有举办社区教育工作者培训、成语竞赛等。街乡活动主要是开展学习、研讨、专题报告、培训等，各街乡举办学习活动近450场，约3万人次参与。

（李　雪）

【义务教育均衡发展项目结题】　11月6日，市教委推进城区义务教育学校均衡发展项目组在北京师范大学举行项目结题会。朝阳区作为实验区县之一参加项目结题会，提交《深化综合改革推进开放合作构建优质均衡特色多元的基础教育新体系》基础教育综合改革试验结题报告。报告总结五年来朝阳区推进义务教育均衡发展和教育城乡一体化发展等工作。

（王月胜）

【成语文化龙门阵竞赛活动】　11月8日，区教委、区语委办公室和区社区教育领导小组办公室联合举办第二届“老少共圆中国梦——成语文化龙门阵竞赛”。望京新城南湖中园小学的1个家庭获特等奖，星河实验小学和朝阳师范附属小学和平街校区各有一个家庭获1等奖，特邀的东城、西城两个家庭获特别奖。

（李　雪）

【获全国信息化教学大赛奖】　11月8日，在教育部主办的全国职业院校信息化教学大赛中，电气工程学校法律事务专业教师团队的参赛作品“遗嘱继承的法律咨询服务”获中职组信息化教学设计大赛一等奖，园林花卉专业教师团队的参赛作品“新娘捧花设计制作”获中职组信息化课堂教学比赛一等奖。

（王世兵）

【合作办学签约仪式】　11月20日，北京青苗国际双语学校和昆明市呈贡区政府举行合作办学签约仪式。

（王　静）

【中学体育网络教研工作坊创建】　11月20日，区教研中心创建的中学体育网络教研工作坊首次开展网络教研。144人讨论61次，发起主题提问3个，网络资源共享空间资料下载651次，交流评价797次，浏览2850次。工作坊设教师个人工作室、社区互动交流、网络资源共享等空间功能模块。

（赵艳萍）

【义务教育学区化管理工作启动会】　11月27日，区教委召开推进义务教育学区化管理工作启动大会。会议解读《关于实行义务教育学区化管理的工作意见（试行）》并部署工作，正式启动15个义务教育学区化改革，区教委、直属单位、中小学校领导680人参加会议。

（张清军）

【《幼儿园社会性主题课程》出版】　11月，西坝河一幼的园本特色课程研究成果《幼儿园社会性主题游戏课程》出版，并纳入北京市第五批《园本课程理论与实践丛书》推广使用。

（裘　伟）

【国家中等职业教育改革发展示范学校】　11月，劲松职业高中、电气工程学校被正式确定为“国家中等职业教育改革发展示范学校”。

（李联启）

【朝阳区小海棠青少年传媒学院成立】　12月15日，朝阳区小海棠青少年传媒学院成立。开设新闻基础、综合播报、视觉传播、语言传播四大课程板块，其中新闻基础、综合播报为必修课程。

（张　弛）

【小语种选修课开设】　12月，朝阳外国语学校高中部开设西班牙语、德语各3个班，法语2个班，俄语1个班共9个班小语种选修课。有207名学生选修小语种课程。

（胡笑玲）

【教育系统各类骨干人员评选和认定】　12月，全区教育系统2015年度各类骨干人员评选和认定工作结束，评出区教育系统学科教学骨干3489名、班主任骨干654名。

（郝荣利　金　萌）

【幼儿教师获奖】　12月，在市教委举办的幼儿教师教育活动展示活动中，朝阳区20名参展教师全部获奖，其中3名教师获特等奖、5名教师获一等奖、8名教师获二等奖、4名教师获三等奖。

（郝　晋）

【新增民办幼儿园7所】　年内，新增民办幼儿园有朝阳区刘诗昆万象新天幼儿园、北京市朝阳区伊顿首府双语幼儿园、北京市朝阳区博识梦飞幼儿园、北京市朝阳区青苗望湖幼儿园、北京市朝阳区北京师范大学奥林匹克花园幼儿园、北京市朝阳区幸福天使翠成幼儿园、北京市朝阳区红黄蓝筑华年幼儿园。

（侍　媛）

【学生资助资金拨付】 年内，资助学生305750人次，金额3032.9212万元。其中学前教育阶段资助幼儿77人次，资助总额32.7475万元；义务教育阶段资助302435人次，资助总额2496.8245万元；普通高中阶段学生资助114人次，资助总额32.6792万元；职业高中教育阶段学生资助3124人次，资助总额470.67万元。

（马恬静）

【聘请外籍文教专家】 年内，完成109所学校外籍专家资质申报初审，确定百名外教到全区1000个教学班教授英语口语课程。

（韩　庆）

【在北京市教学大赛中获奖】 年内，在市教委组织的北京市职业院校信息化教学大赛中，区教委获优秀组织奖，参赛教师获3个一等奖、7个二等奖。

（李联启）

【大小教研结合式教研工作方式】 年内，区教研中心小学教研室将小学按照地域划分成9个学区片组，采取“大小教研相结合工作方式”，建立学校教师人人参与教研机制。“大教研”是将常规教材介绍集中在放假前和开学前时间完成，“小教研”是将22名小学教研员分组、分科定点走进9个学区片组，采用专题讲座、案例分析、片内研究课、答疑解惑等方式，集中解决教学问题，指导大型教研活动后学校教师教学过程的问题。开展片组活动92次，推出研究课176节。

（赵艳萍）

【网络教研模式构建】 年内，区教研中心构建网络教研模式，录制微课900节，建设课时题库1632个、单元题库592节。

（赵艳萍）

【翻转任务学习项目研究】 年内，区教研中心小学语文、数学、英语、体育、音乐、科学、品德、美术等7学科教研员参与翻转任务学习项目，指导10个学校199名教师、134个班级、4331名学生参与，推出基于移动终端教学新形态。

（赵艳萍）

【小学综合实践活动课程专项研究】 年内，区教研中心整合改编《朝阳区小学综合实践活动学生实践与评价手册》《朝阳区小学综合实践教师指导手册》，规范综合实践活动课程管理。

（赵艳萍）

【职业高中成人招生调整】 年内，分期分批逐步停止劲松职业高中、求实职业学校、电气工程学校18个专业成人中专招生，将职业高中成人中专招生专业由52个减至34个。

（李联启）

【中小学职业体验课程建设】 年内，指导职高学校各专业加强中小学职业体验课程建设，形成第一批40个职业体验项目。在市教委、北京教科院举办的“2015年首都特色优质原创课程辅助资源”评选活动中，朝阳区“中小学职业认知微电影”项目被评为一等奖。

（李联启）

【信息化与教育教学融合项目启动】 年内，依据《朝阳区教育信息化发展规划（2014－2018）》启动信息化与教育教学融合项目，建设“朝阳教育云平台”，完成项目需求分析、方案论证、学习终端选择，研发需求文档编制、建成4万道题测评题库，完成1025人次各级各类培训。

（刘　佗）

教育督导

【概况】 朝阳区人民政府教育督导室有专职督学21人、兼职督学146人、督政兼职督学25人。年内，完成北京市对朝阳区校外教育和职业学校师资建设的专项督导。继续开展中小学、幼儿园、校外教育综合督导工作。诊断式督导结题。通过申办国家级中小学责任督学挂牌督导创新区的市级初评。完成全区国办幼儿园、中小学及职业高中家长对教育工作满意度调查及北京市各项评估监测工作。

地址：石佛营西里2号

邮编：100025

电话：85851122

（苏纪玲）

【督学人员持证上岗培训会】 1月13日至15日，督学专题培训会召开。会上，组织专题讲座、研讨交流、与校长及资深督学对话、总结分享等。教育部教育督导办公室主任及北京师范大学教授、北京教育学院教授、北京市资深督学等领导及专家围绕教育督导中法律问题、人际沟通、教师评价、督导政策与实践、督导技术与方法等内容培训123位专兼职督学人员。为督学人员颁发培训证书。

（王　茜）

【义务教育均衡发展国家级验收】 4月28日，朝阳区义务教育均衡发展工作通过国家教育督导检查组验收。

（苏纪玲）

【春季督学培训会】 5月11日至12日，春季督学培训会召开。专兼职督学人员118人参加培训。会议对开展中小学全面实施素质教育综合督导工作，从素质教育理论形成、综合督导实际操作和具体工作要求等方面进行培训。

（王　茜）

【接待国家教育行政学院督学研修班考察】 5月20日、9月17日，国家教育行政学院两批督学研修班学员到朝阳区考察，全国各省市285名督学交流区域教育督导工作推进方式及实践经验。研修班学员分别到北京市第八十中学和华侨城黄冈中学考察。

（苏纪玲）

【街乡开具就读证明情况调研】 5月下旬，组织督政督学，采取明察暗访方式，到近10个街乡，实地走访查看入学需求、开具借读证明数据、存在突出问题及工作建议，形成街乡开具就读证明情况调研报告。

（苏纪玲）

【区教育督导与教育质量评价研究中心成立】 6月15日，朝阳区教育督导与教育质量评价研究中心正式成立。主要职责是研究教育督导与教育监测评价理论，为相关部门提供理论和信息咨询服务；研究开发教育质量监控、评价标准与工具，参与教育督导与质量评价工作，承担区政府教育督导室委托建立和管理维护朝阳教育督导与教育评价相关数据库等。中心有专职督学12人。

（苏纪玲）

【素质教育综合督导试评工作启动】 11月2日至3日，组织全区17个督学责任区主任、垂杨柳和虎城督学责任区责任督学、教育质量评价研究中心12位专职督学及音乐、美术学科专业教师，分别对劲松三小和劲松一中全面实施素质教育的情况进行督导试评。通过听取校长汇报、巡视校园环境、观看课间操、听推门课、与干部和教师访谈、专业测试、查看档案资料、组织学生座谈会、实地考察等方式，对学校三年来全面实施素质教育情况督导评价。利用综合督导评价系统，使督导信息采集、评价指导实现教育督导手段现代化。

（王　茜）

【街道落实素质教育督导调研】 11月10日至13日，组织督政督学、专职督学和督评人员对大屯、三里屯、东湖和麦子店街道落实素质教育责任情况督导调研。实地考察大屯街道邻里中心、三里屯街道文化服务中心、东湖街道望京西园社区、麦子店街道国际社区服务中心、枣北社区服务中心等社区教育场地。

（苏纪玲）

【北京市校外教育专项督导】　11月25日，市校外教育评估组到朝阳区专项督导校外教育工作。督评组分三组实地考察劲松四小、陈经纶中学保利分校、芳草地教辅中心。

（苏纪玲）

【督导评价系统电子平台建设】　年内，启动教育督导评价系统电子平台建设，并在督政、专项督导中使用此平台督导。11月4日，召开中小学校挂牌督导评价系统电子平台使用培训会，培训平台功能、系统运行环境配置要求、操作步骤及常见问题。

（王　茜）

【第二轮职业高中学校综合督导完成】　年内，分解综合督导任务，并与日常专项督导整合，变终结性督导为发展性督导，实现以督促进，以督促发展的目的。组织校长、自评主管、主任等人员参加的专题培训，解读方案及评价指标，明确自查内容、工作程序、工作要求等，采取听课、听取汇报、查阅档案材料、观摩学生活动、督学与教研员交流听课情况等方式全面收集信息，形成书面督导回复意见，完成4所职业高中第二轮综合督导工作。

（苏纪玲）

社区学院

【概况】　年内，北京市朝阳区职工大学（朝阳社区学院）固定资产总值5743万元，其中教学、科研仪器设备总值68万元。有教职工 127人，其中专任教师30人，包括教授 1人、副教授20人。教育经费投入8484万元，其中国家拨款7651万元、自筹经费833万元。信息化经费投入396万元，信息化设备资产2663万元，校园网出口总带宽160Mbps，电子邮件系统用户数100个。学历教育在籍生4494人，其中职大494人、电大4000人。毕业生897人，其中职大247人、电大650人。非学历教育培训项目69个，年均培训2.5万人。学院获国家、市、区级以上集体荣誉14项，个人获荣誉18项。

地址：和平里南口砖角楼5号（和平里教学区）

邮编：100013

电话：64211719

网址：http://www.bjccc.com

（蒋　薇）

【“朝教e社区”微信平台投入使用】　1月，“朝教e社区”微信平台建成并投入使用。平台以家庭教育为主要内容，由资讯快报（教育信息、学校活动信息、活动预告、对话成长）、家长课堂（萌宝驾到、小豆包成长记、家有儿女初长成、青葱岁月）、成长故事（家庭教育故事征文选登）等栏目组成，各栏目、各版块内容每周更新，使用者近3000人。

（蒋　薇）

【保育员岗位培训】　3月15日，区保育员第一期岗位培训班在和平里教学区开班，83人参加，以“致学致用 享用人生”为主题开展系列活动。保育员岗位培训是学院培训中心自主招生项目，连续举办多年，每年两期，每期一周。

（蒋　薇）

【会计从业资格无纸化考试】　3月21日、22日、28日、29日，3940名考生到朝阳社区学院参加北京市会计从业资格无纸化考试。10月31日至11月7日，2767名考生到朝阳社区学院参加下半年北京市会计从业资格无纸化考试。年内，在原有和平里教学区、双龙教学区两个考点基础上，申请并新增和平西街教学区考点，新增105台考生机。每个考点的所有考场全部配备高清监控摄像头。

（蒋　薇）

【合作共建东道设计学院】　3月26日，与北京东道形象设计制作有限公司签约合作共建东道设计学院。合作双方依托学院的教育资源优势，发挥企业的行业资源优势，开展“招生即招工、入校即入厂、校企深度融合联合培养”的现代学徒制试点。

（蒋　薇）

【第三届硕博论坛】　3月31日，举办第三届硕博论坛，主题是“学院管理创新”，论坛成员提交30篇论文，市教育科学研究院职成研究所等单位的7位专家，学院32名硕士、博士和中层以上干部参加。

（蒋　薇）

【与贵阳电大交流】　4月13日至17日，根据《贵州省广播电视大学贵阳市分校与北京市朝阳区职工大学（朝阳社区学院）合作办学实施方案》，贵阳电大校长刘衍丽带队到朝阳社区学院学习交流。贵阳电大安排4名干部、教师到朝阳社区学院挂职一周，跟岗学习社区教育的管理体系、课程体系、数字化等。

（蒋　薇）

【“对话成长”电视栏目播出】　4月15日，全区“对话成长”家庭教育电视节目，在朝阳有线电视台和北京电视台公共频道正式播出（每周三20：30—21：00首播，次日8：30—9：00和13：30—14：00重播）。截至12月28日，完成50期节目录制、编辑，累计播出36期。

（蒋　薇）

【全市建设学习型城市骨干队伍培训】　4月21日，市教委主办、朝阳社区学院承办的“2015年建设学习型城市骨干队伍研修班”开班。全市各区县教委主管职成教育副主任、职成科（社教科）科长、社区学院院长、社教中心主任、成教中心主任，各区县学习型城市工作骨干，市建设学习型城市专家组成员等120人参加。

（蒋　薇）

【全区民办幼儿园园长培训】　5月19日，举办“2015年朝阳区民办幼儿园园长研修班”。教育部幼儿园园长培训中心教授王小英作题为“幼儿园园长专业标准”的报告。研修班5月中旬开始至11月结束，全区91名民办幼儿园园长参加。

（蒋　薇）

【社区温馨音乐沙龙成果展演】　5月22日，在区残联、区教委支持下，举办社区温馨音乐沙龙成果展演活动。以歌舞、合唱、诗歌朗诵等形式展示奥运村、安贞、团结湖、垡头、管庄、平房、来广营、南磨房、三里屯、酒仙桥10个街乡残疾学员的学习成果，并为其出版《温馨之光诗集》。实施艺术教育进社区——温馨音乐沙龙项目以来，服务残疾人230人。

（蒋　薇）

【《家庭教育系列教材》获奖】　6月，组织编写的《家庭教育系列教材》，包括《孕产期家长手册》《0—3岁儿童家长手册》《3—6岁儿童家长手册》《6—12岁儿童家长手册》《12—15岁儿童家长手册》《15—18岁儿童家长手册》，在市教育科学研究院“2015年北京市社区教育特色课程教学大纲和教材（讲义、手册）评选活动”中获一等奖。

（蒋　薇）

【“好家长”评选和家教故事征文活动】　6月至11月，全区教育系统开展由区教委主办，朝阳社区学院承办的朝阳区“好家长”和“我的育子梦——家庭教育故事”征文评选活动。推荐产生“好家长”3950名。收到征文5820篇，评出一等奖390篇、二等奖619篇、三等奖1470篇。精选161篇征文，编辑《我的育子梦——家庭教育故事集》。

（蒋　薇）

【贵阳基地校挂牌】 9月1日，朝阳社区学院赴贵州广播电视大学贵阳市分校参加北京朝阳社区学院贵阳基地校挂牌暨“伴随成长，每周一信”青少年公益平台启动仪式。贵阳市教育局负责人宣布“伴随成长，每周一信”青少年公益平台正式启动。

（蒋　薇）

【会计专业技术资格中高级考试】 9月12日至13日，完成“2015年北京市会计专业技术资格考试”组考工作，新增会计高级技术资格考试，中、高级实考考生2366名。

（蒋　薇）

【发放《儿童家长手册》】 9月至10月，区教委、社区学院共同为全区各学段起始年级新生家长发放《儿童家长手册》73000余册，手册为家长提供有针对性的家庭教育知识。

（蒋　薇）

【第三届国际老年教育论坛】 10月23日，在朝阳社区学院举办中国国际教育年会第三届国际老年教育论坛，论坛主题为“全球绿色发展——实现社区老年教育可持续发展的路径和模式创新”。会议由北京东方妇女老年大学副校长黄敏主持。中国、美国、英国、日本等30个国家200余名专家与代表参会。

（蒋　薇）

【第三期母婴护理师培训】 11月14日，由朝阳区雍和职业技能培训学校和无忧草科技发展有限公司联合举办的第三期母婴护理师培训班结业。培训对象主要来自北京及其他省市52名家政服务员。培训11天，包括母婴护理职业发展前景、职业化素质、职业礼仪、相关法律知识、婴儿生理、心理发展特点等8个方面，共120个学时。

（蒋　薇）

【学院青年论坛成立】 11月17日，朝阳社区学院举行青年论坛启动仪式。论坛由2010年成立的青年教师沙龙和2011年成立的硕博论坛两个组织整合而成，以“倡导学习、引领发展，汇集智慧、快乐工作”为理念。

（蒋　薇）

【第十期社区教育骨干志愿者风采展示】 12月4日，举办“朝阳社区教育志愿者培训风采展示”活动。展示分为静态和动态两种形式，静态展示主要以展板的形式展出书法、剪纸和国画班学员的作品，部分学员现场即兴创作；动态展示由舞蹈、合唱、朗诵表演和手风琴表演组成，所有节目均由学员自编自演。全区43个街的400多名志愿者参加。

（蒋　薇）

【全区村级党组织书记培训】 12月22日至24日，区委组织部、区委农工委和朝阳社区学院联合举办“2015年朝阳区村级党组织书记培训班”。培训班是村级党组织换届选举后举办的第一次培训，帮助大家正确认识当前农村经济社会发展建设所面临的新形势、新任务。19个乡党委副书记、组织科长（党建办主任）、各村党总支（支部）书记、村“第一书记”200人参加。

（蒋　薇）

【残疾人工作者培训】 年内，与区残联联合举办全区残疾人工作者素质提升培训班，分四批次培训全区19个乡221名基层残疾人工作者，设置《社会工作者基本素质》《习近平领导风格与治国理政新布局》《沟通技巧》《情绪调节与解压》等课程。

（蒋　薇）

【“伴随成长 每周一信”服务】 年内，“朝阳区新婚、孕期（准父母）家庭教育同步信息指导服务”项目新增服务家庭41586个，“北京市0—6岁儿童社区早期教育指导与服务”试点项目新增服务家庭19743个。全年使用家庭13万个以上。

（蒋　薇）

【百场家教专题讲座进社区和校园】 年内，组织开展“百场家庭教育指导专题讲座进社区、进校园活动”204场，39212人次家长和教师参加。内容主要涉及密切亲子关系、转变家庭教育观念、改进家教方法、提高育子能力等。

（蒋　薇）

【家庭教育社会支持体系建成】 年内，“朝阳区家庭教育社会支持体系”建设完成。体系具有“公益性、社区性、全覆盖、多渠道”的特点，由家庭教育管理、内容、指导服务“三个体系”和家庭教育指导优质资源整合、工作评估、评选表彰“三个机制”组成。形成学校、家庭、社会三位一体共同参与、良性互动的家庭教育格局，实现家庭教育工作制度化、常态化、信息化发展目标。

（蒋　薇）

【社区教育特色课程获奖】 年内，区社区教育领导小组依托朝阳社区学院，开展“千课下基层进社区”活动，为街乡免费配送教师和课程，设计“一、三、五、九”（一是指以“幸福生活，快乐工作”为主线，三是指以文化与素养、生活与休闲、职业与技能为重点内容，五是以未成年人、农村劳动力、流动人口、老年人、外籍人五类人群为重点对象，九是指以“早教天地”“青少年成长营地”“家长课堂”“主妇俱乐部”“流动人口之家”“幸福养老大课堂”“现代市民生活大讲堂”“职业技能学坊”和“Living In Beijing（生活在北京）”九大系列为主要内容）区级课程体系。36门大纲和教材参加市教委社区教育特色课程教学大纲和教材评选，21门课程获奖，区教委和朝阳社区学院获优秀组织奖。2013年至2015年，共编印区级教材与街乡级教材40多本，5门课程入选全国社区教育特色课程。

（蒋　薇）

文化　体育　卫生

文　化

【概况】　年内，朝阳区文化委员会（简称区文化委）编制60名，其中行政编制30名、行政执法专项编制27名、工勤编制3名。全区43个街乡文化中心、436个社区和行政村（不含新建社区筹备处和已拆迁行政村）公共文化设施覆盖率100%。组织开展基层文化活动4770场，服务人群近240万。群众文艺团队发展至2797支，参与人数6.5万人。朝阳区古琴艺术（九嶷派古琴艺术）传承人邓红等8人获评第四批北京市非物质文化遗产项目代表性传承人。

地址：东三环北路36号
邮编：100026
电话：65014855
邮箱：cywhwyh@vip.sina.com

（冯　映）

【老北京商业民俗文化展】　1月5日至4月25日，市方志馆与北京民俗博物馆·东岳书院联合在北京方志馆一层展厅举办“老北京商业民俗文化展”，分为北京的老字号、商业用具、坐商招幌、游商响器和商品包装5个部分。

（冯　映）

【首都市民系列文化活动启动】　2月1日，区文化馆、北京工友之家在北京9剧场联合主办“2015打工春晚”，并启动“2015年首都市民系列文化活动”。打工春晚以“沟通，团结，梦想”为主题，北京、深圳举办3次海选，选拔出21个节目，300余位打工者到场观看。

（冯　映）

【文化交流】　2月1日，2015“欢乐春节·魅力北京”中国年庆祝活动在美国洛杉矶比华利山市赛邦剧院开幕，包括魅力北京综艺晚会、魅力北京·激情冬奥图片展、北京非物质文化遗产展示交流等。中国驻洛杉矶总领事、文化参赞及比华利山市会议及旅游局负责人、社会各界人士、居民近2000人参与。朝阳区选送优秀非遗项目有泥彩塑“兔儿爷”、毛猴、于氏风筝和宫廷补绣。2月12日至3月2日，区文化馆80盏“漂亮的兵马俑灯”赴芬兰首都赫尔辛基、爱沙尼亚首都塔林展出。2月13日至22日，“漂亮的兵马俑灯”亮相悉尼中国农历新年庆典。2月17日至21日，区文化馆红半天女子鼓乐团赴捷克参加捷克中国年除夕庆典及其他演出。

（冯　映）

【文化科技卫生“三下乡”集中示范活动】　2月9日，区委宣传部、区文明办、区农工委、区文化委、区卫计委、区科委、区科协、区司法局、区妇联、十八里店地区办事处、南磨房地区办事处、金盏地区办事处共同承办的朝阳区2015年文化科技卫生“三下乡”活动，在十八里店地区十里河文化馆开幕。现场活动有书法家、剪纸家为百姓写春联剪窗花，发放宣传材料，律师为居民解答法律问题，专家医疗义诊，赠送图书，国声京剧团和十八里店乡舞蹈队表演京剧、评剧、西河大鼓、舞蹈、相声等。

（冯　映）

【“我们的节日”系列文化活动】　4月2日，在北京民俗博物馆举办“我们的节日·清明节”系列文化活动，内容包括探春游艺、击鼓戴柳、清明习俗知识竞答、北京民间非遗项目展示等。6月19日，在北京民俗博物馆举办“我们的节日·端午节”系列文化活动，内容包括“童年恩物——中国民间传统玩具展”，微缩端午场景复原，学习五彩粽、五彩缯、剪纸等民间工艺技艺，体验毽子、空竹等民间体育器材和玩具。高碑店村作为北京民俗博物馆民俗文化活动基地之一，举办三天的“我们的节日——浓情端午文化活动”，包括端午场景复原、画王老虎、斗百草、系长命缕和学习民间工艺技艺，端午习俗展等。9月25日，在北京民俗博物馆举办“我们的节日·中秋节”系列文化活动，包括举办传统展览、拜月场景复原、现场学做月饼、请兔儿爷祈福、竞猜灯谜游戏、经典名篇朗诵、“童年恩物——中国民间传统玩具展”、中秋知识竞猜等，学生、市民及各地游客参加。10月21日，在北京民俗博物馆举办“我们的节日·重阳节”系列文化活动，以“念亲恩、感亲意、抒亲情”为主题，包括赏九花塔，喝菊花酒，太极拳、太极扇表演，重阳习俗有奖知识竞答，灵心巧手夕阳红民俗手工活动，中华长歌行——重阳诗词诵读等。

（冯　映）

【第十届潮流音乐节】　5月1日至2日，在798艺术区玫瑰之名艺术中心举办第十届潮流音乐节2015“相约北京”玫瑰之名演出。演出16场。观众免费领票入场观看。每日11点至19点，美国、墨西哥、西班牙、波兰等7个国家的12支乐队，现场表演摇滚、爵士、乡村、打击乐等音乐。

（冯　映）

【国际博物馆日】　5月18日，是国际博物馆日。北京民俗博物馆现场向游客免费发放赠票，游客凭票免费参观展览，游览庙区并参加民俗体验活动。邀请多位民间艺术家带领游客体验民间艺术品制作过程，与百度百科合作开展“穿越千年的撞脸”主题活动，邀请东城区非物质文化遗产保护项目——群英同乐小车圣会，举办“童年恩物——中国民间传统玩具展”“崇德尚善——传统道德文物展”。

（冯　映）

【《华香文化论坛学术论文集》首发】　5月21日，由北京民俗博物馆、北京华夏香文化传播中心共同承办的“继承和发展

——中华香文化祖师学术交流会暨香祖师神农首祭仪式”、《华香文化论坛学术论文集》（北京民俗博物馆编，中国社会科学出版社出版）首发仪式在北京大学举行。与会人士研讨香文化祖师的确立和《华香文化论坛学术论文集》。论文集收文27篇，内容涵盖香文化源流探讨、香品制作工艺研究、香品鉴赏、香品器具研究、香与古琴等。北京大学国学院教授、中国社会科学院荣誉学部委员、中国文化书院院长及来自各少数民族学界、文博界、行香仪礼界及古琴艺术方面代表发言。

（冯　映）

【群众文化干部队伍建设】 5月，启动“千场讲座下基层”基层文化辅导培训项目，全年培训487.5课时。12月，在浙江大学举办第三期公共文化建设高级研修班，43个街乡主管领导及文化委机关、区文化馆、区图书馆、北京民俗博物馆的文化管理干部参加培训。年内，与区京剧艺术中心合作，举办3期京剧艺术培训班，培训400余人。组织农村地区文化组织员20人参加市文化局培训。开展品牌群众文艺团队认定，完成合唱、戏曲、民乐、舞蹈四项认定比赛。全区有各类群众文艺团队2797支，参与人数6.5万人。

（冯　映）

【文化遗产日活动】 6月12日，围绕2015年文化遗产日活动主题“保护成果全民共享”，北京民俗博物馆开展文化遗产日纪念活动。活动包括“幡鼓齐动十三档”展演、“文化遗产日”主题知识问答、民间艺术家现场展示民间艺术品、“童年恩物——中国民间传统玩具展”等。

（冯　映）

【第14届金刺猬大学生戏剧节】 8月1日至15日，由北京戏剧家协会、区文化馆主办，北京9剧场承办的第14届“金刺猬大学生戏剧节”进行展演，上演全国各大高校15部优秀戏剧。8月16日，举行闭幕式暨颁奖典礼，许昌学院编剧表演教学实验班的原创话剧《当归》获“金刺猬”大奖。

（冯　映）

【“春雨工程”全国文化志愿者边疆行】 9月15日至19日，朝阳区赴贵阳开展“春雨工程”全国文化志愿者边疆行暨区域文化联动活动。主要包括“我爱北京天安门”老照片展启动仪式、北京朝阳区“爱心邮包”贵阳捐赠活动暨贵阳文化志愿服务队授旗仪式。10月19日至23日，朝阳区有关人员赴西藏拉萨市城关区开展“春雨工程”全国文化志愿者边疆行活动，主要活动包括朝阳区和拉萨非物质文化遗产交流展、朝阳区非物质文化遗产传承人代表现场展示、非物质文化遗产保护与传承讲座等。

（冯　映）

【筑梦艺术团】 10月28日，在垡头地区文化中心黑钻剧场举办朝阳区公益性群众文化志愿组织——筑梦艺术团启动仪式。筑梦艺术团有舞蹈、合唱、戏剧、器乐、曲艺、戏曲、书画、影视等8大艺术门类，入选团员500人，定期由国家级艺术专家服务队授课培训。

（冯　映）

【京冀文化联动交流活动】 11月11日，“牵手京津冀，欢乐进万家”京冀文化联动交流活动在朝阳剧场开幕，活动包括两场地方戏展演和一场展览。河北邯郸艺术家用武安平调落子、永年西调、冀南四股弦、豫剧桑派、临漳坠子等邯郸地方戏编排折子戏，唐山市带来评剧专场折子戏，区图书馆新馆举办邯郸市非遗图片展览。文化部公共文化司副司长、公共文化司群众文化指导处处长、朝阳区相关领导、区文化委及邯郸市文广局部分领导出席。

（冯　映）

【区图书馆元旦春节系列读书活动】 年内，元旦春节期间，区图书馆以弘扬社会主义核心价值观为主旨，开展主题图书推荐，图书特别配送，“年”文化系列讲座，春节文化展览，读者公益活动，少儿寒假课堂等活动。4000余名读者参加。

（冯　映）

【8人获评市级非遗代表性传承人】 年内，市文化局公布《关于公示第四批北京市级非物质文化遗产项目代表性传承人推荐名单的公告》，朝阳区8人获评第四批北京市级非物质文化遗产项目代表性传承人。分别是古琴艺术（九嶷派古琴艺术）传承人邓红，相声传承人丁广泉，古彩戏法传承人杨宝林，北京点翠传承人肖广春，北刘动物标本制作技艺传承人刘嘉晖，罗氏正骨法、蝴蝶手指穴疗法和同春堂皮肤病诊疗方法传承人罗素兰、李晓明和刘辉。涵盖传统音乐、曲艺、传统体育、游艺与杂技、传统美术、传统技艺、传统医药等六个类别。截至年底，全区累计有7个项目被列入国家级非遗名录、27个项目被列入北京市级非遗名录。

（冯　映）

【文化设施建设】 年内，加快实施3个地区文化中心装修改造工程，其中劲松地区文化中心改造工程全部完工，香河园地区文化中心开工建设，常营地区文化中心建设处于设计阶段。三里屯街道、大屯街道、团结湖街道、来广营地区、三间房地区文化中心建设全部完工，陆续对外开放。

（冯　映）

【文化遗产保护及宣传】 年内，完成朝阳门石道碑碑亭复建等8项市级资金文物修缮、防雷项目。完成普门寺、流散石刻集中保护等4个区级资金修缮项目的前期规划、筹备及开工。抢护常氏墓碑、永通桥“遗产区界桩”。完成海阳义园等4个区级文物保护单位的档案建立。向各街乡、文物使用单位征集物质文化遗产资料，梳理和挖掘全区物质文化遗产资源。

（冯　映）

【行政许可】 年内，办理许可事项233件，其中举办营业性演出许可120件、娱乐场所设立及变更许可16件、出版物零售企业设立及变更许可68件、网吧设立及变更许可25件、共用天线许可1件、营业性电影放映单位设立及变更许可3件。办理备案项目172件，其中市文化局备案169件、美术品经营单位备案2件、个体演员备案1件。现场核查场所82家，164人次。审核剧本、歌词等演出内容162件。区文化委有许可项目9项：歌舞娱乐场所、游艺娱乐场所设立及变更（内资企业）、互联网上网服务营业场所设立及变更、举办营业性演出（国内演员）等。有备案项目6项：演出场所经营单位备案，美术品经营单位备案，个体演员、个体演出经纪人备案等。设立内资文艺表演团体审批，设立内资娱乐场所审批，设立互联网上网服务营业场所经营单位审批，电影放映单位设立从事出版物零售业务许可由前置许可改为后置许可。

（冯　映）

【图书馆业务】 年内，办理借书证 17268个。图书外借总量744080册次，流通714281人次。新购文献314275册件、报刊1375种、电子视听文献3300件。交送图书314275册。举办各种活动393次，68000余人直接参加，其中外语大课堂222场、朝阳文化讲堂组织讲座94场、其他活动77场。图书配送服务212次160496册。新增流动图书服务点15个，累计总量248个，实现流动图书服务点在朝阳区驻区部队及福利工厂全覆盖。图书配送中心组织基层图书馆管理员培训1次，300人参加；针对性辅导150次，讲座6场，为15家基层图书馆统一加工文献数据。

（冯　映）

【文化市场管理】 年内，区文化市场管理（扫黄打非）工作领导小组各成员单位及43个街乡检查各类文化经营单位或场所

38061家次，出动人员18221人次、车辆13172台次。检查图书、报刊、电子出版物3067家次，印刷、复制企业1786家次，歌舞娱乐场所2879家次，互联网上网服务营业场所家3976次，影院373家次，演出单位1432家次，卫星接收设施121次，798艺术园区展览24427家次。文化部门立案60起，警告39家次，罚没151000元，受理举报127件，回复127件。

（冯　映）

文　联

【概况】 北京市朝阳区文学艺术界联合会（简称朝阳区文联）有9个协会和1个艺术团，即朝阳区书法家协会、朝阳区美术家协会、朝阳区民间文艺家协会、朝阳区舞蹈家协会、朝阳区文学创作协会、朝阳区摄影家协会、朝阳区音乐家协会、朝阳区油画家协会、朝阳区曲艺家协会和朝阳艺术团。年内，以纪念抗战胜利70周年“我的梦·中国梦”为主题，打造“镜头中的朝阳”“朝阳艺象”“翰墨朝阳”“旋舞朝阳”等品牌活动。开展“家在朝阳”摄影比赛获奖作品展并出版优秀摄影作品集，“朝阳艺象”美术作品展并出版画集，“翰墨朝阳”书法作品展并出版书法作品集。举办朝阳区第八届交谊舞比赛、“梦飞之舞·旋舞朝阳”朝阳区群众交谊舞推广普及展赛等系列活动。开展首届“悦动高雄”朝阳京味文化交流活动，走进台湾校园、社区。举办“情系朝阳·爱在朝阳”摄影展览、“社区民间文化艺术展”，出版《芳草地》报纸等。开展文艺下基层活动，组织音乐、舞蹈、书法、摄影、文学、美术和民间文艺等门类的艺术家到基层，开展“艺术家进社区”活动。组织慰问基层、三下乡、星火工程、双拥慰问等系列宣传活动和演出。

地址：东大桥路8号尚都国际中心303室
邮编：100020
电话：58701210　58701235
邮箱：chaoyangquwenlian@163.com

（刘向菲）

【对台交流】 4月，与区台办联合开展为期1周的首届“悦动高雄”朝阳京味文化交流活动，这是朝阳区首次走进台湾校园、社区，与台湾同胞面对面交流。参加的艺术家是历年“京味文化之旅”演出活动艺术水准最高的一次，交流团成员包括演员11人，书画家、民间工艺家、作家、摄影家7人。活动分为开幕式、文艺表演、传统艺术交流和朝阳主题摄影展等四个部分。举办3台文艺演出、2场摄影图片展和3次艺术交流活动，观看人数达8000人，直接参与民众近3万人。

（刘向菲）

【“旋舞朝阳”舞蹈品牌】 9月中旬、10月中旬，举办“我的梦中国梦‘梦飞之舞·旋舞朝阳’”朝阳区第八届群众交谊舞普及推广比赛和展演活动。比赛以探戈、伦巴、中三等为主，43个街乡参加比赛。街道组评出最佳旋舞奖1个、最佳风采奖1个、一等奖2个、二等奖4个、三等奖6个、优秀奖10个、最佳组织工作奖12个、组织工作奖12个，地区组评出一等奖2个、二等奖4个、三等奖6个、优秀奖8个、最佳组织工作奖10个、组织工作奖10个。展演活动包括优秀团队展示、专家亮相、兄弟市区县友好展示、集体展演等，2500名舞者参加展演。活动邀请到河北省张家口市、石景山区、顺义区、房山区、密云县等5支友好代表队组团现场交流展示。

（刘向菲）

【“镜头中的朝阳”摄影品牌】 年内，在798“玫瑰之名”艺术区举办“我的梦中国梦·家在朝阳”主题摄影展，展期十天。活动是“镜头中的朝阳”品牌的一部分，包括举办一个主题展览、制作一部优秀作品集、开展一系列交流活动等。共展出摄影比赛一、二、三等奖，优秀奖和入选奖共5个等次的获奖作品及特约作品150幅。制作、出版《家在朝阳》优秀摄影作品集，赠送给获奖作者和摄影爱好者。

（刘向菲）

【“朝阳艺象”美术品牌】 年内，举办为期1周的纪念抗战胜利70周年“我的梦中国梦·朝阳艺象”美术作品展。参展作品以中国画、油画、雕塑为主，共征集、收录各类美术作品108件，展览中包括贾浩义、张立辰、陈平、卢禹舜、纪清远等45名国画家和靳之林、范迪安、白羽平、马琳、田凤银等44名油画家，及朱乐耕、王少军、李象群、蔡志松等13名国际级雕塑家的作品，参观群众达万余人次。

（刘向菲）

【“翰墨朝阳”书法品牌】 年内，在798“玫瑰之名”艺术区举办为期1周的“我的梦中国梦·翰墨朝阳”纪念中国人民抗日战争暨世界反法西斯战争胜利70周年书法作品展，展出书法作品96幅，内容包括抗战名典佳作、当代诗词家的箴言精句、个人创作的诗文。出版《翰墨朝阳》书法作品集1000套，观展人数近万人次。

（刘向菲）

【服务基层】 年内，组织音乐、舞蹈、书法、摄影、文学、美术和民间文艺等门类的艺术家开展“艺术家进社区”活动。组织艺术家下街乡（社区）辅导91场次，受益群众3万余人次。结合政府购买社会组织服务项目“美丽朝阳摄影采风”，组织区摄影家协会会员对政府购买的其他服务项目追踪拍摄20次。在区政府办公楼和区图书馆举办“美丽朝阳摄影采风”汇报展。

（刘向菲）

【双拥慰问演出活动】 年内，与区双拥办共同开展主题为“扬帆起航，共建朝阳”文艺送温暖慰问活动，分为3个专场，百余名艺术家参与。活动包括文艺演出和“送文艺”两个部分。开展为战士们“拍靓照”活动，现场为战士们拍照，并冲印出来照片赠送给他们。书法家协会、民间文艺家协会的艺术家现场教会战士们剪纸、中国结等传统艺术制作，为3个部队2100名官兵送温暖。

（刘向菲）

【队伍建设】 年内，完成9个协会的文艺家和1500名会员的资源库登记。从各文艺家协会选择有创作实力和潜力的中青年文艺家140名，建立个人档案，在开展各种文艺指导、文化活动时优先推荐百名文艺家人才库里的文艺家参加。

（刘向菲）

【协会活动】 年内，摄影家协会举办“中国梦”摄影讲座91场，摄影爱好者千余人次参与。在团结湖公园举办为期21天的“情系朝阳·爱在朝阳”摄影展览，观展人数4万余人次。区民间文艺家协会在六里屯街道秀水园社区策划、举办“社区民间文化艺术展”，展出葫芦烫画、鱼拓、毛猴等15类艺术作品，大部分是非遗民间艺术。

（刘向菲）

【获得荣誉】 年内，区美协副主席李象群被评为北京市“德艺双馨”艺术家，区油画家协会主席田凤银被中国长城协会聘为长城画家代表，并受邀出席联合国世界妇女地位大会，被中央文明委评为“中国好人”。区舞蹈家协会副主席萨仁高娃被评为“北京市先进工作者”。

（刘向菲）

【朝阳艺术团演出活动】 年内，完成朝阳区双拥慰问三场演出活动，“梦飞之舞·旋舞朝阳”群众交谊舞展演活动、首届“悦动高雄”京味文化交流活动等。完成慰问基层、三下乡、星火工程等254场演出。

（刘向菲）

【朝阳艺术团“三库”建设】 年内，朝阳艺术团“三库”（节目库、演员库、文化能人库）有节目数量581个、演员547人、文化能人106人。

（刘向菲）

新闻传播

【概况】 年内，朝阳区广播电视新闻中心不断策划开辟新栏目，《朝阳报》在原有“记者走一线”“新闻调查”等栏目基础上增设“记者体验日记”“访民意立行立改”“为民服务在岗位”等栏目。朝阳有线以《身边2014》《记者走一线》等栏目，用群众视角反映全区在环境、民生、服务等方面的新做法。

地址：六里屯西里3号

邮编：100026

电话：65025172

邮箱：gdzxBGS@bjchy.gov.cn

（张鑫蕊）

【《朝阳报》出刊】 年内，《朝阳报》出刊150期，制作专版82个。完成10份合作报的编辑出版，共出合作报180期。

（张鑫蕊）

【朝阳有线电视节目制作】 年内，朝阳有线电视制作完成《朝阳新闻》《问政2015》《平安朝阳》《幸福2+1》《走进朝阳教育》《对话成长》《健康朝阳》《镜头对准死角》等17档栏目、专题片16000余分钟。

（张鑫蕊）

【对外宣传】 年内，围绕疏解非首都功能、构建“高精尖”经济结构、“城市病”治理、社会民生、重点领域改革等重点工作，策划组织媒体集中采访、新闻发布会等新闻宣传活动130余场（平均每两天半就有1场新闻宣传活动）。中央电视台共对朝阳区报道28次，同比增幅16%，其中《新闻联播》5次；《人民日报》报道48篇，同比增幅80%，其中头版1篇；《光明日报》报道30篇，同比增幅420%；北京电视台报道264次，其中《北京新闻》报道86次（平均每个工作日都有1次关于朝阳区的报道）；《北京日报》报道369篇，同比增幅100%，其中头版报道19次、整版报道2次（平均每天都有1篇关于朝阳的报道）；《新京报》《法制晚报》《京华时报》《北京青年报》《北京晨报》等都市类媒体关于朝阳区的报道次数大量增长。正面宣传报道及转载累计30000余篇/次，同比增长超过20%。

（张鑫蕊）

【新闻应急】 年内，监测到媒体对朝阳区监督性报道1600余篇次。处置90多起突发事件和维稳值守工作。

（张鑫蕊）

【新媒体宣传】 年内，先后开通的“朝阳微讯”“三严三实微信平台”“朝闻道”三个微信公众号，每日推送朝阳区的重大活动新闻、惠民政策、民生举措、邻里和谐、服务休闲等资讯。截至12月底，推送消息1200余条。7月开通的“朝闻道”微信公众号在“两项重大任务”服务保障、CBD商务节、文博会等重大活动期间，每日推送相关资讯，单条点击率最高5000余次。“北京朝阳”官方微信和官方APP开展同步开发建设。

（张鑫蕊）

【合作办报】 年内，与和平街街道、酒仙桥街道、三里屯街道、团结湖街道、来广营地区、团区委、区环保局、区房管局、区慈善协会、区残联等10家单位合作办报，出报180期。《慈善朝阳》开设新栏目“最美朝阳慈善人”，刊登朝阳区的来自各行各业各街乡的慈善人物，弘扬时代正能量。《朝阳房管报》开设“风清气正”专栏，报道基层领导干部廉洁故事，廉政会议及廉政文化知识宣传等；开设“立足岗位 传递社会主义正能量”专栏，讲述基层工作人员为民办实事，为企业和百姓排忧解难的事迹。《来广营报》增设“聚焦美丽来广营”栏，展示地区居民摄影作品；增设“普法专栏”，宣传法律知识。《酒仙桥报》开设“表扬信背后的故事”栏目，讲述街道、社区为居民办实事、好事的细节。《团结社区报》推出春节专版，展示地区居民欢度节日的喜庆祥和；“五一”期间，推出致敬最美劳动者专栏，展示地区普通劳动者风采等。

（张鑫蕊）

【合作办栏目】 年内，教育网络电视台开办《对话成长》《名师讲堂》《走进朝阳教育》《校园万花筒》《社会学堂》5档与朝阳有线电视同步播出的视频栏目，开办《教育播报》《教育先锋榜》《精彩课堂》《魅力校园》《校园360》《教育视角》六档网络节目。

（张鑫蕊）

【服务基层】 年内，在“‘订单式’服务送基层”活动基础上，组织人员开展问需问求，带领外宣、报纸、电视、技术保障和后勤服务等部门分别制定具体实施方案，优化宣传报道服务、培训服务、技术支持等6项服务“菜单”。组织基层培训9次，培训基层宣传干部1500余人次，为“朝阳好人”“讲朝阳故事 传递正能量”“寻找身边的感动”“各行各业朝阳人”“我是党员”“办实事 谋发展”“推进京津冀协同发展”“社区故事”等专栏收集素材。

（张鑫蕊）

【朝阳榜样】 年内，将《朝阳报》近年发表的朝阳优秀志愿者、基层先进典型人物系列报道编辑成册，制作《朝阳榜样》一书，全书100篇稿件20万字。

（张鑫蕊）

【系列喜剧微电影】 年内，策划并拍摄以弘扬社会主义核心价值观、传统文化为主题的系列喜剧微电影《孔子加油》50集，通过自身平台播放、网络推送和《孔子加油》微电影进社区等活动推广。

（张鑫蕊）

【一站式公共技术平台】 年内，北京朝阳传媒影视技术服务中心服务企业超过100家，为国家文化产业创新实验区的传媒影视类文创企业提供一站式技术服务。

（张鑫蕊）

【文化创新人才培养】 年内，北京朝阳传媒影视技术服务中心联合中国传媒大学等重点高校，以培养学员的实操能力为特点，开展理论探讨与实践演练相结合的专业课程。联合朝阳区大中专毕业生就业服务中心，共同建设朝阳区大学生实习实训基地，培养创意人才700余名。

（张鑫蕊）

北京潘家园国际民间文化发展有限公司

【概况】 北京潘家园国际民间文化发展有限公司内设一室八部，分别是办公室、党群工作部、财务部、规划发展部、人力资源部、安全生产部、项目开发部、运营管理部、合规部。员工编制36人，实有30人。年内，公司资产总额62082万元，负债总额7383万元，所有者权益54699万元，利润总额7240万元，上缴税费2792万元。

地址：华威里18号

邮编：100021

电话：67765739

官网：http://www.panjiayuan.com

（蔡子翠）

【主题活动】 1月7日至31日，举办以“追寻远古的记忆收藏季”为主题的“猛犸象牙专场展会”。2月20日至24日，举办“第六届春节交易会”，期间客流量5.7万余人次，交易额97万余元。3月7日至30日，举办以“丹青映相•芬芳盛世”为主题的“潘家园第八届精品字画展——肖映梅写意画展”。4月9日至12日，举办“潘家园第十八届旧货市场连环画交易会”。4月18日，举办“战国红精品展”。5月9日至24日，举办“潘家园昊天琥珀精品展览交易会”。5月30日，举办“潘家园南红玛瑙精品展览交易会”。6月20日，举办首届“潘家园青金石精品展览交易会”。7月11日，举办“潘家园沉香艺术生活展”。8月6日，举办“潘家园第十九届全国连环画交易会”。9月11日至13日，举办“潘家园第十二届全国红色收藏展览交易会”。9月19日，举办“潘家园大千猛犸专场精品展”。10月17日，举办“第三届北京惠民文化消费季——北京潘家园第八届非物质文化遗产手工艺品交易博览会”。10月24日，举办“潘家园首届尚亿年琥珀精品展览交易会”。12月24日，举办“潘家园2015年岁末收藏季”。

（蔡子翠）

【外事活动】 4月15日，俄罗斯联邦最高法院院长维亚切斯拉夫•列别杰夫一行5人到潘家园旧货市场参观游览；7月4日，泰国国务院副总理威沙努•渠岩一行33人到潘家园旧货市场参观游览；9月2日，3名俄罗斯随团记者Kulko Dmitrii、Timerbulatov Timur、Tskhovrebov Victor到潘家园市场进行“纪念中国人民抗日战争暨世界反法西斯战争胜利70周年”主题纪录片拍摄；11月10日，俄罗斯联邦最高法院院长维亚切斯拉夫•列别捷夫一行6人到潘家园旧货市场参观游览。

（蔡子翠）

【红色收藏展交会】 9月11日至13日，举办《潘家园第十二届全国红色收藏展览交易会》，红藏界资深藏友参加。展交会藏品包含文献资料、报刊图片、徽章像章、宣传画、雕塑、老照片和音像制品等。

（蔡子翠）

【董事长任职】 9月25日，由汤彤担任北京潘家园国际民间文化发展有限公司董事长、党总支书记。

（蔡子翠）

【中国国际珠宝展】 11月28日至12月2日，与11家经营商户组成“潘家园展团”，参加2015中国国际珠宝展，展品包含琥珀、蜜蜡、青金石、翡翠及彩色宝石等，同时现场开设免费珠宝鉴定。“潘家园展团”总成交额137.79万元。

（蔡子翠）

【成立合规部和运营管理部】 12月31日，新成立合规部，同时取消办公室的法务工作职能、财务审计部的审计职能。剥离规划发展部原运营管理职能单独成立运营管理部。

（蔡子翠）

朝阳规划艺术馆

【概况】 年内，朝阳规划艺术馆（以下简称规划馆）继续完善管理体制和运行模式，创新体验式参观模式，强化规划展示、社会教育、干部培训等多项公益职能，整合场馆资源、行业资源，发挥品牌优势，继续探索公益性规划展览与经营性文化创意活动有机结合的运营模式。接待参观2.5万人，接待团体136个，其中贵宾团体91个。举办各类活动30余场。截至年底，被中央宣传部、全国文联、中央文化管理干部学院选定为干部培训定点参观学习基地，成为团市委示范社区青年汇、处级干部和初任公务员现场教学培训基地，被授予北京市爱国主义教育基地、北京市红色旅游景点及北京市科普基地，是“北京地区百家社会单位旅游开放日”定点场馆和区级市民学习基地、爱国主义教育基地、朝阳区文化旅游示范单位和朝阳海外学人俱乐部活动基地。

地址：朝阳公园南路1号

邮编：100125

电话：65851500

网址：http://www.t-space.com.cn

（尤菁茁）

【参观接待】 1月5日，上海市规划展览馆5人到馆参观并座谈。1月6日，中关村国家自主创新示范区展示中心6人到馆参观学习。2月9日，中央电视台副总编辑、中央电视台北京记者站站长到馆参观。3月13日，市台湾事务办公室组织台湾高雄社区参访团代表到馆参观体验。4月9日，中共南京市鼓楼区委常委、南京市鼓楼区人民政府副区长等领导一行7人到馆调研考察。4月17日，南京市社会科学院10人到馆参观指导。5月11日，文化部25人到朝阳区调研考察国家文化产业创新实验区工作并到馆参观。8月13日，昆明市委宣传部15人到馆调研。8月20日，成都市青羊区委宣传部文体旅局8人到馆参观。9月17日，昆明市副市长等领导到馆参观指导。9月18日，昆明市委宣传部20人到馆参观。9月21日，贵阳市委政研室副主任等领导20余人到馆参观。10月13日，巴音郭楞蒙古自治州领导到馆参观。10月14日，昆明市政协领导到馆参观考察。10月22日，石景山区25人到馆参观。11月11日，内蒙古乌海市12人到馆参观。11月13日，人民日报社北京分社领导到馆参观。11月16日，中国文化研究会6人到馆参观。11月19日，昆明市呈贡区30余人到馆参观。12月28日，朝阳团区委、区青联在京举办“携手共成长”京港青少年交流活动，朝阳团区委带领50名香港中学生到馆参观学习。

（尤菁茁）

【百姓大舞台群众文化活动】 1月17日，在T空间举行由朝阳规划艺术馆自主策划主办的“夕阳无限好，放飞中国梦——2015北京国际中老年模特大赛”初赛，来自全市各区县社区街道的50多支队伍报名参赛，有28支队伍进入初赛。1月31日，在T空间举行决赛，有12支参赛队伍及1支展演队伍参加。朝阳姐妹时装队《趣味黑白》、北京夕阳红服饰表演队《百纳夕阳》获一等奖，海淀新丝羽模特队《Party》、顺义绿叶艺术团《琴棋书画赋》获二等奖，东城第二文化馆《华彩霓裳》、东城中海油——海之恋模特队《旗袍秀》获三等奖，东城阳光枫林时装艺术团《举墨留香》、西城月坛银帆艺术团《中华节日-古韵流香》、朝阳艺之缘《溪行桃花园》获最佳魅力奖，丰台美之韵模特队《与风共舞》、西城阳光之梦《我们还年轻》、朝阳望京桥之韵模特队《中国红·最美中国梦》获最佳风采奖，密云海之波模特队《旗袍秀》获优秀表演奖。

（尤菁茁）

【时尚活动】 2月4日，在水云间举行优酷土豆集团——合一影业“UP2015”发布会。4月21日，在水云间举行“动吧体育”发布会活动，推广青少年足球培训O2O产品“动吧足球”。6月10日，在数字沙盘展区举行EXR WILD NIGHT CHINA 2015新品发布会。10月15日，在水云间举行主题为“东坝纪元，荣耀时代”的地产高峰论坛，中国城市规划设计研究院研究中心殷会良，北京首都开发股份有限公司首开志信分公司总经理周兵等出席论坛并对话与交流东坝发展前景。12月19日，在2号馆、T空间举行名为“The Mask Man超级英雄”Chi Zhang（张弛）2016SS春夏主题新品发布会。

（尤菁茁）

【文创项目实施】 2月5日至14日，与北京电影学院合作完成《最美24小时》系列3D城市实景纪录片之广安民俗素材实地拍摄工作，利用全景拍摄方式，完成涉及包括思源广场、邓小平故居、宝箴塞等10余个特色地标性建筑及景点的拍摄，共有视频影像素材790G、照片数量约6000张。

（尤菁茁）

【“凤凰计划”认定仪式】 2月6日，在水云间举行由朝阳海外学人中心主办的2015朝阳区“凤凰计划”认定仪式暨海外高层次人才座谈会，会议认定海外高层次人才20名，其中创业类8人、工作类12人，区领导程连元、刘军胜、汪洋、陈涛等出席座谈会。

（尤菁茁）

【教学培训基地】 3月14日，由中宣部组织的全国宣传部长培训班成员200余人到馆参观。4月8日，区人事局组织第一期初任公务员培训班成员96人到馆参观学习。5月6日，区人事局组织公务员初任第二期培训班学员78人到馆参观学习。全国文化系统十三五规划编制培训班学员63人到馆调研学习。6月15日，中央文化管理干部学院组织第三期文化强国建设和地区文化竞争力培训班18人到馆参观学习。7月1日，中央文化干部管理学院国家级文化产业示范园区基地高层经营管理人员研修班120人到馆参观。7月17日，2015期朝阳区文化创意产业高级经营管理人才培训班50余人到馆参观。8月12日，2015年国家重点文化产业项目实施单位高层经营管理人员第一、二期研修班70余人到馆参观学习。10月20日，国家发改委宏观经济研究院组织赞比亚宏观经济规划与发展访华团研修班学员25人到馆参观学习。10月21日，由清华大学公共管理学院举办的“四川省峨眉山市优秀年轻干部人才递进培养班”成员50人到馆参观学习。10月30日，文化部政策法规司带领全国文化系统调研工作培训班学员60人到馆参观。11月6日，区人事局组织公务员初任第三期培训班学员106人到馆参观。11月20日，中央文化管理干部学院第七期、第八期文化干部培训班学员到馆参观。11月25日，区人事局组织公务员初任第四期培训班学员100人到馆参观学习。11月26日，国家发改委宏观经济研究院组织柬埔寨城镇化建设与管理访华团研修班学员22人到馆参观学习。

（尤菁茁）

【艺术策展】 4月18日，在T空间举办由朝阳规划艺术馆主办的“若声——刘若望、胡声平作品展”开幕式活动，展览主题为“若声”，共展出刘若望雕塑作品《狼来了》《车马仪仗队》《原罪》《渡渡鸟》等130余件、胡声平综合材料作品《纸·火》《纸·夜》《废都》等40余件，展览自4月18日至6月10日免费对公众开放。5月19日，在2号馆举行由区摄影协会主办的“缤纷视野，活力朝阳——让我们的生活充满阳光”暨第五届“五月朝阳”摄影展颁奖仪式，影展大部分选自朝阳区各街乡的摄影爱好者及朝阳区摄影协会会员作品，由16幅获奖作品和130幅优秀作品组成，5月19日至29日免费对外开放。12月30日至2016年1月4日，在T空间举行由区委宣传部、昆明市委宣传部指导，昆明市五华区委、昆明市五华区人民政府主办，区外事办公室、《光明日报》摄影美术部、朝阳区规划艺术馆、昆明市外事侨务办公室、云南红飘山文化传播公司共同协办的“春韵天成·美丽昆明”摄影艺术展，展出300余幅摄影作品，内容涉及海鸥文化、自然风光、城市建设、生活写照、民俗风情等。

（尤菁茁）

【参加中国国际文化产业博览交易会】 5月14日至18日，朝阳规划艺术馆作为北京文创行业优秀代表之一入驻2015深圳文博会北京展区，主题为“科技创新 聚焦文化”，推出360度沉浸式软硬一体化解决方案之全国重点文物保护单位“宝箴塞全景体验”等项目。

（尤菁茁）

【电影展】 6月9日，在3D大剧场举行由中国电影基金会、两岸电影交流委员会主办的“两岸电影展”开幕式活动，中国电影基金会理事长张丕民、台湾导演李行出席活动并致辞，期间有《不能说的夏天》《缺角一族》《回光奏鸣曲》等七部台湾电影作品参加展映。9月28日，在T空间举行由中国电影家协会、武汉市人民政府联合主办的第十届华语青年影像论坛媒体沟通会，中国电影家协会分党组书记康健民出席并致辞，中国电影家协会授予朝阳规划艺术馆“华语青年影像论坛展映实训中心”。

（尤菁茁）

【企业人才发展与创新创业沙龙】 6月11日，在3D大剧场举办由对外经济贸易大学国际商学院、区商务委员会、区国际高端商务人才发展中心联合主办的“‘互联网+’时代下的企业人才发展与创新创业”沙龙，对外经济贸易大学国际商学院副院长钱爱民主持，对外经济贸易大学绿色创业研究中心主任刘宝成，中粮电子商务投资有限公司人力资源部总经理兼中粮我买网人力资源总监王顺捷、阿里巴巴集团阿里研究院创新创业中心主任崔翰文等嘉宾参加活动并演讲，共同分享在“互联网+”时代下的企业人才发展战略与创新创业等话题。

（尤菁茁）

【MeTec 2015 影视前沿技术大会】 6月24日至26日，在3D大剧场、T空间举办由国家广播电影电视总局广播电视规划院《影视制作》杂志、DV ASIA、朝阳规划艺术馆联合主办的“MeTec 2015 影视前沿技术大会”，分为“影视前沿技术研讨会”和“Post NAB展”两部分，国家新闻出版广电总局科技司副司长孙苏川、国家新闻出版广电总局广播电视规划院副院长谢锦辉等领导出席开幕式，活动期间举办19场讲座和分享会，来自美国、韩国、日本、台湾的国内外影视专家探讨和分享最新影视技术及制作经验，RED、AJA、BMD、Chaos Group、索尼、松下、ARRI、创科等国内外前沿厂商展示2015 NAB上最新发布的热点技术产品与理念。

（尤菁茁）

【海外学人创新创业大会】 8月15日至17日，在朝阳规划艺术馆举办由北京朝阳海外学人中心、真格基金、飞马旅、中国与全球化智库、动点科技共同主办的OTEC海外学人创业大会。11月20日至21日，在2号馆、T空间举行由北京朝阳海外学人中心、中国与全球化智库、飞马旅、真格基金共同举办主题为“服务创业、筑梦朝阳”的朝阳区第六批“凤凰计划”认定暨第三届北京朝阳海外学人创业大会（OTEC）峰会，区委书记吴桂英，代区长王灏，津冀两地9个市区的相关部门领导和企业园区代表出席开幕式，北汽集团、恒顿传媒、真格基金、星瀚资本等29家公司代表参加峰会并演讲，此次认定海外高层次人才20名、自主创业团队2个、初创企业49家，在朝阳区聘用海外留学人员的企事业单位17家。在OTEC峰会上，朝阳区海外学人创新创业空间联盟正式揭牌成立，有近90个创业项目和服务机构参展。

（尤菁茁）

【朝阳规划调研成果系列展】 8月25日至9月27日，在T空间举行由市规划委员会朝阳分局主办的团结湖小区环境品质改造设计展，展览以20世纪70年代的团结湖小区为典型案例，探索以织补城市功能、街道设计无缝衔接、精细城市管理等综合策略，寻找代替传统大拆大建的改造方式。12月17日至2016年1月8日，在主展区举办由市规划委员会朝阳分局主办的朝阳规划调研成果系列展二，内容涵盖规划战略研究、规划技术研究和实时策略研究等。

（尤菁茁）

【海外参观团体接待】 9月8日，丹麦霍尔拜克市议会城市发展委员会主席库尔特·奈斯特来宾等一行15人到馆参观。

（尤菁茁）

【2015北京CBD国际商务节】 9月18日，在三层宴会厅举办2015北京CBD商务节活动版块之一朝阳区高端商务人才认定仪式，该活动由北京市朝阳区国际高端商务

人才发展区建设工作协调小组、北京市朝阳区国际高端商务人才发展中心联合主办，活动认定首批66名高端商务人才，仪式上区委领导向各领域人才颁发证书及奖牌，市委组织部副部长闫成，市委组织部人才处处长刘敏华，区领导吴桂英、陈涛、甘靖中、何明、刘军胜等出席会议。9月19日，在三层宴会厅举办由中国传媒大学和区政府联合主办的首届国家文化产业创新实验区高端峰会，峰会以“新常态·新机遇·新模式”为主题，探讨和交流国家文化产业创新实验区在发展模式、人才培养、市场体系、金融服务等方面创新措施及发展路径，活动分为1个开幕式、1个签约仪式、2场主题演讲、1个闭门圆桌会议、1个闭幕式，文化部部长助理刘玉珠、吴江波，中宣部高书生，市委宣传部部长李伟，市文促中心主任梅松，区领导吴桂英、刘军胜、孙其军、梁洁等出席活动，天津、重庆、大连等12个城市（区）相关负责同志，清华大学熊澄宇，中国传媒大学陈文申、廖祥忠、范周、丁俊杰等高校及科研机构专家学者和企业界代表200余人参会。

（尤菁茁）

【北京家庭阅读季活动】 10月1日至4日，在2号馆举行由市国有文化资产监督管理办公室指导、外研社主办的第三届北京惠民文化消费季·北京家庭阅读季活动，市文资办副巡视员杨永安，外研社副社长何皓瑜出席开幕式并致辞，阅读季以“阅读小镇嘉年华”模式开展，围绕绘本、双语、科学、民俗、闯关设置五大板块活动，融合戏剧、音乐、表演、游戏、朗诵等元素，有300余幅优秀童话插画、200件创意绘画T恤在T空间两侧展出，在3D大剧场演出布偶剧《老鼠招亲记》、儿童话剧《小红与小绿》、布偶剧《蚌牙虫漂流记》、皮影戏《狐狸与乌鸦》。

（尤菁茁）

【2015中国3D技术与创意博览会】 10月27日，在T空间举行主题为“新文化业态中3D技术的创新应用”的2016中国3D技术与创意博览会（以下简称“3D博览会”）暨中国电影工业化技术交流会开幕式，文博会组委会办公室副主任、市贸促会副主任于海波，中国电影家协会党组书记康健民，北京电影学院党组书记侯光明，中国电子学会副秘书长刘明亮，中国科普作家协会常务理事沙锦飞，国际视效总监Jacques Stroweis（雅克·斯卓维斯）等出席开幕式并致辞，来自中国电影家协会、中国电子学会、北京电影学院、数虎图像、国龙投资等300余位嘉宾参会，各行业领军企业代表、专家学者就全景技术在电影中的应用、VR/AR 技术在现阶段的发展和趋势、全息影像技术在电视转播中的应用、多媒体舞台技术应用等专业领域、中国电影工业化机遇等方面进行座谈。在3D大剧场举行3D博览会活动之一“3D影视技术标准与作品解析”，国家新闻出版广电总局广播电视规划院广播电视中心研究所领导邓向冬、宁金辉出席会议并就3D视觉安全、超高清摄像设备技术标准等问题开展讲座。10月29日，在T空间举行“中国电影高新技术专题讲座”，来自北京欣和景成科技有限公司、墨极（北京）影像制作有限公司、北京大千阳光数字科技有限公司等12家企业代表就虚拟拍摄、动作捕捉、动画制作、数字虚拟演员、3D拍摄、实体特效等进行技术讲解和案例分析。10月30日，在T空间举行“中国电影视效类项目路演及招标”，《功夫2之不准打架》《民国往事》《愚公移山》三部国内影片进行现场项目路演及视效类项目招标。10月31日，在3D大剧场举行“裸眼3D完整解决方案及创新商业整合模式”。10月27日至31日，在2号馆举行“中国电影工业化交流大会——技术/设备展”，展区面积2000平方米，设有26个展位，涵盖CG视效、VR虚拟拍摄、3D技术、实体特效、MOCO、动作捕捉、特种拍摄、DIT流程管理等多个领域的国内技术公司共15家参展，电影人、摩威尔、影视工业网、第一制片人、活动行、编剧吧、《现代电影技术》《影视制作》等8家专业媒体、杂志同期参展。

（尤菁茁）

体　育

【概况】 年内，朝阳区体育局围绕“现代体育文化中心”的区域定位，以服务“民生幸福，健康朝阳”为核心目标，以“借势、整合、互补、共享”的工作思路为统揽，推动群众体育、竞技体育与体育产业全面协调发展。完成北京田径世锦赛训练服务保障任务，被评为北京田径世锦赛先进单位。

地址：姚家园路10号

邮编：100026

电话：85971365

邮箱：tyj20062008@163.com

（谢雯雯）

【国际剑联女子佩剑世界杯赛承办】 5月1日至3日，在国家奥林匹克体育中心体育馆举办2015年“阳光酒庄杯”国际剑联女子佩剑世界杯赛（北京站）。比赛由国家体育总局自行车击剑运动管理中心、中国击剑协会、市体育局、朝阳区人民政府主办，市竞赛管理中心、朝阳区体育局、市击剑协会承办。该次赛事是世界女子击剑单项比赛的高级别赛事（国际A级），也是里约奥运会的奥运积分赛第一站。接待美国、波兰、法国、中国等30余个国家和地区的200余名运动员到京参赛。

（谢雯雯）

【北京田径世界锦标赛训练场地服务保障】 8月22日至30日，2015年北京田径世锦赛（以下简称“世锦赛”）在北京举办。这是继2008年奥运会后，北京举办的最重要的世界级体育赛事，是朝阳区体育局首次独立承担的国际顶级赛事。按照世锦赛组委会要求，朝阳区体育健身休闲公园为此次赛事的径赛训练场地，朝阳区第二业余体育运动学校为田赛训练场，主要承担世界田径锦标赛期间运动员队伍日常训练、技术培训等任务。区体育局5月开始，按照国际田联要求，用3个月完成训练场地33项的工程改造，施工面积102600平方米。8月10日至30日赛事期间，为47个比赛项目提供训练保障服务，接待全世界123个国家和地区的4912人次运动员到场训练，得到各国运动员、教练员、市组委会的好评，被国际田联评价为“最好的田径训练场”。获2015年北京国际田联世界田径锦标赛突出贡献单位。

（谢雯雯）

【国民体质测试】 年内，国民体质测试工作作为“朝阳区双十工程”之一，制定《2015

年朝阳区体质测试工作方案》，采用“固定点+三级站+健身俱乐部+流动测试队”四位一体工作模式，测试全区年龄范围20至69岁的城镇体力劳动者、非体力劳动者等不同人群，完成测试17239余人。

（谢雯雯）

【“十三五”规划编制】 年内，结合重点工作、重点课题，立足新起点，审视未来体育发展需求及趋势，探索朝阳区群众体育、青少年竞技体育、体育产业发展思路，邀请北京大学中国体育产业研究所的专家团队，研究编制朝阳区“十三五”体育发展规划。

（谢雯雯）

【全民健身工程建设】 年内，全区43个街乡150余个社区、村新建全民健身设施135套，创建53个体育生活化社区，在各街乡完善健身工程。推进学校体育设施向社会开放，开放110所学校向居民发放“社区居民健身卡”2.6万余张，入校健身人数23万余人次。

（谢雯雯）

【群体活动】 年内，举办朝阳区全民健身体育节、北京·朝阳国际体育文化节、我与奥运选手打比赛（游泳项目）三个重要的区级品牌全民健身赛事活动14项次，参与人群10余万人次。各街乡开展小型、多样、就近、就便的全民健身活动2000余次，有130余万人次参与。举办朝阳区第四届“我与奥运选手打比赛”游泳挑战赛活动，2012年伦敦奥运会的奥运选手陈祚、程飞轶、史腾飞、李夏延、赵瑾、王海冰6人与朝阳区小运动员们比赛。

（谢雯雯）

【科学健身培训】 年内，通过建立拥有58个指导项目，1200余名师资的“健身智库”，搭建健身培训网络服务平台。全区培训社会体育指导员300人，提升体育指导水平再培训300人，培训各类项目裁判员980人，项目包括羽毛球、篮球、游泳、冰球、足球、太极拳、健身气功等。

（谢雯雯）

【助力冬奥申办】 年内，组织引导区域内四家冰场、两家雪场开展“乐享冰雪运动、支持申办冬奥”系列活动，包括儿童团体冰上培训、北京亚洲滑冰邀请赛、北京市青少年冰球联赛、冰雪嘉年华等。通过对社会场馆的宣传引导，为冬奥会营造氛围。

（谢雯雯）

【青少年业余体育训练发展模式创新】 年内，建立全市首家排球、篮球和游泳项目管理中心、实现项目管理中心、运动协会、俱乐部分层管理模式。实施体校项目主教练员负责制。对照市体育局机构设置，创立局级青少科，促进市区两级青少年竞训工作对接。

（谢雯雯）

【青少年后备人才业余体育训练网点】 年内，在小学、中学、游泳馆分别增设排球、田径、游泳等项目网点校。区体育局与八十中学、陈经纶中学共同成立篮球基地。按照项目特点进行布局布点，扩充网点校、训练网点校共102所，比“十一五”期间增长86%。实现北京橄榄球二线队落户朝阳。

（谢雯雯）

【竞技体育赛事】 年内，参与全国及市级田径、散打、柔道、射击、射箭、游泳、橄榄球等项目比赛。其中北京市青少年锦标赛，获97枚金牌、94枚银牌、76枚铜牌；北京市业余体校赛，获56枚金牌、43枚银牌、37枚铜牌，并在射击项目中位列金牌榜首；参加全国性田径、柔道、举重等7个项目赛事，取得奖牌。

（谢雯雯）

【体教结合】 年内，朝阳区校园足球联盟在4个小学训练点培养7—9岁学生，通过加入校本教程和周末的集中训练，巩固队员1500人。在曲棍球、棒球、垒球、体操等项目中坚持体教训练资源互补。

（谢雯雯）

【青少年业余体育训练对外交流活动】 年内，接待德国柏林勃兰登堡手球俱乐部来访，开展交流比赛。

（谢雯雯）

【体育科研实验室建立】 年内，科研所新建选材实验室、生理生化实验室、康复理疗实验室和功能性体能训练房4个实验室。制定适合重点项目重点队员的针对性科研促训方案，将生理生化指标测试运用于青少年平时训练，科学训练。多次开展业务培训，探讨训练课题，完善教练员的理论构架。通过训练监控及科研手段，推进青少年业余体育训练专业化。

（谢雯雯）

【国家体育产业联系点确定】 年内，经市发改委与市体育局推荐，确定朝阳区作为北京市体育产业联系点，并制定《北京市朝阳区体育产业联系点工作方案》。

（谢雯雯）

【研究体育产业发展】 年内，研究制定《朝阳区体育产业专项调查实施方案》及调查指标体系初稿。

（谢雯雯）

【体育市场安全监管】 年内，检查体育经营场馆557家，围绕重要节假日及两项重大保障任务期间，开展阶段性重点检查，共检查场馆300余家，出动执法人员700人次，约谈5家存在安全隐患单位负责人，消除安全隐患7处，下达责令限期整改9个。执法检查中，责令限期整改30家，约谈体育经营单位谈话16家，查出未办理高危许可证的体育经营单位12家，依法行政处罚2家，执法检查覆盖率100%，无安全生产责任事故发生。

（谢雯雯）

【高危险性体育项目行政许可】 年内，为63家单位办理高危险性体育运动项目经营许可证。截至年底，全区239家体育经营单位办理高危险性体育运动项目经营许可证。

（谢雯雯）

医 疗 卫 生

【概况】 年内，全区有医疗卫生机构1370个，其中医疗机构1341个，包括营利性786个、非营利性555个。有卫技人员45242人，其中执业（助理）医师17887人、注册护士19084人。实有床位20117张。每千常住人口实有床位5.09张、卫技人员11.44人、执业（助理）医师4.52人、注册护士4.83人。全区常住人口数395.5万，其中户籍人口数211.5万。全区育龄妇女数量为774464人（户籍育龄妇女493784人、流动育龄妇女280680人），其中已婚育龄妇女466145人（户籍已婚育龄妇女285354人、流动已婚育龄妇女180791人）。计划生育率97.67%，出生人口性别比109.85；流动人口出生16313人。全区办理《北京市生育服务证》22172个，其中二孩5756个。户籍人口出生20747人，其中男性10787人、女性9960人，出生率10.08‰；死亡13695人，死亡率6.65‰；人口自然增长率3.43‰。因病死亡13302人，占总死亡人数97.13%。死因顺位前十位依次为恶性肿瘤，心脏病，脑血管病，呼吸系统疾病，内分泌、营养和代谢疾病，消化系统疾病，损伤和中毒，神经系统疾病，泌尿生殖系统疾病和传染病。户籍人口期望寿命82.39岁，男性80.10岁，女性84.90岁。区卫生计生委获市健康科普大赛优秀组织奖，区卫生计生委卫生监督所获第二届全国卫生计生监督技能竞赛团体二等奖，区卫生计生委卫生监督所作品《美丽不简单》获第十一届全国法治漫画动画微电影作品征集活动微电影类优秀奖、北京市第十二届思想政治工作优秀单位称号。

地址：甜水园东里甲1号

邮编：100026

电话：65850902

网址：http://wsj.bjchy.gov.cn

（王琳琳　姚　雯　杨　峥）

【卫生改革】　年内，12家社区卫生服务中心被确定为市级中医药健康社区试点。正式启动朝阳区中医药服务贸易示范区工作。完成183名医疗救援队员和506个"社区卫生应急响应志愿者团队"的培训演练和考核。通过国家信息安全等级保护三级的测评和国家医疗健康信息互联互通标准化成熟度测评四A级评审。北京市第一中西医结合医院、北京红十字急诊抢救中心、北京京城皮肤病医院升级为三级医院。新增北京朝阳中西医结合急诊抢救中心，为三级医院。开展医师多点执业医疗总人数479人。朝阳区运行4个片区综合医联体和2个专科医联体。初步构建落实分级诊疗的载体。促进常见病、多发病、慢性病、康复期患者回归基层医疗卫生机构就诊，促进三级医院回归疑难重症患者的抢救治疗及专业队伍的教学培训。

（王琳琳　姚　雯　杨　峥）

【社区卫生】　年内，建成46个社区卫生服务中心，运行197个社区卫生服务站。新建崔各庄社区卫生服务中心京旺分部、东坝社区卫生服务中心、和平街街道建研院社区卫生服务站、垡头街道双合家园社区卫生服务站。选拔社区全科医生、中医、公共实用人才共299名，组织18名社区卫生服务中心中心副主任赴台湾参加"朝阳区社区卫生中心专业管理培训"。公共卫生经费投入1.24亿元。完成门急诊954.55万人次，出诊服务38493人次，医占比19.37%。全区社区卫生技术人员4330人，其中医生1888人，全科医生844人，护士1453人。全区家庭医生式服务签约1520987人，签约率38.78%。二三级医院对口支援门诊服务82070人次，对口支援开展健康教育183次，对口支援组织专业讲座116次。双向转诊上转76549人次，下转3741人次。全区建立健康档案3108594份，建档率79.26%，其中建立电子健康档案3045844份，电子健康档案建档率77.66%。

（王琳琳　姚　雯　杨　峥）

【农村卫生】　年内，运行1个村卫生室。享受乡村医生基本待遇11人，补助标准为每人每年19200元。建立2个乡医管理小组，对全区22名乡村医生进行片区化管理。开展乡村医师在职岗位培训，组织19名乡村医生参加北京市统一组织的理论考试，考试合格率100%。新型农村合作医疗参合79553人，参合率99.74%，人均筹资标准1385元，其中个人缴费160元。筹集资金1.1亿。门诊报销56万人次，支付资金4357万元；住院报销7113人次，支付资金6537万元。恶性肿瘤、急性心梗等17类重大疾病报销比例75%，有1725人次获得重大疾病补偿，报销金额1755万元。实施定额定次低自付血液透析治疗救助政策，救助37人，医院垫付资金157万元。实施新型农村合作医疗重特大疾病大病保险制度。对617人在上年发生的大病费用，大病保险给予二次报销，支出资金403万元。年底，大病统筹基金结余3531万元。

（王琳琳　姚　雯　杨　峥）

【疾病控制】　年内，报告甲乙丙类传染病22种17609例，报告发病率453.32/10万，比上年下降29.08%；报告死亡率0.80/10万，比上年下降17.62%。无甲类传染病报告。乙类传染病报告发病率居前三位的依次为痢疾（1297例，发病率33.39/10万）、肺结核（1245例，发病率32.05/10万）、梅毒（1198例，发病率30.84/10万）。全区确诊肺结核患者 1245例，发病率32.05/10万，其中登记管理结核病患者1096例，包括肺结核917例、结核性胸膜炎179例。917例肺结核患者（涂阳355人）中北京市383人（涂阳179人）、外地534人（涂阳176人），初治1041人（涂阳332人）、复治55人（涂阳23人）。上年新发涂阳肺结核155例，治愈145例，其中北京市57例中治愈52例、外地98例中治愈93例。TB筛查HIV 470例，其中阳性3例；HIV感染者筛查肺结核86人，发现肺结核3人并登记治疗。朝阳区共接种卡介苗42197人，PPD 1869人；新生儿卡介苗监测35人，阳转率100%。新生人数19076人，PPD试验18596人，复验结果人数18520人，强反应859人，免费拍摄胸片866人，发现活动性肺结核3人，预防性治疗429人。报告5种性病3131例，其中梅毒、淋病、尖锐湿疣、生殖道沙眼衣原体感染和生殖器疱疹分别为1727例、344例、511例、495例和54例。报告HIV/AIDS现住病例1132例，比上年增长13.5%。新发现病例以同性传播为主，占80.7%。全区未报告人感染高致病性禽流感病例。报告手足口病4593例，比上年下降45.22%，其中重症病例9例，无死亡病例。调查中东呼吸综合征（MERS）排查病例12例，MERS确诊病例密切接触者2例，经实验室检测全部排除。调查埃博拉出血热留观病例6例，经实验室检测全部排除。完善疾控中心—街（乡）、社区卫生服务中心—居（村）委会、社区卫生服务站、二三级医院的三级慢病防控网络。开展慢防控培训和技能演练活动14次，开展800名居民、120和999急救中心及二级医院的全区心血管事件发生能力调查。开展13000人的肿瘤高危人群筛查，筛查出高危人群2080人；开展9618人的脑卒中高危人群筛查，对现有的14092人的高危人群实施干预措施。建立高血压、糖尿病患者及肥胖自我管理小组111个，培养小组技术骨干和师资78人。新培训健康生活方式指导员223人，开展各种活动200余场。举办全民健康知识竞答活动，印发知识手册和知识问卷5000份。开展社区预防老年人跌倒干预，完成6800户居民的评估调查，社区外环境巡查覆盖老年人10034户，社区宣传覆盖38000户，家庭危险因素评估覆盖1400户。

（王琳琳　姚　雯　杨　峥）

【精神卫生】　年内，重性精神疾病患者建档人数13909人，其中六类严重精神障碍患者10137人，发现报告率2.65‰，在册管理率88.96%，在册规范管理率84.13%，在管规范管理率94.57%，病情稳定率98.87%，规律服药率78.10%。为6437名重性精神疾病患者免费体检。发放贫困诊疗费补助127.07万元，1564名门诊患者、432名住院患者受益。3925人通过免费服药资格审核，投入免费服药经费290.24万元。在册管理患者未发生肇事肇祸事件。

（王琳琳　姚　雯　杨　峥）

【学生发育评价分析】　年内，身高受检学生174869人，其中上等52205人、中等118328人、下等4336人；体重受检174859人，其中上等60725人、中等110222人、下等3912人。

（王琳琳　姚　雯　杨　峥）

【学生营养评价分析】　年内，受检学生

169274人，其中轻度营养不良30179人、中度营养不良4128人、重度营养不良149人、极重度营养不良32人，超重19731人、肥胖30850人。

（王琳琳 姚 雯 杨 峥）

【学生疾病监测】 年内，视力受检学生174713人，检出视力不良98937人；贫血受检174087人，检出贫血3462人；沙眼受检174227人，检出沙眼21人；龋齿受检174593人，龋齿患者31973人。

（王琳琳 姚 雯 杨 峥）

【计划免疫】 年内，儿童常规免疫1240503人次，其中基础免疫812267人次，加强免疫428236人次，各疫苗报告接种率均在99%以上。四苗全程及时接种率94.76%，五苗全程合格接种率97.10%。接报AEFI 858例，其中一般反应624、异常反应144例、偶合症86例、心因性反应4例。开展应急接种724次，完成应急接种38270人次。完成131004名学龄前流动儿童强化查漏补种。对885所学校、托幼园所进行入托、入学儿童预防接种证查验和疫苗补种，查验85638人。外来务工人员接种麻疹疫苗66970人次、流脑疫苗59583人次。免费接种流感疫苗201438人次，其中老人80103人次、接种率51.82%，中小学生121068人次、接种率62.60%，保障人员267人次。

（王琳琳 姚 雯 杨 峥）

【职业卫生】 年内，有职业病危害因素企业381家，职工55511人，接触职业病危害因素7049人。职业健康体检1360人。上报职业病36例，其中尘肺6例、其他职业病30例。开展职业卫生健康教育培训4次，培训320人。

（王琳琳 姚 雯 杨 峥）

【放射卫生】 年内，完成设备性能检测及场所防护检测152台次，个人剂量监测316家5602人次。完成建设项目评价报告120项。完成医用辐射防护检测网点工作、北京市职业性放射性疾病监测与职业健康风险评估工作及放射性本底监测工作。

（王琳琳 姚 雯 杨 峥）

【健康促进】 年内，开展理论知识培训19次，培训1895人次。健康科普讲师团401人，完成健康教育知识讲座1838场，受众121482人次。出版《朝阳健促工作信息》6期。开展大型健康教育公众咨询活动979场，受众219733人次。完成69家控烟示范单位中期评估，达标率100%。39所学校通过市级健康促进学校验收，全区所有中小学校均成为市级健康促进学校。开展世界卫生日、世界无烟日、科学就医、科学减重等活动。控烟专业卫生行政处罚案件198起（不作处罚2起），其中一般程序73件、简易程序123件，行政处罚199350元。对控烟个人的处罚124起，共罚款6350元。对违法吸烟单位的处罚72起，共罚款193000元。

（王琳琳 姚 雯 杨 峥）

【妇幼保健】 年内，孕产妇37766人，系统管理率95.12%，住院分娩率99.99%，剖宫产率39.59%，孕产妇死亡率4.82/10万。宫颈癌筛查230107人，查出阳性病例171人，乳腺癌筛查184970人，查出阳性病例26人。婚前医学检查2456人，疾病检出195人，婚检率5.37%。新生儿死亡19人，死亡率0.92‰；婴儿死亡38人，死亡率1.83‰；5岁以下儿童死亡51人，死亡率2.46‰。0～6个月母乳喂养率70.84%。新生儿疾病筛查210651人，筛查率100.57%。出生缺陷发生率26.44‰，排前五位的分别是先心病、外耳其它畸形、多指（趾）、其它、隐睾。0～6岁在册儿童209729人，系统管理率94.48%，开展先天性髋关节脱位筛查35.5241万人次，先天性心脏病筛查3.0371万人次，听力筛查4.7286万人次，新生儿疾病筛查85.42万人次。

（王琳琳 姚 雯 杨 峥）

【计划生育】 年内，增加安装120台避孕套自助发放机，全区避孕套自助发放机共420台，全区免费发放网点2200个。区药具站为街乡、村居、中市单位等制作避孕药具自取箱1000个，制作药具展柜790个，完成4大类、20余种、250余万元的药具发放工作。朝阳区负责免费孕前优生健康体检的单位是朝阳区妇幼保健院，各社区卫生服务中心负责体检后期随访工作。实现免费孕前优生项目覆盖全部城乡计划怀孕夫妇。全区完成免费孕前优生体检1429对。组织全区43个街乡开展知识课堂、社会实践等关爱女孩系列活动，将心理疏导、性健康等内容渗透到女孩成长之中。完成“暖心计划”养老金的兑付，为1444名符合条件的失独老人兑付养老金。完成流动已婚育龄妇女生殖健康体检5184例。符合计划生育奖励扶助政策总人数62143人，金额48889440元。独生子女父母奖励人数51489人，金额9557200元。独生子女奖励扶助金标准每人每月120元、独生子女死亡家庭特别扶助金标准每人每月500元、独生子女伤残家庭特别扶助金标准每人每月400元，共发放奖励扶助对象10316人，金额35952240元。按每户30元标准为7293户计生低保家庭、失独、享受一次性经济帮助的伤残家庭投保“安康保险”计划，投入218790元。两节期间，按每户1000元标准对1674户失独家庭和每户500元标准对700户计生困难家庭走访慰问，投入资金20240000元。利用慈善协会一元捐生育关怀基金，在中秋节前慰问全区1629户失独、享受一次性经济帮助的伤残家庭，投入171045元。

（王琳琳 姚 雯 杨 峥）

【卫生监督】 年内，有公共场所专业被监督单位5760户，比上年减少8.99%，其中旅店业1060户，文化娱乐场所269户，公共浴室85户，理发店、美容店3919户，游泳场馆242户，展览馆、博物馆、美术馆、图书馆8户，商场、书店177户。全区公共场所新办589户，延续1661户，变更248户，注销52户，共2550户。公共场所应监督5760户，已监督5728户，监督覆盖率99.44%，完成监督21757户次，监督频次4.06。公共场所专业卫生行政处罚555起（不作处罚8件），其中一般程序441件、简易程序106件，行政处罚988800元。对4929家单位进行量化分级，量化分级比例99.27%，其中A级1899家、B级2894家、C级135家。有生活饮用水被监管单位2748户，比上年增加2.88%，其中自建设施供水116户、公共供水（乡镇）2户、二次供水260户、无细分类28户。生活饮用水新办205户，延续1379户，变更44户，注销13户，共1641户。生活饮用水专业应监督2748户，已监督2741户，监督覆盖率99.75%，完成监督10685户次，监督频次3.90。生活饮用水专业卫生行政处罚案件153起（不作处罚2件），其中一般程序81件、简易程序70件，行政处罚443000元。对有证单位进行行政处罚26件（不作处罚数2件），其中一般程序15件、简易程序9件，罚款51000元。对无证单位进行行政处罚127件，其中一般程序66件、简易程序61件，罚款392000元。全区医疗卫生机构为1358家，监督检查1357家，覆盖率99.93%，合格率99.26%，处罚数量150件，罚没款共102.54万元，其中没收违法所得10.83万元。颁发医疗机构设置批准书82家，医疗机构执业登记注册82家，医疗机构备案8家，颁发医疗机构执业许可证75家。完成医疗机构变更308个，注销48个，其中有效期届满未申请延续的13家。校验许可1187家。办理医师执业注册和变更4300人，其中医师首次注册626人，变更注册3674人。办理执业医师多点执业962人，其中西医584人、中医354人、中西医结合24人。护士变更注册3243人，延续注册1743人。全区取缔无证行医点191户次，没收药品、器械等238余包（件），行政处罚47件，罚没款金额共21.17万元。移送公安部门处理1件，共追究刑事责任1人。无吊销医疗机构执业许可证单位。举报投诉案件受理数量5420起，按专业分类包括控烟专业3904起、医政专业投诉946起、公共场所专业362起、生活饮用水专业178起、其他专业30起（传染病与消毒专业22起，放射卫生3起，人类生殖2起，母婴保健、学校卫生及职业卫生各1起），处理率100%。

（王琳琳 姚 雯 杨 峥）

【医疗工作】 年内，总诊疗39546596人次，急诊2067769人次，家庭卫生服务59091人次。急诊观察81570人次。出院536472人次，平均住院日10.23天。区级医疗机构门诊10375012人次，急诊333513人次，家庭卫生服务39894人次；急诊观察6851人次；住院36421人次，出院36341人次，平均住院日12.16天，床位使用率81.46%，床位周转21.51次，死亡率1.92%；住院病人手术11423例。

（王琳琳 姚 雯 杨 峥）

【护理工作】 年内，对辖区31家医疗机构的优质护理服务落实情况实地督导检查。与怀柔区雁栖镇社区中心开展手拉手活动。录制《护理技能操作示范》光盘。每季度一次院际间护理业务查房，学习人员累计376人。结对二级医院共完成外送学习2325天/171人次。三级医院老师到院内授课2467人次/83次，参观学习383人/55次。参加三级医院继教项目学习318人次/64次，其他126人/13次。开展全区护理岗位练兵暨技能考核评价活动。举办“朝阳区护理骨干静脉输液规范化培训班”。不良事件上报率100%，按要求整改。

（王琳琳 姚 雯 杨 峥）

【医政工作】 年内，医疗卫生机构1370家，其中卫生组织29家、医疗机构1341家。完成45家平安医院及3家申请平安医院医疗机构的复核和现场验收。受理医疗事故、医疗损害鉴定申请8件，其中1件被鉴定为3级戊等医疗事故、1件被鉴定为4级医疗事故。召开埃博拉防控和MERS的院内感染防控培训，610余人参加。举办朝阳区医院感染管理新知识培训会，400余人参加。制定和改进医疗机构医疗质量信息化院感检查标准11项。MERS防控工作督导检查25家。医疗美容专科门诊部、诊所手术室院感防控检查33家单位。二级医院物表清洁度检测29家，检测1450个点位。开展朝阳区口腔医疗机构消毒室、消毒现状调查，调查228家。开展手卫生依从性的调查。病案书写与医疗纠纷培训，共130家二级医院150余人参加。对58家医疗机构进行病历检查，涉及住院病历146份。对112家医疗机构的398人开展麻醉药品处方权培训。新办麻醉药品、一类精神药品印签卡医疗机构2家，变更26家。启动公立医疗机构医药产品阳光采购工作。

（王琳琳 姚 雯 杨 峥）

【对口支援】 年内，接收来自河南省淅川县、内蒙古自治区丰镇市、新疆维吾尔自治区和田市、青海省玉树市72名公共卫生和医疗卫生专业骨干，安排各类专业对口单位专项学习。派出专家医疗队分10批25人赴丰镇市，分2批18人赴淅川县开展临床诊疗、疑难病例讨论、义诊、疾控事业交流等活动。

（王琳琳 姚 雯 杨 峥）

【中医药工作】 年内，通过全国中医药基层工作先进单位复验，召开首届北京市朝阳区中医药工作大会，成立朝阳区中医药工作领导小组，启动朝阳区中医药健康服务联合体和朝阳区中医药服务贸易示范区工作。完成《朝阳区中医药专家下基层暨学术经验继承工程》学术经验继承人出师考核，第四批《朝阳区中医药专家下基层暨学术经验继承工程》人员遴选公示。新建王友仁、王道坤名老中医工作室。建立新鲜中药教学实践基地、中药饮片教学实践基地，举办基层医疗机构中医药人员中医经方培训，邀请北京中医药大学专家，对全区120余名中医药专业人员进行经方临床应用培训。4月，北京市第一中西医结合医院通过国家中医药管理局专家组三级甲等中西医结合医院验收。

（王琳琳 姚 雯 杨 峥）

【血液管理】 年内，自愿无偿献血量53442单位（200ml/单位），采血点6个。医疗用血103128单位，同比下降2.5%。其中成分输血103080单位，全血48单位，成分输血率基本100%。血浆97817单位，同比下降15.6%。自体输血47918单位，同比提高19.6%，自体输血率31.7%。

（王琳琳 姚 雯 杨 峥）

【急救工作】 年内，救治转运患者48761人次。成立中国医学救援协会社区救护分会，设置社区卫生、心理救援、院前急救、传染病防控、院内救治、宣传教育及社会力量等7个学组，涉及全国21个省市的62位会员成为第一界理事会理事。承办“联手聚力朝阳、健康服务百姓”2015年度院前急救网络岗位练兵比赛。对辖区14家网络医院57条绿色通道开展质控工作。组织全部院前急救车组人员参加北京急救中心AHA（美国心脏协会）培训基础生命支持取证工作，使院前车组人员AHA基础生命支持（BLS）持证率100%。

（王琳琳 姚 雯 杨 峥）

【科研与教学】 年内，申报科研项目29项，其中国家级项目1项、地方科技项目23项、其他科技项目5项。发表SCI文章4篇，影响因子12.7。发表论著1部。

（王琳琳 姚 雯 杨 峥）

朝阳区妇幼保健院

【概况】 朝阳区妇幼保健院为区卫生计生委直属二级甲等专科妇产医院。年内，有职工494人，其中在编177人、合同制317人。有卫生技术人员384人、正高职称9人、副高职称29人、中级职称67人、初级师职称133人、初级士146人。编制床位139张，实有床位110张。医疗设备总价值约9353.57万元，新购置医疗设备总价值3033.56元，其中100万以上设备5件。新增营养科，为病房患者配餐。通过北京市首批示范孕妇学校评审，被评为朝阳区基本医疗保险定点医疗机构医保服务医师管理先进单位。医务科主任王立聪获“全国五一巾帼标兵”。11月10日，医院名称由“北京市朝阳区妇儿医院”变更为“北京市朝阳区妇幼保健院”。

地址：潘家园华威里甲25号
邮编：100021
电话：67719999
网址：http://www.beijingcych.com/
邮箱：cyfybjy@126.com

（王 茜 王海燕）

【医疗工作】 年内，门诊327055人次，急诊2535人次，危重症抢救4人次，成功率100%。出院6628人次，床位周转58.84次，床位使用率81.02%，平均住院日5.02天，死亡率0。住院手术2291例。剖宫产率34.6%，无孕产妇死亡。开展临床路径管理，子宫腺肌病、输卵管妊娠、卵巢良性肿瘤、宫颈癌、计划性剖宫产、乳腺癌等入径708例。开通电话、网络、诊间、自动预约4种预约挂号形式，采取分时段预约，开放号源21%。预约挂号60005人次，占门诊比例的23%。新开展胎儿早期超声筛查、超声引导下乳腺肿物穿刺活检术、B族溶血性链球菌筛查、血清同型半胱氨酸检测、血清维生素AE水平检测、动态血压监测，开设唐氏筛查门诊，规范子宫动脉、胎儿大脑中动脉及脐动脉各项血流指标。口腔科新增业务用房及设备，扩展成人口腔，门诊量6977人次，同比增长12.88%。增加盆底康复室设备，治疗1030人次，较上年翻一倍。加强医院感染委员会—院感科—科室的三级监控网络管理，未发生医院感染。住院病人抗菌药使用率低于60%，Ⅰ类手术切口抗菌素使用率不超过30%。

（王　茜　王海燕）

【医保工作】 年内，医保出院3635人次，总费用1658万元，次均费用4561元。医保门诊14.69万人次，总费用5552万元，次均费用378元。完成医保总额预付指标104.66%。获“北京市医疗保险管理先进单位三等奖”“朝阳区医疗保险医师管理先进单位奖”。

（王　茜　王海燕）

【护理工作】 年内，有护士163人、注册护士163人、合同护士122人，医护比例1:1.38。护理不良事件上报率100%，整改率100%。安排护理人员外出学习86人次，投入资金24780元。选送2名人员赴北京市妇产医院护理部、手术室进修。选派2人参加中华护理学会肿瘤专科护士、手术室专科护士培训。院内护理继续教育项目11项。抢救车封存管理实行使用一次性锁封存。开展品管圈活动，降低违反消毒隔离标准发生率。规范新生儿用药、新生儿输液、新生儿心肺复苏的临床操作。开展“职场妈妈，‘喂’爱坚持”配合母乳喂养周活动。

（王　茜　王海燕）

【科研工作】 年内，申报首发专项基金项目5项。申报区级科研项目5项，获批2项。申报朝阳区人才项目4项。进行中的项目有区级科研课题3项。发表科研论文8篇。

（王　茜　王海燕）

【医学教育】 年内，安排医务人员外出学习343人次。有1人到三级医院进行骨干医师专业培养（脱产一年）。1人参加三年住院医师规范化培训。选派儿科、超声科、妇产科骨干医生共3人赴意大利进修学习三个月。河南省南阳市淅川县妇幼保健院4名医生来院妇产科进行为期2个月的进修。黑龙江绥化市望奎县妇幼保健院1名妇产科医生来院进修1年。承接郑州卫校14名助产专业学生为期10个月的实习任务。承办朝阳区总工会组织的妇幼保健系统岗位技术练兵活动，全区26家助产机构和43家社区卫生服务中心及地段保健科千余人参加，区妇幼保健院获新生儿窒息复苏组团体赛二等奖，获孕产妇健康管理项目比赛个人二等奖、三等奖各1名，儿童健康管理项目比赛个人一等奖、二等奖各1名，计划生育技术服务组个人优秀奖1名。

（王　茜　王海燕）

【学术交流】 年内，“中美联合培训阿富汗医务人员”项目派15名阿富汗医务人员到院参观学习。国际生殖健康供应联盟主JohnSkibiak 等5名执委到院参观考察。河南省漯河市汇源区焦红艳副区长一行7人到院参观并交流经验。昆明市卫计委副主任带队的考察组一行9人到院参观考察。

（王　茜　王海燕）

垂杨柳医院

【概况】 北京市垂杨柳医院（又名北京微创医院）为区卫生计生委直属三级综合性医院，处于新院建设改扩建阶段，开放本院区、东院区及管庄院区。年内，有职工1057人，其中专业技术人员924人（主任医师27人、副主任医师65人、主治医师168人、医师92人、护士371人、药剂人员48人、检验人员36人、影像人员15人、其他专技人员102人），行政及工勤人员133人。固定资产总值786166547元。通过朝阳区三网监测验收，获朝阳区中医药师承工程指导老师工作室优秀管理单位、医疗器械不良事件日常监测工作先进单位等，成为朝阳区基本医疗保险医疗专业评议委员会成员单位、北京市食源性疾病监测哨点医院。有1人获市级荣誉1项。

地址：垂杨柳南街2号
邮编：100022
电话：67718822
网址：http://www.cylh.com
邮箱：cylhospital@163.com

（乌　兰）

【医疗工作】 年内，医院装修改造工程施工期间对医疗工作产生一定影响。门急诊总量96.48万人次，同比下降8.27%。出院0.99万人次，同比下降29.66%。病房手术量1582人，同比下降56.78%。床位使用率71.19%，同比下降2.26%。平均住院日8.76天，床位周转次数30.57人/床。年平均病案合格率99.83%。收到病人锦旗85面，表扬信213封。门诊抗菌药物使用率10.48%，同比下降14.52%；住院抗菌药物使用率44.34%，同比下降5.78%；住院抗菌药物使用强度47.82%，同比下降0.66%；Ⅰ类切口手术预防使用抗菌药物比例10.54%；住院患者微生物送检率67.15%。

（乌　兰）

【护理工作】 年内，有护理人员371人。根据“科室整合、一院三址”的现状，调整护理工作。选派48名护理人员外出进修学习。开展“强素质、正品行、树形象”护理规范系列培训活动。外请专家授课4项，主任护师讲座5项，副主任护师讲座6项，主管护师讲座19项，其中市级5项、区级20项、院级8项，参加培训人员共4339人次。全员培训心肺复苏并组织院级竞赛。未发生护理安全事件。

（乌　兰）

【医保工作】 年内，门诊医保患者59.75万人次，住院医保患者4902 人次，城镇职工医保结算费用3.11亿元，申报费用2.14亿元。完成345名医保医师服务协议续签。

（乌　兰）

【信息化建设】 年内，完成三个院区临床诊区网络建设、病案数字化系统和病案统计上报系统的实施上线。完成物价平台、药品采购平台对接，重症监护系统建设进入实施阶段。逐步完成东院区、本院区和管庄院区wifi网络铺设。

（乌　兰）

【科研教学】 年内，组织申报各类各级别科研项目52余项，中标6项，在研项目58项，中期评估、结题项目22项。发表论文106篇，其中SCI4篇。9人参加北京市住院医师规范化培训。获批继续医学教育项目国家级2项、市级10项、区级27项，全院继续教育学习达标率99.65%。完成各类继续教育课程152场次14730人。全年脱产学习41人，到院外进修41人，出国进修4人。举办第七届Ilizarov技术（骨外固定）与骨关节修复重建学习班、第十一届全国PLDD微创技术讲习班。

（乌　兰）

第一中西医结合医院

【概况】 北京市第一中西医结合医院为区卫生计生委直属的三级甲等中西医结合医院，分本部（CBD院区）、东坝院区、来广营院区（筹建中）。年内，有19个职能科室、30个临床医技科室。有10个病区，编制床位1513张（来广营筹建中），实际开放床位405张。有职工1016人，其中在编519人、外聘497人。有卫生专业技术892人，其中正高18人、副高68人、中级242人、初级564人。医疗设备总价值14530万元。新购置医疗设备总值3925万元，其中 100 万元以上设备 25 台。获中国产学研合作促进奖。

地址：金台路13号内2号
电话：85992788
邮编：100021

网站：http://www.bjsqyy.com.cn
邮箱：erbangongshi@163.com

（李玉娟）

【改革与管理】 8月，被国家中医药管理局评定为三级甲等中西医结合医院。心内科、骨伤科、内分泌科获市中医局重点专科建设项目批复。在医院建立“北京市朝阳区中医药薪火传承工程王友仁名老中医传承工作室”“北京市朝阳区中医药薪火传承工程王道坤名老中医传承工作室”，及北京市朝阳区中医学术经验传承基地及中药辨识与饮片炮制技术培训基地。

（李玉娟）

【机构设置】 年内，北京市中西医结合心脏康复中心揭牌，开设双心门诊、戒烟门诊、营养门诊和康复室。新开设治未病科、康复科，外科病区与骨伤科病区独立，妇科病区重新装修后启用。东坝院区建立老年评估室。

（李玉娟）

【医疗工作】 年内，门诊748079人次，急诊78528人次，急诊抢救822人次。实际可开放床位306张，出院8652人次，病床周转次数23.46次，床位使用率61.66%，平均住院日9.54天，死亡率2.65%，住院手术例数2134人，孕产妇死亡率（0/万），剖宫产率41.05%，新生儿死亡率2.2‰，围产儿死亡率1.1‰。开展11个专业14个病种的临床路径。临床路径总体入径率88.2%，完成率86.6%，变异率15.1%，退出率7.4%。为患者提供114电话及网络平台预约、电话预约、窗口预约（现场预约）、医生诊间预约等预约挂号方式。开放号源比例30%，预约挂号人次及占门诊比例8.83%。6个临床医技科室申请准入16项新技术新业务，审核通过15项。医院感染率1.09%；住院患者抗生素使用率45.37%。接受特殊抗菌药物治疗住院患者微生物检验样本送检率96.55%。

（李玉娟）

【医保工作】 年内，医保出院总人次5143人次，医保总费用3.23亿元，门诊次均费用491元，住院次均费用13931元。北京市第一中西医结合医院医保类别由对外综合变更为对外中医，城镇职工参保患者无需选择定点医院即可持社保卡就诊享受实时结算。

（李玉娟）

【护理工作】 年内，有护士377人，注册护士377人、合同护士235人，医护比例0.59:1，有ICU床位9张。护理工作继续实施一院两区统一管理模式。护理不良事件上报率100%，并整改。在《中国基层医药杂志》发表护理论文2篇，在《人民军医》发表论文1篇。组织护理继续教育讲课45次，组织中西医护理操作培训5次，安排护士长及护理骨干参加院外培训48人次，专科取证1人次（糖尿病健康教育护理师资格认证培训）。

（李玉娟）

【科研工作】 年内，开展市级科研课题3项。立项并开展中国医疗手牵手工程委员会、北京医学奖励基金会项目10项，中医基础理论研究所2015年度（第九批）自主选题“院所协同创新科研专项基金”项目15项。医师在核心期刊发表论文20篇。中国产学研合作促进会授予“2015年度中国产学研合作促进奖”。申报医技市级继续教育认可项目9项，区级继续教育认可项目34项。参加国家级继续教育207人次，市级继续教育5001人次。医院有14对师承师徒，其中区级继承11对、中医骨伤协会1对、院内师承2对。建设“名老中医工作室”2个，4人成为名老中医工作室学术经验继承人。

（李玉娟）

【医学教育】 年内，派出进修医师12人，其中2名骨干医师参加北京市区县级学科骨干进修学习。21人参加住院医师专业培训。医院派驻受援单位主治以上医务人员13名，接收受援单位医师进修5名。

（李玉娟）

朝阳区第三医院

【概况】 年内，有职工276人（在编94人、合同制166人），其中卫生技术人员212人，包括正高职称4人、副高职称8人、中级职称32人、初级师91人、初级士54人、无职称23人。专用设备总价值2400.5万元，新购置医疗设备总值1075.65万元，其中 100万元以上设备数量1个。重点保障反法西斯抗战胜利70周年大阅兵活动，保障期间收治患者53人，病房最高时收治患者453人。首次参与心理危机干预工作，引进一名研究生，参与“9・8金盏伤人事件”的危机干预，派出20人次参与。
地址：双桥南路甲8号
邮编：100121
电话：52023406
邮箱：cyqjsws@163.com

（马万欣　张樱馨）

【机构设置】 12月，新增麻醉科、全科医疗科、预防保健科三项诊疗科目。

（马万欣　张樱馨）

【医疗工作】 年内，门诊34463人次，同比增加12%。危重症抢救2人次，死亡2人。精神残疾评定 384人次，同比增加68.42%。医院编制床位260张，实有床位数360张。出院450人次，同比增加13.64%，出院患者平均住院日203天，病床使用率111.94%，床位周转率1.3，死亡率0.44%。精神科实施临床路径病种数量8个，入径病例数134例，入径率29.70%，完成率77.61%。预约方式为专家门诊电话预约及复诊预约，开放号源比例60%，预约挂号36人次，占专家门诊比例0.95%。新开展近红外脑成像检查、脑涨落分析神经递质检测、生物反馈治疗。医院感染率1.80%。有7种抗生素，住院患者抗菌药物使用率6.12%，接受抗菌药物治疗住院患者微生物检验样本送检率0%。

（马万欣　张樱馨）

【医保工作】 年内，出院253人次，医保患者总费用2363.41万元，次均费用9.34万元，日均费用231元。

（马万欣　张樱馨）

【护理工作】 年内，有护理人员126人，其中注册护士117人、合同制护士82人、医护比0.4:1。护理不良事件上报率100%，整改率100%。选派护理骨干及管理人员参加多种形式的专科技术知识及管理培训班40人次，选派骨干护士1名到安定医院进修学习，选派老年科护士1名到北京护理学会参加急诊专科护士资格认证培训班。

（马万欣　张樱馨）

【科研工作】 年内，区科委课题1项在研，1项结题，申报并立项朝阳区精神疾病预防控制中心资助课题1项。发表核心期刊论文5篇。

（马万欣　张樱馨）

【学术交流】 年内，选派2人到香港参加个案管理培训班，3人参加中华医学会精神科分会年会，5人参加中国医师协会精神科分会年会。

（马万欣　张樱馨）

【基本建设】 2015年4月病房楼室内装修、女儿墙、金盏住院部门窗等修缮、康复训练室吊顶、污水间医疗垃圾房改造工程全面竣工，改善患者住院环境。院内监控一体化建设投入金额23.96万元，增加药房、医技科室等医疗区域的监控设施，为安保工作提供技术支持。

（马万欣　张樱馨）

朝阳区中医医院

【概况】 朝阳区中医医院为区卫生计生委

直属二级甲等中医医院。年内，有职工317人，其中在编206人、合同制111人。有卫生技术人员 277人，正高职称4人，副高职称18人，中级职称66人，初级师 115人，初级士74人。医疗设备总价值58504138.6万元。新购置医疗设备总值7434700 万元，其中100万以上设备3台。固定资产总价值78328688.57万元。

地址：工体南路6号

电话：65534914

邮编：100020

网站：http://www.cyqzyyy.com

邮箱：cyqzyyy@163.com

（刘　媛）

【医疗工作】 年内，门诊362846人次，急诊18790人次，急诊危重症抢救21人次，抢救成功95%。编制床位220张，实有床位220张。出院3537人次，床位周转18人次，床位使用率90.97%，平均住院19日，死亡率5.82%。实施临床路径科室为针灸、内一、内二，病种数量6个，入径病历数53，完成率94.3%。预约挂号方式为114电话、114网、医院预约窗口、复诊诊间和社区转诊。开放号源40%，预约挂号2346人次。医院感染率1.98%。住院患者抗菌药物使用率27.5%，门诊抗菌药物处方使用率5%，住院患者接受微生物送检率53%。

（刘　媛）

【医保工作】 年内，医保出院2445人次，申报总金额37053038元，次均费用15155元。更换医保服务器并安装调试。

（刘　媛）

【护理工作】 年内，有护理人员102人，在编护士54人，合同护士48人，注册护士102人，中医护理人员60人，西医护理人员42人。顺利进行11例患者picc的置管。安排护士长及护理骨干参加院外培训51人次，安排丰镇市中蒙医院2名护理人员肿瘤科进修，完成北京卫生职业学院第三院区、重庆卫校及泰安卫校6名实习生培训及带教工作，同济学院护理见习1人。

（刘　媛）

【科研工作】 年内，完善北京市重点专科骨伤科、针灸科的科室建设，发展建设肿瘤科、呼吸科为重点专科，构建“治未病”服务链。重点专科骨科医师获北京市中医药科技发展资金年度规划立项课题“活血平肝汤治疗更年期女性神经根型颈椎病的临床研究”。重点专科针灸科医师获北京市中医药科技发展资金年度规划立项课题“金伯华名老中医学术思想传承“金氏烧山火”针刺手法临床热效应的研究”。

（刘　媛）

【医学教育】 年内，聘请风湿免疫科专家、外聘专家共45名。重点专科骨伤科、针灸科继续开展“骨伤讲座”“针灸温课”系列活动共24次。出版金伯华名老中医临床经验专著一部《针坛巾帼金伯华》。发表及会议交流论文7篇。举办国家级名老中医金伯华学术思想与针灸特色全国研修班。组织并申报北京中医药“薪火传承3+3工程”基层老中医传承工作室滚动建设项目1项。与长春中医药大学举办“全国中医学术流派传承工作室建设项目”。与北京针灸学会共同举办“2015年北京市基层中医经络医学”骨干培训。

（刘　媛）

朝阳区双桥医院

【概况】 年内，有职工354人（在编127人、合同制227人），卫生技术人员303人，包括正高职称4人、副高职称12人、中级职称65人、初级师142人、初级士80人。医疗设备总价值6916.67万元，新购置医疗设备483.48万元。确立双桥医院以综合救治为主体，以公共卫生临床中心及朝阳区突发事件后备医院为两翼的“一体两翼”整体发展模式，并列入“十三五”卫生发展规划。1月，开展日间病房和日间手术业务。3月，设立肾内科门诊及病房。

地址：双桥东路

电话：85390910

邮编：100121

网址：http://www.bjsqyy.com.cn/

邮箱：sqyy222@sina.com

（张冬梅　张雪华）

【改革与管理】 年内，以DRGs为核心，开展医疗工作。组织DRGs专题、病历书写基本规范、病案首页规范填写、规范查体、CRP、气管插管操作、三基三严系列、医疗核心制度等的专题、专科培训。在黑庄户地区开展百姓健康关怀活动，开展爱眼、爱肾项目，进行糖尿病、高血压、脑卒中的项目管理，义诊11次，受益人群2000人次，在初筛中发现慢病患者后将其纳入医院的慢病管理流程。免费为血透患者提供午餐。

（张冬梅　张雪华）

【医疗工作】 年内，门诊458083人次，急诊46093人次，急诊危重症抢救1243人次，抢救成功率100%。医院编制床位236张，实有床位204 张。出院 6429人次，床位周转次数31.51，床位使用率80.39%，平均住院日9.43天，高风险死亡率1.26%。住院手术2303例，剖宫产率为31.93% ，孕产妇死亡率0 /万，新生儿死亡率0 ‰，围产儿死亡率0‰。药占比49.96%。实施临床路径的科室6个，病种数量31个，入径病例1398例，入径率100%，完成率100%。预约挂号方式包括现场预约、电话预约及114挂号平台预约，开放号源比例100%，预约挂号183233人次，占门诊比例40%。医院感染发生率0.3%。抗菌药物共27种，32个品规，门诊抗菌药物使用率9.5%，急诊抗菌药物使用率34.9%，住院抗菌药物使用率50.4%。完成北京市埃博拉出血热定点医院的准备、培训及备用状态等相关工作。启动中东呼吸综合症应急病房，收治韩国中东呼吸综合症密切接触者2人。成为朝阳区窝沟封闭氟化泡沫预防定点医院，为7—9岁在校儿童提供窝沟封闭治疗2119人次、氟化泡沫1560人次。开展两癌普查2099人次、孕龄期健康人群体检155人次、流动人口孕检2257人次。承担援疆、援蒙、喇叭沟门医院对口支援、河南省淅川县乡镇卫生院医务人员进修工作。

（张冬梅　张雪华）

【医保工作】 年内，医保出院3152人，总费用3851.4万元，次均费用 12218.92元。调整费用结构，控制次均费用及药占比，利用信息系统对用药天数进行限制及对医保适应症进行提示。

（张冬梅　张雪华）

【护理工作】 年内，护士数135人，其中注册护士135人、合同护士95人，医护比例1:1.08。不良事件上报率100%，整改率100%。在统计源期刊发表护理论文1篇。安排8名护士长到三甲医院进修护理管理，4名专科护士到三甲医院进修血液透析、急诊、助产专科护理技能。

（张冬梅　张雪华）

【科研工作】 年内，申报课题9个，朝阳区人才工作项目中标1个。在研课题1个。骨科作为重点专科，发表科研论文2篇。共发表科技论文13篇。

（张冬梅　张雪华）

【医学教育】 年内，参加住院医师规范化培训5人，参加骨干医师培训8人。参加学历教育56人，其中博士生1人，研究生6人，本科、专科生49人。参加院外进修27人。

（张冬梅　张雪华）

食品药品监管

【概况】 年内，朝阳区食品药品监督管理局（简称区食品药品监管局）按照“完善体系、实现共治，严格执法、确保安全，便捷准入、优化服务，营造环境、促进发展”总体思路，建立片区法制员队伍，搭建“一部、五组、六片区”大型活动保障体系，完成“两项重大任务”等21项大型活动的服务保障任务，查办案件3680件。区食品药品监管局被区政府评为“中国人民抗日战争暨世界反法西斯战争胜利70周年纪念活动及第十五届世界田径锦标赛服务保障工作先进集体”，获2015年“岗位大练兵、专业大比武”团体比赛三等奖，被市食品药品监督管理局评为2015年度先进局。区食品药品监管局政务服务中心被区行政服务中心评为2015年度“红旗窗口”。

地址：管庄乡1号
邮编：100024
电话：65776115
邮箱：bjcysyj@163.com

（肖　洁）

【食品企业协会成立】 1月8日，区食品企业协会正式成立，主要职能是积极服务辖区食品行业的健康快速发展，充分发挥桥梁纽带作用，深入企业进行调研，服务企业，帮扶企业。

（肖　洁）

【食品安全宣传周活动】 6月18日至7月2日，开展以“尚德守法，全面提升食品安全法治化水平”为主题的食品安全宣传周活动。期间，举行食品安全知识“进社区、进超市、进餐厅、进学校、进工地、进农村”的食品安全“六进”活动、食品生产经营及从业者的宣传教育、现场宣传咨询、百场讲座、新《食品安全法》解读等。区食品药品安全委员会成员单位及各街乡围绕各自职责，以“主题日”的形式，开展法律法规宣讲、道德诚信教育、公益科普宣传等多项主题宣传活动。

（肖　洁）

【官方微信开通】 9月，推出官方微信，设置商企服务、百姓关心等栏目，宣传食品药品法律法规，普及食品药品安全知识，近距离服务辖区企业及群众。

（肖　洁）

【全市第一份《食品经营许可证》发放】 11月1日，北京市开始实施新的《食品经营许可管理办法（暂行）》及《北京市食品经营许可审查细则（暂行）》规定，将原《食品流通许可证》《餐饮服务许可证》《食品卫生许可证》（保健食品经营）合并为《食品经营许可证》，即“三证合一”。11月19日，区食品药品监管局发出“三证合一”之后第一份《食品经营许可证》。

（肖　洁）

【食物中毒应急处理】 年内，37个应急小组应对26起食品药品突发事件，及时消除事件的负面影响。

（肖　洁）

【技术监督】 年内，区级食品监督抽检任务由2100件提高至7000件，合格率98.79%。药品、药包材和医疗器械抽检抽验996件，合格率99%。

（肖　洁）

【投诉举报处理】 年内，建立“1+8+43”（1个举报中心、7个承办科室和1个稽查大队、43个食药所）举报办理体系，启用65612331投诉举报电话，与市食品药品监督管理局举报中心形成统一的三级举报管理网络，受理食品药品类举报11934件。

（肖　洁）

【查办案件】 年内，查办案件3680件，罚没款2756.69万元。

（肖　洁）

【社会监督】 年内，主动公开信息152条，依申请公开信息112条，办理人大政协提案议案3件。受理举报奖励申请66个，奖金19000元。

（肖　洁）

【片区法制员队伍建立】 年内，在先期由53人组成的法制员队伍基础上，每个片区选拔2名法制员，建立片区法制员队伍，负责片区案件核审。在第三片区、第六片区试点案件终审权力下放，由片长对一定处罚金额的案件终审。

（肖　洁）

【专项整治】 年内，结合季节、消费习惯、风险等级等特点，开展桶装水、校园周边小食品、建筑工地食堂、年夜饭等各类专项整治50余次，出动执法人员33715人次，检查食品药品生产经营户27541户次。

（肖　洁）

【错时执法】 年内，多次在凌晨时对大洋路市场、东郊市场、朝来万通等市场正在交易的猪肉开展夜查，在用餐高峰期对年夜饭错时检查。

（肖　洁）

【基层食药所示范化建设】 年内，完善食药所各项基础条件，提高在办公面积、设备设施、内部管理等方面规范化程度，各食药所平均面积较上年增长47.3%。望京和小红门食药所被评为市级“2015年度示范所”。

（肖　洁）

【食品药品社区检测点】 年内，在辖区设置55个食品药品快速检测站点，免费为百姓提供盐酸克伦特罗、亚硝酸盐、三氯氰胺、四环素、氯霉素、磺胺类、盐酸西布曲明、二甲双胍的食品药品快速检测服务。

（肖　洁）

【食品药品安全监控中心建设】 年内，开展区食品药品安全监控中心项目建设。

（肖　洁）

【许可受理】 年内，办理各类行政许可15848户，其中受理食品流通许可申请4230户，食品经营许可1762户，餐饮服务许可申请3606户，药品经营许可1418户，医疗器械经营许可和备案3288件，医疗器械生产经营许可和备案168件，保健食品经营许可960件，药品生产许可14件，食品生产加工委托备案305户，其他非许可如医疗器械迁出、保健食品注销、补证97件。

（肖　洁）

【“两项重大任务”服务保障】 年内，建立“一部、五组、六片区”的保障体系，对运动员驻地、比赛场馆等重点区域实施特级保障，组织人力参加阅兵值守，控制社会面，对供应食品采取全链条监控、无缝隙检查。工作29天，保障用餐31余万人次，出动执法人员4400余人次，检查食品药品商户5400余户次，完成保障任务，被区委、区政府评为“保障工作先进单位”。

（肖　洁）

【餐饮单位量化分级】 年内，对辖区餐馆、快餐店、小吃店、饮品店、食堂等9532户餐饮单位进行量化等级评定，11月底全部完成。

（肖　洁）

【药品零售企业分级分类】 年内，以新版

GSP和日常监督为抓手开展辖区药品零售企业的分级分类工作，完成辖区全部890家药店新版GSP认证和分级分类工作。

（肖　洁）

【科普宣传】 年内，以“3·15”国际消费者权益日、食品安全宣传周、安全用药月、新《食品安全法》实施等为契机，开展食品药品安全科普宣传，发放各类宣传材料6万余份，现场解答群众咨询1.5万余人次。

（肖　洁）

【食品药品安全监督员培训】 年内，对全区43个街乡700余名食品药品安全监督员开展业务培训。

（肖　洁）

【新《食品安全法》培训】 年内，多次邀请市第三中级人民法院、国家食药总局等上级单位专家，解读《中华人民共和国行政诉讼法》和新修订的《中华人民共和国食品安全法》。区食药安委全体成员单位、43个街乡的食品药品安全主管领导和食药所所长、相关企业领导330余人参加培训。

（肖　洁）

【推进药品电子监管】 年内，分三批次组织召开辖区药品电子监管工作培训动员会，动员和推进药品电子监管工作，介绍全区药品电子监管工作的背景和进度，聘请专家讲解零售药品企业入网、系统操作等内容，通报药品零售企业换证认证、分级分类、案件查处等情况，800余人参加培训。

（肖　洁）

社 会 生 活

民 政

【概况】 朝阳区民政局是负责全区民政事业管理工作的区政府职能部门，主要负责养老服务、低保救助、社会组织、婚登收养、民生工作、双拥共建、优待抚恤、接收安置、救助管理、征地超转、社区服务、基层政权、行政区划、慈善捐赠、防灾减灾、见义勇为、殡葬服务、孤残保障、福彩发行等民政事业发展的监督管理、服务保障和组织协调工作。年内，全区民政系统坚持以改革为主题，深入推进 “两区一城”创建，加快社会救助体系、社会组织管理体制改革，增强民政社会治理和服务能力，提升公共服务质量。新增照料中心11家、服务驿站20家。

地址：磨房南里甲19号

邮编：100021

电话：67315765

邮箱：cymzj@chy.egov.cn（内网）

（白 媛）

【养老服务】 年内，建成北京市养老服务社会化示范区。坚持以新思路、新举措实现新目标、新发展，明确养老服务27字发展思路（机构养老“保基本、推普惠、引高端”，社区养老“小规模、多功能、专业化”，居家养老“网格化、零距离、驿站式”），建立“1+43+N”三级养老服务体系（“1”是指朝阳区养老服务指导中心；“43”是指街乡养老服务平台，包括养老照料中心、养老机构等；“N”是指社区养老服务驿站和服务商），为实现养老服务“五化”发展目标（投资主体多元化、运营模式多样化、服务对象公众化、管理服务标准化、服务队伍专业化）奠定坚实基础。修订特殊老年人服务补贴办法，创建特殊老年人“五个一”服务制度，提高养老机构运营补贴和星级奖励标准；制定《居家养老服务规范》《志愿为老服务规范》等10项标准，初步建立养老服务标准体系。创新养老服务发展模式。深入推进医养结合，探索建立“医养一体、医养共建、医养联动”服务模式；构建社会养老服务平台，完善区级中心服务功能，建成全区社会化养老服务发展枢纽和孵化基地；运用“互联网+”思维，发展电商化养老服务，上线养老服务网和手机APP，开通服务热线（96083），引进品牌服务商，为居家养老提供线上、线下全方位支持。加快发展养老服务设施。推进公办养老机构改革，公办民营比例同比提高10%；区第二福利中心全面建成；建外、东风、三里屯、潘家园、香河园、将台等街乡积极推进照料中心、服务驿站建设，年内新增照料中心11家、服务驿站20家。

（白 媛）

【温暖行动】 年内，在全区牵头组织开展“两节”送温暖活动，慰问总人数8.65万人，慰问资金总额3321.24万元。

（白 媛）

【城乡低保】 年内，完成城乡低保标准和分类救助规则调整工作，新审批新申请低保家庭434户670人，审批认证低收入家庭204户444人。全区累计城乡低保家庭7404户13305人，低收入家庭261户576人，累计发放城乡低保金11562.33万元。审批医疗救助7235人次，发放救助资金1214.61万元。审批临时救助2834户5810人，发放临时救助金1122.72万元。委托社会组织对全区低保（困补）家庭进行逐一入户核查工作，对5732户低保（困补）家庭入户核查，新申请入户率100%，在册低保家庭入户率77.47%。

（白 媛）

【慈善捐赠】 年内，接收社会捐款79.44万余元、捐物13.54万余件，捐赠款物去向、使用等情况均按规定向社会公示，救助困难群体18938人次。

（白 媛）

【防灾减灾】 年内，成立朝阳区突发事件应急救助指挥部。对全区43个街乡共100名灾害信息员开展业务培训，并对太阳宫地区60人开展社区紧急救援员培训。新增5个国家级防灾减灾示范社区、20个市级防灾减灾社区。全区累计创建国家级综合减灾示范社区37个、市级52个。

（白 媛）

【救助管理】 年内，开展流浪乞讨人员救助2000余人次，建立完善困境未成年人发现、报告、响应机制，制定未成年人救助工作流程，将台、酒仙桥等地区未成年人社会保护试点取得新实效。搭建社会救助社会化平台，以政府购买服务方式，委托七彩韵社工机构在CBD核心区及周边地域进行街面巡视、政策宣传、发现引导、心理干预、护送救助等服务，加大流浪乞讨人员救助力度。

（白 媛）

【福利企业】 年内，落实福利企业“两节”慰问、福利企业扶持、奖励资金620.4万元。为丰富福利企业职工文化生活，与区图书馆协调，为7家福利企业设立图书配送点，配送更新图书2500册。截至年底，全区有福利企业26家，安排残疾职工就业467人。

（白 媛）

【福利彩票】 年内，销售福利彩票8.55亿元，同比增长14.85%，年销售总量继续保持全市首位。福彩销售布局合理调整，全市第一家个人全资福彩旗舰店开业并运营良好。

（白 媛）

【地退超转】 年内，新接收超转人员1599人，支出资金7.7亿元，区内有征地超转人员21211人在册。在全市率先起草并出台《朝阳区贯彻落实<北京市征地超转人员服

务管理办法>的实施细则》，并对原有超转人员信息管理系统进行升级改造。截至年底，朝阳区有地退人员991人，核算发放地退人员退休工资及各类补贴5628.12万元。

（白　媛）

【**孤儿保障**】 年内，装修改造儿童福利院，开展集中供养孤儿医疗、教育、康复、收养工作。共接收10名弃婴，国内送养7名，涉外送养7名，在院孤残儿童76名。

（白　媛）

【**双拥共建**】 年内，开展朝阳区10个基层军（警）民共建先进对子、10个支持国防建设好家庭、10名拥军优属好个人、10个“双扶”好对子、10对好兵妈妈兵儿子、10个先进少年军校、10名支持双拥工作好领导（处级以下）、10名优秀转业干部、10名拥政爱民好单位（或个人）、10名爱岗敬业好军人、10个拥军优属好单位（社会单位）表彰宣传活动和首都拥军优属、拥政爱民模范单位、军警民共建文明单位推荐工作，推出一批基层双拥工作典型；推进慰问驻区部队活动和演出，扩大慰问驻区2家受阅部队2850名官兵，落实区级慰问资金近180万元、帮扶困难官兵300人。促进随军家属和子女顺利就业入学，完成争创全国双拥模范城六连冠检查考评工作。

（白　媛）

【**优抚安置**】 年内，加强优抚信息化建设，规范优抚数据和资金管理，全区各类优抚对象3989人，落实各类优抚资金7801.22万元。牵头举办烈士纪念日公祭活动，开展抗日时期优抚对象核查统计和走访慰问，组织带领8名抗战老战士、31名烈属参加阅兵纪念活动，圆满完成纪念抗战胜利70周年保障任务。创新推进退役士兵安置工作，免费开展定向式、定岗式、订单式培训，累计接收退役士兵1036人，技能培训指导189名，开展各类招聘会20余次，发放补助金、奖励款4933.40万元。出台《朝阳区2015年度为驻西藏部队征集新兵优抚安置政策》，修订《进一步提高退役士兵安置待遇建立相关奖励制度的通知》。

（白　媛）

【**军休服务**】 年内，针对军休人员特点，组织开展适合不同群体的公益实践、诗书画影等文体活动，组织军休干部参加纪念抗战胜利70周年活动启动仪式，借助社会力量丰富军休文化建设。新接收安置军休干部219人、无军籍职工79人，两次为军休干部和军工调整生活待遇，涉及经费1.36亿元。

（白　媛）

【**社会组织**】 年内，全区有注册登记社会组织843家，其中新增62家。成立社会组织法律调解中心，编制购买社会组织服务资质目录、管理办法，支持购买社会组织服务280余项。

（白　媛）

【**社区服务**】 年内，依托“96156”社区公共服务平台，采集居家生活及其他信息21433条，接单服务24420张，实现便利便民服务随叫随到。联合文化部老干部局成立老年大学，建立休闲教学基地，拓宽网络教学模式，实现老年教学学乐、学用、学为三结合。动员社会力量，参与公益服务，打造志愿服务品牌项目，依托社区老年大学、社区艺术团、社区大课堂、社区志愿者组织等，开展各类为老服务、志愿服务活动，满足社区居民多层次、多元化服务需求。

（白　媛）

【**基层政权**】 年内，两次组织全区19个乡开展农村基层民主日活动，提高村务公开透明度，增强民主监督实效。集中开展第十届村委会选举前基本情况调研工作，形成调研报告。

（白　媛）

【**行政区划**】 年内，开展朝阳区街乡级行政区域界线联检、优化工作，对全区349.98公里的106条街乡级行政界线和84个街乡级行政界线交汇点，开展联检。继续完善《朝阳区行政区划地域信息管理系统》数据库建设工作，并组织专家验收。

（白　媛）

【**殡葬服务**】 年内，发放丧葬补贴人数1639人，发放金额819.5万元。办理遗体外运10件。完成保障清明节群众扫墓服务工作，接待扫墓群众近18万人次，同比增长4.68%。

（白　媛）

【**婚姻收养**】 年内，办理结婚登记24719对，办理离婚登记12683对、涉外婚姻392对，上门服务58对，开展结婚颁证录制视频服务。

（白　媛）

【**见义勇为**】 年内，核对、补录全区146名见义勇为人员信息，新增见义勇为人员3名，并组织见义勇为人员疗养、体检。

（白　媛）

社会建设管理

【**概况**】 中共北京市朝阳区委社会工作委员会、北京市朝阳区社会建设工作办公室是负责朝阳区社会建设管理及街道工作的主管部门。年内，顺利通过全国城市文明程度指数测评和全国文明城区综合测评。落实新安全生产法，加大食品药品执法监管力度，强化城市安全运行监测和应急管理，安全生产死亡事故数、死亡人数分别下降8.9%和11.5%。健全多元调解平台，强化矛盾纠纷化解体系建设和源头预防，累计建立121个社区民情工作室，市区信访重点矛盾结案率100%，涉稳预警率98%。完善立体化社会治安防控体系，加强群防群治，科技创安工程覆盖率达90%以上。

地址：日坛北街33号

邮编：100020

电话：65099333

（杨　旭）

【**领导调研**】 1月5日，中共中央政治局委员、北京市委书记郭金龙到十里堡北里社区调研基层党建工作责任制落实情况。郭金龙对十里堡北里社区创新党委工作办法，7支党员志愿者队伍送服务上门，增强了居民认同感，社区面貌焕然一新的基层经验予以充分肯定。市委常委叶青纯、姜志刚，区委书记程连元、区长吴桂英等领导陪同调研。3月3日至4日，团中央办公厅部长办主任黄鹤至小关街道开展基层调研，针对在新时期开展基层共青团工作、强化团组织凝聚服务、引领青年职能调研相关情况。3月5日，市委政法委副书记、首都综治办主任、市流管办主任闫满成一行到团结湖街道调研。区委副书记陈宏志、政法委副书记倪新东、团结湖街道工委书记张志国、办事处主任战春燕等陪同调研。听取一二条社区朝阳区二级闭环系统在社区运行和社区网格事务协调委员会以及全国“两会”安保工作情况，考察了解社区老旧物业小区居民自治管理工作，参观街道综治维稳和社会服务管理中心，实地检查街道群防群治力量部署情况。6月18日，市民政局局长李万钧、朝阳区副区长孙其军等一行来到潘家园街道，实地调研地区养老服务工作开展及情况。重点查看养老管理制度、养老护理流程等，详细了解夕阳红驿站为老人提供日间照料、健康护理、中医养生、文化娱乐、知识讲座、营养配餐等服务情况，并查看老人健康档案。7月10日，市选举办副主任、市民政局副局长谢延智等一行5人到朝阳区对第九届社区居委会选举工作进行调研。9月10日，市人大常委会主任杜德印到建外街道调研工会工作。杜德印一行参观建外街道工会服务站，并听取工会服务站运行情况、工作特色、服务动态介绍。杜德印详细询问街道一级总工会经费来源和使用情况、构建和谐劳动关系工作情况，以及目前工作中遇到的困难。建外街道总工会主席周莉娟一一详细说明，并就修订《北京市实施〈中华人民共和国工会法〉办法》提出两点建议：一是明确社区联合工会的地位；二是明确要求企业必须组建工会。杜德印对建外街道总工会总体工作进行肯定，并高度赞扬工会服务站以集体合同形式促进和谐劳动关系的做法。

（杨　旭）

【培训中心揭牌】 1月21日，中国社会工作协会社区社会工作培训基地、朝阳区社区社会工作培训中心在奥运村林萃路1号院10号楼揭牌成立。国家民政部基层政权和社区建设司司长蒋昆生、中国社工协会副会长王国英、朝阳区区长助理曹立壁等领导参加，蒋昆生以“创新社会治理、共筑社会和谐”为题，为参会领导和朝阳区社区带头人培训班学员约40人进行专题授课。

（杨　旭）

【社会治理项目创新展示】 3月17日，举办全区优秀社会治理项目创新展示会，评选出的20个区级优秀社会治理项目创新案例在会上交流展示。市委社会工委书记宋贵伦、区委书记程连元、区长吴桂英、区政协主席谢莹、副区长甘靖中、区人大常委会副主任苑文新参会。

（杨　旭）

【家庭公益体验嘉年华活动】 3月21日，举办朝阳区家庭公益体验嘉年华暨“万星万家 公益家庭”系列活动启动仪式，市委社会工委、市志愿者联合会及区社会办领导出席启动仪式，来自24个街道的主管志愿者领导及30户家庭近200人参与活动。“万星万家 公益家庭”系列活动是朝阳区社会办通过项目化方式，让志愿者以家庭为单位参与公益活动，使社会志愿者工作更好地与社会动员、志愿者反哺相结合。

（杨　旭）

【社区党组织换届选举完成】 4月10日至5月20日，全区社区党组织换届选举工作完成。390个社区党组织参与换届，选举产生新一届社区党组织书记390名、副书记513名、委员2087名。选举产生街道系统新一届社区纪委书记219名、纪委副书记11名、纪委委员445名。

（杨　旭）

【全国安全社区复评】 4月27日，中国职业安全健康协会对大屯街道、香河园街道、小关街道开展全国安全社区复评工作。复评主要以现场听汇报、现场提问以及实地抽查点位方式进行。3个街道顺利通过复评。

（杨　旭）

【社区工作者公开招考】 5月20日，发布社区工作者招考公告。23个街道办事处和16个地区办事处参与招考，名额共568名。报考条件为年龄45周岁以下，具有国家承认的大专以上学历，具有本市城镇户口，长期居住在所报考街道、地区办事处辖区或临近地区。9月16日，社区工作者招考工作完成，计划招考社区工作者568名（含自主择业干部和随军家属50名），实际录用500名（含自主择业干部和随军家属30名）。

（杨　旭）

【基层服务型党建成果展示】 6月29日，区委社会工委组织召开以“凝聚党旗下，服务惠民生”为主题的全区社会领域纪念建党94周年暨基层服务型党组织建设成果展示会。市委社会工委委员、市社会办副主任陈建领，市委社会工委党建处处长葛永泽，朝阳区委、区政府领导及相关部门领导，各街道主要领导、主管领导、各基层党组织书记代表共500人参加会议。会议首先发布对基层服务型党组织优秀服务品牌项目进行资金支持的决定，2015年在市区两级社会建设资金支持下，区委社会工委对全部662个优秀服务品牌、项目及队伍一共给予600万元支持。呼家楼街道机关党组织四百工程服务队、大屯街道六小门店自律协会、区律师协会等7个优秀服务型党组织典型代表在会上进行交流发言。

（杨　旭）

【社区居委会选举集中投票日】 7月25日、26日是全区第九届社区居委会选举集中投票日，全区386个社区参加此次换届选举。其中采用全体有选举权的选民或户代表选举方式的社区有156个，采用居民代表选举方式的社区有230个。386个参选社区一次选举成功。区长吴桂英、区人大常委会主任佟克克等四套班子领导分别到部分街乡参选社区观摩指导选举工作，区领导还就社区管理与服务工作等情况调研。

（杨　旭）

【社区纪委书记培训】 8月12日，街道系统社区纪委书记培训班举办，24个街道纪委书记、监察科长、社区纪委书记共310人参加。

（杨　旭）

【风采展示】 12月3日，举办全区第四届优秀社会志愿者及首批优秀公益家庭风采展示活动，表彰十大星级志愿者、优秀分中心、优秀社会爱心单位及优秀公益家庭等。来自市区两级相关单位领导、各街道领导、各社区负责人、爱心单位代表及居民代表600余人参加活动，新华网、北京日报、北京电视台等11家媒体集中进行宣传。

（杨　旭）

【区域化党建】 年内，深化社区大党委制建设，全区90%以上社区党组织设置席位制委员，吸纳社会单位1088家，形成区域化党建格局；街道基层服务型党组织覆盖率80%。制定《商务楼宇党建工作指导手册》，完成对全区359座楼宇摸底分析，新建楼宇服务站51个、楼宇党组织57个。新增各领域专职党务工作者、指导员318名。在273个小区6331个楼门（院）开展楼门文化建设，大力弘扬社会主义核心价值观。

（杨　旭）

【党政群共商共治】 年内，居民议事平台由235个增至1675个，议事代表由8225名增至19729名。1149家社会单位和社会组织参与协商议事，实现“四个延伸”，即议事平台向小区（楼院）延伸、参与主体向多元化延伸、实施内容向治理难点延伸、项目经费向多方共筹延伸。1488个三级共商共治项目100%完成年度工作任务。

（杨　旭）

【社会公共服务】 年内，继续深化义务教育学区化综合改革，全区达到区级示范校以上水平优质学校校址数占83.6%，进入优质学校就读学生占85.6%。持续完善综合医联体运行机制，建立基层首诊、双向转诊、急慢分治、上下联动分级诊疗模式，获批全国精神卫生综合管理试点区。深化全国养老服务业综合改革试点区建设，新增养老机构床位1900余张，累计1.73万张；新建全民健身设施135套，累计创建体育生活化社区358个；完成残疾人家庭无障碍改造

1912户；全区街乡文化中心、社区（村）文化活动室设置率100%，街乡电子阅览室设置率由“十二五”初期的30%提高到100%。

（杨　旭）

【社区建设】　年内，出台《朝阳区社区居民自治指导手册》，在农村地区71个社区推进“三社一体化”社区专业治理模式，在25个街乡150个社区开展创享计划，培育社区社会组织1200余个，形成居民提案1580余份。创建36个“六型社区”、97个“智慧社区”和19个市级社区规范化示范点。完成社区“三委”换届选举，参选的近400个城乡社区党委全部实现公推直选、社区居委会全部一次选举成功，235个城市社区纪检组织实现全覆盖。

（杨　旭）

【服务创新实验区建设】　年内，启动社区服务管理平台升级建设，将民政、卫计等144项公共服务事项逐步纳入平台，探索从多窗办理到一窗受理，在团结湖等4个街道上线试运行。深化社区分类治理，开展商品房小区五方共治、保障房小区三社联动，城区181个老旧小区实现准物业管理全覆盖。

（杨　旭）

【社区工作者队伍建设】　年内，规范提高社区工作者工资待遇，开通“社工朝阳”微信公众号，举办系列培训和第二届爱岗敬业模范社工“金蜜蜂奖”评选，13名社区工作者获评“全国模范小巷总理”，2人获评北京市“最美社工”、4人获评“优秀社工”。全区持证社工达1555人，比“十二五”初期增长12.8%。

（杨　旭）

【社会组织体系建设】　年内，大力搭建社会力量参与社会治理平台，全区认证区级枢纽型社会组织9个、街乡级枢纽型社会组织165个，枢纽型社会组织在同类组织中发挥引领、培育和带动作用。建成32个街乡社会组织服务平台和135个社区公益空间，开展社会组织带头人培训1400余人次，举办社会组织五大服务行动4500余场次，服务10余万人次。全区社会组织5700余家，社会团体会员23万余人。

（杨　旭）

【购买社会组织服务】　年内，着重选择安全应急、特殊人群服务、环保等社会治理难点和重点民生服务项目，增加项目退出机制及优化环节，开展专项审计购买社会组织服务项目298个，购买项目数量、投入资金和覆盖人口连续四年保持全市第一。开展社会组织参与社会治理优秀公益服务项目展评活动，征集项目857个，自闭症儿童社区融合等一批专业服务项目社会反响良好，社会组织利用专业方法解决社会治理重点难点问题作用发挥越来越大。

（杨　旭）

【社会志愿服务】　年内，实施“万星万家公益家庭”等系列服务项目，开展志愿服务“金葵朝阳”评选展示活动，街道注册社会志愿者35.23万人，在册社会爱心单位2605家，志愿储蓄时长2208万余小时，累计服务居民数百万人次。完善和推广志愿服务回馈机制，与500余家社会单位确定合作意向。

（杨　旭）

【非首都功能疏解】　年内，贯彻落实《京津冀协同发展规划纲要》，通过整治违法群租房、地下空间和人防工程等，城市地区疏解人口52196人，超额完成30.49%。对雅宝商城、朝外MEN等7家市场进行产业调整和升级，完成15个有形市场疏解。

（杨　旭）

【城市环境秩序】　年内，紧紧围绕两项重大任务服务保障，发动社会力量参与城市管理，重点加大对背街小巷、小区楼院治理力度，全面提升100条环境优美示范大街常态化管理水平，打造100条环境优美街巷，建设100个群众满意环境宜居小区，创建50个无地锁社区。全年清理违建679户，在全市实现首条无拆墙打洞示范街。健全奥林匹克、CBD功能区等区域城市管理联勤联动机制，固化春季大扫除、夏季大整治行动。深化网格化体系建设，在双井等四个街道开展三网融合试点，提升城市环境常态化、精细化管理水平。

（杨　旭）

居　民　生　活

【概况】　年内，按照北京市统计局、国家统计局北京调查总队《关于做好城乡居民收支数据发布口径调整工作的通知》要求，结合朝阳农村人口占比较低，无法满足数据代表性要求的实际情况，朝阳区不再公布分城乡居民收支数据，仅公布全区居民平均收支数据，发布频率由按月度发布调整为按季度发布。调查中，按照《住户收支与生活状况调查方案》，实行一体化住户调查制度，对以抽样方式选取的1000户左右城市住户和农村住户进行调查。调查主要内容包括住户成员及劳动力从业情况、住房和耐用消费品拥有情况、居民现金和实物收支情况、居民家庭食品和能源消费情况等。调查资料显示，辖区居民收入增长相对平稳，消费增长略显乏力。

（李海林）

【居民收入】　年内，居民人均可支配收入55450元，比上年增加4262元，同比增长8.3%。在居民收入四项构成中，人均工资性收入32081元，占人均可支配收入57.9%；人均经营净收入1962元，占人均可支配收入3.5%；人均财产净收入10449元，占人均可支配收入18.8%；人均转移净收入10958元，占人均可支配收入19.8%。

（杨　琪）

【居民消费支出】　年内，居民人均消费性支出39660元，比上年增加2109元，同比增长5.6%。其中，食品烟酒支出8432元，占人均消费性支出21.3%；衣着支出2810元，占7.1%；居住支出13083元，占33.0%；生活用品及服务支出2608元，占6.6%；交通通信支出5109元，占12.9%；教育文化娱乐支出3978元，占10.0%；医疗保健支出2332元，占5.9%；其他用品和服务支出1308元，占3.3%。

（杨　琪）

【耐用消费品拥有】　年内，每百户居民家庭耐用消费品拥有量为：摩托车4辆，助力车20辆，家用汽车43辆，洗衣机96台，电冰箱98台，彩色电视机131台，家用电脑104台，组合音响11套，摄像机26台，照相机75架，其它中高档乐器10件，微波炉81台，空调器162台，淋浴热水器88台，消毒碗柜6台，洗碗机2台，健身器材12套，固定电话82部，移动电话217部。

（杨　琪）

消费保护

【概况】 朝阳区消费者协会(简称区消协)是依法保护消费者权益的社会团体，会长由工商朝阳分局副局长兼任，下设15个基层分会和21个维护消费者合法权益监督站，指导和开展消费维权工作。

地址：霄云路霄云里1号

邮编：100125

电话：51069401

网址：http://www.hd315.gov.cn

（曹发来）

【“3·15”宣传咨询】 3月13日，区消协联合市消协，区食药局、六里屯工商所、六里屯社区、二十一世纪不动产公司在六里屯秀水园社区举办“携手共治 畅享消费”“3·15”宣传咨询活动，有200余名社区居民群众参加活动。市消协消费指导与信息咨询主任罗刚讲解新《消法》的重要性。二十一世纪不动产代表给居民们讲解二手房交易须知。六里屯工商所现场答疑解惑、宣传食品安全与消费知识，提高消费者辨别真伪能力，增强自我保护意识。市、区消协、工商所向社区居民发放宣传材料500余份。

（曹发来）

【受理消费者投诉】 年内，区消协及各消协分会受理消费者投诉14880件，办结13382件，办结率90%，为消费者挽回经济损失12814331.24元。接待来访、咨询10493人次。因欺诈行为得到加倍赔偿666件，赔偿额为305226.57元。收到消费者表扬信、锦旗35件。

（曹发来）

【人民调解委员会消费纠纷化解】 年内，发挥人民调解具有的灵活性、快速性、双赢性、广泛性、低成本等特点，拓宽受理范围，增强解决的力度。人民调解委员会受理解决消费者投诉9件，为消费者挽回经济损失204623元。

（曹发来）

老龄工作

【概况】 朝阳区人民政府老龄工作办公室(简称老龄办)是朝阳区政府老龄工作职能部门，负责推动朝阳区老龄事业发展和老龄事务管理工作，同时承担朝阳区老龄工作委员办公室职责。年内，做好《朝阳区“十二五”时期老龄事业发展规划》收官工作，完善养老服务保障体系，落实各项惠老政策，营造社会敬老氛围；开展老年文化活动，不断满足老年人多样化需求，促进全区老龄事业有序发展。9月29日，在全国首届敬老志愿服务工作总结表彰会上，区老干部局、区老龄办和团结湖街道被评为“敬老志愿服务模范单位”。叶如陵、陶玉珍被评为“最美敬老志愿者”，霍玉杰等17人被评为全国优秀敬老志愿者。

地址：日坛北街33号

邮编：100020

电话：65094460

邮箱：cyllb4470@126.com

（邵 巍）

【温暖行动】 春节前夕，区老龄办根据区委、区政府关于开展“两节”送温暖活动总体部署，集中开展第十届 “温暖行动在朝阳—真情关爱老年人”活动，对2100户朝阳区户籍70岁以上生活特困老年人家庭按照每户500元标准进行救助帮扶，累计投入区财政资金105万元。组织全区集中开展走访慰问生活困难老年人活动，区老龄办主任蔺红带队到东方综合养老院慰问老年人。

（邵 巍）

【配备电子服务器】 2月，根据市老龄办工作安排，依托各街乡为全区643名具有北京市户籍、享受基本生活救助的老年人(指城镇“三无”、农村“五保”、享受城乡最低生活保障待遇、民政部门公布的低收入家庭人群)免费配备TG200L型二代“小帮手”电子服务器。

（邵 巍）

【老年志愿者座谈】 3月3日，在大屯街道温馨家园以“做一名健康快乐的老年志愿者”为主题，召开朝阳区老年志愿者座谈会。中国老龄事业发展基金会敬老志愿服务联盟、区老龄办、区文明办、区老年志愿者培训基地、部分街乡、社会组织和老年志愿者代表近60人参加活动。

（邵 巍）

【领导调研】 3月19日，区人大常委会副主任苑文新带队，对朝阳区贯彻落实《中华人民共和国老年人权益保障法》(以下简称《老年法》)情况进行检查调研，区卫计委、区民政局、区司法局等单位主管领导和相关科室负责人参加。4月3日，市人大内司委调研组由主任刘维林带队，到朝阳区调研贯彻落实《北京市居家养老服务条例》准备工作情况，苑文新和区人大内司委、区老龄办、区民政局等单位领导出席会议。6月，副区长、区老龄委主任孙其军带队，先后到团结湖街道、麦子店街道、安贞街道等地调研，分别听取基层相关单位贯彻落实《北京市居家养老服务条例》及开展为老服务工作情况，区政府办、区老龄办、区社会办相关领导参加调研。8月14日，市老龄办常务副主任王小娥带有关处室负责人到朝阳区调研老龄工作，孙其军和区老龄办、区民政局等相关人员参加，调研组先后参观潘家园地区夕阳红驿站、劲松老年家园和朝阳区养老服务指导中心。9月24日，全国人大常委会副委员长张宝文带领执法检查组到朝阳区检查《中华人民共和国老年人权益保障法》落实情况，参观区养老服务指导中心、南磨房乡敬老院，听取工作汇报；市人大常委副主任牛有成，市有关部门领导刘维林、李万钧、李红兵、王小娥，区领导吴桂英、苑文新、孙其军陪同。

（邵 巍）

【老年文化体育节】 4月24日，区老龄办联合亚运村街道、将台地区办事处，在北京奥林匹克体育中心举办“朝阳老年人助力冬奥会”老年人健步走活动，来自部分街乡的200名老年人代表参加。同时启动第三届朝阳区老年文化体育节。8月，区老龄办、区妇联与北京人民广播电台爱家广播联合举办第一届朝阳银发达人作品征集评选活动启动。10月10日，在东风地区石佛营小区文化广场举行主题为《做健康快乐的老年人》的健身操展演活动，参加汇演活动的有12个街乡的老年健身操表演队。10月15日，由区老龄办主办、建外街道承办的老年趣味运动会在日坛公园开幕，来自10个街乡共130余名老年人参与趣味运动会，运动会设有跳绳、踢毽子、托球跑、足式保龄球等6个项目。

（邵　巍）

【业务培训】 4月27日至28日，区老龄办组织召开2015年度老龄工作培训会，培训以学习贯彻《北京市居家养老服务条例》为主题，邀请市民政局副局长李红兵、市老龄办相关领导现场授课，组织老龄办各科室讲解业务，重点围绕《条例》解读与贯彻落实、各级老龄委职责、加强基层老年协会建设、依法推进老龄工作及老龄相关业务办理等内容进行培训，区老龄委成员单位和各街乡主管领导、主管科长、老龄干部等150余人参加。9月8日，区老龄办组织召开全区老年人优待卡变更养老助残卡工作培训会，邀请市老龄办相关人员对北京市养老服务与管理信息平台操作、老年人信息采集工作流程及存在问题进行细致讲解；区老龄办对老年人优待卡变养老助残卡及信息采集工作提出具体要求，各街乡主管科长、工作负责人及社区（村）有关工作人员600余人参加培训。

（邵　巍）

【居家养老就餐服务体系建设】 5月，区老龄办根据北京市开展养老助餐服务体系建设工作相关要求，制定《朝阳区开展居家养老就餐服务体系建设试点工作方案》，选取部分街乡作为试点，召开会议进行部署。8月，区老龄办、区民政局、区财政局联合下发《2015年朝阳区居家养老助餐服务体系试点建设工作方案》，确定按照政府主导，企业和社会组织提供专业化服务，基层群众性自治组织和志愿者提供公益互助服务原则，逐步构建覆盖全区的居家养老助餐服务体系总体思路；以体系构建、需求覆盖、区域统筹、重点扶持为原则，实现覆盖全区的“1+43+N”居家养老助餐服务体系工作目标。9月23至25日，以联系片组形式开展示范餐桌检查验收工作，对街乡申报的16家养老（助残）餐桌逐一进行实地审定，评出9家示范餐桌。11月3日，组织召开朝阳区居家养老助餐体系试点建设工作座谈会，参与试点建设的9个街乡及服务商代表参观安贞街道养老助残服务站和来广营地区社区大食堂，并交流试点工作推进情况、成效及存在问题与建议。12月10日，组织劲松、黑庄户等18家街道（地区）办事处主管领导、科长，参观香河园街道养老照料中心、安贞街道养老助残服务站、来广营地区社区大食堂，并对全区居家养老助餐服务体系建设相关工作进行部署，对9个试点单位补贴资金使用情况进行审计。

（邵　巍）

【落实居家养老服务条例】 5月19日，区老龄办、区民政局、区司法局在劲松街道孝亲敬老园举办贯彻落实《北京市居家养老服务条例》宣传活动，市老龄办，区老龄办、区民政局、区司法局和劲松街道办事处的相关领导及居家养老服务商、社会组织代表，部分街乡民政科长、劲松街道各社区老龄干部和老年人代表近150人参加。6月25日，区老龄委在区政府10层会议室召开推进落实《北京市居家养老服务条例》专题会，孙其军出席会议并讲话。会上，区老龄办、区民政局、区卫计委等单位围绕《朝阳区落实<北京市居家养老服务条例>实施方案重点任务分解》、推动朝阳区养老事业发展、“十三五”时期老龄事业发展目标及落实《北京市居家养老服务条例》采取措施等内容进行交流研讨。7月3日，市人大常委会委员、副秘书长刘维林带领执法检查组，对朝阳区贯彻落实《北京市居家养老服务条例》情况进行检查，李红兵，孙其军陪同。

（邵　巍）

【防诈骗宣传】 5月20日，区老龄办联合区民政局军休所，举办老年人防诈骗知识讲座，由区老年志愿者叶如陵授课，近150名军休所老干部代表参加。并将授课视频录制成光盘，发至各社区（村）组织老年人收看。

（邵　巍）

【老龄委全体会议】 6月3日，区老龄工作委员会在区政府518会议室召开2015年第一次全体会议暨贯彻落实《北京市居家养老服务条例》工作会，孙其军出席会议并讲话，区老龄委副主任和成员单位委员共30余人参加。会上，总结区“十二五”时期老龄事业发展情况，部署2015年全区老龄工作重点任务；介绍起草《朝阳区落实〈北京市居家养老服务条例〉实施方案》背景及过程；讨论通过新修订的《朝阳区老龄工作委员会工作制度》《朝阳区老龄工作委员会成员单位及职责》。区民政局、区社会办、区住建委、区卫计委等单位围绕全国养老服务业综合改革试点地区、北京市养老服务社会化示范区建设重点任务推进情况进行交流。

（邵　巍）

【政策落实督查】 10月11日至12日，朝阳区代表北京市迎接国务院督导组开展养老服务业发展政策落实情况督查，副区长梁洁、孙其军陪同。

（邵　巍）

【走访慰问】 10月21日，区领导吴桂英、孙其军到八里庄街道爱晚桑榆敬老院、团结湖街道看望慰问老年人。区委办、区政府办、区民政局、区老龄办和八里庄、团结湖街道相关领导陪同。重阳节前夕，市民政局副局长李红兵到团结湖地区看望并慰问全国优秀敬老志愿者、市级孝星陶玉珍老人。

（邵　巍）

【区老年协会成立】 11月，区老年协会成立，有个人会员36人、单位会员16家，协会将围绕老龄问题调查研究、指导基层老年协会活动、协调相关社会组织共同为老服务等方面开展工作。

（邵　巍）

【孝星评选】 年内，组织北京市孝星命名暨孝星榜样评选推荐活动。注重加强工作培训，认真做好推荐审核及公示等环节，推荐401名市级孝星、10名孝星榜样候选人。编印《孝星风采录》，加强孝星典型事迹宣传和学习。

（邵　巍）

【老年优待工作】 年内，免费为全区299名95周岁及以上老年人办理城镇居民基本医疗保险，累计投入区财政资金107640元。为46154名65岁以上老年人办理优待卡，为20507名60岁以上老年人办理优待证。发放高龄津贴8964人次，786.91万元。为95周岁及以上老年人核报高龄医疗补助，补贴467人次，支出112.11万元。为1500名有需求空巢老年人家庭安装一按灵。

（邵　巍）

地 域

街 道

安贞街道

【概况】 安贞街道位于朝阳区西北部。成立于1989年12月。东起安定路、安定门外大街，与和平街街道相邻。南至外馆斜街、外馆西街、黄寺大街，与东城区和平里街道接壤。西与海淀区花园路街道、西城区德胜街道相交，北与亚运村街道、奥林匹克公园公共区南部相接。辖区总面积3.6平方公里。下辖6个社区居委会。年内，有户籍人口18732户、47897人，常住人口77920人，流动人口17368人；新出生383人，死亡252人。有法人单位2120个，规模以上企业约280家。有医院3所，社区卫生服务中心1个、社区卫生服务站4个。有大学1所，中学2所，小学3所，幼儿园7所，国际学校1所，特殊教育学校2所。途经辖区公交线路26条，有地铁8号线、10号线贯穿其中。有206.4平方米为民服务大厅、983.22平方米地区文化中心、有4处文化广场和3处24小时自助图书馆。年内，安贞街道围绕落实首都城市战略定位，紧密结合安贞实际，在城市管理、社区建设、社会治理等方面真抓实干、顺势而为，呈现出地区经济发展稳中向好、民生不断改善、社会和谐稳定的良好局面。实现区级财政收入8.12亿元，同比增长8.18%。征收房产税1120万元，同比增长7.69%。获北京市献血工作先进单位、北京市社区侨务工作示范单位、首都拥军优属拥政爱民模范单位、平安北京志愿服务优秀单位、首都文明单位、北京市第十届全民健身体育节优秀组织奖、朝阳区“两项重大任务”服务保障先进集体等七项荣誉。

地址：安华西里一区13号楼
邮编：100011
电话：64260018
网址：http://azjd.bjchy.gov.cn

（初鑫月）

【社区党委纪委换届选举】 5月15日，安贞街道6个社区先后召开党员代表大会和党员大会，选举产生新一届社区党委、纪委。换届选举产生社区党委成员38名，其中党委书记6名，党委副书记11名，委员21名；选举产生社区纪委成员18名，其中纪委书记6名，纪委委员12名。新一届社区党委成员平均年龄为48.7岁，大专以上学历34名，占89.5%。

（初鑫月）

【“2015年北京社区防范宣传季”启动】 5月21日，北京市公安局、各分局，安贞街道办事处及下辖社区居委会等部门，联合在安贞街道亮丽街广场开展“2015年北京社区防范宣传季”启动仪式和宣传活动。制作橱窗专栏60余块，悬挂横幅标语15条，发放宣传资料20000余份、便民利民读本2000余册，赠送防范工具100余件。

（初鑫月）

【社区居委会换届选举】 5月29日，安贞街道启动第九届社区居委会换届选举工作。7月25日、26日6个社区居委会完成社区居委会换届选举工作，选举产社区居委会成员38名。期间，经过征求居民意见和建议，了解居民需求，梳理并解决实事22件。

（初鑫月）

【《老兵印记》新书发布会】 9月1日，在安贞街道办事处举行纪念抗日战争暨世界反法西斯战争胜利七十周年抗日老兵及军烈属口述史——《老兵印记》新书发布会。《老兵印记》整理地区10名抗日老兵和8位烈属口述资料，记录抗日战争时期发生的战斗故事，汇编成近5万字书稿。

（初鑫月）

【养老智能自助终端正式上线】 9月10日，安贞街道的养老自助售餐机正式上岗，是市首次尝试在社区养老服务中应用智能自助终端，完善老年餐桌服务。街道6个社区设立18个养老自助售餐机服务终端，采用热链餐与冷链餐相结合供应方式，方便快捷地提供便民营养餐，解决老人群吃饭需求问题。

（初鑫月）

【双拥工作调研督导】 10月22日，朝阳区委书记吴桂英陪同全国双拥办主任窦玉沛、总政群工办主任李辉到安贞街道调研督导全国双拥模范城创建工作，实地考查空军95830部队黄寺营管办、黄寺社区、安贞街道。调研督导组对朝阳双拥工作给予肯定，希望朝阳继续加大创新，努力开拓，做出更大的成绩，在全国发挥引领示范作用。

（初鑫月）

【拆违控违】 年内，安贞街道运用“两级台账管理、六项程序控制”制度，规范日常监管程序，查处新增违建。超额完成全年违法建设台账任务，拆除违法建设4370平方米。

（初鑫月）

【人口调控】 年内，安贞街道完成对散租住人人防工程的清理整治任务。清理腾空散租人防工程36处，拆除小房间1276间，疏解流动人口2194人。拆除违法群租房14户38间，治理率达100%，消除困扰地区安全隐患问题。街道流动人口总数17368人，减少1396人，调减比例7.4%，完成全年指标的106%。实有人口数量呈稳定下降趋势，疏解人口和非首都功能。

（初鑫月）

【治安防控信息化建设】 年内，安贞街道完成治安防控信息化建设，新增高清监控22路，完成重点区域技防系统全覆盖；投资60余万元维护门禁系统，并对关门率实施奖励机制；地区可防性案件发生37起，同比下降2.6%，居民安全感满意度平均在90%以上。完成全国“两会”“两项重大任务”社会面防控保障工作。

（初鑫月）

【物业管理】　年内，安贞街道调研小区物业管理问题，成立《安贞街道居住小区物业管理制度创新建设调研及实物》课题项目。针对居民反映较多的楼道垃圾无人清扫问题，会同房管局、物业公司等部门研究楼道垃圾清扫多方共治方案。以安华西里一区24、25、二区16、17为试点，向其他楼宇辐射，解决老旧小区楼道保洁问题。督促物业公司发挥装修渣土的主体管理责任，做好装修户押金收取与渣土清运的监督工作；设立专门存放点，安排专人分类和分拣工作，定期进行清运。全年清运无主堆物堆料2500余车。

（初鑫月）

【“两项重大任务”综合保障】　年内，安贞街道以“两项重大任务”为契机，分阶段开展环境保障工作。规范“门前三包”单位485家、店外经营300余起，查处无照经营800余起，取缔露天烧烤210起，整治安贞里、安华里等4个社区35处摊点，规范牌匾标识230块，清除店外堆物190余处，安全执法检查整改安全隐患902处，下达执法文书683份，立案10起，处罚金额2.3万元。

（初鑫月）

【党政群共商共治工程】　年内，安贞街道落实街道级共商共治项目15项，社区级共商共治项目41项，楼院层面解决共商共治项目49项。投入资金918.718万元，其中街道自筹资金344.098万元，协调争取政策资金468.15万元，引入社会资金106.47万元。各项目的落实，解决辖区内无路灯、居民买菜难、平改坡改造后楼顶出现漏雨等事关民生的问题。

（初鑫月）

【属地社会组织培育】　年内，安贞街道形成以枢纽型社会组织为带动，以两个社会组织孵化基地为承载，以社区骨干人才培养和购买服务为驱动的社会组织发展体系，整合地区资源，导入外部资源，提升社区治理水平。有15个项目获市区两级购买，争取资金125万元。其中“微公益，V梦想”安贞社区微创投项目完成培育中心自身建设和功能实现。24个项目获社区公益创新种子项目支持。培育孵化10个社区社会组织。同时，“汇丰银行中国社区发展计划”向3个社区提供资金支持30万元，并注册安贞惠友社会工作事务所。

（初鑫月）

【老旧小区改造】　年内，安贞街道节能改造老旧小区4个社区42栋楼2981户，实施平改坡修缮工程21幢楼。

（初鑫月）

【城市环境精品示范工程】　年内，安贞街道发挥环境规范化建设和精品示范工程在城市管理中的引领作用，完善4条环境优美示范大街（安外大街、北辰路、鼓楼外大街、安华路）长效运行机制，创建4条环境优美街巷（安贞街道办事处门前路、安华里社区门前路、建安东路、安贞西里公园北侧路），4个群众满意环境宜居小区（安华西里三区、外馆斜街50号院、裕民路1号院、黄寺28号院）。裕民路列为开墙打洞整治任务示范街，改造裕民路北侧绿地，加装围栏，杜绝新增开墙打洞现象发生。

（初鑫月）

【搭建居民自治平台】　年内，安贞街道开展社区自治平台“1+6+N”计划（“1”是街道的整体把握，“6”是6个社区分别开展，“N”是指4个指导机构和各社区不同的营造主题方向）。制定社区整体营造规划，引入专业社组织恩派、立德、颐天悦、惠友结对指导社区分别开展以为老服务、组织培育、综合服务、双拥共建、公益文化为特色的个性化社区，提升自治的专业化水平，强化居民自治体系。

（初鑫月）

【基层党组织服务群众】　年内，安贞街道依托“你提需求我服务”供需对接平台，梳理志愿岗位129个，实施基层党组织服务群众项目33个，参与党组织68个、社会单位36家，受益群众1万余人次。

（初鑫月）

【党风廉政建设】　年内，安贞街道领导强化班子“一岗双责”，分层分类签订党风廉政责任书44份，细化岗位责任清单47份，对重要环节、重点岗位75名机关干部开展廉政提醒谈话，班子成员开展职责范围内逐级汇报50次。分类梳理街道各类涉权事项，查找风险点296项，修订《安贞街道涉权事项流程图汇编》，加强规范化建设。结合“三严三实”专题教育，开展纠正“四风”和“为官不为”“为官乱为”专项治理工作。在自查自纠和意见征集的基础上梳理问题台账，制定整改举措。

（初鑫月）

【助残服务】　年内，安贞街道开展“安享快乐，贞有风采”温馨家园专业服务项目，1046名残疾人建立康复服务档案，康复服务6000余人次。为53户肢体残疾人家庭实施无障碍改造，修建3栋老旧居民楼无障碍坡道，为180户残疾人安装燃气报警器，改善无障碍居家环境。

（初鑫月）

奥运村街道

【概况】　奥运村街道办事处位于北京市朝阳区西北部。东抵来广营乡，南与亚运村街道和大屯街道接壤，西接海淀区，北临昌平区。辖区面积19.6平方公里。户籍人口58094人，流动人口29630人，居住总人口124797人。社区居委会12个。党政机关、军事单位各2个，事业单位55家，规模以上企业263家，小学7所，中学3所，职业技能培训机构3所，医院6家，社区卫生服务中心1家，社区卫生服务站2家。奥运村街道地处奥运功能区核心区域，有“鸟巢”“水立方”等7个奥运会竞赛场馆，600公顷的奥林匹克森林公园，中国科技馆、中科院感光所及天文台、国家动物博馆、中国环境科学院等中央、部属企事业单位17家。有北京凯迪克格兰云天大酒店、北京胜利饭店、北京塔里木石油宾馆、北京亚奥国际酒店等三星级以上的酒店4家。有北顶娘娘庙、龙王庙、弥陀古寺等历史古迹。奥运村街道是集文化、旅游、休闲为一体的发达区域。年内，奥运村街道以创建北京市社区治理和服务创新实验区为契机，践行“三严三实”，转作风夯基础，专题教育活动坚持工委“书记带头、班子示范、以上率下、统筹推进”。联系服务群众，加强“居民议事厅”建设，深化“走动式工作法”，完善处级领导包社区制度。建立街道修德颐养园廉政阵地。落实“两个责任”“一岗双责”，执行“三重一大”和“三不直接分管”制度，开展“两规范一提高”和“为官不为”“为官乱为”问题专项治理工作。社区党委换届选举，选优配齐社区党委班子，整顿提升软弱涣散社区党组织。系统开展中心组理论学习，做好科级干部选拔任用和轮岗交流工作。持续推动区域化党建，助力非公领域党建。全力服务保障“两项重大任务”，开展环境秩序整治行动，深化全模式体系建设，网格管理与日常工作互促成效日益明显。区域人口资源与发展环境提升，超额完成人口调控指标。保障和改善民生，基础惠老服务实现全覆盖，实现“劳动用工规范一条街”工程。12个社区全部升级为5星级智慧社区。公益联盟企业参与地区共商共治、公益事业，加入街道“结亲戚、拉家常、解难题、暖民心”帮贫扶困工程，投入资金20余万。开展“我在鸟巢等你”公益项目系列主题活动。全年街道以党政群共商共治抓手，直面群众需求，求真务实，城市管理、社区建设与社会动员水平全面提升，控违拆违、人口调控、群租房整治等重点任务完成。年内，街道经济任务指标5.19亿元，实际完成5.58亿元，完成率107.5%，同比增长16.27%。代征个人出租房屋税1367万元，与同期持平。奥运村街道城管执法队刘佳当选“北京榜样”9月榜样人物。

地址：安立路28号院3号楼

邮编：100107

电话：84945556

网址：http://ayedq.bjchy.gov.cn

（张 雅）

【公益之家评选】 2月3日，郑志慧家庭被评为朝阳区优秀公益家庭，刘玉杰被评为朝阳区十大星级志愿者，辖区红星美凯龙被评为朝阳区“公益之友”。

（马同团）

【申冬奥期间社会面防控】 3月22日至29日，完成国际奥委会在京考察申冬奥工作社会面防控工作。辖区3600余名治安志愿者上岗巡逻，上岗28800余人次。

（李 永）

【网球进校园活动】 3月，通过政府购买服务开展“高等学校、社会力量支持中小学体育、美育特色发展”工作。在朝阳外国语学校小学部和北师大朝阳附属小学开展“小小网球进校园”活动，2所小所80余名学生免费参加网球培训。

（陈冬云）

【财政资金专项治理】 4月，街道财政科与社区办对12个社区财务制度执行情况、固定资产、经费使用情况进行审计。街道办事处下属3个事业单位、2个社会团体、12个社区居委会、24个科室开展财政资金管理自查自纠工作。

（王少亭）

【社会工作促进会成立】 4月，街道社会工作促进会成立。设立了社会福利、综合治理、人民调解、公共卫生、人口计生、文化共建等6大专业协会，落实六大类社区社会组织的孵化、培育、管理工作，指导其以项目化的方式服务社区，形成“促进会统筹、专业协会管理、社区委员会和社区社会组织落实”的社区服务管理新格局。发布文明养犬、社区环保、为老服务公益服务项目。

（张 雅）

【关注孤独症儿童】 5月14日，第二十五个助残日来临之际，街道走访慰问75户贫困残疾人家庭，其中8户贫困孤独症儿童，发放慰问金1.5万元。举办主题为“走向美好未来”的宣传活动，12个社区制作展板和彩页宣传材料，发放宣传品1500份、横幅26条及宣传材料2000余份。

（王 莉）

【公务卡改革】 5月至6月，办理街道办事处领导、科室负责人、社区书记公务卡等50张。9月9日起启用公务卡，12月底，刷卡337笔，支付资金232871.75元。

（王少亭）

【流动儿童就学证明办理】 5月，完成办理外省市适龄儿童幼升小就读证明121份。

（陈冬云）

【安康计划保障项目】 5月，为93户低保家庭和计划生育伤残、失独家庭投保安康保险，1057户计划生育家庭参与安康保险计划。

（陈冬云）

【工会换届选举】 7月16日至17日，街道总工会第二次代表大会召开。100名职工代表选举产生街道总工会三委委员会。选举李相东为工会主席，郭宝玉为工会副主席，王少亭等11人为工会委员会委员。选举王少亭为经费审查委员会主任，丁福宁、梁瑜为经费审查委员会委员，郭宝玉为女职工委员会主任，江玉君、陈冬云为女职工委员会委员。7月25日至26日，完成12个社区妇联换届选举工作。

（张 雅）

【护理补贴办理】 7月，街道残联集中办理北京市残疾人护理补贴400人。其中300元单项残疾82人、多项残疾19人，100元单项残疾272人、多项残疾27人。

（王 莉）

【政府购买残疾人服务项目】 8月21日，街道残联与亚运村立德社会工作事务所签订《购买奥运村残疾人服务项目》合同书。通过政府购买服务，以温馨家园为依托，逐步建立健全残疾人家庭档案，有针对性帮扶。

（王 莉）

【青少年暑假快乐营活动】 8月，开展“2015年青少年暑期快乐营”活动，组织300名居民和400名儿童参观中国科技馆、动物博物馆、自然博物馆。在4个社区开展中国传统文化“手工制作——剪纸”“中国画欣赏与体验”，开展青少年生命安全“安全教育与自救”“家庭生活——变废为宝”“科普小实验”11次课，300余名青少年参加活动。

（陈冬云）

【“两项重大任务”保障】 8月至10月，街道完成“两项重大任务”服务保障。建立街道和社区每日会商例会制度，编制“一图一册”，建立健全“1+9+12”指挥体系，确保组织领导到位，实行点位处级领导负责制。整合辖区资源、发动多元主体，组织近3500名志愿者，上百家社会单位人员，对275个点位24天社会面超长防控，筑牢社会面防控三道防线。

（张 雅）

【“全北京唱起来”合唱比赛】 9月21日至24日，举办由街道办事处和北京电视台生活频道联合主办以“全北京唱起来”为主题的2015奥运社区大舞台合唱比赛，同时，开展朝阳区文委品牌群众文艺团队认定合唱类比赛任务。市所属各区县单位、社区业余合唱团，学生、军人合唱团队等70余家群众业余文艺团体3500余人参加演出。经过初赛、决赛，评出金奖3名、银奖6名、铜奖9名，18支团队为优秀奖。

（张 雅）

【平安朝阳主题宣传活动】 11月9日和20日，街道在中科院幼儿园广场设立主宣传站并在12个社区分别设立分宣传点，开展“建设平安朝阳，提升群众安全感”主题宣传活动。发放宣传册5000份，悬挂横幅13条，张贴海报10000张，发放香皂300块、手包200个，受教育群众达40000人。

（李 永）

【获得荣誉】 12月3日，郑志慧家庭被评为朝阳区优秀公益家庭；刘玉杰被评为朝阳区十大星级志愿者；辖区单位红星美凯龙被评为朝阳区“公益之友”。

（张 雅）

【轮椅配发】 12月，街道为204名肢体残疾人配发或更新轮椅，为42名60岁以上行动不便老年残疾人配发轮椅。

（刘全红）

【综合治理】 年内，坚持把群租房整治、消防检查、煤气中毒、无证照经营等专项执法与多部门联合执法相结合。组织联合执法7次，清理长捷小区地下室流动人口500余人。拆除天溪园22号楼和21号楼底商四家门店违法建设，清除违法建筑面积82平方米。依法取缔南沙滩41号楼底商三家无证无照餐馆。集中整治红军营南路、北苑路、林萃路等路段，查处10辆黑摩的32辆机动车非法占道及摆摊设点。

（李 永）

【预防煤气中毒】 年内，开展以“四个到位、落实四个确保”为主的预防煤气中毒工作。宣传到位，确保效果深入人心。采取入户讲解、发放一封信、签订责任书形式提高煤炉取暖户自我保护意识能力；措施到位，采取一户一编号，给每一户张贴门牌号，完善每户信息及联系方式，完善一户一档案，将工作精确到户、到人；检查到位，采取日常检查和夜查相结合，每月不少于8次夜查，建立“一天一见面”制度，建立检查工作记录制度；管理到位，由各社区民警带队，在各社区开展煤炉使用联合检查行动，检查行动持续到2016年3月底。

（李　永）

【违法出租房屋治理】 年内，依托防控网格，落实处级领导包社区，机关干部、社区居干实名制包楼。设立2处宣传站，发放《致广大居民的一封信》2800余份，张贴《关于进一步规范出租房屋管理的通告》8000份、《群租房的签订标准》1200余份；悬挂横幅120条，设置公共宣传栏82个，小黑板宣传画82个，入户宣传登记3200余户；清理群租房113套，清退面积10000余平方米。

（李　永）

【冬奥会评估团考察保障】 年内，国际奥委会评估团考察领导小组实地考察期间，街道维稳工作领导小组，在核心保障区域奥林匹克公共区、北辰洲际酒店、奥林匹克森林公园南园周边和G6京藏高速沿线，涉及总装、南沙滩、科学园、风林绿洲、国奥村、北沙滩、双泉、林萃8个社区。建立全面防控采取“1+12+N”，即：街道加社区加治安志愿者工作体系确保安全稳定。

（张圆圆）

【残疾人康复训练】 年内，举办康复小站肢体残疾人居家康复训练活动。6名肢体残疾人进行康复治疗，10名享受入户康复服务。300人次残疾人参加“为碍护航公益慢跑”、顺义国际鲜花港康、奥林匹克森林公园、密云古北水镇野外康复训练。60余名残疾人代表及工作者参加航空总医院心身医学科专家以“积极应对压力平衡工作和生活”为主题的康复讲座。

（王　莉）

【关爱残疾人送温暖】 年内，开展节日期间关爱残疾人送温暖活动。“冬季送温暖”四个一活动，送健康：送床上用品一套，送文化送电影票3张，送康复送养生通络仪一台，送服务送家政项目一年。中秋节、国庆节期间，慰问贫困残疾人家庭145户，送去慰问金4.2万元。元旦、春节期间，慰问重残无业、一户多残、老残一体、低保贫困残疾人家庭346户，发放慰问金231500元。

（张　雅）

【残疾人展能活动】 年内，开展残疾人文化活动展能训练活动。组织40名残疾人参加纪念世界反法西斯和抗日战争70周年“和平颂中国梦合唱、手语比赛”。在区残联举办的2015年朝阳区残疾人“生命与阳光”诗歌朗诵比赛中，2名选手获一等奖，1名选手获三等奖。在《心情》征文比赛活动中，报送征文5篇，1篇获二等奖，4篇获纪念奖。在奥林匹克森林公园参加社区大舞台活动中，作为唯一一支由残疾人组成不参加评比的代表队的合唱队（中国传统经典的吟诵代表队）展示唐诗吟诵《静夜思》，身着古代汉服的残疾表演展示残疾人康复训练能力。在街道第七届残疾人趣味运动会中，170余名残疾和30余名社区残联干部在6个比赛项目中获一等奖6名、二等奖12名、三等奖18名。温馨家园30人参加朝阳区社区学院举办的“艺术教育进社区—温馨音乐沙龙”成果展演，绕口令《拿着杆子去打枣》和唐诗吟诵节目获区优秀组织奖。

（王　莉）

【残疾人需求专项调查】 年内，完成全国残疾人基本服务状况需求专项调查442人，占901人底册总数的49.05%，完成残疾人专项调查全部入户和输机工作。

（王　莉）

【社会保障】 年内，办理城乡养老保险集中参保93人，劳动者技能培训105人，完成全年任务指标的198%；失业人员实现就业461人，完成全年任务指标。开展联合招聘会，街道11家用工企业提供近500余个岗位，供失业人员选择，现场达成就业意向50余人次。

（于海澜）

【社会化退休人员关爱】 年内，组织1500名65周岁以下社会化退休人员观看中国人民抗日战争暨世界反法西斯战争胜利70周年爱国主义教育主题电影。组织350名社会化退休人员参加“2015年奥运村街道社会化退休人员金秋健步走活动”。夏季慰问20户社会化退休高龄老人，并开展“酷暑送清凉、送健康”活动。邀请中日医院、航空总医院的健康专家为辖区360名社会化退休人员讲解健康知识。

（于海澜）

【工人讨薪】 年内，处理仰山公园、渤海幕墙公司、洼里五号地等11起讨薪事件，涉及120余人，协调解决劳务费及工人工资200余万元。

（甘剑雯）

【高科技人才队伍建设】 年内，街道推荐19名高技能人才评审，有6名享受区政府高技能人才特殊津贴，街道获区级第三届高技能人才队伍建设先进单位。

（甘剑雯）

【百姓宣讲活动】 年内，奥运村街道在12个社区开展“我们的价值观”百姓宣讲活动3场，12个社区24名宣讲员讲述发生在身边的感人故事，弘扬和践行社会主义核心价值观。

（马同囝）

【建设美丽家园文化墙】 年内，街道建成“美丽家园文化墙”。文化墙位于林萃路1号院，分41个板块，面积约220平方米。以“前世今生未来”为脉络，阐述奥运村300余年的历史文明及未来的愿景。

（马同囝）

【企业公益联盟志愿服务项目】 年内，奥运村街道企业公益联盟志愿服务项目被评选为区级志愿服务特色项目。企业公益联盟7家单位与辖区困难家庭结成帮扶对子，解决实际困难。联盟举办公益骑行、参观清洁能源中心、看中网过中秋、企业公益联盟精英汇等公益活动20余次，1500余个家庭参加活动，直接受益人次达到5850人次。

（马同囝）

【社区文明小使者主题活动】 年内，街道开展争当“社区文明小使者”主题教育实践活动。12个社区推选出45名“社区文明小使者”。寒暑假期间，开展“星光自护”讲座、“道德讲堂”活动诵读《中华美德故事》、假期快乐营、“六小”社会实践活动。

（马同囝）

【奥韵时讯发行】 年内，《奥韵时讯》出版发行报刊总数23万份，发放到辖区企事业单位 1000家，12个社区21.8万户居民手中。

（马同囝）

【媒体报道】 年内，中央级媒体报道街道新闻31次，市级媒体报道街道新闻75次，区级媒体报道街道新闻80次。其中慈善公益报报道街道新闻5次、《人民日报》报道街道新闻1次、人民网报道街道新闻7次、《人民政协报》报道街道新闻1次、新华网报道街道新闻7次、央视网报道街道新闻1次、《中国社会报》报道街道新闻8次、中央电视台报道街道新闻1次、北京电视台报道街道新闻19次、《北京晨报》报道街道新闻13次、北京广播电视报报道街道新闻2次、《北京青年报》报道街道新闻3次、《北京民政报》报道街道新闻1次、《北京日报》报道街道新闻18次、《北京晚报》报道街道新闻3次、《北京组织》杂志报道街道新闻1次、《北京社区报》报道街道新闻5次、《北京娱乐信报》报道街道新闻1次。、北京网络广播电视台报道街道新闻1次、《法制日报》报道街道新闻2次、《京华时报》报道街道新闻4次、《新京报》报道街道新闻2次、《朝阳报》报道街道新闻45次、朝阳有线报道我街道新闻34次。

（马同团）

【北京榜样候选人推举】 年内，街道开展北京榜样推举活动。推举陈静仪、韩智、陈秋庄、王林娥、刘佳、崔玉琴、王绵和、梁晓萍、刘文岭、李仁杰、陆敏芳、柏大可、牛墨莹、刘玉杰、冯秀云、沈国华、茅子芳、王志华、张俊、王世厚、张鷟制、侯凤琴、时燕民等23人，及公共文明引导员队伍为北京榜样候选人。

（张 雅）

【社区治理与服务创新】 年内，开展社区治理和服务创新实验区建设。街道作为市社区治理与服务创新实验区建设试点，围绕“五环国际社区”目标，推进“1+3”党务居务助理进社区工程。建立党委领导、跨界联盟、多元参与、有序自治的“一核多元、融合共治”国际化社区治理创新体系。完成试验区创建的终期评审报告。完成总装社区“六型”社区创建，12个社区全部升级为5星级智慧社区，完成奥运村街道微服务平台建设。申报11个项目，7个获市、区级购买，项目有序推进。

（张 雅）

八里庄街道

【概况】 八里庄街道位于朝阳区中西部。东起青年路与平房乡接壤，南以京通快速路及电厂铁路线为界与高碑店地区相邻，西至大望路及金台路与建外、呼家楼街道相连，北临二道河与六里屯街道相望。辖域面积4.4平方公里，下辖14个社区。年内，地区总人口数为124006人。其中户籍人口86694人，流动人口35709人，外籍人口1603人。驻地单位4079个，其中中央单位30个，市属单位56个，区属单位38个，私营及其它单位3955个。区域交通便利，东四环路横跨南北，朝阳路贯穿东西。地铁1号线、6号线驶经辖域，18条公交线路可达办事处所在地红庙路口，其中4条以红庙为起点，有53条公交途经地区。紧邻CBD核心区，中国纺织科学院、中国国华电力股份有限公司北京热电分公司、华糖洋华堂商业有限公司、西单商场、北京京棉集团有限责任公司、朝阳区青少年活动中心、莱锦文化创意产业园等单位坐落在辖区。年内，地区一般财政收入17.73亿元，同比增长12.65%。

地址：柴家湾12号

邮编：100025

电话：65001062

网址：http://blzjd.bjchy.gov.cn

（新 睿）

【“一轴两轮驱动+”区域化党建模式】 年内，街道探索总结出具有地域特色的“一轴两轮驱动+”区域化党建模式。其中“一轴”即街道工委、社区党委、居民支部三级链接的区域化党建核心轴，统筹领导带动区域化党建工作；“两轮”即“四合”模式（资源整合、力量集合、工作结合、活动融合的楼宇党建工作模式）和“三带”工作法（在125个基层党建网格协作组推行的“一个党员带一户，三个党员带一门，十个党员带一楼”工作法）；“驱动+”即跨界整合区域资源，系统打造新型驱动引擎的创造力，形成区域化党建工作的长效机制。

（新 睿）

【党风廉政建设】 年内，制定《街道2015年各科室落实党风廉政建设责任制考核标准》《街道2015年各社区党风廉政建设评价标准》及《街道工委落实党风廉政建设“两个责任”责任追究办法》。完善工作标准和规范约束。开展“三重一大”事项自查自纠，逐级签订“一岗双责”责任书58份，建立责任清单81份，开展重点岗位、高风险岗位负责人及新任转任科级干部谈话28人次。以露天烧烤、拆违控违专项工作为切入点，开展“为官不为”“为官乱为”专项治理。组织开展4次明察暗访活动，窗口单位在市区纪委组织的“为官不为”“为官乱为”专项治理明察暗访中无点名、无批评，街道社保所在全区七一表彰大会上做典型发言。

（新 睿）

【基层党建】 年内，与《北京支部生活》杂志社共建全市首家“基层党建工作站”，为区域化党建提供理论支撑。按照经费使用要求，70%党建经费用在基层：投入309万元街道“红色”基地功能提升，投入150万元升级改造4个商务楼宇服务站，投入项目化运行社区党组织服务群众专项经费260万，培育16个社会组织，28项群众反映强烈的实事得到解决。直选产生社区党组织委员61名，增加23名商务楼宇专职和兼职人员。为14个社区党委和3个中心商务楼宇服务站公开招聘17名党建指导员。

（新 睿）

【党政群共商共治工程】 年内，完善14个社区议事厅建设，完成街道及社区层面立项工程67项。开展失独家庭关爱计划，为地区69户失独家庭老人送上亲情化的服务与照护。协调办公用房，解决罗马嘉园社区无居民活动室问题。粉刷23栋老旧小区居民楼的楼道内墙，面积2万平方米。修补老旧小区6000余平米破损道路，铺设、疏通下水管线1800余延长米。利用人防工程建设地区应急疏散场所，设床位85个。补充地区应急物资库，做好民兵预备役工作。街道层面24个项目，获群众满意率均达到100%。

（新 睿）

【人口调控】 年内，疏减流动人口3352人。清理群租房54间，清理地下空间2处、房间200间，完成年度减控指标。

（新 睿）

【“开墙打洞”整治】 年内，完成地区朝阳路红庙至青年路段道路两侧286户非法“开墙打洞”整治工作。带动地区整体环境改善。整治全过程无上访、无闹事、无滞留不关的现象，整治户数占当年全区整治总户数的42%。投入资金220万元，为每户整治对象统一安装窗户及防盗栏，摆放绿植20000余棵，拆除违规设置广告牌匾320余块，安装红外探头5个。此项工作经验在全区推广。

（新 睿）

【拆违控违和环境整治】 年内，拆除地铁6号线施工违法建设、远洋二期施工违法建设、十里堡甲3号院南侧违法建设，全年拆除存量违法建设18339平方米。重点对朝阳路及西大望路两条辖区主干道及背街小巷街面秩序开展联合整治行动。组织机关、事业单位干部与社区干部参与专业部门联合执法，清理取缔108处露天烧烤大排档。坚持每月开展“环境清洁日”活动，全年清理无主垃圾1500余吨、清理非法小广告1.5万余张。取缔、改造4处地区经营性燃煤锅炉。完成3个节水型社区、10个垃圾分类示范小区的创建工作。查扣无照经营游商摊群380余起，取缔无证照经营门店19家，查扣黑摩的248辆，规范门前三包520店次。

（新 睿）

【“深耕2.0”计划】 年内，街道在14个社区开展“深耕2.0”计划，引导居民提出问题或者需求的同时，把问题或需求变成解决方案，并进行项目化，由街道出资或者整合社会资源，让其组成项目组，通过自身行动解决社区公共问题、满足社区公共服务需求。收集来自社区居民的“金点子”144个，社区建设好项目90个。通过最终的提案大赛，54个社区治理好项目得到街道、社区与居民支持。

（新　睿）

【“云”动全域服务中心】 年内，街道围绕主要工作建成“云”动全域服务中心。中心是加强城市管理数字化平台建设和城市管理业务功能整合的信息化建设项目，项目以“互联网+城市管理”为理念，将街道科室在城市管理中的业务进行流程化、标准化的信息化功能再造，推动城市管理的科学化、精细化与社会化。年内，建成城市管理二级闭环子系统、供暖防煤气中毒检查、地区志愿者反哺系统等模块。

（新　睿）

【居家养老】 年内，依托地区爱晚桑榆养老照料中心拓展老年驿站、日间照料、老年饭桌、老年文化活动等服务。依托地区老年协会开展“家音”老伴热线服务，启动“老有所为”“为老服务”之星评选活动。探索“医养融合”新模式，开展家庭医生巡诊计划，全年上门出诊780次，为爱晚桑榆养老照料中心与八里庄第二社区卫生服务中心搭建工作平台，弥补传统养老机构医护服务功能欠缺问题。

（新　睿）

【助残帮困】 年内，街道为115户残疾人实施家庭无障碍改造，为89名聋人实施闪光门铃升级改造。90名困难人员落实临时救助政策，下发救助金25万余元。完成全地区448户低保调标工作，865人从原来的650元调整到710元，每月低保金支出约为79 4万余元。

（新　睿）

【卫生和计划生育】 年内，街道人口出生上报数为946人，计生生育率指标为98%。办理《北京市生育服务证》882个，《再生育一个子女生育服务证》266个。为22个违法生育家庭做执法案卷，征收社会抚养费3022401元。申请发放计生家庭各类政策性奖励扶助金2275905元。发动249名志愿者献血49800毫升。募捐各类款项61293元。为地区41461人建立健康档案，全年开展“健康大讲堂”及健康讲座80次，惠及居民4500余人次。

（新　睿）

【文化建设与服务】 年内，京朝苏宁电器有限公司及其两个子公司落户八里庄，与莱锦文化创意产业园、华贸、远洋物业写字楼等一批文化企业形成地区文化产业圈。全年培育69支地区文化文艺团体，开展庆祝世界反法西斯胜利七十周年大型文艺演出和书画作品展览等文化活动20余场。全地区新建全民健身设施53件，成立朝阳区首家足协分会。

（新　睿）

【就业和社会保障】 年内，街道组织开展“就业援助月”“春风行动”等系列就业专项活动，开发就业岗位4481个，完成城镇登记失业人员就业人数999人，失业人员就业率达到70%。规范劳动用工一条街，处理劳资纠纷33起，涉及1221人，5800余万元。

（新　睿）

【社区平安建设】 年内，在重点小区安装门禁报警联动及防爬刺，完成甘露园南里平安示范小区建设任务。以“社区平安建设”作为入户走访的主题，走访辖区50326户，走访率达100%，接受入户走访地区居民42227户，占到总数的83.91%。

（新　睿）

【矛盾调处与维护稳定】 年内，对地区188名“两类人”进行帮教和管理，所有管控对象均未出现脱管、漏管、重新犯罪现象。全年办理政民互动2853件，处理信访件37件，解决十里堡东里127、128楼房产证问题。开展矛盾隐患排查10次。完成对地区552名重点人日常监管，重要节点形势可控。

（新　睿）

【安全监察】 年内，开展安全检查384次，签订消防安全责任书335份、预防煤气中毒责任书2184份，排查和消除安全隐患1700余处。6203家单位建立电子台账。开展地区食品、药品企业监管，罚没款8.2万元。

（新　睿）

朝外街道

【概况】 朝外街道位于朝阳区的西部。街道始建于1954年，东起工体东路、东大桥路与呼家楼街道接壤，南至光华路与建外街道为界，西至朝阳门南北大街与东城区朝阳门街道、东四街道相连，北至吉市口八条、工体西路、工体南路与三里屯街道、东城区东直门街道相邻。辖区面积2.2平方公里，是朝阳区委、区政府所在地。下辖7个社区居委会。地区有常住人口21473户、39999人，户籍人口44187人，流动人口17245人，外籍人口1030人。外交部、司法部、民建中央、中石化等国家机关及企业，英国、朝鲜等13个国家大使馆坐落于此。朝外街道是朝阳区少数民族街道，有回、满、蒙、藏等21个民族、3300余人在此长期居住。域内商务楼宇众多，商业服务业发达，是北京重要的商业繁华街区和CBD休闲消费功能区，分布有昆泰、蓝岛等大型商业企业和驰名中外的雅宝路、老番街服装市场及悠唐广场、侨福芳草地等众多消费娱乐场所。有医院2所，社区卫生服务中心1个、社区卫生服务站5个，社会管理中心1个、社区服务中心1个。有地铁2、6号线贯穿其中。有215.44平方米为民服务大厅、2000平方米地区文化中心、8处文化广场和7处社区文化活动室。年内，开展雅宝路市场产业转型升级重点工作，按照政策要求及区委、区政府关于雅宝路商圈市场定位招商引资，商厦通过“反租-改造-整租”转型升级方式，属于国有产权的雅宝路地区雅宝红城、威格德纳批发市场和奥特利玛市场均已腾退完毕，在市场自主转型升级中创出经验做法，开展“2+10+1”环境整治行动。年内实现区级财政收入23.27亿元，同比增长12.2%。街道获国家、北京市先进集体2个，获国家、北京市先进个人3人次。

地址：芳草地北巷5号院

邮编：100020

电话：85629992

网址：http://www.bjcwjd.gov.cn

（陈美琳）

【地区老年协会成立】 1月28日，朝外地区老年协会新一届委员会在街道办事处成立，委员会成员由辖区7个社区各推举1名老人组成。选举吉庆里社区李诚担任新一届会长。

（陈美琳）

【失业人员专场招聘会】 2月6日，街道在朝外社管中心召开以“百姓就业进社区、再就业援助月”为主题的失业人员专场招聘会。组织招聘单位20余家，提供就业岗位850余个，参加应聘的就业困难人员约200余人，其中30余名失业人员与用工单位初步达成就业意向。市、区两级职介中心领导亲临现场指导。

（陈美琳）

【志愿服务表彰总结会】 2月11日，朝外街道举办2014年度志愿服务总结表彰会。会议总结2014年度朝外志愿服务工作成果，表彰朝外“令人尊敬的”志愿者、朝外“令人感动的”志愿服务团队、朝外“令人赞赏的”志愿服务爱心单位等8个单位及个人；优秀志愿者、爱心单位、志愿服务队伍32个单位及个人。

（陈美琳）

【第九届春分·朝阳文化节】 3月20日至21日，在日坛公园举办第九届“春分·朝阳”民俗文化节。活动恢复明清两代在春分祭日的传统，为百姓呈现祭日表演，增设公益颁奖、社会组织展位、公益展卖等环节，地区上千名居民群众参加活动。

（陈美琳）

【民政部领导调研】 4月22日，民政部基层政权和社区建设司副司长刘勇、基层政权处处长郝海波、基层政权处调研员贺更行、社区工作处副处长陈晓亮、社区工作处干部冯斌到街道调研。调研街道基本情况、组织架构、主要职责、与政府部门相互关系等，以及街道工作中存在的突出问题和对街道改革的意见、建议等。

（陈美琳）

【社区党委换届选举】 5月13日至5月18日，街道有7个社区完成社区党委换届选举工作。选举产生新一届社区党委委员75人，其中席位制委员24人。当选书记中，连任当选6人，新当选1人。书记、主任“一肩挑” 2人。新一届党委委员中，社区居干党员24人，占委员总数的32%，居民党员27人，占委员总数的36%，其他身份24人，占委员总数的32%；年龄最大的82岁，年龄最小的29岁；本科以上学历31名，占委员总数的41.3%。社区党委书记中本科以上学历3人。5个社区党委班子达到40岁以下委员2以上和妇女干部至少1人要求。

（陈美琳）

【总工会换届选举】 7月9日至10日，街道总工会完成换届选举工作。产生会员代表127人，其中应参加选举代表127人，实际参加投票选举代表108人，投票率为85.04%。选举产生新一届总工会委员会委员 13人。经审委员会3人，女工委员会3人，当选委员中，连任当选3人，新当选10人。新一届工会委员中，党政干部5人，占委员总数的38.46%，社区干部2人，占委员总数的15.39%，基层工会6人，占委员总数的46.15%，其他身份（劳模）1人，占委员总数的7.69%；男委员6人，占委员总数的46.15%，女性委员7人，占委员总数的53.85%；年龄最大的55岁，年龄最小的36岁，平均年龄42岁，比上届下降4岁；委员均为大专以上学历，其中本科以上学历11名，占委员总数的84.62%。召开第二次代表大会，108名基层工会代表参加会议。听取并审议通过《工作报告》《财务工作报告》《经审会工作报告》和《选举办法》（草案），选举产生龙梅等13人为朝外街道总工会第二届委员会委员，宋宝军等3人当选朝外街道总工会第二届经费审查委员会委员。

（陈美琳）

【政府购买服务项目发布会】 7月22日，在朝外街道社管中心四楼举办2015—2016年度朝外街道政府购买服务项目发布会。朝外街道领导班子成员、7个社区书记、微创投大赛居民代表以及2015年入驻社会组织代表等出席启动仪式。21家社会组织承接朝外地区18个服务项目，其中朝外律师志愿者服务队、任建友调解工作室等5家自培育社区社会组织备受关注。21家社会组织参与18个政府购买社会组织服务项目，其中市级项目9个，自培育社会组织5家，总资金量212万，涉及领域有文化、少年儿童、助残、助老等。

（陈美琳）

【社区妇联换届选举】 7月25日至26日，街道7个社区完成社区妇联换届选举工作。管辖户数为17969户，登记选民26788人，其中妇女6175人，选举产生本届妇女居民代表316人。其中吉祥里、吉庆里和体东3个社区采取户代表选举方式，吉祥里社区参选率为99.7%，吉庆里社区参选率为99.3%，体东社区参选率97%。芳草地、天福园、雅宝里和三丰里4个社区采取居民代表选举方式，其中天福园社区参选率为100%，三丰里社区参选率为98.6%，雅宝里社区参选率为93.3%，芳草地社区参选率为96%。产生社区妇联执委会新成员37人，党员17人，体制内30人，体制外7人，平均年龄49岁，比上届降低了3岁。大专以上 34人，占整个成员的92%；中专、高中学历3人，占整个成员的8%。建立妇联执委会数7个，执委会人员总数37个，执委人数为5人的社区数6个，占比86%，执委人数为7人的社区数6个，占比14.3%；体制内执委人数（社区）30个，占比81%，体制外执委人数7人，占比19%，其中非公经济组织人员5名，占比14%，国有企业党政机关事业单位人员2人，占比5%。

（陈美琳）

【社区居委会换届选举】 7月25日至26日，朝外街道7个社区全部完成第九届社区居委会换届选举工作。选举产生新一届居委会成员，居委会主任7名、副主任9名、委员35名，主任平均年龄45.3岁，委员平均年龄37.6岁，其中30岁以下13人，30岁至45岁16人，45岁至55岁17人，55岁以上5人。大本及以上20人，大专及以下31人。本地化18人。

（陈美琳）

【社会矛盾化解】 年内，受理各类纠纷227件，其中街道受理129 件，社区受理 98件。调解成功220件，其中街道调解成功126件，社区调解成功94件。形成 58卷调解案卷，调解成功率97 %。开展人民内部排查10次。接待来人来电上访124人次，处理信件36次，接待集体访（群访）2批次、13人次，调解矛盾纠纷件2次，防止群体性上访4起，预防越级访、集体访件2次。

（陈美琳）

【功能疏解】 年内，针对雅宝路市场多数大厦产权多样化实际情况，制定“坚持市场主导、保护商户利益、加强民主协商”腾退策略，按照雅宝路15座大厦“7+5+3”转型进度计划，开展疏解清退和产业转型升级工作。疏解腾退奥特利玛鞋业市场、瑞丰裘聚服装市场等7座商厦商户958户，疏解面积34791.6平方米。

（陈美琳）

【环境整治】 年内，街道开展“2+10+1”环境整治行动，即以“雅宝路”和“市场街”两条街道为重点，执行10项专项行动和1项功能提升计划，全年规范停车7100余次，规范停车公司停车秩序550余次，查扣非法运营车辆212辆；张贴违法停车单960车次；约谈停车管理公司22人次，检查停车管理员72人次，收缴违法停车收费票据621张；不间断对雅宝路地区黑三轮实施整治，全年出动6280余人次，清理11处黑三轮窝点，收缴黑三轮355辆，拘留从业人员20余名，就安全生产、外部环境等问题约谈市场方30次，在雅宝路、市场街、南营房中路、芳草地西街等地区加装护栏600延长米；拆除违章建筑2处，无新增违法建设；责成大厦自行拆除违规广告1400余平方米，规范雅宝路沿线无照经营147起，清理小广告4800余张。

（陈美琳）

【救助帮扶】 年内，朝外街道统筹区级、街道级各项慰问64项，减少重复慰问76人次，春节、元旦慰问2739人户/次，发放慰问金118.79万元。为164户低保家庭257人，10户低收入家庭发放低保金225.8万元；医疗救助180人次，发放救助金15.7万元，临时救助15人，发放临时救助金73771.55元；为1名城市特困人员发放生活困难补助金27423.6元；接收并安置1名孤儿，为2名孤儿解决保障住房，办理社会保障保险。完成全部低保人员的低保标准的调整工作，按照新政策重新核定人员应享受的低保金额，完成全部低保家庭信息核对和录入工作以及家庭财产核对工作。对55名优抚对象展开春节大慰问、夏日送清凉、抗日战争胜利70周年慰问、冬季送温暖等活动，全年发放各类慰问金及慰问物品24.9万元。

（陈美琳）

【居家养老服务】 年内，完成朝外街道1298人的居家养老服务对象系统导入和券改卡发放工作。1410名老人通过领用养老助残卡享受居家养老服务，其中80岁以上高龄老人1400人，80岁以下老年人10人。发放养老助残金153.52万元，社区服务中心全年接待为老服务相关咨询电话近110个。通过老年餐、打折餐、回民餐、早点供应及上门送餐等服务形式为辖区所有60岁以上老年人开展服务，服务近7000人次。全年接待居民各项活动和服务近5000余人次，为街道困难老人发放理发券264人次。为有需求老人安装“一按铃”31个，累计达304户；为314名老年人办理老年证，累计达8262人；为481名老年人办理优待卡，为1462名80岁以上老人办理居家养老服务卡；为8名95岁以上高龄老人报销医疗费3.58万余元；为90岁以上的老人办理高龄津贴补助42人，累计达143人，全年发放高龄津贴15余万元。为12名60岁以上困难低保老人办理慈善医疗卡救助，累计办理41人，每人每年可享受最高500元的医疗救助。

（陈美琳）

【人口调控】 年内，采取清理整治群租房、地下空间等措施，完成人口调控1743人，完成全年调控1189人任务的146.6%，完成指标任务。

（陈美琳）

【平安建设】 按照“平安朝阳”创建总体思路，围绕提升群众安全感的重要指标进行优化管理。落实各项法规制度，主动探索创新，引导安全发展。升级改造地区监控系统，基本实现公共区域、道路、小区的全覆盖。为社区民警配备警务巡逻车9辆；更换防盗门65樘，维修367处。

（陈美琳）

【干部队伍建设】 年内，通过面试演讲、民主测评、组织考察等环节，选拔任用副科实职2名、主任科员2名、副主任科员3名；招录公务员5名、事业编6名，转岗交流11名城管队队员；1名干部通过市级机关公务员遴选；全年新招录17名社区工作者。

（陈美琳）

【“全模式”社会管理平台】 年内，指挥中心处理各类网格案件36109件，其中城市管理类网格案件较多，有31005件，所占比例85.87%；协调处理错案、废案41件，受理政民互动信访案631件，办结631件，主要集中在市容环境、停车管理、物业管理方面。

（陈美琳）

【绿化美化】 年内，2个小区，申报创建优美小区，分别是工体西里小区、工体东路11、13号楼，涉及面积37413平方米，投入资金1122390万元；完成天福园小区绿化改造面积200平方米；完成体东1处边角地绿化，绿化改造面积30平方米；完成吉祥里小区绿地建设绿化面积150平方米。完成2个小区门头改造，绿化280平方米，道路铺装6000平方米，楼道粉刷51000平方米，施划停车位150，设置公示栏、宣传栏4个。

（陈美琳）

【垃圾分类】 年内，垃圾分类覆盖20个小区，27245人，配备垃圾分类二次分拣员30人。开展宣传活动40场，涉及10000人，发放宣传材料25000份。

（陈美琳）

【市场秩序治理】 年内，检查六小门店185家，发现问题71个，停业整顿71家、暂扣营业执照（工商局）家、关停门店22家。处理食品药品投诉880件，行政处罚32件，罚款金额420526.51元。

（陈美琳）

【党政群共商共治工程】 年内，开展党政群共商共治工程。制定《朝外街道开展党政群共商共治工程实施方案》《朝外街道党政群共商共治工作指导手册》，成立街道党政群共商共治工作领导小组，确定并完成街道层面14项、社区层面4项党政群共商共治工程立项项目。投入296.97万元，完成实施主要包括居民自治促进项目、环境综合提升项目、文体设施改善项目、交通环境优化项目等。其中在街道7个社区建设居民议事厅25处，更换信报箱920个，楼地面铺装1285㎡，地面铺装1334.13平方米，维修门禁495件次，维修雨水井14座，金属栏杆更换、提栅栏大门更换、柱面喷刷涂料，涉及面积580.3平方米。

（陈美琳）

大屯街道

【概况】 大屯街道位于朝阳区西北部。辖区总面积10.013平方公里，东邻来广营乡、望京街道，南靠亚运村街道、小关街道、太阳宫乡，西北接奥运村街道。下辖14个社区居委会。大屯街道具有人口多、社会单位多、高档小区多的特点，年内有户籍人口28382户、74634人，实住人口56132户、169980人，流动人口55821人。有法人单位5804家，个体工商户1442个，产业活动单位980家，住宿餐饮类企业254家。辖区有道路49条，其中市管道路8条，区管道路21条，社区道路20条。有大学3所，中学3所，小学8所，幼儿园19所。有医疗机构1个、养老机构1所。途径辖区公交线路10余条，有地铁5号线、15号线贯穿其中。有2处为民服务大厅、7处街道级文化活动中心、1处文化广场，绿化覆盖面积为395.92万平方米，绿化覆盖率为41.06%。年内，实现区级财政收入214375.96万元，同比增长30.6%，征收个人出租房屋税25165129.01元，同比增长13%。

地址：安慧北里雅园1号
邮编：100101
电话：64917665
网址：http://dtjd.bjchy.gov.cn

（薛晓慧）

【领导走访慰问】 2月10日，副区长张立新、团区委书记王洪涛到大屯街道安逸社区走访慰问社区困难优秀学生田蕾。2月12日，副区长梁行到武警装备研究所慰问；区委常委、区委组织部部长张革，区委组织部副部长张中华、区民政局副局长谭孔辉等到武警一师慰问。

（薛晓慧）

【依法取缔胶囊公寓】 3月17日，街道协调派出所、工商、消防等部门依法取缔九台2000家园2号楼1802号的9套胶囊公寓。

（薛晓慧）

【国家级校外实践教育基地挂牌】 3月17日，街道召开首届社区提案大赛启动仪式暨国家级校外实践教育基地挂牌仪式。教育基地为大屯街道和中华女子女院一同获教育部申请并批准。

（薛晓慧）

【“申冬奥”服务保障】 3月22日至3月29日，冬奥会评估团考察领导小组赴奥运中心区实地调研评估2022年冬奥会举办条件。街道按照区相关部署，统一部署，发动志愿者2000人次，保障“申冬奥”期间地区安全稳定。

（薛晓慧）

【朝阳区最美家庭】 3月，街道嘉铭园社区唐克莉、安慧东里社区杨丽红、安逸社区王烨军家庭被区妇联评为朝阳区最美家庭。

（薛晓慧）

【社区党组织换届选举】 5月15日，大屯街道14个以直选形式完成党组织换届选举工作。选出新一届社区党委班子成员82名，其中书记14名，副书记9名，其他委员59名。当选书记中，连任当选 5人，新当选 9人。新一届党委委员中，社区居干党员54人，居民党员28人；男性委员24人，女性委员58人；年龄最大的76岁，年龄最小的31岁，平均年龄49岁；委员本科以上学历39名。社区党委书记中本科以上学历10人。

（薛晓慧）

【大屯路东地铁换乘改扩建工程启动】 5月28日，大屯路东地铁换乘改扩建工程启动。改扩建运营中的地铁车站，属全国属首次。改造工程占地面积300平方米。由北京住总集团承建。12月22日，改扩建工程完工，通过竣工验收，实现与15号线换乘，这是国内首例改造施工与地铁运营同步进行的工程。

（薛晓慧）

【签订流动人口区域协作协议】 5月29日，大屯街道与湖南省湘乡市昆仑桥街道、新湘路街道签订流动人口区域协作协议。

（薛晓慧）

【党组织表彰大会】 6月26日，街道召开庆祝建党94周年暨服务型党组织表彰大会。表彰安慧北里安逸社区党委等30个先进基层党组织、安慧东里社区“睦邻驿站”等27个优秀服务品牌、大屯里社区法制“屯”行等28支优秀服务团队、慧忠里第一社区慧翔党员先锋岗等29个党员先锋岗、刁爱文等102名优秀共产党员和马贞等28名优秀党务工作者。其中“爱心满逸服务联盟”“新新家园定制服务模式”“文明生活辅导工程”“暖阳扶老助残”党员志愿服务4个项目，被评为区社会领域基层服务型党组织建设百个优秀服务项目。

（薛晓慧）

【提案大赛项目发布会】 7月16日，街道召开首届社区提案大赛获奖项目发布会。副区长黄晓伟，区社会建设工作办公室主任赵年生，中华女子学院性别与社会发展学院院长朱东武，大屯街道工委书记宝月凤，街道办事处主任吉旭初出席活动。会上发布入围的提案项目，包括垃圾分类变废为宝等36个优胜提案，居民闲置物品交换坊等18个潜力提案，新邻里—老旧小区自治等17个参与提案。

（薛晓慧）

【社区居委会换届选举】 7月26日，街道14个社区完成社区居委会换届选举工作。其中5个社区采取户代表选举方式，9个社区采取居民代表选举方式。登记选民17011户、32776人；划分319个居民小组，选举产生居民小组长319人、居民代表799人。选举产生新一届社区居委会成员100人，其中社区居委会主任14人、副主任28人、委员58人，两委交叉任职29人，连选连任61人。街道有社工203人，平均年龄38岁，大专及以上学历200人，占98.5%；具有社工师职称的人员75人，占37%；两委负责人“一肩挑”的社区有8个，占57%。

（薛晓慧）

【“两项重大任务”服务保障】 7月至9月，街道完成“两项重大任务”服务保障工作。启动社会面一级超常防控等级，辖区60个防控点位、3处酒店住地、2段行车路线、1条集结路线、1处备勤点位，组织各类安保力量1620人参与值守。大屯街道获“‘中国人民抗日战争暨世界反法西斯战争胜利70周年纪念活动、2015年第十五届北京世界田径锦标赛’朝阳区服务保障工作先进集体”荣誉称号。

（薛晓慧）

【大气污染防治】 7月至9月，大屯街道以夏季露天烧烤及大排档治理为重点，完成露天烧烤大排档专项整治工作。出动执法人员2600余人次、执法车辆600余车次，查处无照经营违法行为461起，暂扣电动三轮车238辆、机动车48辆，立案218件、罚款47000余元。取缔店外经营大排档15起、清掏窝点6处。取缔露天烧烤147起，没收烧烤工具1426件，立案4起，罚款8000元。

（薛晓慧）

【科普进社区启动仪式】 8月6日，由北京市科学技术协会、北京市人力资源和社会保障局主办，北京科普发展中心承办，朝阳区科学技术协会、朝阳区人力资源和社会保障局、大屯街道办事处协办的“建设宜居家园，共享科学生活”——2015年“科普进社区”活动启动仪式在大屯文化广场举办，150余名居民代表参加启动仪式。通过开展各类实践活动、播放科普电影等方式，开展知识普及宣传活动，宣传科学的生活方式及生活方面的知识。

（薛晓慧）

【领导调研】 8月18日，市委书记郭金龙带队检查位于大屯辖区北京石大中油油品销售有限责任公司第一加油站。郭金龙强调，确保加油站安全，关乎城市公共安全，要加强安全管理，严格落实责任到人，要牢固树立安全生产意识，对安全生产工作一刻也不能放松。10月16日，市长王安顺到大屯地区小营电动公交车充电站调研清洁能源公交车站建设情况，区委书记吴桂英，大屯街道工委书记宝月凤、办事处主任吉旭初陪同调研。10月28日，团区委书记孔钢城到街道调研区域化团建工作开展情况，并参观屯居时代社区青年汇。

（薛晓慧）

【地区重点单位座谈会】 10月27日，街道举办“携手同行、共创共享”座谈会。邀请北京联合大学、中国国电电力发展公司、北京住总集团有限责任公司、中国石化工程建设公司等10家地区社会单位主要领导座谈研讨地区社会管理创新工作。区委常委、区委办公室主任、宣传部部长刘军胜出席座谈会。会议形成共识，建立四项机制，即日常沟通机制、党建工作会商机制、服务联动机制和文明建设机制，促进地区和社会单位的共存、共荣、共享。

（薛晓慧）

【“共享芬芳”文艺助残志愿服务行动启动】 12月2日，由中国文联、中国残联、中国文艺志愿者协会、中国助残志愿者协会在大屯街道馨家园举办“共享芬芳”文艺助残志愿服务行动启动活动。中国文联党组成员、副主席李前光，中国残联党组成员、副主席吕世明，中国文艺志愿者协会、中国曲艺家协会主席姜昆，中国文联文艺志愿服务中心主任、中国文艺志愿者协会副主席兼秘书长廖恳，中国文联文艺志愿服务中心副主任、中国文艺志愿者协会副秘书长孙德华，中国文艺志愿者协会理事、海政文工团男中音歌唱家霍勇，八一电影制片厂影视表演艺术家岳红，中国舞蹈家协会副主席山翀，北京电视台主持人徐春妮，中国书法家协会理事张铜彦，海军政治部创作室画家王伟平及100余位残疾人等参加活动。

（薛晓慧）

【朝阳区示范“妇女之家”】 12月10日，大屯街道亚运新新家园社区“妇女之家”被评为2015年区示范“妇女之家”。

（薛晓慧）

【优秀志愿服务团队】 12月，街道“梦·在大屯”公益联盟被区社会建设工作领导小组办公室评选为“朝阳区第四届优秀志愿服务团队”。

（薛晓慧）

【社区青年汇】 12月，街道“屯居时代”社区青年汇分别获市级、区级两级“2014—2015年度考核社区青年汇旗舰店优秀奖”。“爱·在一起”社区青年汇获“2015年朝阳区社区青年汇新青年学堂示范班级”称号。

（薛晓慧）

【安全生产检查】 年内，街道开展覆盖辖区所有企业的隐患大排查以及针对施工装修、人员密集场所、危化企业、工业企业、危险化学品和易燃易爆品、液化气使用单位、物业公司的6次专项隐患排查工作，期间出动检查人员3500余人次，排查生产经营单位9000多家次，查明安全隐患1800余处，督促整改1560余处。建立辖区生产经营单位台账及安全生产隐患台账，摸清辖区企业底数及隐患情况，做到底数清、情况明，实现安全生产全覆盖、精细化管理奠定基础。

（薛晓慧）

【助残帮扶】 年内，街道办理残疾人证57人，家庭康复培训221人，辅助器具适配评估1人，盲人定向行走2人，肢体残疾康复训练62人，智力残疾人康复训练19人，精神残疾人康复训练15人，安置残疾人就业7人，职业技能培训93人，城乡居民养老保险参保率100%，城乡居民医疗保险参保率100%。

（薛晓慧）

【环境整治】 年内，街道拆除账外新增违法建设25处，拆除违法建设20000余平方米。建立完善《大屯执法队机动组日常巡查执法制度》，检查“门前三包”责任单位11320家，规范20756家，全年处罚13起、罚款8020元。开展非法小广告治理，收缴非法小广告175.5万张。对散发、张贴非法小广告电话号码所有人训诫并停机200余起，立案17件，罚款4000元。与辖区各施工工地建设单位、施工企业、运输企业逐一签订《自律承诺书》16份，检查施工工地189次，严查夜间施工，立案1起，罚款10000元。开展联合执法24次，取缔违规停车场17个，拆除各类私装地桩、地锁500余个。立案无照经营停车场3件，罚款3200元，拆除各类违规广告牌匾700余块，其中占道广告牌382块、山寨指路牌154块、牌匾141块、户外灯箱广告33块。

（薛晓慧）

【保障性住房申请】 年内，街道按照市、区文件规定，完成保障性住房申请政策解答，对初审合格的家庭逐一入户调查，组织评议、公示。全年完成保障房新申请51户，经济适用房选房、限价房复审及意向登记 83户，变更65户，经适房转限价房审理 25户，协助调查10户，公租补贴申请审理5户，公租房查房并终止35户，办理各项终止手续51户，房山金地朗悦公租房意向选房登记7户，完成2015年7月份限价房选房40户，第一批公租房意向登记41户，公租房合同到期复审15户，2014年各类档案整理509卷。

（薛晓慧）

【劳动监察】 年内，街道宣传劳动合同法、实施条例和工伤保险条例，提升劳动者依法维权意识，同时规范劳动用工单位管理，提升管理水平。全年集中开展宣传3次，发放宣传材料300余份；薪酬调查单位30家、书面审查单位100家，单位高新技能人才政府津贴申报5家；结合两网化建设加大日常巡查工作，对存在问题的劳动用工单位，下达责改通知书，限期改正，巡查317家用工单位，立案88件。

（薛晓慧）

【就业岗位储蓄银行】 年内，街道发挥整体综合优势，在营造良好的就业环境方面，开展“就业岗位储蓄银行”服务项目，组织举办招聘会3次，走访用工单位197家，开发就业岗位1715个，实现城镇登记失业人员就业498人，就业率达到68.14%，实现就业困难人员就业319人。

（薛晓慧）

【社区创享计划】 年内，街道14个社区全面实施社区创享计划，按照“以共商共治为龙头，以提案大赛为抓手，提升社会动员和居民自治能力，力争突破难点问题”思路，将社区创享计划和重点工作结合，探索解决群众关心的社区难点问题的新途径，畅通政府管理与居民自治的衔接渠道。将意见征集作为居民反映诉求的“高速路”，将提案大赛作为提升居民自治能力的“助推器”，将提案大赛作为社会动员的“粘合剂”。社区进一步统筹各方资源，各方之间建立起多种协作关系，共同处理社区公共事务。

（薛晓慧）

【食品安全检查】 年内，街道检查辖区内食品流通商户、有形市场、大型超市、餐饮服务企业1600余户，餐饮700户、流通500个、市场内200余户，药店、化妆品保健品300户，完成抽检内快检510件。处理投诉举报249件，其中12331转办举报240件，办结248件；食品类合计235件，占总数的97.91%；餐饮服务类155件，占总数的64.85%；食品流通类80件，占总数的34.04%。取缔无证经营14户。

（薛晓慧）

【党政群共商共治工程】 年内，大屯街道健全常态工作运转新机制，社区议事厅作用日益突出，公共事务“随时提，及时汇，即时办”，完成街道级共商共治项目14项、社区级85项。同时，探索矛盾问题化解新路径，针对老旧小区改造、电梯带病运行等难点，选试点、广动员，重协商、齐参与，通过解剖麻雀，总结梳理出老旧小区治理“九步工作法”、老旧电梯更新工作流程等，为同类问题化解提供范本。

（薛晓慧）

东湖街道

【概况】 东湖街道位于朝阳区东北部，成立于2014年12月。东至机场高速中心线，与崔各庄乡接壤；南至北小河北侧沿望京西路中心线至湖光北路、宏泰西街中心线及原崔各庄乡与望京街道界线至机场高速，与望京街道办事处接壤；西至地铁十三号线西侧，与来广营乡接壤；北至五环路中心线，与来广营乡、崔各庄乡接壤。辖区总面积5.388平方公里。增设社会组织科；撤销人口与计划生育办公室、文教体卫科，成立科教文体办公室，挂牌公共卫生计生科。办事处筹备期间下辖7个社区居委会。年内有户籍人口21361户、51600人，常住人口70120人，流动人口16492人，外籍人口4458人；新出生353人，死亡53人。有法人单位3237个，其中中央单位15家、市属单位7家、区属单位39家、其他单位2798家。有医院7所，社区卫生服务中心1个，社区卫生服务站1个。有中学5所，小学6所，幼儿园10所。有养老机构5所。途经辖区公交线路37条，有地铁13、14、15号线贯穿其中。有406平方米为民服务大厅、2000平方米地区文化中心、25处文化广场和3处24小时自助图书馆，绿化率为39%。年内，东湖街道围绕社会治理体系和治理能力现代化建设，全面推进“党建、文化、商务、安全、法制、乐居、生态”“七彩东湖”的谋篇布局，呈现出经济发展稳中向好、民生福祉稳步提高、社会和谐稳中求进的良好局面，为“十三五”开局奠定了扎实厚重的工作基础。实现区级财政收入60526.07万元，同比减少4.56%；征收房产税2793.07万元，同比减少7.6%。

地址：宏昌路6号

邮编：100102

电话：64716674

网址：http://donghu.bjchy.gov.cn

（刘晶晶）

【“彩虹桥”建成】 2月12日，东湖地标建筑 “彩虹桥”建成。

（刘晶晶）

【首都绿化美化花园式街道和单位创建】 4月至9月，完成东湖街道首都绿化美化花园式街道创建工作。栽植景观月季6800平方米，绿化面积1683900平方米，绿化覆盖率39%。组织开展“市花月季进社区”“义务植树”“家庭花卉养殖培训”“阳台小菜园”“挂树牌、认树种”等活动。完成澳洲康都小区、慧谷阳光小区、摩托罗拉大厦、望京国际研发园、双鹤药业、是德科技（中国）有限公司6家单位首都绿化美化花园式单位创建工作。

（高 洁）

【社区党组织换届选举】 5月，7个社区全部完成社区党组织（6个党委、1个党支部）换届选举工作，其中2个社区采取“公推直选”方式进行换届选举。7个社区实有党员1311人，其中，应参加选举党员845人，实际参加投票选举党员792人，投票率93.73%。选举产生新一届社区党组织委员67人，其中，席位制委员26人。当选书记中，连任当选6人，新当选1人。书记、主任“一肩挑”2人，比上届减少2人。新一届党组织委员中，社区居干党员18人，占委员总数的26.87%，居民党员21人，占委员总数的31.34%，其他身份26人，占委员总数的38.81%；男性委员33人，占委员总数的49.25%，女性委员34人，占委员总数的50.75%；年龄最大的65岁，年龄最小的29岁，平均年龄44岁，比上届下降7.5岁；委员本科以上学历40名，占委员总数的59.7%。社区党组织书记中本科以上学历7人。7个社区党组织班子均达到40岁以下委员2人以上和妇女干部至少2人要求。

（赵建刚）

【第九届社区居委会换届选举】 6月10日至30日，开展第九届社区居委会换届选举工作。登记住户13493户、登记选民29416人，南湖东园北、南湖中园北社区2个直选社区登记户代表2805人。7月1日至5日，7个社区划分279个居民小组，选举产生558名居民代表，并以居民小组代表联合提名的方式确定50名正式候选人。7月25日、26日分别进行户代表和居民代表投票，总投票率78.57%，43名当选人员平均得票率98%；当选人员中，主任7人，副主任9人，委员27人；男性8人，女性35人；党员12人；具备社会（助理）工作师资格的9人，大专及以上学历42人，其中研究生2人。

（胡 波）

【共青团建设】 8月11日，召开东湖街道团工委（扩大）会。完成街道团工委委员调整工作，新增非公团工委委员4人。年内，新发展非公团组织20个，孵化青少年团组织3个，发展两新组织建团20个，按居住关系建立团组织2个，团委推优入党1人。

（侯文宇）

【“两项重大任务”保障】 8月至9月，召开动员大会、专项部署会、会商会议，制定总体保障方案和专项工作方案，建立完善会商、排查整治、联合执法、挂账督办四大机制，组织发动志愿者、治保积极分子、社区治安员、社会单位等群防群治力量，排查124家重点社会单位，签订安全责任书124份，完成第15届田径世锦赛、纪念中国人民抗日战争暨世界反法西斯战争胜利70周年阅兵式保障任务。

（刘艳青）

【社会领域党建】 年内，制订《东湖街道党组织服务群众经费管理使用实施细则（试行）》，投资140万用于社区30个类别项目建设；建立众运大厦综合服务中心；批准成立可视化党支部、数衍科技党支部和科技园联合党支部；制订《走访慰问和帮扶救助党员实施办法（试行）》，走访慰问困难党员102人，发放慰问金6.27万元；开展“三八节健康牵手”活动、第三届“美丽邂逅，牵手东湖”单身青年联谊会。

（赵建刚）

【人口调控】 年内，完成57套“群租房”整治、19114平方米地下空间整治工作，调控人口1321人。

（刘艳青）

【党政群共商共治工程】 年内，开展党政群共商共治工作。举办街道、社区层面问政问需会23次，了解群众诉求，公开征集意见建议212条。遵循“三商三议”原则，做到事前议、事中议、事后评，确定街道层面项目12项、社区层面项目14个。实施中召开议事协商会25次。11月23日，全部项目完工。11月26日，邀请街道议事代表20余人对项目进行实地参观。12月1日，召开党政群共商共治议事协商2015年总结评议会暨2016年项目启动会，地区人大代表、政协委员、社会单位代表、居民代表、街道议事代表等70余人参加会议，测评街道2015年度党政群共商共治项目满意度，满意率100%。

（安 坤）

【安全生产监督管理】 年内，结合有限空间、危化、工业、餐饮、学校、烟花爆竹等重点行业领域隐患排查治理工作。检查生产经营单位1869家次，排查安全隐患2661处，立案5起，行政处罚6.8万元。开展宣传日活动、教育培训会20余次，发放《新安全生产法宣传手册》2000份、《安全东湖百事通》12000份、《和谐东湖报安全生产月专刊》15000余份。

（张 红）

【社区建设】 年内，完成望京西园二区区间道、五环上下口2条“优美街巷”和望京西园二区、望京明苑小区、南湖中园北社区A、C区3个“环境宜居小区”创建工作，完成望京西园、南湖中园北2个“无地锁”小区创建工作，完成望京花园、利泽西园一区、南湖中园北、果岭里4个社区“四星级”智慧社区创建工作，完成望湖、望京西园、南湖东园北3个社区“五星级”智慧社区创建工作。

（王殿文 韩 阳）

【抚恤优待】 年内，新接收4名伤残军人。为伤残军人、老复员军人、优秀士兵及现役士兵家属、军退职工等发放护理费、定期补助、抚恤金、奖励金、优待金、工资等27万余元。为287名超转人员发放津贴546万余元。

（冯歆宇）

【居家养老服务】 年内，审核办理老年证、老年优待证954人，为24位老人配发“一按铃”紧急呼叫器，为60位老人发放高龄津贴，办理丧葬补贴17份。

（冯歆宇）

【助残帮困】 年内，对378名已持证残疾人开展残疾人需求核查工作。为33名残疾人办理“残疾人证”。为7名持证残疾人申请补办残疾人一卡通。为25人发放无业困难补助213000元。为60人发放助残券69400元。为4名残疾人免费申请配发轮椅，为7名残疾儿童办理机构康复补贴56925元。走访慰问残疾人家庭104户，慰问金额70500元。为15人次办理残疾人社会保险补贴112948.29元。2名残疾人实现就业。为17户残疾人家庭实施无障碍改造。

（葛 京）

【就业服务】 年内，接收区职介转入的失业人员档案360份，办理档案转出手续152份。为32人发放失业保险金，为155名符合享受就业优惠政策的城镇登记失业人员办理灵活就业申报手续，为已经到期的113人办理灵活就业停止申报手续，为78人办理二次委托存档保险手续。开发就业岗位567个，走访跟踪用人档案135户。推荐失业人员技能培训33人，实现自主创业4人、带动就业16人，创建6个充分就业社区，发布招聘信息专刊13期，举办春秋两季招聘会，近600人参加。利用联通易信通短信平台与微信平台对250余名失业人员进行政策宣传。

（赵红曦）

【妇联工作】 年内，开展三八国际妇女节宣传服务活动，在2015年寻找“最美家庭”活动，望京花园社区胡惠春家庭被评为市级最美家庭、全国最美家庭提名奖。完成7个社区妇联换届选举工作，选举产生新一届社区妇联主席7人、副主席6人，当选主席中，连任当选2人、新当选5人、进“两委”班子数7人。

（侯文宇）

【志愿服务】 年内，在7个社区分别建立志愿服务站，招募注册志愿者4637人。以“邻里守望”为主题，每月第1个周一开展“东湖公益日”活动，集中开展医疗、理发、金融、法律等为一体的志愿服务12次，服务3600余人。建立定向帮扶活动机制，35名志愿者每月定时为30户孤寡老人、重残、失独家庭免费输送米面粮油、打扫卫生。开展6月“高考志愿服务行”活动，医疗、心理、双闪车队等近10家爱心单位参与。东湖街道彩虹志愿者协会获2015年度“金葵朝阳优秀志愿服务团队”奖。

（侯文宇）

【人口与计划生育】 年内，开展婚育新风进万家、“七关怀”帮扶计生困难家庭活动，推进地区计生服务均等化。为500余名育龄群众开展免费体检、孕前优生、补服叶酸等惠民服务。办理生育证、独生子女证等970余份，发放独生子女死亡扶助金等36万余元。为失独家庭提供参观游览、观影、体检、理疗、办理安康保险、优先就医卡等服务。

（魏　雯）

【文化体育】 年内，完成望湖社区、南湖中园北社区2个社区电子阅览室达标建设、1处区品牌活动场地建设（果岭里三角地带）、102件体育健身器材升级改造工作，完成南湖东园北社区朝阳体育生活化示范社区创建工作。举办群众业余文体团队汇报演出、第九届“和谐东湖杯”乒乓球赛、第三届国际羽毛球精英邀请赛、“国粹文化进社区”“传统文化进社区”“快乐图书馆•书香满东湖”等文体活动100次，直接受益人群2万余人，间接受益人群5万人。

（张　皓）

【城市综合整治】 年内，投资1534万元完成辖区北小河区域整体环境整治提升项目；处理网格案件13500件；取缔无照经营600余起；规范门前三包单位500余家，处罚社会单位及门前三包单位62家次，个人95人，上缴处罚款83200元；拆除违法建设30处2950平方米；规范施工现场80余次，查处不符合规定运输车辆55余辆；清除小广告、喷涂3万余张，对非法张贴小广告电话停机近200部；清理无主垃圾渣土近30吨。

（王殿文　纪智华）

【劳动监察】 年内，采集更新地区企业信息250家。劳动用工审查地区用人单位105家，劳动监察立案85件。清理地区已办理社保登记而未交费企业75家，完成地区新工商注册企业办理社保登记63家。调查重点企业薪酬20家。调研中小企业劳动关系30家。培训发生劳动争议或被举报投诉企业20家。调解地区劳务纠纷4起，为5名劳动者协调解决劳动单位拖欠劳动报酬8000元。

（殷康国）

【信访工作】 年内，开展“矛盾纠纷排查”“信访工作研究”“信访评估”“信访宣传”“网上信访百日会战”等重点工作，接待群众来访27批次，受理市、区转来信访件13件，化解“上京小区小升初”“慧谷时空小区爆炸”“华彩业主围堵小区大门”“中材国际民工集体讨薪”等重大社会矛盾。

（侯永利）

垡头街道

【概况】 垡头街道位于朝阳区东南部。东与豆各庄地区交界，南与十八里店地区为邻，西与南磨房地区接壤，北与王四营地区毗邻，属典型的城乡结合部。辖区面积5.32平方公里。常住人口8.7万余人，流动人口近1万人。辖区有居民楼277栋，平房院11个，社会单位435家（含门店）。有12个社区和1个社区筹备组，分别为垡头一区、垡头二区、垡头三区、垡头东里、垡头西里、垡头北里、翠城馨园、翠城雅园、翠城趣园、翠城盛园、翠城熙园、双合家园、翠城福园社区筹备组。有规模以上企事业单位10家，教育机构22家（含北京工业技师学院和北京联合大学生物化学工程学院）。有区属一级医院1个、社区卫生服务站2个。途径辖区公交线路13条。有500平方米党员活动中心、2000平方米综合服务活动中心（内有党风廉政教育基地500平米）、5400平方米地区文化中心、6处文化广场和5处24小时自助图书馆。年内，完成12个社区、64个党支部换届工作。实现区级财政收入2067.84 万元，同比增长24.41%，房产税 64.86万元，同比减少41.47%。

地址：垡头金蝉北里20号
邮编：100023
电话：67365451
网址：http://ftjd.bjchy.gov.cn

（张　聪）

【安检队成立】 1月6日，街道召开专职安全员上岗启动暨安检队成立会。第一批安检队由8人组成，由区安监局统一招录分配并签定劳务派遣合同，主要负责对辖区内生产经营单位安全生产情况开展督查检查工作。

（张志武）

【普法巡回宣讲活动】 1月，街道“法治中国·文明垡头”普法宣讲团成立。宣讲团以“身边人讲身边事、用身边事教育身边人”形式，向群众普及常用法律知识、品读法律人生故事、了解社会法治动态、弘扬法治精神、传播社会主义核心价值观。年内，宣讲团举办法治故事会2期、演讲比赛1场、宣讲报告会1场、法律知识竞赛1场，以及宣讲团“六进”（进社区、进机关、进企业、进学校、进工地、进军营）巡回宣讲活动4个主题11场，受益的群众约有2550人。宣讲团成员包括律师、普法志愿者、社区居干、人民陪审员、机关公务员和社区居民，宣讲中坚持正确导向，取得以案释法、释法解惑、释法止纷的社会效果。

（梁　茜）

【社区党委换届】 4月至5月，完成社区党委换届选举工作。12个社区进行党委换届，其中召开党员大会11个，召开党员代表大会1个，全部为公推直选。12个社区有党员2902名，应到会党员（代表）1616名，实到会党员（代表）1570名，平均到会率97%，其中到会率最高的社区为100%。12个社区选举产生新一届社区党委委员62人，纪委委员36人。其中党委书记12人、副书记13人、委员37人；纪委书记12人、委员24人。产生席位制委员26人。

（谷　菲）

【1%人口抽样调查】 5月至11月，街道开展1%人口抽样调查工作。调查对象为抽中调查小区内的全部人口（不包括港澳台居民和外国人），调查内容为人口和住户的基本情况，主要包括姓名、性别、年龄、民族、受教育程度、行业、职业、迁移流动、社会保障、婚姻、生育、死亡、住房情况等。调查标准时点为2015年11月1日零时。垡头街道抽中8个调查小区，登记户数733户，登记人口2081人，常住人口1537人。

（欧阳红）

【中国共产党建党94周年表彰会】 6月29日，在垡头地区文化中心召开庆祝建党94周年“凝聚党旗下，永远跟党走”主题表彰大会。表彰垡头地区文化中心等8个先进党建共建单位，垡头二区社区党委等4个“五个好”社区党委，翠城馨园社区党委第二党支部等23个先进基层党支部，吴炳晨等42名街道优秀党务工作者，周桂玲等254名街道优秀共产党员。

（谷　菲）

【周末大讲堂活动举办】 7月9日，街道举办周末大讲堂活动。邀请中国人民大学副教授陈世珍作题为“如何做一名有魅力的领导者”的专题讲座。街道处级领导、机关事业单位负责人、社区领导80余人参加讲座。

（高　尚）

【参观抗日战争纪念馆】 8月20日、21日，街道组织机关事业单位、社区干部、党支部书记等300余人，分两批到中国人民抗日战争纪念馆参观学习。

（高　尚）

【第九届社区居委会换届选举】 8月，街道11个社区和1个社区筹备组参加社区居委会换届选举工作。产生新一届社区居委会成员80人，其中社区居委会主任12人，副主任13人，委员55人，选举过程中划分356个居民小组，选举产生居民代表863人。选举大会参选率98%以上，主任和副主任得票率99%以上，委员得票率98%。居委会主任中，全部为新任主任，均为副书记或副主任转任。在年龄结构上，班子平均年龄36岁，比上届减少2岁。在学历结构上，研究生1人、本科41人，大专37人，高中1人，大专以上学历为79人，占99%，比上届提高5个百分点，本科学历占到50%。在党员比例上，进入社区居委会的中共党员20人，占25%，比上届提高2个百分点。在专业化水平结构上，社工师5人、助理社工师14人，持证率接近25%，比上届提高了5个百分点。在“一肩挑”比例上，社区党委书记与居委会主任“一肩挑”的有2人，占17%，与上届持平。

（程　焱）

【第七届人口文化节】 9月1日至30日，街道会同各社区举办“人人健康　家家幸福”为主题的第七届人口文化节。围绕“运动在社区、歌唱在社区、团聚在社区”3项主题，开展社区居民健走比赛、计生协会会员健走活动，慢性病知识比赛，“最美歌后”歌唱比赛、情暖夕阳慰问演出、“天涯共此时”失独老人社区团聚等活动，宣传卫生和计生知识，弘扬人口文化。

（蔡　昕）

【科普公园提升改造】 9月8日，垡头街道科普公园提升改造工程开工。工程主要涉及园内绿化补植、木质路面更换、特水景区维修、围墙整修等，面积4500平方米。北京市朝阳区绿色景观设计中心设计，北京嘉宇博景市政园林工程有限公司施工，北京德轩工程管理有限公司监理。该工程于10月7日竣工并投入使用。

（仇　博）

【成立社会动员科】 9月，垡头街道社会动员科成立。社会动员科主要负责动员非体制内的社会力量参与社区治理，以项目购买社会组织服务；社会组织综合服务中心日常管理运行；社区组织的培育与管理；辖区志愿者公益储蓄等工作。

（谷　菲）

【社会组织综合服务中心成立】 9月，完成社会组织综合服务中心选址。中心主要由社会组织培育基地、社会服务集散基地、社工人才集训基地、社会治理创新基地四个基地和一个枢纽型志愿服务组织组成。社会组织综合服务中心引进8家社会组织和1家社区社会组织，为社会组织发展提供服务。

（张　瓴）

【法律顾问制度建立】 10月1日，街道聘用北京安理律师事务所为垡头街道法律顾问单位，由安理律师事务所指派律师汤巍担任顾问律师，聘期1年，并建立街道常年法律顾问制度。年内，顾问律师及公益律师为办事处职能科室部门及社区代写法律文书13份、审核修改合同10份，代理行政诉讼案件1件，参与解决涉法问题3件。

（梁　茜）

【翠城熙园社区志愿者驿站成立】 10月，完成翠城熙园社区志愿者驿站选址工作。驿站功能区域划分为活动区、展示区、心理咨询室、会议室，并进行设计、室内装修。12月24日，驿站揭牌启动，正式运行。驿站的建成为志愿者服务提供一个集招募、培训、会议、文体活动的综合活动场所，为志愿者、服务对象和服务项目对接搭建平台。

（张　瓴）

【消防教育主题宣传】 11月10日，组织地区居民100余人到垡头消防中队举办“119进军营消防教育大型主题宣传活动”。驻地部队消防25中队官兵围绕消防知识，为地区居民现场讲解消防车的整体结构和功能、消防应对的快速反应方法和程序。

（李海洋）

【“平安垡头”微信公众号开通】 12月14日，街道开通微信公众号“平安垡头”，运用网络语言普及社会治安、防火、防盗等常识，实现与居民更快速、便捷沟通。

（宁艺玮）

【党政群共商共治】 12月16日，召开街道党政群共商共治问政会，票决确定2015年度拟办项目。年内，通过整合各方力量，投入资金约613万，完成党政群共商共治项目6大类14项，增设爱心座椅、老旧小区居民楼公共区域破损门窗修缮、健康大道综合整治等热点难点问题。12月18日，召开街道党政群共商共治2015年度总结评议会，经过测评，完成情况满意度100%。

（张　聪）

【党风廉政教育基地竣工】 12月，在垡头街道翠城综合服务中心二层建设的党风廉政教育基地竣工并投入使用，总面积300平方米。基地9月1日开工建设，由7个部分组成，是一座集声、光、电为一体的综合廉政教育基地。

（孙彦梅）

【关爱行动】 年内，开展寸草报晖母亲健康行动，为169名老年无业妇女发放医疗手册并免费体检，与垡头卫生服务中心签订寸草报晖母亲健康行动协议书；慰问地区单亲困难母亲及特困女性家庭174户，慰问两癌致困妇女40人，关爱困难儿童恒爱行动61人，投入资金15余万元。

（蔡红梅）

【国际家庭日活动】 年内，以国际家庭日为契机，开展“三个一，两评选”活动。一慰问，慰问地区失独家庭母亲33户，一讲座，举办“提高妇女素质和生活礼仪知识”讲座，一展览，举办以“兴文明家风建最美家庭”为主题的巧娘作品展；评选地区最美家庭13户，其中于连霞家庭获北京市最美家庭和首都和谐文明家庭称号，评选地区第十四届“五好文明家庭”3000户。

（蔡红梅）

【妇联建设】 年内，街道11个正式社区和1个社区筹备组参加第九届社区妇联换届选举工作。产生新一届社区妇联执委60人，其中社区妇联主席12人，副主席12人，委员36人，选举过程中划分126个妇女小组，选举产生妇女代表628人。参选率97%以上，主任和副主任得票率在99%以上，委员得票率97%。社区妇联主席中，有11位为新任主席，1位联任主席。有2位正职，1位党委书记，1位社区居委会主任，所有主席全部进社区两委。居委会中女性占81.3%，社区工作者中女性占77.5%，符合区妇联工作指标。在年龄结构上，主席年龄35岁以下4人，36岁至45岁8人；在学历结构上，本科6人，大专6人，大专以上学历为12人，占100%，比上届提高15%。在党员比例上，党员3人，预备党员2人，占42%，比上届提高2%。

（蔡红梅）

【企业建会】 年内，街道总工会推进地区企业建会工作，新增联合工会会员单位40家，发展工会会员640人。

（王剑萍）

【工资集体协商签订】 年内，街道总工会与27家企业单位签订工资集体协商，其中独立建会企业5家，社区联合工会下属企业22家，涉及职工217人。

（王剑萍）

【工会经费税务代收】 年内，街道总工会收缴工会经费149525.16元。

（王剑萍）

【食品药品监督管理】 年内，完成区政府下达食品安全任务目标。针对翠成340楼底商无证餐饮聚集区投诉举报高发事态，开展对社区居民、无证经营单位、相关业主及物业公司等的法规宣传贯彻与互动，并通过加强食药、城管、工商的联动执法机制，有效震慑违法行为。完成撰写《街乡食药安委如何在无证照主体聚集区治理中发挥作用——关于翠城馨园340楼底商无证食品经营主体情况的调查》。

（卢　刚）

【“温暖筑巢”关爱失独老人活动】 年内，建立由政府主导，群众团体、非政府组织、社区计生协会成员共同参与的多元化服务救助体系服务地区失独老人，通过项目运作、购买服务等多种形式，与七彩昀社会工作事务所和北京联合大学生化学院联合，开展定期不定期访视、慰问聊天、组织观影和兴趣小组活动、去幸福农场采摘、提供生活照料和精神慰藉等，为失独家庭解除后顾之忧。全年为地区54名失独老人提供近200小时的志愿服务，按照失独家庭需要送去家政服务卡和电影卡，组织3批失独家庭到幸福农场进行农田采摘，为地区失独老人提供免费体检，每月开展1次手工制作活动等。

（蔡　昕）

【“平安示范”小区创建】 年内，推进完成垡头西里南院、三区北院创建“平安示范”居民小区工作。完善小区周边物理隔离措施，维护维修门禁系统；在小区主要出入口、小区周界、重要通道、公用设施、机动车集中停放区域增设监控探头34个，在主要出入口建设治安岗亭，规范化管理出入机动车。

（宁艺玮）

【科技创安】 年内，街道投资200余万元，完成48处电视监控探头的安装，并接入地区城市综合管理指挥中心，派专人24小时不间断监视，保持与前端巡逻队伍的密切联系。

（宁艺玮）

【人口调控】 年内，完成人口调控全年任务。街道采取清整地下空间、群租房、治理违建等方式，清理群租房7处28间71人，5处出租地下室，调控人口1692人（指标：806人）。

（宁艺玮）

【公租自行车安装】 年内，在地区居住小区、办事大厅、车辆换乘点、市场周边等点位安装公租自行车14处。

（宁艺玮）

【群众安全感提升】 年内，联合社区完成集中宣传17次，印发各类宣传提示贴3万余份，针对地区弱势群体免费发放3000个门磁、窗磁报警器，更换锁具1000余套。投入近100万余元配备18辆警用电动巡逻车和建立双合流动警务工作站，投入约60万元建立翠城警务工作站。在13个社区内设置130个邻里守望岗，以守望岗为平台，全年经民警日常巡逻、“邻里守望岗”，破获入室盗窃3起。

（宁艺玮）

【安全生产执法检查】 年内，开展安全生产执法检查工作。立案13起，行政处罚5.6万元。按照《北京市第一次生产经营单位安全生产条件普查工作的通知》，完成街道第一次安全生产条件普查，普查单位1016家，其中证照齐全628家，无照经营388家。

（张志武）

【劳动就业】 年内，实现社区劳动保障平台网络化办公；实现城镇登记失业人员就业率65.7%，超额完成63%的任务指标；城乡登记失业人员实现就业362人，超额完成304人的指标任务；提供就业岗位指标1264个，实际完成1269个；充分就业社区达到8个，完成区下达的8个的指标。

（王　雪）

【劳动监察】 年内，垡头劳动监察小组完成区人保局指定巡查指标150户，立案20件，新增单位农民工参加养老保险7户，开展对建筑业劳务公司工资支付情况及最低工资支付标准执行情况专项检查7次；使用童工情况专项检查5次；劳动合同签订情况专项检查6次。办理知青回京2人。地区未发生较大劳动纠纷。

（王　腾）

【矛盾纠纷排查化解】 年内，调解各类民间纠纷452件，调解简易纠纷88件，调解成功率100%，卷宗报送质量合格率为100%。

（梁　茜）

【道路修缮】 年内，维护和修缮一区、二区、三区、东里、西里、北里社区7条破损道路，施工面积7645平方米；增设小区公照明太阳能灯80盏。

（仇　博）

【休闲座椅、晾衣杆安装】 年内，在老旧生活区和双合家园内安装安装休闲座椅54套，石桌椅9套，不锈钢晾衣杆58套，维修座椅16套、更换晾衣杆30米。

（仇　博）

【社区绿地改造工程】 年内，补植西里社区27号楼北侧和金蝉北里15号楼北侧绿地3000余平方米。

（仇　博）

和平街街道

【概况】 和平街街道位于朝阳区西北部。东以城铁13号线为界，南起北二环路，西至安外大街，北至元大都公园。辖域面积4.54平方公里，有9个社区居委会。户籍人口25607户，92575人。年内，新出生人口584人，死亡人口353人。流动人口24381人。辖区内有中国计量科学研究院等14家科研院所，有中国交响乐团等10家文化艺术团体，有北京化工大学等3所大专院校，1所成人教育学院，1所中专，3所中学、3所小学，有9个200平方米以上的社区文化活动室和700平方米的社区文化活动中心。有中国特种设备检测中心等中央企业45个，有北京化工研究院等市属企业25个，规模以上企业有222个，有中日友好医院及27个各具特色的医疗机构和占地2500平方米的寸草春晖养老院。年内，街道学习贯彻习近平总书记重要讲话精神，巩固发展党的群众路线教育实践活动成果，落实“三严三实”要求，以区域化党建为抓手，整合社会资源和力量，破解民生、环境和社会建设难题，统筹推动基层党建区域化联动，务实创新，攻坚克难，履职尽责完成全年工作。全年完成区级财政收入5.133亿元，同比增长5.56%。完成个人出租房产税收入1145.41万元。

地址：和平西街和平西苑10号楼

邮编：100029

电话：84280465
网址：http://hepingjie.bjchy.gov.cn

（王爱君）

【工会服务】 1月，街道总工会在辖区会员企业中开展“一对一”财务带帐培训工作，岗位能力提升培训70余名企业执行总经理、部门经理、工会主席及一线员工。2月，举办持京卡的企业职工“免费逛庙会”“免费看电影”文化活动，发放门票及电影票11000张。7月，为辖区635家企业9516名会员发放消暑饮料。9月，开展首届“和谐杯”职工乒乓球比赛。10月，举办第三届登山节暨职工登山摄影活动。11月，举办职工“欢乐棋牌”大赛、“安康杯”职工知识竞赛、职工技能大赛。

（王爱君）

【社区建设】 2月，通过资格审查、笔试、面试、体检、政审等程序，招录社区工作者24名，其中区招15名，自招9名。6月，街道成立第九届社区居委会换届选举工作指导小组，完成56828人选民登记，7月通过直选和居民代表选举产生新一届居委会成员61人。9月，樱花园社区顺利通过“六型社区”（干净、规范、服务、安全、健康、文化）验收工作。12月，小黄庄社区和胜古北社区被评为2015年“智慧型社区”建设示范点，建成“北京市三星级智慧社区”。

（王爱君）

【“4·11”受灾居民顺利回迁】 3月，完成“4·11”事故复建楼工程。44户回迁。

（孟　娟）

【社区党委换届选举】 5月，街道以提高素质、优化结构、增强活力为重点，选举产生新一届社区党委班子，并通过席位制委员人选，完成换届选举任务。9个社区选出社区党委书记9名，副书记9名，委员27名和席位制委员36名。9个社区选出新一届党委委员45名，整体呈现知识化、专业化特点。平均年龄46岁，45岁以下委员18人，占40%；大专以上学历38人，占84.4%。党委书记平均年龄46.8岁，较上届下降4.2岁，每个社区都配备专职副书记。

（宋全刚）

【第十届邻居文化节】 7月，街道启动第十届邻居文化节暨夏日文化广场群众文化展演活动。邻居文化节系列活动涉及讲座、培训、演出、比赛、交流等。举行“演绎青春，绽放活力”校园文化展演，举办“梦飞之舞，炫舞朝阳”交谊舞演出，“演绎红色经典　重温峥嵘岁月”红色歌曲大家唱，传统文化进校园，举办老年书画展、千人乒乓球比赛、双升竞技赛、“社区美、邻里情、合家欢”地区摄影学习交流等。举办20余项近百场文化活动，近80000人次直接或间接参加活动。

（高晛钧）

【文明单位创建】 7月，经首都文明委审议，街道办事处和中国石化北京化工研究院获2012—2014年度首都精神文明创建工作先进单位，和平家园社区和十四区社区获首都文明社区。

（刘　爽）

【社区妇联执委换届】 7月，街道9个社区完成第九届社区妇联执委换届选举，每个社区选举产生新一届妇联执委5人，其中妇联主席1人。新一届9名妇联执委社区妇联主席平均年龄40.22岁；党员6名，团员1人，群众2人；大专及以上文化的9名；少数民族1名。

（刘　爽）

【团工委建设】 7月，街道召开团工委（扩大）会议暨区域团组织工作会，调整新一届团工委13名委员，分别来自街道机关、地区高校团委、“两新”社会单位团组织、地区青年公益组织和社区团支部。建立区域团组织联动工作机制，制发《和平街区域团组织工作联席会议制度（征求意见稿）》和《和平街街道团工委工作职责》。

（欧阳龙）

【“邻里情”党员公益日】 8月，街道工委决定：每月15日为街道“邻里情”党员公益日，组织党员、社会单位集中开展居民群众所需的公益志愿服务活动。以党小组为引领，工会、共青团、妇联志愿者，与“空巢老人、特困老人、失独老人、残疾老人、老模范”结对帮扶，开展访民情、结亲情、送真情活动，开展涵盖生活照料、文化娱乐、医疗保健、信息服务、心理慰籍等5大类30项服务项目，年内开展志愿服务活动50余次，结对帮扶141人，提供志愿服务5000余人次。

（宋全刚）

【区域化党建】 11月，街道召开区域化党建工作推进会。制发《和平街街道关于进一步加强区域化党建工作实施方案》，成立街道区域化党建工作协调委员会，审议通过《和平街街道党建工作协调委员会章程》和《和平街街道2016年党政群共商共治项目》。实施“五聚工程”（实施党群组织聚集工程、党群工作聚焦工程、党群服务聚合工程、党群保障聚力工程、党群成效聚生工程），推进地区区域化党建工作，形成街道—社区—网格三级议事平台，涵盖辖区党群组织1400余个。拓展党建服务项目，设立公益服务、社会治理等五类16个服务项目。

（宋全刚）

【拆违控违】 12月，集中拆除和清理砖角楼社区公共空间的私搭建设，拆除破损自行车车棚770平方米；拆除私搭乱建棚屋43处、163平方米；拆除闲置社区服务便民点2处，外接阳台扩建5处，清理废旧物品约10吨。拆除辖区台帐内历史遗留违法建设5处848平方米。拆除新增违法建设17处719平方米；阻止新增违法建设27处380平方米。

（王爱君）

【环境整治】 年内，整治辖区环境，打击无证无照经营、“多合一”场所，组织联合执法50次，检查规范店外经营55起、无照经营60起，取缔露天烧烤8起，暂扣大、小电动三轮车14辆、教育违法相对人60人。发现安全隐患下达限期整改责任书56家，处罚1.3万元，关停无证照非法经营13家，治理“三合一”场所9家。

（李　蕊）

【“三无街道”创建】 年内，街道创建“无新增违法建设街道”。煤炭科技苑社区创建“无违法建设社区”，金隅小区等8个小区创建“无违法建设小区”。拆除地锁、地桩128个，拆除违法建设及户外广告牌匾196处8700平方米，拆除铁艺围栏约1150延长米。10月，街道通过区市政市容委、社会办等部门联合检查创建验收。

（王爱君）

【安全生产】 年内，与辖区136家点生产经营单位、门店签订《和平街地区2015年安全生产责任书》。开展安全生产执法检查，检查生产经营单位1920家次，下达现场检查记录、责令限期整改指令书、询问通知单等执法文书537份，督促整改各类安全隐患509余处。立案5起，处罚5万元。

（潘丽红）

【计生卫生】 年内，街道为辖区108位流动人口育龄妇女免费体检。包括孕检、乳腺、妇科检查、B超、TCT等项目。开展“红十字博爱暖人心”志愿服务活动，为社区居民义诊包括量血压，测血糖，推拿按摩等。12月，社区卫生服务中心启用，无休息日为地区居民提供医疗服务。

（周　洁）

【党政群共商共治】 年内，街道开展党政群共商共治工程。投入资金1451.65万元。完成30项为民解忧办实事项目，其中街道层面12件，社区层面18件。

（翟双喜）

【居家养老】 年内，居家养老新增1112人，变更384人，实际享受居家养老服务4523人，服务商户30余家，服务结算金额351万元。街道联合寸草春晖养老院为社区长期居住老人开展送特色餐、康复、理疗等服务达800人次。

（郑学宁）

【民生服务】 年内,街道优抚各类对象126名，年发放优抚对象工资、补助、过节费、伤残抚恤金等228万元。为128名地退人员发放地退工资、补助、过节费等748万元。为57名军工人员发放军工工资、补助、过节费等379万元。11名水库移民申请培训补贴，发放培训补贴6160元。

（郑学宁）

【人口调控】 年内，街道人口调控任务是调减1844人。通过对群租房的集中整治和对地下空间的关停、改造及拆违控违等措施，调减2004人，完成全年调控目标。

（孟 娟）

【助残服务】 年内,街道投入资金33万元,实施“精准助残”服务残疾人家庭185户。居家助残服务面向重残人、老残一体和一户多残家庭，以康复、医疗、家政、志愿等多层面服务解决残疾人家庭日常照料、康复训练、心理疏导等不同需求，以政府主导、企业参与、志愿者参加的全方位助残模式，为残疾人提供个性化、全方位的助残服务

（张 峥）

【劳动监察】 年内，街道监察辖区180户用人单位进行劳动用工情况，书面审查60余家，涉及劳动者达1978人，责令补签劳动合同29余份，督促新办社会保险登记16家。全年受理群众举报投诉案件34件，为劳动者追讨工资约46万元，涉及劳动者约890人，清退押金近万元。

（左艳菊）

【就业服务】 年内，街道从“干部包片活动”促就业、“分类援助服务”推就业、“四进活动”助就业、“信息技术”辅就业统筹推动地区就业服务工作。全年推动490人（含9户零就业家庭）通过享受政策性帮扶实现就业。城镇登记失业人员实现就业率66.31%，实现就业人数681人，实现创业人数指标22人，完成122%，开发就业岗位2453个，完成102.57%，走访跟踪服务用人单位户数109，完成113.54%。城乡居民基本养老保险续保率103%。

（王爱君）

呼家楼街道

【概况】 呼家楼街道位于朝阳区中心地带。东与八里庄街道交界，南与建外街道为邻，西与朝外街道接壤，北与团结湖街道、三里屯街道毗邻。三环路贯穿南北，朝阳路、朝阳北路横贯东西。辖区总面积2.8平方公里，占CBD区域的三分之一。辖区有10个社区居委会。户籍人口21307户、66870人；外来人口17173人。有中央单位64家，市属单位89家，区属单位73家，社会单位7434家。有医院4所，社区卫生服务中心1个、社区卫生服务站5个，社区服务中心1个。有老年乐园1个，老年日间照料点10个。有科研院所4个，大学1所，中学1所，小学3所，幼儿园4所。有社区公园3处，健身园19处。新建居民议事厅13个。驻有中央电视台、人民日报社、世贸天阶、京广中心等单位。年内，呼家楼街道工委、办事处深入贯彻党的十八大、十八届三中、四中、五中全会和习近平总书记系列重要讲话精神，主动作为、真抓实干，完成“93阅兵”服务保障工作，整治朝阳路及东大桥路沿线“拆强打洞”现象，为争创和谐宜居环境而努力。完成区级财政收入22.99亿元，同比增长17.45%；小房产税征收6221万元，同比减少24%。

地址：呼家楼北街甲6号
邮编：100026
电话：65012264
网址：http://hjljd.bjchy.gov.cn

（赵 雷）

【社工的选拔与培养】 4月，组织开展第二期后备干部选拔工作。确定正职后备10人、副职后备20人。8名后备干部任副职岗位。10名社区干部取得社工职业资格证书，其中取得助理社工师资格证5人，取得社工师资格证5人。

（谭 瑞）

【“三社联动”】 5月，召开以“公益让生活更美好”为主题的地区首届社区公益节。结合社区既有的公益组织、志愿者、服务品牌的发展成果，面向社区弱势群体、青少年、社会单位等，倡导大家从“身边的便民服务”“旧物新用”“环境美化绿化家园”等做起，切身体验身边公益、随手公益，400余人参加活动。

（谭 瑞）

【人口抽样调查】 7月至11月，在东大桥社区、小庄社区和金台社区开展人口抽样调查，核查建筑物、绘制调查小区图、宣传动员、两次入户登记工作。最后登记262户，常住人口735人。

（刘安鹏）

【“拆强打洞”整治】 年内，开展6次联合执法，集中整治29栋居民楼214家商户的“开墙打洞”行为，减少地区存量65%，重点恢复朝阳路、朝阳北路、东大桥路等居民楼前围栏和绿地。在征求居民意见的基础上，在金桐西路建成“云端”微化景观。

（杨常有）

【安全生产】 年内，街道组织专职安全员检查单位4810家次，开具现场检查记录、责令整改通知书、复查意见书2400余份。推进北京市第一次生产经营单位安全生产条件普查工作，召开地区普查大会1次，推进、答疑会议5次，明确时间节点，研判普查工作进度，调动社区参与支持。专职安全员入户指导填报表格，发放《一封信》860份。普查历时7个月，出动普查员、检查人员22人，检查生产经营单位5600余次，普查2859家，录入电脑2859家，检查无照191家。

（时 宜）

【司法行政】 年内，街道开展“法律六进”（法律进机关、进乡村、进社区、进学校、进企业、进单位）活动。全年开展各类法制讲座63次，专项法制宣传33次，组织公益律师咨询81次，发放各类法律宣传册6000余册。聘请北京市铭泰律师事务所为法律顾问，全年审核各项合同50余份，出具法律意见书20余份，直接参与矛盾调处29次。

（许 一）

【平安建设】 年内，开展社会面等级防控111天，发动治安志愿者3万余人次做好重要点位、重点区域的巡逻防控工作。排查地区老旧小区门禁系统使用情况，及时维修损坏门禁，全地区完好率在95%以上。在呼北里、金台里、新街大院、东大桥路等加装视频监控探头55个。发放宣传画20万余张，悬挂横幅80条。

（闫天翔）

【流动人口管理】 年内，开展治理群租房联合执法5次，出动140人次，停租违法群租房2户，拆除违法群租房25户，督促自行拆除15户，劝退租住人员228人。制作、安装宣传标牌800块，发放《致居民一封信》600封，张贴宣传海报150份。

（张学芳）

【社会保障】 年内，城镇登记失业人员就业指标620人，完成指标任务100%，受理失业金领取1700人次，发放失业保险金

1911546元就业困难人员就业人数指标362人，完成指标任务117%。技能培训指标88人，完成指标任务75%。开发就业岗位指标2652个，开发空岗采集2677个，完成指标任务101%。走访跟踪服务用人单位179户，完成指标任务100%。

（张 琰）

【劳动监察】 年内，完成325家单位日常巡查工作，完成率162%；监察立案指标完成84件，完成率100%，因工时问题接受处罚企业3家；完成专项执法检查各单位及工地农民工工资支付情况，监察涉及员工500余人，涉及农民工300余人。4次检查50家小微企业加班工资情况，涉及人员500余人。

（顾 萧）

【人口计生服务】 年内，通过政府采购形式“呼家楼计生特殊家庭阳光关爱行动”项目采购，借助专业志愿者团队为地区137户失独、伤残及困难计生家庭送去温暖，从精神慰藉、生活照料、医疗保健、文化娱乐等方面为计生特殊家庭提供服务，为地区78名失独家庭父母免费体检。

（车昱晓）

【信访调处】 年内，排查矛盾隐患159件次，受理群众信访367件、474人次，北京市网上信访信息系统42件、43人次。街道信访大厅日常接访41件、59人次，社区接待群众来访277件、489人次，初信初访化解率保持100%。开展信访信息录入“百日会战”，推进央视拆迁重点人矛盾纠纷化解工作。

（王 丹）

【三网合一】 年内，深化“三网合一”（城市管理网、社会服务管理网、社会治安网融合发展一体化运行），试点二级闭环自主运行，健全“信息采集、事件立项、任务派遣、任务处置、结果反馈、核实结项、综合评价、绩效考核”工作流程，实行分级、分类、定量考核并行，量化考核指标，加强日常动态考核。全年处理各类网格案件24693件。

（昌 晶）

【呼之声爱乐合唱团】 年内，组建由60名成员组成的呼家楼街道呼之声爱乐合唱团。制订《呼家楼街道呼之声爱乐合唱团章程》，按照章程确认团长与副团长人选。旨在打造地区高端合唱品牌，提升呼家楼文化建设水平与规模。

（王 洁）

【特色品牌活动】 年内，举办“呼家楼地区第四届金台文化艺术节”，开展“七一心贴心凝聚在党旗下诗歌朗诵比赛及表彰大会”“铭记历史，勿忘国耻”青少年主题展演、“中国魂·中国梦”书画展。开展“幸福呼家楼·送福你我他——我们的中国梦·文化进万家”“‘我们的节日‘清明节——践行社会主义核心价值观·弘扬爱国主义精神’”系列主题活动、“浓情粽意过端午”特色活动。推荐街道品牌合唱团体红星男声合唱团代表街道参加国家大剧院“2015我爱北京市民新春联欢会迎新春”活动，合唱团获多项市级奖项。与北京广播电台等单位共同主办“爱在一起”主题活动、“呼家楼街道第四届中外家庭草坪音乐节”“社区道德文化宣传”等活动。

（王 洁）

【宣传报道】 年内，街道在国家级和市、区级媒体刊登各类宣传稿件168篇，其中中国文明网北京朝阳站稿件刊用量在全区街乡系统位居第二名，“开墙打洞”等城市精细化管理工作9次在《朝阳报》一版大篇幅报道。出版街道自办《呼声报》48期，完成重点工作拍摄任务300余次。制作《年度党政群共商共治专题片》，年度重点工作、为民办实事工程及“三严三实”专题教育宣传墙。

（刘 畅）

【工青妇活动】 年内，街道工会服务覆盖企业323家，新增会员3970人，新建职工之家15家，完成税务代收经费 3591万元。投入约120万元开展“夏季送清凉、冬季送温暖”活动。完成城市青年流动性调研，组织开展青年交友联谊、趣味运动会等活动。妇联开展“最美家庭”“五好文明家庭”评选，开展“幸福呼家楼合家欢系列”品牌活动，呼北社区创建成为区级示范“妇女之家”，SOHO尚都商务楼宇成为区级示范“姐妹驿站”。

（王 娟 聂艳军）

【“四百计划”活动】 年内，开展“到群众中去——四百计划”（进百家门、知百家情、解百家忧、暖百家心）二期活动。街道10名处级带队，组织200余名机关和社区干部，结对帮扶困难群众，开展助老、助困、助残、助学等帮扶活动，倾听群众意愿和诉求，走访200户家庭，解决环境、民生、安全等7大类200余个问题。开展“五旗汇”商务楼宇服务队、小红帆驿站、文化传媒园区志愿者服务队等25个区级党建服务品牌活动。

（赵 堤）

【区域化党建】 年内，成立集“指导协调、需求收集、汇总分析、研讨商议、信息反馈”等功能为一体的区域化党建服务指导中心，通过建立“1+1+10+N”（以街道工委为核心＋区域化党建指导服务中心为执行机构+10个社区工作组+N个区域内的党政机关、企事业单位、非公经济组织和各类社会组织党组织的区域化党建工作组织体系）组织体系，与《人民日报》社、央视等单位建立合作关系，深化“一带四议多方联动”运行机制，解决拆墙打洞等400余个热点难点问题，构建条块结合、资源共享、优势互补的区域化党建工作格局。9月23日，区委书记吴桂英到中心调研时，给予肯定。

（赵 堤）

【非公党建】 年内，北京自行车电动车行业协会等4家公司成立非公和社会组织党支部。健全“2+3”（“2”是以社区党委、社会工作党委为领导核心，“+3”是加上社区居委会、社区服务站、楼宇服务站）楼宇党建工作体系，依托26个楼宇服务站，搭建信息共享、双向互动等载体平台，开展楼宇服务日、七夕交友会等10余场活动。

（赵 堤）

【党员活动阵地建设】 年内，投入资金200余万元，新建或改扩建关北街社区党员活动中心等党建阵地，10个社区党员活动用房达标。

（赵 堤）

【社区居委会换届选举】 年内，街道完成第九届居委会换届选举工作。居民参与率提高，选民登记人数比上届高出12.2%，6个社区居民投票率达到90%以上，4个社区达到94%；居委会成员得票率高，70名居委会成员的平均得票率达95%，10名主任的平均得票率为98%。；当选人党员比重提高，在新一届居委会成员中党员共26人，所占比重为37%，较上届提升6%；居委会班子成员年轻化，70名当选人平均年龄38岁，其中年龄35岁以下的人员所占比重达到半数；社区干部进一步专业化，在70名当选人中，有12人具备助理社会工作师职业资格，6人具备社会工作师职业资格；居干队伍知识化，在70名当选人中，大专及以上文化程度占94.3%，比上届高出4.6%。

（谭 瑞）

【社区办公基础设施建设】 年内，完成呼北、关东店、新街社区办公用房的建设与装修，并投入使用。各社区办公面积均达到350平方米，符合规范化建设标准。统一为10个社区制作服务站标识、人员工牌和桌牌，使社区办公环境规范、统一。

（谭 瑞）

【创建六型社区】　年内，完成金台社区“六型社区”创建工作。档案整理、内外环境等方面整体改造与提升，改善社区居民居住环境。

（王晨楠）

【创建智慧社区】　年内，完成金台里、核桃园等4个社区开展智慧型社区升星以及呼北、新街、关北街等6个社区创建智慧型社区工作。

（王晨楠）

【社区服务体系健全】　年内，更新完善“一刻钟社区服务圈”服务商信息40处，更新改造“服务圈”宣传硬件，制作8块一刻钟服务导流图、150块服务商认证标识。完成10处社区便民网点煤改电取暖工作，添置分发电暖气10台。

（王晨楠）

建外街道

【概况】　建外街道位于朝阳区西南部。成立于1976年，1977年7月1日正式对外办公。东起西大望路，南起通惠河，西至建国门立交桥，北至光华路。辖区总面积4.4平方公里。下辖8个社区居委会。年内有户籍人口1.3万户、4.2万人，常住人口6.3万人，流动人口7100余人，外籍人口1200余人，有汉族3.9万人；新出生326人，出生率5.1‰，死亡191人，死亡率为3.0‰。有法人单位11722个，有国贸饭店、建国饭店、秀水街等企事业单位。有29个外国驻华使馆、2个代办处，2个外交公寓群。有社区卫生服务站6个。有中学1所，小学2所，幼儿园5所。有养老机构1个。途经辖区公交线路46条，有地铁1号线、2号线、10号线、14号线贯穿其中。有750平方米为民服务大厅、2400平方米地区文化中心、有4处文化广场和1处24小时自助图书馆。年内，建外街道开展“三严三实”专题教育、“两为”专项治理、党政群共商共治工程、社区创享计划、“两项重大任务”服务保障等多项重点工作。实现区级财政收入61.8亿元，征收房产税5421.6万元。获首都文明单位、北京市理论宣讲三星级示范基地、节水型街道称号。

地址：东三环中路39号建外SOHO西区18号楼
邮编：100022
电话：58789620
网址：http://jwjd.bjchy.gov.cn

（王　晨）

【养老照料中心升级改造】　5月，街道完成养老照料中心升级改造工程工程。街道投入80余万元，对养老照料中心全部升级改造，升级改造后养老照料中心有房屋17间，可照料34名老年人。

（邢　霞）

【社区党委换届】　6月，街道8个社区全部完成党委换届选举工作。选出社区党委书记8名、副书记13名、支部委员19名，平均年龄43岁，其中45岁以下24人，占当选人数的60%。大专学历以上的班子成员35人，占总人数88%。

（平　萍）

【露天烧烤集中整治】　7月2日，街道组织综治、安监、工商、食药、公安、消防等职能部门，集中整治辖区永安东里老旧小区、光华里小区、永安里中街、光辉里小区北平房、贵友大厦南侧等区域，餐饮门店存在的露天烧烤、夜市大排档、店外经营环境违法行为。向各餐饮商户发放《致广大经营者的一封信》300余份，检查餐饮门店200余家，整顿露天经营场所60处，查扣店外经营餐桌400余张、座椅1200余把，拆除室外私搭烤箱20个，查扣违规使用液化气罐36个，暂扣烧烤用食材150余箱。

（王　毅）

【社区居委会换届选举】　7月，街道完成第九届社区居委会换届选举工作。8个社区一次性选举成功，52名候选人全部当选，投票参与率90%以上。

（邢骕璇）

【社区第九届妇联换届选举】　7月，在街道妇联完成换届选举工作，选出第九届社区妇联执委会委员42名，社区妇联主席8名。

（朱砚君）

【夏季征兵宣传】　7月，街道及8个社区分别举办征兵主题宣传活动。通过展板展示、现场咨询、发放宣传资料等形式，宣传新兵征集条件、优待政策和征集办法。

（吕晓莉）

【百姓周末大舞台】　8月6日，街道2015年“百姓周末大舞台”在新世界文化广场拉开演出序幕。全年演出7场。

（周　琦）

【老党员先锋队成立】　8月，街道组织开展老党员先锋队创建申报工作。建立南郎家园社区老干部先锋队、建国里社区金玫瑰志愿者服务队、永安里社区春雨书画爱心社三支老党员先锋队，50名老干部参加活动。

（任　莹）

【全国1%人口抽样】　8月至11月，建外统计所开展建外地区1%人口抽样调查工作。涉及4个社区，其中国家样本点为南郎、建国里社区；北京市样本点为永安里、北郎东社区。经过样本核实、人员选聘、业务培训、宣传动员、摸底调查、正式入户、质量抽检等阶段，确定全部抽中调查小区登记户数为574户，登记人口1757人，常住人口1160人。

（郭　洋）

【住户记账工作调研】　10月23日，市统计局住户调查处副处长包彤一行到街道永安里社区调研城乡居民一体化调查记账工作。听取社区调查员工作汇报，到新更换的记账户家中实地考察。

（郭　洋）

【区域化党建协调委员会成立】　10月26日，建外地区区域化党建工作协调委员会成立大会召开，200余家成员单位参加。标志着建外地区区域化党建工作协调委员会成立。产生协调委员会会员191人，在此基础上推荐会长、副会长、秘书长、副秘书长建议人选33人。表决通过《北京市朝阳区建外地区区域化党建工作协调委员会章程（草案）》。

（平　萍）

【政协领导调研】　10月30日，全国政协副主席、民盟中央常务副主席陈晓光带领民盟中央调研组成员一行到北京市众创空间阳光100·优客工场旗舰店调研。

（张怡坤）

【党建指导监督中心运行】　10月，街道党建指导监督中心正式运行，面积约100平方米，集统筹协调、教育培训、指导服务、监督考评四大功能于一身。中心通过建外街道区域化党建工作平台、区域化三维立体数据库两套软件，实现对辖区内基层党组织和党员的实时工作指导与动态管理，从而形成多元主体参与、共同协商的区域化党建局面。

（平　萍）

【区人大代表补选】　12月22日，建外北郎、北郎东混合选区补选区第十五届人民代表大会代表。北郎、北郎东混合选区登记选民人数6570人，参加选举投票6518人，占登记选民人数的99.2%。按法定程序实施投票选举，补选王灏为区人大代表。

（张怡坤）

【群众性创建工作先进典型库建立】　年内，街道建立群众性创建工作先进典型库，在征求各社区和相关科室意见基础上，向区提名文明单位8家，文明社区3个获评首都文明单位。

（王　磊）

【区域化廉政大格局构建】 年内，推动建立“街道—社区—楼宇”三级纪检监察工作体系，在所辖党支部设立纪检委员，使党风廉政建设覆盖进社区、进楼宇、进企业。街道纪工委建立7人委员会，各社区成立3人纪委。非公支部、社区居民支部、机关支部、离退休支部等地区128个基层支部全部设立纪检委员。

（蔡佑华）

【廉政文化宣传教育中心建成】 年内，街道投资80余万元，建成廉政文化宣传教育中心。展厅约100平方米，分廉政颂歌、爱我中华、警钟长鸣、多媒体播放及艺术雕像、共建和谐5个部分，集参观、学习、教育、电视展播、图书展览、滚动查阅、录像播放等于一体，为街道开展廉政文化活动提供场所。

（蔡佑华）

【“小红伞”项目】 年内，街道计生办组织失独家庭集体生日会、北戴河出游、陶艺学习、采摘等各类活动30余次，参与人数900余人次。建立“小红伞”老人微信群，确保日常关怀送到每一位老人。以“小红伞”为核心，全年发放“暖心卡保险金”26.1万元，为辖区2843名居民办理计划生育家庭安康计划保险。

（谷 峪）

【残疾人职康站硬件升级改造】 年内，街道投资7万余元，升级改造残疾人职业康复指导站进行硬件设施，并创新街道残疾人职业康复指导站工作，开拓生产品种与销售渠道，提供皮具制作、手工编织、计算机技术等职业技能培训20班次，培养独立作业残疾人员6人，辅助作业残疾人员8人。

（邢 霞）

【“妇女之家”创建评选】 年内，街道妇联推荐区级“五好文明家庭”3230户。永安里社区崔莹家庭被评选为区级“最美家庭”，永安里社区张文阳被评为“美德少年”，建国里社区老年大学授课点被评为朝阳区“幸福养老大课堂”优秀教学基地。

（朱砚君）

【党政群共商共治工程】 年内，推进党政群共商共治工程“四个延伸”，62项为民办实事工程按时完成。其中街道层面16项，社区层面46项。

（邢骕璇）

【社区办公用房改造】 年内，街道完成对南郎、秀水、北郎、北郎东、永安里、光华里6个社区办公服务用房改造项目，涉及3000余平方米。为建国里社区协调100余平方米社区用房，支持光华里、秀水、北郎社区新建和改造居民议事厅、居民活动室，群众缺乏文体活动场所问题得到解决。

（李 楠）

【六型社区创建】 年内，完成北郎社区六型社区创建工作。永东、南郎、北郎东3个社区完成五星级智慧社区创建，秀水、建国里2个社区完成三星级智慧社区创建。建国里社区完成一刻钟服务圈创建工作。永安里社区灵通观5号院通过老旧小区自我服务管理实地验收。

（邢骕璇）

【社区创享计划】 年内，完成2014—2015年度25个社区提案项目。开展2015-2016年度创享计划，面向地区社会单位、社区居民，征集65个提案金点子，同比增长17%。

（邢骕璇）

【社会动员中心建设】 年内，成立街道社会动员中心。中心具备四大功能：社会组织的孵化；企业志愿团队的孵化；以社会领域创新提案的方式开展社会治理领域创新；社会领域党建创新。

（邢骕璇）

【服刑人员指纹采集】 年内，采集地区4名社区服刑人员图像及指纹的工作，并要求服刑人员每月月初报到。

（周雪娇）

【社区教育系列活动】 年内，街道举办未成年人时空故事会、茶艺主题活动、插花活动，针对外籍人口举办“活力京剧在身边”主题文化艺术交流沙龙，针对本地居民开展爱绿魔方、垃圾分类健步走大赛、家庭种植大学堂、废油变身手工皂、家庭自制环保酵素等活动。

（周 琦）

【“两项重大任务”服务保障】 年内，街道完成核心区、警戒区和3个要人驻地、4条途经路线、43个制高点及175个重要点位的值守及服务保障工作。值守225个重点区域点位，分级分段安排2000余名实名制志愿者力量协助公安、武警部门进行社会面防控。对地区416名重点人工作对象，面对面入户沟通，一对一制定管控方案。对辖区336处重要政治单位和敏感地点，开展摸排走访，逐一落实责任部门和责任人。完成辖区1600余家六小门店整改安全隐患1100余起。

（王 晗）

【流动人口综合管理】 年内，街道疏解地区流动人口1919人，完成任务指标179%。

（王 晗）

【安全隐患排查整治】 年内，街道组建专职安全检查队伍，排查“六小门店”“三合一”场所等重点单位常态化安全生产隐患，检查社会单位1839家，发现安全隐患1025处、突出隐患单位51个，督促整改隐患931处，下发责令整改通知书615份，排查群租房56户，完成治理工作。

（王 晗）

【消防安全管理】 年内，通过政府购买服务方式，引入社会专业消防技术力量，针对地区社会单位开展消防安全检查评估、培训指导、宣传演练、数据建设等一系列消防系统化指导及技术服务，完善地区社会化消防管理体系。开展“建外地区消防安全教育基地”项目，为地区居民群众及社会单位普及消防安全知识、提高防范能力开辟新的阵地。成立自治组织“六小门店自律协会”，解决各类安全隐患和违规经营乱象。全年组织开展消防安全宣传等各类主题宣传、培训34次，消防应急演练26次，发放宣传材料2万余份。

（王 晗）

【节水型社区建设】 年内，建国里、永安里、光华里3个社区通过全市节水型社区考核。建外街道8个社区成功创建节水型社区，建外街道被市水务局评为节水型街道。辖区单位艾维克酒店、国泰饭店、北京标准件六厂获节水型单位称号。

（曹晓惠）

【垃圾分类收运】 年内，街道分3批召开餐厨垃圾规范收运动员大会，500余家餐饮单位参加会议。由环卫专业部门或指定的有资质的公司清运餐厨垃圾、废弃油脂，杜绝垃圾私运现象。

（曹晓惠）

【街面环境整治】 年内，街道以长安街延长线为轴，西大望路、东三环辅路和东大桥路、建国门一线为带，开展不间断巡查盯守，与属地公安、交通、卫生、工商、食药、安监、消防等职能部门联勤联动。全年组织开展日常执法2600余次，联合执法350余次，取缔无照经营游商4200余起，暂扣经营物品3万余件；查扣黑摩的、电三轮、人力三轮等非法运营车辆653辆，拘留不法人员60余人；查处违法散发小广告案件1300余起，没收小广告等宣传品10万余张。

（王 毅）

【违法建设查处】 年内，街道成立拆违控违专项工作领导小组，按照宣传动员、自拆帮拆、集中拆除、巩固完善、常态管理五个阶段分步实施，对新增违法建设做到“第一时间发现、第一时间查处、第一时间拆除”。全年拆除24起违法建设，面积达500

余平方米，守住新增违法建设零增长底线。

（王　毅）

【再就业及社会保障】 年内，街道开发岗位1855个，召开1场再就业招聘会，帮助458名失业人员实现再就业。对495名新增失业人员进行基础职业指导，组织358名失业人员参加免费技能培训，107名失业人员取得技能证书，为343名失业人员办理灵活就业保险补助审批手续。发放失业保险金132万元、低保金181.73万元、民政地退人员工资314万元。为39名失业人员办理退休手续。组织6名往届及外地回京考生在街道参加高考。为174人次退休人员报销医药费260万元。

（王军进）

劲松街道

【概况】 劲松街道位于朝阳区西南部。东与南磨房地区相邻；南与潘家园街道、南磨房地区相邻；西与双井街道和东城区龙潭街道相邻；北与双井街道相邻。辖域面积5.2平方公里。设有13个社区居委会。年内，户籍人口30302户、75049人，其中汉族70591人；常住人口114940人，流动人口15510人，外籍人口1060人；新出生688人，出生率9.22‰；死亡376人，死亡率5.04‰。有法人单位6974家，其中中央单位9家，市属单位70家，区属单位157家，其他单位6738家；有医疗机构27所，社区卫生服务中心1个，社区卫生服务站5个；有职业高中1所，中学2所，九年一贯制学校3所，小学2所，幼儿园9所；有养老机构1个。建有1900平方米的为民服务大厅。途径辖区公交线路50条，地铁10号线、7号线、14号线贯穿其中。辖区有2座电影院、2处文化广场、1处图书馆和13个社区图书阅览室。辖区绿化率33.3%，有3处街心公园。年内，街道工委、办事处深入学习贯彻党的十八大和十八届三中、四中、五中全会精神及习近平总书记重要讲话精神，坚持谋篇布局、凝心聚力，扎实推进“三严三实”专题教育，加强班子和干部队伍建设，狠抓党风廉政建设，坚持聚焦主责、创新品牌，以“共产党员+”系列行动为党建主线，筹建“共产党员+”促进中心、社会工作服务促进中心、“大家庭社会责任联盟”和“YI空间”等品牌阵地。党政群共商共治、安全生产、排矛维稳、环境整理、社区建设、停车管理、平安示范小区建设、群租房治理等工作取得新进展。全年实现区级财政收入3.85亿元，同比减少5.6%。征收房产税14911242.67元，同比降低13.37%。街道评为北京市2015年度交通安全先进单位，大郊亭社区居委会被评为北京市优秀社区居委会。

地址：东三环南路华腾园甲6号

邮编：100022

电话：87735209

网址：http://jsjd.bjchy.gov.cn

（沈丽娟　王静媛）

【国务院安委会督查】 1月27日，国务院安委会第9督查组，对位于朝阳区广渠路36号的北京市档案馆新馆工程进行安全督导检查。

（刘　友）

【慈善情大联欢活动】 2月12日，街道组织开展“朝阳慈善情——百姓新春大联欢”活动。街道领导班子及地区“慈善医疗卡”持卡人、低保边缘人员、残疾人、贫困职工、空巢老人、来京务工人员、受助学生、受助官兵、计生困难家庭、贫困党员、社区工作者等100余人参加活动。

（张　盈）

【安全生产】 3月4日，街道安全生产“党政同责、一岗双责”规定发布。首次以工委、办事处红头文件形式，明确街道工委、办事处、社区党委、社区居委会的安全生产责任。3月10日，街道召开年度安全生产工作大会，街道处级领导、安委会成员、社区及辖区生产经营单位代表130余人参加。4月至10月，对辖区3052家商务楼宇及物业单位开展安全条件普查。6月29日，举办“劲松街道2015年安全生产月暨第六届‘安康杯’知识竞赛”。6月，组织开展安全生产月。9月至11月，街道与北京市燃气公司共同开展燃气安全入户检查，为居民免费更换燃气软管，为辖区1720户70岁以上老人和残疾人家庭免费安装管道燃气安全自闭阀。年内，出动安全生产检查人员4153人次，检查各类单位、企业、重点部位2006个（处），组织消防专项检查1174家，督促整改隐患2533处。

（刘　友　胡永富）

【拆违控违】 3月至7月，街道对农光里拆墙打洞现象开展专项整治，治理21家无证无照经营主体。拆除广告牌匾15块，清除构筑物200余平方米，封堵门洞100余平方米，恢复侵占绿地1200平方米，更新安装围栏270延长米。年内，街道建立“违法建设工作台账”、“违法建设巡查日志”，逐一登记入册市级督办案件、群众举报、网格案件，适时更新案件进展情况。制止违法搭建30余处，1000余平方米；拆除违法建设8处，5018平方米。

（刘雄辉　陈伟光）

【社区党委换届选举】 4月20日至5月19日，街道完成社区党委换届选举工作。13个社区党委以公推直选的方式，产生67名党组织成员，其中党委书记13人、党委副书记9人、专职副书记12人、党委委员33人。

（吴　萌）

【社区纪委换届选举】 4月至5月，街道完成社区纪委换届选举。经过民主推荐、确定候选人、组织考察、投票选举等程序，以无记名投票的方式选举产生。13个社区产生纪委成员39名，其中书记13名、委员26名。

（马燕影）

【社会治安综合治理】 4月至11月，投资78万余元，创建农光东里“平安示范”小区。投资15万余元，在入室盗窃案高发的劲松三区6栋楼间，安装975延米防爬刺。投入资金60余万元，购置电动巡逻车9辆、执法记录仪30个，用于执法一线。年内，开展防范打击非法集资宣传活动。针对劲松桥周边等地区交通秩序混乱问题，组织3000余人次联合执法。收缴黑摩的230辆，清理游商3500个，清除小广告10000余张。投入资金35.5万元，安装监控探头36个，道路施划45000延米，安装护栏730延长米，增加交通标识206块。

（胡永富　张　晶）

【指挥中心升级改造】 4月至11月，街道投资123万余元，升级改造城市综合管理指挥中心。解决街道城市综合管理指挥中心机房、监控探头等设备老化、信息存储传输系统不兼容等问题。

（胡永富）

【领导调研】 5月21日，朝阳区人大主任佟克克、副区长杨树旗等领导，率部分市、区人大代表及街道领导，到大郊亭中街实地调研“断头路”情况。

（王建军）

【领导班子调整】 5月，李靓任街道工委书记，杨丙章任街道办事处主任；王海涛任街道工委副书记；6月，王一凡任街道办事处主任助理；8月，田良任街道纪工委书记；苏峰（中共北京市委党史研究室第二研究室副处长挂职）任街道办事处副主任。

（吴　萌）

【效能监察立项完成】 5月至12月，经街道工委研究决定，对打击违法建设、大气污染治理、安全生产整治、人口调控工作、“两规范一提高”（规范政务服务、规范执法行为、提高服务能力和执法水平）5项重要工作实施立项效能监察。年底，5个项目均如期完成。

（马燕影）

【区长调研】 6月2日，区长吴桂英到劲松老年家园调研养老服务工作。吴桂英查看养老设施运营维护及养老服务开展情况，对老年家园广泛引入志愿者服务队伍，为失智老人提供康复性陪护志愿服务的做法给予肯定。吴桂英强调，要进一步明确老年家园安全检查责任，加强养老机构运营规范化、便利化，加大养老服务设施建设力度，为老人提供更多有针对性的服务。

（张 盈 王晓婧）

【"六五"普法验收】 6月9日，街道通过区依法治区领导小组"六五"普法验收。年内，街道组织开展各类法制宣传活动38次，培训普法骨干200余人次，接待法律咨询100余人次，发放《宪法宣传册》8700册，法制宣传教育工作覆盖率95%以上。

（冯红顺）

【民政局领导调研】 6月18日，北京市民政局局长李万钧、朝阳区副区长孙其军到劲松老年家园调研养老服务工作。李万钧在街道工委书记李靓、办事处主任杨丙章、老年家园负责人张玉的陪同下，查看老年家园生活服务、文化娱乐设施，了解养老服务开展情况，与老人们亲切交谈，并强调要重视老年人文化需求。

（张 盈 王晓婧）

【党建工作会】 6月26日，召开地区纪念中国共产党建党94周年暨党建工作会。授予"四叶草一家亲"党员服务队等10个服务品牌项目"十佳服务品牌项目"，授予劲松北社区党委等5个社区党委"先进社区党委"，授予劲松中社区第一党支部等36个党支部"先进党支部"，10人被授予"十佳党员服务之星"，318人被授予"优秀共产党员"，16人被授予"优秀党务工作者"。12月23日，在劲松电影院举办"北京交响乐团新年慰问暨劲松街道区域化党建服务群众专场演出"。

（吴 萌）

【露天烧烤专项整治】 6月30日至8月15日，组织开展露天烧烤、非法大排档专项整治行动。取缔露天烧烤115起，夜市排档93起。露天烧烤、非法大排档举报量环比下降81%，城管热线举报量环比下降19.4%。

（刘雄辉）

【社区居委会换届选举】 6月至8月，街道13个社区居委会完成换届选举工作。6个户代表选举社区参选率94.45%；7个居民代表选举社区参选率92.15%，产生社区居委会委员89名，其中主任13名、副主任25名、委员51名。

（王学如）

【领导视察】 7月2日，由市人大常委会副秘书长、内司委主任委员刘维林带领的老年人权益保障法执法检查组，在副区长孙其军陪同下，对街道视察落实《北京市居家养老服务条例》工作情况。刘维林一行查看劲松老年家园服务设施使用情况，了解养老服务开展及志愿者服务队伍情况，对街道养老服务工作给予肯定。

（张 盈 王晓婧）

【义务献血】 7月8日，街道组织辖区300名志愿者开展无偿献血，247人通过血液抽样检查并成功采血，采集血量49400毫升。

（刘 丽）

【工会建设】 7月21日至22日，街道总工会召开第二次代表大会。机关及辖区企事业单位103名工会代表参加会议。通过无记名投票方式，选举产生街道总工会第二届委员会。街道工委副书记王海涛当选为街道总工会主席。10月15日，街道招聘5名工建指导员。11月6日，工会工作站规范化建设通过市、区总工会验收。年内，完成新建会290家，新增会员5364人。办理工会会员证2832张。实名采集会员信息并办理京卡、互助服务卡3500余张，转入转出会员700余人次。

（徐文峰）

【社区妇联换届】 7月底前，街道13个社区完成社区妇联换届工作。

（仝 姗）

【"两项重大任务"安保】 8月15日至9月4日，启动《劲松街道抗日战争暨反法西斯战争胜利70周年纪念活动社会面防控工作方案》。确定社会面防控点位152个，实行社会面防控零报告。17836 人次参与值守。9月2日至4日，街道组织30名志愿者完成"9·3"阅兵安保支援任务。

（胡永富）

【《看劲松》报创刊】 9月1日，街道刊物《看劲松》创刊。刊物为半月刊，每期印刷3万份。

（张 盈）

【垂杨柳医院改扩建征收搬迁工作完成】 9月23日，完成垂杨柳医院改扩建征收搬迁工作。此项工作2013年12月6日正式启动，涉及劲松北社区13栋楼、228户、525 人。

（陈伟光）

【优美街巷宜居小区创建】 9月25日至12月，投资162万余元，创建大郊亭中街等6条环境优美街巷，创建农光里一区、劲松三区、劲松八区3个环境宜居小区，补建小区绿化33899平方米，修复小区道路17522平方米，铺设沥青31866平方米，补建信报箱6663个，配建无障碍设施124处，完善小区照明系统22处，架空线入地改造15141延米。完成劲松829楼南侧自行车棚改造。

（陈伟光）

【"YI空间"筹建】 9月，街道与北京市恩派非营利组织发展中心签署合作协议，筹建和谐雅园社区"YI空间"。"YI空间"是以马斯洛需求层次理论为基础，结合社区实际创立的以外交文化为品牌的特色服务基地。涵盖党建、治安、文化、教育、协商民主等10类项目。

（王晓婧 王学如）

【党风廉政建设】 10月21日，举办"廉洁劲松"书画笔会、廉政文化沙龙活动。区纪委宣传部部长谭水华、区社会纪工委书记唐蔷，街道工委书记李靓、工委副书记王海涛、纪工委书记田良参加活动。年内，街道落实党风廉政建设责任制，将党风廉政建设和反腐败工作与街道中心工作同谋划、同落实、同检查、同考核。建立党风廉政建设岗位责任清单77份，签订党风廉政建设承诺书、责任书63份。执行"三重一大""三不直接分管"制度。贯彻中央八项规定精神，防止"四风"问题反弹。严格物资采购、工程建设、选人用人等重点领域和关键环节风险防控。开展廉政风险筛查、财政资金管理使用专项治理，查找风险点，制定防控措施，及时堵塞漏洞，开展纪律教育月、学习宣传月活动。

（马燕影）

【文化服务活动】 10月，举办第二届"炫彩劲松"金秋文体艺术节。全年举办演出近60场、演员达8000余人次、2万余人次观看演出。年内，开展"节日文化活动"，平时到社区、走近百姓，开展居民喜闻乐见的"大众文化活动"，开展"高雅艺术文化活动"，针对居民的不同需求，开展以才艺培训为主的"提升素质教育文化活动"，搭建平台，开展"文化成果展示活动"。

（廖 欢）

【环境改造】 10月，投资496万元，对大郊亭北街进行环境整治。铺设人行道3400平方米、粉刷墙面12500平方米、清运垃圾渣土300车、喷涂防小广告漆4000平方米、修复围墙1859平方米、牌匾标识整治（牌匾）3200平方米，补建绿化800平方米、修建铁艺栏杆850延米、破损墙体拆除及违章建筑拆除864立方米。年内，投资864余万元整治三、四环路沿线环境。清洗粉刷楼体80000平方米、地面铺装5400平方米、小广告防护粉刷6180平方米、广告牌匾及外立面整治4360平方米、道路修补1800平方米、围墙修复850平方米。投资47万余元，整治劲松四区、六区、七区、农光里一区准物业小区环境。投资148万余元，整治北京工业大学实验中学周边环境。

（陈伟光）

【居民停车自治管理工作调研】 11月5日，市人大代表及市、区交通委领导到劲松调研八区居民停车自治管理工作。人大代表与社区干部就居民停车自治管理工作存在的问题进行交流探讨，代表们希望市、区交通委继续征求各有关部门意见，扎实推进规范停车秩序，治理乱收费工作。

（张　晶）

【党政群共商共治】 11月11日，街道召开党政群共商共治项目议事代表协商会。地区人大代表、政协委员、区级党代表、街道级议事代表、机关科室负责人、社区党委书记、居委会主任参加会议。年内投资480余万元，完成党政群共商共治项目58项。其中街道层面44项、社区层面14 项。项目涵盖日常生活、公共服务、公共设施、社会安全、环境秩序、社区建设等6大项。

（王静媛　沈丽娟）

【京台社区交流合作项目签约】 11月17日，街道举行“京台社区交流合作项目”签约仪式。聘请台湾高雄市楠梓区翠屏里里长陈文治为八棵杨社区居民委员会名誉主任。市台办区县工作办处长邓劲松、区台办黄斯、区社会建设办公室副主任闫培文，街道工委书记李靓、办事处主任杨丙章、办事处副主任盖春燕等出席签约仪式。活动是“2015京台社区交流大舞台”系列活动之一。签约仪式后，交流座谈京台两个社区就养老服务、民俗文化、社区治理、环境保护、志愿服务、教育文化等。

（张　盈　王晓婧）

【人大代表述职】 11月24日，召开“朝阳区人大代表向劲松地区部分选民代表述职会”。地区人大代表、街道班子成员、社区党委书记、居委会主任、兼职代表联络员及部分选民代表等150余人参加会议。

（王建军）

【台办领导调研】 11月25日，国务院台湾事务办公室、市人民政府台湾事务办公室领导到街道调研对台工作。国台办两岸交流中心副主任苗京平，市台办副主任杜德平，区县工作办处长邓劲松，街道工委书记李靓、办事处主任杨丙章、工委副书记王海涛等参加调研座谈。王海涛汇报街道2015年对台工作情况。与会领导表示，市台办将以劲松街道为模板，加强各区县对台工作交流。并希望劲松街道充分利用“京台社区大舞台”平台，加强与台湾社区合作，探索社区交流新模式。

（吴　萌）

【老旧小区准物业管理通过检查验收】 12月8日，劲松北社区、劲松西社区、劲松中社区、农光里社区通过区社会办老旧小区准物业管理检查验收。

（王学如）

【社区建设】 年内，完成劲松北社区、劲松西社区完成五星智慧社区创建工作，农光东里社区、和谐雅园社区、西大望路社区、百环社区、大郊亭社区完成三星智慧社区创建工作。

（王学如）

【网格管理】 年内，处理网格案件72448件，比上年下降3.56%。建立网格案件节假日网上派件新模式，全年减少办公成本及人员经费达万元。

（杨　洁）

【综合执法】 年内，推行城市综合管理大联动机制，联合城管、综治、公安、交通开展联合执法82次，开展街面秩序类专项执法行动97次。受理城管热线6132件、信访件315件、督办件308件、监管单345件、网格件6200件，规范和查处无照经营3600余起、店外经营1680起，查处违反“门前三包”行为670余次，查处违规早点摊60起，无照收废品20起，暂扣无照经营三轮车315辆，没收散发小广告10000余张，非法小广告停机上报95起，拆除违规广告牌匾700余块，摘除条幅400余条，清理临窗广告800余次，取缔落地灯箱125个。

（刘雄辉）

【“双中心”筹建】 年内，筹建街道“共产党员”+促进中心、社会工作服务促进中心（简称双中心）筹建工作。“双中心”旨在打造区域化党建与社会服务统筹平台。

（王学如）

【人口调控】 年内，通过拆除群租房、拆除违章建筑、整治非法经营、清理地下空间、严把非京籍入学关口等方式，减少流动人口3089人，超额完成年度人口调控任务。

（张　晶）

【劳动监察】 年内，劳动监察社会单位278家，立案85件，处罚案件8起，处罚5000余元。辖区各类企业劳动合同签订率100%，各类企业劳动合同续订率100%。工商新注册单位办理社保登记712家。清理办理社保登记而没有申报缴费单位107家。新增单位农民工参加五项社会保险7家。完成7家劳动和谐单位申报工作，完成5名知青及子女返城的工作，完成8名社会青年高考工作。书面审查辖区64家企事业单位，完成520家单位信息更改录入。

（周俊义）

【敬老助老】 年内，每月19日，街道党政主要领导、包片领导、科室、共建单位领导、人大代表、社区干部共同为辖区80、90、100岁老人祝寿，将生日祝福卡和祝寿礼物送到老人们家中。年内555位老人享受到此项服务。元旦、春节期间，街道依托辖区服务商家和社区居委会，在和谐雅园酒家设立养老餐桌，举办“温暖社区、乐游冬日”为主题的迎春饺子宴活动，769名老人参加。为770名空巢、特困、低收入家庭老人，送去米、面、油等慰问品。为4178名80岁以上老人办理社会服务通养老助残卡。

（孙大力　王建军）

【社区服务】 年内，推进社区服务“一网一线一平台”（一网：北京市96156公共服务信息网；一线：街道社区服务热线；一平台：社会服务与管理平台）建设。完成96156社区大课堂课程154课时；受理咨询单489个、服务单317个。街道社会服务管理平台与各社区对接，提供公共、公益、便利、特色服务240项。街道依托朝阳区公益储蓄中心及朝阳区曙康工作事务所开展志愿服务，发布公益服务活动108次，受益人数达8000人。街道与新发地农产品股份有限公司合作，采用流动蔬菜车直销方式，在4个社区设立摊点，解决百姓买菜难买菜贵的问题。

（夏　勤）

【社会保障服务】 年内，街道社保所实现失业人员就业701人，登记失业人员就业率70.93%。对2758名失业人员提供职业指导，163名失业人员参加免费技能培训，开发就业岗位3588个，走访跟踪服务用人单位199户。为402人办理城乡居民养老保险参保和续保手续。为1602人补办社保卡。为688名居民办理“一老一小”“城镇无业人员”大病医疗保险，为171人办理大病医疗保险减员手续，为3966人办理大病医疗保险续保手续。为低保家庭502户、966人，按时发放各类保障金、救助金2064万元。10个社区被评为“北京市充分就业社区”。

（王丽丽）

【人口抽样调查】 年内，开展全国和北京市人口抽样调查工作。登记924户、2485人。

（张　强）

【纪检监察】 年内，街道履行"监督责任"，抓好监督执纪问责。强化作风建设，建立、完善常态化监督机制。开展集中检查11次，制发督查通报5期，制发监察建议书、督办单9份，督促问题整改、效能提升。建立社区服务大厅值班主任制度、社区纪委每日自查制度，聘请人大代表、政协委员、退休干部、居民群众，组成党风廉政特约义务监督员队伍，开展明查暗访。开展警示教育，利用QQ群和微信平台，通报典型案例和问题解析，组织旁听案件庭审、参观警示教育基地、观看案例警示教育片等活动，以案明纪，警示提醒。

（马燕影）

【排矛维稳】 年内，街道建立以排矛调处分中心为轴心，以13个社区排矛调处、信访工作站为枢纽，信访干部和信访专干为主导的信访畅通渠道。接待来访群众18批31人次，领导下访、约访50余人次。推行信访代理方式，变"等群众上访"为"替群众跑腿"，变被动化解矛盾为主动解决问题。探索人民调解、行政调解与司法调解相结合工作模式，构建多元调解格局。街道两级调解组织开展人民内部矛盾纠纷隐患大排查12次，调解各种矛盾纠纷871件。对于排查出的即时性纠纷，做到组织领导、人员安排、职责分工、工作措施、信息反馈"五落实"。

（王一凡 冯红顺）

【食品药品监管】 年内，组织各类专项检查37项，开展联合执法20余次，受理投诉件362件，办结266件，查处案件80件，罚没款314331元。

（刘文利）

酒仙桥街道

【概况】 酒仙桥街道始建于1957年。辖区位于朝阳区东北部，东至酒仙桥北路与崔各庄乡接壤，南至亮马河与东风乡毗连，西至酒仙桥路、将台路与将台地区相接，北到京顺路与东湖街道、望京街道相邻。辖区呈哑铃状，酒仙桥路贯穿辖区。辖区面积5.3平方公里。街道下辖大山子、高家园、怡思苑等9个社区，共有党组织108个，党员3800余名。截至年底，地区人口总量93268人，户籍人口70370人，流动人口19049人。辖区内企业3000余家，重点监管企业有138家，医院4家，社区卫生服务站1个，科研院所3个，中小学及幼儿园12所，养老机构1处，文化活动场所3处。年内，街道以"三严三实"专题活动为主线，以十八届三中、四中全会精神为指导，以党政群共商共治为抓手，以建设"绿色、平安、民生、文化、和谐"酒仙桥为目标，围绕"旧城改建、环境治理、城市建设、社区自治"等重点中心工作，推动地区各项事业的全面发展。实现区级收入11.6亿元，同比增长1.8%，小房产税税收收入866万元，同比增长1.1%。街道获北京市2014年度"劳动用工规范一条街工程"工作先进单位。街道社会保障事务所在"十二五"时期北京市人力社保基层培训工作中被评为优秀实施单位。街道司法所代表酒仙桥街道在第26届全国街镇工作年会暨首批全国法治社区建设示范单位和第二届全国模范小巷总理表彰大会上，获首批全国法治建设示范街道荣誉。

地址：酒仙桥六街坊6号
电话：64309101
邮编：100016
网址：http://jxqjd.bjchy.gov.cn

（李满飞）

【社区工作总结大会】 1月15日，街道召开社区工作总结大会，街道处级领导、机关科级以上干部，社区"两委一站"全体工作者150余人参加会议。9个社区书记用PPT形式汇报2014年度工作，提出2015年的社区工作规划，明确社区建设方向。

（李满飞）

【干部培训】 1月19日至23日，街道与朝阳区人才服务中心共同组织开展青年干部培训班。街道机关、事业单位、社区39名青年干部参加脱产培训。旨在提高机关、社区青年干部政治素养，履职能力与职业素养，达到政治素质高、执行效率高、责任意识强。

（李满飞）

【专职安全员编配】 1月，区安监局配备12名专职安全员。街道对新编配到任专职安全员开展再教育、再培训工作，将12名专职安全员分为南北两个检查站，每站下设2个检查组，到企业实地现场检查教学，把理论与实践紧密结合。

（李满飞）

【联合执法】 2月9日，城管执法队联合公安、工商等部门开展为期1周街面环境整治工作，重点查处节前店外经营、无照游商现象，遏制各类违法行为出现反弹。规范店外经营12起，取缔无照游商6人次，暂扣流动"售货车"1辆。3月18日，街道城管执法队联合公安、工商所，对地区街面环境秩序和三街坊农贸市场周边等场所开展集中执法，重点查处和取缔无照经营、店外经营、黑摩的等各类违法经营现象。多部门联合执法检查5次，清理整治市场周边无照摊贩7个，告知沿街商铺32家，规范商户"门前三包"15家，处罚有店外经营行为商户2家，拆除违规设置的店外灯箱、广告牌7块，清理暴露垃圾、堆物堆料5车。

（李满飞）

【专项整治】 4月3日，街道落实区城管执法局关于整治"黑摩的"工作部署，街道城管执法队协同综治、交通等部门开展辖区范围整治黑摩的联合执法行动，对地区非法运营情况进行集中执法检查，重点查处上下班早高峰和晚高峰在地铁站出口和过往行人较为集中的商场、超市地段内出没拉客"黑摩的"。查处、暂扣黑摩的10辆，取缔无照经营3起。6月24日、25日，街道城管执法队联合将台执法队、派出所、综治办等部门，在"黑摩的"载客高发点位（驼房营路梵谷水郡小区、电子城小区、久隆商场附近）开展联合执法行动，派出队员30人次，车辆6台次。查处"黑摩的"8辆，规范无照经营4起。

（李满飞）

【全民阅读】 4月23日，在世界读书日来临之际，街道在文化服务中心举办"共享全民阅读，同绘中国梦"酒仙桥街道全民阅读好书推介活动。近120名辖区阅读爱好者参加活动，活动中分享读书故事、推介阅读过的好书。

（李满飞）

【街面秩序】 5月8日，街道城管执法队联合派出所集中整治酒仙桥中路上的无照早餐摊群，对无照摊贩的经营工具集商品进行登记异地保存，收缴了摊贩的管制刀具，扣留违规早餐车3辆，劝离无照游商10余起，宣传教育10余人。

（李满飞）

【就业大集】 5月15日，街道办事处联合市职介中心、区人力资源和社会保障局举办"百姓就业进社区"大型招聘会活动。参会的50家企业提供岗位1600个，涵盖金融、物业、酒店、地产、餐饮、科技通讯等行业，340人现场达在就业意向。

（李满飞）

【红歌演唱】 5月15日，街道举办由酒仙桥街道文化服务中心主办，9个社区合唱团队参加的"五月鲜花"红歌演唱会暨纪念抗日战争胜利70周年活动。

（李满飞）

【应急救护培训】 5月19日，街道在街道一层会议室组织辖区居民进行应急救护知识培训，100名居民参加培训。

（李满飞）

【党务培训】 5月25日至26日，街道开展换届后基层党务专题培训。地区新任职党委委员、纪委委员、专职党务工作者、党支部书记160余人参加培训。区社工委副书记郑珍平作“创新服务型党组织建设”专题讲座，区委党校教授姜岩作“加强社区党建推动地区发展”专题讲座，街道党课讲师符气敏作“习总书记治国理政方针解读、反腐倡廉案例分析”专题讲座。

（李满飞）

【纪委换届选举】 5月，完成2015年9个社区纪委换届选举工作。制定《酒仙桥街道2015年社区纪委换届选举工作实施方案》，明确社区纪委换届工作的指导思想、目标任务，对委员名额、构成比例、产生程序，任职条件及时间要求、方法步骤。坚持宣传引导先行，做好工作开展前的思想准备、政策宣传和舆论引导。通过规范程序，严明纪律，依法选举通过民主推荐、确定候选人初步人选、组织考察、正式选举、报批等环节， 9个社区选举产生社区纪委书记8人，纪委委员18人，纪检委员1人。

（李满飞）

【环境整治】 6月11日，由798艺术区管理委员会牵头，街道城管执法队联合区城管执法局一队对798园区周围和内部环境进行专项整治。派出执法人员20名，执法车辆5台次，规范店外经营12起、取缔无照游商3人次、清理小广告30张。

（李满飞）

【七一表彰】 6月25日，街道开展庆祝建党94周年暨七一表彰大会。街道处级领导及各社区党员代表100余人参加会议。街道工委副书记主持会议，街道工委书记讲话，街道办事处主任宣读《表彰决定》，表彰地区3个优秀基层党建品牌、10个优秀基层党建项目、3个优秀服务型党委（党总支）、34个优秀基层服务型党支部、10名优秀党员服务示范岗、136名优秀党员志愿先锋岗、89名优秀基层党务工作者。街道优秀党组织带头人—高家园社区书记、南路社区教工支部书记、北京康城世纪投资有限公司党委委员分别作探索创建服务型党组织方面的典型经验发言。

（李满飞）

【联合执法】 6月30日至7月17日，街道城管队开展联合执法9次，出动执法力量530人次，车辆78台次。没收烧烤箱26个，大型烧烤炉3个、塑料餐椅65套，规范店外经营87家、无照经营藏民3人次，发放《致露天烧烤经营者一封信》280封，暂扣无照经营车12辆、无照三轮车5辆；没收违规摆放灯箱25个，规范“门前三包”70家，告知大排档规范经营60家。

（李满飞）

【社会面防控】 8月10日，街道启动社会面等级防控，辖区投入防控力量2858余人，社会面防控力量达到地区总人口的3%，发动志愿者42860余人次。对辖区798艺术园区周边、机场沿线、公交站点、商场超市门前、主要大街、重要路口等重点部位开展巡逻，维护社会面稳定。

（李满飞）

【功能疏解】 9月10日，街道城管执法队派出执法力量40余人，6台车辆撤并大山子早市。规范店外经营50余家，没收违规灯箱、广告牌10个，劝离无照经营2个。

（李满飞）

【获得荣誉】 9月16日，街道交谊舞代表队在区第八届群众交谊舞普及推广比赛中，获三等奖。9月21日，街道合唱团在“奥运社区大舞台”朝阳区群众文艺品牌团队认定合唱比赛中获第三名。

（李满飞）

【安全工程】 年底，街道在高家园一区、芳园里小区等16个楼安装1037米防爬刺设施。

（李满飞）

【党政群共商共治工程】 年内，街道召开2015年党政群共商共治工作总结会、2016年党政群共商共治问政会，区领导、区人大代表、区政协委员、区党代表、社区居民及社会单位代表70余人参加会议。会上代表分别对街道层面2016年14个项目及社区层面101个项目进行问政，对2015年共商共治项目完成情况进行满意度测评。完成共商共治项目141项，完成比例100%，其中街道层面15项，社区层面126项，涉及资金558万元万元，受益人群7万余人次，接收百姓送来锦旗类表彰奖励20余件次。

（李满飞）

六里屯街道

【概况】 六里屯街道位于朝阳区的东部，面积4.4平方公里。周边与7个街乡相邻。东至京包铁路，与东风乡、平房乡接壤；南以二道沟河为界，与八里庄、呼家楼、高碑店地区相望；西至朝阳体育馆，与团结湖地区相邻，北以农展南路为界，与麦子店地区相邻。下辖11个社区。有常住人口49775户、121104人，流动人口26059人，外籍人口665人，港澳台人口151人。医疗卫生机构15个，其中有医院9个，社区卫生服务中心1个、社区卫生服务站5个。有1个社区服务中心。有教育机构12所，其中大学1所、中学4所、小学3所、幼儿园6所。有法人单位1742个，有中央单位10家、市属单位22家、区属单位52家、事业单位49家。驻有北京画院、北京出入境检验检疫局、首都医科大学附属北京妇产医院妇幼保健院、中国音乐学院附中等单位。年内，实现区级财政收入2.72亿元，同比增长16.2%。个人出租房屋房产税征收入库260万元。

地址：甜水园北里17号楼

邮编：100026

电话：65958641

网址：http://lltjd.bjchy.gov.cn

（冯 珺）

【社区党委和居委会换届选举】 3月，完成11个社区的党委换届选举工作，配齐副书记、党务专职工作者。7月，完成第九届社区居委会换届选举工作。六里屯街道甜水西园、六里屯北里、八里庄北里、十里堡北里、晨光、炫特家园等7个社区采用居民代表选举的方式产生新一届社区居委会班子。7个社区应到会居民代表538 人，实到投票人数505人，投票率达94%。秀水园、碧水园、道家园、八里庄南里等4个社区采用户代表选举的方式进行换届，应参选代表9465人，实投票人数8992人，投票率95%。辖区11个社区居委会成员均以高票当选。全体社工平均年龄38.3岁，持有社区工作者专业职称52人，年轻化、专业化趋势明显，优化居委会成员结构。

（冯 珺）

【党风廉政建设】 年内，制发落实“两个责任”实施办法，明确工委班子、工委第一责任人、班子成员21类68项主体责任，纪委9类31项监督责任。逐级签订责任书和承诺书，建立岗位责任清单，制定完善《六里屯街道工委“三重一大”监督管理办法（试行）》《六里屯街道工程管理办法（试行）》、财务管理、机关工作人员请销假、编外人员用工管理暂行办法等10余项制度，开展风险点排查，排查廉政风险点80个，制定防控措施90条。开展“四风”问题一键拍宣传推广活动，拓宽社会监督渠道。成立社区协作片组，加强对窗口、执法部门及社区服务站明察暗访，每月形成检查情况通报。重点对资金管理、项目律设、干部管理等重点领域和关键环节加强监督检查，完善制度流程，降低岗位风险。

（冯 珺）

【党政群共商共治】 年内，在11个社区居委会及10个工作站成立居民议事厅，搭建社区与居民沟通的桥梁。召开议事协商会36次，解决居民实际问题22个。筹建共产党员精神家园，组建街道区域化党建研究会，开发党建统领服务管理信息平台，并通过居民议事厅等形式，统筹推进党政群共商共治工作，全年52个项目得到全面落实。街道与地区主要社会单位建立长期协作发展关系，共同为民办实事。

（冯　珺）

【安全稳定】 年内，开展地下空间及违法群租房治理工作。治理违法群租房22户、86间，清退流动人口456人。检查人防工程78处，排查隐患800处。创建八里庄北里和甜水园2个“平安小区”，在主要出入口、重要通道新增数字高清信号带夜视功能视频探头51个。全年开展重点矛盾纠纷排查及专项排查16次，通过加强信息收集、分析研判和协调联动，完成对公园1872及甜水园二期危改项目两大重点访的调处稳控工作。在抗日战争胜利70周年纪念活动保障期间，检查辖区物业单位、地下空间和在施工地安全生产情况，开展全面安全检查120次，发动地区志愿者1000余名。开展预防煤气中毒日常安全检查工作，对地区352户煤火取暖户逐一摸底，清除安全隐患100余处。对食品药品销售经营单位加强日常检查和专项治理力度，立案25起，罚款25.5万元，完成甜水园大街餐饮食品安全规范一条街创建工作。全年无重大安全事故发生。

（冯　珺）

【助残帮困】 年内，为地区1992名残疾人服务对象提供“七进家庭服务”，面向辖区449户低保对象开展基础性救助，新安置11名残疾人就业，建立街道养老助残服务中心，探索养老助残一体化工作模式。十北社区居民大食堂开业并运营。全年登记失业人员实现就业率64%，走访单位107家，岗位开发2946个。为385人办理城镇居民养老保险，为5664人办理城镇居民基本医疗保险的参保、续保手续。地区劳动合同签订率及续订率100%，创建和谐劳动关系单位7家。

（冯　珺）

【环境建设】 年内，完成重点大街朝阳北路的美化工程，完成八里庄路、马道口路两条背街小巷的环境改造。完成道家园社区延静东里1号楼、2号楼及炫特社区5间宿舍公共区域改造工程。完成燃气小区、甜北小区、甜西街小区及延静里小区等老旧小区准物业改造工程。整治朝阳北路开墙打洞违法行为73户。启动“无地锁”街道工作，拆除四环内社区地锁1380个。全年查处并拆除3处挂账违建13979平方米，制止新增违建13处283平方米，保持新增违建“零增长”。开展夏季露天烧烤大排档专项整治，对马道口路、朝阳北路大街、十里堡大街、妇产医院等重点区域实行每周2—3次巡查整治，收缴非法经营工具210件。依托城市网格化管理模式，处理网格案件23232件，公众举报案件518件。完成冬奥会评估、世锦赛服务保障工作。完成夏季防汛工作。

（冯　珺）

【社区自治网络体系构建】 年内，创建十北社区自治联盟。利用服务平台整合服务商、六小门店和志愿者优质资源，逐渐构建起服务型社区自治网络体系。为社区居民提供服务300余次，受益人群4000余人，弥补政府公共服务不足。政府购买服务8个项目，受益人群6000多人。成立六里屯社区社会组织联合会，实现地区资源整合，培育孵化更多社区社会组织，解决地区社会治理难题。

（冯　珺）

【公共文化服务】 年内，举办“一节两唱三展四演五赛六教”文体活动。组织开展群众性节日民俗活动32场。多支文体队伍在市区两级舞蹈、京剧、合唱、体育等比赛中获市级比赛一等奖1个，区级比赛二等奖5个，优秀奖7个。依托科技周、全国科普日、北京科普之夏举办各类科普讲座培训23场，组织北京百万家庭数字技能大赛网上答题5760人次。

（冯　珺）

【社区建设】 年内，十北、炫特、甜水园3个社区完成创建三星级智慧社区，道家园社区完成四星级升五星级智慧社区，甜水西园社区完成三星级升五星级智慧社区的升星工作。智慧社区在街道的覆盖面达到45%。甜水园社区完成“六型”社区创建任务。甜水园社区的甜北小区、甜西小区和燃气小区及道家园社区的道家村小区等4个老旧小区完成准物业推进工作。街道依托“考帮建”工作机制，通过听、看、查、评、谈等形式，考察并帮助社区解决瓶颈问题。街道、社区通过智能化平台，不断整合社区信息和服务，从硬件到软件进行全方位智能化的改造，为辖区居民办事、生活、休闲娱乐提供便利。

（冯　珺）

麦子店街道

【概况】 麦子店街道位于朝阳区中东部。东起东四环，南临朝阳公园南路、农展南路，西至东三环，北接机场高速。街道始建于1987年，辖区面积6.5平方公里。下辖农展南里、枣营北里、枣营南里、朝阳公园及霞光里5个社区。辖区常住人口8630户、21891人，常住流动人口10390人，户籍人口20641人，外籍居民1104人；有汉族20854人，各少数民族人口1037人；出生人口153人，人口出生率6.99‰，死亡人口52人，人口死亡率2.38‰。有公立幼儿园、小学、中学各1所，各类民办学校和教育机构14所；社区卫生服务站3所，霞光里养老助残中心1处。地铁10号线途经麦子店街道外，有公交站点41个。有社区服务中心、国际社区服务中心各1个。绿化覆盖率67%。辖区有法人单位4400家，有美、法、日、韩等13处外国使馆的第三使馆区，有上合组织、中国·东盟中心为代表的国际组织等多处涉外机构，本地区具有涉外主体多元化的典型区域特征。年内，完成区级收入25.87亿元，完成全年任务的82.36%，比同期减收2.08亿元，减幅7.44%。

地址：朝阳公园西里南区6号楼
邮编：100125
电话：58260700
网址：http://mzdjd.bjchy.gov.cn

（曹荣贵）

【问政2015推进惠民工程】 3月4日，街道议事协商会召开2015年问政民生工程立项会。205名楼院级议事代表对街道2014年问政实事项目进行质询打分，行使表决权，并参与决策街道2015年度实事项目工程。经过前期三级议事协商会对有效建议案进行甄别、分类、汇总、梳理、协商，形成建议案154件。其中整修、翻新枣营南里社区部分道路及绿地，修缮麦子店街6号楼车棚，启动霞光里社区35号院平房区整治等4类15项工程入选拟立项街道2015年民生工程。

（张　妍）

【“两委”换届】 5月12日至5月17日，街道5个社区采用“公推直选”的方式，选举出新一届社区党委书记、副书记和其他委员，以及纪委书记和委员。7月25日、26日，街道五个社区按照全市统一部署开展第九届社区居委会换届选举工作。选举产生社区居委会成员35名，其中主任5名、副主任6名、委员24名，新委员57%在社区工作5年以上。

（尉全金）

【中外交流】 9月8日，丹麦霍尔拜克市副市长汉斯·索埃、霍尔拜克市议会城市发展委员会主席奈斯特等丹麦友人一行到街道参观麦子店社区文化服务中心，交流国际化社区公共文化建设成果。

（戴德生）

【第五届国际社区文化季】 10月31日，街道第五届国际文化季系列活动在凤凰传媒中心正式开幕，中国艺术家协会、中国舞蹈家协会多名艺术家参与公益出演。文化季活动历时4个月，分为“味道、温馨、生活”等8个板块，形成多方文明交汇新平台。开展中外居民圣诞联欢、中外居民过大年、摩洛哥和哥伦比亚两个国家主题文化周等系列文化交流活动，中外文化深度融合。

（刘家红　叶　超）

【社区公共文化建设】 年内，完成地区300余家教育机构情况的摸底调查。完成3处社区电子图书馆建设。完成区体育生活化社区试点工作。98支文化队伍在京津冀、市、区等不同层次获奖12个。其中麦子店“秋之韵”模特队获全国金奖

（白广冀）

【社区教育实体学校活动】 年内，举办全区社区青少年暑期快乐营启动仪式，43个街乡、72个示范校的相关领导参加。开设20余门课程，开展200余次课外活动，受益群体近万人次。组织15个孩子到河北丰宁开展关注留守儿童活动，建立结对关系。

（白广冀）

【人口调控】 年内，清理17户违法群租房，清理违规群租人员80人。一次性封闭5个有人居住的人防工程。完成人口调控2761人。计划生育政策符合率完成98.40%。

（曹继龙　王书平）

【综合治理】 年内，与社会单位签订社会治安综合治理责任书400余份，出动社区治安志愿者、社会单位保安、外聘保安6万余人次，完成全国“两会”“六·四”、世锦赛、“9·3”阅兵、十八届五中全会等十余个敏感期和重点时段的社会面防控，获“两项重大活动”安全保障区级突出贡献奖。街道完善全模式千分制考核体系，综合考核取得城市管理排名全区第二的成绩。完成5处区级挂账占压煤气管线的销账工作。社区可防性案件总数同比下降，挂账社会治安重点地区存在的突出问题整治达标。完成枣南、枣北社区改造工程。引入专业保洁公司和垃圾分类公司，改善辖区环境秩序。完成“开墙打洞”治理、准物业创优和3个“100”创建工作等区级环境建设任务。拆除违建2000平方米，超过目标962平米，实现新增违法建设零增长。

（曹继龙　金捍东）

【安全生产】 年内，街道与700余家社会单位签订责任书，开展安全生产隐患大排查专项整治行动，消除安全隐患1900余处。完成164家微小企业安全生产岗位达标以及170家重点单位安全生产标准化创建工作。处理安全生产类网格案件1000余件，立案17起，对地区200家规模单位进行“安全生产百分目标考核”。

（金捍东）

【为老服务】 年内，升级改造麦子店街道养老照料中心，新增20张床位。老年餐厅实现转型升级，基本实现街道老年人就餐送餐全覆盖。为285名年满60周岁老人办理老年优待证；为615名年满65周岁老人办理老年优待卡，其中外埠户籍老人185名。新建孝亲敬老园2处。评选出孝星8人，发放孝星奖金8000元。

（魏　东　刘　丹）

【慈善救助】 年内，全年受理13户家庭的低保新申请和1户低保家庭接收工作，发放低保金99.5万元。受理患病人员的医疗救助申请64人次，发放救助金8.8万元。为67人办理残疾车补贴17420元，为12名精神智力残疾实施阳光计划救助7200元。开展各类慰问200余人次，落实15项政策惠及296人次，康复活动服务488人次。成立“麦田阳光”助残志愿者队伍，举办残疾人活动月系列活动。

（魏　东）

【就业保障】 年内，为失业人员办理就业登记手续189人，其中办理单位招工手续9人、办理灵活就业手续148人，个人委托存档手续32人。失业人员就业指标数为160人，完成189人，完成就业率76.83%，超额完成任务。

（余国柱）

【劳动保障监察】 年内，劳动监察检查单位全年指标200家，完成243家；劳动监察立案全年指标84家，完成90家；劳动监察处罚案件全年指标8家，完成9家。新工商注册单位办理社保登记任务指标50户，完成75户；新增单位农民工参加五项社会保险，任务指标7户，完成7户。获市“劳动用工规范一条街工程”先进单位。

（李　晶）

【食品药品监督管理】 年内，受理举报185件，解决172件，其中立案27件，罚没款30万元。3次配合检测中心，完成抽检辖区京客隆枣营店、华联超市和餐馆等6户企业食品工作。完成460户餐饮企业的所有分类分级工作，达到100%。

（马学军）

【司法调解】 年内，规范化人民调解委员会建设实现100%全覆盖，调解矛盾纠纷645 件，涉及当事人1149人，调解成功 623件，成功率96.6 %。“法缘麦子店”公益法律服务进社区项目被列为北京市市级项目。实现辖区居民100%的普法宣传覆盖率和宪法人万户的目标，通过“六五”普法验收。安置帮教人员解除11人，新接收11人。

（杨　靖）

【社区创享计划启动】 年内，5个试点楼院完成建立议事厅、制定文明公约、议事规则等，完成16项软硬件建设项目。5个社区建立自己的居民创享团队，形成社区自我环境下的自我目标的设置，并逐步实现楼院自我治理中发现问题的自我启动、解决问题自我运行机制。

（尉全金）

【社区电子图书馆建设】 年内，为每个社区配备9—10台电脑、3000册左右图书，在原有2个公共电子阅览室的基础上，在霞光里社区、枣营南里社区、朝阳公园社区新建社区电子阅览室。

（尉全金）

【工会建设】 年内，签订工资集体劳动合同595家，覆盖职工10720人。工资集体协商企业579家，覆盖职工10470人。职工保险理赔、慰问10人，发放慰问金17671元。开展为职工赠送电影票、组织单身青年联谊会、开展第三届职工运动会等系列活动。

（郭爱华）

【为民办实事】 年内，完成社区活动站改造、绿化隔离墙改造、车棚修建、改造社区大门、建设居民休闲设施、建设孝亲敬老园、社区文化建设与交流、社区图书馆建设项目、平安小区建设、小区停车管理等13个为民办实事项目。

（曹继龙　董建英）

潘家园街道

【概况】 潘家园街道位于朝阳区东南部。东与南磨房乡、十八里店乡相接，南与丰台区相邻，西与东城区崇文区隔河相望，北与劲松街道相连。辖区面积3.4平方公里。有12个社区。年内，常住人口约13万，流动人口3万，人口出生率0.98%、死亡率

0.60%。辖区有老年公寓1处、夕阳红驿站1处、温馨家园2处。有社区教育中心、文化中心、图书馆、老年大学各1所，居民活动站12处，社区文化广场2处。地区绿化面积为49.40万平方米，绿化覆盖率24.18%。潘家园旧货市场、北京古玩城、天雅古玩城、河南大厦、陕西大厦、广西大厦坐落其间。辖区内有中、小学校和幼儿园11所。有中国医学科学园肿瘤医院、肿瘤研究所、北京工业大学研究生院等不同隶属关系的企事业单位1400家。年内，实现区级财政收入18784.61万元，完成全年任务指标的86.9%，同比减少6.14%。

地址：松榆里43号楼

邮编：100021

电话：87381916

网址：http://pjyjd.bjchy.gov.cn

（肖体树）

【领导视察】 3月2日，区委书记程连元、区长吴桂英率队到潘家园街道视察全国“两会”代表驻地周边安保情况。4月1日，区长吴桂英率区相关部门负责人到潘家园街道调研，实地检查华威里社区整治非法“胶囊公寓”情况。街道工委书记王毅、办事处主任姬文革陪同视察。

（肖体树）

【全国“两会”保障】 3月2日至16日，街道启动一级超常防控机制，投入安保力量45000人次、保障车辆260台次，对河南大厦、广西大厦全国“两会”代表驻地及周边实施安全服务保障。处置各类突发事件5起，拦截非正常访人员16批73人。

（肖体树）

【“两项重大任务”保障】 8月20日，街道启动社会面一级超常防控机制，制定《“两项重大任务“服务保障工作方案》和《应对各类突发事件处置预案》，设立综合协调、安全保障、社会面防控、城市安全运行、情报信息监控、应急值守等6个专项小组。街道4次召开工委全会和主任办公会，分析地区安全形势，研究部署工作任务。动员各类群防群控力量44368人次在72个点位值守和社会面巡逻防控。每日派出由20人组成的联合检查小组对辖区生产经营单位、人员密集场所、危化单位等进行不间断检查，出动1027人次。检查社会单位2984家，查处各类隐患347处；整治关停散租人防工程20处，清退外来人员1348人。开展联合执法103次、查处无照经营行为632起、取缔露天烧烤23处、收缴非法小广告6700余张，查扣非法运营摩的170余辆、规范门前三包1200余家。发放《致广大居民一封信》35000余份，在主要大街和繁华路段悬挂宣传横幅40余条，在小区，楼门张贴温馨提示8000余张。发动1500名社区治安志愿者担任应急信息员，搜集上报反恐维稳情报信息6件，抓获新疆涉恐人员6人，查获公安部列管一级临控上访人员3名，查获违法私藏枪支犯罪嫌疑人3名、气手枪1支、双管猎枪1支、子弹多发。受到区维稳办按特等标准奖励金3万元。

（肖体树）

【社区“两委”换届选举】 年内，完成社区“两委”换届选举工作。社区党委换届选举。潘家园街道工委现有党组织127个，自管党员6920人。其中社区党委12个，所辖支部110个，参会党员（代表）1530人。社区党委换届选举所属12个社区全部实行“大党委”制，采取“公推直选”方式差额选举出新一届的社区委员会，选举产生党委书记12名，党委副书记16名，纪委书记12名，党委委员34名，纪委委员24名，席位制委员48名。62名党委委员（不含席位制）中，男性18人，占29.04%；女性44人，占70.96%。党委委员中社区工作者49人，居民党员13人。从年龄比例上看，党委委员平均年龄44.3岁（与上届平均年龄49.1岁相比，下降了4.8岁），其中党委书记平均年龄49岁，党委副书记平均年龄44岁。45岁（含45岁）以下的党委委员28人，占总人数的45.16%。从学历比例上看，党委成员中，大专及以上学历52人，占总人数的83.87%，与上届相比增加5.08%。社区居民委员会换届选举。户代表选举有代表7939人，参选率97.2%；居民代表选举有代表724人，参选率90%。选举产生社区居委会主任12人，社区居委会副主任20人，社区居民委员会委员44人。其中党员42人，占55.2%；女性56人，占74%。换届选举投票率最低95.95%，最高98.16%。

（肖体树）

【廉政教育】 年内，街道3次召开专门会议部署地区党风廉政建设工作。层层分解主体责任，建立岗位《责任清单》53份，召开党风廉政建设学习会4次，查找风险点60条，制定防控措施68条，观看警示教育片6次，向干部家属寄发《家庭助廉倡议书》122份，开展廉政谈话190人次。成立街道中小工程项目评审监督小组，规范对“三重一大”事项的监督管理，实现廉政教育无盲区。

（肖体树）

【干部管理】 年内，在干部管理方面，改善街道干部队伍结构，激发机关干部队伍活力，提升全体机关干部的纪律意识和履职能力。招录机关公务员、事业编人员4名，有效促进机关事业单位干部队伍建设。通过竞争上岗和民主推荐的方式，选拔任用科级干部12名，其中正科级非领导职务5名，副科级领导职务6名，副科级非领导职务1名。科级干部轮岗交流参与人数11名。办理8名新招录公务员转正定级手续和2名机关公务员、1名工资规范管理事业单位人员以及7名城管队队员的转任手续。

（肖体树）

【党建工作】 年内，街道工委推进区域化党建工作。以1个居民党支部为统领、1个小区党群议事会与自管小组为主体、5支党员志愿服务队为支撑的区域化党建“115”服务体系，在实现准物业管理12个老旧小区逐步推开，并取得成效。挖掘松榆西里银龄关爱行动、华北社区歌艺支部、华威西里朝华民乐团、华威里社区市民劝导队等党建典型亮点，加大培育整合力度。开展党员意识提升系列活动，筹办七一表彰大会，开展学习教育活动、“19”党员奉献日活动，为7000名党员赠予“党员政治贺卡”活动，集中走访慰问困难等。加强党务工作者队伍建设，扩充非公党建指导员队伍，新建1家中心站，健全工作台账，开展活动。全年发展党员10名，重点积极分子28名。街道结合各社区的实际情况制定具体选举方案，明确换届选举工作的指导思想、方法步骤和操作程序。

（肖体树）

【挂账任务专项整治】 年内，按时完成市区挂账任务专项整治任务。开展联合执法100余次，收缴“黑摩的”辆1000余辆，拘留50余人次，查处无照经营175起、大排档94起、店外经营225起。街道区挂账群租房19户，全部完成拆除任务，拆除11间隔断，74组隔断，劝退流动人口143人。

（肖体树）

【社区建设】 年内，指导武圣农光社区推进社区规范化建设工作，并通过市社会办检查验收。在武圣农光社区推行六型社区创建工作，并通过市民政局的检查验收工作。推荐华威里和松榆里进行三星智慧社区创建，松榆西里和华威西里社区完成四星升五星智慧社区，华威北里和潘家园社区完成三星升四星级智慧社区工作。

（肖体树）

【志愿服务】 年内，街道建立社区志愿者骨干队伍进行登记造册信息录入，录入志愿者15492名，开展各类志愿服务活动102次，发布活动信息60条。开展“万星万家，公益家庭”和以“心系家庭、幸福生活”

为主题的系列活动，在华北社区、松西社区先后开展10场专家大讲堂。街道宋金平被评为五星级志愿者。

（肖体树）

【党政群共商共治工程】 年内，街道按照“知忧、议忧、解忧”的工作要求，确定为民办实事项目77件。其中街道层面11件，社区层面66件。11月底，完成所有为民办实事任务。

（肖体树）

【矛盾调处】 年内，开展矛盾纠纷排查18次（专项6次），举办法律宣传36次，义务法律咨询58次420人，接待信访群众30批95人（集体访16批84人），化解矛盾事项248件，处理政民互动案件1458件。

（肖体树）

【安全生产】 年内，开展安全生产大检查1671次，检查生产经营场所5643个，整治安全隐患2787个；出动130次检查组检查422家企业密集场所，发现隐患369项，整改隐患360项，整改率97.56%，停产整顿8家，关闭取缔13家；开展预防煤气中毒宣传11次，发放安全提示1500件，检查煤火取暖住户3024家，整治隐患67处；开展消防安全培训28次。

（肖体树）

【助残帮困】 年内，登记失业人员实现再就业800人，走访跟踪服务用人单位182家，办理一胎生育服务证396个、独生子女父母光荣证209个，审核再生育一个子女115人，办理存档人员计划生育申请审核630人，申报审核独生子女伤残家庭特别扶助201人964800元、独生子女死亡家庭特别扶助104人624000元，审核发放失业人员独生子女费3280人 96570元，发放独生子女千元一次性奖励费82人8.2万元，发放独生子女万元一次性经济帮助费7人7万元。发放社会保障卡1536张，为各类困难人员提供手工报销2688人次，办理变更定点医院2000余人次。为54名低保老人办理慈善医疗卡，救助重大疾病至困家庭人员8人，发放救助金28000元，办理永辉慈善救助卡50户，为低保困难家庭75名学生发放学习用书1200余册。为优抚对象、地退和军退军休人员发放立功奖金、慰问款、优待金21.2万元。为101个失独家庭提供邻里守望关怀服务。为1230人接种流脑、麻疹疫苗，为3250人提供社区诊断服务，为138名外籍儿童办理了入学证明。组织260人参加义务献血活动，献血量260单位52000毫升全血。募集红十字善款52000元。审核办理经济保障房125户。

（肖体树）

【平安社区建设】 年内，街道建立“点线面”结合机制，实行“点”上定人、定责、定岗，“线”上专业力量与志愿者队伍无缝衔接，“面”上对“人、地、物、事和社会组织”全面摸排。全年启动等级防控6次，发动群防群治力量11万人次。新建立体停车场所2处，新增停车泊位211个。安装电子监控系统74套，维修破损围墙1500平米，修缮大门6个，新建小区警卫室5个。落实门禁维保和关门奖励制度，地区门禁系统完好率、关门率保持95%以上。发挥由2100名社区治安志愿者组成的信息员队伍作用，在小区和街巷胡同70个重点点位盯守巡视，及时准确收集上报有效情报信息248条，获区级奖励资金51300元。

（肖体树）

【准物业管理】 年内，街道按照“四有”标准，规范指导，强化引领，确保老旧小区准物业管理模式在地区生根、发芽、结果，实现良性发展。深化居委会、居民议事会和准物业管委会“三位一体”管理工作体系。创新“1+1+N”服务模式内容，固化老旧小区准物业长效工作机制。在12个老旧小区实施准物业管理。松西东小院被评为区级“社会综合治理创新项目”，被国家民政部评为全国社区治理创新深度观察点。

（肖体树）

【环境秩序专项整治行动】 年内，街道组织联合执法100余次，查处无照经营行为157起，取缔游商225起，查处三轮售货车78辆，查扣营运“黑车”1100辆，拘留50余人，取缔露天烧烤94起，拆除违法广告牌匾783块；查处非法小广告400起28000余张，规范“门前三包”单位1825家，约谈单位、店面、相对人889次，签订责任书532份；核实小广告信息400余个，办理小广告停机35个；检查辖区内餐饮企业餐厨垃圾和燃气安全42家，发放《致餐饮服务单位的一封信》260余份，规范违法行为23起，立案检查10起，处罚2起，排除安全隐患37处；制作发放宣传材料5000份。

（肖体树）

【地下空间整治】 年内，集中开展以散租式地下空间为重点的综合整治行动。普查地下空间120处，模排人防工程179处。按照“清空人员物品、拆除违章建筑、安装限电设施、实行封闭管理”标准，分3批完成整治清退人防工程32处，清退房屋1500间，劝离外来人口2900余人。

（肖体树）

【全民素质教育】 年内，街道着眼提升居民文化道德素养，开展社会公德、科普健康知识讲座等教育活动。在朝阳区基层品牌学校评选中，潘南和松榆里社区获2015年朝阳区社区教育基层品牌学校的称号，在第八届群众交谊舞比赛中获得二等奖，器乐分会在朝阳区品牌团队认定比赛中获第二名，合唱分会在品牌团队认定比赛中获银奖，戏曲分会在朝阳区品牌团队认定比赛中获第8名，组织6名优秀选手参加区“和谐杯”乒乓球比赛，获三等奖。开展传统文化、声乐、摄影等培训30课时。为12个社区文化活动室、电子阅览室购置图书、报刊杂志、硬件设备等。组织合唱展演、趣味运动会、双升比赛、跳棋比赛、全民学习周、“健身大讲堂”系列讲座活动30余场，近万余人次参加。推荐星级文明小使者51名。街道金玉田被评为区纪委首届“勤廉榜样”。为12个社区更新体育健身器材232件。

（肖体树）

【征兵工作】 年内，街道结合征兵工作新形势、新特点和新方法，坚持“二个提前”（提前召开摸底动员会、提前召开推进会）、“一个明确”（明确了任务标准、政审条件和征兵纪律）、“二个强调”（强调思想工作，不放弃任何机会；强调工作宣传，拓宽征兵工作渠道），确保完成征兵工作。5名青年应征入伍。

（肖体树）

【人口调控】 年内，街道坚持流动人口数据定期上报制度，强化数据动态监测及核销，全年调控指标为1789人，完成调控1901人，完成率达106.2%，超额完成112人。

（肖体树）

【应急管理】 年内，完善应急工作方案、预案12个；充分利用“5·12”“8·12”等纪念宣传日开展防震减灾、应急演练等活动。悬挂标语200余条，发放《潘家园街道防灾应急手册》等3000余册，发放传单60000余份。处置各类应急突发事件18起，化解群体访和非正常访事件苗头26次，举办应急逃生和疏散演练6次、防汛应急演练2次，开展矛盾纠纷排查52次。

（肖体树）

【劳动就业】 年内，街道协调解决疾控中心二期工地、三替公司、天雅古玩城、地铁十四号线北工大项目部等单位劳资纠纷问题5起，遏制突发事件2起，解决拖欠农民工工资153.48万元。巡查单位101家，完成指标101%，立案19起，完成指标23%。补签劳动合同38份，劳动合同签订率95%以上，续订率85%以上。新增单位农民工参加五项社会保险完成指标100%，清理办社保登记证没有缴费单位完成指标100%。监测劳动合同履行情况单位80家。为退休老知青办理户口返城3人，为返城知青办理一老一小开具证明7人次。劳动协管员指定监督检查采集信息60个单位。

（肖体树）

【全模式管理服务体系建设】 年内，强化网格案件管理考核办法，细化网格案件、社区人口、社区面积、“六小门店”等内容及社区基础数据及十一大模块数据录入的考核，增强考核的全面和公正性。全年处理网格案件2.6万个，居民举报案件572起，结案率达99%。街道全模式十一大模块服务管理工作在全区排名中保持排名靠前较好的势头，其中应急管理、社会事业、综治维稳、安全生产等为先进。

（肖体树）

【拆违控违】 年内，街道将拆违控违工作与城市功能调整、提升环境秩序水平相结合，清整辖区内违法建设，拆除违法建设18处2293.9平方米，完成市级挂帐任务1200平方米。专项整治武圣东里20号楼、潘家园13号楼等“开墙打洞”违法行为，取缔非法底商15户，恢复绿地200平方米。

（肖体树）

三里屯街道

【概况】 三里屯街道地处朝阳区中西部。东起东三环北路，南临工体南路，西至春秀路与东城区相接，北濒亮马河，面积2.9平方公里。分别与呼家楼、朝外、左家庄、麦子店、东城区的东直门街道办事处接壤。辖区内有街巷40条，其中主要有工体北路、工体东路、新东路、三里屯路、东三环北路等8条。设有幸福一村社区、幸福二村社区、北三里社区、东三里社区、中三里社区、中纺里社区、白家庄西里社区等7个社区。辖区人口5.8万，其中户籍人口3.8万，外地人口1.8万（含北京外区县），境外人口2千人。辖区有社会单位5000余家（其中法人单位2900余家）；驻华使（领）馆97家；联合国开发计划署、联合国难民署、联合国儿童基金会、世界卫生组织、国际劳工组织等联合国驻华机构及国际组织驻华机构15家；涉外宾馆饭店5家；中央单位28家，市属单位47家，区属单位33家。辖区有北京联合大学机电学院一所大学，北京市八十中学、三里屯一中2所中学，北京市朝阳区白家庄小学、北京市朝阳区实验小学、北京市朝阳区三里屯小学3所小学，61599部队幼儿园、北京幸福天使幼儿园2所幼儿园和北京法国国际学校、北京英国学校2所涉外学校；有武警北京总队医院、三里屯社区卫生服务中心、善方医院、三里屯佳美口腔门诊部、国宗中医门诊部、北京长虹医院、北京曹开镛中医门诊部、北京市红叶齿科医用器材厂北阿口腔诊所。有幸福夕阳托老中心1所、日间照料室10处。三里屯街道地处CBD功能区的辐射区，是朝阳区经济文化发展最活跃的地带之一，也是朝阳区“时尚文化板块”的重要组成部分。培育并发展“三里屯国际时尚文化街区”品牌，打造“一街四圈”（酒吧街、三里屯SOHO商圈、机电院商圈、太古里商圈、工体商圈）特色功能区。作为朝阳区首批授牌的文化创意产业聚集区，地区发展特色鲜明，形成集文化、休闲、娱乐、餐饮、体育、商贸等多种功能于一体的国际时尚文化街区。年内，街道围绕建设“美丽、幸福、人文、魅力”三里屯工作目标，完成各项工作任务。全年实现区级财政收入14.53亿元，同比增长3.83%，小房产税收入2230万元。获得区级以上先进集体6个，先进个人 4 名，获团中央等五部门颁发的第二届中国青年志愿服务项目大赛金奖，2015年被评为首都级文明街道， 4个社区获评首都级文明社区，“外籍学雷锋志愿服务项目”被评为区级十大金牌志愿服务项目，获北京市示范司法所、北京市献血先进单位、北京市城管工作先进单位等多项区级以上称号。

地址：幸福村1号
邮编：100027
电话：64165276
网址：http://sltjd.bjchy.gov.cn

（王 敏）

【“三诚”班子“五心”队伍建设】 年初，街道工委提出“三诚”班子、“五心”队伍的建设目标，即打造“对党对国家对事业忠诚、对地区居民对辖区社会单位真诚、对组织对同事坦诚”的“三诚”班子，建设“勇于担当、赤胆忠心；爱岗敬业、干事尽心；服务群众、让民暖心；为政清廉、坦荡公心；修身立德、健康身心”的“五心”干部队伍。通过领导干部讲党课、地区宣传栏、公示墙、网站、微信、报纸等媒介发布、青年干部“晨讲”、在机关干部中开展大讨论等形式，多层面宣传固化，形成共识。

（王 敏）

【法治社区建设示范街道建设】 7月，三里屯街道司法所被评为北京市示范司法所。11月，三里屯街道获全国社区法治建设示范街道称号。

（王 敏）

【领导调研】 10月29日，市政协副主席唐晓青、提案委主任董瑞龙率30余名市政协提案委员调研三里屯街道社区养老工作发展情况。区政协、区老龄办、区民政局等相关领导陪同调研。12月12日，副市长王宁到三里屯幸福夕阳托老中心调研养老工作。市政府副秘书长马林，市民政局局长李万钧，朝阳区区长王灏，副区长孙其军陪同调研。

（王 敏）

【市领导调研】 12月24日，北京市副市长、市公安局局长王小洪，市委副秘书长、政法委常务副书记邱水平，市委政法委副书记、首都综治办主任闫满成，区委书记吴桂英，区委副书记陈宏志，区委常委、宣传部部长、区委办主任刘军胜，副区长杨树旗到三里屯地区检查圣诞夜应急值守和安全保障工作。

（王 敏）

【“智能停车诱导系统”建设】 年内，争取专项资金近300万元，创先引入三里屯地区智能停车诱导系统，通过最大限度利用社会单位地下车库停车资源，解决居民停车难题，缓解区域交通压力，提高停车效率，减少停车找位时间。经过充分调研和科学论证，组织召开项目推进会，向上级有关部门进行专题汇报，系统完成调研论证、车场数据采集、诱导屏点位确定、项目优化设计、微信公众号开发和试点指示牌建设等工作。

（王 敏）

【开展社区创享计划】 年内，街道与北京恩派非营利性社会组织、朝阳民和社工事务所合作，整合汇丰银行15万元资金，投入85万元，在7个社区全面开展社区创享计划。通过广泛宣传、培训，参与社会组织达44个，征集金点子120个，44个项目获资金支持，直接参与的居民达2000余人。

（王 敏）

【构建“一核两翼N空间”】 年内，街道工委提出“一核两翼N空间”工作模式，推进党建和社会治理一体化（“一核”即工作领导核心。成立以工委书记为组长的党建和社会治理创新领导小组。两翼：是指党建研究指导中心和社会治理与服务创新中心。N空间，是以街道综合服务中心为主体，辐射社区、楼宇、企业，发挥“枢纽型”社会组织作用，围绕共商共议、办事简易、便捷就医、展现才艺、志愿公益、老有所依、生活便宜、文明礼仪、功德道义等方面建立多个空间，推进社会组织全覆盖）。各社区党委在“一核两翼N空间”工作格局的指导下，加强社会治理与服务创新中心建设，培育和发展新的社会组织38家，辖区社会组织达125家。

（王　敏）

【“两项重大任务”保障】 年内，坚持首善标准，落实属地责任，按照“大事不出、小事也不出，精益求精、滴水不漏、绝对安全、万无一失”工作标准，启动社会面一级防控，组织机关干部、社区工作者、巡防队员、治安志愿者近2万人次对工体周边道路沿线进行24小时不间断巡视。开展入户走访，落实商户关停措施，加强安全生产、环境秩序检查，全力以赴保安全、保运行、保环境、保形象，完成中国人民抗日战争暨世界反法西斯战争胜利70周年纪念活动和第十五届世界田径锦标赛服务保障任务。

（王　敏）

【保障性住房审批】 年内，街道完成限价房复核通知343户，保障房申请35户，廉租补贴复核41户，廉租实物住房复核35户，住入公租房家庭复核78户，廉租实物住房复核35户，公租房房源登记97户，公租房复核71户。

（王　敏）

【楼宇党建阵地拓展】 年内，围绕楼宇党建工作，重点拓展阵地建设，以提高楼宇党组织覆盖率为重点，提升支部的影响力。对新入驻的企业，推进建组织工作。新建独立党支部3个，建立27个楼宇党组织，其中党委1个、党总支1个、独立党支部22个、联合党支部3个，直管党员238名，流动党员900余名。

（王　敏）

【服务型党组织建设】 年内，商务楼宇开展的“午间时刻”被评为区十大优秀服务品牌之一。幸福一村社区“家庭党日”活动，解决体弱多病、行动不便老党员参加组织生活不便的问题；幸福二村社区“老管家服务队”，解决当前居家养老存在的问题；北三里社区开展的“邻里守望”，解决社区部分孤寡、空巢老人生活问题；白西社区打造的“楼门知心人”，解决老旧小区环境及居民生活中难事问题。全年街道2000余人次参与服务。

（王　敏）

【廉政文化园地建成】 年内，将东三里社区公园升级改造，建设成由前言导引、清风长廊、廉政故事、党建宣传、勤廉名篇5部分构成的廉政文化园地。

（王　敏）

【志愿服务】 年内，强化志愿服务机制建设。与百度外卖，顺风快递等商家合作，为志愿者提供免费服务和打折商品，得到市志愿者联合会肯定。注册志愿者6100余名，达到地区总人口的12%，全年开展活动500余次。发挥公益储蓄分中心功能。获优秀街道分中心，1人获区级十大优秀志愿者，袁少海1家获十大优秀公益家庭称号。主办“环保嘉年华，低碳你我他”“关爱之心—爱在后备箱”和“为妈妈奔跑”3项大型活动，筹集善款6619元。“为妈妈奔跑”获团中央等五部门颁发的第二届中国青年志愿服务项目大赛金奖，做实活动创品牌。“幸福一村外籍美食活动”“幸福巴克”“阿莲美发志愿服务”“北三里党员示范岗”项目被评为市级优秀志愿服务项目。“外籍学雷锋志愿服务项目”被评为区级十大金牌志愿服务项目。

（王　敏）

【居家养老】 年内，以幸福夕阳托老中心为带动，推进居家养老服务，为地区1432名老人申请节日服务补助，为2200余名老人办理居家养老服务，新建街道养老照料中心项目有序推进。

（王　敏）

【人口调控】 年内，人口调控指标为872人，实际调减919人，完成全年任务105.4%。

（王　敏）

【党政群共商共治工程】 年内，通过多种方式，向地区人大代表、政协委员、社会单位与居民群众征求意见建议，发放建议案表4000余份，征集各类意见建议500余条。研究确定拟办实事项目，涉及日常生活、环境秩序、公共服务、社会安全、社区建设等5大类。街道层面15个项目和社区层面33个项目在规定时间完成，包括自行车棚改造、环境改造、楼道粉饰、门窗维修、安装防护门等工程。

（王　敏）

【拆除违法建设】 年内，围绕“新违建零增长，历年违建负增长”工作目标，建立每日巡查机制，设立巡查台账；开展法制宣传工作，建立长效的沟通机制，为相对人答疑解惑，告知工作进展；制定拆违工作职责说明书，明确工作职责，杜绝“违拆”现象。完成16处区级挂帐违建的拆除工作，拆除违建面积8215平方米。拆除30处新增违建，涉及面积809平方米。

（王　敏）

【计划生育服务】 年内，按程序办理一胎、合理二胎生育服务证313名，独生子女父母光荣证72人，为65人办理随父入户，为112人办理流动人口生育服务联系单，开具户籍人口婚育情况证明10份。

（王　敏）

【安全生产检查】 年内，检查生产经营单位800余家（次），下达各类执法文书300份，发现并整改安全隐患900余处，处理网格案件15起，处理投诉举报8起，为社区独居老人安装可燃气体报警器109个、联合城管、消防、派出所和药监等部门开展检查15次，关停5家餐饮经营场所，查封彩钢板房居住场所1起，责令9家企业停业整顿，约谈企业负责人22人，立案11起，罚款6.1万元，帮助企业消除大量存在的安全生产隐患，降低事故发生的概率。

（王　敏）

【食品药品监管】 年内，辖区建立台账单位1182户，开展专项整治。立案85件，结案85件，罚没款入库35万余元，抽检食品99批次301户次，全年调查处理投诉举报、来信来访、政民互动、市长信箱、网格案件1200件。

（王　敏）

【社区换届选举】 年内，完成7个社区“三委”换届工作。选举出35名党委成员，其中党委书记7人，副书记专职副书记各6人，委员16人。

（王　敏）

【社区文化节】 年内，组织开展“和谐健康、你我同行”三里屯第十四届社区文化节系列活动。内容涵盖“百姓同乐会”“翻米粒儿——仲夏童乐汇”“地区小合唱比赛”等板块，万余人次参加和观看演出。

（王　敏）

【街面秩序整治】 年内，落实环境秩序管控的“三班、六定责任制”，推进无照经营、店外经营、非法小广告等难点问题的综合治理。围绕春节、全国“两会”“9·3“阅兵、世锦赛两大安保任务和五一、十一等重要时间节点和重点地段，实行早晚班无缝对接，开展街面环境秩序专项整治工作重点工作任务。集中整治工体北路、同里地区、白家庄路、三村四巷、武警医院西门等重点点位，对白家庄地区每日进行午间盯守及同里地区、工体北路、酒吧街口夜间盯守，打击工体北路存在多年的羌藏族无照游商现象。开展街面秩序整治工作，规范“门前三包”340余起，查处店外经营260余起，查处无照经营720余起。

（王　敏）

【就业服务】 年内，开发就业岗位1866

个，实现就业426人，登记失业人员就业率75.69%，就业困难人员实现就业316人，走访跟踪服务用人单位168户，城乡劳动者技能培训61人，创建充分就业社区6个，自主创业10人，带动就业51人。城乡居民养老保险续保150人，超额完成全年工作任务指标。

（王 敏）

首都机场街道

【概况】 首都机场街道位于朝阳区东北部。成立于1978年6月。东邻顺义界内的T3航站楼，南到天竺镇楼台村，西接顺义区天竺镇，北至顺义界内的空港保税区。辖区总面积12.23平方公里。下辖4个社区居委会。年内有户籍人口7283户、24894人，常住人口33889人，流动人口8967人，外籍人口28人。有汉族23705人，满族478人，回族231人，蒙古族158人，其他少数民族322人。新出生241人，出生率为9.6‰；死亡74人，死亡率为2.9‰。有法人单位302个，其中中央单位32家，有中国民用航空华北地区管理局、中国民用航空华北地区空中交通管理局、中国外运北京空运公司、北京航空货运公司。市属单位10家，有中华人民共和国首都机场出入境检验检疫局、中华人民共和国首都机场海关、中华人民共和国北京出入境边防检查总站、北京市人民政府口岸办公室、首都机场工商行政管理分局、首都机场公安分局。区属单位10家，有北京市朝阳区首都机场社区经济管理中心、北京竞飞工贸有限责任公司、北京空管汽车维修服务有限责任公司、北京空港万通物业管理有限责任公司机场分公司、北京蓝天翔云航空服务有限责任公司。其它单位273家，有北京华侨美亚投资发展有限公司、北京天兆基业管理咨询有限公司、北京阳光百代投资有限公司、北京爵鑫盛达科技发展有限公司。有医院1所，社区卫生服务站1个，社区服务中心1个。有中学2所，幼儿园4所。途经辖区公交线路12条，有地铁机场快轨线贯穿其中。有260平方米为民服务大厅、2000平方米地区文化中心、有2处文化广场和2处24小时自助图书馆，绿化率为41.8%。年内，首都机场街道围绕“深入学习宣传贯彻党的十八届四中全会精神、加强社会服务管理创新”这条主线，加强基层社会管理和服务体系建设，巩固和拓展教育实践活动成果。充分利用建章立制形成的制度，定期组织回头看，夯实教育成果。把实施党政群共商共治工程作为坚持和贯彻党的群众路线的重要抓手，推动地区科学发展，提升民生幸福。完成税收10207.76万元，同比增长17.16%。实现区级财政收入10571.22万元，同比增长18.1%，征收房产税496.4万元，同比减少36%。

地址：首都机场生活区西平街2号

邮编：100621

电话：64566971

网址：http://jcjd.bjchy.gov.cn

（李雪飞）

【社区党委换届选举】 5月，街道4个社区全部完成社区党委换届选举工作。4个社区实有党员436人，其中应参加选举党员290人，实际参加投票选举党员281人，投票率96.9%。选举产生新一届社区党委委员32人，其中席位制委员12人。当选的书记中，连任当选4人。书记、主任“一肩挑”4人。新一届党委委员中，社区居干党员19人，占委员总数的95%，居民党员1人，占委员总数的5%；女性委员20人，占委员总数的100%；年龄最大的59岁，年龄最小的29岁，平均年龄为43岁，比上届下降1岁；4名委员为大专学历，本科以上学历15名，占委员总数的75%。社区党委书记中本科以上学历3人。

（李雪飞）

【党政群共商共治工程】 年内，街道继续开展党政群共商共治工程。通过多渠道征集意见、建议，初选协商，以及问政会，自下而上收集汇总201条。最终确定街道2015年“党政群共商共治工程”实施项目20项，涉及街道层面13项，投入资金890.8万元，社区层面7项，投入资金65万元。完成南平里甲1号楼、燕西17号楼、北平里小区等8处小区大门改造工程。安装安全防范防爬刺1500延长米。完成南路东里和南平里高清监控系统建设，安装25个球机，25个枪机。为地区40个重点单元门，安装速力思门禁视频联运报警系统。安装西平里小区绿地栅栏12处。完成南路西里优美小区创建工作。更换77栋楼的小区楼宇宣传栏。

（李雪飞）

【党建工作】 年内，街道工委以加强机关党员干部的作风建设和能力建设为轴心，以加强基层服务型党组织建设为核心，全面构建区域化党建协调工作环和服务环。完成“三严三实”专题教育活动。完成社区党组织换届选举工作。制发《首都机场街道党务工作制度汇编》，制定《首都机场街道社区党组织服务群众经费使用管理办法》。推广南平里社区“乐民好管家”模式，升级“帮帮忙服务社”“微心苑服务社”等党员服务站点经验，构建起条块联动、横向到边、纵向到底的地区服务网络。联合地区20余家社会单位成立区域化群建联席会，服务社区的单位增加到53个党团组织，服务项目满意率超过98%。机场地区15家企业通过职工之家验收，其中北京空港休闲中心有限公司被朝阳区总工会评为区级“职工之家”。南路西里社区妇女之家品牌“亲姐妹互助站”评为区级示范妇女之家优秀服务项目。开展青年联谊、外出参观、志愿服务等30次区域联合活动，吸引3000人次青年参加。制定《机场街道“三重一大”决策制度实施细则》《首都机场街道纪工委委员工作制度》。制定《社区纪委人员备案制度》《社区纪委培训制度》《纪工委定期听取汇报工作制度》和《社区纪委考核制度》。

（李雪飞）

【文化建设】 年内，完成《国门人·祖国有我更精彩》《铭记历史 共铸国门》专题片拍摄，在朝阳报微信公众号、中国文明网朝阳站、机场电视台等媒体播出。组织20名宣讲员开展4次“我们的价值观”百姓宣讲活动，推荐“北京榜样”20人。报送信息421条，在《朝阳报》及朝阳有线上稿11次，在《朝阳信息》上位列街道系统第1名。与北京玄镜文化传播有限公司签订政府购买服务协议，邀请北京北京曲艺团老师定向辅导地区文艺团队。承办第三片区全民健身日健身项目展示，举办“激情喜迎冬奥会、助力田径世锦赛——朝阳区全民健身日羽毛球赛”，机场街道获季军。开展机场地区第一届门球友谊交流赛，12支门球队伍，130余人参赛。

（李雪飞）

【拆违控违】 年内，完成拆违挂账任务1处，拆除新增建筑10处，反馈区拆违办督导组督办件3件，处理疑似新增网格案件178件。综合整治南路西里22号楼首层外扩违建，拆除户外广告牌匾7处，腾退房屋6户，拆除南路西里22号楼南侧花园内违法建设2处21平方米。

（李雪飞）

【社区服务】 年内，完成社区居委会换届选举工作，选举新一届委员20人，新当选居委会委员平均年龄36.9岁，全部具有大专及以上学历。依托社会组织开展“社工助航计划”，10名新任社工进行培训。南路东里社区书记王飞雪，在北京市第四届“寻找首都最美社工”评先活动中，入围100名候选人名单。西平街社区顺利通过六型社区创建验收。南路西里、南路东里和西平街社区升级为五星级智慧社区。西平街社区“空港科普体验厅”通过市科委验收，承接市科委“牵手蓝天”科普活动，并与机场运行中心联手开展青少年科普活动。

（李雪飞）

【就业与劳动保障】 年内，完成就业10项重点指标，完成社会化退休、无保障老人、城乡居民养老、一老一小和无业医疗参保及药费报销、补换社保卡等服务工作。为34户52人办理低保相关手续。为83人提供医疗救助、临时救助、丧葬补助等手续，为4人办理退保手续，发放各类社会救助资金248.6万元。建立、健全四支便民服务队伍台帐，做到日检查、月考核。设立服务热线及监督电话，对孤寡、病残及80岁以上老人免费上门服务。完成劳动监察任务指标，检查用人单位130户，立案30件，结案30件。

（李雪飞）

【人口计生】 年内，街道开展“关爱母婴、启航梦想”为主题的“晨曦计划”。在2015年第三届“幸福家庭”DV大赛中，街道报送的《我们的好警嫂》《博士董的28次相亲》分获朝阳区一等奖、二等奖。

（李雪飞）

【城市管理】 年内，投入150万元，完成燕翔西里三块绿地清理补植，京客隆东侧小花园、南路东里健身小花园整体改造提升，南平里社区花园修缮，全面清掏、疏通和整修地区雨水井。开展“三个一百”创建工作，提升机场南路、南平街、岗山路3条示范大街常态化管理水平，综合整治改造副食西街、东平里路、首都机场路、小天竺路、机场南路等5条街巷。创建南路西里小区环境优美小区，修整地面1500余平方米、修整停车场200余平方米、粉刷楼道23000余平方米、绿化改造14000余平方米。投入103万元，粉刷28栋居民楼。组织14次地区综合执法检查门店、商超市场、工地、人员密集场所、违建及重要部位。规范门前三包1200家次，查处无照游商71起，清理堆物堆料93处，规范各类广告牌匾84块，关闭违规电子显示屏76块，清理小广告182处，没收非法小广告10000余张，查处黑摩的20起。

（李雪飞）

【安全稳定】 年内，建立街道食品药品安全标准化快速检测实验室。处置“6·12”火灾事故及善后工作。完成“9·3”抗战阅兵应急保障任务。查封8家“无证无照”经营场所，督促整改安全隐患24处。为地区三分之二居民家庭3301户配发燃气安全报警器，其中空巢老人、残疾、低保等特殊类型家庭达到安装全覆盖。超额完成全年1038人的调控指标。开展矛盾纠纷隐患日常排查12次，专项排查7次，调处各类矛盾纠纷176件。

（李雪飞）

【帮困助残】 年内，发放城市居民最低生活保障金、帮困卡补贴、生活困难补助、城市特困人员生活补助等资金41.9万元，募捐“春风送暖”社会捐助善款13300.7元，为地区40户空巢、失独、失能老年人情况安装“一按灵”，安装楼宇扶手567个。与边检总站和AMCEO志愿者共同举办家庭日助残活动、康复踏青活动、庆七一知识竞赛、残疾人生日会及康复评比、书法交流暨喜迎“中秋”共建活动8次。

（李雪飞）

双井街道

【概况】 双井街道位于朝阳区中西部，辖区面积5.08平方公里。东起东四环，与南磨房乡相邻；南至劲松大街和广渠路，与劲松街道相邻；西至东二环，与东城区（原崇文区）相邻；北至通惠河，与建外大街相邻。从历史上追溯，双井街道成立较早，1949年设立广渠门关厢街，1954年建农业新村街道，1968年正式更名为双井街道。自建制以来，双井街道都属于朝阳区的重要街乡，是CBD的服务保障区、居住人口高度密集区、老工业基地转型升级区、先锋文化聚集区、以及连通首都功能核心区与市行政副中心的重要廊道，发展的首位度非常高。年内，有户籍人口99653人，流动人口26422人，包括来自110个国家和地区的3900余人。域内有广和里、垂东、垂西、双花园、富力、光环、广泉、广外南、九龙、九龙南、大望、百子园12个社区居委会和社区服务站，规模以上企事业单位6341家，幼儿园6所、小学5所、中学2所、老年大学1所、医院2所、社区卫生服务站5个，属于CBD商务生活服务功能区。年内，街道班子在认真学习领会《京津冀协同发展规划纲要》，研究地区经济社会发展趋势基础上，科学严谨制定街道远期远景、中期规划、近期目标，明确街道正处在“黄金发展期”和“矛盾凸显期”并存的阶段，地区呈现出“三复杂、三优势、一趋势”的突出特点，即人员构成复杂、管理环境复杂、矛盾隐患复杂，存在着队伍优势、工作优势、资源优势，以及双井作为CBD商务生活服务功能区的定位带来的住宅区聚集、人口急增的趋势，制定“12345”工作思路，即“坚持党建引领这条主线；抓好环境建设和安全稳定两项基础工作；推进社会动员中心、养老照料中心和信息化指导中心三个中心建设；做好社区建设、党政群共商共治、社会动员、文化文明四项重点工作；强化思想保障、民生保障、作风保障、队伍保障、反腐倡廉五个保障。”街道完成区级财政收入7.5亿元，同比增长9.9%；完成小房产税征收2647万元，同比增长14.6%。街道先后获全国计划生育协会工作先进单位、全国法治社区建设示范街道、北京市税务代收规范化建设示范单位及北京市献血工作先进单位等称号。

地址：百子湾南二路88号
邮编：100022
电话：67782507
网址：http：//sjjd.bjchy.gov.cn

（孙子懿）

【生肖设计大赛】 1月12日，街道在今日美术馆举办幸福羊生肖设计大赛。面向全球华侨华人、外国友人征集“羊”年生肖形象作品。活动征集作品要求原创，与生肖羊有关，形式不限。征集作品包含剪纸、国画、油画、纪念封、编织、串珠、陶艺、布艺、DIY等，活动增添春节喜庆氛围，宣传中华传统文化，中央电视台和北京电视台等媒体进行报道。

（孙子懿）

【羊年社区微春晚】 2月12日，街道在劲松电影院举办2015年社区微春晚。微春晚分为国风古韵、洋气十足和年的味道三部分，通过“掌上双井”微信公众账号50余个居民自创节目中投票选出的16个优秀节目登台表演，展示双井地区居民深厚的文化底蕴。

（孙子懿）

【“中国梦、幸福家”社区活动】 3月29日，由全国心系系列活动组委会和北京市社工委共同举办的“中国梦、幸福家”系列社区活动启动仪式和首场讲堂在双井街道举办。第十届全国人大常委会副委员长、中国关心下一代工作委员会主任、心系系列活动组委会名誉顾问顾秀莲参加活动，街道成为首个“中国梦幸福家”心系系列活动体验基地。

（孙子懿）

【社会动员中心正式启动】 4月16日，街道社会动员中心正式启动。中心建筑面积680平方米，由“一网五中心”构成，即：十二社区网、区域化党建指导中心、社会组织指导服务中心、家庭综合服务中心、社会单位服务中心和公益储蓄分中心。通过“一网五中心”带动社会资源广泛参与地区公益事业，辐射地区居民7万余人，居民可以享受到更多元、更专业的优质社会服务。

（孙子懿）

【北京东站非法市场整治】 5月19日至24日，街道对北京东站货运场非法市场开展整治行动。整治工作组先后10余次对北京东站货运场非法市场内商户进行宣传告知，要求其尽快搬离腾退；6次与市场管理处负责人座谈，对其进行告知，要求其尽快对商户进行补偿。腾退商户167户、拆除棚子200个，规范地区市场经营行为。

（孙子懿）

【“僵尸自行车”活动】 8月1日，街道在乐成中心广场举办“改造僵尸车”活动。活动是改善小区环境，将废物变宝，通过居民自觉将无法使用自行车捐出换取生活礼包，增加小区使用空间，还改善小区环境。

（孙子懿）

【“开墙打洞”综合整治】 10月26日，在前期宣传和专项执法的基础上，街道组织各相关部门集中集中整治双井东院1号楼1层“开墙打洞”门店，关停违法商户22家，拆除违规牌匾标识25块，清理渣土和违法设施60吨，将楼体恢复原貌。未出现任何安全事故和责任纠纷。

（孙子懿）

【党风廉政建设】 年内，落实“两个责任”建设，完善党风廉政建设领导体制和工作机制，分层级签订承诺书1份、责任书186份，开展落实“两个责任”理论测试，确保“一岗双责”。制定《双井街道深化提醒谈话的工作办法》，开展廉政提醒谈话60次，排查廉政风险点102个，制定防控措施190条。组织全体党员干部下载安装“四风问题一键拍”APP，运用双井网等街道媒体，引导群众反映检举“四风”问题。落实“三重一大”决策制度，深入开展分权管权工作，健全“副职分管、正职监管、集体领导、民主决策”的工作机制。

（孙子懿）

【干部队伍建设】 年内，对查摆出的科室负责人缺口、科级干部结构不够合理等问题，街道选拔调整科级干部5批次23人次。对机关和社区青年干部，开展增强能力素质、团队精神的培训。针对人员空编问题，招录公务员及事业单位人员14人，办理人事调入调出手续32人，办理退休5人，处级选任、公务员转正等考察工作7批20人。完成在职及退休、离休人员的工资调整工作。督促机关公务员100%完成在线学习。按时完成工资统、人事统、事业单位统等年报相关统计工作。

（孙子懿）

【非首都功能疏解】 年内，街道落实京津冀协同发展战略，优化城市空间布局，疏解、清退丰运发、博爱伟业两家低端有形市场，大幅度改善地区环境秩序。拆除违法建设13处4605平方米，实现地区违法建设负增长的既定目标。实现地区人口调减1889人，完成全年任务的106%。

（孙子懿）

【重大任务服务保障】 年内，完成第十五届世界田径锦标赛和中国人民抗日战争暨世界反法西斯战争胜利70周年纪念活动安全保障工作。采用定人、定点、定责制度，实行24小时应急值守，出动地区志愿者、巡防队员10000余人次，时时监测社会治安和环境问题，完成“两项重大任务”服务保障工作。

（孙子懿）

【城市基础设施完善】 年内，街道投入各类资金5000余万元，完善地区基础设施。推进京哈铁路沿线环境整治工作，提升铁路沿线城市景观；完成垂东、广外南、九龙等4个社区8万余平方米老旧小区节能改造工作；实施东三环、四环沿线环境整治工程，升级主路沿线环境建设；升级改造光华东小区和垂杨柳北里38号楼小区硬件设施，居住环境达到准物业管理标准；落实“三个一百”专项工作，对惠力路、富力社区路等5条环境优美街巷，万东安欣小区，社科院小区，垂杨柳中里小区等6个环境宜居小区进行整体规范；完成“垂杨柳医院改扩建”拆迁腾退工作，为垂杨柳危改区居民实施应急抢修900余起，营造和谐宜居的生活环境。

（孙子懿）

【安全促稳】 年内，街道完善社会面防控措施，提升人民群众安全感和满意度。完成1370延长米防爬刺安装工程，升级改造门禁系统106套、探头221个。为地区1105个空巢老人家庭安装燃气管道自闭阀，在辖区1377个楼门设置警务工作联系表。检查生产经营单位8279家，发现隐患2921处，下达限期整改文件2212份，行政处罚53家生产经营单位，罚款61.03万元。接待和处理来访357批次，处理96105热线245件，办理政民互动1893件，办理市长信箱271件，处理各类聚集突发事件19次，解决各类纠纷2785件。

（孙子懿）

【文化建设】 年内，街道开展公共文化服务体系示范区创建工作。推进社区图书馆硬件、软件建设，配备电脑10台，电子读报机1台，文化社区显示屏1块。完善更新馆藏图书21000余册，接待读者3700人次，出入图书3835册。社区大课堂开课48讲，受益群众2000余人次。老年大学招收学员110人次，开设书法、人物、花鸟等7个课程。指导、协助各社区开展各类文体活动70余场，配发文体器材200余件，丰富群众业余生活。

（孙子懿）

【助残帮困】 年内，完成1926名残疾人信息上报工作，投入资金近20万元，做强“居家助残”和“残帮残”服务队建设。启动残疾人“康复服务”工程，发放补助27万元，涉及240余人次。慰问空巢、失能等特殊群体老人200余人，发放高龄津贴 29万元；通过政府购买服务形式，对街道近千名空巢老人开展心灵关怀和居家养老服务。建立和完善“一门受理、协同处理”社会救助机制，办理医疗、教育、慈善等救助1200人次，审核发放低保金505万元。实行“阳光低保”工作，完成383户低保家庭复审工作。

（孙子懿）

【互联网+党建】 年内，街道积极探索与发展地区“互联网+党建”建设模式，开展“幸福双井社区卡”项目，将居民的志愿服务活动转化成为有形志愿服务积分，构建不同主体尽享归属感、参与感、价值感、责任感和幸福感的双井“YI空间”。结合街道党政群共商共治工作，构筑街道“一轴四平台”区域化党建总体框架，并在此基础上实施“一四二二”（“一条领导轴心、四级协商平台、二级组织机构、二级治理平台”：以街道工委、社区党委、基层党组织为领导轴心，带动街道-社区-片区-楼门四个层面的协商平台有效运转，实现各级横向沟通、协调、整合、联动；建立街道、社区两个层面的组织机构，实现日常统筹、服务功能；构筑街道、社区两级事务治理平台，实现资源得到有效整合、事务得到有效处理）运转模式，实现资源得到有效整合、事务得到有效处理的良好局面。围绕党建开展妇联工作，成立12支巾帼亲情服务队，有效化解家庭矛盾60余次。超额完成“两个覆盖”任务，新增工会278家，新增会员3437人，完成预期目标。街道选拔调整科级干部5批次23人次，招录公务员及事业单位人员14人，完成处级选任、公务员转正等考察工作7批20人，解决科室人员有缺口、干部结构不够合理等问题。

（孙子懿）

【共商共治工程】 年内，街道继续坚持民需导向，完善三级议事协商制度，创新“三大三小”（“三大”：参与共商共治的社区居民覆盖面的最大化，楼门议事的议题范围最大化，群众交流融合的最大化。“三小”：共商共治单元的最小化，楼门议事确定议题的最小化，议题实施过程中矛盾和困难的最小化）工作机制，围绕“四个延伸（议事平台由社区向小区（楼院）延伸，项目主体由政府单一主体向多元参与主体延伸，内容由办实事向社区治理延伸，项目经费由单纯行政经费支持向社区资源融合延伸）重点推进共商共治工作。投入资金1000余万元实A类项目10项、B类项目13项、C类项目38项，提升居民生活质量。整合地区资源，动员更多社会力量参与地区建设，街道着重整合社区嘉年华、跳蚤市场等社区融合类项目，发动双井地区居民和社会力量参与，以自治互助的方式推进地区居民和社会力量的更好融合。

（孙子懿）

【计生政策落实】 年内，依法落实各类计划生育家庭奖励扶助政策。办理一胎生育服务证563个，独生子女证222个，1胎随父入户手续153例，转档案审批1320人，政策2胎生育服务证186个，政策2胎办理随父入户手续47个。查验外地来京育龄人员流动人口婚育证明2346个，签订流动人口育龄妇女计划生育责任书759份。输入全国流动人口计划生育信息交换平台信息658例。发放独生子女费54800元，1772人；发放独生子女父母一次性奖励335000元，发放一次性经济帮助15人15万元。组织无偿献血近30万毫升。街道获全国计划生育协会工作先进单位和北京市献血工作先进单位。

（孙子懿）

【社区规范建设】 年内，完成社区换届选举工作。街道工委、办事处按照“坚持党的领导，严格依法办事，保障民主权利”指导思想，做到组织领导到位、应急保障到位、监督指导到位，完成选举任务，实现12个社区新老班子的平稳过渡。新一届社区“三委”班子年龄结构、性别比例以及文化程度都得到优化。推进社区议事厅建设，在12个社区建设居民议事厅，架起百姓与社区的“连心桥”，使议事场所固定化、规范化、常态化。定期组织召开社区议事会，引导居民参与社区决策，形成“党委带领能议事、居民主动爱议事、社会参与议好事、人心凝聚议成事”氛围。

（孙子懿）

【社会力量动员】 年内，街道开展政府购买公共服务工作。全年有15个项目被列为市、区级项目，争取资金支持179.8万元。街道投入资金186.6万元，购买3大类25个项目，涵盖为老服务、文体活动、失独关爱等方面。动员各社会组织在动员中心开展活动166场次，链接动员社会单位21家，服务人群9320人次，带动社会资源广泛参与地区公益事业。以百子园社区为试点，实施“三社联动”项目。形成24个公益服务项目，服务居民3200余人，动员企业员工、高校学生等志愿者参与服务达100余人次。培育、发展麻花事记志愿者服务队、瑞泰牙科卫士、后现代妈妈团、大学生志愿者团、绿丝藤志愿者服务队等16支社会组织。推出掌上双井微信公众号，顺应“互联网+”时代发展，通过多种形式引导、激发居民的正能量。组织开展“过精彩假期，做美德少年”暑期青少年实践活动，地区近万名居民参与，《人民日报》、北京电视台等媒体对活动关注并进行报道。

（孙子懿）

团结湖街道

【概况】 团结湖街道位于朝阳区西部。东起水碓子东里、水碓子东路、朝阳体育馆西侧，南至呼家楼北街和二道沟北侧，西至东三环北路，北至农展馆南路。辖域面积约1.23平方公里，辖22条街巷，设6个社区居委会。截至年底，地区常住人口36498人，流动人口10897人，户籍人口出生率9.48‰，死亡率6.50‰。域内团结湖路纵贯南北，与农展馆南路、团结湖北路、姚家园路、团结湖中路、团结湖南路、朝阳北路依次相交，各楼区间道路相互贯通，共同构成辖域交通网络。多家银行、邮局、新华书店、京客隆超市等服务设施分散于团结湖路东西两侧。驻有中轻国际工程有限公司、国家烟草局培训中心等央属单位与北京青年报社等市属单位，建有中专1所、中职1所、中学1所、小学2所、幼儿园2所、托老所1所、医院4所。全年完成区级收入2.12亿元，同比减少5.3%。个人出租房屋房产税征收1350万元，同比减少12.3%。

地址：团结湖北头条9号楼

邮编：100026

电话：85589999

网址：http://tjhjd.bjchy.gov.cn

（王 瑾）

【团结湖早市撤市】 1月1日，团结湖早市正式撤市。

（王 瑾）

【文化艺术节】 1月16日至9月29日，举办“最美团结湖文化艺术节”。内容包括“暮年童歌”朗诵表演、“丹青妙笔”书画大赛、“天籁之音”歌唱比赛、“妙手生花”手工作品创作赛、“拿手好戏”戏曲表演大赛等。100余家单位、6000余名居民参加活动。

（王 瑾）

【团结湖文化服务中心】 2月6日，团结湖街道文化服务中心竣工。中心位于团结湖中路北一条6号，总建筑规模5929平方米，其中地上五层4916平方米，地下一层1013平方米，框架结构。工程总投资3045.27万元，全部由区发改委基建基金安排。互联盟建筑设计（北京）有限公司设计，北京鼎华建筑工程有限公司施工，北京新森智业工程咨询有限公司监理。9月，团结湖街道文化服务中心正式投入使用。地下一层为健身房、民乐室，一层为社保大厅、早教室、展览室，二层到五层设有多功能厅、培训教室、电影放映厅、舞蹈排练厅、练歌房、图书阅览室、电子阅览室、乒乓球室、台球室等健身活动场所。

（王 瑾）

【党政干部“接访月”活动开展】 3月2日至20日，开展领导干部“接访月”活动，每天安排一名处级领导到信访接待室带班接待，共接待群众19件次、19批次、35人次，其中集体访1件次、5人次。

（王 瑾）

【家庭公益体验嘉年华活动】 3月21日，由区社会办、区公益储蓄中心主办，团结湖街道协办的“万星照万家、志愿在朝阳”朝阳区家庭公益体验嘉年华活动在团结湖公园举办。活动中表彰优秀志愿者家庭，号召家庭参与公益事业。

（王 瑾）

【信访宣传月活动】 5月1日至31日，开展“阳光信访、责任信访、法治信访”信访条例宣传月活动。在团结湖中心地区设置宣传站点1个，悬挂信访宣传横幅16个，张贴信访宣传画4套，设置宣传板报10块，制作信访宣传袋5000个，接受群众咨询12人次，现场解决矛盾问题2个。发放《信访条例》《北京市信访条例》及各种宣传纪念品、宣传材料5000余份，参加活动的居民2000余人。

（王 瑾）

【社区党委换届选举】 5月，完成地区全部6个社区党委换届选举工作，选举社区党委书记6名、党委副书记10名、其他党委委员18名，确定席位制代表22名，选举纪委书记6名、副书记及委员12名，4个社区党委书记全部连任，2名新提名的党委书记当选。

（王 瑾）

【社区居委会换届选举】 5月，6个社区完成九届社区居委会选举工作。选举一次性通过，产生42名委员，平均得票率99.54%。在新一届社区居委会成员中，有主任6名、副主任12名、委员24名。其中男性14名、女性28名，党员11名，持证社工18人，居住或户籍在本地区的社工29人。新任社区居委会主任4人，占社区居委会主任总数66%。新任社区副主任8人，占副职总数的66%。没有直接居委会工作经历的26人，占成员总数62%。

（王 瑾）

【"六五"普法验收】 6月9日，通过"六五"普法验收。

（王 瑾）

【中国智慧城市国际博览会参展】 7月，参展2015中国智慧城市国际博览会，集中展示团结湖自2012年起在智慧型社会治理方面具有代表性的建设成果。参展项目分四部分：团结湖智慧信息机、3D团结湖智慧家园平台、"互联网+"养老助残服务平台及人脸识别系统。

（王 瑾）

【"两大"任务期间环境整治】 7月至8月，"两项重大任务"期间，开展地区环境秩序整治工作，涉及步道砖维修、粉刷建筑外墙及线杆、修整花池、清理卫生死角、增设宣传板等。

（王 瑾）

【环湖健步行活动】 8月5日，由区体育局和团结湖街道共同主办的"激情喜迎冬奥会 助力田径世锦赛"2015北京·朝阳国际体育文化节系列活动之团结湖环湖健步行在团结湖公园举行。三里屯、香河园、麦子店及左家庄街道参加活动，表演特色体育项目，近千名居民及社会单位代表参加健步行活动。

（王 瑾）

【智慧团结湖书籍出版】 8月，《智慧团结湖——"智慧型社会治理"探索与实践》由中国青年出版社出版。全书印刷500册，内容涵盖团结湖街道信息化建设理论、建设内容及建设成果。

（王 瑾）

【企业集中办公区设立】 10月，在朝阳北路225号京龙大厦18层设立中小企业集中办公区，委托申正融信（北京）财务顾问有限公司管理，为入驻企业提供注册、财务、商标代理、投融资等服务。

（王 瑾）

【1%人口抽样调查】 11月1日，开展1%人口抽样调查工作。涉及三四条社区、中路南社区2个社区，确定登记户数165余户，登记人口360余人。

（王 瑾）

【国家宪法日宣传】 12月4日，在团结湖公园东门北侧，举办以"弘扬宪法精神，推动创新、协调、绿色、开放、共享发展"为主题的国家宪法日宣传。安监、食药、统计、社区参加活动，发放法律书籍、图册2500余册。

（王 瑾）

【区域化党建】 年内，采取"社区党委指导、居民支部承包"的形式，以居民支部活动带动楼宇党建。七一期间，表彰非公企业先进党组织、商务楼宇党建协作共建先进单位。加强党员教育管理，发展党员5名。

（王 瑾）

【劳动监察】 年内，巡查劳动用工单位120家，专项执法检查3次，书面审查60家用人单位，查处用工违法行为立案42件，结案率100%。劳动监察执法处罚4件，处罚600元。查处拖欠工资事件3起，帮助来京务工人员讨要工资15000元，办理农民工参加五项社会保险登记7家，新工商注册单位办理社会保险登记50户，清理已办理社保登记而没有缴费单位30户。

（王 瑾）

【城市网格化管理】 年内，通过全模式系统平台接收处理各类网格案件40906件，结案率98.15%。通过热线平台接听电话2598个，派遣居民服务单627单。通过三微平台与居民互动482次。通过信息机及掌上团结湖发布社区新闻848条，图片2450张，信息机总点击量264079次。

（王 瑾）

【智慧居家养老指挥中心建成】 年内，在街道文化中心建成一家养老助残综合体验馆，定期为老年人、残疾人提供娱乐、体验、健身、休闲等智能为老服务为一体的综合场所。形成为老年人和残疾人指挥、调度、提供服务信息于一体的指挥中心。

（王 瑾）

【食品药品监管】 年内，联合执法20余次，查抄取缔无证照餐饮商户10家。调查处理食药网格案件、投诉举报案件300件，处理率100%。行政处罚案件75件，其中罚款25件，金额25.6万元。无上访案件、行政复议案件、行政诉讼案件。完成食品药品安全监督巡查"四品一械"1000余次。开展培训2次，参会者300人次。开展食品样品快速检测抽检150件，委托检验机构抽检监测100件，均合格。

（王 瑾）

【社区规范化建设】 年内，组织社工参加培训、拓展训，提升社工综合素质。成立"好帮手志愿服务队"，开展老旧小区自我管理与服务。中路北社区创建北京市六型社区和市级社区规范化建设示范项目工程。成立6个社区议事厅、12个小区议事会、25个楼院议事厅，解决问题93件。开展社区创享计划，产生5个提案项目。

（王 瑾）

【非京籍儿童借读证开具】 年内，通过提出申请、网上录入信息、街道初审、区教委终审等流程，为非本市户籍适龄儿童少年在朝阳区接受义务教育开具借读证44张。

（王 瑾）

【安全生产检查】 年内，落实安全生产责任，与辖区690家生产经营单位签订安全生产责任书。检查生产经营单位366家次，发现问题或隐患220处，整改197处。行政处罚10起，处罚4.2万元。岗位达标10 4 家。

（王 瑾）

【拆违控违】 年内，拆除账内任务2处130平方米，账外新增避风阁4处50平方米，梯子2处18平米。

（王 瑾）

【集中执法整治】 年内，集中整治露天烧烤和无照经营，落实现场定点巡查制度，城（协）管队员固定岗和流动式相结合管理。与派出所联合执法整治48次，查处露天卖小吃68起，取缔无照经营85起，罚款6000元。取缔无照经营400余起，罚款10720元。查处黑摩的45辆。拆除地锁196个，拆除广告牌匾36块。拆除违规设置道旗95面。没收移动广告牌69块，小广告30000余张。上报小广告停机130个，处罚1起，罚款300元。制作执法文书104卷。

（王 瑾）

【创建"六无大街"】 年内，农展南路、东三环北路和团结湖北路创建成"六无示范大街"（无小广告、无开墙打洞、无无照经营、无乱停乱放、无露天烧烤、无门前三包乱象）。清运暴露垃圾5处，规范拆除户外广告12块、灯箱广告8块，拆除门店构筑台阶3处28平方米，拆除遮阳篷1处7平方米，制止东三环北路开墙打洞1起，规范、清洗报刊亭2个，取缔3个早餐点，清理卫生死角8处，整治沿线占道店外经营。

（王 瑾）

【公共卫生服务】 年内，开展30余次健康大课堂及宣传活动，2200余人受益。组织学龄前流动儿童流脑麻疹的查漏补种680人、外来务工人员流脑疫苗接种320人、老人流感疫苗接种2000人，完成对流动人口、娱乐场所、吸毒人员等高危人群的宣传干预工作。

（王 瑾）

【红十字工作】 年内，募集博爱募捐86801.40元，为地区1户困难群众申请博爱救助金3000元。完成初级急救员取证培训100人，应急救护普及培训1500余人。组织辖区中小学生开展避险逃生技能培训和演练活动14次，参加人数400余人次。完成无偿献血94单位。

（王 瑾）

【民政帮扶】 年内，为地区低保户119户202人发放低保金160万元。医疗救助191人次，发放16万元。临时救助7户，发放3.2万元。新生救助3人，救助1.35万元。办理丧葬补贴11人，发放丧葬补贴5.5万元。发放地退工资242万元，军退军工工资95.7万元。募捐衣被13000件，捐款16090元，开展慈善捐款2000元。

（王 瑾）

【双拥共建】 年内，慰问贫困士兵6人，慰问金3000元。春节慰问部队1万元。部队战士参加街道社区各项双拥活动150人次。

（王 瑾）

【为老服务】 年内，为地区490户独居老人和重度残疾人安装燃气报警器。发放高龄津贴25万元，办理老年证450个，办理老年卡2900个，为地区高龄空巢老人免费中医体检1000人次，提供出行服务1200人次，提供送餐服务3000人次，提供家政服务1500人次，提供心理疏导200人次，对300位失能老人进行康复评估及康复训练指导。

（王 瑾）

【工会建设】 年内，新增建会单位73家，会员1093人，建会单位总数258家，会员5100余人。开展活动20余次，覆盖会员2500余人。工会会费税务代收平均申报率93.50%，平均缴款率94.49%，平均零申报率3.02%，劳动合同签订率90%，京卡办卡率85%。开展建会单位培训5次，覆盖会员200余人。为15家单位建立职工之家，覆盖会员1400余人。完成选举工作，产生第二届工会委员会成员。

（王 瑾）

【团的建设】 年内，完成区域化团建工作，配齐团工委专、兼职副书记及委员，在6个社区均建立团支部。新建20家“两新”（新经济组织和新社会组织）团组织，孵化2家青少年社会组织。

（王 瑾）

【劳动就业】 年内，辖区城乡劳动力实现就业327人，就业率78.8%，其中就业困难人员实现就业232人。职业技能培训62人，实现自主创业9人，带动就业35人，创建充分就业社区6个，采集空岗信息1415个，走访跟踪服务用人单位119户，就业困难求职人员实现就业比例80%。

（王 瑾）

【水碓子筒子楼改造】 年内，完成水碓子18号筒子楼厨房改造、楼道粉刷及楼内线路整修，改善180户居民生活环境。

（王 瑾）

【环境整治】 年内，以共商共治为平台，开展环境整治工作。内容包括南北里社区小广场改造，将自行车棚改造成阅览室、维修便道护栏，更换便民设施，修补绿植景观等。

（王 瑾）

【矛盾调处】 年内，排查调处信访事项606件，信访件办结率99%，其中接待来访、来电、来信102件次333人次，处理区政民互动交办件504件。接待集体访8批165人次，调解社区矛盾纠纷242件次，预防越级访、集体访2次。

（王 瑾）

【地下空间检查】 年内，检查人防工程1350次，开具人防工程安全检查整改通知单600份，排除安全隐患450起。

（王 瑾）

【残联工作】 年内，走访慰问地区483户困难残疾人，为6户特困残疾人申请临时生活困难补助，为地区136人发放北京市市民居家养老（助残）服务券，为37户肢体残疾人进行家庭无障碍改造。

（王 瑾）

【社会治安综合治理】 年内，开展扫黄打非专项行动，检查网吧、歌厅、图书报刊亭等50余家。加强物、技防建设，为地区18个单元的926户居民更换门禁系统，维修大门6处，安装监控探头20个。地区发生可防性案件32起，处于较低水平。煤火安全检查619人次2449户。被区委评为“无邪教创建示范街道”。

（王 瑾）

【消防安全】 年内，出动消防工作检查组832个，出动检查人员4764人次，开展联合检查109次，检查单位3218家，查处消防隐患561处，整改549处，开展消防培训55次，培训2190人。开展消防宣传活动52次，受教育人数6210人。开展灭火演练47次，发放各类宣传材料6150张。

（王 瑾）

【人口调控】 年内，清理违法群租房19套，开展流动人口宣传教育2次，发放宣传资料4800余份，累计培训2000余人。地区实有流动人口10897人，减少1551人。

（王 瑾）

望京街道

【概况】 望京街道位于朝阳区东北部。成立于2000年6月。东起机场高速路与酒仙桥街道、将台乡接壤；南起北四环路与太阳宫乡为界；西至京承高速路与来广营乡、大屯街道相望；北至湖光北街、宏泰西街与东湖街道、崔各庄乡相邻。辖域面积10.36平方公里。下辖22个社区居委会。年内，有户籍人口33699户、89510人，常住人口22.9万人，流动人口46598人，外籍人口7972人；新出生992人，死亡217人。有法人单位6126个，有中央美术学院、国际竹藤网络中心、中建一局集团建设发展有限公司、中国民航管理干部学院、国家机床质量监督检验中心等中央单位49家，市属单位38家，区属单位22家，其他单位6017家。有医院3所，社区卫生服务中心1个，社区卫生服务站8个，科研院所1个，大学5所，中学8所，小学7所，幼儿园（托儿所）23个，养老机构1个。途经辖区公交线路48条，地铁13、14、15号线贯穿其中。有3200平方米的为民服务大厅、地区文化中心、有2处文化广场和7处24小时自助图书馆，绿化率为36%。年内，望京街道认真贯彻落实区委、区政府的工作部署和要求，确立“党建引领、民生为本、科技创税、文化铸魂”工作思路，以“三严三实”专题教育和社区“两委”换届选举为契机，着力提升党建引领发展能力，突出社会管理向社会治理转变，践行城市管理多点突破路径，扎实落实为民办实事工程，完成反法西斯战争胜利70周年纪念和世界田径锦标赛两项重大任务的服务保障工作。实现区级财政收入25.12亿元，同比下降20%，征收房产税2864.1万元，同比下降4.5%。

地址：望京东园615楼

邮编：100102

电话：64703102　84778841

网址：http://wjjd.bjchy.gov.cn

（项 悦）

【专职安全员到岗】　1月4日，经北京市统一招聘，区安全局分配，街道首批专职安全员14人到岗。工作职责主要是承担辖区内日常安全生产检查工作。街道建立安全员学习制度，组织学习各项制度，并培训安全生产现场检查方法、文书填写格式，通过竞选方式推举出3名副队长，加强对专职安全员队伍的日常管理。

（项　悦）

【早市拆除】　1月30日，街道组织南湖派出所、望京工商所、城管执法队、综治办、城建科及江南开发公开发中心联合执法，一次性拆除南湖渠三巷早市，缓解周边环境脏乱状况。10月28日，城管执法队出动执法人员30人次、保安50次、执法车6车次，对花家地早市进行清理整治，取缔无照经营20起，暂扣电动三轮车3辆，服装800余件，熟食50余公斤，蔬菜水果400余公斤。10月29日，对花家地早市中占道经营、无照经营、擅自摆摊设点等违法经营的商贩予以取缔。后经街道道协调，申请清退低级市场。11月30日，花家地小区低级次市场停止经营。12月20日，将原市场内临建房屋全部拆除完毕，花家地小区低级次市场取缔。

（项　悦）

【党政群共商共治工程】　2月5日，街道召开“望京街道党政群共商共治工作2014年总结会暨2015年问政会”。区社会办包片领导李永纲、区人大代表于久洪、街道科级实职以上干部、社会单位及居民代表126人参加会议。会议播放2014年党政群共商共治工作汇报片，介绍街道2015年党政群共商共治工作问政季工作开展情况及项目建议案草案，对年度将要开展涉及地区居民日常生活、公共服务、环境建设、社会安全、社区建设等56个共商共治项目征求参会人员意见。年内，推广社区议事厅、小区议事厅、楼院（楼宇）议事厅建设，建立“1+22+88”（1个街道议事协商会，22个社区议事协商会，88个小区（楼院）议事厅）议事平台，征集各层次意见、建议158条，确定党政群共商共治项目56项，街道重点工作61项。11月底，各个项目完成。通过共商共治，老人用餐难、社区体育广场环境整治、便民厕所改造等困扰百姓生活的难事得到解决。

（项　悦）

【社会面综合治理】　3月12日，街道召开2015年度望京地区社会治安综合治理工作会。街道处级领导、辖区工商、派出所、交通大队、食药所等执法单位领导参加会议。街道办事处副主任张申瑞通报《2015年朝阳区社会治安综合治理工作要点》，各执法单位结合各自职能围绕提升群众安全感和满意度、实施联合执法、实施专项整治阐述2015年工作思路，研讨停车管理、打击黑车黑摩的、整治街边烧烤、民警下社区、地铁安检宣传、地铁站地上地下联动工作。年内，利用450万元专项资金，对安防监控系统进行改造升级，在主要大街和公共场所加装70个高清红外线监控探头。投资50万元购买10辆电动巡逻车及一辆小型消防应急车，组建30人的社会面治安巡防小分队，加强对地区治安案件频发地段、小区、平房区巡逻。通过“以投代奖”的方式，协同小区物业管理公司，为8个小区安装车辆出入监控系统、人员出入刷卡系统、小区围墙防盗网，实施小区封闭式管理建设。第四季度街道群众安全感指数91%，同比提高3%，在朝阳区43个街乡排名第10名。

（项　悦）

【书香望京】　3月至5月，街道联合朝阳区图书馆、BTV生活频道举办“2015年书香望京全民阅读”系列活动。活动分“送读”、“精读”“乐读”3个板块，通过形式多样读书活动，传递“分享阅读、快乐阅读、绿色阅读”阅读理念。

（项　悦）

【党风廉政建设】　4月2日，街道工委召开2015年度党风廉政工作会。街道全体机关干部、社区“两委一站”负责人，社区纪委书记、街道特约监督员等120人参加会议。街道纪委书记总结街道2014年党风廉政建设和反腐工作，部署2015年街道党风廉政建设工作，并确立“清晰风险点，把握关节点、制约着力点”工作思路。年内，以“六化”（ 教育常态化、决策民主化、财务规范化、事务公开化、监督制度化、体系网络化）为抓手，开展“为官不为”“为官乱为”专项整治工作，开展“四风”整治活动，建立“有权必有责、用权受监督、侵权要追究”工作机制。修订完善街道采购项目监督管理规定等6项改进作风的制度。

（项　悦）

【社区党委换届选举】　4月至5月，22个社区党委采取“公推直选”方式完成社区党委换届选举工作。实有党员4067人，其中应参加选举党员2123人，实际参加投票选举党员2017人，投票率95%。选举产生新一届社区党委（总支）委员130人，其中席位制委员56人。当选书记中，连任当选14人，新当选8人。书记、主任“一肩挑”17人，比上届少2人。新一届党委委员中，社区居干党员59人，占委员数的45.4%，居民党员70人，占委员总数的53.8%，其他身份1人，占委员总数的0.8%；男委员42人，占委员总数的32.3%，女性委员88人，占委员总数的67.3%；年龄最大的81岁，年龄最小的26岁，平均年龄54.4岁，比上届下降1.1岁；文化程度大专以上86人，高中以上119人。

（项　悦）

【获“全国最美家庭”称号】　5月14日，全国妇联在人民大会堂举行“全国最美家庭”揭晓仪式，望京花家地西里三区居民金九皋家庭入选100户“全国最美家庭”称号。

（项　悦）

【安全生产条件普查】　5月至12月，街道在辖区开展安全生产条件普查工作。悬挂宣传条幅10幅，张贴宣传画50张，发放各类普查表9453份，相关工作人员多次到社区检查、指导工作，普查生产经营单位3283家，核销3779家，完成率113%。

（项　悦）

【首届望京榜样评选】　6月，街道精神文明建设委员会联合《今日望京》社区报、望京网启动2015“望京榜样”主题活动，寻找身边的望京榜样。评选出来自各行各业“望京榜样”99名，其中最小年龄为12岁，最大年龄为91岁，授予李楠等10人为“2015望京十大公德人物”，红心十姐妹、同心园等6个团体为“望京榜样团队”。

（项　悦）

【社区换届选举】　7月25日、26日，望花路东里、南湖西里、花家地、花家地南里、爽秋路、圣星、南湖西园二区、望京西路、望京园8个户代表选举社区，望京西园三区、望京西园四区、花家地西里、花家地北里、花家地等14个居民代表社区，通过依法选举，均一次选举产生新一届社区居委会成员152名。其中主任22人，副主任31人，委员99人，男性35人，女性117人，书记主任一人兼17人，党员（含预备党员）45人，占成员总数的29.6%，市统招大学生社工16人，占成员总数的10.5%，连选连任68人，占成员总数的44.7%，户代表参选率达到84%，居民代表参选率达到83%。

（项　悦）

【“两项重大任务”服务保障】　8月12日，召开望京地区“两项重大任务”服务保障动员大会。街道办事处主任胡建东部署《望京街道“两项重大任务”服务保障工作方案》，建立“1+6+22”服务保障组织体系，成立望京街道分指挥部，设立包括综合协调、安全维稳、城市运行安全保障、环境秩序、应急保障、群众组织和发动6个专项工作组及以社区为单位22个工作小组。8月17日，召开相关安全生产工作会，专项部署地区安全生产检查工作，要求安全生产工作实现“三个100%”（核查单位100%，隐患整改100%，责任书签订100%），对辖区12类重点人开展摸排，突出重点人防范，实行“六包一”管控措施。在150个社会面防控点位上，发动治安志愿者3133人，社会单位安保力量3000余人，落实网格化巡控措施，在4000米阅兵沿线上，65名警力按照1:3:3比例，配备195名安保力量、195名志愿者配合沿线警力，对接警卫要求，形成“以专带群、专群结合”的安防模式，保障“903”阅兵沿线和社会面安全稳定。

（项　悦）

【望京为民服务中心启用】 10月底，位于望京西园四区425楼面积3200余平方米为民服务中心正式受理地区居民各项业务。中心整合原位置分散的街道社保所、房管科、民政科、计生办、社区服务中心、残联、外籍人服务中心、文化服务中心等多个科室业务，在大厅内设20余个服务窗口，涉及保障性住房，计划生育、居民养老、残疾人服务、失业受理、灵活就业申请、96156社区服务、税收、护照办理等30余项业务，为居民提供“一站式”服务。12月4日，区委社会工委张永新书记到望京调研望京为民服务中心，对便民服务职能集中设置、合理安排的做法给予肯定，并对下一步为民服务中心的发展及党建中心、文化中心等功能的设置提指导性意见。

（项　悦）

【侨联成立十五周年暨迎新春联谊会】 12月26日，街道在北京青年政治学院礼堂举办庆望京街道侨联成立十五周年暨迎新春联谊会。22个社区100余名归侨、侨眷联欢，老侨支尽展才艺。区统战部副部长、侨办主任石延刚、区侨联主席曾旭、望京街道办事处主任胡建东为40余名热心侨联工作和社会公益事业、社区建设的老侨友颁发纪念品，阜荣街社区侨联和望京西园三区侨联作向街道侨联赠送剪纸作品。

（项　悦）

【城市病优化治理】 年内，持续做好城市病的优化和治理工作。将辖区分为一类和二类地区。治理无照经营、兜售非法出版物、黑车、占道经营、店外经营、非法停车场等环境问题，实现一类地区环境秩序违法行为“零发生”；二类地区环境秩序违法行为“零容忍”。规范管理露天烧烤。引导、督促经营者设立4处便民消夏啤酒花园，坚持与辖区职能部门联合执法，实施全天候、无缝隙监管，取缔露天烧烤52起，无照经营120起，规范店外经营32起，拆除户外烧烤用棚7个。对地铁站周边秩序、四元桥、望京SOHO周边交通秩序进行专项治理。

（项　悦）

【地下空间清理整治】 年内，以政府购买服务的方式，完成用于散租93处人防工程的清理整治，规范10处物业管理公司员工自用工程，清理小房间3958间，清退居住人员5834人。通过开展坝北村专项整治，疏减村内及周边低次级经营流动人口300余人。持续整治24处“群租房”，花家地北里一条街7家“开墙打洞”商户。完成年度人口调控5513的任务指标。10月25日，区委书记吴桂英带领区职能局和街乡领导到望京检查指导人口调控工作，对望京地下空间的清理整治工作的做法和所取得的成绩给予肯定。

（项　悦）

【社区建设】 年内，在老旧小区、国际化高档小区，探索以“自管自转”“五方共治”三社联动”分类治理模式，促进居民的有效融合。试点推行阜荣街“社区营造计划”、568社区自治路线图，引导居民主动参与社区事务，提高居民自我管理水平。继续以社区服务设施规范、社区公益活动促进、特色服务圈等，拓展一刻钟社区服务圈建设。完成2个“六型社区”、5个“智慧社区”升星和创建工作。

（项　悦）

香河园街道

【概况】 香河园街道位于区境西部。东与左家庄街道相邻；南与东城区接壤；西与和平街街道相望；北与太阳宫乡交界。辖域面积2.5平方公里。有9个社区。年内，常住人口35731人，流动人口10009人，出生人口353人，死亡人口152人。有企业单位102家，其中有中国国际展览中心集团公司等8家国有企业。建有社区服务中心和文化服务中心，有幼儿园9所、小学3所、中学2所，有煤炭总医院1个医疗机构、社区卫生中心1个、社区卫生站3个，有北控光熙国际康复老年公寓1个养老机构。地区标志性文物为“诰封碑”。地区绿化面积58.006万平方米，绿化覆盖率32.73%。年内，实现区级财政收入2.58亿元，同比增长10.13%；征缴房产税527万元，同比增长4.3%。迁转异地纳税企业1家，新建企业2家，新注册企业256家，全年无税源户流失。

地址：西坝河南里26号楼

邮编：100028

电话：64677044

网址：http://xhyjd.bjchy.gov.cn

（王珊珊）

【“两节”送温暖】 2月2日至17日，街道组织开展送救助、送慰问品、送文化、送春联及书画笔会、新春联谊会、新春饺子宴、亲情陪伴过大年等20余项内容“两节”送温暖活动。投入资金70余万元，涉及地区各类困难群体3000余人。

（王珊珊）

【综合工作会】 3月24日，街道召开2015年地区综合工作会。街道领导班子成员、人大代表、社会单位、社会组织负责人、党代表、居民代表、志愿者代表、机关干部和社区干部等110余人参加会议。街道办事处主任董云增作题为《加强统筹引领，创新社会治理，扎实推动地区建设再上新水平》工作报告。街道纪工委书记贾增胜作党风廉政建设工作报告。逐一签订党风廉政建设责任书。街道工委书记葛强就如何完成2015年工作提要求。

（王珊珊）

【社区党组织换届选举】 5月中旬，街道9个社区的党组织全部完成选举换届工作。8个社区党委、1个社区党支部，社区党员2902名，应到党员1189名，实到有选举权党员1139名，参选率95.8%。2个社区采取党员代表大会形式7个社区采取党员大会形式通过“公推直选”方式进行换届选举。选举产生新一届社区党委委员45名，其中书记9名，副书记13名，同时表决通过36位席位制委员。

（王珊珊）

【社区纪委换届选举】 5月，街道所辖9个社区完成纪委换届选举工作，产生新一届纪委。其中西坝河南里、西里、东里、中里社区，柳芳北里、南里社区，光熙门北里北、北里南社区建立社区纪委，光熙家园社区设立纪检委员。新一届社区纪委成员28名。

（王珊珊）

【社区居委会换届选举】 7月，街道所辖9个社区完成居委会换届选举工作，产生新一届居委会。西坝河南里、西里社区，柳芳南里社区和光熙门北里北社区，4个居委会采用直选方式选举，平均参选率98 %；

西坝河东里、中里社区，柳芳北里社区，光熙门北里南社区和光熙家园社区，5个居委会由居民代表选举产生，平均参选率98.4%。选出居委会成员61人，其中主任9名，副主任14名，委员38名。新一届居委会成员平均年龄39岁，呈现年轻化特征。

（王珊珊）

【工会换届选举】　7月，街道总完成工会委员会换届选举工作，街道总工会第二次代表大会代表105人，选举工会委员会委员13人，经费审查委员会委员3人，女工委员会委员3人。

（王珊珊）

【“两项重大任务”服务保障】　8月10日至9月，街道“两项重大任务”服务保障工作进入战时阶段，街道陆续启动辖区“二级加强”防控和“一级超常”防控。街道主要采取“纵向到底”的“立体式”和“横向到边”的“平面式”两种思维模式，巡逻和监控辖区6条主要大街、43处重要场所、229个重要点位，并在“8·22”“8·30”“9·3”等重要时点，分批次、分等级，组织力量上岗执勤，确保辖区环境、秩序安全稳定。9月2日至3日，街道武装部长王德金带队，组织机关干部及志愿者40人，参加天安门阅兵活动的执勤保障工作，负责区域为光华路警戒区，协助民警维持秩序、引导人流，为阅兵活动保驾护航。

（王珊珊）

【阅兵观礼活动】　8月23日，街道工委副书记冉精智带队，组织机关青年、社区居干及群众代表20人，参加“纪念中国抗日战争暨世界反法西斯战争胜利70周年”天安门广场阅兵预演观礼活动。9月3日，冉精智带队，组织机关青年、社区居干及群众代表40人，参加“纪念中国抗日战争暨世界反法西斯战争胜利70周年”天安门广场阅兵观礼活动。

（王珊珊）

【1%人口抽样调查】　11月18日，街道完成2015年1%人口抽样调查工作。调查工作涉及香河园辖区3个社区，4个北京点，1个国家点；涉及400余户，1000余人。

（王珊珊）

【物业纠纷调解委员会成立10周年】　11月27日，街道召开调解文化宣传季暨物业纠纷调解委员会成立10周年会议，总结街道物业纠纷人民调解委员会10年来工作，研讨今后如何进一步做好街道物业纠纷工作进。区司法局副局长胡胜利，区人民调解员协会会长徐长林、副会长张忠等70名嘉宾出席会议。

（王珊珊）

【宪法日宣传】　12月4日，街道在莱特曼广场开展以“弘扬宪法精神，推动创新、协调、绿色、开放、共享发展”为主题的普法宣传活动。街道司法所、劳动科、统计所等科室工作人员、律师及调解员参加活动。

（王珊珊）

【社区统计站设立】　12月25日，街道在辖区内9个社区分别设立社区统计站，并完成挂牌仪式。统计站的设立进一步规范基层统计业务管理，从源头保障统计数据质量，发挥社区统计工作在统计服务、基本单位统计维护等方面作用。

（王珊珊）

【党组织建设】　年内，实施48个党建服务项目。21支党员队伍入选区委社工委“十百千万”工程。走访慰问400名困难党员、困难群众以及党员模范。开展“特色党日”“党员示范岗”等活动110余次。新建团组织20家，发展非公党员1名。

（王珊珊）

【党政群共商共治工程】　年内，完善街道、社区、楼院三级议事协商平台，注重问需过程的全面、有效和多元，入户发放问需表15545份，收回8295份，征集有效建议7068条，通过多层议事协商、专家点评指导、多元论证分析等环节，确定“楼楼通”修建柳南社区安全扶手、扩建停车位规范停车管理等17个街道级项目，以及楼宇微公益、靓丽社区行动等66个社区级项目，投入710余万元。

（王珊珊）

【党风廉政建设】　年内，召开街道党风廉政建设大会，签订党风廉政建设责任书54份。按照自上而下、逐层梳理、按岗明责的思路，建立责任清单55份。组织开展党规党纪教育和廉政警示教育40余次。打造柳南廉政文化一条街，制作廉政文化流动宣传板43块。受理纪检信访案7件、行政投诉1件，查办违法违纪党员2人，处理违反工作纪律干部6人次，廉政提醒谈话300余人次。

（王珊珊）

【“居+”养老体系】　年内，街道立足地区实际，采取开展1次入户需求调查、成立1个居家养老顾问团、建成1个居家养老服务中心、开设1家老年人餐厅在内的“四个一”居家养老服务举措，结合原有居家养老工作，创建“居+”养老体系，即依托“一平台”（居家养老注册服务商管理平台），利用“两中心”（街道养老照料中心和街道居家养老服务中心），调动“三团队”（“七彩居养集思汇”顾问团队、“独爱晚晴”街道老年餐厅运营团队、系列助老志愿者服务团队三支团队），为地区老年人提供“六服务”（精神慰藉、应急呼叫、生活辅助、健康干预、文化娱乐、康复护理六大类居家养老服务），实现全地区老年人“七助”全覆盖。其中“独爱晚晴”老年人餐厅在2015年被评选为朝阳区养老示范餐桌。

（王珊珊）

【文化艺术节】　年内，街道推出“多彩文化季　魅力香河园”第十届地区文化艺术节。涵盖四大“文化季”的系列活动：“民俗文化季”“广场文化季”“专场文化季”“品牌文化季”，创建民俗文化艺术沙龙、“和谐香河园　健身快乐行”健身展示、“写意人生”书画摄影作品展、“国色天香”戏曲票友演唱会等地区特色活动。

（王珊珊）

【文艺品牌团队获奖】　年内，暖色光舞蹈队携原创作品《女人花》在北京市第十四届舞蹈大赛中获三等奖。香缘合唱团、国香京剧社和好心情民乐队在朝阳区品牌团队认定比赛中分别获金奖和第七名。雅韵至美交谊舞队在“梦飞之舞蹈·旋舞朝阳”朝阳区第八届群众交谊舞比赛中获三等奖。朝阳武术队获朝阳区国际体育文化节健身气功展示大赛暨全国百城和千村健身气功展示活动一等奖。

（王珊珊）

【就业服务】　年内，举办2次专题招聘会。“春风行动2015”专场招聘会共有15家单位参加，提供40个职位100余个就业岗位，200余名群现场咨询，40余人现场达成就业意向。与安贞、左家庄、太阳宫、和平街街道社保所联手举办“手拉手”招聘会，30家用工单位参加，提供200余个工作岗位，吸引300多名失业人员求职，28人当场达成就业意向。

（王珊珊）

【社区服务】　年内，深化“一刻钟社区服务圈”建设，依托香街道信息化服务平台建设，创建线上“五彩公益格子铺”。鼓励辖区居民通过志愿服务时长、“e事员”平台互动积攒“香草豆”两种方式，获取公益积分，兑换“铺”中“货品”，实现对社区居民公益行为反哺。

（王珊珊）

【志愿者服务】　年内，叶如陵团队工作室被评为“2015年度全国志愿服务示范团队”，其“行走在身边的保健医”项目获区精神文明办2万元专项资金支持。

（王珊珊）

【社区建设】　年内，西坝河东里、西坝河西里等5个社区通过“五星级”智慧社区评审，西坝河南里、柳芳南里等4个社区通过“三星级”智慧社区评审。光熙门北里南社区完成“六型社区”和社区规范化建设示范点创建工作。通过建立“壹+”模式，即：一名包楼居干，在一个小区管委会中担任指导员，以及一名党员包一层楼，多名社区居干辅佐的联动机制，推进光南社区准物业小区建设，依托“暖巢爱心”项目，汇聚多方力量，为小区居民开展各类帮扶、救助、关爱、互助等服务。

（王珊珊）

【停车自治管理】　年内，通过主动宣传和联合执法，拆除社区私设停车地锁3472处，清理僵尸车17辆。在柳芳南里社区和西坝河南里社区新建车位110个，完成新建停车泊位建设工作。在西坝河南里社区畅通消防通道5处，新建小区门岗2处，整修大门1处，安装护栏65延长米，施划消防、交通标识标线4258延长米，成立小区停车自治管理工作委员会和监督委员会，引进正规车管公司，完成小区停车自治管理工作。

（王珊珊）

【“开墙打洞”治理】　年内，联合区住建委、区房管局，集中整治西坝河东里27号楼一层“开墙打洞”10家门脸房，完成拆墙打洞工作，恢复居民楼体原貌，并重建绿化带。

（王珊珊）

【环境整治】　年内，开展多项综合整治工作。在户外广告和牌匾标识专项整治工作中，拆除违规设置广告牌45处，整改8处，拆除各类指路牌13块，没收各类水牌35块，清除临窗广告300余处。在露天烧烤大排档专项整治工作中，整治违法行为57起，罚款7000余元，其中查扣各类大小烤箱28个，桌子22张，椅子100余把，治理店外经营9起，规范占道经营12起，清理堆物堆料10余吨。在无照经营专项整治工作中，出动车辆610台次，人员1120余人次，组织夜查78次，查处430余起，取缔无照经营乱点3个，立案116起，与相关部门配合联动执法训诫5人，依法实施行政处罚1320起，罚款3万余元。在北京市空气重污染应急行动中，对辖区内的露天燃煤设施予以取缔，查处各类煤炉20余个，监督1家施工工地物料堆放及扬尘控制，增加洒水降尘频次。

（王珊珊）

【人口调控】　年内，清空散租住人人防工程29处，清理违法群租房6户20间，调减外来人口1355人，超额完成调控任务。

（王珊珊）

【矛盾调处】　年内，排查调处各类矛盾纠纷726件，调解成功率90%。接收信访件56件，其中市长信箱、区信访网络信访件7件，办理完成7件；自接49件，办理完成49件，办结率100%。

（王珊珊）

【安全生产】　年内，检查生产经营单位1800余家次，现场整改隐患3000余处，下发整改通知书300余份，限期整改隐患1000余处，立案处罚生产经营单位2家，罚款5万元。

（王珊珊）

【拆违控违】　年内，完成街道市区挂账任务1000平方米违法建设。通过巡查、网格案件、群众举报等途径发现并处理违法建设19处，568平法米，全部拆除。辖区未出现新增违法建设。

（王珊珊）

小关街道

【概况】　小关街道始建于1976年。街道位于在朝阳区西北部，东起育慧南路，与太阳宫地区接壤；南至北土城公园，与和平街街道交界；西邻北苑路，与亚运村街道毗邻；北至北四环东路，与大屯街道隔路相望。辖区面积 2.58平方公里。下辖小关、小关东街、惠新里、惠新北里、高原街、惠新苑6个社区。据第六次全国人口普查显示，常住人口25131户、68363人，常住流动人口18350人。辖区内主要干道有北土城东路、惠新西街、惠新东街。地区北四环路、北苑路沿途绿化景观独特，绿化美化水平高。道路交通用地0.5平方公里，占建设用地比例25%；居住用地1.3平方公里，占建设用地比例65%；公共设施用地0.2平方公里，占建设用地比例10%。街道地处奥园周边，定位为奥运功能区，自建奥林匹克文化广场，辖区有小营国际珠宝城、紫光大厦等19处商务楼宇和中国日报社、对外经济贸易大学、北京西藏中学等2756家机关社会单位。年内，街道财政收入任务4.9亿元，完成4.49亿元，同比增长5.2%，完成全年92%支出进度。小房产税全年1100万元任务指标，增长10%测算。全年完成1100万元，比去年增收100万元，增长10%，纳税人数增加10%。

地址：北四环东路108号院13号楼
邮编：100029
电话：64975980
网址：http://xgjd.bjchy.gov.cn

（佟学艳）

【植树造林】　4月，街道办事处联合社区、社会单位及辖区居民百余人，在地区千鹤家园、小关东街33号院等开展种植社区共建林活动，种植60棵海棠、连翘等。

（佟学艳）

【道路整体提升改造】　8月，完成安苑路整体提升改造项目。改造全长1200米，改造道路两侧进行绿化景观7455平方米、栽植各类苗木1851株、围墙围栏改造600平方米，更新沿线公共设施。

（佟学艳）

【社区文化建设】　10月，街道金之梦交谊舞队在区文委举办的“梦飞之舞蹈·旋舞朝阳”朝阳区第八届群众交谊舞赛中获三等奖。年内，以“关爱”文化节为主线开展文化活动。在小关地区元大都公园、奥林匹克文化广场等场地举办5场“关爱文化节暨幸福社区朝阳秀”系列活动。文化节系列活动在《法制晚报》《北青报》及北京电视台进行报道。

（佟学艳）

【新年联欢会】　12月30日，街道与北京社区文化促进会在对外经贸大学图书馆报告厅联合举办的“舞彩中国梦　小关街道惠新里社区新年联欢会”。著名歌唱家李光羲、著名评剧表演艺术家戴月琴、著名京剧表演艺术家朱宝光等艺术名家，走进惠新里社区，与普通百姓以联欢会形式共同迎接2016年新年。街道处级领导班子及惠新里社区居民600余人参加活动。

（佟学艳）

【优美胡同改造工程】　年内，绿化惠新里社区路1882平方米、挡土墙改造775.8平方米、清理围墙围栏广告牌1156.31平方米，改造搪瓷厂绿化253平方米、路面铺装761平方米，补植补种惠新南里5号院465平方米。

（佟学艳）

【智慧电子沙盘建设】　年内，利用电子沙盘建立安全生产闭环工作流程，开发安全生产检查智能化运行体系。通过智慧小关电子沙盘系统，派发检查任务，系统自动对需要检查的千余家单位进行智能化分级、分类，按照检查周期任务派发至安监员，实现电脑端与手机端同步运作。围绕基础设施智能化，社区治理现代化，小区管理自主化，公共便民服务多元化等目标，结合3D沙盘系统建立小关地区全模式分析系统，探索适合实际基层街道发现问题、解决问题的新途径。

（佟学艳）

【市容环境秩序整治】　年内，开展“环境

秩序类”“市容景观类”和“市政公用类”三大系列违法形态集中整治。综合治理建筑施工工地。对3处在建工地开展夜间施工、渣土转运、扬尘苫盖、噪音扰民专项整治，全年检查渣土运输车辆80台次，制止无证夜间施工案件50余件，督促苫盖暴露土方320余平方米，查处未按照规定覆盖土方案件3件，行政处罚6000元。

（佟学艳）

【安全生产监管】 年内，街道办事处出动执法力量90人次，联合安监等部门检查“六小门店”餐饮企业270家，查处相互倒气灌装钢瓶22桶，查扣“黑气罐”、超期检验钢瓶1个，劣质压力阀门3套。检查公共交通枢纽场站加气储备站1家，登记倒气枪3把。

（佟学艳）

【社区居民自治管理】 年内，推广居民小广告自治工作。建立准入制度，形成长效工作闭环；定期双盲检查，坚持阶梯式差异化奖励；依托执法手段，注重法制宣传辐射作用。构建以社区为主导、居民力量为核心，准物业、产权单位协同配合，街道办事处为统筹决策和财物支撑的组织结构。试点工作扩大到6个社区26栋楼200个楼门。治理内容从小广告治理到维修门禁、清理楼门堆物、构建楼宇文化。452名志愿者覆盖6个社区。

（佟学艳）

【流动人口管控】 年内，街道工委、办事处通过开展清理出租大杂院、整治群租房和消除地下空间安全隐患等工作，调控流动人口。街道流动人口由原来的11986人减为10892人，减少流动人口1094人，超额完成各项指标任务。

（佟学艳）

【居委会换届选举】 年内，完成居委会换届选举工作。制定《小关街道第九届社区居民委员会选举工作实施方案》，登记选民总数21678人，划分居民小组356个，居民代表526人。6个社区平均参选率96.8%，平均投票率99.8%，主任得票率99.2%，5个社区投票率达100%。其中在两个公推直选的社区，参选率94%以上。

（佟学艳）

【智慧社区创建】 年内，以惠新北里社区5星级、惠新苑3星级智慧社区创建为试点，开展智慧社区创建工作。3月，正式启用街道社会组织服务基地，配备工作人员6名。服务基地位于小关东街社区，占地约300平方米，分为6个功能区。基地采取“126+”运行模式，通过1个社会组织服务基地，2个枢纽型社会组织，6家社区居委会，助力六大委员会，引导、增加、发展N个社会组织。

（佟学艳）

【微信平台】 年内，发挥“关语”微信平台作用，居民通过互动中“志愿者”一栏进行志愿者报名登记，参与地区的志愿服务队伍中，成为小区家园的参与者建设者。全年有1615人次关注，发布消息通知等400余条。

（佟学艳）

【劳动社会保障】 年内，辖区登记失业人员就业率75%，完成指标任务116%。辖区城镇登记失业人员实现就业314人，完成指标任务102%。开发就业岗位数量1415个，完成任务指标117%。完成年度内两次第三方机构对地区特困家庭的入户核查工作。全年受理新申请低保户8户、低保复审4次，撤销待遇18户，低收入申请6户，发放低保金190万余元，电费及各项补助8.7万元。办理医疗救助金191人次，16万余元。申请清洁能源12户，补贴1.7万元。全年组织开展专场招聘会活动5次，达成就业意向100余人，实现就业70人。发布就业信息40余篇，整理求职信息，收集过滤空岗信息1415个，开展就业政策宣传活动6次，发放各类政策宣传材料3000余份。加大劳动监察执法，巡查地区用人单位180家，全年劳动监察立案数85件，协调解决各类工资及劳务纠纷6起，通过劳动监察网格管理系统监测，地区各企业劳动合同签订率达95%。全年参与协调解决各类工资及劳务纠纷15起，追讨农民工欠薪20余万元。

（佟学艳）

【综治维稳】 年内，召开综治维稳会商例会24次，解决70余个问题。组织各成员单位联合执法38次，查抄无照经营门店270余次，查封商户45家。查扣黑车、黑摩的42辆，出具整改意见书418份。

（佟学艳）

【食品药品监管】 年内，检查地区食品药品经营场所，完成举报投诉的调查处理152件，一般程序立案查处35件，简易程序立案查处50件，罚没款366447.3元。全年无行政败诉及行政复议被责令撤销及变更。

（佟学艳）

【党政群共商共治】 年内，完成街道层面共商共治工程11项、社区层面58项。实施包括车棚改造、路安工程等35项党组织服务群众项目。推进“一刻钟社区服务”拓展计划、社区公共服务综合信息平台建设，扩容“农社对接”便民菜店等服务项目，建设特色服务圈、星级服务圈。

（佟学艳）

【民政民生服务】 年内，落实城乡居民最低生活保障政策。街道有低保人员114户204人，全年与社保所、社区劝退低保7户18人，及时发放补助资金，通过“爱心超市”，每逢节日，为低保户、困难户发放米、面、油、洗涤用品等生活必须品、慰问品。全年投入资金20余万元。为城市低保、残疾人、地区特困群众办理价值600元“阳光家园”医疗救助卡，为150名困难群众申请医疗救助264092元。开展残疾人护理补贴救助，对符合政策规定的345名一、二、三级重度残疾人每月发放300元、100元的护理补贴，为126名重度残疾人每月发放助残金，为27名个体残疾人办理保险补贴，为33名精神病人办理医疗报销，为35户残疾人家庭改造无障碍，为35户听力残疾人安装防灾报警器。

（佟学艳）

亚运村街道

【概况】 亚运村街道位于朝阳区西北部，地处奥运主场馆核心区域。东起北苑西路与小关街道相接，南至北土城公园与安贞街道、东城区、西城区相邻，西到京藏高速路与海淀区相邻，北到安翔北路、慧中路、慧中北街与奥运村、大屯街道相接。四面环绕国家奥林匹克体育中心，三面环绕国家体运场（鸟巢）和国家游泳中心（水立方），是奥运功能区的重点区域。辖域面积5.13平方公里。有10个社区。辖区户籍人口2.6万户7.3万人，流动人口21200人。辖区有3029家单位，其中中央单位113家、市属单位150家、区属单位92家、非公单位2674家。有大学2所、中学3所、小学4所、幼儿园6所、成人教育学院1所，医院2家。是一个集经济、文化、教育、体育、娱乐、商贸、会展、旅游、居住等多功能于一体的综合区域。辖区内有北京市第一福利院和第五福利院两家养老机构；有3000平方米的文体活动中心1个和10000平方米的全民健身园，10个社区分别设有文体活动室。年内，街道践行“三严三实”要求，紧扣主线、紧盯重点、紧抓难题，着力在创新社会管理、强化社会动员、优化社会环境、夯实社会基础上下功夫。区域化党建工作格局不断完善，实施党建工作项目化，5个项目获评优秀服务品牌、项目，商务楼宇“五化工作法”获评街道系统社会治理创新十大优秀项目，完成34个党组织服务群众项目。投入近900万元完成62项共商共治项目。党风廉政建设“两个责任”有效落实，健全“两个责任”实施意见等制度，构建各责任主体有效分责的责任体系，教育引导地区党员干部自觉践行“三严三实”要求，做忠诚、干净、担当的好干部。组建安全生产监督员队伍，开展百名专家服务服务企业活动，全年检查生产经营单位833家，处置安全生产隐患1306处，完成2657家单位的安全生产条件普查工作。拆除地锁1100个，治理拆墙打洞2处，完成祁家豁子小区整体环境美化等5项环境改造工程。整合130余家企业服务资源，开展“百团大战”公益服务进社区、进楼宇活动。社区发展水平不断提升，深化社区基础设施及服务管理体系的规范化建设，北辰东路、安苑里等8个社区、安慧里、华严北里等2个社区分别升至四星、五星级智慧社区。金融、商务服务等重点产业实现同比增长33.9%的快速发展，新引进企业30余家形成新增区收入1143万元，已回迁和正在办理手续异地纳税企业13家，全年实现区级财政收入93403万元。

地址：安苑里北里21号楼

邮编：100029

电话：64960468

网址：http://yycjd.bjchy.gov.cn

（王存一）

【引进新生力量】 1月9日，英国care vision社区照顾服务公司中国区副总裁一行到亚运村地区社会组织服务基地参观考察老年人社区照顾服务工作。该公司主要运用国外先进的专业技术、设备，为社区老年人和弱势群体提供健康管理服务，涉及社区居民生理及心理建设的各个方面。基地工作人员带领参观人员到安慧里南社区日间照料中心进行实地考察，通过工作交流也为安南等7个社区公益空间筹划建设打下基础。年内，开展各类服务活动达158场，服务受益人群近30000人次，为社区建设以及地区居民提供社会组织力量的支持和服务

（王存一）

【青少年慰问孤寡老人】 2月，街道在新春佳节来临之际，组织辖区青少年到孤寡老人家中慰问。让孩子们体会到关爱他人是件快乐的事情，锻炼孩子们的实践能力，提高对老人的关爱意识，增强社区青少年的社会责任感，通过接触社会、服务社会，在奉献中体现自我价值，带动全社会形成尊老、敬老、养老良好社会风气。

（王存一）

【党风廉政建设工作会】 3月17日，街道召开2015年度党风廉政建设工作会。传达贯彻落实党中央、国务院和市区政府关于党风廉政建设指示要求以及中纪委十八届五次全会、市纪委十一届四次全会和区纪委十一届六次全会精神，总结街道2014年党风廉政建设工作，部署2015年重点任务。街道全体处级领导，街道纪工委全体委员，机关、事业单位全体干部，社区党委（纪委）书记、副书记，居委会主任（负责人），街道党风廉政监督员等约150人参加会议。会后，由街道纪工委就推进逐级建立责任清单和签订党风廉政责任书等相关内容培训。

（王存一）

【参展首届城市国际博览会】 7月10日至12日，首届中国智慧城市国际博览会（简称智博会）在北京展览馆举办。展会分为智慧城市综合馆、金融服务馆、智慧交通馆、智慧社区馆、智慧商务馆、养老健康馆、社会交往馆、平安城市馆、国际馆等10个展区，有国际国内城市、互联网企业、科技企业等近百余家单位参展。街道“信息化智慧宣传屏”在北京展厅展出，参展接待50余批次领导和观众的参观，并组织街道10余名社区工作者参观学习。

（王存一）

【便民摊位综合整治】 年内，对安慧里社区居民反映便民摊点周边环境卫生脏乱差、噪音扰民等问题，街道办事处主管领导召开由服务中心、社区居委会、物业公司、城管及公安等相关部门的综合治理协调会。采取召开摊主会议、发放《致社区便民摊点的一封信》、加大日常巡视和检查力度、联合社区居委会共同开展日常巡视和检查，发现问题，及时指出，并现场督促其改正、与摊主签订便民摊点限期整改通知书，对不符合要求的摊点进行照相、公示，协助城管整治摊点周边的经营秩序等方式综合整治便民摊位。

（王存一）

【救助贫困地区家庭】 年内，街道红十字会向区红会申报“关爱生命与健康温暖工程”项目。发挥红十字组织在政府人道救助领域助手，以及在保障和改善民生中的作用，为地区百姓办好事办实事。在重阳节之际，走访慰问地区的5户病困家庭，送去慰问金5000元。

（王存一）

【公益于民】 年内，清理安苑北里19号楼人防工程出租散租住人员，将工程使用权收回街道。街道办事处引进“地瓜社区”项目，被列为2015年党政群共商共治项目。项目主要围绕北京人防地下室长期存在地上和地下社群之间矛盾，将人防地下室改造为社区里的青年活动中心，以及城市农村青年互相携助创业的孵化器。

（王存一）

【就业服务】 年内，为2500余人进行职业指导日常政策咨询，为41名失业人员提供技能免费培训，开发就业岗位1152个，推荐失业人员就业223人。

（王存一）

【献爱心捐款】 年内，街道工委开展“共产党员献爱心”捐款活动。1416名党员、73名捐款75654元。所捐款项全部交至区慈善协会。

（王存一）

【慈善超市】 街道慈善超市正式挂牌运营，慈善超市是以社会公众自愿无偿的社会捐助为基础，借助超级市场的管理和运营模式，为困难群众提供物质帮助的公益慈善机构。按照社会化管理模式委托北京慈善超市发展协会组织统一连锁运营，按照市场经济理念，对超市经营实行品牌化连锁、规模化经营、集约化采购，并以低保、低保边缘、遭遇临时性困难和支出型贫困群体为慈善超市主要帮扶对象，同时用志愿服务的理念辐射全体市民。

（王存一）

左家庄街道

【概况】 左家庄街道位于朝阳区西部。东起东三环北路，临麦子店街道；南濒亮马河，临三里屯街道；西与东城区接壤，临香河园街道；北抵静安西街，临太阳宫地区办事处。辖域面积4.17平方公里。下辖9个社区。辖区人口99827人，其中常住人口66120人，外来人口32314人，外籍人士1393人。辖区出租房屋11060户，20497人，低保户407户、732人，60岁以上老年人22900人。有社区服务中心1所，社区卫生服务站4所，中学2所，小学5所，幼儿园7所。区域内有规模以上各类企业360家，其中央属企业23家，市属企业20家，区属企业12家，街乡企业1家，包括中信信托、中冶集团、中石化北京分公司、中信金属、中检集团等重要企业。左家庄街道是财政收入重要承载区，全年实现税源区级收入39.79亿元，超额6.2亿元，同比增长29%，收缴出租房屋房产税1447万元，同比增长11%。

地址：新源里西18号

邮编：100027

电话：64643210
网址：http://zjzjd.bjchy.gov.cn

（冯　晨）

【安全生产】　1月，街道15名专职安全员份正式上岗并开展工作，安全生产检查队、执法人员出动检查人员3715人（次），监督检查地区单位2350家（次），发现隐患2154项，全部完成整改。11月4日，街道举办安全教育大讲堂活动，讲解安全法律法规、经营场所安全规范、消防安全、居家安全、应急逃生等方面知识。完成第一次安全生产条件普查工作，普查底册4666家，核销3547家，已确认1119家，新增2006家。

（冯　晨）

【志愿服务】　3月27日，街道在三源里夏园召开志愿者表彰大会。表彰2014年度在社区志愿者无私奉献的百名社区志愿者。截至2015年底在册志愿者8000余人，志愿服务队伍100余个，服务内容涵盖多个领域，企业志愿者从800人增加到3500人。以社区居民李富和等为骨干的“和韵志愿服务队”每月定期在夏园文化活动广场开展志愿服务，获2015年朝阳区志愿服务“金葵奖”。

（冯　晨）

【社区文化节】　4月，街道举办第六届社区文化节。以弘扬民族文化，纪念抗战胜利70周年为主线，注重塑造文化氛围、提升群众参与度，开展“扬激情梦想之帆铸同舟共济之舰”体育运动会、纪念抗战胜利70周年文艺汇演等，社区举办文体活动50余场。

（冯　晨）

【换届选举】　5月15日，街道工委下辖9个社区党委完成社区党委（纪委）换届选举工作。选举中，9个社区全部实行公推直选，其中新源西里、顺源里社区采取召开党员大会方式进行直接选举，其它7个社区采取召开党员代表大会方式进行直接选举。9个社区选举出新一届社区党委委员59人，为9个社区配备专职纪委书记，同时完成80个居民支部的先期换届。超标准完成区委确定的党员参与率、投票率、当选率要在80%以上指示要求，全部达到 90%以上。7月25、26日，完成9个居委会换届选举工作，4个采取户代表选举方式的社区登记户代表5777人，5个采取居民代表选举方式的社区产生居民代表406人，选举产生新一届社区居委会成员61人，平均参与率98.8%（户代表选举参选率97.54%，居民代表参选率99.78%），委员全部高票当选。

（冯　晨）

【青年干部风采展示】　7月31日，街道举办“践行三严三实精神争做时代青年先锋”学习成果专题汇报演出。来自街道、社区的基层干部及200余名青年代表参加演出，通过朗诵演讲、情景剧、小品表演和应知应会知识抢答等多种形式，展现地区青年特别是年轻干部在“三严三实”教育活动中成果。

（冯　晨）

【双拥共建】　“八一”建军节前夕，街道在武警十七支队二大队的部队礼堂举办左家庄地区“警民一家亲”庆“八一”文艺演出。街道干部、左家庄街道文化协会会员、武警十七支队官兵、居民群众代表等500余人共同观看文艺演出。

（冯　晨）

【纪念反法西斯战争胜利70周年活动】　8月28日，在地区夏园文化广场举办“铭记历史、圆梦中华”纪念中国抗日战争暨世界反法西斯战争胜利70周年文艺演出。街道机关社区干部、300余名地区群众及10余家地区社会单位团组织参加活动。8月29日至31日，走访慰问地区12名抗战老兵及抗战烈士遗属，为抗战老兵和抗战烈属颁发抗战纪念勋章、发放慰问金，按照抗战老兵的实际需求分别发放电动轮椅1台，普通轮椅4台以及其他保健器具，向老兵表达政府的关心与问候。

（冯　晨）

【敬老月活动】　10月，对辖区居民，特别是60岁以上的老人家庭，开展以“培育敬老家风，建设和睦家庭”为主题的重阳节敬老服务月活动。

（冯　晨）

【宜居小区建设】　年内，打造4条优美街巷和5个宜居小区，粉刷维修破损的护栏、围栏、路面等基础设施，投资30万元平整街巷两侧树坑并改造树池口434个，规范新源西里东街23家商户牌匾，在优美街巷两侧增设“社会主义核心价值观”“优美环境”等宣传展板，营造文化氛围，5个宜居小区建立居民志愿者队伍，进行环境、治安巡查，实现常态化。

（冯　晨）

【校园周边整治】　年内，对新源里四小和新源里小学周边环境整治，道路修补5800平方米、铺装硬化及停车场建设5700平方米、外立面整治700平方米、广告牌匾整治370平方米、修建围栏围挡1320平方米、外立面粉饰1500平方米、灯杆粉刷防粘涂料500平方米。

（冯　晨）

【绿化美化】　年内，加大自管绿地的养护、补植力度，对春园、夏园、秋园、冬园及9个社区补植乔木15株，灌木4株，色带1080平方米，花卉60平方米，丹麦草4700平方米，改善绿地斑秃，提升小区绿化美化质量。

（冯　晨）

【党政群共商共治】　年内，完成党政群共商共治工程12项和为民办实事工程31项，涵盖居民日常生活、公共服务、社会安全、环境秩序、社区建设等方面。

（冯　晨）

【依法行政】　年内，建立“左家庄街道法律顾问制度”，聘请兰台律师事务所为法律顾问，为街道做出重大行政决策、出台行政规范性文件、处置重大突发事件等提供法律保障，提高决策科学化水平，全面推进依法行政。12月4日，召开地区“六五”普法总结汇报大会和“七五”普法动员启动会，全年组织律师参加公益法律服务活动80场次，咨询接待居民1500余人。

（冯　晨）

【公益创投大赛】　年内，开展“社区创享计划”，举办社区公益竞投大赛，作为品牌建设，将居民提出的40余个金点子转化为创享项目，通过提案大赛遴选出17个优秀项目，培养社区带头人18名。建立“新航”社会组织孵化园，引入社会组织7个，成立街道枢纽型社会组织1个。

（冯　晨）

【社区规范化建设】　年内，左东里社区通过市“六型”社区验收，实现新源街二小区和牛王庙南院小区准物业管理。

（冯　晨）

【居民议事厅建设】　年内，制定《左家庄街道社区议事厅议事规则》及《社区议事协商会综合评价体系》，建设社区层面居民议事厅9个，推举议事代表218人，推进左南里社区议事厅规范化建设。

（冯　晨）

【人口计生服务】　年内，推进二孩政策，办理一胎生育服务证 461人、独生子女证160人、二胎生育服务证审批110 人，接待政策咨询 1568 余人次。

（冯　晨）

【自治单元格】　年内，街道以“有组织体系、有阵地、有服务站、有服务队伍、有社会组织参与、有服务效果”为目标开展社区自治单元格建设。社区党组织牵头，支部书记为单元格带头人，社区收回4处三产用房开辟为新源里西小区居民活动室等居民自治的服务阵地。依托新源里社区“七色服务队”，曙光里社区“安邻会”，左东里社区“乐邻帮帮团”等服务队扩大居民参与小区建设积极性。通过社区购买服务等方式，帮助社区设计服务项目，并进行资源分析。

（冯　晨）

【群众安全感提升】　年内，发挥“朝阳群众”的品牌效应，建立10类群防群治力量队伍，加强“平安示范小区”建设，为曙光里社区9栋居民楼安装“防爬刺”1704米，为地区1400余户残疾人家庭、空巢老人家庭免费安装燃气报警器及阻燃阀，完成“一警三专”的力量配置，结合“平安行动”，投入13万元为新源里派出所及专业巡防队购置专用巡逻车20辆，提高居民见警率。

（冯　晨）

【人口调控】　年内，街道治理群租房32处，减少流动人口199人，清理地下地空间流动人口646人，规范工作场所流动人口428人。全年减少流动人口1700人。

（冯　晨）

【“三无”小区和“无地锁”小区创建】　年内，街道完成最后一批15个“三无小区”创建工作，全年取缔清理无照游商、店外经营、露天烧烤、非法大排档24000起；规范门前三包单位5400家（次）。治理香河园中里2号楼一层开墙打洞7处，创建无地锁小区2个，拆除地锁859个。

（冯　晨）

【拆除违建】　年内，拆除市区级挂帐、民居私搭乱建各类违法建设45处，面积3525平方米，现场制止违法建设14起，消除署光里燃气占压隐患，拆除占压房屋3处，210平方米。

（冯　晨）

【足球进校园】　年内，将足球运动引进新源里四小、新源里幼儿园，邀请2名国家级女足队员担任教练，从基本知识、兴趣爱好、竞争和协作等方面授课，形成地区青少年足球品牌。

（冯　晨）

【矛盾调处】　年内，摸排矛盾线索 150条、成功调处各类矛盾548起。全年接“12345”市政府热线与“96105”区政府热线转接问题1773件，政风行风热线反映问题1421件，全部第一时间回复。

（冯　晨）

【商务楼宇党建】　年内，配齐配强楼宇专职工作者队伍，调整1名退休干部任楼宇服务站站长，选派2名事业编干部在楼宇党建挂职工作，新招聘5专职楼宇党建工作人员，新增加11名退休老党员任楼宇党建指导员。与多处楼宇企业进行协商，对5处挂牌的楼宇站进行重点建设，配备办公桌椅、文件柜、图书等加强了规范化建设，新整合地区内京城大厦、第三置业2处党建楼宇服务站。新建非公党支部3个，与工会妇联、社会动员等科室开展消防安全进楼宇、计生关爱进楼宇、关爱大龄青年、参观学习及各类讲座等活动。

（冯　晨）

【三助工作法】　年内，“三助工作法”是在“邻里服务社”基础上创新拓展的典型项目，已连续2年被评为朝阳区社会领域创新项目，通过居民自助（把居民组织起来自我管理事务），邻里互助（邻里之间互帮互助），社会共助（辖区社会单位共建共助），最大限度调动居民的积极性，最大限度地整合、激活辖区内的社会资源。年内，拓展三源邻里服务社其他分社的服务项目。在原有基础上，北一分社开展以外来居民服务为内容自治项目尝试。解决社区内流动人口摸底、管理、服务等问题。各分社以“小老帮大老”“环境清洁公益日”等活动，发动居民参与社区活动，开展对社区居民关注问题共同议案，强化居民参与。三源里社区党委书记侯喜军被评为“第二届全国模范小巷总理”。

（冯　晨）

地　区（乡）

常营地区（回族乡）

【概况】　常营回族乡位于朝阳区东部。成立于1955年，1958年划归朝阳区，2003年2月成立常营地区办事处，行使双重管理职能。东邻通州区邓家窑村，南邻管庄乡，西与平房乡黄渠村接壤，北与金盏乡和东坝乡为界。辖区总面积9.4平方公里。下辖12个社区居委会和10个村委会。年内有户籍人口29105人，其中有汉族22437人，回族6668人。常住人口26936人，流动人口18894人，外籍人口224人。新出生499人，出生率为1.71%；死亡55人，死亡率为0.2%。有法人单位4428个，其中市属单位2家，区属单位1家，其它单位4425家（民营）。有社区卫生服务中心1个、社区卫生服务站4个，社区服务中心1个。有大学1所，职业高中1所，中学4所，小学4所，幼儿园6所。有养老机构1所。途经辖区公交线路15条，有地铁六号线贯穿其中。有400平方米为民服务大厅、1080平方米地区文化中心、有4处文化广场和5处24小时自助图书馆。年内实现区级财政收入1.3亿元，地区年经济总收入27.6亿元，同比增长8%；利润总额5105.8万元，同比增长8%；税金总额9051.8万元，同比增长4%；人均劳动所得2.6万元，同比增长8%。

地址：幺家店路1号

邮编：100024

电话：65481589

网址：http://cydq.bjchy.gov.cn

（张　蕾）

【乡党代会召开】　1月22日至23日，召开中共常营回族乡第七届代表大会第三次会议，乡党委书记刘大庆、副书记李冠男，101名党员代表与24名列席人员出席会议。乡党委书记刘大庆作了《党委工作报告》，并对《关于深入推进常营地区“一化三区”建设的工作意见》做了说明。常营乡党委书记刘大庆、副书记李冠男，纪委书记赵金祥，乡人大副主席陈明智，武装部部长史耀军，地区办事处副主任石柏林，副乡长何文东，纪检监察科科长贾玉桂和党建办主任曹峰分别作了述德述职述廉述党建报告，并进行民主评议。

（张　蕾）

【整建制转居转工】　截至1月底，常营乡整建制转居转工工作全部完成。该项工作自上年5月启动，具体包括完成常营一至七村、十里堡、五里桥、草房共十个村6737人的户籍变更；完成1529名超转人员评审移交工作，上缴资金8.35亿元，所有超转人员都已经开始享受按月领取生活补助费及医保报销待遇；为4320名转非劳动力趸补缴社会保险5.2亿元，完成3257名转非劳动力的档案移交工作，安置劳动力就业180名，办理完成849名转非劳动力退休审批工作；4116名转非劳动力已领取到一次性就业补助费4.23亿元。

（张 蕾）

【新春联欢】 2月11日，常营地区合唱团受邀参加由国家大剧院组织开展的第四届“我爱北京——市民新春联欢会”，40余名队员们演唱歌曲《香格里拉》和《草原夜色美》。

（张 蕾）

【乡人大十六届九次十次会议】 2月12日至13日，召开常营回族乡第十六届人民代表大会第九次会议，通过2015年政府工作报告、人大主席团工作报告以及2014年财政预算执行情况和2015年财政预算草案的报告；乡党委书记刘大庆作《关于深入推进常营地区“一化三区”建设的工作意见》的说明；经投票选举，方泽当选常营回族乡乡长，石柏林当选副乡长。8月8日，召开常营回族乡第十六届人民代表大会第十次会议，通过《常营回族乡绿隔剩余房屋处置工作方案》（草案）、《常营回族乡绿隔剩余房屋处置办法》（草案）及《常营回族乡强占剩余房屋腾退实施方案》（草案）。

（张 蕾）

【领导调研】 3月18日，在地区纪工委书记赵金祥、地区妇联主席蔺军的陪同下，市妇联副主席周志军、北大公学教育研究院院长齐大辉、区妇联领导及高碑店、太阳宫街道妇联领导等人一起来到鑫兆佳园社区，观看了巧娘们的作品，共议地区妇联工作的开展情况，并检查指导社区“和谐家庭指导站”的开展情况。妇联领导一同观看了鑫兆佳园社区妇联成果展示的宣传片，并听取了常营地区关于“和谐家庭指导站”“妇女之家”“精神文明建设”等具体工作的汇报，查阅了家长学校、和谐家庭指导站、妇女儿童维权等相关活动资料。

（张 蕾）

【市级比赛获奖】 6月18日，第十五届北京柔力球交流大会在海淀体育馆召开，鑫兆佳园社区柔力球队的14名队员在42支参赛队伍中夺得一等奖。

（张 蕾）

【总工会代表大会召开】 6月25日至26日，常营地区召开总工会第二次代表大会。常营乡机关、社区、辖区企业共100名代表出席会议。大会选举产生常营地区总工会第二届委员会成员25人、经费审查委员会成员5人、女职工委员会成员3人。选举产生贾玉桂为常营地区总工会第二届委员会主席，高思颐为副主席；马建全为常营地区总工会第二届经费审查委员会主任；蔺军为总工会第二届女职工委员会主任。

（张 蕾）

【穆斯林群众欢度节日】 9月24日，常营地区及全国各地的2000多名穆斯林群众到常营清真寺参加节日聚礼，欢度古尔邦节，其中包括100多位外国人。

（张 蕾）

【强占剩余房屋腾退】 9月，常营乡启动乡第十六届人民代表大会第十次会议上审议通过《常营回族乡强占剩余房屋腾退实施方案》，经过9月10日至9月16日自行腾退阶段、9月17日至9月23日帮助腾退阶段，9月24日至9月30日联合执法阶段，截至9月24日，所有被强占的57套房屋强房已全部清退完毕。

（张 蕾）

【全民运动会】 10月17日，常营地区举办2015年常营地区全民运动会，地区各社区、乡属四公司及乡机关共17支代表队，1100余位居民参加。开幕式大型文艺健身会演以“启梦、追梦、铸梦、圆梦”为主题，地区各社区及单位的200余名居民带来空竹、民族舞等四个节目的演出。此次运动会共有17支代表队角逐15个传统项目和趣味团体项目。

（张 蕾）

【群众文化节】 10月25日，地区第四届群众文化节在常营公园正式开幕。各社区文体队伍带来舞蹈、合唱、诗朗诵等14个节目。此次文化节持续3天，共计4场演出。

（张 蕾）

【合作经济联合社工作会】 11月6日，常营回族乡召开合作经济联合社工作会，选举产生常营回族乡合作经济联合社第二届管委会成员和监委会成员；北京世纪常赢投资管理有限公司进行工作情况汇报；研究常营乡村级集体资产处置劳动年限统计办法；通报农民新村绿隔剩余房屋处置有关工作。

（张 蕾）

【辖区划分】 年末，辖民族家园、连心园、鑫兆佳园、万象新天、荟万鸿、苹果派、畅心阳光、保利嘉园、住欣家园、常营福第、丽景园、东方华庭十二个社区和北京像素治理中心。其中民族家园社区为常营一村至七村以及常营第一居委会回迁社区，连心园社区为五里桥村、草房村和十里堡村回迁社区，畅心阳光社区、保利嘉园社区、住欣家园社区、常营福第社区、丽景园社区为保障房社区。

（张 蕾）

【产业建设】 年内，完成东四楼装修设计并命名为“未来时大厦”，可出租面积约38000平方米，已顺利签约29家公司共计18000平方米。完成“北京东方华瑞文创产业中心”项目设计和申请报告编制工作，并通过区政府产业发展联审会，列入政府扩大内需重大项目绿色审批通道。已完成项目核准、规划条件、土地预审、人防、园林等行政许可手续，并已开工建设。

（张 蕾）

【产权制度改革】 年内，成立产权制度改革办公室，启动产权制度改革，完成乡、村两级集体经济组织选举，拟定产权制度改革实施方案及相关配套文件。成立隶属于乡集体经济组织的北京世纪常赢投资管理有限公司，统筹谋划集体经济发展，负责乡域内剩余土地开发利用和集体资产的运营管理。

（张 蕾）

【社会保障】 年内，发放低保金、超转人员生活补贴、医疗救助等近30项惠民费用5352万元。挖掘空岗743个，指标完成率107%，为失业人员进行职业指导820人次，成功实现就业728人。

（张 蕾）

【科教文卫】 年内，完成常营公园北部乒乓球场、空竹活动场地和常营公园晨晚练站点三块运动场地的整改和新建。为荟万鸿等4个社区安装8张室外乒乓球台及7套健身器材。全年共举办文体活动13场，累计参与1万余人次。实行“书香常萦”乐读推广计划，全年举办阅读活动近90场，累计参与2000余人次。积极培育地区文体队伍，年内共获得市金奖2次，区一等奖2次，区二等奖2次。构建“1托11”百姓健康自测系统，建设保障房区域内卫生服务机构，全年共检查公共卫生经营单位532家（次）。严格落实市、区非京籍人员借读政策，依法办理借读证226个。

（张 蕾）

【计划生育】 年内，办理一孩生育服务证249个，独生子女证166个，流动人口生育服务联系单587份，代办二孩生育服务证143个；落实散居无业人员独生子女父母奖励费 2082人，共计61725元。

（张 蕾）

【基础设施建设】 年内，创建荟万鸿及东方华庭两个社区星级服务站。住欣家园、丽景园、苹果派3个社区通过北京市“六型社区”验收。投入资金145.5万元办理完成为民解忧办实事项目20个，涵盖地区十个小区。

（张 蕾）

【人口调控】 年内，加强对流动人口的规范管理和对出租房、群租房的系统整治，综合运用经济、法律、行政等手段，以房、以证管人，以业、以税控人，从源头上推进非首都功能疏解，全年共调减流动人口1828人。

（张　蕾）

【拆违控违】 年内，成立北电台“飞地”拆除工作领导小组，调集人力13000余人次，全面完成13.7万平方米拆除工作。拆除包括宝港三信造纸厂在内的大型违建3处，共计83400平方米。推行“常营地区创建优美小区环境整治工程”，对荟康苑小区进行综合环境整治，拆除违法建设275处，面积7200余平方米。

（张　蕾）

【居委会换届选举】 年内，11个社区完成第九届居委会换届选举工作，建立社会福利、综合治理、人民调解、公共卫生、人口计生、文化共建等6个下属专业委员会，设立共计320个居民小组，选举产生居民代表530人，11名居委会主任，16名居委会副主任，委员40人。成立东方华庭社区居委会并完成选举。成立北京像素治理中心。

（张　蕾）

崔各庄地区（乡）

【概况】 崔各庄地区（乡）位于朝阳区东北部。东依金盏乡，南邻将台乡，西靠来广营乡，北接孙河乡。辖区面积31.7平方公里。其中集体土地19.1平方公里，约占总面积的60%，国有土地12.6平方公里，占总面积40%。下辖15个行政村、3个居委会。全乡户籍人口约2.3万人，流动人口约11.9万人。地区有养老机构3家，居民公共文化活动场所包括村（社区）级文化活动室12个、共5800平方米，文化广场11个，乡级图书馆1个。崔各庄乡位于温榆河产业带和第二道绿化隔离带范围内，被定位为旅游、休闲、高档居住及绿色产业区，是北京规划城区内离奥运场馆最近的可成片利用的绿色产业区。辖区有中国电影博物馆、中国铁道博物馆、红砖美术馆、“一号地”艺术区、万荷美术馆等文化旅游点和创意产业聚集区；有圣露葡萄酒庄园等现代农业项目；驻区商务企业有史泰博、赛特奥莱等。全年实现经济总收入37.55亿元，同比增长2.4%；集体收入2.86亿元，同比增长1.9%；人均劳动所得31213.7元，同比增长6.5%；完成区级财政收入3.58亿元，同比增长26.5%。全乡三次产业结构比1:18.2:80.8。

地址：南皋路南
邮编：100015
电话：84307301
网址：http://cgzdq.bjchy.gov.cn

（李　丹）

【市委书记郭金龙调研】 1月5日，市委书记郭金龙，市委常委、市纪委书记叶青纯，市委常委、组织部长姜志刚调研崔各庄乡奶西村。调研中，郭金龙强调要深入贯彻落实习近平总书记系列重要讲话精神，切实发挥基层党组织的战斗堡垒作用、党员干部的先锋模范作用，做到有理想、敢担当、更干净。他指出，奶西村要继续加强基层党组织建设，发挥好支部的核心领导作用；进一步深化改革，积极盘活农村集体建设用地；发展好符合北京城市定位的产业，保障好群众的经济利益，趁热打铁，乘势而上，把未来的发展之路走得更亮堂一些。

（李　丹）

【乡第三届第五次党代会】 1月22日，召开中国共产党北京市朝阳区崔各庄乡第三届代表大会第五次会议，80名党员代表参加会议。会议审议通过崔各庄乡2014年党委工作报告和纪委工作报告。乡党委书记吴选辉就如何抓好党建工作，建设服务型党组织发表讲话。

（李　丹）

【十六届乡人代会第九次会议】 1月30日，召开崔各庄乡第十六届人民代表大会第九次会议，44名代表参加了会议。会议审议通过了崔各庄乡2014年政府工作报告、2014年乡人大主席团工作报告，财政预算执行情况报告。乡党委书记吴选辉就地区发展、代表履职等方面发表讲话。

（李　丹）

【慈善救济】 2月9日，崔各庄地区马南里社区开展第三届“巧娘”编织大赛活动，来自马南里社区的10余位志愿者参加编织比赛。各位“巧娘”利用业余时间，编织帽子、手套、围巾等30余件参加比赛，参赛作品最终被送到社区贫困、残疾等弱势群体家庭中。2月11日，崔各庄地区第九届新春慈善联欢会在京旺家园邻里中心的活动室内召开，地区残疾人、低保户、空巢老人等11类困难群体近百人参加联欢会。4月18日，京旺家园邻里中心在京旺家园社区举办第四届公益集市活动。活动以“义卖义捐做公益，以物易物倡节俭”为主题，包括义卖义捐、以物易物，剪纸、陶笛、书画、刺绣等才艺展示，民俗花会、京剧、歌曲等节目义演等环节。活动当天，共得善款1063.3元，及衣物、鞋子、图书等物品80多件。所得善款中942.05元用于购买图书，剩余款项将继续购买图书，并捐赠给京旺家园社区附近建筑工地活动室。4月29日，北京市朝阳区近邻社会服务中心联合远洋工地项目部联合举办“庆五一工人大联欢——工人活动室启动暨图书捐赠仪式”活动。

（李　丹）

【走访慰问】 两节期间，崔各庄乡领导班子及机关工作人员慰问地区困难家庭及军烈属436户，残疾人工作者16人，发放米、面、油150余份。

（李　丹）

【领导调研】 3月11日，市委副秘书长、市委研究室主任周立云，市委研究室副巡视员余钟夫，市委研究室城市处、郊区处、经济处和市委改革办协调处负责人等一行到崔各庄乡调研城乡结合部发展情况。崔各庄乡党委书记吴选辉、乡长李华陪同调研。6月23日，市农委有关领导到崔各庄乡调研新农村建设和经济发展情况。

（李　丹）

【国门企业家俱乐部成立】 3月31日，首届国门经济论坛筹备大会暨第一次主席团会议、国门企业家俱乐部揭牌仪式在崔各庄乡北京圣露国际酒庄举行，中国战略与管理研究会会长刁明龙，民营经济研究中心主任刘迎秋，首创集团董事长刘晓光，中央财经大学中国发展和改革研究院院长邹东涛，崔各庄乡党委书记吴选辉等参加会议，并携手为国门企业家俱乐部揭牌。崔各庄国门企业联合会部分会员单位以及金融界、媒体界、商会代表103人参加会议。会中，刘迎秋、刘晓光、邹东涛、李人田分别作了主题为《新常态下的中国制造，企业发展的困境与选择》《新常态下的经济形势与企业创新》《让新常态的阳光雨露更多地滋润社会基层》《生活幸福事业畅达的修生养性之道》的主题演讲。

（李　丹）

【科普活动】 5月18日，中国铁道博物馆东郊馆推出系列科普活动。活动以“博物馆致力于社会可持续发展”为主题，以中国当代铁路发展为背景，集铁路环保与科技发展为一体，包括《科技发展与青藏铁路》科普剧表演、“青藏旅游小贴士”活动展板和手动拼装3D彩色火车模纸三项科普活动，60多个6–9岁的儿童家庭免费参观并参加科普活动。

（李　丹）

【社区党委换届选举】 5月20日，崔各庄地区京旺家园社区、马南里社区分别召开党委换届选举大会，选举产生新一届党委班子。京旺家园社区党委班子包括党委书记张连华，副书记洪倩，党委委员臧永春、张继明、陈曦，社区席位制党委委员李勇、韩淑、吕玉洁。马南里社区党委班子包括党委书记翟钰，副书记王鹏清，党委委员田华、张凤莲、郑玉梅，社区席位制党委委员吴树森、何春喜。

（李 丹）

【大望京社区党委成立】 5月30日，崔各庄地区大望京社区党委揭牌成立，党委委员设7委（其中席位制委员2人），任命赵兴同志为大望京社区党委书记，乔淑燕同志为大望京社区党委副书记，肖斌、唐剑、李文于等3名同志为大望京社区党委委员，席位制委员为社区民警1人、物业公司党组织负责人1人。

（李 丹）

【第三届文化艺术节举办】 5月30日，崔各庄地区第三届文化艺术节暨第二十四届奶子房庙会开幕。开路、五虎棍、高跷、中幡、舞狮、舞龙、杠箱、杠子、坛子、吵子、天平、双石头、石锁、大鼓、秧歌、小车会、茶棚等17档花会依次登台献艺。朝阳区民俗馆馆长曹彦生，北京市民俗博物馆社教部主任文爱群，朝阳区非物质文化遗产保护中心负责人杜洋，民俗专家高威，崔各庄乡乡长李华、党委副书记胡振俭、副乡长宋丽琛到会祝贺。

（李 丹）

【中国·波兰版画艺术展举办】 6月20日，“e时代的温度——中国·波兰版画艺术展”在崔各庄乡马泉营万荷美术馆举办。展览汇集来自波兰弗罗茨瓦夫美术学院与天津美术学院两所著名艺术学院版画系研究生的100余件优秀作品。

（李 丹）

【社区居委会换届选举】 7月25日至26日，崔各庄地区马南里、京旺家园和大望京三个社区相继完成社区居委会换届选举工作。田华当选为马南里社区居委会主任，郑玉梅为副主任，张凤莲、肖君杰、高静三人为委员；臧永春当选为京旺家园社区居委会主任，张继明、陈猛为副主任，陈曦、张丽馨、谢宝琴、东树楠为委员；肖斌当选为大望京社区主任，唐健为副主任，刘勇、张海洋、景文慧为委员。

（李 丹）

【十六届乡人代会第十次会议】 7月30日，崔各庄乡第十六届人民代表大会第十次会议召开，会议审议通过政府工作报告、乡人大主席团工作报告，补选马康伟同志为崔各庄乡副乡长。

（李 丹）

【昆明市党政代表团考察】 9月17日，昆明市政府副市长阮凤斌带领昆明市党政代表团到崔各庄乡考察，区委常委、副区长陈涛，区农委主任张克斌陪同。考察团分为两组，分别考察圣露国际酒庄现代农业项目、京旺家园社区管理与污水治理相关情况和大望京土地储备情况，乡党委书记吴选辉、副书记胡振俭随行并做汇报。大望京被确定为北京市推动城乡一体化战略的两个试点之一。试点以改革创新的理念，维护群众的核心利益，确立土地储备、市场运作，转居转工、覆盖城保，建设家园、农民上楼，集成政策、腾退搬迁，扶持产业、安置就业，配套改革、创新机制的“六位一体”内容。考察组对大望京村提前43天完成拆迁腾退表示肯定，并相互交流工作经验。

（李 丹）

【第三届全民运动会召开】 10月20日，崔各庄地区召开第三届全民运动会。运动会的竞赛类项目分为个人项目和集体项目两大类，共计13项。来自崔各庄地区机关、村（社区）和各企事业单位的24支代表队参加了比赛。最终奶西村、观唐物业以及马南里社区获得团体比赛的前三名。本届运动会首次采用传递“微信电子火炬”的模式，参与者可以通过“崔各庄一点通”微信平台加入到火炬传递过程中。

（李 丹）

【新党支部成立】 10月，北京安铁保安服务有限公司成立党支部，为崔各庄乡党委下设非公有制企业支部，党支部书记为李雪峰。

（李 丹）

【村级党组织换届选举】 11月13日至14日，崔各庄村、善各庄村、索家村、望京村、东营村、北皋村等六个拆迁村召开党员大会，选出新一届党支部委员会。11月21日至22日，马泉营村、南皋村、黑桥村、奶东村、费家村、何各庄村、东辛店村等7个未拆迁村先后召开了村党支部换届选举大会，完成了换届选举工作。11月28日，奶西村召开党员大会，选举新一届党支部委员会。12月17日，草场地村召开党员大会，选举新一届党支部委员会。

（李 丹）

【雜·書館揭牌成立】 11月27日，雜·書館在崔各庄乡何各庄村揭牌成立，馆长高晓松，台湾作家张大春，中国社科院学部委员方克立，清华大学国学院副院长刘东，北京大学中文系教授陈平原、夏晓虹，北京大学历史系教授辛德勇，中国人民大学历史学院教授孙家洲，北京师范大学教授于丹，著名藏书家韦力等诸位嘉宾参加揭牌仪式，并参观馆藏珍品。

（李 丹）

【葫芦丝巴乌协会成立】 12月21日，崔各庄地区葫芦丝巴乌协会成立。中国葫芦丝表演艺术家孙开成任会长，中国葫芦丝大师何维青为协会艺术总监，文化服务中心副主任刘增华为常务会长兼协会秘书长。与会领导参与地区葫芦丝协会揭牌仪式。崔各庄地区葫芦丝巴乌协会是北京第一个葫芦丝演奏艺术的地区性协会。

（李 丹）

【党建工作】 年内，崔各庄地区各级党组织和广大党员深入开展“我是党员”系列活动，主要包括“我是党员我自豪”“我是党员我承诺”“我是党员我先行”等内容。“我是党员我自豪”活动是组织老党员回顾党的历史、抗战史以及改革开放以来国家的变化与发展，组织新党员宣誓、老党员重温入党誓词，教育引导党员坚定信念，端正入党动机。地区工委书记吴选辉对建国前入党的老党员、优秀党员和困难党员开展走访慰问活动，听取党员意见建议，帮助他们解决实际困难。“我是党员我承诺”活动中，地区工委和各基层党组织组织党员开展了“四亮”工程。即“亮身份”“亮岗位”“亮职责”“亮承诺”。并对每位党员践行承诺情况和开展服务效果予以评价和公示；引导党员积极运用微信等新媒体，在“崔各庄一点通”微信公共服务号开设“微党建”栏目，宣传“微党讯”、普及“微党课”、推进“微服务”，传播主流思想、传递正能量，做到“在党言党、在党忧党、在党为党”。“我是党员我先行”包括“党员联系户”活动、党员志愿服务活动、“四讲四评”活动和争先创优活动。各基层党组织结合党员的岗位要求和行业特点，开展争先创优活动。

（李 丹）

【“三进三民”主题实践活动】 年内，崔各庄乡开展“进村子、进社区、进住户，知民情、解民困、聚民心”主题实践活动。全乡组织885名乡、村工作人员入户走访，与7601户家庭建立定点联系；各基层党组织建立党员联系户制度，实现联系群众家庭全覆盖。通过入户走访，征集群众反映问题及意见建议278条，梳理合并成88个具体问题，目前解决66个，其余问题正在争取上级支持。入户过程为民办实事331件。

（李 丹）

【司法信访】 年内，崔各庄乡司法所接待居民法律咨询80人次，其中，婚姻家庭类30人次，房屋土地类20人次，其他类20余人次。法律顾问室共计接待居民咨询诉讼类60余人次，非诉类50余人次；协助审查监控设备安装、学校设计、环境改造等合同30余份，土地租赁合同500余份。“法律服务村居行”包村律师为村民提供法律咨询40余次，参与纠纷调解2次。乡政府收到信件73件，其中初信38件，重信35件。共接待群众来访176批889人次（集体访37批656人次），同比下降44.48%，其中初访64批216人次（集体访6批113人次），重复访112批673人次（集体访31批543人次）。初信初访共102件，办结或化解95件，办结率93.14%。重信重访共计147件，化解137件，化解率93.2%。

（李　丹）

【集体“三资”管理】 年内，研究制定《崔各庄乡关于解决村级产权制度改革原始人社股金部分村未兑现问题的指导意见》《崔各庄乡关于解决村级产权制度改革中遗漏未登记问题的指导意见》以及股份继承、转让、赠与、增资扩股的实施办法，继续落实《崔各庄乡乡村共管账户资金使用规定（试行）》，全年监管资金461笔、涉及资金12.8亿元。继续执行承包、租赁合同公开与联预审制度，全年公开乡村两级合同580份，梳理村级合同570份，新签、调整合同62份，增加收入1008.2万元。加强审计监督，完成乡级集体经济组织21家企事业单位审计、15个村级集体经济组织2014年度预决算管理情况专项审计、财务监管中心代记账审计工作。完成对15个村的“五项审计”工作。

（李　丹）

【转居转工】 年内，完成奶东村机场南线项目和东辛店村电子城项目70名劳动力和超转人员转居转工；启动东营村、北皋村转居转工工作，1410名农业户口人口转为城镇居民户口。

（李　丹）

【就业保障】 年内，组织6次招聘会，提供就业岗位3000余个，480余人达成就业意向。城乡登记失业人员526人，374人实现就业，就业率达到71.1%。为470余人次发放失业金60万余元，581人享受灵活就业保险补贴。

（李　丹）

【优抚安置】 年内，为辖区10户大病困难家庭发放救助金7.5万元。为辖区户籍常住人口中420名60岁以上失独、独居等老年人办理优待卡及提供家政等送温暖服务。为辖区826名残疾人发放“一卡通”。完成18户残疾人家庭无障碍改造。

（李　丹）

【社区合并调整】 年内，京旺家园第一社区和第二社区合并为京旺家园社区，并于7月26日完成社区换届选举工作。合并后，社区居委会由主任臧永春，副主任张继明、陈猛和委员陈曦、张丽馨、谢宝琴、东树楠等7名同志组成。

（李　丹）

【环境建设】 年内，完成来广营东路环境整治工程地面硬化、牌匾改造等工作。完成京包铁路沿线建筑物外立面粉饰工作，围墙围挡19326平方米，护栏、挡土墙、围挡510米，外墙抹灰180平方米，清理堆物堆料和垃圾渣土2000平方米。完成对黑桥村道路硬化、修建排水沟渠、绿化等环境建设工作。关停烤漆房25个，工业污染项目6处、经营性茶浴炉20处，改造燃煤锅炉7台。

（李　丹）

【安全生产】 年内，落实安监员驻村机制并加大执法力度，开展安全生产各项检查28次，检查各类单位2781家次，整改安全隐患3000余处。取缔非法食品经营30家。开展“施工管理”专项行动，检查工地820次，绿色施工检查410次，现场考核达标率100%，对有限空间作业、工地食堂石油液化气钢瓶等进行专项检查163次。开展打击无证非法行医专项整治行动20次，取缔非法行医129家次。

（李　丹）

【腾退工作】 年内，完成电子城西区北扩四、六号地6家企业和7户住宅的腾退拆除工作，腾退面积3.97万平方米。沈干渠东辛店标段腾退7户住宅、4户非住宅，拆除面积共计2.15万平方米。

（李　丹）

【控违拆违】 年内，拆除专项台账违法建设67处，建设面积共36.4万平方米，销账率达100%。拆除账外违法建设17处，占地面积81.2亩，建筑面积共69078平方米。勘定辖区范围内耕地和基本农田的具体位置，编制台账并建立信息库，并与各村签订耕地、基本农田保护责任书15份，年底前还将在耕地和基本农田区域设置保护标识220块。

（李　丹）

【人口调控】 年内，通过拆除违法建设、整治规模以上出租大院、规范村庄社区化管理等措施，调控地区流动人口27428人，完成区下达的任务指标。

（李　丹）

东坝地区（乡）

【概况】 东坝地区（乡）位于朝阳区东部。东邻金盏地区，南与平房、常营地区接壤，西接将台地区，北临崔各庄地区。辖区总面积24.6平方公里，是北京市十大边缘集团之一。辖区有9个行政村、26个社区。年内实有人口179134人，其中户籍人口43115人，人户分离人口81816人，流动人口53989人，外籍人口214人。有法人单位（经济、社会、教育、科研、卫生）1092个，其中中央单位3家、市属单位5家、区属单位5家、其他单位1079家。有医院1所，社区卫生服务中心1个，社区卫生服务站7个，社区服务中心1个。有科研院所1个，大学2所，中学3所，小学2所，幼儿园9所。有养老机构1所。2015年，全乡农村经济总收入85007.2万元，同比下降26.5%；上交税金总额2463.6万元，同比下降23.6%；完成农民人均劳动所得19046元，同比增长3.6%。完成区级财政收入2.1亿元，同比增长78.8%。

地址：红松园16号
邮编：100018
电话：65491768
网址：http://dbdq.bjchy.gov.cn

（杨秋羽）

【群生文化大院揭牌】 1月6日，东坝乡举办群生文化大院挂牌仪式。区文化委副主任徐伟、北京市戏剧家协会秘书长杨乾武、副乡长徐立涛共同为大院揭牌。文化大院的前身是东坝百年票房“憩余同乐社”，负责人是“憩余同乐社”的第五代社长赵群生先生。目前文化大院共有成员100余人，日常活动人数40—50人左右，涵盖京剧、评剧、曲艺等多种形式的文化活动内容，每年组织演出不少于25场。（群生文化大院的成立激发了农村地区民办文化设施、文艺队伍的活动热情，促进了农村文化建设发展）。

（杨秋羽）

【基层党组织书记述党建工作会】 1月26日、27日，召开东坝乡基层党组织书记述党建工作会。各社区、村书记围绕2014年党建工作亮点、工作问题不足和2015年党建工作计划，向乡党委领导班子述职。

（杨秋羽）

【中共东坝乡十二届四次会议】 1月30日，召开中共北京市朝阳区东坝乡第十二届代表大会四次会议。会上，乡党委书记安永存、乡纪委书记谢庸分别代表乡党委、乡纪委作2014年党委工作报告和乡纪委2014年纪委工作报告；乡党委委员向大会进行述职述德述廉，全体乡党代表对乡党委班子及成员进行民主测评；代表分组讨论审议通过了乡党委工作报告、乡纪委工作报告、提案提议办理情况报告、党费收缴管理使用情况报告；最后，乡党委书记安永存从深思慎行、胸怀全局，踏实做事、心系群众，落实责任、认真履职，严守纪律、讲究规矩四个方面进行发言。

（杨秋羽）

【十六届人大七次会议】 2月3日，召开东坝乡第十六届人民代表大会第七次会议。乡党委副书记郝云峰主持会议。会上，乡党委副书记、乡长黄宏春代表东坝乡人民政府作《政府工作报告》，系统总结2014年政府工作，查找工作不足，全面部署2015年工作任务；人大代表分组讨论并审议通过《政府工作报告》《乡人大工作报告》《关于2014年东坝乡财政预算执行情况和2015年财政预算报告》；乡党委书记、人大主席安永存围绕如何抓好2015年政府工作落实，做好乡人大、人大代表履职进行发言。

（杨秋羽）

【第四届民俗文化节】 3月3日，在金驹家园，举办东坝地区第四届民俗文化节。文化节期间，通过文艺表演的方式，集中对传统杂技、高跷、中幡、飞叉、杠箱等民俗绝技，以及群众文体队伍文艺进行展示。并为地区群众提供10余项群众娱乐活动，为传统民俗手工艺者搭建展示平台。

（杨秋羽）

【市统计系统第五届体育节活动】 4月29日，北京市统计系统第五届体育节在朝阳区东坝郊野公园开幕。国家统计局北京调查总队副总队长李萍主持开幕式。北京市统计局总队机关工会常务副主席陈泽星致开幕词。国家统计局北京调查总队巡视员邵建民宣布体育节开幕，市直机关工委工会主席时代新、副区长张维刚应邀出席并讲话。来自市局总队机关和16个区县、开发区统计局400余名干部职工参加开幕式和健步走活动。

（杨秋羽）

【社区党委换届选举】 5月15日、16日，东坝地区11个社区分别召开社区党委换届选举党员大会。东坝家园、朝阳新城、高杨树3个社区党委班子均由5名委员组成，其中书记、副书记各1名，其他委员3名；红松园、康静里、大街、奥林匹克花园4个社区党委班子均由5名委员组成，其中书记1名，其他委员4名；景和园、常青藤两个社区党支部班子均由3名委员组成，其中书记1名，其他委员2名；中铁十六局、丽富嘉园两个社区党支部班子均由1名委员即书记组成。社区党组织换届共选举委员43名，其中本地化委员26名，占委员数的60%；男委员14名，占委员总数的33%，女委员29名，占委员总数的67%；大专以上学历委员35人，占总人数的81%，高中及以下学历委员8人，占总人数的19%；45岁以下委员25人，占总人数的58%。

（杨秋羽）

【建党94周年暨中国抗日战争胜利70周年纪念活动】 6月30日，在东坝郊野公园，东坝地区工委举办纪念中国共产党成立94周年“歌唱祖国，铭记历史”暨中国人民抗日战争胜利70周年为主题的大型群众合唱活动。在活动上，东坝地区工委启动90992“有您就有爱”党建服务品牌项目。纪念活动共有来自各社区、村以及辖区大、中、小学和驻地中央、市、区属企业的19支代表队伍、1000余名群众演员参加。

（杨秋羽）

【第九届社区居委会换届选举】 7月25日、26日，大街、东泽园、康静里、十六局、红松园、高杨树、东坝家园、朝阳新城、奥林匹克花园等9个社区分别举行第九届社区居委会换届选举。选举共产生居委会主任9名、副主任8名、委员44名，9个社区全部一次性选举成功。

（杨秋羽）

【十六届人大八次会议】 8月7日，召开第十六届人民代表大会第八次会议，全乡41名正式代表、24名列席代表参加会议。会议选举产生东坝乡乡长、人大主席、副乡长各1名，选举乡党委书记黄宏春为乡人大主席，地区办事处主任刘伟为东坝乡乡长，党建办主任朱兴农为东坝乡副乡长。同时代表还集体讨论政府上半年工作报告。代表们就土储腾退、环境整治、社会保障、改善民生和安全稳定等方面提出意见和建议。会前，人大代表参观朝阳区长者友善养老院，了解东坝地区的养老事业建设。

（杨秋羽）

【昆明市政府考察团调研东坝福园保障房建设】 9月17日，昆明市政府考察团到东坝乡考察东坝福园保障房建设情况。副区长张维刚及相关委办局，以及东坝乡党委书记黄宏春陪同考察。考察期间，东坝乡党委书记黄宏春介绍福园项目建设情况以及东坝乡发展情况。

（杨秋羽）

【村党组织换届选举】 11月20日至25日，东坝乡9个村党组织举行村党组织换届选举，通过党员直接选举产生村党总支书记、副书记、委员计45人。新一届村党组织班子成员平均年龄46.7岁，35岁以下4人，占人员总数的8.9%；36岁至45岁的16人，占35.6%；46岁至50岁的8人，占17.8%；51岁至60岁的15人，占33.3%；男委员30人，占66.7%，女委员15人，占33.3%；大专及以上学历41人，占91.1%；连选连任委员31人，占68.9%。按照“两保持、两提高、两确保、两降低”的工作要求，书记、主任“一人兼”达到44.4%，比上届提高11.1%；新一届村党组织班子成员具有大专以上学历的达到91.1%，比上一届提高2.2%。同时，有2名大学生“村官”被选举为村党总支副书记。

（杨秋羽）

【党建工作创新】 年内，成立“党群志愿服务协会”，制定党群志愿服务实施方案，全面落实党群志愿服务注册制度和目标考核制度，开通服务网站、微博、微信和热线，打造“90992有您就有爱”党建服务品牌项目，得到市区党建工作创新奖励。目前，地区党群志愿服务得到辖区110家社会单位的支持，26个基层单位共有党群志愿服务队153支，注册志愿者2852人，结成“一对一”帮扶对子275对。全年共开展志愿服务5831人次，为地区群众提供送餐、理发、保洁等各类上门服务活动3129人次。

（杨秋羽）

【非首都功能疏解】 年内，清退有形市场1家，拆除废品回收场站1家，拆除出租大院17家，退出工业污染企业4家，腾退面积27.11万平方米，调减流动人口7011人，超额完成功能疏解和人口调控任务。

（杨秋羽）

【土地储备腾退】 年内，推进三岔河村剩余企业拆迁，腾退剩余企业15家，拆除建筑面积76643平方米，完成三岔河村土储腾退任务，确保第四使馆区项目用地按时交付。加快坝河南区剩余户腾退进度，腾退住宅11户、企业11家，拆除建筑面积50051.12平方米，完成土储19-3、20、24三个上市地块的移交工作。

（杨秋羽）

【转居转工工作】 年内，完成三岔河、东风2个征地村、682名农民户籍变更工作；评审移交超转人员167人，上缴生活补助费和医疗保险资金3.29亿元；完成劳动力建档移交、就业安置、保险趸缴补缴等工作，为399名劳动力趸缴补缴社会保险资金

5922万元，为350名自谋职业人员发放一次性就业补助费4340万元。

（杨秋羽）

【集体经济发展】 年内，按照“自主投资、自主建设、委托经营”的产业发展思路，初步确定东坝中路东4.31公顷集体产业用地业态，产业项目建设规划绿通手续基本落实。

（杨秋羽）

【村级产权制度改革完成】 年内，完成9个村劳动年限统计三榜公示、集体资产清产核资结果公示、劳动年限继承和社员股份量化等工作，切实摸清村级集体资产、摸实全体社员劳动龄。

（杨秋羽）

【经济合同调整】 年内，审核经济合同20份，调增土地面积5.61亩，增加租金收入594.54万元。

（杨秋羽）

【村转社区工作】 年内，成立村转社区工作协调领导小组，配齐配全回迁社区领导班子及工作人员，对5个回迁小区实施社区化管理，通过多方共商共议的形式，解决管理范围界定、职能工作对接、基础数据核实等问题，并且采取向社会组织购买服务的方式，通过组建群众性组织，实现对回迁群众的管理与服务。同时，启动回迁小区物业费、停车费收缴工作。

（杨秋羽）

【“两项重大任务”服务保障】 “两项重大任务”期间，动员2600名治安志愿者，对辖区内88个重点点位及东五环沿线进行24小时定点执勤和巡逻巡视，做到了“点”上有专人看守，“线”上有专人巡逻，“面”上有专人控制，维护了地区安全稳定。

（杨秋羽）

【平原造林工作】 年内，在原4225.7亩平原造林的基础上，腾空间、调地块，完成314亩平原造林任务。

（杨秋羽）

【城市道路建设】 年内，协调完成东坝南二街一期道路建设，在东坝南二街东段未完成立项手续的情况下，通过与区领导及有关委办局沟通，协调启动东坝南二街东段道路修建工作。同时，协调落实东坝中路、单店南路范围内基本农田调整，完成道路改扩建工程立项申请。

（杨秋羽）

【治安重点地区挂牌督办整治】 年内，开展市级治安重点地区挂牌督办整治工作，成立市级重点挂牌督办整治领导小组和工作机构，制定整治工作总体方案及专项问题整治方案，召开地区综治委扩大会进行全面动员部署。加大城市管理投入力度，对辖区监控系统进行全面升级，增设高清监控探头196个，并将综治、安监、控违、食药等部门整合，采取多部门联合集中办公的方式，构建地区社会管理综合治理指挥平台。

（杨秋羽）

【劳动就业和社会保障】 年内，开发就业岗位1312个，帮助1315名失业人员实现再就业。推进养老助残工作，与长者友善养老院合作，成立地区老年人日间照料室。为11名贫困白内障患者免费实施复明手术。

（杨秋羽）

【为民办实事】 年内，投入272.39万元，完成8个社区的16个为民办实事项目。

（杨秋羽）

【公共卫生设施建设】 年内，完成地区社区卫生服务中心和悦和园社区卫生服务站标准化建设。

（杨秋羽）

【马世荣能人工作室成立】 年内，建成“马世荣能人工作室”，成为朝阳区首批8家能人工作室之一。

（杨秋羽）

东风地区（乡）

【概况】 东风地区（乡）位于朝阳区中部。东与平房乡、东坝乡接壤，南与八里庄街道、六里屯街道相接，西与六里屯街道、麦子店街道相接，北接将台乡和酒仙桥街道。辖域面积7.38平方公里，其中，集体土地0.41平方公里，约占总面积的5.56%；国有土地6.97平方公里，占总面积94.44%。下辖4个村、9个社区、2个村居。户籍人口14782户32522人，其中农业人口户数172户221人，居民人口户数14610户32301人，流动人口30721人。辖区有中国冶金地质总局、乐视集团、北京振远护卫中心、和睦家医院、朝阳区教育委员会、朝阳区房屋权属登记中心等企事业单位。有1处郊野公园，3处居民公共文化活动场所。全年实现经济总收入328036万元，比去年增长10.1%；利润总额9742万元，比去年增长10%；上缴税金10970.1万元，比去年增长10.1%；人均劳动所得34924.9元，比去年增长9%。完成区级财政收入12.9亿元，代征个人出租房屋税款573.24万元。

地址：星火西路9号

邮编：100016

电话：85810712

网址：http://dfdq.bjchy.gov.cn

（杨洪玲）

【无偿献血】 1月4日，开展无偿献血活动，完成全年无偿献血201个单位的任务。将台洼村委会、石佛营南里社区、观湖国际社区、东润枫景社区、南十里居社区及东风社区卫生服务中心等6个单位分别获得“2015年北京市无偿献血先进单位”。

（杨洪玲）

【乡第十二届三次党代会】 3月17日，东风乡第十二届代表大会第三次会议召开，共有89名党代表参加会议。大会审议并通过乡党委书记张士华作的党委工作报告、乡纪委书记李建强作的纪委工作报告和党费收缴使用报告，会议形成11项提案和2件提议。

（杨洪玲）

【分类救助调标工作】 3月13日至26日，对地区95户低保家庭、共182人的情况进行人工复审，对收入核减、标准上浮、就业奖励等因素进行逐一核实，准确落实各项分类救助制度，确保每一户低保家庭享受到分类救助政策。

（杨洪玲）

【南十里居社区筹备组成立】 3月18日，北京市朝阳区社会建设工作领导小组办公室批复同意《调整东润枫景社区居委会规模和设立南十里居社区居委会》。调整后的东润枫景社区四至范围：东至星火西路，南至泛海国际北社区、西至四环辅路，北至南十里居社区；南十里居社区四至范围：东至京包铁路线，南至东风南路、西至外交总台，北至亮马河。东润枫景社区办公地址和办公电话不变。南十里居社区筹备组办公地址：北京市朝阳区南十里居41号院5号楼3单元103，办公电话：58294236。现南十里居社区筹备组已组建完成并于3月18日开展日常工作。

（杨洪玲）

【社区党委换届选举完成】 4月至5月，东风乡通过公推直选的方式，完成8个社区党委的换届选举工作。采取差额选举的方式，共选出党委委员40名，其中直接选举产生社区党委书记8名、社区党委副书记12名。表决通过席位制委员25名。

（杨洪玲）

【效能监察】 5月至12月，分别对拆违控违、大气污染治理、安全生产隐患、人口调控、推进“两规范一提高”治理等5项工作进行立项监察。

（杨洪玲）

【石佛营西里文化广场改扩建工程完工】 5月，投资150万元，完成石佛营西里文化广场改扩建工程并投入使用。现文化广场建有演出舞台、休息长廊、休闲座椅、宣传橱窗、篮球练习场等功能区。

（杨洪玲）

【人事调整】 5月郭君担任东风乡乡长、党委副书记。

（杨洪玲）

【“我是党员”意识提升行动】 5月至7月，在各基层党组织和党员队伍中开展“我是党员”意识提升行动，主要围绕“我是党员我自豪”“我是党员我承诺”“我是党员我先行”三个专题开展。

（杨洪玲）

【观湖国际社区成功创建“花园式社区”】 5月至10月，采用宣传、培训、公益活动等方式，提升居民绿化环保意识，经北京市绿化委验收，观湖国际社区被评为北京市“花园式社区”创建单位。

（杨洪玲）

【第九届社区居委会换届选举】 7月25日，紫萝园社区、石佛营西里社区、观湖国际社区经过居民会议确定，采取户代表选举的方式进行投票选举，分别顺利选举出第九届社区居委会主任、副主任、委员。7月26日，石佛营东里社区、石佛营南里社区、东润枫景社区、南十里居社区、公园大道社区经过居民会议确定，采取居民代表选举的方式于进行投票选举，分别选举出第九届社区居委会主任、副主任、委员。

（杨洪玲）

【双拥优抚】 7月29日，开展“共叙军民鱼水情——东风地区庆八一慰问演出活动”，走访慰问共建部队及驻区部队。落实好各项优抚政策，对伤残军人、义务兵等进行慰问帮扶，发放各类补助金。

（杨洪玲）

【清产核资】 9月，完成针对各村级组织及农工商公司等14家单位的清产核资工作，摸清各单位集体资产底数。

（杨洪玲）

【完成农村党组织换届选举】 10月至11月，东风乡通过公推直选方式，完成4个村党支部的换届选举工作。此次换届选举共产生26名支委成员，其中书记4名、副书记7名。

（杨洪玲）

【餐厨垃圾“秋网”专项行动】 10月至12月，成立餐厨垃圾专项检查小组，对大型宾馆、饭店、餐饮企业餐厨垃圾的分类收集、实际清运情况进行检查。共夜查餐饮单位40余家，规范整改不符合要求单位6家，查处擅自收集运输餐厨垃圾车辆3辆，罚款15000元。

（杨洪玲）

【马荣孚文化能人志愿服务工作室挂牌】 11月17日，在区农工委、区文化委组织的农村地区文化能人工作室评选工作中，地区推荐的马荣孚文化能人工作室脱颖而出，成为全区农村地区第一批被授牌的文化能人工作室。

（杨洪玲）

【推行“六包”责任制】 11月24日，地区召开“六包”责任制（包卫生、包整洁、包绿化、包设施、包秩序、包安全）工作大会，部署工作方案，与乡域内的相关单位签订责任书，把工作责任分解到各单位、各责任人头上，“六包”责任制在全乡得到推广。

（杨洪玲）

【减煤换煤】 年内，组织豆各庄村、辛庄村村民购买优质煤600吨，超额完成全年350吨换煤任务；完成六里屯村215户煤改电任务，村民全部使用清洁电能。

（杨洪玲）

【拆违控违】 年内，完成11处季度卫片图斑、12处年度卫片图斑的整改工作，实现地区违法用地零增长和零挂账；完成账内外拆违任务9处，拆除违法建设面积8298平方米；贯彻区农委下达的非首都核心功能疏解任务，清退海东凯鑫粮油批发市场，拆除面积1.5万平方米。

（杨洪玲）

【拆迁腾退】 年内，腾退宅基地院落1066个，累计腾退安置1800户3960余人；26万平方米农民回迁房建设工作，除7号楼外全部结构封顶，4、5、6号楼竣工待验收；完成团结湖变电站及配套工程红线内全部宅基地院落的腾退工作，协助电力公司办理输电管道路由内树木伐、移。

（杨洪玲）

【绿化造林】 年内，分解北京市万亩造林工作任务，完成5亩造林任务的土地复垦、绿化种植工作，种植松树310棵，银杏树260棵。

（杨洪玲）

【业主委员会管理】 年内，组织召开保利东郡小区、东润枫景小区首次业主大会，完成观湖国际、泰华滨河苑社区业委会换届和委员补选工作。

（杨洪玲）

【产权制度改革】 年内，启动原麦子店村集体资产处置工作。通过调查档案，深入基层走访，摸清原村队历史情况，制定实施方案；完成乡、村两级领导小组及办公室的组建；按照程序完成社员登记、社员代表选举；分别召开村、队两级社员代表大会，审议并通过相关决议；通过三榜定案，完成核实劳动年限工作，整体工作进展顺利。

（杨洪玲）

【三资管理】 年内，完成乡域内4个村、8个集体经济组织的专项审计，规范并完善村经济合作社及乡联社相关制度，强化合同联预审工作机制，保证集体资金、资产的安全使用。

（杨洪玲）

【人口调控】 年内，完成区级挂账18处群租房整治工作，共清退流动人3508人，超额完成全乡流动人口调减3268人的任务指标。

（杨洪玲）

【食品安全】 年内，对学校、幼儿园、在施工地等单位的食品安全进行重点监管，完成72家餐饮服务单位量化分级管理，全年共办理12331举报108件、立案21件，罚没款267507元。

（杨洪玲）

【指挥监控中心升级改造完成】 年内，对乡指挥监控中心进行升级改造，共铺设光缆13000余米，新增高清探头31个，实现重点地区监控探头的基本全覆盖。

（杨洪玲）

【人民调解】 年内，不断完善基层人民调解组织建设，采取集中培训、参观学习等方式，对70名调解员进行培训，全年共调解纠纷387件，成功379件，出具调解协议书46份，调解成功率96%。

（杨洪玲）

【安全生产】 年内，开展烟花爆竹、消防安全、危险化学品、油气输送管道等重点领域专项整治行动。全年共检查各类单位2200家次，下达各类检查和执法文书1300余份，排查隐患1700余个，发放限期整改950余次，停工整改40次，实现重大安全事故零指标。

（杨洪玲）

【社会治安防控】 年内，增加技防投入，对地区742套门禁进行维修保养，门禁完好率达到95%以上；指挥监控中心升级改造完成，共铺设光缆13000余米，新增高清探头31个，实现重点地区监控探头的基本全覆盖。为社区安装防爬刺862米；为派出所、村巡防队购置30辆电动车，每日巡逻，提高群众见警率。

（杨洪玲）

【劳动就业】 年内，加大劳动就业培训力

度，开发就业岗位，实现失业人员再就业307人。

（杨洪玲）

【社会保障】 年内，落实低保、优抚等惠民政策，发放各类资金1644万元；完善社会救助制度，帮助39人讨要工资42.9万元，投资8万余元在南十里居社区创建康复站和辅助器具站。

（杨洪玲）

【帮困救助】 年内，为33户低保家庭办理清洁能源自采暖以及燃煤补贴4.6万余元；确保地区低保人员资助参保参合率达到100%；为7名低保人员申请临时救助款14659.75元；为5名生活困难人员申请办理慈善救助款11000元；为9名低保老人申请办理并发放慈善医疗救助款共计3343.81元；为7名低收入家庭孩子申请办理教育救助42850元；为低保家庭发放前三季度电价补贴6280.56元。

（杨洪玲）

【社会募捐】 年内，开展“共产党员献爱心”“春风送暖”“冬衣送暖”以及朝阳慈善宣传周为主题的社会捐助活动，全乡共募集捐款167531元，募集衣被共计7897件。

（杨洪玲）

【党建系列活动】 年内，在机关党员干部中开展“爱岗敬业、五比五看我先行”活动，开展5个专题教育、组织3次主题展演活动；开展“我是党员我自豪、我承诺、我先行”系列活动；举办“2015年道德模范、身边好人进机关”巡演活动；以抗日战争暨世界反法西斯战争胜利70周年为主题，对地区2000多名党员开展了以红色教育为内容的系列主题教育；组织开展七一“百位共产党员百篇小传朗诵会”和歌曲联唱活动。

（杨洪玲）

【群团建设】 年内，立足社区青年汇，以“文化教育、新青年城市融入、青年交友联谊、文体娱乐”四类活动为主线，开展48次活动；深化妇女之家、姐妹驿站建设，建成3家区级示范“妇女之家”；深入开展家庭教育，“五好”文明家庭、最美家庭的评选工作，坚持党建带工会，发挥工会组织的作用，为地区278家单位、6321名会员提供服务。

（杨洪玲）

【传统文化传承】 年内，围绕春节、清明、端午、七夕、中秋、重阳等传统节日，广泛开展民风民俗、文化娱乐、体育健身和怜贫惜弱为主题实践活动。组织开展“迎新春、庆元旦”书画展1场，新年庙会2场、春节、元宵联欢会4场，“慈善饺子宴”2场，“文明祭扫、平安清明”主题宣传8场，端午活动6场，重阳敬老活动5场，为地区群众发放文明道德宣传画及社会主义价值观宣传画共计500余份。

（杨洪玲）

【制定岗位责任清单】 年内，对照“清权确权、分权管权”工作，完成岗位责任清单梳理工作，共涉及副职以上领导9人，科室20个，村、社区共11个。

（杨洪玲）

豆各庄地区（乡）

【概况】 豆各庄地区（乡）位于朝阳区东南部。东邻黑庄户乡，南邻通州区台湖镇，西靠王四营乡和十八里店乡，北接三间房乡。乡政府办公地点位于豆各庄乡西马各庄村。辖区总面积14.16平方公里。下辖12个行政村、8个居委会、2个社区筹备组。截至2015年度，户籍人口13432人。辖区内有中学2所、全日制小学4所、公立幼儿园1所、私立幼儿园3所，有社区卫生服务中心1所、社区卫生服务站3个。年内，实现经济总收入17340.96万元，同比增加221.51%。

地址：西马各庄村
邮编：100121
电话：65479002
网址：http://dgzdq.bjchy.gov.cn

（任孟媛）

【检查辖区自办幼儿园安全】 1月15日，豆各庄乡由科教文体办牵头，联合医院、安监科等部门，对辖区内的自办幼儿园进行安全检查。本次检查从报警装置设置、送餐单位资质、安全教育培训、传染病住址管理报告制度等突出问题入手，对每所幼儿园逐项进行检查，并根据检查情况，下达限期整改措施。

（任孟媛）

【鑫天雄物资回收市场拆迁完成】 1月中旬，鑫天雄物资回收市场腾退工作全部完成。

（任孟媛）

【村级社区党组织乡属企业负责人述职】 1月19日、22日，分三次召开村级党组织书记述职大会、社区党组织书记述职大会及乡属企业汇报大会。

（任孟媛）

【机关事业单位述职测评会召开】 1月27日，豆各庄乡召开机关事业单位述职测评会。各科室负责人就2014年的履职情况进行述职，并对2015年的工作进行规划。全体参会人员对机关公务员及事业单位工作人员进行民主测评。

（任孟媛）

【乡七届三次党代会召开】 1月28日，中共豆各庄乡第七届代表大会第三次会议在城管大礼堂召开，全乡共95名党员代表和26名列席代表出席党代会。会议听取、审议并通过豆各庄乡2014年度党委工作报告、纪委工作报告以及关于党费收缴、使用和管理情况的报告。会上，处级党委班子成员逐一述职，95位党代表对乡党委班子及6名处级干部进行现场民主评议。会议共收到基层党代表提出的：建议解决社区内私搭乱建的问题；建议加快推进绿丰社区幼儿园建设；建议尽快将绿丰社区新打水井投入使用；建议维修西马庄北街道路，加强社区周边停车秩序管理及建议协调解决青青家园社区公交站点少问题等6条提议。

（任孟媛）

【第九届“朝阳慈善情、新春大联欢”活动】 2月4日，豆各庄地区举办第九届“朝阳慈善情、新春大联欢”活动，邀请地区空巢老人、困难职工、残疾人、武警战士等100余名人员参加。

（任孟媛）

【地区领导慰问困难群众和老党员】 2月11日，地区工委书记陈杰和地区办事处主任蒋东燕分别带队走访慰问部分困难群众和老党员，送去新春的祝福，并带去慰问品和慰问金。

（任孟媛）

【区领导慰问困难家庭】 2月11日，区红十字会常务副会长赵宁江、业务科科长苏秀丽一行来到乡走访慰问辖区红十字困难家庭。2015年春节，豆各庄地区红十字会对辖区10名红十字困难家庭发放慰问金共10000元。

（任孟媛）

【节前安全大检查】 2月12日，地区工委书记陈杰、办事处主任蒋东燕和人大主席杨荣福分别带队进行节前安全大检查，重点检查辖区内的施工工地、烟花爆竹指定售卖点、大型超市、餐饮门店、加油站等经营单位。

（任孟媛）

【除夕夜安全检查】 2月18日，豆各庄除夕夜，地区工委书记陈杰、地区办事处主任蒋东燕、副主任王娟到朝丰家园社区居委会，检查小区安全燃放烟花爆竹情况。

（任孟媛）

【乡十六届人大第五次会议召开】 3月4日，豆各庄乡在城管大礼堂召开第十六届人民代表大会第五次会议。会议听取并审议通过乡长蒋东燕所做的2014年政府工作报告（草案）、人大主席杨荣福所做的2014年人大工作报告（草案），审议通过乡财政工作报告（草案）。代表们提出：增加对绿丰北路和绿丰西路破损路面的修复、进一步完善转非安置劳动力的劳动保障、加强对朝丰社区和富力又一城社区周边停车秩序的管理、在乡政府门口设立公交车站、拆除绿丰小区内的私搭乱建并为居民提供活动场所等五条建议。

（任孟媛）

【西马各庄完成路面修整】 3月4日，乡第十六届人民代表大会第五次会议提出关于西马各庄路修整的议案。6月，完成路面修整工作。

（任孟媛）

【主题志愿活动】 3月5日，绿丰家园社区青年汇在地区团委的指导下，联合社区志愿者及大学生村官开展了一场以“弘扬雷锋精神、关爱身边老人”为主题的志愿活动，志愿者们走进敬老院为老人们带去节日的祝福。

（任孟媛）

【主题宣传活动】 3月15日，食药所在天达路京客隆超市门前开展主题为“携手共治 畅享消费”的宣传活动。食药所工作人员在活动现场公布了12331食品药品举报电话，向百姓宣传食品药品安全的相关知识，强调食品药品安全对老百姓的重要性，同时，用电子屏滚动播放宣传口号和宣传知识。

（任孟媛）

【建筑工地联合检查】 3月25日，地区综治办联合双桥交通大队对辖区内建筑工地进行联合检查。此次检查主要针对工地的施工安全、渣土车辆工作状态、流动人口管理进行排查，对建筑工地上的车辆数，驾驶员数进行统计，并要求施工单位对发现的安全隐患及时整改、妥善处置各类突发事件，确保安全稳定。

（任孟媛）

【朝丰家园二期北区业主办理入住手续】 4月8日、9日，丰琪物业为朝丰家园二期北区业主办理入住手续，物业人员分为协议组、结算组、发放组，验房组，后勤组五个组，分别负责与业主不同业务的接洽。共办理入住业主56户。

（任孟媛）

【抗战主题讲座】 4月9日，在机关大礼堂举办“纪念中国人民抗日战争暨世界反法西斯战争胜利70周年”主题讲座，首都师范大学马克思主义教育学院院长李松林讲授。

（任孟媛）

【“转非安置”自谋职业公证】 4月10日、11日，豆各庄乡“转非安置”自谋职业公证工作在绿丰家园社区展开，北京市正阳公证处工作人员和地区社保所10余名工作人员参加公证。620名“转非安置”劳动力完成公证程序。

（任孟媛）

【市长王安顺视察】 4月23日，市委副书记、市长王安顺到豆各庄视察调研一绿试点乡的工作开展情况，部分市领导、区委书记程连元、区长吴桂英、工委书记陈杰陪同。王安顺实地察看豆各庄乡棚户区改造及环境整治项目的拆迁进展和绿化实施情况，听取相关负责人关于2015年推动功能疏解、绿隔地区城市化试点、国家文化产业创新实验区建设、棚户区改造、重点工程和生态环境建设等方面的汇报，对朝阳区在确保改革发展稳定和疏解非首都功能各项工作中取得的成绩给予肯定。他强调，各级政府要以人为核心，加大支持力度，努力破解城乡结合部发展难题，加快完善城市基础设施，下大力气抓好环境整治，不断提高城市管理水平，确保非首都功能疏解早见成效。

（任孟媛）

【“两公开一承诺”填报启动】 4月24日，按照区委农工委《关于做好“两公开一承诺”调查表填报工作的通知》要求，豆各庄乡启动“两公开一承诺”填报工作。3天内完成对乡92名在编人员及160名家属，村63名党员领导干部及126名家属的相关填报工作。

（任孟媛）

【职工春季踏青健步走活动】 4月至5月，地区总工会分三批开展职工春季踏青健步走活动，主场地在怀柔的雁栖湖，共125名机关、基层及企业职工参加。

（任孟媛）

【动物疫病防控知识宣传】 4月至5月，地区食药监所开展动物疫病防控知识宣传。通过在辖区食品集中交易市场进行设站主题宣传、张贴板报、LED显示屏滚动播放、发放宣传材料、现场解答等多种方式，整合宣传资源，实现宣传入户率、告知率、覆盖率“三个100%”。活动中出动36人次，12车次。

（任孟媛）

【市委书记郭金龙调研】 5月14日，市委书记郭金龙到豆各庄调研疏解非首都功能进展情况，市委副书记、市长王安顺，市领导李士祥、陈刚、张工，区委书记程连元、区长吴桂英及乡党委书记陈杰陪同。郭金龙一行实地察看豆各庄乡环境整治项目的拆迁进展及绿化跟进情况。他强调，要深入贯彻习近平总书记视察北京重要讲话精神，坚决落实《京津冀协同发展规划纲要》要求，坚定不移加快疏解非首都功能，在疏解非首都功能中“瘦身健体”谋发展。

（任孟媛）

【“两癌”免费检查】 5月27日至6月16日，乡政府联合社区卫生中心展开对35—64岁妇女的“两癌”免费检查工作。

（任孟媛）

【《豆各庄乡志》专家评审会召开】 6月3日，在豆各庄地区文化服务中心召开《豆各庄乡志》初稿专家评审会。区地方志编委会副主任、区志书执行主编关三多，区志办主任邓献云、副主任王维成，区二轮修志编辑部副主编赵万顺、胡良骥，中国时代经济出版社志鉴编校中心总编辑夏红兵，豆各庄乡党委副书记吕志出席会议。《乡志》总顾问张凤仙及全体编写成员参加会议，副乡长王娟主持会议。张凤仙介绍《乡志》编写情况。《乡志》编纂工作于2013年7月启动，经过组建编辑部，前期准备、资料收集、文稿编写、初稿修改等阶段，形成40万余字的征求意见稿。评审人员从志书体例、篇目设置、内容归类、人物选择等方面对《乡志》进行评审。认为：内容记述不够完整，“大事记”记述不严谨、不规范，志书内容不完整，资料不完整等问题。关三多指出，《乡志》具有示范性和开创性，为其他街乡修志提供了借鉴。

（任孟媛）

【五月鲜花文艺汇演】 6月9日，2015年“活力豆各庄•幸福在朝阳”五月鲜花文艺汇演在乡政府城管大礼堂举办，地区工委书记陈杰、人大主席杨荣福以及班子全体成员、基层领导出席。

（任孟媛）

【社区居民选举委员会完成推举】 6月12日至13日，地区8个社区全部完成社区居民选举委员会的推举工作，推选出7-9人的选举委员会成员，并将成员名单张贴公告。其中，朝丰家园、绿丰家园、京城雅居、青青家园、阳光家园和文化传播六个社区召开社区居民委员会换届选举会议。由于富力又一城第一社区和富力又一城第二社区两个社区是新成立社区，此次是首届社区居委会选举，采取下户走访，征求社区、北京市社区居民户代表意见的方法，按照简单多数的原则，确定社区居民选举委员会成员，将结果在社区公告。

（任孟媛）

【区人大常委会主任佟克克慰问】 6月26日，区人大常委会主任佟克克到地区慰问困难党员。

（任孟媛）

【区人大常委会副主任张富生带队调研】 6月26日，区人大常委会副主任张富生带队调研乡"一绿"试点乡建设议案办理情况。代表们视察豆各庄乡棚户区改造项目和中国北京出版创意产业基地，并在资产运营中心召开座谈会。9月10日，区人大常委会副主任张富生带队到豆各庄地区调研，工委书记陈杰、人大主席杨荣福陪同参加。张富生听取了地区人大工作的开展情况、意见建议办理情况及当前工作的重点和难点的汇报，希望能通过区乡合力，解决基层群众最关心的问题。

（任孟媛）

【建党94周年暨表彰大会召开】 7月1日，乡工委召开建党94周年暨表彰大会，表彰先进党员，庆祝中国共产党94岁生日。

（任孟媛）

【人大办组织开展视察活动】 7月9日，乡人大组织开展视察活动，乡领导班子全体成员及区、乡人大代表共计50余人参加。此次活动视察了豆各庄乡中心幼儿园、京津高速南环境整治项目和金田影视基地3个项目的开展情况。

（任孟媛）

【总工会第二次代表大会召开】 7月16日，豆各庄地区总工会第二次代表大会召开，地区领导班子成员、各基层工会代表共87人出席。大会讨论通过豆各庄地区总工会第一届委员会工作报告、财务工作报告、经费审查工作报告及大会选举办法。根据大会议程和选举办法，通过代表无记名投票的方式，选举产生豆各庄地区总工会第二届工会委员会委员11人和经费审查委员会委员3人。

（任孟媛）

【社区集中召开居民选举大会】 7月25日至26日，乡8个社区集中召开居民选举大会。其中，户代表4674人、居民代表121人，总计4795人，产生居委会成员46人。其中，文化传播社区投票率100%，朝丰家园和阳光家园投票率99%，绿丰家园、京城雅居、青青家园、富力一社区、富力二社区的投票率依次为93%、87%、86%、84%、74%，完成社区换届选举工作。

（任孟媛）

【体育文化节开幕】 8月4日，"活力豆各庄•幸福在朝阳"豆各庄地区2015年体育文化节开幕式暨优秀健身项目展示活动在富力又一城会所举办。区体育局副局长韩红、地区部分领导班子成员等出席活动。2015年体育文化节是文化站首次开展的"项目下沉"计划，旨在探索一种"政府搭台、群众参与"的公共文化体育供给模式。

（任孟媛）

【乡人大第十六届六次会议】 8月6日，召开第十六届人民代表大会第六次会议暨2015年半年工作会。会议听取并审议乡2015年上半年工作报告；听取乡环境整治专题项目述职报告，并对该项目的开展情况进行评议；审议乡第十六届人民代表大会第五次会议建议办理情况的说明。

（任孟媛）

【组织观看世锦赛】 8月23日和28日，根据区"两项重大任务"观众组织与志愿者服务专项工作组的相关安排，组织200名固定观众观看世锦赛。

（任孟媛）

【慰问抗战老兵】 8月29日，为纪念中国人民抗日战争暨世界反法西斯战争胜利70周年，工委书记陈杰带领班子成员慰问豆各庄地区在抗日战争中做出贡献的老战士，并送去慰问金19000元、1辆普通型轮椅、1辆道路型电动三轮轮椅车、1副拐仗。

（任孟媛）

【宣讲比赛】 10月19日，在城管大礼堂举办2015年"弘扬社会主义核心价值观"宣讲比赛。讲述抗战故事，唱响时代主旋律。

（任孟媛）

【乡人大第十六届七次会议召开】 10月26日至27日，召开第十六届人民代表大会第七次会议，区域内市区人大代表、乡人大代表、列席及旁听人员等共86人参加。会议听取豆各庄地区疏解非首都功能工作专项报告，并依法选举邵光良、白景元同志为豆各庄乡人民政府副乡长。此次选举实行等额选举，以无记名投票表决的方式进行，赞成率均在97%以上。

（任孟媛）

【区安全生产协会工作站成立】 10月30日，朝阳区安全生产协会豆各庄工作站成立。

（任孟媛）

【重阳敬老活动】 9月至10月重阳节前夕，地区文明办及社会事务管理科分别开展"重阳节敬老爱老志愿服务"活动和"培育敬老家风，建设和睦家庭"活动。走访28名90周岁以上老人，给他们送去寿桃等慰问品，举办老年人茶话会。除传统形式外，还有制作蛋糕、老年养生知识竞猜等活动。地区共有500余位老人参与。

（任孟媛）

【乡村党组织换届选举】 11月23日，村党组织换届选举工作全部完成。此次换届选举工作共历时近两个月，共产生党组织书记10名、副书记10名、委员24名。

（任孟媛）

【乡人大代表向选民述职】 11月27日，在朝丰家园社区开展人大代表向选民述职活动，乡人大主席杨荣福主持活动。区人大代表、乡党委书记陈杰就一年来的履职情况向选民进行述职，并就乡十六届人大五次会议上代表们提出的问题进行答复。人大代表与选民进行座谈交流，共收集到3条建议。

（任孟媛）

【全国文明城区测评宣传活动】 12月初，地区文明办组织8个社区在全地区范围内开展全国文明城区测评宣传活动，通过悬挂横幅、张贴海报、更新宣传橱窗和发放宣传品等多种形式，宣传社会主义核心价值观。

（任孟媛）

【剩余住宅与非宅拆迁腾退】 12月25日，豆各庄乡召开乡住宅与非宅拆迁腾退工作动员会，启动乡域内剩余住宅与非宅拆迁腾退工作。

（任孟媛）

高碑店地区（乡）

【概况】 高碑店乡位于朝阳区东部，东邻中国传媒大学，南接王四营乡，西邻北京商务中心区，北靠平房乡。辖域面积15.08平方公里，总人口18.5万人。有5个村级单位和26个社区。年内，紧密围绕京津冀协同发展战略，以及首都"四个中心"城市定位和"努力建设国际一流和谐宜居之都"的总体目标，按照"瘦身健体"的要求，深刻把握新常态下朝阳区发展的阶段性特征，抓住国家文化产业创新实验区建设的机遇，找准高碑店地区在全区发展中的定位，突出转变发展方式、调整产业结构，坚持依规发展、安全发展，加快农村城市化进程，着力保障和改善民生，确保安全稳定，促进全乡经济社会安全健康发展。全乡完成经济总收入217.74亿元，同比增长8%；完成利润总额8.39亿元，同比增长9%；上缴税金7.07亿元，同比增长9%，分别完成全年任务的100.7%、101.3%、101.8%。全年完成区级财力任务4.42亿元（任务数4.38亿元），同比增长9.12%。

地址：高碑店北路甲1号

邮编：100123

电话：85778502

网址：http://gbddq.bjchy.gov.cn

（王瑞琴）

【党委主体责任与纪委监督责任】 年初，组织成立党委督查室和纪委监督室，分别隶属党委和纪委直接管理。"两室"配备专职工作人员，明确工作职责。党委督查室建立全年工作任务及季度工作任务安排台帐，督查班子成员落实"一岗双责"情况及全乡各项工作任务完成情况。纪委监督室重点监督基层党组织落实主体责任情况，监督员交叉列席各村涉及"三重一大"事项的会议，利用高碑店地区《纪检时讯》，定期公开基层重大事项决策过程，曝光存在的问题。

（王瑞琴）

【产业转型】 年内，发展"传统、传媒、旅游"三大文化产业。高碑店乡二、三产占例分别为26%和74%。在通惠河南岸，形成以古典家具街、民俗文化园为代表的传统文化板块。依托国家文化创意产业示范区、CBD-定福庄传媒产业走廊的影响力，沿京通路形成以高井传媒、八里庄文化创意产业园、718艺术园区、北花园文化产业园、北京铜牛集团传媒影视文化产业园为代表的传媒产业基地。启动半壁店通惠河畔二期招商工作，通惠河畔旅游文化走廊逐渐形成规模。

（王瑞琴）

【产业用地】 年内，通过置换产业用地、腾退小微企业用地等辅助手段，逐步接近北京市上位规划的要求。推进高碑店村北京国际中药港和通惠河产业带升级改造，对半壁店村通惠河畔文化创意产业园转型招商，完成半壁店村西店记忆文创空间的现状企业腾退工作，调整高井传媒产业园用地范围及规划审批手续。打造通惠河文化旅游走廊，形成具有民族特色的文化旅游产业区。

（王瑞琴）

【"三资"管理制度】 年内，要求各村清理、调整、规范各类经济合同。截至年底，村集体经济组织新签9份合同，均经过乡合同联预审小组审核，涉及土地面积514亩，平均年租赁收入10067万元。完善《高碑店乡关于进一步完善大额资金、重大工程项目资金联审的规定》《高碑店地区集体资产处置流程》《高碑店地区集体资产管理流程》《高碑店地区村级经济合同预联审工作流程》等制度，从机制上形成"权有所限，钱有人管，事有人监"的管理模式。

（王瑞琴）

【城乡一体化发展】 年内，高碑店村西区、半壁店西店村一期和高井白家楼村实行新农村建设。推动高碑店村东区和西店村二期新农村项目建设，成立专项工作组。借助"一乡一策"规划调整，对半壁店、方家村、小郊亭三个历史遗留问题的自然村，按照新农村模式实行改造。

（王瑞琴）

【改善道路交通环境】 年内，拓宽8处穿越铁路立交桥，完成高碑店中心路建设，使得高碑店乡南北主动脉实现24小时全线畅通。改善老旧小区和平房区域道路通行环境，拓宽硬化路面，配合做好广渠路二期、高碑店路、水南庄路、定福庄西路、幺家店路的改造工程。

（王瑞琴）

【人口调控】 年内，依托新农村建设总体规划，做好拆除腾退污染企业及低级次产业的有关事宜。运用以业控人、以房管人、以资源控人等调控措施，通过控违拆违、企业转型升级、治理群租房、关停打工子弟学校及拆除出租大院等方法，加强区域人口变动动态监测，健全基层人口信息工作机制。整改违法出租房屋17套53间，清理地下人防工程16处，减少流动人口600人。

（王瑞琴）

【控违拆违】 年内，制定《高碑店地区禁止和查处违法建设工作方案》，分片包干，把控违拆违工作纳入村干部考核，并在年初与各村、各社区签订拆违工作责任书。加大宣传力度，在违法建筑重点管控区域张贴宣传册、悬挂宣传横幅、向群众发放宣传单6000余份。建立健全地区建筑基础台帐，实行动态管理。拆除违法建设124148.64平方米。

（王瑞琴）

【城市环境建设】 年内，完成两项重大保障任务。实施重点地区、重点道路，重要场所的环境综合整治，加大对暴露垃圾、游商散贩、非法经营、占道停车、秩序混乱等城市顽疾的治理力度，查处违法行为175起。组织清除白色污染300余起。协调环卫中心、公联公司、绿化局、京通路管理中心清除卫生死角垃圾30余处，清除无主垃圾400余立方米。兴隆公园获北京市精品公园、国家旅游AAA级景区称号。

（王瑞琴）

【安全稳定工作】 年内，在保障活动中，启动社会面等级防控机制，加强辖区重点点位的巡逻值守和重点涉访人员管控，启动应急维稳"零"报告制度，累计出动治安志愿者5000余人次，完成各项安保任务。开展执法检查319次/家，实现安全生产事故零指标。

（王瑞琴）

【文体活动】 年内，以"文化惠民、全民健身"为主题，调动地区200余支文体活动队伍，共同参与文体系列活动。开展漕运庙会、元宵灯会、反法西斯书画艺术节、金秋艺术节等活动。举办地区首届"全民健身运动会"、地区篮球、羽毛球联赛等活动。以社区教育为平台，开展多种形式的公益性教育项目。组织居民参加市区文化活动，获市体育局跳绳比赛一等奖、区农委乒乓球比赛二等奖、区体育局交谊舞比赛三等奖、北京市市民篮球比赛分组赛冠军。

（王瑞琴）

【为民服务】 年内，以地区为民服务大厅为平台，建立地区行政服务中心，优化民政、计生卫生和社保等部门窗口服务流程和服务内容，实现工作日8小时不间断服务模式。布局、使用地区养老餐桌、托老所、日间照料室和社区卫生服务中心。开展两节送温暖慰问活动和送医、送教、助学等慈善救助服务。开展"再就业援助月活动""春风行动""招聘会"等专项活动，新开发就业岗位3080个。依法解决"拖欠"农民工工资案件，帮助农民工追回被拖欠工资百万余元。

（王瑞琴）

【社区服务管理】 年内，以便民服务、改善环境、文体活动为主要内容，以六型社区创建单位为重点，完成12个社区23个项目建设，突出解决大黄庄健身园改造、方家园文体活动站维修、水南庄仿古遮阳亭、半壁店便民停车场、花东道路修缮、兴隆健身园改造等一批居民关心的问题。以邻里之家项目为引领，提升兴隆家园社区、花北东社区硬件服务水平。与专业社会组织合作，建成以"高西社区为邻里之家服务平台中心点、通惠社区为平台支撑点"的地区专业社会工作示范基地。

（王瑞琴）

【司法信访】 年内，完成社区服刑人员"无脱管、漏管及重新违法犯罪"的三无指标。人民调解案件成功率、法律咨询答复满意率100%，"六五"普法验收指标完成率

100%。高碑店乡被市委、市政府信访办公室，市人力社保局评为人民建议征集工作先进单位。接收各类信访件共922件，其中群众来乡政府信访195件、区转信访件676件、96105信访件51件，做到事事有回复，件件有结果。

（王瑞琴）

【乡十六届人大五次六次会议】 年内，召开乡人代会2次，完成大会确定的各项任务。其中十六届人大第五次会议，听取并审议政府工作报告、人大主席团工作报告、2014年财政预算执行情况及2015年财政预算草案的报告，提出关于修建跨河人行天桥、完善北花园小区物业管理等30条意见建议，其中涉及民生工作8条、环境整治2条、交通出行5条、文化教育2条、安全稳定3条、规划发展7条、干部队伍建设3条。第六次会议，依法补选乡人民政府副乡长1名。

（王瑞琴）

【社区居委会换届选举】 年内，以13个居民代表选举、11个户代表选举两种形式，组织开展第九届社区居委会选举。参加投票选举的居民代表选民792人、户代表选民7618人，参选率分别为94.51%、99.86 %，居民满意率98.88%，得票率分别为100%、99.86%，全地区24个社区居民委员会全部依法一次性完成选举，完成率100%。共选出社区居委会成员162人，其中主任24人、副主任29人、委员 109 人。

（王瑞琴）

【党建品牌项目】 年内，创建通惠河畔商务楼宇党建服务站、高井“1+10”党员大讲堂2个区级项目，继续深化党员阳光驿站便民服务、兴隆“心相牵”爱心联盟等19个乡级项目，在全乡推广，并编写地区特色党建品牌汇编。

（王瑞琴）

管庄地区（乡）

【概况】 管庄地区（乡）位于朝阳区东部。1996年，管庄为乡建制。2003年2月，设立管庄地区办事处。东邻通州区城关镇，南与豆各庄乡、黑庄户两乡毗邻，西接三间房乡，北与常营乡接壤。属CBD-定福庄国际传媒走廊的一部分。辖区面积10.15平方公里。下辖10个社区居委会、12个村委会。总人口约10万人。年内有户籍人口60569人，流动人口33636人，外籍人口221人，以汉族和回族为主，回族约3000人；新出生899人。有中央单位27家，有中国建筑材料科学研究总院、中交一公局第五工程有限公司，市属单位14家，区属单位40家。有北工大实验学院培训中心、北京科技大学（管庄）校区、北京市电气工程学校（管庄）校区，中学3所，小学2所（含7个校区），幼儿园10所，社区卫生服务中心1个，社区卫生服务站5个，一级医院2个，门诊部以下医疗卫生机构1个。京通快速路、朝阳路、朝阳北路、地铁八通线、京秦铁路、通惠河贯穿全地区。途经辖区公交线路12条。有200平方米为民服务大厅、1700平方米地区文化中心、有1处13000平方米文化广场和3处24小时自助图书馆。地区绿化面积为195.5万平方米。年内，实现区级财政收入2.72亿元，同比减少15.63%；征收房产税243.24万元，同比增长6‰。

地址：管庄乡1号

邮编：100024

电话：65762117 65790560

邮箱：zcmlzz@bjchy.gov.cn

（冯 妍）

【官方微信上线】 1月19日，管庄地区办事处官方微信公众号“朝阳管庄”正式上线运行，同时取得官方认证资格。

（冯 妍）

【乡第七次党代会第三次会议】 1月23日，召开中共管庄乡第七次代表大会第三次会议，实出席代表82人、列席30人。议程包括：乡党委书记高永荣作党委工作报告、乡纪委书记王文俊作纪委工作报告、乡党委委员述职、乡党代表民主测评。

（冯 妍）

【文化活动】 1月30日至2月11日，开展“家书陪你”微征集活动。征集书法作品、电子家书、照片等，近千名群众参与。8月，地区团委组织开展未成年人“青春自护·暑期课堂”活动、未成年人国学与家庭教育亲子课堂活动、青年志愿服务培训，共300余人次参加。年内，开设6期“道德讲堂”，地区党员群众1000余人次参与活动。

（冯 妍）

【乡人大第十六届八次会议】 2月9日，召开管庄乡第十六届人大八次会议，审议通过了《管庄乡人民政府工作报告》《管庄乡人民代表大会主席团工作报告》《管庄乡2014年财政预算执行情况和2015年财政预算草案报告》。6家代表单位在会上签订了责任书。

（冯 妍）

【“送温暖”活动】 2月，开展2015年春节“送温暖”活动，走访慰问大病致困家庭、城乡低保、低收入家庭、伤残军人等355人，投入资金10.2万元；开展“温暖社区，乐游冬日”服务活动，包括“两节”慰问演出、义务理发、邻里座谈、饺子宴、爱心助老维修自行车等，共有762名老人享受到了免费家政服务，218名老人领取了两节慰问品。

（冯 妍）

【基层党课行】 4月9日至29日，举办以“十八届四中全会和‘两会’精神解读”为主题的第一次基层党课27场。年内，举办4次“党课教育基层行”主题党课，共80场，受众超过9000人次。

（冯 妍）

【人防工程治理】 4月13日至22日，开展人防工程治理行动，拆除住人地下空间185间、4300平方米，完成地下空间区级挂帐任务。

（冯 妍）

【社区党组织换届选举工作】 4月23日，在机关207会议室召开2015年社区党组织换届选举动员部署会，正式启动8个社区党组织换届选举工作。5月28日，完成此次换届选举工作。

（冯 妍）

【“三严三实”专题教育活动】 5月，管庄地区工委启动“三严三实”专题教育活动。制定了《管庄地区处级领导班子“三严三实”专题教育活动实施方案》。采取菜单式、共享式、研究式的学习形式，完成了严于修身、严于律己、严于用权三个阶段专题学习。聚焦“对党忠诚、个人干净、敢于担当”，通过群众提、自己找、上级点等方法，查摆不严不实的突出问题，逐条逐项建立问题清单，严肃认真地开展批评和自我批评，做到了立行立改，限期整改，确保教育活动不打折扣、不走过场。活动持续至2016年1月。年内，三公经费支出同期减少43%。

（冯 妍）

【安全生产】 5月至6月，开展城乡结合部专项整治工作，对地区的“五小企业”“六小场所”“三合一、多合一”经营场所等进行多轮安全检查，检查200余家单位，出动执法人员400人次，整改隐患293处。年内，开展重点行业领域和区域集中整治、“六打六治”打非治违专项行动、冬季防火和预防煤气中毒工作大检查、食品药品执法检查等活动，积极整改各类安全隐患。

（冯 妍）

【“七一”活动】 5月至7月，地区工委举办以“深化群众路线，凝聚党心民心”为主题的“七一”红色系列活动，纪念中国人民抗日战争暨世界反法西斯战争胜利70周年，弘扬社会主义核心价值观。活动分为十项内容，包括开展共产党员“百时星”星级志愿者评比表彰活动、开展“讲红色故事”微视频录制活动等。评比表彰“百时星”星级志愿者82名，走访慰问生活困难党员32名，举办“抗战题材电影”15场，开展“铭记历史，缅怀先烈”党员参观活动25场。

（冯　妍）

【双拥共建】 6月11日，管庄地区办事处在66322部队举行双拥共建协议书的签字仪式，与11家单位签订共建协议书，促进管庄地区军民共建的和谐发展。

（冯　妍）

【第九届惠河文化节】 6月26日，第九届惠河文化节在管庄地区文化广场拉开帷幕，15个文艺节目都是取之于民、享乐于民的草根文化，500余名观众观看演出。第九届惠河文化节系列活动包括以文艺演出、展览、体验活动为主的社区活动十余场。惠河文化节自2005年创办以来，已经连续举办九届，达到文化惠民、文化利民的效果。

（冯　妍）

【工会第二次代表大会】 6月29日至30日，管庄地区总工会召开管庄地区工会第二次代表大会，选举产生管庄地区总工会第二届委员会委员11人及工会主席、副主席、经费审查委员会主任。

（冯　妍）

【拆违控违】 6月30日，拆除美廉美超市北侧木材销售处1320平方米。年内，销减控违台账1.9万平方米，拆除集体土地违法建设1.8万平方米、国有土地及占压燃气管线违法建设2700余平方米。

（冯　妍）

【环境整治】 6月，取缔建东苑小区非法市场，发放告知书50余份，投入车辆20辆次，出动60余人次，规范无照经营40余起，拆除破损牌匾30块，清运垃圾5车，宣传告诫50人次。年内，强化对八十中（管庄分校）门前路、杨闸环岛、朝阳路、管庄路、双桥东路等重点点位的管控；专项整治双桥车站、管庄车站周边无照游商摊群、机动车无序停放等环境突出问题；全年共查处露天烧烤、店外经营、无照经营、违规广告牌匾、黑摩的运营等违法行为800余起。实施杨闸环岛北至政法学院、司辛庄平房区周边环境整治项目，升级改造道路，方便居民出行。投资300余万元，修复铺装瑞祥里小区破损道路，在朝阳路两侧道路新建围墙、围栏，粉饰楼体，改善沿线环境面貌。

（冯　妍）

【乡十六届人大九次会议】 7月2日，召开管庄乡第十六届人民代表大会第九次会议，会上补选王文俊为管庄乡第十六届人民代表大会主席，讨论通过《管庄乡关于广渠路二期拆迁腾退按照〈管庄乡绿化隔离地区建设腾退安置办法〉政策实施的说明》。

（冯　妍）

【服务保障】 8月6日，召开“两项重大任务”期间服务保障工作部署大会，通报治安、反恐防暴形势，部署安全保障、环境秩序、维护稳定工作，提出增强责任感、传承安保经验、加强应急值守的工作要求。8月至9月，启动人员数量830名的国庆平安行动治安巡逻志愿者队伍和300人组成的专兼职队伍，确保24小时巡逻。服务保障工作期间，出动50人的队伍，完成服务保障工作。

（冯　妍）

【班子调整】 8月13日，地区工委召开干部大会，宣布地区领导班子调整，陈诚任管庄地区纪（工）委书记，曹阳任地区办事处副主任。

（冯　妍）

【文化阵地】 8月18日，在瑞祥里瑞祥路两侧更换社会主义核心价值观宣传展板24块，在京通快速路天桥、朝阳路天桥安装社会主义核心价值观宣传展板4组。

（冯　妍）

【乡十六届人大十次会议】 8月21日，召开管庄乡第十六届人民代表大会第十次会议，听取2015年上半年管庄乡政府工作情况通报、管庄乡民生保障工作情况汇报，补选曹阳为管庄乡人民政府副乡长。

（冯　妍）

【党风廉政建设】 9月11日，开展党风廉政专题讲座，市委党校教授、党建部主任姚恒担任主讲，就党建反腐倡廉建设的形势、正确认识新形势下的反腐倡廉建设、反腐倡廉的新思路和新任务三个方面进行专题讲座。年内，专项整治“为官不为、为官乱为”，持续开展“两规范一提高”，整治“慵懒散拖”现象。

（冯　妍）

【基础设施建设】 9月，在朝阳路管庄村路段、瑞祥里小学门前、北京市八十中学管庄分校门前、惠河西里华洋紫竹幼儿园门前、办事处西侧路面等处，安装隔离护栏、阻车桩、减速坎等交通设施。

（冯　妍）

【村党支部换届选举】 10月25日，印发《中共北京市朝阳区管庄乡委员会关于做好村党支部换届选举工作的实施方案》，成立村党支部换届选举工作领导小组，确立指导思想、明确目标要求、规范实施步骤。10月27日，召开2015年村党支部换届选举动员部署会，统筹部署各村党支部换届选举工作。12月31日，完成村党支部换届选举。

（冯　妍）

【疏解非首都功能】 年内，清退重兴寺京通路沿线商业场地、杨闸陶瓷市场2个低级次市场共63336平方米，拆除杨闸村出租大院2337平方米，清理废品回收站点10处1600平方米。

（冯　妍）

【拆迁腾退】 年内，完成市重点工程广渠路二期管庄段拆迁任务，腾退民宅111户、村民580人，移伐树木14000棵。小寺村累计腾退院落177户，安置村民790人。

（冯　妍）

【理论中心组学习】 年内，组织14次管庄地区理论中心组（扩大）学习，学习新媒体时期的媒体应对、京津冀协同发展等内容，1700余人参加。

（冯　妍）

【编制“十三五”纲要】 年内，编制《管庄地区国民经济和社会发展第十三个五年规划纲要（草案）》，全面规划未来五年管庄经济、政治、文化、社会和生态建设的目标任务。

（冯　妍）

【第九届社区居委会换届选举】 年内，完成第九届社区居委会换届选举。

（冯　妍）

【人口调控】 年内，以功能疏解、拆迁腾退、群租房清理带动人口疏解，调减流动人口6126人。

（冯　妍）

【重点工程】 年内，杨闸农民新村项目进展顺利，用地范围内2.2万平方米地上物拆迁工作业完成，安置房建设启动。

（冯　妍）

【社会保障】 年内，开发就业岗位2650个，620人实现就业。受理保障房申请77件。

（冯　妍）

【为民办实事项目】 年内，投入238万元，完成28项为民办实事项目，包括维修道路、增设路灯、修缮居民活动场所及设施等。

（冯　妍）

【居家养老】 年内，建设完成1510平方米的管庄地区颐养天合养老照料中心，并正式对外运营。

（冯　妍）

黑庄户地区（乡）

【概况】 黑庄户地区（乡）位于朝阳区东南部。东与通州区台湖镇工业园区接壤，南与光机电产业基地相邻，西靠垡头边缘集团与豆各庄相邻，北靠定福庄边缘集团与管庄乡相邻。辖区面积24.1平方公里。下辖16个行政村，5个社区，5个直属企业。有4所小学、1所中学、2所医院。有双鹤药业、602所等各类型企业620余家。户辖人口1.9万余人，流动人口5.8万余人。年内，实现经济总收入30.69亿元，利润总额1.29亿元，分别增长8.5%和8.3%；上缴税金总额0.88亿元，同比增长8%；农民人均所得21484.2元，同比增长9.4%。

地址：黑庄户乡工商大街甲1号

电话：85383651

邮编：100121

传真：85381999

网址：http://hzhdq.bjchy.gov.cn

（范东京）

【乡第七届三次党代会】 2月3日，召开中共北京市朝阳区黑庄户乡第七届代表大会第三次会议，乡领导班子成员及百余名代表出席会议。乡党委书记路军作党委工作报告；乡党委班子成员述职述廉。

（范东京）

【乡十六届人大七次会议】 3月6日，召开黑庄户乡第十六届人民代表大会第七次会议。乡长秦涛代表乡政府作工作报告，乡人大主席王世纯代表大会主席团作人大工作报告。会议通过黑庄户乡2014年政府工作报告、乡人大工作报告以及黑庄户乡2014年财政预算执行情况和2015年财政预算草案的报告。

（范东京）

【群众路线教育】 5月12日，区委第十七督导组组长王小毛到乡实地检查群众路线教育实践活动整改落实情况，乡党委书记路军从组织党员开展学习教育情况、整改方案落实情况、强化正风肃纪情况、基层党建工作情况等方面进行综合汇报。

（范东京）

【市区领导调研】 6月29日，市委常委戴均良到郎各庄村“三站二室”综治中心调研外来人口管理和出租房屋租赁管理相关情况。区委书记程连元，区委副书记、区长吴桂英，副区长杨树旗以及区委农工委领导陪同。

（范东京）

【“三严三实”专题教育】 7月24日，黑庄户地区工委书记路军以“认真践行三严三实，全力推动地区发展”为题讲专题党课。乡领导班子全体成员，各科室负责人，各村党支部书记和村委会主任，各社区党支部书记，乡联社、东安储运、社会公共事务服务中心、城管执法队、巡防队、土地监察大队负责人共70余人参加。年内，采用多种形式，分层次、分阶段开展学习教育，听取人民团体和社会单位的意见建议，办理人大代表建议，针对代表和群众关心的京哈高速开口，加强交通管理等问题，协调市、区职能部门，得到解决。全年受理行政复议案件2起，主动公开政府信息61次，受理信息公开申请2条。

（范东京）

【区领导检查安全生产工作】 8月24日，区组织部部长何明、区人大办公室主任朱春霞率区安监局、食药局、公安分局、消防支队等相关部门，到华润双鹤药业股份有限公司进行安全检查，听取相关情况汇报。

（范东京）

【村级党组织换届】 10月23日，召开全乡村级党组织换届选举动员大会。截至11月28日，16个村党支部完成村级党组织换届选举工作。

（范东京）

【区域规划】 年内，定辛庄、黑庄户安置房建设规划方案获得市政府专题会原则同意，安置房规划设计方案和配套公建初步确定，完成5个村入户调查工作；茶家东路、鲁店北路前期规划完成，七号线东延在黑庄户增设站点；黑庄户国家级农业公园被列入朝阳区国民经济和社会发展第十三个五年规划纲要。

（范东京）

【重点项目保障】 年内，完成北京鲜活农产品流通中心红线范围内1.5万平方米非宅、4户宅基地和小学校宿舍的拆除腾退工作和土地一级开发项目111人转居转工工作，完成住总保障房项目8万余平方米非宅的腾退工作，完成再生水厂管线临时占地拆除腾退任务。

（范东京）

【功能疏解】 年内，完成17处出租大院和“三合一”中天市场的拆除腾退工作，总面积约19.1万平方米；推进郎辛庄周边环境整治产业升级等4个城市功能疏解项目，拆除建筑面积27.8万平方米，腾退土地944亩；整治鲁店北路沿线沙石料建材市场，共疏解商户33个，腾退占地面积23.4万平方米，拆除建筑面积2万平方米。

（范东京）

【党风廉政建设】 年内，严格执行党风廉政建设责任制，强化领导干部“一岗双责”，加大对“为官不为、为官乱为”的专项治理，通过自查自纠和抽查，纠正服务窗口、执法部门存在的10个突出问题。开展“送党课下基层”活动，邀请区委党校讲师为基层各党组织的党员授课20余场，听课人数近千人。

（范东京）

【三资管理】 年内，累计核实拨付预算管理资金3.5亿元；坚持重大项目第三方评审机制，全年评审项目73项，累计核减集体投资成本1120万元；严格土地管理，坚持合同联预审制度，按照程序审核签订经济合同74份，涉及土地面积5387亩；对6家乡属企业单位进行任期审计，对16个村集体经济组织进行2014年度预算编制及执行情况专属审计，对16个村党支部书记进行任期经济责任审计。

（范东京）

【流动人口管理】 年内，完善郎各庄村出租房屋组织化管理试点工作，以“十不准”、“十不租”为标准，将出租房屋准租制纳入村民自治，规范房屋出租行为。年内共调减流动人口4469人，完成区下达任务的113.1%。

（范东京）

【拆违控违】 年内，累计拆除各类违法建设32处，总面积约7.727万平方米；完成市严厉打击违法用地违法建设专项行动台账100%的销账任务，共拆除、销账违法建设17处，8.67万平方米。

（范东京）

【安全治理】 年内，整改安全隐患15663条，完成重点隐患整治56家，关停查封企业10家，查抄取缔非法食品药品经营单位33家次，对“三合一”“多合一”场所等重大安全隐患做到动态清零。加大安全生产工作投入，以政府补贴形式，购置村级消防车11辆，全年未发生火灾人亡和安全生产责任事故和成灾火情。

（范东京）

【综治维稳】 年内，完成世锦赛、九三大阅兵、国庆重大活动和各敏感期的安保工作，完成3场次、450人次的观众现场观赛保障任务。全年发生可防性案件44起，6个村和1个社区实现全年可防性案件零发案，连续四年实现预防煤气中毒死亡零指标。

（范东京）

【就业保障】 年内，举办农村劳动力电子商务员、公交车驾驶员培训班，城乡劳动力实现就业288人，就业率66%。按时足额发放失业人员和农村劳动力等35类人员保障资金，帮助345人办理养老金领取手续。

（范东京）

【环境整治】　年内，完成四合庄村周边、双南垃圾中转站及万西村等地区环境整治任务，完成4处区级重点环境挂账整治任务。开展街面秩序净化行动，施行“门前三包”落实管理，共签订责任书1200多份，规范“门前三包”6300多件，清理违规广告牌匾1000多个；组织两次环境整治大扫除活动，集中清理整治暴露垃圾脏乱点6个，清理垃圾渣土30多吨。通过购买服务方式，引入社会保洁机构。

（范东京）

【社区居委会换届】　年内，完成五个社区居民委员会换届选举工作。选举共产生27名社区居委会成员，其中主任5名、副主任5名、委员17名。

（范东京）

【第二届群众性文化体育节】　年内，地区第二届文化体育节开幕，以“我们的舞台·大家一起来”“我运动·我健康·我快乐”为主题，从3月初拉开帷幕，历时8个月，组织乒乓球比赛、羽毛球比赛、合唱比赛、舞蹈比赛、篮球友谊赛、足球友谊赛、书画摄影作品展等10余项活动。

（范东京）

【民生服务】　年内，投入资金22万元，走访、救助各类人员312人；举办残疾人家庭康复培训班6场，免费为22户肢体残疾人家庭进行无障碍改造、9户聋人家庭配装可视闪光门铃；依法开展用工单位劳动巡查213家，对60家企业进行调查立案，处理违法用工案件47起。关闭无证幼儿园2家，完成189人借读证办理工作；依法查抄7家黑诊所，在村、社区开展健康宣教大课堂20场共40堂课。调整新农合报销封顶线，增加乡定点医疗机构。

（范东京）

【社区建设】　年内，完成六号井小区楼前道路改造、五号井老楼建立围墙等12项社区为民办实事项目；完成健步走、饺子宴、社区志愿者活动等公益金项目15项。

（范东京）

【产权制度改革】　年内，16个村级集体经济组织召开第三次社员代表大会，审议通过《劳动年限统计结果和清产核资结果的报告》《村资产量化方案和村股份经济合作社章程》，村级股份经济合作社注册登记全面完成。

（范东京）

将台地区（乡）

【概况】　将台地区（乡）位于朝阳区中北部，横跨东四环、五环路。东至东八间房北岗子村与东坝乡相邻，南至麦子店街与东风乡、麦子店办事处相接，西至京顺路与望京办事处、太阳宫乡相连，北至将府家园北窑地居民区与崔各庄乡接壤，地处朝阳区丽都、燕莎商圈，毗邻电子城科技园区。辖区面积11.45平方公里。地区下设3个村（管）委会和6个社区居委会。年内，有常住人口总数71884人，户籍人口27115人，流动人口27257人。有法人单位897个，其中中央单位7家，如中国皮革和制鞋工业研究院、丽都饭店；市属单位2家，如北京市信息职业技术学院；区属单位2家，如北京市四得公园、北京电气工程学校；其它单位886家。有医院5所，社区卫生服务中心1个，社区服务中心1个。有科研院所1个，大学3所，小学1所，幼儿园8所。有地区级养老机构1个，社区级养老服务站2个，私立养老机构1个。有地铁14号线贯穿其中。有260平方米为民服务大厅、3000平方米地区文化中心、11处文化广场和3处24小时自助图书馆。年内，启动拆迁腾退、安置房建设、绿化三大重点工作，完成区委区政府下达的年度工作任务。围绕疏解非首都功能和全区发展布局，加快经济转型升级，发展壮大集体经济。将台商务楼、宝信、大众、燕都一号及滨河一号配套项目等5个重点产业项目竣工交付使用。新增北京国际文化硅谷（4公顷产业用地）、颐堤港二期项目，其中文化硅谷项目年内开工建设。全年完成经济总收入61.56亿元，同比增长8%；实现利润总额6.6亿元，同比增长8%；完成税金总额2.24亿元，同比增长8%；人均劳动所得33003元，同比增长8%。

地址：酒仙桥村甲1号
邮编：100016
电话：64371688
网址：http://jtdq.bjchy.gov.cn

（魏　萌）

【专职安全生产检查队成立】　1月1日，成立乡专职安全检查队，实行队长负责制。设队长1名、副队长2名、队员7名、检查组4个，每组设组长1名。划分检查区域，建立包片负责的管理体制，按照检查任务和检查计划开展日常检查工作。

（魏　萌）

【乡第十二届三次党代会】　2月3日，召开中共将台乡第十二届代表大会第三次会议。全乡89名党代表参加会议，观看《凝心聚力谋发展 攻坚克难续辉煌》将台乡2014年工作总结片。会议听取并审议《乡党委工作报告》《乡纪委工作报告》和《党费收缴和使用情况报告》。乡党委书记连文胜代表班子成员向大会述职、述廉，并接受与会代表对党委班子的民主评议。乡长于瀛向代表汇报一道绿隔试点乡建设情况。

（魏　萌）

【乡十六届人大五次会议】　2月4日至5日，将台乡第十六届人民代表大会第五次会议召开。全乡40名人大代表参加会议，将台地区的区人大代表受邀列席会议，乡政府中层以上干部及部分基层主要领导列席会议。会议听取并审议《将台乡政府工作报告》《将台乡人大主席团工作报告》《将台乡财政财务工作报告》。审议并通过《将台乡一绿试点范围内腾退安置人口认定方案》，规范将台乡第一道绿化隔离地区城市化建设试点范围内腾退安置人口认定程序。乡长于瀛向代表汇报一道绿隔试点乡建设情况。

（魏　萌）

【走访慰问】　2月，将台地区开展春节走访慰问活动。上级部门拨款17.936万元，乡级出资52.3万元，慰问对象866人（户）。11月23日，将台地区慈善协会出资20.4万元，慰问地区68户困难家庭，为每户发放慰问金3000元。12月，将台乡6家直属企业为地区慈善协会“温暖将台”冠名捐助金捐助资金60万元，用于将台地区困难人员救助。

（魏　萌）

【社区党委换届选举】　4月1日至5月31日，6个社区全部完成党委换届选举工作。6个社区为全区“公推直选”换届试点。6个社区实有党员904人，其中应参加选举党员448人，实际参加414人，投票率为92.4%。选举产生新一届社区党委委员42人，其中席位制委员12人。当选书记中，连任当选5人，新当选1人，书记、主任“一肩挑” 6人，比上届增加（减少）0人。新一届党委委员中，社区居干党员29人，占委员总数的69%，居民党员1人，占委员总数的2%，其他身份12人，占委员总数的29%；男委员18人，占委员总数的42.9%，女性委员24人，占委员总数的57.1%；年龄最大的72岁，年龄最小的25岁，平均年龄41.4岁，比上届下降1岁；委员均为大专以上学历，其中本科以上学历0名，占委员总数的0%。社区党委书记中本科以上学历0人。6个社区党委班子均达到40岁以下委员2人以上和妇女干部至少1人的要求。

（魏　萌）

【人口认定】 4月17日，完成一绿试点腾退安置人口的认定工作，认定人口3940人。根据乡十六届人大五次会议审议通过的《将台乡一绿试点范围内腾退安置人口认定方案》，三次张榜公示一道绿化隔离地区试点乡人口认定情况。乡政府和东八间房村、驼房营村分别成立人口认定领导小组，除相关职能部门构成外，部分老党员、老干部、乡村人大代表成为村级人口认定领导小组成员，参与和监督人口认定过程。

（魏　萌）

【人事变更】 4月30日，原中共将台地区工委（乡党委）副书记易湘林调任孙河地区办事处任主任。5月26日，原区房管局党委副书记、副局长、纪委书记刘涛任中共将台地区工委（乡党委）副书记。原区农委办公室主任刘守路任中共将台乡纪委书记。7月1日，张兴云任将台乡人大副主席（建议人选），免去武装部部长职务。10月27日，将台乡乡长于瀛因心脏病突发去世。12月14日，召开干部大会，宣布中共将台地区工委（乡党委）副书记刘涛同志任将台地区办事处任主任、乡长建议人选，任期从12月4日起。区委常委、副区长陈涛，区委常委、区委组织部部长何明，区委农工委书记胡良森出席。中共将台地区工委（乡党委）书记连文胜到云南省昆明市挂职一年，任昆明市委副秘书长。

（魏　萌）

【腾退入户摸底】 4月，将台乡完成第一轮入户征求意见工作。8个工作小组到东八间房村和驼房营村开展入户摸底工作，征询被拆迁户对拆迁工作的意见和建议。

（魏　萌）

【“一绿试点”工作会】 5月9日，将台乡召开2015年一绿试点乡工作座谈会。机关正科级以上干部和基层单位一把手参会。乡党委书记连文胜明确此次政策制定的原则。8月11日，将台乡召开一绿试点腾退工作第一阶段工作总结会。乡长于瀛通报一绿试点各项工作进展情况，部署下阶段工作。机关领导班子、正科实职以上干部、相关村党政领导、专业公司负责人参加会议。

（魏　萌）

【安置房建设】 5月21日，安置房样板间开始施工建设，工程于7月完工。6月至9月，安置房项目通过北京市第一道绿化隔离地区城市化建设朝阳区试点项目建设联审会。取得区规划分局的规划复函、十地预审书、区发改委立项核准书、区规划分局规划意见书。9月29日，安置房项目奠基仪式在东八间房北岗子村举行，领导班子、基层各单位、机关各科室、施工单位以及区、乡人大代表和回迁村民代表500余人参加。项目总建筑面积517430平方米。

（魏　萌）

【领导调研】 5月27日，区人大副主任张福生带队，朝阳区各农村地区人大代表一行到将台梵谷水郡社区进行农村社区建设调研。实地察看社区居民自治、社区服务和社会组织培育发展情况，听取社区“三社联动”建设工作的整体情况和社会组织发展的相关汇报。10月16日，区委副书记陈宏志调研将台乡一绿试点建设工作。现场察看大众4S店项目、回迁房安置房项目建设情况，听取将台乡一绿试点任务进展情况汇报。将台乡党委书记连文胜、乡长于瀛陪同。12月28日，副市长林克庆调研将台乡第一道绿化隔离地区城市化建设试点工作。林克庆视察将台乡东八间房村、驼房营村拆迁腾退现场和回迁房样板间。他肯定一绿试点建设工作，强调2016年是一绿试点建设决战决胜的一年，要坚定信心，基本完成朝阳区6个试点乡建设收尾工作，并要求认真总结经验和做法，进一步推开。市政府副秘书长赵根武，区委书记吴桂英，区长王灏，市、区相关18个部门主要领导及6个试点乡党政领导陪同。

（魏　萌）

【社区居委会换届选举】 6月1日至8月30日，将台地区6个社区全部完成居委会换届选举工作。其中6个社区作为全区“公推直选”换届试点。应参加选举居民代表2258人，实际参加投票选举居民代表2174人，投票率为96.3%。选举产生新一届社区居委委员44人。当选书记中，连任当选5人，新当选1人。书记、主任“一肩挑” 6人，比上届增加（减少）0人。新一届居委委员中，社区居干42人，占委员总数的95.5%，居民委员2人，占委员总数的4.5%；男委员10人，占委员总数的22.7%，女性委员34人，占委员总数的77.3%；年龄最大的56岁，年龄最小的26岁，平均年龄38.34岁，比上届下降2岁；委员均为大专以上学历，其中本科以上学历3名，占委员总数的6.9%。社区党委书记中本科以上学历0人。6个社区党委班子均达到40岁以下委员2人以上和妇女干部至少1人的要求。

（魏　萌）

【道德模范巡演进村镇活动】 6月12日，将台乡承办2015年朝阳区道德模范、“身边好人”巡演进村镇活动。活动在驼房营村文化服务中心举行。节目由将台居民自编自演，取材身边真人真事，包含舞蹈、小品、乐器合奏、朗诵等形式，中间穿插将台地区“身边好人”“十佳道德模范”“最美家庭”事迹。

（魏　萌）

【乡第十二届四次党代会】 7月4日，中共将台乡第十二届代表大会第四次会议召开。会议审议通过《关于在一道绿隔试点建设工作中严肃政治纪律，充分发挥基层党组织战斗堡垒作用和党员先锋模范作用的意见》和《将台乡一道绿隔试点建设纪检监察工作意见》。

（魏　萌）

【乡十六届人大六次会议】 7月5日，将台乡第十六届人民代表大会第六次会议召开。审议通过《关于成立北京市朝阳区将台乡绿隔试点建设工作机构的意见》《北京市第一道绿化隔离地区城市化建设试点将台乡腾退安置办法》《北京市第一道绿化隔离地区城市化建设试点将台乡腾退安置实施细则》《北京市第一道绿化隔离地区城市化建设试点将台乡集体土地上非住宅腾退工作指导意见》和《将台乡关于一道绿隔试点腾退安置工作申请租住周转房的意见》。

（魏　萌）

【拆迁腾退】 7月15日至8月13日，将台乡对东八间房北岗子村住宅进行腾退。腾退125个院落，腾退人口522人。8月24日至9月22日，对大小陈各庄村住宅进行腾退。腾退218个院落，腾退人口1044人。10月17日至11月14日，对东八间房村、雍家村、北石家村（不含小白坟）三个自然村进行腾退，腾退571个院。完成朝阳区政府2015年工作任务中要求腾退民宅80%的任务，腾退面积36.3万平方米，安置人口3781人。腾退集体土地租赁协议143份，腾退非住宅面积740.06亩。

（魏　萌）

【妇联社区换届选举】 7月26日，将台地区完成第九届妇联社区换届选举工作。采取妇女代表选举方式，各社区均选出5名妇联执委，并召开第一次执委会议，选举出社区妇联主席1名。

（魏　萌）

【村级党总支换届选举】 10月13日至11月30日，将台乡2个村全部完成村党总支换届选举工作，其中2个村实行“公推直选”换届。2个村实有党员322人，其中应参加选举党员238人，实际参加投票选举党员189人，投票率为79.4%。选举产生新一届村党总支委员10人。当选书记中，连任当选1人，新当选1人。书记、主任“一肩挑”

0人，比上届增加（减少）0人。新一届党总支委员中，村干党员10人，占委员总数的100%；男委员8人，占委员总数的80%，女性委员2人，占委员总数的20%；年龄最大的57岁，年龄最小的51岁，平均年龄45.1岁，比上届下降（上升）0.1岁；委员为大专以上学历6名，占委员总数的60%。村党总支书记中本科以上学历1人。2个村党总支班子均达到40岁以下委员2人以上和妇女干部至少1人的要求。

（魏　萌）

【重阳节活动】 10月，将台地区开展“九九重阳 为老服务月”系列活动。由乡、村两级自筹慰问经费近150万元，为社区户籍老年人，村、管委会户籍老年人，地区90周岁及以上老年人发放慰问金及慰问品。地区表彰2015年被评选为北京市“孝星”的8人。

（魏　萌）

【第三届羽毛球比赛】 11月21日，举办第三届羽毛球比赛，乡机关工作人员、各社区居干、各村村民、企业职工等200余人参加比赛。最后决出一等奖1名、二等奖2名、三等奖3名。

（魏　萌）

【与华信医院结对共建】 12月1日，将台地区办事处与华信医院签订结对共建协议书，联合组织“服务百姓进社区”咨询义诊活动。地区工委副书记刘涛、副主任肖明芸，华信医院、将台卫生服务中心相关负责人出席。

（魏　萌）

【迎元旦文艺汇演】 12月24日至27日，在亮马国际珠宝古玩城举办四场迎元旦文艺汇演。各社区、村演职人员及观众800余人参与活动。

（魏　萌）

【群众安全感满意度测评】 12月，将台地区在朝阳区群众安全感测评中满意度达91%，全区排名第10，农村系统排名第2。

（魏　萌）

【流动人口调减】 年内，调减流动人口20448人，完成全年任务指标的118%。

（魏　萌）

【绿化工作】 年内，完成一绿试点建设500亩绿化任务。

（魏　萌）

【产业项目】 年内，将台商务楼、宝信、大众、燕都一号及滨河一号配套项目等5个重点产业项目竣工交付使用。北京国际文化硅谷（4公顷产业用地）开工建设、颐堤港二期项目通过区联审会审核，正办理相关建设手续。

（魏　萌）

【拆违控违】 年内，将台乡处理各类案件477件。拆除违法建设26处、23.85万平方米。拆除出租大院3处、1.8万平方米。

（魏　萌）

金盏地区（乡）

【概况】 金盏地区（乡）位于朝阳区东部，地处温榆河畔，北部、东部与顺义区、通州区隔河相望，南接常营乡，西邻东坝乡、崔各庄乡，北接孙河乡。辖区内有13个行政村、4个社区居委会，区域面积50.01平方公里，总人口84260人，户籍人口29067人，其中农业人口17460人，非农业人口11577人；外来流动人口55193人。年内，实现经济总收入50.78亿元，同比增长10%；实现利润1.38亿元，同比增长10.1%；实现税金1.42亿元，同比增长10.1%；人均劳动所得2.45万元，比上年增长9.2%。

地址：金盏大街2号

邮编：100018

电话：84333130

网址：http://jzdq.bjchy.gov.cn

（郝立志）

【十六届乡人大第五次会议】 2月24日，召开金盏乡第十六届人民代表大会第五次会议。乡党委书记于志刚、乡长孙玉辉、人大主席杨俊青及乡人大代表共50人出席会议。会议审议通过金盏乡《政府工作报告》、金盏乡《人大主席团工作报告》和《2013年金盏乡财政预算执行情况和2014年财政预算草案》的报告。

（郝立志）

【区领导调研地区平原造林情况】 4月17日，区委常委、副区长、区万亩造林工程建设指挥部总指挥陈涛，带领区农委、区绿指办等部门主要负责人检查地区2014年平原造林工程地块，乡长孙玉辉陪同并介绍情况。

（郝立志）

【十六届乡人大第六次会议】 7月25日，召开十六届乡人大第六次会议。会议表决通过乡人大主席、副乡长辞呈，补选乡人大主席、副主席，听取2014年上半年政府工作报告。

（郝立志）

【绿道骑行健身活动】 10月30日，地区举办“全民健身、低碳出行、绿色环保、共享蓝天”健康绿道骑行活动，200余名骑行爱好者参加活动。孙玉辉、区体育局副局长韩红、区社会体育管理中心主任于涛出席活动。

（郝立志）

【重点产业项目】 年内，完成乡集体产业用地金融园区13号地北区地块项目规划方案，定位电子商务一体化产业园区。推进奥特莱斯二期工程建设，招商工作完成80%。推进金泽家园、金盏嘉园底商招商。完成乡集体企业玉雪公司转制。完成金盏大街集贸市场和小店村金阳汇通市场关停工作，完成马各庄村、小店村10个出租大院清退拆除，完成北马房村2家废品回收场站清退工作，疏解总面积14.4万平方米，疏解外来人口2000余人。完成金盏110千伏变电站建设。完成长店北路施工建设，修建三座过街天桥并全部投入使用。修建街坊路1.7千米，硬化面积10252平方米。

（郝立志）

【经济管理】 年内，完成13个村，10个直属公司、站、企业上年度收益分配审计工作，配合第三方审计机构完成村级集体经济组织专项审计。审核合同20份，审核4182.37万元。调整规范合同117份，增加收入827.24万元。

（郝立志）

【社区民生工程】 年内，新建垃圾站棚、自行车棚、休闲座椅、步行道改造、交通护栏等11个民生工程项目。

（郝立志）

【文体事业】 年内，完善东窑村、金泽家园C区文化广场建设项目，为金泽家园B区配套安装健身器材2套。乡域内一卡通图书馆、电子阅览室、公共文化信息资源共享工程实行全年免费对外开放。举办第八届“和谐杯”乒乓球比赛、“绿道骑行”品牌活动。

（郝立志）

【环境整治】 年内，对小店村和西村主要街道、门脸标牌、临街房屋外立面等进行整治和建设。开展综合环境整治联合执法行动，累计规范店外经营350余起，查处无照经营600余起。与300余家单位补签门前“三包”责任书，协助4家企业办理环评手续，与各单位签订环境整治责任书20余份。整治机场二高速及其两侧辅路、焦沙路、皮村路三条重点道路。针对渣土遗撒乱卸、施工扬尘等违法行为开展专项集中夜查70余次，查扣违规车辆20余辆。开展保护环境宣传教育活动近20次，下发宣传材料700余份。全乡订购优质燃煤865吨，开展“送气下村”惠民工程，地区9个村2000余户农村住户全面享受“平价气”，清查小煤厂6

处。拆除违法建设23处20余万平方米。完成万亩造林任务680亩。

（郝立志）

【综治维稳】 年内，调减流动人口14660人。检查出租房屋4988户，排查隐患11处。检查单位546家次，下达执法文书443份，行政处罚立案12起，实际处罚45000元。巡查施工工地225次，专项检查16次，简易处罚14起。组织开展预防煤气中毒“温暖一号”行动，推广安装一氧化碳报警器，发现并整改安全隐患331处。与39所幼儿园签订交通安全责任书，杜绝使用黑校车承诺书。集中整治无照商贩车辆58辆、三轮电动车48辆、机动车21辆。查抄非法行医黑诊所15次，取缔36家。信访排查重点矛盾问题3件，地区领导接待群体访15批次，接待个访30人次，办结各类网件813件。

（郝立志）

来广营地区（乡）

【概况】 来广营乡位于朝阳区的西北部，成立于1983年10月。东邻孙河乡、崔各庄乡，西与奥运村街道、大屯街道接壤，南与望京街道、大屯街道相连，北与昌平区东小口镇、北七家镇毗邻。辖区总面积20.93平方公里。下辖21个社区、1个社区筹备处、5个行政村。年内，有户籍人口54624人、常住人口194021人、流动人口122989人。有中央单位21家，市属单位25家，区属单位49家，乡属企业6家。有医院3所、社区卫生服务中心1个、社区卫生服务站5个。有大学1所、中学5所、小学7所、幼儿园11所。有养老机构5个。有3处文化广场和5台24小时自助图书馆。实现经济总收入158.23亿元，同比增长9.8%，较“十一五”末（2010年，下同）增长96%；利润总额8.43亿元，同比增长10.1%，较“十一五”末增长87%；辖区税收26.62亿元，同比增长21%，较“十一五”末增长213%；区级财政收入7.55亿元，同比增长9.2%，较“十一五”末增长136%；人均劳动所得36628元，同比增长12.7%，较“十一五”末增长63%，征收房产税1714万元，同比增长3.6%，较“十一五”末增长71.4%。年内，获北京新农村建设先进乡镇、首都文明乡镇、北京“五个好”乡镇党委等称号。

地址：红军营南路甲1号
邮编：100012
电话：84953336
网址：http://lgy.bjchy.gov.cn

（吕琼琼）

【乡党代会代表补选】 1月9日，召开乡机关党总支补选乡第十三次党代会党代表大会，大会以无记名投票的方式选举韩蓉蓉为乡第十三次党代会党代表。

（吕琼琼）

【乡第十三届三次党代会】 1月26日，召开中共来广营乡第十三届代表大会第三次会议。会上，乡党委书记左景全作题为“改革创新 务实发展 奋力开创城市化建设新局面”的报告。

（吕琼琼）

【十六届乡人大十次会议】 1月30日，召开来广营乡第十六届人民代表大会第十次会议。大会审议并通过《政府工作报告》《人大工作报告》及《2014年财政预算和执行情况的报告》。

（吕琼琼）

【北部文化中心开放】 4月21日，总面积2793.53平方米的来广营地区北部文化活动中心正式开放，标志着地区“一南一北”双中心文化发展格局初步形成。

（吕琼琼）

【双拥共建】 4月，与武警北京二支队签订《双拥共建协议书》，达成共建协议。

（吕琼琼）

【文化惠民】 5月6日至31日，来广营“共创和谐 圆梦朝来”五月鲜花夏日文化广场文化社区行活动举行。9月25日，地区第二十一届军警民金秋艺术节在来广营文化广场举行。10月16日至17日，以政府搭台购买服务的模式，在勇士营郊野公园举办地区首届朝来森林音乐节。年内，共举办近30场文化品牌活动，2万余名居民参与。

（吕琼琼）

【社区党组织换届】 5月16日，来广营地区18个社区党组织分别召开党员大会，选举产生新一届社区党委（党总支）班子成员，一次投票成功率100%。

（吕琼琼）

【全国政协副主席调研】 5月28日，全国政协副主席卢展工率领部分文艺界政协委员，就“提高公共文化设施管理水平和服务效益，为制定‘十三五’规划议政建言”主题到地区调研座谈，参观北部文化活动中心。市政协主席吉林、区委书记程连元等陪同。

（吕琼琼）

【整治华贸城乱停车】 5月，联合区市政市容委、区交通支队开展专项整治清苑路华贸城乱停车问题，安装5组红绿灯、1.8千米护栏、10块道路指示牌，挪移长期停放车辆10辆，并对违章停车张贴告知单。

（吕琼琼）

【区域化党建工作】 6月8日，朝来科技园第一个企业党支部——建峰集团股份有限公司党支部成立，标志园区党建工作迈出实质性的一步。11月27日，立根集团有限公司党支部成立。年内，新建非公企业党组织10家，新增工会覆盖企业320家。

（吕琼琼）

【庆七一表彰大会】 6月29日，举行纪念中国共产党成立94周年暨表彰大会。表彰来广营村党总支、朝来绿色家园社区党委等10个先进基层党组织，张彬、曹文和等100名优秀共产党员，张启增、王立君等10名优秀党务工作者。

（吕琼琼）

【主题党（团）日活动】 7月7日，地区机关全体党（团）员来到平北抗日战争纪念园，开展中国人民抗日战争暨世界反法西斯战争胜利70周年参观学习和主题党（团）日活动。

（吕琼琼）

【社区居委会换届选举】 7月25日至26日，18个社区进行第九届社区居民委员会换届选举投票。选举分户代表选举和居民代表投票两种方式，居民参选率94.1%，候选人平均得票率99.2%，共产生新一届居委会班子成员126名。

（吕琼琼）

【十六届乡人大十一次会议】 7月31日，召开来广营乡第十六届人民代表大会第十一次会议，47名乡人大代表出席会议，24人列席会议。会议审议通过上半年政府工作报告，表决通过《关于接受宋国华同志辞去乡人大主席职务请求的决定》，并依法定程序以无记名投票的方式补选李铎奎为乡人大主席。

（吕琼琼）

【“两项重大任务”服务保障】 8月7日，召开地区“两项重大任务”服务保障工作会，全面部署工作。至9月3日，针对京承高速、五环路沿线及北京会议中心周边200米范围内持续开展安全检查，共检查单位55家，出动人员126人次，查处并整改隐患92处。针对辖区的4家危化企业、3家人流聚集的建材市场，查处并整改隐患15处。10个专项检查组检查辖区地下空间、建筑工地、出租大院等，共检查单位287家次，发现隐患379处，整改129处，关停人防工程4处。

（吕琼琼）

【参加大阅兵活动】 9月3日，乡机关干部

14人、7个群众家庭代表（每个家庭3人，共35名），由乡人大主席李铎奎、副乡长屈国华带队，到天安门参加纪念抗日战争70周年大阅兵活动。

（吕琼琼）

【**教育惠民**】 9月8日，地区召开庆祝教师节暨“百名优秀教师”表彰大会，表彰102名优秀教师和16名优秀校长、幼儿园园长，奖金共25.2万元。为15名考入全日制本科大学的乡农业户籍学生每人发放5000元助学奖励。解决来北家园等6个社区适龄儿童入学问题，为417名非京籍儿童开具就读证明。

（吕琼琼）

【**十六届乡人大十二次会议**】 10月29日至30日，召开来广营乡第十六届人民代表大会第十二次会议，47名乡人大代表出席会议。会议听取乡长王刚所作的《关于起草〈来广营乡整建制农转非安置工作实施办法〉（草案）和〈来广营乡整建制农转非安置工作方案〉的说明》，并审议通过《来广营乡整建制农转非安置工作实施办法》。

（吕琼琼）

【**村党组织换届选举**】 11月6日，北湖渠村、来广营村、新生村、红军营村、清河营村分别召开党员大会，选举产生新一届村党组织班子。经选举，共产生党组织委员25名，其中男性委员18名、女性委员7名。

（吕琼琼）

【**整建制农转非安置**】 11月6日，召开来广营乡整建制农转非安置工作动员部署会，正式启动乡剩余农民的整建制农转非安置工作，共转非安置农民3237人，其中超转882人，安置劳动力1700人。

（吕琼琼）

【**整治祥龙通宝农副产品市场隐患**】 11月12日，副市长王宁到来广营地区祥龙通宝农副产品市场检查安全生产工作，副区长杨树旗陪同。11月20日，祥龙通宝农副产品市场175间地下群租房整治完成，火灾隐患消除完毕。

（吕琼琼）

【**全国政协副主席专题调研**】 11月24日，全国政协副主席、九三学社中央主席韩启德率全国政协教科文卫体委员会调研组，就“推进安宁疗护发展”专题实地考察隆福医院北苑院区，并与相关负责同志和一线医护人员座谈交流。

（吕琼琼）

【**组建3个新社区**】 11月28日，北卫家园、清河营中路、清苑路第二社区同时举行居委会选举投票，100余名居民代表投票产生社区首届居民委员会。至此，社区总数21个。

（吕琼琼）

【**开展巾帼志愿服务**】 12月5日，全国妇联副主席、书记处书记崔郁带领40多名各级妇联干部，到来广营国际老年公寓开展巾帼志愿服务。市妇联副主席王淑存、区妇联主席蒋东燕等参与。

（吕琼琼）

【**人口调控**】 年内，治理群租房80户，拆除违法建设4万余平方米，清理散租住人人防工程12处10777平方米，腾退京包铁路北侧土储代拆区域15.6万平方米非住宅。实际调减人口4256 人。

（吕琼琼）

【**道路基础设施建设**】 年内，打通北纬40度小区两侧道路，拓宽红军营南路等6条道路，对朝来路等10条道路实行慢行系统改造。

（吕琼琼）

【**社区建设**】 年内，清苑路第一社区获全国科普示范社区，红军营社区获北京市科普益民计划优秀社区。办公服务用房总面积12875.57平方米，较“十一五”末增加70%。实施32项为民办实事项目、10项“三社一体化”建设和5项政府购买社会服务。

（吕琼琼）

【**改善民生**】 年内，提高农民退休生活补助费至每月1495元，同比上调15%。给付农民大病救助补贴22.4 万元，农村老年人就医二次报销政策惠及922人。为380余名各类困难人员发放救助金260余万元。

（吕琼琼）

【**养老服务**】 年内，汇晨老年公寓和来北家园国际老年公寓挂牌营业，地区养老机构增至5个。完成养老助餐示范点建设，“1+8+N”（以来广营大食堂为主，分设8个老年餐桌，引入N个社会单位参加）养老助餐体系初步建立。

（吕琼琼）

【**重点产业项目**】 年内，朝来科技园B01地块13.3万平方米项目建设完成并实现招商。2.16公顷资金平衡用地取得一级开发授权。朝来体育休闲城项目（F区）取得规划条件和规划意见复函。

（吕琼琼）

【**集体“三资”管理**】 年内，出台《村级集体经济组织大额资金管理办法》《招投标实施管理办法》等制度。完成村级账外资产清查试点和资金违规使用情况检查。规范实业总公司和荣盛商业公司纳税行为。

（吕琼琼）

【**村级产权制度改革**】 年内，完成新生、来广营、清河营和北湖渠4个村集体资产股份量化工作，各村村级股份经济合作社登记成立，村级集体产权制度改革全面完成，实现“资产变股权、农民当股东”的目标。

（吕琼琼）

南磨房地区（乡）

【**概况**】 南磨房地区（乡）位于朝阳区南部，东与高碑店乡、王四营乡、垡头街道相邻，南与十八里店乡交界，西临东三环与双井、劲松、潘家园三街道相接，北至通惠河，辖区面积9.43平方公里。常住人口15万余人，流动人口3万余人，农业人口2164人。下辖2个村委会、10个社区居委会、7家集体所有制集团公司和1家合作公司。2015年，经济总收入完成140.9亿元，利润总额完成6.05亿元，上缴国家税金3.1亿元，同比增长均在8%以上。区级财政收入完成6.97亿元，同比增长10%。

地址：西大望路甲29号

邮编：100124

电话：67322223

网址：http://nmfdq.bjchy.gov.cn

（王佳鑫 王 伟）

【**国家安监总局局长到地区指导工作**】 1月15日，国家安监总局局长带领国务院安委会调研组到乡检查指导工作，副市长张延昆、市安监局局长张树森、副区长张维刚陪同。调研组到地区城市管理中心，现场听取市、区关于安全员队伍的汇报，参观南磨房城市综合管理指挥中心和南磨房消防应急队伍、专职安全员办公场所等。

（王佳鑫 王 伟）

【**“五卡连民心党员帮困行”活动**】 2月，地区坚持开展12年的党建品牌项目——“五卡连民心 党员帮困行”扶贫济困活动全面启动。结合群众路线教育实践活动成果，此次走访慰问活动以“五卡连民心”为主线，利用“党员结对卡”“爱民连心卡”“就业指导卡”“医疗健康卡”“助学成才卡”等五卡开展慰问和分类帮扶活动，为困难家庭提供生活、就业、医疗、教育、服务等帮扶。

（王佳鑫 王 伟）

【**第十一届“健康杯”健步走活动**】 5月10日，在北京欢乐谷公园广场举办南磨房地区第十一届“健康杯”健步走活动。活动以营造北京申办2022年冬奥会氛围，激发地区干部职工关注健康，支持北京申奥工作，倡导低碳生活、绿色出行的健康生活理念为目的，得到辖区职工响应，55个工会、103家企事业单位的1800余名健步走爱好者参加。

（王佳鑫　王　伟）

【完成社区党组织换届选举】 5月16日，十个参选社区同时召开党员代表大会，选举产生社区党组织班子成员。十个社区全部采取“公推直选”方式等额选举党委书记、副书记，差额选举党委委员，直选比例100%。

（王佳鑫　王　伟）

【成立首个楼宇党支部】 5月28日，南磨房地区红心汇召开大成楼宇联合党支部成立大会，大成楼宇联合党支部是地区首个楼宇支部。

（王佳鑫　王　伟）

【举办纪念建党94周年表彰大会】 6月29日，地区党政领导班子成员，机关科级干部和乡属企事业单位、社区、村、“两新”组织党员代表380人，在南磨房地区成人教育中心共同庆祝中国共产党建党94周年。会上，表彰46名优秀党员、5个党建优秀项目，优秀党员代表讲述自身发挥模范作用的先进事迹。

（王佳鑫　王　伟）

【完成第九届社区居委会选举】 7月25日、26日，10个社区分别召开第九届居委会选举大会，选举出新一届社区居委会成员。区长吴桂英到欢乐谷社区投票现场观摩指导。选举出居委会成员84人，参选率93.8%，平均得票率99.4%。新一届居委会成员平均年龄37.4岁，大专以上学历占97.6%。

（王佳鑫　王　伟）

【第十六届乡人大第七次会议】 7月27日，南磨房乡第十六届人民代表大会第七次会议在地区成人教育中心二层多功能厅召开。38名乡人大代表、43名列席人员参加大会。地区社区书记旁听大会。会上，听取并审议由乡长作的《南磨房乡政府工作报告》，全票通过关于南磨房乡人民政府工作报告的决议，全票选举金亚静为南磨房乡人大主席。

（王佳鑫　王　伟）

【第十六届乡人大第八次会议】 9月6日，在地区成人教育中心二层多功能厅召开乡第十六届人民代表大会第八次会议。38名乡人大代表、43名列席人员参加大会。地区社区书记旁听大会。会议听取并审议《南磨房乡政府加快推进重点环境整治区域集体土地房屋腾退工作专项报告》，按照选举程序补选齐增义为南磨房乡副乡长。

（王佳鑫　王　伟）

【村民搬迁上楼基本完成】 9月20日，南磨房乡重点环境整治区域集体土地房屋腾退产权人签署腾退补偿协议顺序号在公证处的全程监督公证下，通过摇号的方式正式产生，深沟、下甸、石门、鸭子嘴4个自然村的腾退安置工作全面展开。截至12月底，累计签订腾退补偿协议689户，选认期房901套，拆除住宅18.6万平方米，完成腾退安置总量的92.1%。统筹推进石门定向安置房项目建设工作，土地预审、项目核准批复、项目建设选址意见书正式获批，实现项目年内奠基动工目标。

（王佳鑫　王　伟）

【全国人大领导调研养老工作】 9月24日，全国人大常委会副委员长张宝文、全国人大内务司法委员会副主任委员秦光荣带队到乡调研养老服务工作。区人大常委会副主任苑文新、副区长孙其军，乡党委书记郑勇、乡长张启顺陪同。张启顺介绍南磨房乡敬老院的整体情况和南磨房乡养老服务工作。张宝文通过参观、与老人交谈、听取汇报等方式，了解乡敬老工作。

（王佳鑫　王　伟）

【举办第十四届登山节】 10月24日，在怀柔红螺寺举办南磨房地区第十四届登山节。活动秉承“健康、科学、文明、环保”的主题，各乡属企业、直属单位、社区、村、乡机关的党员干部、团员青年、志愿者等户外运动爱好者500余人参加活动。

（王佳鑫　王　伟）

【村级党组织换届选举】 11月26日，大郊亭村党支部、楼梓庄村党支部分别召开党员大会，完成村党支部的换届选举。选举产生新一届村党支部委员10人。

（王佳鑫　王　伟）

【“奥运冠军京郊行”活动】 11月27日，在南磨房乡成人教育中心二层多功能厅举办“奥运京郊行”活动。活动由国家体育总局主办，国家体育总局办公室副主任梁纯、国家体育总局人力资源开发中心主任金华省、南磨房地区领导出席活动。活动中，花样滑冰世界冠军张丹、奥运会竞走冠军王丽萍、击剑奥运冠军李娜、前女篮国家队队员许诺等十余名体育明星走进南磨房，与田华小学学生、社区居民互动。

（王佳鑫　王　伟）

【文化创意产业项目落户】 12月4日，中国出版创意产业基地A区项目奠基仪式举行，标志国家级重点文化创意产业项目落户南磨房乡，成为市文化创意产业功能区中的重要组成部分。A区项目位于东四环窑洼湖桥东，建设用地面积2.56公顷，容积率4，地上建筑面积10.24平方米，地下4.46平方米。入驻企业、建设单位代表及乡各界人士代表200余人参加奠基仪式。

（王佳鑫　王　伟）

【完成低级次产业腾退任务】 年内，累计拆除四惠建材市场、和众三角地市场、通惠国际花卉市场等低级次市场5个，拆除田华搅拌站、出版基地A区地块田华金属构件厂等出租大院10处，拆除低级次产业18.5万平方米，腾退土地9万余平米，清退商户2400余家，调减人口9812余人。

（王佳鑫　王　伟）

平房地区（乡）

【概况】 平房乡位于朝阳区中部。成立于1983年10月，2003年3月正式成立平房地区办事处。东侧、北侧分别与常营乡和东坝乡接壤，南靠朝阳路，临高碑店乡、三间房乡；西接京包铁路，临六里屯街道、八里庄街道、东风乡。下辖12个社区居委会、4个村委会。年内，有户籍人口35013人，常住人口62274人，流动人口123383人，外籍人口763人，有满族、回族、蒙古族、朝鲜族、土家族等36个少数民族，少数民族人口4685人；新出生580人，死亡100人。有规模以上法人单位94个。有幼儿园5所，小学6所，中学4所；有一级医院1所，社区卫生服务中心1处，社区卫生服务站6处；有体育中心1个，郊野公园2个，村级公园3个。地区经济收入79.57亿元，同比增长1.2%；利润总额3.4亿元，同比增长1.5%；税金3.42亿元，同比增长1.9%；人均劳动所得31329元，同比增长8.1%。

地址：黄杉木店路8号

邮编：100123

电话：85573164

邮箱：pingfangbangongshi@163.com

（刘小瑜）

【无偿献血活动】 1月8日，各村、社区干部，卫生专干，地区居民，安保人员及企事业单位的职工297人参加无偿献血活动，献血52400毫升。

（刘小瑜）

【乡第十一届党代会第三次会议】 2月6日，召开乡第十一届代表大会第三次会议，地区92名乡党代表、16名列席代表参加会议。会议审议通过《中共北京市朝阳区平房乡第十一届委员会2014年度工作报告》和《中共北京市朝阳区平房乡第十一届纪律检查委员会2014年度工作报告》。会后，地区工委书记马国勇代表地区与基层党员干部代表、村级代表、社区代表分别签订党风廉政责任书、村级目标管理责任书、社区工作考核责任书。

（刘小瑜）

【党建引领发展工作会】　3月20日，召开2015年党建引领社会发展工作会。乡机关科长以上干部，各村、社区党建工作负责人，直属单位相关负责人80人参加。会上印发《平房地区"同舟共益"区域化党建项目实施方案》，签订平房乡党建引领社会发展目标管理考核责任书，地区工委书记马国勇作总结发言。

（刘小瑜）

【乡十六届人大七次会议】　3月27日，召开乡第十六届人民代表大会第七次会议，46名代表、33名列席代表出席会议。会上通过《平房乡人民政府工作报告》《平房乡人大工作报告》《平房乡2014年财政预算执行情况和2015年财政预算报告》。会议期间，收到代表建议11条，经议案审查委员会审议归纳为5件。

（刘小瑜）

【共建单位联席会】　6月18日，召开"同舟共益"共建单位联席会。朝阳大悦城、北京华信医院、朝阳体育中心等15家单位主要领导出席。现场与13家新增的共建单位签订共建协议。地区工委书记马国勇、办事处主任寇晔、地区工委副书记孔钢城出席。

（刘小瑜）

【压发案工作专题调研】　6月26日，区委副书记、政法委书记陈宏志，区委政法委常务副书记、区维稳办主任赵红伟，区委政法委副书记、区综治办主任倪东新到平房地区专题调研压发案工作，公安朝阳分局副局长于文科，治安支队队长吴福生，平房乡党委书记马国勇，乡长寇晔，副乡长朱广新、张国海及平房派出所所长李祖全等相关领导和单位参加会议。会上各单位分析平房地区压发案原因，提出对策。

（刘小瑜）

【庆"七一"活动】　6月27日，开展迎接建党94周年"践行社会主义核心价值观 争做时代先锋楷模"主题庆祝活动，表彰5家优秀社会组织、7家地区级优秀共建单位、10家基层优秀共建单位和57名"平房榜样"。地区各基层单位党员领导干部等500余人参加活动。

（刘小瑜）

【大悦城周边交通秩序整治】　6月30日，区委政法委常务副书记、维稳办主任赵红伟，区综治办、区交通委、朝阳交通支队、双桥交通大队等一行人到朝阳大悦城1号会议室召开大悦城周边交通环境秩序整治工作专题会。会上探讨大悦城周边交通环境秩序，并制定详细分工。

（刘小瑜）

【市级挂账重点地区整治工作】　7月28日，市委政法委副书记、首都综治办主任闫满成，首都综治办副主任许继慧，区委政法委常务副书记、维稳办主任赵宏伟到地区调研市级挂账社会治安重点地区整治工作，并召开专题会。公安朝阳分局、垡头街道、平房乡、区综治办分别汇报地区整治工作开展情况。首都综治办重点整治处主要领导，市公安局刑侦、治安、人口总队主要领导，区综治办、朝阳公安分局（主管局长、治安支队、刑侦支队、人口大队、平房派出所）、垡头街道主要领导，平房地区办事处主任寇晔、副主任朱广新，综治办主任刘建等参加。

（刘小瑜）

【安全检查】　8月18日，常务副区长甘靖中带队，平房地区工委书记马国勇、办事处主任寇晔陪同，对朝阳体育中心周边200米内的企业日常管理、安全生产各项制度落实情况和应急值守情况等进行安全检查，重点走访绿源达加气站和波士瑞达奔驰4S店。8月19日，区委书记、区长吴桂英及相关委办局领导在平房地区工委书记马国勇、办事处主任寇晔陪同下到平安聚源建材市场进行安全检查。

（刘小瑜）

【"同舟共益"嘉年华活动】　9月25日，举行"同舟共益"嘉年华暨首季志愿者反哺活动。地区办事处科级以上干部、各基层单位主要领导、共建单位领导、地区志愿者代表等400人参加活动。团区委书记孔钢城、区农工委副书记王立新、区文明办副主任朱婧珽等领导出席，地区工委书记马国勇、办事处主任寇晔参加。

（刘小瑜）

【中天护卫党支部成立】　10月16日，石各庄村召开"阳光益家——中天护卫"党支部成立大会。市公安局保安协会副秘书长何钢、地区纪工委书记王彩霞出席会议并讲话，村党总支副书记王铁军主持会议。

（刘小瑜）

【就业服务】　年内，举办招聘会7场，新增就业584人。

（刘小瑜）

【拆违控违】　年内，拆除违法建设68处9万余平方米，拆除出租大院11个8万余平方米，整治地下空间30处3万余平方米。

（刘小瑜）

【调减流动人口】　年内，治理群租房57处171间，减少流动人口10574人。

（刘小瑜）

【安全生产】　年内，开展安全生产大检查，出动人员6745人次，检查单位、商户2475家次，发现并整改各类安全隐患4997条。加大安监执法和处罚力度，立案处罚18起，罚款12.4万元。

（刘小瑜）

【社区便民服务大篷车活动】　年内，发挥"一刻钟社区服务圈"作用，"大篷车"活动服务居民万余人次，服务项目涉及义务理发、缝补衣物、法律咨询等。

（刘小瑜）

【"减煤换煤"清洁空气】　年内，开展"减煤换煤"工作，实现减煤换煤1378吨，销售优质燃煤炉具1139台。

（刘小瑜）

【社区建设】　年内，12个社区全部设立居民议事厅，推进富华家园等4个社区"三社一体化"专业治理模式，创建3个"六型"社区，对逸翠园等4个社区用房进行装修改造，完成定福家园南等4个社区为民办实事项目工程。

（刘小瑜）

【社会捐助活动】　年内，捐赠衣物6214件，募集爱心资金12846.3元，"共产党员献爱心"活动募集爱心资金66584元。

（刘小瑜）

【社区居委会第九届换届选举】　年内，开展社区居委会第九届换届工作，有211名居民代表、3614户代表参与投票。通过无记名投票，选举产生新一届居民委员会班子成员56人，其中主任8人、副主任1人、委员47人。

（刘小瑜）

【民生工作】　年内，为优抚、低保、新农合等服务对象1.7万人次发放各类社保资金2163.8万元，为3.5万人次报销医疗费用782.6万元，新农合参保率99%以上，发放养老助残89万元。

（刘小瑜）

【精神文明活动】　年内，开展市民学校、道德讲堂等活动200余次，开展文明假期活动300余场，开展日常性志愿服务活动200余次。两会、世锦赛、"9·3"阅兵等重点时期，近7800人参与志愿服务。承担地区"中国人民抗日战争暨世界反法西斯战争胜利70周年"38名观礼群众和"北京国际田联世界田径锦标赛"200余名集中购票观众的组织工作。

（刘小瑜）

【文体活动】　年内，地区有健身路径51套，公共电子阅览室11个，24小时自助图书馆5个。地区组织各类培训300余场，受益人群一万余人次。开展各类文化体育活动300余场，近两万人次参与。放映公益类电影282场，星火工程演出10场。

（刘小瑜）

三间房地区（乡）

【概况】　三间房地区（乡）位于朝阳区东部。东起管庄乡，南接豆各庄乡，西至高碑店乡，北临平房乡、常营乡。辖区面积8.75平方公里，设有11个行政村，15个社区。年内，有户籍人口68127人，其中农民1623人；常住人口96243人，流动人口28116人，新出生556人，死亡237人。有法人单位2998家，其中中央单位28家，有中国传媒大学、中国水利水电建设工程咨询北京有限公司、中国能源建设集团北京电力建设公司等；市属单位17家，有北京第二外国语学院、北京工艺懋隆贸易有限公司、北京卫仁中药饮片厂等；区属单位13家。大学2所，中学1所，职业技术学校1所，小学3所，幼儿园7所。辖区建有600平方米为民服务大厅、3000平方米地区文化中心、4处文化广场和4处24小时自助图书馆。年内，实现区级财政收入1.96亿元，同比减少40%，征收房产税2294.12万元。地区获北京市“2015年度积极参与无偿献血公益事业先进集体”称号。

地址：建国路22号

邮编：100024

电话：65420020

邮箱：sjfdqbsc@sina.com

（刘鲁雪）

【举办普法大讲堂活动】　1月14日，开展冬季普法大讲堂活动，由社区主任和司法专干，通过“一对一”问答方式与居民进行互动，普及中老年关注的养老、医疗、老年人再婚、财产的分配、遗嘱的建立等知识。

（刘鲁雪）

【“我们的中国梦”文化进万家】　1月29日至2月14日，开展“我们的中国梦”文化进万家活动。文化服务中心牵头组织地区诗书画协会会员，在乡机关、定西北里社区、泰福苑社区、福怡苑社区、北双桥村等9个社区、村举办“迎新春·送春联”活动，发出春联2300幅，送出福字200个。

（刘鲁雪）

【安全稳定工作会】　2月13日，召开“春节”“两会”期间安全稳定工作会议。地区办事处副主任马旭辉主持，机关各科科长、各社区村主要领导60余人参加。会议学习并发放《地区“春节”“两会”期间安全稳定工作方案》《地区“春节”“两会”期间应急值守规定》《地区“春节”“两会”期间流动人口管理和预防煤气中毒工作方案》《2015年春节期间烟花爆竹安全管理工作方案》等六项专项方案。办事处领导班子成员与各社区、村签订安全责任书。

（刘鲁雪）

【百姓新春大联欢】　2月14日，举办第九届“朝阳慈善情·百姓新春大联欢”活动。社区高龄老人、家庭贫困居民、外地务工人员及需要温暖与帮助的残障人士参加本次活动。地区领导班子出席活动并向社区居民送上新年的祝福。艺水芳园社区居民洪东升和爱人为大家展示创作的“追梦”字画。

（刘鲁雪）

【第十六届乡人大七次会议】　3月16日至17日，召开乡第十六届人大第七次会议。听取审议通过《2014年三间房乡人民政府工作报告》，书面审议通过《2014年三间房乡人民代表大会主席团工作报告》《三间房乡政府2014年财政预算执行情况和2015年财政预算报告》《三间房乡人民政府关于办理三间房乡第十六届人民代表大会第六次会议代表建议、批评和意见情况报告》。

（刘鲁雪）

【“尊老敬老·普法夕阳”宣传活动】　3月25日，组织社会化退休人员开展“尊老敬老·普法夕阳”宣传日活动。邀请康达律师事务所的律师针对老年人的特点，婚姻家庭财产、财产继承法以及财产纠纷、赡养问题等有关法律条文讲解，为退休人员现场答疑解难。

（刘鲁雪）

【人防工程出租清理整治行动】　4月9日，开展人防工程出租清理整治行动。由乡武装部牵头，地区综治办统筹协调，组成100余人的联合执法行动队，对擅自使用金福家园小区19、21、22号楼的人防工程进行清理，清理整治非法擅用和散租住人的人防工程100间，清减流动人口200多人。

（刘鲁雪）

【社区党委换届选举】　4月16日，地区启动社区党委换届选举工作。5月15日至19日，正式选举各社区党委书记和委员。5月28日，地区15个社区全部完成社区党委换届选举工作。换届后，15个社区有党员2961人，其中3个社区采取党员代表大会方式选举，12个社区采取党员大会选举方式，选举产生社区党组织成员87名，包括党委书记15名、副书记28名、委员44名，当选委员平均年龄47岁；社区两委交叉任职的有38人，占社区党组织成员的44%；社区党委书记兼居委会主任的2人，占总数13.3%；户籍或居住在本社区的社区党组织成员的本地化比例是40.2%。

（刘鲁雪）

【露天烧烤专项整治】　7月1日至8月14日，开展为期45天的露天烧烤夜查专项整治，先期发放整治告知书80余份，整治中出动执法人员50余人、车辆10台。对辖区双桥路、双柳巷、京通快速辅路南北两侧、定福庄东街、定福庄西街、定福庄中街、塔营北路及朝阳路等主要大街展开整治，取缔烧烤炉具10个、风扇6个、电动三轮车5辆、无照经营5起，规范门前三包30余家。

（刘鲁雪）

【第十六届乡人大八次会议】　7月2日，召开乡第十六届人民代表大会第八次会议，书面审议通过《三间房乡人民政府关于调整<三间房乡绿化隔离地区集体土地腾退安置办法实施细则>部分条款情况报告》的决议。调整方案：一是将周转费由每人每月1000元调整至每人每月1500元，二是将出租房屋费由每间每月100元调整至每间每月200元。其他补偿标准按照原补偿条款执行。

（刘鲁雪）

【地区榜样人物巡讲活动举办】　9月16日，三间房地区榜样人物巡讲活动在机关五楼会议室举行。艺水芳园社区洪东升、王玲表演对口诗《雷锋回来啦》，歌颂当今社会各行各业涌现出的雷锋式的模范人物。朝阳区农村系统“十佳道德模范”提名奖获得者李保利、毛景鸾及地区推荐榜样龚闪闪做事迹报告。

（刘鲁雪）

【广渠路二期拆迁完成】　9月30日，三间房地区广渠路二期拆迁完成，拆迁腾退68个院，签协议309人，协议面积16784.65平方米，安置房面积19415.03平方米。

（刘鲁雪）

【乡志编修】　10月10日，召开《三间房乡志》编修暨乡情村史陈列室建设工作动员部署会，部署《三间房乡志编修工作实施方案》《三间房乡情村史陈列室建设工作实施方案》。

（刘鲁雪）

【动漫文化节文艺演出活动】　10月17日，三间房地区第四届动漫文化节文艺演出活动在第二外国语学院明德厅开幕。演出以动漫为特色，展示三间房地区深厚的文化底蕴和地区百姓健康向上的精神风貌，提高地区百姓对动漫产业的知晓率和参与率。

（刘鲁雪）

【土储拆迁腾退】 年内，北部土地储备完成67个院落、117户、303人拆迁腾退。

（刘鲁雪）

【环境整治】 年内，铺装硬化地面6600平方米，修复下水管线320延长米，修复围挡墙120延长米，清运垃圾渣土150余吨，安装护栏近1800米。清理取缔露天烧烤大排档800余起、无照游商5000余人次，查扣黑摩的600余辆，依法治安拘留32人。更换环保节能炉具50台，压减劣质燃煤600余吨。

（刘鲁雪）

十八里店地区（乡）

【概况】 十八里店乡位于朝阳区东南部，西北与东城区接壤，北邻南磨房乡、王四营乡、垡头街道，西南接小红门乡，东南为通州区，南与亦庄经济开发区毗邻，横跨三环、四环、五环及京津塘高速路，乡域面积25.23平方公里，下辖8个村（十里河、周家庄、吕家营、小武基、十八里店、老君堂、横街子、西直河），4个社区（弘善家园第一社区、弘善家园第二社区、弘善家园第三社区、老君堂社区），5个居委会（弘善寺、白墙子、六道口、前祁庄、后祁庄）。年内，全乡有户籍人口40161人，其中男性18950人、女性21211人，农民21215人、非农18946人。全乡有流动人口120130人，其中男性70653人、女性49477人。出租房屋总量为15685户。实现经济总收入139.74亿元，利润总额5.46亿元，税金总额3.24亿元，农民人均所得3.53万元。

地址：十八里店乡十八里店村18号

邮编：100122

电话：67473279

网址：http://sbld.bjchy.gov.cn

（焦 健）

【村民迁新居】 1月7日，十八里店村和周庄村村民喜迁新居，两村村民告别村落时代，回迁上楼入住新居。周庄三期回迁房位于十八里店乡垡头南路以南，周庄南街以北，西邻十八里店中学西路，东侧为满井村东路，总用地面积近23万平方米，总建筑面积超过93万平方米。

（焦 健）

【第十一届乡党代会第三次会议召开】 1月19日，十八里店乡第十一届党代表大会第三次会议在乡政府二层多功能厅开幕。会议通过关于2014年度党委工作报告的决议和关于2014年度纪律检查委员会工作报告的决议，肯定第十一届委员会和纪律委员会的工作。

（焦 健）

【第十六届人代会第五次会议召开】 1月29日至30日，十八里店乡召开第十六届人民代表大会第五次会议，会议听取并审议通过2014年度乡政府工作报告、人大工作报告、2014年财政预算执行情况和2015年财政预算报告（草案）。以投票选举的方式补选十八里店乡人大主席和乡长，张克斌当选为乡人大主席，李万军当选为乡长。乡党政领导班子成员、区第十五届人大代表、乡机关科室负责人、派出所所长、部分村党总支书记、村委会主任、乡属企事业单位负责人列席会议。

（焦 健）

【春节慰问】 2月3日，乡党委书记张克斌、乡长李万军带领各联系村领导和村党总支、村委会相关工作人员，到周庄嘉园和小武基村慰问困难党员及群众。

（焦 健）

【市领导调研】 4月23日，市委副书记、市长王安顺到乡就推进非首都功能疏解和绿化隔离地区建设工作进行调研并召开现场办公会。市领导李士祥、陈刚、林克庆、张延昆，市政府秘书长李伟一同调研。区领导程连元、吴桂英、陈涛、甘靖中、杨树旗，乡领导张克斌、李万军、周银军陪同调研。王安顺要求，切实加快棚户区改造步伐，积极创新工作思路，从改善人民生活出发，深入做好群众工作，依法诚信，同心同向。各级政府要以人为核心，加大支持力度，努力破解城乡结合部发展难题，加快完善城市基础设施，下大力气抓好环境整治，不断提高城市管理水平，确保非首都核心区功能疏解早见成效。

（焦 健）

【联合执法】 5月21日，乡综治办协调交通执法五队、十八里店派出所，针对十里河地区"黑车""黑摩的"非法运营等现象开展联合执法。执法中，"打黑"工作组在"黑摩的"及违法上路电动三轮车出没较频繁的重点地段和重要时段采用蹲点守候、上路布控等方式，在商、市场周边对非法营运车辆、摆摊设点小摊贩进行严厉打击。此次执法，出动执法人员20余人，打击"黑车""黑摩的"11辆。

（焦 健）

【健康读书活动】 5月21日，由北京健康教育协会、市疾病预防控制中心主办，乡幼儿园承办的"健康源于好习惯 习惯始于读好书"健康传播活动在乡举行。通过推广幼儿系列读书，引导家长重视幼儿教育工作，倡导亲子阅读理念，为幼儿从小培养好行为、好习惯创造条件。北京健康教育协会会长金大鹏，市疾控中心副主任曾晓芃，市疾控中心健康教育所所长刘秀荣，区疾控中心副主任刘英杰，区中小学保健所所长冯长征，副乡长崔洁及幼儿园老师、家长和孩子等200余人参加活动。

（焦 健）

【市级部门领导调研】 6月30日，由市政府副秘书长徐熙、市发改委副主任刘伯正带队，西城区委常委、区委办公室主任孙硕，副区长吴向阳等11位领导到西直河石材市场腾退现场参观调研产业功能疏解工作。区委常委、副区长陈涛，副区长张维刚，区农委、十八里店乡、豆各庄乡及相关委办局领导随行并介绍工作情况。

（焦 健）

【市志愿服务中国营走进青年汇】 7月15日，市志愿服务中国营走进老君堂社区青年汇，来自西班牙、日本、韩国等7个国家的9名国际志愿者在青年汇交流3天。

（焦 健）

【社区居委会换届选举】 7月25日，区第九届社区居委会换届选举进行集中投票，乡6个社区居委会选出"当家人"。在新当选的30名社区居委会成员中，男性16人，占总数53%；女性14人，占总数47%；中共党员14人，占总数47%；大专及以上学历17人，占总数57%，高中、中专学历13人，占总数43%，平均年龄为38岁。与上一届相比，社区居委会成员更加年轻化、知识化、专业化。

（焦 健）

【慰问武警官兵】 7月31日，乡全体班子成员走访慰问驻地武警十八支队。

（焦 健）

【纪念抗日战争胜利70周年活动】 8月27日，乡文化服务中心以"勿忘国耻 热爱和平"为主题，开展纪念世界反法西斯战争胜利暨中国人民抗日战争胜利70周年合唱节活动，副乡长崔洁，周庄村"两委"班子成员，各村、各社区、企事业单位负责人及演员、群众等700余人参加活动。

（焦 健）

【乡十六届人大六次会议】 9月15日至16日，召开乡第十六届人民代表大会第六次会议。会上，通报十八里店乡政府工作，以投票选举的方式补选周银军为乡人大主席。

（焦　健）

【乡第三届群众文化节】 9月25日，市第二十六届农民艺术节“乡村大舞台”暨十八里店乡第三届群众文化节在武警北京市总队第十八支队礼堂开演。市委农工委宣传处处长陈立玺，市委农工委宣教中心主任李彬，区农委副主任李兴泉，区文明办副主任杨晓昇，区文联秘书长金童，乡长李万军，武警十八支队支队长曲良锋，武警十八支队政委蔡建昭以及十八里店乡党委、乡政府班子全体成员，各村、社区、直属企事业党政负责人及班子成员，驻地中小学校长、幼儿园园长等出席。艺术节以“文化乡村、美丽绽放”为主题，以十八里店乡群众文化节为平台，展示十八里店地区群众文化活动的整体水平和精神风貌。

（焦　健）

【市人大领导调研】 11月4日，市人大常委、财经委员会主任委员王琪带领部分市人大代表及相关委办局到西直河五环外石材市场调研产业疏解和人口调控工作。副区长张维刚及相关委办局领导陪同。十八里店乡党委书记张克斌、乡长李万军、乡人大主席周银军随行介绍情况。

（焦　健）

【集中整治违法群租房】 11月11日，由乡流管办牵头，抽调相关部门对地区群租房开展入户帮拆集中整治，对周庄三期B区、弘善家园违法群租房屋进行帮拆工作。整治拆除违法群租房65户，其中帮拆57户、自拆8户。

（焦　健）

孙河地区（乡）

【概况】 孙河地区（乡）位于朝阳区东北部的温榆河畔，属北京市第二道绿化隔离带、土地储备和温榆河绿色生态走廊规划控制地区。北临顺义天竺空港工业区，西与昌平区隔河相望，东靠顺义天竺镇，距首都国际机场3公里，南与金盏和崔各庄乡接壤。机场高速、机场南线、机场辅路、京承高速、京顺路、M15号线、来广营北路、康营东路、顺黄路等区域连接路横贯其中，405路、415路、538路、696路、854路等公交车在辖区设有总站，359路、641路、915路、935路、975路、988路等公交车途经辖区。辖5个社区和14个行政村，辖区面积34.54平方公里，总人口64919人，其中户籍人口22028人（农业人口4949人、非农业人口17079人），流动人口46437人，外籍人口1658人。辖区有1个社区卫生服务中心和4个社区卫生服务站、1家北京银行支行、1所中学、4所小学。年内，地区实现经济总收入24.3亿元，同比增长0.5%；实现区级财政收入2.19亿元。

地址：顺白路6号

邮编：100103

电话：84595710

邮箱：shdqbsc@sina.com/

（科腾琦）

【领导调研】 1月5日，区长吴桂英带领调研组到沙子营村开展冬季安全工作调研。调研组深入出租大院安全重点部位，对安全检查发现的问题提出整改意见，并现场指导、督促整改。10月27日，吴桂英、陈涛到沙子营村实地调研，区农村系统19个乡的党委书记参加。10月21日，副市长林克庆及市政府第四督导组成员30余人到沙子营“村外村”清理整治现场实地督导检查。吴桂英及市、区职能部门负责人参加。

（科腾琦）

【乡文体协会成立】 1月19日，孙河乡文体协会正式成立。协会是由各村、各社区、各单位文化骨干、文体爱好者自愿组成的群体性、志愿性、非营利性社会组织，主要配合地区文化中心组织开展群众文化体育活动，协助完成上级有关部门安排的工作任务。下设文体志愿者协会、民间花会、诗书画协会、乒乓球协会、摄影协会、舞蹈协会等多支文体队伍。

（科腾琦）

【乡三届三次党代会】 3月6日，召开乡第三届三次党代会会议。乡党委书记张树宝总结2014年乡党委工作，明确2015年乡党委工作的指导思想、重点任务和主要措施。与会代表分组审议乡党委工作报告、纪委工作报告，并就地区发展的热点、焦点问题建言献策，提出了一批有针对性、反映党心民意的提案和建议。

（科腾琦）

【乡十六届人大七次会议】 3月12日，乡十六届七次人代会召开。50名人大代表出席会议。会议审议并通过乡长李欣所作的《孙河乡人民政府工作报告》《孙河乡人民代表大会主席团工作报告》，同意报告提出的2015年经济社会发展目标任务和工作部署。

（科腾琦）

【党风廉政建设】 3月20日，召开2015年党风廉政建设工作部署会，乡班子成员、社区、村、乡属企业、机关党员干部等200余人参加会议。乡党委副书记、乡长李欣主持会议并从营造风清气正的政治生态、严肃查信办案，保持强势震慑力、加强思想教育，营造拒腐防变廉政氛围、加强自身队伍建设，提高能力水平等六个方面部署2015年党风廉政建设和反腐工作任务和要求。年内，落实会议部署及要求，开展警示教育36次，廉政提醒谈话80余人次，完善廉政制度27项，树立勤廉标兵13名。落实乡、村两级干部“两公开一承诺”，200余名干部公开了个人宅基地和承租土地情况。

（科腾琦）

【清理低级次产业】 3月，召开乡低级次产业清理推进会。会议制定2015年地区“取缔一批、整改一批、规范一批”的工作计划并进行工作部署。年内，清理整治低级次出租大院34家，拆除搅拌站2家、关停3家，取缔垃圾中转站11家。清理废机油大院7个，查抄乙炔气411罐、氧气88罐、汽油18桶、柴油5桶、次氯酸钠2吨、盐酸1吨，行政拘留2人，疏解流动人口11688人。

（科腾琦）

【党和国家领导人首都义务植树活动】 4月3日，党和国家领导人习近平、李克强、张德江、俞正声、刘云山、王岐山、张高丽等到孙河地区植树点参加首都义务植树活动。市委书记郭金龙、市长王安顺，区委书记程连元、区长吴桂英等市、区领导陪同参加植树活动。

（科腾琦）

【第三届民俗文化体育节开幕】 4月25日，孙河地区第三届民俗文化体育节开幕。地区10余支特色文艺队伍600余人参加表演，6支共建部队官兵代表，8位地区军烈家属、老红军，乡党委班子船员、社区负责人参加活动，观演群众1200余人。

（科腾琦）

【地区35家砂石料厂全面关停】 4月29日，地区35家砂石料厂全面关停。整治工作于2014年8月启动，历时9个月。期间，清理砂石料17万余吨，清理土地面积52公顷，清理流动人口766人，拆除违法建设2600余平方米。同时，对清理出的土地进行绿化。

（科腾琦）

【拆除违法建设】 5月15日，拆除沙子营村1处5400平方米违法建设，清理土地面积2600余平方米。年内，完成沙子营“村外村”低级次产业清理第一阶段工作。清理整治出租大院35家、承租户100余家，拆除地上建筑35万平方米，收回集体土地

47.3公顷。全乡共拆除违法存量建设55万平方米。

（科腾琦）

【三资管理】 7月9日，召开乡三资管理工作部署推进会。会议全面梳理“三资”管理和农村集体经济发展问题，部署农村经济合同清理追缴工作。年内，清理各村集体经济合同530份，追缴租金3251万元，回收土地99.4公顷。

（科腾琦）

【社区管理“四位一体”】 7月，召开乡社区建设工作会。会议制定以社区党委、社区居委会、物业公司、社区服务站“四位一体”的工作机制，形成部门联动、综合施策的联动机制。康营家园社区全年入户维修7500余件，公区维修2600余件，安装社区监控探头776个，重新更换安装康营小区335部电梯内五方对讲，完成17个小区、138栋楼、496个单元楼内墙面粉刷及楼道堆物占道工作。

（科腾琦）

【乡第十六届第八次人代会】 8月18日，召开乡第十六届第八次人代会。大会选举李欣为孙河乡人大主席，易湘林为孙河乡人民政府乡长，孟秀琴为孙河乡人民政府副乡长。

（科腾琦）

【人大代表视察】 9月24日，市、区人大代表20余人，到孙河乡沙子营村低级次产业清理现场开展实地调研视察工作。

（科腾琦）

【服务保障】 9月，完成“世锦赛”和“9·3阅兵”两大任务的服务保障工作。期间，地区机关、社区、村、乡属企业人员、志愿服务者超过3000人次参加保障任务，出动车辆600余次。实现24小时全天候巡逻在岗。

（科腾琦）

【基层党建工作会】 9月，乡召开基层党建工作会。乡党政班子成员、地区党建研究会及各党支部书记参加。会议围绕“为群众多跑腿、少让基层跑腿”思路，整合各方面优质资源，向基层延伸倾斜，把基层基础工作做细做实。全年，开展“三严三实”专题教育活动10次23课时，组织周五大课堂6次，举办专题辅导6场，开展岗前培训、任职培训和机关干部、村两委班子成员培训等280余人次。

（科腾琦）

【取缔未批自办学校】 9月，完成清理整治未批自办学校工作。清理的3所未批自办学校分别为：华成学校、沙子营实验学校和下辛堡育星园学校。对学校师生采取分流工作，成功分流学生1853名、教职工87名。期间，乡科教文体办、安监科、综治办等相关部门联合巡查值守，发放《致学生家长的一封信》1.5万余份，制作宣传横幅6条、宣传展板8块。

（科腾琦）

【为民办实事】 11月22日，举行下辛堡康语轩老年公寓、星辰双语幼儿园奠基仪式。全年累计解决群众关注的热点难点问题129个，落实民生折子工程67项；完成便民服务大厅改造工程、康营家园自来水接入及改造工程；开发就业岗位786个，城乡登记失业人员实现就业343人；完成李县坟、沈家坟428名农民转居转工工作；全乡农村低保对象参加新型农村合作医疗100%全覆盖。

（科腾琦）

【社会治安】 年内，落实乡2015年综治工作会要求，突出党政齐抓，党政同责；创新思维，舍得投入；群防群治，动员各方力量，实现安全工作全覆盖。可防性案件发案率同比下降26%，5个未拆迁村实现封闭管理，设置18个治安岗亭，安装监控探头280个。在辖区主要道路和重点部位新建监控探头135个，在康营家园新建监控探头776个，覆盖全乡的“天网”基本建成。新建监控平台9个，升级改造监控平台1个。聘请专业保安近300人，招募治安志愿者1080人。

（科腾琦）

太阳宫地区（乡）

【概况】 太阳宫地区（乡）位于朝阳区中西部，东北与望京街道办事处、将台地区办事处接壤；东南与麦子店街道办事处接壤，与第三使馆区、燕莎商业区毗邻；南面与左家庄街道办事处接壤，西南与和平街街道办事处、香河园街道办事处相邻，与国展商业区相依托，西北与小关街道办事处、大屯街道办事处接壤。辖区面积5.9平方公里，有3个行政村，10个社区居委会，5家直属企事业单位；常住人口10.3万人；全年实现经济总收入22.8亿元；实现利润总额5973.4万元，同比增长27%；实现税金5907.4万元，同比增长23%。

地址：太阳宫南街7号院7号楼

邮编：100028

电话：84158000

网址：http://tygdq.bjchy.gov.cn

（张 卉）

【绿隔试点乡建设】 1月，完成《朝阳区太阳宫乡城市化试点实施方案》编制工作；3月26日，市规划委朝阳分局网站发布《关于朝阳区太阳宫乡城市化建设试点规划实施方案规划调整公示》，对绿隔试点乡规划调整后规划情况征求意见；6月，完成区规划分局产业用地C区13.92万平方米产业项目和规划D区4.38万平方米回迁楼项目规划调整公示，完成产业和回迁房两个项目用地的普通测量，完成回迁安置房用地初步地质勘探，回迁安置房项目顺利通过区政府6月5日联审会；9月，取得市规划委朝阳分局关于《北京市规划委员会朝阳分局关于太阳宫乡回迁安置房项目建设用地规划意见的复函》（规朝文〔2015〕106号）、市国土资源局建设项目用地预审意见（京国土朝预〔2015〕0053号）、区发改委《关于太阳宫乡回迁安置房项目核准的批复》（朝发改〔2015〕626号）；11月27日，举办太阳宫回迁安置房项目奠基仪式。

（张 卉）

【拥军优抚】 1月，走访慰问武警五支队；3月，为伤残革命军人、义务兵、无军籍人员、定期补助人员等112人发放价值1.6万元的慰问品，向6名义务兵家属发放慰问金6000元；7月30日，向武警五支队和五支队三中队官兵赠送防暑慰问品，为15名特困士兵发放特困救助金1.5万元。

（张 卉）

【妇女工作】 2月2日，举办“太阳宫地区‘和谐家庭指导站’规范化建设试点工作启动仪式”。中国家长教育研究所所长齐大辉、朝阳区妇联发展中心主任王燕红以及专家团7人参加启动仪式；3月6日，在北京电子科技职业学院，举办太阳宫地区纪念“三八”国际劳动妇女节105周年大会暨文艺汇演，地区党员干部群众及妇女代表等600余人观看演出；5月8日，举办“家庭安全知识讲座”；6月3日，邀请国家二级心理咨询师王燕斌进行心理减压培训。

（张 卉）

【乡十二届四次党代会】 2月5日，召开中共朝阳区太阳宫乡第十二届代表大会第四次会议，88名代表出席会议。会议审议并通过了乡《党委工作报告》和《纪委工作报告》，会前和会议期间各代表组活动中，共提出提案提议3件。

（张 卉）

【为老服务】 2月6日至3月2日，举办“96156——温暖社区，乐游冬日”主题爱心助老服务活动，投资3万元，服务慰问地区60岁以上孤寡老人600人；10月，在圣馨家园广场举行“九九重阳节，浓浓敬老情”系列活动——“乐享重阳，悦动夕阳”喜乐会；年内，为1500余名老年人办理优待卡，发放高龄津贴12.85万元。

（张　卉）

【乡十六届人大七次会议】 2月13日，召开乡第十六届人民代表大会第七次会议，乡人大代表、列席及旁听人员80余人参加会议。会议听取并审议《乡政府工作报告》《乡人大主席团工作报告》及《乡财政预算报告》。

（张　卉）

【志愿服务】 3月5日，地区团委组织青年志愿者看望西坝河北里4户孤寡老人并送上慰问品；4月25日，在太阳宫公园南门开展纪念“五四”青年节——朝阳区行政服务窗口单位青年志愿服务活动，17家窗口服务单位100余名志愿者，开展政策咨询、答疑等志愿服务活动；4月30日，组织青年志愿者80余人在坝河沿岸开展清理垃圾的志愿服务活动。

（张　卉）

【领导调研】 3月10日，区委常委、组织部部长张革，区委组织部常务副部长唐行安等到太阳宫地区调研党的群众路线教育实践活动整改落实情况；3月18日，市妇联副主席周志军、儿童部部长尤筠，区妇联的相关领导及中国家长教育研究所所长齐大辉等20余人到芍药居二社区调研并实地考察“妇女之家”，市妇联副主席周志军对“6个家的板块”家庭教育工作理念给予较高评价；4月15日，区人大财经委主任任敬东带领区人大代表到太阳宫地区实地调研为民办实事工作；5月22日，区委常委、组织部部长何明到太阳宫地区专题调研党的建设工作，区委组织部常务副部长唐行安等一同调研；12月5日，区长王灏、副区长陈涛在区农委主任张克斌、副主任李博陪同下到太阳宫地区调研，并就“十三五”时期的发展形势进行解读和探讨。

（张　卉）

【党务工作者培训】 3月20日，太阳宫地区举办党务工作者培训班，专题辅导《中国共产党发展党员工作细则》。各社区、企事业单位，以及非公党组织三弦集团党委、爱琴海党支部等党务负责人50人参加培训。

（张　卉）

【太阳宫第五届文化节】 4月16日，在对外经济贸易大学报告厅举办主题为“彰显文化魅力 共筑地区辉煌”的太阳宫第六届文化节开幕式暨太阳宫第五届“清风廉韵伴我行 文化文明太阳宫”文艺演出活动，地区党员干部群众1000余人参加活动。

（张　卉）

【社区党委换届】 5月12日至15日，完成10个社区党委换届选举工作，选举产生社区党委书记10名，社区党委委员50名。

（张　卉）

【社工专业人才培训班】 5月22日至29日，举办社区工作者专业人才培训班，50名社工参加培训。

（张　卉）

【廉政建设】 5月29日，地区纪工委书记喻存根对社区党委50名当选人员进行集体廉政提醒谈话，并进行廉政知识测试；8月30日，在全地区开展党风廉政教育月活动；12月24日，区纪委常委、组织部部长王建华等5人督查太阳宫乡党风廉政建设“两个责任”落实情况。

（张　卉）

【工会第二次代表大会】 6月9日至10日，在阳光丽城国际会议中心召开地区工会第二次代表大会，全地区各行业106名代表参加会议。

（张　卉）

【庆祝建党94周年】 6月23日，在对外经贸大学举行纪念建党94周年表彰大会暨文艺汇演。表彰先进基层党组织11个、优秀党务工作者10名、优秀共产党员215名和先进共建单位10家；6月24日，组织新转正党员、新发展党员和入党积极分子到房山区堂上村“没有共产党就没有新中国”纪念馆，开展“铭记历史 坚定信念”主题党日活动。

（张　卉）

【社区居委会换届】 7月25日至26日，地区10个社区完成社区居委会换届选举工作。选举社区居委会主任10名、副主任10名、委员34名。

（张　卉）

【乡十六届人大八次会议】 8月18日，召开乡第十六届人民代表大会第八次会议，乡人大代表和党员干部 130余人参加会议。会议听取并审议《太阳宫乡人民政府2015年上半年工作报告》，补选王伍为副乡长。

（张　卉）

【社区工作者招录】 9月7日，通过报名、审核、笔试、面试、体检、公示等环节，招录社区工作者26名。

（张　卉）

【非公党建】 年内，成立中共三弦国际投资集团有限公司委员会和中共中国海外控股集团有限公司委员会等2家非公企业党委；成立太阳宫足球俱乐部党支部、北京医圣堂中医医院有限公司党支部、中青旅实业发展有限责任公司党支部等3家非公企业党支部。

（张　卉）

【为民办实事】 年内，完成芍药居10号楼二次供水设备安装工程，彻底解决长期困扰10号楼居民的饮水难问题；完成芍药居10号楼电梯改造工程；完成芍药居北里208号、211号和306号楼电梯更新改造工程；完成新纪家园小区热力改造工程；完成小区路灯安装、停车场修建等社区级实事工程31项。

（张　卉）

【产权制度改革】 年内，完成已撤制村队基础情况收集，制定产权制度改革工作意见、参加村队集体资产处置人员身份界定和劳动年限统计方案，组建乡产权制度改革办公室、工作组以及原左家庄村、小黄庄村村级集体资产处置工作临时党支部。11月10日起，开展已撤制原左家庄村和原小黄庄村社员登记工作，并在《北京日报》《北京晚报》和《法制日报》刊登社员登记公告。

（张　卉）

【环境建设】 年内，完成西坝河北里环境优美小区建设、四环路沿线和五里沟路背街小巷环境整治；完成圣馨家园小区和新纪家园小区雨污水和道路改造工程；完成3.33公顷平原造林任务；完成太阳宫公园南门北侧10000平米空地和太阳宫体育休闲公园北园1.2万平方米空地的绿化美化；对曙光里3200平方米的三角地进行绿化美化，建成曙光路街边广场。

（张　卉）

【垃圾分类】 年内，开展垃圾分类检查评比活动，“绿足迹行动”扎实有效开展；联合朝阳循环经济产业园在太阳宫公园南门举办世界环境日“关注生活垃圾，建设美丽家园”垃圾减量与分类主题活动，打造了太阳宫地区“绿立方”科普基地；创建垃圾分类达标小区5个，组织垃圾分类宣传培训活动15次，培训相关人员45名，在各小区安装宣传公示栏8个，分类桶站76组，为5433户家庭配发分类垃圾桶10866个，发放宣传品6000余份。

（张　卉）

【控烟工作】 年内，组织开展控烟宣传活动4次，发动控烟宣传员、劝导员120人，走访社会单位658家，张贴宣传画400张，发放宣传资料1万余份；中海油芍药居大厦被确定为北京市控烟示范单位。

（张　卉）

【城市管理】 年内，查处露天烧烤、无照

游商、店外经营、黑摩的等违法行为2050余起，拆除违规广告牌匾289块，依法拆除违法建设7230平方米，实现违法建设零增长。

（张 卉）

【整治停车秩序】 年内，开展停车“黑收费”行为清理取缔行动，清除非法私设停车线18条，查处黑收费行为60余次，设立停车乱收费提示牌42块，对6处停车秩序乱点进行集中治理，清理无牌、废弃车辆25辆。

（张 卉）

【拆除群租房】 年内，开展三次违法群租房集中拆除工作，强制拆除68套，自行整改76套。

（张 卉）

【安全生产】 年内，开展安全生产大检查和打非治违等专项行动，累计检查生产经营单位543家次，下达执法文书498份，行政处罚隐患严重单位6家。

（张 卉）

【就业服务】 年内，举办“春风行动”主题宣传日活动，开展就业援助月专项活动，举办招聘活动10场，开发就业岗位1424个，失业人员实现就业624人，组织参加免费技能培训53人，实现创业12人，创业带动就业56人。

（张 卉）

【劳动监察】 年内，检查劳动用工单位50家，立案29家，处罚8件，依法维护劳动者权益。

（张 卉）

【社会救助】 年内，为低保人员发放低保金105.4万元，为残疾人发放生活补助63.5万元。

（张 卉）

王四营地区（乡）

【概况】 王四营地区（乡）位于朝阳区东南部，东靠豆各庄乡，南接十八里店乡，西邻南磨房乡，北与高碑店乡接壤。乡域面积15.58平方公里，下辖6个行政村，3个社区，实行村居合一的管理模式。全乡人口80711人（其中，农业户籍人口9105人，非农业户籍人口10714人；常住流动人口47723人、半年以下流动人口13169人）。全乡经济总收入实现93.77亿元，增幅11％；利润总额3.73亿元，增幅8%；上缴税金1.92亿元，增幅8.4%；农民人均劳纯收入30527.3元，增幅6.6%。

地址：王四营村1号

邮编：100023

电话：67365472

网址：http://wsydq.bjchy.gov.cn

（龚晨曦）

【交通安全工作部署会】 1月14日，召开2015年交通安全工作部署会，保障春运期间交通安全。安监民警、辖区私人大客车、大货车车主、司机共80余人参加会议。与会车主签订2015年全年“四种车”交通安全责任书、2015年春节春运期间交通安全责任书和2015年“两会”期间交通安全责任书。

（龚晨曦）

【联合执法】 1月28日，王四营城管执法队联合地区食药所，对辖区内“海棠公社小区”等两家在建工地进行联合检查，对两家工地扬尘覆盖、物料码放、食堂管理、用气安全等方面细致的检查，检查发现两家工地总体良好，对于存在的一些不足，执法人员现场要求施工方立即整改，并现场帮助其进行规范治理。

（龚晨曦）

【就业招聘指导】 3月20日，在古塔公园门前广场举办“搭建供需平台，促进转移就业2015年度春风行动招聘会”。招聘会吸引34家用人单位参加，共提供1000余个工作岗位，涉及销售、管理员、水暖维修工、司机等10多个工种。800多人到会应聘，189人现场达成初步就业意向。

（龚晨曦）

【文化体育活动】 4月30日，白鹿社区组织青年在王四营羽毛球馆开展了以“燃烧激情，活力青春”为主题的羽毛球赛。比赛分为男单、女单、混双三项，采用三局两胜制，社区青年参与。

（龚晨曦）

【团组织活动】 5月5日，乡团委组织乡机关及六个村（社区）青年、团员及非公团组织青年一行40余人，前往天安门广场现场观看升旗仪式，参观毛主席纪念堂。

（龚晨曦）

【领导调研】 5月12日，“朝阳区农村工作调研座谈会”在王四营乡召开。区委书记程连元带领由区委办、政府办、农工委、农委、发改委、市政市容委、住建委、财政局、国土分局、规划分局等职能部门负责人组成的调研组，调研小红门乡、十八里店乡、管庄乡、高碑店乡、王四营乡等五乡工作进展情况，并重点就各乡现阶段存在的重点、难点问题进行梳理，开出问题解决的“处方”。区委副书记、区长吴桂英，区委副书记、政法委书记陈宏志，区委常委、副区长陈涛等区领导随同调研。乡党委书记李世喆向与会领导汇报2014年区领导调研时反映问题的解决进展情况及王四营乡2015年重点工作进展情况、存在问题及解决方法，并重点针对现阶段重点村整治、安置房建设、产业用地调整、“中国互联网金融产业园”项目立项、南花园村通盛园区改造等工作推进过程中存在的问题和难点向与会领导进行汇报。

（龚晨曦）

【精神文明工作】 5月15日，“王四营地区‘最美家庭’事迹宣讲暨表彰会”在南花园村举行。区妇联主席蒋东燕、乡党委副书记邢志新出席表彰会，并为获得地区“最美家庭”称号的家庭颁发荣誉证书。获颁“最美家庭”称号的20户家庭，将随乡妇联深入全乡各村进行宣传。

（龚晨曦）

【医疗卫生】 6月15日，官庄村党总支组织村内五个党支部260余名党员，在伟达中医肿瘤医院进行体检。体检共包含心电图、B超、血常规等十余项常规及辅助检查。体检过程中，官庄村党总支五个党支部书记全程陪同。

（龚晨曦）

【庆“八一”活动】 7月31日，在中国人民解放军建军88周年之际，地区召集武警七支队一大队、一大队三中队、百子湾消防中队和垡头消防中队4支共建部队官兵，开展以“勿忘国耻居安思危 爱国拥军固我长城”为主题的庆“八一”和纪念抗日战争胜利暨世界反法西斯战争胜利70周年庆祝慰问活动。区双拥办领导赵玉江，地区工委副书记邢志新、副主任寇伟、武装部部长张文通，武警七支队副政委姜国胜以及地区相关科室领导及武警三中队、垡头消防中队、百子湾消防中队的领导出席活动。现场领导分别向武警七支队一大队、武警七支队一大队三中队、百子湾消防中队、垡头消防中队发放慰问金，并为共建部队的9名困难官兵发放困难扶助金。

（龚晨曦）

【经合社换届选举】 7月31日，王四营乡召开经济合作社换届选举工作部署会，正式启动乡集体经济组织换届选举工作。乡领导班子全体成员、各包村领导、乡联社代表及各村主要领导参加会议。朝阳区农经办资产科科长刘立波出席会议。会议要求各村按照部署成立集体经济组织换届选举工作领导小组，做好社员身份确认和社员登记工作，明确换届选举注意事项。同时，按照整个换届选举工作流程，将换届工作分为准备，社员登记、公示，提名推荐初步代表候选人，确定正式代表候选人和民主选举社员代表五个阶段，村级换届选举工作预计9月底完成，乡联社换届工作预计11月完成。

（龚晨曦）

【工会慰问】 8月10日，地区总工会开展夏季送清凉活动。地区总工会主席王德剑、副主席王青及工会专职工作者，到基伊埃（北京）冻干技术有限公司为生产一线职工送去矿泉水、毛巾、沐浴露、“十滴水”等防暑降温物资。此次活动累计覆盖辖区1950余名职工。

（龚晨曦）

【抗战故事演讲】 8月24日，地区妇联、文明办、计生办联合开展系列亲子活动。小朋友和家长们通过听讲座、游戏互动、讲抗战英雄故事的形式，缅怀革命先烈，丰富自救安全知识，培养爱国情操和自我保护意识。乡党委副书记邢志新、副乡长寇伟出席活动，并发放《闪闪的红星》《儿童大视界标志》等儿童读物及文具和急救包，勉励小朋友学习抗战英雄热爱祖国，敢于斗争的精神，做一名热爱祖国的好孩子。

（龚晨曦）

【安全生产大检查】 8月以来，王四营乡不断加大工作力度，排查各行业安全生产隐患。国家安监总局、北京市、朝阳区等安监系统领导和朝阳区领导到地区视察安全生产工作，并对地区安全生产大排查工作进行督导。地区对安全工作进行部署，8月15日至19日为危险化学品与易燃易爆集中检查治理阶段；8月20日至25日巡查地区施工建设单位督促其暂停所有存在危险性的作业；8月25日至28日为集中整治非法出售煤气罐，违法使用燃气；8月29日至30日巡视地区涉及特种设备的单位，检查特种设备运营状态四个阶段。截至月底，地区共检查了生产经营单位800余家，检查发现安全管理类、设备设施类、从业人员类以及场所环境类安全隐患共428处。针对检查中发现的各类安全隐患与违法行为，地区采取限期整改、关停等不同的治理方式。针对存在重大安全生产事故隐患的单位，地区安监科建立“督办单”特事特办，本着“限时、限责、限方法”的三限原则对被督办单位采取相应的措施。

（龚晨曦）

【理论中心组学习】 9月14日，王四营乡按照“三严三实”第三阶段学习安排，开展以“严以用权、远离腐败”为主题的理论中心组（扩大）学习。培训学习邀请中央纪委研究室原副局级检查员、监察部监察专员、研究员邵景均进行授课，并集体观看《败局——祝远纪腐败案警示录》教育片。乡领导班子成员、机关副科级以上干部、各村“两委”班子成员及直属单位正副职负责人参加学习。学习结束后，纪委书记寇学青从牢记手中有权、肩上有责，坚持用权为民，按规定、按制度、按法律行使权力等方面，要求地区党员干部任何时候都不能搞特权、不以权谋私，做廉洁自律的“清白人”，做到心中有戒不任性，始终保持平常之心、戒惧之意，时刻坚守底线，切实用好手中的权力，远离腐败。

（龚晨曦）

【教师才艺展示活动】 9月18日，王四营中心小学举办以“做梦想教师，展青春风采，创和谐团队”为主题的第三届教师才艺展示活动。校本部和官庄分校教职员工参加演出，全校学生观看演出。

（龚晨曦）

【煤气中毒预防】 11月19日，区委副书记、代区长王灏，副区长杨树旗带领区政府办、区农委、区安监局、区质监局、公安朝阳分局、消防朝阳支队、区应急办、区流管办等相关部门负责人，到王四营乡检查预防煤气中毒工作开展情况。乡党委书记张奎、副乡长赵涛等领导陪同检查。检查到孛罗营村流管站，张奎介绍地区流动人口出租房屋具体数量及预防煤气中毒工作总体情况，王灏询问孛罗营村流动人口日常管理及预防煤气中毒检查情况，实地检查住户家中风斗安装、一氧化碳报警器连通等情况。检查结束后，王灏对地区预防煤气中毒工作给予肯定并指出，预防煤气中毒工作重在管理，管就是爱护，只有管理到位，才能心里有底。他要求，地区领导和工作人员要不断提升责任意识，不断加强管理，确保检查整改到位，确保辖区群众安全过冬。

（龚晨曦）

【普法宣传】 11月19日，乡司法所联合综治等部门，开展以“做讲法制守秩序的好市民”为主题的法制宣传活动。宣传活动以大力弘扬法治精神，传播法治理念，提高地区群众的法律水平，形成人人学法、守法、用法的良好社会氛围为目的，通过悬挂宣传标语、张贴宣传图片、发放《朝阳区打击防范涉众型经济犯罪》法治教育宣传册、《宪法》等相关的宣传资料等形式，宣传遇到纠纷时如何维护自身合法权益等法律知识。活动现场向群众讲解法律、法规，并接受咨询。

（龚晨曦）

【计生宣传】 11月19日，在人流量较大的古塔公园西门前开展计生综合宣传活动。活动中，发放宣传折页、避孕药具以及宣传品，重点宣传优生优育、生殖保健、红十字急救等知识。为辖区居民及流动人口提供政策咨询、服务，乡、村两级计生专干解答群众的疑问，普及计生知识。活动发放宣传折页300余份，宣传品5类600余份，避孕药具400余盒。

（龚晨曦）

【党总支换届】 11月25日，乡6个行政村党总支同步召开党员代表大会，完成各项既定议程，并通过无记名投票的方式选举产生新一届党总支班子，各包村领导分别到会督查指导。

（龚晨曦）

小红门地区（乡）

【概况】 小红门地区（乡）位于朝阳区南部，东靠京津塘高速公路，南邻北京经济技术开发区，西与丰台区、大兴区接壤，北距南三环约1公里。辖区面积12.41平方公里，下辖4个行政村、3个社区、3个居委会。年内，有户籍人口29567人，常住人口61475人，流动人口29882人，外籍人口8人。有中学1所，小学3所，幼儿园2所。有社区卫生服务中心1个，社区卫生服务站3个。2013年经济普查显示，有法人单位2456家。辖区建有1个150平方米为民服务大厅、500平方米地区文化服务中心和1处文化广场、一个“地秧歌”文化大院、2处24小时自助图书馆，图书馆藏书12000余册。辖区绿化率为41.12%。全年实现经济总收入79亿元，同比增长7%；利润总额2.19亿元，同比增长7.3%；上缴税金1.85亿元，同比增长7%；人均劳动所得26651.2元，同比增长7%；完成区级财政收入1.3亿元、同比增长8.02%，全面完成各项经济指标。

地址：博大路鸿博家园六区5号楼底商

邮编：100176

电话：87694869

网址：http://xhmdq.bjchy.gov.cn

（李媛博）

【地区工会第二次代表大会】 8月4日，召开地区工会第二次代表大会，辖区内各基层工会105名代表参加会议。会议听取并审议通过了《乡政府工作报告》《财务工作报告》《经审会工作报告》和《选举办法》（草案），并通过无记名投票方式选举产生由李慧任主席、张超任副主席，由13名同志组成的小红门地区总工会第二届委员会，以及由陈宇亮任主任的第二届经费审查委员会。

（李媛博）

【非首都功能疏解】 年内，严格按照年初制定的疏解计划推进非首都功能疏解工作，清退有形市场2家、工业企业2家、出租大院1家，腾退面积9.7万平方米，超额完成全年疏解任务。

（李媛博）

【产业项目落地】 年内，基本完成红门国际广场项目用地腾退工作，并就该项目与合作方达成由原土地租赁变为资产租赁的合作方式，大幅增加乡、村两级集体收益。国际风尚中心项目取得区发改委、国土、规划等部门大部分手续，完成国土确界工作，项目一期用地内除国有单位宿舍外基本完成腾退。

（李媛博）

【建立集体经济管理新机制】 年内，按照区农委、区经管站要求，完成乡联社等10个集体经济组织和企业的经济审计和整改工作。严格落实合同联预审制度，加大经济合同清查和兑现力度，不断提高集体收益。全乡4个村及9家乡属企、事业单位全部实现“双托管”建立收支分析月报制度，实现对村级财务收支情况的动态监管。

（李媛博）

【人口调控】 年内，治理群租房44户，落实区级调控目标和要求，实现调减流动人口3365人，超额完成全年人口调减任务指标。

（李媛博）

【治理违建】 年内，持续保持拆违控违高压态势，核实并处置46处疑似新增违法建设，实现新增违法建设“零”增长，全面杜绝账外违法建设，实现拆除既有违法建设19处、11.3万平方米，完成地区全年拆违任务指标。

（李媛博）

【肖村“煤改电”】 年内，完成换装1193块智能电表任务。落实“优质煤替代”工作，更换优质燃煤炉具253台，完成减煤换煤任务1131吨。

（李媛博）

【改善生态环境】 年内，完成牌坊村横街子沟明沟改暗渠工程，配合做好通久路污水管线工程（小红门段）用地拆迁工作。

（李媛博）

【绿化工程】 年内，完成春季绿地补植11.44公顷，配合区园林绿化局完成一道、二道“五河十路”生态林等政策性林地资源核查工作，落实2015年秋季平原造林二期15.33公顷绿化工程。

（李媛博）

【整治路面】 年内，完成红坊路西口、成寿寺路沿线环境整治。完成牌坊开发路环境整治项目。查处无照经营、露天烧烤、违规广告牌匾等违法行为1500余起，规范店外经营1000余家，收缴非法小广告15万余张。

（李媛博）

【预防煤气中毒】 年内，签订责任书5944份，新发放一氧化碳报警器2000台。累计免费发放10835台。全年未发生煤气中毒死亡事故。

（李媛博）

【提升群众安全感】 年内，加强与属地派出所联勤联动，社区可防性案件发案量同比下降0.9%，四季度群众安全感为86%，同比上升9个百分点。

（李媛博）

【促进就业】 年内，完善就业促进机制，挖掘就业岗位1475个，实现城镇登记失业人员就业率65.1%，4个行政村全部实现充分就业，超额完成全年任务指标。

（李媛博）

【教育工程建设】 年内，完成新村二期C区幼儿园主体工程建设，配合区教委推动八十中南校区建设。

（李媛博）

【新农合参保】 年内，严格落实社会保险相关政策，做到“应保尽保”，新型农村合作医疗实现参保8418人，参保率99.06%。

（李媛博）

【困难人员救助】 年内，依托红十字博爱救助、临时救助等平台，救助因病致贫、因病返贫等各类困难人员1600余人次。

（李媛博）

【安置房建设】 年内，完成新村二期F西区15万平方米安置房建设，实现928户百姓回迁入住。加快推进上市地块拆迁腾退，年内腾退院落31个。2007年至2015年，共安置地区百姓6292户（含分期入住1574户），剩余1366户正在周转。实现一期A、C，二期B、C区及六区正式供电。启动新村二期D区、二期F东区回迁安置房建设项目。开工建设新村市政道路5条。完成《小红门乡剩余建设用地项目分期实施方案》的申报工作。

（李媛博）

【社区规范化建设】 年内，完善地区社区建设管理制度汇编；完成中海城、恋日绿岛、三台山三个社区居委会换届选举工作，以及鸿博家园第二社区、第三社区的筹建和居委会选举工作；完成地区图书馆、文化活动中心等8处公益性办公服务用房升级改造工程和中海城社区星级服务站改造优化；深化全模式社会服务管理系统建设，完善网格三级平台，乡、村配置9名专职网格员。

（李媛博）

【社区（村）“两委”换届】 年内，完成第九届社区居委会、新一届村、社区党总支换届。成立鸿博家园第二、第三社区党总支，完成划片管理、细化服务相关工作。

（李媛博）

【“阳光驿站”党建项目】 年内，完善“1+6”工作机构，发挥“阳光驿站”带动服务作用。通过“一个聚焦”（聚焦志愿服务活动）、“二个到位”（聚力领航到位、联动服务到位）和“三个结合”（与党的先进理论相结合、与地区发展实际相结合、与地区群众需求相结合），健康生活指导队、家政义务服务队、绿色环保宣传队、文体艺术活动队、心理疏导服务队、普法咨询服务队共135名志愿者以奉献爱心、无偿服务、上门提供咨询、精神慰藉、心理疏导等形式，开展“健康直通车”“环保我行动”“心灵导航”“阳光普法”等志愿活动。

（李媛博）

【党风廉政建设】 年内，以“三严三实”为标尺，制定《小红门乡2015年党风廉政建设实施方案》，完善《小红门乡党委三谈二述制度》等10余项制度；由党委书记负总责，分管领导和相关部门具体抓，推进党风廉政建设常态化；完善“述职述廉述党建”工作机制，将抓党建和廉政情况作为基层班子考核的重要内容，落实逐级约谈制度，对党建工作抓不好、党风廉政建设不到位的，加大责任追究力度。

（李媛博）

【“乡亲乡爱·共筑美好明天”宣讲】 年内，开展“乡亲乡爱·共筑美好明天”宣讲活动，在全地区宣扬社会主义核心价值观。通过广泛收集素材、精心整理稿件，从百姓宣讲团中选拔宣讲员10名、主持人2名，组织培训2次、汇讲3次、彩排2次。同时，整体指导宣讲员的稿件及宣讲技巧。宣讲团在朝阳区农村地区宣讲团比赛中获第一名。

（李媛博）

【未成年人感恩教育】 年内，大学生志愿者队伍通过“四个一”（即讲一堂课、做一次运动、教一项才艺、献一份爱心）的形式，开展地区未成年人教育工作。投入专项资金3.5万元，辖区4个村及鸿博居委会挖掘、整合教育资源，突出特色和优势，推出25场未成年人社区教育活动。惠及地区青少年200余人。

（李媛博）

【全民终身学习活动周】 年内，开展“知识启迪心灵·技能创造价值”全民终身学习活动周。活动以宣传典型成功案例与开展现场学习活动相结合，举办活动12场，悬挂宣传横幅10条，惠及地区群众452人次。

（李媛博）

【工会组织集中建会】 年内，深入开展“广普查、深组建、全覆盖”集中建会行动，以村联合工会为载体，扩大工会组织覆盖面。根据《2015年组织建设工作任务分析表》统计，小红门地区总工会共有新增建会单位237家，新增会员5720人。截至年底，扣除流失企业，小红门地区现有建会企业359家。其中独立基层工会57家，4个村工会联合会覆盖302家，会员总数为10443人。

（李媛博）

【为民解忧办实事项目】 年内，投入为民解忧办实事专项资金180万余元，完成实事项目6项。分别为：1.为鸿博社区修建自行车棚322平方米。2.四道口社区饮用水管道改造工程，长度530米。3.鸿博六区楼顶防水工程，对部分楼房3100平米屋顶重新铺设防水。4.为中海城社区5个自然居住小区安装健身器材，共60件。5.为恋日绿岛社区安装30组座椅，燕归宁馨园小区增添健身器材一套（6件）。6.鸿博社区围墙修理和维护，其中修理维护围墙8523.8平方米、铁艺护栏6758.4平方米。

（李媛博）

【乡党代会和人代会】 年底，召开中共北京市朝阳区小红门乡第十二届代表大会第四次会议、北京市朝阳区小红门乡第十六届人民代表大会第十次全体会议，出席会议的党代表91人、人大代表41人。大会听取并审议通过小红门乡党委工作报告（草案）、小红门乡政府工作报告（草案），下发和审议《小红门乡人大主席团工作报告（草案）》及《小红门乡2015年财政预算执行情况和2016年财政预算草案的报告》（草案）。

（李媛博）

人　　物

领　导　干　部

中国共产党北京市朝阳区第十一届委员会

书　　记　程连元(9月免)
　　　　　吴桂英(9月任)
副 书 记　吴桂英(9月免)　陈宏志　王　灏(11月任)
常　　委　程连元(9月免)　吴桂英　王　灏(11月任)
　　　　　陈宏志　陈　涛　张　革(5月免)　宋铁健
　　　　　甘靖中　何　明(5月任)　马继业(3月任)
　　　　　刘军胜　高　岩　史连雪
委　　员(按姓氏笔画排列)
　　　　　马继业(3月任)　王　春　王　灏(11月任)
　　　　　王洪涛(7月免)　支　芬　甘靖中　史连雪
　　　　　吉广平　曲　君　吕明杰　刘　野　刘北阳
　　　　　刘军胜　孙其军　苏　民　李　洁　李瑞翔
　　　　　杨树旗　吴金龙　吴桂英　辛燕琴
　　　　　何　明(5月任)　佟克克　邹立嵩　辛燕琴
　　　　　汪　洋　宋铁健　张　岩　张　革(5月免)
　　　　　张立新(2月免)　张永新　张维刚　陈　涛
　　　　　陈宏志　苑文新　范少飞　高　岩　黄晓伟
　　　　　常树奇　康志华　程连元(9月免)　谢　莹
候补委员　田　峡　田锦秈　刘　勇　刘伯韬　李云飞
　　　　　张克斌　张树宝　赵年生　赵红伟

中共朝阳区委工作机构负责人

办公室主任	刘军胜(兼)
区委区政府研究室主任	李　波(兼)(7月免)
	陈庆华(兼)(7月任)
组织部部长	张　革(兼)(5月免)
	何　明(兼)(5月任)
组织部常务副部长	唐行安
宣传部部长	谢　莹(兼)(3月免)
	刘军胜(兼)(3月任)
宣传部常务副部长	高春利(7月免)
	毕重伟(12月任)
精神文明建设委员会办公室主任	毕重伟
统一战线工作部部长	谢　莹(兼)(3月免)
	马继业(兼)(3月任)
统一战线工作部常务副部长	胡杰华
台湾工作办公室(区政府台湾事务办公室)主任	
	李　靓(4月免)
	李　波(7月任)
侨务办公室主任	石延刚
直属机关工作委员会书记	刘军胜(兼)(3月免)
	马继业(兼)(3月任)
直属机关工作委员会常务副书记	刘　勇
社会工作委员会书记	张永新
农村工作委员会书记	胡良森
政法委员会书记	陈宏志(兼)
政法委员会常务副书记	杨树旗(兼)(4月免)
	赵红伟(4月任)
社会治安综合治理委员会办公室主任	倪东新
防范和处理邪教问题领导小组办公室(区政府防范和处理邪教问题办公室)主任	唐涌涛(5月免)
	于久翔(7月任)
流动人口和出租房屋管委会办公室(与综治办合署办公)主任	王春增(7月免)
	顾洪涛(12月任)
教育工作委员会书记	周　炜
非公经济工作委员会书记	王素荣
老干部局局长	郑　晶
党史工作办公室主任	张　前(4月免)
	刘伯韬(4月任)
党校校长	张　革(兼)(5月免)
	何　明(兼)(5月任)
党校党委书记、常务副校长	董　伟
保密委员会办公室(区国家保密局)主任	金宏图

朝阳区人民政府、人民团体党政分设工作机构党委(组)书记

科学技术委员会(知识产权局)党组书记	林广吉
环境保护局党组书记	陈　伟
住房和城乡建设委员会党组书记	孙　梅

水务局党委书记 王慧峰
文化委员会党委书记 李 洋
卫生和计划生育委员会党委书记 苏 民
国有资产监督管理委员会党委书记 王文远
安全生产监督管理局党组书记 赵新跃(4月免)
安永存(4月任)
文学艺术界联合会党组书记 黄晓伟(7月免)
高春利(7月任)
体育局党委书记 李守民
统计局党组书记 施咸超
园林绿化局党委书记 王 健
商务委员会党组书记 张仲凯
信息化工作办公室党支部书记 苏建华
信访办公室党组书记 胡铁闽
工商业联合会党组书记 梅诗曙
民政局党组书记 张 岩(12月免)
孙建强(12月任)

中共朝阳区第十一届纪律检查委员会

书　　记 宋铁健
常务副书记 刘丽平
副 书 记 高大中 于良佐
常　　委 关进国 张颖辉 汪冬梅 王建华
姜仁忠(7月免)

朝阳区十五届人民代表大会常务委员会

主　任 佟克克
副主任 苑文新 张富生 朱春霞 常树奇 叶 青
委　员 (按姓氏笔画排列)
丁清光 王姮隽 田树林 任敬东 刘子华 刘显威
孙 立 李振玲 李 琪 杨立亭 杨 丽 杨爱军
何深思 张永贵 张克成 陈 方 陈春玖 邰武淳
罗凤基 侯湘君 高 峰 黄 轶 曹信红 韩 峰
王志华 于久洪 于志刚 付小贺 孙连玉 殷金凤

朝阳区人大工作机构负责人

办公室主任 李振玲
内务司法工作委员会主任 侯湘君
财政经济工作委员会主任 任敬东
城建环保工作委员会主任 张永贵
教科文卫工作委员会主任 张克成
代表联络室主任 孙 立
农村工作委员会主任 于志刚
研究室主任 杨立亭
信访接待室主任 刘长利

朝阳区人民政府

区　　长 吴桂英(11月免)
代 区 长 王 灏(11月任)
常务副区长 甘靖中
副 区 长 陈 涛 王志勉 张立新(2月免) 张维刚
杨树旗 孙其军(4月任) 黄晓伟(4月任)

朝阳区人民政府工作机构负责人

办公室主任 杨建海
发展和改革委员会主任 常树奇(4月免)
刘 野(4月任)
教育委员会主任 孙其军(7月免)
肖 汶(7月任)
教育督导室主任 王世元
科学技术委员会主任 冯守华
监察局局长 刘丽平
民政局局长 张 岩
司法局局长 王远捷
财政局局长 欧晓勋
人力资源和社会保障局局长 牟燕东
机构编制委员会办公室主任 牟燕东(兼)
环境保护局局长 关 伟
住房和城乡建设委员会主任 闫 宾(2月免)
刘海涛(4月任)
房屋管理局局长 吴熙盛
市政市容管理委员会主任 康志华
农村工作委员会主任 赵红伟(4月免)
张克斌(4月任)
水务局局长 宗永军(7月免)
路 军(7月任)
商务委员会主任 朱 晟
文化委员会主任 黄晓伟(7月免)
高春利(7月任)
卫生和计划生育委员会主任 师 伟
审计局局长 刘 野(4月免)
田 峡(4月任)
社会建设工作办公室主任 赵年生
国有资产监督管理委员会主任 王春平
安全生产监督管理局局长 刘炳起
体育局局长 马海鹰
统计局局长 邵建云
园林绿化局局长 荣学强(7月免)
李世喆(7月任)
旅游发展委员会主任 兰学军
民防局局长 王 军
金融服务办公室主任 赵 捷(4月任)
民族宗教办公室主任 王爱录(12月免)
外事办公室主任 谭林坤
法制办公室主任 马 龙
信息化工作办公室主任 王 臻
信访办公室主任 宋少伟

中国人民政治协商会议 北京市朝阳区第十二届委员会

主　　席　谢　莹
副 主 席　汪　洋　张树安　邢念增　高向宇　连玉明
秘 书 长　王玉华
常务委员　(以姓氏笔画为序)
于　欣　马丽颖　王　健　王小毛　王文军
王文远　王幼君　王永滨　王全辉　王爱录
王鲁宁　毛大庆　卢清国　叶茂西　田巨清
田新民　朴　哲　师　伟　吕立秋　刘　伟
刘　江　刘　军　刘宁花　刘来祥　李　蘅
李玉立　李吉安　李国红　李树东　李秋玲
李晓峰　李海作　杨清英　吴　杰　张　耘
张　维　张兴凯　张其成　张国利　张明森
张继明　陈　平　茅为中　林大伦　林安杰
金晓萍　周道珍　赵大峰　胡杰华　战春燕
姚国峰　贺贝奇　袁志鸿　贾冬云　徐　伟
徐宝强　徐艳梅　高吉喜　郭秀芬　黄　亮
黄　鹰　盛国辉　董　伟　韩　潮　鲁建玲
富剑萍　赫　捷　阚存一　樊碧发　滕国清

朝阳区政协工作机构负责人

办公室主任	李冬军
研究室主任	李海作
专委会工作一室主任	郭秀芬
专委会工作二室主任	刘元春
专委会工作三室主任	李晓峰
专委会工作四室主任	李树东
专委会工作五室主任	盛国辉

朝阳区政协专门委员会负责人

提案委员会主任	郭秀芬
学习委员会主任	盛国辉
文史委员会主任	陈巴黎
经济科技委员会主任	李晓峰
教文卫体委员会主任	徐宝强
城建环保委员会主任	李树东
社会法制与民族宗教委员会主任	富剑萍
港澳台侨委员会主任	黄　亮

朝阳区政法、军事机构负责人

人民检察院党组书记、检察长	王向明(11月免)
人民法院党组书记、院长	李瑞翔
人民武装部部长	汪建新
人民武装部政委	史连雪
交通支队队长	张克军

朝阳区各民主党派负责人

民革朝阳区委主委	张兴凯
民盟朝阳区委主委	曾原纪
民建朝阳区委主委	徐艳梅
民进朝阳区委主委	张　耘
农工党朝阳区委主委	邢念增
致公党朝阳区委主委	高向宇
九三学社朝阳区委主委	张明森
台盟朝阳区工委主委	高　峰

朝阳区各团体负责人

总工会主席	王文军
共青团朝阳区委书记	王洪涛(7月免)
	孔钢城(7月任)
妇女联合会主席	李　洁(3月免)
	蒋东燕(3月任)
科学技术协会主席	杨绍磊
残疾人联合会理事长	赵　玲
归国华侨联合会主席	曾　旭
工商业联合会主席	叶　青
红十字会会长	张立新(兼)(3月免)
	王志勉(兼)(3月任)
红十字会常务副会长	赵宁江
文学艺术界联合会秘书长	金　童
慈善协会会长	屈亚风

朝阳区其他单位负责人

北京商务中心区管理委员会工委书记、主任	甘靖中(兼)
北京商务中心区管理委员会常务副书记	胡建三(4月免)
	张志国(4月任)
北京商务中心区管理委员会常务副主任	李国红
北京奥林匹克公园管理委员会党委书记、主任	王　春
北京奥林匹克公园管理委员会常务副主任	田巨清
中关村科技园区电子城科技园管理委员会工委书记、常务副主任	王文军(兼)(4月免)
	苏向东(4月任)
中关村科技园区电子城科技园管理委员会主任	汪　洋(兼)
金盏金融服务园区管理委员会主任	张树宝
温榆河生态走廊建设管理委员会主任	杨　永(3月免)
	荣学强(7月任)
城市管理综合行政执法监察局党委书记	良　彪
城市管理综合行政执法监察局局长	邢平芳
城市管理监督指挥中心党组书记	刘晓玲
城市管理监督指挥中心主任	皮定均(4月免)
	常敬武(5月任)
重点政府工程协调领导小组办公室主任	高永红
东坝国际商贸中心区管理委员会办公室主任	赵建国

垡头科技商务区管理委员会办公室主任 齐建宗
北京朝阳国家文化产业创新实验区管委会党支部书记 桑小为
北京朝阳国家文化产业创新实验区管委会主任 丰春秋
北京市朝阳区行政服务中心主任 吴景刚
北京798艺术区管理委员会常务副主任 张国华
北京市公安局朝阳分局党委书记、局长 高 岩
北京市规划委员会朝阳分局党组书记、局长 王雪梅
北京市国土资源管理局朝阳分局局长 赵北亭
北京市国土资源管理局朝阳分局党组书记、副局长 李 燕
北京市朝阳区经济社会调查队队长 张建萍
北京市国家安全局朝阳分局党组书记、局长 李炳宽
北京市工商行政管理局朝阳分局党组书记、局长 方世成（3月免） 王华鑫（3月任）
国家税务局党组书记 明建华（9月免） 王炯东（9月任）
国家税务局局长 明建华（4月免） 王炯东（4月任）
地方税务局党组书记、局长 郭文武（4月免） 张 翅（4月任）
质量技术监督局党组书记、局长 杨兆生
食品药品监督管理局党组书记、局长 刘立新
气象局党组书记、局长 陈秀杰
农村集体经济办公室（农村合作经济经营管理站）党组书记 周卫东
农村集体经济办公室（农村合作经济经营管理站）主任（站长） 何志立
老龄工作办公室主任 蔺 红
档案局局长 王海军
地方志编纂委员会办公室主任 邓献云
种植业养殖业服务中心党委书记 辛 莉
种植业养殖业服务中心主任 马文虎
广播电视新闻中心党委书记 孙 帅
广播电视新闻中心主任 潘 竞
投资促进局党组书记 杨春雁
投资促进局局长 （空缺）
循环经济产业园管理中心党总支书记 郭团会
循环经济产业园管理中心主任 皮 猛
环境卫生管理服务中心党委书记、主任 陈万明
职工大学党委书记、校长 马金东
农业综合执法大队党委书记 孟秀琴（4月免） 李杰民（4月任）
农业综合执法大队队长 张思忠（4月免） 李杰民（4月任）

北京望京新兴产业区综合开发有限公司党委书记 任国强
北京望京新兴产业区综合开发有限公司总经理 张 维
北京宝嘉恒基础设施投资有限公司党总支书记 绳志明
北京宝嘉恒基础设施投资有限公司总经理 敖治效
北京朝阳公园开发经营公司党委书记 刘林峰
北京朝阳公园开发经营公司董事长、总经理 田锦秈
北京京客隆商业集团股份有限公司党委书记、董事长 李建文
北京京客隆商业集团股份有限公司总经理 商永田
北京昆泰房地产开发集团有限公司党委书记 王 忠
北京昆泰房地产开发集团有限公司董事长、总经理 韦 平
北京京广中心有限公司党委书记 孙明明
北京世奥森林公园开发经营有限公司党委书记 穆德林
北京世奥森林公园开发经营有限公司董事长、总经理 田锦秈
北京国际商务中心区开发建设有限公司党支部书记 苑志强
北京国际商务中心区开发建设有限公司总经理 周 建
朝阳区机关后勤服务中心党委书记 荣春丽
朝阳区机关后勤服务中心主任 李 杰
北京金朝阳商贸国有资本运营公司党总支书记 黄 武
北京金朝阳商贸国有资本运营公司经理 李 默
北京弘朝伟业国有资产经营有限责任公司党委书记、董事长 杨士山
北京弘朝伟业国有资产经营有限责任公司总经理 崔 虹
北京潘家园国际民间文化发展有限公司党总支书记、董事长 崔新未
北京潘家园国际民间文化发展有限公司总经理 姜 玮
北京蓝岛大厦有限责任公司党委书记 、董事长 李 伟
北京蓝岛大厦有限责任公司总经理 冯亦娜
北京市朝阳城市建设综合开发公司党总支书记 郭 艺
北京市朝阳城市建设综合开发公司经理 刘福利
朝阳副食品总公司党委书记 赵燕川
朝阳副食品总公司经理 王伟林
朝阳区建筑工程公司党委书记 田洪顺
朝阳区建筑工程公司经理 张 瑞
北京朝阳宾馆党总支书记 曹京伟
北京朝阳宾馆经理 马德山
北京郡王府管理中心党支部书记 李桂芳
北京郡王府管理中心主任 王 彬
北京华阳经济开发公司经理 孙明明

朝阳区街道工委、办事处负责人

八里庄街道
工 委 书 记 刘海涛（4月免） 许嘉宁（4月任）
办事处主任 张福来
左家庄街道
工 委 书 记 郑金路
办事处主任 苏 静
和平街街道
工 委 书 记 李连科
办事处主任 秦 涛
双井街道
工 委 书 记 董 健
办事处主任 时春岗
酒仙桥街道
工 委 书 记 王春庆

办事处主任　崔少飞

呼家楼街道

工委书记　王春清

办事处主任　洪广欣

朝外街道

工委书记　田志刚

办事处主任　孟凡森(4月任)

劲松街道

工委书记　殷　宁(4月免)　李　靓(4月任)

办事处主任　王　健(4月免)　杨丙章(5月任)

安贞街道

工委书记　董会生

办事处主任　董　健(4月任)

三里屯街道

工委书记　常敬武(5月免)　田　华(5月任)

办事处主任　田　华(5月免)　唐涌涛(5月任)

建外街道

工委书记　邵水平

办事处主任　许嘉宁(4月免)　杨立亭(4月任)

团结湖街道

工委书记　张志国(4月免)　殷　宁(4月任)

办事处主任　战春燕

潘家园街道

工委书记　王　毅

办事处主任　姬文革(4月免)　张贵林(4月任)

香河园街道

工委书记　葛　强(12月免)

办事处主任　董云增

六里屯街道

工委书记　傅义军(4月免)　谭国忠(4月任)

办事处主任　谭国忠(4月免)　王　健(4月任)

亚运村街道

工委书记　田　峡(4月免)　麻晓晖(4月任)

办事处主任　麻晓晖(4月免)　历广权(4月任)

小关街道

工委书记　吴　冰

办事处主任　李　钧

垡头街道

工委书记　高智勇

办事处主任　张　爽

麦子店街道

工委书记　聂宏伟

办事处主任　李燕梅

机场街道

工委书记　苏向东(4月免)　李　琪(4月任)

办事处主任　陈伟航

望京街道

工委书记　刘伯韬(4月免)　杨洪福(4月任)

办事处主任　杨洪福(4月免)　胡建东(4月任)

大屯街道

工委书记　宝月凤

办事处主任　吉旭初

奥运村街道

工委书记　张永红(12月免)

办事处主任　徐桂士

东湖街道

工委书记　李　辉(4月免)　商建英(4月任)

办事处主任　商建英(4月免)　刘　红(4月任)

朝阳区地区(乡)工委(党委)、办事处(乡)负责人

南磨房地区(乡)

工委(党委)书记　郑　勇

办事处主任(乡长)　张启顺

高碑店地区(乡)

工委(党委)书记　李云飞

办事处主任(乡长)　郭光辉

将台地区(乡)

工委(党委)书记　连文胜

办事处主任(乡长)　于　瀛(10月去世)　刘　涛(12月任)

太阳宫地区(乡)

工委(党委)书记　张宏明

办事处主任(乡长)　贾恩松

十八里店地区(乡)

工委(党委)书记　张克斌

办事处主任(乡长)　李万军(1月任)

小红门地区(乡)

工委(党委)书记　李贺清

办事处主任(乡长)　王小红(1月任)

王四营地区(乡)

工委(党委)书记　李世喆(7月免)　张　奎(7月任)

办事处主任(乡长)　张　奎(7月免)　邢志新(12月任)

平房地区(乡)

工委(党委)书记　马国勇

办事处主任(乡长)　寇　晔

东坝地区(乡)

工委(党委)书记　安永存(4月免)　黄宏春(4月任)

办事处主任(乡长)　黄宏春(4月免)　刘　伟(4月任)

金盏地区(乡)

工委(党委)书记　于志刚(7月免)　孙玉辉(12月任)

办事处主任(乡长)　孙玉辉(12月免)　张晓宁(12月任)

来广营地区(乡)

工委(党委)书记　左景全

办事处主任(乡长)　王　刚

东风地区(乡)

工委(党委)书记　张士华

办事处主任(乡长)　龙连柏(4月免)　郭　君(4月任)

孙河地区(乡)

工委(党委)书记　张树宝(4月免)　李　欣(4月任)

办事处主任(乡长)　李　欣(4月免)　易湘林(4月任)

崔各庄地区(乡)

工委(党委)书记　吴选辉

办事处主任(乡长)　李　华

三间房地区（乡）
工委（党委）书记 张小锋
办事处主任（乡长） 张军茹
常营地区（乡）
工委（党委）书记 刘大庆
办事处主任（乡长） 方 泽（1月任）
豆各庄地区（乡）
工委（党委）书记 陈 杰
办事处主任（乡长） 蒋东燕（3月免） 于建国（12月任）
黑庄户地区（乡）
工委（党委）书记 路 军（7月免） 秦 涛（7月任）
办事处主任（乡长） 秦 涛（7月免） 王春增（7月任）
管庄地区（乡）
工委（党委）书记 高永荣
办事处主任（乡长） 于 军

全国（含系统）先进集体、先进个人

先进集体

全国五四红旗团委
朝外街道团工委
全国模范职工之家
朝阳地税局
全国五一巾帼标兵岗
北京市第八十中学
全国巾帼文明岗
北京中复电讯设备有限责任公司劲松商场
全国检察宣传先进单位
区人民检察院
全国文明单位
区图书馆
区文化馆
第六届全国服务农民、服务基层文化建设先进集体
区文化馆
全国模范司法所
常营地区司法所
全国保密工作先进集体
区国家保密局
民进全国先进集体
民进朝阳区委
经济一支部
九三学社创立70周年全国先进基层组织
对外经贸大学支社
民进全国社会服务工作先进集体
民进朝阳区委
民盟基层社会服务先进单位
民盟朝阳区委
致公党扶贫开发先进集体
致公党朝阳区委

先进个人

全国劳动模范
陈雪连 梁会兰 王子华
全国先进工作者
刘 黎
全国巾帼建功标兵
王晓光 东海霞
全国优秀工会工作者
朱京豫 刘耀毅
九三学社中央2014–2015年度参政议政工作先进个人
王 强 王 静 王 兢 王全辉 王辉耀 方 放
朱 良 刘志仁 刘英杰 李 兵 柳学信 钟光珍
侯义斌
九三学社创立70周年优秀社员
王 强 朱 良 杨 杰 杨振宇 何深思 张明森
全国未成年人思想道德建设先进工作者
刘大忠
全国模范司法所长
孟 文
全国体育事业突出贡献奖
刘金娟
全国优秀农民工
季顺花
九三学社创立70周年优秀社务工作者
费 珉
九三学社中央2014–2015年度社会服务工作先进个人
魏胜利
民进全国先进个人
刘敬疆
致公党扶贫开发先进个人
刘 伟

北京市先进集体、先进个人

先进集体

北京市模范集体
区人民检察院反贪局
朝阳外国语学校数学教研组
星河实验小学数学教研组

朝开公司东坝驹子房项目部
宣传部产业科
常营地区办事处社会保障事务所
区审计局
全模式社会服务管理中心
区文化市场管理(扫黄打非)工作领导小组办公室

北京市“三八”红旗集体

区财政局
区环境保护局
区法律援助中心
区民政局婚姻登记处
区卫计委卫生监督所
区广播电视新闻中心新闻科
建外街道永安里东社区
呼家楼街道呼家楼北社区
东风地区紫萝园社区
第八十中学实验学校温榆河分校
紫萝园社区
清华大学附属小学商务中心区实验小学
北京朝阳公园开发经营公司票务管理部
蓝岛大厦运动针织卖场
颐园老年公寓
慈铭健康体检管理集团股份有限公司北京奥亚医院体检部

北京市第十二届思想政治工作优秀单位

区卫生监督所
区人民检察院政治处

北京市模范职工之家

陈经纶中学

北京市模范职工小家

平房小学

北京市检察机关先进集体

案件管理办公室
职务犯罪预防处
法警大队
监察处
侦查二处
政治处

市检察机关办案集体二等功

区人民检察院反贪污贿赂局

市检察机关办案集体三等功

公诉一处

北京市检察机关办案集体嘉奖

侦查监督一处
侦查监督二处
未成年人刑事案件检察处
控告申诉检察处

北京市先进人民武装部

区人民武装部

北京市文物安全工作先进单位

区文委

首都拥军优属拥政爱民模范单位

区图书馆
安贞街道办事处
区民政局

北京市社区侨务工作示范单位

安贞街道办事处

2013—2015年度北京市安全生产先进单位

大屯街道办事处
将台地区办事处
区国资委
区旅游委
区质监局

北京市优秀社区居委会

东大桥社区居委会
大郊亭社区居委会

北京市安全生产先进街道

常营地区办事处
东坝地区朝阳新城社区
建外街道办事处
高井社区居民委员会
雅成里社区

北京市人民建议征集工作先进集体

区房管局

先 进 个 人

北京市劳动模范

雷　霆　岳海清　刘　伟　齐向东　安　庭　黄　征
李雪莲　张梓琳　张跃豪　季顺花　万卫国　刘　颖
赖昌凉　李连忠　安　萍　姜庆伟　曹　军　李玉立
孙敬忠　侯宝龙　傅秋峰　吴晓燕　叶　静　燕　兵
刘　振　张友良　温志奇　何晓刚　任振祥　李建文
郑伟鸿　黄金雄　王　山　张小顺　冯宏志　刘雪杰
贾安州　王幼君　陈雪梅　耿春江　朱莉瑾　郜武淳
郭晓东　朱志伟　秦剑锋　金晓莲　林悟江　杨晓虹

北京市先进工作者

张凤敏　费建文　安晓峰　郭怀喜　孙京荣　徐成军
许秀强　李秀稳　张鷟制　萨仁高娃　史超齐　仇立功
周桂霞　周俊秋　张凤来　胡素君　李　玉　周　明
姚有法　果仲霞　张东梅　赵红兵　李　利　姚　红
孙建华　景　新　高　辉　姜　楠　贾　琳　代炳彦
张　森　魏抒华　徐华玲　于　洋　王　旭　程晓斌
谭　然　高爱华　褚雪霏　陈冬梅　燕海涛　张　健
丁金祥　伞宝华　任艳华　刘振山　马荣霞　刘士勇
刘立波　罗凤基　谷现恩　张雪华　徐　唯　师　伟
陈立华　何　琳　李　磊　田树林　吴　蔚　吴卫东
于渊莘　张滨滨　张　洁　张　龙　赵丛笑　郑蔚青
祖雪媛　王　莉

北京市“三八”红旗奖章

张　爽　李革非　李　蕊　王海玲　杨永梅　金英梅
李有光　陈桂平　李新宇　王希平　张素珍　张　明
巩　秀　杨　琴　胡素君　蒋立红　陈铁苹　李凤莲
韩卫勃　刘　欢　陈纳新　李玉红　王　静　刘红宇

2013—2015年度北京市安全生产先进个人

郝　桐　周建国　李　路　付兴建

首都拥军优属拥政爱民模范先进个人

李孟阳　童志伟　姜　平　谭孔辉

北京市城管执法系统先进个人

高　平　封　钢　赵增波

北京市文物安全工作先进个人

陈巴黎　张鑫宇　刘　续

首都劳动奖章

刘振山　任艳华

北京市优秀工会工作者

周莉娟

2011-2015年度北京市信访工作先进个人

吴　柏

北京市同邪教斗争先进个人

绳增武

北京市"人民满意的政法干警"暨"首都政法先锋"

孟　文

北京市优秀社区居委会主任

赵春喜

北京市第十二届优秀思想政治工作者

孙莉婷

逝世人物

刘益清　北京市朝阳区第七届人大常委会副主任。男，汉族，中共党员，河北省固安县人。1938年7月参加革命工作，同年8月加入中国共产党，历任河北省固安县六区农民抗日救国会委员，四区农民抗日救国会主任，七区区委书记兼固安县委宣传部副部长。曾于1941年日军扫荡时被捕，受尽严刑拷打，始终未暴露共产党员身份，后被卖到煤矿做苦工，于1943年乘机逃脱，并找到党组织，安排在华北联大教育学院学习。解放战争时期，先后任晋察冀边区五专署民政科科员、交通总站站长、交通邮政局副局长，察哈尔省邮政管理局副局长，河北省石家庄市邮局局长。新中国成立后，历任北京市邮局党委书记和市委工业部办公室主任，朝阳区委常委、工业部部长，区革委会工交组副组长，区人大常委会党组成员、副主任。1982年12月离休；2015年2月1日因病在北京逝世，享年94岁。

统 计 资 料

地区生产总值

表 1　　单位：万元

项　　目	2015 年	构成（%）
地区生产总值	**46401693**	**100.00**
按产业分		
第一产业	11828	0.03
第二产业	3580324	7.72
第三产业	42809541	92.26
按国民经济行业分		
农、林、牧、渔业	12658	0.03
工业	3050309	6.57
建筑业	1137829	2.45
批发和零售业	9608981	20.71
交通运输、仓储和邮政业	2276345	4.91
住宿和餐饮业	1046467	2.26
信息传输、软件和信息技术服务业	2789542	6.01
金融业	5669279	12.22
房地产业	4196465	9.04
租赁与商务服务业	8307474	17.90
科学研究和技术服务业	3659702	7.89
水利、环境和公共设施管理业	298992	0.64
居民服务、修理和其他服务业	451688	0.97
教育	1447072	3.12
卫生和社会工作	969130	2.09
文化、体育和娱乐业	675179	1.46
公共管理、社会保障和社会组织	804581	1.73

注：产业划分依据国家统计局 2012 年制定的《三次产业划分规定》，行业划分依据《国民经济行业分类》（GB/T4754-2011）。

一般公共预算收支

表 2　　单位：万元

项　　目	决算数	项　　目	决算数
一般公共预算收入	**4479814**	**一般公共预算支出**	**4436484**
房产税	376899	一般公共服务支出	203202
车船税	39918	国防支出	9631
印花税	134861	公共安全支出	531209
资源税	386	教育支出	846244
耕地占用税	5727	科学技术支出	93642
增值税	760672	文化体育与传媒支出	111036
营业税	1215960	社会保障和就业支出	896301
城镇土地使用税	19845	医疗卫生与计划生育支出	402422
土地增值税	224097	节能环保支出	188670
教育费附加收入	88638	城乡社区支出	606327
城市维护建设税	372200	农林水支出	372890
企业所得税	982094	资源勘探信息等支出	44930
国有资源（资产）有偿使用收入	121270	商业服务业等支出	32502
其他收入	12166	金融支出	39108
罚没收入	22049	国土海洋气象等支出	287
行政性事业性收费	50889	住房保障支出	13277
排污费收入	2270	粮油物资储备支出	2668
水资源费收入	3618	其他支出	42138
残疾人就业保障金收入	46255		

数据来源：北京市朝阳区财政局

户籍户数及人口数（按街、乡分）

表 3　　　　单位：人

项　　目	年末总户数（户）	年　末总人口	男	女	非农业人口	农业人口	出生人数	死亡人数
合　计	**810024**	**2074466**	**1038030**	**1036436**	**1975909**	**98557**	**21139**	**8019**
街道小计	**490778**	**1358944**	**682091**	**676853**	**1358867**	**77**	**12342**	**5545**
建　　外	13052	42325	21781	20544	42325		304	172
朝　　外	12154	42812	22429	20383	42812		447	179
呼 家 楼	21626	64607	31885	32722	64607		497	333
三 里 屯	13808	38713	18838	19875	38713		283	159
左 家 庄	25277	66121	33361	32760	66121		533	329
香 河 园	14215	34769	17407	17362	34769		271	152
和 平 街	25618	92245	45990	46255	92245		584	353
安　　贞	18732	47897	23749	24148	47897		383	252
亚 运 村	17486	49805	25243	24562	49805		493	194
小　　关	14572	51363	24181	27182	51363		425	173
酒 仙 桥	24040	70404	36192	34212	70404		579	280
麦 子 店	8781	22171	11187	10984	22169	2	197	92
团 结 湖	13975	36498	18339	18159	36498		283	208
六 里 屯	24751	62483	31403	31080	62481	2	532	307
八 里 庄	30797	86975	42912	44063	86975		771	393
双　　井	27608	73755	36950	36805	73733	22	723	308
劲　　松	30302	75049	37738	37311	75013	36	759	376
潘 家 园	32246	81467	40817	40650	81464	3	577	417
垡　　头	13322	34685	18153	16532	34685		335	127
大　　屯	29268	76295	37465	38830	76295		921	202
望　　京	33434	87607	44014	43593	87607		1038	218
奥 运 村	24417	62027	31354	30673	62015	12	768	192
首都机场	7283	24894	13745	11149	24894		241	74
东　　湖	14014	33977	16958	17019	33977		398	55
乡小计	**319246**	**715522**	**355939**	**359583**	**617042**	**98480**	**8797**	**2474**
南 磨 房	25348	62432	31972	30460	60564	1868	640	196
高 碑 店	23661	49857	24792	25065	47915	1942	560	207
将　　台	13236	27115	13384	13731	25496	1619	278	100
太 阳 宫	21761	52233	26559	25674	52162	71	699	145
小 红 门	13790	29786	14180	15606	15872	13914	316	125
十八里店	17571	39957	18865	21092	18790	21167	406	164
平　　房	17018	36309	17754	18555	28217	8092	480	105
东　　风	14782	32522	16104	16418	32301	221	331	114
来 广 营	26253	54624	27774	26850	54593	31	1155	172
常　　营	14126	29115	14770	14345	28976	139	499	63
三 间 房	23655	69207	32866	36341	67588	1619	556	237
管　　庄	24026	60555	32460	28095	55755	4800	907	164
金　　盏	13030	28687	13843	14844	17528	11159	298	105
孙　　河	11395	22042	10615	11427	17553	4489	182	129
崔 各 庄	13111	24765	11962	12803	19089	5676	282	93
东　　坝	19347	43115	22015	21100	38267	4848	688	156
黑 庄 户	9201	19864	9755	10109	12234	7630	215	80
豆 各 庄	7212	13492	6737	6755	13394	98	135	55
王 四 营	10723	19845	9532	10313	10748	9097	170	64

数据来源：北京市公安局朝阳分局

城镇固定资产投资完成情况（项目在地）

表 4

项　　目	单位个数（个）	项目个数（个）	自年初累计完成投资（万元）	#基础设施投资	本年新增固定资产（万元）	房屋建筑施工面积（平方米）	#住宅	房屋建筑竣工面积（平方米）	#住宅
合　计	**118**	**284**	**4677144**	**3075580**	**2469187**	**7130433**	**1502585**	**645629**	
按登记注册类型划分									
内资	107	261	3581690	2011672	1358476	6952294	1502585	583786	
国有	65	155	1357651	537819	1208868	3888618	709333	409009	
集体	1	3	25547		1	193497		133000	
股份合作									
国有联营									
集体联营									
国有与集体联营									
其他联营									
国有独资公司	11	64	169032	1347720	99358	902134	503252	2345	
其他有限责任公司	19	27	376842	125149	25084	938175		1500	
股份有限公司	5	6	77111		642	269356			
私营独资									
私营合伙									
私营有限责任公司	5	5	46726	984	24523	725514	290000	37932	
私营股份有限公司									
其他	1	1	2781			35000			
港澳台商投资	7	19	1057206	1036849	1107604	61843		61843	
与港澳台商合资经营	3	3	74233	54599	128390	61843		61843	
与港澳台商合作经营									
港澳台商独资	2	9	34894	34894	39862				
港澳台商投资股份有限公司	2	7	948079	947356	939352				
其他港澳台商投资									
外商投资	4	4	38248	27059	3107	116296			
中外合资经营	2	2	35141	27059		116296			
中外合作经营	1	1	647		647				
外资企业	1	1	2460		2460				
外商投资股份有限公司									
其他外商投资									
个体经营									
个体户									
个人合伙									
按隶属关系划分									
中央单位	34	47	1525056	1186385	1566131	3073024	540375	347488	
市属单位	40	173	2177675	1687051	325557	1734483	672210	45161	
区属单位	15	27	467038	111543	349892	303303		151705	
其他单位	29	37	507375	90601	227607	2019623	29000	101275	

续表

项　　目	单位个数（个）	项目个数（个）	自年初累计完成投资（万元）	#基础设施投资	本年新增固定资产（万元）	房屋建筑施工面积（平方米）	#住宅	房屋建筑竣工面积（平方米）	#住宅
按项目所在地域分									
街道小计		**183**	**3150286**	**1881618**	**1944773**	**4926367**	**1145311**	**367222**	
建　　外		8	85724	1249	5486	385789		84832	
朝　　外		3	558	181	2300	9155			
呼 家 楼		57	573251	221002	602375	797248		137000	
三 里 屯		4	2400	2400					
左 家 庄		6	81645	4503	3595	233506			
香 河 园		3	2219	2219					
和 平 街		2	1		639	2347		2347	
安　　贞		7	38585	34888	39862	18340			
亚 运 村		8	39233	20058		102028			
小　　关		4	12230	1	4929	90158		2722	
酒 仙 桥		10	28924	8479	17118	102169		13099	
麦 子 店		3	88186	22244		648199			
团 结 湖		1	13751		24523	37932		37932	
六 里 屯		3	44269	1626	44269				
八 里 庄		6	47052	6526	6522	493594	370719	23120	
双　　井		8	438407	380585	75829	130617			
劲　　松		2	108700	96000	96000	113297	78679		
潘 家 园		6	50205	36593	17660	39037		16737	
垡　　头		2	349472			687927	405913		
奥 运 村		10	147534	54504	9787	859828	290000	18200	
大　　屯		7	27467	23219	40953	104618		31233	
望　　京		9	6619	5820	2912	50276			
首都机场		5	948608	948608	947620				
东　　湖		9	15246	10919	2394	20302			
乡小计		101	**1526858**	**1193962**	**524414**	**2204066**	**357274**	**278407**	
南 磨 房		6	50644	25249		131604	69445		
高 碑 店		9	155676	132886	38611	167030		61843	
将　　台		8	134379	68654	92476	250510			
太 阳 宫		3	3633	3633					
小 红 门		4	72561	72561					
十八里店									
平　　房		3	47823			97907	21532		
东　　风		7	21832	21808	1744	1968		1968	
来 广 营		15	324582	251914	815	624053	101035	134500	
常　　营		7	84631	42475	1022	352536	165262	829	
三 间 房		9	33939	858	12501	188687		13733	
管　　庄		3	9181	637		119800			
金　　盏		5	218258	218258	355160	156272		65534	
孙　　河		1	4066	4066					
崔 各 庄		7	17004	5289	4877	25342			
东　　坝		4	65208	65208					
黑 庄 户		3	198356	198356		11640			
豆 各 庄									
王 四 营		7	85085	82110	17208	76717			

房地产开发完成情况

表 5

项　目	单位个数（个）	自年初累计完成投资（万元）	#基础设施投资	#住宅	房屋施工面积(平方米)	#住宅	房屋竣工面积(平方米)	#住宅	本年新增固定资产(万元)	商品房销售面积(平方米)	商品房销售额(万元)	待售面积(平方米)	#住宅	#一年以上住宅
合　计	290	6719425	156163	3159867	20875236	8001914	3134963	992490	2782250	1880497	6161489	6366093	2016241	1407855
按登记注册类型划分														
内资	216	6110343	156163	2963528	18170379	7261251	2865509	913028	2646393	1789326	5784710	5122975	1703921	1288087
国有	5	481303		310999	566621	435685				109292	86069	557795	226890	128493
集体	1	64663			428712									
股份合作														
国有联营														
集体联营														
国有与集体联营														
其他联营														
国有独资公司	8	217367	133479		269076		12309		27965	47996	123866	332035	103460	103045
其他有限责任公司	175	4125523	22584	2079217	15792291	6296589	2830008	913028	2612428	1436568	5135867	3889400	1220631	930634
股份有限公司	7	322096		196718	230754	140140				55172	159375	149518	29978	29642
私营独资														
私营合伙														
私营有限责任公司	19	893943		373512	679732	252256				133878	277267	103377	57219	51011
私营股份有限公司	1	5448	100	3182	203193	136581	23192		6000	6420	2266	90850	65743	45262
其他														
港澳台商投资	49	455354		169903	1712433	580939	106167	79462	30791	83274	370123	922047	256252	88436
与港澳台商合资经营	12	10058		4006	258646	104079				1713	7548	305610	14924	14924
与港澳台商合作经营	22	93182		65968	487081	171621	106167	79462	30791	42631	188734	291851	90274	62432
港澳台商独资	15	352114		99929	966706	305239				38930	173841	324586	151054	11080
港澳台商投资股份有限公司														
其他港澳台投资														
外商投资	25	153728		263366	992424	159724	163287		105066	7897	6656	321071	56068	31332
中外合资经营	6	48711		10029	480632	95411				206	513	68654	19753	19753
中外合作经营	11	70017		16307	180990	64313				7691	6143	181886	29252	5005
外资企业	8	35000			330802		163287		105066			70531	7063	6574
外商投资股份有限公司														
其他外商投资														
按隶属关系划分														
中央	12	275892		95313	874658	143472	202609	106910	116829	133593	251069	78906	21973	20008
市属	32	1124393	66	631182	3195361	1677013	368360	33709	520349	365236	1010355	481202	149945	136221
区及区以下	246	5319140	156097	2433372	16805217	6181429	2563994	851871	2145072	1381668	4900065	5805985	1844323	1251626
按资质等级划分														
一级	29	846711	7119	589040	2235464	1623243	185478	79462	272835	359341	1066948	1419546	478032	344691
二级	31	602111		223376	2453261	531559	266762	110705	410462	210616	416041	869233	213568	206088
三级	32	308875		118422	1789872	760888	481888	198870	195360	139535	491666	874390	362766	155919
四级	118	1656548	11475	655215	7168597	2665403	1437837	392021	1590712	491303	2065547	2301368	789880	588277
暂定	46	2280878	133929	1125796	4308316	1337379	283117	116452	274793	557749	1780336	353953	99324	66560
其他	34	1024302	3640	448018	2919726	1083442	479881	94980	38088	121953	340951	547603	72671	46320

续表

项目	项目个数（个）	自年初累计完成投资（万元）	#基础设施投资	#住宅	房屋施工面积(平方米)	#住宅	房屋竣工面积(平方米)	#住宅	本年新增固定资产(万元)	商品房销售面积(平方米)	商品房销售额(万元)	待售面积(平方米)	#住宅	#一年以上住宅
按项目所在地域分														
街道小计	**188**	**1426664**	**5372**	**210153**	**7207031**	**783399**	**525983**	**77270**	**386954**	**260602**	**1013843**	**2906795**	**594611**	**509645**
建　外	27	304748	2515	21964	2313739	59970	94141	59970	200658	15254	98511	86276	28975	28975
朝　外	11	17945		11620	164632	95411				559	811	334462	16706	14599
呼家楼	15	28570			314735					28015	78592	297102	35794	31002
三里屯	9	65988		12399	122670	23053				8282	36754	51393	19317	19317
左家庄	6											55720	7500	7500
香河园														
和平街	2									521	1692	6936	3314	3314
安　贞														
亚运村	6	157349		20888	716068	73846				838	4022	215515	107179	107179
小　关	2									753	662	18648	11918	
酒仙桥	5	20064		6748	191160	112870	35850	17300	6292	30696	64633	143222	10683	331
麦子店	14	114099		63812	225794	67824				4266	53842	181237	27067	12016
团结湖														
六里屯	2	109418	2757	11159	223009	22745				15703	140670	11219	5028	5028
八里庄	16	117524	100	7090	404708	177841	23192		6000	7780	5099	174134	72690	51232
双　井	8	4185			111612		12715		22040	15124	114818	157312	13475	7597
劲　松	9	132244			159144					4269	10157	48733	4818	1433
潘家园														
垡　头														
大　屯	21	98036		15228	1095791	22662	205609		40959	15293	35340	362432	92726	85368
望　京	21	160993		34093	684530	89937	154476		111005	58417	200489	550314	88695	88695
首都机场														
东　湖	2	8822		5152	63764	37240						21151		
奥运村	12	86679			415675					54832	167751	190989	48726	46059
乡小计	**181**	**5292761**	**150791**	**2949714**	**13668205**	**7218515**	**2608980**	**915220**	**2395296**	**1619895**	**5147646**	**3459298**	**1421630**	**898210**
南磨房	13	90799		54138	337613	130882	78113		92012	64378	185038	172754	63452	39205
高碑店	7	171184	118449	37500	639631	386550	135532	91882	73805	25266	37980	7429	5264	68
将　台	6	148335		23226	748332	429323				19930	106613	198800	29309	18864
太阳宫	12	124842		91430	516174	267526	64100		36881.1	30665	201278	417982	340129	20984
小红门	4	34109	8352	19011	680895	454263	158234	122777	52217	9065	29782	79190	79090	79090
十八里店	9	213271		143049	528813	358184	4415		1039	51232	71059	525993	140359	41962
平　房	15	271406	1150	105398	959759	364636	451051	77650	430502	110048	254615	127860	21128	18564
东　风	7	339685		220263	461987	299099	106578	73696	407951	50011	420113	42532	38782	38782
来广营	16	606950	7019	301292	1589614	718030	109014	62969	31701	341465	1310533	558076	131025	130503
常　营	12	62814	11367	15660	935636	281324	551131	113375	42819	48506	91786	461954	37201	37201
三间房	3	9109		6613	31576	22924				80	76	2335		
管　庄	5	2		1	121643	89688	121643	89688	77920	15915	48316	28144	18261	18261
金　盏	5	77110	2687	456	64494	10248						1578	1578	1578
孙　河	11	585612	1017	496246	1051608	879030	331437	258964	176010	132374	612958	82884	72435	48308
崔各庄	11	428326	351	201463	1762130	471116	337316		265779	236732	847028	219806	108060	107645
东　坝	28	1529082	99	854906	1893154	1190328	123888		321000	362373	706541	207734	120367	110825
黑庄户	5	19629		19229	224836	124865				1786	7267	25039	22545	17900
豆各庄	9	555013	300	342478	1022319	661901				107390	2042t5	135391	72033	72033
王四营	3	25483		17352	97991	78598	36528	24219	53730	12679	12448	163817	120612	96437

房地产开发企业主要财务指标

表 6　　单位：千元

	单位个数（个）	固定资产合计	累计折旧	本年折旧	资产总计	负债合计	营业收入	#主营业务收入	主营业务成本	主营业务税金及附加	营业利润	利润总额	应交所得税	应付职工薪酬
合　计	612	40701584	15856686	2353453	1234413736	964804210	85061044	83375121	48114233	9386484	11062257	10888307	3072801	4652177
按登记注册类型划分														
内资	497	23175094	8552157	1290046	901236262	712172717	72402967	71401794	43199054	7944628	9984197	10134819	2313538	3447566
国有	8	369261	225628	20080	6757714	6384317	305270	286678	213186	16006	-5906	6311	3807	32336
集体	1	***	***	***	***	***	***	***	***	***	***	***	***	***
股份合作														
国有联营														
集体联营														
国有与集体联营														
其他联营														
国有独资公司	9	848730	191621	43603	34732803	15467147	5307159	5063770	2326103	945901	1619528	1771565	302872	113080
其他有限责任公司	398	17254240	7007249	1062496	757775449	608402397	63066538	623225471	38491554	6662972	9295319	9032196	1949992	2943590
股份有限公司	9	804580	64685	21945	52427052	40890201	93775	73941		7807	-1052305	-929654	-1781	186568
私营独资														
私营合伙														
私营有限责任公司	68	2991388	477630	76930	42635834	35388836	3432469	3397502	2098333	289891	19380	74399	14598	149984
私营股份有限公司	4	118799	114869	11818	2000202	1087408	76468	76074	33469	11899	-15970	-18038		13121
其他														
港澳台商投资	70	14603110	127113774	893493	237928487	185302622	9082475	8494874	3693263	1049570	1012706	811887	590716	893186
与港澳台商合资经营	17	3542757	21154895	191112	29862116	16152825	2032385	2001839	603028	277412	852425	841804	229595	139521
与港澳台商合作经营	30	5052084	38929534	259804	48255042	37578716	4048189	3523695	1583806	807661	441183	299519	214352	287525
港澳台商独资	23	6008269	67029345	442577	159811329	131571081	3001901	2969340	1506429	-35503	-280902	-329436	146769	466140
港澳台商投资股份有限公司														
外商投资	45	2923380	5406445	169914	95248987	67328871	3515602	3478453	1221916	392286	65354	-58399	168547	311425
中外合资经营	15	910695	1585688	75180	34523472	21997809	792991	777725	129528	4391.3	193308	199833	96017	74422
中外合作经营	20	1414231	1126445	41677	23767683	15955148	1677251	1658132	486006	271081	103004	11956	58395	151826
外资企业	10	598454	2694312	53057	36957832	29375914	1045360	1042596	606382	77292	-230958	-270188	14135	85177
外商投资股份有限公司														
其他外商投资														
按隶属关系划分														
中央	13	333503	116809	25043	66626360	52180680	4873595	4864743	2033234	959268	480022	546295	234553	272544
市属	50	2696504	526812	98712	124869237	92374093	21292093	20984148	13361747	2565328	4041060	4234714	796953	518730
区及区以下	549	37671577	15213065	2229698	1042918139	820249437	58895356	57526230	32719252	5861888	6541175	6107298	2041295	3860903
按资质等级划分														
一级	26	2838628	1209131	151113	294017255	246255342	74571036	7217048	3325583	643065	1356775	1387328	408565	710103
二级	41	7381183	2524419	432358	141430082	111156169	19650225	19051911	11624667	2222223	3631882	3677302	556041	594673
三级	58	2837560	1007434	138233	150601660	113782148	11390695	110987124	6290862	1505300	292098	462218	442113	503489
四级	239	17106734	5949317	884936	376729265	307313079	28818295	28387556	17279966	3272296	1524371	1338492	685857	1687544
暂定	107	4726969	1786900	329172	155402530	106246394	14290761	14266051	8577422	1516998	2032357	2064870	550130	677960
其他	141	5810510	3379485	417641	116232944	80051078	3153962	3354431	1015733	226602	2224774	1958097	430095	478408

社会消费品零售总额（按行业结构分）

表7 单位：万元

项　目	2015年	2014年	增长速度（%）
合　计	25148504	23776331	5.8
#限额以上	21333017	20404956	4.5
#批发和零售业	19548859	18594685	5.1
#汽车及配件销售	6499274	7272544	-10.6
综合零售	3602412	786385	-4.9
石油及制品销售	1042168	1247847	-16.5
家用电器及电子产品销售	2301647	1901125	21.1
医药及医疗器材销售	1188248	1136345	4，6
互联网零售	2605900	933346	179.2
五金、建材、家装销售	513748	534642	-3.9
服装、鞋帽、纺织品销售	601946	645137	-6.7
日用品销售	402644	387475	3.9
文化、体育用品销售	426005	437608	-2.7

注：本表数据口径为“产业经营地”口径

农副产品市场情况

表8

项　目	单　位	2015年	2014年	增长速度（%）
农副产品市场经营管理单位个数	**个**	**79**	**86**	**-8.14**
农副产品市场成交量				
#粮食类	吨	97276	97145	0.13
油脂油料类	吨	9347	16100	-41.94
肉食禽蛋类	吨	126534	126410	0. 10
水产品类	吨	26698	26553	0.55
蔬菜类	吨	517842	511799	1.18
干鲜果类	吨	1411457	140951	0.36
农副产品市场成交额	**万元**	751638	697223	7.80
#粮食类	万元	42634	46563	-8.44
油脂油料类	万元	31478	31722	-0.77
肉食禽蛋类	万元	267436	257780	3.75
水产品类	万元	39500	35215	12.17
蔬菜类	万元	191262	164014	16.61
干鲜果类	万元	109114	90467	20.61

数据来源：北京市工商行政管理局朝阳分局

城乡个体工商业基本情况

表 9

项目	户数（户）	#城镇	从业人员（人）	#城镇	注册资金（万元）	#城镇
合　计	**86392**	**60932**	**139314**	**99558**	**288486**	**189248**
农、林、牧、渔业	203	46	311	64	1796	320
采矿业	3	3	4	4	35	35
制造业	567	279	1345	577	2117	935
建筑业	197	119	379	221	552	378
批发和零售业	73403	52003	109354	78055	243439	159094
交通运输、仓储和邮政业	576	235	812	358	3428	1499
住宿和餐饮业	2120	1680	97O0	7719	11799	9546
信息传输、软件和信息技术服务业	90	66	143	105	253	205
房地产业	15	10	22	16	52	33
租赁和商务服务业	2938	2226	4061	3054	6146	4141
科学研究和技术服务业	1104	679	1803	1186	3042	1899
水利、环境和公共设施管理业	16	5	37	12	60	10
居民服务、修理和其他服务业	4163	2882	9334	6714	11781.	8120
教育	136	86	249	156	409	219
卫生和社会工作	36	33	78	72	572	536
文化、体育和娱乐业	825	580	1682	1245	3005	2278

数据来源：北京市工商行政管理局朝阳分局

对外经济基本情况

表 10　　单位：亿美元

项　　目	2015 年	增长速度（%）
新批三资企业（个）	589	6.1
合同外资金额	148.7	-44.4
实际利用外资额	93.4	139.5
外贸出口额	144.7	-7.6

数据来源：北京市朝阳区商务委员会

外商投资企业新设立情况

表 11　　　　单位：个

项　　目	企业数	
	2015 年	2014 年
合　计	**589**	**555**
按登记注册类型分		
合资经营	53	51
合作经营		1
独资经营	536	503
其　他		
按三次产业分		
第一产业		1
第二产业	4	5
第三产业	585	549
按客商国别（地区）分		
日　　本	15	10
美　　国	37	37
中国香港	286	246
澳大利亚	18	8
法　　国	6	3
新 加 坡	10	21
加 拿 大	5	10
德　　国	17	22
西 班 牙	6	3
中国台湾	24	22
瑞　　典	1	1
泰　　国	2	2
比 利 时		2
丹　　麦	1	3
韩　　国	58	55
俄 罗 斯	5	6
其　　他	98	104

数据来源：北京市朝阳区商务委员会

中资银行人民币月末存款余额

表 12　　单位：万元

月　份	各项存款	#单位存款	#个人存款	
				#储蓄存款
1 月	177210383	82116913	50518332	45640272
2 月	176136679	82683528	50888778	45744286
3 月	180849048	84333381	51658792	46507835
4 月	183362231	83180702	50626724	45550402
5 月	189980705	85842476	49950627	45060914
6 月	200118606	89739953	51543399	46284594
7 月	238329353	86949964	51881989	46741556
8 月	226945317	90512754	51797375	46766136
9 月	221777747	90998467	52611733	46937861
10 月	209850503	89956627	51905665	46340074
11 月	212177098	93239425	51771404	46263454
12 月	205788673	101146829	54018274	48145815

数据来源：中国人民银行营业管理部

中资银行人民币月末贷款余额

表 13　　单位：万元

月　份	各项贷款		
		#境内短期贷款	#境内中长期贷款
1 月	73223428	28421343	44257110
2 月	72606225	27029376	44977287
3 月	72556762	25835825	45979440
4 月	72785587	25802675	46234465
5 月	73603375	26221930	46738236
6 月	73505083	25127892	47781228
7 月	72907566	24352475	47929759
8 月	74223759	24534533	48952035
9 月	73351108	23363561	49278461
10 月	72092959	21760999	49137777
11 月	72083995	22037572	49229004
12 月	75332446	25403147	49246330

数据来源：中国人民银行营业管理部

主要统计指标解释

一、地区生产总值

是按市场价格计算的地区生产总值的简称。它是一个地区所有常住单位在一定时期内生产活动的最终成果。地区生产总值有三种表现形式，即价值形态、收入形态和产品形态。在实际核算中，地区生产总值的三种表现形态表现为三种计算方法，即生产法、收入法和支出法。三种方法分别从不同的方面反映地区生产总值及其构成。

二、固定资产投资

自年初累计完成投资：指从本年1月1日起至本年最后一天止完成的全部用于房屋建设工程和土地开发工程的投资额以及公益性建筑和土地购置费等的投资。

基础设施投资：是指能够为企业提供作为中间投入用于生产的基本需求；能够为消费者提供所需的基本消费服务；能够为社区提供用于改善不利的外部环境的服务等建设的投资，包括固定资产投资中用于市政工程、电信工程、公共设施和水利环保等建设的投资。具体包括：电力、燃气和水的生产和供应业；交通运输业；邮政业；信息传输业；水利、环境和公共设施管理业等（该指标是指规划红线以外的市政道路及地下管线煤、水、电、气、热的施工）。

本年新增固定资产：是指已经完成建造和购置过程，并已交付生产或使用单位的固定资产的价值，包括已经建成投入生产或交付使用的工程投资和达到固定资产标准的设备、工具、器具的投资及有关应摊入的费用。

三、房地产开发

房屋施工面积：指报告期内施工的全部房屋建筑面积。包括本期新开工的面积和上年开工跨入本期继续施工房屋面积，以及上期已停建在本期恢复施工的房屋面积。本期竣工和本期施工后又停建、缓建的房屋面积仍包括在施工面积中，多层建筑应填各层建筑面积之和也就是整栋楼的面积（该指标数据取自施工许可证或规划许可证中的面积数）。

房屋竣工面积 指报告期内房屋建筑按照设计要求已全部完工，达到住人和使用条件，经验收鉴定合格，可正式移交使用的各栋房屋建筑面积的总和（该指标数据取自该项目的甲方、乙方、监理、设计四方竣工验收记录单或竣工验收备案表）。

商品房销售面积：指在报告期内出售商品房屋的合同总面积（即双方签署的正式买卖合同中所确定的建筑面积）。由现房销售建筑面积和期房销售建筑面积两部分组成。

商品房销售额：指报告期内出售商品房屋的合同总价款（即双方签署的正式买卖合同中所确定的合同总价）。该指标与商品房销售面积同口径，由现房销售额和期房销售额两部分组成。

待售面积：指报告期末已竣工的可供销售或出租的商品房屋建筑面积中，尚未销售或出租的商品房屋建筑面积，包括以前年度竣工和本期竣工的房屋面积，但不包括报告期已竣工的拆迁还建，统建代建，公共配套建筑、房地产公司自用及周转房等不可销售或出租的房屋面积。

四、社会消费品零售总额

指企业（单位、个体户）通过交易直接售给个人、社会集团非生产、非经营用的实物商品金额，以及提供餐饮服务所取得的收入金额。个人包括城乡居民和入境人员，社会集团包括机关、社会团体、部队、学校、企事业单位、居委会或村委会等。

五、市场成交额

指市场所有摊位的全年商品交易额之合计，包括成交后兑现的金额和签约合同成交的全部金额。

六、实际利用外资额

指批准的合同外资金额的实际执行数，外国投资者根据批准外商投资企业的合同（章程）的规定实际缴付的出资额和企业投资总额内外国投资者以自己的境外自有资金实际直接向企业提供的贷款。

七、存款、贷款

存款：企业、机关、团体或居民根据可以收回的原则，把货币资金存入银行或其他信用机构保管并取得一定利息的一种信用活动形式。根据存款对象或性质的不同可划分为单位存款、个人存款、财政存款、临时性存款、委托存款、其他存款等科目。它是银行信贷资金的主要来源。

贷款：银行或其他信用机构根据必须归还的原则，按一定利率，为企业、个人等提供资金的一种信用活动形式。我国银行贷款分为短期贷款、中长期贷款、融资租赁、票据融资、各项垫款、境外贷款等。

附　　录

朝阳区委、区政府文　件

中共北京市朝阳区委文件

京朝发〔2015〕1号：关于进一步加强党校工作的意见
京朝发〔2015〕2号：转发《区人大常委会党组关于进一步加强和改进全区人大工作的若干意见》的通知
京朝发〔2015〕3号：关于印发《北京市第一道绿化隔离地区城市化建设朝阳区试点工作实施意见》的通知
京朝发〔2015〕4号：关于加强和改进工会工作的意见
京朝发〔2015〕5号：关于在全区职工中广泛深入开展“学劳模、创佳绩、作贡献”活动的决定
京朝发〔2015〕6号：关于印发《中共北京市朝阳区第十一届委员会常务委员会工作规则（修订）》的通知
京朝发〔2015〕7号：关于巡视整改情况的通报
京朝发〔2015〕8号：关于实施安全发展战略促进和谐宜居之区建设的实施意见
京朝发〔2015〕9号：关于加强和改进党的群团工作的意见
京朝发〔2015〕10号：关于做好2015年军队转业干部安置工作的通知
京朝发〔2015〕11号：关于在全区深入学习宣传贯彻党的十八届五中全会精神的通知

中共北京市朝阳区委办公室文件

京朝办发〔2015〕1号：关于进一步加强督促检查工作的意见
京朝办发〔2015〕2号：印发《关于强化党建工作引领进一步深化农村基层基础工作的意见》的通知
京朝办发〔2015〕3号：关于印发《朝阳区服务联系驻区单位工作机制》的通知
京朝办发〔2015〕4号：关于进一步做好我区办公用房清理整改工作的通知
京朝办发〔2015〕5号：关于印发《朝阳区2014—2018年党员教育培训工作实施意见》的通知
京朝办发〔2015〕6号：印发《朝阳区党内规范性文件备案审查实施办法》的通知
京朝办发〔2015〕7号：印发《关于加强基层党组织书记队伍建设的指导意见》的通知
京朝办发〔2015〕8号：关于印发《朝阳区“双十工程”2015年度实施工作方案》的通知
京朝办发〔2015〕9号：关于转发《中共北京市朝阳区委党的建设工作领导小组2015年工作要点》的通知
京朝办发〔2015〕10号：关于印发《区委常委会2015年议题计划》的通知
京朝办发〔2015〕11号：印发《关于进一步深化朝阳区社区矫正工作的意见》的通知
京朝办发〔2015〕12号：印发《朝阳区关于在处级以上领导干部中开展“三严三实”专题教育的实施方案》的通知
京朝办发〔2015〕13号：印发《关于做好2015年朝阳区社区党组织换届选举工作的意见》的通知
京朝办发〔2015〕14号：关于印发《区委2015年工作重点任务书》的通知
京朝办发〔2015〕15号：关于印发《安全生产“党政同责”实施办法》的通知
京朝办发〔2015〕16号：关于印发《朝阳区2015年随军家属安置指标分配表》的通知
京朝办发〔2015〕17号：关于区委书记、副书记、区委常委工作分工的通知
京朝办发〔2015〕18号：印发《2015年朝阳区党风廉政建设和反腐败工作任务分工方案》的通知
京朝办发〔2015〕19号：印发《朝阳区落实党风廉政建设党委主体责任纪委监督责任检查考核办法（试行）》《朝阳区落实党风廉政建设党委主体责任纪委监督责任追究办法（试行）》等文件的通知
京朝办发〔2015〕20号：印发《关于建立党风廉政建设责任清单的实施方案》的通知
京朝办发〔2015〕21号：印发《关于切实加强和改进新形势下朝阳区侨联工作的实施意见》的通知
京朝办发〔2015〕22号：印发《关于加强和改进朝阳区反腐败协调小组工作的意见》的通知
京朝办发〔2015〕23号：关于印发《朝阳区抗日战争暨反法西斯战争胜利70周年纪念活动及第十五届世界田径锦标赛服务保障工作方案》的通知
京朝办发〔2015〕24号：关于加强中国人民抗日战争暨世界反法西斯战争胜利70周年纪念活动及第十五届世界田径锦标赛

期间全区公共安全和应急管理工作的通知

京朝办发〔2015〕25 号：关于在中国人民抗日战争暨世界反法西斯战争胜利 70 周年纪念活动及第十五届世界田径锦标赛期间开展全区党政领导干部“接访月”活动的通知

京朝办发〔2015〕26 号：印发《关于严禁党员领导干部违规插手干预工程建设等领域的意见（试行）》的通知

京朝办发〔2015〕27 号：印发《关于实施综合治理推进水生态文明建设的意见》的通知

京朝办发〔2015〕28 号：关于 2015 年中秋国庆期间进一步强化厉行节约廉洁自律和应急值守工作的通知

京朝办发〔2015〕29 号：印发《关于做好朝阳区 2015 年村党组织换届选举工作的实施意见》的通知

京朝办发〔2015〕30 号：关于做好 2016 年度《人民日报》《求是》杂志和《北京日报》《前线》杂志征订工作的通知

京朝办发〔2015〕31 号：关于朝阳区电子政务内网公文传输系统建设（一期）项目电子公章采模制章相关事宜的通知

北京市朝阳区人民政府文件

朝政发〔2015〕1 号：关于印发《政府工作报告》的通知

朝政发〔2015〕3 号:关于印发《朝阳区空气重污染应急预案》的通知

朝政发〔2015〕7 号:北京市朝阳区人民政府关于印发北京市朝阳区人民政府工作规则的通知

朝政发〔2015〕11 号：关于印发推进简政放权放管结合转变政府职能工作方案的通知

朝政发〔2015〕13 号：关于进一步提高退役士兵安置待遇建立相关奖励制度的通知

北京市朝阳区人民政府办公室文件

朝政办发〔2015〕1 号：关于区政府部分领导同志工作分工调整的通知

朝政办发〔2015〕5 号：关于公布朝阳区行政审批事项清单（2015 版）的通知

朝政办发〔2015〕6 号：转发区教委关于朝阳区 2015 年义务教育阶段入学工作意见的通知

朝政办发〔2015〕8 号:关于区政府领导同志工作分工的通知

朝政办发〔2015〕14 号：关于印发朝阳区第二期学前教育三年行动计划（2015—2017 年）的通知

朝政办发〔2015〕15 号：关于部分区政府领导同志工作分工的通知

朝政办发〔2015〕17 号：转发区统计局关于进一步加强和完善部门统计工作意见的通知

朝政办发〔2015〕18 号：关于印发严格规范食品生产加工作坊管理文件的通知

教 育 机 构

区教委直属单位（14 家）

序号	名称	地址	值班电话
1	社区学院	和平里南口砖角楼北里 5 号（本部）	64213152
		北三环东路 17 号（和平西街校区）	64429681
		双龙南里 120 号（双龙校区）	87316195
2	朝阳分院	甜水园 1 号	65088899
3	教研中心	柳芳南里 14 号	64631140
4	信息中心（宣教中心）	水碓子北里 14 号	85979246-81111
5	国资管理中心	西坝河东里 103 号	64654693
6	招生考试中心	团结湖南路 1 号	85988626
7	教学设备中心	安华里二区 5 号楼	64218150
8	学生活动管理中心	红庙延静西里 19 号	65060549
	青少年活动中心		
9	保健所	团结湖路 23 号	85963649
10	老干部管理服务中心	水碓子东路 5 号楼（水碓子本部）	85989474
		新源西里中街甲 5 号（新源里分址）	
11	人才服务教育分中心	朝阳区西坝河中里 11 号	64618369

序号	名称	地址	值班电话
12	社会力量办学管理所	北京市朝阳区胜古北里甲9号	65017723
13	项目资金管理中心	石佛营西里28号楼	85811944
14	教产中心	建华南路6号 地杰长安驿B座5层	84513532-8501

教辅中心（5家）

序号	学校	地址	值班电话	传真电话
1	芳草地国际学校教辅中心	育慧里二区15号院	84622955-8000	84625622
2	香河园少年之家	左家庄后街4号	64674983	64669301
3	垂杨柳教辅中心	松榆东里南新园小区14号	87313200	87329437
4	朝阳区酒仙桥少年宫之家	酒仙桥红霞中路10号	64371782	64356698
5	黑庄户教辅中心	垡头西里1号	67380361-8000	67385725

中学（教育部门办学72所）

序号	学校	地址	值班电话	传真电话
1	陈经纶中学	朝外大街38号（高中部）	65094792转8017	6509 4797
		东大桥路15号（本校初中部）	85617985	
		广渠路28号院307楼（帝景分校）	58633769	
		常营高安屯路35号（保利分校）	57922568转1119	
2	陈经纶中学嘉铭分校	北苑路86号3区7号（嘉铭分校东校区）	84857600转8000	
		安慧北里安园5号（嘉铭分校西校区初中）	64952374转8001	
		安慧北里秀园18号楼（嘉铭分校西校区小学）	64891665	
		安慧北里安园9号楼（嘉铭分校西校区住宿）	64925745转802	
3	陈经纶中学分校	利泽西街4号院（东湖湾校区）	64775890	64707538
		望京南湖东园二期223号（南湖东园校区）	64707533	64785583
		利泽西园210号（望欣园校区）	64786228转801	
4	芳草地国际学校富力分校	朝阳区大鲁店北路30号	59641731转8003	59642651
5	三里屯一中	朝阳区北三里屯5号（本校）	64166435	64162264
		朝阳区幸福村路41号　（幸福村校区）	64154635	64167721
		百子湾路后现代城百子园20号（百子园校区）	87766174	87510295
6	十七中学	百子湾家园404号（百子湾校区）	87517309转8053	87210264
		高碑店村西店村甲1号（高碑店校区）	85758343转8601	
		陶家湾甲80号（陶家湾校区）	65503902转8024	
		百子湾东里105号（沿海赛洛城校区）	87719400转8002	
7	华侨城黄冈中学	东四环金蝉欢乐园1号院甲1号楼（高中部）	67385479转8023	67389318
		垡头翠城新园317号楼(初中部)	67361203转8000	
		朝阳区垡头西里二区（原垡头中学）	67377202	
8	人大附中朝阳学校	太阳宫南街8号（初中部）	84158123	84158318
		芍药居北里303号（高中部、小学低部）		
		芍药居北里212号（小学高部）		
9	垂杨柳中学	朝阳区十八店乡弘善家园201楼	67319045	67345732
10	工大附中	双花园1号（富力城校区）	58766868	58768355
		营盘沟路8号楼（首城国际校区）	67397742	
		垂杨柳中街1号（垂杨柳校区）	67781820转8010	
11	工大附中双合分校	双合家园8号院（双合校区）	67362187	58168355
12	工大附中双桥分校	双桥中路	85365502	85363065

序号	学校	地址	值班电话	传真电话
13	北京工业大学实验学校	潘家园华威西里 48 号（南校区）	67779121	67770358
		劲松四区 406 楼（北校区）	67783070	
14	北京中学	西坝河东里 1 号	50981199	50981098
15	和平街一中	和平街八区 16 楼（本校）	64216403 转 0	64293036
		北苑家园莲葩园 1 号（北苑校区）	84958771 转 0	
		北苑家园清友园 15 号楼（小学部）	84963528 转 0	
		朝来绿色家园赢秋苑临 25 号（朝来校区）	84954054–8001	
16	中医学院附中	和平街 15 区	64289324	64289324
17	呼家楼中学	呼家楼西里南街 2 号	65066670	65087815
18	青年政治学院附中	大山子西里 10 号	64372718 64371282 转 8018	64365325
19	化大附中	惠新里 38 号（高中部）	64936658 转 8001	64936574
		安苑北里小区 7 号楼（初中部）	64911725 转 8000	
		安苑北里 6 号楼（小学部安苑校区）	64920590	
		小关北里 205 号楼（小学部小关村区）	64919764 转 8010	
20	八十中学	望京北路甲 16 号（高中部）	58047100	64745778
		白家庄西里 2 号（初中部）	59037001	59039016
21	八十中学枣营分校	枣营南里 1 号	65025417 转 0	65917920
		枣营北里 12 号楼	65034393	
22	八十中学实验学校温榆河分校	崔各庄乡崔各庄村北	64385341 转 8000	64366928
23	八十中学管庄分校	管庄西里（管庄校区）	65761485	65792376
		单店西路 12 号（常青藤校区）	85371261	85371261
24	八十中学体育运动学校	平房乡平房村 1861 号	85574462	85573746
25	东方德才学校	小庄东里 38 号（红庙校区，高中部）	65911983	85970292
		水碓子北里 9 号楼（初中部）	85961302	85979386
		道家园甲 7 号（小学部）	65060405	65061935
		延静西里 9 号院（小学部）	65066130	65912252
26	日坛中学	建外光华西里 4 号（本校）	65072260	65068385
		南十里居 38 号（东润分校）	64374054	
		东四环北路 3 号（阳光上东小学）	59673988	
		通惠家园惠泽园 3 号（四惠校区）	59673988	
		甘露园南里 1 区 10 号楼（甘露园分校）	85772185 转 0	
		永安里 10 号（本校初中部）	65685498	
27	日坛中学实验学校（原中旅附中）	八里庄西里 10 号（初中部）	65560166	65565615
		八里庄东里 10 号（衔接部）	65488390	
		十里堡北里晨光家园 220 号（小学部）	85527255	
28	二外附中	管庄东里（高中部）	85094547	65756119
		管庄办事处西侧（初中部）	65762291	
		八里桥北（原八里桥小学）	85701938 转 8000	
		瑞祥里小区 17 号区（原瑞祥民族学校）	85706808	
29	中科院附属实验学校	科学园南里 703 号（小学科学园分部）	64876586 转 810	64876587
		南沙滩 33 号楼（小学南沙滩分部）	64871575 转 8003	
		华严北里 21 号楼（华严里学部）	82848995 转 8000	
		南沙滩 6 号楼（南沙滩分部） 含小学、高中	64852567	
30	对外经贸大学附属中学	朝阳区南湖中园 315 楼（高中部）	64725572	64790087
		花家地北里 18、19 楼（初中部）	64728669	

序号	学校	地址	值班电话	传真电话
31	对外经贸大学附属朝阳新城学校	朝新嘉园东里六区 10 号院（朝阳新城分校本部）	85094361	85094294-8066
		东坝娘娘庙街 72 号（小学一分部）	84311847	
		东坝西北门 84 号（小学二分部）	84311549	
		东坝白衣庵街（小学三分部）	84328836	
32	对外经贸大学附属中学机场分校	首都机场燕翔西里 19 号（本部）	64576844 转 6000	64576845 64564797
33	教科院附中	望京西园四区 428 楼	64703545	64702845
34	首师大附属实验学校	望京花园 133 号（本校）	64745843	64745839
		花家地西里 105 号（分校）	64756558	
35	体育场路中学	工体南路 1 号	65524274 转 116	65516563
36	北京工业大学附属中学英才分校	磨坊北里 230 号（原虎城中学）	87373400 转 802	87373401
		农光里 1 号（原沙板庄小学）	67312193	67347843
		平乐园小区 103 号（原平乐园小学）	67315049	67315048
37	劲松一中	劲松一区 125 楼(西校区)	67796413	67796413 67712616
		农光东里 100 号（东校区）	67796413	
38	朝阳外国语学校	风林绿洲 23 号（小学部）	64830871 转 104	64939287
		慧忠里 216 号（小学部）	64958690	
		慧忠里 414 号（小学部）（原慧忠里小学）	64921679 转 8000	
		慧忠里 232 号（初中部）	64989474	
		慧忠北里 203 号（初中部）	64974327	
		慧忠里 217 号（住宿部）	84922680	
		来广营清河营中街东口（高中部）		
39	朝阳外国语学校北苑分校	来广营乡北苑村临 3 号（原北苑小学）	64974327	
		安外北苑村临 2 号（原北苑中学）	84870908	
40	朝阳外国语学校分校	来广营清河营中街 148—1（来广营校区）	6413479 转 8000	6413842
		来广营清河营中街 148—4（清河营校区）		
41	五路居一中	安贞西里一区 13 号楼（本部）	64426628 转 8000	64448507
		安贞西里二区 28 号（小学高部）	64414922	
		安贞里二区 17 号（小学低部）	64424243	
		安华西里三区 3 号（安华里校部）	64212313	
42	樱花园实验学校	樱花园小区 16 号楼（初中部）	64439334	64428428
		樱花园小区 18 号楼（小学部）	64442398	
43	八里庄三中	八里庄北里 203 楼	85835028 转 8042	85847923
44	团结湖三中	水碓子东路 14 号（初中部）	85985347	85981827
		团结湖中路 8 号（高中部）	85980620	
45	北京教育学院朝阳分院附属学校	朝外慈云里甲 1 号	65021293 转 8001 65031287 转 0	85952080
46	教育研究中心附属学校	酒仙桥南路甲 7 号（本部）	67373802	64372045
		酒仙桥十街坊三号（分部）	644338976	
47	中央商务区实验学校	西大望路下甸甲 1 号（初中部）（原大望路中学）	67781103 转 8000	67781103 转 8000
		西大望路五号（小学部）（原大望路小学）	65813892 转 8000	
48	望京实验学校	望京西园三区 313 楼（本校）	64747326 转 8000	64759571
		望京东园 113 楼（宝星分校）	84780946 转 8000	84780942
49	草场地中学	崔各庄乡草场地 77 号	64389502 转 801	64389962
50	奶子房中学	朝阳区崔各庄乡奶西村 626 号	84911296	84700272
51	民族学校	常营民族家园 12 号	65481748	65481700
52	十八里店中学	十八里店周庄甲一号	67472284 转 0	67477674

序号	学校	地址	值班电话	传真电话
53	七十一中学	小红门龙爪树 834 号	67622310 转 8020	67643226
54	楼梓庄中学	金盏乡楼梓庄村北后街 2 号	84390668	84319147
55	十 六 中 学	东坝红松园甲 3 号	51883244	51883248
56	金 盏 学 校	金盏大街 1 号	8433387 转 8001	84333174
57	豆各庄中学	南豆各庄乡豆各庄村	67364392 转 805	67368917
58	九十七中学	黄杉木店 206 号	85525287	85521102
59	黑庄户中学	黑庄户乡政府东侧	85383656 转 1000	85380057
60	中国传媒大学附属中学	大黄庄西里 1 号（原定福庄中学）	65795950	65793775
61	北师大朝阳附属中学	林萃西里 8 号	82721627	82720310
62	润丰学校	青年路西里 6 号院	85515988	85519898
63	东北师范大学附属中学朝阳学校	楼梓庄乡北后街临 6 号	52060110	52060100
64	清华大学附属中学朝阳学校	新源街 31 号（本校）	64652102	84482386
		新源西里中街 8 号（新源里校区）	64673757	85854173
		新源里 12 号（小学部）	64668990	
		柳芳南楼 20 号（柳芳校区）	64652461	
		朝阳区建安里甲 30 号（三元桥校区）	64673052	
65	华中师大一附中朝阳学校	华章路 6 号院一号楼 2 号（泛海国际小区内）	85855215	
66	北京师范大学三帆中学朝阳学校	南湖南路 12 号	64711515 转 8116	84294863
67	新教育实验学校	常营住欣园小区 102 号	57914238 转 8032	57914128
68	高家园中学	高家园小区 210 号	64375830	64345274
69	北京景山学校朝阳学校	来广营创达路 62 号	58540999 转 1304	
70	八十中学实验学校康营分校	康营家园 14 区西侧 108 楼	84354838 转 8052	84354807
71	陈经纶中学崇实分校	王四营乡官庄村	67372863	
72	北京西藏中学	北四环东路高原街 1 号	84637179	

特殊教育学校（2 所）

序号	学校	地址	值班电话	传真电话
1	朝校阳工读学	广渠门外广和里八巷 2 号	67783813	87776056
2	安华学校	安华西里二区 12 号	64264399	64266823

职业学校（4 所）

序号	学校	地址	值班电话	传真电话
1	求实职业学校	望京北路 20 号（望京校区）	64391618 转 0	57913826 64741552
		团结湖北三条 10 号（团结湖分校）	65828051 转 8000	
		安贞里三区 11 楼（安贞里分校）	64418343	
		安华西里 11 号（安华里分校）	64215825 转 8007	
		首都机场南路东里 21 号（机场分校）	64595218 转 8101	
		安慧里三区 21 号楼（亚运村分校）	64812361 转 8000（8029）	
2	电气工程学校	朝阳区将台路四号（本部将台校区）	64354922	64384407
		大山子社区（大山子校区）	64314922 转 8101	
		望京中环南路 2 号（花家地校区）	64721155 转 806	
		八里桥塔营东甲 1 号（管庄校区）	52858061	
		甘露园南里 60 号（甘露园校区）	85771422　85774115	
		南磨房双龙南里 225 号楼（双龙校区）	87323370	

序号	学校	地址	值班电话	传真电话
3	劲松职高	住欣家园 102 号院（本校）	57913478 转 3313 57913478 转 8001	57913826
		双龙小区 135 号（双龙校区）	87323242	
		新源街 14 号楼（新源里校区）	64676749	
		劲松八区 811 楼（劲松校区）	67710322	
4	朝阳区职业技术学校	广渠门外广和里八巷 2 号	67783813	87776056

民办职业高中（1 所）

序号	学校名称	地址	值班电话	传真电话
1	金色河畔高尔夫学校	孙河北甸甲 1 号	80466066	80466066

教育部门办小学（80 所，不含 40 所一贯制学校小学）

直属小学（19 所）

序号	学校	地址	值班电话	传真电话
1	芳草地国际学校	日坛北路1号（本校）	85635120	85613856
		北四环东路71号（万和城分校）	84639335	84622010
		双花园南里二区15号院1号楼（双花园分校）	87721406	87721405
		朝阳门外雅宝里1号（民族校区）	85630356	85622389
2	芳草地国际学校世纪小学	育慧里3号	84624378转1005	84611138
3	芳草地国际学校远洋小学	八里庄西里78号	85865631	85865632
4	白家庄小学	三里屯南路40号（本校）	65025893	65060121
		核桃园北里甲2号（本部南部）	65061623	65076055
		望京西园四区408楼（望京新城校区）	64703053	64706630
		望京西园一区117楼（科技园）	64747679	64747289
		朝阳门外大街杨家胡同3号（朝外）	65522165	65527258
5	朝阳区实验小学	幸福一村4巷36号（本部）	64154368	64154564
		水岸庄园1107号（润泽校区）	84999852	84999853
6	朝阳区实验小学	朝阳北路罗马嘉园（罗马嘉园分校）	58627466	58627468
7	朝阳区实验小学南校区	小红门后街130号（南校）	87605731	87602262
8	朝师附小	和平街11区17楼（和平街本部）	64212623	64206809
		太阳星城夏家园8号楼旁（太阳宫校区）	52018678	
		望京利泽西园116号楼（望京校区）	64711496	
		曙光里社区（西坝河高部）	64686967	
		西坝河东里19号（西坝河低部）	64675043转0	
9	星河实验学校	朝阳北路四季星河路1号院（星河湾校区）	85560416	85560416
		朝阳区甘露园中街（天鹅湾校区）	59075091转8000	
10	北师大奥林匹克花园实验小学	东坝京奥家园288楼	51079190转8001	51079636
11	北师大朝阳附属小学	林萃路倚林佳园26号楼	82723310	82723187
12	花家地实验小学	望京中环南路花家地小区18号楼（花家地部）	64737775转815	84780010
		朝来绿色家园蕴实园6号（朝来校区）	84953717转801	
		北四环东路甲9号（方舟校区）	58233436转801	
		花家地113号楼（花西部）		
13	清华附小商务中心实验小学	建国门外大街4号	59009192转8000	58693387
14	府学胡同小学朝阳学校	朝阳区建外砖厂胡同33号	65023002转8000	
		六里屯苇子坑路101号东侧	59283928	59283005

序号	学校	地址	值班电话	传真电话
15	北京市第二实验小学朝阳学校	茂兴东路11路	87152715转8000	87152717
16	朝阳区第二实验小学	管庄东里55号（管庄高部）	65761083	65753171
		建东苑19号（管庄低部）	65713171	
		双桥路4号（双桥低部）	85365525	
		常营中路7号院（北辰校区）	57923856转1000	
		新悦小区东侧（远洋一方校区）	56497613转0	
17	首都师范大学附属朝阳实验小学	垡头翠成馨园219号楼（翠城北校区）	67368277转8051	67202809
		垡头翠成熙园444号楼（翠成南校区）	87523733	67202809
		垡头西里8号楼（金蝉北校区）	67383314	67372001
		垡头西里三区9号楼（金蝉南校区）	67383315	67362601
18	中国人民大学附属中学朝阳实验学校	朝阳区太阳宫新区D区	84296302	84296255
19	中国音乐学院附属北京实验学校 （原安慧里中心）	安慧里4区12号楼（本部低部）	64913239	64915921
		安慧里1区10号楼（本部高部）	64915842	
		仰山路9号（北辰绿色家园校区）	84369529	
		慧忠北里409号楼（原慧忠北里二小）	64864377	

幸福村学区（7所）

序号	学校	地址	值班电话	传真电话
	幸福村学区	西坝河西里5号楼	64285136	64285136
1	三里屯小学	三里屯东街4号	64169717	64150873
		柳芳北里18号楼（柳芳里分部）	64678689	
2	新源西里小学	新源西里中街17号	64673010转8011	64661615
3	新源里四小	三源里北小街5号（本部）	64641522	84542821
		三源里街13号（分部）	64641509	
4	左家庄二小	左家庄前街2号	64662588	64662588
5	黄胄艺术实验小学	西坝河中里37号楼（本部）	64656080	64654119
		西坝河西里15号楼（分部）	64273150	
6	和平街中心小学	和平街12区（本部）	64277790	64205867
		和平街13区（分部）	64224009	
7	对外经贸大学附属小学 （原惠新里小学)	惠新里甲243号	64811187	64810013

垂杨柳学区（6所）

序号	学校	地址	值班电话	传真电话
	垂杨柳学区	松榆西里3号楼	67782086转0	67712508
1	垂杨柳中心小学	朝阳区松榆西里40号楼（本部低部）	87370915转8001	87370915-8206
		朝阳区松榆西里3号楼（本部）	67321545转0	67320220
		垂杨柳南里3号楼南（杨柳低部）	67783259转0	67796510
		垂杨柳北里（杨柳高部）	67720128转8000	67721008
2	垂杨柳中心小学金都校区	百子湾西里430号（金都低部）	67717582	67787789
		百子湾西里112号（金都高部）	67760742转8011	67769685
		杨柳中部：朝阳区劲松1区124楼	67784949	87778212
3	劲松四小	劲松七区甲713楼（本部）	67785781	67750342
		劲松七区706楼（南校）	67781919	67712550
		垂杨柳南街13、14号（北校）	67783150	87771649
		朝阳区劲松417楼（东校）	67782219	67757767

序号	学校	地址	值班电话	传真电话
4	劲松三小	广渠门外东架松24号	67782086转0	8771 2151
5	南磨房中心小学	松榆东里社区3号楼（低部）	67317538	87384787
		双龙小区226号（高部）	87327628	67317539
6	田华小学	紫南家园社区田华小学	87352953	87352915

呼学楼学区（4所）

序号	学校	地址	值班电话	传真电话
	呼家楼学区	呼家楼西里七巷12号	65022087	65022087
1	呼家楼中心小学	呼家楼西里七巷12号（本校）	65022843	65022087
		呼家楼西里甲5号（西校区）	65003408	65065609
		金台西路2号院（东校区）（原针织路小学）	65954923	65033577
		新街大院（南校区）	65080840	
		南豆各庄5号院（青青家园分部）	85301847	85301194　85301174
2	团结湖小学	团结湖北头条10号楼（团结湖校区）	65825526	65925118
		六里屯13号（丽水嘉园校区）	65918907	
3	日坛小学	通惠家园惠生园20号（四惠校区）	65584309	65584121
		十里堡甲3号院13号楼（东恒学区）	58624124	
4	团结湖二小	团结湖中路南二条1号楼	85989512转8001	85989121

八里庄学区（9所）

序号	学校	地址	值班电话	传真电话
	八里庄学区	八里庄北里114号	85823277	85823277
1	八里庄中心小学	慈云寺北里117号	65574553	65577948
		八里庄北里114号	85833007转0	
2	平房小学	平房南街96号	85573217	85575176
3	甘露园小学	甘露园南里一区18号	85771712	85786909
4	康乐园小学	康家园小区14楼	85775875转0	85746545
5	石佛营小学	石佛营东里125号（总校）	85815228	85821705
		石佛营西里28号楼（分校）	85811944	
6	将台洼小学	东风乡将台洼	84301535	84301535
7	国美家园小学	青年路西里1号院1号楼	52063116	52069578
8	北马各庄小学	金盏乡北马各庄村	65419803转801	65418031
9	楼梓庄小学	金盏乡楼梓庄村	84316551	84313160

酒仙桥学区（11所）

序号	学校	地址	值班电话	传真电话
	酒仙桥学区	南湖中园二区239楼	64706415转188	64705275
1	南湖中园小学	望京南湖中园239楼（本校）	64706415转188	64700631
		望京南湖中园309楼（知语城分校）	64790026转8053	64700631
		望花路东里7号（望花路分校）	64723888	
2	酒仙桥中心小学	酒仙桥路乙28号（本部）	64358508转8000	64373914
		驼房营南里2号院22楼（梵谷水郡校区分校）	84315915	
		将台乡驼房村210号	64372379转0	
3	酒仙桥二小	酒仙桥红霞路9号	64377543	64323893
4	大山子第二小学	酒仙桥路甲1号	64328695	64369697
5	将台路小学	芳园里小区	64349027	64321506
6	高家园小学	高家园小区112号	64373123转0	84565875

序号	学校	地址	值班电话	传真电话
7	南湖东园小学	望京南湖东园109号楼（本校）	64710957	64748066
		红军营南路108号（青年城分校）	84954496	
8	北皋中心小学	崔各庄马南里小区	64371370	64325641
9	苇 沟 小 学	孙河乡前苇沟村	84311933转8001	84320279
10	奶子房小学	崔各庄乡奶子房西村	84709118转8001	64320324
11	上辛堡小学	孙河乡上辛堡村	84790276	84791067

管庄学区（6所）

序号	学校	地址	值班电话	传真电话
	管 庄 学 区	定福庄南里2号	65761705	85765792
1	中国传媒大学附属小学	定福庄南里2号（原定福庄二小）	65761705	65791268
		定福庄北里1号（原定福庄四小）	65761547	
		大黄庄1号（原大黄庄小学）	65761108	
2	二外附小	京通苑39号（原京通小学）	65709825	65707902
3	兴 隆 小 学	兴隆家园31号	85756182	85756216
4	定福庄一小	三间房西村	65767934转8000	65773083
5	高碑店中心小学	高碑店乡高西店村甲1号	85761245	85761147
6	半壁店小学	广渠东路半壁店村	87743386	87743921

黑庄户学区（10所）

序号	学校	地址	值班电话	传真电话
	黑庄户学区	王四营乡柏阳景园白鹿司中街3号		67207726
1	黑庄户中心小学	黑庄户乡黑庄户村	85382787转8000	85386776
2	王四营中心小学	王四营观音景园201楼（本部）	51351011	51351007
		王四营乡官庄村（分校）	67292785	67292778
3	万子营民族小学	万子营东村	85383370	85386660
4	双桥第二小学	双桥中路	85395632转8000	85395525
5	定辛庄小学	定辛庄村	85370574	85372136
6	豆各庄中心小学	豆各庄乡豆各庄村	67364404	87392886
7	于家围小学	朝阳区石槽村	85367186	85367186
8	孛罗营小学	王四营乡孛罗营村194号	87393180转0	87390082
9	柏阳学校	王四营乡柏阳景园白鹿司中街3号	87338708 87338238	67207029
10	官庄学校	王四营乡官庄村	67364290转0	67372863

十八里店学区（8所）

序号	学校	地址	值班电话	传真电话
	十八里店学区	十八里店乡十八里店村127号	67478516转606	67474440
1	十八里店中心小学	十八里店乡十八里店村137号	67478516转606	67483926
2	老君堂小学	十八里店乡老君村276号	67383445	67384701
3	祁 庄 小 学	十八里店乡吕家营村175号	87693280	87694976
4	小武基小学	十八里店乡小武基村46号	67364288转802	67372083
5	西直河小学	十八里店乡西直河村	67383841转8008	67383931
6	新 升 小 学	周庄嘉园东里甲28号	67330546转0	67318053
7	张家店小学	十八里店乡横街子村910号	87303606转801	87303606-801
8	牌 坊 小 学	小红门乡牌坊中街1号院1号楼（本校）	87612739转8000	87612739-8008
		小红门乡肖村后街15号（原肖村小学）	67609857	

民办中小学（25所）

序号	学校名称	地址	值班电话	传真电话
1	中国红十字基金会北京拔萃双语学校	平房北街137号	65497035	65498009
2	乐成国际学校	百子湾南二路77号	87717171转0	67753259
3	爱迪外国语学校	楼梓庄路8号	84390808	84391583
4	青苗国际双语学校	南十里居38号	51307951转0	51307946
5	忠德学校	东苇路9号	51397425	51397601
6	力迈外国语学校	仰山路2号	84928247转2052	84928241
7	世青国际学校	花家地北里18号	64617779	64617717
		高家园210号	13910852730	
		来广营新生村新生路11号	13910852730	
8	新亚中学	十八里店乡886号	67473875	67473938
9	北方中学	百子湾路水南庄1号	87703618转9	65676726
10	国际艺术与科学学校	麦子店正街53号	59082601	65911051
11	朝阳外语小学	胜古家园7号楼	64442623转101	
12	金色摇篮全程实验学校	慧忠北里119号楼	64839189转111/112	64849403
13	精诚实验小学	和平街十三区	64279253转1107	52091068
		华严里34号	52091008	
14	启明星双语学校	崔各庄乡奶东村顺白路2号	64337366转0	84705221
15	实验外国语学校	常营北路与高安屯路交口处	57922545	57922575
16	安民学校	和平东街14区9号楼东	64284929	64285279
		东坝乡七棵树（西坝校区）		
		崔各庄乡马泉营村（马泉营校区）		
		东风乡辛庄（辛庄校区）		
		东坝乡单店（单店校区）		
		平房乡姚家园旧路（姚家园校区）		
		将台乡东八间村（东八间房校区）		
		三间房乡定福庄北里（定福庄校区）		
		金盏乡黎各庄村（黎各庄校区）	13910758718	13910758718
		十八里店乡小武基村（小武基校区）	13552207211	13552207211
17	星河双语学校	十八里店乡十里河村	67330154	87377907
		北京市朝阳区金盏乡东村		
18	博雅小学	驹子房村	65494007	65490089
19	博文学校	十八里店乡十八里店村46号	67476889	67476889
20	金地老君堂实验学校	十八里店乡老君堂村	87308176	87308176
21	百年实验学校	崔各庄乡何各庄村顺白路301号	64319970转803	
22	人大附中朝阳分校	太阳宫新区D区	84296303	84296366
23	世纪东方学校	林萃路2号国家网球中心	84370847	84370903
24	北京市陈经纶分校实验学校	望京南湖东园二期223号（南湖东园校区）	64707533	84717642
		将台乡东八间房村	64703835	
25	北京市八十中国际学校	望京北路甲16号国际教育大楼	58047118	64745778

教育部门办幼儿园（33所）

序号	学校	地址	值班电话	传真电话
1	三里屯幼儿园	朝外大街吉庆里3号楼	65520819	65515460
2	团结湖一幼	团结湖北头条11号楼	65823906	65827221
3	水碓子北里幼儿园	水碓北里10号楼	85982394	85982395
4	枣营幼儿园	枣营北里26楼	65917384	65867394
5	新源里幼儿园	新源里12号（本部）	64674716	64674716
		新源西里中街17号（分部）	64624196	
6	光华路幼儿园	通惠家园惠生园16号	65584729转0	65584729
7	新源里二幼	三源里北小街 7号	64662141	64662142
8	劲松一幼	劲松一区126号楼（劲松校区）	87719385 67797762	67757776
		青年路29号院28楼（华纺易城分园）	58779273	
9	劲松二幼	劲松7区711楼	67781987	67746630
		华威西里43号（华威部）	67761959	
10	松榆里幼儿园	松榆里21号	67339920	67339917
11	垡头幼儿园	垡头二区12号（本部）	67383337	67380657
		王四营乡白鹿司中街5号（分部）	67207014	87338011
12	京通幼儿园	京通苑38楼	65700438	65700438
13	西坝河三幼	西坝河中里20号（本部）	64679621	64678598
		利泽西园一区115楼（分部）	84720194	
14	西坝河一幼	望京南湖中园237号楼（望京）	64700596	84718062
		西坝河东里71楼（西坝河部）	64643141	84552043
15	群星幼儿园	西坝河西里12号	64275351	64223248
16	和平街幼儿园	和平街八区6号楼（南园）	64211548	64224096
		胜古北路南里3号楼（北园）	64425482	
17	惠新里幼儿园	惠新里230号楼（惠新部）	64948637	65951459
		北苑路紫绶园11号楼（北苑部）	84960846	84960837
18	秀园幼儿园	安慧北里秀园19楼	64945420	64913602
19	安华里幼儿园	安华里二区12楼（安华部）	64234828	64234828
		安贞西里一区18号楼（安贞部）	64411019	64411019
20	安华里二幼	安华西里一区23号楼（本部）	64251691转0	64251691
		安贞西里四区19号楼（安贞部）	64411393-11	
21	花家地幼儿园	花家地小区11号楼	64730729	84711628
22	清友实验幼儿园	北苑家园清友园小区13楼	84966124转816	84964917
23	福怡园幼儿园	定福庄北街6号楼	6540 7227	65406821
24	望京新城幼儿园	望京新城西园四区409楼	57221608	64705478
25	华洋紫竹幼儿园	管庄双柳北街1号院9号楼	65439200	65438647
26	康泉新城幼儿园	双桥东路12号院5号楼	65463458	65463345
27	奥园幼儿园	东坝中路京奥家园611号楼	52508692	52508662
28	翠成幼儿园	翠城馨园B211楼	67368331转8000	67369559
29	北辰福第幼儿园	常营北小街2号院	57923871	57923874

序号	学校	地址	值班电话	传真电话
30	定福家园幼儿园	朝阳北路定福家园南里一号院7号楼	58791078	58791617
31	中国人民大学朝阳幼儿园	芍药居北里217号（本部）	84158387	84298867转8115
			84298727	
		太阳宫一街2号院（一部）	84158375	
			84298987转8608	
32	泛海幼儿园	华章东路5号院1号楼2号	85855777转8002	85854900
33	丽景幼儿园	常营乡五里桥一街4号	57845303	57845302

部门办幼儿园（61所）

序号	名称	序号	名称
1	中国科学院第四幼儿园	32	中国人民解放军61599部队幼儿园
2	农业部机关幼儿园	33	中国人民解放军63918部队幼儿园
3	外交部幼儿园	34	中国人民解放军63961部队幼儿园
4	北京市朝阳区人民政府机关幼儿园	35	中国人民解放军北京军区空军育翔幼儿园北纬40度分园
5	北京佳华安琪幼儿园	36	北京市朝阳区安贞街道中心幼儿园
6	中华女子学院附属实验幼儿园	37	北京市朝阳区亚运村第二幼儿园
7	中国农业机械化科学研究院幼儿园	38	北京市朝阳区亚运村第一幼儿园
8	中国聋儿康复研究中心启聪幼儿园	39	北京市朝阳区亚运村中心幼儿园
9	中国传媒大学幼儿园	40	北京市朝阳区左家庄幼儿园
10	北京航空制造工程研究所银梦幼儿园	41	北京市朝阳区左家庄街道中心幼儿园
11	中国建筑材料科学研究院幼儿园	42	北京市朝阳区香河园街道中心幼儿园
12	北京工业大学后勤服务集团幼儿教育中心	43	北京市朝阳区香河园街道办事处西坝河东里第一托幼园所
13	北京市工商业联合会安贞东里幼儿园	44	北京市朝阳区团结湖街道中心幼儿园
14	北京师范大学实验幼儿园	43	北京市朝阳区呼家楼街道中心幼儿园
15	北京九龙幼儿园	46	北京市朝阳区雨禾艺术幼儿园
16	中建一局建设发展公司幼儿园	47	北京市朝阳区双井中心幼儿园
17	北京电子城幼儿园	48	北京市朝阳区南磨房乡幼儿园
18	普天首信通信设备厂（集团）幼儿园	49	北京市朝阳区培新幼儿园
19	北京首都机场物业管理有限公司幼教管理中心第一幼儿园	50	北京市朝阳区王四营乡幼儿园
20	北京首都机场物业管理有限公司幼教管理中心第三幼儿园	51	北京市朝阳区十八里店乡西直河村东明幼儿园
21	北京首都机场物业管理有限公司幼教管理中心第二幼儿园	52	北京市朝阳区十八里店乡吕家营村幼儿园
22	北京飞机维修工程有限公司幼儿园	53	北京市朝阳区十八里店乡横街子村向阳幼儿园
23	北京市朝阳区建筑工程公司幼儿园	54	北京市朝阳区十八里店兴华幼儿园
24	北京市建材制品总厂幼儿园	55	北京市朝阳区童欣幼儿园
25	北京市朝阳区双桥幼儿园	56	北京星海艺术幼儿园
26	北京市朝阳区环宇幼儿园	57	北京市朝阳区松榆东里幼儿园
27	北京蓝岛大厦幼儿园	58	北京市朝阳区黑庄户乡人民政府中心幼儿园
28	北京市蓓蕾幼儿园	59	北京市朝阳区六里屯街道中心幼儿园
29	中国人民解放军总装备部后勤部幼儿园	60	北京市朝阳区十八里店乡幼儿园
30	中国人民解放军总装备部直属机关幼儿园	61	北京市朝阳区三间房乡中心幼儿园
31	中国人民解放军61599部队幼儿园		

民办幼儿园（120所）

序号	名称	序号	名称
1	金色摇篮潜能开发婴幼园	61	百年嘉华幼儿园
2	博凯智能全纳幼儿园	62	新园双语幼儿园
3	培基双语幼儿园	63	威斯顿幼儿园
4	刘诗昆音乐艺术幼儿园	64	红黄蓝幼儿园
5	小橡树三元桥幼儿园	65	小金星幼儿园
6	幸福天使幼儿园	66	吉美瑞幼儿园
7	青苗幼儿园	67	红黄蓝中灿幼儿园
8	启航双语幼儿园	68	金蓓蕾幼儿园
9	向日葵艺术幼儿园	69	京师实验幼儿园
10	幸福泉北苑幼儿园	70	可儿苹果幼儿园
11	启明东润双语幼儿园	71	伊顿慧智华侨城双语幼儿园
12	宜宝双语幼儿园	72	巧智博仁双语幼儿园
13	二十一世纪实验幼儿园	73	东方子楹双语幼儿园
14	中育万科青青幼儿园	74	聪明娃娃幼儿园
15	家育苑幼托中心	75	石佛营幼儿园
16	亚奥幼儿园	76	拔翠蓝天双语幼儿园
17	海嘉实验幼儿园	77	双龙幼儿园
18	甘露艺术幼儿园	78	立城苑小金星幼儿园
19	卧龙幼儿园	79	启明国风双语幼儿园
20	爱丽尔幼儿园	80	红黄蓝和平里幼儿园
21	美格双语幼儿园	81	红黄蓝新天地幼儿园
22	汇佳幼儿园	82	北京市朝阳区红黄蓝东坝幼儿园
23	北方之星民族幼儿园	83	朝阳区刘诗昆万象新天幼儿园
24	唐纳朝来幼儿园	84	北京金雁飞鸣幼儿园
25	陶乐园托幼中心	85	北京市朝阳区爱迪幼儿园
26	孙瑞雪至尊宝宝幼儿园	86	北京市朝阳区二十一世纪安德鲁斯幼儿园
27	手牵手幼儿园	87	北京市朝阳区华溢艺术实验幼儿园
28	花家地婴幼儿培育中心	88	北京市朝阳区倍康宝贝水育小规模幼儿园
29	三为园托幼中心	89	北京市朝阳区启明润泽幼儿园
30	忠德双语幼儿园	90	北京市朝阳区嘉德蒙台梭利双语幼儿园
31	伊顿双语幼儿园	91	北京市朝阳区石佛营幼儿园
32	德福双语幼儿园	92	北京市朝阳区卓悦童双语艺术幼儿园
33	艾毅双语幼儿园	93	北京市朝阳区劲松红黄蓝幼儿园
34	可儿幼儿园	94	北京市朝阳区为明多元智能幼儿园
35	百年实验艺术幼儿园	95	北京市朝阳区朝花幼儿园
36	新世纪幼儿园	96	北京市朝阳区德育苑双语幼儿园
37	凯尔宝宝婴幼园	97	北京市朝阳区春宇凤凰苑幼儿园
38	精诚实验幼儿园	98	北京市朝阳区世纪东方幼儿园
39	春宇幼儿园	99	北京市朝阳区格顿双语东湖湾幼儿园
40	星河湾德福幼儿园	100	北京市朝阳区远洋星空幼儿园
41	美真幼儿园	101	北京市朝阳区王子岛双语幼儿园
42	管庄建东苑幼儿园	102	北京市朝阳区春风化雨双语幼儿园
43	幸福泉世茂幼儿园	103	北京市朝阳区思贝乐幼儿园

序号	名称	序号	名称
44	根姆赞蒂双语幼儿园	104	北京市朝阳区新世界幼儿园
45	满天星幼儿园	105	北京市朝阳区北大公学幼儿园
46	合生罗马幼儿园	106	北京市朝阳区凯尔宝宝望京幼儿园
47	世纪阳光幼儿园	107	北京市朝阳区子乐幼儿园
48	金雁幼儿园	108	北京市朝阳区伊禾木双语幼儿园
49	格顿双语幼儿园	109	北京市朝阳区将台可儿幼儿园
50	彩虹路幼儿园	110	北京市朝阳区青苗大望路幼儿园
51	为明实验幼儿园	111	北京市朝阳区爱悦蓝天幼儿园
52	小牛津双语才艺幼儿园	112	北京市朝阳区伊顿首府双语幼儿园
53	先策幼儿园	113	北京市朝阳区德爱双语幼儿园
54	乐儿幼儿园	114	北京市朝阳区博识梦飞幼儿园
55	阳光幼儿园	115	北京市朝阳区青苗望湖幼儿园
56	陶乐思幼儿园	116	北京市朝阳区北京师范大学奥林匹克花园幼儿园
57	爱绿艺术幼儿园	117	北京市朝阳区青苗常青藤幼儿园
58	艾毅多元智能幼儿园	118	北京市朝阳区又一城幼儿园
59	伊顿智慧双语幼儿园	119	北京市朝阳区幸福天使翠成幼儿园
60	培华实验幼儿园	120	北京市朝阳区红黄蓝筑华年幼儿园

高等院校（22 所）

中央部属院校（9所）		北京市属院校（12所）、部队院校（1 所）	
序号	名　称	序号	名　称
1	对外经济贸易大学	1	北京工业大学
2	中国传媒大学	2	北京第二外国语学院
3	北京化工大学	3	北京服装学院
4	北京中医药大学	4	北京信息科技大学
5	中央美术学院	5	北京联合大学
6	中央音乐学院	6	北京青年政治学院
7	中华女子学院	7	首都经贸大学(红庙校区)
8	中国社会科学院研究生院	8	北京信息职业技术学院
9	中国藏语言高级佛学院	9	北京电子科技职业学院
		10	北京政法职业学院
		11	北京经济管理职业学院
		12	北京劳动保障职业学院
		13	武警北京指挥学院

医疗卫生机构

三级医院（21 家）

机构名称	地址	电话号码
北京华信医院	酒仙桥一街坊6号	64308020
煤炭总医院	西坝河南里29号	64667755

首都医科大学附属北京安贞医院	安贞路2号	64456205
卫生部中日友好医院	和平里樱花园东街2号	84206092
航空总医院	安外北苑3号院	59520088
民航总医院	朝外高井甲一号	85762244
北京市垂杨柳医院	垂杨柳南街2号；三间房乡三间房西村甲479号	67718822
首都医科大学附属北京朝阳医院	工体南路8号	85231000
北京市公安医院	豆各庄乡豆各庄村甲505号	65133377
中国中医科学院望京医院	望京中环南路6号	84739000
北京市第一中西医结合医院	金台路13号内2号、东坝乡东风大队二条	85993431转3905
北京中医药大学第三附属医院	安定门外小关街51号	52075555
北京朝阳中西医结合急诊抢救中心	十八里店乡周家庄村123号	87929692
中国医学科学院肿瘤医院	潘家园南里17号	87788208
首都儿科研究所附属儿童医院	雅宝路2号	85695555
北京地坛医院	京顺路东街8号	84322009
北京京城皮肤病医院	双泉堡甲4号	64870888
北京市红十字会急诊抢救中心	清河南镇	62922345
武警北京市总队医院	东三里屯1号院	67570329
解放军306医院	安翔北里9号	66356238
北京市妇产医院	姚家园路251号	52275417

二级医院（30家）

机构名称	地址	电话
北京市朝阳区双桥医院	双桥东路	85390910
北京首都机场医院	首都机场南路东里17 号楼	64591120
北京市朝阳区中医医院	工体南路6号	65531155
中国藏学研究中心北京藏医院	小关北里218号	64972929
北京市朝阳区第三医院	双桥南路甲8号；延静西里12号楼；金盏大街2号	52023406
北京市老年病医院	华严北里小关西街甲2号	62027018
北京市朝阳区妇幼保健院	潘家园华威里25号	67719999转9188 87789960
北京五方桥中医肾病医院	王四营乡王四营村339	18911771937
北京市朝阳区三环肿瘤医院	十里河352号	67475557转126
北京美迪中医皮肤病医院	高碑店乡半壁店村惠河南街1092号	67289555-8006
北京朝阳急诊抢救中心	周庄嘉园东里27号	87156869
北京东苑中医医院	朝来绿色家园广华居18号、19号底商	52320333
北京瑞程医院管理有限公司瑞泰口腔医院	天居园1号楼	84828880
北京优联耳鼻喉医院	东四环南路53号院7号楼	59153556
北京市朝阳区桓兴肿瘤医院	十八里店吕家营南里甲1号	87697396
北京玛丽妇婴医院	和平里北街5号	64236677
北京五洲妇儿医院	西大望路24号	87769899
北京俪婴妇产医院	雅成一里16号楼	85512009转8933
北京新世纪妇儿医院	望京北路51号院第2号楼、第5号楼	51783366转6010
北京安慧宜和妇儿医院	安慧北里逸园5号楼	52346899
北京嫣然天使儿童医院	望京东园519号楼	84781877
北京麦瑞骨科医院	北苑路1号	64479900
北京精诚博爱康复医院	崔各庄乡南皋路188号	53220500 53220466
北京光熙康复医院	光熙门北里22号北楼	64225588转1330
北京美中宜和妇儿医院	芳园西路9号，四得公园将台西路9-9号	64342388　64342399

北京和美妇儿医院	安外小关北里甲2号	64990499
北京凤凰妇科医院	将台西路18号	84308631
北京华府妇儿医院	百子湾南二路18号	50951111
北京和睦家医院	将台路2号	59277095
北京和睦家康复医院	东风乡将台洼村甲168号	85581800

一级医院（114家）

机构名称	地址	电话
北京二十一世纪医院	亮马桥路40号二十一世纪大厦	84446158
北京化工实验厂华仁医院	垂杨柳中街甲1号	67755088
对外经济贸易大学医院	惠新东街12号	64492478
北京全胜医院	黄厂南里3号院1号楼	52022396
北京贵美汇医院	团结湖南里甲12号	85961888
北京天伦医院	朝阳门南大街12号	85617849
北京七星华电科技集团有限责任公司医院	大山子北里29楼	64388395
北京华泰医院	平房西口	85573683
北京西直河仁安医院	十八里店乡西直河村村委会南院	67367115
北京建国医院	西大望路2号	65850611
路桥集团第一公路工程局周井医院	管庄周井大院周井医院	65761831
北京金凤凰医院	成寿寺路136号院2号楼101–102商铺	67611215
北京朝阳凌和望京医院	宏昌路望京西园一区120楼	84710221
北京黎明医院	世纪东方嘉园212楼3号	87354450
北京十里河医院	十八里店乡周庄村周家庄136号	87777999
中电建建筑集团有限公司定福庄医院	定福庄西街21号楼	65766175
北京国门医院	北皋村1号	84336045
北京朝阳区大黄庄医院	大黄庄南里16号楼	65434975
中国建筑材料科学研究总院管庄东里医院	管庄东里1号	51167329
北京市第五建筑工程公司职工医院	红庙柴家湾5号五建职工医院	65060104
北京市朝阳区双龙医院	双龙南里101楼	87321894转802
北京凯尔医院	望京湖光中街8号1号楼西段第二、四层	84729642
北京惠兰医院	望京北路18号401室	64390833
慈铭健康体检管理集团股份有限公司北京亮马桥医院	亮马桥路39号“第一上海中心”	84535177
北京维特奥医院	东三环南路乙52楼9–1	67727789
北京北亚医院	安定门外安苑里1号院1号楼	64758523
北京易货通科技发展有限公司京润医院	霄云路18号京润水上花园别墅公寓C\C'座	64681355
北京东方博大医院	华威西里55号	87789575
北京工业大学医院	平乐园100号	67391547
北京普祥医院	大山子南里甲2号	84573888
北京海文医院	华威北里甲10号	67754353
北京高新医院	左安门外饮马井45号	87677266
北京长虹医院	东三环北路甲17号	65069996
北京善尔医院	望京西园四区412楼	64750525
北京圣马克医院	东四环南路53号院5号楼	50967626
北京善方医院	工人体育场北路13号院4号楼	64136688

北京世纪晨光医院	王四营乡观音惠园1号汇泰大厦	67639929
北京宜健三业医院	新源里111号	53202666
北京中山医院	南新园中路112号楼	87321392
北京卢安医院	孙河乡康营东路康营家园回迁安置房小区E06楼、E07楼	57627333
北京基恩医院	南湖东园122楼2层S-05、S-08、S-09、3层T-3号	84711123
北京红松仁和医院	红松路2号院1号楼	56195678
北京明德医院	酒仙桥北路9号（厂区）2、3、4号楼	59850200
慈铭健康体检管理集团股份有限公司北京奥亚医院	北苑路91号	59658600
北京至微金诺医院	建国路29号兴隆家园29号楼	53207116
中国舰船研究院北京舰船医院	德外双泉堡甲2号	64831728
北内集团总公司北京双井医院	广渠路31号	67786459
北京市朝阳区大屯医院	慧忠里小区301楼	64951760
北京炼焦化学厂医院	化工路东口	67364382
北京同春堂中医医院	管庄杨闸环岛西侧北角P3商业楼	87367190
北京广慈中医药研究院广济中医医院	安华西里一区12号楼	64256931
北京济民中医医院	八里庄西里61号楼1-2层B区	85863120
北京玉林中医医院	八里庄北里305楼	85822318
北京黄枢微创骨伤中医医院	金台路25号楼北侧	52012866
北京华大中医医院	劲松四区405楼	67749242
北京颐康中医医院	北苑路172号万兴苑15. 16号楼裙房	84851886
北京京师中医医院	团结湖北三条甲4号	85984751
北京中海中医医院	松榆北路5号楼	59910899
北京闫三毛骨病中医院	黄寺大街3号	64234016
北京世华针刀中医医院	十八里店乡十里河路391号	87366577
北京中京苑医学科学研究院恒安中医院	西大望路甲27号	67306211
北京弘医堂中医医院	团结湖北路2号	67331993
北京方舟医院管理有限公司方舟中医医院	广渠东路38号	65827961
北京中研万康中医医院	西坝河南路4号	87711888
北京奥北中医医院	大屯路36号	84497156
北京朝阳国医之家中医医院	酒仙桥路26号院1号楼1至2层A08、1层A09	64887911转806
北京芸众本草中医医院	望京北路39号10号楼	52027955 52027956
北京医圣堂中医医院	芍药居北里305号一层24-29室	84770188
北京国宗济世中医医院	望京西园二区京电商综合楼2	84641810
北京汉典中医医院	石佛营东里133号院4号楼	13701117755
北京军山中医医院	十八里店乡老君堂村村北（瑞兴隆综合市场西侧）君堂路479号	67292900
北京朝阳罗有明中医骨伤科医院	高碑店北路甲8号	85776217
北京月犁中医医院	将台乡铁路大环内将府庄园内	84561766
北京年轮中医骨科医院	八里庄北里87-89号	59101069
北京永寿中医医院	十八里店乡横街子村18号	51091957 13501232930
北京伟达中医肿瘤医院	王四营乡官庄大队官庄路100号	67366120
北京广仁中西医结合医院	农光里112号楼南综合楼	51399888
北京朝阳中西医结合医院	芍药居北里315楼26-32号	64030283
北京东区口腔医院	广渠路33号石韵浩庭B座101、102	87767117
北京南区口腔医院	华威北里24号楼	67784820
北京维尔口腔医院	朝阳北路八里庄南里 3 2 号楼	85822858
北京通策京朝口腔医院	八里庄西里100号住邦2000商务楼	85868399

北京华德眼科医院	金台路甜水园东街10号	65865928
北京同仁福康眼科医院	安立路66号安立花园C座七、八、九层	64907894
北京爱尔英智眼科医院	潘家园南里12号潘家园大厦	67715558
北京民众眼科医院	林萃西里22号楼	82726600
北京东方美华医院投资管理有限公司东方美华妇儿医院	安外小关北里边218号1号楼	64968888
北京东区儿童医院	广渠路南侧44号(5-3)	87667252
北京天使儿童医院	广渠东路大郊亭2号	61994412　13057870000
北京国奥心理医院	安外大街安定路1号国家奥林匹克体育中心院内	64936766
北京垡头大柳树医院	王四营路大柳树153号	67200300
北京英智康复医院	八里庄南里5号楼	85813399
北京天轩脑病康复医院	西坝河东里16号	84486879
北京和谐康复医院	孙河乡顺黄路158号	84914946
北京美联臣医疗美容医院	东三环南路乙52楼3、5、6、7、8号	87728888转8201
北京史三八医疗美容医院	广渠门外大街富力城A9-6	58764769
北京伊美尔医疗美容医院	水碓子北里11号	85963388
北京新时代伊美尔幸福医学美容专科医院	东三环北路3号	64654266
北京美雅枫医疗美容医院	望京西园三区315楼	64729926　64729920
北京薇琳医疗美容医院	东直门外大街12号	68528448
北京基础美医疗美容医院	广渠路大街28号珠江帝景家园商铺甲209号	58631555
北京华韩医疗美容医院	劲松东口农光里109号	67308002
北京叶子整形美容医院	高碑店北路5-3号	85778199
北京丽都医疗美容医院	慧忠里103楼D座	58396888　58366889
北京艺星医疗美容医院	东三环中路（东环南路22号北侧3号楼）	87762998
北京美莱医疗美容医院	朝外大街227号	56935043
北京奥东中康医院	安外北苑3号院	51372036
北京朝阳糖尿病医院	甜水园东街1号	65074638
北京天使望京妇儿医院	望京西园一区117楼	84710866
北京万和颈椎病医院	立水桥北8号	010-84844800
北京东大肛肠医院	东大桥路5号	85631169
中国老龄事业发展基金会北京松堂关怀医院	管庄166号	65756051
北京华盛医院	成寿寺路威仪路5号	87673558
北京龙脊中医骨伤医院	广顺北大街17号四层B03/B03a号	84711267

公　证　处

名　称	地　址	电话
北京市正阳公证处	水碓子东路 23 号	85961236

律师事务所（部分）

所　名	地　址	电话
北京大成律师事务所	东大桥路9号侨福芳草地大厦7层	58137799

北京市金杜律师事务所	东三环中路7号北京财富中心写字楼A座40层	58785588
北京市中伦律师事务所	建国门外大街甲6号SK大厦36、37层	59572288
北京金诚同达律师事务所	建国门外大街1号国贸大厦10层	57068585
北京市万商天勤律师事务所	东四环中路39号华业国际中心A座三层	82255588
北京市广盛律师事务所	东三环北路甲2号京信大厦15层	56579522
北京市中伦文德律师事务所	西坝河南路1号金泰大厦19层	64402232
北京市中银律师事务所	东三环中路39号建外soho东区A座31层	58698899
北京市长安律师事务所	甜水园街6号北京出入境检验检疫大厦14层	58619715
北京市兰台律师事务所	曙光西里甲1号B-2903	52287799
北京市北斗鼎铭律师事务所	望京西园221号博泰大厦十层	64789988
北京市京都律师事务所	景华南街5号远洋光华国际大厦C座23层	57096000
国浩律师（北京）事务所	东三环北路38号泰康金融大厦9层	65890699
北京市环中律师事务所	安立路68号阳光广场B2座29层2901	64896300
北京华伦律师事务所	朝阳区西坝河西里16号明宫宾馆2层	64281910
北京市浩天信和律师事务所	东三环中路5号财富金融中心12层	65028888
北京市高朋律师事务所	东三环北路2号南银大厦2801室	59241188
北京市潮阳律师事务所	团结湖东里12号	85972612
北京市三信律师事务所	东大桥路八号尚都国际中心A座908	58700716
北京市亿达律师事务所	东大桥路甲8号华远尚都国际中心15层	51286368
北京天达共和律师事务所	东三环北路8号4号楼18.20层	65906639
北京市中创律师事务所	朝外大街吉庆里小区蓝筹名座A座二区16层	65528815
北京市中淇律师事务所	朝外小庄6号中国第一商城A座1208	85765563
北京市华舟律师事务所	鑫兆家园综合楼752室	65006510
北京市安理律师事务所	东三环北路38号北京国际中心3号楼9层	85879199
北京市岳成律师事务所	东三环北路丙2号天元港中心A座7层	84417799
北京市金栋律师事务所	六里屯西里甲七号楼	65007027
北京庞标律师事务所	北苑路170号5号楼6层602	56146504
北京市律理律师事务所	亚运村天创世缘B2-805	64803822
北京市奕明律师事务所	望京西路48号金隅国际C座1105室	64787188
北京市盈科律师事务所	东四环中路76号大成国际中心C座6层	59626699
北京高文律师事务所	东大桥路9号侨福芳草地大厦C座9层	84512800
北京乾成律师事务所	麦子店西街鹏润大厦A座1105	51088166
北京市铭泰律师事务所	京广商务楼512	65978188
北京市康达律师事务所	幸福二村40号楼40-3四层-五层	50867666
北京市隆安律师事务所	建外大街21号北京国际俱乐部188室	65325588
北京市集佳律师事务所	建国门外大街22号赛特广场七层	85115588
北京道信律师事务所	东三环北路甲2号京信大厦1502	84492866
北京市嘉润律师事务所	建外大街22号赛特大厦601室	65142061
北京德和衡律师事务所	永安东里16号CBD国际大厦16层08A单元	85219222

法律服务所

名 称	地 址	电话
左家庄街道法律服务所	左家庄街道办事处院内	64648385
八里庄街道法律服务所	八里庄西里73号楼1层108室	85867591

双井街道法律服务所	广渠门外广和路3号楼	87759549
酒仙桥街道法律服务所	酒仙桥街道社区服务中心	64321938
劲松街道法律服务所	劲松一区115楼317号	87735231
小关街道法律服务所	北四环东路108号院13号楼	84856678
大屯街道法律服务所	慧忠里108楼328室1号	64974871
孙河乡法律服务所	孙河乡政府院内	84839015 84839016

公安朝阳分局派出所

名　称	地　址	电话
朝外大街派出所	三丰里甲11号	85612407
建外派出所	光华里甲2号	65912227
三里屯派出所	三里屯南41楼	64166786
呼家楼派出所	呼家楼北街16号	65021574
安贞派出所	安贞西里三区7楼	64419129
香河园派出所	西坝河南里26号楼	64619262
和平街派出所	樱花园东街3号	64422553
新源里派出所	新源里17号	64674086
小关派出所	小关东街5号	64917134
太阳宫派出所	西坝河北里8号楼	64212857
麦子店派出所	枣营北里1楼	65857190
团结湖派出所	团结湖路19楼	85989405
六里屯派出所	晨光家园218号楼西侧	85817657
双井派出所	垂杨柳中街2号	67716244
劲松派出所	大郊亭南街9号院1号楼	67727306
潘家园派出所	华威西里29楼	67785877
亚运村户籍派出所	安苑北里甲8号	64912193
大屯派出所	大屯220号6号楼	64949248
奥运村派出所	扶林路甲9号	84913594
来广营派出所	来广营乡朝来农艺园院内	84912451
花家地派出所	花家地北里8号楼	84716376
将台派出所	将台乡将府家园北侧	64362030
首都机场派出所	首都机场燕翔东里12号	64561626
孙河派出所	孙河乡康营村	64384625
东湖派出所	望京花园130楼	64713294
南皋派出所	崔各庄乡南皋路	84566382
八里庄派出所	十里堡西里218号	65561089
高碑店派出所	高碑店乡高碑店村	85754153
平房派出所	黄杉木店180号	85574138
东风派出所	东风乡辛庄村甲28号	85849101
酒仙桥派出所	酒仙桥路30号	64371415
东坝派出所	红松园北里甲8号	65495368
金盏派出所	金盏大街(金盏乡政府后)	84333271
楼梓庄派出所	金盏乡曹各庄249号	84312825
南磨房派出所	平乐园小区105楼	67312979
王四营派出所	王四营村3号	67364358

垡头派出所	垡头北里12楼	67381152
十八里店派出所	十八里店乡十八里店村20号	67471965
小红门派出所	小红门龙爪树南里	87690144
豆各庄派出所	西马各庄村	85308831
黑庄户派出所	黑庄户乡商业大街甲1号	85382586
管庄派出所	管庄乡双会桥西甲5号	65761888
常营派出所	幺家店路甲1号	65481123
三间房派出所	建国路甲6号	65420101
黄港派出所	孙河乡上辛堡村	84791728
崔各庄派出所	崔各庄乡马泉营村	64320110
南湖派出所	南湖中园238楼	64703003
小武基派出所	十八里店乡西直河村王村路甲1号	87335927
奥林匹克公园派出所	安慧北里雅园1楼	64910162

工商朝阳分局工商所

名 称	地 址	电话
六里屯工商所	甜水园北里1号楼	65076946
团结湖工商所	团结湖北头条2号楼东侧	85589300
双井工商所	松榆东里37号楼	67316857转1
酒仙桥工商所	驼房营路3号（将台派出所南）	64329430
左家庄工商所	西坝河西里28号英特公寓4层	64292464
奥运村工商所	安惠里1区11号	64915551
高碑店工商所	康家园25号	85782132
北京商务中心区工商所	建国路93号万达广场3号楼1层	58205533转525/500
双桥工商所	管庄乡杨闸环岛东200米路南	85708720
华威工商所	双龙南里212楼	87312145
大屯工商所	惠新东街8号设计大厦E层	84644537
望京工商所	望京西园103楼	64707739
安贞工商所	西坝河西里28号英特公寓3层	64433315
十八里店工商所	双龙南里129楼	87310453
崔各庄工商所	崔各庄乡政府东侧	64321040

国税局税务所

名 称	地 址	电话
朝阳区国家税务局	左家庄东里甲3号	64653418
第一税务所	左家庄东里甲3号	84516036
第二税务所	小八里庄37号	67343755
第三税务所	姚家园路101号新七彩商业中心西楼4层	85569628
第四税务所	姚家园路101号新七彩商业中心西楼4层	85569622
第五税务所	潘家园华威北里甲26号	87716176

第六税务所	左家庄东里甲3号	84551699
第七税务所	管庄乡燕京医药公司东侧	65765705
第八税务所	姚家园路101号新七彩商业中心西楼4层	85569632
第九税务所	小八里庄37号	87373718
第十税务所	驼房营南里	64369392
第十一税务所	朝外大街乙6号（朝外SOHO）C座3层	58697940
第十二税务所	小关东街24号	64968597
第十三税务所	潘家园华威北里甲26号	67793301
车购税管理分局	姚家园路甲1号东办公楼3层“一站式”服务大厅	51193150

地税局税务所

名　称	地　址	电话
朝阳区地方税务局	安苑东里3区1号	64933333
第一税务所	霄云路霄云里1号	84681185
第二税务所	广渠东路40号	65933740
第三税务所	来广营红军营南路甲3号（来广营乡政府南侧）	84950400
第四税务所	来广营红军营南路甲3号（来广营乡政府南侧）	84950448
第五税务所	广渠东路40号	67799245
第六税务所	姚家园路101号新七彩商业中心西楼	65939941
第七税务所	广渠东路40号	67344506
第八税务所	太阳宫中路甲6号临1号（太阳宫公园南门西侧）	85967915
第九税务所	定福庄路9号（朝阳路二外丁字路口向北500米路西）	65711572
十里堡税务所	定福庄路9号（朝阳路二外丁字路口向北500米路西）	85094667
酒仙桥税务所	来广营红军营南路甲3号（来广营乡政府南侧）	64382829
呼家楼税务所	太阳宫中路甲6号临1号（太阳宫公园南门西侧）	85967917
双井税务所	广渠东路40号	67320305
小关税务所	来广营红军营南路甲3号（来广营乡政府南侧）	64915005
商务中心区税务所	东大桥路8号SOHO尚都北塔A座3层	64938346

文物保护单位

全国重点文物保护单位

名　称	地　址	电话
东岳庙	朝外大街141号	65510151
日坛	日坛北路6号（日坛公园内）	85614261
清净化城塔	黄寺大街11号	62018968
元大都城墙遗址（朝阳段）	健安东路、健安西路北侧，东起土角楼西侧北京服装学院以东673米处，西至京藏高速路	84648252
大运河（通惠河朝阳段）永通桥、平津闸	管庄乡八里桥村东南、高碑店乡高碑店村西北	85709886　85770796
四九一电台旧址	豆各庄乡双桥街9号院	85363264

北京市文物保护单位

名 称	地 址	电话
十方诸佛宝塔	王四营乡古塔公园内	67376310
北顶娘娘庙	奥林匹克中心区国家游泳馆南侧	65510151
顺承郡王府	朝阳公园南路19号	65940948

朝阳区文物保护单位

名 称	地 址	电话
海阳义园（山东会馆）	呼家楼南里2号	85976279
马骏烈士墓	日坛北路6号日坛公园内	85614261
张翼祠堂	豆各庄乡豆各庄村西	65479035
常营清真寺	常营乡民族家园东路西南侧	65484914
肃慎亲王敬敏墓	王四营乡道口村西北（现柏阳景园小区西侧）	67376310
显谨亲王衍璜墓	潘家园东里	87381835
南下坡清真寺	朝外二条129号	85626316
那桐墓	三间房乡双桥路西里6号	65420049

公共体育场馆（部分）

类别：体育场馆	地 址	电话
国家游泳中心（水立方）	天辰东路11号	84378899
国家体育场（鸟巢）	安定路甲3号（北京奥林匹克公园内）	84373008
国家网球中心	林萃路2号	4007076666
国家奥林匹克体育中心	安定路1号	64912233
国家奥林匹克体育中心英东游泳馆	安定路1号	84375811
北京工人体育场	工体北路	65016655
朝阳体育馆	六里屯西口	85971016
北京郡王府体育中心	朝阳公园南路19号	65940434
陈经纶游泳馆	朝外大街38号	85611983
银橄榄体育世界	亮马桥路40号（21世纪饭店内）	64664824
北京世奥森林公园（羽毛球、网球、篮球场）	奥林东桥西	64529400
朝阳公园开发经营公司网球中心	农展南路1号	65915258
特佳游泳馆	西坝河南路4号	84498668
类别：冰雪场地	**地 址**	**电话**
浩泰冰上运动中心（室外）	兴隆公园内甲8号	4006905665
朝阳公园滑雪场（室外）	农展南路1号朝阳公园内万人广场	65076591
国家体育场（鸟巢）（室外滑雪场）	国家体育场南路1号	84373068
全明星滑冰俱乐部（蓝港店）（室内）	朝阳公园路6号蓝色港湾国际商区2号楼首层	59056328
全明星滑冰俱乐部（长楹天街店）（室内）	常通路2号院1号楼4层4F-225	85704155
蓝调滑雪场（室外）	金盏乡楼梓庄南蓝调庄园	51666034
冠军溜冰场朝阳大悦城店（室内）	朝阳北路101号朝阳大悦城7F	85526637
国贸溜冰场（室内）	建国门外大街1号国贸商城B2	65053247
小狼国际冰上中心（室内）	平房村48号	56643306

公　园

名　称	地　址	电话
日坛公园	日坛北路6号	85613249
团结湖公园	团结湖南里16号	85962151
红领巾公园	后八里庄5号	85824746
元大都城垣遗址公园	安外小关街甲38号	84648252
北小河公园	师家坟村156号	64708518
四得公园	将台西路9号	64384057
庆丰公园	广坡村甲2号	67780738
大望京公园	崔各庄乡大望京东路甲6号	84716667转809
奥林匹克森林公园	科荟路33号	64529012
朝阳公园	朝阳公园南路1号	65953490
中华民族园	民族园路1号	62063786
丽都公园	芳园西路6号	57118872
金盏郁金香花园	东苇路金盏郁金香花园	51781881
朝来农艺园	来广营乡新生大队西侧	84913534
太阳宫公园	太阳宫中路6号	52032753
北焦公园	化工路东口1号	67374074
南湖公园	阜通西大街20号	64733376
东一处公园	双桥东路东一时区	65730048
望湖公园	望京北路51号	64785880
八里桥公园	管庄乡八里桥村	65716210
立水桥公园	立水桥安立路两侧	84848620
兴隆公园	高啤店兴隆庄甲8号	85759918
镇海寺郊野公园	小红门乡牌坊村	87604036
鸿博郊野公园	小红门乡小红门村里	87604036
老君堂郊野公园	十八里店地区老君堂村	67474556
海棠郊野公园	十八里店地区老君堂村	67474556
古塔郊野公园	王四营乡观音堂	87390858
白鹿郊野公园	王四营乡道口村	87390858
将府公园	将台乡东八间房	64356756
东坝郊野公园	东坝乡驹子房村东	65492932
常营公园	常营乡幺家店路北侧	65481589
东风公园	东风乡将台洼村	85810699
太阳宫体育休闲公园	太阳宫西路1号	64323577
朝来森林公园	来广营乡新北路999号	84913598
京城槐园	平房乡北小河路东	85574375
京城梨园	平房乡姚家园路与东五环路交汇处东	85574375
杜仲郊野公园	三间房乡金卫路甲1号	85367196
金田郊野公园	豆各庄乡于家围北村478号	85367983
京城体育场郊野公园	朝阳体育中心东西两侧	85574375
京城森林公园	黄杉木店路东西两侧	85574375
百花公园	高碑店乡北花园村	65765898
黄草湾郊野公园	辛店路	64922882
勇士营郊野公园	来广营乡朝来绿色家园东（北苑东路东侧）	84911106
清河营郊野公园	来广营乡清河营润泽庄园东侧	84911106

社区居委会、村委会

安贞街道

安贞里社区居委会	安贞里二区20号楼	64428863
安贞西里社区居委会	安贞西里三区5号楼东侧2层小楼	64453619
安华里社区居委会	安华里二区11号楼	84241354
安华西里社区居委会	安华西里一区21号楼前平房	64268241
黄寺社区居委会	黄寺大街甲28号院1号楼	82070950
裕民路社区居委会	裕中东里1号院	82027289

奥运村街道

总装社区居委会	安翔北里10号院	66355671
南沙滩社区居委会	南沙滩66号院3号楼1单元	52071973
科学园社区居委会	科学园南里东街2号楼2层	64841885
风林绿洲社区居委会	科学园南里风林绿洲F12楼4单元	64874476
绿色家园社区居委会	天居园5号楼1层	84916766
大羊坊社区居委会	双营路11号院1号楼东北角	64528614
龙祥社区居委会	清林路1号院世茂奥临7号楼	84940730
万科星园社区居委会	万科星园北门	84924006
北沙滩社区居委会	北海滩8号院5号楼	64830145
双泉社区居委会	域清街2号院5号楼	62925020
林萃社区居委会	林萃路9号（京师园5号楼18号）	58213290
国奥村社区居委会	林萃东路2号院西门	84370050

八里庄街道

红庙北里社区居委会	红庙北里53号楼南平房	65014186
红庙社区居委会	慈云寺4号楼东侧平房	65046519
八里庄西里社区居委会	慈云寺北里207楼26号	65570478
八里庄东里社区居委会	八里庄东里12楼后平房	65569064
十里堡社区居委会	十里堡东里27楼、28楼之间平房	65577555
延静里社区居委会	延静里西里22楼东侧平房	65014362
甘露园社区居委会	甘露园南里18号楼后	85781756
朝阳无限社区居委会	甘露园芳菁苑小区甘露园4号楼	85739508
城市华庭社区居委会	十里堡甲3号城市广场2号楼1层	85789902
十里堡南里社区居委会	甘露园中里2号院12号楼南侧	65577308
罗马嘉园社区居委会	朝阳北路107号院19号楼	58627490
华贸中心社区居委会	建国路89号华贸中心15号楼	52036920
远洋天地家园社区居委会	八里庄西里59号楼南侧配楼	85866626
甘露园中里社区居委会	甘露园中里1号楼后	85740338

朝外街道

芳草地社区居委会	东大桥路23号楼院内	85619525
吉庆里社区居委会	工体西里4号楼南侧院内	65538102

吉祥里社区居委会	朝外大街北侧吉祥里112楼旁	65514388
三丰里社区居委会	三丰里14号楼南侧小楼	85612610
体东社区居委会	工体南路甲1号（平房院内）	65522988
天福园社区居委会	天福园8号楼东侧平房	85611495
雅宝里社区居委会	朝南大街甲14号楼北侧	85628668

大屯街道

慧忠里第一社区居委会	慧忠里甲316楼北侧	64980308
慧忠里第二社区居委会	慧忠里B区108楼东南侧	64959011
慧忠北里第一社区居委会	慧忠北里411楼104号	64869360
慧忠北里第二社区居委会	慧忠北里108号楼1层0106	64864019
安慧北里秀雅社区居委会	安慧北里秀园17号楼110室	64950058
安慧北里安逸社区居委会	安慧北里安园6号楼104号	64951098
大屯里社区居委会	大屯里115楼208号	84806303
安慧东里社区居委会	北苑路178号院光大名筑8号楼	64826118
欧陆经典社区居委会	欧陆经典172号院16号楼103室	84853151
育慧西里社区居委会	育慧西里小区居委会办公楼	64979709
嘉铭园社区居委会	嘉铭园A区5号楼2单元101、102号	84858717
育慧里社区居委会	成慧路二号院1号楼1单元	84636040
世纪村社区居委会	世纪村西区8号楼北侧	84634647
亚运新新家园社区居委会	辛店路亚运新新家园物业一层	51737167

东湖街道

望京花园社区居委会	望京花园130楼2层	64700550
利泽西园一区社区居委会	利泽西园一区104楼106	64758250
望湖社区居委会	望馨花园209楼底商101室	64721670
望京西园社区居委会	望京西园一区116楼东南侧黄色二层楼	64794570
南湖东园北社区居委会	南湖东园一区临123号	64791990
南湖中园北社区居委会	南湖中园117楼底商	64728432
果岭里社区居委会	望京广泽路6号院东门	84727412

垡头街道

垡头一区社区居委会	垡头一区6号楼北侧	67382011	67200537
垡头二区社区居委会	金蝉里19号楼1层11号	67367009	67364478
垡头三区社区居委会	金蝉里16号楼北侧	67365471	67375893
垡头东里社区居委会	东里东院11排南	67365570	67202696
垡头西里社区居委会	垡头西里24号楼北侧	67360853	67383926
垡头北里社区居委会	垡头17号楼西侧	67374703	67362951
翠城馨园社区居委会	翠城馨园340楼南侧	67383900	67383200
翠城雅园社区居委会	翠城馨园237号楼北侧	67202700	67366200
翠城趣园社区居委会	翠城馨园103号楼	67363500	67360300
翠城盛园社区居委会	翠城馨园143号楼	67376900	67378200
翠城熙园社区居委会	翠城馨园420楼一层	67371136	67671366
翠城福园社区（筹备组）	翠城馨园501楼外侧底商（D19-1）	87156463	67381277
双合家园社区	双合中路3号院C14楼2层	67858925	67858926

和平街街道

和平家园社区居委会	和平街11区甲12号	84291139

砖角楼社区居委会	砖角楼北里5号楼院内平房	64219740
十四区社区居委会	和平街14区14楼北侧平房	84258576
和平东街社区居委会	和平街15区西门外南侧平房	64294800
樱花园社区居委会	樱花园社区24楼7单元	64443929
胜古庄社区居委会	胜古中路皇姑坟小区南侧平房	64452943
小黄庄社区居委会	和平街西苑15号楼西侧平房	84270383
胜古庄北社区居委会	安定路12号院2号楼	64437323
煤炭科技苑社区居委会	和平街13区34楼	84264316

呼家楼街道

小庄社区居委会	金台里甲2号楼东侧平房	85996939
新街社区居委会	光华路15号院泰达时代中心4号楼	85885071
关东店社区居委会	向军南里5号楼北侧	65021910
关东店北街社区居委会	圣世一品28号院内	65861972
东大桥社区居委会	东大桥路8号SOHO尚都南塔1层	59003781
金台里社区居委会	金台北街甲1号	85996291
核桃园社区居委会	中纺街28号院核桃园北里11号楼	65061163
呼家楼北里社区居委会	呼家楼北里平房甲1号	65950122
呼家楼南里社区居委会	呼家楼南里20号楼旁平房	65022156
金台社区居委会（原人民日报社区）	金台西路2号院12楼	65369875

建外街道

建国里社区居委会	建国里三道街1号楼南平房	58783536
永安里社区居委会	灵通观煤炭宿舍院内	58783636
永安里东社区居委会	东三环中路39号建外SOHO15号楼	58783615
秀水社区居委会	东大桥路57号楼院内平房	59006763
光华里社区居委会	光华西里一号温莎大道A座	65005301
北郎社区居委会	郎家园15号万达广场西侧	65831573
北郎东社区居委会	蓝堡国际公寓D座S215	85999344
南郎社区居委会	东三环中路南郎家园小区(大北写字楼)	58783660

劲松街道

劲松北社区居委会	劲松二区218楼	67790796
劲松东社区居委会	劲松三区321楼	67756254
劲松中社区居委会	劲松五区507楼	67794210
劲松西社区居委会	劲松八区甲813楼	87714607
农光里社区居委会	农光里小区102楼南侧	67354935
农光里中社区居委会	农光里212号楼	67354936
农光东里社区居委会	农光东里临甲9号	67356577
磨房北里社区居委会	磨北邻甲120楼	67313633
八棵杨社区居委会	东三环南路54号乙七裙楼	87735585
大郊亭社区居委会	广渠路28号院珠江帝景208楼北A156	58634292
和谐雅园社区居委会	武圣北路6号院1号楼	67775535
百环社区居委会	广渠路66号院百环家园10号楼	87728617
西大望路社区	营盘沟路9号	67779895

酒仙桥街道

高家园社区居委会	高家园小区118号	64309142
大山子社区居委会	大山子北里小五楼	64309134

电子球场路社区居委会	三街坊2楼旁平房	64309151
红霞路社区居委会	六街坊11楼6单元	64909146
中北路社区居委会	酒仙桥路11号院后平房	64309139
酒仙桥东路社区居委会	驼房营南里兆维小区综合楼	64309168
酒仙桥南路社区居委会	十街坊17楼旁平房	64309156
怡思苑社区居委会	南十里居15号院8号楼	64309129
驼房营西里社区居委会	酒仙桥驼房营西里临甲8号文体中心	84707693

六里屯街道

秀水园社区居委会	水碓子北里4号楼西平房	85961850
碧水园社区居委会	甜水园北里6号楼7单元	65033285
甜水园社区居委会	甜水园东里纺织小区	65007498
道家园社区居委会	道家园7号楼9单元	65920781
八里庄南里社区居委会	八里庄南里24号楼北侧平房	85831049
八里庄北里社区居委会	八里庄北里公园1872小区 215号楼底商	85918862
晨光社区居委会	晨光家园212号楼东107号	85843811
十里堡北里社区居委会	十里堡北里29号楼北侧平房	85832145
六里屯北里社区居委会	丽水家园1号楼	65862417
炫特家园社区居委会	炫特家园3号楼东侧	85856772
甜水西园社区居委会	甜水西园甲12号楼	85972199

麦子店街道

霞光里社区居委会	霞光里30号院5号楼	51302817
枣营北里社区居委会	枣营北里30号楼	65928551
枣营南里社区居委会	枣营南里21楼前平房	65089525
朝阳公园社区居委会	朝阳公园西路9号北小楼	65383824
农展南里社区居委会	农展南里3号楼	65915230

潘家园街道

潘家园社区居委会	潘家园27号楼1单元	87701306
潘家园南里社区居委会	潘家园南里11楼北侧平房	87715076
潘家园东里社区居委会	潘家园东里1号楼北侧平房	87711589
华威西里社区居委会	华威西里42号乙	67780406
华威北里社区居委会	华威北里甲32号	67790170
松榆西里社区居委会	松榆西里61号楼西侧	67321248
松榆里社区居委会	松榆里26号楼104号	67337813
松榆东里社区居委会	松榆东里15号楼	67358840
武圣农光社区居委会	松榆北路7号院9楼	87379079
武圣东里社区居委会	武圣庙6号	67320695
磨房南里社区居委会	武圣庙6号	67356846
华威里社区居委会	华威南路2号楼地下一层	87731033

三里屯街道

幸福一村社区居委会	太平庄南里甲3号	64169217
幸福二村社区居委会	幸福二村5号楼北侧	64166399
北三里社区居委会	北三里屯南楼西甲1号	64177960
中三里社区居委会	东三里屯中3楼院平房	66787026
东三里社区居委会	东三里中11楼南侧平房	64176151

中纺里社区居委会	中纺里9楼北侧平房	65929071
白西社区居委会	三里屯南路4号楼	65912776

首都机场街道

南路西里社区居委会	区燕翔西里2号楼北侧办公楼	64571565
南路东里社区居委会	东平里5号楼北侧办公楼	64571579
西平街社区居委会	西平街甲9号东侧办公楼	64579204
南平里社区居委会	南平里32号楼西侧办公楼	64573848

双井街道

广和里社区居委会	广和南里二条14号楼旁平房	67747556
垂东社区居委会	垂杨柳北区14楼西门	67754505
垂西社区居委会	垂杨柳西里6号楼西侧平房	87772862
广外南社区居委会	广渠门外大街22楼后平房	67751339
广泉社区居委会	广渠门外大街甲28号院15楼	87753405
双花园社区居委会	双花园西里甲8楼	67398192
光环社区居委会	双花园南里2区6号楼5单元	87721692
富力社区居委会	富力城天力街3号楼	58621739
九龙社区居委会	百子湾路32院南区5楼B座	58263287
九龙南社区居委会	百子湾南2路76号院乐成国际5号楼	87724721
大望社区居委会	西大望路19号金港国际5楼7单元	87755016
百子园社区居委会	百子园后现代城4号楼	87732860

团结湖街道

一二条社区居委会	团结湖北头条4号楼东侧	65824358
三四条社区居委会	团结湖北三条16号楼	85971899
中路北社区居委会	团结湖街道中路北一条8号楼	85982265
中路南社区居委会	团结湖路南一条5号楼西侧	85989270
水碓子社区居委会	团结湖水碓子24号楼	85986788
南北里社区居委会	团结湖路21号楼1单元	85989524

望京街道

望京西园四区社区居委会	望京西园四区414楼107室、108室	64706915	64728177
望京西园三区社区居委会	西园三区304楼2层	64716249	84726031
望花路东里社区居委会	望京中环南路11号院5号楼后		64735021
望花路西里社区居委会	望花路西里9号楼2单元		84715085
花家地社区居委会	花家地9号楼附属楼		84712151
花家地北里社区居委会	花家地北里	64730512	64738824
花家地南里社区居委会	花家地南里2号楼1单元	64733093	64725778
花家地西里社区居委会	花家地西里109号楼、115号楼	64716251	64716250
花家地西里三区社区居委会	花西三居委会平房院		64719483
南湖东园社区居委会	南湖东园210楼1单元		64706917
南湖中园社区居委会	南湖中园215楼4单元		64706923
南湖西园社区居委会	银领国际122楼		64704359
南湖西里社区居委会	南湖西里5号楼东侧		64709018
方舟苑社区居委会	方舟苑5号楼		64780673
大西洋新城社区居委会	大西洋529楼		64720193
爽秋路社区居委会	广顺南大街21号蓝色家园小区西门外		64773107转801

圣星社区居委会	圣馨大地C座101		64729766
望京园社区居委会	望京园三区华鼎世家304楼		84727640
南湖西园二区社区居委会	季景5号底商		52039158
望京东园五区社区居委会	望京东园503楼		84781519
阜荣街社区居委会	嘉美风尚小区1号楼2单元旁		84763124
望京西路社区居委会	望京西路50号院7号楼		84784239

香河园街道

柳芳南里社区居委会	柳芳南里6号楼前平房	64607112	64605008
柳芳北里社区居委会	柳芳北里甲14号楼	84514269	64680342
西坝河南里社区居委会	西坝河南里20号楼前平房	64651709	64621516
西坝河中里社区居委会	西坝河中里2号楼前平房	64676023	64663784
西坝河西里社区居委会	西坝河西里4号楼	64296921	64225032
西坝河东里社区居委会	西坝河东里107楼东侧	64669324	64660151
光熙门北里北社区居委会	光熙门北里甲6号平房	64272821	64270342
光熙门北里南社区居委会	光熙门北里19号楼前（甲20号）		64286009
光熙家园社区居委会（筹备组）	光熙家园9号楼		59033942

小关街道

惠新苑社区居委会	惠新西街9院1号楼		64810094
惠新北里社区居委会	惠新北里8号楼		64810092
高原街社区居委会	高原街4号院		84626490
小关社区居委会	小关北里204楼		64914908
惠新里社区居委会	惠新西街18号院南		64810091
小关东街社区居委会	小关东街3号楼旁	64304889	64304909

亚运村街道

安慧里社区居委会	安慧里一区甲7号楼		64980228
安慧里南社区居委会	安慧里三区13号楼		64932951
北辰东路社区居委会	安慧北里1号楼		64978765
安苑里社区居委会	安苑北里9号楼		64962829
祁家豁子社区居委会	华严里16号楼前平房		62007530
京民社区居委会	华严北里2号院		82070581
华严北里社区居委会	华严北里45号楼		82841857
华严北里西社区居委会	华严北里22号楼		82846462
丝竹园社区居委会	丝竹园社区7号楼11门		64863772
安翔里社区居委会	安翔里1号		64886323

左家庄街道

新源里社区居委会	新源街15号楼旁		84552609
顺源里社区居委会	顺源里04号楼前		64637571
三源里社区居委会	三源里10号楼临1号		84541980
新源西里社区居委会	新源西里东街甲11号		84551479
左北里社区居委会	左北里甲38楼		64683979
静安里社区居委会	静安里甲6号楼		84542961
左南里社区居委会	香中里9号楼北侧		64656209
曙光里社区居委会	曙光里39号楼旁		84515170
左东里社区居委会	左东里14号楼		64656754

常营地区（回族乡）

常营民族家园社区居委会	常营民族家园小区59号楼底商	65738991
连心园社区居委会	连心园小区底商	58240346
苹果派社区居委会	苹果派小区13号楼	65466171
荟万鸿社区居委会	荟康苑小区3号楼8单元	65728145
鑫兆佳园社区居委会	三间房东路甲9号	65431083
万象新天社区居委会	万象新天社区115号楼	65436228
畅心阳光社区居委会	五里桥一街3号院首开畅心园1号楼	59396206
常营保利社区居委会	常营中路保利嘉园3号院19-19底商	57921994
常营福第社区居委会	朝阳北路15号楼	57923868
丽景园社区居委会	丽景园小区1号楼2单元	57845099
住欣家园社区居委会	住欣家园社区215号楼	57914007

崔各庄地区（乡）

何各庄村村委会	何各庄村	64310510
马泉营村村委会	马泉营村	64387484
费家村村委会	费家村	84701282
奶东村村委会	北奶东村	84569998
奶西村村委会	奶西村	84709206
南皋村村委会	南皋村	64368319
黑桥村村委会	黑桥村	64336747
草场地村村委会	草场地村	64329193
东辛店村村委会	东辛店村	64340686
崔各庄村村委会	京旺家园四区崔各庄村	64313676
善各庄村村委会	京旺家园四区善各庄村	84560307
索家村村委会	京旺家园四区索家村	64340206
望京村村委会	京旺家园一区北门东侧	64364634
东营村村委会	京旺家园一区13号楼底商	84160336
北皋村村委会	京旺家园一区13号楼底商	84160377
马南里社区居委会	马南里社区	84702160
京旺家园区居委会	京旺家园六区三号楼底商	64363132
京旺家园二社区居委会	望京东园七区保利中央公园12—2大望京社区	84164058

东坝地区（乡）

七棵树村村委会	坝鑫家园物业公司二层	84396988
单店村村委会	东坝家园阳光双语幼儿园4层	65498870
西北门村村委会	西北门村	52056006
后街村村委会	后街村	84312840
东风村村委会	东风村	84318341
驹子房村村委会	驹子房村	52070581
三岔河村村委会	三岔河村	84313874
焦庄村村委会	焦庄村	65780827
东晓景村村委会	东晓景村	65780863转8001
红松园社区居委会	红松园社区	65494922
东坝家园社区居委会	东坝家园206楼1单元	65415175
康静里社区居委会	康静里社区13号楼5门	65734994
高杨树社区居委会	高杨树中街15号院富北嘉园4号楼	65479710
朝阳新城社区居委会	朝阳新城三区1号楼东侧	65456084

奥林匹克花园社区居委会	奥林匹克花园社区三期723楼底商	65494272
中铁十六局社区居委会	红松园北里2号楼	65435259
大街社区居委会	东风村村委会楼上	84327090
常青藤社区居委会	单店路15号院1号楼底商	85379765
景和园社区居委会	朝新嘉园东里六区6号楼东侧	65479712
丽富嘉园社区居委会	东坝中路30号院丽富嘉园6号楼1单元	65479660
东泽园社区居委会	红松路1号院1号楼物业旁2层	56357389
悦和园社区居委会	悦和园2号楼2层	85384681
坝鑫家园社区居委会	坝鑫家园物业公司2层	84396988
金驹家园一社区居委会	金驹家园D区116楼1单元202室	65493501
金驹家园二社区居委会	金驹家园F区207楼1单元102室	65732411
福润四季社区居委会	敬和路2号院8号楼1单元102室	65479041

东风地区（乡）

六里屯村村委会	六里屯村	65862164
辛庄村村委会	辛庄甲1号	85846037
豆各庄村村委会	豆各庄高庙村东北门	85811977
将台洼村村委会	将台洼村	84315469
石佛营东里社区居委会	石佛营113楼东侧	85820154
石佛营西里社区居委会	石佛营西里9号楼3门	85811324
石佛营南里社区居委会	八里庄北里128号楼玫瑰郡底商	85835729
紫萝园社区居委会	石佛营东里136号院B座108	85846204
东润枫景社区居委会	南十里居28号院6号楼2单元	64312604
观湖国际社区居委会	东四环88号院7号楼1单元	59283405
公园大道社区居委会	朝阳公园南路6号院4号楼会所东1层	65306652
泛海国际南社区居委会	星火西路17号	85844893
泛海国际北社区居委会	东风地区辛庄居委会	85814847
将台洼社区居委会	七棵树西街158号	84312621

豆各庄地区（乡）

豆各庄村村委会	朝丰家园社区天达路8号院6号楼	67206225
孟家屯村村委会	朝丰家园社区天达路8号院6号楼	87391357
黄厂村村委会	朝丰家园社区天达路8号院6号楼	67206288
孙家坡村村委会	朝丰家园社区天达路8号院6号楼	67206232
水牛坊村村委会	朝丰家园社区天达路8号院6号楼	67373802
马家湾村村委会	朝丰家园社区天达路8号院6号楼	67206230
南何家村村委会	绿丰西路绿丰家园社区居委会院内	85308299
于家围北村村委会	绿丰西路绿丰家园社区居委会院内	85366353
于家围南村村委会	绿丰西路绿丰家园社区居委会院内	85307431
东马各庄村村委会	绿丰西路绿丰家园社区居委会院内	85307047
西马各庄村村委会	朝丰家园社区天达路8号院6号楼	67206181
石槽村村委会	朝丰家园社区天达路8号院6号楼	67206233
青青家园社区居委会	豆各庄5号院 青青家园131号楼1单元	85300961
京城雅居社区居委会	南豆各庄6号院	87391785
绿丰家园社区居委会	豆各庄西马各庄路绿丰家园社区	85309162
文化传播社区居委会	双桥街9号院	85366817
阳光家园社区居委会	豆各庄1号院阳光家园社区	87392814
朝丰家园社区居委会	天达路朝丰家园8号院6号楼	67287807
富力又一城第一社区居委会(筹备组）	豆各庄广祥街3号（富力又一城A区北侧）	59644824
富力又一城第二社区居委会(筹备组）	豆各庄马家湾村萧太后河边	67287591

高碑店地区（乡）

高碑店村村委会	高碑店村1358号	87741569
高井村村委会	朝外高井甲6号	85760437
半壁店村村委会	半壁店村	87743221
北花园村村委会	北花园村	65475898
高碑店东社区居委会	高碑店村5区1楼1号	85763010
高碑店西社区居委会	高碑店西区一区32号楼	85755601
高井社区居委会	朝外高井甲8号高井村委会	85772433
西店社区居委会	西店村527号（老年公寓东侧300米）	67043885
方家园社区居委会	方家园社区	85768651
半壁店社区居委会	半壁店村280号	87741051
北花园社区居委会	北花园村委会	65475881
八里庄社区居委会	康家沟甲30号	65586729
甘露园南里一区社区居委会	康家园23号楼	85752957
甘露园南里二区社区居委会	甘露园南里二区19号楼东侧	85773316
丽景馨居社区居委会	甘露园南里三区丽景馨宾馆2层	85758506
花北东社区居委会	花园闸北里13号楼	65745746
花北西社区居委会	大黄庄南里25号楼	65791272
太平庄南社区居委会	朝阳路69号院临甲9号	51386093
太平庄北社区居委会	南太平庄北巷8号	85501889
康家园东社区居委会	高碑店北路甲6号院白领家园小区5号楼3单元	51316821
康家园西社区居委会	康家园小区1号楼北 西侧院内	52029080
兴隆家园社区居委会	建国路29号兴隆家园23号楼	85768044
通惠家园社区居委会	通惠家园惠润园4号楼3单元	59679522
大黄庄社区居委会	大黄庄152号	85762616
文化园社区居委会	高碑店村民俗文化街1712号	87739893
力源里社区居委会	力源里北街金地名京6号楼M层	85723201
小郊亭社区居委会	小郊亭村268号	87741211
花园闸社区居委会	北花园村委会对面	65400766
水南庄社区居委会	西店村1131号	87703699

管庄地区（乡）

郭家场村村委会	郭家场村	85391679
八里桥村村委会	瑞祥里小区26号楼	85708767
重兴寺村村委会	重兴寺村	65730972
杨闸村村委会	杨闸村	85708652
司辛庄村村委会	司辛庄村	65739289
小寺村村委会	小寺村	65703627
果家店村村委会	瑞祥里小区4号楼4单元	85708429
管庄村村委会	管庄村268号	65761536
东会村村委会	东会村	52037551
西会村村委会	瑞祥里小区4号楼1单元	85709631
咸宁侯村村委会	咸宁侯村414号	85365773
塔营村村委会	瑞祥里小区29号楼1单元	85709455
八里桥社区居委会	东军庄8号楼5单元	85701262
京通苑社区居委会	京通苑社区10号楼东2层	65709460
管庄东里社区居委会	管庄东里35号楼东侧平房	51167315
管庄西里社区居委会	管庄西里3楼南侧平房	65740261

建东苑社区居委会	建东苑小区1号楼东侧	65752017
惠河东里社区居委会	双桥东路12号院15号楼	65485807
惠河西里社区居委会	双柳北街一号院14号楼	65438728
瑞祥里社区居委会	瑞祥里小区4号楼3单元	85709409
丽景苑社区居委会	管庄西里78号楼（尚东阁小区）东侧平房	65777481
新天地社区居委会	朝阳路5号院12号楼北门	59121092

黑庄户地区（乡）

大鲁店一村村委会	大鲁店一村	85386242
双树南村村委会	双树南村	85373302
大鲁店二村村委会	大鲁店二村	85385253
双树北村村委会	双树北村	85371154
大鲁店三村村委会	大鲁店三村	85383595
定辛庄东村村委会	定辛庄东村	85371426
小鲁店村村委会	小鲁店村	85386256
定辛庄西村村委会	定辛庄西村	85372393
郎各庄村村委会	郎各庄村	85387385
苏坟村村委会	苏坟村	85372287
郎辛庄村村委会	郎辛庄村	85382273
幺铺村村委会	幺铺村	85370621
黑庄户村村委会	黑庄户村	51235285
四合庄村村委会	四合庄村	85381261
万子营东村村委会	万子营东村	85381836
万子营西村村委会	万子营西村	85384093
旭园社区居委会	黑果宿舍旭园居委会	85384802
双桥第一社区居委会	双桥农场五号井小区	85391807
双桥第二社区居委会	双桥农场六号井小区	85393238
康城社区居委会	双桥东路9号院康城花园物业楼	85375049
怡景城社区居委会	郎辛庄北路58号院物业楼	85380351

将台地区（乡）

东八间房村村委会	东八间房村	52053188
驼房营村村委会	驼房营村	84561035
安家楼管委会	安家楼村东林场	64372167
丽都社区居委会	东四环北路6号阳光上东C区1号楼	51303352
梵谷水郡社区居委会	驼房营南路2号院14号楼	84706491
芳园里社区居委会	将台路芳园里18号楼对面	64383088
水岸家园社区居委会	酒仙桥路甲1号水岸家园	64332726
将府社区居委会	将府家园北里103号楼2单元	51373060
瞰都家园社区居委会	东四环北路10号院2号楼底商	84797838

金盏地区（乡）

沙窝村村委会	沙窝村	84317838
金盏东村村委会	金盏东村	84343674
金盏西村村委会	金盏西村	84333599
皮村村委会	皮村	84331517
雷庄村村委会	雷庄村	84340179
长店村村委会	长店村	84339965
楼梓庄村村委会	楼梓庄村	84393471

黎各庄村村委会	黎各庄村	84317601
东窑村村委会	东窑村	84316859
曹各庄村村委会	曹各庄村	84391615
小店村村委会	小店村	84349120
北马房村村委会	北马房村	84311013
马各庄村村委会	马各庄村	65418506
金泽家园社区居委会	康各庄路金泽家园A区27号楼	56521023
金泽家园北社区居委会	康各庄路金泽家园B区318号楼2单元	暂无
金盏嘉园第一社区居委会	金盏嘉园C区1号楼南侧	暂无
金盏嘉园第二社区居委会	金盏嘉园D区1号楼南侧	暂无

来广营地区（乡）

来广营村村委会	来广营村	84903775
红军营村村委会	来广营乡北苑中街8号	84923441
清河营村村委会	北苑东路清河营郊野公园内	84945392
新生村村委会	新生村	84913775
北湖渠村村委会	来北家园东门C座3层	53015145
北苑一号院社区居委会	安外北苑1号院10号楼2单元	66749494
北苑二号院社区居委会	北苑2号院	84936317
北苑三号院社区居委会	北卫新园小区6号楼西侧小楼	84918952
朝来绿色家园社区居委会	红军营东路蕴实园小区北门东侧	84950419
黄金苑社区居委会	旭辉奥都5号楼	84931521
立城苑社区居委会	立水桥甲3号立城苑小区5号楼	84813176
立清路第一社区居委会	立清路明天第一城5号院5号楼7单元	84673960
莲葩园社区居委会	北苑家园莲葩园小区西门	84925448
茉藜园社区居委会	北苑家园茉黎园小区19号楼	84926067
青年城社区居委会	红军营东路8号院甲2号楼	84954599
清友园社区居委会	筑华年小区Q4号楼	64116601　84967852
时代庄园社区居委会	红军营东路18号时代庄园会所3层	84967984　64188390
新街坊社区居委会	北苑5号院6区佳兴园小区605号楼A单元	84945426
绣菊园社区居委会	北苑家园绣菊园5号楼北侧	84966936
紫绶园社区居委会	北苑家园紫绶园8号（来广营城管大院）	84955849
广达路社区居委会	广达路社区2号院5号楼1单元	84364537
清苑路第一社区居委会	水岸庄园2区1010商业楼4层	84912960
红军营社区居委会	来北家园4号楼4单元	53015222

南磨房地区（乡）

楼梓庄村村委会	紫南家园小区207楼	87351374
大郊亭村村委会	窑洼村68号	67348539
紫南家园社区居委会	紫南家园小区207楼	87351374
平乐园社区居委会	窑洼村68号	67303600
双龙南里社区居委会	双龙南里	87320042
南新园社区居委会	南新园小区26号楼	87322075
东郊社区居委会	深沟甲168号（东四环东侧）	87705761
百子湾西社区居委会	东石门村6号	87715691
百子湾东社区居委会	百子湾家园109号楼	87956922
欢乐谷社区居委会	金蝉西路南	67377070
山水文园社区居委会	山水文园东园4号楼底商A-25号	87367539
赛洛城社区居委会	百子湾东里113号楼	67713718转815

平房地区（乡）

平房村村委会	平房村	85575115
姚家园村村委会	姚家园村	85577136
石各庄村村委会	石各庄村	65488678
黄渠村村委会	黄渠村	65741178
平房社区居委会	平房村1780号	85573866
姚家园西社区居委会	姚家园西里1号院1号综合楼4层	85523855
雅成里社区居委会	青年路小区14号综合服务楼2层	85512305
富华家园社区居委会	黄杉木店路186号院	85762215
华纺易城社区居委会	青年路29号院华纺易城社区1号楼4单元	58777563
国美家园社区居委会	青年路西里国美第一城小区2号院6号楼底商	52067042
定福家园南社区居委会	定福家园3号院5号楼3单元	58791561
星河湾社区居委会	四季星河路2号院1号楼2单元	85561850
姚家园东社区居委会	姚家园8号院5号楼3单元	85798698
青年路东社区居委会	青年路西里5号院润枫水尚5号楼底商	59125385
天鹅湾社区居委会	雅成二里20号楼103	59075209
逸翠园社区居委会	姚家园西里5号院9号楼4单元102	85798550

三间房地区（乡）

三间房东村村委会	三间房东村	65471869
三间房西村村委会	三间房西村	65774855
定福庄东村村委会	定福庄东村	65767150
定福庄西村村委会	定福庄西村	65765938
褡裢坡村村委会	褡裢坡村	65763296
白家楼村村委会	白家楼村	65752268
东柳村村委会	东柳村	65420301
西柳村村委会	西柳村	65400756
北双桥村村委会	北双桥村甲1号	65400913
金家村村委会	金卫路	85362188
新房村村委会	新房村	65758174
福怡苑社区居委会	定福庄北街福怡苑小区一区北门东侧	65406809
美然动力社区居委会	朝阳北路50号院东侧	65769868
双惠苑社区居委会	水郡长安家园1号院3号楼	65427426
艺水芳园社区居委会	北花园街8号院外西侧	65400351
绿洲家园社区居委会	建国路18号院1号楼	65403552
三南里社区居委会	三间房南里4号院	65756922
定西南里社区居委会	定福庄西街定福园小区20号楼南侧	65769657
定西北里社区居委会	定福庄西里1号院电建北院平房	65715419
定南里社区居委会	定福庄定北里1号院	65737663
定北里社区居委会	定福庄北街23号院东领鉴筑4号楼	65407714
双桥路社区居委会	双桥街西大院12号	85366803
双桥铁路社区居委会	双桥街东柳西里北一区14号楼北侧	65758180
双柳社区居委会	双桥路双柳巷16号楼北侧	65702611
泰福苑社区居委会	泰福苑小区一区底商	65407599
聚福苑社区居委会	朝阳路59号聚福苑小区1号楼底商	85301055

十八里店地区（乡）

十八里店村村委会	十八里店村	67474039

十里河村村委会	十里河村	67322734
吕家营村村委会	吕家营村	87691746
周庄村村委会	周庄村	67330480
小武基村村委会	小武基村	67473450
横街子村村委会	横街子村	87305279
老君堂村村委会	老君堂村	87309866
西直河村村委会	西直河村	67388090
老君堂社区居委会	君堂好园6号楼	87309990
弘善家园第一社区居委会	弘善家园409号楼底商	67049499
弘善家园第二社区居委会	弘善家园315号楼东侧底商	67049109
弘善家园第三社区居委会	弘善家园205号楼西侧底商	87688292
前祁庄社区居委会	吕家营村832号	87625053
后祁庄社区居委会	吕家营村829号	87691516
六道口社区居委会	吕家营村	87696579
白墙子社区居委会	白墙子社区	67471547
弘善寺社区居委会	弘善家园315号楼东侧底商	67049168

孙河地区（乡）

孙河村村委会	康营家园D区	84354679
上辛堡村村委会	上辛堡村	84590898
前苇沟村村委会	前苇沟村	84329653
下辛堡村村委会	下辛堡村	84794868
后苇沟村村委会	康营家园D区	64331704
黄港村村委会	黄港村	84791949
康营村村委会	康营家园D区	84300237
雷桥村村委会	康营家园24区3号楼	84911357
北甸东村村委会	康营A区	84591200
沙子营村村委会	沙子营村	84912178
北甸西村村委会	康营家园A区	84590227
李县坟村村委会	康营家园14区3号楼	84910132
西甸村村委会	康营家园D区	57627215
沈家坟村村委会	康营家园14区3号楼	84915939
康营家园一社区居委会	康营家园D区	84564543
康营家园二社区居委会	康营家园A区	64382639
康营家园三社区居委会	康营家园24区3号楼	84354635
康营家园四社区居委会	康营家园14区3号楼	84354330
下辛堡社区居委会	下辛堡村	84794868

太阳宫地区（乡）

十字口村村委会	十字口村	64616916
牛王庙村村委会	牛王庙村	64365908
太阳宫村村委会	太阳宫路临时519号	65734994
芍药居社区一社区居委会	芍药居北里219号楼	84627464
芍药居社区二社区居委会	芍药居北里203号楼	84628185
芍药居社区三社区居委会	芍药居10号楼旁平房	84615524
芍药居社区四社区居委会	芍药居2号院	84612696
太阳宫社区居委会	太阳宫南街7号院6号楼西侧	64220891
十字口社区居委会	太阳宫火星园8号楼	65479710
牛王庙社区居委会	太阳宫五里沟甲20号	84327090

夏家园社区居委会	夏家园20号楼	52036309
尚家楼社区居委会	尚家楼社区48号院	52087718
惠忠庵社区居委会	太阳公元1街1号院10号楼底商	64205711

王四营地区（乡）

官庄村村委会	官庄村	67366137
观音堂村村委会	观音堂村	51352902
王四营村村委会	王四营村	67389215
南花园村村委会	南花园村	67366973
道口村村委会	道口村	87399671
孛罗营村村委会	孛罗营村	87390092
观音堂社区居委会	观音堂村	51352902
白鹿社区居委会	道口村	87399671

小红门地区（乡）

小红门村村委会	小红门村	87602942
肖村村委会	肖村	67627444
龙爪树村村委会	龙爪树村	87695071
牌坊村村委会	牌坊村	87600245
恋日绿岛社区居委会	鸿博家园1区9号楼底商	52054488
鸿博社区居委会	鸿博家园1区9号楼1单元底商	87554601
中海城社区居委会	少角中街8号院5号楼	87656764
三台山社区居委会	三台山甲1号	87601375
四道口社区居委会	四道口社区	67609221
玉器厂社区居委会	龙爪树街734号	87693193

索 引

说 明

本索引为主题索引，又称内容分析索引，主题词（标目）以《北京朝阳年鉴》(2016）正文中出现的专业名词、名词词组、机构名称为主。

本索引共三部分。第一部分为汉语拼音索引，以音序排列，音序相同时，以第二字排序，以此类推；第二、第三部分为数字索引和英文字母索引。

本索引的文字部分为主题词，主题词之后的阿拉伯数字表示所在正文中的页码（地址项)，数字之后的小写英文字母（a、b、c）分别表示该页的左、中、右栏。主题词后有多个页码的，表示该主题词均在这些位置出现。

特载、专文、大事记、人物、统计资料、附录、勘误及正文中的表格、图片等内容不在索引范围内。

汉语拼音索引

A

B

C

D

E

F

H

J

K

L

Q

R

S

T

W

X

Y

Z

数字索引

英文字母索引

勘　　误

《北京朝阳年鉴（2015）》发现 14 处错误，特此更正，并向读者致歉。

1. 第 79 页右栏第 2 行中的“内设设”应为“内设”。
2. 第 146 页中栏第 43 行中的“〈”应为“《”。
3. 第 146 页中栏第 45 行中的“〉”应为“》”。
4. 第 146 页中栏第 45 行中“合同管理”后“。”应为“，”。
5. 第 255 页右栏第 46 行“；”应为“，”。
6. 第 255 页右栏第 47 行“；”应为“，”。
7. 第 66 页中栏第 21 行第 14 个字“制” 应为“书”。
8. 第 67 页右栏第 16 行“70%”应为“72%”。
9. 第 68 页中栏第 11 行“重大项目投资决策” 应为“重大项目安排”。
10. 第 330 页右栏第 34–35 行“北控光熙国际康复老年公寓和光熙养护中心”应为“北控光熙国际康复老年公寓 1 个养老机构”
11. 第 330 页 1 栏第 36–37 行“地区绿化面积 86.6 万平方米，绿化覆盖率 34.6%”应为“地区绿化面积 56.33 万平方米，绿化覆盖率 38.35%”。
12. 第 318 页中栏第 33 行“检测”后加“，”。
13. 第 309 页中栏第 49 行删掉“筹备处”。
14. 第 311 页中栏第 1 行“。”应为“，”。

感谢以下人员为本刊提供图片

（按姓氏笔画排列）

丁昆鹏	丁　鑫	于介豪	于洪伟	于洪伟	门丽红	门　博	马　葳
马宇轩	马克江	马奉明	仇　博	勾军民	牛　荣	牛贵堂	王　伟
王　军	王　涛	王　晨	王　磊	王天天	王存一	王克凡	王利杰
王佳鑫	王玮琦	王　威	王　娜	王珊珊	王海铭	王爱君	王艳娟
王　敏	王　琦	王　辉	王瑞琴	王雷雷	王赛亚	王静媛	王　瑾
车　莹	邓洪涛	付　娜	付异维	付剑梅	兰　坤	冯　刚	冯　妍
冯　芳	冯　岳	冯　晨	冯　珺	冯　瑞	冯秀利	冯　超	史建华
司　维	左　振	玉　红	田　莉	田　蜜	申志强	白　媛	白　璞
边　群	任孟媛	任艳霞	关　鹏	刘　蕊	刘　飞	刘　凡	刘小瑜
刘立华	刘　军	刘　冰	刘　宇	刘伯垚	刘妙丹	刘　佳	刘明明
刘铁锁	刘晶晶	刘　琪	刘鲁雪	刘德祥	吕　洋	吕　刚	吕琼琼
孙子懿	孙巧燕	孙宏娟	孙希光	师广立	扬子沛	朱　红	朱晓晖
闫　杰	齐　毅	齐艳萍	何　丽	何　婷	余步勇	余金友	佟学艳
初鑫月	吴晨浩	张　卉	张　民	张　伟	张　映	张　炼	张　雅
张　聪	张　震	张　力	张子曰	张天一	张冬梅	张正晔	张玉磊
张创国	张　纯	张国静	张学建	张　明	张明峰	张　剑	张　彦
张　彦	张　洁	张胜男	张　晔	张景惠	张　鹏	张　蕾	时　斌
李　丹	李　岩	李　洋	李　强	李　颖	李　欣	李小骏	李友军
李　平	李　扬	李　旭	李宏钧	李志军	李秀云	李宝华	李拥军
李明慧	李金鑫	李保生	李胜军	李　娟	李晓峰	李　浩	李培林
李　晨	李雪飞	李媛博	李雅娟	李新朝	李满飞	李　睿	李默菡
杜　骏	杨　延	杨　旭	杨　洋	杨　辉	杨昆鹏	杨　昊	杨绍磊
杨　英	杨洪玲	杨秋羽	杨　晨	杨　雪	杨粤宁	汪　昆	汪玉宝
沈丽娟	沈　莉	肖体树	肖　洁	肖　烨	肖詹蓉	邱　璟	邵　巍
邵　宇	陆晓光	陈　冉	陈　希	陈　轩	陈红卫	陈迎双	陈其林
陈俊高	陈美琳	陈虹名	陈　浩	陈　楠	陈　澳	周　藻	周　俊

岳　崴　武　雯　武卫华　武　爽　武　爽　罗兴文　范云春　范东京
范海建　茅为中　郑　硕　金　强　侯立明　侯晓晨　姚少军　姚逸凡
姜　军　科腾琦　胡　颖　胡子健　胡世江　赵　早　赵　跃　赵　辉
赵　雷　赵　云　赵匀暄　赵东方　赵京慧　赵建杰　赵　雷　郝立志
项　悦　倪亚南　倪亚南　倪　进　原东平　徐　勤　徐国林　徐　萍
徐　辉　殷小鹏　秦大唐　秦　阳　耿　宁　莫小雷　莫宝林　贾　颖
贾盛萍　郭　琪　郭文静　郭琳瑞　顾剑昊　顾　锐　高　峰　高　峰
康文涛　康淑娟　曹延伟　梁　哲　梁大龙　梁　雨　梅晓东　黄　晋
黄业中　黄　栋　黄晓明　黄桂俊　龚晨曦　温永春　温晓峰　游雅熠
焦　健　程　恳　程新伟　葛　岩　董　铮　董彦迪　董　珣　谢　宾
谢　晶　谢雯雯　韩　冰　鲁建玲　鲁颖艾　鲁颖艾　简　洁　詹　朦
靳　为　靳　睿　靳自强　熊　盟　管文东　管　军　翟冰菲　翟　磊
蔡广培　谭贺珍　潘伟平　冀晓娜　穆　倩　薛晓慧　霍宗达　戴　健
戴高菊　戴　颖　魏　萌